공급사슬 관리

SUPPLY CHAIN MANAGEMENT

전략, 계획 및 운영 제4판

Strategy, Planning, and Operation

공급사슬 관리
SUPPLY CHAIN MANAGEMENT

전략, 계획 및 운영 제4판

Strategy, Planning, and Operation

SUNIL CHOPRA PETER MEINDL 지음
정봉주, 이영훈, 박광태 옮김

Prentice Hall
Upper Saddle River, NJ 07458
United States of America

공급사슬 관리-전략, 계획 및 운영 제4판
Supply Chain Management-Strategy, Planning, and Operation, 4/e

초판 1쇄 인쇄 | 2010년 12월 17일
초판 1쇄 발행 | 2010년 12월 27일

지은이 | Sunil Chopra, Peter Meindl
옮긴이 | 정봉주, 이영훈, 박광태
발행인 | 유재성
발행처 | (주)피어슨에듀케이션코리아
등 록 | 제13-579호(1999. 3. 31.)

판매처 | 도서출판 석정
전 화 | (02)332-6293(주문 및 고객지원)
팩 스 | (02)334-5367
e-mail | pub@sukjungbooks.co.kr

ISBN 978-89-450-1062-9
ISBN 89-450-1062-9

값 35,000원

Prentice Hall
is an imprint of
PEARSON

옮긴이 머리말

이 책은 2002년에 첫 역서가 출판된 이후 벌써 4판째를 맞이하게 되었다. 그동안 SCM 분야도 학계, 산업계에 걸쳐 다양한 변화를 겪어 왔다. 특히, 채찍 효과로 대변되던 정보의 왜곡현상이 정보시스템 기술의 발전으로 급격히 해결되었으며, 세계적 글로벌 기업들 대부분이 SCM을 기업 전체의 경영전략 측면에서 접근함으로써 큰 성과를 거두게 되었고 기업 성장에 필수적인 관리기술로 자리매김하게 되었다.

이러한 변화에 맞추어 3판에서 대폭적인 개정이 이루어졌고, 이번 4판에서는 좀 더 다양한 사례가 추가되었으며 고객에 대한 신속한 대응 개념으로서의 SCM이 강조되었다.

이번 4판에서는 역자들 간의 진지한 의견교환과 더불어 연세대학교 정보산업공학과의 생산시스템경영 연구실 대학원생들 모두가 본 역서에 대한 자체 학습을 하는 과정에서 자세한 교정 및 검토 작업을 하였다. 특히 연세대학교 성진모 박사과정과 피어슨에듀케이션코리아 편집 실무진 간의 긴밀한 업무협조는 본서가 적절한 시기에 출판하는 데 크게 기여하였다.

모쪼록, 지속적으로 변화하는 SCM 분야를 본 역서를 통해 독자들이 이해하고 적용하는 데 조금이라도 도움이 된다면 역자들에게 있어서 가장 보람 있는 일이 될 것이다.

2010년 12월

역자 일동

머리말

이 책은 관련 분야를 공부하는 학생들과 현업에 종사하는 분들을 대상으로 쓰여졌다. 특히 MBA 과정의 학생, 공학 석사과정의 학생, 그리고 공급사슬 관리와 로지스틱스에 관심이 많은 졸업반 학생들에게 매우 유용할 것이다. 또한 현업 종사자들이 컨설팅이나 실제 현업에 적용할 수 있는 컨셉과 방법론의 적절한 참고문헌으로 활용될 수 있을 것이다.

이번 판에서 달라진 점

이번 4판은 기존 3판에서 달라진 점들을 정리하고 확립하는 데 목적을 두었다. 저자들은 이 책이 확실하게 개선될 수 있도록 변화 요소들을 추가하였다.

- 비록 이전 판의 여러 부분에서 공급사슬 세계화 영향에 대해 언급을 하였지만, 하나의 특화된 장으로 다루어져야 한다고 생각했다. 그래서 새로 추가된 6장에서는 국제 공급사슬 네트워크 설계를 중점적으로 다루었다. 이 장은 국제 업무 위탁과 관련한 의사결정에 따른 전체 비용과 공급사슬 네트워크를 설계할 때 위험도의 중요성에 대한 구체적인 논의로부터 시작한다. 이는 다시 불확실성을 고려한 공급사슬 내 의사결정에 대한 평가에 대한 논의로 이어지고 있다. 6장의 끝에 있는 BioPharma 케이스는 6장에서 새롭게 제시하는 논의 내용들을 매우 잘 설명할 수 있는 사례이다. 세계화에 대한 논의는 14장에서도 다루어진다. 또한 세계화와 관련한 예시가 책 전반에 추가되었다.
- 4장의 경우, 강사들이 수업 초반 공급사슬 설계와 관련한 내용에 대해 심층적인 논의를 진행할 수 있는 계기를 주며, 수업 후반부의 모든 논의 내용을 정리하고 공유하는 도구로 사용될 수 있다. 실제 Kellogg에서 수업 중에 두 가지 관점을 사용하였다. 4.1~4.3절은 강사들로 하여금 논의의 계기로 사용할 수 있도록 하였

다. 4.4절은 4장에서 다루어지는 다양한 회사에 관련한 논의사항들에 대한 컨셉을 함께 공유하는 데 사용할 수 있다. 4.4절의 논의 내용을 정리하기 위해 "Blue Nile and Diamond Retailing" 이라는 새로운 케이스 자료를 4장의 끝에 추가하였다. 이 케이스는 최신의 경향을 반영하였으며, 4장에서 언급한 내용에서 주가되는 컨셉을 다루기 위한 자료로 사용될 수 있다.

- 17장에서는 Bullwhip 효과부터 비협력(lack of coordination)까지에 초점을 둔 내용을 좀더 다양하게 다루기 위해 설명방식을 바꾸었다. Bullwhip 효과는 비협력으로 인한 결과이지만, 이 장에서는 비협력이 인센티브, 정보 흐름, 제품 흐름에 영향을 주고 이로 인해 공급사슬 내 모든 영역에 걸쳐 좋지 않은 성과를 야기한다는 점을 설명하기 위해 노력하였다.
- 또한 이 책에서 논의된 컨셉들의 다양성을 향상시키기 위해 책의 전반에 걸쳐 수많은 예제를 추가하였다.

강의를 위해 좀더 양적으로 많은 내용을 수록하는 데 중점을 두었다. 이와 관련하여 다음과 같이 달라진 점들이 있다.

- 10장에서는 생산 로트 크기결정을 다루는 간단한 절을 추가하였다. 그 절에서는 한꺼번에 생산이 되는 것이 아닌 특별한 생산률을 가지는 배치공정에 대한 모델을 정리하였다.
- 11장에서는 변동이 크고 회전율이 낮아 일반적인 가정사항이 적용되지 않는 경우에 대한 안전재고 산출방법을 부록으로 정리하였다.
- 12장에서는 빠른 고객 대응(quick response)에 대해 강조하였다. 이를 위해 근사치를 이용하여 한 시즌에 재고 주문횟수를 증가시키는 요소를 예측하는 방법을 증명하였다. 근사치를 이용하는 방법을 사용하는 휴리스틱은 이전 3판에서 제시했던 시뮬레이션보다 해의 변화를 더 잘 추적할 수 있는 접근방법이다. 이 휴리스틱은 12.2절에서 제시되었던 내용을 그대로 이용하였다. 또한 휴리스틱은 Excel을 이용하여 쉽게 평가가 가능하다는 장점이 있다.

저자들은 또한 기존 3판의 13장 내용인 "경로 계획(routing and scheduling)" 을 없애지 않고 유지하길 원하는 독자들의 의견을 많이 들었다. 따라서 우리는 이러한 내용을 학부 강의를 위해 쉽게 접할 수 있는 수업 관련 자료와 함께 온라인으로 이용할 수 있도록 할 것이다.

이 책은 원래 Northwestern University의 Kellogg School of Management 전공 2년차 MBA 학생들을 가르치기 위해 만들어진 공급사슬 관리 과목을 기반으로 만들어졌다. 이 강의의 목표는 높은 수준의 공급사슬 전략과 개념뿐만 아니라 공급사슬과 관련한 문제를 푸는 데 필요한 분석적 도구에 대한 이해를 높이는 것이다. 이러한 강의의 목표와 동일하게, 이 책의 목적은 다음 세 가지 중심 분야와 그 관계에 대한 이해를 추구하는 것이다.

- 공급사슬의 전략적 역할
- 공급사슬 성과의 주요 요인
- 공급사슬 분석의 분석적 도구와 기술

첫 번째 목표는 독자들이 기업을 위한 좋은 공급사슬 설계, 계획 및 운영의 전략적 중요성을 습득하는 것이다. 독자들은 좋은 공급사슬 경영이 어떻게 경쟁우위를 갖게 되는지, 공급사슬의 약점이 기업의 성과에 악영향을 끼칠지에 대해 이해하게 될 것이다. 우리는 공급사슬을 설명하고, 공급사슬 전략에 대한 체제(framework)를 개발하기 위해 많은 사례를 들었다.

우리는 전략적 체제 내에서 공급사슬 성과의 주요 요인을 시설, 재고, 수송, 정보, 외주 및 가격 결정으로 정의하였다. 두 번째 목표는 이러한 요인들이 공급사슬 설계, 계획 및 운영하는 동안 성과를 향상시키기 위해 개념적이고 실제적인 수준에서 어떻게 사용되는지에 대한 지식을 전달하는 것이다. 기업에서 공급사슬 성과를 향상시키기 위해 다양한 요인들을 어떻게 사용해야 하는지 설명하고자 일본의 Seven-Eleven Japan사의 사례를 들었다. 공급사슬 성과의 각 요인들에 대해, 우리는 공급사슬 성과를 향상시키기 위해 사용될 수 있는 실제적인 경영상의 수단과 개념을 독자들에게 제공하고자 한다.

이러한 경영 수단을 최적으로 사용하는 것은 공급사슬 방법론에 대한 지식을 요구한다. 세 번째 목표는 이러한 방법론에 대한 지식을 독자들에게 제공하는 것이다. 논의되는 모든 방법론에 대해서는 Excel을 통해 그 적용 예를 설명한다. 이에 대해 논의된 장에서는 방법론이 사용된 경영적인 관점과 성과 향상을 위한 경영 수단을 강조한다.

성과의 현저한 향상을 달성하기 위해 어떻게 개념의 조합이 요구되는지를 다양한 사례를 통해 이 책에서 논의되는 전략적 체제와 개념이 서로 연결된다.

강사를 위한 안내

다음의 보충 자료는 강사들이 이용할 수 있다.

Instructo's Resource Center

등록. 로그인. www.pearsonhighered.com/irc는 강사들이 다양한 인쇄물, 매체 및 발표 자료에 접근할 수 있는 사이트이다. 대부분의 문서는 Blackboard, WebCT 및 Course Compass와 같은 수업 관리 플랫폼에서도 이용할 수 있다.

더 좋아진다. 한 번 등록하고 나면, 채워야 할 추가적인 서식이나 새로운 타이틀 및 신판에 대한 추가적인 사용자명과 비밀번호가 필요 없다. 교수단의 정회원으로서 직접 자료 파일들을 다운로드할 수 있고, 여러분의 캠퍼스 서버에 수업 관리 프로그램 설치를 위한 즉각적인 권한과 설명서를 받을 수 있다.

도움이 필요한가? 저자들의 헌신적인 기술지원팀은 매체 보충 자료에 관한 질문이 있는 강사들을 도울 준비가 되어 있다. http://247.prenhall.com/에 방문하여 자주 묻는 질문들에 대한 답변과 무료 사용자 지원 전화번호를 확인하기 바란다. 보충 자료가 이용 가능하다. 상세한 설명은 Instructor's Resource Center에서 제공하고 있다.

Instructor's Solutions Manual—Microsoft Word에서 제공되며, 강의 계획서 샘플, 강의 노트 및 각 장 끝의 문제들에 대한 솔루션이 포함되어 있다. 솔루션 스프레드시트(solution spreadsheets)는 Microsoft Excel에서 제공된다. Excel과 Word 솔루션이 모두 제공되어 있다. Instructor's Solutions Manual은 www.pearsonhighered.com/chopra에서 다운로드 가능하다.

Test Item File—true/false 문제, 다지선다형 문제, 작문 문제 등이 포함되어 있다. Test Item File은 www.pearsonhighered.com/chopra에서 다운로드 가능하다.

Powerpoint Slides—개인적인 강의 개요를 제공한다. 슬라이드에는 이 책에 나와 있는 많은 그림과 도표들이 포함되어 있다. 이러한 강의 노트가 수업에 사용될 수 있고, 강사들이 특정한 강의 요구를 반영하여 쉽게 수정할 수 있다. Powerpoint slides는 www.pearsonhighered.com/chopra에서 다운로드 가능하다.

감사의 글

이 책의 발간을 위해 도움을 준 많은 분들이 있다. 먼저 이 책의 최종 검토를 해준 Iqbal Ali of the University of Massachusetts, Amherst, Ming Ling Chuang of Western Connecticut State University, Sime Curkovic of Western Michigan University, Srinagesh Gavirneni of Cornell University, Richard Germain of the University of Louisville, Scott E. Grasman of the Missouri University of Science & Technology, Jatinder (Jeet) Gupta of the University of Alabama, Huntsville, James K. Higginson of the University of Waterloo (Ontario), Patrick Jeffers of Iowa State University, Mehdi Kaighobadi of Florida Atlantic University, Alireza Lari of Fayetteville State University, Bryan Lee of Missouri Western State College, Daniel Marrone of SUNY Farmingdale, Charles Munson of Washington State University, James Noble of the University of Missouri-Columbia, Subroto Roy of the University of New Haven, Effie Stavrulaki of Pennsylvania State University, Scott Thorne of Southeast Missouri State University, Frenck Waage of the University of Massachusetts, Boston, and Kefeng Xu of University of Texas at San Antonio에게 감사를 드린다.

또한 Kellogg School of Management의 학생들에게도 고마움을 전하고 싶다. 특히 몇 개의 장에 대한 심도 있는 검토와 예제 문제의 풀이를 도와준 Christoph Roettelle, Vikas Vats에게 감사한다. 또한 출판에 도움을 준 Chuck Synovec, Prentice Hall, Kerri Tomasso, Anne Fahlgren, Mary Kate Murray, Valerie Patruno 출판사 분들께 감사를 전한다. 마지막으로, 이 책의 독자들께 감사를 드리고 싶다. 부디 이 책을 통해 독자들의 회사나 공급사슬의 성과 향상에 도움이 되었으면 한다. 다음 개정판을 위한 제안이나 수정사항에 대해서는 언제든지 연락주기 바란다.

Sunil Chopra
Peter Meindl

저자에 대하여

SUNIL CHOPRA

Sunil Chopra는 IBM에서 Operations Management 분야의 교수로 활동하였고, Kellogg School of Management에서 Information Systems 분야의 교수로 재직하였다. 그는 Masters of Management and Manufacturing program의 감독을 수행하였으며, Kellogg School of Management와 McCormick School of Engineering at Northwestern University의 복수 학위프로그램의 감독을 담당하고 있다. 그는 현재 Kellogg의 Curriculum & Teaching 분야 수석 학장으로 재직 중이다. 그는 SUNY at Stony Brook에서 Operations Research 분야로 PhD 학위를 받았으며, Kellogg에서 재직하기에 앞서 New York University에서 교수로 활동하였고, IBM Research에서 1년간 재직하였다.

Chopra 교수의 강의 및 관심 연구분야는 Supply Chain & Logistics Management, Logistics Management, Operations Management, Design of telecommunication networks 분야이다. 그는 Kellogg의 MBA 및 Executive program에서 우수강의 상을 수차례 수상하였고, 2권의 책과 35편 이상의 논문을 집필하였다.

그는 *Management Science*, Operation Research의 Department Editor를 맡고 있고, *Manufacturing & Service Operations Management*, *Operations Research*, *Decision Sciences Journal*의 Associate Editor를 맡고 있다. 그의 최근 연구분야는 공급사슬(supply chain)의 위험관리와 적은 비용을 통한 버퍼위험의 효과성에 대한 연구를 진행하고 있다. 그는 또한 공급사슬 관리와 관련한 컨설팅을 진행하고 있다.

PETER MEINDL

Peter Meindl은 현재 Barclays Global Investors의 연구원으로 재직 중이며, 이전에 Boston Consulting Group과 Mercer Management Consulting의 컨설턴트로 활동하였으며, i2 Technologies의 전략기획가로 재직한 경험이 있다. Peter는 Stanford에서 PhD, MS, BS, BA를 취득하였고, Kellogg School at Northwestern에서 MBA 과정을 이수하였다.

차 례

01부 공급사슬 분석을 위한 전략체계 수립

제 1 장 공급사슬의 이해

제 2 장 공급사슬의 성과: 전략적 적합성의 달성과 범위

제 3 장 공급사슬의 요인과 측정 기준

02부 공급사슬 네트워크 설계

제 4 장 배송 네트워크 설계 및 e-비즈니스로의 적용

제 5 장 공급사슬에서의 네트워크 설계

제 6 장 불확실성을 고려한 환경에서의 네트워크 설계

03부 공급사슬에서의 수요와 공급 계획

제 7 장 공급사슬에서의 수요 예측

제 8 장 공급사슬에서의 총괄계획

제 9 장 판매 및 운영 계획: 공급사슬 내의 공급과 수요 계획

04부 공급사슬에서의 재고 계획과 관리

제 10 장 공급사슬에서 규모의 경제 관리: 주기재고

제 11 장 공급사슬에서의 불확실성 관리: 안전재고

제 12 장 제품 가용성의 최적수준 결정

05부 수송 네트워크의 설계와 계획

제 13 장 공급사슬에서의 수송

06부 공급사슬에서의 수요와 공급 계획

제 14 장 공급사슬에서의 외주결정

제 15 장 공급사슬에서의 가격결정과 수익관리

제 16 장 공급사슬에서의 정보기술

제 17 장 공급사슬에서의 협력

제 *1* 부

공급사슬 분석을 위한 전략체계 수립

제1부의 목표는 공급사슬 내의 설계, 운영에 관한 의사결정을 분석하기 위한 전략적 체계를 제공하는 것이다. 이러한 체계는 공급사슬의 목표를 명확히 하고, 원하는 목표에 대해 공급사슬 성과를 향상시킬 수 있도록 경영자의 역할을 파악하는 데 도움을 준다.

제1장에서는 공급사슬을 정의하고 공급사슬상의 의사결정이 기업의 성과에 미치는 영향에 대해 설명한다. 다양한 사례를 통해 공급사슬상의 의사결정과 이것이 성과에 미치는 영향 그리고 기업의 경쟁전략에서의 역할에 대해 설명할 것이다. 제2장에서는 공급사슬 전략과 기업의 경쟁전략 사이의 관계를 기술하고 두 전략 사이의 전략적 적합성의 중요성을 강조하고자 한다. 그리고 성과 향상을 위해서 공급사슬 내의 모든 기능과 단계들에 대한 전략적 적합성의 범위를 어디까지 두어야 할지 토론할 것이다. 제3장에서는 공급사슬의 중요성과 요인인 설비, 재고, 수송, 정보, 외주 결정, 그리고 가격결정에 대해 설명한다. 각 요인과 관련된 주요 의사결정 사항과 측정 기준을 파악하고, 이것과 경쟁전략을 지원하는 기업의 능력이 어떻게 연계될 수 있는지를 알아본다.

제 1 장

공급사슬의 이해

학·습·목·표

이 장을 읽은 후에 여러분은 다음과 같은 것을 할 수 있을 것이다.

1. 공급사슬의 목표에 대해 토론하고 공급사슬상의 의사결정이 기업의 성공에 미치는 영향을 설명할 수 있다.
2. 세 가지 주요 공급사슬 의사결정 단계를 파악하고 각 단계의 중요성을 설명할 수 있다.
3. 공급사슬의 주기 및 푸시/풀 관점에 대해 설명할 수 있다.
4. 기업에서의 공급사슬 거시 프로세스를 분류할 수 있다.

이 장에서는 공급사슬이 무엇인지에 대한 개념적인 이해를 제공하고 공급사슬의 설계, 계획 수립, 운영에 필요한 다양한 논점들을 알아보고자 한다. 특히 기업의 성공을 위한 공급사슬상의 이슈들의 중요성을 논의하고자 한다. 또한 기업이 전략, 계획 수립, 운영 단계에서 고려해야 하는 공급사슬상의 이슈들의 다양성을 강조하기 위해 여러 가지 산업에서의 공급사슬의 예를 분석하고자 한다

1.1 공급사슬이란 무엇인가?

공급사슬은 고객 요구를 충족시키기 위해 직·간접적으로 참여하는 모든 관계자로 구성된다. 공급사슬은 생산자와 공급자뿐만 아니라 운송, 창고관리, 도매자, 그리고 심지어는 고객까지도 포함한다. 생산자와 같은 조직 내부에서의 공급사슬은 고객 요구를 받고 이를 충족시키는 모든 기능을 포함한다. 이러한 기능들은 어느 한 곳에 국한되어 있는 것이 아닌 제품 개발, 마케팅, 생산, 물류, 재정 및 고객 서비스를 모두 포함한다.

어떤 고객이 세제를 구입하러 Wal-Mart에 간다고 하자. 이때 공급사슬은 세제를 구매하고자 하는 고객의 요구에서부터 시작된다. 공급사슬의 다음 단계는 고객이 방문하는 Wal-Mart이다. Wal-Mart사는 그들이 관리하거나 제3자에 의해 운영되는 트럭을 이용하여 분배자가 관리하는 물류창고로부터 완제품 재고를 받아 점포를 채운다. 이 경우에 분배자의 완제품 재고는 생산자(예를 들면, Procter & Gamble[P&G]사와 같은 회사)가 공급한다. P&G사의 생산자는 원자재를 여러 공급자로부터 공급받고, 또한 이 공급자들은 더 하위 단계의 공급자로부터 원자재를 공급받는다. 예를 들면, Pactiv사와 같은 제지회사로부터 포장재를 공급받고, Pactiv사는 또한 다른 하위 공급자로부터 포장재를 만들기 위한 원자재를 공급받는다. 이러한 공급사슬의 형태는 [그림 1.1]에 나타난 바와 같으며 화살표는 유형의 제품 흐름의 방향을 나타낸다.

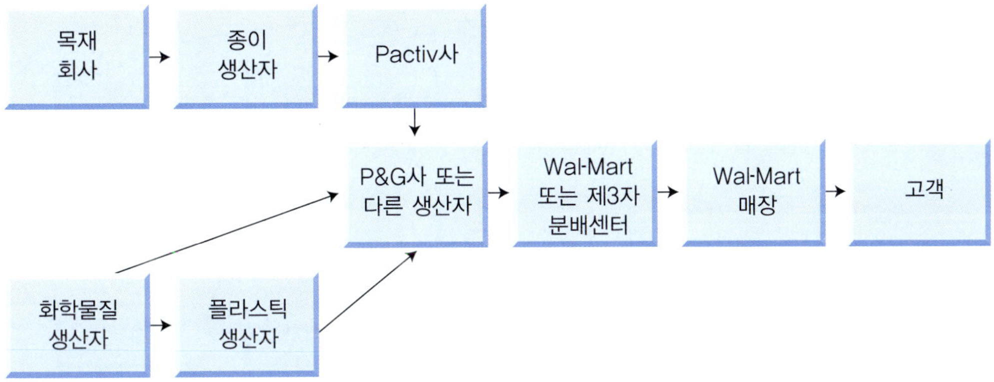

그림 1.1 세제 공급사슬의 각 단계

공급사슬은 역동적이며, 각 단계들 간에는 끊임없는 정보, 제품, 자금의 흐름이 존재한다. 세제 공급사슬의 예에서 Wal-Mart사는 고객에게 제품 자체를 공급하는 것과 더불어 제품의 가격, 구입 가능 여부에 대한 정보 또한 제공한다. 고객은 구매 대금을 Wal-Mart사로 보낸다. Wal-Mart사는 분배센터로 보충 요구 주문과 더불어 현장에서의 판매 데이터도 보낸다. 분배센터는 보충 요구 주문에 대한 제품을 트럭을 통해 Wal-Mart로 보내고, Wal-Mart는 보충이 완료된 후에 구매 대금을 배송자에게 보낸다. 분배자는 또한 가격 정보를 제공하고 분배 계획을 Wal-Mart로 보낸다. 이와 유사한 정보, 자재, 자금 흐름은 전공급사슬에 걸쳐 일어난다.

또 다른 예를 들면, 한 고객이 Dell사로부터 컴퓨터를 온라인으로 구매하고자 할 때 공급사슬은 고객, 고객 주문이 일어나는 웹페이지, Dell사의 조립공장, 그리고 Dell사의 모든 공급자들을 포함한다. 웹페이지는 고객에게 가격과 제품에 대한 정보 그리고 제품 보유 여부에 대한 정보를 제공한다. 제품을 고른 후 고객은 주문 정보를 입력하고 제품 가격을 지불한다. 고객은 웹페이지로 돌아와 주문 상황을 점검한다. 공급사슬의 상위 단계는 주문을 충족시키기 위해 고객 주문 정보를 사용한다. 그 과정은 공급사슬의 여러 단계에서의 정보, 제품, 자금의 또 다른 흐름을 포함하게 된다.

이러한 예들은 고객이 곧 공급사슬의 가장 중요한 부분이라는 것을 보여 준다. 공급사슬이 존재하는 가장 주된 목적은 이윤을 발생시키기 위해 고객 요구를 충족시키는 데에 있다. 공급사슬이란 용어는 한 체인을 따라 원자재 공급자에서 생산자로, 분배자로, 소매자로, 그리고 고객으로 이동하는 제품 흐름 혹은 공급을 떠올리면 된다. 이러한 공급의 사슬과 더불어 이 사슬의 양방향으로 정보, 자금, 제품 흐름을 파악하는 것이 중요하다. 공급사슬이라는 용어는 각 단계마다 역할을 수행하는 주체가 하나씩만 있다는 것을 의미하기도 한다. 그러나 현실적으로 생산자는 여러 공급자로부터 원자재를 공급받을 수도 있고 여러 분배자에게 공급할 수도 있

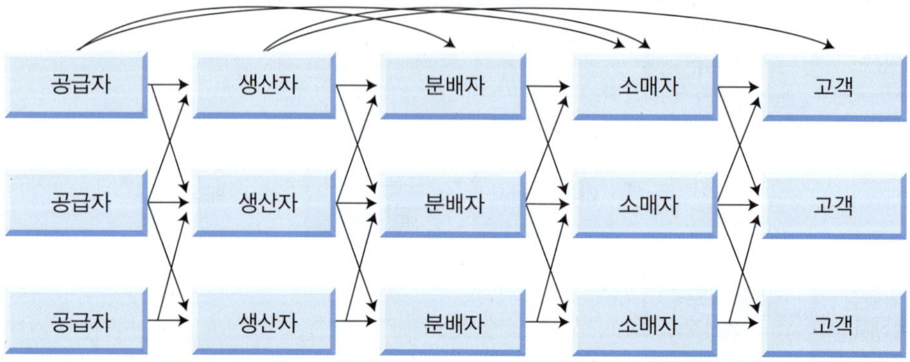

그림 1.2 공급사슬 단계들

다. 그러므로 대부분의 공급사슬은 사실상 네트워크라 할 수 있다. 그림 1.2에서 보여지는 것처럼, 대부분의 공급사슬의 구조를 보다 잘 설명하기 위해서는 공급 네트워크 혹은 공급 웹이라는 용어를 쓰는 게 더 정확할 것이다.

전형적인 공급사슬은 다양한 단계를 포함한다. 이 공급사슬 단계들은 다음과 같은 주체들로 구성된다.

- 고객
- 소매자
- 도매자/분배자
- 생산자
- 부품/원자재 공급자

공급사슬의 각 단계는 제품, 정보, 그리고 자금의 흐름에 의해 서로 연결된다. 이러한 흐름들은 흔히 양방향으로 발생되며 단계 중의 하나에 의해 관리되거나 혹은 매개자에 의해서 관리될 수 있다. 모든 공급사슬에 그림 1.2의 각 단계가 모두 존재할 필요는 없다. 4장에서 다루겠지만, 공급사슬의 올바른 설계는 고객의 요구와 그 요구를 만족시키려는 단계의 역할에 달려 있다. 예를 들어, Dell사는 제품에 대한 고객의 선호도를 고려하여 제공하기 위해 두 개의 공급사슬 구조를 가지고 있다. Dell사의 고객이 맞춤형 PC를 원하는 회사 주문자이거나 개인일 경우, 소매, 배송, 판매를 구분하지 않는 BTO(Build-to-Order) 방식의 공급사슬을 사용한다. 그리고 2007년 이후에 Dell사는 미국의 Wal-Mart, GOME 그룹, 중국의 큰 전자제품 판매기업에 PC를 판매하기 시작하면서 새로운 공급사슬을 설계했다. 이러한 공급사슬은 대형 고객들을 위해 제품을 생산해 두고 판매하는 일반적인 판매 방식이다. 이렇게 두 가지의 공급사슬을 가지고 있는 Dell사는 다른 단계(소매자)를 포함함에 따라 주문 생산 방식만이 아닌 직접 판매 방식도 설계하였다.

1.2 공급사슬의 목표

모든 공급사슬의 목표는 발생되는 전체 가치를 극대화하는 데 있다. 공급사슬이 발생시키는 가치는 고객에게 있어서의 최종 완제품의 가치와 고객 요구를 충족시키는 데 소요된 공급사슬의 노력 가치의 차이이다. 대부분의 상업적 공급사슬에서 가치는 **공급사슬의 수익성**(공급사슬 잉여 이익)과 밀접한 연관이 있다. 공급사슬의 수익성은 고객으로부터 생성되는 수입과 공급사슬에 걸쳐 생기는 총비용과의 차이이다. 예를 들면, Best Buy사로부터 무선 라우터를 사는 고객이 60달러를 내면 이 구매비용은 공급사슬이 받는 수입이다. Best Buy사와 공급사슬의 각 단계들은 정보 전달, 부품 생산, 저장, 운송, 자금 전송 등에 비용을 발생시킨다. 고객이 지불한 60달러와 그 라우터를 만들고 운송하는 공급사슬이 관여한 총비용의 차이가 공급사슬의 수익 또는 잉여이익이라 할 수 있다. 공급사슬 수익성 또는 잉여이익은 모든 공급사슬 단계 및 매개자에 배분되는 이윤의 총합이다. 공급사슬 수익성이 클수록 공급사슬은 더 성공적이다. 공급사슬의 성공은 각 단계별 이윤의 측면이 아닌 공급사슬 전체의 수익성으로 측정된다(다음 장에서 개별 단계의 이윤에 초점을 맞춘 전략이 전체 공급사슬의 이윤 감소를 초래함을 살펴볼 것이다).

공급사슬 수익성의 관점에서 공급사슬의 성공을 정의하였다면 그 다음 단계는 매출과 비용의 근본 원천을 찾는 것이다. 어떠한 공급사슬에서도 이윤의 유일한 원천은 고객이다. Wal-Mart사에서는 세제를 구입하는 고객이 공급사슬을 위한 양의 자금 흐름을 제공하는 유일한 원천이다. 그 밖의 모든 자금 흐름은 공급사슬 내에서 일어나는 단순한 자금의 교환에 지나지 않는다. Wal-Mart사가 공급자에게 지불할 때 그것은 고객이 제공한 자금의 일부분이며 이를 공급자에게 이전하는 것이다. 이러한 자금의 이동은 공급사슬의 비용에 부가된다. 모든 정보, 제품, 자금 흐름은 공급사슬에서 비용을 발생시킨다. 따라서 이 흐름에 대한 적절한 관리는 공급사슬 성공의 열쇠가 된다. 효과적인 공급사슬 관리(또는 공급사슬 경영, Supply Chain Management)는 공급사슬의 수익성을 최대화하기 위해 공급사슬의 자산들 및 제품, 정보, 그리고 자금 흐름의 관리를 포함한다.

이 책에서는 공급사슬 의사결정이 공급사슬 수익성에 미치는 영향에 대한 분석에 초점을 맞출 것이다. 의사결정과 그 영향은 매우 다양한 이유들에 의해 변화될 수 있다. 예를 들어, 미국과 인도에서 이동이 빠른 소비재 공급사슬 구조를 살펴보면, 미국의 분배자들은 인도의 분배자들에 비해 더 작은 역할을 담당한다. 이러한 두 나라의 공급사슬 구조의 차이는 두 나라 각각에서 분배자가 공급사슬의 이익에 미치는 영향이 다르기 때문이라고 설명할 수 있다.

미국에서의 소매업은 큰 생산자로부터 소비재를 구입하는 커다란 사슬들로 광범위하게 통합되어 있다. 이러한 통합은 소매자에게 충분한 규모를 제공하고 있어 분배자와 같은 중개자의 도입이 비용 감소에 도움이 되지 않거나 추가적인 업무로 인해 오히려 비용 증가의 요인이 될 수 있다. 반면에, 인도에는 수백만의 소매점이 있다. 인도의 작은 규모의 소매점들은 그들이 가지고 있을 수 있는 재고량이 제한적이기 때문에 잦은 보충을 필요로 하며, 일회 주문은 미국에서는 한 가정의 매주 식료품 구매량과 비교될 수 있을 만큼 규모가 작다. 생산자에게 있어 수송비용을 절감하는 유일한 방법은 시장 가까이에 대규모 트럭 운반을 하고 그 다음 작은 차량을 통한 "일상 경로"를 이용하여 지역적으로 분배하는 것이다. 대규모 트럭화물을 받고 이를 분할하여 작은 단위로 소매자에게 분배하는 매개자의 존재는 수송비용을 낮게 유지하기 위해 중요하다. 대부분 인도의 분배자는 수많은 생산자로부터 만들어진 식용유에서 비누와 세제에 이르기까지 모든 것들을 저장하는 원스톱 상점이다. 원스톱 쇼핑에 따른 편의 이외에도 인도의 배송자는 다양한 생산자로부터의 제품을 통합하여 소매자들에게 분배함으로써 소매자에 대한 외부 배송과 관련된 수송비용을 줄일 수 있게 한다. 또한 인도의 분배자는 분배자에 의한 수집비용이 각 생산자들이 그들의 소매자들로부터 직접 수집하는 것보다 현저하게 낮기 때문에 수집까지 취급한다. 따라서 인도에서 분배자의 중요성은 그들이 존재하기 때문에 발생하는 공급사슬 잉여이익의 증가에 의해 설명될 수 있다. 공급사슬 잉여이익의 논점에서 보면, 인도에서 소매업의 통합이 시작됨에 따라 분배자의 역할은 감소하게 될 것이다.

1.3 공급사슬 의사결정의 중요성

공급사슬 흐름(제품, 정보, 그리고 자금)의 설계와 관리는 공급사슬의 성공과 밀접한 관련이 있다. Wal-Mart, Dell, 그리고 Seven-Eleven Japan사 등은 공급사슬의 설계, 계획, 그리고 운영에서의 우수성을 통해 성공한 회사들이다. 반면에, Webvan사와 같은 많은 e-비즈니스의 실패는 공급사슬의 설계와 계획에서의 결점 때문이라 할 수 있다. 유사하게, 1994년 Quaker Oats사의 Snapple사 인수는 공급사슬 흐름의 설계와 계획에 대한 무능함이 실제 어떻게 실패로 이어지는지에 대한 한 예이다. 이 절의 뒷부분에서 이러한 사례들에 대해 토의할 것이다.

Wal-Mart사는 기업의 성공을 달성하기 위해 공급사슬의 설계, 계획, 운영을 이용하는 선도자가 되었다. 회사는 시작에서부터 상품과 정보의 효과적인 흐름을 용이하게 하기 위해 수송과 정보의 기반구조에 많은 투자를 하였다. Wal-Mart사는 비용 효율적인 방법으로 소매점에 잦은 보충을 용이하게 할 수 있도록 분배센터 주위에 소매점 군집을 형성하는 공급사슬을 설계하였다. 잦은 보충을 통해 각 매장은 경쟁업체에 비해서 보다 효율적으로 수요와 공급을 일치시킬 수 있었다. Wal-Mart사는 비용을 낮추고 제품의 가용성을 개선하기 위해 공급자들과 정보를 공유하고 협력함으로써 선도기업이 되었고, 그 결과는 인상적이다. 그들의 2008년 연례보고서에 의하면, 수익은 약 3,790억 달러이며 순수익은 127억 달러가 넘는 것으로 보고되고 있다. 이는 1980년 연간 판매액이 겨우 10억 달러였던 것에 비하면 매우 극적인 결과이다. 판매에서의 성장을 통해 연평균 성장률은 23.6%로 나타났다.

1993년에서 2006년 사이에 Dell사는 전례에 없는 성적을 보였고 세계에서 가장 큰 PC 생산자가 되었다. 2006년 Dell사는 수익은 560억 달러에 순수익 35억 달러를 달성하였다. Dell사는 자신의 성공에 있어서 상당 부분이 공급사슬 내의 제품, 정보, 자금의 흐름을 관리하는 그들의 방법에 기인한다고 하였다.

2007년 6월 초, Dell사는 배송자와 소매자 단계를 생략하고 직접 고객에게 판매하였다. 고객과 밀접한 연계와 고객 요구에 대한 이해를 통해 Dell사는 보다 나은 예측을 할 수 있게 되었다. 공급과 수요의 일치를 더욱 증진하기 위해, Dell사는 고객으로 하여금 전화나 인터넷을 사용해 실시간으로 현재 가용한 부품들로 PC를 구성할 수 있도록 유도하는 데 적극적으로 노력하였다.

운영적인 측면에서 Dell사는 생산과 재고를 일부 지역에 집중시키고 주문이 도착하기 전까지 최종 조립을 연기하였다. 결과적으로, Dell사는 매우 낮은 재고를 유지하면서 매우 다양한 PC 구성을 제공하는 것이 가능하였다. 2006년에 Dell사는 5일 분량 이하의 재고를 유지한 반면, 소매자를 통해 판매하는 경쟁업체에서는 몇 주 분량의 재고를 유지하였다. 만약 Intel사가 새로운 칩 하나를 출시하면, Dell사는 낮은 재고 수준을 유지하기 때문에 경쟁업체들보다 빨리 그 칩을 내장한 PC를 출시할 수 있다. 빈번히 발생하듯이 가격이 갑자기 떨어지더라도, Dell사는 경쟁사에 비해 가치가 낮아지는 재고를 적게 보유하게 된다. Sony사에 의해 생산된 모니터처럼, 어떤 제품들의 경우 Dell사는 재고를 갖지 않는다. 수송회사는 텍사스 오스틴의 Dell사 공장에서 적절한 수의 컴퓨터와 멕시코의 Sony사 공장으로부터 모니터를 받아 고객 주문과 일치시키고 고객에게 분배한다. 이러한 과정을 통해 Dell사는 추가적으로 모니터를 관리하는 데 들어가는 시간과 비용을 절감할 수 있다.

Dell사는 또한 매우 효과적으로 현금흐름을 관리하였다. 재고와 미수금, 지급금을 면밀하게 관리함으로써 2006년에는 현금 순환주기가 −44일이 되도록 관리했다. 즉, Dell사는 다른 사람들의 돈으로 그들의 사업을 운영하였다고 할 수 있다.

현재 전례에 없는 성공과 함께 Dell사는 변화하는 시장으로 인한 새로운 도전을 받고 있다. 과거에는 높은 수준의 고객맞춤형 PC를 제공하고 적은 비용이 드는 Dell사의 공급사슬이었지만, 2006년부터 하드웨어 부품이 고객을 만족시키지 못하기 시작하였다. Dell사는 중국과 인도 같은 성장하고 있는 시장에서 자신들의 공급사슬이 발전하는 데 한계가 있다는 것을 알아챘다. 그리고 한계를 극복하고자 2007년 5월 Dell사가 Wal-Mart에 PC를 제공하면서 "our first step"이라는 구호로 세계 판매시장에 PC를 선보였다. 2007년 9월, GOME그룹, 중국의 큰 전자제품 판매기업과 협력을 맺으면서, 기존의 성공적이었던 BTO 생산 방식에 추가적으로 새로운 공급사슬을 설계하여 회사가 성장하는 데 노력했다.

Webvan사와 Kozmo사의 사례와 같은 많은 e-비즈니스의 실패는 적절한 공급사슬을 설계하는 것 또는 효율적으로 공급사슬 흐름을 관리하는 것에 실패했기 때문이라 할 수 있다. Webvan사는 고객의 집까지 식품 등이 배달되도록 미국의 주요 도시에 대규모 물류센터가 있는 공급사슬을 설계하였다. 이러한 공급사슬 설계는 비용 측면에서 전통적인 슈퍼마켓 공급사슬과 경쟁이 되지 못했다. 전통적인 슈퍼마켓의 공급사슬은 고객 근처의 슈퍼마켓까지 제품을 가득 채운 트럭으로 가져다 주면 되었고, 이는 매우 낮은 수송비용으로 가능하였다. 슈퍼마켓은 비교적 빠르게 재고를 회전시켰으며, 매장에서 제품을 고르는 대부분의 활동을 고객이 수행하도록 하였다. 반면에, Webvan사의 재고 회전은 슈퍼마켓에 비해 약간 빠르긴 했지만, 가정으로의 배송에 소요되는 높은 수송비용과 고객 주문에 대해 제품 고르는 일에 대한 높은 노동비용이 발생하였다. 그 결과 성공적인 주식공개상장을 했던 이 회사는 2년만인 2001년에 문을 닫게 되었다.

Snapple사를 인수한 Quaker Oats사는 공급사슬 설계와 관리의 실패가 재정 파탄으로 이어진 또 다른 예를 보여 준다. 1994년 12월, Quaker Oats사는 차와 같은 자연음료를 생산하는 Snapple사를 17억 달러에 인수하였다. 스포츠 음료 분야에서 가장 많이 팔리는 브랜드인 Gatorade는 Quaker Oats사의 가장 성공적인 음료였다. Gatorade는 미국 남부와 남서부에서 강세인 반면에 Snapple은 북동부와 서부 해안에서 강세였다.

Quaker Oats사는 합병의 주요 동기는 Snapple과 Gatorade의 두 배송 시스템 간의 잠재적인 시너지 효과 때문이라고 발표하였다. 그러나 회사는 이 시너지 효과를 얻지 못했다. 문제는 생산공장이 분리되어 있고 소비자 형태가 다르다는 것에서 비롯되었다. Gatorade는 Quaker Oat사 소유의 공장에서 생산되었으나 Snapple은 외부의 공장에 위탁하여 생산되었다. Gatorade는 대부분 슈퍼마켓과 식료품점을 통해 판매되었지만 Snapple은 주로 식당과 독립적인 소매자를 통해 판매되었다. Snapple사를 인수한 후 2년이 넘도록 Quaker Oats사는 두 분배 시스템 간의 시너지 효과를 얻을 수 없었다. 정확히 28개월만에 Quaker Oats사는 인수 당시 가격의 20퍼센트인 약 3억 달러에 Snapple사를 Triarc사에게 매각하였다. 두 공급사슬 간의 시너지를 달성하지 못한 것이 Quaker Oats사에 있어서 Snapple사 인수 실패의 가장 큰 원인이었던 것이다.

키포인트 공급사슬의 설계, 계획 수립, 운영에 관한 의사결정은 기업의 성공과 실패에 매우 중대한 역할을 한다.

다음 절에서는 의사결정의 수행빈도와 의사결정에서 고려하는 시간대에 기반하여 공급사슬의 의사결정 단계를 분류하고자 한다.

1.4 공급사슬의 의사결정 단계

성공적인 공급사슬 관리는 정보, 제품, 자금의 흐름과 관련된 많은 의사결정을 필요로 한다. 각각의 의사결정은 공급사슬의 잉여이익을 늘릴 수 있도록 행해져야 한다. 이러한 의사결정은 각 의사결정의 수행빈도와 각 의사결정이 영향을 미치는 시간축에 따라 세 가지 범주 혹은 단계로 분류할 수 있다. 결과적으로, 의사결정의 각 범주는 해당 의사결정이 고려하는 시간축 전반에 걸친 불확실성을 고려해야만 한다.

1. **공급사슬 전략 및 설계:** 이 단계에서 기업은 제품의 마케팅과 가격정책에 의거해 향후 수 년간 공급사슬의 구조를 어떻게 할 것인가를 결정한다. 이는 공급사슬이 어떤 형태가 될 것인지, 자원이 어떻게 할당될 것인지, 또한 각 단계가 수행하는 프로세스가 무엇인지를 결정하는 것이다. 기업이 수행해야 하는 전략적 의사결정에는 공급사슬의 기능을 외주할 것인지 기업 내부에서 수행할 것인지에 대한 결정, 생산 및 창고 설비의 위치와 용량에 대한 결정, 여러 장소에서 생산되고 저장될 제품에 대한 결정, 수송수단에 대한 결정 등이 포함된다. 이 단계에서 기업은 공급사슬 구성이 기업의 전략적 목표를 뒷받침하고 공급사슬 잉여 이익을 증가시킬 수 있는지를 확인해야 한다. Cisco사의 의사결정 중 부품 공급자의 선택, 생산을 위한 생산자와의 계약, 그리고 물류센터의 위치와 용량의 결정과 같은 의사결정들은 모두 공급사슬의 설계 또는 전략적 의사결정에 해당한다. 공급사슬 설계에 관한 의사결정은 장기적인(수 년 단위) 관점에서 행해지므로, 이를 짧은 기간에 변경하기에는 너무 많은 비용이 든다. 따라서 이러한 의사결정을 할 때 기업은 향후 수 년간 예상되는 시장 상황의 불확실성을 고려해야 한다.

2. **공급사슬 계획:** 이 단계에서의 의사결정은 사분기 단위의 시간축에 대해 이루어진다. 따라서 공급사슬의 형태는 전략 단계에서 이미 결정되어 고정된 상태이다. 고정된 공급사슬 형태는 계획활동에서 고려되어야 하는 제약조건들을 부가한다. 계획의 목표는 전략 및 설계 단계에서 설정된 제약조건들 하에서 계획기간 전반에 걸쳐 생성되는 공급사슬 잉여이익을 최대화하는 것이다. 기업은 여러 시장들에 대한 다음 해(혹은 다음 시간축) 수요 예측을 갖고 계획 단계를 시작한다. 계획에는 어느 시장이 어느 지점으로부터 공급받을지에 대한 결정, 생산 하청 계약, 재고정책, 그리고 마케팅 및 판촉의 규모와 시점에 대한 결정을 포함한다. 주어진 생산 시설이 공급할 시장을 결정하는 것과 생신 시설에서의 목표 생산량을 결정하는 것과 같은 강철 기업 ArcelorMittal사의 의사결정은 계획 단계로 분류된다. 계획은 특정 기간 공급사슬이 수행해야 하는 파라미터를 설정한다. 계획 단계에서 기업은 수요의 불확실성, 환율, 계획기간 동안의 경쟁 등을 의사결정에 고려해야 한다. 계획 단계는 설계 단계에 비해 단기적인 시간축을 고려하고 있고 더 나은 예측이 가능하기 때문에, 이 단계에서 기업은 설계 단계에서 수립한 공급사슬에 유연성을 확보하여 최적의 성과를 얻을 수 있도록 해야 한다. 계획 단계를 통해 기업은 단기 운영에 적용할 운영정책을 정의한다.
3. **공급사슬 운영:** 이 단계에서의 기간은 주 단위 혹은 일 단위이고 이 단계 동안 기업은 개별 고객 주문과 관련된 의사결정을 해야 한다. 운영 단계에서의 공급사슬 형태는 고정되어 있고 계획 및 정책 또한 정의되어 있다. 공급사슬 운영 단계의 목적은 가능한 최적으로 고객 주문을 처리하는 것이다. 이 단계 동안 기업은 개별 주문에 재고 및 생산량을 할당하고, 주문이 충족되는 날짜를 정하고, 창고에서 꺼낼 품목의 리스트를 만들고, 각 주문에 대해 운송과 수송 수단을 할당하고, 트럭 배송 스케줄을 정하고, 보충주문을 한다. 운영적 의사결정은 단기간(분, 시, 일)에 이루어지기 때문에 수요 정보에 대한 불확실성은 적은 편이다. 운영 단계 동안의 목표는 공급사슬 형태와 계획정책에 의해 주어진 제약 내에서 불확실성을 줄이고 성과를 최적화하는 것이다.

공급사슬의 설계, 계획, 운영은 전체 수익성과 성공에 매우 큰 영향을 미친다. Wal-Mart사와 Dell사와 같은 기업의 성공은 그들의 효과적인 공급사슬의 설계, 계획, 운영에 크게 기인한다고 말할 수 있다.

이 장의 뒷부분에서는 지금까지 논의했던 세 가지 의사결정 단계에서 사용될 수 있는 개념과 방법론을 제시한다. 우리의 논의는 주로 공급사슬 설계와 계획 단계에 대해 이루어질 것이다.

키포인트 공급사슬 의사결정 단계는 의사결정이 적용되는 시간대에 따라 설계, 계획, 운영으로 분류할 수 있다.

1.5 공급사슬의 프로세스 관점

공급사슬은 각 단계 내 또는 단계 간에 일어나는 프로세스와 흐름의 연속이고 이는 제품을 필요로 하는 고객의 요구를 충족시킨다. 공급사슬에서 수행되는 프로세스를 바라보는 두 가지 관점이 있다.

1. **주기적 관점**(Cyclic View): 공급사슬의 프로세스는 공급사슬의 연속적인 두 단계의 연결되는 부분에서 수행되는 일련의 주기들로 나누어질 수 있다.
2. **푸시/풀 관점**(Push/Pull View): 공급사슬의 프로세스는 고객 주문 혹은 고객 주문 예측에 대응하여 실행되는 것에 의해 두 분류로 나누어진다. 풀 프로세스는 고객 주문에 의해 시작되고, 푸시 프로세스는 고객 주문 예측에 의해 시작되고 행해진다.

공급사슬 프로세스의 주기적 관점

[그림 1.2]에서 보여지는 공급사슬의 다섯 단계를 고려한다면, 모든 공급사슬 프로세스는 [그림 1.3]처럼 다음의 네 가지 프로세스 주기로 나눌 수 있다.

- 고객 주문주기
- 보충주기
- 생산주기
- 조달주기

각 주기는 공급사슬의 두 연속 단계의 연결된 부분에서 일어난다. 다섯 개의 공급사슬 단계는 곧 네 개의 공급사슬 프로세스 주기를 발생시킨다. 모든 공급사슬이 네 개의 공급사슬 주기로 명확히 구분되는 것은 아니다. 예를 들면, 소매자가 완성품 재고를 관리하고 생산자 혹은 분배자에게 보충주문을 하는 식품점 공급사슬은 네 개의 분리된 주기를 갖기 쉽다. 반대로, Dell사는 고객에게 직접 판매하므로 소매자와 분배자 단계가 생략된다.

각 주기는 [그림 1.4]처럼 6가지의 세부 프로세스를 포함하고 있다. 각 주기는 고객에 대해

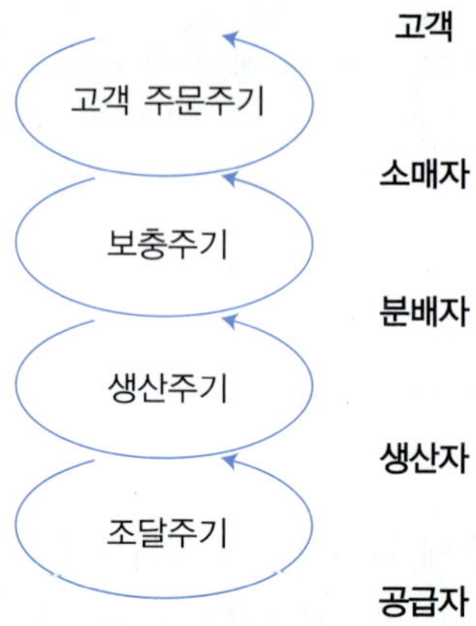

그림 1.3 공급사슬 프로세스의 주기들

공급자가 제품을 출시하는 것에서 시작된다. 구매자는 주문을 발생시키고 공급자는 주문을 받게 된다. 공급자는 주문에 대해 공급하고 구매자는 공급되는 제품을 받는다. 구매자는 제품 중 일부 또는 재활용품을 해당 공급자나 제3공급자에게 되돌려 줄 수도 있다. 이후 이와 같은 주기활동은 다시 반복된다.

거래와 관련된 당사자에 따라서 각 공급사슬 주기에 [그림 1.4]의 세부 프로세스를 적용할 수 있다. 고객들이 Amazon사에서 온라인으로 서적을 구입하려고 한다면, 이는 고객이 구매자이고 Amazon사는 공급자가 되는 고객 주문주기이다. 반면에, Amazon사가 재고 보충을 위해 분배자에게 책을 주문한다면, 이는 Amazon사가 구매자가 되고 분배자는 공급자가 되는 보충주기가 된다.

각 주기 내에서 구매자의 목표는 제품의 구매 가용 여부를 확신하고 주문에 있어 규모의 경제를 달성하는 것이다. 공급자는 고객의 주문을 예측하고 주문의 접수비용을 줄이려 한다. 그런 다음, 공급자는 제시간에 주문을 충족시키고 주문 충족과정의 효율성과 정확성을 개선하는 일을 하게 된다. 구매자는 제품 수령과정의 비용을 줄이는 데 노력하게 된다. 비용의 절감과 환경보호 목표 부합을 위해 역흐름이 관리된다.

각 주기의 기본적인 세부 프로세스는 동일하지만 주기들 간에 몇 가지의 중요한 차이가 있다. 고객 주문주기에서 수요는 공급사슬의 외부요인이어서 불확실하다. 다른 모든 주기에서도 주문의 발생은 불확실하지만 이어지는 공급사슬 단계의 정책에 기반하여 예측될 수 있다. 예를 들면, 조달주기에 있어서 자동차 생산자에게 타이어를 공급하는 타이어 공급자는 자동차 생산자의 생산 계획을 미리 안다면 타이어의 수요를 정확히 예측할 수 있다. 각 주기들 간의 두 번째 차이는 일회 주문의 규모에 대한 것이다. 개인 고객은 한 대의 차를 구입하지만 판매

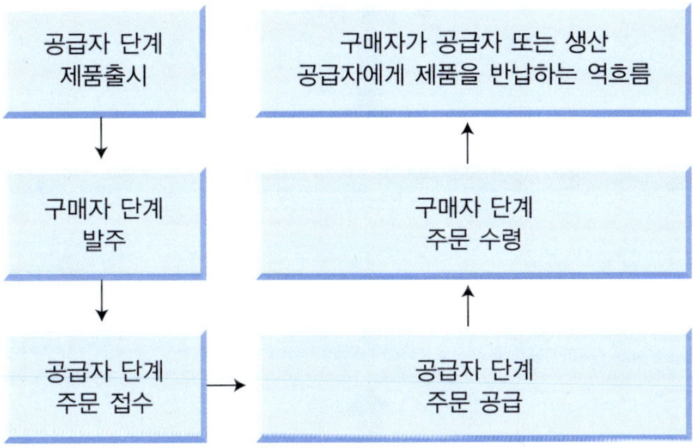

그림 1.4 각 공급사슬 프로세스 주기에서의 세부 프로세스

자는 생산자에게 한번에 다수의 차를 주문하고, 생산자는 공급자에게 훨씬 더 많은 양의 타이어를 주문하게 된다. 고객에서 공급자에게로 옮겨감에 따라 개별 주문의 수는 감소하지만, 각 주문의 규모는 증가하게 된다. 따라서 최종 고객에서 멀어질수록 공급사슬 단계 전반에 걸쳐 정보와 운영정책을 공유하는 것의 중요성이 커진다.

공급사슬의 각 참여자들의 역할을 분명히 할 수 있기 때문에 공급사슬의 주기적 관점은 운영 단계의 의사결정을 할 때 매우 유용하다. 주기적 관점을 통한 공급사슬의 프로세스에 대한 상세한 기술은 공급사슬 설계자들로 하여금 공급사슬의 프로세스를 지원하기 위해 필요한 기반구조를 고려할 수 있도록 한다. 예를 들어, 공급사슬 운영을 지원하는 정보 시스템의 구축 시에 주기적 관점은 유용하게 이용될 수 있다.

키포인트 공급사슬의 주기적 관점은 각 프로세스와 관련된 프로세스와 그것의 주체들을 확실히 정의한다. 이 관점은 운영 단계의 의사결정을 고려할 때 매우 유용하다. 왜냐하면 이는 공급사슬의 각 주체의 역할과 책임과 각 프로세스에서 요구되는 결과를 명시하기 때문이다.

공급사슬 프로세스의 푸시/풀 관점

공급사슬의 모든 프로세스들은 최종 고객 수요의 시점에 비교한 프로세스의 실행 시점에 따라 두 개 범주로 분류된다. 풀 프로세스에서 실행은 고객 주문에 반응하여 시작된다. 푸시 프로세

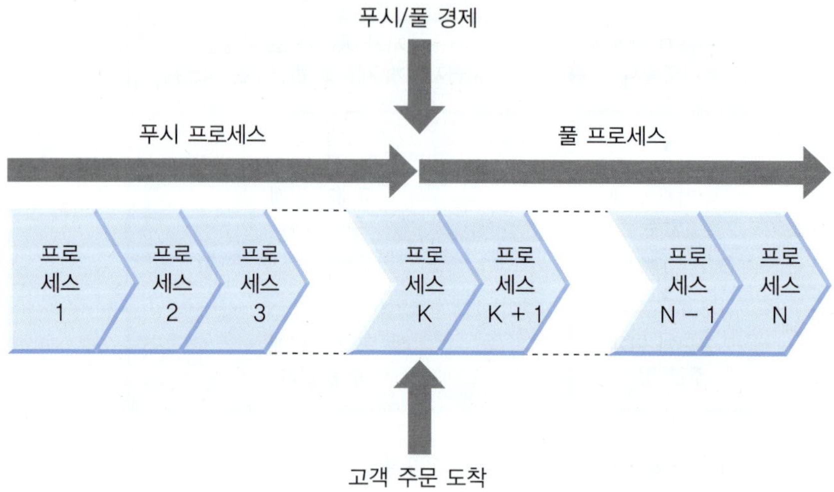

그림 1.5 공급사슬의 푸시/풀 관점

스는 고객 주문을 예측하여 시작한다. 따라서 풀 프로세스는 실행 시점에서 수요가 확실하게 알려져 있는 반면, 푸시 프로세스의 실행 시점에서 수요는 알려져 있지 않으므로 예측해야 한다. 풀 프로세스는 실제 고객 수요에 반응해야 하기 때문에 반응적인 프로세스라고도 하며, 푸시 프로세스는 실제 수요보다는 추론된(혹은 예측된) 수요에 반응하기 때문에 추론적인 프로세스라고도 한다. [그림 1.5]와 같이 공급사슬에서 푸시/풀의 경계는 풀 프로세스와 푸시 프로세스를 분리한다. 푸시 프로세스는 고객의 수요가 아직 알려져 있지 않기 때문에 불확실한 환경에서 운영된다. 풀 프로세스들은 고객의 수요가 알려져 있는 환경에서 운영되지만 푸시 단계에서 수립된 재고와 용량에 대한 의사결정에 의해 종종 제한될 수 있다.

푸시/풀 관점과 주기 관점을 비교하기 위해 L.L.Bean사와 같은 계획 생산 환경과 Dell사와 같은 주문 생산 환경을 비교해 보자.

L.L.Bean사는 고객의 주문이 도착한 후 고객 주문주기의 모든 프로세스들을 실행한다. 고객 주문주기상의 모든 프로세스들은 풀 프로세스이다. 미리 고객 주문에 대한 예측을 통해 만들어 놓은 재고에서 고객 주문은 충족된다. 보충주기의 목적은 고객 주문이 도착했을 때 제품의 공급 가능성을 확보하는 것이다. 보충주기의 모든 프로세스들은 수요 예측에서 일어나므로 푸시 프로세스이며, 생산주기와 조달주기에도 마찬가지로 적용된다. 실제로 섬유와 같은 원자재는 고객 수요가 발생하기 여섯 달 내지 아홉 달 전에 구입되기도 한다. 생산 그 자체는 판매하기 석 달 내지 여섯 달 전에 시작된다. L.L.Bean사 공급사슬의 프로세스는 [그림 1.6]과 같이 풀과 푸시 프로세스로 분리된다.

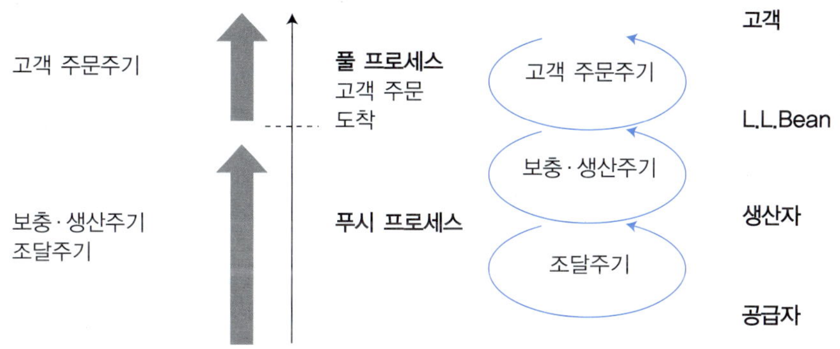

그림 1.6 L.L.Bean사 공급사슬의 푸시/풀 프로세스

Dell사와 같은 주문 생산 컴퓨터 생산회사의 경우는 상황이 다르다. Dell사는 소매자나 분배자를 통해 팔지 않고 고객에게 직접 판매한다. 수요는 완제품 재고에서 충족되는 것이 아닌 생산을 통해서 충족된다. 고객 주문 도착은 해당 제품의 생산을 시작하게 한다. 따라서 생산주기는 고객 주문주기의 고객 주문 충족 프로세스의 한 부분이 된다. Dell사의 공급사슬에는 사실상 두 개의 주기만이 있을 뿐이다. 이는 [그림 1.7]에서 보여지듯이 (1) 고객 주문 및 생산주기 그리고 (2) 조달주기이다.

Dell사에서의 고객 주문 및 생산주기의 모든 프로세스들은 고객 주문 도착에 의해 시작되기 때문에 풀 프로세스로 분류된다. 그러나 Dell사는 고객 주문에 따라 부품을 주문하지는 않는다. 재고는 고객 수요 예측에 의해 보충된다. Dell사의 조달주기의 모든 프로세스들은 예측에 따라 수행되기 때문에 푸시 프로세스로 분류된다. Dell사 공급사슬의 프로세스는 [그림 1.7]과 같이 풀과 푸시 프로세스로 분리된다.

공급사슬의 푸시/풀 관점은 공급사슬 설계와 관련된 전략적 의사결정을 할 때 매우 유용하다. 목표는 공급사슬이 효과적으로 수요와 공급을 맞출 수 있도록 적절한 푸시/풀의 경계를 찾는 것이다.

페인트 산업은 푸시/풀의 경계를 적절하게 적용하는 또 다른 좋은 예이다. 페인트 생산에는 기본색 생산, 적합한 색상이 되도록 혼합, 포장 등의 과정이 있다. 1980년대까지는 이러한 모든 생산과정은 큰 공장 안에서 이루어졌고, 페인트통들은 매장으로 운송되었다. 이러한 프로세스는 고객의 수요에 대한 예측에 의해 이루어졌기 때문에 푸시 프로세스로 간주할 수 있다. 수요의 불확실성으로 인해 페인트 공급사슬은 수요와 공급을 맞추는 데 매우 큰 어려움을 겪었다. 1990년대, 페인트 공급사슬은 고객으로부터 주문이 발생한 이후에 소매점에서 색깔을 혼합하는 형태로 재구성되었다. 즉, 기본색을 준비하고 페인트통에 포장하는 것은 여전히 푸시

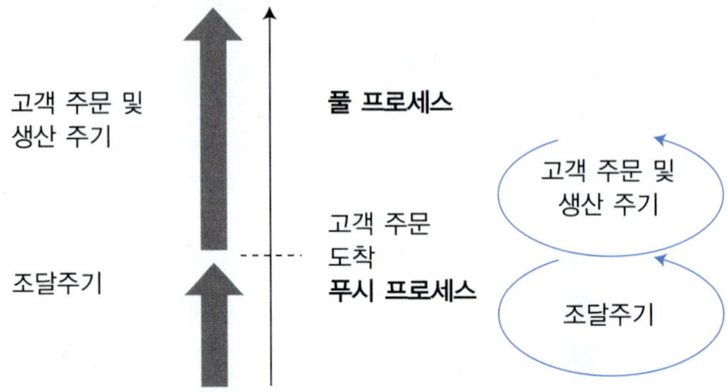

그림 1.7 Dell사 공급사슬의 푸시/풀 프로세스

단계에서 이루어지지만 색상 혼합은 공급사슬의 푸시 단계에서 풀 단계로 옮겨 간 것이다. 그 결과 공급사슬 전반에 걸친 페인트 재고는 줄어들었음에도 고객들은 원하는 색상의 페인트를 항상 구할 수 있었다.

키포인트 공급사슬의 푸시/풀 관점은 고객 수요에 반응해서 시작되느냐(풀) 혹은 고객 주문 예측에 반응해서 시작되느냐(푸시)에 따라 프로세스들을 분류한다. 이 관점은 공급사슬 설계에 관한 전략적 의사결정을 할 때 매우 유용하다.

기업에서의 공급사슬 거시 프로세스들

두 개의 프로세스 관점에서 논의되었고 이 책의 전반에 걸쳐 논의될 모든 공급사슬 프로세스들은 [그림 1.8]에서와 같이 다음 세 개의 거시 프로세스들로 구분될 수 있다.

1. **고객 관계 관리**(Customer Relationship Management: CRM): 기업과 고객들 사이의 연계와 관련된 모든 프로세스
2. **내부 공급사슬 관리**(Internal Supply Chain Management: ISCM): 기업 내부의 모든 프로세스
3. **공급자 관계 관리**(Supplier Relationship Management: SRM): 기업과 공급자 사이의 연계와 관련된 모든 프로세스

세 개의 거시 프로세스들은 고객의 요구를 발생시키고, 접수하고, 충족시키기 위해 필요한 정보, 제품, 그리고 자금의 흐름을 관리한다. CRM 거시 프로세스는 고객의 수요를 발생시키

고, 주문의 배치와 추적을 용이하게 하는 것을 목표로 한다. CRM에는 마케팅, 가격결정, 판매, 주문 관리, 그리고 콜센터 관리와 같은 프로세스가 포함된다. W.W. Grainger사와 같은 산업장비 공급자에서 CRM 프로세스는 카탈로그 및 다른 마케팅 자료의 준비, 웹사이트의 관리, 주문 접수와 서비스를 제공하는 콜센터 관리 등을 포함한다. ISCM 거시 프로세스는 CRM 프로세스에 의해 생성된 수요를 적시에 최소의 비용으로 충족시키는 것을 목표로 한다. W.W. Grainger사에서의 ISCM 프로세스는 창고의 위치와 크기에 대한 계획, 각 창고에 어떤 제품을 적재할지에 대한 결정, 재고 관리정책, 그리고 실제 주문에 대한 집하, 포장, 선적 등을 포함한다. SRM 거시 프로세스는 다양한 상품과 서비스를 위해 공급자들을 조정하고 관리하는 것을 목표로 한다. SRM 프로세스는 공급자의 평가와 선정, 공급조건에 대한 협상, 새로운 제품과 주문과 관련한 공급자와의 의사소통 등을 포함한다. W.W. Grainger사에서의 SRM 프로세스는 다양한 제품을 위한 공급자 선정, 공급자와의 가격과 배송조건에 대한 협상, 공급자와 수요 및 공급 계획 공유, 보충주문의 발주 등을 포함한다.

세 개의 공급사슬 거시 프로세스와 그 구성 프로세스들은 [그림 1.8]에 나타난 바와 같다.

세 개의 거시 프로세스가 모두 동일한 고객에게 서비스를 제공하는 것에 목적을 두고 있다는 점을 주목하자. 공급사슬이 성공적이기 위해서는 세 개의 프로세스가 잘 통합되는 것이 매우 중요하다. 이러한 통합의 중요성에 대해서는 16, 17장에 논의되어 있다. 기업의 조직구조는 통합 노력의 성공과 실패에 큰 영향을 준다. 많은 기업에서 마케팅부서는 CRM 거시 프로세스를 담당하고, 생산부서는 ISCM 거시 프로세스를 담당하며, 구매부서는 SRM 거시 프로세스를 담당하는데, 이들 부서 간의 의사소통은 거의 이루어지지 않는다. 마케팅부서와 생산부서가 서로 다른 두 개의 예측을 통해 각자 계획을 수립하는 일은 비일비재하다. 이러한 통합의 부재는 수요와 공급을 효과적으로 일치시키는 공급사슬 능력에 해가 되며, 결국 높은 비용과 고객 불만족을 이끌게 된다. 따라서 기업은 각 거시 프로세스의 담당자가 각자 해당 거시 프로세스를 잘 반영하면서 상호간에는 의사소통과 협조가 잘 이루어질 수 있도록 공급사슬 조직을 구성해야 한다.

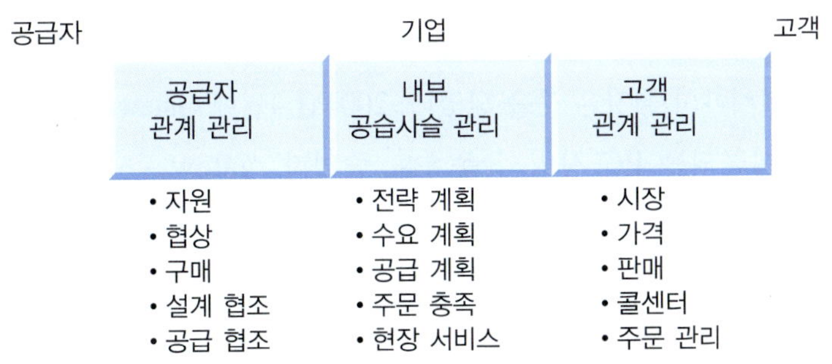

그림 1.8 공급사슬 거시 프로세스

키포인트 기업 내에서 모든 공급사슬 활동은 CRM, ISCM, SRM의 세 가지 거시 프로세스 중 하나에 속한다. 세 가지 주요 프로세스의 통합은 성공적인 공급사슬 관리를 위해 매우 중요하다.

1.6 공급사슬의 예

이 절에서는 몇 가지 공급사슬의 예를 살펴보고, 이들 공급사슬들에 있어 설계, 계획, 운영 단계에서 해결해야만 하는 몇 가지 질문들에 대해 논의한다. 다음 장에서는 이러한 질문에 답을 얻는 데 이용할 수 있는 개념에 대해 논의하고 방법론을 제시한다.

Gateway: 직접 판매 생산자

Gateway사는 1985년에 설립된 PC 생산자로 소매점 없이 직접 판매를 시작했다. 1996년 Gateway사는 온라인에서 PC 판매를 시작한 최초의 PC 생산자 중 하나였다. 수 년간 Gateway사는 아시아 태평양과 유럽에서 판매와 생산을 함으로써 운영을 세계적으로 확장하였다. 1999년에 회사는 미국에 3개, 아일랜드에 1개, 그리고 말레이시아에 1개의 공장을 갖게 되었다.

1990년대 후반, Gateway사는 미국 전역에 소매점을 개장하는 공격적인 전략을 도입하였다. 2002년 1월까지 Gateway사는 미국 내에 약 280개의 소매점을 개장하였다. Gateway사의 전략은 소매점에서는 완제품의 재고를 전혀 보유하지 않으면서, 소매점을 단지 고객들이 PC를 시험해 보고 구매하고자 하는 PC 사양 결정에 도움을 주는 데 이용하는 것이었다. 고객이 주문을 하게 되면 하나의 조립공장에서 주문에 대한 PC가 만들어지고 고객에게 운반되었다.

초기에는 Gateway사의 이러한 전략에 대해 투자자들은 칭찬하였고, 1999년 후반에는 주식 가격도 주당 80달러 이상까지 상승하였다. 그러나 이 성공은 계속되지 못했다. 2002년 11월에 Gateway사의 주식은 4달러 이하로 하락하였고 회사는 엄청난 돈을 잃게 되었다. 솔트레이크 시티, 아일랜드, 말레이시아의 공장은 문을 닫았다. 2004년 4월에 Gateway사는 모든 소매점을 폐쇄하고 고객에게 제공되는 PC 사양의 종류도 줄였다. gateway사의 2007년 8월에는 Taiwan's acer사에 7억 1천만 달러에 팔리게 되었는데, 이때 Best Buy와 Circuit City 같은 10가지 전자제품 도매상을 통해 팔리게 되었다. 여러분이 상상할 수 있는 것처럼 이것은 회사에 있어서 엄청난 변화였다.

다음의 질문들은 Gateway사의 성과와 관련한 공급사슬 의사결정에 대해 강조하고 있다.

1. Gateway사는 왜 미국 내에 다수의 생산공장을 가지고 있었는가? 최근 몇 년 동안 Dell사 역시 미국 내의 공장을 4개로 늘렸다. 생산공장의 수가 증가되면서 제공되는 장점과 단점은 무엇인가? Gateway사는 고객의 주문에 어떤 공장이 생산하고 운송할지를 어떻게 결정하였는가?
2. Gateway사는 어떤 공장을 폐쇄할지의 결정을 할 때 어떤 요소를 고려하였는가?
3. Gateway사는 왜 그들의 소매점에 완제품 재고를 보유하지 않는 것을 선택하였는가?
4. 소매점에 투자를 한 기업은 완제품 재고를 보유해야 하는가? 완제품 재고를 보유하기에 적합한 제품의 특성은 무엇인가? 주문에 의해 생산되기에 적합한 제품의 특성은 무엇인가?
5. 소매점이 없는 Dell사의 직접 판매 모델이 소매점이 있는 공급사슬에 비해 항상 저렴한가?
6. PC 사양의 종류를 줄인 Gateway사의 의사결정은 공급사슬에서 어떤 의미를 갖는가?

ZARA: 의류 생산 및 소매

Zara는 스페인의 대규모 의류 생산 및 소매자인 Inditex사가 소유하고 있는 패션 매장체인이다. 2007년에 Inditex사는 68개국의 3,600개가 넘는 소매점으로부터 95억 유로의 매출액을 달성하였다고 밝혔다. 2007년, 회사는 매일매일 두 개의 매장을 개장했다. 고객의 요구가 변덕스러운 산업에서 Zara는 적정한 가격과 유행의 변화에 신속히 대응하는 전략으로 빠르게 성장하였다. 의류 산업에서 디자인-판매 주기시간이 통상적으로 6개월 이상이었던 것에 반해, Zara는 이 주기시간을 5~6주로 단축하였다. 이 속도는 Zara로 하여금 매주 새로운 디자인의 출시와 매 3~4주에 전시상품의 75퍼센트를 바꾸는 것을 가능하게 하였다. 따라서 전시된 Zara의 제품들은 경쟁자에 비해 보다 더 가깝게 고객의 선호에 맞출 수 있었다. 그 결과 Zara는 대부분의 상품을 정가에 판매하였고, 경쟁자에 비교하여 절반 정도의 제품만을 가격 인하하여 판매하였다.

Zara는 의류 생산에 유연하고 빠른 유럽(대부분 포르투갈과 스페인)의 공급자와 낮은 비용의 아시아 공급자를 같이 이용하였다. 이는 대부분의 의류 생산자가 생산을 아시아로 이동한 것과 대조적이다. Inditex사는 약 40퍼센트의 생산능력을 소유하고 있으며 나머지는 외주 생산한다. 수요의 불확실성이 높은 제품들은 유럽에서 생산되는 반면, 보다 수요 예측이 가능한 제품은 아시아 지역으로부터 생산한다. 완제품 구매량의 40퍼센트 이상과 기업 내부 생산의 대부분은 판매시즌이 시작된 후에 이루어진다. 이는 전형적인 소매점에서는 판매시즌 시작 후의 생산이 20퍼센트 미만인 것과 비교된다. 이러한 대응성과 유행이 알려질 때까지 의사결정을 지연하는 것을 통해 Zara는 재고를 줄이고 예측오차를 줄일 수 있었다. Zara는 또한 최근 판매 자료가 재고 보충과 생산 의사결정에 활용될 수 있도록 하는 정보기술에 많은 투자를 하였다.

2007년 Inditex 회사는 스페인에 있는 8개의 배송센터에서 세계 각지로 제품을 보냈다. 유럽 시장에는 24시간 이내로 제품을 배송하였고 미국과 아시아에는 배송센터로부터 최대 40시간까지 제품을 운반하였다. 배송센터로부터 소매점까지 제품을 운반하는 것은 몇 시간이 소요되었고, 그로 인해 고객의 수요가 상점의 재고와 거의 근사한 결과를 얻을 수 있어, 2007년 Inditex는 세계적으로 6억 2,700만 개의 의류를 배송하였다.

다음의 질문은 Zara의 전략과 성공과 관련한 공급사슬의 논점들에 대한 것이다.

1. Zara가 매우 대응적인 공급사슬을 통해 경쟁업체에 비해 얻게 된 장점은 무엇인가?
2. Inditex사는 왜 기업 내 생산과 외주 생산 두 가지 모두를 선택하였는가? Inditex사는 아시아에서의 생산이 더 저렴함에도 왜 유럽에 생산 시설을 유지하였는가?
3. Zara는 왜 수요가 불확실한 제품은 지역 생산으로 조달하고, 예측 가능한 수요의 제품은 아시아 생산자로부터 조달하였는가?
4. Zara가 소매점에 더 적은 빈도수로 보충하는 것에 비해 주당 2회씩 보충하는 것으로 얻을 수 있는 이점은 무엇인가? 이러한 보충의 빈도가 분배 시스템의 설계에 어떻게 영향을 미치는가?
5. 생산, 분배, 그리고 소매 네트워크를 효과적으로 운영하기 위해 Zara에게 어떤 정보 기반구조가 필요하겠는가?

W.W. GRAINGER와 McMASTER-CARR: 소모성 부품(MRO) 공급자

W.W. Grainger사와 McMaster-Carr사는 소모성 제품들을 판매한다. 두 회사 모두 웹페이지와 카탈로그를 통해 주문을 받는다. W.W. Grainger사는 또한 미국 전역에 걸쳐 수백 개의 지점을 보유하고 있다. 고객은 지점에 직접 오거나 인터넷을 통해 주문을 한다. W.W. Grainger사는 고객에게 직접 제품을 배달하거나 혹은 고객이 지점에 직접 와서 주문한 제품을 가져간다. 반면 McMaster-Carr사의 경우, 특별한 경우를 제외하고 대부분의 경우 제품에 대한 주문은 직접적인 배달을 통해 이루어진다. W.W. Grainger사는 9개의 분배센터를 보유하고 있는데 이들은 고객의 주문을 처리하고 지점의 재고를 채워주는 데 이용된다. McMaster-Carr사는 고객의 주문을 처리하기 위한 분배센터만을 보유하고 있다. McMaster-Carr사와 W.W. Grainger사 모두 직접적으로 제품을 생산하지는 않는다. 즉, 그들은 분배자 혹은 소매자로서의 역할만을 한다. 그들의 성공은 공급사슬 관리 능력과 크게 연관되어 있다.

두 회사 모두 고객에게 엄청나게 많은 수의 제품을 제공한다. Grainger 재고는 약 200,000개, McMASTER는 500,000개를 제공하며, GRAINGER는 자사의 공급업체로부터 재고로 갖지 않는 제품도 제공한다. 두 회사는 모두 다음과 같은 전략적, 운영적인 문제에 봉착해 있다.

1. 얼마나 많은 분배센터가 있어야 하며, 어디에 위치시켜야 하는가?
2. 분배센터에서 제품 재고를 어떻게 관리해야 하는가? 모든 분배센터가 모든 제품을 보관해야 하는가?
3. 어떠한 제품들이 재고로 있어야 하며, 어떠한 제품들이 공급자에게 남아 있어야 하는가?
4. W.W. Grainger사는 어떠한 제품들을 지점에서 재고로 유지해야 하는가?
5. 주문을 충족시키기 위해서 분배센터와 시장은 어떻게 할당되어야 하는가? 하나의 분배센터에 의해 주문이 완벽하게 충족되지 않는다면, 무엇을 해야 하는가? 지원센터가 미리 선정되어 있어야 하는가? 그렇다면 그러한 지원센터는 어떻게 선정되어야 하는가?
6. 수많은 재고 위치에 대해 제품재고의 보충은 어떻게 관리되어야 하는가?
7. 현재의 오프라인 업무와는 상대적으로 인터넷을 통해 들어오는 주문은 어떻게 처리해야 하는가? 두 가지 업무를 통합하는 것이 좋을까 아니면 따로 운영하는 것이 좋을까?
8. 주문에 의한 제품의 분배와 재고의 보충을 위한 제품의 배송에는 어떠한 수송수단을 이용해야 하는가?

TOYOTA: 세계적인 자동차 생산자

Toyota사는 일본 최고의 자동차 생산자로 20세기의 마지막 20년 동안 전세계적으로 엄청난 판매 성장률을 달성하였다. 현재 Toyota사가 직면한 핵심 문제는 전세계적인 생산과 분배의 네트워크를 설계하는 것이다. Toyota사의 세계화 전략의 핵심은 모든 중요 시장에 공장을 개설하는 것이다. Toyota사는 각 공장의 생산능력을 결정해야만 하는데 이는 Toyota사가 원하는 분배 시스템에 결정적인 영향을 미칠 수 있다. 극단적으로 각각의 공장은 해당 지역의 수요량만을 공급할 수 있다. 반대로 각 공장이 모든 시장에 공급할 수도 있다. 1996년 이전에 Toyota사는 각각의 시장에 대한 지역별 특성화된 공장정책을 추진하였다. 1996/1997년의 아시아 금융위기 이후 Toyota사는 각 공장이 지역시장이 약화되어도 외부 지역의 강세인 시장에 빠르게 제품을 공급할 수 있도록 하는 공장의 재설계에 눈길을 돌렸다. Toyota사는 이 전략을 "세계적 보완화(global complementation)"라고 명명하였다.

Toyota사의 부분품 공장들에 대해서도 세계화를 할지 지역화를 할지 역시 중요한 문제이다. 부분품 공장들이 지역적 공급을 위해 설계되어야 하는가? 아니면 여러 조립공장에 공급할 수 있는 세계화된 부품공장을 두어야 할 것인가? Toyota사와 같은 세계적 생산자의 경우 공급사슬의 구조 그리고 능력과 관련하여 다음과 같은 문제를 생각해 볼 수 있다.

1. 공장은 어디에 세워야 하며, 각각의 공장들은 어느 정도의 유연성과 어느 정도의 생산능력을 지니고 있어야 하는가?
2. 공장들은 모든 시장에 제품을 공급할 능력을 지녀야 하는가 아니면 특정 시장에만 제품을 공급할 능력을 지녀야 하는가?
3. 공장은 시장에 어떻게 할당되어야 하는가? 그리고 이러한 할당의 의사결정은 얼마나 자주 수정되어야 하는가?
4. 분배 시스템은 어떤 종류의 유연성을 지녀야 하는가?
5. 이러한 유연성에 대한 투자는 어떻게 가치평가되어야 하는가?
6. 이러한 유연성을 촉진하기 위해 제품을 설계할 때 어떻게 해야 하는가?

Amazon.com: e-비즈니스

Amazon.com은 책, 음반, 그리고 다른 제품들을 인터넷을 이용하여 판매하고 있는 소비자 e-비즈니스 분야의 선도기업 중 하나이다. 시애틀에 기반을 둔 Amazon사는 고객 주문에 기반하여 공급자로부터 책을 구매하여 고객 주문을 만족시키는 방법으로 사업을 시작하였다. 이러한 방법은 고객의 주문량을 예측하여 출판업자에게 직접 책을 구매하고 재고로 쌓아 두는 전통적인 서점의 방법과 매우 달랐다. 2008년에 Amazon사는 재고를 보관하는 8개의 창고를 보유하였다. Amazon사는 베스트셀러들에 대해서는 재고를 유지하지만 그 외의 제품에 대해서는 여전히 공급자 또는 출판업자로부터 공급받고 있다. Amazon사는 고객에게 책을 배송하는 데 우편 혹은 UPS사나 FedEx사와 같은 소포 운송업체를 이용한다.

Amazon사는 온라인에서 판매되는 제품의 범위를 계속 확장시켜 나갔다. 서적과 음반뿐 아니라 장난감, 의류, 전자 제품, 보석, 그리고 신발 등 많은 제품의 범주를 추가하였다. 몇 년간 손실을 겪은 후 Amazon사는 2003년부터 이익을 거둬들였다.

Borders사나 BarnesandNoble사와 같은 전통적인 서적 판매자를 포함하여 여러 전통 제조기업들이 인터넷을 통한 판매를 시작하였다. Borders사는 초기에 온라인 비즈니스 운영을 시도한 후 온라인 주문을 충족시키기 위해 Amazon사를 이용한 반면, Barnes & Noble사는 독립된 회사로 BarnesandNoble.com을 세웠다. Barne & Noble사의 경우 소매점과 온라인 공급사슬이 어느 정도 창고와 수송을 공유하였다. 이는 어떠한 Barnes & Noble 서점에서도 Barnes andNoble.com을 찾아볼 수 없도록 한다는 회사의 최초 전략에서는 벗어나는 것이었다.

다음은 Amazon사가 어떻게 구성되었으며, 이에 대한 전통적인 서적 판매자들이 어떻게 반응하였는지와 관련한 몇 가지 질문들이다.

1. Amazon사는 성장함에 따라 왜 창고를 늘렸는가? 얼마나 많은 창고를 보유해야 하며 창고들을 어디에 위치시켜야 하는가?
2. 전통적인 서점에 비교하여 인터넷을 통한 서적 판매의 장점은 무엇인가? 인터넷을 통한 판매의 단점에는 어떤 것이 있는가?
3. Amazon사는 판매하는 모든 책을 재고로 가지고 있어야 하는가?
4. 전통적인 판매기업이 온라인 판매망의 구축을 통해 얻을 수 있는 이익은 무엇인가? 최대의 이익을 얻기 위해 온라인과 오프라인 두 가지 판매망을 어떻게 이용해야 하는가?
5. Barnes & Noble사와 같은 전통적인 서적 판매자는 현재의 공급사슬과 전자상거래를 통합하여 운영해야 할 것인가 아니면 독자적인 공급사슬로 운영해야 할 것인가?
6. 어떠한 제품이 전자상거래를 통해 거래가 이루어지면 최대 이점을 지닐 수 있을까? 그러한 제품의 성격은 무엇인가?

1.7 학습목표 요약

1. **공급사슬 목표에 대해 토론하고 공급사슬상의 의사결정이 기업의 성공에 미치는 영향을 설명하라.** 공급사슬의 목적은 전체 공급사슬의 수익을 최대화하는 것이다. 공급사슬의 수익은 고객에게서 얻는 이익과 공급사슬의 모든 단계에 걸쳐 발생하는 비용의 차이이다. 공급사슬에서의 의사결정은 이익과 비용 모두에 중대한 영향을 미치기 때문에 기업의 성공과 실패에 엄청난 파급 효과를 지닌다. 성공적인 공급사슬은 비용을 낮게 유지하면서 고객에게 높은 수준의 제품 가용성을 제공할 수 있도록 제품, 정보 및 자본의 흐름을 관리한다.
2. **세 가지 주요 공급사슬 의사결정 단계를 파악하고 각 단계의 중요성을 설명하라.** 공급사슬에서 의사결정들은 의사결정이 적용되는 기간에 따라 전략(적 설계), 계획, 그리고 운영으로 분류될 수 있다. 전략적 의사결정은 공급사슬의 형태에 관련되어 있다. 이러한 의사결정은 수년에 걸쳐 오랜 기간 영향이 지속된다. 계획적 의사결정은 3개월에서 1년 정도의 기간을 대상으로 하며, 그 기간 동안의 생산 계획, 하청, 그리고 판매촉진 등과 같은 의사결정을 포함한다. 운영적 의사결정은 분 단위에서 일 단위까지 정도의 기간을 대상으로 하며, 특정 주문의 충족과 생산 일정 계획 등을 포함한다. 전략적 의사결정은 계획적 의사결정에 대한 제약조건들을 정의하고, 계획적 의사결정은 운영적 의사결정에 대한 제약조건들을 정의한다.
3. **공급사슬의 주기 및 푸시/풀 관점에 대해 설명하라.** 공급사슬의 주기 관점은 프로세스를 공급사슬 내의 두 개의 연속적인 단계 사이에서 각각의 단계가 서로 마주하며 이루어지는 주

기들로 나눈다. 각각의 주기는 공급사슬의 한 단계에 의해 발생하는 주문으로 시작하고 공급자 단계로부터 주문이 충족되면 끝나게 된다. 공급사슬의 푸시/풀 관점은 고객 주문의 시점에 대한 프로세스의 실행 시점에 기준을 두고 프로세스의 성격을 파악한다. 풀 공정들은 고객의 주문에 의해 실행되고 푸시 공정들은 고객의 주문을 예상하여 실행된다

4. **기업에서의 공급사슬 거시 프로세스를 분류하라.** 공급사슬의 모든 프로세스는 프로세스가 고객과의 연계, 공급자와의 연계, 혹은 기업 내부의 것이냐의 여부에 따라 세 가지 거시 프로세스로 분류될 수 있다. CRM 거시 프로세스는 기업과 고객 사이의 연계와 관련된 모든 공급사슬 프로세스로 구성되며, 고객 주문을 생성하고, 접수하고, 추적하는 일을 수행한다. ISCM 거시 프로세스는 기업 내부의 모든 공급사슬 프로세스로 구성되며, 고객 주문에 대해 계획을 수립하고 충족시키는 일을 수행한다. SRM 거시 프로세스는 기업과 공급자 사이의 연계와 관련된 모든 공급사슬 프로세스로 구성되며, 공급자의 평가 및 선정, 그리고 공급자로부터 제품과 서비스를 공급받는 일을 수행한다.

토의문제

1. 편의점에서 음료수를 하나 산다고 가정해 보자. 공급사슬에서의 다양한 단계와 그와 관련된 여러 가지 다른 흐름에 대해 설명하라.
2. Dell사와 같은 회사는 의사결정을 할 때 왜 전체 공급사슬의 수익성을 고려해야만 하는가?
3. The Gap사와 같은 의류 소매업자가 결정해야 할 전략적, 계획적, 그리고 운영적 의사결정에는 어떠한 것들이 있을까?
4. 고객이 서점에서 책을 구입하는 것과 연관된 공급사슬을 생각해 보자. 이 공급사슬에서의 주기와 푸시/풀 경계의 위치를 정의하라.
5. 한 명의 고객이 Amazon에서 책을 구입하는 것과 연관된 공급사슬에 대해 생각해 보자. 푸시/풀 경계의 위치를 확인하고 푸시와 풀 단계 각각에서의 두 가지 프로세스를 정의하라.
6. Amazon사와 같은 회사의 성공 혹은 실패에 공급사슬 흐름은 어떠한 방식으로 영향을 주는가? 공급사슬의 수익성에 결정적인 영향을 미치는 두 가지 공급사슬의 의사결정에 대해 서술하라.

참고문헌

Cavinato, Joseph L. "What's Your Supply Chain Type?" *Supply Chain Management Review* (May–June 2002); 60–66.

Fisher, Marshall L. "What Is the Right Supply Chain for Your Product?" *Harvard Business Review* (March–April 1997), 83–93.

Fuller, Joseph. B., James O'Conner, and Richard Rawlinson. "Tailored Logistics: The Next Advantage." *Harvard Business Review* (May–June 1993), 87–98.

Kopczak, Laura R., and M. Eric Johnson. "The Supply Chain Management Effect." *Sloan Management Review* (Spring 2003): 27–34.

Lambert, Douglas M. "The Eight Essential Supply Chain Management Processes." *Supply Chain Management Review* (September 2004): 18–26.

Lee, Hau L. "Aligning Supply Chain Strategies with Product Uncertainties." *California Management Review* (Spring 2002): 105–119.

Magretta, Joan. "Fast, Global, and Entrepreneurial: Supply Chain Management, Hong Kong Style." *Harvard Business Review* (September–October 1998): 102–114.

Magretta, Joan. "The Power of Virtual Integration: An Interview with Dell Computer's Michael Dell." *Harvard Business Review* (March–April 1998): 72–84.

Quinn, Francis J. "Reengineering the Supply Chain: An Interview with Michael Hammer." *Supply Chain Management Review* (Spring 1999), 20–26.

Robeson, James F., and William C. Copacino, eds. *The Logistics Handbook.* New York: Free Press, 1994.

Shapiro, Roy D. "Get Leverage from Logistics." *Harvard Business Review* (May–June 1984), 119–127.

Slone, Reuben E. "Leading a Supply Chain Turnaround." *Harvard Business Review* (October 2004): 114–121.

제 2 장 공급사슬의 성과: 전략적 적합성의 달성과 범위

학 • 습 • 목 • 표

이 장을 읽은 후에 여러분은 다음과 같은 것을 할 수 있을 것이다.

1. 기업의 전반적인 성공을 위해 전략적 적합성의 달성이 왜 중요한지 설명할 수 있다.
2. 기업이 전략적 적합성을 달성하기 위해 어떻게 공급사슬의 전략과 경쟁전략을 조정할 수 있는지 설명할 수 있다.
3. 공급사슬에서 전략적 적합성의 범위 확장이 어떠한 중요성을 갖는지 논의할 수 있다.
4. 기업의 위기를 공급사슬 관리를 통해 성공적으로 극복할 수 있다.

1장에서는 공급사슬이 무엇이며 기업을 성공적으로 이끌기 위해 공급사슬의 설계, 계획 및 운영의 중요성이 무엇인지 논의하였다. 이 장에서는 공급사슬의 전략을 정의하고 회사의 경쟁전략과 공급사슬의 전략이 성과에 미치는 영향 사이에서 전략적 적합성의 문제가 어떻게 발생하는지 설명한다. 또한 기업 내의 운영에서 모든 공급사슬의 단계에 이르기까지 전략적 적합성의 범위를 확대하는 것의 중요성에 대해서도 토의한다.

2.1 경쟁전략과 공급사슬 전략

기업의 경쟁전략은 경쟁업체에 비교하여 기업이 자신의 제품과 서비스를 통해 만족시키고자 하는 고객 요구의 집합을 정의한다. 예를 들어, Wal-Mart사는 저가의 좋은 품질의 다양한 제품을 고객에게 제공하는 것이 목표이다. Wal-Mart사에서 판매되는 대부분의 제품은 어디서나 구할 수 있는 일상용품(가전제품에서 옷에 이르기까지 모든 것들)들이다. 단지 Wal-Mart사가 제공하는 것은 저가와 제품의 다양성이다. McMaster-Carr사는 유지, 보수 및 운영에 관한 제품들(MRO)을 판매한다. McMaster-Carr사는 카탈로그와 인터넷을 통해 50만 가지 이상의 다양한 제품들을 공급한다. 이 회사의 경쟁전략은 고객에게 편의를 제공하는 것을 중심으로 구성되었다. McMaster-Carr사는 저가로 제품을 공급하는 것에 초점을 맞추지 않고 대응성에 초점을 맞추었다. 이렇듯 McMaster-Carr사와 Wall-Mart사의 경쟁전략은 명확하게 차이가 난다.

또한 다이아몬드를 온라인으로 주문 판매하는 Blue Nile사의 경우 웹사이트를 통해 다양한 다이아몬드들을 판매하고 다른 경쟁업체의 소매점과 오프라인 거래에 비해 순이익이 적은 것을 소비자들에게 강조했다. 하지만 이러한 웹사이트 거래의 경우 소비자들은 주문한 다이아몬드가 도착하는 것을 기다려야 하고 제품 구매 전 보고 만질 수 없다는 단점이 존재했다(Blue Nile사는 30일을 주기로 제품을 제공한다). Blue Nile사의 경우와 반대로, Zale사는 판매자의 도움을 받을 수 있는 가까운 소매점에서 다이아몬드를 직접 보고 바로 구매할 수 있는 기본적인 판매 전략을 사용하였다. 이러한 특성 때문에 Zale사는 다양한 다이아몬드를 제공하는 데 한계가 존재했다. 이는 Blue Nile사가 7만 가지 종류의 다이아몬드를 제공할 수 있었지만 Zale사는 1,000개보다 적게 제공한 사실을 통해 알 수 있다.

각각의 경우에 경쟁전략은 고객이 제품의 가격, 배달시간, 제품의 다양성 및 제품의 품질 중 어느 것에 더 비중을 두고 있느냐에 따라 정의될 수 있다. McMaster-Carr사의 고객은 제품의 가격보다는 제품의 다양성과 배달시간에 더 많은 비중을 두고 있으며, 상대적으로 Wall-Mart사의 고객은 가격에 더 많은 비중을 두고 있다. 인터넷을 통해 제품을 구매하는 Blue Nile사의 고객은 다양한 제품과 비용에 비중을 두었고, 직접 소매점을 찾아가 구매하는 Zale사의 고객은 제품 구매 시 직원의 도움을 받고 즉시 구매할 수 있는 것에 비중을 두었다. 따라서 회사의 경쟁전략은 고객이 중요시 하는 사항에 기반을 두고 정의되어야 한다. 경쟁전략은 하나 혹은 그 이상의 고객군에 초점을 맞추며, 이러한 고객의 요구를 만족시켜 주기 위해 제품과 서비스를 공급하는 것을 목표로 한다.

경쟁전략과 공급사슬 전략 사이의 관계를 알아보기 위해 [그림 2.1]과 같은 기업의 가치사슬에 대한 고찰부터 시작해 보자.

가치사슬은 제품의 사양을 결정짓는 신제품 개발 단계로부터 시작된다. 마케팅과 판매 단계는 제품 및 서비스가 만족시켜 줄 고객의 우선순위에 대한 광고를 통해 수요를 창출한다. 마케팅 단계에서는 또한 고객의 요구를 신제품 개발 단계에 포함시킨다. 운영 단계에서는 신제품의 사양을 이용하여 해당 제품을 생산하기 위해 입력물을 산출물로 변형시키는 활동을 한다. 배송 단계에서는 제품을 고객에게 전달하거나 고객을 제품이 있는 곳으로 가져온다. 서비스 단계는 판매가 이루어지는 동안이나 그 이후에 고객의 요구에 대응한다. 이러한 것들은 성공적인 판매가 이루어지기 위해 반드시 필요한 핵심 프로세스 혹은 기능이다. 재무, 회계, 정보기술 및 인적자원은 가치사슬의 기능을 활성화시키고 지원하는 역할을 한다.

기업의 경쟁전략을 실행하기 위해, 이러한 모든 기능들은 제역할을 수행해야 하며, 각 기능

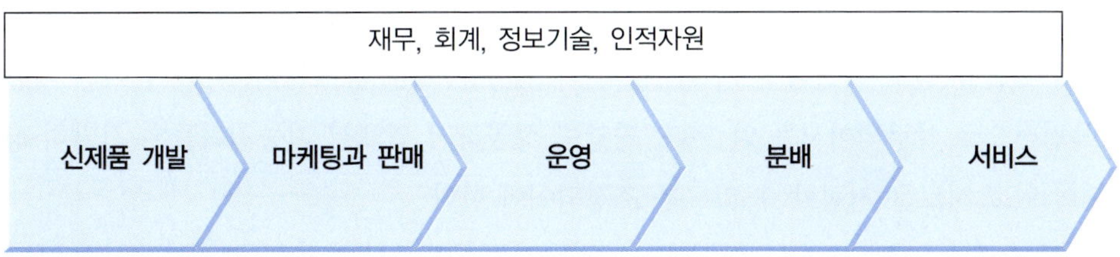

그림 2.1 기업의 가치사슬

에 대해서 자체 전략이 개발되어야 한다. 여기서 전략은 각 프로세스 또는 기능에서 특별히 잘 수행되어야 할 것들을 의미한다.

제품 개발 전략은 기업이 개발하고자 하는 신제품에 대한 투자 형태를 결정한다. 또한 제품 개발 전략은 자체 개발할 것인지 혹은 외주를 줄 것인지를 결정한다. 마케팅과 판매 전략은 어떻게 시장을 분할하고 시장에서 제품의 위상과 가격을 결정하며, 판매 증진을 할지를 규정한다. 공급사슬 전략은 원자재의 조달, 외부 기업과의 수송, 제품의 생산 혹은 서비스 제공을 위한 운영에 관한 결정, 그리고 이러한 프로세스들을 기업 내부에서 수행할지 아니면 외주를 할 것인지에 대한 결정을 한다. 수직적인 통합이 완벽하게 이루어지지 않은 기업에서는 공급사슬 전략을 회사 내에서 어떤 프로세스가 이루어져야 하는지 뿐만 아니라 각각의 공급사슬 개체에 의해 어떤 역할이 수행되어야 하는지까지 정의하는 것도 중요하다. 예를 들어, Cisco사의 공급사슬 전략은 대부분의 부품 생산과 조립이 외주에 의해 수행되도록 요구한다. 이 경우, Cisco사의 공급사슬 전략은 단지 Cisco사가 잘 해야 하는 것에 대해 정의하는 것뿐만 아니라 외주에 의해 수행되는 공급사슬 업무에 대해 각각의 제3자의 역할에 대해서도 정의해야 한다. 공급사슬 전략은 훌륭하게 수행되어야 할 운영, 분배, 서비스 기능이 무엇인지 정의하고, 이러한 기능들을 기업 내에서 수행할 것인지 외주를 이용할 것인지에 대해서 결정한다. 이 장에서의 초점이 공급사슬 전략에 관한 것이므로 이에 대해 좀더 자세히 정의하자면, 공급사슬 전략은 광범위한 공급사슬의 구조와 전통적으로 "공급자 전략", "운영 전략", "물류 전략"이라 일컫는 것들에 대한 정의를 포함한다. 예를 들면, Dell사의 직접판매 의사결정, Gateway사의 소매점을 통한 PC 판매 의사결정, 그리고 계약 생산자를 이용하는 Cisco사의 의사결정 등은 그들 공급사슬의 광범위한 구조를 정의하는 것이며 이는 각 기업의 공급사슬 전략의 일부이다. 공급사슬 전략은 또한 재고, 수송, 시설 운영, 그리고 정보의 흐름 등을 고려한 설계 의사결정을 포함한다. 예를 들어, Amazon사가 일부 제품에 대해서는 재고 유지를 위한 창고를 건설하고 그 외 제품에 대해서는 예전처럼 분배자로부터 공급받기로 한 의사결정은 Amazon사의 공급사슬 전략의 한 부분이다. 유사한 예로, Toyota사가 각 주요 시장에 생산 설비를 보유한 의사결정 또한 Toyota사의 공급사슬 전략의 한 부분이다.

가치사슬은 기업 내 모든 기능전략들 간의 밀접한 관계를 강조한다. 기업이 고객의 요구를 충족시켜 이윤을 얻고자 한다면 가치사슬의 각 기능은 매우 중요하다. 따라서 여러 기능전략들은 독립적으로 설정되어서는 안 된다. 기업이 성공하기 위해서 기능전략들은 긴밀히 상호조직화되어 있고 서로를 지원할 수 있도록 조정되어야 한다.

예를 들어, Seven-Eleven Japan사의 성공은 기능전략들의 훌륭한 조화에 관련되어 있다. Seven-Eleven사의 마케팅부서는 매장의 접근 용이성과 다양한 제품 및 서비스의 가용성 측면에서 편의성을 강조해 왔다. Seven-Eleven사는 공과금 납부 서비스와 같이 고객을 끌어들일 수 있는 새로운 서비스와 제품을 지속적으로 추가하였고, 이를 통해 훌륭한 정보 기반구조의 활용과 고객이 Seven-Eleven사를 더욱 자주 찾게끔 하는 결과를 얻었다. Seven-Eleven사의 운영과 분배는 매장 밀집화, 매우 높은 반응, 그리고 뛰어난 정보 기반구조를 제공하는 것에 중점을 두었다. 그 결과로 효과적인 사이클이 반복되는데, 수요를 증가시키는 새로운 제품 및 서비스의 제공을 위한 공급사슬 기반구조의 활용, 이를 통해 증가된 수요가 매장 밀집화, 보충의 반응성, 정보 기반의 개선을 위한 운영을 더욱 용이하게 하는 사이클이 그것이다.

다음 절에서는 이러한 적합성의 개념을 정리하였으며, 기업의 경쟁전략에 기반하여 해당 기업의 공급사슬이 특별히 잘 수행해야 하는 것은 무엇인가에 대한 답을 찾는다.

2.2 전략적 적합성의 달성

이 장은 어떠한 기업이 성공하기 위해 그 기업의 공급사슬 전략과 경쟁전략 간의 적합성이 반드시 달성되어야 한다는 생각을 토대로 구성되어 있다. **전략적 적합성**은 경쟁전략과 공급사슬 전략 모두 같은 목적을 지니고 있다는 것을 의미한다. 즉, 경쟁전략이 만족시켜야 할 고객의 우선순위와 공급사슬 전략이 이루어야 할 공급사슬의 능력 간에는 일관성이 있어야 한다는 것을 의미한다. 전략적 적합성을 달성하기 위해 공급사슬 전략 혹은 설계 단계에서의 핵심 문제는 1장에서 이미 이야기하였다.

기업의 가치사슬 부분을 이루고 있는 모든 프로세스와 기능들은 회사의 성공과 실패에 영향을 미친다. 이러한 프로세스 및 기능들은 독립적으로 운영되지 않는다. 어떠한 프로세스나 기능도 그 하나만으로는 가치사슬의 성공을 보장할 수 없다. 그러나 어떤 한 프로세스나 기능에서의 실패는 전체 사슬의 실패를 야기할 수도 있다. 따라서 기업의 성공과 실패는 다음과 같은 문제들에 밀접하게 연관되어 있다.

1. 경쟁전략과 모든 기능전략들은 조화된 전체적인 전략을 만들어 내기 위해 서로 잘 조화되어야 한다. 각각의 기능전략들은 다른 기능전략들을 지원해야 하며 기업이 경쟁전략의 목적을 달성하는 데 도움을 주어야 한다.
2. 기업의 서로 다른 기능들은 이러한 전략들이 성공적으로 수행될 수 있도록 그들의 프로세스와 자원을 적절히 구조화해야 한다.
3. 전체 공급사슬의 설계와 각 단계의 역할은 공급사슬 전략을 지원하기 위해 반드시 조정되어야 한다.

전략적 적합성이 부족하거나 혹은 전체 공급사슬 설계, 프로세스, 그리고 자원 등이 전략적 적합성을 지원할 만한 능력을 제공하지 못한다면 기업은 실패하게 된다. 최고경영자의 주요 업무를 생각해 볼 때, 전략적 적합성을 달성하기 위해 공급사슬의 설계와 모든 핵심적인 기능 전략들을 전체적인 경쟁전략에 부합하도록 조정하는 일보다 더 중요한 것은 없다. 만약 이러한 조정이 성취되지 못한다면, 기업 내 서로 다른 여러 기능적인 목표들 또는 서로 다른 여러 공급사슬 단계의 목표들 사이에서 충돌이 발생할 것이다. 이러한 충돌은 공급사슬의 여러 단계와 회사 내의 여러 기능들이 서로 다른 고객 우선순위를 목표하게 만드는 결과를 초래한다. 회사 내 또는 공급사슬 전반에 걸친 이런 충돌은 공급사슬 운영 중의 충돌로 연결된다.

예를 들어, 배송부서에서는 수송비의 저가정책을 추구하고, 동시에 마케팅부서에서는 다양한 많은 제품을 매우 빨리 공급하는 회사의 능력을 광고하는 상황을 가정해 보자. 이러한 상황에서 배송부서는 수송에서 규모의 경제를 위해 개별 주문 배송을 지연시켰다가 여러 주문을 하나로 묶어 처리하거나 값이 싼 느린 수송수단을 이용하고자 할 것이다. 이는 다양한 제품을 빨리 공급한다는 마케팅부서에서 주장하는 목표와 상충하는 것이다. 비슷한 예로, 어떤 소매자가 적은 재고를 유지하면서 높은 수준의 제품다양성을 제공하기로 결정하고서는 대응도의 기준이 아닌 저가격 기준으로 공급자와 수송자를 선택하였다고 하자. 이 경우 소매자는 제품의 가용성 부족으로 인한 고객 실망으로 사업을 접어야 할 것이다.

전략적 적합성을 정교하게 하기 위해서 1993년부터 2006년까지 Dell사와 Dell사의 공급사슬에 대해 생각해 보자. Dell사의 경쟁전략은 다양한 고객맞춤 PC와 적정가격에 있다. 또한 Dell사의 전략은 고객맞춤에 집중되어 있지만 공급사슬은 굉장히 높은 대응도를 유지할 수 있도록 설계되었다는 점이다. Dell사가 보유하고 있는 조립공장은 유연하고 고객의 요구에 맞는 다양한 제품을 쉽게 조정할 수 있도록 설계되어 있고, 이 조립공장은 규모의 경제로 인해 낮은 비용과 높은 효율이 발생할 수 있는 특징을 가지고 있다.

이러한 적합성의 개념은 또한 Dell사의 다른 기능전략들에도 확장될 수 있다. Dell사는 표준화된 부품과 빠른 조립으로 PC를 생산하도록 설계되었다. 이러한 설계 전략은 고객의 주문에 대한 고객맞춤 컴퓨터의 대응도를 높이기 위한 공급사슬의 목적을 반영하기 위해 구성되어 있으며, 높은 대응도를 유지하기 위해 공급자들의 부품공급도 생산에 맞춰 구성되어 있다. 또한 Dell사는 대응도뿐만 아니라 낮은 재고 수준을 유지하는 것도 중요시 하였다. 낮은 재고 수준을 유지하기 위한 예로, Sony사의 모니터를 재고로 보유하지 않으면서 제품을 제공할 때 Dell사의 PC와 함께 판매함으로써 낮은 재고 수준을 유지하며 높은 대응도를 유지할 수 있다.

그러나 2007년이 시작되면서 Dell사의 경쟁전략과 공급사슬은 변화하기 시작했다. 고객맞춤 PC를 지속적으로 제공하면서 Wal-Mart와 같은 소매점에서 PC를 판매하기 시작한 것이다.

이러한 소매점에서 판매하는 것은 고객맞춤 생산을 인터넷 판매에 비해 높은 수준을 유지할 수 없었다. 그 이유는 Wal-Mart에서 판매할 경우 재고로 보유할 수 있는 PC와 노트북이 제한적이었고 PC를 구매하는 고객들은 고객맞춤보다 구매한 제품이 바로 집으로 배달되는 것을 선호했기 때문이다. 고객이 맞춤형 PC보다 적은 비용을 선호할 경우에 고객맞춤을 목적으로 설계된 공급사슬은 필요하지 않다. 그렇다면 Dell사는 전략적 적합성을 유지하며 어떻게 그들의 경쟁전략을 변화시킬 수 있었을까 의문이 든다. Dell사가 초기에 대응도를 높이는 데 사용한 방법 중 하나는 낮은 비용이 드는 개발도상국의 생산공장과 계약을 맺어 제품을 조립한 후 제공하는 것이다.

전략적 적합성은 어떻게 달성되는가?

공급사슬과 경쟁전략 사이의 전략적 적합성을 달성하기 위해 기업이 해야 할 것은 무엇인가? 경쟁전략은 명시적이든 함축적이든지 그 기업이 만족시키고자 하는 하나 또는 그 이상의 고객군을 규정지을 것이다. 전략적 적합성을 달성하기 위해 기업은 목표로 삼은 고객군을 만족시키기 위한 능력을 지원할 수 있는 공급사슬의 능력을 확보해야 한다.

다음은 이 전략적 적합성을 달성하기 위한 세 가지 기본적인 단계에 대한 개략적인 설명이며, 각각에 대해 더욱 자세히 논의할 것이다.

1. **고객과 공급사슬의 불확실성에 대한 이해:** 기업은 먼저 각 고객군의 요구와 이 요구를 충족시키면서 공급사슬이 직면하는 불확실성들을 이해해야 한다. 이러한 요구는 기업이 적정한 비용과 서비스의 요구되는 수준을 정의하는 데 도움을 준다. 공급사슬의 불확실성은 공급사슬이 대비해야 하는 수요, 중단 및 지연에 대한 예측 불가능성의 범위를 기업이 식별하는 데 도움을 준다.
2. **공급사슬의 능력에 대한 이해:** 각각 저마다의 기능을 잘 수행할 수 있게 설계된 여러 가지 형태의 공급사슬이 있다. 기업은 그들의 공급사슬이 어떤 일을 잘 하도록 설계된 것인지 파악해야만 한다.
3. **전략적 적합성의 달성:** 만약 공급사슬이 잘 하는 것과 기업이 만족시키고자 하는 고객의 요구가 서로 다를 경우, 기업은 경쟁전략을 지원할 수 있도록 공급사슬을 재설계하거나 아니면 경쟁전략 자체를 수정할 필요가 있다.

1단계: 고객과 공급사슬의 불확실성에 대한 이해 고객을 이해하기 위해 회사는 목표로 삼은 고객군의 요구를 정확히 파악해야 한다. Seven-Eleven Japan사와 할인매장 Sam's Club(Wall-Mart사의 자회사)을 비교해 보자. 고객이 세제를 사기 위해 Seven-Eleven에 갔을 때, 그들은 가깝고 편리하기 때문에 간 것이지 낮은 가격의 제품을 사기 위해서 간 것이 아니다. 반면에, Sam's Club의 고객에게 낮은 가격은 매우 중요한 것이다. 이러한 고객은 가격만 낮다면 제품 종류가 다양하지 않은 점에 대해서도 개의치 않을 것이며 대량의 묶음 제품이라도 구매할 것이다. 비록 고객들은 양쪽에서 모두 세제를 구입할지라도, 수요는 특정한 속성에 따라 변화한다. Seven-Eleven의 경우 고객은 바쁘기 때문에 편리한 것을 원한다. Sam's Club의 경우 고객은 낮은 가격을 원하고 이를 위해 시간을 투자하는 것을 아까워하지 않는다. 일반적으로 다른 고객군으로부터 발생하는 고객 수요는 다음과 같은 몇몇 속성에 따라 변화한다.

- **각 로트에서 요구되는 제품의 양:** 생산라인의 보수에 필요한 자재에 대한 긴급 주문은 양이 적을 것이다. 반면에, 새로운 생산라인 구축을 위해 필요한 자재의 주문은 양이 많을 것이다.
- **고객이 받아들일 만한 수준의 대응시간:** 긴급 주문의 경우 고객이 허용하는 대응시간은 짧을 것인 반면, 라인 구축을 위한 주문의 경우 고객이 허용하는 대응시간은 길 것이다.
- **요구 제품다양성:** 하나의 공급자가 긴급 보수 주문에 필요한 다양한 모든 부품을 제공할 수 있다면 이에 대해 고객은 높은 가중치를 부여할 것이다. 이는 라인 구축을 위한 주문의 경우에는 해당하지 않을 것이다.
- **요구되는 서비스 수준:** 긴급 주문을 하는 고객은 높은 수준의 제품가용성을 기대한다. 이러한 고객은 주문한 모든 부품이 즉시 공급 가능하지 않다면 언제든지 다른 곳에 주문할 것이다. 라인 구축 주문의 경우에는 이와 달리 조달시간이 길어도 상관 없을 것이다.
- **제품의 가격:** 긴급 주문을 하는 고객은 라인 구축 주문을 하는 고객에 비해 가격에 그렇게 민감하지 않을 것이다.
- **제품의 혁신에 대한 요구 수준:** 고급 백화점의 고객들은 혁신적이고 새로운 디자인의 제품들을 기대한다. 반면에, Wall-Mart사의 고객들은 혁신적인 신제품에 덜 민감하다.

하나의 고객군 내의 각 고객들은 비슷한 요구사항을 가지는 반면, 서로 다른 고객군의 고객은 매우 상이한 요구사항을 지닐 수 있다.

고객 수요를 변화시키는 많은 속성들에 대해 설명하였으나, 우리의 목표는 이러한 모든 속성들을 통합하는 하나의 주요 측정지표를 찾는 것이다. 그렇게 된다면 이 하나의 측정지표가 공급사슬이 잘 해야만 하는 것들을 정의하는 데 도움이 될 수 있을 것이다.

내재된 수요 불확실성 직관적으로 각각의 고객 요구 범주는 서로 다른 관점에서 파악되어야 하지만, 근본적으로 각 고객의 요구는 내재된 수요 불확실성이란 측정 기준에 의해 해석될 수 있다. 내재된 수요 불확실성은 고객의 요구를 만족시켜야 하기 때문에 공급사슬에 도입되었다.

수요의 불확실성과 내재된 수요의 불확실성은 구분된다. 수요의 불확실성은 하나의 제품에

표 2.1 내재된 수요 불확실성에 대한 고객 요구의 영향

고객 요구에 의해	내재된 수요의 불확실성 …
요구량 범위의 증가	증가(요구량 범위가 늘어나면 수요의 범위가 늘어나므로)
리드타임 감소	증가(주문에 대한 반응시간이 줄어들므로)
다양한 제품의 요구 증가	증가(제품 각각에 대한 수요는 점점 더 세분화되므로)
제품을 얻을 수 있는 방법의 증가	증가(전체 고객 요구는 더 많은 방식으로 세분화되므로)
혁신의 정도 증가	증가(신제품은 일반적으로 더 많은 불확정적 수요를 발생시키므로)
요구 서비스 수준의 증가	증가(기업이 드물게 발생하는 수요 변동까지 대처해야 하므로)

대한 고객 수요의 불확실성을 나타낸다. 반면에, 내재된 수요 불확실성은 공급사슬이 만족시키고자 하는 일부의 수요와 고객이 바라는 속성으로 인한 불확실성이다. 예를 들어, 어떤 제품에 대해 긴급 주문만을 처리하는 회사는 같은 제품에 대해 긴 리드타임을 가지고 공급하는 회사에 비해 높은 수준의 내재된 수요 불확실성에 직면할 것이다. 후자의 경우 긴 리드타임 동안에 평탄하게 주문을 충족시킬 수 있는 기회를 갖기 때문이다.

이러한 구분에 대한 필요성의 또 다른 예는 서비스 수준의 영향이다. 공급사슬의 서비스 수준을 향상시킴에 따라 공급사슬은 실제 수요의 보다 많은 부분을 만족시킬 수 있어야만 하며, 이는 공급사슬로 하여금 수요의 드문 변동에 대해서도 준비하는 것을 요구할 것이다. 따라서 제품 수요의 불확실성은 변하지 않는다고 해도 서비스 수준의 향상은 내재된 수요 불확실성을 증가시킨다.

제품 수요의 불확실성과 공급사슬이 만족시키려 하는 다양한 고객의 요구는 둘 다 내재된 수요 불확실성에 영향을 미친다. [표 2.1]은 다양한 고객의 요구가 어떻게 내재된 수요 불확실성에 영향을 미치는지를 보여 준다.

각각의 고객의 요구가 내재된 수요 불확실성의 원인이 되기 때문에, 내재된 수요 불확실성은 여러 가지 다른 종류의 수요를 구분하는 공통된 측정 기준으로 사용될 수 있다.

Fisher(1997)는 [표 2.2]에서 보는 바와 같이 내재된 수요 불확실성이 종종 수요의 다른 성격들과 상호연관된다고 지적하였다. 이에 대한 설명은 다음과 같다.

1. 불확실한 수요를 지닌 제품은 종종 시장이 덜 성숙되어 직접적인 경쟁이 적다. 결과적으로, 이윤은 높다.
2. 수요의 불확실성이 적을수록 수요 예측은 보다 정확해진다.
3. 내재된 수요 불확실성의 증가는 수요와 공급의 일치를 어렵게 만든다. 주어진 제품에 대해 이러한 역동성은 재고의 부족이나 과다공급 상황을 야기할 수 있다. 증가한 내재된 수요 불

표 2.2 내재된 수요 불확실성과 다른 속성들 간의 관계

	낮게 내재된 불확실성	높게 내재된 불확실성
제품 이윤	낮음	높음
평균 예측오차	10%	40~100%
평균 재고 부족률	1~2%	10~40%
평균 시즌마감가격 인하	0%	10~25%

출처: "What Is the Right Supply Chain for Your Product?" Marshall L. Fisher, *Harvard Business Review* (March–April 1997), 83–93.

확실성은 또한 재고 부족이나 과다공급 상황을 더욱 악화시킨다.

4. 내재된 수요 불확실성을 많이 지닌 제품은 종종 과다공급으로 인하여 높은 수준의 가격 인하가 단행된다.

먼저 내재된 수요 불확실성이 낮은 제품인 식탁용 소금의 예를 들어 보자. 소금은 매우 낮은 이윤과 정확한 수요 예측, 낮은 재고율, 실질적으로 가격 인하는 거의 하지 않는 특성을 지니고 있다. 이러한 특성들은 Fisher의 표에 제시된 매우 확정적인 수요의 제품 특성과 잘 맞아 떨어진다.

스펙트럼의 반대쪽 끝을 보면, 새로운 "핸드폰"은 높은 내재된 수요 불확실성을 갖는다. 이 제품은 높은 이윤, 매우 불확실한 수요 예측, 높은 재고 부족률(성공할 경우), 그리고 높은 수준의 가격 인하(실패할 경우)라는 특성을 지닐 것이다. 이것은 [표 2.2]와도 잘 부합된다.

Lee(2002)는 수요의 불확실성과 함께 공급사슬의 능력으로부터 야기되는 불확실성을 고려하는 것이 중요하다고 지적하였다. 예를 들어, PC 산업에 새로운 부품이 출시되었을 때 생산공정에서 품질이 저하되는 현상을 보이며 공정 중단도 잦아진다. 그 결과로 PC 생산자는 높은

표 2.3 공급자의 능력이 공급 불확실성에 미치는 영향

공급자의 능력	공급 불확성에 미치는 영향
잦은 생산 중단	증가
예측 불가능하고 낮은 수율	증가
낮은 품질	증가
제한된 공급 가용량	증가
유연하지 못한 공급 가용량	증가
개선 중인 생산공정	증가

출처: "Aligning Supply Chain Strategies with Product Uncertainties." Hau L. Lee, *California Management Review* (Spring 2002), 105–19.

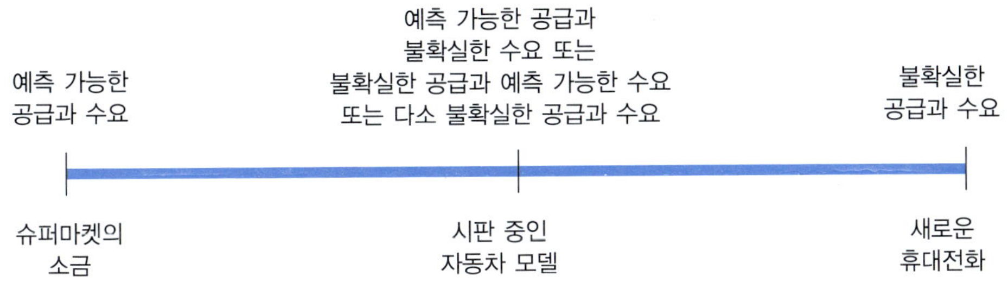

그림 2.2 내재된 불확실성(수요와 공급)의 스펙트럼

공급 불확실성으로 인해 잘 정의된 계획에 의한 배송에 어려움을 겪게 된다. 생산기술이 성숙되고 수율이 개선됨에 따라, PC 생산자는 낮은 공급 불확실성을 갖게 되고 고정된 배송 계획을 따를 수 있다. [표 2.3]은 공급처의 다양한 특성이 공급 불확실성에 어떻게 영향을 주는지를 설명하고 있다.

공급 불확실성은 또한 제품의 수명주기에서의 위치에 따라 강하게 영향을 받는다. 새롭게 출시된 제품들은 설계와 생산 프로세스가 여전히 발전 중이기 때문에 높은 공급의 불확실성을 갖는다. 반면에, 수명주기상에서 성숙한 제품들은 더 낮은 공급 불확실성을 갖는다.

수요와 공급의 불확실성을 결합하여 불확실성의 스펙트럼을 만들 수 있다. 이 내재된 불확실성의 스펙트럼은 [그림 2.2]에 나타나 있다.

완전히 새로운 부품과 기술을 바탕으로 새로운 핸드폰을 출시한 기업은 높은 수준의 내재된 수요 불확실성과 높은 공급 불확실성에 직면하게 된다. 그 결과 공급사슬에 의해 직면하게 되는 내재된 불확실성은 매우 높다. 반면에, 소금을 판매하는 슈퍼마켓은 낮은 수준의 내재된 수요 불확실성과 낮은 공급 불확실성에 직면한다. 커피와 같은 많은 농산물은 공급사슬이 직면하게 되는 내재된 수요 불확실성은 낮지만 날씨에 따라 공급 불확실성은 높아지는 예이다. 따라서 이런 경우 공급사슬은 중간 수준의 내재된 불확실성에 직면하게 된다.

여러 가지 요소들이 공급사슬의 다양한 부분에 위험을 주고 이에 따라 불확실성은 증가한다. 이 책의 전반에 걸쳐 특정한 위험 요소를 지적할 것이고 이러한 위험 요소를 제거할 수 있는 몇 가지 방법이 논의될 것이다.

키포인트 경쟁전략과 공급사슬 전략의 전략적 적합성을 달성하기 위한 첫 번째 단계는 고객과 공급사슬의 불확실성을 이해하는 것이다. 고객과 공급사슬에서의 불확실성은 결합될 수 있고 내재된 불확실성의 스펙트럼의 어딘가에 위치될 수 있다.

2단계: 공급사슬의 능력에 대한 이해 기업이 직면하는 불확실성에 대해 이해한 다음의 질문은 이러한 불확실한 환경에서 기업은 어떻게 최선으로 수요를 만족시켜야 하는가이다. 전략적 적합성을 달성하는 것은 기업이 직면한 불확실성 하에서 수요를 최선으로 만족시킬 수 있는 공급사슬 전략을 수립하는 것이다.

이제 대응도와 효율성에 영향을 주는 공급사슬의 성격들과 이를 분류하는 것에 대해 고려해 보자.

먼저 몇 가지 정의를 내려보자. **공급사슬의 대응도**는 다음과 같은 공급사슬의 능력을 포함하고 있다.

- 여러 가지 수요량에 대한 대응
- 짧은 리드타임의 달성
- 많은 종류의 제품에 대한 관리
- 혁신적인 제품의 창출
- 높은 서비스 수준의 달성
- 공급 불확실성에 대한 관리

이러한 능력들은 내재된 불확실성을 높게 만드는 수요와 공급의 많은 성격들과 유사하다. 공급사슬이 이러한 능력들을 많이 지닐수록 대응도는 더 높아지게 된다.

그러나 대응도는 비용으로 나타난다. 예를 들어, 여러 가지 수요량에 대한 대응을 하기 위해

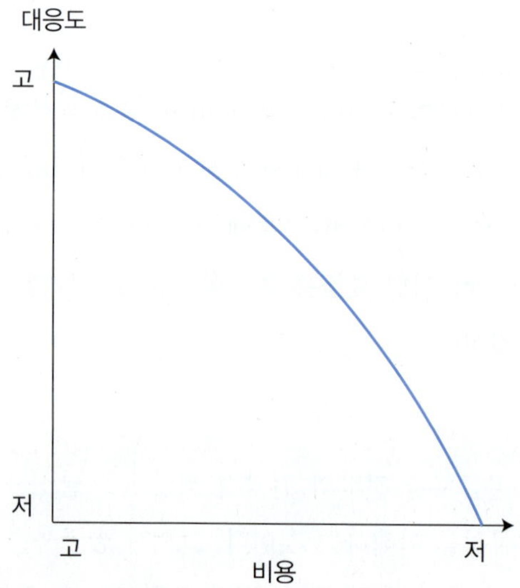

그림 2.3 비용-대응도의 효율적 선도영역

서는 생산능력이 증가해야 하고 따라서 비용도 증가한다. 이러한 비용의 증가는 다음과 같은 두 번째 정의를 유도한다. **공급사슬의 효율성**은 제품을 만들고 고객에게 전달하는 비용에 대해 역의 관계이다. 비용의 증가는 효율성을 떨어뜨린다. 대응도를 증가시키는 모든 전략적인 선택에는 효율성을 떨어뜨리는 추가적인 비용이 발생하게 된다.

[그림 2.3]에서 곡선으로 표현된 비용-대응도의 **효율적** 선도영역은 주어신 대응도 수준에서의 가능한 최저비용을 보여 준다. 최저비용은 현존하는 기술력에 근거하여 정의된다. 모든 회사가 효율적 선도영역에 도달할 수 있는 것은 아니다. 효율적 선도영역은 가장 좋은 공급사슬의 비용-대응도의 성과로 결정된다. 효율적 선도영역에 도달하지 못한 회사는 효율적 선도영역 쪽으로 이동함으로써 비용을 절감하고 대응도를 동시에 향상시킬 수 있다. 대조적으로, 효율적 선도영역에 도달한 회사는 단지 비용을 증가시키거나 효율을 떨어뜨려서 대응도를 향상시킬 수 있다. 그러한 회사는 효율성과 대응도 사이에서 트레이드오프를 해야만 한다. 물론 효율적 선도영역에 도달한 회사는 꾸준히 프로세스를 개선시키거나 기술을 발전시켜서 효율적 선도영역 자체를 이동시킬 수 있다. 비용과 대응도의 트레이드오프가 주어졌을 때 어떤 공급사슬을 선택하는가의 핵심 전략은 달성하고자 하는 대응도의 수준이다.

공급사슬은 단지 대응도만을 높이기 위한 공급사슬에서부터 가능한 최저비용으로 생산 및 공급하고자 하는 목적을 지닌 공급사슬까지 분류된다. [그림 2.4]는 대응도 스펙트럼을 나타내며, 이 스펙트럼에서 몇 가지 공급사슬들의 위치를 표현하고 있다.

공급사슬이 대응도를 구성하는 능력이 커질수록, 대응도는 더욱 향상된다. Seven-Eleven Japan사는 각 체인점에 아침에는 아침식사용 제품을, 오후에는 점심식사용 제품을, 저녁에는 저녁식사용 제품을 보충한다. 결과적으로, 하루의 각 시간에 따라 보충되는 제품도 다양하게 변화한다. 체인점의 주인들은 적어도 그들이 공급받기 원하는 때의 12시간 전에 주문을 하며, Seven-Eleven사는 주문에 매우 신속하게 응답한다. 이러한 방법은 Seven-Eleven사의 공급사슬

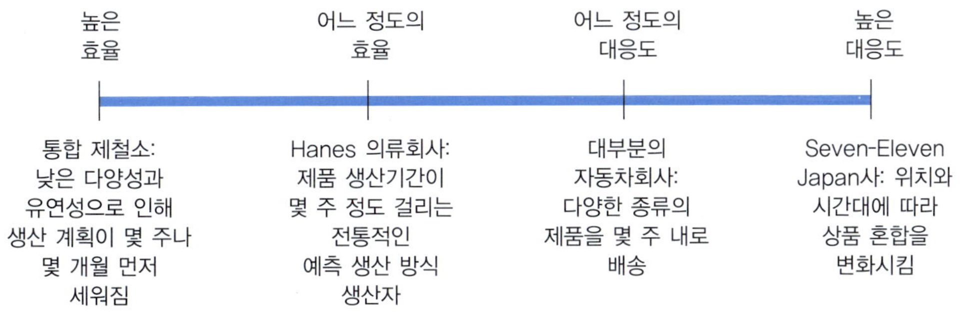

그림 2.4 대응도 스펙트럼

의 대응도를 매우 높여 주었다. 대응도가 높은 공급사슬의 다른 예는 W.W. Grainger사이다. 이 기업은 수요 및 공급에서 모두 불확실성에 직면하기 때문에 공급사슬이 이 두 가지를 효과적으로 처리할 수 있도록 설계되었다. 반면에, 효율적인 공급사슬은 대응도에 대한 능력 몇 가지를 제거함으로써 비용을 낮춘다. 예를 들어, Sam's Club은 적은 종류의 제품을 큰 패키지 형태로 판매한다. 이 공급사슬은 비용을 절감하는 데 매우 효과적이며, 이러한 공급사슬의 핵심은 확실히 효율성이라고 할 수 있다.

키포인트 경쟁전략과 공급사슬 전략의 전략적 적합성을 달성하기 위한 두 번째 단계는 공급사슬을 이해하고 이를 대응도 스펙트럼에 표시하는 것이다.

3단계: 전략적 적합성의 달성 내재된 불확실성의 수준을 확인하고 대응도 스펙트럼상에서 공급사슬의 위치를 이해한 다음, 세 번째이자 마지막 단계로 해야 할 것은 내재된 불확실성과 공급사슬 대응도를 일치시키는 것이다. 이 단계의 목표는 높은 수준의 내재된 불확실성에 직면하고 있는 공급사슬의 경우 높은 대응도를 지향하고 낮은 수준의 내재된 불확실성에 직면하고 있는 공급사슬이라면 효율성을 지향하도록 하는 것이다.

예를 들어, McMaster-Carr 경쟁전략의 경우 24시간 이내로 즉각 배달되는 것을 선호하는 고객을 주 판매 대상으로 초점이 맞춰져 있다. 아주 다양한 제품과 빠른 배송이 가능하다면, McMastert-Carr의 고객들은 높은 내재적 수요 불확실성이 존재한다는 것이다. McMaster-Carr는 창업 초기에 효율적이거나 대응적인 공급사슬을 설계할 수 있으며, 높은 효율의 공급사슬은 적은 재고를 유지하고 작은 선적비용, 포장비용이 발생해야 한다. McMaster가 효율적인 공급사슬의 방법을 선택하였고, 이 공급사슬은 다양한 제품을 제공하여 고객을 만족시키는 것은 어렵지만, 24시간 이내 빠른 배송이 가능했다. 효율적으로 고객에게 제품을 판매하기 위해 McMaster-Carr는 높은 수준의 재고와 선적, 포장의 수용 용량을 유지하였다. 즉, 대응적 공급사슬은 고객의 목적을 충족시키기 위해 McMaster-Carr는 더 높을 비용을 청구할 수도 있는 것이다.

Barilla사와 같은 파스타 생산자를 생각해 보자. 파스타는 상대적으로 꾸준한 수요가 있는 제품이기 때문에 낮은 내재된 수요 불확실성을 갖는다. 공급 또한 예측 가능하다. Barilla사는 고객의 주문에 의해 파스타를 매우 적은 분량으로 주문 생산하고, FedEx와 같은 빠른 수송방식으로 파스타를 고객에게 배달하는 높은 대응도를 지닌 공급사슬을 설계할 수 있었다. 이러한 선택은 파스타의 가격을 엄청나게 상승시켰고, 결과적으로 고객을 잃게 되었다. 만약 비용절감에 더 초점을 맞추어 보다 효율적인 공급사슬을 설계했다면, Barilla사는 보다 높은 시장점유율을 확보했을 것이다.

앞에서의 논의에 따르면, 고객과 공급자로부터 야기되는 내재된 불확실성의 증가는 공급사슬로부터 대응도를 증가시킴으로써 가장 잘 처리될 수 있다고 할 수 있다. 이러한 관계는 [그림 2.5]에 표시된 "전략적 적합성의 영역"이라는 것으로 나타난다. 높은 수준의 성과를 위해 기업은 그들의 경쟁전략(과 그 결과인 내재된 불확실성)과 공급사슬의 선택(과 그 결과인 대응도)을 전략적 적합성의 영역을 향하도록 이동시켜야 한다.

또한 Dell사와 같이 새로운 목표 고객과 배송센터 채널을 추가함으로써 새로운 도전을 시작할 수 있다. Dell사는 여러 날에 걸쳐 배송이 되어도 자신에게 맞는 맞춤 PC를 중요시 하는 고객들에게 집중화된 전략적 적합성을 가지고 있다. 그리고 공급사슬은 이러한 전략적 적합성에 맞게 설계되어 있었다. 지금은 Wal-Mart를 통해서도 판매를 시작하였고, 이 판매 채널은 다양한 PC를 제공할 수 없다는 단점이 있지만 비용이 적게 들어갈 수 있도록 초점이 맞춰져 있다. 하지만 현재 Dell사의 공급사슬 구조는 Wal-Mart의 전략과 일치하지 않다. 그렇다면 Dell사는 기존의 전략적 적합성의 영역으로 돌아와야 할까? 이에 대해서는 후에 다른 장에서 논의해보도록 하겠다.

전략적 적합성을 달성하기 위한 첫 번째 단계는 적절한 수준의 대응도를 보장하도록 공급사슬의 서로 다른 단계들에게 역할을 부여하는 것이다. 다음의 사례에서 설명되는 것처럼 공급사슬의 각 단계에 서로 다른 수준의 대응도와 효율성을 지정하는 것으로 공급사슬 전반에 걸친 희망하는 대응도의 수준을 달성하는 것이 가능할 수도 있다는 것을 이해하는 것은 중요하다.

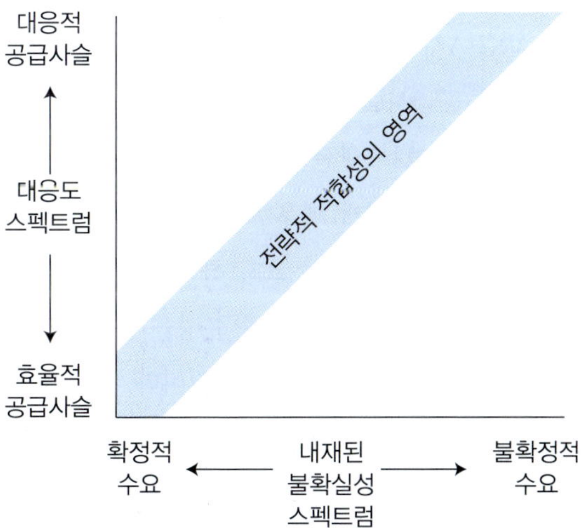

그림 2.5 전략적 적합성의 영역에 대한 탐색

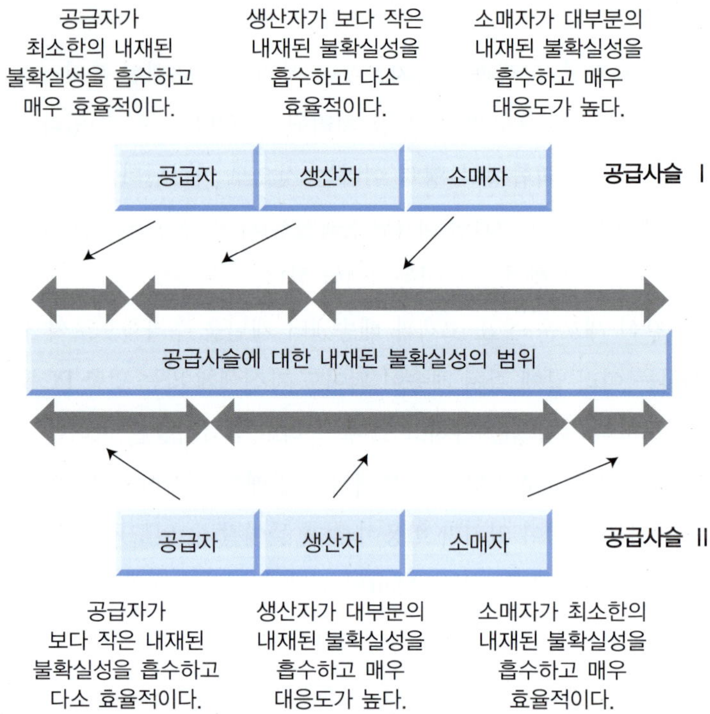

그림 2.6 주어진 공급사슬의 대응도 달성을 위한 역할과 내재된 불확실성의 할당

스웨덴의 가구 소매기업인 IKEA사는 20개 이상의 나라에 큰 매장을 가지고 있다. IKEA사는 적당한 가격에 멋진 가구를 원하는 고객을 목표로 하고 있다. 회사는 판매하는 상품의 다양성을 제한하고 있다. 개별 매장의 큰 규모와 제한된 가구의 다양성은 공급사슬이 직면하는 내재된 불확실성을 감소시킨다. IKEA사는 모든 제품의 재고를 운영하며 재고를 통해 고객들에게 제품을 제공하고 있다. 따라서 공급사슬이 직면하는 불확실성을 재고가 모두 흡수하는 것이다. IKEA사 매장 내에 존재하는 재고는 생산자로의 보충주문이 보다 안정적이고 예측 가능하도록 한다. 그 결과 IKEA사는 생산자에게 매우 작은 불확실성을 전가하게 되며, 생산자는 저비용 국가에 위치하면서 효율성에 초점을 맞추고자 하게 된다. 대부분의 불확실성을 흡수하며 높은 대응도를 갖는 매장들 그리고 매우 작은 불확실성을 흡수하며 높은 효율성을 갖는 공급자들을 통해 IKEA사는 공급사슬에 대응도를 확보한 것이다.

반면에, 대응도를 위한 다른 접근방법으로는 아주 적은 재고를 보유하는 소매점을 생각할 수 있다. 이러한 경우에 소매상은 공급사슬의 대응도에 특별한 기여를 하지 않으며 대부분의 내재된 수요의 불확실성은 생산자에게로 전가된다. 따라서 공급사슬의 대응도를 높이기 위해 생산자는 유연해야 하며 짧은 대응시간을 가져야만 한다. 이러한 접근법의 사례는 테네시에 위치한 가구 생산자 England사이다. 회사는 주문에 따라 매주 수천 개의 소파와 의자를 만들고, 이를 전국에 있는 가구 소매상에 3주 안에 배송한다. England사의 소매상들은 매우 다양한 종류의 제품들을 고객이 선택할 수 있게 하고 비교적 빠른 배송을 약속한다. 이것은 공급사슬에 높은 수준의 내재된 불확실성을 내포하게 한다. 그러나 소매상들은 많은 재고를 보유하지 않으며 대부분의 내재된 불확실성을 England사로 전가한다. 공급사슬에서의 대부분의 내재된 불확실성은 유연한 생산공정을 보유한 England사에 의해 흡수되기 때문에 소매상들은 효율성을 가질 수 있다. England사 자신은 얼마나 많은 불확실성을 그들의 공급자로 전가할 것인가를 선택할 수 있다. England사는 보다 많은 원재료 재고를 보유하는 것으로 그들의 공급자가 효율성에 주목하도록 할 수 있다. 만약 England사가 원재료 재고를 줄이게 되면, 공급업체는 보다 높은 대응성을 가져야 한다.

지금까지의 논의에서 공급사슬은 각 공급사슬 단계의 역할을 조정하면서 주어진 대응도를 달성할 수 있다고 설명하였다. 어떤 한 단계의 대응성을 높이게 되면 다른 단계는 효율성을 높이는 데 초점을 두어야 한다. 역할들의 최적 결합은 각 단계에서 가능한 효율성과 유연성에 달려 있다. 공급사슬의 서로 다른 단계에 각각 서로 다른 역할과 차별화된 불확실성의 수준을 부여하는 것을 통해 주어진 수준의 대응도를 달성할 수 있다는 개념을 [그림 2.6]에 묘사하였다. 그림에 나타난 두 공급사슬은 내재된 불확실성은 동일하지만 요구 대응도 수준 달성을 위한 공급사슬 내의 불확실성과 대응도 할당은 서로 다르다. 공급사슬 I은 대부분의 불확실성을 흡수하는 대응도가 매우 높은 소매자를 통해 생산자와 공급자가 높은 효율성을 갖도록(사실상 높은 효율성을 필요로 하도록) 한다. 반면에, 공급사슬 II는 대부분의 불확실성을 흡수하는 대응도

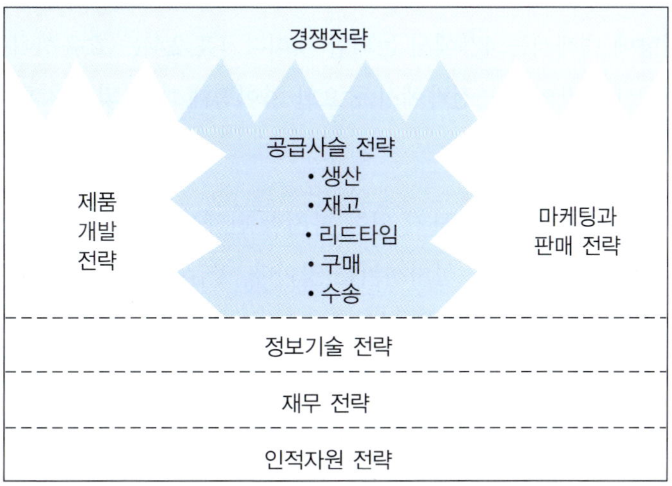

그림 2.7 경쟁전략과 기능전략 사이의 적합성

표 2.4 효율적 공급사슬과 대응적 공급사슬의 비교

	효율적 공급사슬	대응적 공급사슬
목표	최저가의 수요공급	수요에 대한 빠른 반응
제품 설계 전략	최저 생산비용에서 성과 최대화	제품 분화를 지연시킬 수 있는 모듈화 확보
가격 전략	가격이 고객에 대한 주요 요소이므로 낮은 제품 이윤	가격이 고객에 대한 주요 요소가 아니므로 높은 제품 이윤
생산 전략	높은 가동률을 통한 낮은 비용	수요/공급 불확실성에 대비하여 유연한 생산능력 유지
재고 전략	저비용을 위한 재고 최소화	수요/공급 불확실성을 처리하기 위한 완충 재고 유지
리드타임 전략	비용의 증가 없는 감소	비용이 들더라도 공격적으로 감소
공급자 전략	비용과 품질에 근거한 선택	속도, 유연성, 신뢰성, 품질에 근거한 선택

출처: "What Is the Right Supply Chain for Your Product?" Marshall L. Fisher, *Harvard Business Review* (March–April 1997), 83–93.

가 매우 높은 생산자를 통해 다른 단계에서는 효율성에 집중할 수 있도록 한다.

[그림 2.7]에서 보여 주는 바와 같이 완벽한 전략적 적합성을 달성하기 위해, 기업은 모든 기능전략이 일관되게 경쟁전략을 지원할 수 있도록 유지해야 한다. 모든 기능전략들은 경쟁전략의 목표를 지원해야 한다. 또한 공급사슬 내의 모든 생산, 재고, 구매와 같은 하부전략들은 공급사슬의 대응도 수준과 일관성을 지녀야 한다.

따라서 대응도 스펙트럼상의 다른 위치에 있는 기업들은 서로 다른 공급사슬 설계를 가져야 하며 그들의 대응도를 지원하기 위한 기능전략도 서로 달라야 한다. 공급사슬 설계가 대응도 수준에 미치는 영향에 대해서는 4장에서 논의할 것이다. [표 2.4]는 효율성이 높은 공급사슬과 대응도가 높은 공급사슬 간의 기능전략에서 중요한 차이점에 대해 몇 가지를 열거한 것이다.

> **키포인트** 전략적 적합성을 달성하기 위한 마지막 단계는 공급사슬 대응도와 수요와 공급으로부터의 내재된 불확실성을 일치시키는 것이다. 공급사슬 설계와 기업 내의 모든 기능전략들은 공급사슬의 대응도 수준을 지원해야 한다.

전략적 적합성을 달성하기 위해 전략을 변경하는 것은 말은 쉽지만, 현실에서는 매우 어려운 일이다. 이후의 장에서 이러한 적합성을 달성하는 데 따르는 많은 장애물들에 대해 논의할 것이다. 이번 논의에서 꼭 기억해야 할 중요한 부분은 다음과 같다.

1. 항상 올바른 공급사슬 전략은 없다.
2. 주어진 경쟁전략에 적합한 올바른 공급사슬 전략은 반드시 존재한다.

전략적 적합성에 대한 추진은 조직의 최고위층에서 나와야 한다. 많은 기업에서 서로 다른 그룹들이 경쟁전략과 기능전략들을 만들어 낸다. 그룹 간의 적절한 의사소통과 최고경영자와 같은 고위 경영층에 의한 조정이 이루어지지 않는다면, 이러한 전략들은 전략적 적합성을 달성하기 어렵다. 대부분의 기업에 있어서 전략적 적합성 달성의 실패는 기업이 성공하지 못하는 주요 원인이 된다.

전략적 적합성에 영향을 주는 다른 문제들

이제까지의 논의들은 기업이 단일 시장에서 기업활동을 할 때의 전략적 적합성을 얻는 데에 초점을 맞추어 왔다. 그리고 그 결과는 잘 정의된 전략적 자리매김이었다. 이제 우리는 다품목 또는 다고객, 그리고 제품 수명주기가 전략적 적합성에 어떻게 영향을 주는지 생각해 보고자 한다.

다품목과 다수의 고객층 대부분의 기업들은 각기 다른 특성을 가지고서 여러 종류의 제품들을 생산하고 판매하며, 여러 고객에게 봉사한다. 백화점은 검정색 양말과 같은 내재된 수요 불확실성이 낮은 제품을 판매함과 동시에 스키 재킷과 같이 내재된 수요 불확실성이 높은 계절 제품들을 판매할 것이다. 각각의 경우에 있어서의 수요는 불확실성 스펙트럼 위의 각기 다른 부분에 위치한다. W.W. Grainger사는 MRO 제품들을 Ford사와 Boeing사와 같은 대기업뿐만 아니라 작은 규모의 기업과 계약자에게도 판매한다. 이 두 가지 경우에서 고객의 요구는 매우 다르다. 대기업은 W.W. Grainger사로부터 많은 양을 주문하기 때문에 가격에 높은 관심을 보이는 반면, 규모가 작은 기업은 W.W. Grainger사의 대응도 때문에 W.W. Grainger사를 찾는다. 두 고객층은 내재된 불확실성 스펙트럼상에서 각기 다른 지점에 위치한다. 다른 예로, Levi Strauss사의 경우 맞춤형 그리고 표준화된 사이즈의 청바지 모두를 판매한다. 표준화된 사이즈의 청바지의 수요는 맞춤형 청바지의 수요보다 수요의 불확실성이 작다.

위에서 언급한 각각의 예에서, 여러 제품과 여러 고객층은 서로 다른 내재된 수요 불확실성을 갖는다. 이러한 사례들에서 공급사슬 전략을 구상할 때 기업의 주요 관심사는 제품, 고객층, 공급처의 포트폴리오로부터 얻어지는 대응도와 효율성 사이에 균형을 이룬 공급사슬을 만드는 것이다.

이러한 균형을 이루기 위해 기업이 선택할 수 있는 몇 가지 길이 있다. 하나는 각각의 제품 또는 고객층을 위한 독립적 공급사슬을 만드는 것이다. 이 전략은 각 고객층의 영역이 독자적인 공급사슬을 가질 수 있을 만큼 충분히 클 때 가능하다. 그러나 이 경우 한 기업의 다양한 제품 사이에서 종종 발생하는 범위의 경제로 인한 이점을 이용할 수는 없다. 따라서 바람직한 전략은 공급사슬을 각 제품의 수요의 필요성에 따라 최적으로 맞추는 것이다.

공급사슬 맞춤에는 서로 다른 제품 간에 공급사슬 내의 어떠한 연결고리의 공유가 필요하다. 그 연결고리는 가능한 최대의 효율을 얻기 위해 공유되며, 각 고객층에는 적절한 수준의 대응도를 제공한다. 예를 들어, 모든 제품이 한 공장의 같은 라인에서 만들어질 수 있지만 높은 수준의 대응도를 필요로 하는 제품들은 FedEx와 빠른 수송수단을 사용하여 선적될 수 있다. 높은 대응도를 필요로 하지 않는 제품들은 트럭이나 기차, 심지어 선박과 같은 느리고 값싼 수단을 이용해 선적될 수 있다. 다른 예로, 높은 대응도를 요구하는 제품들은 고객의 주문에 대응하기 위해 매우 유연한 생산공정을 사용하여 생산될 수 있다. 반면에, 낮은 대응도를 요구하는 제품들은 대응도가 낮지만 더 효율적인 공정을 사용하여 생산할 수 있다. 그러나 두 경우에 있어서의 수송방식은 같을 수도 있다. 다른 예로, 어떤 제품은 고객 근처의 지역 창고에 보관하는 반면, 그 외 제품은 고객으로부터 멀리 떨어진 중앙창고에 보관할 수도 있을 것이다. W.W. Grainger사는 빠르게 움직이는 품목들을 고객과 가까운 분산된 창고에 보관한다. 내재된 수요 불확실성이 높고 느리게 움직이는 품목들에 대해서는 중앙창고에 보관한다. 공급사슬의 적절한 맞춤은 기업으로 하여금 낮은 전체 비용을 위한 다양한 대응도 수준을 달성할 수 있게끔 해준다. 대응도 수준은 각 제품 또는 고객층에 맞게 맞추어져 있다. 공급사슬에서의 맞춤은 이어지는 장에서 심화하여 다루게 되는 중요한 개념이다.

제품 수명주기 제품 수명주기에 따라 수요의 특성과 고객층의 요구는 변화한다. 공급의 특성 또한 제품과 생산기술이 성숙함에 따라 변화한다. 첨단기술 제품들은 특히 매우 압축된 시간 범위에서 반복되는 수명주기를 갖는 경향이 있다. 제품은 공급이 불확실하고 선도고객만이 관심있는 단계인 도입기에서부터, 시장은 포화되고 공급이 예측 가능하여 제품이 일상품이 되어버리는 단계까지 수명주기를 거친다. 따라서 만일 기업이 전략적 적합성을 유지한다면, 공급사슬 전략도 제품 수명주기에 따라 진화해야 한다.

제품수명주기에 걸친 수요 특성의 변화를 생각해 보자. 제품 수명주기의 첫 단계에서 일어나는 다음과 같은 현상들은 공통적인 일이다.

1. 수요는 매우 불확실하며 공급도 불확실할 수 있다.
2. 수익은 보통 높으며, 시간은 판매를 달성하는 데 있어서 매우 중요하다.
3. 제품 가용성은 시장을 점유하는 데 있어서 매우 중요하다.
4. 비용은 종종 부차적인 고려대상이다.

신약을 출시한 제약회사를 생각해 보자. 약품에 대한 초기 수요는 매우 불확실하고 수익은 전형적으로 매우 높다. 그리고 제품 가용성은 시장점유율을 높이는 데 있어서 중요한 열쇠가 된다. 제품 수명주기에 있어서의 도입단계는 높은 수요의 불확실성과 높은 수준의 제품 가용성에 대한 요구로 인해 높은 내재적 수요 불확실성에 해당한다. 이러한 상황에서 대응도는 공급사슬의 가장 중요한 성격이 된다.

제품이 수명주기의 후반부에서 대량생산 제품으로 변해감에 따라 수요와 공급의 성격은 변화한다. 이 단계에서는 전형적으로 다음 현상들이 나타난다.

1. 수요는 보다 확실해지고 공급은 예측 가능하다.
2. 수익은 경쟁 압력으로 인해 낮아진다.
3. 가격은 고객의 선택에 있어서 중요한 요소가 된다.

제약회사의 경우 이러한 변화는 제품이 특허 약품에서 벗어나 일반 약품으로 소개될 때 발생한다. 이 단계에서 약품에 대한 수요는 일정한 수준으로 유지되며 수익은 줄어들게 된다. 고객들은 가격에 기초하여 여러 가지 대안으로부터 선택을 하게 된다. 생산기술은 잘 발달되고 공급은 예측 가능하다. 이 단계는 낮은 수준의 내재된 불확실성에 해당한다. 이러한 결과로 공급사슬은 변화되어야 한다. 이러한 상황에서는 효율성이 공급사슬의 가장 중요한 성격이 된다.

이와 같은 논의는 [그림 2.8]에 나타난 것처럼 일반적으로 제품이 성숙함에 따라 해당하는 공급사슬 전략은 높은 대응도를 갖는 것에서 높은 효율성을 갖는 것으로 옮겨 가야 한다는 것을 설명한다.

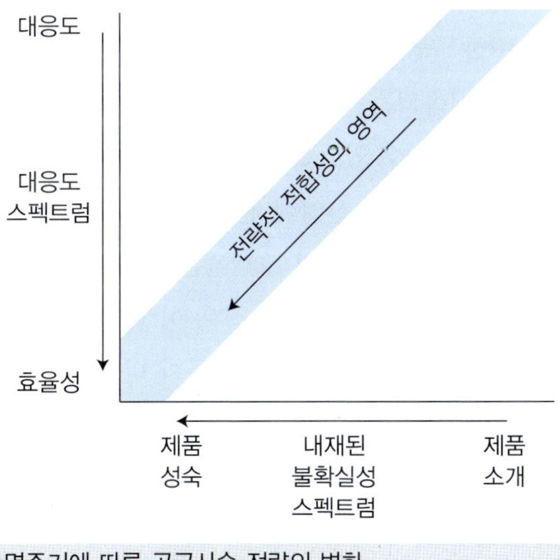

그림 2.8 제품 수명주기에 따른 공급사슬 전략의 변화

이러한 개념을 설명하기 위해 Intel사의 예를 생각해 보자. Intel사가 새로운 컴퓨터 프로세서를 내놓을 때마다 새로운 프로세서에 대한 수요는 새로운 고성능 PC의 판매에 달려 있기 때문에 수요의 불확실성은 매우 크다. 전형적으로 시장이 새로운 PC를 어떻게 받아들일 것인가와 수요는 어떻게 될 것인가에 대한 불확실성은 매우 높다. 생산량이 낮고 유동적이기 때문에 공급은 예측하기가 어렵다. 이 단계에서 Intel사의 공급사슬은 매우 대응도가 높아야 하며, 그래서 수요가 매우 높을 때도 대응할 수 있어야 한다.

Intel사의 새로운 프로세서가 주류가 될수록 수요는 좀더 안정되기 시작한다. 이 시점에서의 수요와 공급은 보통 낮은 수준의 내재된 불확실성을 나타낸다. 그리고 가격은 매출에 있어서 중요한 결정 요소가 된다. 이제 Intel사에게 프로세서를 제조하는 데 효율적인 공급사슬을 갖는 것이 중요하게 된다.

모든 PC 생산자들은 위에서 언급한 주기를 따르기 마련이다. 새로운 모델이 소개되면, 수익은 높아지지만 수요는 매우 불확실해진다. 이러한 상황에서 PC 생산자들에게는 대응도 있는 공급사슬이 가장 바람직하다. 새로운 모델이 성숙함에 따라 수요는 안정화되고 수익은 줄어든다. 이 단계에서 생산자들은 효율적인 공급사슬을 갖는 것이 중요하다. Apple Computer사는 제품 도입 단계 시 어려움을 겪은 기업의 좋은 예이다. 1999년 G4가 소개되었을 때 컴퓨터에 대한 수요는 프로세서의 가능 공급량을 훨씬 초과하였고, 그 결과 상당한 판매손실이 초래되었다. 이 사례에서 공급사슬은 제품 도입 단계에서 충분한 대응도를 보여 주지 못했던 것이다.

여기서 중요한 점은 수요와 공급의 특성이 제품 수명주기 동안 변한다는 것이다. 수요와 공급의 특성이 변화하기 때문에 기업이 지속적으로 전략적 적합성을 추구하고자 한다면 공급사슬 전략은 제품 수명주기 전반에 걸쳐서 변해야 한다.

세계화와 시간에 따른 경쟁의 변화 공급사슬과 경쟁전략을 대응시킬 때 마지막으로 생각해 보아야 할 것은 시장의 변화 또는 계속되는 세계화에 따른 경쟁자의 행동의 변화이다. 제품 수명주기처럼 경쟁자들 역시 전망을 바꿀 수 있고 그러므로 기업의 경쟁전략에 있어서도 변화가 필요하다. 20세기의 마지막 10년 동안 여러 산업에 걸친 대량 고객화가 그 예이다. 다양한 제품을 가지고 많은 경쟁자가 시장에 진입함에 따라 고객들은 자신의 개별적인 요구가 만족되는 것에 익숙해진다. 따라서 오늘날 경쟁에 있어서의 초점은 이상적인 가격에 충분히 다양한 제품을 만드는 것에 맞춰져야 한다. 기업들이 제공하는 제품의 다양성을 증가시킴에 따라 공급사슬은 더욱 넓은 범위의 제품들에 대해 지원하는 능력을 발전시켜야만 하게 되었다. 또 다른 큰 변화는 세계화된 제품공급의 증가이다. Wal-Mart에서 199달러에 팔리는 중국산 안락 가죽의자는 미국의 생산자들에게 이전보다 더 빠른 대응에 대한 압력을 준다. 미국의 성공적인 가구 생산자들은 가격을 유지하고 대응시간을 낮추면서도 고객에게 선택에 대한 충분한 다양성을 제공하는 장점으로 대응하였다. 유사한 세계화의 압력은 의류 분야에서도 발생하고 있으며 선진국의 지역 기업들에게 이에 대한 대응이 요구된다. 경쟁 구도가 변함에 따라 기업은 그들의 경쟁전략을 바꾸도록 강요받는다. 경쟁전략을 변경함에 따라 기업은 전략적 적합성을 유지하기 위해 그들의 공급사슬 전략 또한 바꾸어야 한다.

공급사슬 불확실성의 증가 21세기에 들어서 환율 변동과 세계적인 수요, 유가, 그리고 공급사슬상의 성과 요인이 가장 큰 변동성을 가지게 되었다. 유로화는 2001년에는 최저 0.85달러의 가치를 가지고 있었으며, 2008년 1유로당 1.59달러 정도였고, 최저 1.25달러의 가치를 가지고 있다. 미국의 자동차시장은 최대 1,700만대까지 판매를 기록했지만, 2007년 11월에서 2008년 10월까지 수요가 큰 폭으로 감소하였으며, 2008년 10월에는 전년도 같은 달에 비해 30%나 적은 수요를 보였고, 소형차나 연비가 높은 차의 판매는 다소 적은 감소를 기록하였다. 원유의 가격은 2008년 7월 1배럴당 145달러로 최고값을 경신하게 되었고, 다소 가격이 안정되어 2008년 11월 1배럴당 50달러 미만에 거래되었다.

이러한 모든 변동들은 공급사슬 전략이 불확실성에 대한 고려를 해야 한다는 것을 다시 한번 인지시켜 준다. 공급사슬은 불확실성을 무시하기보다는 이것에 대해 더 많은 중점을 두어야 한다. 예를 들면, Honda는 2008년에 SUV의 수요가 감소하고 소형차의 수요가 증가하는 것에 발맞추어 자사 공장의 생산라인을 유연하게 설계하였다. Honda의 유연성 있는 생산라인은 CRV와 소형차를 같은 라인에 생산할 수 있었다. 이와 대조적으로 다른 자동차 제조업체는 대형 트럭과 SUV의 생산라인에 전념함에 따라 2008년 수요의 고갈로 어려운 시기를 겪었다. 따라서 기업은 자신의 전략적 적합성을 유지하기 위해 그들이 구축하고 있는 공급사슬에 위험과 불확실성을 고려해야만 한다.

환경과 지속 가능성 환경과 지속 가능성에 관련된 주제가 점점 대두됨에 따라, 이러한 주제들은 공급사슬 전략을 설계할 때 포함해야 하는 대상이 되었다. 몇몇의 규제 사례를 살펴보면, 환경과 지속 가능성은 기업에 위험으로 작용하여 변화를 야기하게 하는 중요한 요인이 되었다.

예를 들어, WEEE(폐기전지전자제품)와 RoHS(유해물질 제한지침)는 유럽의 핸드폰 제조업체에게 핸드폰의 설계와 전략을 친환경적인 전략으로 수정하도록 제안하였다. 반면에, 스타벅스는 성장을 하기 위해 각각 지역적인 지속 가능성을 추구하였다. 스타벅스는 각각의 공급사슬 단계상에 친환경적이고 사회적인 성과를 보이기 위해 공급 가이드라인을 개발하였다.

키포인트 전략적 적합성을 달성하기 위해서 기업은 다양한 고객층의 요구를 최선으로 충족시킬 수 있도록 그들의 공급사슬을 맞추어야 한다. 전략적 적합성을 유지하기 위해 공급사슬 전략은 제품 수명주기 전반에 걸쳐, 그리고 경쟁 구도의 변화에 따라 조정되어야 한다.

다음 절에서는 전략적 적합성을 달성했을 때 공급사슬의 범위가 어떻게 확장되는지를 살펴보기로 한다. 또한 전략적 적합성 범위의 확장이 공급사슬의 성공에 왜 중요한지에 대해서도 논의할 것이다.

2.3 전략적 범위의 확대

전략적 적합성에 관련된 주요 논의 중 하나는 공급사슬 단계의 관점에서 전략적 적합성을 적용할 수 있는 범위이다. 전략적 적합성의 범위는 공유된 목표로 통합된 전략을 가진 기업 내의 기능과 공급사슬 내의 단계를 의미한다. 하나의 극단적인 예로서, 각 기능영역 내의 모든 운영은 자체의 성과를 최적화시키기 위한 목적으로 고유의 독립적인 전략을 가진다. 이 경우 전략적 적합성의 범위는 공급사슬 단계 내의 기능적인 영역 내에서 하나의 운영으로 제한되어 있다. 반대의 극단적인 경우, 공급사슬 단계 내의 모든 기능적인 영역은 공급사슬 이윤 극대화라는 공통된 목적으로 연계된 전략을 가진다. 이 경우 전략적 적합성의 범위는 전체 공급사슬로 확장된다.

이 절에서 우리는 공급사슬 성과의 향상을 위해 어떻게 전략적 적합성의 영역을 확장해야 할지 다루었다. 예를 들면, IKEA는 공급사슬상에서 각각의 기능과 단계를 모두 포함한 확장적인 전략적 적합성을 성공적으로 구축하였다. IKEA의 경쟁전략은 고객들에게 다양한 가구와 알맞은 비용을 제공하는 것이며, 판매되는 매장의 규모가 커서 모든 제품을 재고로 보유하고 있었다. 그리고 각각의 제품들은 모듈화되어 있어서 조립하기 쉽게 설계되었다. 그 결과 IKEA의 공급사슬상 모든 기능은 효율성에 중점을 두었다. 공급자들은 적은 비용으로 몇 개의 모듈화된 큰 부품을 생산하는 것에 집중하였다. 배송 기능을 하는 부서에서는 조립되지 않은 부품들은 판매장으로 옮기기 위해 많은 양을 한번에 배송하는 데 초점을 두었다. IKEA의 공급사슬 내 모든 단계와 기능 부서들은 공급사슬 잉여의 증가를 위해 적합하게 구성되어 있다.

기업내부 운영내부 범위: 부분비용 최소화 관점

기업내부 운영내부 범위(intracompany intraoperation scope)는 전략적 적합성에 있어서 가장 제한된 범위는 기업 내 기능적인 영역 안의 하나의 운영이다. 여기서 공급사슬은 각 단계별 운영은 독립적인 전략을 가지게 되는데, 서로 다른 기능과 운영들이 상충하는 목적을 갖고 있다. 공급사슬 각 단계 내의 각각의 운영이 자체비용의 최소화만을 시도했던 1950, 60년대에는 이러한 제한적인 범위가 지배적인 관행이었다. 이러한 좁은 시각의 비용을 최소화하기 위해 수송부서에서는 제품 적송을 트럭용량 단위로 운영하였다. 역사적으로 이러한 지역적인 시각으로 제품을 고객에게 판매할 때, 판매부서는 판매 시 수익만 고려할 뿐 홍보에 영향을 주는 생산, 창고 관리, 수송비용은 신경을 쓰지 않았다. 그래서 이러한 공급사슬 불일치에 따라 공급사슬 잉여 또한 줄어들게 되었다. [그림 2.9]에서 가장 작은 타원은 이 사례에서의 배송자의 전략적 적합성 영역을 나타낸다.

기업내부 기능내부 범위: 기능비용 최소화 관점

시간이 지남에 따라 관리자들은 기업내부 운영내부 범위의 취약점을 인식하고 각 기능 내의 모든 운영을 조정하려 노력했다. 예를 들어, 비행 화물을 이용할 때 재고의 보존과 대응도의 증가를 운송비용의 증가로 이어질 수 있다는 것을 알아냈다. 이러한 관점에서 공급사슬 운영은 생산, 보관, 운송, 그리고 그 이외의 것들을 포함하고 최소의 비용이 발생하는 전략을 구성하였다. 그 결과, 제품은 제품 한 개당 높은 비용이 드는 것보다 재고와 수송비용이 감소하는 결과를 얻을 수 있었다. 그림 2.9에서 기업내부 기능내부 범위가 배송자에게 있어 공급사슬 전략에

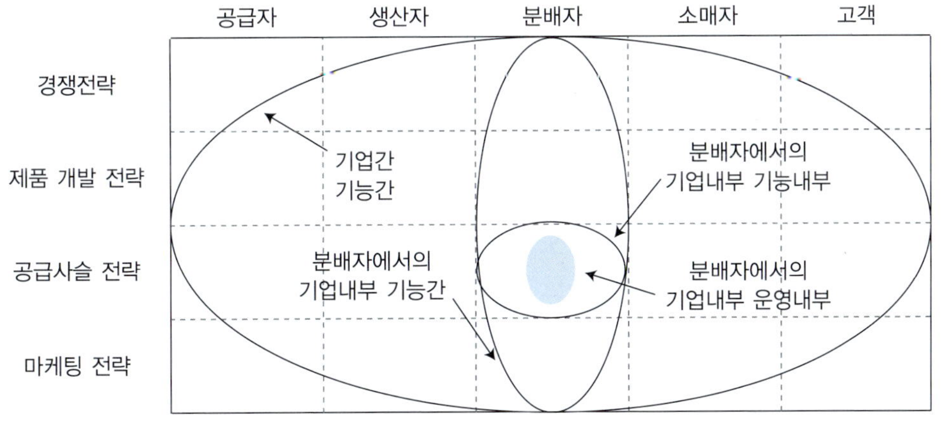

그림 2.9 공급사슬에 걸친 전략적 적합성의 범위

적용되는 것을 볼 수 있다.

기업내부 기능간 범위: 기업이윤 최대화 관점

기업내부 기능내부 범위 관점의 중요한 단점은 서로 다른 기능들이 상반되는 목적을 가질 수도 있다는 점이다. 예를 들어, 마케팅과 판매 부서가 수익 창출에 초점을 맞추는 반면, 생산과 배송부서는 비용절감에 초점을 맞추는 것이다. 시간이 지남에 따라 기업은 이러한 약점을 인지하게 된다. 두 기능이 취하는 행동들은 종종 상충되며, 이는 기업의 전체 성과에 해를 끼칠 수도 있다. 기업들은 기업 내의 모든 기능들을 가로지를 수 있도록 전략적 적합성의 범위를 확장하는 것의 중요성을 깨닫고 있다. 기업내부 기능간 범위에서는 기업이윤을 최대화시키는 것이 목적이다. 이러한 목적을 달성하기 위해 모든 기능전략들은 서로를 지원하고 경쟁전략 또한 지원할 수 있도록 개발된다.

전략의 목적이 기능내부 범위를 포괄하는 경우의 예로서, McMaster-Carr가 많은 재고와 초과된 용량으로 제품 제공 날짜를 맞추는 상황에서와 같이 창고의 효율적인 운영으로 납기일을 맞추었다고 한다. 이러한 경우, 마진의 증가로 인해 이익은 증가하게 되며, 회사는 모든 기능이 전략에 맞추어 같은 목적을 수행하기 때문에 이익을 얻을 수 있다. 전략적 적합성이 되는 기업내부 기능간 범위는 [그림 2.9]에서 분배자의 영역에 해당된다.

기업내부 기능간 범위: 공급사슬 잉여이익 최대화 관점

회사의 이익을 최대화시키기 위해서는 공급사슬의 단계 사이에 충돌이 발생할 수도 있다. 예를 들어, 공급사슬에서의 공급자와 제조업자 사이에서 서로 다른 쪽으로 자신의 이익을 추구하기 위해 자신에게 유리한 쪽으로 재고를 보유하기도 한다. 만약 두 관리자 모두 자신의 이익을 충족시킬 수 없다면, 더 강력한 정책 즉, 다른 단계에서 자신에게 더 이익이 될 수 있는 재고를 보유하게 되며 그 결과 공급사슬에서의 이익은 감소하게 된다. 즉, 이익을 공유하게 되는 것이다.

기업내부 범위는 전략적 관심을 공급사슬의 각 단계 내로 한정하여 단계들 간의 접점은 무시하게 한다. 기업간 범위는 공급사슬의 모든 단계들이 전체 공급사슬을 조망하고 자신의 행동이 다른 단계는 물론 연계 접점에 미치는 영향을 평가하게끔 한다. 기업간 범위는 공급사슬에 있어 공급사슬의 잉여이익을 증가시키고 모든 단계가 공유해야 할 파이의 크기를 증가시키는 것을 가능하게 한다.

전략적 적합성의 기업간 기능간 범위는 [그림 2.9]에 나타나 있다.

키포인트 경쟁영역이 기업 대 기업에서 공급사슬 대 공급사슬로 옮겨감에 따라 오늘날 전략적 적합성의 기업간 범위는 필수적이다. 기업은 자신의 공급사슬에 밀접하게 엮여있기 때문에, 기업의 공급사슬 내 파트너들이 기업의 성공을 결정하는 것은 당연하다.

이것에 대한 좋은 예로서, Wal-Mart와 P&G사의 공동 프로모션 계획이 있는데, 이는 두 회사 모두의 이익을 추구할 수 있는 팀을 구성하게 된다. 즉, 이러한 협동의 노력은 우선적으로 Wal-Mart에게 P&G사의 시설운용이 높은 비용이 요구될 수도 있다. 그 결과 공급사슬의 이익은 줄어들게 되며, 제품판매가격은 높은 이윤이 추구되는 한에서 할인되기도 한다. 이러한 협업팀은 공급사슬의 이익성장을 위해 수행되며, 때때로 프로모션을 통해 한계비용의 증가를 최소화하는 반면, 높은 판매를 불러일으킨다. 그것은 프로모션상 수요가 아직 판매되지 않은 재고를 초과하지 않는 수준에서 제품이 생산되는 것이 충족되도록 수행된다.

키포인트 전략적 적합성의 기업간 범위는 기업으로 하여금 모든 행동을 공급사슬 전체 관점에서 평가하도록 요구한다. 기업간 범위는 공급사슬 내 모든 단계가 공유할 수 있는 잉여이익의 크기를 증가시킨다.

민첩한 기업간 기능간 범위

지금까지는 정적인 환경, 즉 공급사슬 내의 기업들과 고객의 요구가 시간에 따라 변화하지 않는 환경에서 전략적 적합성을 논의하였다. 그러나 현실의 상황은 훨씬 동적이다. 제품 수명주기는 점차 짧아지고 있고, 기업은 개별 고객의 변화하는 요구를 만족시켜야만 한다. 하나의 기업은 현재 생산하고 있는 제품과 현재 만족시키고 있는 고객에 따라 많은 다른 기업들과 제휴할 수도 있다. 기업의 전략과 운영은 변화하는 환경에서 전략적 적합성을 유지하기에 충분하도록 민첩해야만 한다.

민첩한 기업간 범위는 공급사슬 단계들과의 제휴가 시간에 따라 변화할 때 전략적 적합성을 달성할 수 있는 기업의 능력을 의미한다. 기업은 공급사슬의 각 단계가 많은 참여자들로 구성된다는 관점에서 생각해야 한다. 예를 들어, 생산자는 제조하고 있는 제품과 만족시키고 있는 고객에 따라 서로 다른 공급자들 및 배송자들의 집합과 상호작용한다고 할 수 있다. 게다가 시간에 따라 고객의 요구가 변화하기 때문에 기업은 전략적 적합성을 유지하면서 새로운 공급사슬의 한 부분이 될 수 있는 능력을 가져야만 한다. 이러한 민첩성의 수준은 경쟁 환경이 더욱 동적일수록 더욱 중요해진다.

2.4 전략적 적합성 달성의 장애 요인

목표로 하고 있는 수요의 종류에 가장 잘 부합하는 대응성 스펙트럼 표에 따라 대응성과 효율성 사이의 균형을 찾는 기업의 능력은 전략적 적합성을 달성하는 데 가장 중요함을 알 수 있다. 이 균형이 대응성 스펙트럼 표에서 어디에 놓여야 하는지를 결정할 때, 기업은 많은 장애 요인들에 직면한다. 이 절에서는 몇 가지 장애 요인들에 대해 논의하고 공급사슬 환경이 수 년간 어떻게 변화했는지에 대한 감각을 제공한다. 한편으로, 이러한 장애 요인들은 기업들이 이상적인 균형을 유지하는 것을 좀 더 어렵게 만들었으며, 다른 한편으론 이들이 기업들에게 공급사슬 관리를 향상시킬 기회를 증가시켰다. 관리자들은 이러한 장애 요인들의 영향에 대한 구체적인 이해가 필요할 것이다. 이는 이러한 것들이 자신의 공급사슬로부터 최대의 수익을 얻기 위한 기업의 능력에 중요하기 때문이다.

제품의 다양성 증가

오늘날 제품의 세분화는 흔히 있는 일이다. 고객들이 좀 더 맞춤화된 제품을 요구함에 따라 제조업자들은 대량 맞춤화, 심지어 시장의 1고객 1시장(Segment-of-One, 여기서 기업은 한 고객을 하나의 시장으로 간주한다) 현상에 대응하게 되었다. 이전에는 매우 포괄적이던 제품들이 이제는 특정 고객에 대한 맞춤 생산으로 변하게 되었다. 예를 들어, 미국 내에서 팔리는 운동화 종류는 1970년대 초에는 5가지에서 1990년대 후반에는 약 300가지로 늘어났다. 제품다양성의 증가는 예측과 수요를 맞추는 것을 힘들게 함으로써 공급사슬을 복잡하게 만들었다. 다양성의 증가는 불확실성을 높이는 경향이 있으며 불확실성은 종종 공급사슬 내에서 비용의 증가와 대응성의 감소를 초래한다.

제품 수명주기의 단축

제품다양성의 증가와 더불어 제품의 수명주기는 점점 짧아지고 있다. 오늘날 제품의 수명주기는 연 단위에서 월 단위로 측정될 수 있다. 이러한 현상은 특정 제품에 국한된 것이 아니다. 한 예로서, PC의 경우 몇 개월의 수명주기를 가지며 심지어 어떤 자동차 제조업자는 제품 수명주기를 5년 이상에서 3년으로 낮추었다. 공급사슬이 이러한 제품의 수요 불확실성에 대처하는 것과 더불어 지속적으로 제조에 적응하고 새로운 제품들을 배달해야 하기 때문에, 이러한 제품 수명주기의 감소는 전략적 적합성을 달성하는 것을 더욱 어렵게 만든다. 짧아진 제품 수명주기는 공급사슬이 적합성을 달성할 수 있는 기회의 범위를 감소시키는 반면에 불확실성을 증가시킨다. 작아진 기회의 범위와 결합한 증가된 불확실성은 수요와 공급의 균형을 이루기 위한 공급사슬에 추가적인 압력을 가해오고 있다.

더 많은 요구를 하는 고객

고객들은 배달 리드타임, 비용, 제품 성능에 있어서 끊임없는 개선을 요구하고 있다. 만약 이런 개선들을 받아들이지 않는다면, 고객들은 새로운 공급자로 옮겨갈 것이다. 많은 기업은 주기적이고 표준적으로 제품 가격을 증가시켰다. 이것은 수요의 증가로 인한 것도 다른 요인으로 인한 것도 아닌 단지 가격 인상이 비즈니스를 하는 방식이었기 때문이었다. 이제 사람들은 기업이 시장점유율의 감소 없이 어떠한 가격 인상도 할 수 없다는 것을 반복해서 듣고 있다. 오늘날의 고객들은 그들이 몇 년 전에 지불했던 같은 가격에 더 빠른 주문 충족, 더 좋은 품질, 더 좋은 성능의 제품을 요구하고 있다. 이러한 엄청난 고객 요구(반드시 수요로 연결되지는 않지만)의 성장은 공급사슬이 유지되기 위해서 좀 더 많은 것을 제공해야 한다는 것을 의미한다.

공급사슬 소유권의 분할

수십 년에 걸쳐서 대부분의 기업들은 수직적으로 통합되지 않았다. 기업들이 중요하지 않은 기능을 포기함에 따라, 그들은 자신이 갖고 있지 않았던 공급업자와 고객 경쟁력의 이익을 얻을 수 있었다. 그러나 이 새로운 소유권 구조는 또한 공급사슬의 관리를 더욱 어렵게 만들었다. 공급사슬이 많은 소유자에게 분할되면서, 각자 자신의 정책과 관심을 갖게 되었고 공급사슬은 조정하기가 더욱 힘들어졌다. 잠재적으로 이 문제는 공급사슬의 각 단계가 전체 사슬의 목표보다는 자신의 목표만을 향해서 작용하는 것을 야기시킬 수 있으며, 결과적으로 전체 공급사슬 수익의 감소를 가져올 수 있다.

세계화

오늘날의 공급사슬은 이전보다 더욱 세계화되고 있다. 글로벌 공급사슬의 설립은 자국 기업에서 이용 가능한 것보다 더 좋거나 더 싼 상품을 제공할 수도 있는 공급업자의 글로벌 기지로부터 공급 받을 수 있는 능력과 같은 많은 이익을 만든다. 그러나 세계화는 공급사슬 내부의 설비들이 더 떨어져 있게 되고, 이것이 조정을 더욱 더 힘들게 하기 때문에 공급사슬에 압력을 더한다. 또한 세계화는 이전에 보호 받았던 국내 기업들이 이제 세계의 기업과 경쟁해야 하는 경쟁을 증가시켰다. 과거에 고객의 요구를 만족시키려 하는 기업이 많지 않았다면, 고객들은 긴 응답시간을 참았을 것이지만, 이제는 대부분의 산업에서 그들의 경쟁 사업을 공격적으로 진행시키는 보다 많은 기업들이 있다. 이러한 경쟁적 상황은 공급사슬에 더욱 더 압력을 가하게 하고 그 결과 더욱 더 정확하게 트레이드오프를 선택하도록 하면서, 이제 공급사슬 성능이 기업의 매출을 유지하고 성장시키는 핵심이 되게 만든다.

변화하는 사업 환경

고객의 요구와 기술이 변화함으로써 기업은 지속적으로 그들의 공급사슬 전략을 구상하고 있다. 하나의 환경에서 아주 성공적인 전략은 변화하는 환경에서 아주 어려울 수 있다. Dell사의 경우 이러한 어려움의 좋은 예이다. 10년 전, Dell사는 고객맞춤 PC를 제공할 수 있는 공급사슬 전략의 성공에 만족하고 있었다. 이러한 PC들은 유연한 생산라인으로부터 만들어져 왔지만 2005년 고객들은 노트북을 선호하게 되었고 맞춤형 PC의 가치를 저평가하기 시작했다. 그 결과 Dell은 공급사슬 전략을 다시 재고하게 되었고 소매점을 이용한 PC 판매를 시작하여, 일제히 조립라인을 변경하고 낮은 비용의 제조업체와 협력을 맺기 시작하였다. 환경의 변화에 따라 회사도 지속적으로 전략적 적합성을 유지하기 위해 공급사슬 전략을 평가하고 수정하는 것이 필요한 것이다.

새로운 전략을 수행하는 어려움

성공적인 공급사슬 전략을 만드는 것은 쉽지 않다. 그러나 일단 좋은 전략이 수립되어도 실제로 전략을 실행하는 것은 더욱 어려울 수 있다. 예를 들어, 공급사슬 전략으로서의 Toyota사의 생산 시스템은 널리 알려져 있다. 이 전략은 이십 년 이상 동안 Toyota사에 지속적인 경쟁력을 갖게 해주고 있다. Toyota사는 아무도 이해할 수 없는 놀라운 전략을 가지고 있는가? 그들의 전략은 훌륭하지만 다른 기업들도 이미 이 전략에 대해 이해하고 있다. 다른 기업들이 겪는 어려움은 그 전략을 실행하는 데 있다. 조직의 모든 단계에서 고도로 훈련된 많은 종업원들은 공급사슬 전략을 성공적으로 이끄는 데 필수적이라 할 수 있다. 이 책에서는 전략의 수립에 대해 대부분을 할애하고 있지만, 사람들은 기술적인 전략의 실행이 전략 그 자체만큼 중요할 수 있다는 것을 명심해야 한다. 여기에서 논의된 장애 요인들 모두는 기업이 공급사슬에서 대응성과 효율성 사이의 적절한 균형을 이루는 것을 더욱 어렵게 만들고 있다. 또한 이러한 장애 요인들은 공급사슬 내의 개선되지 않은 영역에 대한 큰 기회를 제공하며, 장애 요인으로 인한 영향이 증가하고 있기 때문에 공급사슬 관리는 기업의 성패에 중요한 요인이 된다.

키포인트 증가하는 제품다양성, 짧아진 수명주기와 같은 많은 장애 요인들은 공급사슬이 전략적 적합성을 달성하는 것을 더욱 어렵게 만들었다. 이러한 장애 요인들을 극복하는 것은 기업이 경쟁력을 얻기 위해 공급사슬 관리를 사용하는 큰 기회를 제공한다.

2.5 학습목표 요약

1. **기업의 전반적인 성공을 위해 전략적 적합성의 달성이 왜 중요한지 설명하라.** 경쟁전략과 공급사슬 전략과의 전략적 적합성의 결여는 공급사슬이 고객의 요구와 맞지 않는 행동을 취하는 것을 초래한다. 이로 인해 공급사슬 잉여이익은 축소되고 공급사슬 수익성이 낮아진다. 전략적 적합성은 공급사슬 내의 모든 기능들과 단계가 모두 동일한 목적을 갖도록 하며 그것은 고객의 요구와 일치되는 것이다.
2. **기업이 전략적 적합성을 달성하기 위해 어떻게 공급사슬 전략과 경쟁전략을 조정할 수 있는지 설명하라.** 전략적 적합성을 얻기 위해 첫째로 기업은 고객의 요구를 이해하고, 공급사슬의 불확실성에 대해 이해하고, 내재된 불확실성을 파악해야 한다. 두 번째 단계는 효율성과 대응도 관점에서 공급사슬의 능력을 이해하는 것이다. 전략적 적합성의 열쇠는 공급사슬 대응도가 고객 요구, 공급능력, 그리고 이들로 인한 내재된 불확실성과 일치하도록 보장하는 것이다.
3. **공급사슬에서 전략적 적합성의 범위 확장이 어떠한 중요성을 갖는지 논의하라.** 전략적 적합성의 범위는 서로간의 전략을 조화시켜 공통목표를 추구하는 공급사슬 내의 기능들과 단계들을 일컫는다. 범위가 좁을 경우 개별 기능은 자체의 목적에 기반하여 성능을 최적화하고자 한다. 이는 종종 공급사슬 잉여이익의 감소를 초래하는 상충된 활동을 야기할 수 있다. 전략적 적합성의 범위가 전체 공급사슬을 포함할 정도로 확장되면, 활동은 전체 공급사슬 성과에 미치는 영향에 기반하여 평가되며 이는 공급사슬 잉여이익 증가에 도움을 준다.
4. **공급사슬을 성공적으로 관리하는 데 있어서 극복되어야 하는 주요 장애에 대해 설명하라.** 제품다양성의 증가, 제품 생명주기의 감소, 고객 요구의 증가, 그리고 글로벌 경쟁 등이 공급사슬 전략을 보다 어렵게 만들고, 이러한 요인들이 공급사슬 성과를 방해한다. 공급사슬 글로벌화(globalization)의 증가와 공급사슬 소유권(ownership)의 분열이 공급사슬 전략을 실행하기 더욱 어렵게 만든다.

토의문제

1. Nordstorm사와 같은 고급 백화점 체인의 공급사슬 경쟁전략을 어떻게 특징지을 것인가? Nordstorm사가 만족시켜야 하는 고객 요구의 초점은 무엇인가?
2. Nordstorm사가 직면한 수요는 내재된 수요 불확실성의 스펙트럼상에서 어디에 위치해야 하는가? 또 그 이유는?
3. Nordstorm사의 공급사슬에 가장 적합한 대응도의 수준은 무엇인가? 이 공급사슬이 특히 잘 해야만 하는 것은 무엇인가?
4. Nordstorm사는 공급사슬 전반에 걸쳐 전략적 적합성을 어떻게 확장하였는가?
5. Amazon, 슈퍼마켓 체인점, 자동차 제조업체, Wal-Mart와 같은 할인점 등의 다른 기업에 대해 앞의 네 가지 질문에 대해 답하라.
6. Wal-Mart사가 경쟁전략과 공급사슬 전략 사이에서 매우 좋은 전략적 적합성을 달성하였다라는 보고에 대해 논의하라.
7. 내재된 불확실성에 영향을 주는 요인은 무엇인가? 또 큰 제철소에서 몇 개월 간의 리드타임을 통해 많은 양의 제품을 제공하는 경우와 작은 금속 제공 센터에서의 24시간 리드타임과 작은 양의 제품을 제공하는 경우, 즉 이 두 가지 경우에서 내재적 불확실성은 어떻게 다른가?
8. 7-Eleven과 같은 편의점 사슬과 슈퍼마켓 사슬, 그리고 COSTCO와 같은 할인매장에서 공급사슬이 직면하고 있는 내재적인 위험의 다른 점은 무엇인가?
9. 의사결정 시 각각의 공급사슬상의 단계에서 집중해야 하는 문제점은 무엇인가? 전략적 적합성의 영역으로 확장하여 소매자와 생산자가 협력하여 활동한 경우를 찾아라.

참고문헌

Blackwell, Roger D., and Kristina Blackwell. "The Century of the Customer: Converting Supply Chains into Demand Chains." *Supply Chain Management Review* (Fall 1999): 22–32.

Bovet, David M., and David G. Frentzel. "The Value Net: Connecting for Profitable Growth." *Supply Chain Management Review* (Fall 1999): 96–104.

Fine, Charles H. *Clock Speed, Winning Industry Control in the Age of Temporary Advantage.* Reading, MA: Perseus Books, 1999.

Fisher, Marshall L. "What Is the Right Supply Chain for Your Product?" *Harvard Business Review* (March–April 1997): 83–93.

Fuller, Joseph. B., James. O'Conner, and Richard Rawlinson. "Tailored Logistics: The Next Advantage." *Harvard Business Review* (May–June 1993): 87–98.

Gattorna, John. "Supply Chains Are the Business." *Supply Chain Management Review* (September 2006): 42–49.

Gilmore, James H., and B. Joseph Pine II. *Markets of One: Creating Customer Unique Value Through Mass Customization.* Boston: Havard Business School Press, 2000.

Lee, Hau L. "Aligning Supply Chain Strategies with Product Uncertainties." *California Management Review* (Spring 2002): 105–119.

Lee, Hau L. "The Triple-A Supply China." *Harvard Business Review* (October 2004): 102–112.

Magretta, Joan. "Fast, Global, and Entrepreneurial: Supply Chain Management, Hon Kong Style." *Harvard Business Review* (September–October 1988): 102–114.

Magretta, Joan. "The Power of Virtural Integration: An Interview with Dell Computer's Michael Dell." *Harvard Business Review* (March–April 1998): 72–84.

Nordone, Robert, and Sean Monahan. "How Unilever Aligned Its Supply Chain and Business Strategies." *Supply Chain Management Review* (November 2007): 44–50.

Pine, B. Joseph, II. *Mass Customization.* Boston: Harvard Business School Press, 1999.

Ross, David F. "The Intimate Supply Chain." *Supply Chain Management Review* (July–August 2006): 50–57.

Shapiro, Roy D. "Get Leverage From Logistics." *Harvard Business Review* (May–June 1984), 119–127.

Shapiro, Roy D, and James L. Heskett. *Logistics Strategy: Cases and Concepts.* St. Paul, MN: West Publishing Company, 1985.

Stalk, Georage, Jr., and Thomas M. Hout. *Competing Against Time.* New York: Free Press, 1990.

제 3 장

공급사슬의 요인과 측정 기준

학 • 습 • 목 • 표

이 장을 읽은 후에 여러분은 다음과 같은 것을 할 수 있을 것이다.

1. 공급사슬 성과에 있어서의 주요 요인에 대해 확인할 수 있다.
2. 공급사슬 전략과 경쟁전략 사이에서 전략적 적합성을 달성하는 데 있어서 각 요인의 역할에 대해 논의할 수 있다.
3. 각 요인마다 공급사슬 성과를 추적할 수 있는 핵심 측정 기준을 정의할 수 있다.

이 절에서는 공급사슬의 성과를 결정하는 세 개의 물류 요인—설비, 재고, 그리고 수송(운송)—과 세 개의 교차 기능적 요인—정보, 외주결정, 가격결정—에 대해 설명한다. 이러한 요인이 공급사슬의 설계, 계획, 운영에 어떻게 이용되는지에 대해 논의하고 각 요인들의 성과 측정에 사용될 수 있는 몇 가지 측정 기준들에 대해서 정의할 것이다. 또한 공급사슬 관리의 많은 방해 요인들에 대해서도 설명할 것이다.

3.1 공급사슬 성과 요인

2장에서 논의한 전략적 적합성은 기업이 경쟁전략에 최대한 부응하는 방향으로 공급사슬에 있어서의 대응도와 효율성의 균형을 유지하는 것을 요구하고 있다. 기업은 고객 대응도와 효율성 사이에서 공급사슬 성과를 어떻게 얻는지 이해하기 위해 공급사슬 성과의 물류 요인과 교차 기능적 요인, 즉 설비, 재고, 운송, 정보, 외주결정, 가격결정 등을 검토해 보아야 한다. 이러한 요소들은 대응도와 효율성 측면에서 공급사슬의 성과를 결정하기 위해 상호작용하며, 그 목적은 가능한 최적의 비용으로 달성하고자 하는 대응도의 수준을 이루는 공급사슬 구조를 만드는 것이다.

우선 네 가지 추진 요소에 대해 정의한 후 공급사슬 성과에 미치는 영향에 대해 논의하기로 한다.

1. **설비**는 공급사슬 내의 실제 물리적인 위치로 제품을 보관하고, 조립하며, 또는 가공하는 장소를 의미한다. 설비의 두 가지 주요 형태는 생산장소와 저장장소이다. 설비의 위치, 용량, 유연성에 관한 의사결정은 공급사슬 성과에 큰 영향을 미친다. 예를 들어, 고객 대응도를 위해 노력하는 자동차 부품 배송업체는 비록 효율성은 감소되지만 고객에게 가까운 장소에 충분히 많은 창고 설비를 보유하고 있다. 고효율의 운송업체는 비록 고객 대응도는 감소하지

만 효율성을 높이기 위해 적은 수의 창고를 보유하고 있다.

2. **재고**는 공급사슬 내에 있는 원자재, 재공품, 완제품 모두를 포함한다. 재고정책의 변화는 공급사슬의 효율성과 대응도에 지대한 영향을 끼친다. 예를 들어, 의류 소매자는 많은 양의 재고를 보유함으로써 고객 대응 수준을 더 높일 수 있다. 그러나 많은 양의 재고는 소매자의 재고비용을 증가시키기 때문에 비효율적이다. 재고 절감은 고객 대응도에는 해를 끼치지만 소매자로 하여금 효율성을 높여 준다. 스페인의 의복 소매상인 Zara는 신상품을 만드는 시간을 줄이기 위해 노력해 왔으며 이를 위해 리드타임을 보완하였다. 그 결과 Zara는 대응도는 높이고 재고 수준은 줄일 수 있었다.

3. **수송**은 공급사슬 내의 한 지점에서 다른 지점으로 재고의 이동을 수반한다. 수송은 그 방법과 경로에 따라 각각 특징적인 많은 조합을 생성할 수 있다. 수송의 선택은 공급사슬의 대응도와 효율성에 큰 영향을 미친다. 예를 들어, 우편 주문 판매회사는 제품을 배송하기 위해 Federal Express(FedEx)사를 이용함으로써 공급사슬을 더 효율적이게 한다. 그러나 FedEx사와 제휴한다면 높은 비용으로 효율성은 감소할 것이다. 또 기업은 제품 배송을 위해 육상운송을 사용함으로써 공급사슬의 효율성을 증가시키지만 고객 대응도에 있어서는 제약을 받기도 한다. 이와 다르게 McMaster-Carr와 W.W. Grainger는 그들의 고객 대부분이 육상운송을 이용하는 것에 기초하여 서비스를 다음 날 제공하는 공급사슬 구조를 가지고 있다. 즉, 그들은 낮은 가격으로 신속하게 대응할 수 있도록 서비스를 제공한다.

4. **정보**는 공급사슬 전반에 걸친 재고, 운송, 고객에 대한 데이터와 분석 정보로 구성된다. 정보는 공급사슬 성과의 가장 큰 요소로서 다른 요소에 직접적으로 영향을 미치기 때문에 필수적이다. 정보는 공급사슬을 더 민첩하고 효율적으로 만들기 위한 기회의 경영을 의미한다. 예를 들어, 제약회사는 고객 수요의 동향에 대한 정보를 사용하여 고객의 수요에 앞서 미리 약품을 생산하고 저장할 수 있다. 고객은 원하는 시기에 원하는 물품을 찾을 수 있기 때문에 이는 공급사슬을 더 민첩하게 만든다. 또한 이러한 수요 정보는 제약회사로 하여금 수요를 더 잘 예측하게 하고 단지 필요한 만큼만 생산하도록 하기 때문에 더 효율적인 공급사슬을 가능케 한다. 또한 정보는 경영자에게 선적 옵션, 예를 들어 고객 서비스 요구 수준을 만족시키는 가장 저렴한 비용을 가진 선택안을 제공함으로써 공급사슬의 효율성을 더 증가시킨다. Seven-Eleven Japan사는 대응도를 향상시킬 수 있기 위해 정보를 사용하고 있으며 이는 요금 또한 절감시키고 있다.

5. **외주결정**은 생산, 저장, 수송, 또는 정보관리들과 같은 개별 공급사슬 활동을 누가 수행할 것인가에 대한 선택이다. 어떤 기능은 회사 내에서, 그리고 어떤 기능은 외주를 통해 할 것인가에 대한 의사결정은 전략 단계에서 결정된다. 외주에 대한 의사결정은 공급사슬의 대응도

와 효율성에 영향을 끼친다. Motorola사는 그들의 많은 제품들을 중국에 있는 생산자와 외주 생산하기로 계약한 후, 효율성은 증가되었으나 긴 거리로 인해 대응도는 손해를 입었다. 떨어진 대응성을 회복하기 위해 Motorola사는 증가된 수송비용에도 불구하고 그들의 몇몇 휴대전화를 항공기를 이용해 중국으로부터 가져왔다. 전자회사인 Flextronics사는 고객에게 대응적이면서도 효율적인 외주결정 옵션 모두를 제공하기 위해 생산자와 계약했다. 효율적인 저비용의 국가에 생산공장을 유지하면서 빠른 대응을 위해 미국 내에도 생산공장을 만드는 것을 시도하는 것이었다. Flextronics사는 이 공장들의 결합을 통해 모든 고객에 대해 효과적인 외주가 되기를 바랬던 것이다.

6. **가격결정**은 회사가 공급사슬 내의 가용한 상품과 서비스에 얼마나 많은 돈을 지불할 것인가를 결정하는 것이다. 가격결정은 상품과 서비스의 구매자에게 영향을 미침으로써 공급사슬 성과에 영향을 끼친다. 예를 들어, 운송회사가 고객에 제공되는 리드타임에 따라 가격을 변화시킨다고 한다면, 당연히 효율성에 가치를 두는 고객들은 일찍 주문을 할 것이고 대응도에 가치를 두는 고객들은 기다렸다가 제품이 배송되기를 원하는 직전에 주문할 것이다. 즉, 차별적 가격결정은 고객에게 대응도만큼의 가치를 제공하지만 비용절감은 고객에게 대응도만큼의 가치를 제공하지 못한다.

이러한 요인들에 대한 정의는 물류와 공급사슬 관리를 묘사하기 위한 것이다. 공급사슬 관리는 공급사슬 이익을 증가시키기 위해 물류 요인과 교차 기능적인 요인들의 사용을 포함한다. 교차 기능적인 요인들은 최근 몇 년 동안 공급사슬 이익을 증가시키는 데 점점 더 중요하게 되었다. 물류 요인이 중요한 부분이긴 하지만, 공급사슬 관리는 점진적으로 세 개의 교차 기능적인 요인에 더욱 주목하고 있다.

전반적인 공급사슬 성과를 결정하기 위해 이러한 요인들이 독립적으로 행동하지 않고 서로가 상호작용할 수 있도록 하는 것이 중요하다. 좋은 공급사슬의 설계와 운영은 이 상호작용을 인식하고 요구된 수준의 대응도가 되도록 적절한 트레이드오프를 만드는 것이다. 미국의 가구 산업을 예로 들어 생각해 보자. 아시아로부터 외주된 저비용의 가구들은 많은 할인 소매상에서 구입이 가능하다. 이 공급사슬의 최우선 목표는 받아들일 수 있는 품질의 제품을 저가에 공급하는 것이다. 전형적으로 다양성이 낮은 Wal-Mart사와 같은 소매자들은 완제품의 재고를 보관한다. 낮은 다양성과 안정적인 보충주문은 아시아의 가구 생산자에게 효율성에 주목하도록 했다. 주어진 가용한 재고로 아시아로부터 오는 저비용의 수송수단이 사용되었다. 이 예에서 소매상에서의 상대적 저비용의 재고는 낮은 수송비용과 낮은 생산비용에 의해 공급사슬이 효율적이 되도록 했다. 반대로, 미국 내의 몇몇 가구 생산자들은 제품의 다양성을 선택했다. 주어진 높은 다양성과 높은 가격으로 소매점에서 모든 종류의 재고를 유지하는 것은 비용이 매우 많이 드는 것이었다. 이 경우 소매자가 매우 적은 재고를 유지하도록 공급사슬이 설계되고 있다. 고객들은 하나의 가구에 다양한 옵션들은 선택함으로써 주문을 발생시킨다. 공급사슬은 주문 정보가 효과적으로 전달되도록 정보기술을 이용하고, 생산공장에서 작은 단위의 생산이 가능하도록 구조화되고, 고객에게 가구를 배송하기 위해 대응도가 높은 수송수단을 사용함으로써 대응도가 높게 설계된다. 이 예에서, 대응도 높은 설비, 수송수단, 그리고 정보는 재고비용을 낮게 해 준다. 다음 장에서 설명하게 될 공급사슬 전반에 걸친 전략적 적합성을 달성하는 핵심은 공급사슬 요인들이 요구되는 대응도를 제공할 수 있도록 적절하게 구조화하는 것이다.

이상의 6가지 요인에 대해 자세히 논의하기 전에 공급사슬 성과를 증진시키기 위한 각각의 추진 요소들의 역할을 구조화된 체계 속에서 설명하기로 한다.

3.2 추진 요소의 구조적 체계

앞서 2장에서 공급사슬 전략의 목적이 경쟁전략과의 전략적 적합성을 달성하기 위해 고객 대응도와 효율성 사이의 균형을 맞추는 것이라고 소개한 바 있다. 이러한 목적에 도달하기 위해 기업은 앞서 소개한 세 개의 물류 요인과 세 개의 교차 기능적 요인들을 올바른 조합으로 구조화해야 한다. 각각의 요인들에 대해 공급사슬 관리자들은 효율성과 대응도 사이에서 다른 요소와의 상호작용에 기초해서 트레이드오프를 만들어야 한다. 이 결합된 효과는 전체 공급사슬의 이익과 대응도를 결정하게 된다.

공급사슬 의사결정의 구조는 [그림 3.1]에 나타나 있다. 대부분의 기업들은 경쟁전략을 시작으로 하여 그들의 공급사슬 전략이 어떠한 방향으로 나아갈 것인지를 결정한다. 공급사슬 전략은 공급사슬이 효율성과 고객 대응성을 고려하여 어떻게 수행되어야 하는지를 결정한다. 공급사슬은 공급사슬 전략이 제시한 수준과 공급사슬의 이익을 최대화하는 성과를 달성하도록 세 개의 물류 요인과 세 개의 교차 기능적인 요인들을 이용해야 한다. 일반적으로 많은 예에서 이러한 구조가 위에서 아래로 향하는 수직적인 관계로 보이지만, 6가지 구성요소에 대한 연구는 공급사슬과 심지어 경쟁전략까지 모두 변화해야 한다는 필요성을 지적하고 있다.

Wal-Mart사의 예를 들어 보면, Wal-Mart사의 경쟁전략은 많은 다양한 소비재들을 공급하는 신뢰할 만한 저비용 할인점을 지향한다. 이러한 전략은 이상적인 공급사슬이 효율성뿐만 아니라 고객 대응도 또한 강조한다는 것이다. Wal-Mart사는 이러한 유형의 공급사슬 성과를 달성하기 위해 세 개의 물류 요인과 세 개의 교차 기능적인 요인들을 활용한다. 재고 요인 측면에서는 상대적으로 낮은 수준의 재고를 보유함으로써 Wal-Mart사는 효율적인 공급사슬을 유지한다. 예를 들어, Wal-Mart사의 분배센터는 재고를 창고가 아닌 생산자로부터 점포에 분배되는 선구적인 시스템인 "크로스도킹"을 도입하였다. 이러한 선적 형태는 분배센터에서 잠깐 멈추게 되고 재고는 트럭으로 점포에 운송된다. 이는 상점과 창고 모두에 재고를 유지하는 게 아니라 매장에서만 재고를 유지하므로 확실히 낮은 수준의 재고를 유지한다. 재고에 관하여 Wal-Mart사는 고객 대응도보다 효율성을 선호한다. 수송에 있어서 Wal-Mart사는 높은 고객 대응도를 유지하기 위해 자신들의 수송수단을 이용한다. 이 경우 수송비용과 투자가 증가하지만, Wal-Mart사의 경우 이러한 비용은 빠른 고객대응으로부터 오는 이익을 통해 보상된다. 설비 측면에서 Wal-Mart사는 설비의 수를 줄이고 효율성을 높이기 위해 점포들의 네트워크상에 중앙분배센터를 설치 운영한다. Wal-Mart사는 설비투자가 정당화될 만큼 수요가 충분한 곳에만 설비를 설치하므로 효율성은 증가된다. 공급사슬 내의 정보 활용 측면에서, Wal-Mart사는 정보를 통해 얻는 수익을 극대화하기 위해 경쟁자보다 더 많은 투자를 한다. 이를 통해 Wal-Mart사는 고객 대응력을 증진시키고 재고투자를 감소시키기 위한 정보의 활용에 있어서 선도적인 업체가 되었다. Wal-Mart사는 공급사슬 전반에 걸친 수요 정보를 수요되는 것만을 생산하는 공급자에게까지 제공한다. 수요 정보를 공유할 수 있는 정도의 공급사슬의 능력을 갖기 위해서는 막대한 투자가 필요하지만, 그 결과 고객 대응도와 효율성의 모든 측면에서 공급사

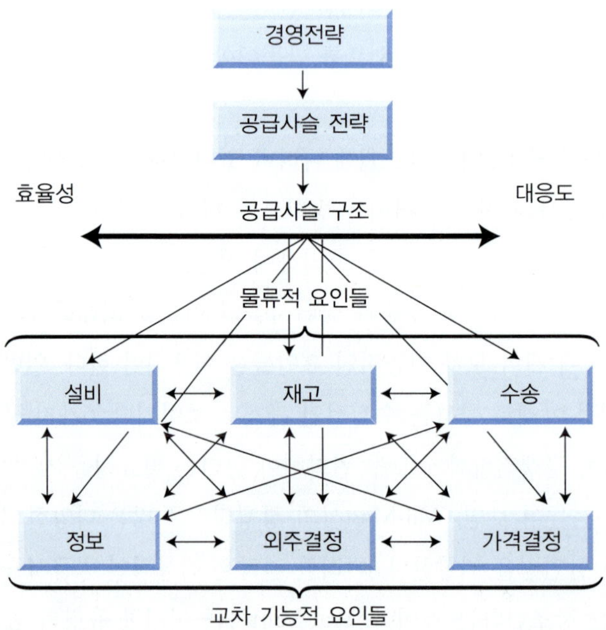

그림 3.1 공급사슬 의사결정 구조

슬은 개선된다. 외주결정 요인에 대해서 Wal-Mart사는 판매하는 각각의 물품에 대해 효과적인 외주결정을 구분하였다. Wal-Mart사는 그들이 규모의 경제를 통해 효율적이 될 수 있도록 많은 주문을 주었다. 마지막으로 가격결정 요인에 대해서, Wal-Mart사는 제품에 대해 매일 "염가정책(every day low pricing)"을 실행하고 있다. 이것은 고객의 요구를 일정하게 유지시키고 가격의 변화에 변동하지 않게 한다. 그런 나음, 공급사슬을 이 수요에 효과적인 방법으로 맞추는데 주목한다. Wal-Mart사는 모든 공급사슬 요인들을 대응도와 효율성의 올바른 균형을 달성하는 데 사용하며 그 결과 경쟁전략과 공급사슬 전략이 조화를 이루고 있다.

다음의 6개 절에서는 세 개의 물류 요인과 세 개의 교차 기능적인 요인들 각각에 대한 자세한 논의와 공급사슬에서의 역할에 대해 설명을 할 것이다.

3.3 설비

이 장에서는 공급사슬 관리자들이 내려야 할 중요한 설비 관련 의사결정과 더불어 공급사슬에서 설비의 역할에 대해 알아본다.

공급사슬에서의 역할

우리가 재고를 공급사슬을 통해 전달되는 무엇(what), 수송을 그것이 전달되는 방법(how)이라고 간주한다면, 설비는 공급사슬의 어디(where)에 해당한다. 이들은 재고가 이동되어야 할 위치이거나 재고를 선적할 위치들이다. 설비 내부에서 재고는 또 다른 상태로 변형(생산)되거나 다음 단계로 수송되기 전에 저장(창고 보관)된다.

경쟁전략에서의 역할

설비는 대응도와 효율성의 관점에서 공급사슬 성능의 핵심적인 요인이다. 예를 들어, 기업은 제품이 생산될 때나 오직 한 곳에 저장될 때(이러한 집중화는 효율성을 증가시킨다) 규모의 경제를 얻을 수 있다. 그러나 비용 감소는 대응도의 희생을 가져오며, 그만큼 고객들의 상당수는 생산 설비로부터 먼 곳에 위치할 수도 있다. 반대의 경우도 마찬가지다. 설비를 고객 가까이에 위치시키는 것은 필요한 설비의 수를 증가시키며 결과적으로 효율성을 감소시킨다. 그러나 고객의 수요 및 대응도에 대해 설비가 추가되는 비용을 지불하려 한다면, 이 설비결정은 기업의 경쟁전략 목표를 만족시키는 데 도움을 준다.

예제 3.1
Toyota사와 Honda사

Toyota사와 Honda사는 모두 그들의 고객들에게 보다 신속하게 대응하기 위해서 설비결정을 하려고 한다. 이 기업들은 그들이 진입할 모든 주요 시장에 생산 설비를 개설하려는 최종목표를 가지고 있다. 지역 설비를 개설하는 것에는 환율 변동과 무역장벽으로부터의 보호와 같은 이익도 있지만, 대응도의 증가가 Toyota사와 Honda사의 지역시장에 설비를 개설하는 결정에 더욱 큰 역할을 한다. 2008년부터 침체기에 비용을 절감시키기 위해 Honda의 설비는 SUV 차량과 일반차량을 모두 같은 공정에서 조립하였다. 따라서 경쟁자의 SUV 생산품 설비가 유휴상태였던 동안에도 Honda의 설비는 높은 수준의 이용을 유지하였다.

설비 의사결정의 구성요소

설비에 대한 의사결정은 공급사슬 설계의 매우 중요한 부분이다. 우리는 이제 기업이 분석해야 할 설비 의사결정의 구성요소를 알아 보기로 한다.

역할 생산 설비에 대해 기업은 유연하게 할 것인지, 전용적으로 할 것인지, 또는 두 가지를 결합할 것인지를 결정해야 한다. 유연한 생산 설비는 다양한 제품의 생산에 사용될 수 있지만 종종 비효율적이다. 반면에, 전용적인 생산 설비는 제품의 숫자가 제한되지만 보다 효율적이다. 또한 기업은 설비를 제품 관점에서 설계할 것인지, 기능 관점에서 설계할 것인지를 결정해야 한다. 제품 관점의 공장은 하나의 제품을 생산할 때 다양한 기능(제조와 조립)을 수행한다. 기능 관점의 공장은 다양한 종류의 제품에 대해 적은 기능(하나의 제조 또는 하나의 조립)만을 수행한다. 제품 관점은 기능적인 제조방법론으로부터의 기능적 전문 지식 대신에 특정 종류의 제품에 대해 더욱 전문적이 되는 경향이 있다.

창고와 물류센터에 대해서 기업은 최우선적으로 크로스도킹 설비인지 저장 설비인지를 결정해야 한다. 크로스도킹 설비에서는 공급자로부터 입하된 트럭은 하역하지 않고, 조금 작은 로트로 나뉘어진 다음 빠르게 매장용 트럭으로 옮겨진다. 매장용 트럭들은 각각의 트럭들로부터 입하된 다양한 제품들을 운송한다. 저장 설비에서는 각각의 설비에 저장될 제품들을 회사가 결정해야 한다.

위치 기업이 설비를 어디에 위치시킬 것인가를 결정하는 것은 공급사슬 설계의 큰 부분을 구성한다. 여기에서 기본적인 트레이드오프는 규모의 경제를 얻기 위해 집중화시키느냐 아니면 고객에게 가까워짐으로써 더 대응적이기 위해 분산시키느냐이다. 또한 기업은 설비가 위치할 수 있는 지역의 다양한 특성과 관련된 많은 문제를 고려해야 한다. 이것들은 거시경제학적 요소, 전략적 요소, 작업자의 질, 작업자의 비용, 설비비용, 인프라의 가용성, 고객으로의 접근, 회사의 다른 설비들의 위치, 세금 효과, 그리고 다른 전략적 요소들이다.

가용능력 기업은 설비의 가용능력과 관련해 의도된 기능을 수행할 설비의 능력 또는 그 기능이 어떠할지를 결정해야 한다. 많은 양의 초과 가용능력은 설비를 매우 유연성 있게 하며 발생하는 수요의 다양한 변동에 대응하게 한다. 그러나 초과 가용능력은 비용이 들고 따라서 효율성을 감소시킬 수 있다. 초과 가용능력이 거의 없는 설비는 사용되지 않는 가용능력을 가진 설비보다 생산하는 제품 단위당 더 효율적일 가능성이 있다. 그러나 높은 활용 설비는 수요 변동에 대응하기가 어려울 것이다. 따라서 기업은 설비 각각에 적절한 양의 가용능력을 결정하기 위해 트레이드오프를 해야 한다.

설비 관련 측정 기준 관리자는 공급사슬의 성과에 영향을 주는 다음의 설비 관련 측정 기준들을 추적해야 한다.

- **가용능력:** 설비가 생산할 수 있는 최대량을 측정한다.
- **이용률:** 현재 설비에서 사용되고 있는 가용능력의 부분을 측정한다. 이용률은 프로세스의 단위비용과 관련된 지연에 영향을 미친다. 이용률이 증가됨에 따라 단위비용은 감소하고 지연은 증가한다.
- **단위당 생산비용:** 생산품의 한 단위로 평균 생산비용으로 측정한다. 즉, 비용은 생산품에 따라 단위당, 사건당, 또는 파운드당 등으로 측정한다.
- **이론적 생산주기:** 어떤 단계에서도 지연이 전혀 없다는 가정 하에 하나의 단위가 생산될 때 필요한 시간으로 측정한다.
- **실제 평균주기:** 일주일이나 한 달 같은 특정한 기간에 걸쳐 모든 단위들이 생산되는 데 소요되는 평균 실제시간으로 측정한다. 실제 평균주기는 이론적인 시간과 모든 지연을 포함한다.
- **흐름시간 효율성:** 실제 평균주기에 대한 이론적 생산주기의 비율이다.
- **제품다양성:** 설비에서 생산되는 제품/제품군의 수량으로 측정한다. 생산비용과 흐름시간은 제품다양성에 따라 증가한다.
- **상위 20퍼센트의 SKU 및 고객들이 기여하는 양:** 상위 20퍼센트 SKU(재고-보관 단위)나 고객들로 나오는 설비에 의해 생산되는 총량의 부분으로 측정한다. 80/20은 설비를 상위 20퍼센트의 공정과 나머지 80퍼센트의 공정을 분리에 주목함으로써 상위 20퍼센트가 80퍼센트의 양만큼의 이익을 기여한다는 데에서 나왔다.
- **생산/준비/고장/유휴 시간:** 제품을 생산하는, 제품을 생산하기 위해 준비하는, 고장으로 가동이 되지 않는, 생산할 제품이 없어 쉬고 있는 시간으로 측정한다.

- **품질손실:** 불량에 기인하여 생산품의 단편으로 측정한다.
- **평균 생산배치 크기:** 각각의 생산배치에서 생산되는 평균 수량으로 측정한다. 큰 배치 크기는 생산비용을 감소시키지만 공급사슬 내의 재고를 증가시킨다.
- **생산 서비스 수준:** 생산 주문이 제시간에 제대로 완성되는 비율로 측정한다.

종합적인 트레이드오프: 대응도 대 효율성

관리자가 설비결정을 할 때 직면하는 기본적인 트레이드오프는 설비의 수, 위치, 그리고 설비의 종류(효율성)에 대한 비용과 이 설비들이 기업의 고객들에게 제공하는 대응도의 수준 사이에 이루어진다. 설비 수의 증가는 설비 및 재고 비용을 증가시키지만 수송비용을 감소시키고 대응시간을 줄인다. 설비 유연성의 증가는 설비비용을 증가시키지만 재고비용 및 대응시간을 감소시킨다.

3.4 재고

이 절에서는 공급사슬 내의 재고의 역할과 경영자가 공급사슬 성과 요인으로서의 재고를 어떻게 관리하는지에 대해 논의할 것이다.

재고의 역할

공급사슬 내의 재고는 공급과 수요 사이의 불균형으로 인해 발생한다. 이러한 불균형은 보유하였다가 나중에 팔기 위해 한꺼번에 많이 생산하는 것이 경제적인 철강 생산자의 경우 의도적으로 발생시키기도 한다. 이는 미래의 수요에 대비하기 위해 재고를 보유하고 있는 소매자에게도 마찬가지로 적용된다. 공급사슬 내 재고의 중요한 역할은 고객이 원할 때 이미 만들어진 제품으로 만족시킬 수 있는 수요의 총량을 증가시키는 것이다. 재고의 또 다른 중요한 역할은 생산과 분배 도중에 발생하는 규모의 경제를 활용함으로써 비용을 감소시키는 것이다.

재고는 재공품을 위한 원자재에서부터 완제품까지 공급사슬 내의 공급자, 생산자, 분배자, 그리고 소매자에게까지 넓게 퍼져 있다. 재고는 공급사슬 내의 비용의 중요한 원천이다. 그리고 대응도에 큰 영향을 미친다. 2장에서 논의된 대응도 스펙트럼을 생각해 볼 때 재고의 위치와 양은 스펙트럼의 한쪽 끝에서 다른 쪽 끝으로 공급사슬을 이동시킬 수 있다. 예를 들어, 높은 재고 수준을 가진 의류산업의 공급사슬은 높은 수준의 대응도를 가진다. 고객은 매장 안으로 들어가 그가 찾는 옷을 가지고 나올 수 있기 때문이다. 이와는 대조적으로, 낮은 재고 수준을 가지고 있는 의류 공급사슬은 매우 민감하지 못하다. 어떠한 옷을 원하는 고객은 주문을 한 후 공급사슬 내에 보유하고 있는 재고량에 따라 몇 주, 심지어 몇 개월 동안을 기다려야 할 것이다.

재고는 또한 공급사슬 내의 자재흐름시간에 큰 영향을 미친다. 자재흐름시간이란 공급사슬의 한 지점에서 원자재가 투입되어 빠져 나가는 지점까지 경과된 시간을 의미한다. 재고의 영향을 받는 또 다른 중요한 영역은 마지막으로 고객에게 판매되는 비율인 산출량이다. 재고를 I, 흐름시간을 T, 산출량을 D라 하자. Little의 법칙을 사용하여 이들 간의 관계를 나타내면 다음과 같다.

$$I = DT \tag{3-1}$$

예를 들어, 자동 조립공정의 흐름시간이 10시간이고 산출량이 시간당 60단위라고 하자. Little의 법칙에 의하면, 재고는 $60 \times 10 = 600$단위가 된다. 만약 산출량을 일정하게 유지시키면서 재고를 300단위까지 줄일 수 있다고 한다면, 우리는 흐름시간을 5시간(즉, 300/60)만큼 줄여야 하는 것이다. 이러한 관계에서 재고와 산출량은 같은 단위가 된다.

여기서의 논리적인 결론은 산출량은 종종 고객의 수요에 의해 결정되기 때문에 재고와 흐름시간은 공급사슬 내에서 같은 의미를 지닌다는 점이다. 흐름시간의 감소는 공급사슬 내에서 큰 이익이 되기 때문이다. 경영자들은 비용 증가와 대응도 수준의 감소 없이 재고의 총량을 줄이도록 해야 할 것이다.

경쟁전략에서의 역할

재고는 기업의 경쟁전략을 달성하기 위한 공급사슬의 능력에 매우 중요한 역할을 한다. 만약 기업의 경쟁전략이 높은 수준의 대응도를 요구한다면, 기업은 이러한 대응도를 달성하기 위해 많은 양의 재고를 고객 가까이에 위치시킴으로써 재고를 사용할 것이다. 반면에, 기업은 중앙에 재고를 집중시킴으로써 재고를 줄여 효율성을 높일 수 있을 것이다. 후자의 전략은 저비용 생산자의 경쟁전략을 가능케 한다. 더 많은 재고를 통해 얻는 고객 대응도와 적은 양의 재고를 통해 얻을 수 있는 효율성 사이의 트레이드오프가 필요하다.

예제 3.2
Nordstrom사

Nordstrom사의 경쟁전략의 목표는 우수고객에 대한 높은 대응도이다. 이러한 고객은 그들이 원하는 때에 원하는 제품을 갖기 위해 추가비용을 기꺼이 지불하는 경향이 있다. 경쟁전략을 달성하기 위해 Nordstrom사는 높은 수준의 가용성을 확보하기 위해 다양하고 많은 양의 재고를 보유한다. 사실 Nordstrom사는 다른 매장들보다 엄청나게 많은 양의 재고를 비축해 놓는다. Nordstrom사는 이렇게 많은 재고로 인해 높은 재고 유지비용이 발생하지만 재고에 의해 제공되는 서비스 수준에 대해 기꺼이 비용을 지불하는 고객으로부터 이익을 얻는다.

재고 의사결정의 요소

이제 공급사슬 경영자가 대응도가 높고 효율적인 공급사슬을 위해 내려야 하는 재고와 관련된 주요 의사결정에 대해 알아본다.

주기재고 주기재고는 공급자의 선적과 인수 사이에서 발생하는 수요를 충족시키기 위해 사용된 재고의 평균 총량이다. 주기재고의 크기는 대량으로 생산한 또는 구매한 결과이다. 기업은 생산, 수송, 구매 프로세스에서 규모의 경제를 얻기 위해 대량으로 생산하거나 구매한다. 그러나 규모가 커짐에 따라 그에 수반하는 비용 역시 커진다. 주기재고 의사결정의 예로 온라인 도서 소매상을 생각해 보자. 이러한 소매상은 매달 평균 10트럭 분량의 책을 판매한다. 소매자가 결정해야 하는 주기재고에 관한 의사결정은 보충을 위해 얼마나 많이 주문을 해야 하는가와 얼마나 자주 주문을 해야 하는가이다. e-소매자는 한 번에 10트럭씩 또는 3일에 한 번씩 주문할 수 있다. 공급사슬 경영자가 생각해야 할 기본적인 트레이드오프는 많은 양의 재고를 보관함에 따르는 비용(주기재고 수준이 높을 때)과 자주 주문을 함으로써 발생하는 비용(주기재고 수준이 낮을 때)과의 트레이드오프이다.

안전재고 안전재고는 수요가 예상을 초과할 때만 보유하는 재고이다. 이는 불확실성에 대비하기 위한 재고이다. 만약 정확한 예측이 가능하다면 오직 주기재고만이 필요할 것이다. 그러나 수요가 불확실하고 기대치를 넘어설 수도 있기 때문에 기업은 예상치 못한 높은 수요에 대비하기 위해 안전재고를 보유한다. 경영자들은 안전재고를 얼마만큼 많이 보유해야 하는가를 결정하는 중요한 의사결정에 직면한다. 예를 들어, Toys “R” Us사와 같은 장난감 소매자는 휴가철을 대비해 안전재고를 계산한다. 만약 안전재고가 너무 많다면, 팔리지 않은 장난감은 휴가철이 지나게 되면 할인해서 팔아야 할 것이다. 그러나 만약 안전재고를 너무 적게 보유한다면, Toys “R” Us사는 재고 부족으로 인한 손실을 볼 것이다. 그러므로 안전재고를 선택하는 것은 너무 많은 재고를 보유함으로 인해 생기는 비용과 충분한 재고를 보유하지 않음으로 인해 생기는 판매손실과의 트레이드오프이다.

계절재고 계절재고는 수요에 있어서 예측 가능한 변동 요인에 대비하기 위해 비축해 놓는 재고이다. 계절재고를 사용하는 기업들은 수요가 적을 때 재고를 만들어 수요가 높을 때, 즉 현재 가용능력으로 수요를 만족시키지 못할 때를 대비해 재고를 비축해 놓는다. 경영자들은 계절재고를 보유할 것인지에 대한 중요한 의사결정에 직면하게 된다. 만약 계절재고를 보관한다면 얼마만큼 보관해야 하는가도 결정해야 한다. 만약 기업이 낮은 비용으로 생산율을 빠르게 변경할 수 있다면, 큰 제조비용의 발생 없이 높은 수요가 발생하는 기간에 대응할 수 있기 때문에 계절재고가 필요 없을 것이다. 그러나 생산율의 변경이 생산 시스템에 높은 비용을 요구한다면(예를 들어, 작업자가 고용되거나 해고될 경우) 기업은 평준화된 생산율을 유지해야 하고 수요가 낮을 때 재고를 비축해 두어야 할 것이다. 그러므로 계절재고를 얼마만큼 보관해야 할 것인가를 결정할 때 공급사슬 경영자가 직면하는 트레이드오프는 추가 계절재고로 인한 비용과 유연한 생산율을 가짐으로써 발생하는 비용과의 트레이드오프이다.

제품 가용성 수준 제품 가용성 수준이란 재고로 유지된 제품으로 제시간에 공급되는 수요의 부분이다. 높은 제품 가용성 수준은 높은 수준의 대응도를 제공하나, 가끔 쓰이지만 보관되는 많은 재고 때문에 비용이 증가한다. 반대로, 낮은 제품 가용성 수준은 재고비용을 낮게 하지만, 제시간에 공급받지 못하는 고객은 증가하게 된다. 제품 가용성 수준을 결정하는 기본적인 트레이드오프는 제품 가용성을 높이기 위한 재고비용과 제시간에 공급되지 못해 잃는 고객 사이에서 발생한다.

재고 측정 기준 관리자는 공급사슬의 성과에 영향을 주는 다음의 재고 관련 측정 기준들을 추적해야 한다.

- **현금화 사이클:** 높은 수준의 미터로 물품명세서, 지불해야 할 돈, 지불 받을 돈을 포함한다.
- **평균재고:** 재고로 유지되는 평균 양으로 측정한다. 평균 재고는 단위, 수요 일수, 재무적 가치로 측정되어야 한다.
- **재고회전율:** 1년 동안의 재고회전의 양을 측정한 것으로 판매된 상품의 비용을 평균 재고로 나눈 것이다.
- **재고 보유 일수보다 더 많은 제품들:** 회사가 높은 수준의 재고를 갖는 제품들로 구분된다. 이 측정 기준은 높은 재고를 갖는 이유를 구분하거나 초과공급을 하는 제품들을 구분하는 데 사용될 수 있다.
- **평균 보충배치 크기:** 각 보충주문의 평균 양으로 측정한다. 배치 크기는 수요의 난위나 수요 일수 측면에서 SKU로 측정되어야 한다. 이것은 보유하고 있는 최대, 최저 재고(각 보충주기에서 측정된)의 차이를 평균함으로써 추측될 수 있다.
- **평균 안전재고:** 보충주문이 도착할 때의 평균 보유재고로 측정한다. 평균 안전재고는 단위와 수요일수 두 가지의 SKU 단위로 측정되어야 한다.
- **계절재고:** 수요에 있어서 오로지 계절적 변화 때문에 구매된 주기재고와 안전재고의 두 가지로 측정한다.
- **충족률:** 재고로부터 제시간에 맞춰지는 주문/수요의 부분으로 측정한다. 충족률은 전 기간

이 아닌 수요에 대한 지정된 수량(즉, 매 천, 매 백만 등)으로 평균되어야 한다.

- **재고가 없는 시간의 부분:** 특정 SKU가 무재고를 가지는 시간의 부분으로 측정한다. 이 부분은 재고가 없는 기간의 수요를 추측하는 데 사용될 수 있다.
- **불용재고:** 지정된 진부화 날짜보다 오래된 재고의 부분으로 측정한다.

전체적인 트레이드오프: 대응도와 효율성 경영자가 재고와 관련된 의사결정을 할 경우 직면한 트레이드오프는 대응도와 효율성 사이에 있다. 재고의 증가는 일반적으로 공급사슬의 고객 대응도를 향상시킨다. 재고 수준의 증가는 또한 규모의 경제를 개선시키기 때문에 생산과 수송비용의 축소를 용이하게 한다. 하지만 이 선택은 재고 유지비용을 증가시킨다.

3.5 수송

이 장에서는 공급사슬 관리자들이 내려야 할 핵심적인 수송 관련 결정과 더불어 공급사슬에서 수송의 역할에 대해 논의한다.

공급사슬에서의 역할

수송은 공급사슬의 서로 다른 지역 간에 제품을 이동시킨다. 다른 공급사슬 요인과 마찬가지로 수송도 대응도와 효율성에 큰 영향을 끼친다. 더욱 빠른 수송은, 그것이 수송수단이든 수송되는 양의 형태이든지 간에 공급사슬의 대응도를 보다 향상시키지만 효율성은 떨어뜨린다. 기업에서 사용하는 수송의 형태도 공급사슬에서의 재고나 설비 위치에 영향을 미친다. 예를 들어, Dell사는 아시아로부터 부품을 공수하는데, 그렇게 함으로써 기업이 보다 낮은 수준의 재고를 유지할 수 있기 때문이다. 명백하게, 비행기로 수송하는 것은 배로 수송하는 것보다 비용이 더 들기 때문에 대응도는 증가시키지만 수송의 효율성은 떨어진다.

경쟁전략에서의 역할

기업의 경쟁전략에서 수송의 역할은 기업이 목표 고객의 요구를 고려할 때 두드러지게 나타난다. 기업의 경쟁전략이 매우 높은 수준의 대응도를 요구하는 고객을 목표로 하고 있고 고객은 이러한 대응도에 기꺼이 비용을 지불하려 한다면, 기업은 수송을 대응도 있는 공급사슬을 가능케 하는 하나의 추진 요소로 사용할 수 있다. 반대의 경우도 마찬가지다. 만약 기업의 경쟁전략이 가격을 주요 의사결정 기준으로 삼고 있는 고객을 목표로 하고 있다면, 기업은 대응도를 희생시켜 제품의 비용을 낮추기 위해서 수송을 이용할 수 있다. 기업이 대응도 또는 효율성을 증가시키기 위해서 재고와 수송을 동시에 이용할 수 있기 때문에 기업의 최적 결정은 종종 둘 사이의 정확한 균형을 찾는 것을 의미한다.

예제 3.3
Blue Nile

Blue Nile은 미국 캐나다 및 유럽과 아시아의 몇몇 국가에 있는 고객들에게 FedEx를 통해 다이아몬드를 제공하는 온라인 소매상으로, 다이아몬드의 높은 가치를 Blue Nile은 하룻밤 동안 무료로 해상 배송을 제공한다. 신속한 배달은 Blue Nile이 다이아몬드의 재고를 중앙으로 집중하여 모을 수 있게 하며 비싼 상점의 공간을 없애준다. 높은 수송비용에도 불구하고, Blue Nile은 낮은 재고비용과 적은 설비 덕분에 bricks-and-mortar 소매상보다 매우 낮은 비용을 부담한다. 따라서 Blue Nlie은 bricks-and-mortar 소매상보다 현저하게 저가로 제공할 수 있다.

수송 의사결정의 구성 요소

우리는 이제 기업이 공급사슬을 설계하고 운용할 때 분석해야 할 수송의 핵심 구성 요소에 대해 알아 보기로 한다.

수송 네트워크의 설계 수송 네트워크는 수송수단, 위치, 그리고 제품이 선적될 수 있는 경로 등을 포함한다. 기업은 공급지로부터 수요지까지 직접 수송할 것인지 아니면 중간의 통합지점을 거쳐갈 것인지를 결정해야 한다. 설계 의사결정은 또한 다수 공급자나 수요지점들이 한 번의 이동에 포함될 것인지 아닌지를 포함한다.

수송수단의 선택 수송수단은 제품이 공급사슬 네트워크 내의 한 지점에서 다른 한 지점으로 이동되는 방법이다. 기업은 항공, 트럭, 철도, 선박, 그리고 파이프라인 등을 제품을 위한 수송수단으로 선택할 수 있다. 오늘날 정보 상품들은 인터넷을 통해 보내지기도 한다. 각 수단은 속도, 선적량(개인 소포, 팔레트, 트럭, 선박 등), 선적비용, 유연성 등에 따라 각각 다른 특성을 갖는데, 이는 수송수단을 선택하는 기준이 되기도 한다.

수송 관련 측정 기준 관리자는 공급사슬의 성과에 영향을 주는 다음의 수송 관련 측정 기준들을 추적해야 한다

- **평균 내부수송비용:** 전형적으로 판매 비율이나 팔려진 상품의 비용(COGS: cost of goods sold)으로서 설비로 가져오는 제품의 비용으로 측정한다. 이상적으로 이 비용은 입하된 단위로 측정되어야 하지만, 이것은 매우 어렵다. 내부수송비용은 일반적으로 COGS에 포함된

다. 공급자에 의해 이 비용을 분리할 때 유용하다.

- **평균 내부선적 크기:** 설비에 들어오는 각 선적의 평균 유닛의 수나 달러로 측정한다.
- **선적당 평균 내부수송비용:** 들어오는 각 배송의 평균 수송비용으로 측정한다. 들어오는 선적 크기에 따라, 이 측정 기준은 내부수송비용에서 보다 큰 규모의 경제를 위해 기회들을 식별한다.
- **평균 외부수송비용:** 설비에서 고객에게로 보내는 비용으로 측정한다. 이상적으로 이 비용은 선적된 단위별로 식별되어야 하지만 종종 판매된 비율로 측정된다.
- **평균 외부선적 크기:** 설비에서 나가는 각 선적의 평균 유닛의 수나 달러로 측정한다.
- **선적당 평균 외부수송비용:** 외부로 나가는 각 배송의 평균 수송비용으로 측정한다. 외부로 나가는 선적량에 따라, 이 측정 기준은 외부수송비용에서 보다 큰 규모의 경제를 위해 기회들을 식별한다.
- **수단별 수송되는 부분:** 각 수송수단을 사용하면서 수송되는 부분을 측정(유닛 단위나 달러로)한다. 이 측정 기준은 특정 수단의 초과사용이나 저이용을 추측하는 데 사용된다.

전체적인 트레이드오프: 대응도와 효율성 수송을 위한 기본적인 트레이드오프는 주어진 상품에 대한 수송비용(효율성)과 제품이 수송되는 속도(대응도)이다. 빠른 수송수단을 사용하는 것은 대응도와 수송비용을 증가시키지만 재고 유지비용을 낮추게 된다.

3.6 정보

이 절에서 우리는 공급사슬 관리자들이 내려야 할 중요한 정보 관련 결정과 더불어 공급사슬에서 정보의 역할에 대해 알아본다.

공급사슬에서의 역할

정보는 공급사슬의 모든 분야에서 깊게 영향을 주며 모든 다른 드라이버에 영향을 주므로 공급과 수요에서의 좋은 정보는 효율과 대응력을 개선시키는 데 도움을 준다. Seven-Eleven Japan사의 경우 생산품의 효율성을 개선시키고 재고를 감소시키기 위해 정보를 이용한다. 또한 Wal-Mart사는 선적에서 공급자로부터 쉽게 크로스도킹하기 위해 적은 재고와 운송비용을 위해서 정보를 이용한다. Li와 Fung사의 경우에는 타사 제조업체 중에서 소스에 가장 적합한 공급업체에서 각 주문 정보를 이용한다. 또한 항공사는 마지막 순간에 좌석을 필요로 하는 고객이 높은 가격으로 지불하는 경우를 고려하여 적당한 수의 좌석을 할인가격으로 제공하기 위해 정보를 이용한다. 위의 각각의 예제는 코드의 효율성을 개선하는 동시에 높은 응답을 제공하는 데 사용될 수 있는 열쇠 드라이버로 정보의 중요성을 보여준다.

경쟁전략에서의 역할

기업들이 좀더 효율적이고 대응적이기 위해서 정보는 매우 중요한 요인이다. 정보기술의 중요성에 대한 증가는 정보가 기업활동을 개선시키는 데 끼치는 영향에 대한 증거이다. 그러나 다른 모든 요인들처럼 정보에서조차 기업들은 효율성과 대응도의 트레이드오프를 수행해야 한다. 이는 특정 지점 이후로는 추가 정보를 취득함으로써 한계비용이 증가하는 반면, 추가 정보 취득의 한계이익은 감소하기 때문이다.

또 하나의 핵심적인 결정은 어떤 정보가 공급사슬 내에서 비용을 줄이고 기업을 향상시키는 데 가장 가치가 있는가와 관련되어 있다. 이 결정은 공급사슬 구조와 관련된 시장에 의존하여 변화할 것이다. 예를 들면, 어떤 기업들은 가격 프리미엄을 가지는 어느 정도 특성화된 제품을 요구하는 고객을 목표로 한다. 이러한 기업들은 정보에 투자하는 것이 고객에 대해 더욱 빠르게 대응할 수 있게 해 준다는 것을 발견할 것이다. 다음의 예는 이런 종류의 투자에 대해 설명한다.

예제 3.4
Andersen Windows사

미네소타의 베이포트에 위치한 주거용 목재 창문의 주요 생산자인 Andersen Windows사는 제품을 시장에 빠르게 특성화시키는 것을 가능하게 하는 정보 시스템에 투자했다. "지식의 창(Window of Knowledge)"이라 불리는 이 시스템은 분배자와 고객이 실제로 그들의 요구에 맞는 창을 실제로 설계하는 것을 가능하게 해 준다. 사용자는 어떤 방식으로든 조합될 수 있는 50,000개 이상의 부품 라이브러리로부터 선택할 수 있다. 시스템은 즉시 고객에게 가격을 제시하고 고객이 사기로 결정한다면 자동으로 주문을 공장에 보낸다. 이러한 정보에 대한 투자는 고객에게 상당히 다양한 제품을 제시할 수 있으며, 또한 주문이 발생하자마자 고객의 주문을 자사의 공장으로 받기 때문에 Andersen사가 고객에게 좀 더 대응적일 수 있게 해 준다.

예제 3.5
Sunsweet Growers사

캘리포니아에서 말린 과일을 생산하는 Sunsweet Growers사는 Excel에 바탕을 둔 계획 시스템을 대체하여 공급사슬의 영업 및 운영 방법을 사용한다. 이 회사는 첫 번째 수확이 발생하는 9월과 10월 동안 높은 계절공급을 하고 있으며 수요 또한 크리스마스 기간 동안 절정에 이른다.

따라서 훌륭한 계획은 이들에게 매우 유익하다. 두 가지 제품군을 구현할 때 Sunsweet의 목표: 각 함수는 같은 데이터와 조기 경보 능력을 갖춘 수요와 공급의 잠재적인 불일치에 대해 계획자 및 관리자에게 경고해야만 작동해야 한다. 구현 후, Sunsweet의 초과생산이 30%에서 15% 이하로 떨어졌으며 이는 정확도를 15~20% 향상시키는 것을 예상할 수 있다. 따라서 조기 경보 시스템이 이전에 비해 계획자에게 2~3주 일찍 반응할 수 있게 해 준다.

정보결정의 구성 요소

우리는 이제 기업이 자신의 공급사슬 내에서의 효율성을 증가시키고 대응성을 향상시키기 위해서 분석해야 할 공급사슬 내의 핵심적인 정보의 구성 요소에 대해 알아 보기로 한다.

푸시 대 풀 공급사슬 내의 프로세스를 설계할 때, 관리자는 이러한 프로세스가 사슬상에서 푸시 단계의 일부분인지 풀 단계의 일부분인지를 결정해야 한다. 우리는 1장에서 이 차이에 대해 설명했지만, 각 시스템은 서로 다른 종류의 정보를 필요로 하기 때문에 여기에서 다시 언급하기로 한다. 푸시 시스템은 일반적으로 주생산 계획을 받아서 세부적인 자재 소요 계획(MRP) 형태의 정보를 필요로 하며, 부품 종류, 수량, 배달 일자와 함께 공급자에 대한 일정 계획을 생성한다. 풀 시스템은 전체 사슬을 통해서 대단히 빠르게 전송되어야 할 실제적인 수요에 대한 정보를 필요로 하며, 그 결과 부품과 제품의 생산과 분배는 정확하게 실제 수요를 반영할 수 있게 된다.

협력과 정보 공유 공급사슬 협력은 공급사슬의 다른 단계들 모두가 자체의 수익성에 전념하기보다는 전체 공급사슬의 수익성을 최대화시키는 목표를 향해 움직일 때 일어난다. 협력의 부족은 공급사슬 수익의 중대한 손실의 결과를 가져올 수 있다. 관리자들은 공급사슬상에서 이러한 협력을 어떻게 수행할지, 그리고 이 목표를 달성하기 위해서 어떤 정보가 공유되어야 하는지를 결정해야 한다. 공급사슬상에서 서로 다른 단계들 사이의 협력은 각 단계가 다른 단계와 적절한 정보를 공유하는 것을 필요로 한다. 예를 들어, 공급자가 풀 시스템에서 생산자를 위해 정확한 부품을 제시간에 생산하려면, 생산자는 수요와 생산 정보를 공급자와 공유해야 한다. 따라서 정보 공유는 공급사슬의 성공에 있어서 중요하다.

예측과 총괄 생산 계획 예측은 미래의 요구와 상황이 어떻게 될지에 대해 현시점으로 투영하는 예술이며 과학이다. 일반적으로 예측 정보를 얻는 것은 미래 수요나 시장 상황을 예측하기 위해 복잡한 기술을 사용하는 것을 의미한다. 관리자들은 어떻게 예측을 할 것이며, 의사결정을 위해 어느 정도까지 그것에 의존할 것인지를 결정해야 한다. 기업들은 생산 계획을 위한 전술적인 수준에서, 또한 새로운 공장을 지을지 아니면 심지어는 새로운 시장에 진입할지를 결정하는 전략적인 수준에서 종종 예측을 사용한다.

기업은 예측을 하면 이 예측을 실행할 계획이 필요하다. **총괄 생산 계획**은 예측된 것을 수요를 만족시키기 위한 활동의 계획으로 전환시킨다. 관리자가 직면한 중요한 결정은 총괄 생산 계획을 공급사슬상의 각 관리 단계에서와 전체 공급사슬에서 어떻게 사용하는가이다. 총괄 생산 계획은 공급사슬 내에서 공유되어야 할 중요한 부분의 정보가 된다. 기업의 종괄 생산 계획은 기업의 공급자 및 고객의 수요에 모두 중대한 영향을 미친다.

구현기술 공급사슬상에서 정보를 공유하고 분석하는 데에는 많은 기술이 존재한다. 관리자는 어떤 기술을 사용하고 이러한 기술을 그들의 기업들과 동업자들에게 어떻게 통합시킬지를 결정해야 한다. 이러한 결정의 결과는 그 기술의 능력이 커짐에 따라서 점점 더 중요하게 되었다. 이러한 기술들의 일부는 다음과 같다.

1. 전자 데이터 교환(EDI)은 기업들이 공급자들과 순간적이고 서류가 필요 없는 구매 주문을 하는 것을 가능하게 한다. EDI는 서류 기반의 거래보다 좀더 빠르고 정확하게 일어날 수 있기 때문에 효율적이며, 또한 고객들에게 제품을 얻는 데 필요한 시간을 감소시킨다. 비록 EDI가 약간 진부하고, 교환용량에 제한이 있지만 일부 기업에게 여전히 효율성과 응답성을 제공해 준다.
2. 인터넷은 정보 공유에 관하여 EDI보다 중요한 장점을 갖고 있다. 인터넷은 누구나 접근할 수 있으며 보다 많은 정보의 전달이 가능함에 따라 EDI보다 더욱 높은 가시성을 제공한다. 높은 가시성은 공급사슬상의 단계들이 더 좋은 결정을 하도록 해 준다. 공급사슬 상의 단계 사이의 인터넷 통신은 표준 인프라(월드 와이드 웹)가 이미 존재하기 때문에 더 쉽다. 인터넷으로 인하여 전자상거래가 공급사슬상에서 중요한 영향력을 갖게 되었다.
3. 전사적 자원관리(ERP) 시스템은 거래의 추적과 기업의 어떤 부분이나 공급사슬상에서 정확한 의사결정이 이루어지도록 하는 정보의 전체적인 가시성을 제공한다. 이러한 실시간 정보는 공급사슬 운영상의 의사결정의 질을 향상시키는 데 도움을 준다. ERP 시스템은 끊임없이 정보를 얻어 내는 반면, 인터넷은 이러한 정보의 어떤 것을 볼 것인가에 대한 하나의 방법을 제공한다. 17장에서 보다 자세한 논의를 할 것이다.
4. 공급사슬 관리(SCM) 소프트웨어는 ERP 시스템에 더 높은 단계를 추가한다. 이 소프트웨어는 정보의 가시성과 더불어 분석적인 의사결정 지원을 제공한다. ERP 시스템은 기업의 현재 상황을 보여 주는 반면, SCM 시스템은 기업이 무엇을 해야 할지를 결정하는 데 도움을 준다. 17장에서 보다 자세한 토의를 할 것이다.
5. 무선주파수 인식장치(RFID)는 추적해야 하는 품목을 위한 능동 또는 수동 무선주파수(RF)

태그와 RF 리더기로 구성된다. 수동 태그는 리더기로부터 신호를 받는 반면, 능동 태그는 자체 보유 배터리를 통해 에너지를 받는다. Wal-Mart사는 상위 100개 공급자에 대해서 시범 수준에서 RFID 기술을 사용하였다. RFID는 많은 잠재적 용도를 가지고 있다. 이것은 생산에 있어 모든 원재료 목록들의 가용성을 확인하는 데 사용이 가능하다. 이 기술은 또한 트럭의 수용을 보다 빠르고 저렴하게 만들 수 있다. 완벽한 RFID의 적용은 접수창구에서의 수동 계산과 바코드 스캔과정을 없앨 수 있다. 그것은 또한 들어오는 품목과 저장된 품목에 대한 정확한 계산에 사용될 수 있다. 그러나 RFID 기술은 아직 100퍼센트의 정확도에 도달하지 못했으며, 단위당 비용은 심지어 시험 수준에서조차도 전세계적인 수용에는 여전히 높다.

정보 관련 측정 기준 관리자는 공급사슬의 성과에 영향을 주는 다음의 정보 관련 측정 기준들을 추적해야 한다.

- **예측 범위:** 실제 발생되는 것에서 얼마나 먼 시점에서 예측이 만들어지는가에 의해 식별된다. 예측 범위는 예측에 의해 주어진 의사결정의 리드타임과 동일해야 한다.
- **갱신빈도:** 각 예측들이 얼마나 자주 갱신되는가로 식별된다. 예측은 의사결정이 다시 이루어지는 것보다는 어느 정도 자주 갱신되어야 한다. 그로 인해 큰 변화가 없어질 것이고, 정확한 행동이 가능할 것이다.
- **예측오차:** 예측과 실제 수요에 대한 차이로 측정한다. 예측오차는 불확실성의 측정 요소이며 안전재고나 초과가용량 같은 불확실성에 대한 모든 대응의 발생 요인이다.
- **계절 요인:** 한 계절 내의 평균 수요가 연평균 수요보다 얼마나 크고 작은지를 측정한다.
- **계획으로부터의 변동:** 계획된 생산/재고와 실제 가치의 차이로 식별된다. 이러한 변동들은 과잉과 미달의 식별을 더 용이하게 할 수 있다.
- **주문 변동에 대한 수요 변동의 비율:** 발생된 공급 주문과 들어오는 수요의 표준편차로 측정한다. 비율이 1보다 작다는 것은 잠재적으로 채찍 효과(17장에서 논의됨)가 존재한다는 것을 의미한다.

종합적인 트레이드오프: 대응도 대 효율성 좋은 정보는 기업의 대응성과 효율성 모두에 대한 개선을 도울 수 있다. 그러나 이것은 항상 더 많은 정보가 있다는 가정에 대해 위험이 따른다. 공급사슬에 관한 더 많은 정보를 공유함으로써, 요구되는 인프라 구축의 비용과, 그에따른 분석 둘다 기하급수적으로 증가하게 된다. 그러나 정보를 공유함으로써 제공되는 한계가치는 더 많은 정보가 사용될수록 줄어들게 된다. 그러므로 원하는 목표를 달성하기 위해서는 최소한의 정보를 사용하는 것이 중요할 것이나. 예를 들면, 그것은 소매자와 제조자가 공유하는 판매 데이터의 판매총액으로 충분하다. 전체적인 판매 시점의 데이터 대신, 소매자와 제조자 사이의 정보공유한 전체 데이터로 충분할 것이다. 대체적으로, 전체적인 정보는 더 나은 생산 계획을 제공하고 공유하기 위해 적절할 것이다. 즉, 대응성과 효율성에 관한 트레이드오프는 정보의 인프라 구축을 위해 중요할 것이다.

3.7 외주결정

이 절에서는 공급사슬 관리자들이 내려야 할 핵심적인 외주 관련 결정과 더불어 공급사슬에서 외주결정의 역할에 대해 논의한다.

공급사슬에서의 역할

외주결정은 상품과 서비스를 구입하기 위해 요구되는 비즈니스의 과정이다. 관리자들은 어떤 일들이 외주되고 어떤 일들이 회사 내에서 이루어져야 하는지를 먼저 결정해야 한다. 외주로 결정된 각 업무에 대해서 관리자는 단일 공급자 또는 다수 공급자들의 포트폴리오를 사용할 것인지를 결정해야 한다. 다수의 공급자에 의한 포트폴리오가 수행되면 포트폴리오 내의 각 공급자들의 역할이 뚜렷하게 설명되어야 한다. 그 다음 단계는 공급자들을 선택하고 그들의 성과를 평가하는 기준들을 식별하는 것이다. 그런 다음, 관리자들은 공급자들을 선택하고 그들과 계약에 대해서 협상하게 된다. 계약은 공급사슬의 성과를 개선하고, 한 단계에서 다음 단계로 넘어갈 때 정보의 왜곡을 최소화하기 위해 구조화되고 각 공급자의 역할을 정의한다. 공급자들과 계약이 적절하게 이루어지면, 배치와 주문 배송 등의 조달과정이 중요하게 된다.

경쟁전략에서의 역할

외주 의사결정은 공급사슬이 달성할 수 있는 효율성과 대응도의 수준에 영향을 미치기 때문에 매우 중요한 문제이다. 어떤 기업이 대응도를 기업 내에서 발전시키기에 너무 많은 비용이 든다면 제3자가 대응하도록 외주를 한다. 한 예는 모든 기업에 의한 몇몇 포장운송에 대한 익일배송의 외주이다. 이것은 익일배송 가용능력을 기업 자체의 능력에 의해 진행하는 것은 비용이 많이 들기 때문이다. 다른 예는 기업들이 통제를 유지하기 위해 기업 내에 대응도 높은 프로세스를 보유하는 것이다. 기업 내에 니트의류 염색과정을 유지하고 있어서 주문에 대해 그들이 도착하는 대로 빠른 대응이 가능한 Zara사가 그 예이다. 또한 기업은 만약 제3자가 뚜렷한 규모의 경제를 달성할 수 있거나 다른 요인에 의해 기본적인 비용구조가 낮으면 외주를 한다. 외주 의사결정은 공급사슬의 총이익의 성장에 대한 요구에서 시작되어야 한다.

예제 3.6
Cisco사

Cisco사는 생산되는 대부분의 제품을 외주한다. 그러나 제품 형태에 따라 바뀌는 외주결정 전략을 가지고 있다. 가정용 네트워크 라우터와 같은 저가제품에 대해 Cisco사는 효율성을 추구한다. 이 라우터는 중국에서 생산되어 포장되고 미국 내에서 팔기 위해 대량으로 수송된다. Cisco사는 목표 시장군의 가치가 저비용이기 때문에 최소비용의 생산 위치와 수송에서의 규모의 경제를 추구한다. 반대로 고가제품에 대해서는 미국 내의 생산자와 계약하는 외주를 한다. 이 생산자들은 저렴하지는 않지만, 대응적이고 변화하는 고가시장의 요구를 빠르게 제공할 수 있다.

외주 의사결정의 구성 요소

이제 기업에서 행해지는 핵심 외주 의사결정을 생각해 보자.

기업 내 또는 외주 기업을 위한 가장 명확한 외주 의사결정은 일을 기업 내에서 할 것인지 아니면 이것을 제3자에게 외주할 것인가이다. 이 의사결정은 공급사슬의 총이익에 주는 영향 측면에서 고려되어야 한다. 만약 작은 추가 위험을 가지고 공급사슬의 총이익 성장이 뚜렷하다면, 이것은 외주에 좋은 것이다. 수송과 같은 업무 내에서 관리자들은 모든 것을 외주할 것인지, 대응적인 부분만을 외주할 것인지, 또는 효율적인 부분만을 외주할 것인지를 결정해야 한다. 되풀이하면, 그 의사결정은 공급사슬 총이익의 성장에 기초해야 한다.

공급자 선택 관리자들은 개별 활동을 하게 될 공급자들의 수를 결정해야 한다. 그 다음 공급자들을 어떻게 평가하고 선택해야 하는지에 대한 기준을 설정해야 한다. 선택과정에 대해서 관리자들은 직접 협상을 할 것인지 아니면 경매에 의할 것인지를 결정해야 한다. 만약 경매가 사용되면, 그것은 원하는 결과가 나오도록 구조화되어야 한다.

조달 조달이란 고객의 주문에 대응하기 위해 공급자가 제품을 보내는 과정이다. 관리자들은 직접재료뿐만 아니라 간접재료도, 그리고 전략적 재료뿐만 아니라 일반재료의 조달구조도 결정해야 한다. 각각의 경우에 있어서 공급사슬의 이익을 증가시키는 핵심 메커니즘을 이해하는 것이 중요하다. 예를 들어, 어떤 기업은 공급자와 고객 사이의 좋은 조화를 보장하기 위해 직접재료의 조달을 계획해야 한다. 반면에, MRO 제품의 조달은 거래비용이 낮도록 구조화되어야 한다.

외주결정 관련 측정 기준 관리자는 공급사슬의 성과에 영향을 주는 다음의 외주결정 관련 측정 기준들을 추적해야 한다.

- **지급 가능 일수:** 공급자가 공급사슬 업무를 수행했을 때와 비용이 지급되었을 때 사이의 일수로 측정한다.
- **평균 구매비용:** 그 해 상품이나 재화가 구매된 평균 가격. 평균 가격은 각 가격의 구매된 양에 의해 가중되어야 한다.
- **구매가격 범위:** 특정 기간 동안의 구매가격의 변동으로 측정한다. 구매된 양이 가격과 연관되는지를 식별하기 위한 목적이다.
- **평균 구매량:** 주문당 구매된 평균량으로 측정한다. 주문이 발생할 때 충분한 수준의 총괄이 위치 전반에 걸쳐 발생하는지를 식별하는 것이 목적이다.
- **정시 배달의 비:** 이는 정시 동안 공급자로부터 구매한 배달량의 비율로서 측정하게 된다.
- **공급량:** 공급된 제품의 양으로 측정한다.
- **공급 리드타임:** 주문이 발생하고 제품이 도착하는 사이의 평균 시간으로 측정한다.
- **공급자 신뢰성:** 공급자의 리드타임뿐만 아니라 계획에 비례한 배달량의 변수로 측정한다.

전체적인 트레이드오프: 공급사슬 이익의 증가 외주 의사결정은 공급사슬 전반에 걸쳐 공유되는 총이익의 크기를 증가시키도록 행해져야 한다. 총이익은 판매, 서비스, 생산비용, 재고비용, 수송비용, 그리고 정보비용에 대한 의사결정에 의해 영향 받는다. 제3자에 대한 의사결정은 제3자에 의한 공급사슬 이익이 기업이 자체적으로 할 수 있는 것보다 많으면 의의가 있다. 반대로, 만약 제3자가 공급사슬의 이익을 증가시키지 못하거나 외주와 관련된 위험이 뚜렷하게 크다면, 기업 내에서의 공급사슬을 유지해야 한다.

3.8 가격결정

이 절에서 공급사슬에서 가격결정의 역할에 대해 논의한다.

공급사슬에서의 역할

가격결정은 기업이 고객에게 제품과 서비스를 위해 얼마만큼을 지불할 것인가를 결정하는 과정이다. 가격결정은 고객의 기대뿐만 아니라 제품 구매결정에 대해 고객층에게 영향을 미친다. 가격결정은 공급사슬이 제공하려 하는 수요 측면뿐만 아니라 요구되는 대응도의 수준 측면에서도 공급사슬에 직접적인 영향을 미친다. 또한 가격결정은 수요와 공급을 일치시키기 위한 지렛대로 사용될 수 있다. 단기간 할인은 공급과잉을 제거하거나 수요를 앞 시점으로 움직임으로써 계절수요의 급격한 상승을 줄이는 데 사용될 수 있다. 요약하면, 가격결정은 공급사슬이 직면하는 수요의 형태와 수준에 영향을 주는 가장 뚜렷한 요인들 중의 하나이다.

경쟁전략에서의 역할

가격결정은 기업이 경쟁전략을 실행하기 위한 의미 있는 특징이다. 예를 들어, 미국의 회원제 도매자인 Costco사는 낮지만 안정적인 가격정책을 가지고 있다. 고객들은 좀더 낮은 수준의 제품 가용성을 갖지만 낮은 가격을 기대한다. 안정적인 가격은 또한 비교적 안정적인 수요를 유지시켜 준다. Costco사는 잘 정의된 고객층에 의해 주문을 받으며 그로 인해 적절한 공급사슬 설계가 가능하게 한다. Costco사의 공급사슬은 대응도에 일부 손해를 보더라도 효율적이 되는 것을 추구한다. 반면에, 어떤 생산자나 수송업체들은 고객이 요구하는 대응도에 따라 변하는 가격결정을 사용한다. 이러한 기업들은 가격결정을 통해 어떤 고객은 대응도를 요구하고 다른 고객들은 효율성을 원하는 넓은 고객군을 목표로 한다. 이런 기업에 있어서는 서로 다른 두 요구가 부합할 수 있도록 공급사슬을 구조화하는 것이 중요하게 된다.

예제 3.7

Amazon사

Amazon사는 회사로부터 구매되는 제품에 대해 고객에게 다양한 메뉴가격을 제공한다. 예를 들어, 2008년 7월에 30달러의 가치가 있는 두 권의 책을 표준선적(3~5일 내에 배송되는)을 이용하면 4.98달러에, 2일 배송(2일 내에 배송되는)을 이용하면 13.97달러에, 1일 배송(1일 내에 배송되는)에는 22.97달러에 구매하거나 무료 배송(7~14일 내에 배송되는)을 이용할 수 있다. 가격결정 종류는 Amazon사가 요구하는 대응도의 수준을 변화시키면서 고객들을 끌어당기는 것을 가능하게 한다. 고객들의 1일 배송에 대한 지불은 Amazon사에게 높은 수준의 불확실성을 갖게 하는 반면, 무료 배송에 대한 선택은 창고의 작업량을 평준화하는 데 사용될 수 있다. 따라서 Amazon사는 효과성 개선에 도움을 주기 위해 낮은 가격을 사용하는 것에 가치를 두는 고객들에게 대응도를 제공하기 위해 이러한 가격결정을 사용할 수 있다. Amazon사는 또한 크리스마스 특수의 일부를 11월로 옮김으로써 효과적으로 가격결정을 사용한다. 이때는 배송에 할인을 제공하게 된다. 이 할인은 12월 수요의 일부를 11월로 옮기게 되며 12월의 절정을 줄이고 일찍 주문하는 것을 원하지 않는 고객들에 대한 대응도 포기 없이 효율성을 개선한다.

가격결정 의사결정의 구성 요소

이제 공급사슬의 성과에 영향을 미치는 가격 의사결정의 핵심 요소에 대해 설명한다.

가격결정 및 규모의 경제 대부분 공급사슬 활동은 규모의 경제를 나타낸다. 변환은 소규모의 생산이 대규모 생산에 비해 단위당 더 많은 비용이 들게 한다. 선적과 하역비용은 트럭화물이 네 곳으로 가는 것보다 한 곳으로 가는 것이 더 저렴하다. 각각의 경우에 있어서 공급사슬 활동 제공자는 규모의 경제를 반영하기 위해 가격을 어떻게 적절하게 책정할 것인가를 결정해야 한다. 일반적으로 사용되는 접근은 수량에 대해 할인을 제공하는 것이다. 기본적인 프로세스 내에서 규모의 경제가 변함 없이 제공되기 위해서는 세심한 관리가 필요하다. 그렇지 않을 경우 프로세스에서 현저한 규모의 경제가 없음에도 수량 할인에 의해 고객 주문이 유도되는 위험이 생기게 된다.

매일염가 대 하이-로우 가격 Costco사와 같은 기업은 창고형 매장에서 일정한 가격을 계속 유지하는 매일염가정책을 사용한다. Costco사는 매일염가정책을 지키기 위해 훼손된 책에 대해서마저도 어떤 할인도 하지 않을 것이다. 반면에, 대부분 슈퍼마켓은 매주 그들의 물건의 일부에 대해 엄청난 할인을 하는 하이-로우 가격결정을 사용한다. Costco사의 가격결정 전략은 비교적 안정적인 수요를 만들었다. 하이-로우 가격결정은 할인 주간에는 절정에 다다르고 이어지는 주간에는 종종 수요가 급격히 떨어지는 결과를 만든다. 두 개의 가격결정 정책은 공급사슬에 제공해야 하는 매우 다른 형태의 수요를 이끌게 된다.

고정가격 대 메뉴가격 기업은 그들의 공급사슬 활동에 대해 고정가격을 지불할 것인지 아니면 배송 위치나 대응시간들과 같은 속성들에 따라 변하는 메뉴가격을 가질 것인지를 결정해야 한다. 만약 어떤 특성에 따라 한계 공급사슬 비용이나 고객의 가치가 의미 있게 변하면, 메뉴가격 결정이 종종 효과적이다. 우리는 이미 기업의 메뉴 제공에 대한 예로서 특별한 공급사슬 서비스 제공의 비용으로 일관된 메뉴를 제공하는 Amazon사에 대해 토의했다. 메뉴가격 결정이 일관되지 않은 예는 많은 MRO 공급자들에게서 찾아볼 수 있다. MRO 공급자들은 종종 고객들에게 주문을 배송하거나 고객이 직접 가져가도록 한다. 고객은 자택 배송에 대해서는 추가적인 배송비를 지불하지만 직접 수령할 때는 지불할 필요가 없다. 그러나 창고에서의 선택, 포장, 배송비용은 자택 배송에 비해 직접 수령이 더 비싸다. 따라서 가격결정 정책은 이익에 부정적인 영향을 주는 고객 행동을 이끌게 된다.

가격결정 관련 측정 기준 관리자는 공급사슬의 성과에 영향을 주는 다음의 가격결정 관련 측정 기준들을 추적해야 한다. 가격결정의 메뉴에 따라 각 측정 기준은 메뉴의 각 부분에 대해 분리되어 추적되어야 한다.

- **한계이익:** 수익에서 이익이 차지하는 퍼센트로 측정한다. 기업은 이익의 형태(총, 순등), 범위(SKU, 생산라인, 부분, 회사), 고객 형태 등과 같은 차원들을 포함한 가격결정의 최적화를 위해 넓고 다양한 한계이익 측정 기준을 관찰하는 것이 필요하다.
- **미수금 거래 일수:** 판매가 이루어진 다음 현금이 수집되는 사이의 평균 시간으로 측정한다.
- **주문당 증가하는 고정비용:** 주문의 크기와 무관하게 증가하는 비용으로 측정한다. 이것은 생산공장이나 주문과정 또는 통신판매회사에서 배송의 크기와 무관하게 발생하는 수송비용 등의 변환비용을 포함한다.
- **단위당 증가하는 변동비용:** 주문의 크기에 따라 증가하는 비용으로 측정한다. 이것은 통신판매회사에서의 수령비용 또는 생산공장에서의 변동생산비용을 포함한다.
- **평균 판매가격:** 주어진 기간 내에서 공급사슬 활동이 수행되는 평균 비용으로 측정한다. 평균은 그 가격으로 판매된 양에 대한 가격의 가중치를 통해 얻어져야 한다.
- **평균 주문량:** 주문당 평균량으로 측정한다. 평균 판매가격, 주문량, 주문당 증가하는 고정비용, 단위당 증가하는 변동비용 등은 공급사슬 활동의 수행에 따른 기여를 추측하는 것을 돕는다.
- **판매가격의 범위:** 특정 시간대에 걸쳐서 최대와 최소의 판매가격으로 측정한다.
- **주기적인 판매의 범위:** 특정 시간대에 걸쳐 단위기간별(일/주/월) 판매된 최대와 최소량. 목표는 판매와 가격 그리고 가격을 변화시킴으로써 판매를 이동시키기 위한 잠재적인 기회 사이의 상관관계를 이해하기 위한 것이다.

전체적인 트레이드오프: 기업 이익의 증가 모든 가격결정 의사결정은 기업 이익을 증가시키는 목적으로 만들어져야 한다. 이것은 공급사슬 활동 수행의 비용구조를 이해하고 이 활동이 공급사슬에 가져다 주는 가치를 요구한다. 매일염가와 같은 전략들은 공급사슬에 효율성을 주는 안정적인 수요를 만들어 낸다. 다른 가격결정 전략들은 공급사슬 비용을 더 낮게 하고, 시장점유를 지키고, 또는 시장점유를 빼앗아오기까지 한다. 이 전략이 이윤을 증가시키거나 비용을 감소시키거나 오히려 양쪽 모두를 돕는 만큼 차별적인 가격결정은 다양한 요구를 하는 고객을 끌어오는 데 사용될 수 있다.

다음 절에서는 기업들이 전략적 적합성을 달성하려고 노력할 때 맞이하게 되는 장애 요인에 대해 토의하기로 한다.

3.9 학습목표 요약

1. **공급사슬의 주요 성과 요인을 파악하라.** 공급사슬 성과의 주요 요인은 재고, 수송(운송), 설비, 그리고 정보이다.
2. **공급사슬 전략과 경쟁전략 사이에서 전략적 적합성을 달성하는 데 있어서의 각 요인의 역할에 대해 논의하라.** 전략적 적합성을 달성하는 기업은 대응도와 효율성 사이의 올바른 균형을 찾는다. 각각의 요인은 이 균형에 영향을 준다. 일반적으로 더 많은 설비를 갖는 것은 공급사슬을 좀더 대응적이게 하는 반면, 적은 수의 중앙 설비들은 더 높은 효율을 갖게 만든다. 높은 수준의 재고를 유지하는 것이 공급사슬의 대응도를 증가시키는 반면, 낮은 수준의 재고를 유지하는 것은 공급사슬의 효율성을 증가시킨다. 일반적으로 더 많은 설비를 갖는 것은 사슬을 좀 더 대응적이게 하는 반면, 부족한 설비는 중앙 설비들이 더 높은 효율을 갖게 만든다. 정보에의 투자는 양쪽 측면에서 모두 공급사슬 성능을 크게 향상시킬 수 있다. 그러나 어떤 면에서 공급사슬 관리자들은 정보의 증가된 비용이 공급사슬에게 가져온 대응성 만큼의 가치가 있는가를 결정할 필요가 있다.
3. **각 요인들 측면에서 공급사슬의 성과를 추적하는 핵심 측정 기준을 정의한다.** 설비 관련 측정 기준들은 가용능력, 이용률, 이론적 생산주기, 실제 평균주기, 흐름시간의 효율성, 제품 다양성, 상위 20%의 SKU 및 고객들이 기여하는 양, 생산/셋업/고장/유휴 시간, 평균 생산 배치 크기 등이다. 재고 관련 측정 기준들은 평균재고, 재고로 지정된 날보다 더 많은 제품들, 평균 보충배치 크기, 평균 안전재고, 계절재고, 충족률, 재고가 없는 시간의 부분 등이다. 수송 관련 측정 기준들은 평균 내부수송비용, 평균 들어오는 선적 크기, 선적당 평균 내부수송비용, 평균 외부수송비용, 평균 외부선적 크기, 선적당 평균 외부수송비용, 수단별 수송되는 부분 등이다. 정보 관련 측정 기준들은 예측주기, 갱신빈도, 예측오차, 계절 요인, 계획으로부터의 변동, 주문 변동에 대한 수요 변동의 비율 등이다. 외주결정 관련 측정 기준들은 지급 가능 일수, 평균 구매비용, 구매가격 범위, 평균 구매량, 공급량, 공급 리드타임 등이다. 가격결정 관련 측정 기준들은 한계이익, 미수금 거래 일수, 주문당 증가되는 고정비용, 단위당 증가되는 변동비용, 평균 판매가격, 평균 주문 크기, 판매가격의 범위, 주기적인 판매의 범위 등이다.

토의문제

1. 식료품 소매자는 기업의 공급사슬의 대응도를 증가시키기 위해 재고를 어떻게 이용할 수 있을까?
2. 자동차 생산자는 자사의 공급사슬의 효율성을 증가시키기 위해 수송을 어떻게 이용할 수 있을까?
3. 자전거 생산자는 자신의 설비를 통해서 어떻게 대응도를 증가시킬 수 있을까?
4. 산업 기자재 공급자는 대응도를 증가시키기 위해서 어떻게 정보를 사용할 수 있을까?
5. Motorola사는 기업 내부에서 만들던 휴대전화의 대부분을 완전하게 외주 생산하였다. 두 가지 접근의 찬반양론은 무엇인가?
6. Peapod사와 같은 가정 배송 기업은 수익성 개선을 위해 배송 서비스의 가격결정을 어떻게 사용하는가?
7. 제품이 다양화되고 수명주기가 짧아진 산업은 무엇인가? 이러한 산업들에 공급사슬은 어떻게 적용되고 있는가?
8. 공급사슬 성과의 물류적 그리고 교차 기능적 요인 모두는 시간에 민감하고 가격을 고려하는 고객들을 목표로 하는 PC 생산자에 대하여 전략적 적합성을 달성하는 데 어떻게 사용될 수 있는가?

참고문헌

Hofman, Debra. "The Hierarchy of Supply Chain Metrics." *Supply Chain Management Review* (September 2004): 28–37.

Marien, Edward J. "The Four Supply Chain Enablers." *Supply Chain Management Review* (March–April 2000): 60–68.

O'Marah, Kevin. "The Top Twenty Five Supply Chains." *Supply Chain Management Review* (September 2007): 16–22.

Presutti, William D., Jr., and John R. Mawhinney. "The Supply Chain-Finance Link." *Supply Chain Management Review* (September 2007): 32–38.

사례연구

SEVEN-ELEVEN JAPAN CO.

1973년에 설립된 Seven-Eleven Japan사는 1974년 5월 도쿄의 코토쿠에 처음으로 매장을 열었다. 이 회사는 1979년 10월에 처음으로 도쿄 증권거래소에 상장되었다. 2004년에는 Ito-Yokado그룹의 소유가 되었는데 이 그룹은 일본에서 슈퍼마켓 체인을 경영하고 있고 미국에서 Seven-Eleven을 경영하는 회사인 Southland사의 대다수 주식을 소유하고 있었다. 2005년 9월 1일, Seven & I Holdings 회사는 Seven Eleven Japan 주식회사로 설립되었다. Seven-Eleven Japan사는 1985년에서 2003년 사이에 경이적인 성장을 실현하였다. 그 기간 동안 매장의 수는 2,299개에서 12,034개로, 연간판매액도 3,860억 엔에서 2조 5,740억 엔으로, 순익은 90억 엔에서 915억 엔으로 증가하였다. 게다가 회사의 자기자본이익률(ROE)은 2000년에서 2004년 사이에 평균이 약 14퍼센트가 되었다. 2004년에 Seven-Eleven Japan사는 점포의 운영 수입 및 점포 수에서 일본의 가장 큰 소매상이었다. 그 해 고객들은 Seven-Eleven 매장을 총 410억 번 방문하였으며, 이 수치는 일본의 각 개인들이 연간 평균 35회 정도를 방문한 것과 같다.

회사 역사와 소개

Ito-Yokado사와 Seven-Eleven Japan사는 Masatoshi Ito에 의해 설립되었다. 그는 제2차세계대전 후에 어머니와 형과 함께 도쿄의 작은 옷 가게에서 일을 시작하면서 소매관리를 시작하였다. 1960년대까지 그의 관리를 통해 단 하나인 가게는 300만 달러의 회사로 성장하였다. 1961년 미국을 여행한 후에 Ito는 대형슈퍼가 미래의 흐름이라는 것을 확신하게 되었다. 그 당시 일본에서는 아직 Mom and Pop이라는 가게가 독점적이었다. 도쿄지역에서 Ito의 대형 슈퍼체인은 즉시 인기를 얻고, 곧 Ito-Yokado사의 소매 운영의 핵심을 구성하였다.

1972년에 Ito는 처음으로 일본에서 Seven-Eleven 편의점을 여는 가능성에 대하여 Southland주식회사에 접근하였다. 그의 첫 번째 요구에 대한 거절 후에 Southland사는 1973년에 인가계약에 동의하였다. 총매출액의 0.6퍼센트를 교환으로 Southland사는 Ito에게 일본 전역의 독점권을 주었다. 1974년 5월에 첫 번째로 Seven-Eleven 편의점을 도쿄에 열었다.

이 새로운 개념은 일본에서 즉각적으로 히트했고 Seven-Eleven Japan사는 엄청난 성장을 하였다. 1979년까지 일본에 591개의 Seven-Eleven 편의점이 있었으며 1984년도에는 2,001개의 편의점이 있었다. [표 3.1]에서 보는 바와 같이 빠른 성장은 계속되었으며 그 결과 2004년도까지 편의점은 12,034개가 되었다.

1990년 10월 24일에 Southland사는 파산보호에 들어갔다. Southland사는 1991년 3월 5일에 Ito-Yokado사에게 도움을 요청하였으며 IYG의 주식은 Seven-Eleven Japan사가 48퍼센트, Ito-Yokado사가 52퍼센트를 소유하게 되었다. IYG는 Southland사의 주식의 70퍼센트를 4억 3전만 달러에 획득하였다.

2004년에 Seven-Eleven Japan사와 미국에 있는 7-Eleven사로부터 편의점 운영은 수익의 48.2퍼센트와 전체 통합운영 수입의 90.2퍼센트를 Ito-Yokado그룹에 기여하였다. Seven-Eleven Japan사는 Ito-Yokado사에 의한 편의점으로부터 받은 전체 수입의 87.6퍼센트를 기부하였다[표 3.2 참조]. 사실상 Seven-Eleven Japan사는 Ito-Yokado그룹의 주요 부분이 되었다.

일본에서의 Seven-Eleven과 편의점 사업

일본에서 편의점 사업 분야는 1990년대 긴 침체기 동안 계속해서 성장한 몇 개의 사업 분야 중에 하나이다. 1991년부터 2002년까지 일본에서 편의점의 수는 19,603개에서 42,000개로 증가하였다. 이것은 일본에서 소매점 전체의 비율로서 1.2퍼센트에서 3.2퍼센트로 증가를 나타낸다. 이 기간 동안 편의점의 연간 판매액은 3조 엔에서 6.7조 엔으로 2배 이상 증가하였다. 일본에서 소매판매액 전체의 비율로서 2.2퍼센트에서 5.0퍼센트로 증가하였다.

일본의 편의점 분야는 큰 사업자는 성장하고 작은 운영자는 폐업하는 방식으로 점차 통합되어 가고 있다. 2004년에 상위 10개의 편의점 체인은 일본의 편의점의 90퍼센트를 차지했다. 체인점들이 그들의 운영구조를 개선하고 더 나은 규모의 경제를 효과적으로 이용함에 따라 작은 운영자들은 경쟁하기가 어려워졌다.

Seven-Eleven Japan사는 개점 이래 편의점시장의 점유를 증가시켜 왔다. 2002년에 Seven-Eleven은 일본 내의 편의점 총판매의 31.5퍼센트를, 체인점 수의 21.7퍼센트를 담당했다. Seven-Eleven은 같은 매장 판매라는 측면에서 매우 효과적이었다. 2004년에 Seven-Eleven Japan사를 제외한 4개의 주요 편의점의 일일 판매액은 총 484,000엔이었다. 반면에, Seven-Eleven Japan사의 일일 판매액은 경쟁자들의 합보다 30퍼센트가 많은 647,000엔이었다. 2004년에 Seven-Eleven Japan사의 운영 수입은 1,657억 엔으로 편의점뿐만 아니라 일본의 소매산업 분야에서도 선두를 차지했다. 성장 측면에서 그들의 성과는 매우 인상적이었다. 2004년 Seven-Eleven은 일본 내 상위 10개 편의점 체인의 수 내에서 총순증가가 60퍼센트를 차지했다. 이

표 3.1 2004년 Seven-Eleven의 세계적인 매장 분포

연도	매장 수	연간 판매액 (10억 엔)	연도	매장 수	연간 판매액 (10억 엔)
1974	15	0.7	1991	4,629	1,081.8
1975	69	4.8	1992	5,058	1,194.9
1976	199	17.4	1993	5,475	1,281.9
1977	375	39.8	1994	5,905	1,392.3
1978	591	72.5	1995	6,373	1,477.1
1979	801	109.8	1996	6,875	1,609.0
1980	1,040	153.6	1997	7,314	1,740.9
1981	1,306	202.1	1998	7,732	1,848.1
1982	1,643	256.5	1999	8,153	1,963.9
1983	2,001	319.0	2000	8,602	2,046.6
1984	2,299	386.7	2001	9,060	2,114.0
1985	2,651	453.6	2002	9,690	2,213.2
1986	2,964	521.9	2003	10,303	2,343.2
1987	3,304	599.1	2004	10,826	2,440.8
1988	3,653	686.3	2005	11,310	2,498.7
1990	4,270	931.9	2006	11,735	2,533.5
			2007	12,034	2,574.3

러한 성장은 매우 조심스럽게 계획되었고, Seven-Eleven Japan사가 정보 시스템과 배송 시스템 영역을 개발했었던 핵심적인 강점을 육성함으로써 이루어졌다.

Seven-Eleven Japan사의 프랜차이즈 시스템

Seven-Eleven Japan사는 광범위한 프랜차이즈 네트워크를 개발했고 이 네트워크의 일일 운영에 핵심 역할을 수행했다. Seven-Eleven Japan사의 네트워크는 회사 소유의 매장과 제3자 소유의 프랜차이즈 두 가지를 포함한다. 2004년에 프랜차이즈의 수수료는 운영으로부터의 이윤의 68퍼센트 이상을 차지하고 있다. 효율성을 확보하기 위해 Seven-Eleven Japan사의 근본적인 네트워크 확장정책은 시장 우세전략에 바탕을 두고 있다. 어떤 새로운 시장에의 진출은 하나의 분배센터에서 지원받는 주위에 50~60개의 군집을 이루어 만들게 된다. 이러한 군집은 Seven-Eleven Japan사에게 고밀도 시장점유율을 주고 효율적인 분배 시스템이 운영되도록 한다. Seven-Eleven Japan사의 1994년 연간 보고서에는 다음 6가지 시장 우세전략의 이점이 목록화되어 있다.

- 분배의 효율성을 향상시킨다.
- 상표의 인식을 개선한다.
- 시스템의 효율성을 증가시킨다.
- 프랜차이즈 지원 서비스의 효율성을 강화시킨다.
- 광고 효과성을 개선시킨다.
- 우세지역으로 경쟁자의 진입을 막는다.

Seven-Eleven Japan사는 우세전략에 기반하여 새로운 매장의 대부분을 이미 매장 군집이 존재하는 지역에 개설하였다. 예를 들어, 2002년에 처음 Seven-Eleven 지점이 개설된 아이치현의 경우 2004년 108개의 새로운 지점이 개설되면서 지점의 수가 크게 증가하였다. 이는 2004년 일본 전역에 개설된 새로운 Seven-Eleven 지점 수의 15퍼센트 이상이 되는 수치이다.

Seven-Eleven 지점은 한정된 지역에만 존재한다. 2004년에 일본의 현 중 70퍼센트(47개 현 중 32개 현)에 Seven-Eleven 매장이 존재하였는데, 이미 지점이 개설된 현에 새로운 지점 개설이 더욱 집중되었다. 2004년 연간보고서에 따르면, "일본 지도 전체를 채우는 것이 우리의 목적이 아니다. 특정 지역에 매장을 집중시키는 우리의 근본적인 지역-우세 전략에 기반하여 우리는 이미 Seven-Eleven 매장이 존재하는 지역에 수요를 찾는다"라고 하고 있다.

Seven-Eleven 체인점 영업권이 각광을 받으면서, 체인점 영업권(매장 수익성에 대한 계약) 신청자 중 1퍼센트만이 영업권을 획득하였다. 체인점 영업권 소유자는 상당한 금액을 선행 투자해야 하는데, 이 금액 중 절반은 매장을 준비하고 영업권 소유자를 교육하는 데 사용되고, 나머지 절반은 매장의 초기 재고를 구입하는 데 사용된다. 1994년에는 한 지점에서 발생한 매상 총이익의 45퍼센트는 Seven-Eleven Japan사에 귀속되었고, 나머지는 매장 영업권 소유자에게 귀속되었다. 두 관계자의 책임은 다음과 같다.

Seven-Eleven Japan사의 책임:

- 공급과 상품의 개발
- 주문 시스템의 제공
- 시스템 운영비용 지불
- 회계 서비스의 제공
- 광고 제공
- 설비의 설치 및 개축
- 공공요금의 80퍼센트 지불

체인점 영업권 소유자의 책임:

- 매장의 운영과 경영
- 점원의 고용과 고용비용 지불
- 공급량 주문
- 매장 외관의 유지

- 고객 서비스 제공

매장 정보와 품목들

Seven-Eleven은 [표 3.2]에서 보듯이 2007년 현재 하와이와 일본 내에 12,034개의 매장을 갖게 되었다. 2004년에 Seven-Eleven Japan사는 대부분의 미국 내 Seven-Eleven의 매장보다는 현저히 작지만 새로운 매장의 표준 크기를 125평방미터에서 150평방미터로 변화시켰다. 매장에서의 일일 판매액은 미국 매장에서의 평균의 약 2배 정도인 평균 647,000엔(약 6,100달러)이었다.

Seven-Eleven Japan사는 매장이 5,000 SKU(재고유지단위) 중에서 선택할 수 있도록 한다. 각 매장은 지역 고객 요구에 따라 평균적으로 3,000 SKU를 유지한다. Seven-Eleven은 지역 선호를 정확하게 맞추기 위해 지역 상품화를 강조한다. 각 매장은 음식 품목, 음료, 잡지, 그리고 비누와 세제 같은 소비재 품목을 유지한다. 2002년부터 2004년까지의 판매된 제품 목록이 [표 3.3]에 나타나 있다.

음식 품목은 네 가지의 넓은 종류로 구분될 수 있다. 즉, (1) 샌드위치, 가공식품, 그리고 우유를 포함한 냉장온도 품목들, (2) 곽 도시락, 주먹밥, 신선한 빵 등을 포함한 따뜻한 온도 품목들, (3) 아이스크림, 냉동식품, 그리고 각얼음 등을 포함한 냉동 품목들, (4) 통조림 식품, 즉석국수, 그리고 조미료 등을 포함한 상온 품목들이다. 가공식품과 패스트푸드들은 매장에서의 큰 판매원이다. 2004년 가공식품과 패스트푸드는 각 매장에서 총판매의 약 60퍼센트에 기여했다. 2004년 10억 개가 넘는 주먹밥이 팔렸다. 이 양은

표 3.2 Seven-Eleven Japan사의 2002-2004 재정 현황

2월 28/29일 회계년도	2000	2001	2002	2003	2004
순판매액	1,964.0	2,046.6	2,114.0	2,213.3	2,343.2
수익(10억 엔)	327.0	346.9	365.9	400.7	445.4
경상소득	140.2	147.2	153.8	159.6	168.9
순이익	68.2	78.4	83.2	86.5	91.5
매장 수	8,153	8,602	9,060	9,690	10,303

표 3.3 2002-2004년 사이의 판매된 제품의 분류

	2002				2003				2004			
	판매액 (10억 엔)	매상 총이익 (%)	총판매 액 중 비율	전년 대비 증가율	판매액 (10억 엔)	매상 총이익 (%)	총판매 액 중 비율	전년 대비 증가율	판매액 (10억 엔)	매상 총이익 (%)	총판매 액 중 비율	전년 대비 증가율
가공식품	681.5	34.4	32.0	5.3	696.0	34.9	31.2	2.1	725.4	36.0	30.8	4.2
패스트푸드	642.2	32.3	30.2	3.1	674.7	32.4	30.3	5.1	704.4	32.2	29.9	4.4
신선한 식품	264.9	30.5	12.4	3.3	284.0	30.9	12.7	7.2	305.0	31.1	12.9	7.4
비식품	540.2	22.9	25.4	1.7	573.6	22.6	25.8	6.2	624.0	22.1	26.4	8.8
총 계	2,128.7	30.4	100.0	3.5	2,228.2	30.5	100.0	4.7	2,358.8	30.6	100.0	5.9

일본의 모든 사람들이 1년에 8개의 Seven-Eleven의 주먹밥을 먹은 양이다. 패스트푸드 분류에서 가장 많이 팔린 품목은 곽 도시락, 주먹밥, 빵, 그리고 파스타 등이다. 2004년 2월 Seven-Eleven Japan사는 매장을 위해 오로지 패스트푸드만을 생산하는 290개의 전용 생산공장을 갖게 되었다.

Seven-Eleven에서 파는 그 밖의 제품들로는 청량음료, 영양음료, 맥주나 와인 같은 술, 게임 소프트웨어, 음악 CD, 그리고 잡지들이 포함된다.

2004년에 Seven-Eleven Japan사는 그들의 매장에서만 가능한 기본품목을 늘리는 것에 주목했다. 그 당시 기본품목은 총매장 판매의 대략 52퍼센트를 차지했다. 회사는 중장기적으로 60퍼센트로 증가시키는 것을 추구했다.

매장 서비스

제품들을 제외하고도 Seven-Eleven Japan사는 고객들이 매장에서 얻을 수 있는 서비스의 다양성을 점차적으로 추가시켰다. 1987년 10월에 처음 시작된 서비스는 도쿄 전기요금을 매장 내에서 지불할 수 있게 한 것이다. Seven-Eleven Japan사는 나중에 매장 안에서 가스, 보험료, 전화비 등의 공공요금을 지불하는 데까지 확장시켰다. 은행이나 다른 금융기관들보다 편리한 시간과 장소에서 운영됨으로써 매년 백만 명의 추가적인 고객을 유인하였다. 1994년 4월에 Seven-Eleven Japan사는 신용회사를 대신하여 분할납입을 받아들이는 서비스를 시행했다. 1994년 11월에는 스키장 리프트 이용권을 팔기 시작했으며, 1995년에는 통신판매 구매에 대한 지불을 받아들이기 시작했다. 이것은 1999년 11월에 인터넷 쇼핑에 대한 지불을 포함하는 것으로 확장되었다. 2000년 8월에는 노인들에 대해 서비스하기 위해 음식물 배달 서비스 회사인 Seven-Meal Service사를 설립하였다. 2001년에는 Ito Yokado사와 합동투자 하에 IY Bank를 설립하였다. 2004년 4월에는 ATM기가 100퍼센트 달성을 목표로 하여 일본 내 총네트워크의 75퍼센트에 설치되었다.

매장에서 제공되는 다른 서비스에는 사진 복사, 다기능 복사기를 사용한 티켓 판매, 그리고 고객이 집에 없으면 소포를 집 밖에 놓을 수 없는 소포 분배자를 위한 픽업 위치가 되어 주는 서비스가 포함된다. 이러한 서비스를 제공하는 주요 취지는 일본 내에서 Seven-Eleven 매장이 보다 더 편의를 제공하는 장소가 되게 만드는 것이다. 몇몇의 이러한 서비스는 매장 내의 종합정보시스템이 존재하면서 활용되었다.

2000년 2월 Seven-Eleven Japan사는 전자상거래 회사인 7dream.com을 설립하였다. 목적은 존재하는 분배 시스템을 이용하게 하고 모든 일본인들이 매장에 쉽게 접근하게 하기 위해서였다. 매장은 일본인 고객들에서 배달품 전달 장소와 수집 거점으로써 제공되었다. eSbook(Softbank, Seven-Eleven Japan, Yahoo!Japan, Tohan사—인쇄업자의 합자 벤처)에 의한 조사는 92퍼센트의 고객들은 그들의 온라인 구매를 그들의 집으로 배달되는 것보다 지역의 편의점에서 본인이 찾아가는 것을 더 선호한다는 것을 발견했다. 이것은 일본 고객들이 그들 지역 편의점을 방문하는 빈도를 이해할 수 있게 한다. 7dream은 이러한 선호도와 존재하는 분배 시스템의 시너지를 기대하였다.

2007년 3월, Seven-Eleven Japan사는 "otoriyose-bin"이라 하는 인터넷 쇼핑몰을 구축하였다. 이 서비스는 전형적으로 소매상에서는 불가능한 제품 구매방식을 소비자에게 가능하게 하였다. 고객들은 Seven-Eleven사에서의 주문방식과 가격을 가진 웹을 통해 주문을 할 수 있었으며, 운송비용 없이 서비스의 이용이 가능했다. 또한 2007년 4월에는 Seven-Eleven Japan사에서 "Nanaco"의 전자지불수단을 도입하게 되었는데, 이 서비스는 고객들이 미리 카드나 핸드폰을 통해 금액을 충전함으로써 사용할 수 있었다. 이것은 고객들이 적은 비용을 통해 서비스를 편리하게 제공받을 수 있었으며, 100엔당 1엔의 적립금을 쌓아주었다.

2007년 말, Seven-Eleven Japan사를 통한 nanaco사의 매출은 300억이 넘었다.

Seven-Eleven Japan사의 통합된 매장정보시스템

Seven-Eleven Japan사는 출발 단계에서부터 진보된 정보기술을 이용함으로써 운영을 간소화하는 것을 추구했다. Seven-Eleven Japan사의 성공의 의미 있는 부분은 모든 매장에 설치되어 있고 본부, 공급자, 그리고 Seven-Eleven의 배송센터와 연결된 종합정보시스템에 있다고 할 수 있다. 그 당시 회사는 판매시점(POS)의 정보는 수집하지 못했지만 본부사무실, 매장, 그리고 공급자를 연결하는 최초의 온라인 네트워크는 1979년에 설립되었다. 1982년에 POS 금전등록기와 단말통제장치를 포함한 POS 시스템을 도입한 일본 내 최초의 회사가 되었다. 1985년에 NEC사와 합동으로 POS 금전등록기와 연결되고 모든 매장에 설치된 컬러화면의 개인 컴퓨터를 개발하였다. 이 컴퓨터는 또한 매장에서 공급자뿐만 아니라 회사의 본부와도 네트워크로 연결되었다. 1991년 7월까지 회사본부, 매장, 배송센터, 그리고 공급자들이 전통적인 아날로그 네트워크에 의해 연결되었다. 그 당시에는 종합정보통신망(ISDN)이 설치되었었다. 당시에 5,000개 이상의 매장이 연결된 것은 세계에서 가장 큰 ISDN 시스템 중의 하나였다.

양방향, 고속의 온라인 통신 능력의 ISDN은 Seven-Eleven Japan사가 POS 정보를 빠르게 수집하고, 처리하고, 반응하는 것을 가능케 하였다. 판매 정보는 오후 11시까지 각 매장에서 집계 및 처리되고 다음 날 아침, 분석을 위해 준비되었다. 1997년 Seven-Eleven Japan사는 4세대 종합정보시스템을 도입하였으며 2004년까지 계속 사용하였다.

1994년 Seven-Eleven 매장의 하드웨어 시스템은 다음의 내용 등을 포함하였다.

- **그래픽 주문 단말장치:** 이것은 넓은 그래픽 화면을 가진 손바닥 크기의 장치로 매장 주인이나 관리자에 의해 주문을 발생시킬 때 사용되었다. 제품들은 기록되고 그것들이 진열된 선반에서 주문으로 반출된다. 매장의 관리자/주인은 정면 통로로 나와서 목록별로 주문을 발생시킨다. 주문이 발생될 때, 매장관리자는 특정한 품목과 관련된 POS의 세분화된 분석을 위해 접근(매장의 컴퓨터로부터)한다. 이것은 제품 종류의 판매 분석을 포함하고, SKU, 낭비의 분석, SKU에 의한 10주 판매 경향, SKU에 의한 10일 판매 경향, 신제품의 판매 경향, 일자, 시간별 판매 분석, 느리게 움직이는 품목들의 목록, 판매의 분석과 고객의 수, 매장에 전시된 부분에 대한 제품의 기여, 제품 종류에 따른 판매량 증가 등을 포함한다. 매장관리자는 주문을 발생시킬 때 단말장치로 직접 입력되는 이 정보를 이용한다. 한 번 모든 주문이 발생하면 단말장치는 매장 컴퓨터가 적절한 공급자와 Seven-Eleven 배송센터에 대해 주문을 다시 할 수 있도록 제 위치로 돌아온다.
- **스캐너 단말장치:** 이 스캐너는 바코드를 읽고 재고를 기록하며 배송센터로부터 제품들을 받을 때 사용된다. 이것은 이전에 발생된 주문에 대해 자동적으로 확인되며, 이 두 가지는 일치된다. 스캐너 단말장치가 도입되기 전에 트럭 운전자들은 배송이 확인될 때까지 매장에서 기다려야 했다. 그것들이 도입된 후로 운전자들은 간단하게 매장 내에 제품을 내려놓고 매장 점원들은 손님들이 없는 적당한 시간대에 그것을 받게 된다. 스캐너 단말장치는 창고에서 재고조사에도 사용된다.
- **매장 컴퓨터:** 이것은 ISDN 네트워크, POS 등록기, 그래픽 주문 단말장치, 그리고 스캐너 단말장치와 연결되어 있다. 이것은 다양한 입력 정보 사이에서 통신되며, 매장의 재고와 판매를 추적하여 주문을 발생시키고,

POS 정보의 자세한 분석을 제공하고, 그리고 매장 내의 장비를 조절하고 유지시킨다.

- **POS 등록기:** 이 정보 네트워크의 기능을 보다 더 잘 이해하기 위해서는 일일 운영을 예로 들어 고려해 보는 것이 필요하다. 고객이 한 품목을 구매하고 POS 등록기에 지불을 하면, 그 품목 정보는 매장 컴퓨터로부터 갱신되며, 판매시간이 자동적으로 저장된다. 추가적으로 판매원은 고객의 나이나 성별을 기록한다. 이렇게 하기 위해 판매원은 종류에 따라 다섯 가지 키(13세 이하, 13~19세, 20~29세, 30~39세, 그리고 50세 이상)를 사용하게 된다. 이 POS 정보는 온라인을 통해 자동적으로 호스트 컴퓨터에 저장된다. 모든 판매 정보는 오후 11시까지 수집되고 다음 날 아침까지 분석을 위해 준비된다. 그 정보는 회사의 전반, 지역, 그리고 매장을 기반으로 하여 평가되어야 한다.

분석 및 갱신된 정보는 네트워크를 통해 Seven-Eleven Japan사 매장으로 보내진다. 각 매장 컴퓨터는 제품의 최근 판매와 재고의 이동을 분석하기 위해 제품 마스터 파일을 자동적으로 업데이트한다. 분석의 주목적은 주문 프로세스를 개선하기 위한 것이었다. 이러한 모든 정보들은 주문을 발생시키기 위한 그래픽 주문 단말장치를 사용함으로써 가능해졌다.

이 정보 시스템은 Seven-Eleven 매장이 수요에 공급을 보다 잘 맞추는 것을 가능케 하였다. 매장의 직원들은 하루의 소비 패턴에 따라 선반에 진열하는 상품의 혼합을 조정할 수 있었다. 예를 들어, 인기 있는 저녁 상품은 늦게 진열되는 반면, 인기 있는 아침 품목들은 그 날 일찍 진열되었다. 늦거나 움직임이 없는 품목에 대한 식별은 매장이 선반의 공간을 새로운 품목으로 바꾸는 것을 가능케 했다. Seven-Eleven 매장에서 1년 동안 팔리는 50퍼센트 이상의 품목들이 바뀌었다. 이것의 일부는 계절수요 때문이고 일부는 신제품 때문이었다. 신제품이 들어오면 계속 진열을 할 것인지에 대한 결정은 최초 3주 동안에 만들어진다. 선반 위의 각 품목들은 판매와 이익에 기여하게 되고 가치 있는 선반의 공간을 낭비하지 않는다.

Seven-Eleven의 분배 시스템

Seven-Eleven의 분배 시스템은 모든 제품의 종류에 대해 모든 공급사슬과 단단하게 연결되어 있다. Seven-Eleven의 분배센터와 정보 네트워크는 그 점에 있어서 핵심적인 역할을 한다. 주목적은 판매된 품목들을 관심 있게 추적하고 보충을 짧은 주기시간에 제공하는 것이었다. 이것은 매장 관리자에게 각 주문이 정확이 일치하는 판매 예측을 가능케 했다.

1987년 3월부터 Seven-Eleven은 모든 밥 종류의 음식(패스트푸드 품목 중 가장 많이 팔리는 것으로 구성된)에 대해 1일 3회 매장으로의 배송을 제공했다. 빵과 기타 신선한 음식은 1일 2회 배송되었다. 배송 시스템은 고객의 수요에 따라 배송 스케줄을 변경하는 데 대해 충분히 유연했다. 예를 들어, 아이스크림은 여름 기간에는 매일 배송되었지만, 다른 기간에는 1주일에 3회 배송되었다. 신선한 품목과 패스트푸드 품목에 대한 보충주기는 12시간 이하로 짧았다. 한 매장의 주먹밥에 대한 주문은 오전 10시까지 이루어졌고 배송은 저녁시간 이전에 이루어졌다.

앞서 토의한 것처럼, 매장의 관리자는 주문을 발생시키기 위해 그래픽 주문 단말장치를 사용한다. 각 매장에는 아침, 점심, 저녁 주문에 대한 마감시간이 주어져 있다. 한 매장에서 주문이 발생하면, 이것은 즉시 분배센터뿐만 아니라 공급자에게도 전달된다. 공급자는 Seven-Eleven 매장으로부터 주문을 접수하고 주문에 맞추기 위해 생산을 시작한다. 그런 다음, 공급자는 트럭으로 주문들을 분배센터로 보내게 된다. 각 매장의 주문은 분리되어 있어서 분배센터는 쉽게 이미 보유한 주문 정보를 가지고 매장에 적절한 트럭을 쉽게 할당하게 된다. 매장 배송에 있어서 Seven-Eleven이 갖는 핵심은 통합된 분배 시스템이라 불리는 것이다. 분배센터에서 다른 공급자로부터 오는 제품(예를 들어, 우유나 샌드위치)에 대한 배송은 하나의 온도조절 트럭으로 직접 연결된다. 배송에는 네 가지 종류의 온도조절 트럭이 있다: 냉동식품, 냉장식품, 상온식품, 따뜻한 식품. 각각의 트럭은 여러 소매 매장으로 배송을 한다. 트럭당 담당하는 매장의 숫자는 판매량에 따라 달라진다. 모든 배송은 한가한 시간에 이루어지며 스캐너 단말장치를 통해 접수된다. 신뢰에 바탕을 둔 업무는 배송하는 사람이 배송에 있어서 매장의 스캔 작업에 입회할 필요가 없게 한다. 그것은 각 매장에서 보내는 배송시간을 줄여 주었다.

이 분배 시스템은 Seven-Eleven으로 하여금 각 품목에 대한 배달빈도가 상당히 높아도 매일 각 매장에 대한 분배 서비스를 하는 차량의 숫자를 줄여 주었다. 1974년에는 매일 각 매장에 70개의 차량이 방문했지만, 1994년에는 11개만이 필요했다. 이것은 극적으로 배송비용을 감소시켰고 다양한 신선한 음식에 대하여 빠른 배송을 가능케 했다.

2004년 2월 현재, Seven-Eleven Japan사는 전국적으로 오로지 Seven-Eleven 매장을 위한 패스트푸드를 생산하는 총 290개의 전용생산공장을 가지고 있다. 이러한 품목들은 빠르고, 신뢰성 있는 분배가 가능한 293개의 전용분배센터를 통해 배송된다. 이 분배센터들은 재고를 전혀 보유하고 있지 않으며, 그들은 단지 공급자의 트럭으로부터의 재고를 분배센터의 트럭으로 옮기기만 한다. 이 수송은 Seven-Eleven Japan사의 독점적인 사용을 위해 Mitsui and Co.사에 의해 설립된 Trnasfleet사에 의해 제공된다.

미국의 Seven-Eleven

Seven-Eleven은 [표 3.4]에서 보이는 것처럼 전세계적으로 급속도로 확장하고 있다. 아시아 지역에서 대규모 성장이 이루어졌지만, Seven-Eleven에게 있어서 미국은 여전히 두 번째로 가장 큰 시장이었다. Seven-Eleven Japan사는 Southland Corporation을 인수한 직후 미국에서의 운영 개선에 착수하였다. 그 첫해에 미국 내의 다수의 Seven-Eleven 지점이 폐점하였으나, 1998년 초기에 지점의 수가 증가하기 시작했다. 역사적으로, 미국 내의 배송구조는 일본과는 완전히 다른 형태였다. 미국 내의 매장의 제품 재고 보충은 몇몇 생산자에 의한 직접점포배송(direct store delivery: DSD)을 통해 이루어지며, 그 외의 제품은 도매자에 의해 배송이 된다. 전체 제품 중 절반 가량은 DSD가 담당하며 나머지는 도매자가 담당하고 있다.

2000년을 전후로 하여 Seven-Eleven은 “신선한” 제품의 소개라는 목표와 함께 통합분배센터(centeral distribu-

표 3.4 공급자의 능력이 공급 불확실성에 미치는 영향

국가	매장 수	국가	매장 수
일본	12,071	캐나다	462
미국	6,262	호주	426
대만	4,803	싱가포르	370
태국	4,687	필리핀	344
한국	1,852	노르웨이	145
중국	1,462	덴마크	94
말레이시아	995	스웨덴	76
멕시코	893	총계	34,942

tion center: CDC)의 개념을 도입하였다. 2003년까지 Seven- Eleven은 지점 네트워크의 약 80퍼센트를 지원할 수 있도록 북미지역에 23개의 CDC를 개설하였다. CDC는 샌드위치, 제과 제빵류, 농산물과 그 외 변질되기 쉬운 제품을 하루에 한 번씩 배송하였다. 다양한 신선식품 공급자들이 하룻동안 CDC로 제품을 보내면 그날 밤 CDC는 이 제품들을 지점에 보낼 수 있도록 분류하였다. 지점관리자로부터의 요청이 근방의 CDC로 전달되면 오후 10시까지 제품이 해당 지점으로 보내졌다. 2003년에 북미에서 신선식품의 매출액은 4억 5천만 달러를 넘어섰다. 이 기간 동안 생산자에 의한 DSD와 도매자의 배송 또한 계속되었다.

이 기간 동안 Seven-Eleven은 Starburks사와 같은 회사뿐만 아니라 전통적인 주유소 식료품점과 더욱 직접적으로 경쟁한다는 목표를 갖고 새로운 신선식품을 소개하기 위해 부단한 노력을 하였다. 미국에서 Seven-Eleven은 전체 판매의 68퍼센트 이상이 비휘발유 제품이었는데, 동종 업계의 다른 업체들의 경우 이 수치는 35퍼센트에 머물렀다. 목표는 신선식품과 패스트푸드 판매 증가를 지속하는 것이었다.

2003년 미국과 캐나다에서의 수입 총액은 109억 달러였는데, 이 중 69퍼센트는 상품 판매에 의한 것이었고, 나머지는 휘발유 판매에 의한 것이었다. 2004년에 일본에서는 재고 회전율이 50 이상이었던 것에 반해 북미지역에서 재고회전율은 19 정도였지만, 1992년에 북미지역에서 재고회전율이 12 정도였던 것에 비하면 이는 현저하게 성과가 개선되었다는 것을 시사한다.

질문

1. 편의점 체인은 높은 대응도를 통해 고객이 필요로 하는 제품을 고객이 원하는 시간에 원하는 장소에서 제공할 수 있도록 시도하고 있다. 편의점 공급사슬의 대응도를 높일 수 있는 방안에는 어떤 것들이 있으며 각각의 방안의 위험 요소에는 어떤 것들이 있는가?
2. 일본에서 Seven-Eleven의 공급사슬 전략은 빠른 재고보충을 통해 공급과 수요의 세밀한 일치를 시도하는 것이라고 설명할 수 있다. 이러한 선택에는 어떠한 위험 요소가 존재하는가?
3. Seven-Eleven이 일본에서의 공급사슬 전략을 지원하기 위해 설비 입지, 재고관리, 수송, 그리고 정보 기반과 관련하여 어떠한 일들을 수행하였는가?
4. Seven-Eleven은 일본에서 제품이 매장으로 직접 배송되는 것을 허용하지 않는 대신에 모든 제품이 분배센터를 거쳐 매장으로 배송되도록 하였다. 이러한 정책을 통해 Seven-Eleven이 얻은 이익은 무엇인가? 어떤 경우에 매장으로 직접 분배가 더욱 적절하겠는가?
5. Seven-Eleven Japan사의 7dream 개념에 대해서 어떻게 생각하는가? 공급사슬의 관점에서 이러한 개념이 미국과 일본 중 어디에서 더 성공적일 것이라 생각하는지 답하고 그 이유에 대해서도 답하라.
6. Seven-Eleven은 미국에 CDC를 도입하여 일본에서 성공을 거둔 공급사슬 구조를 미국에 적용하고자 시도하고 있다. 이러한 접근법에 대한 장점과 단점은 무엇인가? 매장의 재고보충은 도매자와 생산자에 의한 DSD에 의해서도 계속 이루어진다는 점을 고려하여 답하라.
7. 미국에는 편의점에 상품을 공급하는 식료품 서비스 분배자가 존재한다. Seven-Eleven과 같이 기업 내부의 분배 기능을 이용하는 기업과 비교하여 분배자가 재고보충을 하는 편의점의 장단점에 대해 논하라.

제 2 부

공급사슬 네트워크 설계

제2부를 구성하는 4, 5, 6장의 목표는 공급사슬 네트워크를 설계하는 데 이용되는 틀과 도구에 대해 논의하는 것이다. 네트워크 설계 의사결정은 그것의 영향력이 크고 장기적으로 지속된다는 면에서 가장 중요한 공급사슬 의사결정 중 하나이다. 공급사슬을 설계할 때, 우리는 모든 공급사슬 요인들—설비, 수송, 재고, 정보, 외주, 가격결정—이 회사의 경쟁전략을 지원하고 공급사슬 수익을 최대화하기 위해 어떻게 함께 이용되어야 하는가를 고려할 필요가 있다.

4장에서는 배송 네트워크를 어떻게 설계하는지에 대해 살펴본다. 배송 네트워크 모델의 다양성과 함께, 각 모델의 장단점에 대한 분석을 한다. 이 장은 또한 e-비즈니스 관점에서의 배송 네트워크 설계에 대한 깊이 있는 논의도 포함한다. 5장은 기업이 공급사슬 네트워크를 설계할 때 고려해야 할 설비와 연관된 의사결정을 다루고 있다. 공급사슬 내에서의 설비 의사결정에 대한 틀을 개발하고, 설비배치와 생산능력 및 시장을 각 설비에 할당하는 방법론을 설명한다. 6장은 공급사슬 의사결정 내에서 수요 및 가격, 환율, 그리고 인플레이션과 같은 재정적 요인의 불확실성이 어떻게 설명되어야 하는가에 대해 강조한다. 불확실성 하의 네트워크 설계 의사결정의 평가에 대한 방법론을 논의한다. 그리고 이러한 방법론들은 여러 가지 네트워크 설계 의사결정을 평가하는 데 이용된다.

제 4 장

배송 네트워크 설계 및 e-비즈니스로의 적용

학 · 습 · 목 · 표

이 장을 읽은 후에 여러분은 다음과 같은 것을 할 수 있을 것이다.

1. 배송 네트워크 설계를 할 때 고려되어야 하는 주요 요인을 구분할 수 있다.
2. 다양한 배송 사양에 따른 강점과 약점에 대해 논의할 수 있다.
3. 다양한 산업에서 e-비즈니스가 배송 네트워크 설계에 어떻게 영향을 주는지 이해할 수 있다.

이 장에서는 공급사슬에서 배송의 역할에 대한 이해를 돕고, 배송 네트워크 설계 시 고려해야 할 요인들을 알아본다. 몇 개의 가능한 배송 네트워크 설계를 알아보고, 각 사양에 따른 강점 및 약점에 대해 평가한다. e-비즈니스 출현 이래 다양한 산업에서 배송 네트워크의 전개에 대한 논의를 위해 이러한 개념들을 적용하였다. 이 장의 목표는 관리자에게 상품, 경쟁, 그리고 시장 특성 하에서 적절한 배송 네트워크를 선택하기 위한 논리적인 틀을 제공하는 것이다.

4.1 공급사슬에서 배송의 역할

배송은 공급사슬에서 공급자로부터 고객으로 제품이 보내지고 저장되는 과정을 의미한다. 배송은 공급사슬의 모든 단계에서 발생한다. 원재료와 부품들은 공급자에서 생산자로 이동되는 반, 완제품은 생산자에서 최종고객으로 이동된다. 배송은 공급사슬 비용과 고객의 경험에 직접적인 영향을 주기 때문에 회사의 전반적인 수익성의 핵심 요인이다. 배송에 관련된 비용은 미국 경제의 약 10.5퍼센트, 생산비용의 약 20퍼센트를 차지한다. 일용품에서 배송은 생산비용보다 오히려 높은 비율을 차지한다. 인도에서 시멘트의 외부 배송비용은 생산 및 판매 비용의 약 30퍼센트이다.

세계에서 가장 수익성이 좋은 회사 중 두 회사, Wall-Mart사와 Seven-Eleven Japan사는 놀랄만한 배송 설계와 운영을 통해 전체 사업에서 성공을 만들었다고 해도 과장이 아니다. Wall-Mart사의 경우, 배송은 회사가 일반 제품을 상대적으로 매우 낮은 가격에 높은 가용성을 제공할 수 있도록 한다. Seven-Eleven Japan사의 경우, 효과적인 배송은 적당한 가격에 아주 높은 수준의 고객 대응을 제공한다.

적절한 배송 네트워크는 낮은 가격에서 높은 대응에 이르기까지 다양한 공급사슬의 목표를 이루는 데 사용될 수 있다. 그 결과 같은 산업의 회사들은 종종 다른 배송 네트워크를 선택한다. 배송 네트워크 선택에 대한 다양성을 돋보이게 하는 예와 이들 사항을 선택했을 때 발생하는 이슈들에 대해 논의해 보자.

2007년까지 Dell사는 PC를 최종고객에게 직접 배송했다. 반면에, HP사와 같은 회사들은 소매상을 통했다. Dell사의 고객들은 PC를 받는 데 며칠을 기다리는 반면, HP사의 고객들은 소매상을 통해 PC를 구입했다. 2007년 6월부터 Dell은 Wal-Mart와 같은 소매상을 통해 직접 PC를 팔기 시작했다. Gateway사는 고객이 상품을 비교하고, 고객의 요구에 적합한 PC를 알게 도와주는 판매직원이 있는 Gateway Country를 개장했다. 그러나 Gateway사는 상점에서 어떤 상품도 팔지 않는다. 모든 PC는 공장에서 고객으로 직접 배송된다. 2004년 4월, Gateway사는 열악한 재무구조로 인해 몇 개의 상점을 폐쇄했다. 반면에, Apple Computer사는 컴퓨터를 판매하는 많은 소매점을 개장했다. 이러한 PC 회사들은 다른 배송 모델을 선택했다. 이렇게 다양한 배송 방법의 선택에 대해 어떻게 평가할 수 있는가? 어느 것이 회사와 그들의 고객에게 좋은가?

P&G사는 대형 슈퍼마켓에는 상품을 직접 배송하였지만, 반면에 작은 소매자들에게는 도매상들로부터 상품을 구매하도록 강요했다. 따라서 상품은 P&G사에서 대형 마켓으로 직접 이동하였으나 소형 마켓으로 이동하기 위해서는 추가적인 단계를 통해 이동했다. Texas Instrument사는 한때 오로지 직접 판매만을 하였지만 지금은 배송자를 통해 30퍼센트의 상품이 98퍼센트의 고객에게 판매된다. 반면에, 2퍼센트의 고객이 나머지 70퍼센트의 상품을 직접 구매한다.[1] 이들 배송자들은 어떠한 가치를 제공하는가? 언제 배송 네트워크에 배송자와 같은 추가적인 단계를 포함시켜야 하는가? e-비즈니스의 지지자들은 배송자와 같은 중간상의 소멸을 예상했다. 많은 산업에서 왜 그들이 틀렸다는 사실이 확인되는가? 배송자들은 미국과 비교하여 인도와 같은 나라에서 고객에게 상품을 배송하기 위해 훨씬 더 중요한 역할을 한다. 왜 그러한가?

W.W. Grainger사는 주문 후 하루 내에 고객에게 보낼 수 있는 약 200,000개의 SKU를 저장한다. 그러나 느리게 이동하는 상품은 저장되지 않고, 고객의 주문이 발생했을 때 생산자로부터 직접 배송된다. 이럴 경우, 고객이 상품을 받기까지 며칠이 걸린다. 이러한 배송 선택이 적절한가? 어떻게 그들이 정당하다고 볼 수 있는가?

앞선 예들을 보면, 회사들은 배송 네트워크 설계를 할 때 매우 다양한 선택을 할 수 있다. 나쁜 배송 네트워크는 비용을 증가시키면서 고객의 서비스 수준을 악화시킬 수 있다. 부적절한 네트워크는 Webvan사와 같은 많은 B2C 회사들의 실패에서처럼 회사의 수익성에 심각한 부정적인 영향을 줄 수 있다. 배송 네트워크의 적절한 선택은 가능한 가장 낮은 비용으로 고객의 요구를 만족시키는 결과를 가져온다.

다음 절에서는 배송 네트워크를 설계할 때 고려되어야 할 성과 측정 요인에 대해 알아본다.

---

1 *A Tale of Two Electronic Component Distributors*, Ananth Raman and Bharat P. Rao, Harvard Business School Case 9–697–064, 1997.

4.2 배송 네트워크 설계에 영향을 미치는 요인들

가장 높은 수준에서 배송 네트워크의 성과는 두 분야로 평가된다.

1. 고객 요구를 만족시켰는가의 여부
2. 고객 요구를 만족시키는 비용

그러므로 회사는 다른 배송 네트워크 사양을 비교함으로써 고객 서비스와 비용에 대한 영향을 평가해야만 한다. 만족된 고객의 요구는 회사의 자산에 영향을 준다. 그리고 이것은 비용과 함께 배송 네트워크의 수익성을 결정한다.

고객 서비스는 많은 요인으로 구성되지만, 배송 네트워크의 구조에 의해 영향을 받는 다음과 같은 측정 요인에 대해 초점을 맞춘다.

- 대응시간
- 제품다양성
- 제품 가용성
- 고객의 경험
- 시장진입시간
- 주문 가시성
- 반송능력

대응시간은 고객이 주문상품을 받는 데 걸리는 시간이다. 제품다양성은 분배망에 의해 제공될 수 있는 다른 상품/방식의 수이다. 제품 가용성은 고객의 주문이 발생했을 때 제품을 가지고 있을 확률이다. 고객의 경험은 고객이 주문을 신청하고 받는 과정의 용이성뿐만 아니라 이 경험의 고객화까지 포함한다. 한 잔의 커피를 얻어 마시는 가능성이나 판매원이 제공하는 가치와 같은 순수한 경험적인 면도 포함한다. 시장진입시간은 신제품이 시장에 나오는 데 걸리는 시간이다. 주문 가시성은 발주부터 배송까지 고객이 주문을 추적할 수 있게 하는 능력이다. 반송능력은 고객이 불만족한 제품을 반송하는 과정의 용이성과 네트워크가 이러한 반송을 다루는 능력이다.

처음에는 고객이 항상 모든 분야에서 가장 높은 수준의 성과를 원한다고 볼 수도 있다. 그러나 현실에서는 그렇지 않다. Amazon.com에서 책을 주문하는 고객들은 근처의 Borders 서점에 가서 같은 책을 사는 고객보다 오래 기다린다. 반대로, 고객들은 Borders 서점과 비교하여 Amazon사에서 훨씬 다양한 종류의 책을 볼 수 있다. 그러므로 Amazon사의 고객들은 높은 수

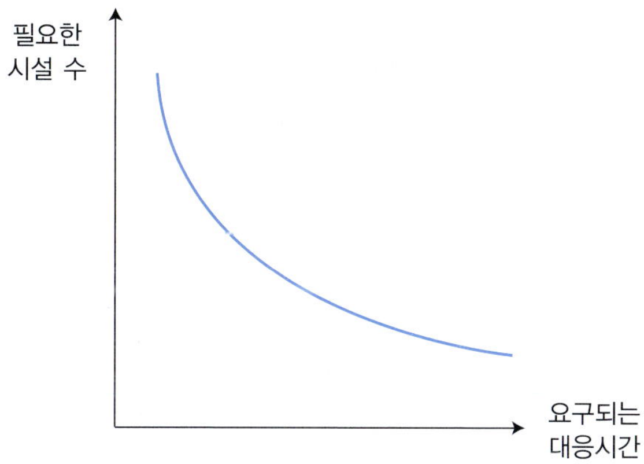

그림 4.1 요구되는 대응시간과 시설 수의 관계

준의 다양성을 위해 빠른 대응시간을 희생한다.

긴 대응시간을 참을 수 있는 고객에 중점을 둔 회사들은 고객으로부터 멀리 떨어져 있을 수도 있는 단지 몇 개의 지점을 필요로 한다. 이들 회사들은 각 지점의 수용량을 높이는 데 초점을 맞춘다. 반대로, 짧은 대응시간을 가치 있게 생각하는 고객에 중점을 둔 회사들은 고객에 가까운 설비를 두어야 한다. 이들 회사들은 적은 용량을 가진 많은 설비를 가져야만 한다. 그러므로 고객이 원하는 대응시간의 감소는 [그림 4.1]에서 볼 수 있듯이 네트워크에서 필요로 하는 시설들의 수를 증가시킨다. 예를 들면, Borders 서점은 고객에게 동일한 날 책을 공급한다. 그러나 미국에서 이를 만족시키기 위해서는 약 수백 개의 서점을 필요로 한다. 반면에, Amazon 사는 고객에게 책을 배송하는 데 약 일주일이 걸리지만, 책을 보관하기 위해 단지 8곳의 장소만을 사용한다.

배송 네트워크 설계를 바꾸는 것은 다음과 같은 공급사슬 비용에 영향을 준다(우리가 논의했던 6개의 공급사슬 핵심 요인 중 4개임을 수복하자).

- 재고
- 수송
- 시설 및 운영
- 정보

다른 두 개의 핵심 요인인 외주결정과 가격결정 또한 배송 체계에 대한 선택에 영향을 준다(관련될 때 이들의 관계에 대해 논의할 것이다). 공급사슬에서 시설의 수가 증가함에 따라, 재고와 이에 따른 재고비용은 [그림 4.2]에서 보는 바와 같이 또한 증가할 것이다(11장 참조).

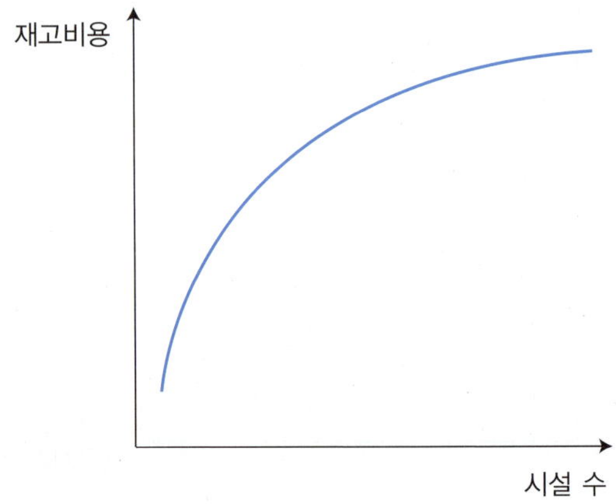

그림 4.2 시설 수와 재고비용의 관계

재고비용을 줄이기 위해 회사는 공급사슬에서 시설 수를 통합하거나 제한하도록 노력한다. 예를 들면, 적은 시설을 가진 Amazon사는 1년에 약 12번씩 재고를 회전할 수 있다. 반면에, 400개의 시설을 가진 Borders사는 1년에 약 두 번의 회전을 할 수 있다.

입고수송비용은 공급사슬 내에서 원자재를 시설로 들여 오는 경우의 비용이다. 출고수송비용은 시설 밖으로 제품을 보내는 경우의 비용이다. 입고 로트 크기가 일반적으로 크기 때문에 입고수송비용보다 단위당 출고수송비용이 높은 경향이 있다. 예를 들면, Amazon사의 창고는 입고수송면에서 가득 찬 선적이 이루어지지만, 출고수송면에서는 고객마다 단지 몇 권의 작은 소포로 보낸다. 창고 수의 증가는 고객에게 가는 데 걸리는 평균 출고수송거리를 감소시키고, 이동거리는 상품이 이동되는 총거리에 대해 작은 비율을 차지하게 한다. 그러므로 입고수송에 규모의 경제가 유지되는 한, 설비 수의 증가는 [그림 4.3]에서 볼 수 있듯이 총수송비용을 감소시킨다. 만약 입고수송 로트 크기가 또한 아주 적고, 입고수송에서 규모의 경제에 대해 커다란 손실을 발생시키는 시점까지 증가된다면, 시설 수의 증가는 [그림 4.3]에서 볼 수 있듯이 총수송비용을 증가시킨다.

시설비용은 [그림 4.4]에서 볼 수 있듯이 시설의 수가 감소될 때 감소한다. 이러한 이유는 시설의 합병을 통해 기업이 규모의 경제를 활용하게 만들기 때문이다.

총물류비용은 공급사슬에서 재고, 수송, 그리고 시설비용의 합이다. 시설 수가 증가함에 따라, [그림 4.5]에서 볼 수 있듯이 총물류비용은 처음에는 감소하다가 점차 증가한다. 각 기업은 총물류비용을 최소화시킬 수 있는 최소한의 설비를 가지고 있어야 한다. 예를 들면, Amazon사는 수송비용을 줄이고 내응시간을 향상시키기 위해 하나 이상의 창고를 운영한다. 회사가 고

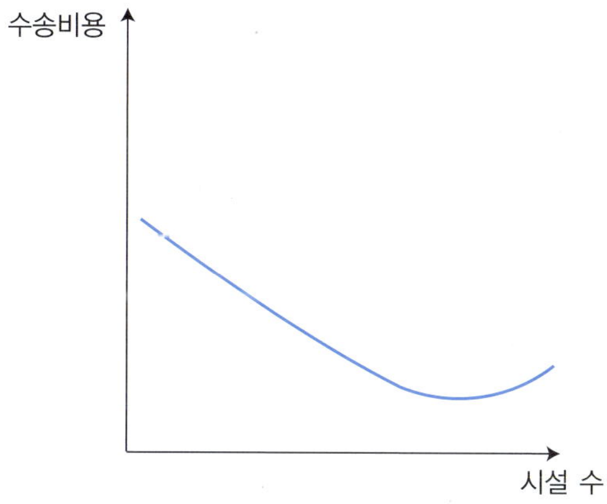

그림 4.3 시설 수와 수송비용의 관계

객의 대응시간을 줄이기 위해서는 수송비용을 최소화하는 개수 이상의 시설을 운영해야 한다. 보다 나은 대응을 위해 증가되는 비용이 추가된 시설로 인해 증가되는 비용보다 더 좋은 결과를 얻는다는 확신이 있다면 회사는 비용 최소화 개수 이상으로 시설을 추가해야만 한다.

고객 서비스와 이미 나열된 비용 요인들은 서로 다른 배송 네트워크 설계를 평가하기 위해 사용되는 주된 측정 요인들이다. 일반적으로 배송 네트워크는 모든 분야에서 다른 것들을 능가한다. 그러므로 배송 네트워크의 강점과 회사의 전략적 방향을 일치시키는 것은 중요하다.

다음 절에서는 다양한 배송 네트워크와 관련된 강점과 약점에 대해 논의한다.

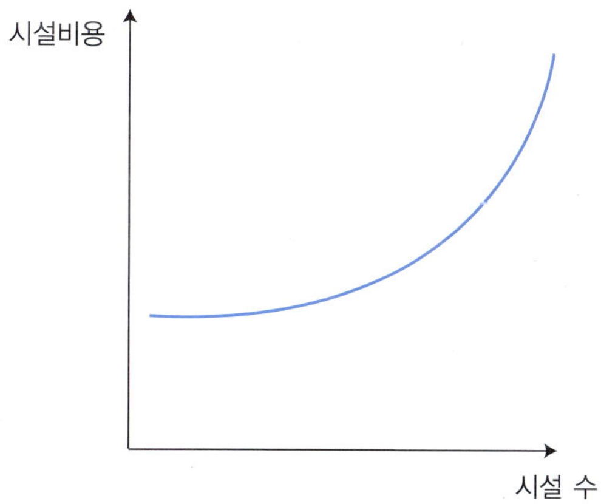

그림 4.4 시설 수와 시설비용의 관계

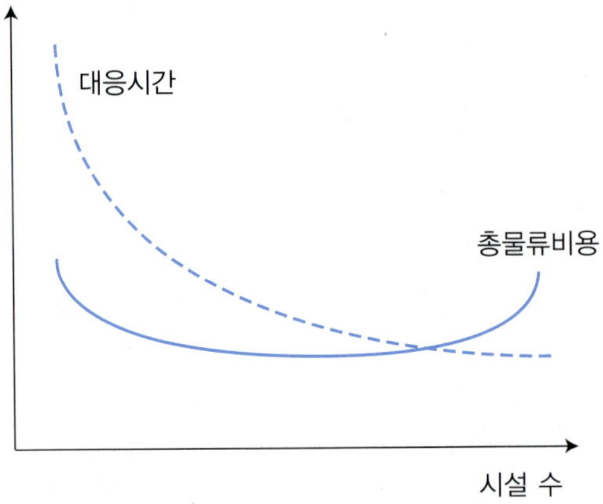

그림 4.5 물류비용의 변동과 시설 수에 따른 대응시간

4.3 배송 네트워크를 위한 설계사항

이 절에서는 생산자로부터 최종고객까지의 배송 네트워크 선택에 대해 알아본다. 공급자와 생산자 또는 배송 네트워크를 통해 고객에게 서비스하는 서비스 회사가 배송을 고려할 때, 많은 부분이 여전히 똑같이 적용된다. 관리자는 배송 네트워크를 설계할 때 두 개의 핵심 의사결정을 해야만 한다.

1. 상품이 고객에게 배달되는가 아니면 미리 정해진 장소로부터 고객이 가져 가는가?
2. 상품흐름이 중간 단계(중간 단계 위치)를 거칠 것인가?

회사가 속한 산업과 이 두 질문에 대한 답을 기초로 하여 상품을 공장에서 고객으로 이동시키는 데 사용되는 6개의 배송 네트워크 설계는 다음과 같이 분류된다.

1. 직접 선적을 하는 생산자저장 창고
2. 직송과 이송중 병합을 하는 생산자저장 창고
3. 운송자 배송을 하는 분배자저장 창고
4. 최종고객 배송을 하는 분배자저장 창고
5. 고객 픽업을 하는 생산자/분배자저장 창고
6. 고객 픽업을 하는 소매자저장 창고

다음은 각 배송사항을 설명하고, 이에 따른 강점과 약점에 대해 논의한다.

직접 선적을 하는 생산자저장 창고

이 방법은 제품이 소매자를 거치지 않고, 생산자로부터 최종고객까지 직접 선적되는 것을 의미한다. 여기서 소매자는 주문을 받아 배송을 요청하지만 제품은 소매자를 거치지 않고 바로 고객에게 배송된다. 이러한 형태를 생산자가 최종고객으로 상품을 직접 배송하는 직송(drop-shipping)이라고 부른다. 소매자는 어떤 재고도 운영하지 않는다. 정보는 고객으로부터 소매자를 통해 생산자에게 흐르고, 상품은 [그림 4.6]에서 볼 수 있듯이 생산자에서 고객으로 직접 선적된다. eBags사와 Nordstorm.com사와 같은 인터넷 소매자들은 상품을 최종고객에게 배송하는 직송을 사용한다. eBags사는 재고로 몇 개의 가방을 유지한다. Nordstorm사는 몇 종류의 상품은 재고로부터 운송하고, 천천히 배송되는 신발은 직송을 사용한다. W.W. Grainger사도 고객에게 천천히 배송되는 항목들은 직송을 사용한다.

직송의 가장 큰 장점은 생산자에게 재고를 집중화하는 능력이다. 생산자는 모든 소매자들 사이의 수요를 파악할 수 있다. 그 결과 공급사슬은 낮은 수준의 재고로 높은 수준의 제품 가용성을 제공할 수 있다. 직송에서 중요한 사안은 생산자의 재고에 대한 소유구조이다. 만약 재고의 특정한 일부를 각 고객에게 할당시킨다면, 재고가 실제로 통합되더라도 이에 대한 이익이 적다. 통합의 이익은 수요를 기반으로 소매자들 사이에 필요한 재고를 최소로 할당하는 경우에 얻을 수 있다. 집중화의 이익은 예상할 수 없는 수요를 가진 고부가가치, 수요가 적은 항목에서 가장 높다. Nordstorm사의 신발 직송에 대한 결정은 이러한 기준을 만족한다. 이와 비슷하게, eBags사에서 파는 가방은 SKU당 높은 가치와 상대적으로 낮은 수요를 가진다. 그러므로 직송은 합성세제와 같은 기본 상품을 파는 인터넷 상점에는 뚜렷한 재고이익을 가져다주지 않는다. 천천히 배송되는 항목에 대해 소매자에서 창고 대신에 직송을 사용한다면 재고

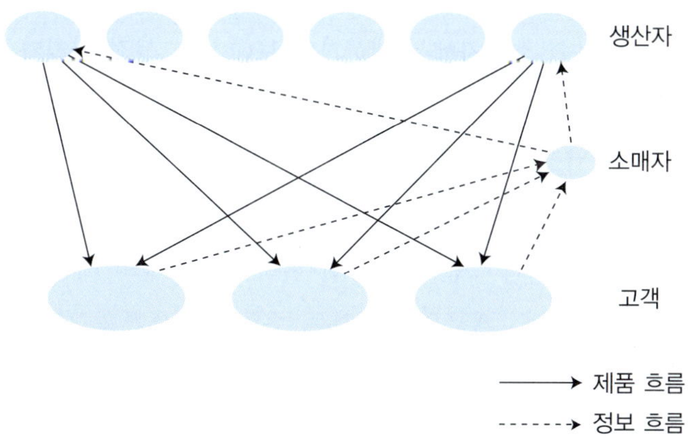

그림 4.6 직송을 하는 생산자저장 창고

회전율은 6 정도의 수준으로 증가한다.

직송은 또한 고객이 주문을 한 후까지 생산자에게 고객맞춤을 지연시킬 수 있는 기회를 제공한다. 지연과정은 부품 수준까지 통합함으로써 재고를 더욱 낮추게 한다. Dell사와 같은 맞춤생산 회사들은 일반 부품으로 재고들을 유지하고 제품고객화를 지연시켜, 유지되는 재고의 수준을 낮춘다.

직송에서는 재고비용이 낮지만, 최종고객까지의 평균 출고수송거리가 크기 때문에 수송비용은 높고, 따라서 패키지 운송이 제품을 선적할 때 사용된다. 패키지 운송은 트럭수송보다 높은 단위당 선적비용이 든다. 직송에서, 여러 생산자로부터 생산되는 제품을 포장해야 하는 형태의 통합은 고객의 주문에 다양한 형태의 선적을 하게 할 것이다. 이러한 출고수송에서 통합의 부재는 비용을 증가시킨다.

직송을 할 때 공급사슬은 모든 재고가 생산자에게 집중되기 때문에 시설의 고정비용을 절약하게 한다. 이것은 공급사슬에서의 다른 창고가 필요 없게 만든다. 생산자에서 소매자까지의 이송이 필요 없기 때문에 취급비용도 줄일 수 있다. 그러나 이때 취급비용의 절감은 주의 깊게 평가할 필요가 있는데, 이는 공장 및 창고에서는 대형으로 보관되지만 이송 시에는 작은 단위로 나누어 선적하기 때문에 추가비용이 발생할 수 있기 때문이다. 생산자가 단수 단위의 배송능력을 가지지 못하면 취급비용과 대응시간에 상당히 부정적인 영향을 줄 수 있다. 생산자가 생산라인으로부터 직접 주문을 선적시키는 능력을 가진다면, 취급비용은 많이 줄어든다.

재고가 생산자에 있을지라도, 소매자가 고객에게 제품 가용성 정보를 제공할 수 있도록 소매자와 생산자 사이에 좋은 정보기반이 필요하다. 소매자에서 주문이 발생했더라도 고객은 생산자에서의 주문 처리에 대한 가시성을 가져야 한다. 직송은 일반적으로 정보기반에 대한 막대한 투자를 필요로 한다. 정보기반 요구는 소매자와 생산자의 두 단계가 통합할 필요가 없기 때문에 Dell사와 같은 직접 판매자에게는 다소 단순하다.

직송을 사용할 때 주문이 소매자에서 생산자로 보내지고, 선적 거리가 일반적으로 생산자에게서 멀기 때문에 대응시간은 길어지는 경향이 있다. 예를 들어, eBags사의 주문 처리는 하루에서 5일까지 걸릴지도 모르고, 그 후로 육상수송이 3일에서 11일까지 걸릴지도 모른다. eBags사의 고객 대응시간은 육상수송과 직송을 사용하면서 4일에서 16일 걸린다는 것을 의미한다.

또 다른 문제는 하나의 고객 주문에 포함된 여러 생산자들의 대응시간이 동일하지 않다는 것이다. 여러 생산자로부터 온 제품을 포함하는 주문이 발생했을 경우 고객은 시간이 흐르면서 다양한 부분 선적을 받게 되며, 이는 고객에게 수령을 복잡하게 한다.

생산자저장 창고는 고객에게 높은 수준의 제품다양성을 제공한다. 직송 모델을 통해 선반공간의 제약 없이 생산자가 생산하는 모든 제품이 고객에게 가용하다. W.W. Grainger사는 직송을 사용하면서 수천 개의 생산자로부터 수십만 개의 천천히 운송되는 항목들을 제공할 수 있다. 모든 제품을 W.W. Grainger사에 쌓아놓아야 한다면 불가능했을 것이다. 직송은 처음 신제품이 생산된 첫날, 시장에서 이를 구매할 수 있게 한다.

직송은 고객의 지점에 배송하는 형식에서 고객을 직접 대면할 수 있다. 그러나 이 경험은 여러 개의 생산자로부터의 제품을 포함하는 단일 주문이 부분 선적에 의해 배송될 때 문제가 될 수 있다.

공급사슬에서 두 단계가 모든 고객의 주문을 포함하기 때문에 직송을 하는 생산자저장 창고의 환경에서 주문 가시성은 매우 중요하다. 이 능력에 대한 실패는 고객 만족에 대해 심각한 부정적인 영향을 준다. 그러나 소매자와 생산자의 정보 시스템의 완벽한 통합을 요구하기 때문에 직송 시스템에서 주문 추적은 실행상 어려움이 있다. Dell사와 같은 직접 판매자에게 주문 가시성은 제공하기 쉽다.

직송을 하는 생산자저장 창고 네트워크는 반송에 대한 취급에 어려움이 있고 이로 인해 고객 만족도에 악영향을 줄 수 있다. 반송에 대한 취급은 각 주문이 다수에서 한 개의 생산자의 선적을 포함하기 때문에 직송의 경우 더욱 비싸다. 반송에 대해 취급하는 두 가지 방법이 있다. 첫째는 소비자가 제품을 생산자에게 직접 반송하는 것이고, 둘째는 소매자가 반송을 취급하는

표 4.1 직송을 하는 생산자저장 창고 네트워크에 대한 성과 특성

비용 요인	성과
재고	통합에 의한 낮은 비용. 통합의 이익은 낮은 수요, 높은 가치의 항목에서 가장 높음 이익은 제품 고객화가 생산자에서 지연될 수 있으므로 매우 큼
수송	거리 증가와 분산된 선적으로 인해 높은 수송비용
시설 및 취급	통합으로 인한 낮은 시설비용 생산자가 생산라인으로부터의 작은 선적을 다룰 수 있다면 취급비용에서의 일부 절감
정보	생산자와 소매자를 통합시키기 위한 정보기반에서의 막대한 투자
서비스 요인	**성과**
대응시간	거리 증가와 주문 처리에서의 두 단계로 인한 1~2의 긴 대응시간. 대응시간은 제품에 따라 다름. 복잡한 배송
제품다양성	아주 높은 수준의 다양성을 제공하기 용이함
제품 가용성	생산자에서 총괄되기 때문에 높은 수준의 제품 가용성을 제공하기 용이함
고객 경험	가정 배송에서 좋지만, 여러 개의 생산자로부터 부분 선적으로 보내질 때 손실 발생
시장진입시간	처음 제품이 생산되자마자 구매할 수 있을 정도로 빠름
주문 가시성	고객 서비스 관점에서 더욱 어렵지만 중요함
반송능력	실행하기 어렵고 비용 과다

분산된 시설을 만드는 것이다. 처음 방법은 수송과 관계된 높은 비용을 발생시키고, 반면에 둘째 방법은 반송을 취급하는 시설에 대한 투자를 요구한다.

다양한 분야에서의 직송에 대한 성과 특성은 [표 4.1]에 요약하였다.

주어진 성과 특성을 살펴보면, 직송을 하는 생산자저장 창고는 고객이 수요 단위는 작고 배송을 기다리되 여러 개의 부분선적을 받아들일 수 있고, 단위당 가치가 높은 제품에 적합하다. 또한 생산자저장 창고는 생산자가 고객화를 지연하고자 하는 경우에 적합하다. 효과적인 직송을 위해 각 주문에 대해 제품을 제공하는 생산자는 적을수록 좋다. 직송은 고객에게 직접 선적을 해야 하는 20~30개의 생산자 입지가 있다면 실행이 어려울 것이다. 그러나 아주 낮은 수요가 발생하는 제품에 대해 직송이 유일한 방법이 될 수도 있다.

직송과 이송중 병합을 하는 생산자저장 창고

주문 중 제품이 생산자로부터 최종고객까지 보내지는 순수한 직송과 달리, 이송중 병합은 다른 입지로부터 오는 주문의 제품을 모아서 고객은 단일배송을 받는다. 이송중 병합에서 흐르는 정보와 제품은 [그림 4.7]에서 볼 수 있다. 이송중 병합은 Dell사와 같은 직접 판매상에서 사용되고 있고, 직송을 실행하는 회사도 사용할 수 있다. 소비자가 Sony사의 모니터와 함께 Dell사의 PC를 주문하면, 소화물 운송자는 Dell사 공장에서 PC와 Sony사 공장에서 모니터를 픽업한다. 그리고 고객에게 단일배송을 하기 전에 허브에서 두 개를 통합한다.

직송과 같이 재고를 총괄하고 제품 고객화를 지연시키는 능력은 이송중 병합의 중요한 장점이다. 이송중 병합은 Dell사와 Sony사가 모든 재고들을 공장에 유지할 수 있게 한다. 이 방법은 수요를 예상하기 어렵고, 특히 제품 고객화가 지연될 수 있다면 높은 가치를 가진 제품들에

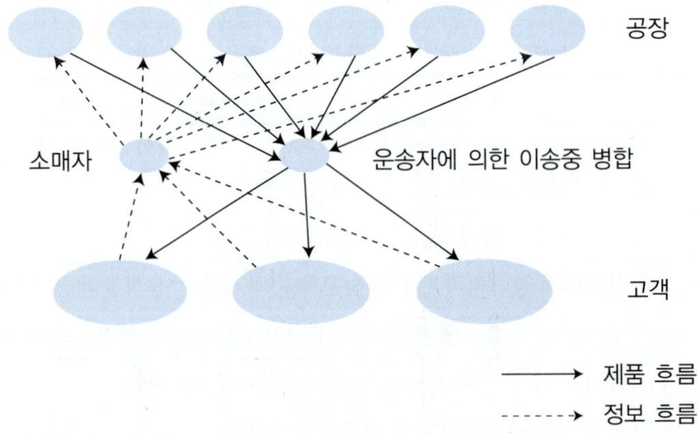

그림 4.7 이송중 병합을 하는 네트워크

대해 대단한 이점을 가진다.

대부분의 경우, 조정하는 과정이 필요하더라도 고객에게 배송 전에 운송 허브에서 하는 통합으로 인해 수송비용은 직송보다 적다. 고객에게 한 번의 배송을 요구하는 세 공장의 제품에 대한 주문을 세 개의 주문에 대한 직송과 비교하면, 적은 수의 배송이 수송비용을 절감하고 수령을 간난히 한다.

생산자와 소매자의 시설과 처리비용은 직송과 비슷하다. 이송중 병합을 실행하는 부서는 요구되는 통합된 용량 때문에 시설비용이 증가한다. 고객의 수취비용은 단일배송을 받기 때문에 낮다. 모든 공급사슬 시설과 취급비용은 직송보다 다소 높다.

아주 정확한 정보기반이 이송중 병합을 하기 위해 필요하다. 정보 이외에도 소매자, 생산자, 그리고 운송자의 운영은 조정되어야만 한다. 정보기반에 대한 투자는 직송보다 높다.

대응시간, 제품다양성, 가용성, 그리고 시장진입시간은 직송과 비슷하다. 대응시간은 병합을 수행하기 때문에 다소 높다. 고객이 많은 부분배송 대신에 단일배송을 받기 때문에 고객 경험은 직송보다 좋은 경향이 있다. 주문 가시성은 아주 중요한 요구사항이다. 생산자, 운송자, 그리고 소매자에 대한 통합이 필요하기 때문에 초기 설치가 어렵더라도, 추적 자체는 운송 허브에서 발생하는 통합이 알려지기 때문에 더 쉽다. 통합 전까지 각 생산자의 주문은 각각 추적된다. 그 후에 주문은 단일 단위로 추적된다.

반송능력은 직송과 비슷하다. 반송을 다루는 문제는 매우 비슷하고 역 공급사슬은 직송과

표 4.2 이송중 병합에 대한 성과 특성

비용 요인	성과
재고	직송과 비슷함
수송	직송보다 다소 낮은 수송 비용
시설 및 취급	취급비용은 운송자에서 직송보다 높음. 소비자에서 수취비용은 적음
정보	투자가 직송보다 다소 높음
서비스 요인	**성과**
대응시간	직송과 비슷함, 아마도 다소 높음
제품다양성	직송과 비슷함
제품가용성	직송과 비슷함
고객 경험	단일배송 때문에 직송보다 좋음
시장진입시간	직송과 비슷함
주문 가시성	직송과 비슷함
반송능력	직송과 비슷함

같이 실행하는 데 여전히 비싸고 어려울 것이다.

직송과 이송중 병합을 하는 생산자저장 창고의 성과는 [표 4.2]에서 직송과 비교하였다. 직송보다 이송중 병합의 주된 이점은 낮은 수송비용과 향상된 고객 경험이다. 주된 단점은 병합 과정에서 발생하는 추가적인 업무이다. 주어진 성과 특성으로, 이송중 병합을 하는 생산자저장 창고는 소매자가 제한된 수의 생산자로부터 공급받는 적은 수요의 높은 가치의 제품에 가장 적합하다. 직송과 비교하여 이송중 병합이 효과적으로 운영되기 위해서는 각 생산자로부터의 수요가 커야 한다. 너무 많은 공급자가 있을 때, 이송중 병합은 조정하고 실행하는 데 매우 어렵다. 이송중 병합은 4~5개의 이하의 공급처가 있다면 실행에 가장 좋다. Sony사의 모니터를 포함한 Dell사 PC의 이송중 병합은 제품다양성은 높지만 각 공급처에서 상대적으로 큰 총수요를 가진 적은 수의 공급장소가 있기 때문에 적합하다.

운송자 배송을 하는 분배자저장 창고

이 방식은 재고가 공장에 있는 생산자에 위치하는 것이 아니라 분배자/소매자의 중간창고에 위치하고, 소화물 운송자는 중간입지로부터 최종고객까지 제품을 운송한다. W.W. Grainger사와 McMaster-Carr사와 같은 산업용품 분배자뿐만 아니라 Amazon사도 생산자 또는 분배자로부터의 직송을 이 방법과 혼합해 사용해 왔다. 소화물 운송자에 의해 배송되는 분배자저장 창고를 사용할 때 흐르는 정보와 제품은 [그림 4.8]에서 볼 수 있다.

모든 분배자와 소매자 사이의 수요를 총괄하는 생산자보다 불확실성이 적은 수요를 통합하기 때문에 생산자저장 창고와 비교하여 분배자저장 창고는 재고가 많이 발생한다. 재고 관점에서, 분배자저장 창고는 다소 높은 수요를 가진 제품에 적합하다. 이것은 Amazon사와 W.W.

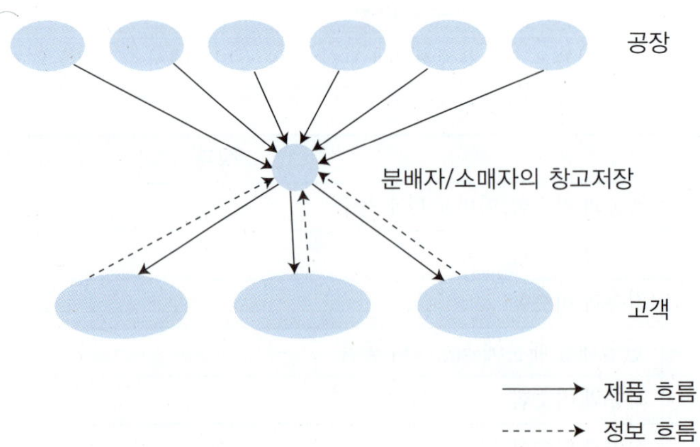

그림 4.8 운송자 배송을 하는 분배자저장 창고

Grainger사의 운영에서 볼 수 있다. 그들은 빨리 이동하는 제품은 중간에서 창고에 보관하고, 천천히 이동하는 제품은 더욱 상층부에 저장한다. 어떤 경우에는 지연이 분배자저장 창고에서 실행될 수 있지만, 이 경우 창고가 몇 개의 제품을 조립하는 기능을 가져야 한다. 그러나 분배자저장 창고는 소매자 네트워크보다 훨씬 적은 재고를 유지한다. Amazon사는 창고저장을 하면서 해마다 약 12번의 재고회전을 달성한다. 반면에, Borders사는 소매자를 사용하면서 약 2번의 재고회전이 이루어진다.

고객과 가까운 창고까지의 내부수송에 경제적인 수송수단(예: 트럭용량)을 이용하기 때문에 생산자저장 창고에 비교하여 분배자저장 창고의 수송비용은 다소 적다. 많은 제품으로 구성된 단일의 고객 주문을 위해 여러 번 수송되어야만 하는 생산자저장 창고와 달리, 분배자저장 창고는 고객의 주문을 하나의 선적으로 묶을 수 있어서 수송비용을 더욱 줄일 수 있다. 분배자저장 창고는 생산자저장 창고와 비교하여 빠른 이동을 하는 제품에 대한 수송비용을 절약하게 한다.

생산자저장 창고와 비교하여 창고 등의 시설비용은 통합에 대한 손실 때문에 분배자저장 창고가 다소 높다. 공장이 생산라인에서 직접 최종고객에게 배송을 할 수 없다면, 생산자저장 창고와 비교하여 분배자저장 창고는 높은 처리비용을 가진다. 시설비용의 관점에서, 분배자저장 창고는 느리게 이동하는 제품에 적합하지 않다.

분배자저장 창고가 필요로 하는 정보기반은 생산자저장 창고가 필요로 하는 것보다 상당히 단순하다. 분배자 창고는 고객과 생산자 둘 사이에 버퍼 역할을 하여 둘 사이의 완벽한 협력이 없어도 되게 한다. 고객과 창고 사이의 실시간 가시성은 필요하지만, 고객과 생산자 사이의 실시간 가시성은 필요하지 않다. 분배자 창고와 생산자 사이의 가시성은 고객과 생산자 사이의 실시간 가시성보다 훨씬 적은 비용으로 달성할 수 있다.

분배자저장 창고체제의 대응시간은 평균적으로 분배자 창고가 고객에 가깝고, 선적되기 전에 모든 주문이 창고에서 총괄되기 때문에 생산자저장 창고보다 좋다. 예를 들어, Amazon사는 1일 이내에 대부분의 창고에 저장된 제품을 처리하고, 주문이 고객에게 가는 데 육상수송을 사용하여 3~7일 정도 소요된다. W.W. Grainger사는 주문을 당일 처리하고 육상수송으로 다음날 대부분 주문을 배송하기 위한 충분한 재고를 운영한다. 창고저장은 제공할 수 있는 제품에 대한 다양성을 넓혀 주는 데 한계가 있다. W.W. Grainger사는 창고에 매우 낮은 수요의 제품은 저장하지 않고 생산자가 고객에게 제품을 직송하도록 한다. 주문에 따라 단일 선적이 고객에게 가기 때문에 고객의 편의는 분배자저장 창고가 높다. 공급사슬의 다른 단계에 저장할 필요가 있기 때문에 시장진입시간은 생산자저장 창고보다 분배자저장 창고가 높다. 창고에서 고객으로 단일 선적이 있고, 공급사슬에서의 한 단계가 고객의 주문을 만족시키는 데 직접적으로 연관되기 때문에, 주문 가시성은 생산자저장 창고보다 쉽게 확보할 수 있다. 반송능력은 모든

표 4.3 운송자 배송을 하는 분배자저장 창고의 성과 특성

비용 요인	성과
재고	생산자저장 창고보다 높음. 차이는 빠른 속도의 이동을 하는 제품에서 크지 않음
수송	생산자저장 창고보다 다소 낮음. 빠른 속도의 이동을 하는 제품에서 절약할 수 있음
시설 및 취급	생산자저장 창고보다 낮음. 차이는 매우 느린 이동을 하는 제품에서 크게 발생함
정보	생산자저장 창고에 비교하여 단순한 구조를 가지고 있음
서비스 요인	**성과**
대응시간	생산자저장 창고보다 빠름
제품다양성	생산자저장 창고보다 낮음
제품 가용성	생산자저장 창고와 비슷한 수준의 가용성을 제공하기 위해서 더 많은 비용이 소요됨
고객 경험	직송을 가진 생산자저장 창고보다 좋음
시장진입시간	생산자저장 창고보다 높음
주문 가시성	생산자저장 창고보다 용이
반송능력	생산자저장 창고보다 용이

반송이 창고 자체에서 처리될 수 있으므로, 생산자저장 창고보다 좋다. 고객은 제품들이 여러 개의 생산자로부터 오더라도 단 한 개의 패키지를 받는다.

운송자 배송을 하는 분배자저장 창고의 성과는 [표 4.3]에 요약하였다. 운송자 배송을 하는 분배자저장 창고는 중간이나 빠른 속도의 이동을 하는 제품에 적합하다. 분배자저장 창고는 또한 고객이 바로 받기를 원하지 않으나 생산자저장 창고에 의해 제공되는 배송보다 빠르길 원하는 경우에 적합하다. 분배자저장 창고는 생산자저장 창고보다 다소 낮은 다양성을 취급하나 소매상보다는 훨씬 높은 수준의 다양성을 취급할 수 있다.

최종고객 배송을 하는 분배자저장 창고

최종고객 배송은 소화물 운송자를 이용하는 대신에 고객의 집까지 분배자 또는 소매자가 제품을 배송하는 것을 말한다. Webvan사, Peapod사, 그리고 Albertsons사가 식료품시장에서 최종고객 배송을 해 왔다. Kozmo사와 Urbanfetch사 같은 회사들은 다양한 제품에 대한 가정배송 네트워크를 구축하려 했으나 실패했다. 소화물 운송자 배송과 달리, 최종고객 배송은 고객에 아주 가까운 분배자 창고를 필요로 한다. 최종고객 배송으로 서비스될 수 있는 범위의 한계로, 운송자 배송이 사용되는 경우에 비교하여 많은 창고를 필요로 한다. 최종고객 배송 네트워크를 가진 창고저장은 [그림 4.9]와 같다.

최종고객 배송을 하는 분배자 창고는 통합 정도가 낮기 때문에 높은 수준의 재고가 필요하

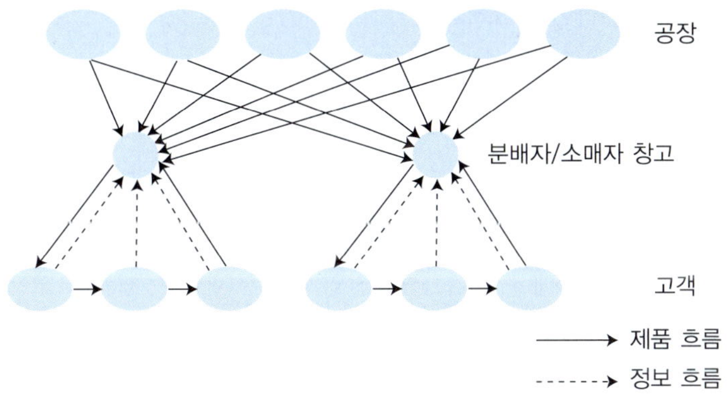

그림 4.9 최종고객 배송을 하는 분배자저장 창고

다. 재고의 관점에서 최종고객 배송을 하는 창고는 통합하지 않아도 재고의 막대한 증가를 가져오지 않는 상대적으로 빠른 이동을 하는 제품에 적합하다. 식료품 산업에서의 기본 식료품이 이 사항에 적합하다.

모든 배송 네트워크 중에서 최종고객 배송을 하는 경우 수송비용이 가장 높다. 이는 패키지 운송자가 많은 소매자 사이의 배송을 총괄하는 것이 최종고객 배송을 시도하는 분배자 또는 소매자가 얻을 수 있는 것보다 더 나은 규모의 경제를 얻을 수 있기 때문이다. 수송과 처리비용을 포함한 배송비용은 식료품시장에서 가정 배송마다 20달러의 비용이 소요된다. 최종고객 배송은 크고 밀집한 도시에서 조금 비싸다. 수송비용은 고객이 가정 배송에 지불할 용의가 있는 부피가 큰 제품에 적합하다. 큰 쌀가마니의 가정 배송은 인구밀도가 높은 경우 배송비용을 절감시켜 주었기 때문에 중국에서 상당히 성공하였다. 최종고객 배송의 운송비용은 고객이 대량으로 구매할 때 최적으로 설정된다. 이는 개인 고객인 경우 드물지만, 자동차 판매상과 같은 경우 여분의 부품을 매일 대량으로 구매하기 때문에 매일 배송이 정당화된다. 개인 고객으로 가정배송은 미국에서 5갤런짜리 병의 물과 같이 부피가 큰 품목이나, 중국에서의 큰 쌀 가마니 같은 경우 정당화될 수 있다. 각각의 예 중에서, 최종고객 배송이 모든 고객이 직접 그들의 물품을 들고가는 것보다 더 저렴하며 훨씬 편리하다.

많은 수의 시설이 필요한 이 방식의 경우 시설과 처리비용이 매우 높다. 시설비용은 소매자 네트워크보다 다소 낮지만 생산자저장 창고나 운송자 배송을 하는 분배자저장 창고보다 훨씬 높다. 그러나 처리비용은 고객의 협조가 전혀 없으므로 소매자 네트워크보다 훨씬 높다. 최종고객 배송을 하는 식료품 상점은 훨씬 많은 고객의 협조가 있는 슈퍼마켓과 달리 고객의 집까지 제품이 배송되기까지 모든 과정을 수행한다.

최종고객 배송의 정보기반은 운송자 배송을 하는 분배자저장 창고와 비슷하다. 그러나 배송을 계획하는 추가적인 능력이 필요하다.

대응시간은 운송자 배송의 경우보다 빠르다. Kozmo사와 Urbanfetch사는 당일 배송을 제공하려고 노력했고, 반면에 인터넷 식료품 매장은 일반적으로 익일 배송을 제공한다. 제품의 다양성은 일반적으로 운송자 배송을 하는 분배자저장 창고보다 낮다. 제품 가용성을 제공하기 위한 비용은 소매자를 제외하고 다른 방식보다 높다. 부피가 크거나 운반하기 어려운 제품의 경우 고객과의 접촉 경험이 매우 많다. 시장진입시간은 새로운 제품이 고객에 판매되기 전에 알려 주어야 하기 때문에 운송자 배송을 하는 분배자저장 창고보다 훨씬 오래 걸린다. 주문이 24시간 안에 완료되어야 하므로 주문 가시성은 낮다. 주문 추적 특성은 완료되지 않거나 배송되지 않은 예외들을 취급하기 위해 아주 중요하다. 논의되는 모든 방식 중에서 제품을 배송하는 트럭에서 고객에게 반송을 할 수 있으므로 반송능력은 최종고객 배송을 하는 경우 가장 좋다. 반송은 고객이 제품을 가져오는 소매점보다 취급하는 데 여전히 비용이 많이 소요된다.

최종고객 배송을 하는 분배자저장 창고의 성과 특성은 [표 4.4]에 요약하였다. 높은 노동비용을 가진 분야에서, 최종고객 배송을 하는 분배자저장 창고가 효율적인지 또는 수익성이 있는지는 알 수 없다. 이러한 편의를 위해 지불할 용의가 있는 많은 고객이 있을 때 오직 수익성이 있다. 이러한 경우 규모의 경제와 이용률을 향상시키기 위해 최종고객 배송과 이미 존재하고 있는 배송 네트워크를 연결하는 노력이 필요하다. Albertsons사의 이미 존재하는 식료품 상점과 가정 배송을 제공하는 노동력의 사용이 그 예이다. 식료품 상점의 역할은 상점 자체의 보

표 4.4 최종고객 배송을 하는 분배자저장 창고의 성과 특성

비용 요인	성과
재고	운송자 배송을 하는 분배자저장 창고보다 높음
수송	최소의 규모의 경제에서 아주 높음. 어떤 다른 방식보다 높음
시설 및 취급	생산자저장 창고나 운송자 배송을 하는 분배자저장 창고보다 높은 시설비용. 그러나 소매점보다 낮음
정보	운송자 배송을 하는 분배자저장 창고와 비슷함
서비스 요인	**성과**
대응시간	아주 빠름. 동일한 날이나 다음 날 배송
제품다양성	운송자 배송을 하는 분배자저장 창고보다 다소 적음. 그러나 소매점보다 많음
제품 가용성	소매점을 제외한 다른 어떤 사양보다 가용성을 제공하기 위해 비용이 많이 소요됨
고객 경험	부피가 큰 제품에 대해 특히 매우 좋음
시장진입시간	운송자 배송을 하는 분배자저장 창고보다 약간 높음
주문 가시성	생산자저장 창고나 운송자 배송을 하는 분배자저장 창고보다 덜 중요하고 수행하기 용이
반송능력	다른 사양보다 수행하기 용이. 소매자 네트워크보다 힘들고 비용이 많이 소요됨

충센터뿐만 아니라 온라인 주문을 수행하는 센터로 서비스한다. 이는 이용률을 향상시키고 서비스를 제공하는 비용을 낮추는 것을 돕는다. 최종고객 배송은 고객의 주문이 어느 정도의 규모의 경제를 제공할 정도로 충분히 클 때, 의미가 있다. Peapod사는 이 아이디어를 반영하기 위해 가격정책을 변경하였다. 최소한의 주문 크기는 배송비용 9.95달러를 포함하여 50달러이고, 무료배송은 크기에 상관없이 제공되지 않는다. Peapod사는 비수기에 할인을 제공한다. 그러나 가정배송회사는 대부분 무료배송을 없애야 수익성이 있다는 것을 알았다.

고객 픽업을 하는 생산자/분배자 저장 창고

이 방법에서 재고는 생산자나 분배자의 창고에 저장되고 고객은 주문을 온라인이나 전화로 하며 제품을 받기 위해 지정된 픽업장소로 이동하는 것이다. 주문은 창고로부터 필요할 때 픽업장소로 배송된다. 지정된 매장에서 고객이 온라인으로 주문한 제품을 픽업해 가는 Seven-Eleven Japan사에 의해 운영되는 7dream.com과 Otoriyose-bin이 그 예이다. B2B의 예는 고객이 소매자의 하나에서 주문을 픽업하도록 하는 W.W. Grainger사에서 볼 수 있다. 7dream.com의 경우 주문은 생산자나 분배자의 창고에서 픽업장소까지 배송된다. W.W. Grainger사의 경우 몇 개의 제품은 픽업장소에서 저장되고 다른 것들은 중앙창고로부터 온다. 2007년 Wal-Mart는 고객이 수천 개의 제품을 Walmart.com에서 온라인으로 주문하여 지역 Wal-Mart 상점에 무료로 배송되는 "Site to Store" 서비스를 개시하였다. 상품들은 주문이 처리된 후 7~10 영업일에 상점에 도착하고, 고객들은 그들의 주문이 준비되면 e-mail로 통보를 받는다.

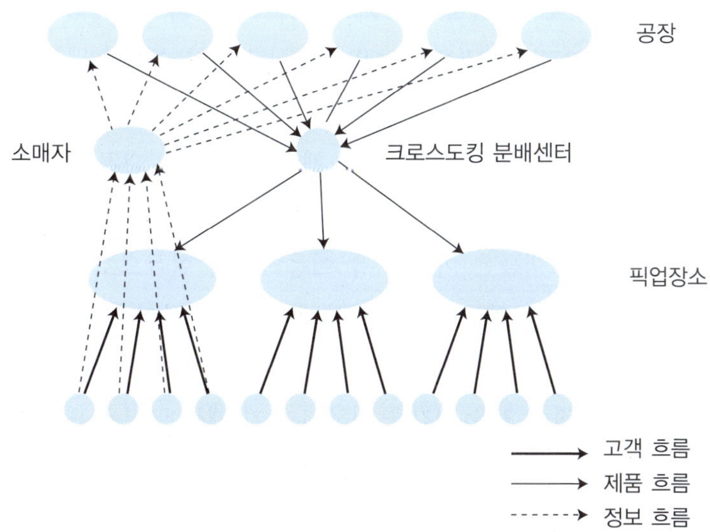

그림 4.10 고객 픽업을 하는 생산자저장 또는 분배자저장 창고

Seven-Eleven Japan사에서 정보나 제품의 흐름은 [그림 4.10]과 같다. Seven-Eleven사는 생산자로부터의 제품이 크로스도킹되고 일일 기준에 기반하여 소매점에 보내는 분배센터를 가지고 있다. 온라인 주문을 배송하는 소매자는 크로스도킹되는 생산자의 하나로 취급되고 적합한 Seven-Eleven 매장에 보낸다. 온라인 주문을 하는 상점을 서비스하는 것은 Seven-Eleven사가 현행 물류 자산에 대한 이용성을 향상시키도록 한다.

이 방법에서 사용되는 재고비용은 생산자저장 창고나 분배자저장 창고에서 통합되기 때문에 낮게 유지될 수 있다. W.W. Grainger사는 픽업장소에 빠른 이동을 하는 제품을 보관하고, 반면에 느린 이동을 하는 제품은 중앙창고나 생산자에 보관한다.

수송비용은 픽업장소에 주문을 배송할 때 막대한 통합이 가능하기 때문에 소화물 운송을 하는 어떤 방법보다 낮다. 이는 픽업장소로 주문을 운송시키는 데 트럭 단위 운송자를 사용할 수 있다. Seven-Eleven Japan사와 같은 회사들은 트럭이 이미 상점으로 배송을 하고 온라인 주문에 의해 이용성이 높아지기 때문에 수송비용에서 이익의 증가가 적다. 그 결과, Seven-Eleven Japan사는 고객들이 선적비용 없이 주문을 픽업하도록 허용할 수 있다.

시설비용은 새로운 픽업장소가 세워진다면 높지만 이미 존재하는 장소를 사용하는 방법은 추가적인 시설비용을 줄일 수 있다. 예를 들어, 매장이 이미 존재하는 W.W. Grainger사와 7dream.com의 경우가 그렇다. 생산자나 창고에서의 처리비용은 다른 방법들과 비교된다. 픽업장소에서의 처리비용은 각 주문이 특별한 고객과 짝을 이루므로 높다. 이러한 능력을 높이는 것은 적합한 저장 창고나 정보시스템이 제공되지 않는다면 처리비용을 급격하게 증가시킬 수 있다. 픽업장소에서 처리비용의 증가는 이 방법의 성공을 가로막는 최대의 방해물이다.

중요한 정보기반이 고객이 주문을 픽업하기 전까지 주문의 가시성을 제공하는 데 필요하다. 소매자, 저장장소, 그리고 픽업장소에서 높은 수준의 협력이 요구된다.

이 경우 소화물 운송자를 사용하는 경우와 비슷한 대응시간을 달성할 수 있다. 생산자 또는 분배자저장 창고와 비슷한 다양성과 가용성을 제공할 수 있다. 다른 방식과 달리, 소비자가 직접 주문을 픽업해야만 하기 때문에 고객을 경험할 기회의 손실이 있다. 반면에, 온라인으로 지불하기를 원하지 않은 고객들은 이 방식을 이용하면서 현금으로 지불할 수 있다. Seven-Eleven이 10,000개 이상 있는 일본과 같은 나라에서는, 대부분의 고객들이 상점과 가깝고 그들의 편의에 맞춰 주문을 받을 수 있으므로 고객 편의에 대한 손실이 적다고 볼 수 있다. 어떤 경우에 이 방식은 고객이 집에 있을 시간을 정하지 않기 때문에 더욱 편리하다고 볼 수도 있다. 새로운 제품을 판매할 수 있는 시장진입시간은 생산자저장 창고만큼 짧다.

주문 가시성은 고객 픽업의 경우에 아주 중요하다. 주문이 도착했을 때 고객에 알려야 하고 주문은 고객이 제품을 픽업하러 도착했을 때 쉽게 알 수 있어야 한다. 이러한 시스템은 공급사

표 4.5 고객 픽업을 하는 생산자, 분배자저장 창고의 성과 특성

비용 요인	성과
재고	재고의 위치에 따라 결정되는 다른 방식을 이용할 수 있음
수송	특히 이미 존재하는 배송 네트워크를 사용한다면, 소화물 운송자를 사용하는 것보다 낮음
시설 및 취급	시설비용은 새로운 시설을 건설할 경우에 매우 높음. 존재하는 시설을 사용한다면 낮음 픽업장소에서 취급비용의 증가는 큼
정보	정보기반에 대한 막대한 투자가 요구됨
서비스 요인	**성과**
대응시간	생산자저장 또는 분배자저장 창고를 가진 소화물 운송자 배송과 비슷함 픽업장소에 일반적으로 제품이 보관되는 경우 동일한 날 배송 가능
제품다양성	생산자저장 또는 분배자저장 창고 방식들과 비슷함
제품 가용성	생산자저장 또는 분배자저장 창고 방식들과 비슷함
고객 경험	가정 배송이 없기 때문에 다른 방식에 비해 낮음. 인구 밀집지역에서, 편의에 대한 손실은 적음
시장진입시간	생산자저장 창고 사양과 비슷함
주문 가시성	어려우나 필수
반송능력	픽업장소에서 반송을 다룰 수 있어서 다소 용이

슬의 여러 단계에 대한 통합이 요구되어 실행하기 어렵다. 반송은 픽업장소에서 취급된다. Seven-Eleven 상점과 같이 이미 존재하는 매장에서 발생하는 문제는 상점에서 팔지 않는 제품에 대해 반송을 받고 처리하는 것은 제대로 이루어지지 않는다는 것이다. 그러나 수송의 관점에서는 반송과정은 배송트럭을 사용하면서 취급할 수 있다. 고객에게는 제품을 가져올 수 있는 장소가 존재하기 때문에 제품의 반송이 쉽다. 무엇보다도 이 방식의 반송능력은 대체적으로 우수하다.

고객 픽업을 하는 생산자, 분배자저장 창고의 성과 특성은 [표 4.5]에 요약하였다. 고객 픽업을 하는 네트워크의 주된 장점은 배송비용을 줄이고 온라인에서 서비스하는 고객뿐만 아니라 팔리는 제품의 종류를 넓힐 수 있다. 가장 주된 장애물은 픽업장소에서 취급비용의 증가이다. 이러한 네트워크는 커피상점, 편의점, 또는 식료품 상점과 같은 이미 존재하는 장소를 픽업장소로 이용할 때 수익성을 향상시킬 수 있기 때문에 가장 효과적이다. 특히, 이러한 네트워크는 Seven-Eleven Japan, Wal-Mart, 그리고 W.W. Grainger와 같이 상점 및 온라인 사업의 네트워크를 모두 보유한 기업에 있어서 효과적이다. 불행하게도, 이러한 장소는 고객이 픽업하도록 설계되어 고객의 특정 주문을 픽업하는 능력을 향상시켜야 한다.

고객 픽업을 하는 소매자저장 창고

이 방식은 공급사슬에서 가장 전형적인 모형으로 재고는 지역의 소매자에 저장된다. 고객은 소매자로 가거나 온라인이나 전화로 주문을 하고, 소매점에서 픽업한다. 주문에 대한 다양한 방식을 제공하는 회사의 예는 식료품 상점과 온라인 책임 센터로 시설의 일부를 사용하는 Albertsons사이다. 고객은 매장으로 가거나 온라인으로 주문할 수 있다. B2B의 예는 고객이 온라인, 전화, 또는 직원에게 주문하고, 매장 중 한 곳으로 가서 픽업을 할 수 있는 W.W. Grainger사이다. Albertsons사는 픽업장소에서 재고를 보관한다. W.W. Grainger사는 픽업장소에서 몇 개의 제품을 보관하고, 반면에 다른 것들은 중앙창고로부터 온다.

지역저장창고는 통합이 되지 않아 재고비용을 증가시킨다. 그러나 아주 빠른 이동을 하는 제품은 지역저장창고를 가졌을지라도 재고에서 이익의 증가가 있다. Albertsons사는 대부분의 제품이 빠른 이동을 하고, 슈퍼마켓에 저장되기 때문에 지역저장창고를 사용한다. 이와 비슷하게 W.W. Grainger사는 픽업장소에 빠른 이동을 하는 제품을 보관하고, 반면에 느린 이동을 하는 제품은 중앙창고에서 보관된다.

수송비용은 소매자에서 제품을 보충할 때 저렴한 수송수단이 사용될 수 있기 때문에 다른 방법에 비해 훨씬 적다. 시설비용은 많은 수의 지역 시설이 필요하기 때문에 높다. 고객이 매장에 와서 주문을 한다면 최소한의 정보기반이 필요하다. 그러나 온라인 주문을 하기 위해서는

표 4.6 고객 픽업장소에서 지역저장의 성과 특성

비용 요인	성과
재고	모든 다른 방식보다 높음
수송	모든 다른 방식보다 낮음
시설 및 취급	모든 다른 방식보다 높음. 픽업장소에서의 취급비용의 증가는 온라인과 전화 주문에서 상당함
정보	온라인과 전화 주문에서 기반에 대한 투자가 요구됨
서비스 요인	**성과**
대응시간	픽업장소에서 보관된 제품은 동일한 날 픽업 가능
제품다양성	모든 다른 방식보다 낮음
제품 가용성	모든 다른 방식보다 제공하기 위한 비용이 많이 소요됨
고객 경험	쇼핑이 고객에게 긍정적인지 부정적인지에 따라 다름
시장진입시간	배송방식 중에서 가장 높음
주문 가시성	상점 내 주문에서 미비. 온라인이나 전화 주문의 경우, 어려우나 필수
반송능력	픽업장소에서 반송을 다룰 수 있어서 다른 사양에 비해 용이

고객이 픽업하기 전까지 주문의 가시성을 제공하기 위해서는 상당한 정보기반이 필요하다.

지역저장창고를 운영하면 대응시간이 매우 좋아진다. 예를 들어, Albertsons사와 W.W. Grainger사는 소매자로부터 동일한 날 픽업을 제공한다. 지역에 보관된 제품의 다양성은 다른 방식에 비해 낮다. 높은 수준의 제품 가용성을 제공하는 것은 다른 방식에 비해 훨씬 비용이 든다. 고객 경험은 고객이 물건 구매를 좋아하는 여부에 따라 다르다. 신제품이 고객에게 팔리기 전에 모든 공급사슬에 의해 전달되기 때문에 시장진입시간은 가장 높다. 주문 가시성은 주문이 온라인이나 전화로 했을 때 고객 픽업은 매우 중요하다. 반송은 픽업장소에서 취급되며 반송능력은 매우 좋다.

고객 픽업을 하는 장소나 지역저장창고를 가진 네트워크의 성과특성은 [표 4.6]에 요약하였다. 지역저장창고를 가진 네트워크의 주된 장점은 배송비용을 절감하고, 다른 네트워크에 비해 빠른 대응시간을 제공한다. 큰 단점은 증가하는 재고와 시설비용이다. 이러한 네트워크는 고객이 빠른 대응시간에 가치를 두는 제품이나 빠른 이동을 하는 제품에 가장 적합하다.

배송 네트워크 설계의 선택

네트워크 설계자는 적절한 배송 네트워크를 결정할 때 네트워크의 요구뿐만 아니라 제품 특성을 고려해야 한다. 고려된 다양한 네트워크는 서로 다른 강점과 약점을 가지고 있다. [표 4.7]

표 4.7 배송 네트워크 설계에 대한 상대적인 성과

	고객 픽업을 하는 소매 창고	직송을 하는 생산자 저장 창고	직송과 이송 중 병합을 하는 생산자 저장 창고	운송자 배송을 하는 분배자저장 창고	최종고객 배송을 하는 분배자저장 창고	고객 픽업을 하는 생산자, 분배자저장 창고
대응시간	1	4	4	3	2	4
제품다양성	4	1	1	2	3	1
제품 가용성	4	1	1	2	3	1
고객 경험	1~5	4	3	2	1	5
시장진입시간	4	1	1	2	3	1
주문 가시성	1	5	4	3	2	6
반송능력	1	5	5	4	3	2
재고	4	1	1	2	3	1
수송	1	4	3	2	5	1
시설 및 취급	6	1	2	3	4	5
정보	1	4	4	3	2	5

Key: 1이 가장 좋은 성과, 6이 가장 나쁜 성과를 나타냄.

표 4.8 제품과 고객의 특성에 따른 배송 네트워크 설계의 성과

	고객 픽업을 하는 소매 창고	직송을 하는 생산자 저장 창고	직송과 이송 중 병합을 하는 생산자 저장 창고	운송자 배송을 하는 분배자저장 창고	최종고객 배송을 하는 분배자저장 창고	고객 픽업을 하는 생산자, 분배자저장 창고
높은 수요의 제품	+2	−2	−1	0	+1	−1
중간 수요의 제품	+1	−1	0	+1	0	0
낮은 수요의 제품	−1	+1	0	+1	−1	+1
아주 낮은 수요의 제품	−2	+2	+1	0	−2	+1
많은 제품 공급처	+1	−1	−1	+2	+1	0
높은 제품 가치	−1	+2	+1	+1	0	+2
빠른 대응	+2	−2	−2	−1	+1	−2
높은 제품 다양성	−1	+2	0	1	0	+2
고객의 노력	−2	+1	+2	+2	+2	−1

+2 = 매우 적합; +1 = 다소 적합; 0 = 보통; −1 = 다소 부적합; −2 = 매우 부적합

은 다양한 배송 네트워크를 다른 성과 차원에 따라 서로 상대적으로 점수를 매겼다. 1은 주어진 차원에서 가장 좋고, 상대적으로 성과가 나쁘면 점수는 증가한다.

오직 틈새 회사들이 단일의 배송 네트워크를 사용한다. 대부분의 회사들은 배송 네트워크의 조합에 의해 운영될 때 가장 좋다. 사용된 조합은 회사가 목표로 하는 전략적 위치뿐만 아니라 생산 특성에 따라 다르다. 상황에 따른 다른 배송 설계의 적합도는 [표 4.8]에서 볼 수 있다.

혼합 네트워크의 가장 훌륭한 예는 배송 네트워크에 모든 언급된 사양을 조합한 W.W. Grainger사이다. 그러나 네트워크는 제품의 특성과 고객의 요구를 맞추어야 한다. 다른 이동을 하거나 긴급 제품은 지역마다 보관되고, 긴급함에 따라 고객들은 그것들을 픽업하거나 배송해야 한다. 느린 이동을 하는 제품은 분배센터 창고에 보관되고, 하루나 이틀 안에 고객에게 배송된다. 아주 느린 이동을 하는 제품은 일반적으로 생산자에서 직송되고 긴 리드타임이 걸린다. 다른 혼합 네트워크는 창고에 일부 제품을 보관하고, 그 외 느린 이동을 하는 제품은 분배자나

출판사에서 직접 배송되는 것으로 Amazon사에서 사용된다.

이 장의 초반부에서 논의된 컴퓨터 산업의 예를 다시 소개하면, 네트워크가 제공하는 공급사슬의 이익의 어떠한 것도 이용하지 않고, 소매점의 네트워크를 만들기 위한 Gateway사의 결정은 실패했다. 소매 네트워크의 이익을 모두 이용하기 위해서는 Gateway사는 공장에서 직송하는 제품과 함께 소매점에서 높은 수요를 가지는 보통 제품도 보관해야 한다. 대신에, 공장에서 모든 제품을 직송하였다. Apple사는 몇 개의 소매점을 열었고 실제로 이 상점에서 판매를 하기 위해 제품을 수송했다. Apple사의 대부분의 제품은 고객화 수준이 매우 낮고, iPod와 같은 몇 개의 상품은 높은 수요를 갖기 때문에 적합하다. 실제로 Apple사는 소매점을 통해 꾸준히 판매와 이익에서 성장을 하고 있다.

4.4 e-비즈니스와 배송 네트워크

이 절에서는 이 장에서 논의된 아이디어를 사용하여 1990년대 후반에 생겨난 e-비즈니스가 다양한 배송 네트워크의 구조 및 성과에 어떠한 영향을 주었는지를 살펴본다. 목적은 어떤 배송에 e-비즈니스가 성공적으로 적용되었는지 아니면 성공적이지 않았는지, 그리고 이러한 네트워크가 어떻게 발전되어야 하는지에 대한 이해를 돕기 위함에 있다.

배송 네트워크에 대한 관심과 유사하게, 우리는 어떻게 공급사슬의 능력이 고객의 필요와 그 필요를 충족시키기 위한 비용에 영향을 주는지에 기초한 스코어카드를 개발하였다. 우리는 이제 각 스코어카드 종류의 내용을 세부화할 것이다.

고객 서비스에 대한 e-비즈니스의 영향

먼저 고려된 배송 네트워크에 따라 e-비즈니스가 대응시간, 제품다양성, 가용성, 고객 경험, 시장진입시간, 가시성, 반송능력과 같은 고객관리 요인에 어떻게 영향을 주는가를 공부하면서 시작한다. 또한 직접 판매 및 e-비즈니스에 도움을 주는 유연한 가격을 제공할 수 있는 능력과 같은 요인을 살펴본다.

고객에 대한 대응시간 다운로드 할 수 없는 실제 제품을 판매할 때, e-비즈니스에서 소매점을 보유하지 않은 경우는 선적시간 때문에 소매점보다 고객 요구를 충족시키는 데 시간이 많이 소요된다. 따라서 짧은 대응시간을 요구하는 고객은 제품을 주문하기 위해 인터넷을 사용하지 않을 수도 있다. 하지만, 다운로드가 가능한 제품은 이러한 시간지연이 없다. 많은 경우에 온라인 구매는 시간적인 이득을 줄 수 있다. 예를 들면, 뮤추얼펀드의 안내서 혹은 음악은 웹사이트로부터 다운로드 받을 수 있다. 이러한 제품의 우편 혹은 음반매장 방문을 통한 구매는 보다 많은 시간이 소요된다.

제품다양성 e-비즈니스는 전통적 소매점에 비해 제품에 대한 선택의 폭을 넓혀 줄 수 있다. 예를 들면, Amazon.com은 일반적인 소매점에 비해 많은 종류의 책을 선택하게 해 준다. 소매점에서 이와 동일한 선택을 가능하게 하려면 대규모의 재고를 유지할 수 있는 대규모의 장소를 필요로 한다.

제품 가용성 e-비즈니스는 공급사슬을 통해 고객의 요구에 대한 정보가 전달되기 때문에 보다 정확한 예측을 할 수 있으며, 속도를 아주 빠르게 할 수 있다. 향상된 예측과 보다 정확한 고객의 요구 관점은 수요와 공급을 잘 조절하게 할 수 있다. 재고 측면에서 보면, 이는 고객이 요구하는 제품에 대한 재고는 많이 보유하고, 고객이 요구하지 않은 제품은 적게 보유하게 해 준다. e-비즈니스는 재고를 통합화해 주며, 제품 가용성을 향상시킨다.

고객 경험 e-비즈니스는 고객의 경험에 대해 접근, 고객화 편리성의 측면에서 영향을 준다. 영업시간에만 운영되는 일반적인 소매점과는 달리, e-비즈니스는 정규 영업시간에 주문을 할 수 없는 고객에게 접근이 가능토록 해 준다. 예를 들면, 비록 고객이 주문한 제품을 픽업할 W.W. Grainger 가게가 닫혀 있더라도 Grainger.com을 통해 주문을 할 수 있다. 사실 W.W. Grainger사는 소매점이 문을 닫은 후의 시간에도 온라인 주문이 증가하였다. e-비즈니스는 또한 회사로 하여금 지리적으로 떨어져 있는 고객과 연결시켜 준다. 예를 들면, 시카고 근교의 소규모 특수 소매점도 e-비즈니스를 설치하여 미국 전역 혹은 전세계의 고객을 상대할 수 있다. e-비즈니스 없이는 가게의 인근에 위치한 고객만이 그 곳에서 쇼핑할 수 있다. e-비즈니스에 대한 유일한 제한점은 고객의 인터넷 접속성이다.

인터넷은 각 고객으로 하여금 개인화된 구매 경험을 가지게 하는 기회를 제공한다. 예를 들면, Amazon사는 고객이 최근에 구매하였거나 혹은 검색한 제품과 관련된 제품을 전시한다. 대규모 고객화를 지향하는 회사는 인터넷을 통해 고객 요구에 부응하는 제품을 고객이 선정토록 도와줄 수 있다. 예를 들면, Dell사는 웹사이트에서 선택사양을 이용하여 고객이 개인용 컴퓨터를 취향에 맞게 주문토록 해 준다.

고객과 회사를 위해, e-비즈니스는 사업 경영에 있어서 편리성을 증가시킨다. 예를 들면, 고객은 구매를 위해 직장 혹은 집을 떠날 필요가 없는 편리함을 누릴 수 있다. e-비즈니스는 구매 절차를 자동화하게 하여 주문비용 감소뿐만 아니라 사업의 속도를 증대시켜 준다. 예를 들면, 많은 e-비즈니스는 과거의 구매 자료를 활용하여 현재의 구매 속도를 증가시킨다.

빠른 시장진입 e-비즈니스를 사용하는 회사는 물리적 경로를 사용하는 회사보다 더욱 신속하게 신제품을 출시할 수 있다. 물리적 경로를 통해 컴퓨터를 판매하는 회사는 신제품을 통한 수익을 위해서 판매가 시작되기 전에 소매점 및 분배센터에 충분한 재고를 제공해야 한다. 반대로, e-비즈니스는 웹사이트에 가용토록 하는 것으로 신제품을 출시한다—즉, 실제 배송 경로를 통한 시장출시에서 발생하는 배송의 시간차가 존재하지 않는다. 신제품은 최초 제품 생산 준비가 완료됨과 동시에 판매 가능하다. 이는 Walmart.com에서 찾아볼 수 있는데, 대형 신형 TV가 Wal-mart 상점에서 팔리기 전에 판매되기 시작한다.

주문의 가시성 인터넷은 주문상태에 대한 가시성을 가능하게 한다. 고객의 입장에서 보면, 소매점에서 쇼핑하는 것과 같은 실질적인 행위가 온라인에서 이루어지지 않기 때문에 가시성을 제공하는 것이 중요하다.

반송능력 반송은 중앙집중식 배송 때문에 온라인 주문에서는 어렵다. 소매점에서 구매한 제품은 반송하기 쉽다. 반송되는 비율은 구매 전에 고객이 제품에 대해 직접적으로 알 수 없기에 온라인에서 더욱 높게 나타난다. 따라서 온라인은 역배송비용이 증가한다.

고객에 직접 판매 e-비즈니스는 전통적인 경로로 고객과 직접적인 관계를 하지 않는 생산자 및 공급사슬의 다른 역할자로 하여금 중간자를 거치지 않은 직접 판매를 통해 중간자의 수익을 포함하기 때문에 총수익을 증가시킨다. 예를 들면, Dell사는 온라인을 통해 컴퓨터를 고객에게 직접 판매한다. 그 결과 Dell사는 중간자 및 소매자와 수익을 배분하지 않기에 판매마진을 늘려 총수익을 증대하였다. 이와 반대로, 소매점을 통해 판매하는 HP사는 중간자 및 소매자와 제품 수익의 일부를 배분해야 하므로 HP사의 수익 및 판매 마진이 낮아진다.

가격의 유연성, 제품 포트폴리오, 그리고 판촉행사 e-비즈니스는 웹사이트에 연계된 데이터베이스의 하나의 입력 자료를 변경함으로써 가격을 쉽게 변경할 수 있다. 이러한 능력으로 e-비즈니스는 현재의 재고와 수요에 기초한 가격을 설정하여 수익을 최대화할 수 있다. 항공사는 좋은 예이다—그들은 미판매 좌석의 항공권에 대해 최종시간에 낮은 가격으로 웹을 통해 판매한다. Dell사 또한 수요와 제품 가용성에 따른 변경된 컴퓨터 사양의 가격을 변경한다. e-비즈니스를 이용한 회사는 전통적인 경로를 이용한 회사보다 더 쉽게 가격을 변경할 수 있다. Dell사 혹은 L.L. Bean사는 가격 파괴를 위해 전단지를 이용하였는데, 이때 전단지를 인쇄해야 하고 가능한 소비자에게 전달해야 한다. e-비즈니스를 이용하면, 그들은 웹사이트에 가격을 변경만 하면 된다. 이와 유사하게, e-비즈니스는 판촉행사 중인 제품의 포트폴리오를 쉽게 변경할 수 있다.

효율적인 자금 전환 e-비즈니스는 수집을 신속히 하여 수익을 증대시킨다. e-비즈니스가 사업 이외의 영역에서도 상당한 영향을 준다는 것을 알려 주는 아주 좋은 예가 있다. John McCain 상원의원이 2000년 대통령 선출 공화당 뉴햄프셔주 선거에서 승리 후, 48시간 내에 웹사이트를 통해 백만 달러의 자금을 모금하였다는 것이다. 그 반대로 우편을 통해 수표를 받는 전통적인 방식을 사용했다면 많은 시간과 노력이 필요했을 것이다. 2008년 대통령 선거에서 그 결과는 더욱 놀라웠다. 2008년 1월, Barack Obama의 선거 자금으로 2,800만 달러가 모였는데 그 중 90퍼센트는 1,000달러 이하로 기부한 사람들이었다. 아마도 이러한 성과는 인터넷이 없었다면 불가능했을 것이다.

비용 측면에서의 e-비즈니스의 영향

비용 측면에서의 e-비즈니스는 재고, 시설, 수송, 정보비용에 영향을 준다. 각각의 경우에 미치는 영향이 항상 긍정적이지 않음을 인식하는 것은 중요하다.

재고 e-비즈니스는 공급사슬 협력을 개선하고 수요와 공급 간의 더 나은 관계를 유지함으로써 재고 수준 및 재고비용을 낮출 수 있다. 더불어, 만약 온라인 주문 고객이 물품 배송을 기다릴 수 있으면, e-비즈니스는 회사로 하여금 고객과 원거리에 재고를 통합할 수 있다. 지역적인 통합의 결과로, e-비즈니스는 적은 양의 재고 운영을 가능하게 한다. 예를 들면, Amazon.com은 책과 음반 재고를 소수의 창고에 모으는 것이 가능하다. 이와는 반대로, Borders사 또는 Banes & Noble사는 소매점에 상당량의 재고를 공급해야 하기 때문에 보다 많은 재고를 필요로 한다. 여기서 주요 관점은 재고 통합에 있어서 수요가 많고 다양성이 낮은 제품은 효과가 작으나, 수요가 적고 다양성이 높은 제품에는 효과가 높다는 것이다.

e-비즈니스는 고객의 주문을 수령 후 제품의 다양성을 시장에 제공하면 재고 수준을 낮출 수 있다. 고객의 제품 주문과 주문 제품의 수령의 시간 차이를 활용하여 e-비즈니스는 지연으로 생기는 기회를 이용할 수 있다. 예를 들면, Dell사는 부품을 재고로 보유하고 있으며, 고객의 주문을 받은 후에 컴퓨터를 조립한다. 부품 재고량은 Dell사가 조립된 컴퓨터로 재고를 보관하는 것보다 훨씬 적은 규모의 재고를 보유하게 한다. e-비즈니스는 Dell사가 최종제품 형태로 재고를 보유하는 소매점를 운영하는 회사보다 적은 재고를 보유하게 해 준다.

시설 두 가지의 기본적인 시설비용, 네트워크상의 시설의 위치 및 숫자와 관련된 비용 및 시설에서 이루어지는 운영 관련 비용들은 분석을 위해 반드시 포함되어야 한다. e-비즈니스는 중앙집중식 운영으로 네트워크 시설비용을 줄일 수 있으며, 또한 필요한 시설 숫자도 줄일 수 있다. 예를 들면, Amazon.com은 소수의 창고로서 수요를 충족할 수 있으나, Borders사와 Barnes

& Noble사는 운영하는 소매점을 위한 시설비용을 지불해야 한다.

진행중인 운영비용과 관련하여 고객의 제품 선정 참여 및 주문 요청은 e-비즈니스의 자산비용을 줄이게 해 준다. 예를 들면, Lands'End 웹사이트 방문 시, 고객은 제품의 가용성을 확인하는 노력을 기울인 후 주문을 한다. 같은 고객이 전화로 주문 시에는, 회사는 종업원이 제품의 가용성을 확인하고 주문을 접수하는 추가비용을 지불해야 한다. e-비즈니스는 주문 도착과 동시에 주문을 발행하지 않기에 고객의 주문충족비용을 낮출 수 있다. 소매점 혹은 슈퍼마켓은 보다 많은 고객이 쇼핑 시 보다 많은 직원이 가용토록 판매 카운터에 직원을 배치해야 한다. 그 결과 이러한 매장은 주말과 공휴일에 보다 많은 직원을 필요로 한다. e-비즈니스에서는 주문의 배송 완료까지 적절한 버퍼가 유지되기 때문에, 주문 완료율을 주문이 도착하는 비율과 비교하여 적절히 조절할 수 있으며, 이를 통해 피크 시점의 주문 완료율을 낮추고 자산 요구 및 비용을 낮출 수 있다.

추가적으로, 운영비용은 e-비즈니스를 이용하여 고객에 제품을 직접 판매하면, 제품이 고객에 전달되기까지 적은 공급사슬의 단계를 거치기 때문에 취급비용이 줄어들어 운영비용이 줄어든다.

그러나 단점으로는 식료품과 같은 제품은 e-비즈니스도 소매점에서 고객이 하는 행위에 대한 작업을 수행해야 하므로 취급비용과 수송비용에 영향을 준다. 이 상황에서는 e-비즈니스는 소매점보다 더 많은 취급 및 배달 비용이 든다. 예를 들면, 식료품 가게에서 고객이 필요한 품목을 골라 물품을 사면 되는 상황인데, Peapod사와 같은 e-비즈니스에서는 종업원이 창고에서 고객의 주문 항목을 찾아서 고객의 가정까지 배달해야 하므로 취급비용이 상승하게 된다.

수송 만약 회사가 제품의 형태를 다운로드 가능토록 하면, 인터넷이 배달을 위한 비용 및 시간을 절약하도록 해 준다. 예를 들면, 다운로드가 가능한 음악 및 소프트웨어는 CD의 수송과 관련된 비용을 제거하는 기회를 제공한다. 디지털화되지 않은 제품의 통합재고는 입고수송과 출고수송을 증가시킨다. 많은 소매점의 사업과 비교하면, 통합재고의 e-비즈니스는 증가된 출고수송비용 때문에 전공급사슬에 걸쳐서 단위당 수송비용이 높아지는 경향이 있다.

정보 e-비즈니스는 가시성을 높이기 위해 전공급사슬에 수요 정보를 제공한다. 인터넷으로 공급사슬 내에서 협력을 실행하고자 계획 및 예측 정보를 공유하게 한다. 이는 총공급사슬 비용을 줄이고, 수요와 공급의 균형을 이루게 한다. 여기서 우리는 정보가 지금까지 논의된 e-비즈니스의 많은 이점을 가능하게 했다는 것을 알 수 있다.

그러나 e-비즈니스는 추가비용을 발생시킨다. e-비즈니스를 위한 소프트웨어 및 하드웨어 구축은 종종 상당한 비용이 필요하다. 이 비용은 e-비즈니스 이점과 비교해야 한다. 일반적인

표 4.9 e-비즈니스 스코어카드

영역	영향
대응시간	
제품다양성	
제품 가용성	
고객 경험	
시장진입	
주문 가시성	
직접판매	
가격의 유연성, 판촉행사	
효율적인 자금 전환	
재고	
시설	
수송	
정보	

Key: +2 = 매우 긍정; +1 = 긍정; 0 = 중립; −1 = 부정; −2 = 아주 부정.

소매점을 운영하기 위한 e-비즈니스의 기초적인 구조는 설립되어 있다는 점을 명심해야 한다. 이를 통해 e-비즈니스에 필요한 추가비용을 상당히 줄일 수 있다.

[표 4.9]에 나타난 B2C e-비즈니스 스코어카드는 회사로 하여금 이미 정의된 영역에서 e-비즈니스가 어떠한 영향을 주는지 설명하고 있다.

e-비즈니스를 구성하는 가치는 각 산업별로 다르다. Dell사는 온라인으로 이익을 창출하였지만, Webvan사 및 다른 많은 온라인 식료품 업체는 사업에 실패하였다. [표 4.9]의 스코어카드는 e-비즈니스가 다른 공급사슬 네트워크의 실적에 어떠한 영향을 주는지에 대한 이해를 돕기 위해서 사용되었다. 다음 절에서는 몇 가지 예를 통해 e-비즈니스에 스코어카드의 적용에 대해 알아보겠다.

e-비즈니스를 이용한 컴퓨터 판매: Dell사

일반적으로 컴퓨터 업계, 특히 Dell사는 공급사슬 네트워크의 실적을 효율적으로 향상시키기 위해 e-비즈니스를 사용하였다. 2007년 이래로, Dell사는 Wal-Mart와 같은 소매점을 통해서도 컴퓨터를 판매해왔다. [그림 4.11]에 나타난 바와 같이, Dell사는 업체를 포함한 전고객에 컴퓨터를 직접판매하며, 고객으로부터 주문(Dell사는 푸시/풀 경계의 상부에 위치함)을 받은 후 조립을 시작한다. 전통적인 컴퓨터 생산자는 이와 반대로 소매섬에 조립된 제품이 구매 가능토록 유지해야 하므로 공급사슬의 푸시 단계에서 컴퓨터를 조립한다.

컴퓨터 업계에서의 고객 서비스에 대한 e-비즈니스의 영향 Dell사가 인터넷을 통해 컴퓨터를 판매하는 데 있어서 주단점은 주문 후 제품을 5일에서 10일을 기다릴 수 없는 고객은 판매의 관심 대상이 아니라는 것이다. 길어진 대응시간은 고객화 컴퓨터에 있어서는 큰 단점이 아닌 반면에, 표준화된 컴퓨터를 온라인으로 판매하려고 하는 것은 Dell사에게 단점이 된다.

Dell사는 e-비즈니스에 의해 제공되는 대응 상화전략을 더욱 개발하려고 한다. 인터넷을 이용하는 업체는 컴퓨터 사양에서 각기 다른 다양한 종류를 제공할 수 있다. 고객은 권고되는 컴퓨터 사양을 선정할 수도 있으며, 혹은 컴퓨터의 희망하는 프로세서, 메모리, 하드 드라이브, 기타 장치를 개인적으로 정할 수 있다. 고객화는 Dell사로 하여금 고객이 원하는 특수 사양에 가까운 제품을 제공할 수 있도록 하여 고객 만족도를 높일 수 있다. 고객화 옵션은 인터넷을 통해 쉽게 전시할 수 있으며, 고객에게 그들의 선택가치를 부여하여 Dell사로 하여금 고객을 더욱 끌어들이게 한다. Dell사는 또한 고객화된 웹페이지를 운영하여 고객이 주문하는 방식으로 대규모 사업을 행할 수 있게 한다. 분명히, 이러한 모든 가능성은 표준형 컴퓨터에는 적합하지 않다.

인터넷은 Dell사로 하여금 소매점에서 제품을 판매하는 경쟁사보다 더 빨리 새로운 제품을 시장에 출시하게 한다. 이는 컴퓨터 업체가 몇 달의 짧은 판매주기를 가지는 특성 때문에 아주 중요하다. 중간자 및 소매점을 통해 판매하는 경쟁회사는 고객들에게 제품을 출시하기 전에 중간자와 소매점에 전시를 해야 한다. 그와 반대로, Dell사는 첫 번째 제품의 컴퓨터가 조립준비가 되는 시점에 인터넷을 통해 새로운 제품을 고객에 출시한다. 그 결과 Dell사는 제품의 새로운 부품을 판매 가능한 시점 즉시 제공할 수 있다. 중간상과 소매점을 통해 제품을 판매하는 컴퓨터 제조사는 시장에 새로운 부품을 출시하기 위해서는 더욱 많은 시간이 소요된다.

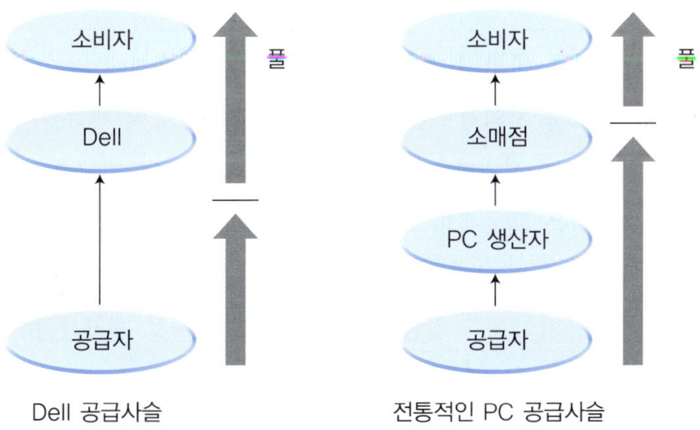

그림 4.11 Dell사와 전통적인 PC 생산자의 공급사슬

비록 컴퓨터를 소매점에 재고로 보유하고 있는 소매자와는 대응시간면에서는 경쟁을 할 수가 없으나, Dell사는 고객화된 컴퓨터를 가장 빠르게 제공하는 회사이다. 회사는 고객의 주문 접수 후 고객화된 컴퓨터를 조립하도록 제품과 조립절차를 설계하였다. e-비즈니스가 제공하는 Dell사와 고객 간의 직접적인 상호관계 없이는 Dell사의 대응시간은 느려질 것이며, 회사는 고객화된 제품에 대해 책임질 수 없게 된다. 대응시간에서 며칠을 줄이게 되면, Dell사는 시간에 민감한 고객을 보다 더 끌어올 수 있다.

Dell사는 또한 인터넷을 통해 가격의 유연성을 이용하여 수익을 증가시킨다. Dell사의 영업부는 가용한 자산으로부터 발생 가능한 수익을 최대화하기 위해 구성품의 수요와 공급에 기초한 일일 배송시간 및 가격을 변경한다. 판매를 증가시키기 위해 회사는 초과하는 재고의 구성품을 포함하는 사양에 대한 가격은 내린다.

인터넷을 이용하여 컴퓨터를 고객에 직접적으로 판매하는 경우, Dell사는 중간자 및 소매점의 판매 마진을 제거함으로써 회사의 수익을 증가시킨다. 인터넷은 Dell사의 고객으로 하여금 하루 24시간 주문이 가능토록 하였다. 다른 경로와 관련하여, 인터넷은 필요한 인원을 줄임으로써 훨씬 저렴한 접근 경로를 제공하였다. 예를 들면, 컴퓨터 소매점은 하루 24시간 영업을 하기 위해서는 많은 경비를 필요로 할 것이다.

e-비즈니스를 보유한 Dell사는 제품을 판매 후 판매금 회수도 짧은 시간 내에 할 수 있다. 그러나 Dell사는 공급자들의 판매금 입금은 주 단위로 할 수 있도록 전통적인 방식을 취하고 있다. 낮은 재고 수준을 유지해도 Dell사는 컴퓨터 판매 대금을 수령 후 44일 정도 후에 부품 공급자에게 비용을 지불하기 약 44일 전에 판매 대금을 받기 때문에 자본의 마이너스 상태에서 경영을 할 수 있다. 중간자와 소매점을 포함한 컴퓨터 공급사슬은 이러한 결과를 가져올 수 없다.

컴퓨터 업계에서의 비용에 대한 e-비즈니스의 영향

재고비용　e-비즈니스는 사슬 내의 소매점이 판매를 위해 각 가게에 컴퓨터 재고를 보유해야 하는데 반해, Dell사는 재고를 지역적으로 몇 군데만 운용함으로써 재고를 줄일 수 있다. Dell사는 온라인 주문이 도착하는 시점과 배송의 시점을 줄임으로써 재고를 더욱 줄일 수 있다. Dell사의 제품 및 조립 라인은 고객에게 고객화된 제품을 빠른 시간 내에 조립할 수 있도록 설계되어 있다. 이를 통해 Dell사는 고객 주문 도착 시까지 조립을 지연할 수 있다. 그 결과 Dell사는 다양한 완성품 형태가 가능토록 일반성을 지닌 부품 형태로 재고를 유지한다. 부품의 일반성 및 지연을 통해 Dell사는 재고 수준을 상당히 줄일 수 있다.

중간자와 소매점을 통해 판매하는 컴퓨터 생산자는 지연을 실행하기가 어렵다. 그 결과 전통적인 컴퓨터 생산자는 판매하는 사양의 제품은 부족하고 동시에 판매되지 않은 사양의 컴퓨터를 보유하게 되는 상황에 종종 직면한다. Dell사는 그와 반대로 수요와 공급에 잘 대응할 수 있다.

시설비용 e-비즈니스는 Dell사가 직접적인 공급 및 소매점을 유지하지 않기 때문에 공급사슬에서 시설비용을 줄일 수 있게 해 준다. Dell사는 생산 시설 및 부품창고의 비용만이 발생한다. 소매점을 통해 제품을 판매하는 컴퓨터 공급자는 분배창고 및 소매점의 비용을 지불해야 한다.

e-비즈니스는 Dell사가 주문을 위한 고객의 참여를 통해 이점을 누리고 시설에서의 비용을 줄이게 해 준다. Dell사는 고객이 온라인으로 주문을 하기에 콜센터의 인건비를 절감하게 해 준다.

수송비용 e-비즈니스의 결과로, Dell사의 공급사슬에서 총수송비용은 중간자와 소매점을 이용하여 컴퓨터를 판매하는 회사보다 더 많이 지불한다. 중간상 및 소매점을 이용하여 판매하는 회사는 창고로부터 대규모로 컴퓨터를 중간자 및 소매점에 수송하나, Dell사는 각각의 컴퓨터를 공장으로부터 직송한다. 따라서 Dell사의 공급사슬은 출고수송비용이 높다. 컴퓨터의 가격면에서 보면 출고수송비용은 낮은(일반적으로 2에서 3퍼센트) 편이며, 총비용에 중요한 영향은 아니다.

정보비용 비록 Dell사가 생산-주문 모델을 적용하기 위한 정보기술에 상당한 투자를 하였으나, 이미 논의된 바와 같이 비용보다는 많은 이득을 가져다 주었다. 추가적으로, IT 비용의 많은 부분은 Dell사의 e-비즈니스와 관계없이 발생하였을 것이다. 따라서 e-비즈니스는 Dell사의

표 4.10 Dell사의 e-비즈니스 스코어카드

영역	영향(고객화된 사양)	영향(저비용 사양)
대응시간	−1	−2
제품다양성	+2	0
제품가용성	+1	+1
고객 경험	+2	+1
시장진입	+2	+1
주문 가시성	+1	0
직접판매	+2	+1
가격의 유연성, 판촉행사	+2	+1
효율적인 자금 전환	+2	+2
재고	+2	+1
시설	+2	+1
수송	−1	−2
정보	0	0

Key: +2 = 매우 긍정; +1 = 긍정; 0 = 중립; −1 = 부정; −2 = 아주 부정.

정보비용을 추가시켰으나, 이득에 비추어 보면 주요 요인은 아니었다.

Dell사의 실적에 대한 e-비즈니스 영향 [표 4.10]의 e-비즈니스 스코어카드에서 요약된 바와 같이 e-비즈니스는 Dell사에게 대응 및 비용 측면에서의 회사의 실적을 상당히 개선시켜 주었다. 그러나 저가 및 표준형 컴퓨터에 있어서 온라인 채널은 상당히 덜 매력적이다. Dell사의 주요 강점, 통합을 통한 재고 감축 등은 저가 및 표준형 컴퓨터에 있어서는 적합하지 않기 때문이다. 동시에, 저가형 및 표준형 컴퓨터에 있어서, 빈약한 대응도 및 높은 수송비용이 야기되는 온라인 채널의 약점은 더욱 부각될 것이다.

소매점 및 인터넷을 이용한 컴퓨터 공급사슬 네트워크 첫 번째는 모든 컴퓨터 생산자는 Dell사가 하는 방법과 같이 네트워크 구조를 설립해야 하는 것처럼 보인다. 그러나 중간자와 소매점을 이용하여 제품을 판매하는 전통적인 컴퓨터 생산자도 현네트워크에 인터넷을 접목시킴으로써 많은 이득을 취할 수도 있다. 이 이슈는 하드웨어의 공통성이 부각되므로 더욱 중요해진다. 컴퓨터 생산자는 수요를 예측하기 쉬운 표준사양을 판매하기 위해 기존 소매점 판매망을 이용하고, 수요를 예측하기 어려운 신제품 및 고객화된 컴퓨터 사양을 판매하기 위해 e-비즈니스를 이용해야 한다. 생산자는 신제품은 인터넷을 통해 출시하고, 이 모델에 대한 수요의 증가에 따라 이 모델들을 소매점에 추가배치해야 한다. 다른 방법으로는 모든 고객화된 사양을 인터넷으로 판매하고 새로운 모델의 권고된 사양을 소매점을 통해 출시하는 것이다. 이를 통해 생산자는 다양한 제품의 생산을 통합하고 온라인 수요를 만족시킴으로써 재고를 줄일 수 있다. 이 모델들은 가능한 공통성을 가진 부품으로 생산되어야 한다. 이 표준 모델은 비록 긴 리드타임이 필요하나, 낮은 비용으로 생산될 수 있다. 표준 모델을 중간자 및 소매점을 통해 판매함으로써 저비용 사양보다 수송비용을 절감할 수 있다. 소매점은 고객이 선정하는 고객 선택의 사양을 주문하고 재고가 없는 표준 모델을 주문하기 위해 e-비즈니스를 사용할 수 있다. 전통적인 컴퓨터 생산자가 소매점에 기존 경로에 대한 피해를 주지 않으며 e-비즈니스를 할 수 있는 기회를 제공하는 것이 중요하다.

전통적인 생산자는 e-비즈니스 및 소매자와 중간자 경로의 장점을 둘 다 사용할 수 있는 두 방법을 사용할 수 있다. Gateway사는 기존의 전통적인 소매 판매 경로의 장점을 사용하지 않아 소매점과의 영업에 실패하였다. 소매점에서 고객의 사양 선정을 도와주는 대신에 Gateway사는 가게에 권고된 자사의 컴퓨터를 배치함으로써 고객에게 더 가까이 다가갈 수 있었다. 이를 통해 Gateway사는 고객화 사양을 효율적으로 생산할 수 있으며, 권고사양을 원하는 고객을 즉각적으로 만족시킬 수 있었을 것이다.

e-비즈니스를 이용한 도서 판매: Amazon

도서 공급사슬은 e-비즈니스의 태동과 함께 변화되었으며 Amazon.com은 1995년 7월에 창립되었다. 1995년 이래, Amazon.com은 음악, 장난감, 전자제품, 소프트웨어, 가정용품을 판매하는 제품에 포함시켰다. 그러나 도서 산업에서의 인터넷을 이용한 수익 증가는 컴퓨터 산업의 수익 성장보다는 적었다.

도서 업계에서의 고객 서비스에 대한 e-비즈니스의 영향 e-비즈니스를 통한 도서 산업에서의 이윤 발생은 컴퓨터 산업과 같은 이윤을 올리지 못한 이유는 여러 가지이다. e-비즈니스를 이용하여 제품을 생산자가 고객에게 직접 판매하는 컴퓨터 산업과는 달리 도서 산업에서의 공급사슬은 줄어들지 않았다.

도서를 원하는 고객은 Amazon.com에서 Dell사의 경우처럼 신속히 쇼핑을 할 수 없었다. Amazon.com은 책 구입 시 며칠을 기다릴 의향이 있는 고객만을 대상으로 하게 되었다. 이 회사는 이러한 어려움을 대처하기 위해 온라인 책 구매의 기분을 느끼도록 고객에게 책의 논평과 다른 정보를 제공하였다.

이러한 단점을 해결하기 위해, Amazon.com은 고객의 관심을 끌고 수익을 증대하기 위해 인터넷을 통한 여러 가지 시도를 하였다. Amazon.com은 수백만 권의 책으로 고객의 선택폭을 넓혀줌으로써 많은 고객을 유치할 수 있었다. 고객은 찾기 어려운 책이나 혹은 특수한 책을 찾을 수 있었다. 대규모의 실제 서점은 그와 반대로 수만 권의 책보다는 적은 수의 책을 보유한다. Amazon.com은 그들의 구매내역을 통해 인터넷으로 책을 권고할 수 있다. 고객들은 그들의 관심 분야의 새로운 책을 e-메일을 통해 권고받을 수 있었다. Amazon.com은 가용한 책의 평론 및 다른 고객의 코멘트를 고객에게 제공한다. 전통적인 소매점 사슬에서는 모든 소매점이 재고를 보유하고 있어야 하지만, 이를 통해 새로운 책은 신속히 출시되었고 온라인 구매가 가능했다.

Amazon.com은 인터넷을 통해 고객이 집에서 편안히 언제라도 주문이 가능하게 하였다. 만약 고객이 어떠한 책을 원하는지 알면, 그들은 온라인으로 주문할 수 있고 그 책은 그들의 가정에 배달된다. 이를 통해 실제 서점을 1~2시간 방문하기 위해 집을 떠날 필요가 없다. 이로써, Amazon.com은 이러한 편안함에 가치를 두고 배송을 위해 기다릴 수 있는 고객을 구매 대상으로 끌어들일 수 있다.

도서 업계에서의 비용에 대한 e-비즈니스의 영향 Amazon.com은 또한 인터넷을 통해 재고를 줄이고 시설비용을 낮춘다. 그러나 수송비용은 온라인 판매가 증가함에 따라 증가한다.

재고비용 Amazon.com은 몇 개의 지역적 위치의 재고 통합을 통해 재고를 줄일 수 있었다. 일반적인 도서 사슬은 그와 반대로 서점에 책을 진열하기 때문에 재고를 많이 유지한다. 수요가 불확실하고 적은 책을 통합함으로써 재고를 줄일 수 있다. 수요가 보다 잘 예측되는 베스트셀러는 이러한 이점이 중요하지는 않다. Amazon.com은 재고에 고수요의 책을 보유하며 고객 주문 시 대응하기 위해 저수요의 책은 중간자로부터 구매한다. 중간상이 Amazon사와 더불어 다른 서점과 종합하여 운영하므로 Amazon.com의 공급사슬은 저수요의 재고를 더욱 줄일 수 있다.

시설비용 e-비즈니스는 Amazon.com으로 하여금 Borders사 혹은 Barnes & Nobles사가 보유한 도서 사슬과 같은 소매점 구조를 필요로 하지 않게 하여 시설비용을 낮춘다. 처음에 Amazon.com은 중간자로부터 책을 구매하여 창고가 필요치 않았다. 수요량이 작을 때에는 Amazon. com을 제외한 서점의 수요를 통합할 수 있어서 중간자가 재고를 보유하는 것이 좋았다. 수요가 증가함에 따라 Amazon.com은 수요가 많은 책들을 보관할 창고를 보유하게 되었다. 현재 Amazon.com은 수요가 많은 책들은 출판사로부터 직접 구매하며, 수요가 적은 책들은 중간자를 통해 구매한다. 따라서 Amazon.com의 시설비용은 증가하고 있으나, Amazon.com의 사슬에 소매점을 보유하고 있지 않기에 시설비용은 여전히 상당히 낮은 수준이다.

수송비용 Amazon.com의 공급사슬은 소매점을 통해 책을 판매하는 서점보다는 수송비용이 많이 발생한다. 지역 서점은 고객에 직접 배송하는 비용은 없다. 그와 반대로, Amazon.com은 창고로부터 고객까지 배송하는 비용이 발생하며 이는 책 가격의 주요 구성 요소이다. 저렴한 가격의 책은 경우에 따라서 배송비용이 2배인 경우도 발생한다. 수요가 증가함에 따라 Amazon.com은 고객에 더욱 가까이 다가가고, 수송비용을 줄이고, 대응시간을 줄이기 위해 몇 개의 창고를 추가로 보유하게 되었다.

정보비용 Dell사와 같이 e-비즈니스를 설치하기 위해 추가적인 IT 투자비용이 들지만, 전통적인 소매점의 IT 비용과 비교 시 상당히 많은 추가비용은 아니다. 그러므로 e-비즈니스의 IT 비용은 조금은 높은 수준이나, 아주 높은 것은 아니다.

Amazon사의 실적에 대한 e-비즈니스 영향 [표 4.11]에 Amazon사의 e-비즈니스 스코어카드가 요약되어 있다. [표 4.10]과 [표 4.11]의 비교 시, e-비즈니스는 도서 판매보다는 컴퓨터 판매에 더욱 많은 이점을 제공한다. 두 제품의 주요 차이점은 (1) 책은 판매 시작 전에 현재 출판된 책을 판매하나, 컴퓨터는 고객의 주문 후까지 제품의 조립에 대한 지연이 가능하다는 차이점이 있다; 그리고 (2) 책의 수송비용은 상당한 부분을 차지하나, 컴퓨터 가격에서 수송비용은 상대적으로 작다. 책이 만약 다운로드 되면, Amazon.com은 지금 Dell사가 인터넷을 통해 수송하는

표 4.11 Amazon.com의 e-비즈니스 스코어카드

영역	영향
대응시간	−1
제품다양성	+2
제품 가용성	+1
고객 경험	+1
시장진입	+1
주문 가시성	0
직접판매	0
가격의 유연성, 판촉행사	+1
효율적인 자금 전환	0
재고	+1
시설	+1
수송	−2
정보	−1

Key: +2 = 매우 긍정; +1 = 긍정; 0 = 중립; −1 = 부정; −2 = 아주 부정.

이점과 유사한 혜택을 누리게 될 것이다. 그 결과 Amazon사가 가지고 있는 현재의 단점은 없어지게 될 것이다.

Amazon.com은 다운로드가 가능한 제품으로는 현재 음악과 소프트웨어를 판매하고 있다. 두 경우에 만약 고객의 주문에 따라 컴팩트 디스크를 생성하거나 고객이 이 제품을 다운로드하는 경우에 Amazon.com은 e-비즈니스의 이점을 증대시킬 수 있다. 장난감 및 수공구와 같은 다른 제품은 이러한 시간지연의 가능성에 한계가 있다. 이러한 제품영역에서의 Amazon.com의 e-비즈니스 장점은 실제 소매점과 비교 시 작게 나타난다.

소매점 및 인터넷을 이용한 도서 공급사슬 네트워크 1980년대, Borders와 Barnes & Noble과 같은 대형 서점체인이 영세 서점들을 희생하여 설립되었다. 대형 소매점들은 두 지점 간 영세한 서점보다 더 많은 양의 책을 낮은 비용으로 옮길 수 있다. Borders사와 Barnes & Noble사 모두 잘 팔리는 서적에 대해서는 할인을 제공하는 반면에 저수요 책에 대해서는 정가 그대로 받는다. 이러한 방법은 Amazon.com사가 시장을 장악하기 전까지는 효과적이었다. Amazon.com사는 인터넷을 이용하여 저수요 책을 다른 어떤 서점보다 훨씬 효율적으로 판매한다. 다른 소매 체재가 베스트셀러 책을 판매하기 시작하면서 위협이 되고 있다. Wal-Mart와 Costco 같은 대형 할인업체는 이미 베스트셀러 책을 판매하기 시작해왔는데, 식품가게와 같은 소매업체와 Starbucks와 같은 커피숍에서는 그들의 제품 포트폴리오에 베스트셀러 책을 추가

하지 못할 이유는 없다. Amazon.com이 시장을 장악하기 전, Borders사와 Barnes & Noble사 역시 인터넷과 문구류 상점을 이용하여 두 채널의 강점을 결합하는 효과적인 분배 네트워크를 구축할 기회가 있었다. 그렇게 하기에는 좀 늦은 것일 수도 있다. 특히 효과적인 웹이 아직 구축되지 않은 Borders사에게는 더욱 그렇다. 그들은 베스트셀러 책을 위한 다른 소매 체제와 저수요 책을 위한 온라인 판매 체제 사이에서 사장될 위험에 처해 있다.

e-비즈니스를 이용한 식료품 판매: Peapod

식료품 산업에서 e-비즈니스를 이용한 새로운 방식은 비록 전업체가 파산하였지만 그 시작은 1998년과 1999년에 도입되었다. Peapod사는 아직 남아 있는 가장 오래된 온라인 식료품 회사이다. 이 산업계에서의 실패로, 일반적으로 이 업계에서 e-비즈니스는 적절치 못하다고 추측한다. 여기서 스코어카드를 통해 이 경우에 해당되는지 알아보자.

Peapod사는 초기에 종업원이 식료품점에서 주문을 받아 배송하도록 일을 시작하였다. 현재 회사는 Chicago와 Washington DC에 있는 중앙집중형 보충센터와 다른 지역에 있는 인접 "상점"으로부터의 주문에 대해 공급한다. 각 보충센터는 슈퍼마켓보다 큰 대형 창고와 비슷하다. Peapod사와 슈퍼마켓 공급사슬은 일부 제품은 창고로부터 배송되고 그 외는 공급자로부터 직접 배송되므로 슈퍼마켓을 제외하면 경쟁력이 있다.

식료품 업계에서의 고객 서비스에 대한 e-비즈니스의 영향 Peapod사 및 다른 온라인 식료품사는 고객에게 편리함과 시간 단축을 제공하여 제품을 판매하려고 하였다. 많은 고객들은 식료품 쇼핑은 시간 소비이며 즐겁지 않은 것이라고 생각한다. Peapod사는 슈퍼마켓으로의 방문을 없애 언제든지 주문이 가능하며 제품을 집으로 배달한다. 이는 고객이 슈퍼마켓으로 걸어가서 식료품을 가정으로 들고 와야 하는 도시생활에서 상당한 편리성이다. 교외에서는 슈퍼마켓으로 운전하기에 편리함 때문에 상대적인 이점이 적다. 시간 절약은 여전히 큰 가치이다.

만약 식품 공급자가 온라인을 이용하면, 접근성과 관련한 이러한 편리성의 요인은 훨씬 중요하다. 예를 들면, 인종별 특화식품을 다루는 식료품점은 슈퍼마켓과 같은 접근성이 없으며, 종종 원거리를 운전해야 한다. 인터넷을 통한 인종적 식품의 제공은 고객에게 쉬운 접근성을 제공하며 운전거리를 줄여 준다. Ethnicgrocer.com은 이름이 나타내는 바와 같이 인종적인 식료품에 특화되어 있다. 그러나 Peapod사는 슈퍼마켓보다 더 많은 다양한 제품을 제공하지는 않는다. 대부분의 대형 슈퍼마켓은 가정에서 필요한 다양한 제품을 충분히 제공하고 있다.

Peapod사는 개인별 쇼핑 경험 및 고객화된 배달, 일대일의 광고 및 판촉을 통해 수익을 증가시켰다. 이는 Peapod사가 온라인 쇼핑 습관, 구매 역사, 설문조사를 통해 심층적인 멤버 프로파일을 사용하여 이루어졌다. 고객이 제품을 선정하여 체크아웃하기 전까지는 무엇을 구매하는지 알 수 없는 슈퍼마켓과는 달리, Peapod사는 고객의 구매 경험에 따라 온라인 구매를 안내할 수 있다. 예를 들면, 고객이 파스타를 구매하면, Peapod사는 파스타 소스 종류 및 파메잔(Parmesan) 치즈를 제안할 수 있다. 긴 시간 동안, Peapod사는 고객의 쇼핑 경향을 파악하여 고객의 취향에 맞는 제품을 제안할 수 있다. 이러한 제안은 고객의 구매 욕구를 충동하여 수익을 증가시킬 수 있다.

Peapod사는 또한 목표 고객과 상호교환 가능한 광고 및 전자쿠폰 등에 대한 광고 포럼 등을 열어 수익을 늘릴 수 있다. Peapod사는 고객의 구매성향에 대한 자료를 제품 제조회사에 판매하여 수익을 증가시킬 수 있다. 판매 데이터는 오직 고객의 마지막 구매만을 나타내기 때문에 슈퍼마켓의 데이터보다 온라인 고객의 식료품 구매 데이터가 더 가치가 있다. 온라인 식료품 판매자는 고객의 결정과정을 기록할 수 있다. 예를 들면, 온라인 식료품 판매자는 재고가 바닥난 제품에 대한 고객의 대체 제품 선정과정을 기록할 수 있다. 슈퍼마켓의 스캐너 자료로는 고객이 재고가 바닥난 제품을 찾고 있었는지를 알 수 없기 때문에 대체 품목에 대한 기록을 기록할 수 없다.

식료품 업계에서의 비용에 대한 e-비즈니스의 영향 Peapod사 및 다른 온라인 식료품사는 e-비즈니스를 이용하여 시설비용을 낮출 수 있으며, 어느 정도의 재고비용도 낮출 수 있다. 그러나 수송비용은 전통적인 슈퍼마켓보다 더 높다.

재고비용 슈퍼마켓 체인과 비교하여 Peapod사와 같은 온라인 식료품사는 소수의 대형 보급센터를 이용하여 재고를 통합함으로써 재고를 줄일 수 있다. 그러나 Peapod사는 고객의 식품을 수용할 수 있을 정도의 상태로 제공하기 위해 도심지역에 보급센터가 필요하기에 Amazon.com 혹은 Dell사에 의해 달성하는 수준보다는 통합의 수준에 따라서 재고를 더 낮출 수 없다.

슈퍼마켓에서 판매하는 제품은 일정한 수요에 대한 안정적 품목이기에 통합의 이점은 더욱 줄어든다. 통합은 예측의 정확성 향상 및 재고 감소의 측면에서 이익을 제공한다(11장 참조). 통합의 이점은 수요가 불확실한 저수요 특수 품목에서 높게 나타난다. 이러한 제품은 슈퍼마켓에서 판매하는 품목의 일부분을 차지한다. 따라서 통합은 일반적인 슈퍼마켓과 비교 시 e-식료를 통해 단지 약간의 재고를 줄일 수 있다. 만약 온라인 식료품사가 인종별 식품과 같은 특수한 식품을 집중적으로 판매하면, 통합을 통한 재고의 이점은 더 커질 것이다.

시설비용 Peapod사의 e-비즈니스는 창고 시설만이 필요하기 때문에 시설비용을 낮출 수 있으며, 슈퍼마켓과 같은 소매점 시설비용을 절감할 수 있다. 그러나 Peapod에서 주문을 충족하기 위한 처리비용은 슈퍼마켓과 비교하여 적은 창고 시설비용의 절감을 초과할 정도로 보다 많이 든다. Peapod사는 슈퍼마켓과 비교하여 계산대 인원을 줄일 수 있으나, 계산대 인원이 수행하는 시간보다 더 오랜 시간이 소요되는 제품 선택과정에 해당하는 일이 있다. 따라서 e-비즈니스는 슈퍼마켓과 비교하여 고객 참여의 손실이 있어서 전체적인 시설비용은 증대되는 셈이다.

수송비용　Peapod사와 같은 온라인 식료품 판매사는 슈퍼마켓보다 훨씬 더 높은 수송비용을 지불한다. 슈퍼마켓은 고객이 슈퍼마켓으로부터 가정까지의 수송 부담을 하기 때문에 제품의 입고수송비용만 지불하는 이점이 있다. 슈퍼마켓은 대규모 수송을 통해 수송에 경제적 규모를 적용하므로 입고수송비용이 적게 든다. Peapod사는 이와는 반대로 보급센터의 입고수송비용 및 보급센터에서 가정까지의 출고수송비용을 지불한다. 출고수송비용은 각자의 가정까지 각각의 주문을 배달해야 하므로 비용이 높다. 이 일은 다른 종류의 식품에 대한 다른 온도 요구조건 때문에 더욱 많은 문제를 야기한다.

컴퓨터 혹은 책과 비교 시, 식료품은 낮은 가치 대 무게/부피 비율을 가지고 있다. 예를 들면, 종이 타올 및 화장지는 가치는 낮으나, 트럭의 공간을 많이 차지한다. 따라서 수송비용은 온라인 식료품 판매자가 발생시키는 비용에 있어서 상당한 부분을 차지한다. 이 때문에 온라인 식료품 판매자는 가격면에서 경쟁하기가 상당히 어렵다.

정보비용　반복하면, e-비즈니스를 위한 IT 기본구조는 비용을 상승시킨다. e-식료품 판매는 고객이 다양한 역할을 하기 때문에 다른 e-비즈니스에서 논의한 내용과는 달리 더욱 중요할 수 있다. 따라서 IT 비용은 e-식료품 판매에서 많이 소요된다. 다른 예에서 보았듯이, 이러한 사업모델에서는 IT 비용이 결정적인 변수는 아니다.

Peapod사의 실적에 대한 e-비즈니스 영향　e-비즈니스는 식료품 산업에서 수익-증대 기회를 제공한다. 그러나 비용 측면에서는 [표 4.12]에서 나타난 바와 같이 슈퍼마켓보다 온라인 식료품 판매자가 높은 편이다. [표 4.10], [표 4.11], [표 4.12]의 비교에서 나타난 바와 같이, e-비즈니스는 책과 컴퓨터 판매보다는 식료품 판매가 이점이 적다는 것을 알 수 있다. 슈퍼마켓은 온라인 식료품 판매자가 부담하는 추가비용을 지불하지 않으므로 통합이 주는 재고이익을 감당하기 충분할 정도로 대규모로 운영된다. 온라인 식료품 판매자는 가격면에서 슈퍼마켓과 경쟁할 수 없으며, 만약 가정으로 배달하는 편리성에 대한 가격을 지불할 고객이 충분하면 성공할 수 있다. 그러나 온라인 식료품 판매자는 수요가 적으며, 불확실한 경우의 특수한 식료품 판매 시에는 비용의 이점을 가진다.

전통적인 식료품 체인의 e-비즈니스의 가치　전통적인 슈퍼마켓 체인은 현재 네트워크의 장

표 4.12 Peapod사의 실적에 대한 e-비즈니스 영향

영역	영향
대응시간	−1
제품다양성	0
제품 가용성	0
고객 경험	+1
시장진입	0
주문 가시성	−1
직접판매	0
가격의 유연성, 판촉행사	+1
효율적인 자금 전환	0
재고	0
시설	−1
수송	−2
정보	−1

Key: +2 = 매우 긍정; +1 = 긍정; 0 = 중립; −1 = 부정; −2 = 아주 부정.

점을 가지고 e-비즈니스를 이용하면 이점을 가질 수 있다. e-비즈니스는 편리함에 대한 비용을 지불하려는 고객에 대해 편리성을 제공할 수 있다. 슈퍼마켓은 낮은 가격에 가치를 두는 고객을 대상으로 제품을 판매할 수 있다.

e-비즈니스를 가진 슈퍼마켓 체인은 고객이 수행하는 일의 양에 따라서 가격을 달리 하는 서비스 전체 과정을 제공할 기회를 가지고 있다. 가장 저렴한 쇼핑방법은 고객이 슈퍼마켓을 방문하여 원하는 제품을 쇼핑하는 것이다. 이 경우는 고객이 매장에서 주문을 선택하고 외부수송을 제공하는 것이다. 고객의 추가비용 지불을 통해 슈퍼마켓이 고객으로 하여금 온라인 주문 후에 제품을 픽업하도록 할 수 있다. 슈퍼마켓 점원은 주문을 바탕으로 품목을 매장에서 고르며, 고객이 직접 수송한다. 가장 비싼 쇼핑방법은 고객이 온라인으로 주문하여 가정으로 제품을 배달시키는 것이다. 이 경우 슈퍼마켓이 매장으로부터 주문품을 고르고 고객의 가정으로 배달한다. 이와 같은 다양한 서비스와 가격은 슈퍼마켓 체인으로 하여금 고객의 다양한 요구를 효율적으로 만족하게 한다.

슈퍼마켓 체인 중에는 Albertsons사와 같이 실제 슈퍼마켓과 e-비즈니스를 통합한 시도를 실시한 곳도 있다. 매장의 이름을 Albertsons.com으로 바꾼 매장도 일부 있다. 절반의 매장은 전통적인 슈퍼마켓으로 운영하고, 다른 절반은 온라인 주문을 충족하기 위해 운영된다. 이를 통해 출고수송에 대해 고객과의 지리적 거리를 단축하고 입고수송은 규모의 경제를 실현하는 수준으로 운영한다. 고객은 매장에서 주문을 픽업하거나 집으로 배달하도록 할 수 있다. 하나의

완전한 온라인 식료품사는 효과적이지 못하지만, Albertsons 모델은 e-비즈니스와 식료품 산업에서의 슈퍼마켓을 혼합하는 가장 효과적인 방법으로 분석된다.

앞에서 언급한 바와 같이, 온라인 경로는 특수 식료품 판매자에게는 아주 효과적이다. 실제로 Amazon.com은 이러한 시장에 진입하기 위해 웹사이트에 특수 식료품 분야를 설정하였다.

e-비즈니스를 이용한 MRO 제품의 판매: GRAINGER.COM

W.W. Grainger사는 기계 윤활유부터 볼트와 너트 같은 소비재를 포함한 20만 개 이상의 MRO 보급품을 판매하는 B2B 중간유통회사이다. W.W. Grainger사는 전통적으로 종이 카탈로그를 이용한 제품 판매를 하였다. 고객은 전화로 주문을 하거나 미국 전역에 있는 약 400여 개의 지점을 방문하여 주문을 할 수 있었다. 전화로 주문한 제품은 택배로 배송받거나 지점에서 수령할 수 있었다. 1995년 W.W. Grainger사는 고객이 온라인 주문이 가능토록 Grainger. com을 개설하여 e-비즈니스를 실시하였다. MRO 보급품 판매 산업에서는 McMaster-Carr사와 같은 경쟁자가 e-비즈니스를 개설하며 이와 같은 사업이 번창하였다.

W.W. Grainger사의 고객 서비스에 대한 e-비즈니스의 영향 W.W. Grainger사는 인터넷이 제공하는 몇 가지의 기회를 사용할 수 있는 위치에 있다. 카탈로그로는 180,000가지의 제품만이 제공되는 데 비교하여 Grainger.com은 W.W. Grainger사가 판매하는 220,000가지의 제품을 고객에게 소개한다. 카탈로그와 비교 시, W.W. Grainger사가 개발한 인터넷 검색엔진을 이용한 제품 검색은 간단하다. 다양성의 증가로 W.W. Grainger사는 보다 많은 고객을 유치하고 기존 고객의 만족도를 높여 준다. 인터넷을 통해 W.W. Grainger사는 제품이 개발되면 즉시 신제품을 소개하여 수익을 증가시킨다. 직접적인 우편 판매로 W.W. Grainger사는 신제품에 대해 고객에 전달하는 카탈로그를 우송하기를 기다려야 했다. e-비즈니스를 통해 W.W. Grainger사는 판촉을 제공할 수 있고 새로운 카탈로그 우송 없이 가격을 변경할 수 있다.

Grainger.com은 고객으로 하여금 주문을 할 수 있게 하고 항상 상황을 점검할 수 있게 하였다. 이는 고객에게 상당한 이점을 제공하였으며, 고객은 이를 통해 제품 구매절차를 개선할 수 있었다. 예를 들면, 고객 중 야간 근무자는 인터넷을 통해 필요한 주문을 하고 주문 상황을 확인할 수 있다. 그들은 더 이상 주간 근무자가 주문을 하도록 기다릴 필요가 없게 되었다. 이를 통해 주문의 정확성이 높아졌고, 처리 절차의 시간을 단축할 수 있었다. Aberdeen Group의 연구결과에 의하면, 온라인 구매를 통한 주문기간 및 충족사이클은 평균 7.3일에서 2일로 단축되었다. 단축된 주문-충족시간은 W.W. Grainger사로 하여금 e-비즈니스를 통해 보다 많은 주문을 유치하게 하였다. W.W. Grainger Consulting의 연구결과에 의하면 MRO 중간자가 온라인으로 판매함에 따라 10~20퍼센트의 판매 성장을 이룰 것으로 보았다.

그러나 MRO 보급 산업에서의 e-비즈니스 결과로 제품의 마진은 약간 감소할 것이다. 인터넷을 통해 고객이 가격을 쉽게 비교할 수 있기에, e-비즈니스를 통한 성장으로 MRO 보급회사로 하여금 가격을 인하하게 하였다.

W.W. Grainger사의 비용에 대한 e-비즈니스의 영향 W.W. Grainger사는 e-비즈니스를 이용하여 주문절차비용과 어느 정도의 시설비용도 감소시켰다. 특히 W.W. Grainger사 고객은 e-비즈니스의 결과로 주문처리비용의 상당한 절감을 보았다.

재고비용 택배에 의해서 배송되는 인터넷 주문의 증가와 함께 W.W. Grainger사는 재고를 통합하여 재고를 줄일 수 있었다. W.W. Grainger사는 온라인 판매가 지점을 폐쇄할 정도로 대규모로 커지면 추가적인 재고 감소를 할 수 있다. 그러나 W.W. Grainger사의 기존 공급사슬 네트워크가 온라인 판매에 적합하게 되면 재고가 갖는 이점은 소규모일 것이다. 고객은 인터넷을 통한 보충 리드타임이 전통적인 방법보다 낮아지므로 e-비즈니스를 통한 재고비용을 감소시킬 수 있다.

시설비용 W.W. Grainger사의 시설비용은 인터넷을 통한 판매의 택배 이용과 일정 수의 지점의 폐쇄로 어느 정도 절감될 것이다. W.W. Grainger사는 온라인 판매를 통한 처리비용의 절감을 볼 것이다. 인터넷을 통해 주문을 하는 고객은 모든 주문 행위를 직접 실행한다. 이를 통해 W.W. Grainger사는 콜센터의 인원을 감축할 수 있다.

고객은 e-비즈니스의 결과로 주문처리비용을 절감할 수 있다. e-비즈니스는 MRO 보급품 사용자의 손에 자료가 풍부한 카탈로그를 제공할 수 있는 편리한 방법이다. 그 결과로 직원이 MRO 구매 주문을 처리할 필요가 없다. e-비즈니스는 구매를 비효율적인 방법으로 할 필요가 없어져 회사에 편리하고 신속한 방법을 제공한다. Aberdeen Group은 MRO 보급품의 온라인 구매로 행성석인 비용을 주문당 30달러를 질약한다고 예싱하고 있다.

수송비용 W.W. Grainger사의 공급사슬에서 수송비용은 e-비즈니스의 결과로 상당한 변화가 예상되지는 않는다. 수송비용은 지점에 의해서 픽업되지 않고 택배회사에 의해서 인터넷 주문이 배송되기에 상승될 것이다. 그러나 전체적으로는 고객이 주문 배송방법에 아주 큰 영향을 미치지 않기에 비용은 변화하지 않을 것이다.

정보비용 정보비용은 회사에서 Grainger.com의 개설에 든 비용 때문에 상승하였으나, 추가적인 비용은 별로 들지 않았다.

표 4.13 W.W. Grainger사의 e-비즈니스 스코어카드

영역	영향
대응시간	0
제품다양성	+2
제품 가용성	0
고객 경험	+1
시장진입	+1
주문 가시성	+1
직접판매	0
가격의 유연성, 판촉행사	+1
효율적인 자금 전환	0
재고	0
시설	+1
수송	0
정보	−1

Key: +2 = 매우 긍정; +1 = 긍정; 0 = 중립; −1 = 부정; −2 = 아주 부정.

W.W. Grainger사의 실적에 대한 e-비즈니스 영향 MRO 중간자인 W.W. Grainger사는 [표 4.13]에서 나타난 바와 같이 어느 정도 e-비즈니스가 유용함을 알 수 있다. e-비즈니스로부터 얻은 대부분의 이익은 주문을 접수하고 처리하는 비용의 절감에서 얻은 것이다. 제품의 다양한 전시 능력과 제품 탐색이 고객에게 주는 편리성 때문에 어느 정도의 이익이 실현되었다. 그러나 MRO 보급품 사슬의 기본적인 구조는 전화 주문과 비교 시 온라인 실행 시에도 큰 차이는 없었다. 따라서 개선된 공급사슬 구조로부터의 이득은 크지 않았다.

4.5 배송 네트워크의 실제

1. **배송 네트워크의 소유구조는 배송 네트워크의 유형만큼 큰 영향을 준다.** 이 장의 대부분은 실제 네트워크의 다른 유형들과 성공적으로 제품을 분배하는 반복적인 흐름에 대해 다루었다. 그러나 이와 동일하게 중요한 것은 누가 배송 네트워크의 각 단계를 소유하는가이다. 동일한 물리적 흐름을 가지고 있으나 소유자가 다른 구조를 지니고 있는 배송 네트워크는 매우 다른 성과를 가져올 수 있다. 예를 들어, 배송 네트워크를 소유한 제조업체의 경우에는 네트워크의 행동을 조정하는 것이 중요하다. 하지만 배송 네트워크를 소유하지 않은 구조를 지니는 대부분의 제조업체들은 네트워크를 최적화하는 것이 중요한 과제일 것이다. 확실하게

독립된 구조를 지니는 분배센터는 그들이 소유한 기업들을 최적화하기를 원한다. 여러 기업의 배송 네트워크를 최적화하는 것은 각 기업의 적절한 인센티브를 제공하고 올바른 관계를 형성하는 데 많은 기술적 요인들이 필요하다. 또한 배송 네트워크를 설계할 때 물리적인 흐름과 소유구조의 영향을 고려해야 한다.

2. **배송 네트워크의 선택은 장기적인 영향을 준다.** 배송 네트워크의 구조는 변경하기 매우 어려운 의사결정 중 하나이다. 한 번 결정되면 그 영향이 수십 년 동안 지속된다. 예를 들어, 미국의 자동차 생산자는 실질적으로 수십 년 전에 형성된 독립적인 딜러의 네트워크를 통해 고객에게 그들의 모든 차를 판매하였다. 왜냐하면 딜러들은 고객과 자동차 공급사슬 간의 접점이기 때문이다. 자동차 생산자는 이런 긍정적인 관계를 보장하는 딜러들에 관심이 많다. 그러나 딜러들이 독립적인 경우, 생산자와 다소 다른 목표를 가지고 있다. 하나의 생산자보다 많은 생산자와 관계를 지닌 딜러들과 다른 유통채널을 사용하려는 생산자를 더욱 어렵게 만드는 입법조치들은 이를 더욱 복잡하게 만들었다. 수십 년 동안 자동차 생산자는 다른 분배채널을 사용하려고 하였으나 딜러들은 생산자들을 오로지 하나의 채널을 통해서만 자동차를 팔게끔 하였다.

   장기적인 영향의 또 다른 예는 PC 산업에서도 볼 수 있다. 최근 생산자들은 독립된 유통업체나 소매자를 통해 물건을 팔았다. Dell사의 출현은 어떻게 전통적인 모델보다 직판 모델이 우월한지를 보여 주는 명백한 예였다. HP사와 같은 다른 PC 생산자들은 생산하는 본업 이외에도 PC를 직접적으로 판매하는 분야에 진출하였다. 그러나 유통채널의 존재는 기대했던 것과는 달리 그들의 비즈니스를 서로 잡아먹는 식으로 부정적으로 작용하였다. 대부분의 유통업체는 여러 다른 회사의 PC를 판매하기 때문에 유통업체에서 경쟁자의 제품의 판매촉진을 벌이는 보복을 벌일 수 있다. 따라서 생산자는 과감하게 직접적인 판매촉진을 벌이지 못한다. 그러므로 이러한 PC 생산자들은 직접적인 판매 비즈니스를 최소화한다. 생산자는 본질적으로 그들의 전통적 배송 네트워크에 의해 방해받는다. 직접적으로 판매하는 한 가지 방법은 유통업체와 고객들 간의 비용이 많이 소모되는 관계를 끊는 것이다. 이러한 예들은 올바른 배송 네트워크의 선택에 대한 장기적인 영향이 얼마나 큰지를 설명한다.

3. **독점적인 배송 전략이 유리한지 아닌지를 고려한다.** 또 다른 중요한 선택은 독점적으로 유통하느냐 아니냐 하는 것이다. 예를 들어, Sony사와 같은 전기전자제품 생산자는 Best Buy사, Circuit City사, Wal-Mart사와 같은 많은 유통업체와 관계를 가지려고 한다. 이런 경우 Sony사는 고객에게 그들의 제품이 매장에서 항상 전시되는 것에 관심을 두며 유통업체들이 서로 Sony사 제품을 고객에게 판매하기 위해 경쟁하는 것에는 관심이 없다. 최고급 스테레오 장치의 생산자의 경우에 그럴 듯한 대응방법은 유통업체와 독점적인 관계를 형성하는 것이다.

이런 경우 고객들은 이 브랜드의 제품은 특정 소매자로부터 구입할 수 있다. 소매자는 근처 상점과 가격경쟁을 벌이지 않아도 되므로 높은 이윤을 얻을 수 있다. 그러나 생산자에게 이득은 무엇일까? 독점적인 유통은 경쟁이 적고 이윤이 높아 생산자의 제품을 판매하는 것에 더욱 더 관심을 갖기 때문에 판매가 증가될 것이다.

4. **제품가격, 유용성과 임계는 고객에 의해 선호되는 배송 시스템의 형태에 영향을 준다.** 판매자와 구매자 사이의 상호작용은 시간과 자원을 소모한다. 많은 구매자들은 모든 종류의 제품을 공급할 수 있는 단일 기업과 거래하기를 원한다. 이는 많은 종류의 제품을 생산하는 생산자에 의해 성취될 수 있다. 그러나 이는 다수의 생산자로부터 제품을 운송하는 유통업체에 의해 더 효과적으로 성취될 수 있다. 한 장소에서 구매하려는 고객의 상점방문 선호도는 편리성뿐만 아니라 그들이 사려고 하는 제품의 유형에 따라 달라진다. 특수한 항목의 경우 고객들은 단독적인 관계를 가지려고 할 것이다.

   예를 들어, 소비자들은 생산자로부터 직접적으로 PC를 구매하기를 원할지도 모른다. 그러나 소수의 고객들만이 직접적으로 펜 생산자로부터 펜을 주문하기를 원하고, 종이 생산자로부터 종이를, 스테이플 생산자로부터 스테이플을 구매하기를 원할 것이다. 대부분의 소비자들은 다양한 생산자들의 제품을 소유하고 있는 고정된 상점을 더욱 선호한다. 펜 생산자가 고객의 집까지 개인적으로 펜을 경제적으로 배송할 수 있다고 할지라도 다른 사무제품을 필요로 하기 때문에 상점을 방문할 것이다.

5. **기존의 물리적 네트워크와 인터넷을 통합하라.** e-비즈니스로부터 최대의 이득을 얻어 내기 위해서 기업들은 기존의 공급사슬 네트워크와 통합해야 한다. 두 네트워크를 분리하는 것은 공급사슬 안에서의 비효율적인 결과를 초래한다. 기존의 물리적인 네트워크와 e-비즈니스를 연결하는 것을 "Clicks-and-mortar"라고 부른다.

   슈퍼마켓에서 쇼핑하기를 원하는 고객들과 온라인으로 주문하기를 원하는 고객들을 만족시키기 위해 물리적인 자산을 사용하는 Alberstons사는 공급사슬 안에서 e-비즈니스를 효율적으로 통합하였다. 다른 효율적인 "Clicks-and-mortar" 전략의 예로, 상점에 진열되어 있는 컴퓨터를 이용하여 고객들이 온라인 주문을 하고 주문한 물품을 상점에서 받을 수 있도록 하는 Gap사가 있다. 인터넷은 Gap 상점에서 고객들에게 제품의 높은 가용성을 제공할 수 있게 하였다. Gap 매장은 매장의 입장에서 쓸모없는 일일지도 모르나 고객들이 온라인으로 색상이나 사이즈를 주문할 수 있도록 인기 있는 제품을 보관한다. 이는 Gap사가 고객에게 다양한 가용성을 제공하면서 낮은 수요를 지니는 품목들을 집중하면서 물리적인 네트워크와 e-비즈니스를 통합함으로써 얻어지는 이윤을 최대화할 수 있도록 한다.

4.6 학습목표 요약

1. **배송 네트워크 설계를 할 때 고려되어야 하는 주요 요인을 구분하라.** 관리자는 배송 네트워크를 설계할 때 고객의 요구와 고객의 요구를 만족시키기 위한 비용을 고려해야 한다. 고려되어야 되는 고객 요구의 핵심은 대응시간, 제품의 다양성/가용성, 편리성, 주문 가시성, 반송능력 등을 포함한다. 관리자가 고려해야 할 중요한 비용은 재고, 수송, 시설과 처리, 정보비용 등을 포함한다. 시설을 증가시키는 것은 대응시간과 수송비용을 절감시키나 재고비용과 시설비용은 증가시킨다.
2. **다양한 배송사양에 따른 강점과 약점에 대해 논의하라.** 고객에게 직접적으로 수송하는 배송 네트워크는 부정확하고 적은 양의 수요를 지니는 매우 다양한 고부가가치 제품에 적합하다. 이러한 네트워크는 재고 수준이 낮으나 높은 수송비용을 발생시키고 대응시간이 너무 느리다. 일부의 재고를 가지고 있는 배송 네트워크는 특히, 수송비용이 총비용의 많은 부분을 차지하는 높은 수요를 지닌 제품에 적합하다. 이런 네트워크는 높은 재고비용을 유발시키나 낮은 수송비용과 빠른 응답능력을 지닌다.
3. **다양한 산업에서의 e-비즈니스가 배송 네트워크 설계에 어떻게 영향을 주는지 설명하라.** e-비즈니스의 향상은 공급사슬에서의 고객 서비스와 비용에 영향을 주었다. e-비즈니스는 기업들이 다양한 제품을 제공하고 재고를 한 곳에 보관함으로써 제품 가용성을 개선시킬 수 있도록 하였다. 특히 낮은 생산량과 높은 다양성을 지닌 제품에 효과적이다. 또한 e-비즈니스는 24시간 서비스를 제공함으로써 고객 경험을 개선하였다. 그러나 온라인 판매는 소매점보다 대응시간을 증가시켰다. e-비즈니스는 고객 참여의 중요한 손실이 없다면 시설비용을 절감시킬 수 있다. 하지만 수송비용을 증가시키고, 특히 수요가 예측 가능한 저부가가치 제품에는 더욱 심하다. e-비즈니스는 고객들이 수송되기 전까지 일정 시간 동안 기다릴 의지가 있는 경우, 불확실한 수요를 지닌 고부가가치 제품에 매우 효과적이다.

토의문제

1. 이동이 빠른 소비재 산업에서 미국보다 인도에 더 많은 분배자가 존재하는 것을 정당화 할 수 있는가?
2. 한 특수화학회사는 특수화학의 소비를 5개의 회사가 지배하고 있는 브라질로 그들의 사업을 확장하려고 한다. 어떤 형태의 배송 네트워크가 이 회사에게 유용할 것인가?

3. 한 유통업체는 그들이 구매하는 주요 생산자 중의 한 기업이 고객들에게 직접적으로 제품을 판매하는 것을 고려한다는 것을 알게 되었다. 유통업체는 이에 대응하여 무엇을 할 수 있는가? 그것은 재생산할 가능성이 있지 않을 것 같은 생산자에게 어떤 이점을 제공할 수 있는가?
4. 어떤 종류의 배송 네트워크가 일용품에 가장 적합한가?
5. 어떤 종류의 네트워크가 고도로 특수한 품목에 적합한가?
6. 미래에 유통업체의 수가 증가, 감소하거나 현재와 동일함으로써 가치가 증가될 것으로 보는가?
7. e-비즈니스는 왜 식료품 산업보다 PC 산업에서 더 성공적으로 적용될 수 있는가? 미래에 PC 산업에서 어떻게 e-비즈니스가 더욱 가치가 있을 것인가?
8. e-비즈니스는 제품 수명주기의 도입기나 성숙기에 더욱 유익한가? 왜 그러한가?
9. Home Depot과 하드웨어 매장인 Tru-Value사 사슬의 판매를 생각해 보자. 어떤 기업이 온라인화하는 것으로부터 더 많은 이윤을 얻을 수 있는가? 왜 그러한가?
10. Amazon.com은 책, 음악, 전자제품, 소프트웨어, 장난감과 가정환경 개선제품을 판매한다. 이러한 제품들에서, e-비즈니스는 소매점의 사슬과 비교하여 더 많은 이점을 제공하는가? 아니면 더 적은 이점(잠재적인 비용 불이익)을 제공하는가? 왜 그러한가?
11. 왜 Amazon.com과 같은 e-비즈니스는 판매가 많아지게 되면 더 많은 창고를 지어야 하는가?

참고문헌

Business Trade & Technology Strategies, The Forrester Report (August 1998).

Chopra, Sunil. "Designing the Delivery Network for a Supply Chain." *Transportation Research, Part E* (2003): 39: 123–140.

Chopra, Sunil, and Jan Van Mieghem. "Which e-Business Is Right for Your Supply Chain?" *Supply Chain Management Review* (July–August 2000): 32–40.

Evans, Philip, and Thomas S. Wurster. "Getting Real About Virtual Commerce." *Harvard Business Review* (November–December 1999): 84–94.

Hanson, Ward. *Principles of Internet Marketing*. Cincinnati. OH: South-West College Publishing, 2000.

Lee, Hau L., and Seungjin Whang. "Winning the Last Mile of e-Commerce." *Sloan Management Review* (Summer 2001): 54–62.

Mastering Commerce Logistics, The Forrester Report (August 1999).

Poirier, Charles C. "The Convergence of Business & Technology." *Supply Chain Management Review* (Fall 1999): 52–58.

Raman, Ananth, and Bharat P. Rao. *A Tale of Two Electronic Component Suppliers*. Harvard Business School Case 9–697–064, 1997.

Retail's Growth Spiral, The Forrester Report (November 1998).

Ricker, Fred R., and Ravi Kalakota. "Order Fulfillment: The Hidden Key to e-Commerce Success." *Supply Chain*

Management Review (Fall 1999): 60–70.

Salcedo, Simon, and Ann Grackin. "The e-Value Chain." *Supply Chain Management Review* (Winter 2000): 63–70.

Willcocks, Leslie P., and Robert Plant. "Pathways to e-Business Leadership: Getting from Bricks to Clicks." *Sloan Management Review* (Spring 2001): 50–59.

Shapiro, Carl, and Hal R. Varian. *Information Rules: A Strategic Guide to the Network Economy.* Boston: Harvard Business School Press, 1999.

"The e-Enabled Supply Chain." Global Supplement, *Supply Chain Management Review* (Fall 1999).

Turban, Efraim, Jae Lee, David King, and H. Michael Chung. *Electronic Commerce: A Managerial Perspective.* Upper Saddle River, NJ: Prentice Hall, 2000.

사례연구

Blue Nile과 다이아몬드 소매업

당신이 보석가게를 운영하는 보석가게 사장이라고 생각해 보자. 어느 날 한 고객이 다이아몬드 온라인 유통업체의 시장선도기업인 Blue Nile의 광고지를 가지고 당신의 보석가게에 찾아왔다. 그 광고지에 적힌 가격은 당신이 판매를 하는 데 소요되는 총비용에 100달러의 이윤 밖에 붙이지 않은, 당신이 판매하고 있는 금액보다 매우 저렴한 가격이었다. 이러한 상황에서 과연 당신은 그 고객과 흥정을 계속할 것인가, 아니면 고객을 내보낼 것인가?

앞서 설명한 상황은 현재 많은 보석상들이 직면한 딜레마이다. 이러한 경우 어떤 보석상들은 잠재적인 고객관리 측면과 부수적인 판매, 판매를 통한 수리 등의 추가적인 이익을 위해 비록 큰 이익은 얻지 못하더라도 싸게 판매를 해야 한다는 주장을 한다. 반면에, 다른 보석상들은 제값을 지불하고 보석을 구매한 단골고객의 신뢰를 무너뜨릴 수 있다는 우려와 너무 싼 가격에 판매를 한 선례를 남기지 않게 하기 위해 적절한 가격을 받아야 한다고 주장하고 있다.

2007년 경제가 악화됨에 따라 Blue Nile(온라인 보석 판매상)과 과거의 전형적인 오프라인 소매점들은 엄청난 차이를 보이기 시작했다. 2008년에 발표된 경영보고서에 따르면 Blue Nile은 2007년 4분기에 24퍼센트의 매출 신장을 기록하였으나, 동기간 오프라인 보석판매 업체 Tiffany는 2퍼센트의 매출 감소, Zales은 9퍼센트의 매출 감소를 나타냈다. 이러한 상황을 Blue Nile의 간부인 Diane Irvine은 다음과 같이 설명한다: "보석산업은 시장점유율을 많이 차지 하는 것이 경영의 첫 번째 목표이다. 우리는 지금을 그 기회로 보고 있다."

2008년의 다이아몬드 소매 산업

2008년은 다이아몬드 산업에 큰 위기를 가져다 준 시기이다. 이는 다이아몬드 딜러 간의 문제뿐만 아니라, 다이아몬드 거래소의 거래량 감소, 다이아몬드 생산자의 새 제품의 출시 및 공급 지연 현상 때문으로 분석된다.

그러나 이러한 상황에서도 세계에서 가장 큰 다이아몬드 생산자인 De Beers는 그들의 경영 전략을 바꾸지 않았다. De Beers는 다른 보석상들과는 달리 생산량 삭감을 위한 어떤 조치도 취하지 않았던 것이다. 오히려 남아공의 새로운 다이아몬드 광구를 개발하여 이미 과잉공급 상황인 시장에 800,000캐럿 이상의 다이아몬드를 초과공급하였다. 역사적으로, De Beers는 다이아몬드 공급망에 큰 힘을 작용하는 업체로, 다른 업체로부터 매우 많은 양의 다이아몬드 원석을 사들이는 업체이다. 이러한 De Beers사의 독주를 막기 위해, 2005년 EC(European Commission)는 세계에서 두 번째로 큰 알로사(ALROSA)로부터 다이아몬드를 공급받는 계약을 체결하며 De Beers를 견제한 사례도 있다.

또한 Wal-Mart, Costco와 같은 할인업체의 급속한 성장 또한 전통적인 보석상들을 큰 위기로 몰아 넣었다. 2008년 프리드만(Friedman' s)사는 파산보호신청을 하게 되었고, 시카고에 거점을 두고 있는 화이트홀(Whitehall) 또한 2008년 7월에 파산보호신청을 하였다. 파산될 당시, 프리드만은 전국에 455개의 매장을 가진 세 번째로 큰 보석상이었고, 화이트홀은 375개의 매장을 가진 다섯 번째 규모의 보석상이었다. 비록 파산을 맞지는 않았지만 규모를 매우 축소한 기업도 있다. 2008년 2월에 Zales은 100개의 매장을 폐쇄한다는 계획을 발표하였다. 이러한 각종 보석상 업체들의 파산 또는 규모 감축과 같은 분위기는 기존 보석 시장점유율을 재편하는 계기가 되었다.

경제가 침체됨에 따라 2008년의 3, 4분기는 다이아몬드 소매상들에게는 매우 힘든 시기가 되었는데, 이러한 어려움은 전통적으로 다이아몬드 시장에서 큰 성공을 거둔 Blue Nile, Tiffany, Zales에게도 예외가 아니어서 이들 역시 매출에 큰 손실을 입었다. 이러한 분위기가 조성된 이유는, 경제사정이 악화됨에 따라 비교적 비싼 제품에 속하는 보석과 같은 제품들이 소비자들의 구매 우선순위에서 밀려났기 때문으로, 각 기업들은 소비자들이 지갑을 열지 않는 상황을 돌파하기 위해 많은 노력을 쏟았지만 성공적인 방법은 제시되지 못하는 현실이었다.

Blue Nile

1998년 12월 젊은 컨설턴트였던 마크(Mark Vadon)는 약혼반지를 사기 위해 더그 윌리엄스(doug Williams)에 의해 운영되던 "인터넷 다이아몬드"라는 업체를 찾았다. 그는 그곳에서 반지를 구매했을 뿐만 아니라 보석산업에 관심을 갖게 되었고, 윌리엄스와 함께 보석 산업에 뛰어 들게 된다. 그는 1999년 "인터넷 다이아몬드"라는 기존의 이름을 우아하고 상류층의 느낌이 나는 Blue Nile로 개명한 후 사업을 진행하게 된다.

그들의 웹사이트에는 Blue Nile의 철학이 명확히 제시되어 있다: "우리 Blue Nile은 고품질의 다이아몬드를 합리적인 가격에 판매합니다. 우리의 웹사이트에 방문한다면 당신은 상황에 맞는 보석에 대한 유용한 안내와 함께 매우 특별하고 매력적인 보석을 선택할 수 있을 것으로 확신합니다."

많은 고객들은 고객에게 큰 부담을 주지 않는 교육적인 판매 전략을 좋아하는데, Blue Nile 역시 이러한 방법을 사용하고 있다. 그 예로 Blue Nile에서는 고객에게 맞춤반지를 제작해 주는 전략을 사용한다. 맞춤반지를 제작하기 위해서 고객은 먼저 반지에 사용될 원석을 선택해야 하는데, Blue Nile에서는 각 원석의 특징을 4C(Cut, Color, Clarity, and Carat)와 가격으로 분류하여 알기 쉽게 설명해 준다. 그 후 고객이 고른 원석에 맞는 반지 모양 및 디자인을 고를 수 있게 하는데, 이 과정에서 문의가 있을 시에는 무료 상담 서비스를 제공한다. 이렇게 고객에게 큰 부담을 주지 않는 서비스가 Blue Nile이 고객에게 큰 명성을 얻게 된 계기로 평가된다.

또한 Blue Nile은 기존의 다른 업체가 50%의 재고를 유지하는 것에 비해 재고를 20~30% 밖에 유지하지 않는다. 그 이유는 온라인 판매의 특성상 하나의 재고창고만 유지하면 되기 때문이다. 또한 전통적인 오프라인 보석상에 비해 상점 유지비 등이 소요되지 않기 때문에 가격적 우위를 점할 수 있는 장점이 있다.

이러한 매출 증가에 힘입어 Blue Nile은 2007년 캐나다 및 영국 웹사이트 오픈을 통해 사업을 확장하게 되고, 더블

표 4.14 Blue Nile의 재무제표

	2006	2007
순매출액	251,587	319,264
판매 원가	200,734	254,060
매출 총이익	50,853	65,204
판매비, 일반관리비	34,296	42,792
영업이익	16,557	22,412
유동 자산:		
현금 및 단기예금	78,540	122,793
유가증권	1,484	2,452
기타 당좌 자산	156	1,124
재고 자산	14,616	20,906
총 유동 자산	116,018	149,146
장비비	3,391	7,601
기타 자산	2,697	3,839
총 자산	122,106	160,586

린에 지점을 개설함으로써 각종 수리 및 고객에 대한 서비스를 제공할 수 있게 되었다. 또한 더블린 지점은 서유럽 국가로 무료 배송 서비스를 가능하게 해 서유럽 시장 확장에 큰 역할을 하게 된다. 한편 미국 지점은 아시아 태평양 지역의 배송을 담당함으로써 Blue Nile은 세계적인 업체로 성장할 수 있게 되었다.

Blue Nile은 2007년까지 70,000개가 넘는 1캐럿 이상의 반지를 판매하였고, 이 중 10만 달러 이상의 주문만 25건 이상을 기록하였다. 또한 다이아몬드만 150만 달러를 팔아치우는 저력을 보이는데, 포브스는 Blue Nile을 일컬어 "웹 역사상 가장 큰 판매를 보인 웹사이트이며, 매우 독특한 경우"라고 표현하였다.

한편 Blue Nile의 또 다른 강점은 신속한 공급사슬 관리에 있다. Blue Nile은 10캐럿이 넘는 다이아몬드는 재고로 보유하고 있지 않지만, 그들의 신속한 공급사슬 관리를 통해 뉴욕의 판매상으로부터 이탈리아의 소매상까지 단 3일 만에 10캐럿의 다이아몬드를 공급할 수 있는 능력을 가지고 있다.

2008년 11월 Blue Nile은 75,000개의 다이아몬드를 그들의 웹사이트를 통해 판매하였다. 이들 중 30,000개는 1캐럿(190만 달러)짜리이고, 43,000개의 다이아몬드는 2,500달러의 다이아몬드였다. 그러나 이렇게 성공 가도를 달리던 Blue Nile도 위기를 맞는다.

2007년, 그들은 3억 2천만 달러의 매출 중 2천 2백만 달러의 당기 순이익을 거뒀지만, 2007년 100달러 근처에 형성되었던 Blue Nile의 주가는 2008년 11월 23달러까지 하락했다. 또한 2008년 3분기에 그들은 처음으로 동기 대비 2.9%의 매출 감소를 겪었다. 하지만 이러한 비관적인 상황에도 Blue Nile은 낙관적인 전망을 하였다: "Blue Nile은 이미 어려운 시장 상황 속에서도 안정적인 이익과 현금을 확보하는 능력을 만들어 냈다. 우리는 이러한 능력을 통해 어려운 환경에서도 시장점유율을 높임과 동시에 매출 또한 증진시킬 것이다." 그러나 2008년, 그들의 전세계 매출은 20%까지 떨어진 상황이었다.

Zales

보석상 Zales는 Morris Zale과 William Zale 그리고 Ben Lipshy에 의해 1924년, "a penny down and a dollar a week."라는 경영이념으로 설립되었다. 회사 설립 후 1941년까지 오클라호마부터 텍사스에 걸쳐 12개의 점포를 갖게 되는 큰 성공을 거두고 여세를 몰아 그 후 10년 동안 100개 이상의 점포를 더 확보하게 된다.

Zales는 1986년 LBO(Leveraged Buyout)에 의해 Peoples Jewelers of Canada와 Swarovski 그룹으로 소유권이 넘어가게 되고, 그 후 1992년 1년간 파산보호신청(Chapter 11 bankruptcy)을 받게 되지만 2005년까지 약 10년 동안 2,400개의 점포를 가진 기업으로 회생하게 된다. Zales는 10대들이 주고객인 Piercing Pagoda라는 자회사와 노동자 계급이 주고객인 Zales Jewelers, 마니아 층을

표 4.15 Zales의 재무제표

	2007년 7월	2008년 7월
수익	2,152,785	2,138,041
매출 원가	1,029,553	1,089,553
판매비, 일반관리비	967,643	969,769
영업이익	84,861	11,731
유동 자산:		
현금 및 현금성 자산	37,643	65,579
기타 유동 자산	113,511	125,446
재고 자산	1,021,164	779,565
총 유동 자산	1,172,318	970,590
장비비	304,396	297,887
기타 자산	137,632	154,145
총 자산	1,613,946	1,422,622

겨냥한 the upscale Gordon's, Bailey Banks & Biddle Fine Jewelers라는 자회사로 구성되어 있다.

이러한 성공을 이어가던 Zales 역시 Wal-Mart, CostCo와 같은 할인업체에 의해 시장점유율 감소를 겪게 되자, 기업 이미지 쇄신 차원에서 다양하고 고객의 기호에 맞는 제품을 출시하는 전략을 펼친다. 하지만 이 활동은 오히려 기존 단골고객들마저 잃게 되는 재앙으로 변하게 되고, 그 결과 2006년 초 Zales의 CEO는 그 책임을 물어 사임을 하게 된다.

2006년 8월, 새로운 CEO의 진두 아래 다이아몬드 반지와 패션 쥬얼리 산업에 홍보를 집중하고, 잃었던 과거의 명성을 되찾으려 노력한다. 이러한 노력의 일환으로 고급품목에서 단종된 이월재고를 5000만 달러 가량 처분하고, 새로운 재고 지출에 12억 달러를 지출한다. 그 결과 2006년 7월 Zales의 재고로 인한 손실은 2,600만 달러 감소한다.

Zales는 이러한 전략을 통해 성공을 보이는 듯 하였으나, 2007년의 유가 상승, 주택가격 하락으로 이어지는 불경기로 인해 중산층 고객을 잃게 된다. 그 결과 2007년 7월말 150만 달러의 이익을 기록하지만 매출은 0.5% 가량 감소한다. 이러한 상황을 돌파하기 위해, 2008년 Zales는 약 105개의 점포를 철수한다는 계획을 발표하게 되는데 이를 통해 100만 달러의 재고 감소와 20%의 인력 감축을 이룰 수 있었다. 이 계획이 발표된 주목적은 Zales를 좀 더 효율적이며 효과적으로 이익을 낼 수 있는 회사로 바꾸게 하는 것이었다. 이러한 노력에도 불구하고, 2008년 Zales는 주당 1.43달러의 손실을 입게 되고, 전년 대비 3.7%의 매출이 감소하게 된다. 그 당시의 Zales 재무제표는 [표 4.15]와 같다.

Tiffany

Tiffany는 1837년 창업 당시 뉴욕에서 문구점으로 시작한 기업으로 1845년 처음으로 보석 카탈로그를 만들며, 보석 산업에 뛰어들었다. Tiffany는 사업 초반 독특하고 특별한 디자인으로 세계적인 인기를 끌어 엄청난 성공을 거두게 된다. 그 후 1886년 지금은 "Tiffany Setting"으로 잘 알려진 한 알 박이 결혼 반지를 내놓는데, 이 디자인의 큰 성공으로 브랜드 이미지가 강화되어 다이아몬드와 백금 순도의 표준으로 정해질 정도로 회사의 인지도가 굳어진다. 1950년 Truman Capote의 베스트셀러이며, 1961년 최고의 영화인 "티파니에서 아침을"이란 작품의 인기와 더불어 Tiffany의 다른 보석들 또한 인기를 끌어 1987년 Tiffany는 기업공개를 하게 된다.

Tiffany의 고급 제품군은 다이아몬드 반지, 예물 보석, 젬스톤 보석 등을 취급하며, 은, 백금, 비 젬스톤 보석 또한 고급제품군에서 취급된다. 또 다른 제품군으로는 시계를 포함한 크리스탈, 은 제품을 취급하는데, Tiffany에서 직접 디자인을 하기도 하지만 Elsa Peretti, Paloma Picasso, the late Jean Schlumberger, Frank Gehri와 같은 유명 디자이너의 디자인을 도입해 판매하기도 한다.

Tiffany는 2008년 기준으로 180개의 매장을 확장하는데 그 중 70개가 미국에 소재해 있고, 50개 점포는 일본에, 나

표 4.16 Tiffany의 재무제표

	2006	2007
총매출액	2,560,734	2,938,771
매출 원가	1,119,041	1,307,753
매출 총이익	1,441,550	1,630,272
판매비, 일반관리비	1,010,754	1,204,990
영업이익	430,796	425,282
유동 자산:		
현금 및 현금성 자산	175,008	246,654
유가증권	165,594	193,974
재고 자산	1,146,674	1,242,465
총 유동 자산	1,706,644	1,843,567
장비비	912,143	748,210
기타 자산	193,465	330,379
총 자산	2,845,510	2,922,156

머지 35개의 점포는 아시아 태평양 지역에 분포되어 있다. 점포의 크기는 1,300~18,000 평방미터의 분포를 보이는데, 평균 점포 면적은 7,100평방미터이다. 그 중 주력 매장은 뉴욕지점으로 2007년 기준, Tiffany 전체 매출의 10% 가량을 담당하였다.

그러던 중 2008년 Tiffany는 비교적 작은 2,000평방미터 정도의 매장을 열게 되는데, 이는 좀 더 이익이 높은 제품에 집중하기 위한 전략이었다. 도심지와 같이 비교적 임대료가 비싼 곳에서는 큰 점포를 유지하는 것이 많은 비용을 초래했기 때문으로, 고가의 제품은 매장에서 판매를 담당하고, 중저가의 제품은 새롭게 도입된 온라인 마켓에서 판매하는 전략을 사용하게 된다. 이는 매장에 직접 찾아온 고객일수록 고가의 제품을 구매하는 경향을 보였기 때문으로, 2007년 중저가 제품의 판매 평균 가격은 200달러였지만 고급제품의 판매 평균 가격은 3000달러를 기록한 사례를 보면 잘 알 수 있다.

Tiffany는 로드아일랜드(Rhode Island)와 뉴욕(New York)에 그들이 소유한 생산공장을 가지고 있었지만, 이와 더불어 제3자에게 위탁 생산을 의뢰하기도 하였다. 그 결과 2007년 Tiffany의 세계 판매량의 60%가 위탁 생산에 의한 제품으로 나타났다. 또한 Tiffany는 뉴저지(New Jersey)에 전세계 품목의 고객 서비스를 담당하는 서비스센터를 설립하여 고객만족센터를 통한 고객과 직접적인 관계 개선을 취하려는 노력을 기울였다.

2003년까지 Tiffany는 그 어떤 다이아몬드 원석도 구매하지 않았고, 제련된 광석만 구매하였다. 그 이유는 다이아몬드 광산이 있는 캐나다, 남아공, 보츠와나, 나미비아, 벨기에, 중국, 베트남에 직접 다이아몬드 제련소를 설치하였기 때문이다. 이곳에서 공급된 다이아몬드 양은 2007년 기준 Tiffany에서 사용한 전체 다이아몬드의 40%에 이른다. 그렇다고 모든 다이아몬드가 Tiffany에서 사용되었던 것은 아니다. Tiffany에서 요구한 품질에 충족되지 못한 다이아몬드는 제3자에게 팔리거나 폐기처분되었다.

Tiffany의 2007년 매출액의 86%는 보석으로부터 창출되었고, 그 중 48%는 다이아몬드에서 창출되었다. 또한 다이아몬드가 1캐럿 이상 박힌 보석이 매출액에서 10% 가량을 차지하였다. 이러한 Tiffany의 재무제표는 [표 4.16]과 같다. Tiffany의 성공은 품질, 명품성, 독점성으로 요약할 수 있는데, 이는 Tiffany만이 갖는 유일한 특징이다. 이로 인해 그 어떤 보석상도 Tiffany가 누린 이익을 누릴 수 없었다. 그들의 성과보고서에 따르면 이렇게 잘 구축된 브랜드 이미지가 그들의 이익에 가장 큰 영향을 끼친 요소라고 설명하고 있다.

질문

1. 다이아몬드 판매에 있어서 어떤 성공 요인이 있을지 생각해 보라. 또한 Blue Nile, Zales, Tiffany의 성공 요인은 무엇일지 생각해 보라.

2. Blue Nile은 30,000개의 원석을 2,500달러 이상의 가격에 팔고 있고, Tiffany는 제품의 60% 가량을 그들의 온라인 마켓에서 200달러에 판매하고 있다. 둘 중 어느 품목이 온라인 마켓에 적절한 품목일지 생각해 보라.
3. Tiffany가 고급 품목에 집중하여 큰 성공을 이루었던 것에 비추어 볼 때, 2006년에 Zales가 취한 고급화 전략의 실패 원인은 무엇이었다고 생각하는가?
4. Tiffany가 점포를 작게 하고, 고급 제품에 판매를 집중한 전략에 대해 자신의 의견을 제시해 보라.
5. 앞서 제시된 세 가지 회사 중 어떤 회사가 2009년에 침체기를 겪을 것으로 예상하는가?
6. 자신이 컨설턴트가 되었다고 가정하고, 앞서 제시된 세 가지 회사가 취한 회사 전략에 대해 어떠한 조언을 할 수 있겠는가?

제 5 장 공급사슬에서의 네트워크 설계

학 • 습 • 목 • 표

이 장을 읽은 후에 여러분은 다음과 같은 것을 할 수 있을 것이다.

1. 공급사슬 안에서 네트워크 설계의 역할을 이해한다.
2. 공급사슬 네트워크 설계 의사결정에 영향을 미치는 요소들을 파악한다.
3. 네트워크 설계 의사결정의 체계를 개발한다.
4. 시설배치와 생산능력 할당 의사결정에 최적화 기법을 이용할 수 있다.

이 장에서는 4장에서 논의한 넓은 범위의 공급사슬 설계와 공급사슬 내에서의 위치선정의 역할에 대해 알아본다. 4장에서 논의한 바와 같이 각 시설의 역할을 할당하였고 5장에서는 공급 네트워크 설계 시 위치선정과 생산능력 할당의 기본적인 문제에 초점을 맞추어 의사결정에 있어서 위치선정과 생산능력 할당 문제에 영향을 주는 다양한 요소의 역할에 대해 알아본다. 또한 구성 요소 및 공급사슬에서 위치선정과 생산능력 할당에 관한 의사결정 시 다양한 해결 방법론들에 대해 알아본다.

5.1 공급사슬에서의 네트워크 설계의 역할

공급사슬 네트워크 설계 의사결정은 생산, 보관, 또는 수송과 관계된 시설들의 위치와 생산능력의 할당, 그리고 각 시설들 간의 역할을 포함한다. 공급사슬 네트워크 설계 의사결정은 다음과 같이 분류할 수 있다.

1. **시설의 역할:** 각 시설에서 해야만 하는 역할은? 각 시설에서 수행될 프로세스는?
2. **시설 위치:** 시설이 위치해야 하는 장소는?
3. **생산능력 할당:** 각 시설에 얼마나 많은 생산능력을 할당할 것인가?
4. **시장과 공급 할당:** 각 시설들이 활동할 시장은? 어떤 공급 자원이 각 시설에 충족되어야 하는가?

네트워크 설계 의사결정은 성과에 중요한 영향을 끼치는데 이는 공급사슬의 형태와 다른 공급사슬의 비용을 감소시키거나 효과를 증가시키는 데 사용되는 공급사슬의 제약들을 결정하기 때문이다. 모든 네트워크 설계 의사결정에서 각각의 요소들이 상호 영향을 주기 때문에 이러한 사실을 고려하고 시행해야 한다. 각 시설의 역할에 대한 의사결정은 공급사슬에서 수요량을 충족시키는 변화하는 방법의 유연성을 결정하기 때문에 중요하다. 한 예로서, Toyota사는 전세계에 걸쳐 각 주요 시장을 개별적으로 소화할 수 있는 공장을 가지고 있다. 1997년 이전에, 각 공장은 각각의 시장에 대응하는 서비스와 재화를 공급할 수 있었다. 이것 때문에 아시아 경제가 침체에 들어갔던 1990년대 후반 Toyota사는 큰 손실을 입었다. 아시아 지역에 위치한 공장들은 초과수요를 경험한 다른 시장을 대처할 수 있는 유효 생산능력을 가지고 있었다. Toyota사는 이제 각 공장에서 다른 지역 공장뿐만 아니라 서로 다른 시장을 소화해 낼 수 있는 유동성 여력을 가지고 있다. 이 유동성 여력은 Toyota사가 좀더 효과적으로 전세계 시장 조건들의 변화에 적응하는 데 도움을 주고 있다. 이와 유사하게, 미국 혼다 공장에서 시행한 SUV와 승용차의 혼류 생산은 2008년 SUV 수요가 급감했음에도 불구하고 공장 운영에 큰 지장을 초래하지 않는 장점을 보였다.

위치선정의 의사결정은 공급사슬의 성과에 있어서 장기적인 효과를 지니고 있다. 왜냐하면 시설을 닫거나 시설을 다른 위치로 이동하는 것은 매우 많은 비용이 소모되기 때문이다. 좋은 위치선정은 공급사슬이 낮은 가격을 유지하고 있는 동안 탄력적으로 대응할 수 있어서 도움이 된다. 한 예로서, Toyota사는 1988년에 켄터키주 렉싱턴에 조립공장을 건설하였고 현재까지 가동하고 있다. 렉싱턴 공장은 엔화의 가치가 상승할 때와 일본에서 생산된 차량이 미국에서 생산된 차량보다 가격경쟁력이 낮을 때 매우 유용한 시설임이 드러났다. 렉싱턴 공장은 Toyota사로 하여금 가격을 계속 낮춘 상태로 있으면서 미국 시장에 탄력적으로 반응할 수 있도록 하였다.

대조적으로, 잘못 선정된 시설의 위치는 공급사슬이 시장에서 효과적으로 대응하기 어렵게 만든다. 예로서, Amazon.com은 시애틀에 있는 하나의 창고만 가지고서 미국 전역에 책을 공급하는 데 타사보다 가격 우위를 지키기가 어렵다고 판단하여 여러 곳에 창고를 세웠다.

생산능력 할당의 의사결정은 공급사슬의 성과에 중요한 영향을 미친다. 생산능력 할당이 위치선정보다는 좀더 쉽게 변경할 수 있지만, 생산능력의 의사결정도 여러 해 동안 영향을 미치는 경향이 있다. 위치선정을 위해 많은 생산능력을 할당하는 것은 가동률을 떨어뜨리며 비싼 비용을 초래한다. 수요가 충족되지 못하거나 비싼 비용으로 먼 시설로부터 충족되는 상황에서 적은 생산능력을 할당하는 것은 좋지 못한 결과를 초래하게 된다.

공급 자원의 할당과 시장에서 시설의 할당은 성과에 중대한 역할을 하는데 이는 총생산과 재고, 고객들의 수요를 충족시킬 수 있는 공급사슬에 의해서 발생하는 수송비용에 영향을 주기 때문이다. 이러한 할당에 대한 의사결정은 시장이나 공장의 생산능력의 변화에 따라 변경될 수 있도록 고려되어야 한다. 물론, 시장의 할당과 공급 자원의 할당은 단지 시설들이 충분히 다른 시장을 소화해 낼 수 있을 정도로 융통성을 지니고, 다른 자원들로부터 공급을 받을 수 있다는 의견이 성립되면 변화될 수 있을 것이다. 앞에서 언급한 바와 같이, Amazon.com은 새로운 창고를 지어 왔고 고객을 기본으로 성장해 온 각 창고가 시장들을 공급하게 바뀌었다. 이러한 결과로 비용은 감소되고 효과는 증대되었다.

네트워크 설계 의사결정은 회사가 성장하거나 두 기업이 합병되는 등의 변화가 있을 때 다시 실행될 수 있다. 시장이 중복되거나 또는 차이점으로 인하여 두 개의 회사 시설을 통합하거나 위치를 변경함으로써 비용을 절감하거나 고객에 대한 대응도를 늘릴 수 있다. 네트워크 설계 의사결정은 또한 운송수단과 같은 요소가 급격히 변화될 경우에는 심사숙고하여 결정해야 한다. 예를 들어, 2008년에 P&G사는 "유가가 배럴당 10달러"이었을 때 구현되었던 그들의 배송 네트워크를 다시 설계한다고 발표했다.

우리는 전체 구조를 개발하거나 공급사슬에서 네트워크 설계에 사용할 수 있는 방법론을 개발하는 데 초점을 맞추고, 다음 절에서는 네트워크 설계 의사결정에 영향을 미칠 수 있는 다양한 요소들을 확인해 본다.

5.2 네트워크 설계 의사결정에 영향을 미치는 요소들

이 절에서는 네트워크 설계 의사결정에 영향을 미치는 폭넓고 다양한 요소에 대해 알아본다.

전략적인 요소

회사의 경쟁전략은 공급사슬 내 네트워크 설계 의사결정에서 중요한 역할을 한다. 비용 우위 전략을 지닌 회사는 생산 시설에 가장 싼 비용을 창출하는 위치선정을 선호하는 경향이 있다. 심지어 시장에서 아주 먼 거리에 있는 위치를 선택한다고 하더라도 저렴한 비용의 이점이 있다면 이를 선택하게 된다. 예를 들어, 1980년대 초에 많은 기성복 생산자들은 그들의 모든 생산자들을 미국이 아닌 노동비용이 적은 다른 곳에 이동시켰다. 2005년 기성복 할당의 감소 이후 대부분의 제조업은 중국과 같은 저비용 국가로 옮겨 가고 있다.

시장 대응력에 초점을 맞춘 회사들은 시장 근처로 회사를 위치하는 경향이 있다. 그리고 이러한 선택이 회사가 시장수요의 변화에 민감하게 대응할 수 있게 한다면, 많은 비용이 드는 위치를 선택할 수도 있다. 스페인의 기성복 생산자인 Zara는 포르투갈과 스페인의 상대적으로 높은 비용에도 불구하고 그 곳에 큰 비율의 생산능력을 보유하고 있다. 이러한 지역에서의 능력은 유럽에서 패션 경향의 변화에 빠르게 대처할 수 있도록 하였고, 패션 경향의 변화에 대한 빠른 대응은 세계에서 Zara를 기성복 브랜드에서 가장 빠른 성장을 하는 기업 중 하나로 만들었다.

편의점 체인은 경쟁전략의 하나로 고객들의 접근이 용이하도록 하는 것을 목표로 한다. 편의점 네트워크는 비록 각 매장이 매우 크지는 않을지라도, 이와 같이 일정 영역을 담당할 수 있는 많은 상점들이 경쟁력이다. 이와는 대조적으로, Sam's Club 같은 할인점은 낮은 가격을 제시할 수 있는 경쟁력이 전략이다. 이와 같이 그들의 네트워크는 매우 커다란 상점을 가지고, 고객들이 종종 한 상점에 들르기 위해 일정 거리를 이동해야만 한다. Sam's Club이 담당하는 지리적 영역에는 많은 편의점들을 포함한다.

글로벌 공급사슬 네트워크는 그들의 각기 다른 역할을 하는 다른 나라의 시설들이 지닌 전략적 목표를 가장 잘 지원할 수 있다. 그 예로서 Nike사는 많은 아시아 국가에 생산자들을 가지고 있다. 중국과 인도네시아의 생산 시설은 비용 위주의 대량 생산을 주로 하는 낮은 가격대의 제품들을 제조하고, 한국과 대만에서는 시장 대응력과 가격은 비싸지만 품질을 우선으로 할 수 있고 새로운 디자인을 생산할 수 있는 제품을 만들고 있다. 이러한 차별화 전략은 Nike사가 가장 효율적인 방식으로 수요를 충족시킬 수 있도록 하였다.

회사에게 있어서는 글로벌 네트워크를 구축할 때 각 시설의 전략적 역할과 수행목표를 명확히 이해하는 것이 중요하다. Kasra Ferdows(1997)는 글로벌 공급사슬 네트워크에서 여러 가지 시설에서의 다음과 같은 전략적 역할의 분류를 제안했다.

1. **외곽 시설－수출제품을 위한 낮은 비용의 시설.** 외곽 시설은 시설이 위치한 곳 외부에 위치한 시장을 위해 낮은 비용의 자원을 공급할 필요가 있을 때 사용된다. 외곽 시설로서 선택된 위치는 노동비용과 다른 부대비용이 낮은 곳이어야만 한다. 많은 아시아의 개발도상국가들에서 수입관세를 포기하고 공장으로부터 생산된 제품들이 수출된다면, 이곳은 외곽 생산 시설들을 짓기에 적합한 장소이다.
2. **자원 시설－전세계적인 생산을 위한 낮은 비용의 시설.** 자원 시설 또한 주요 목적 자체가 낮은 비용을 추구하기 위한 것이다. 그러나 그 전략적인 역할은 외곽 시설보다는 좀더 광범위하다. 자원 시설은 종종 총체적인 전세계적 네트워크를 위한 생산품의 주요 자원이다. 자원 시설들은 생산비용이 상대적으로 낮고, 기반 시설이 잘 발달되었으며, 숙련된 노동집단이 가능한 곳에서 위치하는 경향이 있다. 좋은 외곽 시설은 시간이 지나면 자원 시설로 이주한다. 많은 중국과 인도의 기성복 생산자들은 2005년 기성복 할당의 감소 이후 자원 시설로 변경을 시도중이다.
3. **시장 근접 시설－지역적인 생산 시설.** 시장 근접 시설의 목적은 인접한 시장에 공급하기 위한 것이다. 시장 근접 시설은 세금우대와 지역적 품목 요구사항이나 관세장벽 또는 다른 곳으로부터 지역에 공급함으로써 발생하는 높은 물류비용 때문에 세워진다. 1970년대 후반에

Suzuki사는 인도 정부와 손을 잡고 Maruti사를 세웠다. 초기에 Maruti사는 시장 근접 시설로서 세워져 인도 시장을 위한 차를 생산하기 위해서였다. 이에 따라 Maruti사 시설은 Suzuki사가 인도에서 수입차에 부과되는 높은 관세를 극복할 수 있도록 하였다.

4. **지역 생산 시설－개발기술을 지닌 지역적 생산 시설.** 지역 생산 시설의 역할은 인접시장을 소화할 뿐만 아니라 제품의 정착화, 공정 개선, 제품 변형, 또는 제품 개발을 위한 책임도 있다. 대부분의 잘 조직된 시장 근접 시설들은 시간이 지나면 지역 생산 시설로 변한다. 인도의 Maruti사 시설은 최근에 인도와 외국의 시장을 위한 새로운 제품을 개발하고 있으며 시장 근접 시설에서 지역 생산 시설로 변화하며 이에 따라 Suzuki사의 위상도 달라지고 있다.
5. **전진기지 시설－지역기술을 얻기 위해 만들어진 지역 생산공장.** 전진기지 시설은 주로 어떤 지역에 존재하는 지식이나 기술의 접근과 획득이 용이하기 때문에 세워진다. 위치가 선정되면 시장 근접 시설로서의 역할도 수행하며, 주요 목적은 전체 네트워크에 지식과 기술을 한 곳에서 공급하기 위함이다. 예로서, 전세계의 많은 회사들이 높은 운영비용을 지불하면서도 일본에 생산 시설을 두는 것은 좋은 본보기라고 할 수 있다. 대부분의 이러한 시설들은 전진기지로서의 역할을 수행한다.
6. **선도 시설－개발과 공정기술을 선도하는 시설.** 선도 시설은 새로운 제품과 공정기술을 전체 네트워크에서 창출한다. 선도 시설들은 숙련된 노동력이 있고 기술적인 자원이 풍부한 곳에 쉽게 접근할 수 있는 지역에 위치한다.

기술적인 요소

가용한 생산기술의 특성은 네트워크 설계 의사결정에 중요한 영향을 미친다. 만약 생산기술이 규모의 경제를 나타낸다면, 적은 고용량의 위치선정이 매우 유용할 것이다. 이러한 예는 공장들에 매우 많은 투자가 필요한 컴퓨터 칩 생산과 같은 사례에서 잘 나타난다. 그 결과로서 대부분의 반도체 회사들은 큰 용량의 시설을 적게 세운다.

이와 대조적으로, 시설들이 적은 고정비용으로 설립될 수 있다면, 많은 수의 지역 시설들이 만들어진다. 왜냐하면 이들은 낮은 수송비용을 발생시키기 때문이다. 예로서, Coca-Cola의 병 생산공장은 적은 비용으로 생산할 수 있다. 수송비용을 줄이기 위해 Coca-Cola사는 많은 수의 병 생산공장을 전세계에 세웠고 각 지역의 시장을 담당하고 있다.

생산기술의 융통성은 네트워크에서 얻을 수 있는 결합의 정도를 결정짓는 데 영향을 준다. 만약 생산기술이 유연하지 못하고 생산에 필요한 조건이 나라마다 다르다면, 회사는 각 나라에서 시장을 개별적으로 소화할 수 있는 시설을 세워야만 한다. 이와는 반대로, 기술이 융통성이 있다면 몇 개의 시설들만 가지고도 생산자를 결합하기가 더욱 쉬워질 것이다.

거시경제적 요소

거시경제적 요소들은 세금, 관세, 환율, 그리고 다른 경제적 요소들, 즉 개별 회사와 내부적으로 연관되지 않은 요소들을 포함한다. 국제 무역이 증가하고, 거시경제적 요소들이 공급사슬 네트워크에서 성공과 실패에 커다란 영향력을 행사하게 되면서 기업이 네트워크 설계 의사결정을 할 때 이러한 요소들을 고려한다는 것은 중요하고 절대적이라 할 수 있다.

관세와 세금우대 관세는 제품이나 혹은 시설이 국제적으로나 주 또는 시경계선을 넘어서 이동할 때 부과되는 일정 액수의 돈을 내야만 하는 의무를 말한다. 관세는 공급사슬 내 위치선정 의사결정에 중요한 영향을 미친다. 만약 어떤 나라가 높은 관세율을 유지한다면, 회사들은 부과되는 관세를 절약하기 위해 생산 시설을 세운다거나 지역시장을 소화해 내리고 하지 않을 것이다. 고관세율은 공급사슬 네트워크에서 좀더 많은 생산 시설이 설치되도록 한다. 각 위치에서는 더욱 낮게 할당된 용량을 가지게 될 것이다. 관세율이 세계무역기구에서 정하거나 혹은 NAFTA(북아메리카)나 EU(유럽연합) 그리고 MERCOSUR(남아메리카)와 같은 지역 협정에 맞는 정도로 낮아지면서 회사들은 높은 관세율을 지불하지 않고도 자국 외에서 위치하여 생산하는 시설로부터 자국 내 시장에 제품을 공급할 수 있게 되었다. 결과적으로, 회사들은 그들의 전세계 생산 및 분배 시설을 갖추게 되었다. 세계적인 기업들을 위해 관세율을 낮추는 것은 생산 시설의 수를 줄이고 각 공장의 용량을 늘리도록 유도할 것이다.

세금우대는 관세율의 감소나 또는 나라, 주, 도시들이 종종 회사들에 특정 지역에서 그들의 시설을 위치하게 하는 것을 장려하게 만드는 세금이라고 할 수 있다. 많은 나라들이 경제 개발이 낮은 곳에서 투자를 증진시키기 위해 도시마다 다른 우대정책을 사용한다. 그러한 우대정책은 종종 많은 공장들의 최종 위치결정에 영향을 미친다. GM사는 주에서 제안한 세금우대정책 때문에 테네시주 새턴에 생산공장을 지었다. 또한 BMW사는 미국 사우스캐롤라이나에서 제안한 세금우대정책 때문에 미국 사우스캐롤라이나 스파르탄버그에 공장을 세웠다.

개발도상국들에서는 종종 과세와 관세율이 주로 수출에 한정된 것을 생산할 때에만 연장되는 **자유무역지역**을 만든다. 이것은 개발도상국들의 저임금 노동력을 이용할 수 있는 공장을 세우는 것은 세계적인 기업들에게 있어서 커다란 이점이라고 할 수 있다. 한 예로서, 중국은 광주 근처에 자유무역지대를 건설함으로써 여러 세계적인 기업들이 1990년대 그곳에 위치하도록 만들었다.

많은 개발도상국들에서는 또한 노동 집단이 제안하는 기술 습득, 음식, 수송과 여러 다른 시설들에 기초한 부가적인 세금우대를 제공하고 있다. 관세율은 또한 제품의 기술 수준에 근거해서 다르게 적용된다. 예로서, 중국은 자국에 위치선정을 장려하고 높은 수준의 기술 수준을 만들기 위해 고기술의 제품들에 대해서는 관세를 매기지 않는 정책을 사용하고 있다. Motorola사는 고기술 제품들에게 적용될 수 있는 낮은 관세와 세금우대정책의 혜택을 입으려 중국에 칩 생산공장을 세웠다.

많은 나라들은 또한 지역적 특성에 맞고 수입 제한에 적합한 최소의 요구치를 적용한다. 그러한 정책들은 회사가 많은 시설들을 설립하게 하고 지역 공급자로부터 공급되도록 하고 있다. 예를 들면, 2004년까지 미국은 다양한 나라로부터의 기성복 수입에 제한을 두고 있다. 결과적으로, 회사들은 어떤 한 나라로부터의 공급으로 인한 문제 발생을 피하기 위해서 많은 나라의 공급자를 개발하였다. 2005년에 쿼터 할당이 종료되자 중국과 인도 및 소수의 다른 나라에서 기성복 생산자의 합병이 시작되었다.

환율과 수요 위험 환율의 변동은 일반적이고 세계시장을 무대로 하는 공급사슬 네트워크의 수익에 지대한 영향을 미쳤다. 예를 들면, 2002년부터 2004년까지 3년간 1달러가 102엔부터 132엔 사이에서 변동하였다. 일본에서 제조하는 물건을 가지고 미국에서 판매하는 회사는 엔화의 격상에 민감하게 반응하였다. 이러한 상황에서 생산비용은 엔화를 사용하는 곳에서 발생하지만, 수익은 달러화로 얻어진다. 엔화가치의 상승은 달러화로 변환된 생산비용의 상승을 수반했다. 이에 따라 회사의 수익이 떨어진 것은 당연한 결과였다. 1980년대에 많은 일본 생산자들은 엔화의 가치가 상승하면서 이 문제에 직면했다. 그때 대부분의 생산공장은 일본에 위치하고 있었고 엔화의 격상으로 회사의 수익이 감소하였으며 이에 대응하기 위해 대부분의 일본 생산자들은 전세계에 걸쳐서 생산 시설들을 건설하기 시작하였다. 2002년부터 2008년까지 환율은 1유로당 0.70달러에서 1.15달러 사이에서 변동하였는데, 달러가치의 하락은 미국으로 수출하는 유럽 자동차회사(Daimler, BMW, Porche)에게 부정적인 영향을 끼쳤다. 어느 보고서에 따르면, 1유로당 1센트가 오르면 BMW, Mercedes 같은 회사에게는 1년 동안 7,500만 달러의 비용으로 작용된다는 보고가 발표되기도 하였다.

환율 위험은 변동에 의해서 발생하는 손실을 제한하거나 방어하는 금융기관들을 통해 해결할 수 있을 것이다. 알맞게 설계된 공급사슬 네트워크는 환율 변동을 이용할 수 있는 기회와 수익을 늘릴 수 있는 기회를 제공한다. 또한 과용량 시설을 짓거나 다른 시장에 공급할 수 있도록 용량 조절이 유동적이 되도록 시스템을 만드는 것이다. 이러한 유연성은 회사들이 공급사슬 네트워크에서 이익을 최대로 하도록 제품의 흐름을 변경함으로써 환율 변동에 대응할 수 있게 하였다.

회사들은 또한 다른 나라의 경제에서 발생하는 변동으로 야기되는 수요의 변동도 고려해야만 한다. 예로서, 아시아의 경제는 1996년과 1998년 사이에 침체를 겪었다. 유연성이 부족한 시설들을 지닌 회사들은 아시아 내에서 사용되지 않고 남는 생산 시설이 있음을 알았다. 생산 시설에서의 유연성을 가진 회사들은 수요가 높은 다른 나라의 수요를 맞추기 위해 여유 생산 능력을 가진 다른 아시아의 회사들을 사용할 수 있었다. 이전 장에서 언급했듯이, 1997년에 Toyota사는 지역시장에 적합한 제품만을 생산할 수 있는 아시아의 조립공장들을 가지고 있었다. 다른 나라의 수요를 충당할 수 있는 공급 여력을 지닌 유연성을 가질 수 있어서 아시아의 경제 위기 때에도 Toyota사는 성장할 수 있었다.

공급사슬 네트워크를 설계할 때 회사들은 환율의 변동과 다른 나라 간에 발생하는 수요의 변동에 적응할 수 있도록 적당한 유연성을 유지하도록 해야 한다.

정치적인 요소

나라별 정치적 안정성은 위치선정에 있어서 중요한 역할을 한다. 회사들은 정치적으로 안정되고 상법이 잘 제정된 나라에 위치하기를 선호한다. 독립적이고 명확한 법률체계를 지닌 나라들은 회사들이 그들이 필요하다면 법정에서 상환청구를 할 수 있다고 느낄 수 있도록 하며 시설투자를 더욱 쉽게 한다. 그러나 이러한 정치적 문제는 정량화하기 힘든 요소들을 가짐에 따라 회사는 공급사슬 네트워크를 설계할 때 적절한 평가항목을 만들어야 한다.

내부기반 시설 요소

좋은 내부기반 시설의 가용성은 주어진 영역에서 시설을 위치할 수 있게 하는 중요한 필수 요소이다. 좋지 못한 기반 시설은 주어진 시설로부터 사업을 하는 데 필요한 비용을 증가시킨다. 1990년대 세계적인 회사들은 비록 이들 위치가 가장 낮은 노동비용이나 토지임대비용을 보장하지 않는다 하더라도 중국의 상해, 천진, 광주 근처에 그들의 공장들을 세웠는데 이는 좋은 기반 시설을 갖추었기 때문이다. 네트워크 설계를 하는 동안 고려해야만 하는 중요 기반 시설 요소들은 공장 위치의 가용성, 노동력 가용성, 수송종점으로부터 접근성, 철도, 공항과 항구로의 접근성, 고속도로 접근성, 혼잡도, 지역편의시설 등을 포함한다.

경쟁적인 요소

회사들은 공급사슬 네트워크를 설계할 때 경쟁자의 전략, 크기, 그리고 위치를 고려해야만 한다. 회사가 하는 기본적인 의사결정은 경쟁자와 어느 정도 거리를 두고 시설을 위치해야 할 것인가이다. 또한 경쟁의 형태와 원자재나 노동 가용성 같은 요소들은 이런 결정에 영향을 준다.

회사들 간의 긍정적인 외형조건 긍정적인 외형조건은 여러 회사들이 나란히 있는 것이 그들 모두에게 이익을 창출해 내는 경우이다. 이는 경쟁자들이 서로 밀집하도록 이끄는데, 그 예로서 주유소나 소매점의 경우 총수요를 증가시키므로 서로 밀집하는 경향이 있고 이는 모든 구성원들에게 이익이다. 한 매장에 같이 입점함으로써 소매점끼리 경쟁하는 것은 소비자들이 찾고자 하는 모든 것을 볼 수 있거나 한 지역에 가야만 하는 고객들에게 편의를 제공하며 매장을 방문하는 고객의 수를 증가시킬 뿐만 아니라 또한 그곳에 입점할 매장의 수요를 늘리는 것이다.

긍정적인 외형의 다른 예는 경쟁자의 출현으로 개발지역에서 적당한 기반 시설을 개발하는 것을 들 수 있다. Suzuki사는 인도에서 생산자를 가진 유일한 외국 자동차 생산자였다. 이 회사는 적절한 노력을 기울였고, 지역 공급 네트워크를 갖추었다. 인도에서 기반을 제대로 갖춘 공급 시설을 공급하면서 Suzuki사의 경쟁자들은 그곳에 조립 시설을 세웠는데 그들은 지금 다른 나라에서 차를 수입하는 것보다 인도에서 차를 만드는 것이 더욱 효과적이라는 것을 알았기 때문이다.

시장 분할 위치 어떤 긍정적인 외형조건도 없을 때, 회사는 가장 큰 시장을 잡을 수 있는 위치를 선택한다. Hotelling이 제안한 모델은 이 의사결정에 숨어 있는 문제들을 설명해 준다.[1)]

회사들이 가격을 통제하지 않고 고객과의 거리라는 요인으로 경쟁할 때, 그들은 밀집하여 위치함으로써 시장의 이득을 최대화할 수도 있고, 시장을 분할해서 이익을 최대화할 수도 있다. 고객들이 일관적으로 마치 [그림 5.1]에서 보이는 것처럼 0 아니면 1 사이에 위치하는 상황을 가정한다면, 그리고 두 회사가 고객으로부터 거리를 기반으로 하여 경쟁한다면, 고객은 가장 가까운 회사로 갈 것이다. 그리고 두 회사로부터 같은 거리에 있는 고객들은 임의의 곳으로 갈 것이다.

총수요를 1이라고 할 때, 회사 1이 a에 위치하고 회사 2가 $1 - b$에 위치한다고 하자. 두 회사에서의 수요를 d_1, d_2라고 하면 다음과 같은 식이 성립한다.

$$d_1 = a + \frac{1 - b - a}{2} \text{ 그리고 } d_2 = \frac{1 + b - a}{2}$$

명백히, 두 회사는 $a = b = 1/2$에 위치함으로써 서로 최대한 가까이 밀집하도록 해서 시장이익을 최대화하려 할 것이다.

1 Jean Tirole. *The Theory of Industrial Organization* (Cambridge, MA: The MIT Press.1997: 279).

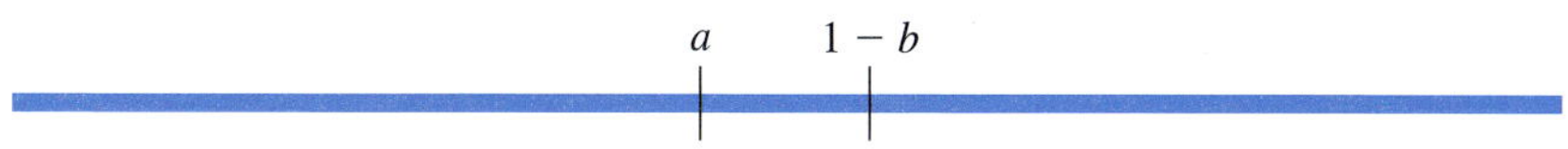

그림 5.1 일직선 위에 위치한 두 회사

두 회사가 선의 중앙에 위치할 때 고객이 이동해야 할 거리는 1/4이 되는 것을 알 수 있다. 만약 한 회사가 1/4에 위치하고 다른 회사가 3/4에 위치하면, 평균거리는 1/8로 줄어든다. 이러한 위치의 집합은 중도의 위치로 이동함으로써 시장 점유를 늘리려고 노력하는 두 회사로 인하여 평형상태를 유지하지 못한다. 이러한 경쟁의 결과로 두 회사가 비록 고객들이 이동거리는 증가하게 될지라도 서로 밀집하게 된다는 것을 알 수 있다.

만약 회사가 가격으로 경쟁하거나 고객에게 수송비용을 발생시키는 경우에는 두 회사가 서로 가능한 한 떨어지도록 하는 것이 최적이다.[2] 즉, 회사 1이 0의 위치에 존재하고 회사 2가 1에 위치하는 것이다. 서로 가능한 한 멀리 떨어지는 것은 가격 경쟁을 최소화한다. 이는 회사가 시장을 분할하는 데 도움이 되고, 이익을 최대화한다.

고객 대응시간과 지역적 특색

빠른 서비스를 원하는 고객이 있으면 그들과 가까운 곳에 시설을 위치시켜야 한다. 한 예로서, 만약 고객들이 편의점에 가려고 오랜 시간을 이동해야 한다면 아예 갈 생각을 하지 않게 된다. 이와 같이 고객들이 위치한 곳에서 멀리 떨어지지 않는 곳에 입점시키는 것이 편의점 네트워크를 설계하는 데 있어서 중요하다. 이와는 반대로, 고객들이 슈퍼마켓에서 많은 양을 쇼핑해야 하거나 그곳까지 가는 데 기꺼이 시간을 투자하는 사람들이라면 편의점처럼 밀집해서 있어야 할 필요 없이 커다란 상점을 가지고 있으면 된다. 대부분의 도시들은 편의점보다는 적은 수의 슈퍼마켓을 가지고 있다. Sam's Club 같이 할인이 되는 곳은 시간에 덜 민감한 고객들을 목표로 한다. 이러한 상점들은 슈퍼마켓보다도 크고 일정 지역에 그리 많지 않은 수의 상점이 입점해 있다. W.W. Grainger사는 많은 소비자들에게 MRO 제품의 당일 배송을 위해 미국 전역에 350개의 시설을 갖추고 있다. McMaster-Carr사는 경쟁사로, 다음 날까지 기다릴 수 있는 고객들을 목표로 하고 있다. McMaster-Carr사는 미국 전역에 걸쳐서 단지 5개의 시설만을 가지고 있으며, 많은 수의 고객들에게 다음 날까지 서비스를 제공할 수 있다.

만약 회사가 고객에게 제품을 배달한다면, 빠른 수송수단의 사용은 소수의 시설을 짓고도

2 Jean Tirole. *The Theory of Industrial Organization* (Cambridge, MA: The MIT Press.1997: 279).

가능하다. 그리고 여전히 빠른 대응시간 안에 서비스가 제공된다. 그러나 이러한 선택사항은 수송비용을 증가시키며 고객에게 다가감으로써 회사의 특색이 중요하게 나타나는 상황이 많이 발생한다. 한 예로서, 커피전문점은 근처에 살거나 일하는 고객을 매료시켜야 한다. 어떤 수송수단이 동원된다고 하더라도 대체제로서 소화될 수 없고, 커피전문점으로부터 멀리 있는 고객들을 끌어들일 수도 없다.

물류 및 시설 비용

공급사슬 네트워크 내에서 발생하는 물류 및 시설 비용은 시설의 수, 위치, 생산능력 할당에 따라 변한다. 회사들은 공급사슬 네트워크 설계 시 재고, 수송 및 시설 비용을 고려해야만 한다.

공급사슬 내에서 시설의 수가 증가할수록 재고와 시설비용은 증가한다. 그러나 시설 수가 증가함에 따라 수송비용은 감소한다. 만약 시설 숫자가 규모의 경제를 달성하지 못하는 점까지만 증가하면, 수송비용은 증가한다. 예를 들면, 적은 수의 시설을 보유한 Amazon.com은 약 450개의 점포를 보유한 Border사보다 적은 재고와 시설유지비용을 지출하였다.

공급사슬 네트워크 설계는 각 시설의 변경 발생 시 영향을 받는다. 생산과정에서 물품의 무게나 크기가 현저히 감소될 경우에는 시설을 소비자보다 공급자 근처에 위치하는 것이 더욱 좋을 것이다. 예를 들면, 철광석으로 강철을 만드는 경우 만들어지는 강철은 원재료인 광석에 비해 양이 적다. 따라서 철을 만드는 공장은 많은 양의 광석이 운반되는 거리를 줄이기 위해 공급자 근처에 위치하는 것이 추천된다.

전체 물류비용은 재고, 운송, 그리고 시설비용을 합한 것이다. 공급사슬 네트워크 안에서의 시설은 적어도 전체 물류비용을 최소화시키는 숫자와 같아야 한다. 어느 회사의 시설 수는 고객에 대한 대응시간을 향상시키기 위해 이러한 숫자를 넘어 증가할 수도 있다. 이 결정은 만약 추가시설로 인해 증가된 비용보다 향상된 대응으로 인한 이익 증가가 중요할 경우 정당화된다.

다음 절에서는 네트워크 설계 의사결정과정에 대해 알아본다.

5.3 네트워크 설계 의사결정을 위한 프레임워크

공급사슬 네트워크를 설계할 때 목적은 고객의 요구와 대응의 관점에서 고객의 요구를 만족시키면서 기업의 이윤을 최대로 하는 것이다. 효율적인 네트워크를 설계하기 위해서 관리자는 4장에서 언급되었던 내용뿐만 아니라 5.2절에서 언급한 모든 요소를 고려해야 한다. 글로벌 네

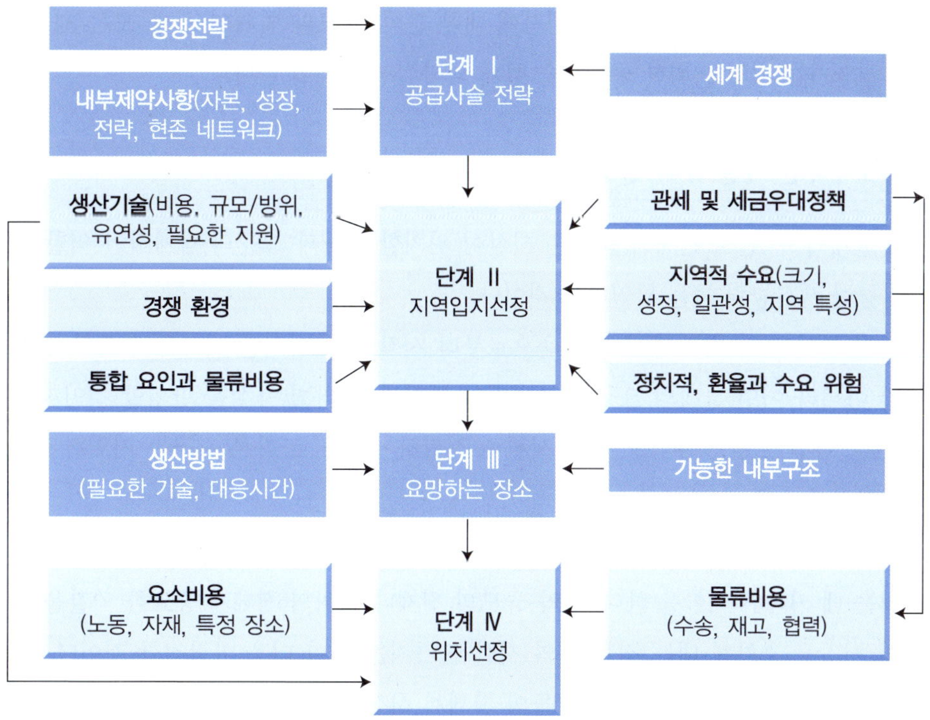

그림 5.2 네트워크 설계 의사결정을 위한 프레임워크

트워크 설계의 의사결정은 [그림 5.2]에서와 같이 4단계로 구성된다. 각 단계별로 자세한 내용에 대해 알아본다.

단계 I: 공급사슬 전략/설계 정의

네트워크 설계의 첫 번째 단계의 목적은 기업의 광범위한 공급사슬 전략을 정의하는 것이다. 이것은 공급사슬 내 단계들과 각 공급사슬의 역할이 내부 혹은 외부 중 어디에서 작용할지를 결정한다(4장 참조).

단계 I은 고객들이 필요로 하는 것들의 집합이 공급사슬에서 부합되는 것인지 기업의 경쟁전략의 명확한 정의를 내림으로써 시작된다. 공급사슬 전략은 공급사슬 네트워크의 능력이 경쟁전략을 반드시 지원해야 하는 것으로 세분화된다(2장 참조). 다음으로, 경영진들은 전세계적인 경쟁의 변화를 예측해야만 한다. 각 시장에서의 경쟁자들이 지역적인지 전세계적인지도 판별해야 한다. 경영진들은 또한 가용한 자본의 제약을 명확히 깨닫고 있어야 하며, 성장이 기존 시설로 가능할지, 새로운 시설을 필요로 할지, 아니면 또 다른 대안으로 다른 회사와 제휴해야 할지에 대해서 알고 있어야 한다.

기업의 경쟁전략, 공급사슬 전략, 경쟁자에 대한 분석, 규모와 범위의 경제, 모든 제약조건을 기반으로 경영자는 기업을 위한 공급사슬 설계 의사결정을 해야 한다.

단계 II: 지역적인 시설 규모 결정

네트워크 설계의 두 번째 단계의 목적은 시설이 위치할 지역과 그들의 잠재적인 역할, 그리고 그들의 가능한 생산능력 등을 확인하는 것이다.

단계 II의 분석은 각 나라의 수요 예측으로부터 시작된다. 이러한 예측은 수요의 크기를 측정할 뿐만 아니라 어떤 고객의 요구가 보편적인 것인지, 나라별 특성을 반영할 것인지 평가해야 한다. 보편화된 요구는 대규모 통합 시설에 적합하지만 서로 다른 요구는 지역화된 소규모 시설에 적합하다.

다음 단계는 경영진들이 규모의 경제와 분석을 통해서 주어진 가용한 생산기술을 가지고 비용을 줄이는 데 커다란 역할을 한다. 만약 규모의 경제나 범위의 경제가 중요한 역할을 한다면, 많은 수의 시장을 소화해 내는 적은 수의 시설을 가지는 것이 더욱 바람직할 것이다. 예를 들면, AMD사와 같은 반도체 생산자는 그들의 전세계 시장을 위해 생산에 있어서 규모의 경제로 매우 적은 수의 공장을 가지고 있다. 만약 규모의 경제나 범위의 경제가 중요한 역할을 하지 않으면, 각 시장이 각자의 시설을 가지는 것이 더욱 바람직할 것이다.

다음으로, 경영진들은 수요의 위기, 환율 위기, 다른 지역적 시장에 관련된 정치적 위기들을 파악하고 있어야 한다. 그들은 또한 지역 관세율과 지역 생산에 필요한 요구사항, 세금우대, 그리고 각 시장에서의 수입, 수출 제한사항을 알고 있어야 한다. 세금과 관세 정보는 이익을 얻을 수 있는 최적의 위치를 찾는 데 이용된다.

경영진들은 각 지역에서의 경쟁자를 명확히 식별하고 있어야 하며, 어떤 시설이 경쟁자의 시설로부터 가까이 혹은 멀리 떨어져 있어야 할지 알아야 한다. 각 시장에 대한 대응시간의 요구 수준과 각 지역에서 통합 수준의 물류비용 또한 규명되어야 한다.

이러한 모든 정보들을 바탕으로, 경영진은 공급사슬 네트워크를 위한 지역 시설의 규모를 예상할 수 있다. 지역적 규모는 네트워크에서 시설을 개략적으로 결정한다. 즉, 시설이 세워지게 될 지역과 주어진 시장을 위해 모든 제품을 생산할 것인지, 또는 네트워크 내의 모든 시장에 적은 수의 제품을 생산할 것인가를 정의한다.

단계 III: 장소 후보 집합의 선택

세 번째 단계의 목적은 시설이 위치해야 할 각 지역 내의 바람직한 장소의 후보 집합을 선택하는 것이다. 장소는 요구되는 생산방법론을 지원하기 위해 기반 시설의 가용성 분석에 기초하여 선택되어져야 한다. 물리적인 기반 시설은 공급자들의 가용성, 수송 서비스, 통신, 수도 및 전기 시설, 그리고 창고 시설을 위한 기반 등을 포함한다. 시스템적 기반 시설은 숙련된 노동자 집단의 가용성, 노동시간제 가능 여부, 경영 및 산업으로의 사회적 수용 여부 등도 포함해야 한다.

단계 IV: 위치선정

단계 IV의 목적은 정확한 위치를 선택하고 각 시설을 위한 생산능력 할당을 결정하는 것이다. 주의사항은 단계 III에서 선택한 바람직한 후보 장소로 한정한다는 것이다. 네트워크는 다른 물류와 시설비용을 가지는 각 시장에서의 예상 이윤과 수요, 다양한 물류와 시설비용, 그리고 각 장소별 세금과 관세를 고려하여 총이익을 극대화하도록 해야 한다.

다음 절에서는 단계 II－IV 동안 시설 입지를 결정하기 위한 생산능력 할당 의사결정에 대한 방법론에 대해 알아본다.

5.4 시설 위치선정과 생산능력 할당을 위한 모델

시설을 위치하고 생산용량을 할당할 때 경영진들의 목적은 공급사슬 네트워크의 결과로서 나오는 총이익을 극대화시키는 것이다. 소비자에게 적절한 대응이 제공되는 동안, 시설, 노동력, 수송, 재료, 그리고 재고로부터 비용이 증가하는 반면에 제품 판매로부터 이익도 발생한다. 기업의 이윤은 세금과 관세로부터 영향을 받는다. 이상적으로, 관세와 세금 계산 후의 이윤은 공급사슬 네트워크가 설계될 때 최대가 되어야 한다.

관리자는 네트워크 설계 시 많은 트레이드오프를 반드시 고려해야 한다. 예를 들면, 지역시장들을 지원하기 위해 많은 시설을 건설하는 것은 수송비용을 절감시키고 빠른 대응시간을 제공하지만, 기업에 의해 초래되는 시설과 재고비용을 증가시킨다.

관리자들은 두 가지 다른 상황에서 네트워크 설계 모델을 사용해야 한다. 첫째, 시설을 건설할 장소를 결정하거나 각 시설별 할당 생산능력을 결정하는 데 사용한다. 관리자들은 반드시 장소와 용량이 변경되지 않는 시간 범위 내에서 결정하는 것을 고려해야 한다(통상 연간 단위). 둘째, 이러한 모델들은 현 고객의 요구를 가용 시설에 할당하기 위해 그리고 수송될 제품에 따른 위치를 확인하기 위해 사용한다. 관리자들은 이러한 결정을 요구, 가격, 교환 비율, 그리고 관세의 변동에 관하여 적어도 연간 단위로 고려해야 한다. 이러한 두 가지 경우의 목적은 고객의 요구를 만족시키면서 이익을 최대화하는 것이다. 다음의 정보는 설계결정을 하는 데 있어서 고려되어야 한다.

- 공급원과 시장의 위치
- 잠재적인 시설 장소의 위치
- 시장에서의 수요 예측
- 장소에서 발생하는 시설, 노동, 자재비용
- 각 장소들 간의 이동으로 발생하는 수송비용
- 장소에 의한 재고비용과 양적 함수
- 다른 지역에서 제품 판매가격
- 세금과 관세
- 요구되는 대응시간과 다른 서비스 요소들

이러한 정보들이 주어지면, 중력 모델 또는 네트워크 최적화 모델을 네트워크를 설계하는 데 사용할 수 있다. 각 모델의 네트워크 설계 구조 단계에 따른 모델을 구성한다.

단계 II: 네트워크 최적화 모델

네트워크 설계 구조의 단계 II에서([그림 5.2] 참조), 경영진은 시설이 위치할 지역을 결정하기 위해 지역의 요구, 관세, 규모의 경제, 그리고 통합 요소비용을 고려해야 한다. 예로서, 전세계의 판매망을 가진 석유화학 제품 생산자인 SunOil사의 공급사슬 부서장은 고객 요구를 충족시켜 줄 수 있는 다양한 옵션을 고려할 수 있다. 한 가지 가능성은 각 지역에 시설을 건설하는 것이다. 이러한 방법의 장점은 수송비용이 낮아지고, 다른 지역으로부터 제품을 수입할 때 부과되는 세금을 피할 수 있다. 반면에, 단점으로는 공장들이 지역 고객의 요구를 충족시킬 수 있을 정도의 크기가 되어야 하며, 완전하게 규모의 경제를 이용하지 못할 수도 있다. 또 다른 접근방법은 단지 일정 지역에만 통합공장을 운영하는 것이다. 이것은 규모의 경제를 향상시킬 수 있지만 수송비용과 세금을 증가시킨다. 단계 II 동안 관리자는 이렇게 정량화할 수 있는 요소와 경쟁 환경과 정치적 위험성과 같은 비정량화 요소 간의 절충점을 반드시 고려해야 한다.

네트워크 최적 모델들은 관리자들이 단계 II에서 지역별 배치를 고려하는 데 유용하다. 첫 단계는 정량적 모델에 사용되는 정보를 수집하는 것이다. SunOil사를 위해 공급사슬의 부서장은 다음의 다섯 지역(북아메리카, 남아메리카, 유럽, 아프리카, 아시아)에서 전세계적인 수요를 결정하였다. 자료는 [그림 5.3]과 같다.

	A	B	C	D	E	F	G	H	I	J
1	입력·비용, 생산능력, 수요									
2		수요 지역 1,000,000단위 당 생산 및 배송 비용					고정	저	고정	고
3	공급 지역	북미	남미	유럽	아시아	아프리카	비용($)	생산능력	비용($)	생산능력
4	북미	81	92	101	130	115	6,000	10	9,000	20
5	남미	117	77	108	98	100	4,500	10	6,750	20
6	유럽	102	105	95	119	111	6,500	10	9,750	20
7	아시아	115	125	90	59	74	4,100	10	6,150	20
8	아프리카	142	100	103	105	71	4,000	10	6,000	20
9	수요	12	8	14	16	7				
10										

그림 5.3 SunOil사의 비용과 수요 자료

5개 지역의 각 연간 수요는 셀 B9에서 F9와 같으며, 셀 B4에서 F8에는 각 개별 지역에서 수요를 충족시키기 위한 한 지역에서 생산 변동비용, 재고, 그리고 수송비용(관세와 세금을 포함)을 나타낸다. 예를 들면, 셀 C4와 같이 북아메리카에서 백만 개를 생산하기 위해 92,000달러의 비용(세금 포함)이 소요되며 이것을 남아메리카에 판매한다. H4 셀과 같이 북아메리카에서 저생산능력의 공장을 짓는 데 6백만 달러의 고정비가 소요된다. 이 단계에서 수집된 정보는 통합 단계이다.

시설, 수송, 그리고 각 시설별 재고와 연관된 변동비용뿐만 아니라 고정비용도 있다. 고정비용들은 시설로부터 얼마나 많이 생산되거나 선적되었는지 관계없이 발생하는 비용이고, 변동비용들은 주어진 시설로부터 생산되거나 선적된 양과 비례하여 발생하는 비용이다. 시설, 수송, 그리고 재고비용은 일반적으로 규모의 경제로 표현하며, 한계수익비용은 시설이 증가할 때 생산된 양에 따라 감소한다. 모델에서 모든 변동비용은 생산되거나 선적된 양에 따라 선형적으로 증가한다.

SunOil사는 각 위치별 두 가지의 상이한 공장 크기를 고려한다. 셀 H4에서 H8까지 그리고 J4에서 J8까지 각각 보여준 바와 같이 저생산능력 공장들은 연간 천만 개를 생산하고, 반면에 고생산능력 공장은 연간 2천만 개를 생산한다. 고생산능력 공장은 셀 I4에서 I8까지와 같이 규모의 경제를 나타내어 저생산능력 공장의 고정비용의 2배보다 적은 고정비용을 가지고 있다. 모든 고정비용들은 연간 단위로 계산된다. 부서장은 네트워크에서 가능한 최저비용을 알고 싶어한다. 이 질문에 대한 답을 얻기 위해 다음으로 생산능력 제약이 있는 공장의 위치선정 모델에 대해 논의할 것이다.

생산능력 제약이 있는 공장 위치선정 모델 생산능력 제약이 있는 공장 위치 네트워크 최적화 모델은 다음과 같은 입력 자료를 필요로 한다.

n = 후보 위치공장의 수/생산능력(각 용량의 단계는 분할 위치로 계산됨)

m = 시장 또는 수요점의 수

D_j = 시장 j의 연간 수요

K_i = 공장 i의 잠재 생산능력

f_i = 공장 i를 열기 위한 연간 고정비용

C_{ij} = 단위 생산비용과 공장 i에서 시장 j까지의 단위 운송비용(생산, 재고, 수송을 포함한 비용)

이 문제의 목적은 세금 계산 후 이익을 최대화하도록 네트워크를 설계하는 것이다. 그러나 단순화하여 모든 요구는 반드시 충족되고, 수입에 대한 세금은 모르는 것으로 가정하였다. 따라서 모델은 전세계적인 요구를 충족시키는 데 소요되는 비용을 최소화하는 데 초점이 맞춰진다. 그러나 이것은 이익과 세금을 포함시켜 수정하는 것이 가능하다. 결정변수는 다음과 같이 정의한다.

y_i = 공장 i가 문을 연 경우 1, 문을 열지 않은 경우 0

x_{ij} = 공장 i에서 시장 j로 매년 선적되는 양

이 문제는 다음과 같이 정수계획법으로 나타낼 수 있다.

$$Min \quad \sum_{i=1}^{n} f_i y_i + \sum_{i=1}^{n}\sum_{j=1}^{m} c_{ij} x_{ij}$$

제약조건:

$$\sum_{i=1}^{n} x_{ij} = D_j \qquad (j = 1, \ldots, m) \qquad \textbf{(5.1)}$$

$$\sum_{j=1}^{m} x_{ij} \le K_i y_i \qquad (i = 1, \ldots, n) \qquad \textbf{(5.2)}$$

$$y_i \in \{0, 1\} \qquad (i = 1, \ldots, n, x_{ij} \ge 0) \qquad \textbf{(5.3)}$$

목적함수는 네트워크의 설치 및 운영의 총비용(고정비용 + 변동비용)을 최소화한다. 제약조건식 (5.1)은 각 지역에서의 시장수요는 충족됨을 의미하며 제약조건식 (5.2)는 능력을 초과하여 공급하는 공장이 없음을 나타낸다(공장이 문을 닫은 경우 능력은 명확하게 0이며, 열었다면 K_i이다. 기간당 생산량 $K_i y_i$는 이 효과를 반영한다). 제약조건식 (5.3)은 각 공장이 문을 열거나(y_i = 1) 닫는 것(y_i = 0)을 반영한다. 이 모델의 해는 문을 열 공장과 시장수요를 공장에 할당하는

Microsoft Excel — M23

	A	B	C	D	E	F	G	H	I	J
1	*입력-비용, 생산능력, 수요*									
2		*수요 지역 1,000,000단위 당 생산 및 배송 비용*					고정	저	고정	고
3	*공급 지역*	북미	남미	유럽	아시아	아프리카	비용($)	생산능력	비용($)	생산능력
4	북미	81	92	101	130	115	6,000	10	9,000	20
5	남미	117	77	108	98	100	4,500	10	6,750	20
6	유럽	102	105	95	119	111	6,500	10	9,750	20
7	아시아	115	125	90	59	74	4,100	10	6,150	20
8	아프리카	142	100	103	105	71	4,000	10	6,000	20
9	수요	12	8	14	16	7				
10										
11	*결정 변수*									
12		*수요 지역 - 생산량 할당(1000 Units)*					공장	공장		
13	*공급 지역*	북미	남미	유럽	아시아	아프리카	(1=open)	(1=open)		
14	북미	0	0	0	0	0	0	0		
15	남미	0	0	0	0	0	0	0		
16	유럽	0	0	0	0	0	0	0		
17	아시아	0	0	0	0	0	0	0		
18	아프리카	0	0	0	0	0	0	0		

그림 5.4 SunOil사의 의사결정변수 스프레드시트

것을 판별할 것이다.

모델은 엑셀의 해찾기 기능을 이용하여 해결한다. 엑셀의 다음 단계는 [그림 5.4]에서와 같이 각 결정변수와 일치하는 셀을 확인하는 것이다. 셀 B14부터 F18은 결정변수 x_{ij} 그리고 공급 지역에서의 생산량과 수요 지역으로의 선적량을 결정한다. 셀 G14부터 G18은 저생산능력 공장과 일치하는 결정변수 y_i를 나타내고 셀 H14부터 H18은 고생산능력 공장과 일치하는 결정변수 y_i를 나타낸다. 모든 결정변수는 0으로 초기화하였다.

다음 단계는 제약식 (5.1)과 (5.2) 그리고 목적함수를 위해 셀을 만드는 것이다. 제약 셀들과 목적함수는 [그림 5.5]와 같다. 셀 B22부터 B26은 제약식 (5.2)의 용량을 표시하고, 셀 B28부터 F28은 제약식 (5.1)의 요구를 표시한다. 목적함수는 셀 B31과 같으며 총고정비용과 네트워크 운영의 변동비용을 더한 값이다.

다음 단계는 도구 → 해찾기를 클릭하여 [그림 5.6]과 같이 해찾기를 구동하는 것이다. 해찾기의 목적은 셀 B31의 총비용을 최소화하는 것이다. 값을 바꿀 셀은 셀 B14부터 B18과 같으며 제약조건은 다음과 같다.

B14:H18 ≥ 0 {모든 결정변수의 비음조건}

B22:B26 ≥ 0 $\left\{K_i y_i - \sum_{j=1}^{m} x_{ij} \geq 0 \ (i = 1, \ldots, 5)\right\}$

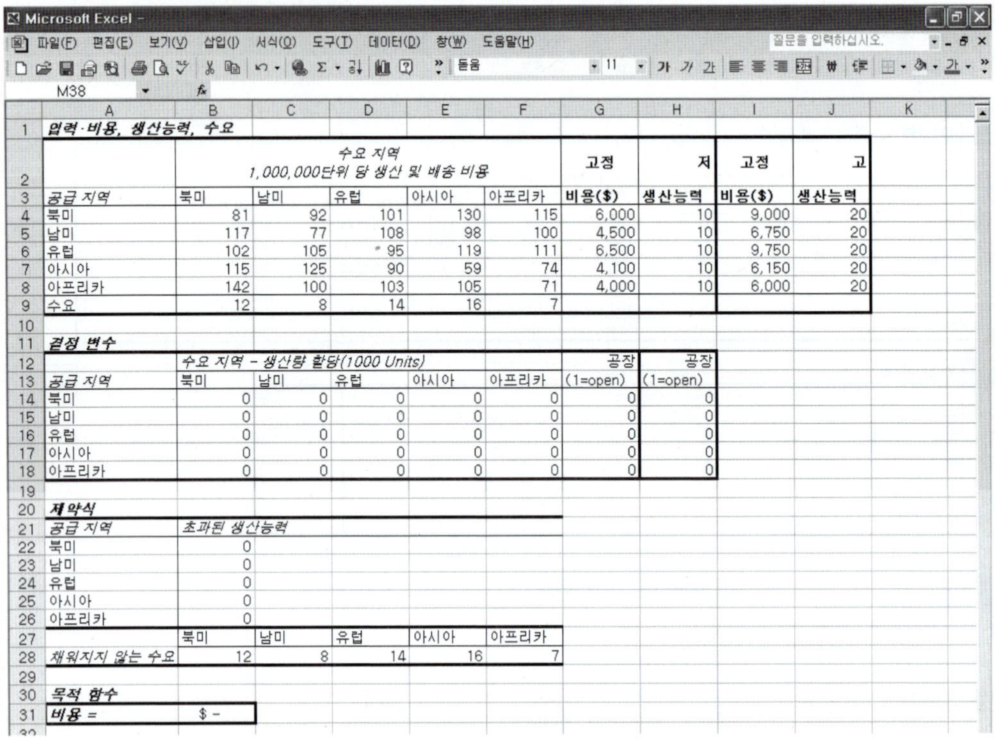

	A	B	C	D	E	F	G	H	I	J
1	*입력·비용, 생산능력, 수요*									
2		*수요 지역 1,000,000단위 당 생산 및 배송 비용*					고정	저	고정	고
3	*공급 지역*	북미	남미	유럽	아시아	아프리카	비용($)	생산능력	비용($)	생산능력
4	북미	81	92	101	130	115	6,000	10	9,000	20
5	남미	117	77	108	98	100	4,500	10	6,750	20
6	유럽	102	105	95	119	111	6,500	10	9,750	20
7	아시아	115	125	90	59	74	4,100	10	6,150	20
8	아프리카	142	100	103	105	71	4,000	10	6,000	20
9	수요	12	8	14	16	7				
10										
11	*결정 변수*									
12		*수요 지역 – 생산량 할당(1000 Units)*					공장	공장		
13	*공급 지역*	북미	남미	유럽	아시아	아프리카	(1=open)	(1=open)		
14	북미	0	0	0	0	0	0	0		
15	남미	0	0	0	0	0	0	0		
16	유럽	0	0	0	0	0	0	0		
17	아시아	0	0	0	0	0	0	0		
18	아프리카	0	0	0	0	0	0	0		
19										
20	*제약식*									
21	*공급 지역*	*초과된 생산능력*								
22	북미	0								
23	남미	0								
24	유럽	0								
25	아시아	0								
26	아프리카	0								
27		북미	남미	유럽	아시아	아프리카				
28	*채워지지 않는 수요*	12	8	14	16	7				
29										
30	*목적 함수*									
31	*비용 =*	$ -								

셀	셀 수식	식	복사
B28	= B9 − SUM(B14:B18)	5.1	B28:F28
B22	= G14*H4 + H14*J4 − SUM(B14:F14)	5.2	B22:F26
B31	= SUMPRODUCT(B14:B18,B4:B8) + SUMPRODUCT(G14:G18,G4:G8) + SUMPRODUCT(H14:H18,I4:I8)	목적함수	–

그림 5.5 SunOil사의 제약식과 목적함수 스프레드시트

$$\text{B28:F28} = 0 \quad \left\{ D_j - \sum_{i=1}^{n} x_{ij} = 0 \;\; (j = 1, \ldots, 5) \right\}$$

G14:H18 이진정수 {위치변수 y_i는 이진 정수, 즉 0 또는 1}

[그림 5.7]과 같이 최적해를 얻기 위해 해찾기 모델 설정 대화상자 내 실행을 클릭한다. [그림 5.7]로부터 공급사슬 설계는 최소비용 네트워크를 결정하기 위해 남아메리카, 아시아, 그리고 아프리카에 시설을 위치할 것이다. 그리고 고생산능력 공장을 각 지역에 계획할 것이다. 남아메리카의 공장은 북아메리카의 요구를 충족시키고, 반면에 유럽의 요구는 아시아와 아프리카

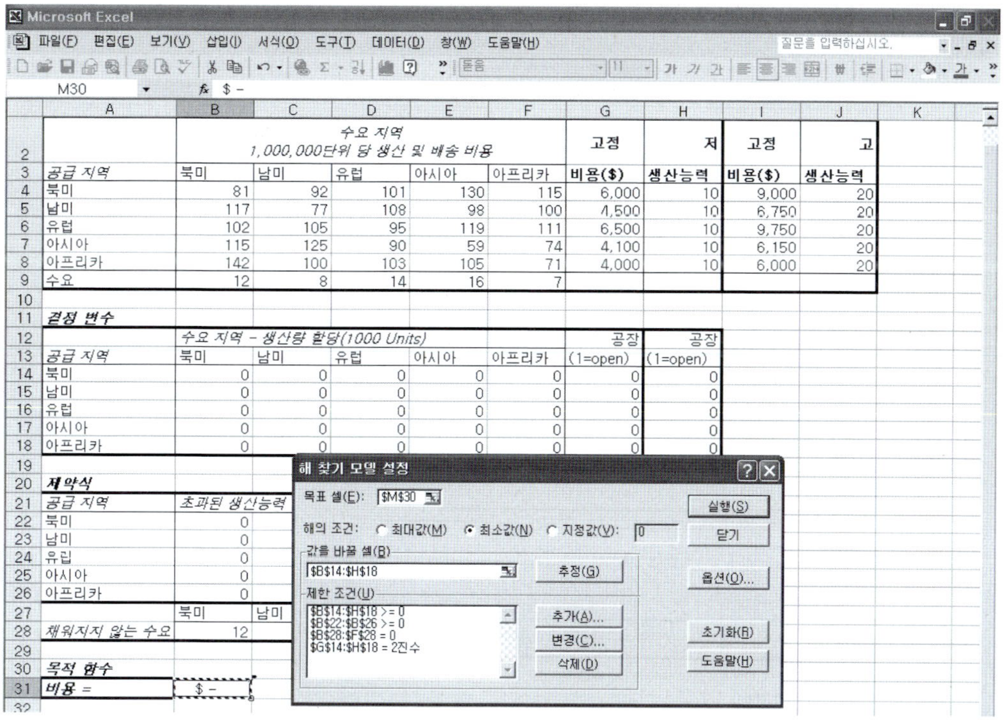

그림 5.6 SunOil사의 문제의 해찾기 모델 설정

의 공장에서 충족시킨다.

지금까지 토의했던 모델은 어떤 지역에서 공장 위치의 필요성과 같은 전략적 명령을 설명하기 위해 수정될 수 있다. 예를 들면, 만약 SunOil사가 유럽에 전략적인 이유로 공장 위치를 결정하였다면, 우리는 유럽에 공장 하나를 위치시키는 것을 필요로 하는 제약조건을 추가하는 것으로 모델을 수정할 수 있다. 이 단계에서, 선택의 다양성과 관련된 비용은 지역 존재가치를 검토하는 것과 같은 전략적 중요성의 다른 조합을 혼합하는 것이다.

적절한 지역배치는 다음에 선택된다. 다음으로, 단계 III에서 유용할 모델을 고려해 보자.

단계 III: 중력 위치 모델

단계 III 동안([그림 5.2] 참조), 경영진은 회사가 공장을 위치시키려고 결정한 지역별 후보 위치를 확인한다. 이전 단계로, 경영진은 고려되었던 장소의 지리적 위치를 확인할 필요가 있다. 중력 위치 모델은 공급자로부터 원자재의 수송비용을 최소화하는 위치를 찾거나, 시장에 배포되는 최종제품의 수송비용을 최소화하는 데 사용된다. 다음으로, 중력 모델을 사용할 수 있는 전형적인 시나리오에 관해 토의한다.

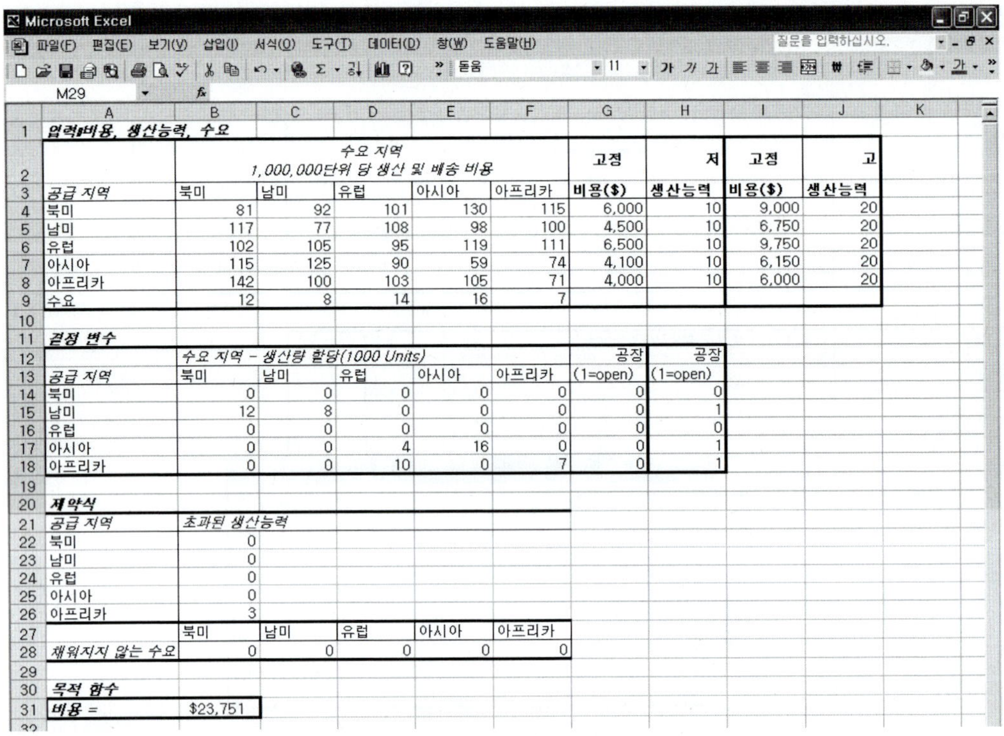

	입력:비용, 생산능력, 수요									
		수요 지역 1,000,000단위 당 생산 및 배송 비용					고정	저	고정	고
	공급 지역	북미	남미	유럽	아시아	아프리카	비용($)	생산능력	비용($)	생산능력
	북미	81	92	101	130	115	6,000	10	9,000	20
	남미	117	77	108	98	100	4,500	10	6,750	20
	유럽	102	105	95	119	111	6,500	10	9,750	20
	아시아	115	125	90	59	74	4,100	10	6,150	20
	아프리카	142	100	103	105	71	4,000	10	6,000	20
	수요	12	8	14	16	7				

결정 변수

	수요 지역 – 생산량 할당(1000 Units)					공장	공장
공급 지역	북미	남미	유럽	아시아	아프리카	(1=open)	(1=open)
북미	0	0	0	0	0	0	0
남미	12	8	0	0	0	0	1
유럽	0	0	0	0	0	0	0
아시아	0	0	4	16	0	0	1
아프리카	0	0	10	0	7	0	1

제약식

공급 지역	초과된 생산능력
북미	0
남미	0
유럽	0
아시아	0
아프리카	3

	북미	남미	유럽	아시아	아프리카
채워지지 않는 수요	0	0	0	0	0

목적 함수

비용 =	$23,751

그림 5.7 SunOil사의 최적 지역 네트워크 형태

예를 들어, 고품질의 냉장고와 전자레인지 생산자인 Steel Appliances사(SA사)를 고려해 보면 SA사는 덴버 인근에 위치한 조립공장을 하나 가지고 있고, 이 공장은 미국 전역에 공급을 해 오고 있다. 소비자의 수요가 빠르게 성장함에 따라 SA사 최고경영자는 서부 시장의 요구를 충족시키기 위해 다른 공장 설립을 결정하였다. 따라서 공급사슬 관리자는 새로운 공장의 위치를 선정해야 한다. 버팔로, 멤피스, 그리고 세인트루이스에 위치한 세 군데의 부품공장이 새로운 공장을 지원할 것이다. 그리고 새로운 공장은 아틀란타, 보스톤, 잭슨빌, 필라델피아, 그리고 뉴욕의 시장을 서비스할 것이다. 위치 좌표, 각 시장 내 수요, 각 부품공장으로부터 필요한 공급, 그리고 각 공급원이나 시장을 위한 선적비용은 [표 5.1]과 같다.

중력 모델은 시장과 공급원이 평면상의 격자선상에 위치한다고 가정한다. 모든 거리는 평면상의 두 점 사이의 기하학적 거리로 표현할 수 있다. 또한 이 모델에서 수송비용은 적재되는 양에 비례하여 선형적으로 증가한다고 가정한다. 우리는 공급원으로부터 원자재를 받아 시장에 최종제품을 실어다 주는 단일시설을 위치시키는 모델에 대해 알아볼 것이다. 기본 입력사항은 다음과 같다.

표 5.1 Steel Appliances사의 공급 자원 및 시장의 위치

공급지/시장	수송비: 달러/톤 마일(F_n)	수량: 톤(D_n)	좌표	
			x_n	y_n
원자재공급지				
버팔로	0.90	500	700	1,200
멤피스	0.95	300	250	600
세인트루이스	0.85	700	225	825
시장				
아틀란타	1.50	225	600	500
보스톤	1.50	150	1,050	1,200
잭슨빌	1.50	250	800	300
필라델피아	1.50	175	925	975
뉴욕	1.50	300	1,000	1,080

x_n, y_n: 각 시장 또는 공급원 n의 좌표

F_n: 시설로부터 각 시장 또는 공급원 n까지 한 단위를 싣고 1마일을 갈 때 발생하는 비용

D_n: 시설과 시장 또는 공급원 n 사이의 선적량

만약 (x, y)의 좌표가 시설에서 선택된 위치라면, 시설 위치(x, y)와 공급원 또는 시장 n까지의 거리 d_n은 다음과 같다.

$$d_n = \sqrt{(x - x_n)^2 + (y - y_n)^2} \tag{5.4}$$

총수송비용 TC는 다음과 같다.

$$TC = \sum_{n=1}^{k} d_n D_n F_n \tag{5.5}$$

최적의 위치는 식 (5.5)의 총비용(TC)을 최소화하는 한 곳이다. SA사 문제의 최적해는 [그림 5.8]에서와 같이 엑셀의 해찾기 도구를 이용하여 얻는다. 첫 단계는 문제의 자료를 보여준 바와 같이 셀 B5부터 F12에 입력하고, 다음으로 셀 B16과 B17에 새로운 시설의 위치와 일치하게 결정변수(x, y)를 만든다. 그리고 셀 G5부터 G12까지, 식 (5.4)를 이용하여 시설 위치로부터 각 공급원 혹은 시장까지의 거리를 계산한다. 총비용은 식 (5.5)에 의해 셀 B19에 계산된다.

다음 단계는 도구 → 해찾기를 클릭하여 해찾기를 구동하는 것이다. 해찾기 모델 설정 대화상자 안에([그림 5.8] 참조) 주어진 문제에 대해 다음의 정보를 입력한다.

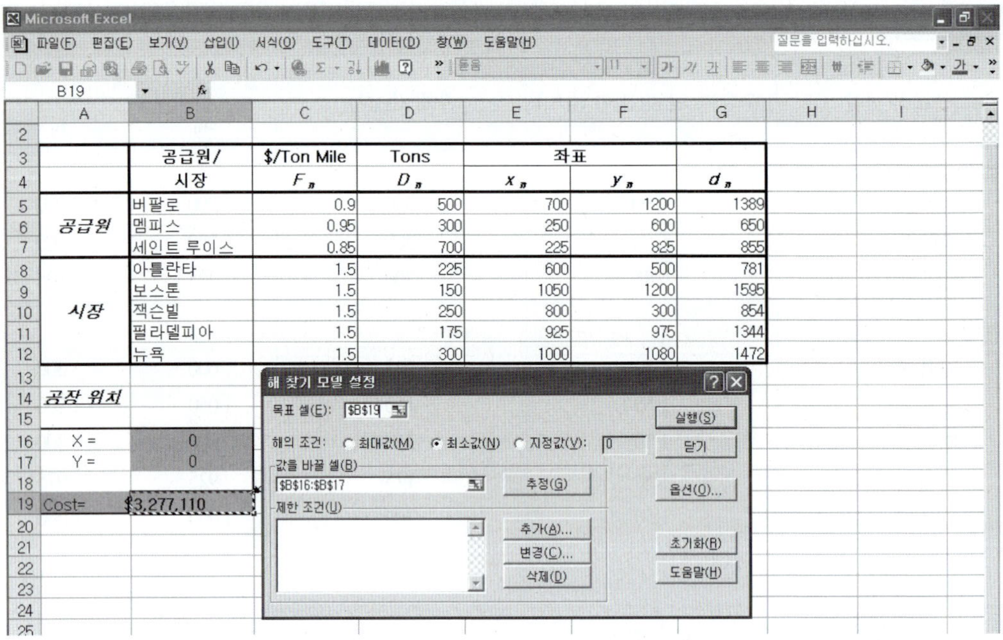

셀	셀 수식	식	복사
G5	= SQRT($B$16 − E5)^2 + ($B$17−F5)^2	5.1	G5:G12
B19	= SUMPRODUCT(G5:G12,D5:D12,C5:C12)	5.2	−

그림 5.8 해찾기를 사용한 Steel Appliances사의 최적 입지

목표 셀: B19

해의 조건: 최소값 선택

값을 바꿀 셀: B16:B17

해찾기 버튼을 클릭하면 최적해는 셀 B16과 B17에 나타나게 된다.

따라서 관리자는 총비용을 최소화하는 공장의 위치 좌표로 $(x, y) = (681, 882)$를 확인할 수 있다. 지도로부터, 이러한 좌표들은 북캘리포니아와 버지니아 경계와 인접해 있다. 중력 모델로부터 얻어진 정확한 좌표는 가능한 위치와 일치하지 않을 수도 있다. 따라서 관리자는 적절하게 작업자의 기술을 이용할 수 있을 뿐만 아니라 필요한 제반시설을 소유한 최적지의 좌표와 근접하는 바람직한 장소를 찾아야 한다.

중력 모델은 다음의 반복적인 단계를 통해 풀 수 있다.

1. 각 공급원이나 시장 n에 대해 d_n을 식 (5.4)에 의해 구한다.
2. 시설을 위해 새로운 위치 (x', y')를 구한다.

$$x' = \frac{\sum_{n=1}^{k} \frac{D_n F_n x_n}{d_n}}{\sum_{n=1}^{k} \frac{D_n F_n}{d_n}} \quad \text{그리고} \quad y' = \frac{\sum_{n=1}^{k} \frac{D_n F_n y_n}{d_n}}{\sum_{n=1}^{k} \frac{D_n F_n}{d_n}}$$

3. 만약 새로운 위치 (x', y')가 (x, y) 좌표와 거의 같으면 중단하고, 그렇지 않다면, (x, y)를 (x', y')로 놓고 1단계부터 다시 시작한다.

단계 Ⅳ: 네트워크 최적화 모델

단계 Ⅳ 동안([그림 5.2] 참조), 관리자는 위치와 각 시설을 위한 생산능력 할당을 결정한다. 시설 위치 이외에 관리자는 시장을 어떻게 시설에 할당할 것인가도 결정한다. 이러한 할당은 대응시간 관점의 제약조건에서 고객 서비스를 설명해야 한다. 요구 할당결정은 비용의 변경과 시장의 발전이라는 일정한 근거 하에 변경할 수 있다. 네트워크 설계에서 위치와 할당결정은 모두 동시에 이루어져야 한다.

네트워크 최적화 모델을 설명하기 위해 두 개의 광섬유 통신장비 생산자에 대한 예를 살펴보면, TelecomeOne사와 HighOptic사는 모두 최신 통신장비 생산자이다. TelecomeOne사는 미국 동부에 초점을 맞추고 있다. 이 회사는 볼티모어, 멤피스, 캔사스의 위치타에 생산공장이 있고, 아틀란타, 보스톤, 시카고 시장에 공급하고 있다. HighOptic사는 미국 서부에 목표를 두고 덴버, 오마하, 포틀랜드 시장에 공급하고 있다. HighOptic사는 샤이엔과 솔트레이크시티에 공장이 있다.

공장능력, 시장수요, 1,000단위 선적당 생산과 수송의 변동비용, 각 공장의 월간 고정비용이 [표 5.2]에 나타나 있다.

생산 시설에 대한 수요 할당 [표 5.2]에서 TelecomOne사는 월간 총생산능력이 71,000단위이며 월간 총수요는 32,000단위이고, HighOptic사는 월간 총생산능력어 51,000단위, 월간 총수요는 24,000단위이다. 두 회사의 관리자는 그들의 생산 시설에 대해 수요를 어떻게 할당할지를 결정해야 한다. 이 결정은 수요와 비용의 변동에 따라 매년 재검토될 것이다.

수요 할당 문제는 수요 할당 모델을 사용하여 해결할 수 있다. 이 모델은 다음과 같은 자료가 요구된다.

n = 공장의 수

m = 시장 또는 수요점의 수

표 5.2 TelecomOne사와 HighOptic사의 생산능력, 수요, 비용 자료

공급도시	수요도시 1,000단위당 생산 및 수송 비용(1,000달러)						월간 생산 능력 (1,000단위) K	월간 고정 비용 (1,000달러) f
	아틀란타	보스톤	시카고	덴버	오마하	포틀랜드		
볼티모어	1,675	400	685	1,630	1,160	2,800	18	7,650
샤이엔	1,460	1,940	970	100	495	1,200	24	3,500
솔트레이크시티	1,925	2,400	1,425	500	950	800	27	5,000
멤피스	380	1,355	543	1,045	665	2,321	22	4,100
위치타	920	1,646	700	508	311	1,797	31	2,200
월간 수요 (1,000단위) D_j	10	8	14	6	7	11		

D_j = 시장 j의 연간 수요

K_i = 공장 i의 연간 생산능력

C_{ij} = 단위생산비용과 공장 i에서 시장 j까지의 단위선적비용(생산, 재고, 수송을 포함한 비용)

목적은 총시설, 수송, 재고비용을 최소화하도록 각 시장의 수요를 각 공장에 할당하는 것이다. 결정변수는 다음과 같이 정의한다.

x_{ij} = 공장 i에서 시장 j에 매년 선적되는 양

선형계획법으로 나타내면 다음과 같다.

$$Min \quad \sum_{i=1}^{n}\sum_{j=1}^{m} c_{ij}x_{ij}$$

제약조건:

$$\sum_{i=1}^{n} x_{ij} = D_j \quad (i = 1, \ldots, m) \tag{5.6}$$

$$\sum_{i=1}^{m} x_{ij} \leq k_i \quad (i = 1, \ldots, m) \tag{5.7}$$

제약조건식 (5.6)은 시장의 모든 수요를 만족시키는 것을, 제약조건식 (5.7)은 능력을 초과하여 생산하는 공장은 없다는 것을 의미한다.

두 회사 TelecomOne사와 HighOptic사의 수요 할당 문제는 엑셀의 해찾기 도구를 사용하여 해결할 수 있다. 수요 할당의 최적해는 [표 5.3]에 나타나 있다. TelecomOne사는 위치타의 시설이 작업 가능하다고 하더라도 아무것도 생산하지 않는 것이 최적해이다. [표 5.3]에 나타난

표 5.3 TelecomOne사와 HighOptic사의 수요 할당 최적해

		아틀란타	보스톤	시카고	덴버	오마하	포틀랜드
TelecomOne사	볼티모어	0	8	2			
	멤피스	10	0	12			
	위치타	0	0	0			
Highoptic사	솔트레이크				0	0	11
	샤이엔				6	7	0

수요 할당 최적해에 대해서 TelecomOne사는 월간 변동비용이 14,886,000달러, 월간 고정비용이 13,950,000달러, 월간 총비용이 28,836,000달러 발생한다. HighOptic사는 월간 변동비용이 12,865,000달러, 월간 고정비용이 8,500,000달러, 월간 총비용 21,365,000달러가 발생한다.

공장 위치선정: 생산능력 제약이 있는 공장 위치선성 모델 TelecomOne사와 HighOptic사의 관리자는 두 개의 회사를 TelecomOptic사라는 단일체제로 합병하기로 결정했다. 그들은 만약 두 개의 네트워크가 적절히 합병된다면 막대한 이익이 발생할 것으로 예상했다. TelecomOptic사는 6개 시장에 공급하는 5개의 공장을 가질 것이다. 관리자는 5개 공장 모두가 필요한가에 대해 논의중이다. 그들은 공급사슬 팀에게 합쳐진 공장의 네트워크와 폐쇄할 공장을 판별토록 했다.

최적 위치와 생산능력 할당의 선택 문제는 우리가 단계 II에서 학습한 지역배치 문제와 매우 유사하다. 유일하게 다른 점은 한 지역 이상에 적용되는 비용과 관세를 사용하는 대신에 특정한 위치비용과 관세를 적용했다는 것이다. 따라서 단계 IV의 문제 해결을 위해 이전에 언급했던 생산능력 제약이 있는 공장 위치선정 모델을 사용해야 한다.

위치에 따른 비용, 세금, 그리고 관세를 고려하여 전체 이익을 최대화하도록 구성되어야 한다. 위치들 간의 주어진 세금과 관세는 다양하지 않다. 공급사슬 팀은 공장 위치를 결정하고 문을 연 공장에 수요를 할당함으로써 총시설, 수송, 재고비용을 최소화해야 한다. 결정변수는 다음과 같이 정의한다.

y_i = 공장 i가 문을 연 경우 1, 문을 열지 않은 경우 0

x_{ij} = 공장 i에서 시장 j로 매년 선적되는 양

이 문제는 다음과 같이 정수계획법으로 나타낼 수 있다.

$$Min \quad \sum_{i=1}^{n} f_i y_i + \sum_{i=1}^{n} \sum_{j=1}^{m} c_{ij} x_{ij}$$

x와 y는 제약조건으로 식 (5.1), (5.2), 그리고 (5.3)을 만족해야 한다.

[표 5.2]에서와 같이, 합병된 TelecomOptic사의 각기 다른 공장의 생산능력과 수요 자료가 생산, 수송, 재고비용에 따라 나타나 있으며 공장 위치 모델을 엑셀의 해찾기 도구로 해결한다.

해찾기 모델을 준비하는 첫 단계는 [그림 5.9]와 같이 비용, 수요, 능력 정보를 입력하는 것이다. 5개 공장의 고정비용 f_i는 셀 H4부터 H8까지 입력한다. 5개 공장의 능력 K_i는 셀 I4부터 I8까지 입력한다. 각 공장에서부터 수요지까지 가변비용 c_{ij}는 셀 B4부터 G8까지 입력된다. 6개 시장수요 D_j는 셀 B9부터 G9까지 입력한다. 다음으로 [그림 5.9]에 제시된 바와 같이 결정변수 x_{ij}와 y_i는 셀 B14부터 G18까지 그리고 H14부터 H18까지 나타나 있다. 초기에 모든 변수는 0으로 지정된다.

다음 단계는 각각의 제약식 (5.1) 그리고 (5.2)를 위해 셀을 만든다. 셀들은 [그림 5.10]에 제시하였다. 셀 B22부터 B26까지는 제약식 (5.7)의 생산능력의 제약조건을 의미하고, 셀 B29부터 G29까지는 제약식 (5.6)의 수요 제약조건을 의미한다. 셀 B22의 제약조건은 볼티모어 공장의 생산능력 제약조건에 일치하고, 셀 B29는 아틀란타 시장의 수요 제약조건과 일치한다. 생산능력 제약조건의 셀값은 0보다 크거나 같아야 하고, 수요 제약조건의 셀값은 0과 같아야 한다.

목적함수는 총공급사슬 네트워크의 고정비용과 변동비용을 측정하는 것으로, 셀 B32에 구해진다. 다음 단계는 [그림 5.11]에 제시한 바와 같이 도구 → 해찾기를 클릭하여 해찾기를 구동하는 것이다.

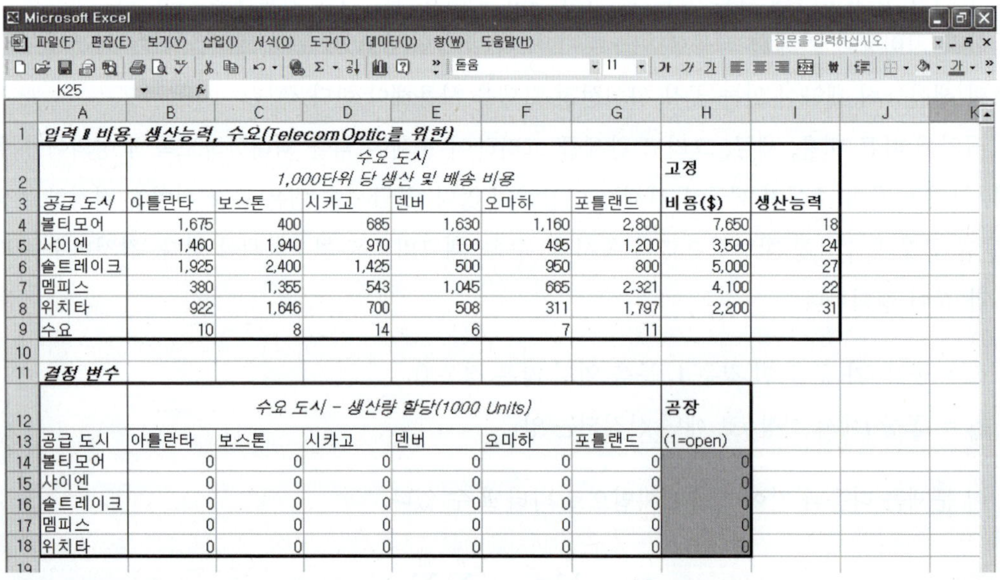

	A	B	C	D	E	F	G	H	I
1	*입력 ▮ 비용, 생산능력, 수요(TelecomOptic를 위한)*								
2		*수요 도시 1,000단위 당 생산 및 배송 비용*						**고정**	
3	*공급 도시*	아틀란타	보스톤	시카고	덴버	오마하	포틀랜드	**비용($)**	**생산능력**
4	볼티모어	1,675	400	685	1,630	1,160	2,800	7,650	18
5	샤이엔	1,460	1,940	970	100	495	1,200	3,500	24
6	솔트레이크	1,925	2,400	1,425	500	950	800	5,000	27
7	멤피스	380	1,355	543	1,045	665	2,321	4,100	22
8	위치타	922	1,646	700	508	311	1,797	2,200	31
9	수요	10	8	14	6	7	11		
10									
11	*결정 변수*								
12		*수요 도시 - 생산량 할당(1000 Units)*						**공장**	
13	공급 도시	아틀란타	보스톤	시카고	덴버	오마하	포틀랜드	(1=open)	
14	볼티모어	0	0	0	0	0	0	0	
15	샤이엔	0	0	0	0	0	0	0	
16	솔트레이크	0	0	0	0	0	0	0	
17	멤피스	0	0	0	0	0	0	0	
18	위치타	0	0	0	0	0	0	0	

그림 5.9 TelecomOptic사의 결정변수 스프레드시트

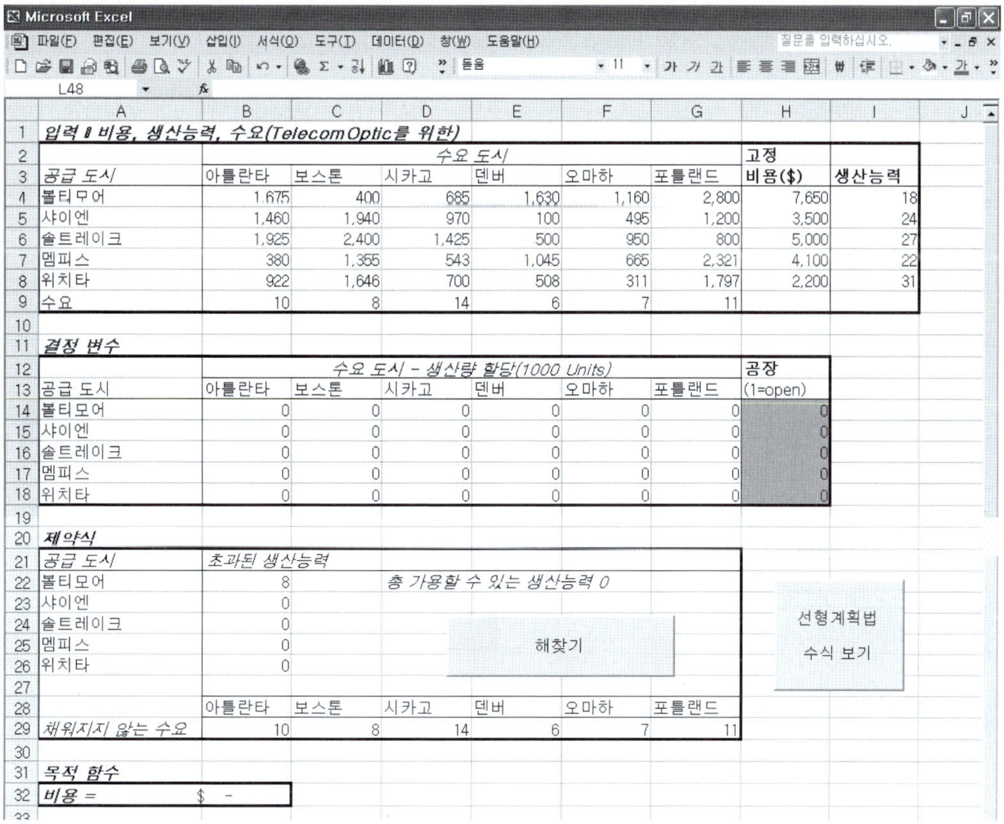

	A	B	C	D	E	F	G	H	I
1	입력 : 비용, 생산능력, 수요(TelecomOptic를 위한)								
2		수요 도시						고정	
3	공급 도시	아틀란타	보스톤	시카고	덴버	오마하	포틀랜드	비용($)	생산능력
4	볼티모어	1,675	400	685	1,630	1,160	2,800	7,650	18
5	샤이엔	1,460	1,940	970	100	495	1,200	3,500	24
6	솔트레이크	1,925	2,400	1,425	500	950	800	5,000	27
7	멤피스	380	1,355	543	1,045	665	2,321	4,100	22
8	위치타	922	1,646	700	508	311	1,797	2,200	31
9	수요	10	8	14	6	7	11		
10									
11	결정 변수								
12		수요 도시 - 생산량 할당(1000 Units)						공장	
13	공급 도시	아틀란타	보스톤	시카고	덴버	오마하	포틀랜드	(1=open)	
14	볼티모어	0	0	0	0	0	0	0	
15	샤이엔	0	0	0	0	0	0	0	
16	솔트레이크	0	0	0	0	0	0	0	
17	멤피스	0	0	0	0	0	0	0	
18	위치타	0	0	0	0	0	0	0	
19									
20	제약식								
21	공급 도시	초과된 생산능력							
22	볼티모어	8		총 가용할 수 있는 생산능력 0					
23	샤이엔	0							
24	솔트레이크	0							
25	멤피스	0							
26	위치타	0							
27									
28		아틀란타	보스톤	시카고	덴버	오마하	포틀랜드		
29	채워지지 않는 수요	10	8	14	6	7	11		
30									
31	목적 함수								
32	비용 =	$ -							

셀	셀 수식	식	복사
B22	= I4*H14 − SUM(B14:G14) 5.6 B22:B26	5.7	B22:B26
B29	= B9* − SUM(B14:B18) 5.5 B29:G29	5.6	B29:G29
B32	= SUMPRODUCT(B4:G8,B14:B18) + SUMPRODUCT(H4:H8,H14:H18) +		목적함수

그림 5.10 TelecomOptic사의 제약조건 스프레드시트

해찾기의 목적은 셀 B32의 총비용을 최소화하는 것이다. 값을 바꿀 셀은 셀 B14부터 H18까지이며, 제약조건은 아래와 같다.

$$\text{B14:G18} \geq 0 \quad \{\text{모든 결정변수의 비음조건}\}$$

$$\text{B22:B26} \geq 0 \quad \left\{K_i y_i - \sum_{j=1}^{m} x_{ij} \geq 0 \ (i = 1, \ldots, 5)\right\}$$

$$\text{B29:G29} = 0 \quad \left\{D_j - \sum_{i=1}^{n} x_{ij} = 0 \ (j = 1, \ldots, 6)\right\}$$

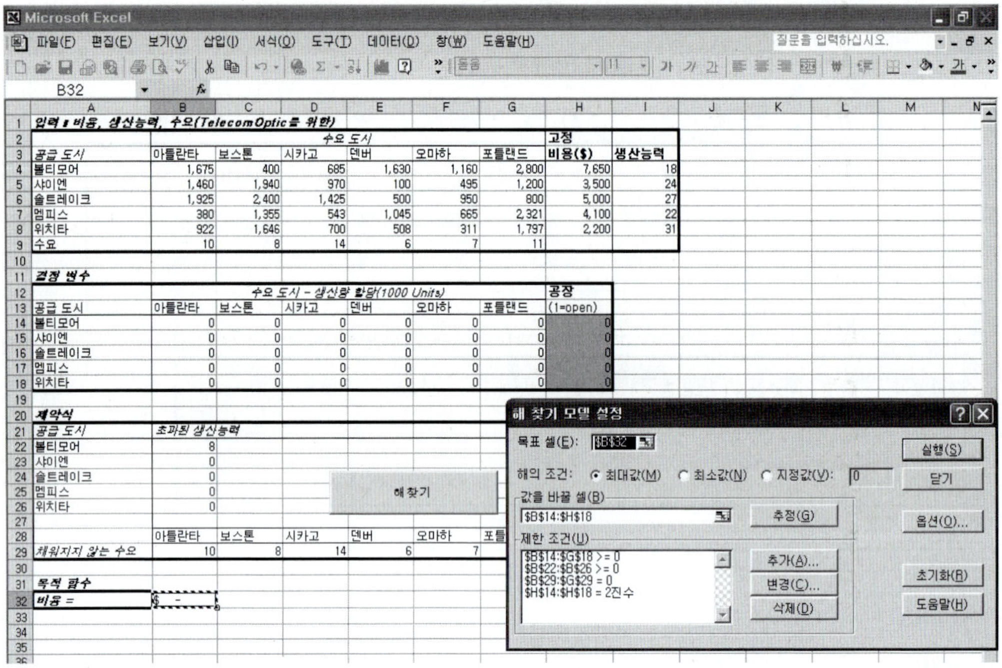

그림 5.11 TelecomOptic사의 해찾기 대화상자

H14:H18 이진변수 {위치변수 y_i는 이진변수, 즉 0 또는 1}

[그림 5.12]에서 제시한 바와 같이 해찾기 모델 설정 대화상자 내 최적해를 얻기 위해 실행 버튼을 클릭한다. [그림 5.12]로부터 공급사슬 팀은 TelecomOptic사의 최적해가 솔트레이크시티와 위치타는 폐쇄하고, 볼티모어, 샤이엔, 멤피스는 계속 유지하는 것임을 알 수 있다. 이 네트워크의 월간 총비용은 47,401,000달러이다. 이 비용은 TelecomOne사와 High-Optic사가 분리된 공급사슬 네트워크를 운용하는 것에 비해 매월 300만 달러를 절약하는 것을 나타낸다.

공장 위치선정: 단일조달과 생산능력 제약이 있는 공장 위치선정 모델 어떤 경우, 회사는 한 개의 시장이 한 개 공장으로부터 공급받는 공급사슬 네트워크 설계를 원하는데, 이를 단일조달이라 부른다. 회사는 네트워크 구성의 복잡성이 낮고, 각 시설의 낮은 유연성이 요구되는 이런 제한을 이용할 수 있다. 이전에 언급된 공장 위치선정 모델은 이런 제한에 맞게 약간의 변경이 요구된다. 결정변수는 다음과 같이 재정의된다.

y_i = 공장이 i에 위치할 경우 1, 위치하지 않을 경우 0

x_{ij} = 시장 j가 공장 i에서 공급받을 경우 1, 그렇지 않을 경우 0

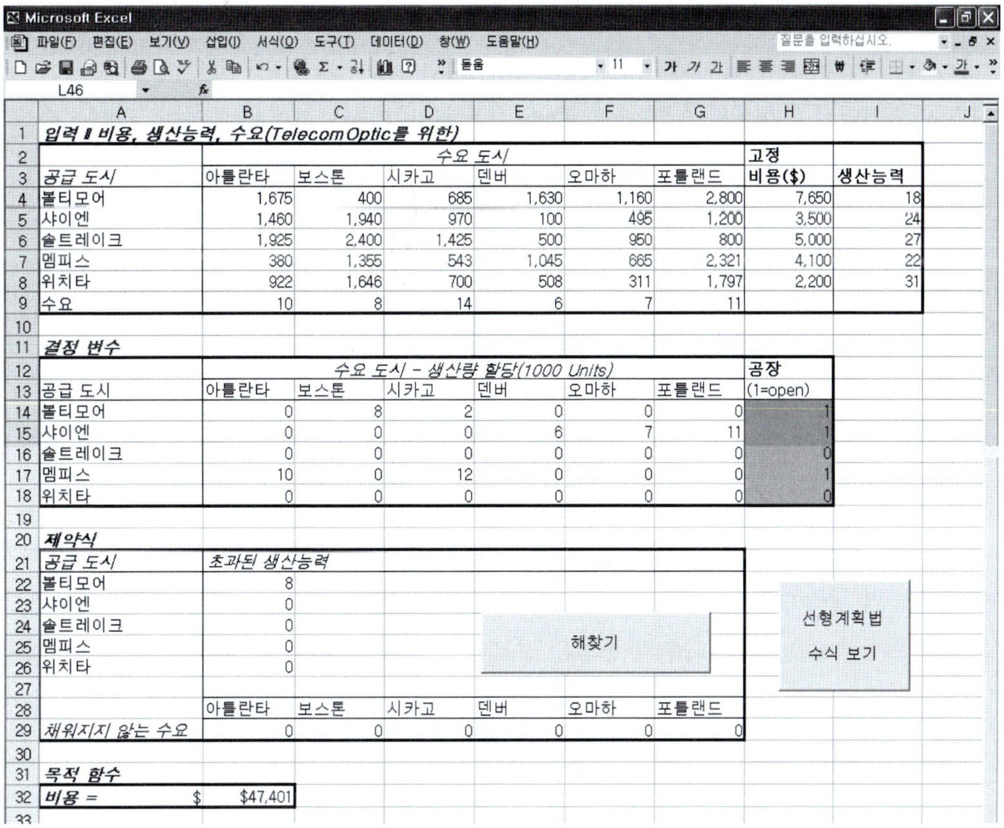

입력 : 비용, 생산능력, 수요(TelecomOptic를 위한)

공급 도시	아틀란타	보스톤	시카고	덴버	오마하	포틀랜드	고정 비용($)	생산능력
볼티모어	1,675	400	685	1,630	1,160	2,800	7,650	18
샤이엔	1,460	1,940	970	100	495	1,200	3,500	24
솔트레이크	1,925	2,400	1,425	500	950	800	5,000	27
멤피스	380	1,355	543	1,045	665	2,321	4,100	22
위치타	922	1,646	700	508	311	1,797	2,200	31
수요	10	8	14	6	7	11		

결정 변수

수요 도시 - 생산량 할당(1000 Units)

공급 도시	아틀란타	보스톤	시카고	덴버	오마하	포틀랜드	공장 (1=open)
볼티모어	0	8	2	0	0	0	1
샤이엔	0	0	0	6	7	11	1
솔트레이크	0	0	0	0	0	0	0
멤피스	10	0	12	0	0	0	1
위치타	0	0	0	0	0	0	0

제약식

공급 도시	초과된 생산능력
볼티모어	8
샤이엔	0
솔트레이크	0
멤피스	0
위치타	0

	아틀란타	보스톤	시카고	덴버	오마하	포틀랜드
채워지지 않는 수요	0	0	0	0	0	0

해찾기

선형계획법 수식 보기

목적 함수

비용 =	$	$47,401

그림 5.12 TelecomOptic사의 최적 네트워크 설계

이 문제는 다음과 같은 정수계획법으로 나타낼 수 있다.

$$Min \quad \sum_{i=1}^{n} f_i y_i + \sum_{i=1}^{n}\sum_{j=1}^{m} D_j c_{ij} x_{ij}$$

제약조건:

$$\sum_{i=1}^{n} x_{ij} = 1 \qquad (j = 1, \ldots, m) \tag{5.8}$$

$$\sum_{j=1}^{m} D_j x_{ij} \le K_i y_i \quad (i = 1, \ldots, n) \tag{5.9}$$

$$x_{ij}, y_i \in \{0,1\} \tag{5.10}$$

제약식 (5.8)과 (5.10)은 각각의 시장은 정확히 하나의 공장으로부터만 공급받음을 의미한다.

엑셀 모델이 이전에 다루었던 모델과 매우 유사하므로 엑셀 모델의 해법을 언급하지 않는다. [표 5.4]는 TelecomOptic사를 위한 단일조달의 최적 네트워크를 나타낸다.

만약 단일조달이 요구된다면, TelecomOptic사는 볼티모어와 샤이엔에 있는 공장을 폐쇄하는 것이 최적해일 것이다. 이것은 [그림 5.12]의 결과에서 솔트레이크시티와 위치타 공장이 폐쇄되는 것과는 다르다. [표 5.4]에 대한 월간 네트워크 운영비용은 49,717,000달러이다. 이 비용은 [그림 5.12]의 단일조달이 요구되지 않는 네트워크 운영비용보다 약 230만 달러가 많다. 따라서 공급사슬 팀은 이와 같이 단일조달을 결정했으며 이는 구성을 쉽게 하고 공장의 낮은 유연성을 요구하는 반면, 공급사슬 네트워크에 매월 230만 달러를 비용에 추가시킬 것이다.

공장과 창고의 동시 위치선정 공급자로부터 소비자까지의 모든 공급사슬 네트워크를 설계하려면 보다 일반적 형태의 공장 위치선정 모델을 고려해야 한다. [그림 5.13]에서와 같이 공급자는 공장에 원료를 공급하고 공장은 창고에 창고는 시장에 공급하는 공급사슬을 고려한다. 위치와 생산능력 할당결정은 공장과 창고 모두에서 이루어져야 한다. 다수의 창고는 단일시장 수요를 충족시킬 수 있으며, 다수의 공장은 창고를 채울 수 있다. 또한 이것은 한 개의 단일공급 자원으로부터 투입되어 한 개의 제품을 생산하는 단위로 대략 맞춰진 것으로 가정할 수 있다. 이 모델은 다음과 같은 입력이 요구된다.

m = 시장 또는 수요점의 수

n = 가능한 공장 위치의 수

l = 공급자 수

t = 가능한 창고 위치의 수

D_j = 고객 j의 연간 수요

K_i = 공장 i의 연간 잠재능력

S_h = 공급자 h의 연간 공급능력

표 5.4 단일조달 TelecomOptic사의 네트워크 구성

	개방/폐쇄	아틀란타	보스톤	시카고	덴버	오마하	포틀랜드
볼티모어	폐쇄	0	0	0	0	0	0
샤이엔	폐쇄	0	0	0	0	0	0
솔트레이크	개방	0	0	0	6	0	11
멤피스	개방	10	8	0	0	0	0
위치타	개방	0	0	14	0	7	0

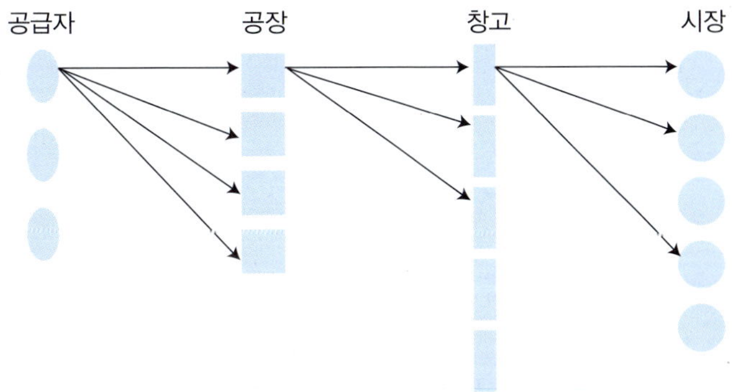

그림 5.13 공급사슬 네트워크의 단계

W_e = 창고 e의 연간 창고능력

F_i = 공장 i의 연간 고정비용

f_e = 창고 e의 연간 고정비용

c_{hi} = 공급자 h에서 공장 i까지의 단위선적비용

c_{ie} = 공장 i에서 창고 e까지 단위생산 및 선적 비용

c_{ej} = 창고 e에서 고객 j까지의 단위선적비용

이 모델의 목적은 공장과 창고의 위치선정을 결정할 뿐만 아니라 고정비용과 가변비용을 최소화하는 많은 지점 사이의 선적량을 결정하는 것이다. 결정변수를 다음과 같이 정의한다.

y_i = 만약 공장이 i에 위치할 경우 1, 위치하지 않을 경우 0

y_e = 만약 창고가 e에 위치할 경우 1, 위치하지 않을 경우 0

x_{ej} = 매년 창고 e에서 시장 j로 선적되는 양

x_{ie} = 매년 공장 i에서 창고 e로 선적되는 양

x_{hi} = 매년 공급자 h에서 공장 i로 선적되는 양

이 문제는 다음과 같은 정수계획법으로 나타낼 수 있다.

$$Min \quad \sum_{i=1}^{n} F_i y_i + \sum_{e=1}^{t} f_e y_e + \sum_{h=1}^{l}\sum_{i=1}^{n} c_{hi}x_{hi} + \sum_{i=1}^{n}\sum_{e=1}^{t} c_{ie}x_{ie} + \sum_{e=1}^{t}\sum_{j=1}^{m} c_{ej}x_{ej}$$

목적함수는 공급사슬 네트워크의 고정비용과 변동비용을 최소화한다.

$$\sum_{i=1}^{n} x_{hi} \le S_h \quad (h = 1, \ldots, l) \tag{5.11}$$

제약조건식 (5.11)은 공급자로부터 선적되는 모든 양이 공급자의 능력을 초과할 수 없음을 나타낸다.

$$\sum_{h=1}^{l} x_{hi} - \sum_{e=1}^{t} x_{ie} \geq 0 \quad (i = 1, \ldots, n) \tag{5.12}$$

제약조건식 (5.12)는 공장으로부터의 총선적량은 받은 원료량을 초과할 수 없음을 나타낸다.

$$\sum_{e=1}^{t} x_{ie} \leq K_i y_i \quad (i = 1, \ldots, n) \tag{5.13}$$

제약조건식 (5.13)은 공장 생산량의 합이 생산능력을 초과할 수 없도록 한다.

$$\sum_{i=1}^{n} x_{ie} - \sum_{j=1}^{m} x_{ej} \geq 0 \quad (e = 1, \ldots, t) \tag{5.14}$$

제약조건식 (5.14)는 창고로부터의 선적량의 합이 공장으로부터 받은 양을 초과할 수 없도록 한다.

$$\sum_{j=1}^{m} x_{ej} \leq W_e y_e \quad (e = 1, \ldots, t) \tag{5.15}$$

제약조건식 (5.15)는 창고에서 선적되는 양의 합이 창고의 능력을 초과할 수 없도록 한다.

$$\sum_{e=1}^{t} x_{ej} = D_j \quad (j = 1, \ldots, m) \tag{5.16}$$

제약조건식 (5.16)은 소비자에게 선적되어진 합은 수요를 충족하여야 함을 나타낸다.

$$y_i, y_e \in \{0,1\}, x_{ej}, x_{ie}, x_{hi} \geq 0 \tag{5.17}$$

제약조건식 (5.17)은 모든 공장이나 창고는 개방 또는 폐쇄됨을 나타낸다.

여기서 논의된 이 모델은 공장과 시장 사이의 직접선적 허용으로 변경할 수 있다. 또한 생산, 수송, 재고비용에 맞게 규모의 경제로 변경할 수 있다. 그러나 이러한 요구사항은 모델을 해결하기 어렵게 만든다.

세금, 관세, 그리고 소비자 요구에 대한 고려

네트워크 설계 모델들은 소비자의 요구를 충족시키면서 세금과 관세를 제외한 이익을 최대화하는 공급사슬 네트워크의 구조를 가져야 한다. 이전에 토의한 모델들은 다른 화폐의 이익이나 세금 계산 후 이익을 최대화하도록 쉽게 개선할 수 있다. 만약 r_j가 시장 j에서의 하나의 제품을 판매하여 얻은 이익이라면, 생산능력 제약이 있는 공장 위치선정 모델의 목적함수는 다음과 같이 변경될 수 있다.

$$Max \quad \sum_{j=1}^{m} r_j \sum_{i=1}^{n} x_{ij} - \sum_{i=1}^{n} F_i y_i - \sum_{i=1}^{n} \sum_{j=1}^{m} c_{ij} x_{ij}$$

이 목적함수는 기업의 이익을 최대화하는 것이다. 이익 최대화의 목적함수를 사용할 때 관리자는 제약조건식 (5.1)을 다음과 같이 수정해야 한다.

$$\sum_{i=1}^{n} x_{ij} \leq D_j \qquad (j = 1, \ldots, m) \tag{5.18}$$

식 (5.18)의 제약조건식은 식 (5.1)의 제약조건식보다 더욱 적합하다. 왜냐하면 이 식으로 네트워크 설계자가 기업이 만족할 수 있는 수요를 확인할 수 있기 때문이다. 식 (5.1) 대신 식 (5.18)의 제약조건식의 공장 위치선정 모델과 이익 최대화의 목적함수는 수익이 되는 수요만큼만 고려된 해가 도출될 것이다. 이는 어떤 시장에서는 수요의 일부를 충족시키지 않는 결과를 도출할 수 있는데 충족시키지 않는 수요가 이익에 공헌하는 바가 없기 때문일 것이다.

소비자 선호도와 요구는 원하는 대응시간과 수송수단 혹은 수송공급자의 선택의 형태로 나타낼 수 있다. 예를 들어, i에 위치한 공장과 j에 위치한 시장 사이의 두 가지(방법 1은 해상운송, 방법 2는 공중운송) 가능한 수송방법을 고려해 보면, 방법 1과 2를 각각 사용하여, i에서 j시장까지 선적되는 양을 의미하는 결정변수 x_{ij}^1, x_{ij}^2를 정의하는 형태로 정의하면 된다. 각 수송방법에 소요되는 시간에 대한 요구사항은 소요시간이 주어진 제약보다 작을 때만 수송하도록 하는 제약조건을 추가하면 된다. 예를 들어, 만약 i에서 j시장까지 방법 1(해상운송)을 사용한 수송시간이 소비자가 받아들일만한 것보다 오래 걸린다면, 공장 위치 모델에서 결정변수 x_{ij}^1가 제외되도록 정의한다. 여러 수송방법 중에 선택은 유사하게 모형화될 수 있다.

5.5 네트워크 설계 시 정보기술(IT)의 역할

비록 네트워크 설계 문제의 전략적 특성 때문에 정보기술(IT) 시스템이 덜 가치 있게 보이지만, 좋은 정보기술 시스템은 네트워크 설계자의 능력을 크게 향상시킬 수 있다. 이 장에서 네트워크 설계 문제들을 해결하는 데 사용되는 엑셀의 다양한 방법에 대해 토의하였다. 비록 핵심 모델들은 같지만, 실제 문제들은 이 장에서 고려했던 문제들보다 사이즈는 훨씬 큰 경향이 있다. 엑셀과 같은 범용 소프트웨어를 사용하는 것에 비해 큰 문제들을 해결하기 위한 네트워크 설계를 돕는 정보기술 시스템 이용에는 다음과 같은 네 가지 장점이 있다.

1. 좋은 네트워크를 설계하는 정보기술 시스템은 엑셀과 같은 범용 도구보다 훨씬 쉽게 네트워크 설계를 할 수 있다. 이러한 시스템은 큰 공급사슬 네트워크의 정확한 기술을 돕고, 시간 소모적이며 엑셀로 만들기 어려운 사실적인 특징들을 혼합하는 많은 도구를 제공한다.
2. 정보기술 시스템은 고효율의 최적화 기술을 가지고, 적정 시간 내에 큰 문제에 대한 양질의 해결책을 만든다. 비록 엑셀의 해찾기가 업그레이드될 수 있지만, 많은 경우 최적화의 규모와 복잡성으로 인해 네트워크 설계 애플리케이션이 제공하는 보다 정교한 시스템이 요구된다.
3. 좋은 네트워크 설계 애플리케이션은 또한 다양한 경우의 시나리오 분석을 가능하게 한다. 예측과 관련한 불확실성이 있는 다양한 시나리오를 분석할 때 설계자의 네트워크 평가능력은 매우 유용한 도구이다. 네트워크 설계자는 매우 실현성이 있는 시나리오에 매우 좋은 비용을 주는 설계를 선택하는 것이 하나의 시나리오에서는 최적이고 나머지에서는 최적이 아닌 설계보다 훨씬 더 적절하다는 것을 확인할 수 있을 것이다. 설계의 용이성과 해결책의 속도는 엑셀과 같은 범용 도구보다 매우 확장되고 다양한 분석을 촉진하는 네트워크 설계 적용을 가능하게 한다.
4. 마지막으로, 네트워크 설계 애플리케이션은 기업에서 사용될 계획과 실행 소프트웨어와 쉽게 호환되는 구조이며 네트워크 설계를 위해 필요한 실제 자료를 많이 포함하고 있다. 데이터를 쉽게 수집하는 능력은 네트워크 설계 모델의 해결책에 대한 속도를 증진시킬 수 있다.

네트워크 설계 애플리케이션은 우리가 자주 토의했던 정보기술의 사용과 비교하여 비용이 훨씬 적게 든다. 때때로 **공급사슬 전략 모델**이라고 불리는 네트워크 설계 애플리케이션은 훨씬 더 고가의 중요한 모델보다 거의 무료로 사용할 수 있다. 사실 많은 회사는 과거 소프트웨어 구입의 결과로 인식도 없이 이러한 제품에 대한 권리를 가지고 있다.

그러나 네트워크 설계에서 정보기술을 사용하는 것은 약간의 제약이 있다. 네트워크 설계 의사결정은 전략적이고 양을 정하기 어려운 많은 사실들이 관련되어 있다. 네크워크 설계 도구를 사용할 때, 단지 정량화 관점에 기초하여 결정을 하는 함정에 빠지기 쉽다. 문화, 삶의 질에 관한 논쟁, 그리고 정보기술이 하기 어려운 협력비용과 같은 중요한 요소는 네트워크 설계 의사결정에 있어서 의미 있는 요소가 될 수 있다.

소프트웨어 기업은 세 가지 그룹으로부터 네트워크 설계 소프트웨어를 생산한다(자세한 내용은 16장을 참조하라). 첫 번째는 현재 공급사슬 소프트웨어의 영역을 지배하는 전사적 자원관리(ERP)이다. 이 영역의 두 거인은 SAP사와 Oracle사이다. 최근 몇 년 동안 ERP 기업의 성장에도 불구하고 견실하게 성장하고 있는 공급사슬 분야의 순수전문회사 i2 Technologies사와 Manugistics사 등도 있다. 네트워크 설계나 공급사슬 전략에 집중한 Optiant사와 SmartOps사 같은 작은 기업들의 그룹이 있다. 이러한 기업들은 순수 소프트웨어 회사보다 많은 컨설팅을 제공한다.

요약하면, 비록 네트워크 설계가 우리가 논의한 많은 다른 공급사슬 영역만큼 정보기술에 연결되어 있지 않다고 하더라도, 비교적 적은 비용에서 정보기술의 힘으로 이익을 얻을 수 있는 것 중 하나이다.

5.6 네트워크 설계 의사결정의 실제

공급사슬을 위한 네트워크 설계 의사결정 시 고려해야 할 사항은 다음과 같다.

- 시설의 수명을 과소평가하지 마라. 시설은 오랜 시간 존재하고 회사의 성과에 지속적인 영향을 준다. 그래서 시설에 관한 의사결정을 하는 과정에서 장기적인 결과를 고려하는 것이 매우 중요하다. 관리자는 미래 수요와 가격을 고려하는 것뿐만 아니라 기술 변화에 따른 시나리오도 고려해야 한다. 그렇지 않으면, 시설은 몇 년간 쓸모없게 된다. 예를 들면, 보험회사는 낮은 비용을 위해 그들의 사무직원을 대도시에서 교외로 옮겼다. 자동화의 증진으로 사무직원 수요는 상당수 줄어들었고 몇 년 내 시설은 더 이상 필요 없었다. 회사는 주거 지역과 공항으로부터 먼 그 시설을 매각하기 매우 어려운 것을 알았다.[3] 대부분의 공급사슬에서 생산시설은 창고 시설보다 바꾸기 더 어렵다. 공급사슬 네트워크 설계자는 그들이 위치선정한 그 어떤 공장도 10년 또는 그 이상 장기간에 걸쳐 머물러 있을 것이라는 시설을 고려해야 한다. 특히 회사가 소유하지 않은 창고나 저장 시설은 연단위 의사결정에 의해 바꿀 수 있다.
- 문화와 연관된 것을 소홀히하지 마라. 시설의 위치와 역할을 고려한 네트워크 설계 의사결정은 각 시설과 회사 문화에 중대한 영향을 미친다. 시설에 관한 문화는 그 부근의 다른 시설에서 영향을 받을 것이다. 네트워크 설계자는 이것을 새로운 시설에 미칠 영향과 거기서 일하는 사람의 관심사에 이용할 수 있다. 예를 들면, Ford사가 링컨 마크-8 모델을 도입했을 때

3 Charles F. Harding, "Quantifying Abstract Factors in Facility-Location Decisions," *Industrial Development* (May–June 1988): 24.

경영자는 딜레마에 직면했다. 마크-8은 머큐리 쿠거와 플랫폼을 공유했다. 그러나 마크-8은 Ford사의 고급 링컨 계열의 하나였다. 마크-8의 생산라인을 머큐리 쿠거와 위치시키는 것은 부품과 공정을 공유하므로 공장 운영에 확실히 이익을 줄 수 있었을 것이다. 그러나 Ford사는 마크-8 생산라인을 다른 링컨 차종이 생산되는 미시간주의 윅섬에 위치하기로 결정했다. 이렇게 한 가장 근본적인 이유는 마크-8의 품질이 윅섬에서 생산되는 Ford사의 고급 차종과 일치하는 것에 중점을 둔 것임을 확실히 하기 위해서였다.

- 시설의 배치는 공급사슬 네트워크를 발전시키는 교류의 형태에 중대한 영향을 미친다. 수뇌부로부터 먼 곳에 시설을 위치시키는 것은 보다 많은 자율적인 문화를 부여할 것이다. 이는 만약 어느 회사가 타회사와는 다른 방식의 기능을 요하는 새로운 부서를 출범시킨다면 이로울 것이다. 반대로, 두 개의 시설을 가깝게 배치하는 것은 그들 간의 교류를 향상시킬 것이다. 광범위한 교류는 둘 중 어느 한 시설의 의사결정이 다른 시설의 성과에 강한 영향을 미친다면 유용한 것이다.
- 삶의 질에 관한 문제를 무시하지 마라. 시설배치에 있어서 삶의 질은 성과에 중대한 영향을 미친다. 왜냐하면 이것은 노동인구를 활성화하고 그들의 사기에 영향을 미치기 때문이다. 많은 경우에, 훨씬 나은 삶의 질을 부여한다면 보다 비용이 많이 드는 위치를 택하는 것이 기업에 좋을 수 있다. 예로서, 대부분의 영업팀은 거절하였지만 항공우주산업 공급자는 비용을 줄이기 위해 모든 부서를 생활 수준이 낮은 지역으로 이전하기로 결정하였다. 그 결과 고객과의 관계는 나빠지고 회사는 매우 힘든 국면에 처했다. 비용 절감을 위한 노력은 회사에 손실을 주었고 시장에서 중요한 역할자로서의 위치를 잃었다.[4]
- 시설배치에서 관세와 세금우대에 관심을 두어라. 시설배치 의사결정의 관리자는 관세와 세금우대를 신중히 고려해야 한다. 국제적인 위치를 고려할 때 세금우대가 종종 위치선정에 관한 의사결정을 바꾸게 하며 때로는 다른 비용 요소를 합친 것보다 많다. 예를 들면, 아일랜드는 낮은 세율로 회사들이 유럽의 시설을 아일랜드로 옮기도록 촉진하여 대규모 하이테크산업을 발전시켰다. 국가에서도 지역 행정부는 세금이 작거나 없고, 회사가 그들 관할 구역 내에 위치시키기로 결정했다면 무료로 토지를 주는 파격적인 패키지를 제공할 수 있다. Toyota, BMW, Mercedes사는 미국의 여러 주에서 제공하는 세금우대 때문에 모든 시설의 미국 이주를 촉진시켰다.

4 Charles F. Harding, "Quantifying Abstract Factors in Facility-Location Decisions," *Industrial Development* (May–June 1988): 24.

5.7 학습목표 요약

1. **공급사슬에서 네트워크 설계 의사결정의 역할을 설명하라.** 네트워크 설계 의사결정은 다른 시설로부터 공급받는 시장 할당뿐만 아니라 시설의 역할, 위치, 그리고 생산능력 판별을 포함한다. 이러한 의사결정은 원래 전략적이고 시장조건 변화에 따라 수행되어야 할 네트워크의 물질적 제한사항을 정의한다. 좋은 네트워크 설계 의사결정은 공급사슬의 이익을 증가시키고, 잘못된 네트워크 설계 의사결정은 이익을 감소시킨다.
2. **공급사슬 네트워크 설계 의사결정에 영향을 미치는 요소들을 파악하라.** 넓은 의미에서 네트워크 설계 의사결정은 전략적, 기술적, 거시경제, 정치적, 하부구조, 경쟁, 그리고 운영 요소들에 의해 영향받는다.
3. **네트워크 설계 의사결정의 체계를 설명하라.** 네트워크 설계의 목적은 공급사슬의 장기이익을 최대화하는 것이다. 그 과정의 출발은 회사의 경쟁전략과 제휴되어야 하는 공급사슬 전략을 정의하는 것이다. 공급사슬 전략, 지역적 수요, 가격, 하부구조, 그리고 경쟁 환경은 지역적 시설의 형태를 정의할 때 사용된다. 그 다음 시설이 위치할 지역에 있어서 잠재적으로 유리한 지역은 가용 하부구조에 근거해서 선택된다. 위치결정에 대한 최적 형태 배치는 수요, 물류비용, 요소비용, 다른 시장에서의 한계이익으로 결정된다.
4. **시설배치와 생산능력 할당 의사결정에 최적화 기법을 이용하라.** 중력 위치 모델은 나가거나 되돌아오는 수송비용을 최소화하는 위치를 판별한다. 이것은 실행하기 간단하지만 다른 중요한 비용은 고려하지 않는다. 네트워크 최적화 모델은 손익분담금과 생산, 수송, 재고비용을 포함할 수 있고, 이익을 최대화하는 데 사용된다. 이 모델은 시설배치, 시설 생산능력 할당, 시설의 시장 할당에 유용하다.

토의문제

1. 창고의 위치와 크기가 Amazon.com과 같은 회사의 성과에 어떻게 영향을 미치는가? Amazon.com은 이 의사결정을 할 때 무슨 요소를 포함했는가?

2. 수입관세와 환율이 공급사슬의 위치 의사결정에 어떻게 영향을 미치는가?

3. 글로벌 네트워크 내의 생산 시설에 의해 수행되는 다른 역할은 무엇인가?

4. Amazon.com은 성장함에 따라 창고 수를 늘렸다. 이것은 변동비용과 Amazon.com의 공급사슬 대응시간을 어떻게 바꾸는가?

5. Mcmaster-Carr사는 미국의 5개 창고로부터 MRO 장비를 판매한다. W.W. Grainger사는 몇 개의 창고에서 공급받는 350개 이상의 소매지점에서 제품을 판매하고 있다. 고객이 웹이나 전화를 사용하여 주문을 신청하는 방식은 두 회사 모두 동일하다. 두 회사의 전략에 대해 장단점을 토의하라.

6. Dell사와 같이 세계적으로 생산 시설이 거의 없는 회사를 검토하라. 또한 컴퓨터 산업에 적당한지 또는 그렇지 않은지 이유를 작성하라.

7. Ford사와 같이 세계적으로 150개 이상의 시설을 가진 회사를 검토하라. 자동차 산업에서 적당한지 또는 그렇지 않은지 이유를 작성하라.

연습문제

1. 공급사슬 컨설팅 회사인 SC컨설팅은 본사 사무실 위치를 결정해야 한다. 그들 고객은 [표 5-5]와 같이 기본적으로 16개 주에 있다. 본사 사무실의 후보 위치는 로스엔젤레스, 툴사, 덴버, 시애틀 등 네 곳이 있다. 매년 사무실 위치 고정비용은 로스엔젤레스가 165,428달러, 툴사가 131,230달러, 덴버가 140,000달러, 시애틀이 145,000달러이다. 예상되는 각 지역의 여행경로 수와 가능 위치로부터 순회비용은 [표 5.5]에 있다. 각 컨설턴트는 매년 최대 25개의 경로를 이용할 것으로 예상된다.

a. 만약 한 곳의 컨설턴트 수에 제한이 없다면 본사 사무실이 위치할 곳은 어디이며, 각 사무실에 할당될 컨설턴트의 수는 얼마나 되는가? 시설과 여행의 관점에서 연간 비용은 얼마인가?

b. 만약 최대 10명의 컨설턴트가 본사 사무실에 할당된다면, 어디에 사무실이 설립되어야 하는가? 몇 명의 컨설턴트가 각 사무실에 할당되어야 하는가? 이 네트워크에서 연간 비용은 얼마인가?

c. 주어진 지역의 모든 컨설팅 프로젝트가 본사 사무실 하나에 할당되는 제도는 어떻게 생각되는가? 한 개의 지역을 상대하는 데 다수의 사무실을 허용하는 것과 비교하여 이 정책은 얼마의 비용을 증가시키는가?

2. DryIce사는 수요가 급격히 증가한 에어컨을 만드는 회사이다. 2010년 국내 수요는 남부 180,000대, 중부 120,000대, 동부 110,000대, 서부 100,000대로 예상된다. DryIce사의 관리자는 생산 네트워크를 설계중이며 뉴욕, 아틀란타, 시카고, 샌디에고 등 네

표 5.5 SC 컨설팅의 순회비용과 순회경로의 수

주	순회비용(달러)				
	로스앤젤레스	툴사	덴버	시애틀	순회경로 수
워싱톤	150	250	200	25	40
오레고	150	250	200	75	35
캘리포니아	75	200	150	125	100
아이다호	150	200	125	125	25
네바다	100	200	125	150	40
몬타나	175	175	125	125	25
와이오밍	150	175	100	150	50
유타	150	150	100	200	30
아리조나	75	200	100	250	50
콜로라도	150	125	25	250	65
뉴멕시코	125	125	25	300	40
노스다코타	300	200	150	200	30
사우스다코타	300	175	125	200	20
네브라스카	250	100	125	250	30
캔사스	250	75	75	300	40
오클라호마	250	25	125	300	55

표 5.6 DryIce사의 생산과 수송비용

	뉴욕	아틀란타	시카고	샌디에고
200,000단위 공장의 연간 고정비용	6백만 달러	5.5백만 달러	5.6백만 달러	6.1백만 달러
1100,000단위 공장의 연간 고정비용	10백만 달러	9.2백만 달러	9.3백만 달러	10.2백만 달러
동부	211달러	232달러	238달러	299달러
남부	232달러	212달러	230달러	280달러
중서부	240달러	230달러	215달러	270달러
서부	300달러	280달러	270달러	225달러

곳의 후보 위치를 선정했다. 공장은 200,000대 또는 400,000대 생산능력을 가질 수 있다. 4개 지역의 연간 고정비용, 생산비용과 4개 시장의 에어컨 선적비용은 [표 5.6]에 나타나 있다. DryIce사는 공장을 어디에 설립해야 하며, 용량은 얼마로 해야 하는가?

3. 인쇄잉크 생산자인 Sunchem사는 전세계에 5개 생산공장을 가지고 있다. 위치와 생산능력, 1톤의 잉크를 생산하는 비용이 [표 5.7]에 나타나 있다. 각

표 5.7 Sunchem사의 생산능력, 수요, 생산량과 수송비용

	북 아메리카	남 아메리카	유럽	일본	아시아	생산능력 톤/연	생산비용/톤
미국	600	1,200	1,300	2,000	1,700	185	10,000달러
독일	1,300	1,400	600	1,400	1,300	475	15,000마르크
일본	2,000	2,100	1,400	300	900	50	1,800,000엔
브라질	1,200	800	1,400	2,100	2,100	200	13,000리알
인도	2,200	2,300	1,300	1,000	800	80	400,000루피
수요(톤/연)	270	190	200	120	100		

표 5.8 2010년 예상 환율

주	US달러	마르크	엔	리알	루피
US달러	1.000	1.993	107.7	1.78	43.55
마르크	0.502	1	54.07	0.89	21.83
엔	0.0093	0.0185	1	0.016	0.405
리알	0.562	1.124	60.65	1	24.52
루피	0.023	0.046	2.47	0.041	1

시설에서 생산비용은 공장이 위치한 지역의 통용화폐에 따른 것이다. 잉크의 주요 시장은 북미, 남미, 유럽, 일본과 나머지 아시아이다. 각 시장의 수요는 [표 5.7]에 있고 각 공장에서 시장으로의 수송비용은 US달러로 표시되어 있다. 2010년 생산 계획은 달성되어야 한다.

a. 만약 환율이 [표 5.8]과 같이 예상되고 시설능력의 50퍼센트 이하로 가동되는 공장이 없다면, 각 공장은 얼마를 생산해야 하며, 각 공장은 어느 시장에 공급해야 하는가?

b. 만약 공장의 생산량 제한이 없다면, 각 공장은 얼마를 생산해야 하는가?

c. 어느 공장이든지 10톤의 능력을 추가하는 것은 비용을 감소시키는가?

d. Sunchem사는 환율이 항상 변동되는 사항을 어떻게 고려해야 하는가?

4. Sleekfon사와 Sturdyfon사는 최근에 합병된 두 주요 휴대전화 제조회사이다. 그들의 최근 시장 크기는 [표 5.9]에 나타나 있다. 모든 수요 단위는 100만이다.

Sleekfon사는 유럽(EU), 북아메리카, 남아메리카에 세 개의 생산 시설을 가지고 있다. 또한 Sturdyfon사는 유럽(EU), 북아메리카, 그리고 아시아에 세 개의 생산 시설을 가지고 있다. 각 공장별 생산능력(백만 단위), 연간 고정비용(백만 달러), 그리고 변동 생산비용(달러/단위)은 [표 5.10]에 나타나 있다.

수송비용은 [표 5.11]에 나타나 있다. 모든 수송비용은 달러/단위이다.

관세는 각 단위생산능력별 고정비용, 단위별 변동비용, 그리고 수송비용을 기본으로 적용된다. 따

표 5.9 Sleekfon사와 Sturdyfon사의 전세계 수요와 관세

시장	북 아메리카	남 아메리카	유럽 (EU)	유럽 (비EU)	일본	잔여 아시아 지역/오스트레일리아	아프리카
Sleekfon사 수요	10	4	20	3	2	2	1
Sturdyfon사 수요	12	1	4	8	7	3	1
수입관세(%)	3	20	4	15	4	22	25

표 5.10 Sleekfon사와 Sturdyfon사의 공장 생산능력과 비용

		생산능력	고정비용/년	변동비용/단위
Sleekfon	유럽(EU)	20	100	6.0
	북아메리카	20	100	5.5
	남아메리카	10	60	5.3
Sturdyfon	유럽(EU)	20	100	6.0
	북아메리카	20	100	5.5
	잔여 아시아	10	50	5.0

라서 북아메리카에서 아프리카까지 단위선적은 5.00달러의 단위생산능력별 고정비용, 5.50달러의 변동 생산비용, 2.20달러의 수송비용이 소요된다. 따라서 12.70달러(5.00 + 5.50 + 2.20)에서 25퍼센트의 수입관세가 적용되어 전체 15.88달러의 수입비용을 지불해야 한다. 시장수요는 [표 5.9]와 같다고 가정한다.

합병된 회사는 2천만 단위의 공장 크기를 천만 단위로 줄이면 30퍼센트의 고정비용을 절약하고, 변동비용은 영향을 받지 않는다고 판단하였다. 공장을 폐쇄할 경우(2천만 혹은 천만 단위) 80퍼센트의 고정비용이 절약된다. 고정비용은 공장 폐쇄와 관련된 다른 비용과 분리되어 부분적으로 회복된다.

a. 합병 전 네트워크 분배와 생산을 위해 얻을 수 있는 최소 비용은? (어떤 공장이 어느 시장에 공급하는가?)

b. 만일 폐쇄된 공장이 전혀 없다면, 합병 후 네트워크 분배와 생산을 위해 얻을 수 있는 최소 비용은? (어떤 공장이 어느 시장에 공급하는가?)

c. 만약 공장의 규모가 천만의 생산능력 단위로 규모가 감소하거나 폐쇄된다면, 합병 후 네트워크 분배와 생산을 위해 얻을 수 있는 최소 비용은? (어떤 공장이 어느 시장에 공급하는가?)

d. 만일 모든 관세가 0으로 감소한다면, 최적 네트워크 형태는 어떻게 영향을 받는가?

e. 합병된 네트워크는 어떤 형태를 가져야 하는가?

5. 문제 4의 Sleekfon사와 Sturdyfon사의 문제에서, 경영자는 전세계 시장의 요구는 증가할 것으로 판단하였다. 북아메리카, 일본, 그리고 유럽(EU)은 비교적 포화되어 있고 성장이 없을 것으로 예상된다. 남아메리카, 아프리카, 그리고 유럽(비EU) 시장들은 20퍼센트의 성장이 예상된다. 아시아/오스트레일리

표 5.11 지역 간 수송비용(달러/단위)

시장	북 아메리카	남 아메리카	유럽 (EU)	유럽 (비EU)	일본	잔여 아시아 지역/ 오스트레일리아	아프리카
북아리카	1.00	1.50	1.50	1.80	1.70	2.00	2.20
남아메리카	1.50	1.00	1.70	2.00	1.90	2.20	2.20
유럽(EU)	1.50	1.70	1.00	1.20	1.80	1.70	1.40
유럽(비EU)	1.80	2.00	1.20	1.00	1.80	1.60	1.50
일본	1.70	1.90	1.80	1.80	1.00	1.20	1.90
잔여 아시아/ 오스트레일리아	2.00	2.20	1.70	1.60	1.20	1.00	1.80
아프리카	2.20	2.20	1.40	1.50	1.90	1.80	1.00

표 5.12 냉장고별 생산과 수송비용(1,000루피)

	북부	동부	서부	남부
첸나이	20	19	17	15
델리	15	18	17	20
콜카타	18	15	20	19
뭄바이	17	20	15	17

아의 나머지 지역은 200퍼센트의 성장이 예상된다.

a. 예상성장률에 맞추기 위해 합병된 회사의 네트워크 형태는 어떻게 해야 하는가? 연간 네트워크 운영비용은 얼마인가?

b. 잔여 아시아/오스트레일리아 지역에 있는 공장의 생산능력을 증가시키는 선택을 할 수 있다. 천만 단위의 생산능력을 증가시키면 연간 4천만 달러의 추가적인 고정비용이 예상되고, 2천만 단위의 생산능력을 증가시키면 연간 7천만 달러의 추가 고정비용이 예상된다. 만일 공장 폐쇄비용과 관세가 문제 4와 동일하다면, 예상된 성장률을 맞추기 위해 합병된 회사는 어떤 네트워크 형태를 취해야 하는가? 연간 네트워크 운영비용은 얼마인가?

c. 만일 모든 관세가 0으로 감소하면, 문제 5(b)의 답이 변경되는가?

d. 잔여 아시아/오스트레일리아 지역에 공장을 추가하는 선택이 주어진다면, 합병된 네트워크는 어떠한 형태를 취해야 하는가?

6. 인도의 냉장고 생산자인 StayFresh사는 뭄바이와 첸나이에 두 개의 공장을 가지고 있으며, 각 공장은 30만 단위의 생산능력을 보유하고 있다. 두 공장은 네 개의 지역시장으로 구분되어 있는 지역에 공급한다. 북쪽의 수요가 10만 단위, 서쪽의 수요가 15만 단위, 남쪽의 수요가 15만 단위, 그리고 동쪽의 수요가 5만 단위이다. 두 곳의 다른 후보 공장 위치인 델리와 콜가다를 포함하여, 생산의 변동비용과 후보 생산지에서 각 시장으로 냉장고당 수송비용(단위: 천 루피;

1 US달러는 약 45루피)은 [표 5.12]에 주어졌다.

StayFresh사는 향후 5년 동안 연간 20퍼센트의 수요 증가와 기업의 네트워크 투자에 대한 의사결정을 해야 한다고 예상한다. 수요는 5년 성장 후 일정할 것으로 예상된다. 생산능력은 15만 혹은 30만 단위로 증가할 수 있으며, 15만 단위의 생산능력을 증가시키면 20억 루피의 비용이, 30만 단위의 생산능력을 증가시키면 34억 루피의 비용이 든다. StayFresh사는 각 연도별 모든 수요(가격은 충분히 높다)와 생산능력을 일치시키도록 계획한다고 가정한다. 또한 5년간의 비용은 향후 10년(6~15년)간 일정하다고 가정한다. 우선 0.2의 할인 요소를 가정하여 올해 1루피는 내년 1 − 0.2 = 0.8루피의 값어치를 갖는다.

a. 향후 5년 동안 회사 발전을 위해 생산 네트워크를 어떻게 구성해야 하는가?

b. 만약 수요성장률이 15퍼센트로 예상된다면, 해답이 어떻게 달라지는가? 25퍼센트인 경우에는?

c. 할인 요소가 0.25라면 당신의 결정은 어떻게 변경되는가? 0.15라면?

d. 이 회사에 어떤 투자 전략을 추천하겠는가?

7. 미국 내 주요 PC 생산자인 Blue Computers사는 현재 펜실베니아와 켄터키에 공장을 가지고 있다. 켄터키 공장은 연간 생산능력이 100만 대이고 펜실베니아 공장은 연간 생산능력이 150만 대이다. 회사는 미국을 다섯 개 시장(북동부, 남동부, 중서부, 남부, 서부)으로 구분하였다. 회사는 올해 각 지역별 50퍼센트의 수요 증가를 예상하고 연간 수요 증가를 수용하기 위해 연간 150만 대의 생산능력을 보유한 공장을 지으려고 한다. 후보 위치는 노스캐롤라이나와 캘리포니아가 고려되었다. 현재 회사는 각 공장별 수입에 대해 연방, 주, 그리고 지역세금을 지불하고 있다. 연방세금은 수입의 20퍼센트, 모든 주와 지역세금은 각 주별 수입의 7퍼센트이다. 노스캐롤라이나는 향후 10년간 7퍼센트에서 2퍼센트로 세금 감면을 제안하였다. Blue Computers사는 네트워크 계획 시 세금감면을 고려대상으로 생각하려고 한다. 분석 시 향후 10년간의 수입을 고려하라. 모든 비용은 향후 10년간 변하지 않는다고 가정한다. 분석 시 0.1퍼센트의 할인 요인을 사용하라. 연간 고정비용, 생산과 단위제품당 선적비용, 그리고 현재 지역수요(50퍼센트의 수요 증가 전)는 [표 5.13]과 같다.

a. 만약 Blue Computers사가 전체 고정비용과 변동비용을 최소화하는 것으로 목적함수를 정한다면,

표 5.13 Blue Computers사의 변동 생산과 선적비용

주	변동 생산과 선적비용(달러/단위)					
	북동부	남동부	중서부	남부	서부	연간 고정비용 (백만 달러)
켄터키	185	180	175	175	200	150
펜실베니아	170	190	180	200	220	200
노스캐롤라이나	180	180	185	185	215	150
캘리포니아	220	220	195	195	175	150
수요(000 단위/월)	700	400	400	300	600	

표 5.14 Hot&Cold사와 CadoFreddo사의 생산능력, 비용, 수요

		생산 및 선적의 변동비용					연간 고정비용
		북부	동부	남부	서부	생산력	
Hot&Cold사	프랑스	100	110	105	100	50	1,000
	독일	95	105	110	105	50	1,000
	핀란드	90	100	115	110	40	850
수요		30	20	20	35		
CadoFreddo사	영국	105	120	110	90	50	1,000
	이탈리아	110	105	90	115	60	1,150
수요		15	20	30	20		

새로운 공장을 어디에 지어야 하는가? 어떠한 네트워크 구조를 가져야 하는가?

b. 만약 Blue Computers사가 세금 후 이익을 최대화하는 것으로 목적함수를 정한다면, 새로운 공장을 어디에 지어야 하는가? 어떠한 네트워크 구조를 가져야 하는가?

8. Hot&Cold사와 CaldoFreddo사는 유럽의 가전제품 생산기업이다. 두 회사는 합병되었고, Hot&Cold사는 프랑스, 독일, 핀란드에 공장을 가지고 있고, CaldoFreddo사는 영국과 이탈리아에 공장을 가지고 있다. 유럽시장은 네 개의 지역(북부, 동부, 서부, 남부)으로 구분한다. 공장 생산능력(연간 백만 단위), 연간 고정비용(연간 백만 유로), 지역수요(백만 단위), 변동비용과 선적비용(단위당 유로)은 [표 5.14]와 같다.

각 제품은 평균 300유로 가격으로 팔린다. 모든 공장은 수익을 내고 있고, 회사는 각 공장에 대한 세금은 각각 지불한다. 각 나라에서 세율은 프랑스 0.25, 독일 0.25, 핀란드 0.3, 영국 0.2, 이탈리아 0.35이다.

a. 합병 전, 비용의 최소화를 목표로 하면, 각각 두 회사를 위한 최적의 네트워크는 무엇인가? 세금 계산 후 이익을 최대화하는 것을 목표로 하면 최적의 네트워크는 무엇인가?

b. 합병 후, 만약 공장을 폐쇄하지 않는다면, 최소 비용의 형태는 무엇인가? 세금 계산 후 이익을 최대화하는 형태는 무엇인가?

c. 합병 후, 만약 공장을 폐쇄한다면(폐쇄 시 공장의 연간 고정비용 100퍼센트 절약), 최소 비용의 형태는 무엇인가? 세금 계산 후 이익을 최대화하는 형태는 무엇인가?

참고문헌

Anderson, Kenneth E., Daniel P. Merphy, and James M. Reeve. "Smart Tax Planning for Supply Chain Facilities." *Supply Chain Management Review* (November–December 2002): 46–52.

Ballou, Ronald H. *Business Logistics Management.* Upper Saddle River, NJ: Prentice Hall, 1999.

Daskin, Mark S. *Network and Discrete Location.* New York: Wiley, 1995.

Ferdows, Kasra. "Making the Most of Foreign Factories." *Harvard Business Review* (March–April 1997): 73–88.

Harding, Charles F. "Quantifying Abstract Factors in Facility-Location Decisions." *Industrial Development* (May–June 1988): 24.

Korpela, Jukka, Antti Lehmusvaara, and Markku Tuominen. "Customer Service Based Design of the Supply Chain." *International Journal of Production Economics* (2001) 69: 193–204.

MacCormack, Alan D., Lawrence J. Newman Ⅲ, and Donald B. Rosenfield. "The New Dynamics of Global Manufacturing Site Location." *Sloan Management Review* (Summer 1994): 69–79.

Mentzer, Joseph. "Seven Keys to Facility Location." *Supply Chain Management Review* (May–June 2008): 25–31.

Murphy, Sean. "Will Sourcing Come Closer to Home?" *Supply Chain Management Review* (September 2008): 33–37.

Note on Facility Location. Harvard Business School Note 9–689–059, 1989.

Robeson, James F., and William C. Copacino, eds. *The Logistics Handbook.* New York: Free Press, 1994.

Tayur, Sridhar, Ram Ganeshan, and Michael Magazine, eds. *Quantitative Models for supply Chain Management.* Boston : Kluwer Academic Publishers, 1999.

Tirole, Jean. *The Theory of Industrial Organization.* Cambridge, MA: The MIT Press, 1997.

사례연구

SPORTS TUFFCOM사의 성장 관리

2008년 12월 Sanjay Gupta와 경영팀은 Sportstuff사의 지난 해 성과를 평가하느라 분주했다. 수요는 연간 80퍼센트 증가했다. 그러나 이 성장은 축복 이외의 것이 복합되어 있었다. 이 회사를 지원하는 벤처 투자자들은 판매량 증가와 그 결과 매출 증가로 매우 기뻐했다. 그러나 Sanjay와 그의 팀은 수요가 증가하고 공급사슬 네트워크가 재설계되지 않으면 비용 증가가 매출 증가를 앞지를 것을 명백히 알 수 있었다. 그들은 향후 3년간 예상되는 급격한 증가에 맞추어 네트워크가 어떻게 재설계되어야 하는지 현재 네트워크의 성과를 분석하기로 했다.

SPORTSTUFF.COM

Sanjay Gupta는 2004년 부모들에게 어린이를 위한 보다 유용한 운동장비를 공급하는 것을 목표로 Sportstuff사를 설립했다. 부모들은 아이들의 성장속도가 빠르기 때문에 비싼 스케이트, 스키, 재킷, 신발을 버려야 하는 것에 대해 불평했다. Sanjay의 최초 계획은 가정의 중고 장비, 재킷과 생산자와 소매상의 잉여장비를 사들여 인터넷으로 파는 것이었다.

이 아이디어는 시장에서 잘 받아들여졌고 수요는 빠르게 증가했으며 2004년 말 80만 달러의 매출을 올렸다. 이 시

표 5.15 2007년 Sportstuff.com의 지역수요

지역	2007년	수요 지역	2007년 수요
북서부	320,000	중서부 아래	220,000
남서부	200,000	북동부	350,000
중서부 위	160,000	남동부	175,000

표 5.16 잠재창고의 고정비용과 가변비용

위치	소형창고		대형창고	
	고정비용 (달러/연)	변동비용 (달러/흐름단위)	고정비용 (달러/연)	변동비용 (달러/흐름단위)
시애틀	300,000	0.20	500,000	0.2
덴버	250,000	0.20	420,000	0.2
세인트루이스	220,000	0.20	375,000	0.2
아틀란타	220,000	0.20	375,000	0.2
필라델피아	240,000	0.20	400,000	0.2

표 5.17 UPS사의 선적비용(4개 단위)

	북서부	남서부	중서부 위	중서부 아래	북동부	남동부
시애틀	2.00달러	2.50달러	3.50달러	4.00달러	5.00달러	5.50달러
덴버	2.50달러	2.50달러	2.50달러	3.00달러	4.00달러	4.50달러
세인트루이스	3.50달러	3.50달러	2.50달러	2.50달러	3.00달러	3.50달러
아틀란타	4.00달러	4.00달러	3.00달러	2.50달러	3.00달러	2.50달러
필라델피아	4.50달러	5.00달러	3.00달러	3.50달러	2.50달러	4.00달러

F 범위	재고비용
0~2백만	250,000달러 + 0.310F
2~4백만	530,000달러 + 0.170F
4~6백만	678,000달러 + 0.133F
6백만 이상	798,000달러 + 0.113F

점에 다양한 신상품과 중고품은 팔렸고 회사는 막대한 벤처 투자 지원을 받았다.

2004년 6월, Sanjay는 판매되는 많은 양의 상품관리를 위해 세인트루이스 교외의 창고 일부를 임대했다. 공급자들은 그들의 상품을 창고로 보냈다. 고객의 주문은 거기서 UPS사에 의해 포장되고 선적되었다. 수요가 증가함에 따라 Sportstuff사는 창고 내의 보다 많은 공간을 임대했다. 2007년에 이르러 Sportstuff사는 창고 전체를 임대했고, 주문한 것은 미국 전체의 고객에게 보내졌다. 경영자는 미국을 6개의 고객 지역으로 나누었다. 각 고객 지역으로부터의 2007년 수요는 [표 5.15]와 같다. Sanjay는 수요가 일정하게 된 후 다음 3년 간의 성장률이 매년 약 80퍼센트에 이를 것으로 예상했다.

네트워크 옵션

Sanjay와 경영팀은 예상되는 성장에 부합하기 위해서는 보다 많은 창고공간이 필요하다는 것을 알았다. 첫째 옵션은 세인트루이스 창고 자체를 보다 많이 임대하는 것이었다. 다른 옵션은 미국 내 각지의 창고를 임대하는 것이었다. 창고를 임대하면 창고 크기에 따른 고정비용과 창고를 통해 선적되는 양에 따라 변하는 변동비용이 발생한다. 네 개 창고의 후보 위치는 덴버, 시애틀, 아틀란타, 필라델피아였다. 임대할 수 있는 창고는 작은 것(100,000평방피트) 과 큰 것(200,000평방피트)이 있다. 작은 창고는 연간 200만 단위를 취급할 수 있는 데 반해, 큰 창고는 연간 400만 단위를 취급할 수 있다. 세인트루이스에 있는 현재 창고는 작은 것이다. 다른 지역에 있는 크고 작은 창고의 고정비용과 가변비용이 [표 5.16]에 있다.

Sanjay는 창고의 재고 취급비용(창고지출 제외)은 $600\sqrt{F}$ 달러에 이를 것으로 예상했다. F는 연간 창고를 통해 취급되는 단위의 수이다. 그래서 매년 100만 단위를 취급하는 창고는 재고 취급비용이 연간 600,000달러 발생한다. 만약 당신의 엑셀 버전이 비선형 목적함수를 계산할 수 없다면, 다음의 재고비용을 사용하라.

만약 하나의 선형 재고비용만 사용한다면, 475,000달러 $+0.165F$를 사용하라.

Sportstuff사의 고객에게 보내지는 선적 1회당 3달러의 균일 요금이 부과된다. 고객 주문은 평균적으로 네 개 단위로 포장된다. Sportstuff사는 차례로 교외로 선적하는 것을 취급하기 위해 각각 UPS와 계약했다. UPS는 발송지와 선적 목적지에 따라 [표 5.17]과 같이 요금을 부과했다. 경영자는 어떤 형태의 창고가 선택되든 공급자로부터의 선적비용이 변화되지 않을 것으로 예상했다.

질문

1. 만약 임대된 모든 창고가 세인트루이스에 있다면, Sportstuff사에 발생하는 비용은 얼마인가?
2. Sportstuff사에 권장되는 공급사슬 네트워크 형태는 무엇인가?

제 6 장 불확실성을 고려한 환경에서의 네트워크 설계

학 • 습 • 목 • 표

이 장을 읽은 후에 여러분은 다음과 같은 것을 할 수 있을 것이다.

1. 글로벌 소싱 의사결정 시에 총 양륙비용에 포함되는 요소들을 구별할 수 있다.
2. 공습사슬을 설계하는 데 부분적으로 관련이 있는 불확실성을 정의할 수 있다.
3. 공급사슬에서 위험 완화에 사용될 수 있는 전략들의 차이를 설명할 수 있다.
4. 불확실성을 고려한 공급사슬 설계와 관련된 의사결정을 평가하는 데 이용되는 방법을 이해할 수 있다.
5. 불확실한 환경에서 공급사슬 네트워크 설계와 관련된 의사결정을 분석할 수 있다.

공급사슬의 개발에서 세계화는 위험을 증가시키는 반면에 큰 기회를 제공하기도 한다. Nokia나 Zara의 공급사슬과 같이 공급사슬의 수행도가 높은 경우 세계화에 의해 큰 이점을 얻었다. 반대로, 세계화에 대해 준비하지 않은 몇몇 공급사슬들에서는 위험이 증가했다. 그렇기 때문에 경영자들은 공급사슬 네트워크를 설계할 때 장기적으로 수요, 거시경제학, 재정적 불확실성을 고려해야 한다. 이 장에서는 불확실성을 고려한 환경에서 네트워크를 설계하는 의사결정을 평가하는 데 이용되는 방법에 대해 논의하고 어떻게 공급사슬과 관련된 의사결정들을 개선하는지 보여 준다.

6.1 공급사슬 네트워크에서 세계화의 영향

세계화는 기업의 수익을 증가시키고, 동시에 비용을 감소시킬 수 있는 기회를 제공한다. P&G는 2008년도 보고서에서 자사 판매 증가의 1/3 이상이 개발된 시장의 시장 수익의 발달과 대조적인 이윤 폭에 의한 것이라고 보고했다. 개발된 시장에서 기업의 판매는 대략 전반적인 판매의 28% 정도로 나타난다. 비슷하게, 2007년도 순 판매에 따른 Nokia의 가장 큰 세계적 시장인 두 나라는 중국과 인도였다. 2007년 Nokia는 총 판매의 약 19%를 이 두 나라에서 판매하였고, 브릭스(BRICs: Brazil, Russia, India, and China)에서는 25% 이상을 판매하였다. P&G와 Nokia 모두 세계화를 통해 눈에 띄게 수익을 증가시키는 기회를 얻은 것은 명백하다.

의류와 가전 분야는 세계화를 통해 비용 절감을 할 수 있는 대표적인 영역이다. 가전 분야는 작고, 가볍고, 높은 가치를 가지며, 상대적으로 운송이 쉽고, 운송비용이 저렴한 제품에 초점을 맞추고 있다. 기업들은 범 지구적으로 여러 생산품에 쓰이는 단일 지역의 표준화된 전자 부품 생산을 통합하고, 이로 인해 발생하는 규모의 경제를 활용한다. 의류 생산자는 높은 노동력을 필요로 하고, 생산품인 의류는 상대적으로 가볍고 운송비용이 적다. 따라서 기업들은 노동비용이 적은 나라로 의류 생산지를 더 많이 옮기며 세계화를 이용한다. 이렇게 세계화로 인한 비용 절감은 두 산업 모두에게 커다란 이익을 가져다 준다.

하지만 세계화로부터 발생하는 기회는 종종 추가적으로 눈에 띄는 위험을 동반하기도 한다는 것을 명심해야 한다. Accenture에서 2006년에 수행한 소사에 의하면, 50% 이상의 경영진이 세계적 경영 전략의 결과로 인해 공급사슬의 위험이 증가한 것을 느꼈다고 한다. 그 예로, 2005년 40,000 에이커의 플렌테이션을 파괴한 허리케인은 Dole의 글로벌 바나나 생산에 25% 정도의 타격을 주었다. 또한 Sony가 게임 PlayStation 3 콘솔을 발표했을 때, 부품이 부족하여 Sony의 수익과 주가는 타격을 받았다. 공급사슬 설계에서 적절하게 위험 완화를 하는 능력은 종종 성공한 글로벌 공급사슬과 그렇지 못한 공급사슬의 차이를 야기한다.

Accenture는 글로벌 공급사슬의 위험을 [표 6.1]과 같이 분류하고, 위험에 영향을 주는 요소와 그에 대한 결과를 조사했다. 1/3 이상의 응답자가 각각 자연 재해, 연료 가격의 변동성, 공급사슬 수행 파트너에 의해 영향을 받는다고 했다.

2008년 원유의 현물 가격과 환율의 변동은 글로벌 공급사슬이 다루어야 할 극도의 변동성을 잘 보여 준다. 원유는 2008년 배럴당 약 90달러로 시작하여, 7월에 배럴당 140달러 이상으로 최고 양상을 보이고 12월에 배럴당 40달러 이하로 급락하였다. 유로화는 2008년 약 1.47달러

표 6.1 Accenture의 글로벌 공습사슬 수행에 영향을 주는 위험 요소 조사결과

위험 요소	공급사슬에 미치는 영향
자연재해	35
숙련된 자원의 부족	24
지정학적 불확실성	20
화물에 테러리스트 침투	13
연료 가격의 변동	37
화폐 변동	29
항구의 운영 및 세관 지연	23
고객 및 소비자 선호 변경	23
공급사슬 파트너의 성과	38
물류 처리능력 및 복잡성	33
예측 및 계획의 정확성	30
공급자 계획 및 의사소통 관련 이슈	27
유연하지 않은 공급사슬 기술	21

출처: "Integration: The key to Global Success." Jaume Ferre, Johann Karlberg, and Jamie Hintlian, *Supply Chain Management Review* (March 2007): 24–30.

로 시작하여, 7월에 약 1.60달러로 최고 양상을 보이고, 10월 말에는 약 1.25달러로 감소한 후 12월 말경 1.46달러로 다시 증가했다. 2008년 공급사슬 수행을 해본 사람만이 이러한 극심한 변동과 같은 큰 혼란을 상상할 수 있다!

글로벌 공급사슬 관리의 유일한 상수는 불확실성이다. 공급사슬 네트워크의 기간 동안 기업은 수요, 가격, 환율, 그리고 경쟁 환경의 변동을 경험한다. 현재 환경 하에서 매우 좋은 결정을 내리더라도, 그 결정은 상황이 변함에 따라 실패로 이어질 수 있다. 2000년부터 2008년 사이에 유로화의 환율은 최소 0.84달러에서 최대 1.60달러까지 변동이 있었다. 유로당 0.84달러로 최적화된 공급사슬이 유로화가 1.60달러일 때 수행될 경우 어려움이 생기는 것은 명백한 사실이다.

수요와 가격의 불확실성은 공장에서 유연한 생산용량을 요구한다. 만약 가격과 수요가 글로벌 네트워크 내에서 시간이 지남에 따라 다양하게 변한다면, 유연한 생산용량은 새로운 환경 하에서 수익을 최대화하기 위해 바뀔 수 있다. 2007년에서 2008년 사이에 미국에서 자동차 판매는 30% 이상 감소했다. 모든 범주의 차량들이 영향을 받은 가운데, SUV의 판매 감소는 소형차와 하이브리드 자동차의 판매 감소에 비해 훨씬 뚜렷했다. SUV의 판매는 약 35% 감소했으나, 소형차의 판매는 실제로 약 1% 증가했다. Honda는 두 가지 종류를 유연하게 생산할 수 있는 공장을 가지고 있어서, 경쟁사들에 비해 이러한 변동에 능숙하게 대처했다. 한 공장에서 SUV와 다른 종류의 차량 둘 다 생산할 수 있는 유연성은 Honda의 공장을 합리적으로 운영되게 했다. 대조적으로, SUV 생산에만 치중한 공장을 가진 기업들은 선택의 여지가 없어 생산능력을 낭비해야만 했다. 1990년대 후반, 도요타사는 각 공장이 다양한 시장에 공급할 수 있게 하기 위해 글로벌 조립공장을 더욱 유연하게 하였다. 이러한 유연성의 주된 이익 중 하나는 그것이 수익을 최대화하기 위해 생산을 변경함으로써 수요, 환율, 그리고 단기간 가격의 변동에 대응하도록 했다는 것이다. 만약 불확실성이 환율 또는 가격에 존재한다면, 기업은 적은 수요 또는 공급의 불확실성에 대해서도 유연한 글로벌 공급사슬을 구축할 것이다. 그러므로 공급, 수요, 그리고 재정적 불확실성은 네트워크를 설계하는 의사결정을 할 때 반드시 고려되어야 한다.

6.2 해외위탁생산 의사결정: 총비용

Adam Smith는 그가 저술한 『국부론』에서 "만약 외국의 기업이 자국보다 저렴하게 상품을 공급할 수 있다면, 그것을 공급받는 것이 우리에게 득이 되는 길일 것이다."라고 하였고, 이로 인해 공급사슬에서 비교우위의 중요성이 인지되었다. 공급사슬을 확장하는 주요한 이유는 일반적으로 제품을 저비용 국가로 운송하여 비용을 절감하기 위한 것으로 언급된다. 그러나 그 시도를 하려면, 비교우위의 까닭으로 해외에서 제품을 생산하는 것의 이득(혹은 비교우위)을 수량화해야 한다. 많은 회사들이 해외위탁생산을 통해 비용 감소를 하는 반면, 다른 회사들은 저비용국가에서 생산하는 것의 이득이 예상한 것보다 훨씬 작거나, 심지어 어떤 경우에는 이득이 존재하지 않는다는 것을 발견했다. 2000년부터 2008년까지 증가한 운송비용은 해외위탁생산을 통한 이득에 부정적인 영향을 주었다. 기업들이 해외위탁생산을 했지만 이득을 얻지 못하는 두 가지의 주요한 원인은 다음과 같다: (1) 해외위탁생산 의사결정 시에 총비용을 고려하기보다 단위생산비용에 초점을 맞춘 것, (2) 중요한 위험 요소를 무시한 것. 이 장에서 우리는 해외위탁생산 의사결정을 할 때 평가되어야 할 요소인 총양륙비용(total landed cost)의 차원에 초점을 맞추고 있다.

총비용에서 중요한 차원들은 해외위탁생산 시에 완전한 조달과정에 집중할 때 나타난다. 해외위탁생산을 할 때 공급사슬의 길이와 정보, 제품, 현금흐름의 지속시간이 늘어난다는 것을 명심해야 한다. 그 결과 공급사슬 관리의 복잡성과 비용은 예상했던 것보다 눈에 띄게 커질 수 있다. [표 6.2]는 비용과 제품의 이용 가능성에 미치는 영향을 파악하기 위해 분석해야 할 세 가지 흐름 각각에 따른 차원들을 보여주고 있다.

해외위탁생산 의사결정 시에 위의 요소들을 잘 수량화해야 하며, 시간이 지난 후에 다시 추적하는 것 역시 중요하다. [표 6.2]에서 보여지듯이, 저임금 노동력, 고정비용은 가능한 세금이익과 함께 단위생산비용을 낮추고, 이는 해외위탁생산에서 다른 모든 요소가 나빠지더라도 주요한 이익이 될 수 있는 요소이다. 하지만 총비용에 대한 노동비용의 비율이 작다면, 생산된 제품에서 노동비용의 차익 거래는 크게 두드러지지 않는다. 그 예로는 중국, 인도와 같이 임금이 낮은 몇몇 나라에서 눈에 띄게 노동비용이 증가하는 경우를 들 수 있다. McKinsey는 연구를 통해 2003년에서 2008년 사이 미국의 임금 증가가 3% 정도였던 것에 비해 달러로 환산한 중국의 임금 증가는 19%였다고 보고했다. 같은 기간 동안 운송비용도 눈에 띄게 증가했으며, 중국의 위안화가 달러보다 강세였다. 그 결과 2008년에는 미국에서 생산하여 중국으로 보내지는 제품이 2003년에 비해 훨씬 효율적이지 않게 평가되었다.

일반적으로 임금이 높고, 생산량이 많으며, 제품의 종류가 상대적으로 다양하지 않고, 제품의 가치에 비해 운송비용이 낮은 환경에서 저임금 국가로의 해외위탁생산은 가장 좋은 선택이 될 것이다. 예를 들면, 다양한 종류의 펌프를 생산하는 한 회사는 매우 특별한 부품보다 모든 펌프에 공통적으로 쓰이는 부품의 생산을 해외에 위탁하는 것이 낫다는 것을 발견하게 될 것이다. 어떤 경우에는 낮은 고정비용과 노동력을 대신할 자본이 있어서 해외위탁생산으로 이익을 얻을 수 있다. 예를 들어, 자동차와 그 부품을 생산하는 인도의 공장은 유사한 생산을 개발도상국에서 하는 것보다 훨씬 큰 노동력을 사용할 수 있다.

표 6.2 해외위탁생산에서 총 양륙비용 평가 시에 고려해야 할 차원

성과 차원	성과에 영향을 주는 활동	오프쇼어링의 영향
주문 의사소통	주문 배치	보다 어려운 의사소통
공급사슬 가시성	스케줄링 및 촉진	열등한 가시성
원자재 비용	원자재 수급	원자재 수급에 의존
단위비용	생산, 품질	노동비 및 고정비 감소; 품질이 떨어질 수 있음
선적비용	운송 모드 및 운송량	높은 화물비용
세금 및 관세	국경 교차	국경 교차에 의존
공급 리드타임	주문 의사소통, 공급자 생산 스케줄링, 생산시간, 관세, 운송, 수취	리드타임 증가가 부정확한 예측과 높은 재고를 야기함
적시 배달 및 리드타임 불확실성	생산, 품질, 관세, 운송, 수취	열등한 적시 배달과 불확실성의 증가가 높은 재고와 낮은 제품 가용성을 야기함
최소 주문량	생산, 운송	더 높은 최소 주문량이 재고를 증가시킴
제품 수익	품질	수익 증가
재고	리드타임, 운송중 재고, 생산	증가
운전자본	재고 및 재무 조정	증가
간접비용	주문 의사소통, 송장 에러, 환율 위험관리	높은 간접비용
재고부족	낮은 가시성에서의 주문, 생산, 운송	증가

성공적인 글로벌 소싱을 하기 위해서는 수송되는 물품을 줄이는 것이 매우 중요하다. 구성 요소들이 적절하게 설계된다면 훨씬 밀도 있게 제품을 수송할 수 있다. 예를 들어, IKEA는 모듈 형태의 제품을 설계하여 높은 밀도로 모듈들을 운송했다. 이와 유사하게, Nissan은 자사의 근원적인 부품 요소를 새롭게 설계하여 이전보다 빽빽하게 운송할 수 있도록 하였다. 서로 다른 곳에서 생산되는 몇 가지 요소들이 전사적으로 쓰일 경우, 공급 허브의 사용은 매우 효율적일 수 있다. 그 예로, 많은 생산자들이 아시아에 공급 허브를 만들어서 아시아에 있는 그들의 공급자에게 물품을 공급받는다. 이것은 각각의 공급자에게 규모가 작은 몇 개의 운송을 받기보다 허브를 통한 통합된 운송을 가능하게 한다. 용량이 작을 경우 허브를 통한 수송을 하고, 용량이 클 경우에 공급자로부터 직접적인 수송을 가능하게 하는 세련되고 유동적인 정책이 많아질수록 수송 물품을 줄이는 데 매우 효율적이다.

공정의 어떤 부분을 해외위탁할 지 결정하기 위해서 생산공정을 잘 되새겨 보는 것이 중요하다. 그 예로, 미국의 작은 보석 생산자는 단일 보석 생산을 홍콩에 위탁하려고 한다. 원재료

는 금 시트 속에 있는 형태로, 미국에서 얻을 수 있다. 생산공정의 첫 번째 단계는 금 시트를 스탬핑하여 적절한 크기로 만드는 것이다. 이 과정은 약 40%의 손실을 만들어 내는데, 그것은 더 많은 금 시트를 만드는 데 재활용될 수 있다. 생산자는 미국과 홍콩 둘 중에서 스탬핑할 곳을 정해야 한다. 홍콩에서 스탬핑할 경우 낮은 노동비용이 들지만 수송비용이 더 비싸고, 금이 재활용되기 전에 생기는 시간 때문에 더 큰 운진자본이 요구된다. 주의깊게 분석해 보면, 미국의 금 시트 공급자에게 스탬핑 도구를 설치하는 것이 저렴하다는 것을 알 수 있다. 공급자가 금 시트를 스탬핑하여 제공하게 되면 사용 가능한 원자재를 홍콩으로 보내는 것이기 때문에 수송비용이 감소한다. 더욱 중요한 것은, 스탬핑과정에서 낭비되는 금을 이틀 안에 재활용할 수 있기 때문에 이러한 의사결정이 요구되는 운전자본을 감소시킨다는 것이다.

키포인트 해외위탁생산 의사결정을 할 때 반드시 총양륙비용을 고려해야 한다. 해외위탁생산은 일반적으로 노동력과 고정비용을 낮추지만, 운송비용과 운전자본을 증가시킨다. 해외위탁생산을 하기 전에 제품 설계와 공정 설계를 잘 평가하여 운송 물품과 필요한 운전자본을 줄일 수 있는 단계를 알아낸다.

6.3 글로벌 공급사슬에서의 위험관리

오늘날의 글로벌 공급사슬은 과거의 지역적인 공급사슬에 비해 더 많은 위험 요소의 영향을 받는다. 글로벌 공급사슬 네트워크는 공급 분열, 공급 지연, 수요 변동, 가격 변동, 그리고 환율 변동이 포함된 다양한 위험에 노출되어 있다. 글로벌 공급사슬에서 위험을 과소평가하면 2008년의 금융 공황과 같은 치명적인 결과를 초래할 수 있다. 만약 적절한 완화 계획이 있지 않으면, 이러한 위험들은 공급사슬 성과에 막대한 해를 끼칠 수 있다. 예를 들면, 미국에 대한 감기 백신의 두 공급자 중 하나는 2004년 감기 유행시기의 시작 때 극심한 부족을 이끌었다. 이러한 부족은 대부분의 주에 지급을 제한했고 어떠한 경우에는 극심한 가격 폭등을 이끌었다. 유사하게, 유로의 막대한 강세는 서부 유럽에 공급 자원의 대부분을 가지고 있는 기업들에 해를 끼쳤다 . 다른 예로, 충분한 재고를 가져야 하는 버퍼공급량의 불확실성은 비용 절감보다 높은 재고비용을 야기한다. 자동차 부품 생산자는 멕시코 대신 아시아에서 공급받음으로 해서 1년에 4백만 달러에서 5백만 달러를 절감하기를 원한다. Los Angeles-Long Beach에 있는 항구의 혼잡함으로 인해 그 회사는 전세기를 이용해 아시아에서 부품을 날라와야 했다. 전세기는 멕시코에서 한 대당 20,000달러의 비용이 들고, 결과적으로 기업은 750,000달러의 비용을 내야 한다. 기대되는 비용 절감은 2천만 달러의 손실이 된다.

결국 글로벌 공급관리에서는 관련된 위험 요소를 파악하고, 그에 대해 적절한 완화 전략을 잘 설정하는 것이 중요하다. [표 6.3]에 공급사슬 위험의 분류와 네트워크 설계 동안 고려되어야 할 위험 요인들이 나와 있다.

좋은 네트워크 설계는 공급사슬 위험을 완화하는 데 중요한 역할을 할 수 있다. 예를 들면, 다중공급자가 어떠한 공급 자원으로부터 분열의 위험을 완화시킬 수 있다. 귀감이 될만한 예는 2000년 3월에 앨버커키에 위치한 Royal Phillips 소유의 공장이 불탔을 때 Nokia와 Ericsson에 미친 영향의 차이이다. Nokia는 네트워크 내의 여러 다른 공급공장들을 이용하여 빠르게 분열을 조정했다. 대조적으로, Ericsson은 네트워크 내에 예비 자원을 가지고 있지 않았고, 그래서 반응을 할 수 없었다. Ericsson은 결과적으로 4억 달러의 수입을 잃었다고 평가했다. 유사하게, 유연한 생산능력은 글로벌 수요, 가격, 그리고 환율 변동의 위험을 완화시킨다. 예를 들면, Hino Trucks는 라인 간의 노동력을 전환시킴으로써 다른 제품에 대해 생산 수준을 바꾸기 위해 공장들에 유연한 생산능력을 사용하였다. 그 결과 회사는 각 라인의 생산이 수요와 공급을 연결한 것을 바꾸더라도 공장 내에 지속적인 노동력을 유지하였다. 세 가지 예에서

표 6.3 네트워크를 설계하는 동안 고려되는 공급사슬 위험 요인

목록	위험 요인
분열	자연 재해, 전쟁, 테러; 노동 분쟁; 공급자 파산
지연	공급원의 높은 생산능력 이용률; 공급원의 비유연성; 공급원에서의 열등한 품질 또는 수율
시스템 위험	정보기반 시설 고장; 시스템 통합 또는 연결된 시스템의 범위
예측 위험	긴 리드타임, 계절성, 제품다양성, 짧은 수명주기, 작은 고객군 때문에 발생하는 부정확한 예측; 정보 왜곡
지적 재산권 위험	공급사슬의 수직적 통합
조달 위험	글로벌 아웃소싱 및 시장
어음 위험	환율 위험; 투입물의 가격; 단일 공급원으로부터 구입한 제품; 산업군의 생산능력 이용률
	고객의 수; 고객의 재무능력
재고 위험	제품 진부화 비율; 재고 유지비용; 제품가치; 수요 및 공급 불확실성
생산 능력 위험	생산능력의 비용; 생산능력 유연성

설명하였듯이, 완화 전략을 네트워크 내에 설계하는 것은 위험을 다루는 공급사슬의 능력을 상당히 개선시킨다.

그러나 각 완화 전략은 비용을 증가시키고 또한 다른 위험을 증가시킨다. 예를 들면, 재고 증가는 지연의 위험을 완화시키지만 폐기의 위험은 증가시킨다. 다중공급자를 얻는 것은 분열의 위험을 완화시키지만, 각 공급자가 규모의 경제를 이루는 데 어려움을 가지기 때문에 비용을 증가시킨다. 그래서 완화되는 위험의 양과 비용 증가 사이의 알맞은 균형을 이루기 위한 네트워크를 설계하는 동안 맞춤 완화 전략을 개발하는 것이 매우 중요하다. 몇 가지 맞춤 완화 전략이 [표 6.4]에 개략적으로 나와 있다. 이러한 전략의 대부분은 책의 뒷부분에 아주 상세히 논의되었다.

글로벌 공급사슬은 설계된 공급사슬 내의 완화 전략과 재정 전략이 조합된 형태를 사용한다. 예를 들어, 효율성과 저비용에 초점을 맞추고 있는 글로벌 공급사슬 전략은 몇몇 저비용 국가에서 생산하는 것에 집중하고 있다. 그러한 공급사슬 설계는 변동이 심한 운송비용, 환율에 의해 생기는 공급 방해 위험에 취약하다. 공급사슬 설계 자체가 변동을 대처할 메커니즘을 가지고 있지 않기 때문에, 그러한 상황에서 기업이 연료비용이나 환율에 대한 대비책을 마련하

표 6.4 네트워크를 설계하는 동안의 맞춤 완화 전략

위험 완화 전략	맞춤 전략
생산능력 증가	저비용과 예측가능 수요에 대한 분산된 생산능력에 초점맞추기; 예측 불가능한 수요에 집중화된 생산능력 짓기; 생산능력의 비용이 감소함에 따라 분산화 증가
충분한 공급자 선정	높은 수요의 제품에 대해서는 더 충분한 공급, 낮은 수요의 제품에 대해서는 더 낮은 공급; 유연성이 부족한 공급자들의 낮은 수요의 제품에 대해 여분의 투자 집중하기
대응성 증가	필수품에 대해 대응성보다 비용의 관점 고려; 짧은 수명주기의 제품에 대해서는 비용보다 대응성의 관점 고려
재고 증가	예측 가능하고, 더 낮은 가치의 제품의 재고 분산하기; 예측이 어렵고, 더 높은 가치의 제품의 재고 집중하기
유연성 증가	예측 가능하고 대량 생산 제품에 대해 유연성보다 비용 고려; 예측이 어렵고, 소량 생산 제품에 대해 유연성 고려; 제품 가격이 높다면 소수의 지역에 유연성 집중하기
수요공동관리 또는 통합	예측불가능 정도가 높을수록 통합 증가
공급처 능력 증가	높은 가치와 위험을 가진 제품에 대해 비용보다 생산능력의 관점 고려. 낮은 가치의 필수품에 대해 생산능력보다 비용의 관점 고려; 가능하다면 유연한 공급처에 높은 생산능력 집중하기

는 것은 필수적이다. 이와 대조적으로, 충분한 양을 수용할 수 있고 유연한 용량으로 설계된 글로벌 공급사슬은 주어진 거시적 조건 하에서 효율적인 위치에 있지 않더라도 생산품을 잘 운송할 수 있게 한다. 이렇게 변동에 대처할 수 있도록 유연하게 설계되면 재정적 대비책을 가질 필요 또한 감소시킨다. 유연성과 같은 운영 대비책은 재정 대비책보다 실행하기 복잡하지만 공급사슬이 세계 거시경제의 상태에 맞춰 반응하여 변경될 수 있으므로 반응성이 좋다는 이점이 있다.

하지만 어떠한 완화 전략도 늘 "돈 문제 속"에 있는 것은 아니라는 것을 명심할 필요가 있다. 예를 들어, Honda의 공장이 갖추고 있는 유연성은 2008년 예상치 못한 자동차 수요가 발생했을 때만 효과적으로 작동했다. 만약 수요에 변동이 없었다면, 그 유연성은 활용되지 못했을 것이다. 1990년대 초 Nissan에 의해 설계된 유연성 형태인 IBAS(Intelligent Body Assembly System)는 그 당시 상대적으로 안정적이었던 자동차시장 상태 때문에 거의 파산되었다. 이와 유사하게, Southwest Airlines가 수천만 달러를 들여 만들었던 연료 대비책은 2008년도 후반 원유 가격이 눈에 띄게 떨어지는 바람에 더 큰 비용을 들게 했다. 위험 완화 전략은 필수적으로 그것이 시행되기 전에 장기적 가치를 예상하여 엄격하게 평가되어야 한다. 다음 절에서 우리는 글로벌 공급사슬 속에 설계된 위험 완화 전략의 재정적 평가를 위한 방법론에 대해 논할 것이다.

유연성, 연쇄, 그리고 봉쇄

유연성은 글로벌 공급사슬이 직면하고 있는 다양한 위험과 불확실성을 완화시키는 데 중요한 역할을 한다. 유연성은 세 가지 분류—신제품 유연성, 혼합 유연성, 그리고 용량 유연성—로 나뉠 수 있다. 신제품 유연성은 기업이 빠른 속도로 시장에 신제품을 소개하는 능력을 일컫는다. 기술이 진화하고 고객의 수요가 변덕이 심한 경쟁적인 환경에서 신제품 유연성은 필수적이다. 가능한 적은 수의 독특한 플랫폼을 사용해 다수의 서로 다른 모델을 만들기 위해서 공통된 아키텍처와 제품 플랫폼이 사용되는데, 여기서 신제품 유연성이 발생할 수 있다. 개인용 컴퓨터 산업은 역사적으로 이러한 접근을 따랐으며, 이를 통해 연속적으로 신제품을 출시할 수 있었다. 신제품 유연성은 또한 생산능력 비율이 유동적이어서 어떤 제품도 생산할 수 있을 때 발생할 수 있다. 제약 산업은 처음 생산되는 신제품에 대한 생산능력 비율이 매우 유동적이어서 이러한 접근법을 사용하고 있다. 단 한 번 제품이 생산되지 않을 때는 생산비용을 줄이기 위해 생산용량이 하나의 제품에 집중될 때이다. 혼합 유연성은 짧은 기간 동안 다양한 제품을 생산하는 능력을 나타낸다. 혼합 유연성은 각각의 제품에 대한 수요가 작거나 예측하기 힘든 상황, 원재료의 공급이 불확실한 싱황, 그리고 기술이 빠르게 신화하는 환경에서 필수적이다. 가전제품 산업은 생산 환경에서 혼합 유연성이 필수적인 대표적인 사례인데, 특히 더 많은 생산품들이 적은 생산자에게 집중될 때이다. 모듈 설계와 공통 부품들은 혼합 유연성을 가능하게 한다. 용량 유연성은 기업이 수익을 내기 위해 각각 다른 수준의 생산량으로 가동하는 능력을 일컫는다. 용량 유연성은 주기가 있는 산업에서 필수적이다. 자동차 산업에서 용량 유연성이 없는 기업은 2008년 미국의 자동차 수요가 눈에 띄게 줄어들었을 때 큰 타격을 받았다. 철강 산업은 용량 유연성과 병합이 산업을 도운 사례이다. 2000년대 이전, 기업들은 용량 유연성을 제한하였으며 수요가 떨어지기 시작했을 때 생산용량을 맞추지 못했다. 그 결과 재고가 쌓였으며, 철강 가격이 크게 떨어졌다. 2000년대 초 몇몇 대기업들은 철강 산업을 합치고 용량 유연성을 증가시켰다. 그 결과 그들은 수요가 떨어지면 생산을 중단할 수 있게 되었다. 또한 더 적은 재고가 발생했고, 가격 하락폭도 작아짐에 따라 철강 산업이 빠르게 회복할 수 있었다.

주어진 몇 가지 형태의 유연성은 공급사슬에서 종종 위험 완화로 사용되며, 이러한 접근에 대한 이점과 제약을 이해하는 데 있어서 중요한 역할을 한다. Jordan과 Graves(1995)는 불확실한 수요를 다룰 때 유연성이 증가함에 따라 그것에 의한 순이익은 감소한다는 중요한 발견을 하였다. 그들은 앞으로 소개될 연쇄(chaining)의 개념을 바탕으로 이러한 원리를 적용하는 것을 제안했다. 서로 다른 네 가지 제품을 판매하는 한 회사를 생각해 보자. [그림 6.1]과 같이 유연성이 없는 공급 네트워크에서는 네 가지 공장이 있을 것이고, 각각은 하나의 제품만을 생산할 것이다. 가장 유연한 네트워크 형태는 각각의 공장이 네 가지 제품 모두를 생산할 수 있는 경우이다. 공장의 생산 유연성은 네 개 제품 각각에 대한 수요를 예측할 수 없을 때 유용하다. 하나의 공장이 하나의 제품만을 생산하는 경우, 회사는 공장의 생산능력을 초과하는 수요를 충족시킬 수 없다. 유연한 공장의 경우, 회사는 공장의 초과 생산용량으로 추가적인 제품수요를 충족시킬 수 있게 된다. Jordan과 Graves는 [그림 6.1]과 같이 사슬 네트워크를 제한된 유연성으로 정의했다. 사슬 형태에서 각각의 공장은 두 가지 제품을 생산할 수 있는 유연성을 가지므로 제품 전체와 모든 공장 또한 유연성이 있다. Jordan과 Graves는 사슬 네트워크가 완전히 유연한 네트워크만큼 효율적으로 수요의 변동 위험을 완화한다는 것을 보여준다. Jordan과 Graves의 결과는 유연성을 사용할 때 완전한 유연성을 위한 비용이 더 높다고 한다면, 연쇄가 가장 훌륭한 전략이라는 것을 보여 준다.

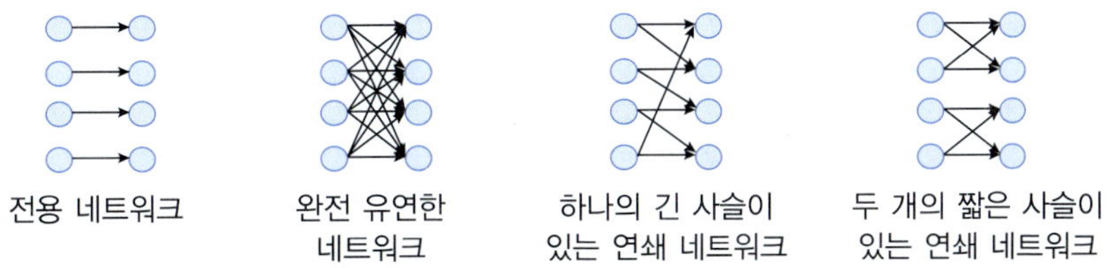

그림 6.1 네트워크의 다양한 유연성 형태

사슬의 길이는 사슬 네트워크를 설계할 때 중요한 요소이다. 수요가 불확실할 때, 사슬의 길이가 길수록 사용 가능한 용량을 더 많이 모을 수 있다는 이점이 있다. 하지만 긴 사슬의 이점은 많지 않다. 하나의 긴 사슬을 설계하는 데 드는 고정비용은 여러 개의 짧은 사슬을 만드는 데 드는 비용보다 클 수 있다. 단일의 긴 사슬로는, 변동의 효과가 네트워크의 모든 공장에 번져서 모두 협력하는 것을 힘들게 만든다. 또한 몇몇 연구원들은 유연성과 연쇄가 수요의 변동을 다룰 때에는 효과적이지만 공급 방해가 일어날 때에는 덜 효과적이라는 것을 발견했다. Lim et al.(2008)은 공급 방해가 일어날 때 방해의 충격을 흡수하거나 제한할 수 있는 사슬의 숫자가 더 적게 설계하는 것이 하나의 긴 사슬을 설계하는 것보다 효율적이라는 것을 관찰했다. [그림 6.1]에서 충격을 흡수한 예로 보여진 것은 네 공장이 유연성을 가지고 두 개의 작은 사슬 형태로 네 가지 제품을 생산하는 경우이다. 이러한 설계에서, 하나의 사슬에 어떠한 방해가 가해져도 다른 사슬에 영향을 주지 않는다. 충격을 흡수하는 단순한 예는 돼지 농장으로, 규모의 경제를 가질 정도로 농장이 크지만 돼지들이 작은 그룹으로 분리되어서 질병의 위험을 한 그룹이 흡수하여 전체 농장에 영향을 미치지 않는 경우이다.

키포인트 적절한 유연성은 글로벌 공급사슬이 다양한 위험과 불확실성에 대비해서 효과적으로 접근할 수 있는 방법이다. 반면에, 몇 가지 유연성은 매우 유용한데, 과도한 유연성은 그 설계에 들어가는 비용만큼 효율적이지 않을 수 있다. 연쇄, 흡수와 같은 전략들은 비용을 적게 유지하면서 유연성의 이점을 극대화하는 데 사용된다.

6.4 글로벌 공급사슬 설계 평가의 기본적인 방법

글로벌 공급사슬 설계 의사결정은 그것들이 작동하는 동안 발생하는 연속적인 현금흐름으로 평가되어야 한다. 이는 글로벌 공급사슬에서 발생하기 쉬운 위험과 불확실성을 설명하는 미래의 현금흐름 평가를 필요로 한다. 우리는 이 절에서 의사결정에 기본으로 포함되는 불확실성을 통해 미래 현금흐름의 가치를 평가하는 기본적인 분석법을 논할 것이다.

할인 현금흐름

현금흐름 추세의 현재가치는 주로 현재 달러의 가치로 환산한다. 할인 현금흐름(DCF) 분석은 미래 현금흐름의 모든 추세의 현재가치를 평가하고 경영진이 그들의 재정적 가치의 관점에서 현금흐름의 두 추세를 비교할 수 있도록 한다. DCF 분석은 오늘 투자한 현금은 시간이 지남에 따라 이익을 가져다 줄 수 있기 때문에 "오늘의 현금이 내일의 현금보다 더 가치가 있다."라는 기본적인 전제를 바탕으로 한다. 이 전제는 향후 현금흐름의 상대적 가치를 비교하기 위한 기본적인 방편을 제공한다.

미래 현금흐름의 현재가치는 할인 요인을 사용함으로써 알 수 있다. 현재의 현금이 투자될 수 있고 다음 기간 동안 수익률 k를 가져다 준다면, 1달러의 투자는 다음 기간에 $(1 + k)$달러가 된다. 그러므로 투자가는 다음 기간에 1달러를 얻든지 현재 기간에 $1/(1 + k)$달러를 얻든지 상관이 없을 것이다.

그래서 다음 기간의 1달러는 그것의 현재가치를 얻기 위해 식 (6.1)을 통해 할인될 수 있다.

$$\text{할인 요인} = \frac{1}{1 + k} \tag{6.1}$$

수익률 k는 할인율, 장애율, 또는 자본의 기회비용으로도 부를 수 있다. 다음 T기간 동안의 현금흐름의 추세 $C_0, C_1, \ldots, C_T$가 주어지고, 수익률이 k일 때, 이러한 현금흐름 추세의 순현재가치(NPV)는 다음과 같이 된다.

$$\text{순현재가치} = C_0 + \sum_{t=1}^{T} \left(\frac{1}{1 + k} \right)^t C_t \tag{6.2}$$

서로 다른 의사결정 시 선택 옵션들의 NPV는 공급사슬 의사결정을 할 때 비교될 수 있다. 특정 옵션에 대해 음의 NPV는 그 옵션이 공급사슬에 대해 돈을 잃을 것을 의미한다. 가장 높은 NPV를 가지는 의사결정은 공급사슬에 가장 높은 재정적 수익을 제공한다.

예제 6.1
Trips Logisties사

창고와 다른 물류 서비스를 제공하는 Trips Logistics사의 사례를 살펴보자. Trips Logistics사의 총지배인은 다가오는 3년의 기간을 위해 대여해야 할 공간의 양을 결정해야 한다. 그는 Trips Logistics사가 3년의 각 해에 발생하는 100,000단위의 수요를 처리할 필요가 있다고 예측한다. 역사적으로, Trips Logistics사는 매 1,000단위의 수요당 1,000평방피트의 창고를 필요로 한다. 이러한 논의의 목적에서 Trips Logistics사가 부담하는 비용은 창고와 관련된 비용뿐이다.

Trips Logistics사는 수요 한 단위당 1.22달러의 수익을 얻는다. 총지배인은 3년 임대를 계약해야 할지 매년 현물시장에 창고공간을 얻을 것인지 결정해야 한다. 3년 임대비용은 1년에 평방피트당 1달러이고, 현물시장 비율은 3년 동안 매년 평방피트당 1.20달러로 예상된다. Trips

Logistics사는 $k = 0.1$의 할인율을 가진다.

해석: 총지배인은 창고공간 100,000평방피트에 대한 3년 임대를 계약했을 때와 매년 현물시장으로부터 공간을 얻었을 때의 NPV를 비교하기로 결정한다. 만약 총지배인이 매년 현물시장으로부터 창고공간을 얻는다면, Trips Logistics사는 각 단위당 1.22달러를 벌고, 필요로 하는 창고공간 각 평방피트당 1.20달러를 지불한다. 이러한 경우 Trips Logistics사의 기대되는 1년 수익은 다음과 같이 결정된다.

만약 창고공간을 현물시장으로부터 얻었을 경우 기대되는 연간 수익
$= 100{,}000 \times 1.22$달러 $- 100{,}000 \times 1.20$달러 $= 2{,}000$달러

현물시장으로부터 창고공간을 얻는 것은 Trips Logistics사에게 3년 동안 매년 2,000달러의 기대되는 양의 값을 갖는 현금흐름을 제공한다. NPV는 다음과 같이 평가된다.

NPV(임대하지 않은 경우)

$$= C_0 + \frac{C_1}{1+k} + \frac{C_2}{(1+k)^2} = 2{,}000 + \frac{2{,}000}{1.1} + \frac{2{,}000}{1.1^2} = 5{,}471\text{ 달러}$$

만약 총지배인이 다음 3년 동안 창고공간의 100,000평방피트를 임대한다면, Trips Logistics사는 매년 임대공간의 평방피트당 1달러를 지불해야 한다. 이러한 경우 Trips Logistics사의 1년 수익은 다음과 같이 주어진다.

3년 임대했을 때 기대되는 연간 수익
$= 100{,}000 \times 1.22$달러 $- 100{,}000 \times 1.00$달러 $= 22{,}000$달러

3년 동안 임대를 계약하는 것은 Trips Logistics사에게 3년 동안 매년 22,000달러의 양의 값을 갖는 현금흐름을 제공한다. NPV는 다음과 같이 평가된다.

NPV(임대하는 경우)

$$= C_0 + \frac{C_1}{1+k} + \frac{C_2}{(1+k)^2} = 22{,}000 + \frac{22{,}000}{1.1} + \frac{22{,}000}{1.1^2} = 60{,}182\text{ 달러}$$

임대를 계약했을 때의 NPV는 현물시장에 창고공간을 얻었을 때보다 60,182달러 − 5,471달러 = 54,711달러만큼 더 높다.

이러한 간단한 분석을 바탕으로 총지배인은 임대를 계약하는 것을 선택할 것이다. 그러나

이것은 전체적인 이야기를 하고 있지는 않다. 왜냐하면 현물시장이 갖고 있는 불확실성을 조정하기 위한 더 큰 유연성에 대해 아직 가치를 두지 않았기 때문이다. 다음에서 미래 수요와 비용의 불확실성의 포함이 총지배인이 의사결정을 다시 생각하는 데 어떠한 영향을 미칠지에 대해 논의한다.

불확실성의 표현

어떠한 글로벌 공급사슬이든 공급사슬 설계 혹은 그 기간 동안의 수요, 가격, 환율, 그리고 몇 가지 다른 요소들은 매우 불확실하며 극심한 변동이 일어나게 마련이다. 따라서 글로벌 네트워크 설계 시에 공급사슬 관리자들은 이와 같은 불확실한 요소들을 반드시 고려해야 한다. 순현재가치(NPV) 계산은 나타난 불확실성을 포함해야 한다.

불확실성의 이항 표현은 한 기간에서 다음으로 이동할 때, 근원적인 요인(수요 또는 가격과 같은)의 가치는 단 두 가지 가능한 결과—상승 또는 하강—를 가진다는 가정을 바탕으로 하고 있다. 일반적으로 사용되는 승법이항에서는 근원적인 요인이 p의 확률을 가지고 $u > 1$인 요인에 의해 상승하거나, $1 - p$의 확률을 가지고 $d < 1$인 요인에 의해 하강한다. 0 기간에 가격 p가 주어지면, 미래 기간에 가능한 결과는 다음과 같다.

기간 1: Pu, Pd

기간 2: Pu^2, Pud, Pd^2

기간 3: Pu^3, Pu^2d, Pud^2, Pd^3

기간 4: $Pu^4, Pu^3d, Pu^2d^2, Pud^3, Pd^4$

일반적으로 기간 T에는 $t = 0, 1, \ldots, T$에 대해 $Pu^td^{(T-t)}$라는 모든 가능한 결과를 가진다. 기간 t의 $Pu^ad^{(T-a)}$라는 식으로부터, 가격은 $(t + 1)$기간에 확률 p로 $Pu^{a+1}d^{(T-a)}$로 이동하거나 확률 $(1 - p)$로 $Pu^ad^{(T-a)+1}$로 이동한다. 이것은 [그림 6.2]에서 보여지는 이항나무에서 볼 수 있다.

가법이항에서, 근원적인 요인은 확률 p로 주어진 기간에 u만큼 증가하거나 확률 $(1 - p)$로 d만큼 감소한다. 가법이항은 주어진 기간에 다음의 식을 가진다.

기간 1: $P + u, P - d$

기간 2: $P + 2u, P + u - d, P - 2d$

기간 3: $P + 3u, P + 2u - d, P + u - 2d, P - 3d$

기간 4: $P + 4u, P + 3u - d, P + 2u - 2d, P + u - 3d, P - 4d$

일반적으로 T기간에는 $t = 0, 1, \ldots, T$에 대해 $P + tu - (T - t)d$라는 모든 가능한 결과를

가진다.

승법이항은 음의 값을 취할 수 없다. 그렇기 때문에 음이 될 수 없는 수요, 가격, 그리고 환율과 같은 요인에 사용될 수 있다. 이것은 현재가치에 비례하는 값으로 주어진 요인으로 성장과 쇠퇴를 나타내는 것을 표현하는 데 용이하다. 예를 들면, 한 단위당 100달러인 제품에서의 10달러의 가격 변동은 한 단위당 5달러인 제품에서의 10달러의 가격 변동보다 작아 보일 것이다. 이 사실은 승법이항에 의해 더욱 확실하게 된다.

승법이항과 가법이항 모두에 대한 논리적인 결점은 근원적인 요인이 각 기간의 끝에 두 가지 가능한 값 중 오직 하나만 취한다는 것이다. 확실히 가격은 단지 두 가지 값보다 더 많이 변할 수 있다. 그러나 기간을 충분히 짧게 함으로써 이 가정은 정당화될 수 있다. 여기서 단위기간의 선택은 의사결정이 발생하는 빈도와 고려하는 요인에 따라 달라진다. 예를 들면, 만약 의사결정이 매달 이루어지면 단위기간은 한 달 이상이 되면 안 된다. 한 달보다 더 짧은 기간은 매달 끝의 두 가지 이상의 결과를 허락하기 위해 정당화될 수 있다.

기간의 수가 증가할수록 승법이항의 끝 상태 사이의 확률분포는 평탄하게 되고 정규분포의 형태를 닮기 시작한다. 긴 시점 뒤의 분포가 가지는 범위는 증가함을 알 수 있다. 이것은 모든 이항분포의 공통적인 특성이고, 수요, 가격, 또는 환율과 같은 많은 요인에 대한 합리적인 가정이다.

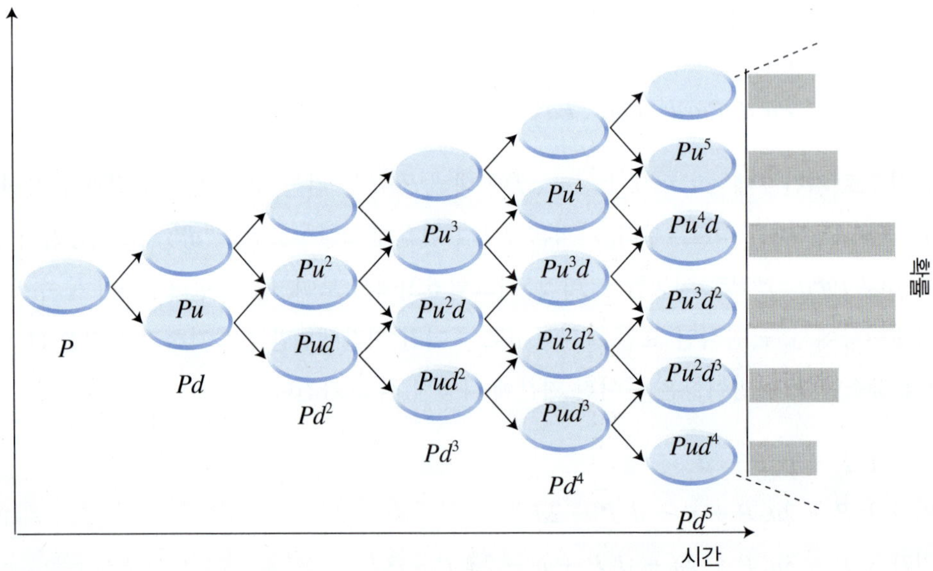

그림 6.2 승법이항나무

자산 가격의 발전(전개)을 묘사하기 위해 공통적으로 사용되는 과정은 로그정규확산과정이다. 이 과정의 핵심 요인은 가격은 절대로 0 아래로 떨어지지 않는다는 것이다. 이항과 유사한 로그정규확산과정의 또 다른 특징은 자산 가격의 변동은 시간을 두고 커진다는 것이다. 사실상 변동은 시간 범위의 길이에 따라 비율적으로 커진다. 재정적 요인의 발전의 또 다른 공통적인 표현은 평균 귀속공정이다. 여기서의 아이디어는 요인이 평균과 경험적인 변동 근처에서 변동한다는 것이다. 요인이 벗어날 때, 평균 과잉시간을 향하여 뒤로 당겨진다. 요인의 일탈이 평균으로부터 멀어질수록 평균을 향하여 뒤로 당기는 힘은 강해진다.

6.5 의사결정나무를 사용한 네트워크 설계 의사결정 평가

경영자는 공급사슬 네트워크를 설계할 때 여러 가지 다른 의사결정을 한다. 예를 들면:

- 회사는 창고공간을 위해 장기임대를 할 것인가 아니면 필요한 만큼 현물시장으로부터 얻을 것인가?
- 회사는 수송능력의 구성 내에서 장기계약과 현물시장의 혼합을 어떻게 해야 하는가?
- 여러 설비는 얼마만큼의 생산능력을 가지고 있어야 하는가? 이러한 생산능력은 얼마나 유연해야 하는가?

만약 불확실성이 무시된다면, 경영자는 항상 장기임대를 할 것이고(왜냐하면 그것이 전형적으로 싸기 때문이다), 모든 유연한 생산능력을 피할 것이다(왜냐하면 그것은 더 비싸기 때문이다). 그러나 이러한 의사결정은 만약 미래 수요나 가격이 의사결정의 시간에서의 예측과 같지 않으면 회사에게 해가 될 수 있다.

예를 들면, 약 1990년까지 제약 산업의 생산은 전용 생산을 위한 것이었다. 이러한 생산능력은 유연한 생산능력보다 더 쌌지만 설계된 약을 위해서만 사용되었다. 그러나 제약회사는 시장에서 약의 수요와 가격을 예측하는 것이 매우 어렵다는 것을 알았다. 그래서 예측수요가 실현되지 않으면 제공된 생산능력의 큰 부분은 사용되지 않을 수도 있었다. 오늘날 제약회사는 제한적인 생산능력과 유연한 생산능력의 구성을 수행하는 전략을 가지고 있다. 대부분의 제품은 유연한 생산능력 내에서 생산되고, 미래 수요에 대한 합리적으로 정확한 예측이 이용 가능할 때만 전용의 설비로 이동된다.

따라서 네트워크를 설계하는 동안 경영자들은 수요와 가격에 대한 예측의 불확실성을 평가하기 위한 방법론을 필요로 하게 되었고, 이러한 불확실성을 의사결정 프로세스에 포함시켰다.

이러한 방법론은 의사결정이 단기에 바뀌기 힘들기 때문에 네트워크를 설계하는 의사결정을 함에 있어서 매우 중요하다. 여기서 우리는 이러한 방법론에 대해 묘사하고 네트워크를 설계하는 의사결정의 가치에 중요한 영향을 미칠 수 있는 불확실성에 대해 설명할 것이다.

의사결정나무는 불확실성 하에서 의사결정을 평가하기 위해 사용되는 그래픽장치이다. DCF를 가지는 의사결정나무는 가격, 수요, 환율, 그리고 인플레이션의 불확실성이 주어진 공급사슬을 설계하는 의사결정을 평가하는 데 사용된다.

의사결정나무를 준비하는 첫 번째 단계는 의사결정을 할 때 고려될 향후 시간 간격의 수를 정의하는 것이다. 의사결정자는 또한 기간의 단위기간—일, 월, 분기, 또는 어떤 다른 시간 간격—을 정의해야 한다. 단위기간은 공급사슬과 관련된 의사결정에 영향을 미치는 요인이 의미심장한 정도에 의해 변할 수 있는 최소한의 시간 간격이 되어야 한다. 이 "의미심장한"이라는 단어는 정의하기 어렵지만, 대부분의 경우 총괄계획이 기간으로 정하고 있는 단위기간을 사용하는 것이 적절하다. 만약 계획이 월단위로 행해진다면, 우리는 단위기간을 한 달로 결정한다. 다음의 논의에서 T는 공급사슬과 관련된 의사결정이 평가되는 동안의 시간 간격의 수를 나타낸다.

다음 단계는 의사결정의 가치에 영향을 미치고 다음 T기간 동안 변동이 있을 요인들을 정의하는 것이다. 이러한 요인들은 수요, 가격, 환율, 그리고 인플레이션 등을 포함한다. 핵심 요인들을 정의한 후, 다음 단계는 한 기간에서 다음 기간까지의 각 요인들의 변동을 나타내는 확률분포를 정의하는 것이다. 예를 들면, 만약 수요와 가격이 의사결정에 영향을 미치는 두 가지 핵심 요인으로서 정의된다면, 한 기간의 수요와 가격의 주어진 값으로부터 다음 기간의 수요와 가격의 다른 값까지의 이동의 확률이 정의되어야 한다.

다음 단계는 향후 현금흐름에 적용되는 기간할인율 k를 정의하는 것이다. 같은 할인율을 각 기간마다 적용할지 한 기간을 나타내는 노드마다 적용할지는 중요한 것이 아니다. 할인율은 투자와 관계된 고유의 위험을 고려해야 한다. 일반적으로 더 높은 할인율은 더 높은 위험을 가지는 투자에 적용해야 한다.

의사결정은 현재와 T의 미래기간을 포함하는 의사결정나무를 이용하여 평가된다. 각 기간 내에서 노드는 달성될 수 있는 요소값들(이를테면 수요와 가격)의 모든 가능한 조합에 대해 정의되어야 한다. i기간의 원래의 노드로부터 $(i + 1)$기간의 끝 노드까지 화살표들이 그려져 있다. 화살표에 표시된 확률은 변화 가능성을 의미하고 i기간의 노드로부터 $(i + 1)$기간의 끝 노드까지 변화할 가능성을 의미한다.

의사결정나무는 T기간의 노드들로부터 시작하여 0기간으로 후진 작동하는 것으로 평가된다. 각 노드마다 의사결정은 여러 요인들의 현재와 미래값을 고려하여 최적화된다. 분석은

Bellman의 원리를 바탕으로 하고 있는데, 그것은 주어진 상태의 어떠한 전략의 선택에 대해서 다음 기간의 최적의 전략은 만약 전체 분석이 다음 기간에 시작된다고 가정한다면 선택되는 전략이라고 진술하고 있다. 이러한 원리는 최적의 전략이 마지막 기간에서 시작하여 거꾸로 탐색하며 문제를 풀도록 한다. 기대되는 향후 현금흐름은 다시 할인되고 현재 고려중인 의사결정에 포함된다. 0기간의 노드의 값은 각 시간 간격 동안 만들어지는 의사결정뿐만 아니라 투자의 값을 제공한다. 나무계획과 같은 수단이 이용될 수 있는데 이는 스프레드시트의 의사결정나무를 푸는 데 도움을 준다.

의사결정나무 분석방법론은 다음과 같이 요약된다.

1. 단위기간(월, 분기, 기타)과 의사결정이 적용되는 전체 기간 T의 수를 정의한다.
2. 다음 T기간 동안 고려될 변동을 가진 수요, 가격, 그리고 환율과 같은 요인들을 정의한다.
3. 각 요인의 불확실성의 표현을 정의한다. 즉, 불확실성을 정의하는 데 사용하는 분포를 결정한다.
4. 각 기간 동안 기간할인율 k를 정의한다.
5. 다음 기간의 상태들 사이의 변화 가능성뿐만 아니라 각 기간의 정의된 상태를 가진 의사결정나무를 표현한다.
6. T기간에서 시작하여 0기간으로 거꾸로 각 단계별로 최적의 결정과 그때 예상되는 현금흐름을 정의한다. 주어진 기간의 각 상태의 기대되는 현금흐름은 이전의 기간에 포함될 때 다시 할인되어야 한다.

Trips Logistics사의 유연성 평가

우리는 Trips Logistics사의 총지배인이 직면하고 있는 임대 의사결정을 이용하여 의사결정나무 분석방법론을 설명할 수 있다. 총지배인은 다가오는 3년 동안 창고공간을 임대할 것과 임대수량을 결정해야 한다. 장기임대는 현재 창고공간을 위한 현재 시장 비율보다 싸다. 총지배인은 다가오는 3년 동안의 창고공간에 대한 수요와 가격의 불확실성을 예상한다. 장기임대는 싸지만 만약 수요가 예상한 것보다 낮으면 사용하지 못할 수도 있다. 장기임대는 또한 만약 미래 임대 가격이 낮아지면 결국 더 비싸질 수 있다. 대조적으로, 만약 미래 수요가 높아진다면 현물시장 비율은 높고 현물시장으로부터의 창고공간은 비싸질 것이다. 총지배인은 세 가지의 옵션을 고려하고 있다.

1. 현재의 현물시장으로부터 필요한 만큼 모든 창고공간을 얻는다.

2. 창고공간의 고정된 양에 대해 3년 임대를 계약하고 현물시장으로부터 추가적인 요구량을 얻는다.
3. 최소의 비용으로 현물시장의 추가적인 요구량까지 맞춰 줄 수 있도록 유연한 임대조건으로 계약한다.

우리는 이제 총지배인이 불확실성을 고려한 적절한 의사결정을 어떻게 하는지 논의한다.

수요의 매 1,000단위마다 창고공간의 1,000평방피트가 요구되고, Trips Logistics사의 현재 수요는 연간 100,000단위이다. 경영자는 수요와 가격에 대한 불확실성의 승법이항 표현을 사용할 것과 관련한 결정을 해야 한다. 한 해로부터 다음 해까지 수요는 0.5의 확률을 가지고 20

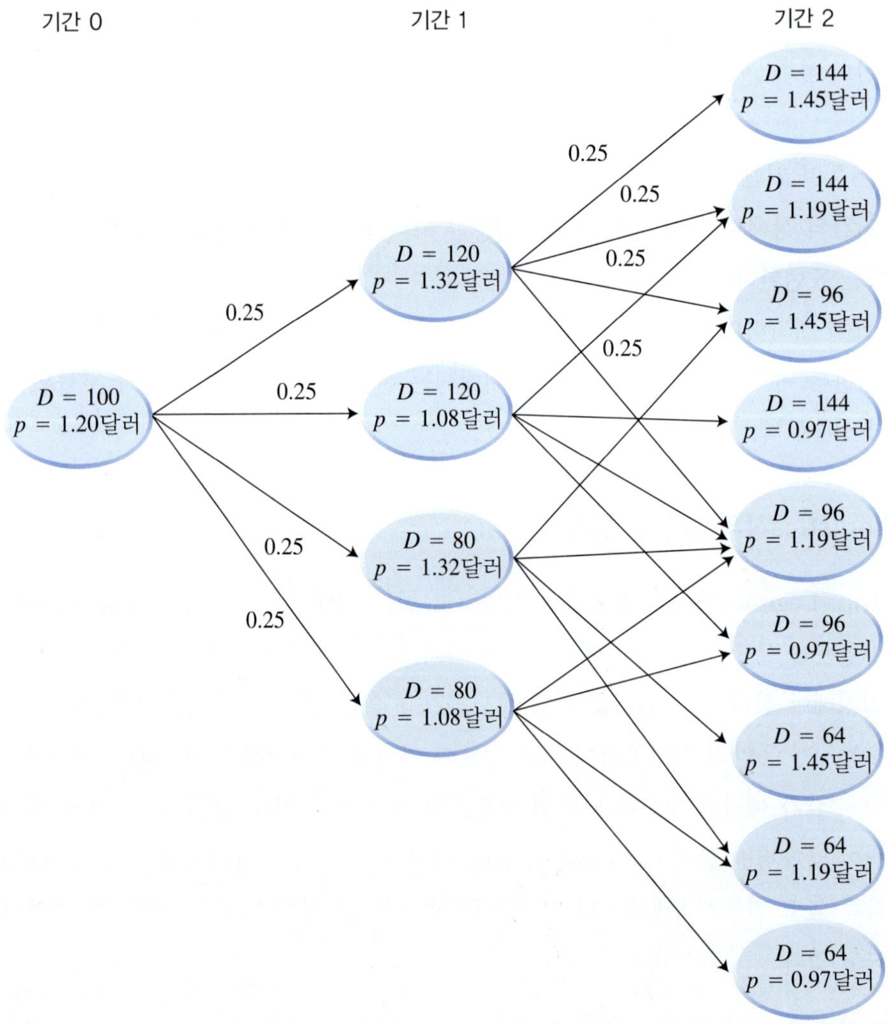

그림 6.3 수요와 가격 변동을 고려한 Trips Logistics사에 대한 의사결정나무

퍼센트까지 올라가거나 0.5의 확률을 가지고 20퍼센트까지 내려갈 것이다. 두 결과의 확률은 한 해에서 다음 해까지 변하지 않는다.

총지배인은 1년에 평방피트당 1달러의 가격으로 3년 임대를 계약할 수 있다. 창고공간은 현재 1년에 평방피트당 1.20달러로 현물시장에서 이용될 수 있다. 한 해로부터 다음 해까지 창고공간에 대한 현물 가격은 이항공정에 따라 0.5의 확률을 가지고 10퍼센트까지 올라가거나 0.5의 확률을 가지고 10퍼센트까지 내려갈 것이다. 두 결과의 확률은 한 해에서 다음 해까지 변하지 않는다.

총지배인은 창고공간의 가격과 제품에 대한 수요가 독립적으로 변동한다는 것을 알고 있다. Trips Logistics가 다루고 있는 각 단위는 1.22달러의 수익을 내고, Trips Logistics는 발생하는 모든 수요를 충족시킬 의무가 있다. Trips Logistics사는 3년의 매년 동안 $k = 0.1$의 할인율을 사용한다.

총지배인은 모든 비용이 매해의 초기에 발생한다고 가정하고, $T = 2$인 의사결정나무를 구성한다. 의사결정나무는 [그림 6.3]과 같으며, 각 노드는 천 단위의 수요(D)와 달러 가격(p)을 표현하고 있다. 각 변화의 확률은 가격과 수요가 독립적으로 변동하기 때문에 0.25이다.

현물시장 옵션의 평가

경영자는 첫 번째로 임대를 계약하지 않고 현물시장에서 모든 창고공간을 얻을 때의 옵션을 분석한다. 그는 기간 2에서 시작하고 각 노드에서 Trips Logistics사에 대한 수익을 평가한다. $D = 144$, $p = 1.45$달러인 노드에서, Trips Logistics사는 144,000의 수요를 만족시켜야 하고 기간 2의 창고공간에 대해 평방피트당 1.45달러의 현물 가격을 부담해야 한다. $D = 144$, $p = 1.45$달러인 노드의 기간 2에서 Trips Logistics사에 의해 발생하는 비용은 $C(D = 144, p = 1.45, 2)$로 표현되고 그것은 다음과 같이 계산된다.

$$C(D = 144, p = 1.45, 2) = 144{,}000 \times 1.45 = 208{,}800\text{달러}$$

$D = 144$, $p = 1.45$달러인 노드의 기간 2에서 Trips Logistics사의 수익은 $P(D = 144, p = 1.45, 2)$로 표현되고 그것은 다음과 같이 계산된다.

$$\begin{aligned} P(D = 144, p = 1.45, 2) &= 144{,}000 \times 1.22 - C(D = 144, p = 1.45, 2) \\ &= 175{,}680 - 208{,}800 = -33{,}120\text{달러} \end{aligned}$$

기간 2에서 다른 노드들 각각의 Trips Logistics사에 대한 수익은 [표 6.5]에서 보여지듯이 평가된 것과 마찬가지다.

표 6.5 현물시장 옵션에 대한 기간 2의 계산

	수입	비용 $C(D=, P=, 2)$	수익 $P(D=, P=, 2)$
$D = 144, p = 1.45$	144,000 × 1.22	144,000 × 1.45	−33,120달러
$D = 144, p = 1.19$	144,000 × 1.22	144,000 × 1.19	4,320달러
$D = 144, p = 0.97$	144,000 × 1.22	144,000 × 0.97	36,000달러
$D = 96, p = 1.45$	96,000 × 1.22	96,000 × 1.45	−22,080달러
$D = 96, p = 1.19$	96,000 × 1.22	96,000 × 1.19	2,880달러
$D = 96, p = 0.97$	96,000 × 1.22	96,000 × 0.97	24,000달러
$D = 64, p = 1.45$	64,000 × 1.22	64,000 × 1.45	−14,720달러
$D = 64, p = 1.19$	64,000 × 1.22	64,000 × 1.19	1,920달러
$D = 64, p = 0.97$	64,000 × 1.22	64,000 × 0.97	16,000달러

다음으로, 경영자는 기간 1에서의 각 노드별 예상되는 수익을 시점 1 동안의 수익과 시점 2에서 예상된 수익을 더한 값을 통해 산출한다. 한 노드의 기대수익 $EP(D =, p =, 1)$은 이 노드로부터 도출되는 기간 2의 모든 네 노드에서 기대수익이다. $PVEP(D =, p =, 1)$는 이러한 기대수익의 현재가치를 표현하고, $P(D =, p =, 1)$는 총기대수익이며, 이것은 기간 1의 수익의 합이며 기간 2의 기대수익의 현재가치이다. 기간 1의 $D = 120$, $p = 1.32$달러인 노드로부터 기간 2의 네 가지 가능한 상황이 있다. 경영자는 $EP(D = 120, p = 1.32, 1)$가 되는 기간 1의 $D = 120$, $p = 1.32$달러인 노드로부터 가능한 모든 네 가지 상황에서의 기간 2의 기대수익을 평가하는데, EP는 다음과 같다.

$$EP(D = 120, p = 1.32, 1) = 0.25 \times [P(D = 144, p = 1.45, 2) + P(D = 144, p = 1.19, 2) + P(D = 96, p = 1.45, 2) + P(D = 96, p = 1.19, 2)]$$
$$= 0.25 \times [-33{,}120 + 4{,}320 - 22{,}080 + 2{,}880] = -12{,}000\text{달러}$$

기간 1의 이러한 기대수익의 현재가치는 다음과 같이 계산된다.

$$PVEP(D = 120, p = 1.32, 1) = EP(D = 120, p = 1.32, 1)/(1 + k)$$
$$= -12{,}000/1.1 = -10{,}909\text{달러}$$

경영자는 이 노드의 기간 1에서의 수익의 합이 되는 기간 1의 $D = 120$, $p = 1.32$인 노드에서 총기대수익 $P(D = 120, p = 1.32, 1)$와 미래 기대수익의 현재가치를 얻는다.

$$P(D = 120, p = 1.32, 1) = 120{,}000 \times 1.22 - 120{,}000 \times 1.32 + PVEP(D = 120, p = 1.32, 1)$$
$$= -12{,}000\text{달러} - 10{,}909\text{달러} = -22{,}909\text{달러}$$

표 6.6 현물시장 옵션에 대한 기간 1의 계산

노드	$EP(D=, p=, 1)$	$P(D=, p=, 1) = D \times 1.22 - D \times P + EP(D=, p=, 1)/(1+K)$
$D = 120, p = 1.32$	−12,000달러	−22,909달러
$D = 120, p = 1.08$	16,800달러	32,073달러
$D = 80, p = 1.32$	−8,000달러	−15,273달러
$D = 80, p = 1.08$	11,200달러	21,382달러

기간 1의 모든 다른 노드에 대한 총기대수익은 [표 6.6]에서 보여지듯이 평가된다.

기간 0에 대해, 총수익 $P(D = 100, p = 1.20, 0)$는 기간 0의 수익의 합이고 기간 1의 네 가지 노드 동안의 기대수익의 현재가치이다.

$$EP(D = 100, p - 1.20, 0) = 0.25 \times [P(D = 120, p = 1.32, 1) + P(D - 120, p = 1.08, 1) + P(D = 96, p = 1.32, 1) + P(D = 96, p = 1.08, 1)]$$
$$= 0.25 \times [-22{,}909 + 32{,}073 - 15{,}273 + 21{,}382] = 3{,}818\text{달러}$$

$$PVEP(D = 100, p = 1.20, 1) = EP(D = 100, p = 1.20, 0)/(1 + k)$$
$$= 3{,}818/1.1 = 3{,}471\text{달러}$$
$$P(D = 100, p = 1.20, 0) = 100{,}000 \times 1.22 - 100{,}000 \times 1.20 + PVEP(D = 100, p = 1.20, 0)$$
$$= 2{,}000\text{달러} + 3{,}471\text{달러} = 5{,}471\text{달러}$$

따라서 임대를 계약하지 않고 현물시장으로부터 모든 창고공간을 얻을 때의 기대 NPV는 다음과 같이 주어진다.

$$\text{NPV(현물시장)} = 5{,}471\text{달러}$$

임대 옵션의 평가

경영자는 다음으로 창고공간 100,000평방피트에 대한 임대를 언제 계약할지 선택하는 대안을 평가해야 한다. 평가절차는 이전의 사례와 매우 유사하지만 수익 관점에서의 결과는 변한다. 예를 들면, $D = 144$, $p = 1.45$ 노드에서, 경영자는 평방피트당 1달러로 단지 100,000평방피트만 대여했기 때문에 평방피트당 1.45달러인 현물시장으로부터 창고공간의 44,000평방피트를 요구할 것이다. 만약 수요가 100,000단위보다 적게 발생한다면, Trips logistics사는 여전히 임대공간의 전체 100,000평방피트에 대해 비용을 지불해야 할 것이다. 기간 2 동안 경영자는 [표 6.7]에서 보여지듯이 9개 노드 각각에서 수익을 얻는다.

표 6.7 임대옵션에 대한 Trips Logistics사의 기간 2의 수익 계산

노드	임대공간	현물 가격의 창고공간(*S*)	수익 $P(D=,P=,2)$ $=D\times1.22-(100{,}000\times1+S\times p)$
$D=144, p=1.45$	100,000평방피트	44,000평방피트	11,880달러
$D=144, p=1.19$	100,000평방피트	44,000평방피트	23,320달러
$D=144, p=0.97$	100,000평방피트	44,000평방피트	33,000달러
$D=96, p=1.45$	100,000평방피트	0평방피트	17,120달러
$D=96, p=1.19$	100,000평방피트	0평방피트	17,120달러
$D=96, p=0.97$	100,000평방피트	0평방피트	17,120달러
$D=64, p=1.45$	100,000평방피트	0평방피트	−21,920달러
$D=64, p=1.19$	100,000평방피트	0평방피트	−21,920달러
$D=64, p=0.97$	100,000평방피트	0평방피트	−21,920달러

경영자는 다음으로 기간 1의 각 노드에 대해 총기대수익을 평가한다. 다시 말해서, 한 노드의 기대수익 $EP(D=, p=, 1)$는 이 노드로부터([그림 6.3] 참조) 값을 얻는 기간 2의 모든 네 노드의 기대수익이고 $P(D=, p=, 1)$는 기간 1과 2로부터의 총기대수익이다. 결국 경영자는 [표 6.8]의 결과를 얻는다.

기간 0 동안 기간 1의 네 노드 동안의 기대수익 $EP(D=100, p=1.20, 0)$는 다음과 같이 주어진다.

$$EP(D=100, p=1.20, 0)=0.25\times[P(D=120, p=1.32, 1)+P(D=120,$$

표 6.8 임대옵션에 대한 Trips Logistics사의 기간 1의 수익 계산

노드	$EP(D=,p=,1)$	현물 가격의 창고공간(*S*)	$P(D=,P=,2)$ $=D\times1.22-(100{,}000\times1+S\times p)$ $+EP(D=,p=,1)/(1+K)$
$D=120,$ $p=1.32$	$0.25\times[P(D=144, p=1.45, 2)+P(D=144, p=1.19, 2)+P(D=96, p=1.45, 2)+P(D=96, p=1.19, 2)]=0.25\times(11{,}880+23{,}320+17{,}120+17{,}120)=17{,}360$달러	20,000	35,782달러
$D=120,$ $p=1.08$	$0.25\times(23{,}320+33{,}000+17{,}120+17{,}120)=22{,}640$달러	20,000	45,382달러
$D=80,$ $p=1.32$	$0.25\times(17{,}120+17{,}120-21{,}920-21{,}920)=-2{,}400$달러	0	−4,582달러
$D=80,$ $p=1.08$	$0.25\times(17{,}120+17{,}120-21{,}920-21{,}920)=-2{,}400$달러	0	−4,582달러

$$p = 1.08, 1) + P(D = 96, p = 1.32, 1) + P(D = 96, p = 1.08, 1)]$$
$$= 0.25[35{,}782 + 45{,}382 - 4{,}582 - 4{,}582] = 18{,}000\text{달러}$$

기간 0의 기대수익의 현재가치는 다음과 같이 계산된다.

$$PVEP(D = 100, p = 1.20, 0) = EP(D = 100, p = 1.20, 0)/(1 + k)$$
$$= 18{,}000/1.1 = 16{,}364\text{달러}$$

총기대수익은 기간 0의 수익의 합으로서 얻어지고 기간 1의 모든 네 노드 동안의 기대수익의 현재가치이다. 그것은 다음과 같다.

$$P(D = 100, p = 1.20, 0) = 100{,}000 \times 1.22 - 100{,}000 \times 1 + PVEP(D = 100,$$
$$p = 1.20, 0) = 22{,}000\text{달러} + 16{,}364\text{달러} = 38{,}364\text{달러}$$

따라서 창고공간 100,000평방피트에 대한 3년 임대 계약의 NPV는 다음과 같다.

$$NPV(\text{임대}) = 38{,}364\text{달러}$$

불확실성 하에서의 임대 옵션의 NPV는 불확실성이 무시되었을 때보다 상당히(60,182달러) 작다. 이는 임대가 고정결정이고, Trips Logistics사는 만약 수요가 낮을 때 더 작은 공간을 임대함으로써 시장조건에 대응할 수 없기 때문이다. 고정계약은 불확실성의 현실에서 그리 매력적이지 않다.

수요와 가격의 불확실성의 현실은 임대의 가치를 감소시키지만 현물시장 옵션의 가치에 는 영향을 끼치지 않는다. 그러나 경영자는 여전히 이 옵션이 더 높은 기대수익을 가지기 때문에 100,000평방피트에 대한 3년 임대를 계약하는 것을 더 선호한다.

키포인트 수요와 경제적 요인들의 불확실성은 공급사슬 설계와 관련된 의사결정의 재정적 평가에 포함되어야 한다. 불확실성의 포함은 이 평가에 중대한 영향을 줄 것이다.

유연한 임대 옵션의 평가

의사결정나무 분석방법론은 공급사슬 내의 유연성을 평가할 때 매우 유용하다. 이제 Trips Logistics사에 대한 창고 선택의 관점에서 의사결정나무를 이용한 유연성의 평가를 고려한다.

Trips Logistics사의 총지배인은 10,000달러의 선지불로 연간 평방피트당 1달러의 창고공간

60,000평방피트와 100,000평방피트 사이를 이용할 수 있는 유연성을 가지는 계약을 제공받았다. Trips Logistics사는 처음 60,000평방피트에 대해 매년 60,000달러를 지불해야 하고 그러면 평방피트당 1달러에 수요에 따라 나머지 40,000평방피트까지 사용할 수 있다. 총지배인은 이러한 유연한 계약이 100,000평방피트에 대한 고정계약에 비해 바람직한 것인지를 평가하기 위해 의사결정나무를 사용하기로 결정한다.

유연한 계약을 평가하기 위한 근원적인 의사결정나무는 [그림 6.3]에 정확히 나와 있다. 그러나 각 노드의 수익은 유연성 때문에 변한다. 만약 수요가 100,000단위보다 크다면, Trips Logistics사는 유연한 계약 하에서 창고공간의 모든 100,000평방피트를 이용한다. 만약 수요가 60,000과 100,000 사이라면, Trips Logistics사는 유연성이 없는 계약 하에서 전체 100,000평방피트보다 조금 덜 사용되는 창고공간의 정확한 양에 대해서만 비용을 지불한다. 수요가 100,000이거나 더 높을 때의 모든 노드에서의 수익은 [표 6.7]에서 보는 것과 동일하다. 수요가 100,000단위보다 적을 때의 모든 노드에서 기간 2의 수익은 [표 6.9]에서 보는 것처럼 증가한다.

총지배인은 기간 2로부터의 기대수익 $EP(D =, p =, 1)$와 이전에 논의했던 것처럼 기간 1의 각 노드에 대한 총기대수익을 평가한다. 그 결과는 [표 6.10]에서 보여진다.

기간 0의 총기대수익은 기간 0의 수익의 합이고 기간 1의 기대수익의 현재가치이다. 따라서 경영자는

$$EP(D = 100, p = 1.20, 0) = 0.25 \times [P(D = 120, p = 1.32, 1) + P(D = 120, p = 1.08, 1) + P(D = 96, p = 1.32, 1) + P(D = 96, p = 1.08, 1)] = 0.25 \times [37{,}600 + 47{,}200 + 33{,}600 + 33{,}600] = 38{,}000\text{달러}$$

표 6.9 유연한 임대계약을 가진 Trips Logistics사의 기간 2의 수익 계산

노드	1달러의 창고공간 (W)	현물 가격의 창고공간 (S)	수익 $P(D =, P, 2)$ $= D \times 1.22 - (W \times 1 + S \times p)$
$D = 144, p = 1.45$	100,000평방피트	44,000평방피트	11,880달러
$D = 144, p = 1.19$	100,000평방피트	44,000평방피트	23,320달러
$D = 144, p = 0.97$	100,000평방피트	44,000평방피트	33,000달러
$D = 96, p = 1.45$	96,000평방피트	0평방피트	21,120달러
$D = 96, p = 1.19$	96,000평방피트	0평방피트	21,120달러
$D = 96, p = 0.97$	96,000평방피트	0평방피트	21,120달러
$D = 64, p = 1.45$	64,000평방피트	0평방피트	14,080달러
$D = 64, p = 1.19$	64,000평방피트	0평방피트	14,080달러
$D = 64, p = 0.97$	64,000평방피트	0평방피트	14,080달러

표 6.10 유연한 임대계약을 가진 Trips Logistics사의 기간 1의 수익 계산

노드	$EP(D=, p=, 1)$	1달러의 창고공간 (W)	현물 가격의 창고공간 (S)	$P(D=, P=, 1) = D\times1.22-(W\times1+S\times p) + EP(D=, p=, 1)/(1+K)$
$D = 120, p = 1.32$	0.25 × (11,880 + 23,320 + 21,120 + 21,120) = 19,360달러	100,000	20,000	37,600달러
$D = 120, p = 1.08$	0.25 × (23,320 + 34,200 + 21,120 + 22,200) = 25,210달러	100,000	20,000	47,200달러
$D = 80, p = 1.32$	0.25 × (21,120 + 21,120 + 14,080 + 14,080) = 17,600달러	80,000	0	33,600달러
$D = 80, p = 1.08$	0.25 × (21,120 + 21,120 + 14,080 + 14,200) = 17,900달러	80,000	0	33,600달러

$$PVEP(D = 100, p = 1.20, 1) = EP(D = 100, p = 1.20, 0)/(1 + k)$$
$$= 38,000/1.1 = 34,545\text{달러}$$

$$P(D = 100, p = 1.20, 0) = 100,000 \times 1.22 - 100,000 \times 1 + PVEP(D = 100,$$
$$p = 1.20, 0) = 22,000\text{달러} + 34,545\text{달러} = 56,545\text{달러}$$

의 기대수익을 얻는다.

10,000달러를 선지불했을 때, 유연한 임대 하에서 순수익은 46,545달러이다. 유연성의 가치는 지금 두 계약의 기대현재가치의 차이로서 얻어질 것이다. 불확실성에 따라 Trips Logistics사의 경영자는 [표 6.11]에서 보듯이 세 가지 옵션을 평가한다.

유연한 계약은 3년에 대한 고정계약보다 8,181달러만큼 더 가치가 있기 때문에 Trips Logistics사에 대해 유익하다.

키포인트 유연성은 수요와 경제적 요인들의 불확실성을 고려함으로써 평가되어야 한다. 일반적으로 유연성의 가치는 불확실성의 증가에 따라서 증가한다.

표 6.11 Trips Logistcs사에 대한 서로 다른 임대옵션 비교

옵션	가치
현물시장에서 창고공간을 선택할 경우	5,471달러
3년 동안 100,000평방피트를 임대할 경우	38,364달러
60,000평방피트와 100,000평방피트 사이의 공간을 사용하기 위한 유연한 임대를 할 경우	46,545달러

6.6 AM TIRES: 불확실성 하의 공급사슬 설계와 관련된 의사결정의 평가

이제 불확실성 하의 의사결정에 대한 의사결정나무 분석방법론의 힘을 설명하기 위해 타이어 생산자인 AM Tires사의 공급사슬 설계 의사결정에 대해 논의하고자 한다. AM Tires사는 변동하는 환율과 수요의 불확실성을 가지는 글로벌 네트워크에서의 공장 위치결정의 문제에 직면하였다.

AM Tires사는 멕시코와 미국에 제품을 판매한다. 미국의 수요는 현재 매년 100,000이고 멕시코의 수요는 매년 50,000이다. 해가 지나감에 따라, 두 나라의 수요는 0.5의 확률을 가지고 20퍼센트까지 증가하거나 0.5의 확률을 가지고 20퍼센트까지 감소한다. 두 나라의 수요 변동은 독립적이다.

하나의 타이어는 미국에 30달러에 팔리고, 멕시코에는 240페소에 팔린다. 현재 환율은 1US 달러 = 9페소이다. 환율은 이항분포에 따라 변동할 것이다. 해가 지나감에 따라, 페소는 각각 0.5의 확률을 가지고 25퍼센트까지 증가하거나 감소할 것이다. 환율 변동은 수요 변동과 독립적이다.

AM Tires사는 2년 동안 운영할 생산 네트워크를 설계하려고 한다. 이 회사는 미국에 100,000단위의 공장을 짓고 멕시코에 50,000단위의 공장을 지으려고 한다. 공장들은 그 지역에만 공급하는 형태로 지어질 수도 있고 양쪽 지역에 동시에 공급할 수 있도록 지을 수도 있다. 각 옵션에 대한 고정비용과 변동비용은 [표 6.12]에 보여지고 있다.

살펴보면, 고정비용은 매년 미래 잔존가액이 포함된 선행비용과 같은 개념의 것이다. 미국과 멕시코 사이의 수송비용은 두 경로 모두 타이어당 1달러이다. 공장 의사결정은 다음 2년 동안 유지되어야 하고 AM Tires사에 적용되는 할인율 $k = 0.1$이다. AM Tires사의 운영 부사장은 CEO와 함께 각 위치에 세울 설비의 유형을 결정하기 위해 일하고 있다. 이 회사는 각 나라에 공장을 짓기 위해 (각 지방 정부의) 동의에 의해 그 결정이 제한된다.

표 6.12 AM Tires사에 대한 고정비용과 변동비용

공장	전용 공장		유연한 공장	
	고정비용	변동비용	고정비용	변동비용
미국 100,000	백만 달러/년	15달러/타이어	110만 달러/년	15달러/타이어
멕시코 50,000	4백만 페소/년	110페소/타이어	420만 페소/년	110페소/타이어

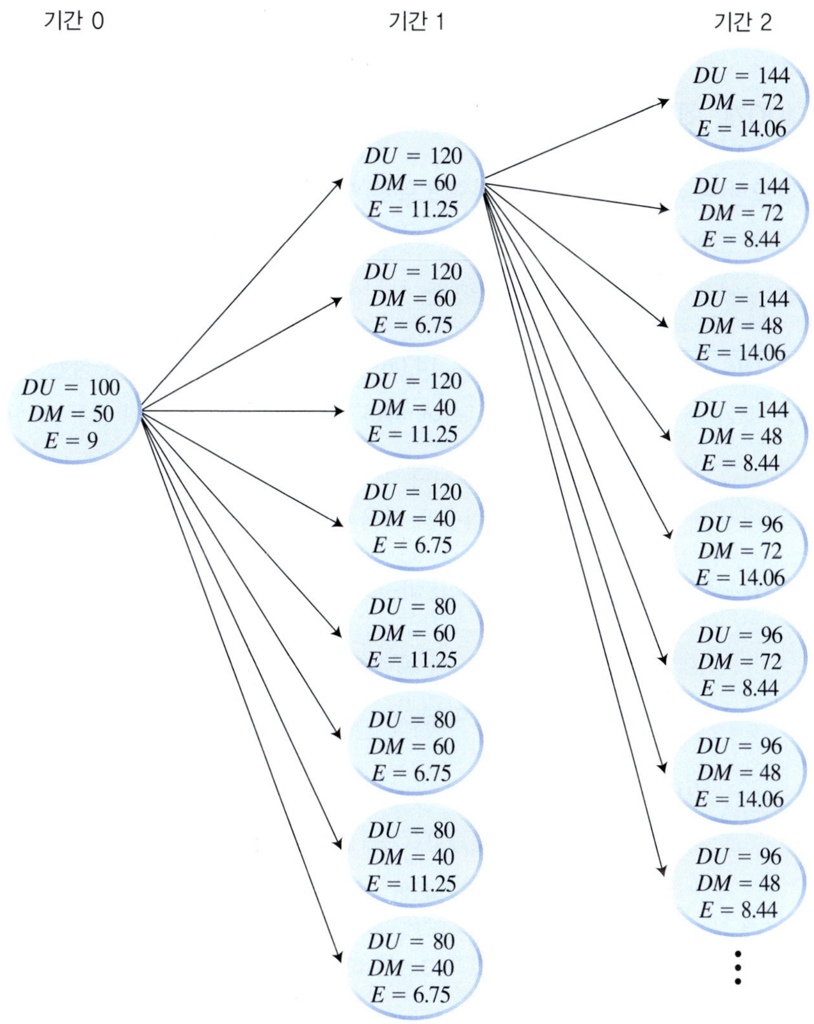

그림 6.4 AM Tires사에 대한 의사결정나무의 일부

운영 부사장은 [그림 6.4]에서 보듯이 의사결정나무를 구상한다. 주어진 기간의 각 노드는 각 나라의 수요와 환율이 올라가거나 내려갈 것이기 때문에 다음 기간의 8가지 가능한 노드로 연결된다. 기간 1의 한 노드에 대한 기간 2의 자세한 연결은 [그림 6.4]에서 보여지고 있다. 두 쌍의 연결된 노드 사이의 변화 가능성은 수요와 환율의 변동이 독립적이고 각각 0.5의 확률을 갖기 때문에 $0.5 \times 0.5 \times 0.5 = 0.125$이다. 수요는 천단위이고 미국의 수요는 *DU*, 멕시코의 수요는 *DM*으로 표현된다. 환율은 *E*로 표현되는데, *E*는 1US달러에 대한 페소의 수이다.

여기에는 멕시코와 미국 사이에 네 가지 가능한 생산능력과 유연성 조합이 있다. AM Tires사의 부사장은 첫 번째로 미국에 100,000개의 미국 지역의 수요만을 위한 공장을 설치하고 멕시코에 50,000개의 멕시코 지역의 수요만을 위한 공장을 설치했을 때의 경우를 평가한다.

미국 100,000개, 멕시코 50,000개의 지역 전용 생산능력

부사장은 기간 2의 각 노드의 수익을 평가함으로써 시작한다. 각 노드는 *DU*, *DM*, 그리고 *E*의 일치하는 값으로 표현된다. 각 노드에서 각 시장의 수요와 현재의 환율과 유연성의 정도는 주어지고 수요는 수익을 최대화하기 위한 공장들 사이에 배분되어 있다(5장 참조).

기간 2 평가 *DU* = 144, *DM* = 72, *E* = 14.06인 노드에 대한 자세한 분석은 다음과 같다. 생산된 제품은 각기 생산된 수요를 충족시켜야 한다. 또한 수요는 두 시장 모두 생산능력을 초과하기 때문에 미국의 모든 100,000개의 생산능력과 멕시코의 모든 50,000개의 생산능력은 그 지역 시장을 위해서만 사용된다. 수입과 비용은 다음과 같이 평가된다.

1. ***DU* = 144, *DM* = 72, *E* = 14.06에 대한 수입**: 미국과 멕시코의 수입은 다음과 같이 평가된다.

100,000개의 타이어 생산과 판매로부터 얻는 미국의 수입
= 100,000 × 30달러 = 3,000,000달러

50,000개의 타이어 생산과 판매로부터 얻는 멕시코의 수입
= 50,000 × 240 = 12,000,000페소 = 12,000,000달러/*E*
= 12,000,000/14.06 = 853,485달러

총수입 = 3,853,485달러

2. ***DU* = 144, *DM* = 72, *E* = 14.06에 대한 비용**: 미국과 멕시코의 비용은 [표 6.12]의 자료로부터 평가된다. 이는 다음과 같다.

미국 공장의 고정비용 = 1,000,000달러
미국 공장의 변동생산비용 = 100,000 × 15 = 1,500,000달러

멕시코 공장의 고정비용 = 4,000,000페소 = 4,000,000달러/*E*
= 4,000,000/14.06 = 284,495달러

멕시코 공장의 변동생산비용 = 50,000 × 110 = 5,500,000페소
= 5,500,000달러/*E* = 5,500,000/14.06 = 391,181달러

총비용 = 1,000,000 + 1,500,000 + 284,495 + 391,181 = 3,175,676달러

$DU = 144$, $DM = 72$, $E = 14.06$인 노드의 AM Tires사에 대한 총수익은 따라서 다음과 같이 주어진다.

$$P(DU = 144, DM = 72, E = 14.06, 2) = 3{,}853{,}485 - 3{,}175{,}676 = 677{,}809\text{달러}$$

같은 방법을 이용하여, 부사장은 [표 6.13]에서 보여지듯이 기간 2의 27개의 상황의 수익을 평가한다. 기간 2의 각 상태는 *DU*, *DM*, 그리고 *E*에 상응하는 값으로 표현된다. 두 공장 모두 각

표 6.13 미국과 멕시코 각 지역의 수요를 충족시키는 공장 설립 옵션에 대한 기간 2의 수익

DU	*DM*	*E*	미국			멕시코			수익 (달러)
			생산	수입 (달러)	변동비용 (달러)	생산	수입 (페소)	변동비용 (페소)	
144	72	14.06	100,000	3,000,000	1,500,000	50,000	12,000,000	5,500,000	677,809
144	72	8.44	100,000	3,000,000	1,500,000	50,000	12,000,000	5,500,000	796,209
144	72	5.06	100,000	3,000,000	1,500,000	50,000	12,000,000	5,500,000	994,071
144	48	14.06	100,000	3,000,000	1,500,000	48,000	11,520,000	5,280,000	659,317
144	48	8.44	100,000	3,000,000	1,500,000	48,000	11,520,000	5,280,000	765,403
144	48	5.06	100,000	3,000,000	1,500,000	48,000	11,520,000	5,280,000	942,688
144	32	14.06	100,000	3,000,000	1,500,000	32,000	7,680,000	3,520,000	511,380
144	32	8.44	100,000	3,000,000	1,500,000	32,000	7,680,000	3,520,000	518,957
144	32	5.06	100,000	3,000,000	1,500,000	32,000	7,680,000	3,520,000	531,621
96	72	14.06	96,000	2,880,000	1,440,000	50,000	12,000,000	5,500,000	617,809
96	72	8.44	96,000	2,880,000	1,440,000	50,000	12,000,000	5,500,000	736,209
96	72	5.06	96,000	2,880,000	1,440,000	50,000	12,000,000	5,500,000	934,071
96	48	14.06	96,000	2,880,000	1,440,000	48,000	11,520,000	5,280,000	599,317
96	48	8.44	96,000	2,880,000	1,440,000	48,000	11,520,000	5,280,000	705,403
96	48	5.06	96,000	2,880,000	1,440,000	48,000	11,520,000	5,280,000	882,688
96	32	14.06	96,000	2,880,000	1,440,000	32,000	7,680,000	3,520,000	451,380
96	32	8.44	96,000	2,880,000	1,440,000	32,000	7,680,000	3,520,000	458,957
96	32	5.06	96,000	2,880,000	1,440,000	32,000	7,680,000	3,520,000	471,621
64	72	14.06	64,000	1,920,000	960,000	50,000	12,000,000	5,500,000	137,809
64	72	8.44	64,000	1,920,000	960,000	50,000	12,000,000	5,500,000	256,209
64	72	5.06	64,000	1,920,000	960,000	50,000	12,000,000	5,500,000	454,071
64	48	14.06	64,000	1,920,000	960,000	48,000	11,520,000	5,280,000	119,317
64	48	8.44	64,000	1,920,000	960,000	48,000	11,520,000	5,280,000	225,403
64	48	5.06	64,000	1,920,000	960,000	48,000	11,520,000	5,280,000	402,688
64	32	14.06	64,000	1,920,000	960,000	32,000	7,680,000	3,520,000	(28,620)
64	32	8.44	64,000	1,920,000	960,000	32,000	7,680,000	3,520,000	(21,043)
64	32	5.06	64,000	1,920,000	960,000	32,000	7,680,000	3,520,000	(8,379)

지역의 수요를 위해 생산된다고 가정했기 때문에 각 공장에서 생산되는 양은 최소한의 공장 생산능력 또는 지역수요이다.

기간 1 평가 기간 1에는 분석되는 노드의 8가지 결과가 있다. $DU = 120, DM = 60, E = 11.25$인 노드 중 하나에 대한 자세한 분석은 여기에 보여진다. 이 노드의 수입과 비용에 덧붙여, 우리는 또한 8개의 노드로부터 얻어진 기간 2의 기대수익의 현재가치를 고려할 필요가 있다. 8개의 노드마다 각각으로의 변화 가능성은 0.125이다. 따라서 $DU = 120, DM = 60, E = 11.25$인 노드로부터 기간 2의 기대수익은

$$\begin{aligned}EP(\mathrm{DU} = 120, DM = 60, E = 11.25, 1) = 0.125 \times [&P(DU = 144, DM = 72, E = 14.06, 2)\\ &+ P(DU = 144, DM = 72, E = 8.44, 2) + P(DU = 144, DM = 48, E = 14.06, 2)\\ &+ P(DU = 144, DM = 48, E = 8.44, 2) + P(DU = 96, DM = 72, E = 14.06, 2)\\ &+ P(DU = 96, DM = 72, E = 8.44, 2) + P(DU = 96, DM = 48, E = 14.06, 2)\\ &+ P(DU = 96, DM = 48, E = 8.44, 2)]\end{aligned}$$

와 같이 주어진다. 따라서 [표 6.13]으로부터

$$\begin{aligned}EP(DU = 120, DM = 60, E = 11.25, 1) = 0.125 \times [&677{,}809 + 796{,}209 + 659{,}317\\ &+ 765{,}403 + 617{,}809 + 736{,}209 + 599{,}317 + 705{,}403] = 694{,}685\text{달러}\end{aligned}$$

를 얻는다. 기간 1에 대해 할인된 기간 2의 기대수익의 현재가치는 다음과 같이 주어진다.

$$\begin{aligned}PVEP(DU = 120, DM = 60, E = 11.25, 1) &= EP(DU = 120, DM = 60, E = 11.25, 1)\\ &/(1 + k) = 694{,}685/1.1 = 631{,}531\text{달러}\end{aligned}$$

1. **$DU = 120, DM = 60, E = 11.25$에 대한 수입:** 두 지역의 공장은 각각 지역의 수요만을 충족시키고 있기 때문에 미국의 공장은 지역시장에 대해 100,000개의 타이어를 생산할 것이고, 멕시코의 공장은 그곳 시장에 대해 50,000개의 타이어를 생산할 것이다. 미국과 멕시코의 수입은 다음과 같이 평가된다.

$$\begin{aligned}&\text{100,000개의 타이어 생산과 판매로부터 얻는 미국의 수입}\\ &= 100{,}000 \times 30\text{달러} = 3{,}000{,}000\text{달러}\end{aligned}$$

$$\begin{aligned}&\text{50,000개의 타이어 생산과 판매로부터 얻는 멕시코의 수입}\\ &= 50{,}000 \times 240 = 12{,}000{,}000\text{페소} = 12{,}000{,}000\text{달러}/E\\ &= 12{,}000{,}000/11.25 = 1{,}066{,}667\text{달러}\end{aligned}$$

표 6.14 미국과 멕시코 각 지역의 수요를 충족시키는 공장 설립 옵션에 대한 기간 1의 수익

DU	*DM*	*E*	기간 2의 기대수익	미국			멕시코			수익 (달러)
				생산	수익 (달러)	변동비용 (달러)	생산	수입 (페소)	변동비용 (페소)	
120	60	11.25	694,685	100,000	3,000,000	1,500,000	50,000	12,000,000	5,500,000	1,353,754
120	60	6.75	844,593	100,000	3,000,000	1,500,000	50,000	12,000,000	5,500,000	1,638,182
120	40	11.25	583,764	100,000	3,000,000	1,500,000	40,000	9,600,000	4,400,000	1,137,361
120	40	6.75	659,667	100,000	3,000,000	1,500,000	40,000	9,600,000	4,400,000	1,277,475
80	60	11.25	424,685	80,000	2,400,000	1,200,000	50,000	12,000,000	5,500,000	808,299
80	60	6.75	574,593	80,000	2,400,000	1,200,000	50,000	12,000,000	5,500,000	1092,728
80	40	11.25	313,764	80,000	2,400,000	1,200,000	40,000	9,600,000	4,400,000	591,907
80	40	6.75	389,667	80,000	2,400,000	1,200,000	40,000	9,600,000	4,400,000	732,021

$$\text{총수입} = 4{,}066{,}667\text{달러}$$

2. **$DU = 120$, $DM = 60$, $E = 11.25$에 대한 비용:** 미국과 멕시코의 비용은 [표 6.12]의 자료로부터 다음과 같이 평가된다.

$$\text{미국 공장의 고정비용} = 1{,}000{,}000\text{달러}$$

$$\text{미국 공장의 변동생산비용} = 100{,}000 \times 15 = 1{,}500{,}000\text{달러}$$

$$\text{멕시코 공장의 고정비용} = 4{,}000{,}000\text{페소} = 4{,}000{,}000\text{달러}/E$$
$$= 4{,}000{,}000/11.25 = 355{,}556\text{달러}$$

$$\text{멕시코 공장의 변동생산비용} = 50{,}000 \times 110 = 5{,}500{,}000\text{페소} = 5{,}500{,}000\text{달러}/E$$
$$= 5{,}500{,}000/11.25 = 488{,}889\text{달러}$$
$$\text{총비용} = 1{,}000{,}000 + 1{,}500{,}000 + 355{,}556 + 488{,}889 = 3{,}344{,}445\text{달러}$$

$DU = 120$, $DM = 60$, $E = 11.25$인 노드에서 AM Tires사의 기대수익은 다음과 같이 주어진다.

$$P(DU = 120, DM = 60, E = 11.25, 1) = 4{,}066{,}667 - 3{,}344{,}445 + PVEP$$
$$(DU = 120, DM = 60, E = 11.25, 1) = 722{,}222 + 631{,}531 = 1{,}353{,}754\text{달러}$$

기간 1의 모든 노드에 대한 기대수익은 [표 6.14]에 주어진다.

기간 0 평가 기간 0에서 수요와 환율은 $DU = 100$, $DM = 50$, $E = 9$로 주어진다. 이 노드의 수입과 비용에 덧붙여, 우리는 또한 기간 1의 8개 노드로부터 기대수익을 고려할 필요가 있다.

기대수익은 다음과 같이 주어진다.

$$EP(DU = 100, DM = 50, E = 9, 0) = 0.125 \times [P(DU = 120, DM = 60, E = 11.25, 1) + P(DU = 120, DM = 60, E = 6.75, 1) + P(DU = 120, DM = 40, E = 11.25, 1) + P(DU = 120, DM = 40, E = 6.75, 1) + P(DU = 80, DM = 60, E = 11.25, 1) + P(DU = 80, DM = 60, E = 6.75, 1) + P(DU = 80, DM = 40, E = 11.25, 1) + P(DU = 80, DM = 40, E = 6.75, 1)]$$

[표 6.14]로부터 다음을 얻을 수 있다.

$$EP(DU = 100, DM = 50, E = 9, 0) = 0.125 \times (1{,}353{,}754 + 1{,}683{,}182 + 1{,}137{,}361 + 1{,}277{,}475 + 808{,}299 + 1{,}092{,}728 + 591{,}907 + 732{,}021) = 1{,}078{,}966\text{달러}$$

기간 0에 대해 할인된 기간 1 수익의 현재가치는 다음과 같다.

$$PVEP(DU = 100, DM = 50, E = 9, 0) = EP(DU = 100, DM = 50, E = 9, 0)/(1 + k) = 1{,}078{,}966/1.1 = 980{,}878\text{달러}$$

1. ***DU* = 100, *DM* = 50, *E* = 9에 대한 수입:** 이러한 경우 멕시코 공장은 그곳 시장에 대해 50,000개의 타이어를 생산하는 데 반해, 미국 공장은 지역시장에 대해 100,000개의 타이어를 생산한다. 기간 0의 수입은 다음과 같이 주어진다.

   100,000개의 타이어 생산과 판매로부터 얻는 미국의 수입
   = 100,000 × 30달러 = 3,000,000달러

   50,000개의 타이어 생산과 판매로부터 얻는 멕시코의 수입
   = 50,000 × 240 = 12,000,000페소 = 12,000,000달러/*E*
   = 12,000,000/9 = 1,333,333달러

   총수입 = 4,333,333달러

2. ***DU* = 100, *DM* = 50, *E* = 9에 대한 비용:** 기간 0의 비용은 다음과 같이 주어진다.

   미국 공장의 고정비용 = 1,000,000달러

   미국 공장의 변동생산비용 = 100,000 × 15 = 1,500,000달러

   멕시코 공장의 고정비용 = 4,000,000페소 = 4,000,000달러/*E*

$$= 4,000,000/9 = 444,444\text{달러}$$

$$\text{멕시코 공장의 변동생산비용} = 50,000 \times 110 = 5,500,000\text{페소} = 5,500,000\text{달러}/E$$
$$= 5,500,000/9 = 611,111\text{달러}$$

$$\text{총비용} = 1,000,000 + 1,500,000 + 444,444 + 611,111 = 3,555,555\text{달러}$$

미국에 100,000단위의 미국 지역의 수요를 충족시켜 주기 위한 공장을 설치하고 멕시코에 50,000단위의 멕시코 지역의 수요를 충족시켜 주기 위한 공장을 설치함으로써 AM Tires사가 얻는 기대수익은 다음과 같이 주어진다.

$$P(DU = 100, DM = 50, E = 9, 0) = 4,333,333 - 3,555,555 + 980,878 = 1,758,656\text{달러}$$

AM Tires사의 부사장은 따라서 다음과 같이 NPV를 얻는다.

NPV(미국에 100,000단위, 멕시코에 50,000단위의 각 지역 수요를 위한 공장 설립)
= 1,758,656달러

미국 100,000개, 멕시코 50,000개의 유연한 생산능력

부사장은 다음으로 미국과 멕시코에 유연한 생산능력을 설치했을 때의 NPV를 평가한다. 유연한 생산능력은 수익을 얻을 수 있는 행동에 의존하여 두 나라에 대한 타이어를 생산하는 데 이용될 것이다. 이러한 경우에 의사결정나무는 [그림 6.4]와 같지만, 각 노드의 수익은 변한다. 부사장은 처음으로 기간 2의 각 노드의 수익을 평가한다.

기간 2 평가 기간 2의 $DU = 144$, $DM = 72$, $E = 14.06$인 노드에 대한 자세한 분석은 다음과 같다. 부사장은 처음으로 [표 6.15]에서 보듯이 한 장소에서 타이어를 생산하고 두 시장 각각에 판매하는 것에 대한 판매수익 공헌을 평가한다.

[표 6.15]로부터 주어진 조건 하에서, 미국과 멕시코의 생산은 첫 번째로 144,000의 미국 수

표 6.15 $DU = 144$, $DM = 72$, $E = 14.06$에 대한 출발지/도착지의 판매수익

출발지	도착지	변동비용	선적비용	E	판매 가격	수익
미국	미국	15달러	0	14.06	30달러	15달러
미국	멕시코	15달러	1달러	14.06	240페소	1.1달러
멕시코	미국	110페소	1달러	14.06	30달러	21.2달러
멕시코	멕시코	110페소	0	14.06	240페소	9.2달러

요를 만족시키기 위해 이용되어야 함은 틀림없다. 나머지 6,000개의 타이어는 AM Tires사의 수익을 최대화하기 위해 멕시코 시장에 팔린다. 여기서 고려되는 예는 최적의 수요 배분에 대한 관찰에 의해 알 수 있듯이 간단하다. 일반적으로 수요 배분 모델(5장 참조)은 의사결정나무의 각 노드에서 계산되어야 한다.

1. ***DU* = 144, *DM* = 72, *E* = 14.06에 대한 미국의 생산공헌:** 144,000단위의 미국 수요가 주어질 때, 미국 생산의 100,000단위 모두 지역시장으로 보내진다. 단위당 15달러의 판매수익이 주어질 때, 부사장은 다음과 같이 얻는다.

$$\text{미국 생산으로부터의 공헌 판매수익} = 100{,}000 \times 15\text{달러} = 1{,}500{,}000\text{달러}$$
$$\text{미국 공장의 고정비용} = 1{,}100{,}000\text{달러}$$
$$\text{미국 생산으로부터의 수익} = 400{,}000\text{달러}$$

2. ***DU* = 144, *DM* = 72, *E* = 14.06에 대한 멕시코의 생산공헌:** 미국에 멕시코의 타이어를 판매하는 것으로부터 타이어당 21.2달러의 더 높은 판매수익이 있다고 할 때, 44,000개의 멕시코 타이어는 미국으로 보내진다. 나머지 6,000개의 타이어는 멕시코에서 팔리는데, 각 타이어는 9.20달러의 수입을 준다. 따라서

$$\text{멕시코 생산으로부터의 공헌 판매수익} = 44{,}000 \times 21.2\text{달러} + 6{,}000 \times 9.2\text{달러}$$
$$= 988{,}000\text{달러}$$
$$\text{멕시코 공장의 고정비용} = 4{,}200{,}000\text{페소} = 298{,}720\text{달러}$$
$$\text{멕시코 생산으로부터의 수익} = 689{,}280\text{달러}$$

AM Tires사의 총수익은 미국과 멕시코 생산의 수익의 합이고 다음과 같이 주어진다.

$$P(DU = 144, \text{DM} = 72, E = 14.06, 2) = 400{,}000\text{달러} + 689{,}280\text{달러} = 1{,}089{,}280\text{달러}$$

유연성이 있을 때와 없을 때의 한 노드의 수익을 비교해 보자. 전용 생산능력은 677,809달러의 수익을 주는 반면, 유연한 생산능력은 1,089,280달러의 수익을 준다. 생산 유연성은 AM Tires사가 환율 변동을 이용하고 각 공장에 의해 제공된 시장을 조정함으로써 수익이 증가하도록 한다.

운영 부사장은 기간 2의 27개 노드 각각에 대해 전술한 분석을 되풀이한다. 결과는 [표 6.16]에 보여지고 있다.

표 6.16 미국과 멕시코 각 지역에 유연한 생산능력의 공장 설립 옵션에 대한 기간 2의 수익

DU	*DM*	*E*	공헌판매수익(달러/단위)				미국 생산		미국에서의 수익 (달러)	멕시코 생산		멕시코에서의 수익 (달러)	총수익 (달러)
			U.S./U.S.	U.S./Mex	Mex/U.S.	Mex/Mex	미국에 대한	멕시코에 대한		미국에 대한	멕시코에 대한		
144	72	14.06	15	1.1	21.2	9.2	100,000	–	400,000	44,000	6,000	689,280	1,089,280
144	72	8.44	15	12.4	16.0	15.4	100,000	–	400,000	44,000	6,000	297,327	697,327
144	72	5.06	15	31.4	7.3	25.7	78,000	22,000	761,478	–	50,000	454,545	1,216,024
144	48	14.06	15	1.1	21.2	9.2	100,000	–	400,000	–	48,000	145,092	545,092
144	48	8.44	15	12.4	16.0	15.4	100,000	–	400,000	–	48,000	241,706	641,706
144	48	5.06	15	31.4	7.3	25.7	100,000	–	400,000	2,000	48,000	417,684	817,684
144	32	14.06	15	1.1	21.2	9.2	100,000	–	400,000	44,000	6,000	688,518	1,088,518
144	32	8.44	15	12.4	16.0	15.4	100,000	–	400,000	44,000	6,000	297,327	697,327
144	32	5.06	15	31.4	7.3	25.7	100,000	–	400,000	18,000	32,000	122.791	522,791
96	72	14.06	15	1.1	21.2	9.2	96,000	4,000	344,279	–	50,000	163,585	507,863
96	72	8.44	15	12.4	16.0	15.4	96,000	4,000	389,744	–	50,000	272,512	662,256
96	72	5.06	15	31.4	7.3	25.7	96,000	4,000	465,723	–	50,000	454,545	920,269
96	48	14.06	15	1.1	21.2	9.2	96,000	–	340,000	–	48,000	145,092	485,092
96	48	8.44	15	12.4	16.0	15.4	96,000	–	340,000	–	48,000	241,706	581,706
96	48	5.06	15	31.4	7.3	25.7	96,000	–	340,000	–	48,000	403,162	743,162
96	32	14.06	15	1.1	21.2	9.2	96,000	–	340,000	–	32,000	(2,845)	337,155
96	32	8.44	15	12.4	16.0	15.4	96,000	–	340,000	–	32,000	(4,739)	335,261
96	32	5.06	15	31.4	7.3	25.7	96,000	–	340,000	–	32,000	(7,905)	332,095
64	72	14.06	15	1.1	21.2	9.2	64,000	22,000	(116,467)	–	50,000	163,585	47,118
64	72	8.44	15	12.4	16.0	15.4	64,000	22,000	133,592	–	50,000	272,512	406,104
64	72	5.06	15	31.4	7.3	25.7	64,000	36,000	991,510	–	36,000	94,862	1,086,372
64	48	14.06	15	1.1	21.2	9.2	64,000	–	(140,000)	–	48,000	145,092	5,092
64	48	8.44	15	12.4	16.0	15.4	64,000	–	(140,000)	–	48,000	241,706	101,706
64	48	5.06	15	31.4	7.3	25.7	64,000	36.000	991,510	–	12,000	(521,736)	469,771
64	32	14.06	15	1.1	21.2	9.2	64,000	–	(140,000)	–	32,000	(2,845)	(142,845)
64	32	8.44	15	12.4	16.0	15.4	64,000	–	(140,000)	–	32,000	(4,739)	(144,739)
64	32	5.06	15	31.4	7.3	25.7	64,000	32,000	865,787	–	–	(830,040)	35,747

기간 1 평가 기간 1에는 분석되는 8개의 결과 노드가 있다. 여기서는 $DU = 120$, $DM = 60$, $E = 11.25$인 노드에 대한 자세한 분석이 제공된다. 이 노드의 수입과 비용에 덧붙여, 우리는 또한 이 노드로부터 결과를 도출하는 기간 2의 8개 노드의 기대수익의 현재가치를 고려할 필요가 있다. 8개 노드의 각각에 대한 변화 가능성은 0.125이다. 따라서 기대수익은 다음과 같다.

표 6.17 $DU = 120$, $DM = 60$, $E = 11.25$에 대한 출발지/도착지의 판매수익

출발지	도착지	변동비용	선적비용	*E*	판매가격	판매가격
미국	미국	15달러	0	11.25	30달러	15달러
미국	멕시코	15달러	1달러	11.25	240페소	5.3달러
멕시코	미국	110페소	1달러	11.25	30달러	19.2달러
멕시코	멕시코	110페소	0	11.25	240페소	11.6달러

$$EP(DU = 120, DM = 60, E = 11.25, 1) = 0.125 \times [P(DU = 144, DM = 72, E = 14.06, 2) + P(DU = 144, DM = 72, E = 8.44, 2) + P(DU = 144, DM = 48, E = 14.06, 2) + P(DU = 144, DM = 48, E = 8.44, 2) + P(DU = 96, DM = 72, E = 14.06, 2) + P(DU = 96, DM = 72, E = 8.44, 2) + P(DU = 96, DM = 48, E = 14.06, 2) + P(DU = 96, DM = 48, E = 8.44, 2)]$$

따라서 [표 6.16]으로부터 부사장은 다음과 같이 얻는다.

$$EP(DU = 120, DM = 60, E = 11.25, 1) = 0.125 \times [1{,}089{,}280 + 697{,}327 + 545{,}092 + 641{,}706 + 507{,}863 + 662{,}256 + 485{,}092 + 581{,}706] = 651{,}290\text{달러}$$

기간 1에 대해 할인된 기대수익의 현재가치는 다음과 같이 주어진다.

$$PVEP(DU = 120, DM = 60, E = 11.25, 1) = EP(DU = 120, DM = 60, E = 11.25, 1)/(1 + k) = 651{,}290/1.1 = 592{,}082\text{달러}$$

다음 단계는 한 장소에서 타이어를 생산하고 E = 11.25의 환율을 가진 두 시장의 각각에 대해 판매하는 것의 판매수익공헌을 평가하는 것이다. 자세한 것은 [표 6.17]에 있다.

다음 단계는 수요 배분 문제를 풀이함으로써 각 공장으로부터 얻는 수익공헌을 평가하는 것이다. 간단한 예가 주어지는데, 이 경우에 평가는 직접적으로 행해진다.

1. **$DU = 120$, $DM = 60$, $E = 11.25$에 대한 미국의 생산공헌:** 미국에 미국 생산품을 판매함으로부터 더 높은 판매수익이 있다고 할 때, 모든 100,000개의 미국 타이어는 지역시장에 보내진다. 따라서 다음과 같이 얻는다.

$$\text{미국 생산으로부터의 공헌 판매수익} = 100{,}000 \times 15\text{달러} = 1{,}500{,}000\text{달러}$$
$$\text{미국 공장의 고정비용} = 1{,}100{,}000\text{달러}$$
$$\text{미국 생산으로부터의 수익} = 400{,}000\text{달러}$$

표 6.18 미국과 멕시코 각 지역에 유연한 생산능력의 공장 설립 옵션에 대한 기간 1의 수익

DU	*DM*	*E*	기간 1의 기대수익	공헌 판매수익(달러/단위)				미국 생산		미국에서의 수익(달러)	멕시코 생산		멕시코에서의 수익(달러)	총수익(달러)
				U.S/U.S	U.S/Mex	Mex/U.S	Mex/Mex	미국에 대한	멕시코에 대한		미국에 대한	멕시코에 대한		
120	60	11.25	651,290	15	5.3	19.2	11.6	100,000	–	400,000	20,000	30,000	358,667	1,350,749
120	60	6.75	785,017	15	19.6	12.7	19.3	90,000	10,000	446,000	–	50,000	342,778	1,502,429
120	40	11.25	588,982	15	5.3	19.2	11.6	90,000	–	250,000	30,000	20,000	434,667	1,220,105
120	40	6.75	583,966	15	19.6	12.7	19.3	100,000	–	400,000	10,000	40,000	276,778	1,207,656
80	60	11.25	349,617	15	5.3	19.2	11.6	80,000		100,000	20,000	30,000	358,667	776,500
80	60	6.75	621,428	15	19.6	12.7	19.3	90,000	10,000	446,000	–	50,000	342,778	1,353,703
80	40	11.25	194,804	15	5.3	19.2	11.6	60,000	–	(200,000)	20,000	30,000	358,667	335,761
80	40	6.75	306,839	15	19.6	12.7	19.3	80,000	20,000	492,000	–	20,000	(236,222)	534,722

2. ***DU* = 120, *DM* = 60, *E* = 11.25에 대한 멕시코의 생산공헌**: 미국에 멕시코 생산품을 판매함으로부터 더 높은 판매수익이 있다고 할 때, 멕시코로부터의 20,000개의 타이어는 미국에 보내지는 반면, 30,000개의 타이어는 멕시코에 팔린다. 판매수익은 [표 6.17]에 주어져 있고, 따라서 부사장은 다음과 같이 얻는다.

$$\text{멕시코 공장으로부터의 공헌 판매수익} = 20{,}000 \times 19.2\text{달러} + 30{,}000 \times 11.6\text{달러}$$
$$= 732{,}000\text{달러}$$
$$\text{멕시코 공장의 고정비용} = 4{,}200{,}000\text{페소} = 373{,}333\text{달러}$$
$$\text{멕시코 공장으로부터의 수익} = 358{,}667\text{달러}$$

따라서 기간 1에서 $DU = 120$, $DM = 60$, $E = 11.25$에 대해 AM Tires사의 총기대수익은 다음과 같이 주어진다.

$$P(DU = 120, DM = 60, E = 11.25, 1) = 400{,}000\text{달러} + 358{,}667\text{달러} + PVEP(DU = 120, DM = 60, E = 11.25, 1) = 400{,}000\text{달러} + 358{,}667\text{달러} + 592{,}082\text{달러} = 1{,}350{,}749\text{달러}$$

기간 1의 모든 다른 노드에 대한 기대수익은 앞에서와 같은 방법으로 계산되고 [표 6.18]에서 보여진다.

기간 0 평가 기간 0에서 수요와 환율은 $DU = 100$, $DM = 50$, $E = 9$로 주어진다. 이 노드의 수입과 비용에 덧붙여, 우리는 또한 기간 1의 모든 노드로부터의 기대수익의 현재가치를 고려할 필요가 있다. 각 노드에 대해 변화 가능성이 0.125로 주어질 때, 기간 1의 기대수익은 다음과 같이 주어진다.

$$\begin{aligned} EP(DU = 100, DM = 50, E = 9, 0) = 0.125 \times [&P(DU = 120, DM = 60, E = 11.25, 1) \\ &+ P(DU = 120, DM = 60, E = 6.75, 1) + P(DU = 120, DM = 40, E = 11.25, 1) \\ &+ P(DU = 120, DM = 40, E = 6.75, 1) + P(DU = 80, DM = 60, E = 11.25, 1) \\ &+ P(DU = 80, DM = 60, E = 6.75, 1) + P(DU = 80, DM = 40, E = 11.25, 1) \\ &+ P(DU = 80, DM = 40, E = 6.75, 1)] \end{aligned}$$

따라서 [표 6.18]로부터 부사장은 다음과 같이 얻는다.

$$\begin{aligned} EP(DU = 100, DM = 50, E = 9, 0) = 0.125 \times (&1{,}350{,}749 + 1{,}502{,}429 + 1{,}220{,}105 \\ &+ 1{,}207{,}656 + 776{,}500 + 1{,}353{,}703 + 335{,}761 + 534{,}722) = 1{,}035{,}203\text{달러} \end{aligned}$$

기간 0에 대해 할인된 기간 1의 기대수익의 현재가치는 다음과 같이 주어진다.

표 6.19 $DU = 100$, $DM = 50$, $E = 9$에 대한 출발지/도착지의 판매수익

출발지	도착지	변동비용	선적비용	*E*	판매가격	수익
미국	미국	15달러	0	9	30달러	15달러
미국	멕시코	15달러	1달러	9	240페소	10.7달러
멕시코	미국	110페소	1달러	9	30달러	16.8달러
멕시코	멕시코	110페소	0	9	240페소	14.4달러

$$PVEP(DU = 100, DM = 50, E = 9, 0) = EP(DU = 100, DM = 50, E = 9, 0)/(1 + k)$$
$$= 1{,}035{,}203/1.1 = 941{,}094\text{달러}$$

다음 단계는 한 장소에서 타이어를 생산하고 기간 0의 두 시장 각각에 판매하는 것의 판매수익공헌을 평가하는 것이다. 자세한 것은 [표 6.19]에 있다.

부사장은 다음으로 각 공장으로부터 얻는 수익공헌을 평가한다.

1. ***DU* = 100, *DM* = 50, *E* = 9에 대한 미국 생산공헌:** 미국에서 생산된 모든 100,000단위는 미국 시장이 더 높은 판매수익을 제공하기 때문에 지역적으로 판매된다. 따라서 다음과 같이 얻는다.

$$\text{미국 생산으로부터의 공헌 판매수익} = 100{,}000 \times 15\text{달러} = 1{,}500{,}000\text{달러}$$
$$\text{미국 공장의 고정비용} = 1{,}100{,}000\text{달러}$$
$$\text{미국 생산으로부터의 수익} = 400{,}000\text{달러}$$

2. ***DU* = 100, *DM* = 50, *E* = 9에 대한 멕시코의 생산공헌:** 미국에서는 충족되지 못한 수요가 없기 때문에 모든 멕시코의 생산능력은 멕시코의 수요를 만족시키기 위해 사용된다. 따라서 50,000개의 타이어는 멕시코에 판매된다.

$$\text{멕시코 생산으로부터의 공헌 판매수익} = 50{,}000 \times 14.4\text{달러} = 720{,}000\text{달러}$$
$$\text{멕시코 공장의 고정비용} = 4{,}200{,}000\text{페소} = 466{,}667\text{달러}$$
$$\text{멕시코 생산으로부터의 수익} = 253{,}333\text{달러}$$

따라서 기간 0에 대한 AM Tires사의 총기대수익은 다음과 같이 주어진다.

$$P(DU = 100, DM = 50, E = 9, 0) = 400{,}000\text{달러} + 253{,}333\text{달러} + PVEP(DU = 100,$$
$$DM = 50, E = 9, 0) = 400{,}000\text{달러} + 253{,}333\text{달러} + 941{,}094\text{달러} = 1{,}594{,}427\text{달러}$$

부사장은 따라서 다음을 얻는다.

표 6.20 AM Tires사에 대한 다양한 공장배치의 NPV

공장배치		NPV
미국	멕시코	
전용	전용	1,758,656달러
유연	전용	1,514,322달러
전용	유연	1,787,115달러
유연	유연	1,594,427달러

NPV(미국에 100,000단위, 멕시코에 50,000단위의 유연한 생산능력) = 1,594,427달러

유연한 공장들을 가지는 옵션은 각 지역적 수요를 충족시켜 주는 전용공장을 설립하는 옵션에 비해 더 낮은 기대 NPV를 낳는다. 이는 변동이 가능한 환율과 수요결과 하에서 유연성을 가지는 비용이 그것이 주는 가치보다 높기 때문이다. 두 공장 중 하나가 유연한 경우를 평가하기 위해 비슷한 분석이 이용될 수 있다. 네 가지 옵션에 대한 결과는 [표 6.20]에 보여진다.

[표 6.20]의 결과는 비록 멕시코의 유연성은 유익하긴 하지만, 미국 공장의 유연성은 결국 비용을 부담하게 된다는 것을 의미한다. AM Tires사의 CEO는 높은 기대수익을 갖는 미국에는 미국의 수요만을 전적으로 만족시키는 공장을, 멕시코에는 미국과 멕시코의 수요를 둘 다 만족시키는 유연한 공장을 짓기로 결정한다.

근원적인 의사결정나무가 매우 복잡하고 근원적인 의사결정나무에 대한 명백한 해답을 얻기 어려울 때, 기업은 의사결정을 평가하기 위해 시뮬레이션을 사용해야 한다(12장 참조). 복잡한 의사결정나무에서는 수천 혹은 수백만의 가능한 경로가 첫 기간에서 마지막 기간까지 일어날 수도 있다. 변화 가능성은 의사결정나무 안에서 확률 가중의 임의의 경로를 발생시키기 위해 사용된다. 각 경로에 대해서 최종수익을 나타내는 현재가치와 같이 각 단계에서 단계로 이어지는 의사결정이 평가된다. 경로들은 의사결정나무에서 확률에 의해 경로가 선택되는 것과 같은 방법으로 시뮬레이션을 실행하여 생성하는 방법으로 구해진다. 많은 경로를 발생시키고 각 경우의 수익을 평가한 후, 시뮬레이션을 통해 얻어진 수익은 의사결정나무로부터 얻어진 수익을 재표현하는 데 사용된다. 기대수익은 시뮬레이션이 의사결정나무로부터 얻어지는 수익들의 평균을 이용해서 구한다.

시뮬레이션 방법은 경로 그 자체가 의사결정에 의존적이지 않을 때—다시 말하면, 한 기간으로부터 다음 기간까지의 변화 가능성이 한 기간 동안 받아들여진 의사결정에 의존적이지 않을 때—의사결정을 평가하는 데 매우 좋다. 또한 그것들은 복잡한 의사결정 규칙뿐만 아니라 현실 세계의 조건을 고려할 수 있다. 게다가 서로 다른 요인들 간의 불확실성이 상관관계에 있

을 경우에도 서로 다른 불확실성의 형태를 쉽게 조정할 수 있다.

시뮬레이션 모형들은 의사결정나무에 비해 시작하고 운영할 때 더 높은 설치비용을 요구한다. 그러나 그것들의 주된 이익은 그것들이 복잡한 상황에 대해 고품질의 평가를 제공할 수 있다는 것이다.

6.7 불확실성 하에서 공급사슬 설계 의사결정의 실제

경영자들은 불확실성 하에서 더 좋은 네트워크 설계의 의사결정을 내리는 것을 돕도록 다음의 아이디어를 고려해야 한다.

1. **네트워크를 설계하는 동안 전략적 계획과 재정적 계획을 결합하라.** 대부분의 조직에서는 재정적 계획과 전략적 계획이 독립적으로 수행된다. 전략적 계획은 종종 정밀한 정량적 분석 없이 미래의 불확실성을 준비하려고 시도하는 반면, 재정적 계획은 예측 가능한 혹은 잘 정의된 미래를 가정하고 정량적 분석을 수행한다. 이 장은 재정적 계획과 전략적 계획의 통합을 유도하는 방법론을 보인다. 의사결정자는 전략적 옵션의 구성—기다리는 옵션, 초과 생산능력을 가지는 옵션, 유연한 생산능력을 가지는 옵션, 장기계약을 하는 옵션, 현물시장으로부터 구매하는 옵션 등—을 고려하여 공급사슬 네트워크를 설계해야 한다. 다양한 옵션은 미래 불확실성의 맥락에서 평가되어야 한다.
2. **공급사슬 네트워크를 평가하기 위해 다양한 측정 기준을 사용하라.** 하나의 측정 기준이 그림의 한 부분만을 보여 줄 수 있듯이 기업 수익, 공급사슬 수익, 고객 서비스 수준, 그리고 대응시간과 같은 다양한 측정 기준을 사용하여 네트워크 설계 의사결정을 시험하는 것이 유익하다. 좋은 의사결정은 대부분 적절한 측정 기준의 범위에서 잘 수행된다.
3. **의사결정과정으로서가 아닌, 의사결정에 대한 투입으로서의 재정적 분석을 이용하라.** 재정적 분석은 종종 해결책을 도출하고 해결하는 데 활용할 수 있는 정량적 자료가 풍부하기 때문에 의사결정과정에서 훌륭한 도구이다. 그러나 재정적 방법론은 혼자서는 대안들의 완전한 그림을 제공하지 않고 다른 비정량적 입력 요소와 함께 고려되어야 한다.
4. **민감도 분석과 함께 평가를 사용하라.** 재정적 분석에 사용되는 투입 요소를 정확하게 측정하는 것이 불가능하다면 이를 활용하는 것은 어렵다. 이는 재정적 분석이 길고 지루한 과정이 되도록 할 수 있다. 매우 정확하게 투입 요소를 산정하는 데 과도한 시간이 걸릴 때, 과정을 신속하게 하고 좋은 의사결정에 도달하는 가장 좋은 방법 중 하나는 예측된 투입 요소값을 사용하는 것이다. 우리가 다른 현실지향적인 부분의 몇 가지를 논의했듯이, 평가를 사용

하는 것은 평가가 민감도 분석으로써 예비될 때 좋다. 대개 투입의 어느 한 점을 도출하는 것보다 투입의 범위를 잡아 주는 것이 더 쉽다. 투입의 범위에 민감도 분석을 수행함으로써, 경영자들은 종종 진실한 투입이 범위 내 어디에 놓여 있다고 할지라도 의사결정은 동일함을 보일 수 있다. 이러한 경우가 아닐 때, 그들은 의사결정을 위해 핵심 변수를 강조하고 그것은 더욱 정확한 해결책에 도달하는 데 더 집중할 가치가 있는 것 같다. 요약하면, 효율적으로 공급사슬 설계 의사결정을 하기 위해 경영자들은 투입을 평가하고, 그런 다음 민감도 분석을 가지고 모든 취할 투입을 시험할 필요가 있다.

6.8 학습목표 요약

1. **글로벌 소싱 의사결정 시 총양륙비용에 포함되는 요소들을 구별하라.** 단위생산비용뿐만 아니라 총양륙비용에는 화물 운송, 재고, 소요시간, 품질, 적기 납품, 최소 주문량, 운전자본, 재고 부족에 대한 글로벌 소싱이 포함되어야 한다.
2. **공습사슬을 설계하는 데 부분적으로 관련이 있는 불확실성을 정의하라.** 수요, 가격, 환율, 그리고 다른 경제적 요소들처럼 투입된 점들의 수의 불확실성은 공급사슬의 수행에 영향을 미친다. 공급사슬 네트워크의 이러한 불확실성과 모든 유연성은 공급사슬의 설계를 변환할 때 반드시 고려되어야 한다.
3. **공급사슬에서 위험 완화에 사용될 수 있는 전략들의 차이를 설명하라.** 공급사슬의 위험을 완화시키는 전략은 초과 생산용량과 재고의 이동, 유동적인 생산용량, 불필요한 공급, 향상된 대응, 그리고 수요의 집계를 포함한다. 연료의 비용과 유통에 대한 대비책은 위험 완화를 돕는 재정 전략이다. 하지만 어떠한 위험 완화 전략도 항상 좋은 결과를 가져오지는 않는다는 것을 명심해야 한다. 이러한 완화 전략은 불확실한 글로벌 환경에서 일어날 수 있는 특정한 상태들을 막기 위해 설계된다.
4. **불확실성을 고려한 공급사슬 설계와 관련된 의사결정을 평가하는 데 이용되는 방법에 대해 설명하라.** 현금흐름 추세를 평가할 때, 의사결정나무는 불확실성 하에서의 대안들을 평가하는 데 사용되는 기본적인 접근방법이다. 불확실성의 이항 표현을 통합하는 것은 의사결정나무가 불확실성이 주어진 대안들을 평가하도록 한다. 의사결정나무가 합리적으로 풀기에 너무 복잡할 때, 시뮬레이션이 의사결정 대안의 재정적 평가를 수행하는 데 이용될 수 있다.
5. **불확실한 환경에서 공급사슬 네트워크 설계와 관련된 의사결정을 분석하라.** 네트워크 설계 의사결정을 분석하는 기본적인 단계는 대안들의 재정적 자료를 수집하고, 의사결정에 영향을

미치는 불확실성이 무엇인지 결정하고, 각 시간 기간의 대안에 대해 현금흐름을 정량화하고, 현금흐름에 대한 불확실성의 영향을 정량화하고, 서로 다른 대안들에 대한 재정적 평가를 계산하기 위한 방법론 중 하나를 사용하는 것을 포함한다.

토의문제

1. 공급사슬 설계와 관련된 의사결정을 할 때 불확실성을 고려하는 것이 왜 중요한가?

2. 공급사슬 의사결정의 가치에 영향을 미칠 수 있는 불확실성의 주요 원인은 무엇인가?

3. DCF의 기본 원리와 그것이 서로 다른 현금흐름 추세를 비교하는 데 어떻게 사용될 수 있는지 설명하라.

4. 정규분포와 관련하여 불확실성의 이항 표현은 어떠한가?

5. 의사결정나무 분석방법론의 기본적인 단계를 요약하라.

6. 공장을 태국에 세워야 할지 미국에 세워야 할지 결정하는 전자 부품 생산자가 직면하는 주요 재정적 불확실성은 무엇인가?

7. 제품을 어디에서 생산해야 할 것인가에 대한 의사결정을 할 때, 기업이 고려해야 하는 몇 가지 주요 비재정적 불확실성은 무엇인가?

연습문제

1. Moon Micro사는 현재 캘리포니아의 산타클라라에서 그들의 제품 모두를 생산하는 서버를 생산하는 작은 생산자이다. 서버시장이 극적으로 성장함에 따라, 산타클라라 공장은 1년에 10,000개의 서버 생산능력에 도달하였다. Moon사는 생산능력을 증가시키기 위한 두 가지 옵션을 고려하고 있다. 첫 번째 옵션은 10,000,000달러의 분석된 고정비용과 서버당 500달러의 노동비용이 드는 산타클라라 공장에 10,000단위의 생산능력을 더하는 것이다. 두 번째 옵션은 독립적인 조립기계이고, 각 서버에 대해 2,000달러의 비용이 드는(원자재 비용을 제외하고) Moon사를 위한 생산 서버인 몰렉트론을 가지는 것이다. 원자재는 서버당 8,000달러의 비용이 들고, Moon사는 각 서버를 15,000달러에 판매한다.

Moon사는 2년의 시간 범위에 대해 이러한 의사결정을 해야 한다. 매년 Moon사의 서버에 대한 수요는 전년도로부터 50퍼센트 증가할 80퍼센트의 가능성을 가지고 있고 전년도와 같을 20퍼센트의 가능성을 가진다. 몰렉트론의 가격 또한 마찬가지로 변할 것이다. 그것은 첫해에 대해 고정되어 있지만 두 번째 해에 20퍼센트 증가할 50퍼센트의 가능성을 가지고 그것이 있는 그대로 있을 50퍼센트의 가능성을 가진다.

Moon사가 산타클라라 공장에 생산능력을 추가할 것인지, 몰렉트론으로 외주해야 할지 결정하는 데 의사결정나무를 이용하라. 이러한 의사결정에 영향을 미치는 요소들 중 우리가 논의하지 않은 요소는 무엇인가?

2. 자동차 부품 생산자인 Unipart사는 MRO 부품을 구입하기 위해 두 가지의 다른 B2B 시장을 고려하고 있다. 두 시장 모두 제품과 선적에 대해 매우 유사한 가격에 전체 공급라인을 제공한다. 또한 두 시장 모두 매우 유사한 서비스 수준과 리드타임을 제공한다.

   그러나 그들의 요금구조는 매우 다르다. 첫 번째 시장인 Parts4u.com은 (선적을 포함하지 않은) 제품의 가격 위에 5퍼센트의 수수료를 붙여서 모든 제품을 판매한다. AllMRO.com의 가격정책은 2년의 기간 동안 반드시 선불되어야 하는 천만 달러의 초기비용과 각 거래의 제품 가격의 1퍼센트의 수수료를 바탕으로 하고 있다.

   Unipart사는 비록 그들의 이용률을 변경하더라도 매년 MRO 공급에 대해 약 1억 5천만 달러를 쓴다. 다음 해에 강세를 띨 것이고, 높은 이용률은 MRO에 대해 1억 5천만 달러를 쓰는 것을 유지할 것이다. 그러나 소비가 10퍼센트까지 하락할 25퍼센트의 가능성이 있다. 두 번째 해에, 소비 수준이 첫해와 같이 머물 가능성이 50퍼센트이고, 10퍼센트까지 하락할 50퍼센트의 가능성이 있다. Unipart사는 20퍼센트의 할인율을 사용한다. 모든 비용은 매년 초기에 발생된다고 가정하라(따라서 첫해의 비용은 지금 발생되고, 두 번째 해의 비용은 1년이 지난 후 발생된다).

   Unipart사는 어떤 B2B 시장으로부터 부품을 구입해야 하는가?

3. 전자 부품 생산자인 Alphacap사는 주요 제품인 doublecap으로 들어가는 원자재에 대한 단독공급자 선택을 시도하고 있다. 이것은 전지에 발생하는 스파이크로부터 마이크로프로세서를 보호하기 위한 휴대전화 생산자들이 사용하는 새로운 축전지이다. 두 회사—MultiChem사와 Mixemat사—가 필요한 원자재를 제공할 수 있다.

   MultiChem사는 제품에 대해 매우 좋은 평판이 있고, 공급과 배송의 신뢰성에 기반하여 더 높은 가격을 부과한다. MultiChem사는 공장의 생산능력을 각 고객에게 공공으로 제공하고, 따라서 공급은 확실하다. MultiChem사는 각 doublecap에 사용되는 원자재에 대해 1.20달러를 부과하도록 한다.

   Mixemat사는 생산능력에는 제한을 두지만 원자재 한 단위당 겨우 0.90달러만 부과하는 작은 원자재 공급자이다. 그러나 이 회사의 신뢰성은 의심이 간다. Mixemat사는 모든 시간에 그들의 모든 고객에게 공급하기 위한 충분한 생산능력을 가지고 있지 않다. 이것은 Mixemat사에 대한 주문이 보장되어 있지 않다는 것을 의미한다. 원자재에 대한 높은 수요가 있는 해에 Mixemat사는 Alphacap사에 대해 이용 가능한 90,000단위를 가질 것이다. 수요가 낮은 해에는 모든 제품이 배송된다.

   만약 Alphacap사가 공급자로부터 원자재를 얻지 못하면, 고객에게 제품을 공급하기 위해 현물시장에서 원자재를 구입할 필요가 있다. Alphacap사는 그 사업의 대부분에 대해 하나의 주요 휴대전화 생산자에만 의존한다. 배송에 실패하는 것은 이러한 계약을 취소하게 할 수 있고, 궁극적으로 기업을 위험에 빠뜨릴 수 있다. 그러므로 Alphacap사는 어떠한 부족에 대해서도 대비할 수 있도록 현물시장에서 원자재를 구입할 것이다. 단일로트 구매에 대한 현물가격(Alphacap사가 필요로 하는 것처럼)은 원자재 수요가 낮을 때에는 2.00달러이고 높을 때에는 4.00달러이다.

   원자재 시장의 수요는 다음 2년의 각각의 시장에

서 높아질 가능성이 75퍼센트이다. Alphacap사는 작년에 100,000개의 doublecap을 팔았고 올해 110,000개를 팔 것으로 기대하고 있다. 그러나 그들이 단지 100,000개만 팔 가능성이 25퍼센트이다. 다음 해에 수요는 올해를 지나 20퍼센트까지 오를 가능성이 75퍼센트이고, 10퍼센트까지 떨어질 가능성이 25퍼센트이다. Alphacap사는 20퍼센트의 할인율을 이용한다. 모든 비용은 매년 초기에 발생되고(첫해의 비용은 지금 발생되고, 두 번째 해의 비용은 1년이 지난 후 발생된다), Alphacap사는 2년 범위를 가지고 의사결정을 해야 한다. 이러한 두 공급자가 그들 각자의 경쟁자와 일하는 누구에게라도 공급을 하는 것을 거부하기 때문에 오직 하나의 공급자만 선택된다.

Alphacap사는 어떤 공급자를 선택할 것인가? 당신이 의사결정을 하기 위해 가지고 싶은 다른 정보는 무엇인가?

4. Bell Computer사는 선택의 기로에 달려 있다. 이 PC 생산자는 빠른 속도로 성장했고, 급증하는 수요를 따라잡으려 시도함에 따라 운영상에 문제를 일으켰다. Bell사의 경영진은 그들이 예측한 수요의 크기를 감당할 수 없을 것이기 때문에 다음 반년 안에 공급사슬을 조정하는 데 사용되는 시스템이 실패할 것이라고 확실히 예상할 수 있다.

이러한 문제점을 해결하기 위해 Bell사는 수요와 조정이 필요한 일의 복잡함을 보완할 수 있는 시스템을 제안하는 두 공급사슬 소프트웨어 회사를 영입했다. 그러나 두 소프트웨어 회사는 서로 매우 다른 형태의 제품을 제공하고 있다.

첫 번째 회사인 SCSoftware사는 Bell사가 라이선스를 구매할 수 있는 시스템을 제안하고 있다. 이는 Bell사가 그들이 원하는 만큼 오래 소프트웨어를 사용하도록 한다. 그러나 Bell사는 이 소프트웨어를 유지하는 데 중요한 책임을 지게 될 것이며, 이것은 중요한 자원을 요구할 것이다.

두 번째 회사인 SC−ASP사는 Bell사가 SC−ASP사의 서버에 공급사슬 애플리케이션을 유지하기 위해 SC−ASP사에 대해 매월 단위로 승인 요금을 지불할 것을 제안하고 있다. Bell사의 직원들은 웹 브라우저를 거쳐 정보와 분석에 접근할 것이다. 정보는 필요한 때면 언제든지 ASP 서버로부터 Bell사의 서버로 자동적으로 흘러갈 것이다. Bell사는 소프트웨어에 대한 매달 요금지불을 계속할 것이지만, 모든 유지보수는 SC−ASP사에 의해 수행될 것이다.

Bell사는 어떤 소프트웨어 회사를 선택할 것인가에 대해 어떤 의사결정을 할 것인가? Bell사가 의사결정을 하기 위해 알아야 할(소프트웨어와 Bell사가 경험할 미래 조건 둘 다에 대하여) 필요가 있는 특정한 정보는 무엇인가? 의사결정을 할 때 Bell사가 생각해야 할 몇 가지 정량적 문제는 무엇인가?

5. Reliable사는 아시아와 북미 시장에 제품을 제공하는 휴대전화 생산자이다. 아시아에서 그들 제품의 현재 연간 수요는 2,000,000인 반면, 북미의 수요는 4,000,000이다. 다음 2년 동안, 아시아의 수요는 0.7의 확률로 50퍼센트까지 올라가고, 0.3의 확률로 20퍼센트까지 올라갈 것으로 기대된다. 같은 기간, 북미의 수요는 0.5의 확률로 10퍼센트까지 올라가거나 0.5의 확률로 10퍼센트까지 내려갈 것으로 기대된다. Reliable사는 현재 아시아에 연간 2,400,000단위의 생산능력을 가진 생산 시설을 가지고 있고, 북미에는 연간 4,200,000단위의 생산능력을 가진 생산 시설을 가지고 있다. 아시아의 휴대전화 변동생산비용은 15달러이고, 북미의 휴대전화 변동비용

은 17달러이다. 두 시장 사이에 휴대전화를 선적하는 데 3달러의 비용이 든다. 각 휴대전화는 두 시장 모두에서 40달러에 판매한다.

Reliable사는 아시아 공장에 2,000,000단위 또는 1,500,000단위의 생산능력을 추가할 것인지 논의하고 있다. 공장 증가가 더 크면 18,000,000달러의 비용이 들 것이고, 반면에 추가가 더 작으면 15,000, 000달러의 비용이 들 것이다. 당신은 어떤 것을 추천할 것인가? Reliable사는 10퍼센트의 할인 요소를 이용한다고 가정하라.

6. 유럽의 한 의류 생산자는 연간 수요가 190만 단위인 유럽 시장에 제품을 제공하기 위해 이탈리아와 중국에 생산 시설을 가지고 있다. 수요는 예측 가능한 향후 동안 같은 수준으로 유지될 것으로 기대된다. 각 생산 시설은 연간 백만 단위의 생산능력을 가지고 있다. 현재의 환율에서, 이탈리아의 생산과 유통비용은 단위당 10유로인 반면, 중국의 생산과 유통비용은 7유로이다. 다음 3년의 매년 동안, 중국의 통화는 유로에 비해 0.5의 확률을 가지고 15퍼센트까지 올라갈 수 있고, 0.5의 확률을 가지고 5퍼센트까지 떨어질 수 있다. 고려되는 옵션은 이탈리아에 있는 50만 단위의 생산능력을 폐쇄하고 그것을 한 번에 2백만 유로의 비용으로 중국으로 옮기는 것이다. 당신은 이 옵션을 추천할 것인가? 3년 동안 10퍼센트의 할인 요소를 가정하라.

7. 한 화학 생산자는 다음 3년 동안 유럽과 북미에 생산능력을 설치하려고 한다. 각 시장의 연간 수요는 2백만 kg이고 그 수준으로 유지될 것 같다. 고려중인 두 가지 대안은 북미에 4백만 단위의 생산능력을 짓거나, 두 지역 각각에 대해 2백만 단위씩 생산능력을 짓는 것이다. 두 공장을 짓는 것은 한 번에 2백만 달러의 추가비용을 발생시킨다. 북미의 생산에 대한 변동비용은 (큰 공장 또는 작은 공장에 대해) 현재 10달러/kg인 반면, 유럽의 비용은 9유로/kg이다. 현재의 환율은 1.33달러에 대해 1유로이다. 다음 3년 동안, 달러는 0.5의 확률을 가지고 10퍼센트까지 강세를 보이거나 0.5의 확률을 가지고 5퍼센트까지 약세를 보일 것으로 기대된다. 화학 생산자가 해야 할 일은 무엇인가? 할인 요소는 10퍼센트라고 가정하라. 화학 생산자가 선택할 수 있는 두 옵션의 결과가 같아지기 위한 초기 공장 설립비용은 각각 얼마이어야 하는가?

참고문헌

Amram, Martha, and Nalin Kulatilaka. *Real Options.* Cambridge, MA: Harvard Business School Press, 1999.

Bovet, David. "The Supply Chain Manager as Global Economist." *Supply Chain Management Review* (September 2008): 17–24.

Brealey, Richard A., and Stewart C. Myers. *Principles of Corporate Finance.* New York: McGrow-Hill. 1996.

Chang, Shih-Chia, Neng-Pai Lin, and Chwen Shew. "Aligning Manufacturing Flexibility with Environmental Uncertainty: Evidence from High-Technology Component Manufacturers in Taiwan." *Int. J. Prod. Res.* 40, no. 18 (2002): 4765–4780.

Chopra, Sunil, and ManMohan S. Sodhi. "Managing Risk to Aboid Supply Chain Breakdown." *Sloan Management Review* 46, no. 1 (2004): 53–61.

Farrel, Diana. "Beyond Offshoring: Assess Your Company's

Global Potential." *Harvard Business Review* (December 2004): 82–90.

Gaber, Randy, and Suman Sarkar. "What a More Flexible Supply Chain?" *Supply Chain Management Review* (January/Fabruary 2007): 28–34.

Goel, Ajay, Nazgol Moussavi, and Vats N. Srivatsan. "Time to Rethink Offshoring?" *McKinsey on Business Technology 14* (Winter 2008): 32–35.

Harding, Mary Lu. "Gauging Total Cost, Supplier by Supplier." *CSCMP's Supply Chain Quarterly* (Q4 2007): 64–68.

Horngren, Chales T., George Foster, and Srikant M. Datar. *Cost Accounting.* Upper Saddle River, NJ: Prentice Hall, 1997.

Johnson, Norman L., Samuel Kotz, and N. Balakrishnan. *Continuous Univariate Distributions.* New York: John Wiley & Sons, 1994.

Jordan, W. C., and S. C. Graves. "Principles on the Benefits of Manufacturing Process Flexibility." *Management Science* 41 (April 1995): 577–594.

Lim, Michael, Achal Bassamboo, Sunil Chopra, and Mark S. Daskin. "Flexibility and Fragility: Supply Chain Network Design with Disruption Risks." (working paper, Northwestern University, Evanston, IL, 2008).

Luehrman, Timothy A. "Capital Projects as Real Options: An Introduction." Harvard Business School Case 9–295–074, 1995.

Luehrman, Timothy A. "Investment Opportunities as Real Option: Getting Started on the Numbers." *Harvard Business Review* (July–August 1998): 51–67.

Luehrman, Timothy A. "Strategy as a Portfolio of Real Options." *Harvard Business Review* (September–October 1998): 89–99.

Ross, Sheldon M. *Introduction to Stochastic Dynamic Programming.* New York: Academic Press, 1983.

Sheffi, Y. *The Resilient Enterprise.* Cambridge: The MIT Press, 2005.

Smith, Adam. *An Inquiry into the Nature and Causes of the Wealth of Nations.* London: Methuen & Co., Ltd., 5th edition, 1904.

Stokey, Nancy L., Robert E. Lucas, Jr., and Edward C. Prescott. *Recursive Methods in Economic Dynamics.* Cambridge, MA: Harvard University Press, 1989.

Swaminathan, Jayashankar M., and Brian Tomlin. "How to Avoid the Six Risk Management Pitfalls." *Supply Chain Management Review* (July/August 2007): 34–42.

Tanowitz, Marc, and David Rutchik. "Squeezing Opportunity Out of Higher Fuel Costs." *Supply Chain Management Review* (October 2008): 34–40.

Trigeorgis, Lenos. *Real Options.* Cambridge, MA: The MIT Press, 1996.

사례연구

BIOPHARMA, INC.[1)]

2005년 Philip(Phil) Landgraf는 그의 회사인 BioPharma사의 재정적 성과에 있어서 여러 가지 상당한 어려움에 직면했다. 회사는 독일과 일본에 있는 공장에서 수익의 가파른 쇠퇴와 매우 높은 비용을 경험했다. 세계적인 운영회사 회장

1 이 사례의 출처: *Applichem(A)*, Harrard Business School Case 9–685–051, 1985.

인 Landgraf는 회사 제품의 수요가 전세계에 걸쳐 안정하다는 것을 알았다. 결과적으로, 그의 생산 네트워크의 잉여 생산능력이 더 이상 필요가 없을 만큼 낭비인 것처럼 보였다.

수입은 더 이상 성장하지 않을 것 같았기 때문에 재정적 성과의 어떠한 개선도 가장 효율적인 네트워크를 가지는 것에 의존했다. 그래서 비용 절감은 다가오는 해에 최고의 우선순위가 되었다. 더욱 비용효과적인 네트워크 설계를 돕기 위해 Landgraf는 행동의 방향을 추천하기 위한 대책본부를 선임했다.

배경

BioPharma사는 제약 산업에서 사용되는 거대 화학약품을 만드는 세계적인 생산자이다. 회사는 내부적으로 Highcal과 Relax라고 불리는 두 가지 화학약품에 대한 특허를 가지고 있다. 이러한 거대한 화학약품은 회사의 제약부서에 의해 내부적으로 사용되고, 또한 다른 제약회사들에게 팔린다. 세계의 서로 다른 지역에 제품이 팔리기 위해 명확한 화학약품 설명서 안에 구별이 있다. 그러나 모든 공장은 현재 전세계 모든 지역에 대해 두 화학약품 모두 생산할 수 있도록 세워져 있다.

2009년에 각 지역에 대한 각 제품의 판매와 각 공장의 생산과 생산능력은 [표 6.21]에 보여진다. 백만 kg 단위로 측정되는 공장 생산능력은 공장이 두 제품 모두 생산할 수 있는 한두 화학약품에 대해 할당될 수 있다. BioPharma사에서는 두 화학약품에 대한 판매가 일본을 뺀 아시아를 제외하고 전세계 모든 지역에 대해 안정할 것이라고 예측하고 있는데, 이 지역의 판매는 안정화되기 전에 다음 5년의 매년 동안 연간 10퍼센트까지 성장할 것으로 기대된다.

일본의 공장은 BioPharma사의 네트워크 내에서 규제와 환경적 문제를 조정하는 측면에서 기술적인 선두주자이다. 일본 공장의 몇 가지 개발기술은 네트워크 내의 다른 공장에 이전되었다. 독일의 공장은 생산능력의 측면에서 선두주자이다. 브라질, 인도, 멕시코의 공장은 다소 진부한 기술을 가지고 있고, 개선할 필요가 있다.

BioPharma사의 현재 공장비용

상당한 논의 끝에 대책본부는 [표 6.22]에서 보듯이 2009년의 각 공장의 비용구조를 나타내었다. 각 공장은 공장의 생산 수준과 독립적인 연간 고정비용을 발생시킨다. 고정비용은 감가상각, 효용, 급료, 그리고 일반적인 관리, 일정계획, 진도관리, 회계, 유지보수 등 기타에 포함되는 직원의 부가급부를 포함한다. Highcal 또는 Relax를 생산할 수 있는 각 공장은 또한 생산되는 각 화학약품의 양과 독립적인 제품 관련 고정비용을 발생시킨다. 제품 관련 고정비용

표 6.21 지역별 판매량과 Highcal과 Relax에 의한 생산/생산능력(단위: 백만 kg)

지역	공장	생산능력	Highcal		Relax	
			2009 판매	2009 생산	2009 판매	2009 생산
라틴아메리카	브라질	18.0	7.0	11.0	7.0	7.0
유럽	독일	45.0	15.0	15.0	12.0	0.0
일본 외 아시아	인도	18.0	5.0	10.0	3.0	8.0
일본	일본	10.0	7.0	2.0	8.0	0.0
멕시코	멕시코	30.0	3.0	12.0	3.0	18.0
미국	미국	22.0	18.0	5.0	17.0	17.0

은 화학약품 특유의 설비의 감가상각과 화학약품 특유의 언급된 다른 고정비용을 포함한다. 만약 공장이 특정한 화학약품을 생산하기 위한 생산능력을 유지한다면, 그것은 화학약품이 공장에서 생산되지 않을 때조차 그에 대응하는 제품 관련 고정비용을 발생시킨다.

각 화학약품의 변동생산비용은 원자재와 생산비용의 두 가지 요소를 포함한다. 변동생산비용은 생산된 화학약품의 양의 비율에 따라 발생되고, 직접노동과 폐기물을 포함한다. 공장들은 그들 스스로 생산의 변화하는 수준을 조정할 수 있다. 사실상 그들은 그 해 동안 휴업할 수 있는데, 그것은 그들이 변동비용 없이 고정비용만 발생시키는 경우이다.

BioPharma사는 화학약품을 바다에서는 특수화된 컨테이너에 운송하고, 육상에서는 특수화된 트럭에 운송한다. 공장과 시장 사이의 운송비용은 [표 6.23]에 나와 있다. 과거의 환율은 [표 6.24]에 나와 있고 지방 수입관세는 [표 6.25]에 나와 있다. 지역의 무역동맹이 주어지면, 현재의 수입관세는 화학약품의 원산지를 바탕으로 변한다. 그러나 간단하게 하기 위해 대책본부는 관세가 오직 도착지에 의해서만 조정된다고 가정하였다. 각 지역 내의 지역적 생산은 수입관세가 없다고 가정한다. 그래서 브라질, 독일, 그리고 인도로부터의 생산은 어떠한 수입관세도 없이 라틴아메리카, 유럽, 그리고 일본을 제외한 아시아의 나머지 지역으로 각각 보내질 수 있다. 관세는 오직 원자재, 생산, 그리고 운송비용 요소에만 적용되고 고정비용 요소에는 적용되지 않는다. 그래서 원자재, 생산, 그리고 10달러의 운송비용으로 라틴아메리카로 들어가는 하나의 제품은 3달러의

표 6.22 2009년 BioPharma사의 각 공장의 고정비용과 변동비용(US달러)

공장	공장 고정비용 (백만 달러)	Highcal의 고정비용 (백만 달러)	Relax의 고정비용 (백만 달러)	Highcal		Relax	
				원자재 (달러/kg)	생산비용 (달러/kg)	원자재 (달러/kg)	생산비용 (달러/kg)
브라질	20.0	5.0	5.0	3.6	5.1	4.6	6.6
독 일	45.0	13.0	14.0	3.9	7.0	5.0	8.5
인 도	18.0	4.0	4.0	3.6	4.5	4.5	6.0
일 본	17.0	6.0	6.0	3.9	7.5	5.1	9.0
멕시코	30.0	6.0	6.0	3.6	5.0	4.6	6.5
미 국	21.0	5.0	5.0	3.6	5.0	4.5	6.5

표 6.23 공장에서 시장까지의 운송비용(US달러/kg)

출발지/도착지	라틴아메리카	유럽	일본을 제외한 아시아	일본	멕시코	미국
브라질	0.20	0.45	0.50	0.50	0.40	0.45
독 일	0.45	0.20	0.35	0.40	0.30	0.30
인 도	0.50	0.35	0.20	0.30	0.50	0.45
일 본	0.50	0.40	0.30	0.10	0.45	0.45
멕시코	0.40	0.30	0.50	0.45	0.20	0.25
미 국	0.45	0.30	0.45	0.45	0.25	0.20

표 6.24 (매년 초기의) US 1달러에 대한 통화로 표시되는 각국의 과거 환율

	브라질(레알)	유럽(유로)	인도(루피)	일본(엔)	멕시코(페소)	미국(달러)
2009	2.70	0.74	43.47	103.11	11.21	1.00
2008	2.90	0.80	45.60	107.00	11.22	1.00
2007	3.50	0.96	48.00	119.25	10.38	1.00
2006	2.30	1.11	48.27	131.76	9.12	1.00
2005	1.95	1.06	46.75	114.73	9.72	1.00
2004	1.81	0.99	43.55	102.33	9.48	1.00

표 6.25 수입관세(운송을 포함한 수입되는 제품의 가격에 대한 백분율)

라틴아메리카	유럽	일본을 제외한 아시아	일본	멕시코	미국
30%	3%	27%	6%	35%	4%

수입관세를 발생시킨다.

고려중인 네트워크 옵션

대책본부는 분석을 위해 여러 가지 옵션을 고려하고 있다. 한 옵션은 현재의 구조와 생산능력을 가진 글로벌 네트워크를 유지하는 것이다. 다른 옵션은 몇 개의 공장을 폐쇄하거나 몇 개의 공장은 하나의 화학약품만 생산하도록 생산능력을 제한하는 것을 포함하고 있다. 공장을 닫는 것은 모든 변동비용을 제거하고 연간 고정비용의 80퍼센트를 절약한다. (나머지 20퍼센트는 공장 폐쇄와 관련하여 발생하는 비용으로 설명할 수 있다.) 이와 유사하게, 만약 공장이 오직 하나의 화학약품만 생산하도록 제한되었다면, 그 공장은 특별한 화학약품과 관련된 고정비용의 80퍼센트를 절약하게 된다. 심각하게 고려중인 두 가지 옵션은 일본의 공장을 닫을 것이고, 독일의 공장을 하나의 화학약품만 생산하도록 제한할 것이다.

질문

1. BioPharma사는 2005년에 생산 네트워크를 어떻게 사용하였는가? 몇 개의 공장들은 휴업해야만 했는가? 수입관세를 포함한 연간 비용은 얼마인가?
2. Phil은 그의 글로벌 생산 네트워크를 어떻게 구축해야 하는가? 환율의 관점에서 과거는 미래에 대한 합리적인 척도라고 가정하라.
3. 연간 3백만 달러의 고정비용에 백만 kg의 추가 생산능력을 더할 가치가 있는 공장이 있는가?
4. 관세의 삭감에 의해 당신의 추천은 어떠한 영향을 받는가?
5. 분석은 각 공장이 100퍼센트 생산한다고 가정하고 있다(받아들일 수 있는 양의 백분율 산출). 공장들의 생산 차이를 설명하기 위해 당신의 분석을 어떻게 수정해야 하는가?
6. 당신이 충고를 수행하려 할 때 설명되어야 하는 다른 요소들은 무엇인가?

제 3 부

공급사슬에서의 수요와 공급 계획

제3부를 구성하는 7, 8, 9장의 목표는 공급사슬에서 계획의 중요함에 대해 설명하고, 계획 프로세스의 한 부분인 의사결정에 대해 알아보며, 공급사슬 관리자가 계획에 이용할 수 있는 도구들에 대해 논의하는 것이다. 계획은 공급사슬 관리자를 선대응하게 만들고, 수익이 최대화되도록 수요와 공급을 관리하도록 만든다.

모든 공급사슬 결정은 미래 수요의 추정에 근거하기 때문에, 7장에서는 과거의 실제 데이터를 기초로 미래 수요를 예측하는 데 사용될 수 있는 방법론을 설명한다. 수요 예측이 주어졌을 때, 8장에서는 공급사슬 관리자가 가용용량, 재고, 그리고 미처리 주문 사이의 적절한 트레이드오프에 의해 가까운 미래(보통 분기 또는 1년)에 대한 생산, 분배와 자원 할당을 계획하기 위해 사용할 수 있는 총괄계획방법론을 설명한다. 그리고 9장에서는 공급사슬 관리자가 생산 설비들로부터의 공급을 관리하기 위한 생산 및 분배 계획과 함께 공급사슬 수익을 최대화하기 위해서 가격 설정과 고객 수요를 관리하기 위한 촉진 방안을 어떻게 계획하는지에 대해 논의한다.

제 7 장 공급사슬에서의 수요 예측

학 • 습 • 목 • 표

이 장을 읽은 후에 여러분은 다음과 같은 것을 할 수 있을 것이다.

1. 기업과 공급사슬에서 예측의 역할을 이해한다.
2. 수요 예측의 요소를 파악한다.
3. 시계열 방법론을 이용하여 주어진 과거 데이터로 공급사슬의 수요를 예측한다.
4. 예측오차를 평가하기 위해 수요 예측을 분석한다.

미래 수요의 예측은 공급사슬의 의사결정에 필수적이다. 이 장에서는 과거의 실제 수요 정보가 미래 수요를 예측하는 데 어떻게 사용될 수 있고, 이러한 예측들이 어떻게 공급사슬에 영향을 주는지를 설명하고, 수요를 예측하고 예측의 정확성을 평가하는 몇 가지 방법을 기술한다. 또한 이러한 방법들이 마이크로소프트 엑셀을 사용하여 어떻게 실행될 수 있는지에 대해 논의한다.

7.1 공급사슬에서의 예측의 역할

수요 예측은 모든 공급사슬 계획에서 기초를 형성한다. 1장에서 논의한 공급사슬에서의 푸시/풀 관점을 고려해 보자. 모든 푸시 프로세스는 고객의 수요에 대한 기대에서 실행된다. 반면에, 모든 풀 프로세스는 고객의 수요에 대한 대응으로 실행된다. 푸시 프로세스를 위해서 관리자는 생산, 운송, 또는 다른 계획된 활동을 하기 위한 활동의 수준을 계획해야 한다. 풀 프로세스를 위해서 관리자는 생산 가용량과 재고의 수준을 계획해야 한다. 그러나 이것들은 실행되는 실제량은 아니다. 이 두 경우에서 공급사슬 관리자가 착수해야 하는 첫 단계는 미래의 고객의 요구가 무엇일 것인가를 예측하는 것이다.

예를 들어, Dell Computer사를 생각해 보자. Dell사는 고객의 주문을 예상하여 PC 부품을 주문하고 고객의 주문에 대응하여 조립을 한다. Dell사는 보유 중인 부품의 양(푸시 프로세스)과 공장에서 필요로 하는 생산능력(풀 시스템)을 결정하기 위해 미래 수요에 대한 예측을 한다. 나아가 공급사슬에서, Intel사는 자신의 생산과 재고 수준을 결정하기 위해 예측을 필요로 한다. Intel사의 공급자들 또한 같은 이유에서 예측을 필요로 한다. 공급사슬의 각각의 단계에 대해 예측을 수행할 때, 각 단계의 예측들은 매우 다르다. 그 결과 공급과 수요 사이에 불일치가 발생한다. 공급사슬의 모든 단계들이 협력적 예측을 위해 함께 시행될 때보다 정확한 예측을 할 수 있다. 정확한 예측은 공급사슬에서 고객에게 즉각적인 반응과 효율적인 서비스를 제공할 수 있게 한다. PC 생산자부터 패키지된 제품을 다루는 소매자까지 공급사슬의 관리자들은 협력적인 예측을 통해 공급과 수요를 일치시켜 자신들의 생산능력을 개선시킨다.

예를 들어, Coca-Cola사와 병 생산자의 협력적인 예측의 가치를 생각해 보자. Coca-Cola사는 다가오는 분기의 수요 예측을 하고 다양한 판매촉진 시점을 결정하였다. 판매촉진 결정은 미래 수요 예측을 갱신하는 데 사용된다. 판매촉진을 기반으로 한 예측의 갱신 없이 병 생산자는 Coca-Cola사의 이용 가능한 충분한 공급을 할 수 없게 된다. 이는 공급사슬의 이익에 해를 끼치게 된다.

우유나 종이타월과 같이 안정적인 수요를 가지는 기존의 성숙된 제품은 일반적으로 예측하기가 가장 쉬운 편이다. 그러나 원자재의 경우나 완성품에 대한 수요가 매우 예측이 어려울 경우에는 예측 및 이와 관련된 의사결정이 극히 어려워진다. 패션 산업이나 고기술 제품들은 예측이 어려운 산업의 예이다. 정확한 예측은 이러한 경우에 매우 중요하다. 이는 판매 가능 기간이 매우 짧기 때문이다. 만약 기업이 초과 또는 부족 생산을 한다면 이를 회복할 수 있는 기회도 적어진다. 이와는 대조적으로, 안정된 수요의 제품에 있어서 예측 오차의 영향은 덜 중요하다.

공급사슬에서 예측의 구성 요소 및 예측기법에 대해 자세히 알아보기 전에 먼저 기업이 그들의 공급사슬을 효율적으로 설계하고 운영하기 위해 반드시 이해해야만 하는 예측 특성에 대해 간략히 알아보기로 한다.

7.2 예측의 특성

기업과 공급사슬 관리자는 다음과 같은 예측의 특성에 대해 주지해야 한다.

1. 예측은 항상 틀릴 수 있으며, 반드시 예측의 기댓값과 예측의 오차를 측정할 수 있는 지표를 포함해야 한다. 예측오차의 중요성을 알아보기 위해 두 명의 자동차 판매원을 예로 들어 보자. 판매원 한 사람은 판매 대수가 100대에서 1,900대에 이른다고 예측을 한 반면, 다른 사람은 900대에서 1,100대로 예측하였다. 두 판매원이 평균 1,000대의 판매를 예측하고 있었다 할지라도 각 판매원의 주문정책은 예측 정확도의 차이 때문에 매우 달라질 것이다. 따라서 예측의 오차(또는 수요의 불확실성)는 모든 공급사슬의 의사결정에서의 핵심 입력 정보가 되어야 한다. 불행하게도, 대부분의 기업들은 예측오차의 산출을 지속할 수 없다.
2. 장기 예측은 단기 예측보다 보통 덜 정확하다. 즉, 장기 예측은 단기 예측의 경우보다 평균에 대한 오차의 표준편차가 훨씬 크다는 것이다. Seven-Eleven Japan사는 실적을 개선하기

위해 이러한 중요한 속성을 이용하였다. 이 회사는 보충 프로세스를 만들어서 수시간 내에 주문에 대응할 수 있게 했다. 예컨대 점포 운영자가 오전 10시까지 주문을 한다면 그 주문량이 그날 저녁 7시까지 배달이 된다. 따라서 점포 운영자는 실제 판매가 이루어지기 전 12시간 내에 그날 밤 시간에 무엇이 팔릴 것인지를 예측해야 한다. 짧은 리드타임은 관리자가 제품판매에 영향을 주는 날씨와 같은 요소들을 고려할 수 있게 한다. 이런한 경우 예측은 일주일의 수요를 미리 예측하는 것보다 더 정확하다.

3. 총괄 예측은 독립 예측보다 보통 더 정확하다. 총괄 예측은 평균에 대해 오차의 표준편차를 더 작게 만드는 경향이 있다. 예를 들어, 당해년도 미국의 GDP를 2퍼센트 오차 내에서 추정하는 것은 쉬운 일이다. 그러나 기업에서 매년 수익을 2퍼센트 오차 내에서 추정하기는 매우 어렵다. 더욱이 특정 제품에 대해서 같은 정도의 정확성을 가지고 예측하는 것은 훨씬 더 어려운 일이다. GDP는 여러 기업들의 총괄 정보이며, 기업의 수익은 여러 제품들의 총괄 정보이다. 총괄의 정도가 크면 클수록 그 예측의 정확성은 커지게 마련이다.
4. 일반적으로 공급사슬에서 상류의 회사들일수록(소비자에서 단계가 멀어질수록) 왜곡된 정보를 받기 쉬워진다. 주문이 최종 소비자로부터 이전 단계로 갈수록 주문의 변동이 확대되는 전형적인 채찍 효과(17장 참조)의 예이다. 결과적으로, 공급사슬의 상위의 기업일수록 큰 예측오차를 갖게 된다. 최종소비자에게 판매를 기반으로 한 협력적인 예측은 상위 기업의 예측오차를 줄일 수 있게 한다.

다음 절에서는 예측의 기본 요소에 대해 논하고 예측의 기법을 나누는 네 가지 분류를 설명한다. 또한 예측오차의 개념도 소개한다.

7.3 예측의 요소와 예측기법

언어의 유희로 유명했던 전 New York Yankees의 포수인 Yogi Berra는 이렇게 말했다: "예측은 일반적으로 어렵다. 특히 미래에 대한 것은 더욱 어렵다." 어떤 사람은 수요 예측을 마술이나 예술로 간주하고 모든 것을 우연으로 내버려 두려고 한다. 만일 과거를 올바르게 해석할 경우, 기업은 유용한 예측을 할 수 있다. 기업이 고객의 과거 행동에 대해 아는 것은 고객의 미래의 행동을 조명한다. 수요는 허공에서 나오는 것이 아니다. 오히려 고객의 수요는 여러 가지 요인에 영향을 받으며, 기업이 이들 요소의 현재가치와 미래의 수요 사이의 관계를 잘 파악할 수만 있다면 예측 가능하다. 수요 예측에 있어서, 기업은 먼저 미래 수요에 영향을 주는 요소들을 파악해야 할 것이며, 이후 이들 요소와 미래 수요 간의 관계를 밝혀야 한다.

기업은 수요를 예측할 때 객관적인 요소와 주관적인 요소들 간의 균형을 반드시 이루어야 한다. 비록 우리가 이 장에서 양적인 예측기법에만 초점을 맞춘다 할지라도 기업은 최종 예측을 할 때에는 반드시 사람의 판단을 포함시켜야 한다. Seven-Eleven Japan사의 경우가 이에 해당한다.

Seven-Eleven Japan사는 점포 운영자들이 미래의 수요를 예측하게 하기 위해 그들에게 수요 예측을 하고 추천된 주문을 제공하는 최신 기술의 의사결정 지원 시스템을 공급한다. 의사결정 지원 시스템은 과거의 수요 데이터로만 얻을 수 없는 시장 상황에 대한 정보를 접할 수 있는 점포 운영자에게 최종 예측에 대한 책임을 부여한다. 이러한 시장 상황에 대한 정보는 예측을 개선시킨다. 예를 들어, 가게 주인은 이전의 날씨가 계속 더웠다 할지라도 그날 비가 오거나 날씨가 추워진다는 것을 알면 상위 공급자로부터의 아이스크림 주문량을 줄일 수 있다. 이러한 예에서 시장 상황(날씨)의 변화는 과거의 수요 데이터로는 추정해 낼 수 없다. 기업은 질적인 인간적 요소를 고려하여 수요 예측을 개선시킴으로써 실제적인 (원가)절감을 경험할 수 있다.

기업은 다음 사항을 포함하여 수요 예측과 관련한 수많은 요인들을 알아야 할 것이다.

- 과거의 수요
- 제품의 보충 리드타임
- 계획된 광고나 마케팅 노력
- 경제 상황
- 계획된 가격 할인
- 경쟁사들의 활동

기업은 적절한 예측방법을 선택하기 전에 이러한 요인들을 이해하고 있어야 한다. 예를 들어, 한 기업이 7월에는 닭고기맛 수프 제품에 대한 수요가 낮았고 12월과 1월에는 높았던 것을 과거에 경험했다. 만약 그 기업이 7월에 할인을 결정한다면, 미래의 수요가 7월달로 이동해 상황은 변할 것이다. 기업은 이러한 요소를 고려해야 한다.

예측기법은 다음 네 가지 유형으로 나뉘어진다.

1. **정성적 예측:** 정성적 예측기법은 주로 주관적이고 인간의 판단에 의존한다. 과거 데이터를 거의 얻을 수 없는 경우, 전문가가 예측에 중요한 시장 지식을 가지고 있을 때 이런 방법이 가장 바람직하다. 이러한 방법은 새로운 사업에서 미래의 몇 년간의 수요 예측을 하는 데 필요할 것이다.

2. **시계열 예측:** 시계열 예측기법은 예측을 하기 위해 과거의 수요 데이터를 이용한다. 이 방법은 과거의 수요 데이터가 미래 수요에 대한 좋은 지표라는 가정에 근거한다. 이 방법은 환경의 변화가 안정적이고 기본 수요 패턴이 매년 확연히 달라지지 않을 때 가장 적합하다.
3. **인과적 예측:** 인과적 예측기법은 수요 예측이 환경(예컨대, 경제 상황이나 이율)에서 어떤 인과적 요인과 매우 높은 연관성이 있다는 가정에 근거한다. 인과적 예측기법은 수요와 환경적 요소와의 연관관계를 찾아내고 어떠한 환경적 요인이 미래 수요를 예측하는지를 추정한다. 예를 들면, 상품의 가격을 책정하는 일은 수요와 밀접한 관계가 있다. 따라서 기업은 수요에 대한 가격정책의 영향을 결정하고자 할 때 인과적 예측기법을 쓸 수 있다.
4. **시뮬레이션:** 시뮬레이션 예측기법은 수요를 낳는 소비자들의 선택과정을 모의로 구현함으로써 예측을 하는 것이다. 시뮬레이션을 이용함으로써 기업은 시계열 예측기법과 인과적인 예측기법을 결합하여 다음과 같은 질문에 답할 수 있다: 가격 촉진정책의 영향은 무엇인가? 경쟁자가 가까이에 새로운 가게를 연다면 그 영향은 무엇인가? 항공사들은 낮은 요금의 좌석이 없을 때 높은 요금의 좌석의 수요를 예측하기 위해 소비자들의 항공권 구입 행동과정을 시뮬레이션한다.

기업이 어떤 예측기법이 가장 적합할 것인지를 결정하는 것은 어려운 일이다. 사실 여러 연구결과들은 실제적인 예측을 할 때 복수의 예측기법을 사용하여 이들 예측기법의 결과를 조합하여 사용하는 것이 단일 예측기법을 사용하는 것보다 효과적이라는 것을 보여 주고 있다.

이 장에서는 주로 시계열 기법을 다루기로 한다. 시계열 예측기법은 미래 수요가 과거의 수요, 성장 유형, 계절적 유형과 관계 있을 때 가장 유용하다. 예측방법에는 과거의 수요 유형에 의해 설명되지 않는 무작위적인 요소들이 항상 존재한다. 따라서 모든 실제 관찰된 수요는 체계적인 요소(systematic component)와 무작위적인 요소(random component)로 나뉘어질 수 있다.

$$\text{관찰된 수요}(O) = \text{체계적인 요소}(S) + \text{무작위적인 요소}(R)$$

체계적인 요소는 수요의 기댓값을 측정한다. 이는 현재의 계절적인 요소가 포함되지 않은 수요 수준, 다음 기간의 수요의 성장률 및 감소율 경향, 수요에서의 예측 가능한 계절적인 변동인 계절성 등으로 구성된다.

무작위적인 요소는 체계적인 요소에서 벗어난 예측의 부분이다. 기업은 무작위적인 요소를 예측할 수 없다(없어야 한다). 기업이 예측할 수 있는 것은 단지 무작위적인 요소의 크기와 변동성으로, 이는 예측의 오차를 측정 가능하게 할 뿐이다. 평균적으로 좋은 예측방법은 수요의 무작위적인 요소에 해당하는 크기의 오차만을 가질 것이다. 관리자들은 과거의 수요에서 예측의 오차가 하나도 없다고 주장하는 예측기법에 대해서는 의심을 가져야 할 것이다. 예측의 목적은 무작위적인 요소(노이즈)를 걸러 내고 체계적인 요소를 추정하는 것이다. 예측오차는 예측과 실제 수요 사이의 차이를 측정해 낸다.

7.4 수요 예측의 기본적인 접근방법

다음의 기본적인 6단계 예측 접근방법은 기업이 효과적인 수요 예측을 할 수 있게 도움을 줄 수 있다.

1. 예측의 목적을 이해한다.
2. 공급사슬을 통한 수요 계획과 예측을 통합한다.
3. 고객층을 이해, 정의한다.
4. 수요 예측에 영향을 미치는 주요 요소들을 파악한다.
5. 적합한 예측기법을 결정한다.
6. 예측에 대한 성과와 오차를 측정할 지표를 정한다.

예측의 목적을 이해한다

의사결정에 도움을 주는 모든 예측들은 예측을 기반으로 하기 때문에 첫 번째 단계에서 예측의 목적을 명확히 하는 것이 중요하다. 이와 같은 의사결정의 예로 얼마나 부품들을 만들 것인가, 얼마나 재고를 유지할 것인가, 얼마나 주문할 것인가를 들 수 있다. 공급사슬의 의사결정에 영향을 주는 모든 주체들은 의사결정과 예측 사이의 연결고리를 인지해야만 한다. 예를 들어, 만약 Wal-Mart가 7월 한 달 동안 합성세제를 싸게 파는 판촉정책을 계획하게 되면, 수요 예측에 영향을 받아 의사결정을 하게 되는 생산자, 수송자, 그리고 수요를 충족시키고자 하는 사람들에게 이 정보는 공유된다. 그러면 모든 주체들은 판촉 계획을 위한 공통된 예측에 이르게 되고 이러한 예측에 근거하여 공동의 활동 계획을 가지게 된다. 이러한 공동의 의사결정에 실패한다면 공급사슬의 각 단계에서 너무 많거나 너무 적은 재고를 갖는 결과를 초래할 것이다.

공급사슬을 통한 수요 계획과 예측을 통합한다

기업은 공급사슬 내에서의 모든 계획 활동들에 예측 기능을 연결해야 한다. 이 활동에는 생산능력 계획, 생산 계획, 촉진 계획, 그리고 구매활동 등이 포함된다. 이러한 연결은 정보 시스템과 인적자원관리 두 수준에서 모두 존재해야 한다. 여러 가지 기능들이 계획 수행의 결과에 의해 영향을 받기 때문에, 이들 모두 예측 프로세스에 통합되는 것은 매우 중요하다. 불행하게도 공통적인 현상은, 소매자는 판매촉진을 기반으로 예측하지만, 생산자는 이러한 촉진활동을 알지 못하고 과거의 주문을 기반으로 자신들의 생산 계획을 위해서만 수요 예측을 한다는 것이다. 이는 공급과 수요의 불일치를 초래하고, 결과적으로 고객 서비스를 나쁘게 할 것이다.

이러한 통합을 위해 회사가 수요 예측에 대한 책임이 있는 각 기능의 구성원들로 이루어진 교차적인 기능을 가진 팀을 가진다는 것은 좋은 생각이다—공급사슬의 다른 회사의 사람을 포함시켜 예측을 하는 것도 좋은 아이디어일 수 있다.

고객층을 이해하고 정의한다

회사는 공급사슬에서 제공하는 고객층을 이해하고 파악해야 한다. 고객들을 서비스 요구, 수요량, 주문빈도, 수요 휘발성 및 계절성 등에서의 유사성을 이용하여 그룹화하는 것이 좋다. 일반적으로 회사는 서로 다른 고객층들에 대해서 각기 다른 예측기법을 사용한다. 고객층에 대한 명확한 이해는 수요 예측에 대한 정확하고 단순화된 기법을 적용 가능케 해 준다.

수요 예측에 영향을 주는 주요 요소들을 파악한다

다음으로, 회사는 수요 예측에 영향을 주는 수요, 공급, 제품에 관련된 현상을 파악해야 한다. 수요 측면에서, 회사는 수요가 증가, 감소, 또는 계절적 형태를 가지고 있는지 확인해야 한다. 이러한 추정은 판매 데이터가 아닌 수요를 기반으로 해야 한다. 예를 들어, 한 슈퍼마켓이 2008년 7월에 어떤 시리얼 제품에 대해 판매촉진 정책을 실시했다. 그 결과, 이 제품에 대한 수요가 다른 제품들에 대한 수요에 비해 높아지게 되었다. 그러나 이 슈퍼마켓은 2009년 7월에 이 제품에 대한 수요가 높아질 것이라는 추정을 하기 위해 2008년의 판매 데이터를 사용하지는 말아야 한다. 이러한 추정은 똑같은 제품을 2009년 7월에 다시 판촉을 하고 다른 제품들은 작년에 했던 그대로 대응할 경우에만 가능하기 때문이다. 수요 예측을 실시할 때, 슈퍼마켓은 판매촉진 활동이 없을 경우의 수요가 어떻게 될지를 파악해야 하며, 판촉활동과 경쟁사의 활동이 수요에 얼마나 영향을 미치는지를 또한 파악해야 하는 것이다. 이러한 두 가지 정보를 결합해야 슈퍼마켓은 판촉활동이 계획된 2009년 7월의 수요를 예측하는 것이 가능하다.

기업은 또한 예측하고 있는 제품이 그들이 생산하는 다른 제품들과는 어떤 관계(보완 또는 대체)가 있는지 고려해야 한다. 만약 판매촉진책을 쓴 하나의 제품이 다른 제품의 수요를 빼앗는다면, 회사는 수요 예측에서 이런 사실을 고려해야만 한다. 마지막으로, 기업은 리드타임과 서비스 정책에 있어서 모든 계획된 변경사항을 알고 있어야 하며, 또한 이들이 수요에 미치는 영향을 인지하고 있어야만 한다.

공급 측면에서, 회사는 원하는 예측의 정확도를 결정할 가능한 공급처를 고려해야 한다. 만약 짧은 리드타임을 갖는 공급처가 가능하다면, 높은 수준의 정확한 예측은 특별히 중요하지 않다. 그러나 긴 리드타임을 갖는 하나의 공급자만 가능하다면, 정확한 예측은 매우 큰 가치를 갖는다. 제품 측면에서, 회사는 판매될 제품 종류의 수 및 이들 제품들이 서로 대체 또는 보완될 수 있는지를 알아야만 한다. 만일 한 제품의 수요가 다른 제품의 수요에 영향을 주거나 또는 영향을 받는다면, 이 두 제품은 결합하여 예측하는 것이 최선이다. 예를 들면, 한 회사가 기존 제품의 개선된 모델을 도입할 때, 새로운 고객들이 개선된 모델의 제품을 구매하기 때문에 기존 제품의 수요는 감소하기 쉬울 것이다. 비록 기존 제품의 수요 감소를 과거의 데이터로는 결코 예상하지 못하지만, 과거의 수요는 그것이 회사로 하여금 두 모델에 대한 결합된 총수요를 예측 가능케 했다는 점에서 여전히 유용하다. 분명히 두 제품에 대한 수요는 함께 결합되어 예측되어야만 한다.

적합한 예측기법을 결정한다

적합한 예측기법을 선택함에 있어서, 기업은 먼저 예측과 관련된 차원들을 이해해야 한다. 이러한 차원들은 지리적 영역, 제품군, 고객군 등을 포함한다. 기업은 각 차원에서의 수요상의 차이점을 이해해야 한다. 이 단계에서 기업은 앞서 언급한 정성적 예측, 시계열 예측, 인과적 예측, 시뮬레이션 등 네 가지 예측기법 중에서 적합한 기법을 선택한다. 앞에서 언급했듯이, 이 기법들을 혼합하여 사용하는 것이 종종 가장 효과적인 방법이 될 수 있다.

예측에 대한 성과와 오차를 측정할 지표를 정한다

기업은 예측의 정확성과 적시성을 평가하기 위해 명확한 성과지표를 설정해야 한다. 이러한 측정지표들은 예측을 기반으로 한 의사결정의 목적과 상호관련되어 있어야만 한다. 예를 들어, 공급사슬에서 예측을 사용하여 공급자에게 주문을 하는 우편주문회사를 생각해 보자. 공급자는 주문을 하는 데 두 달이 걸린다. 우편주문회사는 보충하는 데 두 달의 리드타임이 걸리므로 판매기간이 시작되기 적어도 두 달 전에 예측이 이루어져야 한다. 판매기간이 끝날 때, 회사는 수요의 정확도를 측정하기 위해 실제 수요와 예측 수요를 비교해야만 한다. 이를 통해 미래의 예측오차를 줄이거나 관찰된 예측오차에 대한 대응을 용이하게 할 수 있다.

다음 절에서는 정적이고 적응적인 시계열 예측을 위한 기법들을 논의한다.

7.5 시계열 예측기법

모든 예측기법의 목표는 수요의 체계적 요소를 예측하고 무작위적 요소를 추정하는 것이다. 일반적으로 수요 데이터의 체계적 요소는 수준, 추세, 계절적인 요인 등을 말하며, 다음과 같은 식으로 표현된다.

- **곱셈:** 체계적 요소 = 수준 × 추세 × 계절 요인
- **덧셈:** 체계적 요소 = 수준 + 추세 + 계절 요인
- **혼합:** 체계적 요소 = (수준 + 추세) × 계절 요인

예측에 사용된 체계적 요소의 특수한 형태는 수요의 특성에 의해 좌우된다. 회사는 각 형태에 따라 정적이고 적응적인 예측기법을 개발해야 할 것이다. 여기에서 정적이고 적응적인 예측기법에 대해 설명한다.

정적인 기법

정적인 기법은 새로운 수요에서 체계적 요소가 관찰되지 않고, 변화가 없다는 전제 하에 수준, 추세, 그리고 계절성과 같은 변수를 추정하는 것이다. 이 경우 과거 데이터를 기초로 각 변수들을 추정하고, 미래의 모든 예측을 위해 그 값들을 이용한다. 이 절에서는 수요가 계절적인 요인을 수반하는 경우에 사용되는 정적인 예측기법에 대해 논해 본다. 수요의 체계적 요소를 위에서 제시한 혼합 형태로 표현하자.

$$\text{체계적 요소} = (\text{수준} + \text{추세}) \times \text{계절 요인}$$

다른 형태들도 유사한 방식으로 접근할 수 있다. 몇 가지 기본적인 정의를 내려보면 다음과 같다.

L = 기간 $t = 0$에서의 수준 추정치(기간 $t = 0$에 대한 비계절적인 수요의 추정)
T = 추세 추정치(기간별 수요의 증가 또는 감소)
S_t = 기간 t에 대한 계절적 요인 추정치
D_t = 기간 t에 측정된 실제수요

F_t = 기간 t에 대한 예측수요

정적인 예측기법에서 기간 t에서 기간 $t + l$ 동안의 수요 예측은 다음과 같다.

$$F_{t+l} = [L + (t + l)T]S_{t+l} \tag{7.1}$$

수준(L), 추세(T), 계절(S)적인 요인 등 세 가지 변수를 추정하는 기법을 알아보자. 예를 들어, 눈을 녹이는 데 사용하는 암염에 대한 수요를 고려한다고 하자. 이 암염은 Tahoe Salt사에서 생산되고 Sierra Nevada Mountains의 Lake Tahoe 지역의 독립적인 소매자들에 의해서 판매된다. 과거에 Tahoe Salt사는 소매자들의 샘플을 통해 수요를 측정하였다.

그러나 Tahoe Salt사는 소매자들이 구입량을 초과 측정하거나 과도한 재고를 유지한다는 것을 알았다. 소매자들과의 미팅 후에 Tahoe Salt사는 생산을 위해 협력적인 예측을 하기로 결정했다. Tahoe Salt사는 소매자와 함께 그들의 암염이 실제로 판매되는 것을 기반으로 보다 정확한 예측을 시행하기로 했다. 소매자의 수요 형태와 과거 3년 이상 관찰되었던 성장과 더불어 다음 연도에 대한 성장을 추정한다. 과거 3년 동안의 분기별 수요를 [표 7.1]과 [그림 7.1]에서 보여 주고 있다.

[그림 7.1]은 암염의 수요가 계절적인 편향성을 보이며, 당해년도의 2/4분기에서 다음 해의 1/4분기까지 수요가 증가하는 것이 관찰되었다. 해마다 모든 분기 중에서 2/4분기 때 가장 낮은 수요를 보인다. 매 주기는 4/4분기로 지속되고, 수요 형태는 매년 반복된다. 암염의 과거 3년 동안 데이터는 판매성장과 함께 수요의 증가 추세를 보인다. 다음 해에도 성장이 지속될 것인지 추정한다. 추정은 수준, 추세, 계절적인 요인의 세 개의 변수에 대해서 다음과 같이 2단계를 거치게 된다.

1. 수준과 추세를 추정하기 위해 비계절적인 수요와 선형회귀분석을 수행

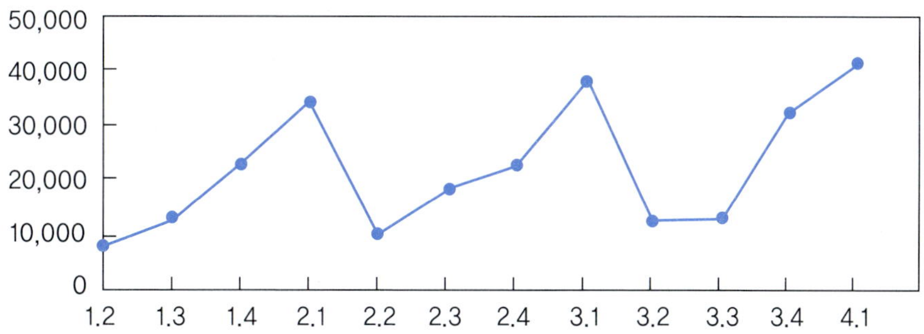

그림 7.1 Tahoe Salt사의 분기별 수요

2. 계절적인 요인 추정

수준과 추세 추정 수준(기간 0에서)과 추세를 추정하기 위해서 수요 데이터를 비계절화해야 한다. 비계절적인 수요는 계절적인 변동을 배제한 수요를 나타낸다. 주기성 p는 계절 주기를 나타낸다. 예를 들어, Tahoe Salt사의 분기별 수요를 나타낸 [표 7.1]을 보면 주기성이 $p = 4$인 것을 알 수 있다.

비계절적인 수요일 경우 p주기로 연속성을 갖는 수요의 평균값으로 동일한 가중치를 각 계절에 부여한다. 기간 $l + 1$과 $l + p$의 평균 수요는 기간 $l + (p + 1)/2$의 비계절 수요로 부여된다. 만약 p가 홀수이면, 이 기법은 주어진 기간에 대해 비계절 수요를 제공하고, p가 짝수이면, 이 기법은 기간 $l + (p/2)$와 $l + 1 + (p/2)$ 사이 시점에서의 비계절 수요를 제공한다. 기간 $l + 1$에서 $l + p$와 기간 $l + 2$에서 $l + p + 1$에 의해 제공되는 비계절 수요의 평균으로 기간 $l + (p + 1)/2$의 비계절 수요를 얻을 수 있다. 기간 t에서의 비계절 수요 $\overline{D}_t$를 구하는 절차는 다음과 같다.

$$\overline{D}_t = \begin{cases} \left[D_{t-(p/2)} + D_{t+(p/2)} + \sum_{i=t+1-(p/2)}^{t-1+(p/2)} 2D_i \right] \Big/ 2p & (p\text{가 짝수일 때}) \\ \sum_{i=t-[(p-1)/2]}^{t+[(p-1)/2]} D_i/p & (p\text{가 홀수일 때}) \end{cases} \tag{7.2}$$

예를 들어 $p = 4$일 때, $t = 3$에 대해서 식 (7.2)를 이용하여 비계절 수요를 구하면 다음과 같다.

표 7.1 Tahoe Salt사의 분기별 수요

연도	분기	기간, t	수요, D_t
1	2	1	8,000
1	3	2	13,000
1	4	3	23,000
2	1	4	34,000
2	2	5	10,000
2	3	6	18,000
2	4	7	23,000
3	1	8	38,000
3	2	9	12,000
3	3	10	13,000
3	4	11	32,000
4	1	12	41,000

Microsoft Excel

	A	B	C
1	기간 t	수요 D_t	비계절적인 수요
2	1	8,000	
3	2	13,000	
4	3	23,000	19,750
5	4	34,000	20,625
6	5	10,000	21,250
7	6	18,000	21,750
8	7	23,000	22,500
9	8	38,000	22,125
10	9	12,000	22,625
11	10	13,000	24,125
12	11	32,000	
13	12	41,000	

셀	셀 수식	식	복사
C4	=(B2+B6+2*SUM(B3:B5))/8	7.2	C5:C11

그림 7.2 Tahoe Salt사의 비계절적 수요에 대한 엑셀 워크북

$$\overline{D}_3 = \left[D_{t-(p/2)} + D_{t+(p/2)} + \sum_{i=t+1-(p/2)}^{t-1+(p/2)} 2D_i\right] \Big/ 2p = \left[D_1 + D_5 + \sum_{i=2}^{4} 2D_i\right] \Big/ 8$$

이 절차에 의해 [그림 7.2]와 [그림 7.3]에서 보여 주는 것과 같이 기간 3과 10 사이의 비계절 수요를 얻을 수 있다.

다음은 수요가 비계절적이고, 수요가 증가 혹은 감소하는 일정 비율을 가진다면, 수요 초과 시간 변화를 기반으로 한 t시점과 비계절적인 수요 $\overline{D}_t$ 사이에는 선형관계가 존재한다.

$$\overline{D}_t = L + Tt \tag{7.3}$$

식 (7.3)에 의해 기간 t에서의 수요가 아닌 기간 t에서의 비계절 수요를 나타내는 $\overline{D}_t$를 사용한다. L은 수준 또는 기간 0에서의 비계절 수요를 나타내고, T는 비계절 수요의 성장률 또는 추세를 나타낸다. [그림 7.2]에서 주어진 비계절 수요를 추정하기 위해 L과 T 값을 추정해야 한다. 비계절적 수요의 선형회귀분석([그림 7.2])을 통해 비계절 수요와 같은 종속변수와 시간과 같은 독립변수를 가지고 선형회귀를 이용하여 두 개의 값을 추정할 수 있다. 이러한 회귀는 엑셀을 이용해서 수행할 수 있다. 회귀도구(도구 | 데이터 분석 | 회귀분석)를 차례로 클릭하면 엑셀의 회귀분석 대화상자가 열린다. [그림 7.2]의 Tahoe Salt사 워크북에서 대화상자에 다음과 같이 입력한다.

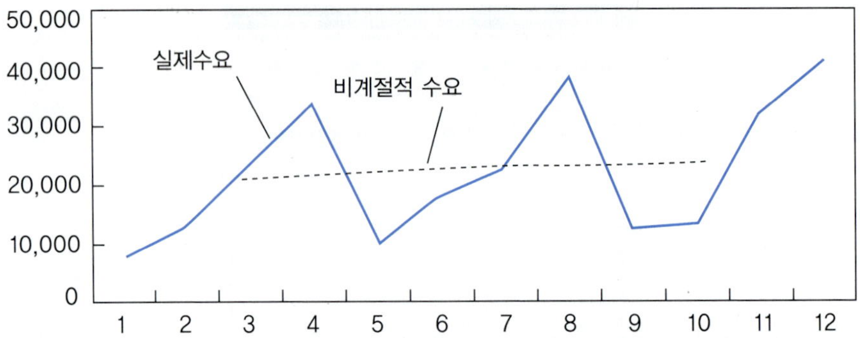

그림 7.3 Tahoe Salt사의 비계절적 수요

Y축 입력 범위: C4:C11

X축 입력 범위: A4:A11

그리고 확인 버튼을 누른다. 새로운 시트에서 초기 수준 L과 추세 T의 추정값을 포함하여 회귀 결과를 보여 준다. 회귀결과를 포함한 새로운 시트에서의 초기 수준 L은 절편 계수로서 구해지고, 추세 T는 X 변수 계수(혹은 기울기)로서 구해진다. 예시된 Tahoe Salt사의 경우, $L = 18{,}439$와 $T = 524$로 구해졌다. 이를 이용해 모든 기간 t에 대한 비계절 수요 $\overline{D}_t$를 구하면 다음과 같다.

$$\overline{D}_t = 18{,}439 + 524t \tag{7.4}$$

본래 수요 데이터는 선형이 아니고 선형회귀의 결과가 정확하지 않기 때문에 수준과 추세를 추정하기 위해 시간과 실제 수요 데이터 사이에서 선형회귀를 수행하는 것은 적절하지 않다. 선형회귀를 수행하기 전에 수요를 비계절화시켜야 한다.

계절적인 요인 추정 우리는 식 (7.4)를 이용해서 각 기간에 대한 비계절 수요를 얻을 수 있었다. 기간 t에 대한 계절적 요인 $\overline{S}_t$는 실제 수요 D_t와 비계절 수요 $\overline{D}_t$의 비율로 다음과 같이 나타낸다.

$$\overline{S}_t = \frac{D_i}{\overline{D}_t} \tag{7.5}$$

Tahoe Salt사를 예로, 식 (7.4)를 이용해 비계절 수요를 추정하고 식 (7.5)를 이용해 계절적 요인을 추정한 것을 [그림 7.4]에서 보여 준다.

주기성 p가 주어졌고, 유사한 주기를 보이는 계절적 요인들의 평균에 의해 주어진 기간에 대

	A	B	C	D
1	기간 t	수요 D_t	비계절적인 수요 (식 7.4) $\overline{D}_t$	계절적 요인 (식 7.5) $\overline{S}_t$
2	1	8,000	18,963	0.42
3	2	13,000	19,487	0.67
4	3	23,000	20,011	1.15
5	4	34,000	20,535	1.66
6	5	10,000	21,059	0.47
7	6	18,000	21,583	0.83
8	7	23,000	22,107	1.04
9	8	38,000	22,631	1.68
10	9	12,000	23,155	0.52
11	10	13,000	23,679	0.55
12	11	32,000	24,203	1.32
13	12	41,000	24,727	1.66

셀	셀 수식	식	복사
C2	=18439+A2*524	7.4	C3:C13
D2	=B2/C2	7.5	D3:D13

그림 7.4 Tahoe Salt사의 비계절적 수요와 계절적 요인

한 계절적 요인을 얻을 수 있다. 예를 들어, 만약 주기성 $p = 4$이고, 1, 5, 9 기간에서 유사한 계절적 요인을 보인다면, 이 기간에 대한 계절적 요인은 세 개의 계절적 요인의 평균에 의해 얻을 수 있다. r을 계절적 주기의 수라고 하고, 모든 기간 $pt + i$, $1 \leq i \leq p$에서 계절적 요인을 다음과 같이 구할 수 있다.

$$S_i = \frac{\sum_{j=0}^{r-1} \overline{S}_{jp+i}}{r} \tag{7.6}$$

Tahoe Salt사의 예에서 총 12기간 동안 주기성 $p = 4$이고, 계절주기 $r = 3$이다. 식 (7.6)을 이용해서 구한 계절적 요인은 다음과 같다.

$$S_1 = (\overline{S}_1 + \overline{S}_5 + \overline{S}_9)/3 = (0.42 + 0.47 + 0.52)/3 = 0.47$$

$$S_2 = (\overline{S}_2 + \overline{S}_6 + \overline{S}_{10})/3 = (0.67 + 0.83 + 0.55)/3 = 0.68$$

$$S_3 = (\overline{S}_3 + \overline{S}_7 + \overline{S}_{11})/3 = (1.15 + 1.04 + 1.32)/3 = 1.17$$

$$S_4 = (\overline{S}_4 + \overline{S}_8 + \overline{S}_{12})/3 = (1.66 + 1.68 + 1.66)/3 = 1.67$$

이 단계에서 우리는 수준과 추세, 그리고 모든 계절적 요인의 추정값을 얻을 수 있다. 식 (7.1)을 이용해서 다음년도 4분기를 예측할 수 있다. 예를 들어, 정적인 기법을 이용해서 다음 4분기를 예측하면 다음과 같다.

$$F_{13} = (L + 13T)S_{13} = (18{,}439 + 13 \times 524)0.47 = 11{,}868$$

$$F_{14} = (L + 14T)S_{14} = (18{,}439 + 14 \times 524)0.68 = 17{,}527$$

$$F_{15} = (L + 15T)S_{15} = (18{,}439 + 15 \times 524)1.17 = 30{,}770$$

$$F_{16} = (L + 16T)S_{16} = (18{,}439 + 16 \times 524)1.67 = 44{,}794$$

Tahoe Salt사와 소매자들은 이제 보다 정확한 수요 예측을 하게 되었다. 소매자와 생산자 사이에 판매 정보의 공유 없이는 공급사슬의 예측이 정확하지 않게 되고, 그 결과로 제품과 재고의 다양성 또한 비효율적이게 된다.

적응력 있는 예측

적응력 있는 예측에서는 각 수요를 측정한 후에 수준, 추세, 그리고 계절성 추정치를 갱신한다. 이 절에서 적응력 있는 예측을 위해 사용할 수 있는 몇 가지 기법들과 기본적인 체계를 논의해 보자. 논의하는 방법은 수요 데이터의 체계적 요소가 수준, 추세, 계절성을 포함하는 가장 일반적인 경우를 다룬다. 여기서 제시하는 예는 체계적 요소가 혼합 형태인 경우이다. 그러나 다른 두 가지 경우에 대해서도 쉽게 수정할 수 있다. 또한 계절성과 추세가 없는 체계적 요소에 대한 경우에도 적용될 수 있다. n기간 동안의 과거 데이터가 주어졌다고 가정하고, p를 계절적 수요라 한다. 분기별 데이터가 주어지고, 주기성 $p = 4$로 매년 형태가 반복되는 수요이다.

몇 가지 용어에 대해 다음과 같이 정의한다.

L_t = 기간 t의 끝 시점에서 추정된 수준
T_t = 기간 t의 끝 시점에서 추정된 추세
S_t = 기간 t의 끝 시점에서 추정된 계절적 요인
F_t = 기간 t에 대한 예측($t - 1$ 혹은 더 이른 시점에서)
D_t = 기간 t에서 측정된 실제수요
E_t = 기간 t의 예측오차

적응력 있는 예측방법에서 기간 t에서 기간 $t + 1$에 대한 예측은 다음과 같다.

$$F_{t+l} = (L_t + lT_t)S_{t+l} \quad (7.7)$$

적응력 있는 예측구조는 다음 네 가지 단계를 따른다.

1. **초기 설정:** 주어진 데이터로부터 수준(L_0), 추세(T_0), 계절적 요인들($S_1, S_2, \ldots, S_p$)의 초기 추정치를 계산하며, 이 장의 앞 절에서 논했던 정적 예측기법을 사용한다.
2. **예측:** t기간에서 추정치가 주어지면 식 (7.7)을 이용한 기간 $t + 1$의 예측을 수행한다. 기간 t에서의 예측치와 기간 0에서의 추정된 수준, 추세, 계절적인 요인으로 첫 번째 예측을 수행한다.
3. **추정오차:** 기간 $t + 1$에 대한 실제수요 D_{t+1}와 기간 $t + 1$에 대한 예측수요의 차이인 오차 E_{t+1}을 계산한다. 기간 $t + 1$에서의 오차는 다음과 같이 표현된다.

$$E_{t+1} = F_{t+1} - D_{t+1} \tag{7.8}$$

4. **추정치 수정:** 주어진 오차 E_{t+1}에 대해 수준(L_{t+1}), 추세(T_{t+1}), 그리고 계절적 요인(S_{t+p+1})의 추정치를 수정한다. 만약 수요가 예측보다 낮게 나오면 추정치는 하향조정하고, 수요가 예측보다 높게 나오면 추정치는 상향조정한다.

기간 $t + 1$에서 조정된 추정치는 기간 $t + 2$에 대한 예측에 사용되고, 기간 n에서의 모든 과거 데이터가 충족될 때까지 2, 3, 4단계가 반복된다. 기간 n에서의 추정치는 미래 수요 예측에 사용된다.

지금까지 적응력 있는 예측에 대해 논의해 보았다. 이 기법은 수요의 특성과 규칙적인 수요의 성질이 종속되어 있을 때 가장 적합하다. 각 경우에서 우리는 기간이 t가 되도록 가정하였다.

이동평균법 추세나 계절성이 관찰되지 않는 수요일 때는 이동평균법을 사용한다. 이 경우 다음과 같은 식을 사용한다.

$$\text{수요의 체계적 요소} = \text{수준}$$

이 방법에서는 가장 최근의 N기간 동안의 평균 수요로 기간 t의 수준을 추정한다. 이것은 N기간 이동평균법을 나타내며, 다음과 같이 표현한다.

$$L_t = (D_t + D_{t-1} + \ldots + D_{t-N+1})/N \tag{7.9}$$

모든 미래 기간에 대한 현재의 예측은 같고, 이를 바탕으로 현재의 수준을 추정한다. 예측은 다음과 같이 나타낸다.

$$F_{t+1} = L_t \qquad \text{그리고} \qquad F_{t+n} = L_t \tag{7.10}$$

기간 $t+1$에 대한 수요를 관찰한 후, 우리는 다음과 같이 추정치를 수정한다.

$$L_{t+1} = (D_{t+1} + D_t + \dots + D_{t-N+2})/N, \quad F_{t+2} = L_{t+1}$$

이처럼 새로운 이동평균을 구하기 위해 가장 최근의 관측치를 이용하고, 가장 오랜된 관측치를 제외시킨다. 수정된 이동평균은 다음 예측에서 사용된다. 이동평균은 예측되었을 때 지난 N기간의 데이터에 동일한 가중치를 부여하여 일치시키고 새로운 이동평균보다 오래되었으면 무시한다. N이 증가했을 때, 이동평균은 가장 최근에 관찰된 수요에 보다 적게 대응하게 된다. 예제 7.1에서 이동평균법을 이용해 보도록 하자.

예제 7.1

어떤 슈퍼마켓은 지난 4주 동안 주당 120, 127, 114, 122갤론의 우유 수요를 갖는다. 4기간 이동평균을 이용해 기간 5의 수요를 예측해 보자. 만약 기간 5에 125갤론을 생산했다면 예측오차는 얼마인가?

분석: 기간 4의 마지막에 기간 5의 예측을 해 보자. 현재 기간 $t = 4$라고 가정하고, 첫 번째 목적은 기간 4의 수준을 추정하는 것이다. $N = 4$이고, 식 (7.9)를 이용하여 다음과 같이 얻을 수 있다.

$$L_4 = (D_1 + D_2 + D_3 + D_4)/4 = (120 + 127 + 114 + 122)/4 = 120.7$$

기간 5에 대한 수요 예측은 식 (7.10)을 이용하여 다음과 같이 표현된다.

$$F_5 = L_4 = 120.75\text{갤론}$$

기간 5의 수요 D_5가 125갤론일 때, 우리는 기간 5에 대한 수요오차를 갖는다.

$$E_5 = F_5 - D_5 = 120 - 120.75 = 4.25$$

기간 5에서 수요를 계산한 후, 기간 5에 대한 수준의 추정치를 수정하면 다음과 같다.

$$L_5 = (D_2 + D_3 + D_4 + D_5)/4 = (127 + 114 + 122 + 125)/4 = 122$$

단순지수평활법 단순지수평활법은 수요가 추세나 계절성을 가지고 있지 않을 때 적합하다. 이러한 경우 다음과 같은 식이 적용된다.

$$\text{수요의 체계적 요소} = \text{수준}$$

초기 수준의 추정치 L_0은 수요에 추세나 계절성이 관찰되지 않으므로 과거 데이터들의 평균으로 구해진다. 기간 1부터 기간 n까지의 수요 데이터가 주어졌을 때, 다음과 같이 정의할 수 있다.

$$L_0 = \frac{1}{n}\sum_{i=1}^{n} D_i \tag{7.11}$$

모든 미래 기간에 대한 최근 예측은 최근 추정된 수준과 같고 다음과 같이 표현된다.

$$F_{t+1} = L_t \qquad \text{그리고} \qquad F_{t+n} = L_t \tag{7.12}$$

기간 $t + 1$에 대한 수요 D_{t+1}을 관찰한 후, 다음과 같이 수준의 추정치를 수정하게 된다.

$$L_{t+1} = \alpha D_{t+1} + (1 - \alpha)L_t \tag{7.13}$$

여기서 α는 $0 < \alpha < 1$의 범위를 갖는 수준에 대한 평활상수이다. 이 수준의 수정된 값은 기간 $t + 1$에서 계산된 수준(D_{t+1})값과 t시점에서의 수준 추정치(L_t)의 평균 가중치이다. 식 (7.13)을 이용하여, 주어진 기간에서의 최근 수요함수로서의 수준과 전기간에서의 수준으로 표현할 수 있다. 식 (7.13)을 다시 작성하면 다음과 같다.

$$L_{t+1} = \sum_{n=0}^{t-1}\alpha(1 - \alpha)^n D_{t+1-n} + (1 - \alpha)^t D_1$$

최근 추정된 수준은 모든 과거에서 관찰되어진 수요의 가중치의 평균이며, 최근 관측값이 오래된 관측값보다 가중치가 높다. 예측에서 α값이 높으면 최근 관측값에 더욱 대응력이 있고, 반면에 α값이 낮으면 최근 관측값에 보다 적게 대응하여 더욱 안정된 예측을 할 수 있다. 예제 7.2에서 지수평활의 사용을 보도록 하자.

예제 7.2

예제 7.1의 슈퍼마켓의 경우와 같이 지난 4주 동안 주당 120, 127, 114, 122갤론의 우유 수요를 갖는다. $\alpha = 0.1$을 갖는 단순지수평활법을 이용하여 기간 1에 대한 수요예측을 해 보자.

분석: $n = 4$기간에 대한 데이터를 가지고 있고, 식 (7.11)을 이용하여 초기 수준의 추정치를 구하면,

$$L_0 = \sum_{i=1}^{4} D_i = 120.75$$

기간 1에 대한 예측을 하면(식 (7.11)을 이용),

$$F_1 = L_0 = 120.75$$

기간 1에 대한 수요의 계산값이 $D_1 = 120$이라고 했을 때, 기간 1에 대한 예측오차는

$$E_1 = F_1 - D_1 = 120.75 - 120 = 0.75$$

평활상수 $\alpha = 0.1$이라고 할 때, 단순지수평활법 (식 7.13)을 이용하여 기간 1에 대한 수준의 수정된 추정치는 다음과 같다.

$$L_1 = \alpha D_1 + (1 - \alpha)L_0 = 0.1 \times 120 + 0.9 \times 120.75 = 120.68$$

기간 1에서 수요가 예측값보다 작기 때문에 기간 0에 대한 값보다 낮은 수준의 추정치가 나온 것이다. 이와 같은 방법을 계속 시행하면 $F_3 = 121.31$, $F_4 = 120.58$, $F_5 = 120.72$이다. 따라서 기간 5에서 120.72를 얻게 된다.

교정된 추세를 갖는 지수평활법(홀트 모델) 교정된 추세를 갖는 지수평활법(홀트 모델)은 수요가 체계적 요소에서 계절성을 뺀 수준과 추세를 가질 때 사용된다. 이 경우 다음과 같이 정의한다.

$$\text{수요의 체계적 요소} = \text{수준} + \text{추세}$$

기간 t와 수요 D_t 사이에서 선형회귀를 실행하여 수준과 추세의 초기 추정치를 구한다.

$$D_t = at + b$$

이 경우에 수요가 계절성을 뺀 추세를 갖고 있다고 가정했기 때문에 수요와 시점 사이에서 선형회귀를 수행하는 것이 적절하다. 따라서 수요와 시간 사이의 잠재적인 관계가 선형이다. 상수 b는 기간 $t = 0$의 수요의 추정치로 구해지고 초기 수준의 추정치 L_0가 된다. 기울기 a는 각 기간의 수요의 변화율로 구해지며, 초기 추세 T_0가 된다.

기간 t에서 주어진 수준의 추정치 L_t와 추세 T_t를 가지고 미래 기간에 대한 예측을 다음과 같이 표현할 수 있다.

$$F_{t+1} = L_t + T_t \quad \text{그리고} \quad F_{t+n} = L_t + nT_t \qquad \textbf{(7.14)}$$

기간 t에 대한 수요를 계산한 후, 수준과 추세에 대한 추정치를 수정하면 다음과 같다.

$$L_{t+1} = \alpha D_{t+1} + (1 - \alpha)(L_t + T_t) \quad \textbf{(7.15)}$$

$$T_{t+1} = \beta(L_{t+1} - L_t) + (1 - \beta)T_t \quad \textbf{(7.16)}$$

여기서 α는 $0 < \alpha < 1$의 범위를 갖는 수준에 대한 평활상수이고 β는 $0 < \beta < 1$의 범위를 갖는 추세에 대한 평활상수이다. 갱신된 두 개의 관측치, 즉 수정된 추정치(추세 혹은 수준)는 관측치와 전추정치의 가중치의 평균이다. 예제 7.3에서 홀트 모델을 이용해 보자.

예제 7.3

MP3 플레이어를 생산하는 전자제품 생산자는 지난 6개월 동안 수요의 증가를 보여왔다. 수요는 8,415, 8,732, 9,014, 9,808, 10,413, 11,961이다. $\alpha = 0.1$, $\beta = 0.2$인 교정된 추세를 갖는 지수평활법을 이용하여 기간 7에 대한 수요 예측을 해 보자.

분석: 첫 번째 단계로 선형회귀를 이용하여 초기의 수준과 추세의 추정치를 구한다. 엑셀의 회귀도구(도구 | 데이터 분석 | 회귀분석)를 이용하여 선형회귀를 실행한다. 초기 수준 L_0 추정치는 절편 계수에 의해 구해지고 추세 T_0는 X 변수 계수(혹은 기울기)에 의해 얻어진다. 주어진 데이터는 다음과 같다.

$$L_0 = 7{,}367 \quad \text{그리고} \quad T_0 = 673$$

기간 1(2002)에 대한 예측치 (식 (7.14)를 이용)는 다음과 같다.

$$F_1 = L_0 + T_0 = 7{,}367 + 673 = 8{,}040$$

그리고 기간 1에서 관측된 수요가 $D_1 = 8{,}415$라고 할 때, 기간 1에 대한 오차는 다음과 같다.

$$E_1 = F_1 - D_1 = 8{,}040 - 8{,}415 = -375$$

$\alpha = 0.1$, $\beta = 0.2$라고 할 때, 식 (7.15)와 (7.16)을 이용하여 기간 1에서의 추세와 수준의 추정치를 수정하면,

$$L_1 = \alpha D_1 + (1 - \alpha)(L_0 + T_0) = 0.1 \times 8{,}415 + 0.9 \times 8{,}040 = 8{,}078$$
$$T_1 = \beta(L_1 - L_0) + (1 - \beta)T_0 = 0.2 \times (8{,}078 - 7{,}367) + 0.8 \times 673 = 681$$

기간 1의 초기 수요를 산출하면 상당히 높음을 알 수 있다. 결과적으로, 기간 1에서 수준은 8,040에서 8,078 그리고 추세는 673에서 681로 증가함을 보여 준다. 식 (7.14)를 이용하여 기

간 2에서의 예측을 할 수 있다.

$$F_2 = L_1 + T_1 = 8{,}078 + 681 = 8{,}759$$

이와 같은 방법을 계속 시행하면 $L_2 = 8{,}775$, $T_2 = 680$, $L_3 = 9{,}393$, $T_3 = 672$, $L_4 = 10{,}039$, $T_4 = 666$, $L_5 = 10{,}676$, $T_5 = 661$, $L_6 = 11{,}399$, $T_6 = 673$을 얻을 수 있다. 기간 7의 예측은 다음과 같다.

$$F_7 = L_6 + T_6 = 11{,}399 + 673 = 12{,}072$$

교정된 추세와 계절성을 갖는 지수평활법(윈터 모델) 이 방법은 수요의 체계적 요소에 수준과 추세, 그리고 계절적 요인이 있을 때 적합하다. 이 경우 다음과 같이 표현할 수 있다.

수요의 체계적 요소 = (수준 + 추세) × 계절 요인

수요의 주기성을 p라고 가정하고, 수준(L_0)과 추세(T_0), 계절적 요인들($S_1, \ldots, S_p$)의 초기 추정치를 계산한다. 앞 장에서 배웠던 정적인 예측과정을 이용하여 추정치들을 구한다.

기간 t에서 수준의 추정치, 추세 L_t, T_t, 계절적인 요인 $S_t, \ldots, S_{t+p-1}$이 주어졌다고 했을 때, 미래 기간에 대한 예측은 다음과 같다.

$$F_{t+1} = (L_t + T_t)S_{t+1} \quad \text{그리고} \quad F_{t+l} = (L_t + lT_t)S_{t+l} \tag{7.17}$$

기간 $t + 1$에 대한 수요 관측치에 대해 수준과 추세, 그리고 계절적인 요인에 대한 추정치를 수정하면 다음과 같다.

$$L_{t+1} = \alpha(D_{t+1}/S_{t+1}) + (1 - \alpha)(L_t + T_t) \tag{7.18}$$

$$T_{t+1} = \beta(L_{t+1} - L_t) + (1 - \beta)T_t \tag{7.19}$$

$$S_{t+p+1} = \gamma(D_{t+1}/L_{t+1}) + (1 - \gamma)S_{t+1} \tag{7.20}$$

여기에서 α는 $0 < \alpha < 1$의 범위를 갖는 수준에 대한 평활상수이고 β는 $0 < \beta < 1$의 범위를 갖는 추세에 대한 평활상수이다. γ는 $0 < \gamma < 1$의 범위를 갖는 계절적인 요인에 대한 평활상수이다. 갱신된 각각의 관측치, 즉 수정된 추정치(추세, 수준, 혹은 계절적인 요인)는 관측치와 전 추정치의 가중치의 평균이다. 예제 7.4에서 윈터 모델을 이용해 보자.

예제 7.4

[표 7.1]의 Tahoe Salt사 수요 데이터를 고려하자. $\alpha = 0.1$, $\beta = 0.2$, $\gamma = 0.1$을 갖는 교정된 추세와 계절성을 갖는 지수평활법을 이용하여 기간 1에 대한 수요 예측을 해 보자.

분석: 정적인 예측기법을 이용하여 초기의 수준, 추세, 그리고 계절적인 요인의 추정치를 정확히 얻을 수 있다.

$$L_0 = 18{,}439 \quad T_0 = 524 \quad S_1 = 0.47 \quad S_2 = 0.68 \quad S_3 = 1.17 \quad S_4 = 1.67$$

기간 1에 대한 예측치(식 (7.17) 이용)는 다음과 같다.

$$F_1 = (L_0 + T_0)S_1 = (18{,}439 + 524)0.47 = 8{,}913$$

기간 1에 대한 수요 관측치 $D_1 = 8{,}000$이라고 할 때, 기간 1에 대한 예측오차는 다음과 같다.

$$E_1 = F_1 - D_1 = 8{,}913 - 8{,}000 = 913$$

평활상수 $\alpha = 0.1$, $\beta = 0.2$, $\gamma = 0.1$이라고 가정했을 때, 교정된 추세와 계절적인 요인을 갖는 지수평활법을 이용하여(식 (7.18), (7.19), (7.20) 이용) 기간 1에 대한 수준과 추세의 수정된 추정치와 기간 5에 대한 계절적인 요인의 수정된 추정치는 다음과 같이 표현된다.

$$L_1 = \alpha(D_1/S_1) + (1 - \alpha)(L_0 + T_0)$$
$$= 0.1 \times (8{,}000/0.47) + 0.9 \times (18{,}439 + 524) = 18{,}769$$
$$T_1 = \beta(L_1 - L_0) + (1 - \beta)T_0 = 0.2 \times (18{,}769 - 18{,}439) + 0.8 \times 524 = 485$$
$$S_5 = \gamma(D_1/L_1) + (1 - \gamma)S_1 = 0.1(8{,}000/18{,}769) + 0.9 \times 0.47 = 0.47$$

기간 2에 대해 수요 예측(식 (7.17) 이용)하면 다음과 같다.

$$F_2 = (L_1 + T_1)S_2 = (18{,}769 + 485)0.68 = 13{,}093$$

이전에 논의했던 예측기법들에 대해서 적용된 상황에 대해 간략하게 요약해 보면 다음과 같다.

예측기법	적용
이동평균법	추세 또는 계절성이 없는 수요
지수평활법	추세 또는 계절성이 없는 수요
홀트 모델	추세는 있고 계절성이 없는 수요
윈터 모델	추세와 계절성이 있는 수요

만약 Tahoe Salt사가 소매자로부터 판매 데이터를 통한 적응력 있는 예측기법을 사용한다면, 윈터 모델이 최선의 선택일 것이다. 그 이유는 윈터 모델의 수요는 추세와 계절성을 모두 고려하기 때문이다.

만약 Tahoe Salt사의 수요가 추세와 계절성을 갖고 있다는 사실을 모른다면, 어떻게 해야 하는가? 예측오차의 측정은 예측기법의 부적절한 사용을 명확히 해 주는 데 도움을 준다. 다음 절에서 예측오차를 계산하고 이용하는 방법에 대해 알아보자.

7.6 예측오차의 측정

앞에서 언급했듯이, 모든 수요는 무작위 요소를 갖는다. 좋은 예측기법은 수요의 체계적 요소뿐만 아니라 무작위 요소까지도 골라내야 한다. 무작위 요소는 예측오차의 형태에서 명백히 나타난다. 예측오차는 가치 있는 정보를 포함하며 두 가지 이유에서 주의 깊게 분석해야 한다.

1. 경영자는 현재의 예측기법이 수요의 체계적 요소에 적절히 사용되었는지를 결정하는 데 예측오차 분석을 사용한다. 예를 들어, 만약 양(+)의 오차로 일관된 결과를 보인다면 예측기법이 체계적 요소에 과다하게 예측되었다고 가정할 수 있으며 조정해야 된다.
2. 모든 비상 계획은 예측오차를 고려해야 한다. 예를 들어, 두 달 주기로 주문을 하는 극동의 공급자와 한 달 주기로 주문을 하는 지역 공급자를 가진 우편주문회사가 있다. 지역 공급자는 가격이 비싸고, 아시아 공급자는 가격이 싸다. 우편주문회사는 극동의 공급자에서 공급해 주는 수요가 과수요가 될 때, 지역 공급자가 우발적인 용량에 맞춰 줄 것을 원한다. 지역 공급자의 용량 계약에 관한 의사결정은 예측오차의 크기와 밀접한 관련이 있다.

관찰된 오차가 과거 오차의 추정치를 벗어나지 않는다면, 회사는 일반적으로 현재 사용하고 있는 예측기법을 지속적으로 사용할 것이다. 반면에, 회사가 관찰한 오차가 과거의 추정치 범위를 넘어섰다면, 사용하고 있는 예측기법이 적절하지 못하다는 것을 나타내며, 회사의 모든 수요 예측치가 과다 현상과 부족 현상이 지속적으로 나타난다면, 예측기법을 바꿔야 한다.

앞에서 정의했듯이 기간 t에 대한 예측오차를 E_t라고 했을 때,

$$E_t = F_t - D_t$$

가 된다. 즉, 기간 t에서 오차는 기간 t에 대한 예측치와 기간 t에 대한 실제수요의 차이이다. 예측에 사용되는 기법이 무엇이든, 경영자는 적어도 필요한 리드타임 이전에 수요 예측오차를 추정

하는 것이 중요하다. 예를 들어, 만약 주문의 크기를 결정하는 데 예측을 사용한다고 했을 때, 공급자의 리드타임이 6개월이라면 경영자는 수요가 생기기 전 6개월의 예측에 대한 오차 추정을 해야 한다. 6개월의 리드타임을 갖는 상황에서 1개월에 대한 예측오차를 추정하는 것은 의미가 없다.

예측오차의 지표 중 한 가지는 평균제곱오차(mean squared error: MSE)라는 것이 있으며, 다음과 같이 표현한다.

$$MSE_n = \frac{1}{n}\sum_{t=1}^{n} E_t^2 \tag{7.21}$$

MSE는 예측오차의 변동을 추정한 것이다. 수요의 무작위 요소는 평균 0과 MSE의 분산을 갖는다고 할 수 있다.

기간 t에서 오차의 절대치인 기간 t에서의 절대편차 A_t를 정의하면 다음과 같다.

$$A_t = |E_t|$$

평균절대편차(mean absolute deviation: MAD)는 모든 기간에 대한 절대편차의 평균으로 정의되며, 다음의 식으로 계산된다.

$$MAD_n = \frac{1}{n}\sum_{t=1}^{n} A_t \tag{7.22}$$

MAD는 무작위 요소가 일반적으로 분포되어 있다는 가정 하에 무작위 요소의 표준편차를 추정하기 위해 사용한다. 이 경우 무작위 요소의 표준편차는 다음과 같다.

$$\sigma = 1.25\, MAD \tag{7.23}$$

수요의 무작위 요소의 평균은 0이고 표준편차는 σ이다.

평균절대백분율오차(mean absolute percentage error: MAPE)는 수요의 절대오차의 평균을 백분율로 나타낸 것이다.

$$MAPE_n = \frac{\sum_{t=1}^{n}\left|\frac{E_t}{D_t}\right|100}{n} \tag{7.24}$$

예측기법을 통해 수요가 과다 혹은 과소 추정되는지 판단하기 위해 예측오차의 합으로 편향성을 계산하게 되며, 다음과 같이 표현한다.

$$Bias_n = \sum_{t=1}^{n} E_t \tag{7.25}$$

만약 오차가 실제로 무작위이고 한 방향 혹은 다른 방향으로의 치우침이 없다면, 편향성은 0 주위에서 변동하게 될 것이다. 이상적인 것은 모든 오차를 표시할 때, 가장 곧은 일직선의 형태를 이루는, 즉 기울기가 0인 것이다.

추적지표(tracking signal: TS)는 MAD에 대한 편향성의 비율로 나타낸다.

$$TS_t = \frac{bias_t}{MAD_t} \tag{7.26}$$

만약 모든 기간에서 *TS*가 ±6 범위 밖에 존재한다면, 이것은 예측에 치우침이 존재한다는 것이며 부족($TS < -6$) 혹은 과다 예측($TS > +6$)이라는 것이다. 이러한 경우 회사는 새로운 예측기법을 선택해야 할 것이다. 한 예로, 상당히 큰 음의 추적지표가 초래되었다는 것은 수요가 성장 추세를 가질 때 경영자가 이동평균법과 같은 예측기법을 사용한 것이다. 추세가 포함되지 않고, 과거 데이터의 평균은 항상 미래 수요보다 적기 때문이다. 음의 추적지표는 예측기법을 통한 수요 추정이 일괄적으로 과소 추정될 때 발견되며, 경영자는 주의해야 한다.

7.7 TAHOE SALT사의 수요 예측

[표 7.1]에 소매점에서의 판매수요 자료가 주어져 있던 Tahoe Salt사의 예를 다시 살펴보자. 이 수요 데이터는 [그림 7.5]의 B열에서도 볼 수 있다. Tahoe Salt사는 현재 4년 2분기부터 5년 1분기까지 공급자들과 계약을 위해 협상중이다. 이 협상에 반영되는 가장 중요한 입력 자료는 그 기간 동안의 수요 예측이며 Tahoe Salt사는 그 기간 동안의 수요 예측을 위해 판매 부사장과 공정 부사장으로 구성된 예측팀을 만들었다. 예측팀은 주어진 과거 데이터에 대해 적절한 예측기법들을 각각 적용해 보기로 결정한다. 예측팀의 목표는 가장 적절한 예측기법을 찾고, 그 기법을 다음 1년 동안 수요 예측기법으로 사용하는 것이다. 예측팀은 각각의 기법들이 과거 12기간 동안의 수요 데이터에 적용되었을 때 발생하는 오차에 기반을 두어 예측기법을 선택하기로 결정했다.

이러한 문제의 경우에 수요는 명확히 추세와 계절성 모두를 가진다. 그러므로 예측팀은 윈터 모델이 가장 정확한 예측결과를 제공할 것이라고 예상했다.

	A	B	C	D	E	F	G	H	I	J	K
1	기간 t	수요 D_t	수준 L_t	예측 F_t	오차 E_t	절대오차 A_t	평균자승오차 MSE_t	MAD_t	%오차	$MAPE_t$	TS_t
2	1	8,000									
3	2	13,000									
4	3	23,000									
5	4	34,000	19,500								
6	5	10,000	20,000	19,500	9,500	9,500	90,250,000	9,500	95	95	1.00
7	6	18,000	21,250	20,000	2,000	2,000	47,125,000	5,750	11	53	2.00
8	7	23,000	21,250	21,250	-1,750	1,750	32,437,500	4,417	8	38	2.21
9	8	38,000	22,250	21,250	-16,750	16,750	94,468,750	7,500	44	39	-0.93
10	9	12,000	22,750	22,250	10,250	10,250	96,587,500	8,050	85	49	0.40
11	10	13,000	21,500	22,750	9,750	9,750	96,333,333	8,333	75	53	1.56
12	11	32,000	23,750	21,500	-10,500	10,500	98,321,429	8,643	33	50	0.29
13	12	41,000	24,500	23,750	-17,250	17,250	123,226,563	9,719	42	49	-1.52

셀	셀 수식	식	복사
C5	=Average(B3:B6)	7.9	C7:C13
D6	=C5	7.10	D7:D13
E6	=D2−B6	7.8	E7:E13
F6	=Abs(E6)		F7:F13
G6	=Sumsq($B$6:E6)/(A6−4)	7.21	G7:G13
H6	=Sum($F$6:F6)/(A6−4)	7.22	H7:H13
I6	=100*(F6:B6)		I7:I13
J6	=Average($I$6:I6)	7.24	J7:J13
K6	=Sum($E$6:E6)/H6	7.26	K7:K13

그림 7.5 4기간 이동평균법을 이용한 Tahoe Salt사의 예측

이동평균법

예측팀은 우선 4기간 이동평균법을 테스트하기로 했다. 이동평균법의 계산방법에 대해서는 이 장의 앞부분에서 이미 언급된 바 있으며 계산결과는 [그림 7.5]에서 볼 수 있다. 예측팀은 수준을 평가하기 위해서 식 (7.3)을 사용하고 수요 예측을 위해서 식 (7.4)를 사용했다.

[그림 (7.5)]의 K열에서 볼 수 있듯이, 추적지표는 ±6 범위 내에 있고 이는 4기간 이동평균법을 이용한 예측이 현격한 편향성을 보이지 않는다는 것을 의미한다. 그러나 엑셀 표의 결과를 자세히 살펴보면 9,719라는 큰 MAD_{12}와 49퍼센트의 $MAPE_{12}$를 가지고 있음을 알 수 있다. [그림 7.5]를 살펴보면 다음을 알 수 있다.

$$L_{12} = 24,500$$

그러므로 4기간 이동평균법을 이용하여 기간 13부터 기간 16까지를 예측하면(식 (7.10) 이용) 다음과 같다.

$$F_{13} = F_{14} = F_{15} = F_{16} = L_{12} = 24{,}500$$

MAD가 9,719라 주어진 상황에서 4기간 이동평균법을 이용하여 예측오차의 표준편차를 측정하면 1.25 × 9,719 = 12,148이다. 이 경우 예측오차의 표준편차는 예측의 크기에 비해서 상대적으로 상당히 크다.

단순지수평활법

예측팀은 다음으로 $\alpha = 0.1$인 단순지수평활법을 수요 예측에 사용해 보기로 했다. 이 방법 역시 과거의 12분기 자료를 이용하여 테스트하였다. 식 (7.11)을 사용하여 기간 1부터 기간 12까지의 평균 수요가 될 기간 0의 초기 수준을 평가했다. 초기 수준은 [그림 7.6]에서 셀 B3에서부터 B14까지 나와 있는 수요의 평균이고 결과는 다음과 같다.

$$L_0 = 22{,}083$$

다음 과정으로, 예측팀은 식 (7.12)를 사용하여 다음 기간의 수요 예측을 한다. 수준의 평가는 식 (7.13)을 이용하여 매 기간마다 갱신된다. 그 결과는 [그림 7.6]에서 볼 수 있다.

추적지표의 범위가 −1.38에서 2.25인 것에서 보여지듯이 $\alpha = 0.1$인 단순지수평활법을 이용한 수요 예측은 현격한 편향성을 보이지는 않는다. 그러나 10,208인 MAD_{12}나 59퍼센트인 $MAPE_{12}$는 상당히 크다. [그림 7.6]으로부터 다음을 볼 수 있다.

$$L_{12} = 23{,}490$$

그러므로 다음에 올 4분기의 수요 예측(식 (7.12) 이용)값은 다음과 같다.

$$F_{13} = F_{14} = F_{15} = F_{16} = L_{12} = 23{,}490$$

이 경우에 MAD_{12}는 10,208이고 $MAPE_{12}$는 59퍼센트이다. 그러므로 단순지수평활법을 이용한 예측오차의 표준편차는 1.25 × 10,208 = 12,761이다. 이 경우 예측오차의 표준편차는 예측의 크기에 비해서 상대적으로 상당히 크다.

추세보정 지수평활법(홀트 모델)

예측팀은 다음으로 홀트 모델을 사용해 보기로 했다. 이 경우 수요의 체계적 요소는 다음과

	A	B	C	D	E	F	G	H	I	J	K
1	기간 t	수요 D_t	수준 L_t	예측 F_t	오차 E_t	절대오차 A_t	평균자승오차 MSE_t	MAD_t	%오차	$MAPE_t$	TS_t
2	0		22,083								
3	1	8,000	20,675	22,083	14,083	14,083	198,330,889	14,083	176	176	1.00
4	2	13,000	19,907	20,675	7,675	7,675	128,615,955	10,879	59	118	2.00
5	3	23,000	20,217	19,907	−3,093	3,093	88,932,378	8,283	13	83	2.25
6	4	34,000	21,595	20,217	−13,783	13,783	114,195,454	9,658	41	72	0.51
7	5	10,000	20,435	21,595	11,595	11,595	118,244,501	10,046	116	81	1.64
8	6	18,000	20,192	20,435	2,435	2,435	99,525,590	8,777	14	70	2.15
9	7	23,000	20,473	20,192	−2,808	2,808	86,434,191	7,925	12	62	2.03
10	8	38,000	22,225	20,473	−17,527	17,527	114,030,916	9,125	46	60	−0.16
11	9	12,000	21,203	22,225	10,225	10,225	112,978,425	9,247	85	62	0.95
12	10	13,000	20,383	21,203	8,203	8,203	108,409,252	9,143	63	63	1.86
13	11	32,000	21,544	20,383	−11,617	11,617	110,823,399	9,368	36	60	0.58
14	12	41,000	23,490	21,544	−19,456	19,456	133,131,785	10,208	47	59	−1.38

셀	셀 수식	식	복사
C3	=0.1*B3+(1−0.1)*C2	7.11	C4:C14
D3	=C2	7.12	D4:D14
E3	=D3−B3	7.8	E4:E14
F3	=Abs(E3)		F4:F14
G3	=Sumsq($E$3:E3)/(A3)	7.21	G4:G14
H3	=Sum($F$3:F3)/(A3)	7.22	H4:H14
I3	=100*(F3:B3)		I4:I14
J3	=Average($I$3:I3)	7.24	J4:J14
K3	=Sum($E$3:E3)/H3	7.26	K4:K14

그림 7.6 단순지수평활법을 이용한 Tahoe Salt사의 예측

같다.

$$\text{수요의 체계적 요소} = \text{수준} + \text{추세}$$

예측팀은 앞에서 언급되었던 방법론을 적용했다. 우선 기간 0의 수준과 초기 추세를 평가한다. 초기 추세는 예제 7.3에서 언급한 바와 같이 수요 D_t와 기간 t 사이의 선형회귀분석을 실행함으로써 얻어진다. 사용 가능한 데이터를 이용하여 회귀분석을 행하고, 그 결과로 예측팀은 다음의 값을 얻었다.

$$L_0 = 12{,}015 \qquad \text{그리고} \qquad T_0 = 1{,}549$$

예측팀은 12분기의 예측결과를 얻기 위해서 $\alpha = 0.1$, $\beta = 0.2$인 홀트 모델을 적용했다. 우선 식 (7.14)를 이용하여 수요를 예측한다. 식 (7.15)를 이용하여 수준을 갱신하고 식 (7.16)을

Microsoft Excel

파일(F) 편집(E) 보기(V) 삽입(I) 서식(O) 도구(T) 데이터(D) 창(W) 도움말(H) 질문을 입력하십시오.

N31

	A	B	C	D	E	F	G	H	I	J	K	L
1	기간 t	수요 D_t	수준 L_t	추세 T_t	예측 F_t	오차 E_t	절대오차 A_t	평균자승오차 MSE_t	MAD_t	%오차	$MAPE_t$	TS_t
2	0		12,015	1,549								
3	1	8,000	13,008	1,438	13,564	5,564	5,564	30,958,096	5,564	70	69.55	1.00
4	2	13,000	14,301	1,409	14,445	1,445	1,445	16,523,523	3,505	11	40.33	2.00
5	3	23,000	16,439	1,555	15,710	−7,290	7,290	28,732,318	4,767	32	37.46	−0.06
6	4	34,000	19,594	1,875	17,993	−16,007	16,007	85,603,146	7,577	47	39.86	−2.15
7	5	10,000	20,322	1,645	21,469	11,469	11,469	94,788,701	8,355	115	54.83	−0.58
8	6	18,000	21,570	1,566	21,967	3,967	3,967	81,613,705	7,624	22	49.36	−0.11
9	7	23,000	23,123	1,563	23,137	137	137	69,957,267	6,554	1	42.39	−0.11
10	8	38,000	26,018	1,830	24,686	−13,314	13,314	83,369,836	7,399	35	41.48	−1.90
11	9	12,000	26,262	1,513	27,847	15,847	15,847	102,010,079	8,338	132	51.54	0.22
12	10	13,000	26,298	1,217	27,775	14,775	14,775	113,639,348	8,981	114	57.75	1.85
13	11	32,000	27,963	1,307	27,515	−4,485	4,485	105,137,395	8,573	14	53.78	1.41
14	12	41,000	30,443	1,541	29,270	−11,730	11,730	107,841,864	8,836	29	51.68	0.04

셀	셀 수식	식	복사
C3	=0.1*B3+(1−0.1)*(C2+D2)	7.15	C4:C14
D3	=0.2(C3−C2)+(1−0.2)D2	7.16	D4:D14
E3	=C2+D2	7.4	E4:E14
F3	=E3−B3	7.8	F4:F14
G3	=Abs(F3)		G4:G14
H3	=Sumsq($F$3:F3)/A3	7.21	H4:H14
I3	=Sum($F$3:F3)/(A3)	7.22	I4:I14
J3	=100*(G3:B3)		J4:J14
K3	=Average($J$3:J3)	7.24	K4:K14
L3	=Sum($G$3:G3)/I3	7.26	L4:L14

그림 7.7 추세보정 지수평활법

이용하여 추세를 갱신했다. 그 결과는 [그림 7.7]에서 볼 수 있다.

추적지표의 범위가 −2.15에서 2.00 사이인 것에서 알 수 있듯이 $\alpha = 0.1$, $\beta = 0.2$인 추세보정 단순지수평활법을 이용한 수요 예측은 현격한 과다 예측이나 과소 예측을 보이지는 않는다. 그러나 예측값은 8,836의 MAD_{12}나 52퍼센트의 $MAPE_{12}$ 같은 상당히 큰 값을 가지고 있다. [그림 7.7]로부터 다음을 볼 수 있다.

$$L_{12} = 30{,}443 \qquad \text{그리고} \qquad T_{12} = 1{,}541$$

그러므로 홀트 모델(식 (7.14))을 이용한 다음의 4기간의 예측값은 다음과 같다.[1]

1 반올림에 의한 정수화 때문에 책의 계산결과가 실제 결과와 약간 다를 수 있다. 이는 책 전체의 경우에 해당된다.

$$F_{13} = L_{12} + T_{12} = 30{,}443 + 1{,}541 = 31{,}984$$
$$F_{14} = L_{12} + 2T_{12} = 30{,}443 + 2 \times 1{,}541 = 33{,}525$$
$$F_{15} = L_{12} + 3T_{12} = 30{,}443 + 3 \times 1{,}541 = 35{,}066$$
$$F_{16} = L_{12} + 4T_{12} = 30{,}443 + 4 \times 1{,}541 = 36{,}607$$

이 경우에 MAD_{12}는 8,836이다. 그러므로 $\alpha = 0.1$, $\beta = 0.2$인 홀트 모델을 이용한 예측오차의 표준편차는 $1.25 \times 8{,}836 = 11{,}045$이다. 이 경우 예측 크기에 대한 예측오차의 표준편차는 앞서 제시한 두 가지 방법의 표준편차보다 작다. 그러나 이 값은 여전히 상당히 큰 편이다.

추세 및 계절성 보정 지수평활법(윈터 모델)

예측팀은 다음으로 윈터 모델을 적용해 보기로 했다. 우선 기간 0에 대한 수준과 추세를 구하고 기간 1부터 $p = 4$에 이르는 계절적 요인을 구했다. 이 값들은 수요를 비계절화하고 초기 수준과 추세를 비계절화된 수요와 시간 사이에서 회귀분석하여 구했다. 예측팀은 예제 7.4에서 언급된 바와 같이 [그림 7.2]의 수요 데이터에 대해서 다음의 결과를 얻어냈다.

$$L_0 = 18{,}439 \qquad T_0 = 524 \qquad S_1 = 0.47 \qquad S_2 = 0.68 \qquad S_3 = 1.17 \qquad S_4 = 1.67$$

다음으로, 예측값을 얻기 위해 $\alpha = 0.05$, $\beta = 0.1$, $\gamma = 0.1$인 윈터 모델을 적용한다. 모든 계산은 [그림 7.8]에서 보는 바와 같다. 예측팀은 식 (7.17)을 이용하여 예측을 시행한다. 식 (7.18)을 이용하여 수준을, 식 (7.19)를 이용하여 추세를 갱신한다. 그리고 식 (7.20)을 이용하여 계절적 요인들을 갱신한다.

이 경우에 얻어진 1,469인 MAD나 8퍼센트인 MAPE는 다른 어떤 방법들보다 확연하게 작은 값이다. [그림 7.8]로부터 다음을 볼 수 있다.

$$L_{12} = 24{,}791 \qquad T_{12} = 532 \qquad S_{13} = 0.47 \qquad S_{14} = 0.68 \quad S_{15} = 1.17 \qquad S_{16} = 1.67$$

윈터 모델을 사용(식 (7.17))하여 얻은 다음 4기간 동안의 예측값은 다음과 같다.

$$F_{13} = (L_{12} + T_{12})S_{13} = (24{,}791 + 532) \times 0.47 = 11{,}940$$
$$F_{14} = (L_{12} + 2T_{12})S_{14} = (24{,}791 + 2 \times 532) \times 0.68 = 17{,}579$$
$$F_{15} = (L_{12} + 3T_{12})S_{15} = (24{,}791 + 3 \times 532) \times 1.17 = 30{,}930$$
$$F_{16} = (L_{12} + 4T_{12})S_{16} = (24{,}791 + 4 \times 532) \times 1.67 = 44{,}928$$

	A	B	C	D	E	F	G	H	I	J	K	L	M
1	기간 t	수요 D_t	수준 L_t	추세 T_t	계절적 요인 S_t	예측 F_t	오차 E_t	절대오차 A_t	평균자승오차 MSE_t	MAD_t	%오차	$MAPE_t$	TS_t
2	0		18,439	524									
3	1	8,000	18,866	514	0,47	8,913	913	913	832,857	913	11	11,41	1,00
4	2	13,000	19,367	513	0,68	13,179	179	179	432,367	546	1	6,39	2,00
5	3	23,000	19,869	512	1,17	23,260	260	260	310,720	450	1	4,64	3,00
6	4	34,000	20,380	512	1,67	34,036	36	36	233,364	347	0	3,50	4,00
7	5	10,000	20,921	515	0,47	9,723	−277	277	202,036	333	3	3,36	3,34
8	6	18,000	21,689	540	0,68	14,558	−3,442	3,442	2,143,255	851	19	5,98	−2,74
9	7	23,000	22,102	527	1,17	25,981	2,981	2,981	3,106,508	1,155	13	6,98	0,56
10	8	38,000	22,636	528	1,67	37,787	−213	213	2,723,856	1,037	1	6,18	0,42
11	9	12,000	23,291	541	0,47	10,810	−1,190	1,190	2,578,653	1,054	10	6,59	−0,72
12	10	13,000	23,577	515	0,69	16,544	3,544	3,544	3,576,894	1,303	27	8,66	2,14
13	11	32,000	24,271	533	1,16	27,849	−4,151	4,151	4,818,258	1,562	13	9,05	−0,87
14	12	41,000	24,791	532	1,67	41,442	442	442	4,432,987	1,469	1	8,39	−0,63
15	13				0,47	11,940							
16	14				0,68	17,579							
17	15				1,17	30,930							
18	16				1,67	44,928							

셀	셀 수식	식	복사
C3	=0.05*(B3/E3)+(1−0.05)*(C2+D2)	7.18	C4:C14
D3	=0.1*(C3−C2)+(1−0.1)*D2	7.19	D4:D14
E7	=0.1*(B3/C3)+(1−0.1)*E3	7.20	E4:E18
F3	=(C2+D2)*E3	7.17	F4:F18
G3	=E3−B3	7.8	G4:G14
H3	=Abs(G3)		H4:H14
I3	=Sumsq($G$3:G3)/A3	7.21	I4:I14
J3	=Sum($H$3:H3)/(A3)	7.22	J4:J14
K3	=100*(H3:B3)		K4:K14
L3	=Average($K$3:K3)	7.24	L4:L14
M3	=Sum($G$3:G3)/J3	7.26	M4:M14

그림 7.8 추세 및 계절성 보정 지수평활법

이 경우에 MAD_{12}는 1,469이다. 그러므로 $\alpha = 0.05$, $\beta = 0.1$, $\gamma = 0.1$인 윈터 모델을 적용한 예측오차의 표준편차는 $1.25 \times 1{,}469 = 1{,}836$이다. 이 경우 예측오차의 표준편차값은 다른 방법들에 비해 훨씬 작다.

예측팀은 [표 7.2]에서 보이는 바와 같이 4개의 예측기법에 대한 오차를 평가해 보았다. [표 7.2]의 오차 정보를 바탕으로 예측팀은 윈터 모델을 사용하기로 결정한다. 윈터 모델의 결과가 가장 정확한 것은 그리 놀랄 일이 아니다. 수요 데이터가 성장 추세와 계절성을 모두 가지고 있었기 때문이다. 예측팀은 윈터 모델을 사용하여 앞으로의 4분기에 대한 예측을 실시하였다.

4년 2분기: 11,940

표 7.2 Tahoe Salt사의 예측에 대한 오차 평가

예측기법	*MAD*	*MAPE(%)*	추적지표 범위
4시간 이동평균법	9,719	49	−1.52~2.21
단순지수평활법	10,208	59	−1.38~2.25
홀트 모델	8,836	52	−2.15~1.85
윈터 모델	1,469	8	−2.74~4.00

4년 3분기: 17,579

4년 4분기: 30,930

5년 1분기: 44,928

예측오차의 표준편차는 1,836이다.

7.8 예측에서 IT의 역할

주어진 많은 양의 데이터, 예측이 행해진 빈도수, 그리고 질높은 결과를 얻는 필요성 등의 측면에서 IT의 역할은 중요하다. 흔히 수요 계획 모듈이라고 불리는 공급사슬 IT 시스템 내부에 있는 예측 모듈은 핵심적인 공급사슬 소프트웨어 제품이다. 예측에 IT의 가능성을 활용하는 것에 몇 가지 중요한 이점들이 있다.

상업적인 수요 계획 모듈들은 여러 가지 예측 알고리즘을 동반하는데, 그것들은 아주 진보된 것일 수도 있고 때때로 다른 사람이 소유하고 있는 것이기도 하다. 이러한 방법들은 엑셀과 같은 일반적인 패키지의 사용을 통해 얻어진 것보다 더욱 정확한 예측을 제공한다. 대부분의 수요 계획 애플리케이션은 관찰된 수요 패턴들에 가장 적합한 예측기법을 결정하기 위해 과거의 정보들을 바탕으로 다양한 예측 알고리즘을 쉽게 시험할 수 있게 해 준다. 각기 다른 예측 알고리즘들은 실제 수요 패턴들에 의존하는 각기 다른 예측 품질 수준을 제공하기 때문에 예측의 선택항목들의 다양성은 중요하다. 따라서 IT 시스템은 회사 전체뿐만 아니라 제품 범주와 시장들을 위해 가장 좋은 예측기법을 결정하는 데 이용될 수 있다.

좋은 예측 패키지는 광범위한 제품들에 걸쳐 어떤 새로운 수요 정보를 포함하는 것에 의해 실시간으로 갱신되는 예측을 제공한다. 이는 회사가 시장에서의 변화에 빠르게 대응하고 반응의 지연으로 인한 손해를 보지 않게 도와준다. 이처럼 수요 예측에 가장 최근의 데이터가 포함

되면서 좋은 수요 계획 모듈은 고객의 주문뿐만 아니라 고객의 판매 정보에도 관련된다. 협력 계획과 같은 영역에서의 대부분의 진보는 기업들 사이에서 예측의 교환과 혼합을 가능케 한 IT 혁신에 기인한다.

최종적으로 수요 계획이란 이름이 제안하는 것과 같이 수요 계획 모듈들은 수요의 형성에 기여한다. 좋은 수요 계획 모듈들은 수요에 잠재된 가격의 변화를 고려하여 가정의 분석을 수행할 도구들을 포함한다. 이 도구들은 수요에 대한 광고의 영향을 분석하는 것을 돕고 그 범위와 광고의 시기를 결정하는 데 사용될 수 있다.

이 도구들 중 어느 것도 간단명료하지 않다는 것을 명심해야 한다. 실제로 예측은 항상 틀린다. 좋은 IT 시스템은 역사상의 예측오류들을 추적하도록 도와주어야만 한다. 그래서 그것들은 미래의 결정에 포함될 수 있다. 구조화가 잘 된 예측은 일정량의 오류와 더불어 의사결정과정을 상당 부분 개선할 수 있다. 심지어 이러한 복잡한 도구들을 가지고 있음에도 인간의 직관적 지식에 더 의존하여 예측을 수행하기도 한다. 이 IT 도구들이 수반하는 생각지 않은 위험 중의 하나는 지나치게 의존하는 것이고 그것은 예측에 있어서 인간적인 요소를 제거한다. 그 예측들과 그것들이 가져온 가치를 이용해야 한다. 그러나 IT 시스템은 여러분이 자발적으로 할 수 있을지도 모를 미래의 수요에 대한 몇몇 더욱 질적인 측면에 접근할 수 없음을 기억해야 한다.

예측 모듈들은 SAP과 Oracle사 같은 ERP 회사들을 포함하여 모든 주요 공급사슬 소프트웨어 회사뿐만 아니라 공급사슬 주자들 중 최고인 i2 Technologies와 Manugistics사에 의해 제공된다. 또한 SAS사와 같은 많은 통계적 분석 소프트웨어 회사들이 있는데 그 프로그램들은 예측을 위해 사용될 수 있다. 최종적으로, 고객관계관리에 역점을 두고 있는 몇몇 회사들의 제품은 고객대면 과정에 집중하면서 그들의 제품에 예측 모듈을 포함하고 있다.

예측과 IT는 긴 역사를 가지고 있다. 예측 모듈은 전체 공급사슬 소프트웨어 산업이 성장하는 데 근간이 되었던 세 개의 핵심 제품들 중의 하나이다. 전형적인 공급사슬 IT 패키지는 계획 모듈에 예측을 제공하는 예측 모듈을 가지고 있다. 그 모듈들은 일정과 재고 수준을 설정하고 이것을 실제로 수행하는 실행 시스템에 공급한다. 이처럼 예측은 공급사슬에 있어서 IT의 핵심 부분이다.

7.9 예측에서 위험관리

미래를 계획할 때 예측오류와 결합된 위험을 반드시 고려해야만 한다. 예측에 있어서 오류는 재고, 시설, 운송, 공급, 가격, 그리고 심지어 정보관리에까지 자원의 부적당한 할당을 야기할 수 있다. 네트워크 설계 도중에 발생하는 예측오류들은 너무 많거나, 너무 적게, 혹은 잘못된 형태로 설비들이 세워지게 할 수도 있다. 계획 단계에서 계획들은 예측으로부터 결정된다. 따라서 한 회사가 생산하고 추구하는 실제 재고, 생산, 수송, 공급, 그리고 가격 계획은 정확한 예측에 의존하게 된다. 심지어 운영 단계에서도 예측은 회사에서 수행된 일 단위의 실제 행위에 중요한 역할을 한다. 이러한 측면에서 여러 프로세스에 영향을 주는 처음 프로세스 중 하나인 예측은 상당히 중요한 위험을 수반하고 있다.

광범위한 요소들은 잘못된 예측을 야기할 수 있다. 그러나 빈번히 발생되는 것에 대해 특별히 언급할 가치가 있다. 긴 리드타임은 보다 미리 예측하게 하며 예측의 신뢰성을 떨어뜨린다. 계절성 또한 예측오류를 증가시키는 경향이 있다. 제품 수명주기가 짧으면 예측오차가 증가하게 된다. 그 이유는 예측을 수행하기 위해 사용할 과거 데이터가 부족하기 때문이다. 소수의 고객을 상대하는 기업들은 매우 거친 수요를 종종 경험하는데 이는 매끄러운 경향이 있는 많은 수의 소규모 고객들로부터의 수요보다 예측하기가 더 어렵다. 최종고객의 수요보다 공급사슬의 중간 유통자의 주문량에 기초를 둘 때 예측의 질은 떨어지게 된다. 이것은 2001년에 전기통신 분야에서 확실히 드러났는데, 그때 생산자들의 예측은 고객의 수요를 많이 초과했다. 최종고객의 수요를 고려하지 않고서는 회사는 항상 신뢰할만한 예측을 산출하기 힘들 것이다.

예측의 위험을 줄이기 위해 사용하는 두 가지 전략은 공급사슬의 반응을 향상시키는 것과 수요의 풀링을 위해 기회를 활용하는 것이다. W.W. Grainger사는 8주에서 3주 이하까지 준비기간을 줄이기 위해 공급자들과 함께 일하였다. 향상된 반응성은 회사가 예측오류를 줄일 수 있도록 하였고 그래서 연관된 위험을 줄였다. 풀링은 11장에서 다루게 되는데, 이는 수요의 다수 근원을 함께 다룸으로써 거친 수요를 매끄럽게 하길 시도한다. Amazon.com은 창고들은 지리적인 수요를 풀링함으로써 Borders사보다 적은 예측오차를 가지게 되었다.

개선된 반응성과 풀링은 비용 측면에서 자주 등장한다. 빠른 반응도는 수용능력에 대한 투자를 요구하며, 풀링은 운송비용의 증가를 야기시킬 수 있다. 위험 완화와 비용 사이에 적절한 균형을 유지하기 위해서 완화 전략을 수립하는 것은 중요하다. 예를 들어, 현물시장 구매품에 의해 쉽게 부족액을 보상할 수 있는 상품을 다룰 때, 공급사슬의 반응도를 향상시키기 위해 많은 액수의 비용을 쓰는 것은 정당화될 수 없다. 대조적으로, 짧은 수명주기를 갖는 제품을 위해 반응도에 투자하는 것은 비용 측면에서 가치가 있을 것이다. 마찬가지로, 근원적인 예측오차가 높을 때 풀링에 의한 이익은 단지 커지는 경향이 있다. 작은 예측오차를 갖는 제품들에 풀링하기 위한 노력을 투자하는 것은 정당화되지 못할 수도 있다.

7.10 예측의 실제

1. **예측을 수립하는 일에 협력하라.** 공급사슬 파트너들과의 협력은 종종 보다 정확한 예측을 만들어 낼 수 있다. 정보의 공유와 협력적인 예측의 창조가 시작되기 위해 파트너들과의 관계를 유지하는 시간과 노력의 투자가 필요하다. 협력으로 인한 공급사슬 이익은 비용보다는 종종 엄청나게 크다. 그러나 오늘날 현실적으로 대부분의 예측은 회사의 다른 기능을 넘어서는 유효한 모든 정보조차 고려하지 못하고 있다. 모든 공급사슬 정보를 고려하고 또한 활용할 수 있도록 하는 진보가 필요하다.
2. **오직 진정한 가치를 제공하는 자료만을 공유하라.** 자료의 가치는 공급사슬의 어느 곳에 위치하느냐에 따라 달라진다. 예를 들면, 소매자는 POS 데이터가 매장의 성능을 평가하는 데 매우 중요한 것을 알고 있다. 그러나 소매자들을 대상으로 하는 분배자들에게 판매하는 생산자들은 모든 POS 데이터의 자세한 내용까지 필요로 하지 않는다. 생산자에게는 상세한 POS 데이터부터 산출된 더 가치 있는 통합수요 자료가 매우 중요하다. 정보의 공유를 유지하는 것은 IT의 투자를 감소시키고 성공적인 협력의 기회를 개선한다.
3. **수요와 판매를 확실히 구별하라.** 회사들은 과거의 판매량을 보고 이것이 과거의 수요였던 것으로 생각하는 실수를 종종 범한다. 실제수요를 얻기 위해 부재고, 경쟁자의 행동, 가격, 그리고 광고 때문에 맞추지 못한 수요에 대해 조정할 필요가 있다. 그렇게 하지 못하면 현재 사실을 반영하지 못하는 예측을 야기하게 된다.

7.11 학습목표 요약

1. **기업과 공급사슬에서 예측의 역할을 설명하라.** 모든 공급사슬 설계와 계획에 관한 결정은 고객수요에 대한 예측을 기반으로 한다. 이러한 결정은 공장 및 설비에 대한 투자, 생산일정 계획, 판매인력 할당, 그리고 인력고용 계획 등을 포함한다. 따라서 정확한 수요 예측은 공급사슬의 성과에 커다란 영향을 미친다.
2. **수요 예측의 요소를 파악하라.** 수요는 체계적 요소와 무작위적 요소로 구성되어 있다. 체계적 요소는 수요의 기댓값을 측정한다. 무작위적 요소는 수요 기대치로부터의 벗어나는 변동을 측정한다. 체계적 요소는 수준, 추세, 그리고 계절성으로 구성되어 있다. 수준은 현재의 비계절적 수요를 측정한다. 추세는 현재 수요의 성장률 및 감소율을 측정한다. 계절성은 수

요의 예상되는 계절적 변동을 다룬다.

3. **시계열 방법론을 이용하여 주어진 과거 데이터로 공급사슬의 수요를 예측하라.** 예측에서의 시계열 방법론은 정적 예측과 적응 예측으로 나뉜다. 정적 방법론에서는 새로운 수요를 관찰해도 매개변수와 수요 형태의 추정치가 갱신되지 않는다. 정적 방법은 회귀분석을 포함한다. 적응 예측기법은 새로운 수요가 관찰될 때마다 추정치가 갱신된다 적응 예측기법은 이동평균법, 단순지수평활법, 홀트 모델, 윈터 모델을 포함한다. 이동평균법과 단순지수평활법은 수요에 추세나 계절성이 보이지 않을 때 가장 잘 쓰인다. 홀트 모델은 수요가 추세는 가지나 계절성이 없을 때 사용된다. 윈터 모델은 수요가 추세와 계절성을 모두 가질 때 적합하다.

4. **예측오차를 평가하기 위해 수요 예측을 분석하라.** 예측오차는 수요의 무작위적 요소를 측정한다. 이 측정은 예측이 얼마나 부정확한지, 회사가 어떠한 비상 계획을 세워야 하는지를 드러나게 하기 때문에 중요한 것이다. 평균절대편차(MAD)와 평균절대백분율오차(MAPE)가 예측오차의 크기를 평가하는 데 사용된다. 편향성과 추적지표는 예측이 지속적으로 과대 예측하고 있는지 아니면 과소 예측하고 있는지를 판단하는 데 사용된다.

토의문제

1. 공급사슬 환경에서 Dell사와 같은 주문 생산 환경에서는 예측이 어떤 역할을 할 것인가?
2. Dell사는 자사의 공급사슬을 개선하기 위해서 공급자들과 어떻게 협력적인 예측을 할 수 있는가?
3. 공급사슬 환경에서 L.L. Bean사와 같은 우편주문회사에서는 예측이 어떤 역할을 할 것인가?
4. 초콜릿에 대한 수요에서 체계적 요소와 무작위적 요소에는 어떤 것들이 있는가?
5. 관리자들은 만약 예측자가 어떠한 예측오차도 없이 과거의 수요를 예측하면 왜 의심을 가져야 할까?
6. 수요의 계절성을 갖는 제품의 예를 들어 보라.
7. 관리자가 작년의 수요 데이터가 아닌 판매 데이터를 이용해서 올해의 수요를 예측할 경우 발생하는 문제는 무엇인가?
8. 정적 예측방법과 적응 예측방법의 다른 점은?
9. MAD와 MAPE는 관리자에게 어떠한 정보를 주는가? 또 관리자는 이 정보를 어떻게 이용하는가?
10. 편향성과 추적지표는 관리자에게 어떤 정보를 주는가? 또 관리자는 이 정보를 어떻게 이용하는가?

연습문제

1. ABC사의 월별 수요는 [표 7.3]과 같다고 가정하자. 정적 예측방법을 이용하여 6년째의 월별 수요를 예측하라. 편향성, TS, MAD, MAPE, MSE를 계산하라. 예측의 질을 평가해 보라.

2. HOT Pizza사의 주별 판매량은 다음과 같다.

주	수요(달러)	주	수요(달러)	주	수요(달러)
1	108	5	96	9	112
2	116	6	119	10	102
3	118	7	96	11	92
4	124	8	102	12	91

네 기간의 이동평균법과 $\alpha = 0.1$인 지수평활법을 이용하여 다음 4주의 수요를 예측해 보라. 각 경우에 MAD, MAPE, MSE, 편향성, TS를 계산하라. 둘 중에 어떤 방법이 더 좋은가? 그 이유는 무엇인가?

3. 도매상의 분기별 꽃 판매량은 다음과 같다. $\alpha = 0.1$인 단순지수평활법과 $\alpha = 0.1$, $\beta = 0.1$인 홀트 모델을 사용하여 5년째의 판매량을 예측하라. 두 모델 중 어느 것이 더 좋은가? 그 이유는 무엇인가?

연도	분기	판매량(천달러)	연도	분기	판매량(천달러)
1	I	98	3	I	138
	II	106		II	130
	III	109		III	147
	IV	133		IV	141
2	I	130	4	I	144
	II	116		II	142
	III	133		III	165
	IV	116		IV	173

4. [표 7.3]의 ABC사의 월별 수요를 바탕으로 이동평균법, 단순지수평활법, 홀트 모델, 윈터 모델을 이용하여 6년째의 월별 수요를 예측하라. 각 경우에 편향성, TS, MAD, MAPE, MSE를 계산하라. 어떤 예측방법이 더 좋은가? 그 이유는 무엇인가?

표 7.3 ABC사의 월간 수요

판매(월)	연도 1	연도 2	연도 3	연도 4	연도 5
1	2,000	3,000	2,000	5,000	5,000
2	3,000	4,000	5,000	4,000	2,000
3	3,000	3,000	5,000	4,000	3,000
4	3,000	5,000	3,000	2,000	2,000
5	4,000	5,000	4,000	5,000	7,000
6	6,000	8,000	6,000	7,000	6,000
7	7,000	3,000	7,000	10,000	8,000
8	6,000	8,000	10,000	14,000	10,000
9	10,000	12,000	15,000	16,000	20,000
10	12,000	12,000	15,000	16,000	20,000
11	14,000	16,000	18,000	20,000	22,000
12	8,000	10,000	8,000	12,000	8,000
합계	78,000	89,000	98,000	115,000	113,000

참고문헌

Bernstein, Peter L., and Theodore H. Silbert. "Are Economic Forecasters Worth Listening To?" *Harvard Business Review* (September–October 1984): 2–8.

Bowerman, Bruce L., and Richard T. O'Connell. *Forecasting and Time Series: An Applied Approach,* 3rd ed. Belmont, CA: Duxbury, 1993.

Box, George E. P., and Gwilym M. Jenkins. *Time Series Analysis: Forecasting and Control.* Oakland, CA: Holden-Day, 1976.

Brown, Robert G. *Statistical Forecasting for Inventory Control.* New York: McGraw–Hill, 1959.

Chambers, John C., Satinder K. Mullick, and Donald D. Smith. "How to Choose the Right Forecasting Technique." *Harvard Business Review* (July–August 1971): 45–74.

Forecasting with Regression Analysis. Cambrige, MA: Harvard Business School Note #9–894–007, 1994.

Georgoff, David M., and Robert G. Murdick. "Manager's Guide to Forecasting." *Harvard Business Review* (Jan–Feb 1986): 2–9.

Gilliland, Michael. "Is Forecasting a Waste of Time?" *Supply Chain Management Review* (July–August 2002): 16–23.

Makridakis, Spyros, and Steven C. Wheelwright. *Forecasting Methods for Management.* New York: Wiley, 1989.

Yurkiewicz, Jack. "Forecasting 2000." *ORMS Today* (February 2000): 58–65.

사례연구

SPECIALTY PACKING CORPORATION, PART A

Julie Williams는 Specialty Packing Corporation(SPC)의 회의실을 떠날 때 많은 생각에 사로잡혔다. 그녀의 부서관리자는 그녀에게 SPC사의 마케팅 부서장과 회사의 주요 고객으로부터 선출된 고문위원으로 구성된 팀에 그녀가 합류하게 될 것이라고 하였다. 이 팀의 목표는 공급사슬의 성과를 향상시키는 것이었다. 이는 지난 몇 년간 SPC사가 효과적으로 수요를 충족시키지 못했다는 것에 기인한 것이다. 이로 인해 SPC사의 고객들이 그들의 새로운 수요를 맞추는 데 어려움을 겪는 상황이 종종 발생하였다. Julie는 SPC사의 고객들과는 거의 접촉하는 일이 없었다. 따라서 이 팀에서 자신이 어떻게 가치를 추가할 수 있을지 고민하였다. 그녀의 부서관리자는 이 팀의 첫 번째 임무가 SPC사와 고객들로부터 수집된 자료를 이용하여 협력적인 예측을 수립하는 것이라고 하였다. 이러한 예측은 기업의 성과를 개선하는 데 기초 역할을 하게 될 것이다. 관리자가 생산 계획을 수립하는 데 보다 정확한 예측을 이용할 수 있게 하고, 향상된 예측은 또한 SPC사의 배송 성과의 향상을 가져오게 될 것이다.

SPC

SPC사는 폴리스티렌 수지를 음식 산업을 위한 재활용 가능/폐기 가능 용기로 만든다. 폴리스티렌은 수지 덩어리 형

표 7.4 투명 플라스틱 용기와 검정 플라스틱 용기의 분기별 과거 수요

연도	분기	검정 플라스틱 수요 (1,000파운드)	투명 플라스틱 (1,000파운드)
2005	Ⅰ	2,250	3,200
	Ⅱ	1,737	7,658
	Ⅲ	2,412	4,420
	Ⅳ	7,269	2,384
2006	Ⅰ	3,514	3,654
	Ⅱ	2,143	8,680
	Ⅲ	3,459	5,695
	Ⅳ	7,056	1,953
2007	Ⅰ	4,120	4,742
	Ⅱ	2,766	13,673
	Ⅲ	2,556	6,640
	Ⅳ	8,253	2,737
2008	Ⅰ	5,491	3,486
	Ⅱ	4,382	13,186
	Ⅲ	4,315	5,448
	Ⅳ	12,035	3,485
2009	Ⅰ	5,648	7,728
	Ⅱ	3,696	16,591
	Ⅲ	4,843	8,236
	Ⅳ	13,097	3,316

태로 구입된다. 수지는 대용량의 레일컨테이너나 기차로부터 저장 사일로로 하적된다. 음식 용기를 만드는 공정은 2단계를 거친다. 우선 수지가 사출기로 보내지고, 폴리스티렌 판을 롤로 만든다. 플라스틱은 두 가지 형태가 되는데 투명과 검정이다. 롤은 용기를 만드는 데 바로 쓰이거나 저장된다. 다음으로, 롤은 가열성형압축기로 들어가 판 모양으로부터 용기 모양을 만들게 된다. 두 공정은 [그림 7.9]에서 보는 바와 같다.

지난 5년간 플라스틱 포장사업은 꾸준하게 증가해 왔다. 투명 플라스틱 용기에 대한 수요는 잡화점, 빵집, 레스토랑

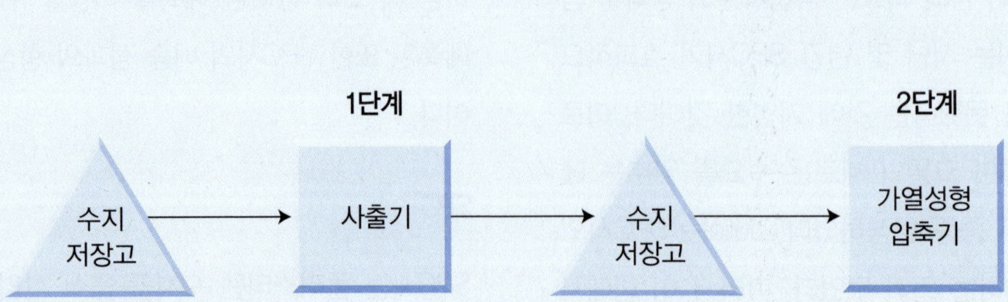

그림 7.9 SPC사의 생산공정

에서 창출된다. 검정 플라스틱에 대한 수요는 포장과 접시로 사용하기 위해 요리업자, 잡화점에서 생긴다. 투명 플라스틱 용기에 대한 수요는 여름철에 최대이며 검정 플라스틱 용기에 대한 수요는 가을철에 최대이다. 사출기의 생산능력은 성수기 기간의 수요를 충당할 정도로 충분하지 못하다. 그 결과로 공장은 미래 수요를 예상하여 각 종류에 대한 재고를 확보해야 한다. [표 7.4]와 [그림 7.10]은 두 종류(투명과 검정)의 용기에 대한 과거의 분기별 수요를 보여준다. 팀은 실제수요를 얻기 위해 판매손실을 고려하여 SPC의 판매 데이터를 수정하였다. 고객이 이 팀에 참여하지 않았다면 SPC사는 주문 상실을 관측하지 않았기 때문에 이러한 정보를 결코 알 수 없었을 것이다.

수요 예측

첫 번째 단계로, 2010~2012년의 두 종류의 용기에 대한 분기별 수요를 예측하길 원한다. 과거의 추세를 바탕으로 수요는 2012년까지 계속 증가한 후에 정체기에 접어들 것으로 기대된다. Julie는 적합한 예측기법을 선택하고 예측오차를 평가해야 한다. 그녀는 어떤 방법을 선택해야 하는가?

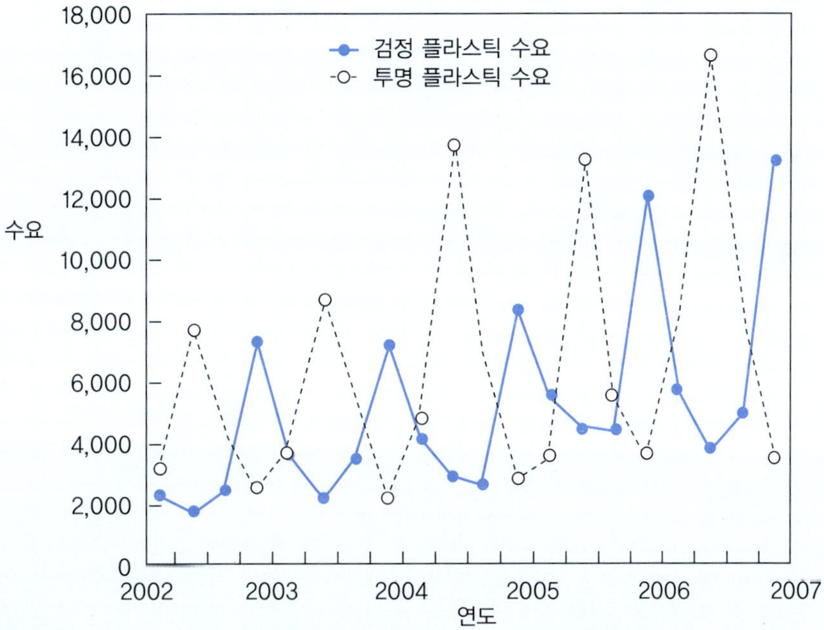

그림 7.10 투명 플라스틱 용기와 검정 플라스틱 용기의 분기별 수요의 도표

제 8 장 공급사슬에서의 총괄계획

학·습·목·표

이 장을 읽은 후에 여러분은 다음과 같은 것을 할 수 있을 것이다.

1. 총괄계획에 의해 최적화된 결정의 종류를 확인한다.
2. 공급사슬 활동에서 총괄계획의 중요성을 이해한다.
3. 총괄계획을 수집하는 데 필요한 정보의 종류를 정의한다.
4. 총괄계획 수립의 기본적인 트레이드오프 관계에 대해 설명한다.
5. 마이크로소프트 엑셀을 사용하여 총괄계획 문제를 수식화하고 해를 구한다.

이 장에서는 공급사슬에서 총괄계획방법론이 생산, 재고, 부재고에 대한 결정에 어떻게 활용되는지를 살펴본다. 총괄계획을 수립하는 데 필요한 정보를 정의하고, 최적의 총괄계획을 생성하기 위한 기본적인 트레이드오프에 대한 설명을 한다. 또한 총괄계획 문제를 풀기 위한 마이크로소프트 엑셀의 사용법을 설명한다.

8.1 공급사슬에서 총괄계획의 역할

생산능력, 수송능력, 저장능력, 심지어 정보능력까지 제한이 없고 가격도 없는 상황을 상상해 보자. 생산시간이 0이고 상품의 생산과 수송이 즉시 이루어지는 것을 상상해 보라. 이러한 상황에서는 아무런 계획도 필요 없고, 고객이 물건을 필요로 할 때마다 그 수요가 즉시 해결될 것이다. 이러한 상황에서 총괄계획은 아무런 의미가 없다.

그러나 대부분의 실제 상황에서 모든 능력에는 비용이 존재하며 리드타임은 훨씬 길다. 따라서 회사는 생산능력을 어떻게 사용할지에 대한 결정을 해야만 한다. 회사는 수요를 미리 예측하여 수요 발생에 앞서서 생산능력 수준, 생산 수준, 외주, 판촉활동을 결정해야 한다. 회사는 고객의 수요에 앞서 수요를 맞추기 위한 수요 예측과 의사결정을 예상해야만 한다. 회사는 가장 바쁜 달에도 수요를 만족시킬 수 있을만큼 생산능력이 매우 큰 공장을 만들어야 하는가? 또는 작은 공장을 만들어서 나중에 수요가 적을 것으로 예상되는 달의 재고유지비용을 줄여야 하는가? 총괄계획을 통해 회사는 이러한 질문들에 대한 답을 구할 수 있다.

총괄계획의 정의는 특정한 시간 범위에서 능력, 생산, 하청계약, 재고, 재고 부족, 가격 등의 수준을 결정하는 과정이다. 총괄계획의 목적은 이익을 최대화하면서 수요를 만족시키는 것이다. 이름의 의미에서 알 수 있듯이, 총괄계획은 단품(Stock Keeping Unit: SKU)의 수준을 결정하기보다는 총괄적인 수준에서 문제를 푼다. 예를 들어, 총괄계획은 주어진 달에 대해서 공장의 총생산 수준을 결정하게 되지만, 이것은 생산되어야 할 독립적인 단품에 대한 각각의 총량의 결정을 통해 이루어진다. 대부분의 의미 있는 총괄계획에서 이러한 세부 수준은 중기간(약 3~18개월 정도)의 계획을 결정한다. 이 정도의 기간은 단품을 단품 생산 수준에서 결정하기엔 너무 이른 기간이지만 새로운 생산 설비를 준비하기에는 너무 늦은 기간이다. 따라서 총괄계획은 "현재 가지고 있는 설비를 어떻게 가장 효율적으로 운영할 것인가?"라는 질문에 대한 답을 제시한다.

전통적으로, 많은 총괄계획들이 기업 내부에 초점을 두었고, 공급사슬 관리의 분야로 생각하지 않았다. 그러나 총괄계획은 공급사슬의 중요한 논점이다. 공급사슬에서 산출을 얻기 위한 효과적인 투입은 공급사슬의 성능에 가장 큰 영향을 준다. 앞 장의 예측에서 보았듯이, 협력적인 예측은 다양한 공급사슬의 기업들에 의해 시행되고, 이는 총괄계획에 있어서 중요하다. 좋은 예측은 하부의 공급사슬 파트너와의 협력을 필요로 한다. 뿐만 아니라 총괄계획에 있어서 많은 제약들은 기업 외부의 공급사슬 파트너로부터 발생한다. 이러한 제약들은 공급사슬의 상위 파트너들의 총괄계획에 있어서 중요한 요소이다. 공급사슬의 상위, 하위로부터 이러한 요소를 고려하지 않고는 총괄계획의 잠재적인 가치를 실현시킬 수 없다. 총괄계획으로부터의 결과는 상위, 하위 파트너의 가치가 되어야 한다. 기업의 생산 계획은 공급자의 수요로 정의되고, 고객의 공급 제약으로 수립된다. 이번 장에서는 단독 기업뿐만 아니라 기업과 관련된 공급사슬의 총괄계획을 이용하기 위한 기초에 대해 다룬다. 공급사슬과 관련된 총괄계획은 9장에서 보다 자세하게 다룰 것이다.

예를 들어, 고가의 종이제품의 공급사슬이 이익의 극대화를 위해 총괄계획을 어떻게 이용하는지 생각해 보자. 여러 가지 종류의 종이 제작소는 고객으로부터 인쇄업자, 분배업자, 최종적으로 생산자까지 계절적인 수요를 갖는다. 대부분의 경우 고가의 종이제품은 매년 보고서가 써지는 봄과 새로운 차의 팜플릿이 발표되는 가을에 수요가 늘어나는 계절적 수요의 특성을 지니고 있다. 그러나 종이 생산 설비는 매우 비싸기 때문에 봄과 가을의 수요를 맞추기 위해 생산 설비를 세우기에는 비용이 매우 많이 들 것이다. 이러한 문제를 해결하기 위해, 생산자는 자신의 생산능력보다 많은 수요가 들어오는 봄과 가을을 대비하기 위해 비수기 동안의 생산 수준과 재고 수준을 결정하는 총괄계획을 세운다. 공급사슬에서, 산출량으로부터 투입량을 고려하여 세운 총괄계획은 생산자의 이익을 최대화시키는 데 도움을 준다.

총괄계획자의 주요 목적은 특정 기간 동안 다음과 같은 동적인 변수들을 결정하는 것이다.

- **생산 비율:** 단위시간당(예를 들어, 주당 혹은 월당) 완성되는 물건의 숫자
- **노동력:** 사람 수/생산에 필요한 생산능력의 단위

- **초과시간:** 생산에 계획된 초과시간의 양
- **기계 생산능력 수준:** 생산에 필요한 기계 생산능력의 양
- **하청계약:** 계획기간에 필요한 하청계약의 용량
- **부재고:** 계획기간에 충족되지 않았지만 앞으로의 기간에 충족되어야 할 수요
- **현재 재고:** 계획 범위에 있어서 다양한 시기에 대해 계획된 재고

총괄계획은 운용에 대한 광범위한 청사진을 제공하며 짧은 기간의 생산과 분배에 대한 결정이 이루어졌을 때, 이와 관련된 매개변수를 제공한다. 또한 총괄계획은 공급사슬이 생산능력에 대한 분배 및 공급 계약의 변경을 가능하도록 한다. 앞 장에서 언급한 바와 같이, 전체적인 공급사슬은 계획과정에서 협력이 필요하다. 만약 생산자가 주어진 기간에서 생산 계획의 생산량을 상향조정하면, 공급자, 분배자, 창고관리자는 변경된 계획을 확인하고 그 계획에 의거하여 그들의 계획도 조정해야 한다. 이상적으로, 공급사슬의 능률을 최적화하기 위해서 공급사슬의 모든 단계는 총괄계획 하에서 유기적으로 연결되어야 한다. 만약 각 단계마다 독자적인 총괄계획을 지니게 되면, 이러한 독자적인 총괄계획들이 조화를 이루면서 통합되는 것은 거의 불가능할 것이다. 이러한 부조화는 공급사슬에서 공급부족이나 공급과잉을 초래하게 될 것이다. 따라서 가능한 한 넓고 합리적인 범위 내에서 공급사슬의 총괄계획을 수립하는 것이 매우 중요하다.

다음 절에서는 총괄계획 문제를 명시적으로 정의한다. 총괄계획을 수립하는 데 필요한 정보를 정의하고 총괄계획이 제공할 수 있는 결과값에 대해 살펴본다.

8.2 총괄계획 문제

총괄계획의 목적은 회사의 이익을 극대화하면서 수요를 만족시키는 것이다. 총괄계획 문제는 명시적으로 다음과 같이 정의할 수 있다.

> 계획 범위 내에서 각 기간에 대한 수요 예측이 주어졌을 때, 계획 범위 전체에 걸쳐 회사의 이익을 극대화하는 각 기간의 생산 수준, 재고 수준, 생산능력 수준을 결정하는 것.

회사는 총괄계획을 수립하기 위해서 계획 범위를 설정해야 한다. 계획 범위는 총괄계획이 결과를 제공하는 기간으로 대략 3개월에서 18개월 정도이다. 회사는 계획 범위 내에서 각 기간의 길이(예를 들면, 주, 월, 혹은 분기)도 결정해야 한다. 일반적으로 총괄계획은 월 또는 분기로 기간의 길이를 결정한다. 다음으로, 회사는 총괄계획을 세우는 데 필요한 핵심 정보를 정의하

고 추천할 총괄계획을 결정한다. 이러한 정보의 정의와 추천은 이 절에서 일반적인 총괄계획 문제로 표현된다. 다음 절에서 제안하는 모델은 유연적이며 상황에 맞추어 적용할 수 있다.

총괄계획자는 다음과 같은 정보를 필요로 한다.

- T기간으로 확장된 계획 범위에서 각 기간 t에 대한 수요 예측 F_t
- 생산비용
  —노동비용, 정규시간 임금(달러/시간), 초과시간 임금(달러/시간)
  —하청계약 생산비용(달러/단위 또는 달러/시간)
  —생산능력 변경비용, 구체적으로 고용 및 해고비용(달러/노동자) 그리고 기계 생산능력의 증가 혹은 감소비용(달러/기계)
- 단위당 요구되는 노동/기계 시간
- 재고유시비용(달러/난위(제품)/기간)
- 재고부족 혹은 부재고비용(달러/단위(제품)/기간)
- 제약조건
  —초과시간의 한계
  —임시휴직의 한계
  —가용 생산능력의 한계
  —재고부족 혹은 부재고의 한계

이러한 정보들은 총괄계획을 수립하기 위해 사용된다. 즉, 이러한 정보들은 회사가 다음과 같은 결정을 내리는 것을 도와준다.

- **정규시간, 초과시간, 하청계약시간의 생산량:** 작업자의 수와 공급자 구매 수준의 결정에 사용된다.
- **재고유지:** 창고공간과 작업 자본의 수준의 결정에 사용된다.
- **부재고/재고 부족량:** 고객에 대한 서비스 수준의 결정에 사용된다.
- **노동력 고용/감축:** 노동자의 문제에 대한 결정에 사용된다.
- **기계 생산능력 증가/감소:** 새로운 생산 설비의 구입 여부를 결정하는 데 사용된다.

총괄계획의 결과는 회사의 이익에 커다란 영향을 미친다. 부정확한 총괄계획은 만약 가용재고와 생산능력이 수요를 충족시킬 수 없을 경우에는 판매손실이나 이익손실을 초래하고, 반대의 경우에는 매우 큰 과잉재고와 과잉생산능력을 초래할 수 있다. 따라서 총괄계획은 회사의 이익을 극대화하는 데 있어서 매우 중요한 도구이다.

8.3 총괄계획 전략

총괄계획자는 생산능력과 재고/부재고 비용 사이에 발생하는 트레이드오프를 결정해야 한다. 이러한 세 가지 비용 중 한 가지를 감소시키는 총괄계획은 일반적으로 다른 두 가지 비용을 증가시킨다. 이러한 관점에서 각각의 비용은 서로 트레이드오프된다. 예를 들어, 재고비용을 낮추기 위해서 총괄계획자는 생산능력비용과 부재고비용을 증가시켜야만 한다. 따라서 총괄계획의 목표는 가장 수익성이 높은 트레이드오프를 달성하는 것이다. 시간에 따른 다양한 수요가 주어졌을 때, 총괄계획자는 이러한 상관관계를 갖는 세 가지 비용 중 한 가지를 선택하여 회사의 이익을 최대화하는 주요 수단으로 사용한다. 생산능력의 변화에 대한 비용이 낮다면, 회사는 비수기 동안에 재고를 만들지 않고 부재고를 가져가지 않을 것이다. 반대의 경우라면, 회사는 성수기부터 비수기까지 재고를 만들거나 부재고를 가져가는 방법을 통해 이익을 극대화시킬 것이다.

일반적으로 기업은 수요를 최대한 충족시키기 위해 이러한 세 가지 비용의 조합을 시도한다. 따라서 총괄계획자에게 가능한 기본적인 트레이드오프는 다음과 같다.

- 생산능력(정규시간, 초과시간, 하청계약)
- 재고
- 부재고/지연으로 인한 판매손실

이 세 가지 비용 사이의 균형을 맞추기 위해서 필수적으로 세 가지 다른 형태의 총괄계획 전략이 존재한다. 이 세 가지 전략은 자본투자, 노동력 크기, 작업시간, 재고, 부재고/판매손실 사이의 트레이드오프와 관련되어 있다. 총괄계획자가 실제로 사용하는 대부분의 전략은 이 세 가지 전략의 조합이며 이를 맞춤 전략이라 한다. 세 가지 전략은 다음과 같다.

1. **수요추적 전략(생산능력을 주요 수단으로 사용):** 이것은 수요량의 변화에 따라 기계용량을 변화시키거나 노동력의 고용 또는 해고를 통해 생산량과 수요량을 동일하게 하는 전략이다. 현실적으로 단기간 내에 생산능력과 노동력을 변화시키는 것이 어렵기 때문에 생산량과 수요량을 동일하게 하는 것은 매우 어려운 일이다. 시간에 따른 기계용량의 변화에 대한 비용이 높다면, 이 전략을 도입하는 것은 매우 큰 비용이 든다. 또한 이 전략은 종업원의 사기에 매우 부정적인 영향을 줄 수 있다. 수요추적 전략의 결과, 공급사슬 내에서 재고의 낮은 수준의 변화와 생산능력과 노동력의 높은 수준의 변화가 발생한다. 따라서 이 전략은 재고유지비용이 매우 높거나 생산능력과 노동력 수준의 변화비용이 낮을 경우에 사용되어야 한다.

2. **노동력 혹은 생산능력으로부터의 시간 유연성 전략(이용률을 주요 수단으로 사용):** 이 전략은 기계용량의 여유가 있을 경우(즉, 기계가 하루 24시간, 일주일에 7일 모두 사용되지 않는 경우)에 사용될 수 있다. 이 경우 노동력(생산능력)은 안정적이지만 노동시간은 생산량과 수요량을 일치시키기 위해 변한다. 총괄계획자는 초과작업 시간량의 변화나 유연한 일정 계획을 이용하여 생산량과 수요량의 일치라는 목적을 달성할 수 있다. 이 전략은 노동력의 유연성을 요구하지만, 노동력의 크기를 조정하는 수요추적 전략과 관련된 몇 가지 문제를 피할 수 있다. 이 전략의 결과로 낮은 재고 수준이 유지되지만 수요추적 전략에 비해 평균 이용률이 낮아지게 된다. 따라서 이 전략은 재고유지비용이나 생산능력의 변화비용이 비교적 고가일 경우에 사용될 수 있다.
3. **단계별 전략(재고를 주요 수단으로 사용):** 일정한 생산율로 안정적인 기계용량과 노동력을 유지할 수 있는 것이 이 전략의 특징이다. 따라서 기업은 생산량의 부족이나 과잉으로 인하여 시간에 따라 재고 수준이 변동한다. 즉, 이 전략에서는 생산량과 수요량이 일치하지 않는다. 성수기에 대비해 재고를 쌓아 두기도 하며, 비수기에도 생산량을 크게 줄이지 않는다. 반면에, 종업원에게는 안정적인 작업조건을 제공할 수 있다. 이 전략의 단점은 많은 재고나 부재고가 축적될 수 있다는 것이다. 이 전략은 생산능력과 생산능력의 변화비용을 비교적 낮게 유지한다. 재고유지비용과 부재고비용이 비교적 낮을 경우에 이 전략이 사용될 수 있다.

다음 절에서는 총괄계획에 사용되는 일반적인 방법론에 대해 논의한다.

8.4 선형 계획을 이용한 총괄계획

앞서 논의한 바와 같이, 총괄계획의 목적은 고객의 수요를 만족시키면서 회사의 이익을 최대화하는 것이다. 고객의 수요를 만족시키고자 하는 모든 기업은 설비의 생산능력이나 노동력과 같은 제약들을 지니고 있다. 선형 계획은 이러한 일련의 제약조건 하에서 이익을 최대화하고자 할 때 기업이 사용할 수 있는 매우 효과적인 방법론이다. 선형 계획은 기업이 직면한 여러 가지의 제약조건을 만족하면서 가장 높은 수익을 창출할 수 있는 해답을 제공한다.

멕시코에 생산공장을 가지고 있는 원예장비 생산자인 Red Tomato Tools사의 사례를 통해 선형 계획에 대해 알아보자. Red Tomato사의 제품은 미국에 있는 소매상을 통해 판매된다. Red Tomato사의 작업은 구매한 부품을 다목적 원예도구로 조립하는 것이다.

이러한 조립 작업에 필요한 장비와 공간의 제약으로 인해 Red Tomato사의 생산능력은 주로 노동력의 크기에 의해 결정된다.

Red Tomato사의 사례에 대해 6개월의 기간을 사용하는데, 그 이유는 6개월이라는 기간이 다루기 어렵지 않으면서 요점을 설명할 수 있는 충분히 긴 시간축이 되기 때문이다.

RED TOMATO TOOLS

Red Tomato사의 원예도구에 대한 수요는 사람들이 정원을 가꾸는 봄에 성수기가 되기 때문에 계절성이 높다. 이러한 계절적 수요는 공급사슬에서 소매자부터 생산자인 Red Tomato사까지 파급된다. Red Tomato사는 이러한 계절성 수요의 장애를 극복하고 이익을 최대화하기 위해 총괄계획을 사용하기로 결정하였다. 계절성이 높은 수요에 대처하기 위한 Red Tomato사의 선택은 성수기 동안에 종업원의 증가, 몇몇 작업에 대한 하청계약, 비성수기 동안 재고 확보, 고객에게 늦게 배달될 주문의 부재고를 줄이는 것이다. 총괄계획을 통해 이러한 문제들에 대한 최적의 결정을 도출하기 위해 Red Tomato사의 공급사슬 부사장은 제품의 수요 예측을 실시하였다. Red Tomato사는 스스로 수요 예측을 할 수 있지만 [표 8.1]에서 보는 바와 같이 Red Tomato사와 그들의 소매자들의 예측을 통한 보다 협력적인 프로세스로부터 보다 정확한 예측을 한다.

Red Tomato사는 소매자에게 제품 하나당 40달러에 판매한다. 회사는 1월에 1,000개의 재고를 갖고 있으며, 1월 초에 80명의 종업원을 고용하고 있다. 공장은 매달 총 20일 작업하고, 각 종업원은 정규시간 1시간당 4달러의 급여를 받는다. 각 종업원은 하루에 8시간(표준 작업시간) 동안 근무하며 초과시간에는 휴식한다. 앞서 논의한 바와 같이, 생산능력은 주로 총노동시간에 의해 결정된다. 따라서 기계용량은 생산 작업의 생산능력을 제약하지 않는다. 노동법에 따라 어떤 종업원도 한 달에 초과시간에 10시간 이상 일할 수 없다. 여러 비용은 [표 8.2]에 나타나는 바와 같다.

표 8.1 Red Tomato Tools사의 수요 예측

월	수요 예측
1	1,600
2	3,000
3	3,200
4	3,800
5	2,200
6	2,200

표 8.2 Red Tomato사의 비용

항목	비용
자재비용	10달러/개
재고유지비용	2달러/개/월
재고부족/부재고의 한계 원가	5달러/개/월
고용과 훈련비용	300달러/인
해고비용	500달러/인
요구 작업시간	4/개
정규시간비용	4달러/시간
초과시간비용	6달러/시간
하청계약비용	30달러/개

현재 Red Tomato사는 하청계약, 재고, 재고부족/부재고에 대해 제약이 없다. 모든 재고부족은 부재고로 되며 다음 달의 생산을 통해 공급한다. 재고비용은 그 달의 마지막 재고에 의해 발생한다. 공급사슬 관리자의 목표는 Red Tomato사가 적어도 500개로 6월 말을 마치는(즉, 6월 말에 재고부족이 없고 적어도 500개의 재고를 확보) 최적 총괄계획을 얻는 것이다.

최적 총괄계획은 6개월의 계획기간 동안 회사에 최고의 이익을 가져온다. Red Tomato사의 높은 고객 서비스 수준에 대한 요구를 만족시키기 위해 모든 수요는 충족되어야 한다고 가정한다. 따라서 계획기간 전체에서 얻어지는 매출은 주어진 가격에 의해 고정된다. 많은 경우, 회사는 특정 수요를 충족시키지 못하거나, 총괄계획에 근거해 회사가 결정하기 위해 가격 자체를 변수로 취하는 선택을 한다. 이러한 상황에서는 비용의 최소화가 이익의 최대화와 동일하지 않을 수 있다.

결정변수

총괄계획 모형을 수립하는 첫 번째 단계는 총괄계획에 의해 그 값이 결정되어지는 결정변수의 집합을 확인하는 것이다. Red Tomato사에 대해서는 총괄계획 모형을 위해 다음의 결정변수가 정의된다.

W_t = t월의 노동력 크기, $t = 1, \ldots, 6$

H_t = t월 초에 고용하는 종업원의 수, $t = 1, \ldots, 6$

L_t = t월 초에 해고하는 종업원의 수, $t = 1, \ldots, 6$

P_t = t월에 생산되는 제품의 수, $t = 1, \ldots, 6$

I_t = t월 말의 재고, $t = 1, \ldots, 6$

S_t = t월 말의 부족재고/부재고가 되는 제품의 수, $t = 1, \ldots, 6$
C_t = t월에 하청계약되는 제품의 수, $t = 1, \ldots, 6$
O_t = t월에 작업된 초과시간의 수, $t = 1, \ldots, 6$

총괄계획을 수립하는 다음 단계는 목적함수를 정의하는 것이다.

목적함수

기간 t의 수요를 D_t로 표기한다. D_t의 값은 [표 8.1]의 수요 예측에 의해 결정된다. 목적함수는 계획기간 사이에 발생하는 전체 비용의 최소화(모든 수요가 충족될 때의 이익의 최대화와 동일)이다. 발생하는 비용은 다음과 같다.

- 정규시간 노동비용
- 초과시간 노동비용
- 고용/해고 비용
- 재고유지비용
- 재고부족비용
- 하청계약비용
- 자재비용

이 비용들은 다음과 같이 계산된다.

1. **정규시간 노동비용:** 작업자에게는 정규시간에 대한 임금으로 한 달에 640달러(4달러/시간 × 8시간/일 × 20일/월)를 지불한다. W_t가 t기간의 작업자의 수이기 때문에 계획기간 전체의 정규시간 노동비용은 다음과 같다.

$$\text{정규시간 노동비용} = \sum_{t=1}^{6} 640W_t$$

2. **초과시간 노동비용:** 초과시간 노동비용은 시간당 6달러이고([표 8.2] 참조), O_t는 기간 t에서의 초과 작업시간을 의미하므로, 계획기간 전체의 초과시간 노동비용은 다음과 같다.

$$\text{초과시간 노동비용} = \sum_{t=1}^{6} 6O_t$$

3. **고용/해고 비용:** 작업자 한 명을 고용하는 비용은 300달러이고 해고하는 비용은 500달러이

다([표 8.2] 참조). H_t와 L_t는 각각 기간 t에서 고용, 해고된 종업원의 수를 나타내므로 고용/해고비용은 다음과 같다.

$$\text{고용/해고 비용} = \sum_{t=1}^{6} 300H_t + \sum_{t=1}^{6} 500L_t$$

4. **재고와 재고부족비용:** 한 달에 한 단위의 재고를 유지하는 비용은 2달러이고 재고부족의 경우 단위당 5달러의 비용이 든다([표 8.2] 참조). I_t와 S_t는 각각 기간 t에서 재고의 단위 수와 재고부족의 단위 수를 나타내므로 재고유지비용과 재고부족비용은 다음과 같다.

$$\text{재고유지/재고부족 비용} = \sum_{t=1}^{6} 2I_t + \sum_{t=1}^{6} 5S_t$$

5. **자재비용과 하청계약비용:** 자재비용은 단위당 10달러이고 하청계약비용은 단위당 30달러이다([표 8.2] 참조). P_t는 기간 t에 생산된 제품의 양을 나타내고, C_t는 기간 t에서 하청계약으로 생산된 제품의 양을 나타낸다. 따라서 자재비용과 하청계약비용은 다음과 같다.

$$\text{자재비용과 하청계약비용} = \sum_{t=1}^{6} 10P_t + \sum_{t=1}^{6} 30C_t$$

전체 계획기간 동안에 발생하는 총비용은 앞서 설명한 모든 비용의 합이며 다음과 같이 나타낼 수 있다.

$$\sum_{t=1}^{6} 640W_t + \sum_{t=1}^{6} 6O_t + \sum_{t=1}^{6} 300H_t + \sum_{t=1}^{6} 500L_t + \sum_{t=1}^{6} 2I_t + \sum_{t=1}^{6} 5S_t + \sum_{t=1}^{6} 10P_t + \sum_{t=1}^{6} 30C_t \quad (8.1)$$

Red Tomato사의 목적은 전체 계획기간 동안 발생하는 총비용(식 (8.1) 참조)을 최소화하는 총괄계획을 구하는 것이다.

목적함수의 결정변수값은 임의로 결정될 수 없다. 이 값들은 여러 제약식에 의해 한정된다. 총괄계획 모형을 수립하는 다음 단계는 결정변수에 관련된 제약식을 명확히 정의하는 것이다.

제약식

Red Tomato사의 부사장은 이제 결정변수가 어겨서는 안 될 제약조건을 명확히 규정한다. 이것은 다음과 같다.

1. **노동력, 고용, 해고 제약식:** 기간 t의 노동력 크기 W_t는 기간 $t-1$의 노동력 크기 W_{t-1}에 대해 기간 t에 고용한 인원 H_t와 해고한 인원 L_t과 관련해 다음과 같은 관계를 갖는다.

$$W_t = W_{t-1} + H_t - L_t \qquad (t = 1, \ldots, 6) \tag{8.2}$$

최초의 노동력 크기 W_0는 80으로 주어져 있다.

2. **생산능력 제약식:** 각 기간에 생산되는 양은 사용 가능한 생산능력을 초과할 수 없다. 이 제약식의 집합은 전체 생산을 정규시간 또는 초과시간의 가용 노동시간에 근거하여 결정되는 내부의 전체 가용 생산능력으로 제한한다. 하청계약 생산은 이 제약에 포함되지 않는다. 즉, 이 제약은 공장 내의 생산에만 한정된다. 각 작업자가 한 달에 정규시간에만 작업하여 40단위를 생산할 수 있고([표 8.2]에 정의된 단위당 4시간 참고), 초과시간 4시간마다 제품 한 단위를 생산할 수 있으므로 다음을 얻을 수 있다.

$$P_t \leq 40W_t + \frac{O_t}{4} \qquad (t = 1, \ldots, 6) \tag{8.3}$$

3. **재고균형 제약식:** 세 번째 제약식은 각 기간의 마지막에 재고의 균형을 맞추는 것이다. 기간 t의 순수요는 현재 수요 D_t와 이전 시점의 부재고 S_{t-1}의 합으로 구할 수 있다. 순수요는 현재의 생산(내주 생산 P_t 또는 하청 생산 C_t), 이전의 I_{t-1}재고(이 경우 재고 I_t의 어느 정도가 남겨질 수도 있다), 또는 부재고가 되는 부분 S_t에 의해 충족되어진다. 이러한 관계에 의해 다음의 식을 얻을 수 있다.

$$I_{t-1} + P_t + C_t = D_t + S_{t-1} + I_t - S_t \qquad (t = 1, \ldots, 6) \tag{8.4}$$

초기 재고 I_0는 1,000으로 주어져 있고, 마지막의 재고는 적어도 500단위, 즉, $I_6 > 500$이어야 한다. 초기에 부재고는 존재하지 않는다. 즉, S_0는 0이다.

4. **초과시간 제한 제약식:** 네 번째 제약식은 어떠한 종업원도 각 달에 10시간 이상 초과시간 근무를 할 수 없는 것이다. 이 조건은 가능한 전체 초과시간의 양을 다음과 같이 제한한다.

$$O_t \leq 10W_t \qquad (t = 1, \ldots, 6) \tag{8.5}$$

이와 더불어, 모든 변수는 음수가 될 수 없으며, 기간 6에서의 부재고가 있어서는 안 된다. 즉, $S_6 = 0$이어야 한다.

이 모형을 이후에 논의할 엑셀에 적용할 때, 모든 제약식의 우변을 0이 되도록 하는 것이 가장 다루기 쉽다. 초과시간 제한 제약식(식 (8.5))은 다음과 같은 형태로 나타낼 수 있다.

$$O_t - 10W_t \leq 0 \qquad (t = 1, \ldots, 6)$$

각 달에 하청계약으로 구매되는 양을 제한하거나, 고용 혹은 해고할 수 있는 종업원의 최대 인원을 제한하는 제약식을 쉽게 추가할 수 있는 것을 이해할 수 있을 것이다. 부재고 혹은 재고를 제한하는 어떠한 다른 제약식 또한 적용될 수 있다. 이상적으로, 종업원 수는 정수변수여야만 한다. 그러나 종업원 수가 분수가 되는 것을 허용함으로써 좋은 추정값을 얻을 수 있고, 이를 통해 문제를 푸는 시간을 크게 단축시킬 수 있다. 이러한 선형계획법은 엑셀의 해찾기를 사용하여 풀 수 있다.

기간 t에서의 평균 재고를 기간 t의 시작과 마지막 재고의 평균, 즉 $(I_{t-1} + I_t)/2$로 가정하면, 전체 계획기간의 평균 재고는 다음과 같이 구할 수 있다.

$$\text{평균 재고} = \frac{(I_0 + I_T)/2 + \left(\sum_{t=1}^{T-1} I_t\right)}{T}$$

전체 계획기간에서 제품의 평균 흐름시간은 Little의 법칙(평균 흐름시간 = 평균 재고/생산량)에 의해 얻을 수 있다. 평균 흐름시간은 다음과 같다.

$$\text{평균 흐름시간} = \left[\frac{(I_0 + I_T)/2 + \left(\sum_{t=1}^{T-1} I_t\right)}{T}\right] \Bigg/ \left[\frac{\left(\sum_{t=1}^{T} D_t\right)}{T}\right] \tag{8.6}$$

나열된 제약식(식 (8.2)에서 (8.5))에 따라 목적함수의 최적화(식 (8.1)의 비용 최소화)를 통해 부사장은 [표 8.3]에 나타난 바와 같은 총괄계획을 얻게 된다(이 장의 후반부에서 최적화에 엑셀을 사용하는 방법에 대해 논의한다). 8장과 9장에 있는 모든 표는 엑셀을 통해 정수에 가깝게 반올림하였다. 예를 들어, [표 8.3]의 기간 1을 보면, 해고인원 15명은 실제 15.417의 값을 반올림한 것이며, 전체 생산 2,583은 2,583.33, 재고 1,983은 1,983.33을 반올림한 것이다. 결과적으로, 계산에 사용되는 [표 8.3]의 모든 비용은 정확하게 일치하지 않다.

이 총괄계획을 통해 다음과 같은 결과를 얻을 수 있다.

$$\text{전체 계획기간의 총비용} = 422{,}275\text{달러}$$

Red Tomato사는 1월의 시작에 총 15명의 종업원을 해고하고, 이후에는 노동력과 생산 수준을 유지한다. 전체 계획기간 동안에 하청계약을 이용하지 않는다. 회사는 4월에서 5월 사이에 서만 부재고를 가져가게 되고, 다른 모든 달에는 재고부족이 없도록 계획되어 있다. 사실상 Red Tomato사는 다른 모든 기간에는 재고를 보유한다. 이러한 재고는 미래의 수요 증가에 대한 예측에 의해 보유되는 것이기 때문에 이를 계절성 재고라고 설명할 수 있다. 판매가격은 40달러로 주어져 있고 전체 판매는 16,000단위이므로, 전체 계획기간에서의 수익은 다음과 같다.

$$\text{전체 계획기간의 수익} = 40 \times 16{,}000 = 640{,}000\text{달러}$$

계획기간 동안의 평균 계절성 재고는 다음과 같다.

$$\text{평균 계절성 수요} = \frac{(I_0 + I_6)\Big/2 + \left(\sum_{t=1}^{5} I_t\right)}{T} = \frac{5{,}367}{6} = 895$$

전체 계획기간에서의 이 총괄계획에 따른 평균 흐름시간(식 (8.6) 이용)은 다음과 같다.

$$\text{평균 흐름시간} = \frac{895}{2{,}667} = 0.34$$

만약 수요의 계절적 변동이 커진다면, 그 결과로 공급과 수요의 일치가 더욱 어려워지고 재고와 부재고의 증가와 더불어 공급사슬의 총비용의 증가를 가져오게 된다. 수요 예측값이 더욱 고르지 않은 경우를 예제 8.1을 통해 설명한다.

예제 8.1

수요 예측을 제외한 모든 데이터는 이전의 Red Tomato사에 관한 것과 동일하다. 동일한 전체 수요(16,000단위)가 [표 8.4]에 보이는 바와 같이 수요의 계절적 변동이 심한 형태로 6개월에 각각 분배된다고 가정하자. 이 경우의 최적 총괄계획을 구하라.

표 8.3 Red Tomato사의 총괄계획

기간 t	고용인원 H_t	해고인원 L_t	인력 크기 W_t	초과시간 O_t	재고 I_t	재고부족 S_t	하청계약 C_t	전체 생산 P_t
0	0	0	80	0	1,000	0	0	
1	0	15	65	0	1,983	0	0	2,583
2	0	0	65	0	1,567	0	0	2,583
3	0	0	65	0	950	0	0	2,583
4	0	0	65	0	0	267	0	2,583
5	0	0	65	0	117	0	0	2,583
6	0	0	65	0	500	0	0	2,583

표 8.4 높은 계절 변동 상황에서의 수요 예측

월	수요 예측
1	1,000
2	3,000
3	3,800
4	4,800
5	2,000
6	1,400

분석: 이 경우에 최적 총괄계획(이전에 사용한 것과 동일한 비용을 사용한)은 [표 8.5]에 나타난 바와 같다. 다시 한번 말하지만, [표 8.5]의 모든 데이터는 정수에 가깝게 반올림되었다. 예를 들어, [표 8.5]의 기간 1의 해고인원 15는 실제 15.417을 반올림한 것이다.

표 8.5 표 8.4의 수요에 대한 최적 총괄계획

기간 t	고용인원 H_t	해고인원 L_t	인력 크기 W_t	초과시간 O_t	재고 I_t	재고부족 S_t	하청계약 C_t	전체 생산 P_t
0	0	0	80	0	1,000	0	0	
1	0	15	65	0	2,583	0	0	2,583
2	0	0	65	0	2,167	0	0	2,583
3	0	0	65	0	950	0	0	2,583
4	0	0	65	0	0	1,267	0	2,583
5	0	0	65	0	0	683	0	2,583
6	0	0	65	0	500	0	0	2,583

월별 생산은 동일하지만 재고와 재고부족(부재고)은 [표 8.1]의 수요 분석표에 관한 [표 8.3]의 총괄계획과 비교해 볼 때 상승한 것을 관찰할 수 있다. [표 8.4]의 새로운 수요를 만족하는 비용은 ([표 8.1]의 이전 수요가 422,275달러인 것에 비해) 432,858달러로 더욱 높다.

계획기간 동안의 계절성 재고는 다음과 같다.

$$\text{계절성 재고} = \frac{[(I_0 + I_T)/2] + \sum_{t=1}^{T-1} I_t}{T} = \frac{6,450}{6} = 1,075$$

전체 계획기간에서의 이 총괄계획에 따른 평균 흐름시간(식 (8.6) 이용)은 다음과 같다.

$$\text{평균 흐름시간} = \frac{1,075}{2,667} = 0.40$$

예제 8.1로부터 소매상에서의 수요 변동의 증가는 생산자의 생산 일정뿐만 아니라 재고를 위한 저장용량에도 영향을 주는 것을 볼 수 있다.

Red Tomato사의 예를 이용하여 비용의 변화와 더불어 최적 트레이드오프를 볼 수 있다. 재고유지비용이 증가함에 따라 재고를 줄이고 생산능력의 초과, 부재고, 하청계약에 의존하는 것이 더 나은 것을 보여 주는 예제 8.2를 통해 최적 트레이드오프를 설명한다.

예제 8.2

Red Tomato사의 수요는 [표 8.1]에 나타난 바와 같고, 단위당 재고유지비용이 한 달에 2달러에서 6달러로 증가된 것을 제외한 모든 다른 데이터는 같다고 가정하자. [표 8.3]에 나타난 총괄계획에 대응하는 총괄계획을 산출하고, 새로운 비용구조에 따른 최적 총괄계획을 제안하라.

분석: 단위당 재고유지비용이 한 달에 2달러에서 6달러로 증가한다면, [표 8.3]의 총괄계획에 대응하는 비용은 422,275달러에서 442,742달러로 증가할 것이다. 이 새로운 비용을 고려하고 결정한 새로운 최적 총괄계획은 [표 8.6]에서 보이는 것과 같다. [표 8.6]의 결과는 엑셀을 통해 정수에 가깝게 반올림하였다. 예를 들어, 기간 1의 총생산량은 2,266.67이나 반올림하여 2,267로 한다.

기대한 바와 같이, 재고유지비용이 증가하였기 때문에 [표 8.3]의 총괄계획과 비교하여 재고량은 감소한다. 총괄계획은 하청계약되는 양을 증가시킴으로써 상쇄된다. 단위당 재고유지비용이 한 달에 6달러일 경우 [표 8.6]의 총괄계획의 총비용은 [표 8.3]의 총괄계획의 총비용 442,742달러와 비교하여 441,200달러로 증가된다.

계획기간 동안의 계절성 재고는 다음과 같다.

$$\text{계절성 재고} = \frac{[(I_0 + I_T)/2] + \sum_{t=1}^{T-1} I_t}{T} = \frac{3,350}{6} = 558$$

표 8.6 재고유지비용이 6달러/단위/월일 때의 최적 총괄계획

기간 t	고용인원 H_t	해고인원 L_t	인력 크기 W_t	초과시간 O_t	재고 I_t	재고부족 S_t	하청계약 C_t	전체 생산 P_t
0	0	0	80	0	1,000	0	0	
1	0	23	57	0	1,667	0	0	2,267
2	0	0	57	0	933	0	0	2,267
3	0	0	57	0	0	0	0	2,267
4	0	0	57	0	0	67	1,467	2,267
5	0	0	57	0	0	0	0	2,267
6	0	0	57	0	500	0	433	2,267

전체 계획기간에서의 이 총괄계획에 따른 평균 흐름시간(식 (8.6) 사용)은 다음과 같다.

$$\text{평균 흐름시간} = \frac{558}{2{,}667} = 0.21$$

예제 8.2로부터 하나의 비용이 증가하면 그 변수로부터의 최적 균형이 이동할 뿐만 아니라 총비용도 증가한다는 것을 알 수 있다. 생산자의 재고유지비용의 증가는 하청계약자로부터의 재고유지비용도 증가시킨다.

총괄계획의 예측오차

이 장에서 논의한 총괄계획방법론은 어떠한 예측오차도 고려하지 않고 있다. 그러나 모든 예측에는 오차가 존재한다. 총괄계획의 질을 향상시키기 위해서 총괄계획을 수립할 때 예측오차를 고려해야만 한다. 예측되는 것보다 높은 수요를 만족시키기 위해 유지하는 재고로 정의되는 **안전재고**(11장에서 논의), 또는 예측되는 것보다 높은 수요를 만족시키기 위해 사용되는 생산능력으로 정의되는 **안전용량**에 의해 예측오차는 해결될 수 있다. 기업은 다음과 같은 다양한 방법으로 안전재고와 안전용량을 사용하여 예측오차에 대한 완충을 할 수 있다.

- 안전용량의 형태로 초과시간의 사용
- 안전용량의 형태로 영구적인 여분의 노동력 확보
- 안전용량의 형태로 하청계약자의 이용
- 안전재고의 형태로 여분의 재고 생산과 유지
- 안전용량의 형태로 개방 혹은 임시 시장에서의 생산능력 또는 제품의 구매

기업이 취할 수 있는 행동은 선택에 대한 상대적 비용에 따라 달라진다. 물론 실제 상황에서 기업은 일시적 임시고용으로 생산능력을 변화시킬 수 있고, 이것도 하나의 선택이다. 이러한 선택에서의 문제점은 이후에 임시고용 인원을 방출하는 데 필요한 비용(사기뿐만 아니라 금전적으로도)이다.

다음 절에서는 마이크로소프트 엑셀을 사용하여 총괄계획의 선형계획방법론을 적용하는 방법에 대해 설명한다.

8.5 엑셀을 사용한 총괄계획

이 절에서는 [표 8.3]의 Red Tomato사에 대한 총괄계획을 엑셀을 사용하여 수립하는 것에 대해 논의한다. 엑셀의 선형계획을 사용하기 위해서는 해찾기(도구 | 해찾기)를 사용한다. 먼저 [그림 8.1]에 표현된 것과 같이 다음의 결정변수를 포함하는 표를 생성해야만 한다.

W_t = t월의 노동력 크기, $t = 1, \ldots, 6$
H_t = t월 초에 고용하는 종업원 수, $t = 1, \ldots, 6$
L_t = t월 초에 해고하는 종업원 수, $t = 1, \ldots, 6$
P_t = t월에 생산되는 제품 수, $t = 1, \ldots, 6$
I_t = t월 말의 재고, $t = 1, \ldots, 6$
S_t = t월 말의 부족재고/부재고가 되는 제품 수, $t = 1, \ldots, 6$
C_t = t월에 하청계약되는 제품 수, $t = 1, \ldots, 6$
O_t = t월에 작업된 초과시간 수, $t = 1, \ldots, 6$

[그림 8.1]은 이 표가 어떤 모습을 가져야 하는가를 나타내고 있다. 결정변수는 B5에서 I10까지의 셀에 표현되어 있으며 각각의 셀은 하나의 결정변수에 대응된다. 예를 들어, 셀 D7은 기간 3의 노동력 크기에 대응된다. [그림 8.1]에 보이는 바와 같이 모든 결정변수를 0으로 설정하고 시작한다.

또한 열 J는 결정변수가 아닌 실제수요를 나타내는 것에 주목해야 한다. 수요 정보는 총괄계획을 계산하는 데 필요하기 때문에 포함된다.

두 번째 단계는 식 (8.2)에서 (8.5)까지의 제약식에 대한 표를 구성하는 것이다. 제약식 표는

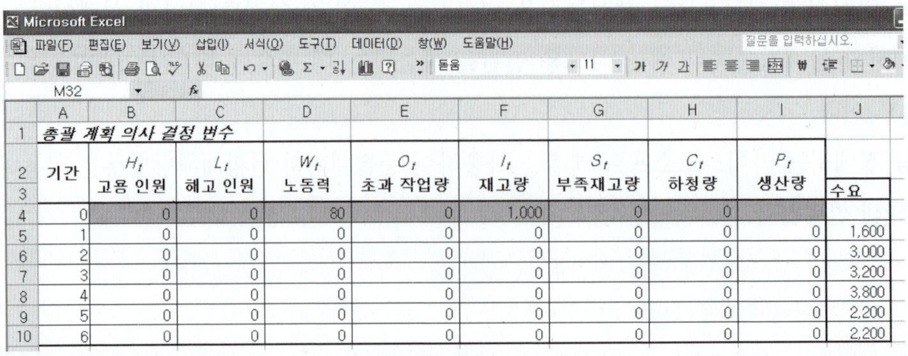
총괄 계획 의사 결정 변수

기간	H_t 고용 인원	L_t 해고 인원	W_t 노동력	O_t 초과 작업량	I_t 재고량	S_t 부족재고량	C_t 하청량	P_t 생산량	수요
0	0	0	80	0	1,000	0	0		
1	0	0	0	0	0	0	0	0	1,600
2	0	0	0	0	0	0	0	0	3,000
3	0	0	0	0	0	0	0	0	3,200
4	0	0	0	0	0	0	0	0	3,800
5	0	0	0	0	0	0	0	0	2,200
6	0	0	0	0	0	0	0	0	2,200

그림 8.1 결정변수에 대한 스프레드시트 영역

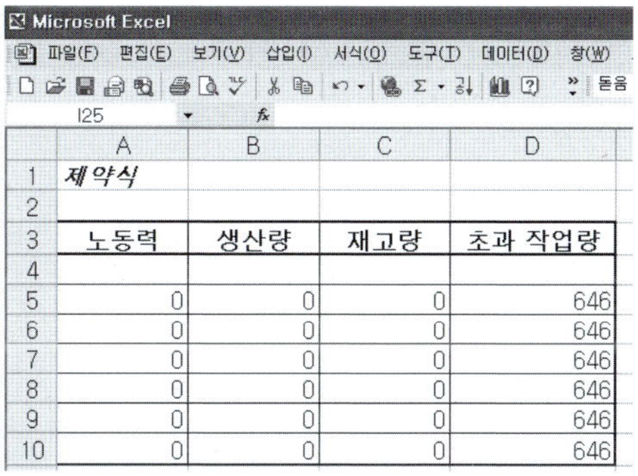

Microsoft Excel

파일(F) 편집(E) 보기(V) 삽입(I) 서식(O) 도구(T) 데이터(D) 창(W)

I25

	A	B	C	D
1	*제약식*			
2				
3	노동력	생산량	재고량	초과 작업량
4				
5	0	0	0	646
6	0	0	0	646
7	0	0	0	646
8	0	0	0	646
9	0	0	0	646
10	0	0	0	646

셀	셀 수식	식	복사
M5	=D5−D4−B5+C5	8.2	M6:M10
N5	=40*D5+E5/4−I5	8.3	N6:N10
O5	=F4−G4+I5+H5−J5−F5+G5	8.4	O6:O10
P5	=−E5+10*D5	8.5	P6:P10

그림 8.2 제약식에 대한 스프레드시트 영역

[그림 8.2]에서 보이는 바와 같이 구성될 수 있다.

열 M은 노동력 제약식(식 (8.2)), 열 N은 생산능력 제약식(식 (8.3)), 열 O는 재고균형 제약식(식 (8.4)), 그리고 열 P는 초과시간 제약식(식 (8.5))을 나타낸다. 이러한 제약식들은 여섯 기간에 각각 적용된다.

각 제약식은 결국에 다음과 같이 해찾기에 쓰여지게 된다.

$$\text{셀값} \{\le, =, \text{또는} \ge\} \ 0$$

즉, 다음과 같은 제약식이 될 것이다.

$$M5 = 0,\ N5 \ge 0,\ O5 = 0,\ P5 \ge 0$$

세 번째 단계는 각각의 해를 평가하는 목적함수를 포함하는 셀을 생성하는 것이다. 이 셀은 전체 식을 포함할 필요는 없고 중간의 비용 계산을 이용하는 셀들을 사용하는 식으로 쓰여질 수 있다. Red Tomato사의 예제에서, 모든 비용 계산은 [그림 8.3]에 보여지는 바와 같이 이루어진다. 예를 들어, 셀 B15는 기간 1에서 발생하는 고용비용을 포함한다. 셀 B15의 식은 셀 B5와 작업자 하나에 대한 이 장의 이전에서 [표 8.2]에 의해 구해진 고용비용을 포함하는 셀의 곱으로 표현된다. 다른 셀들도 이와 유사하게 채워지게 된다. 셀 C22에는 B15에서 I20까지 셀의 합이 들어가며 이는 총비용을 나타낸다.

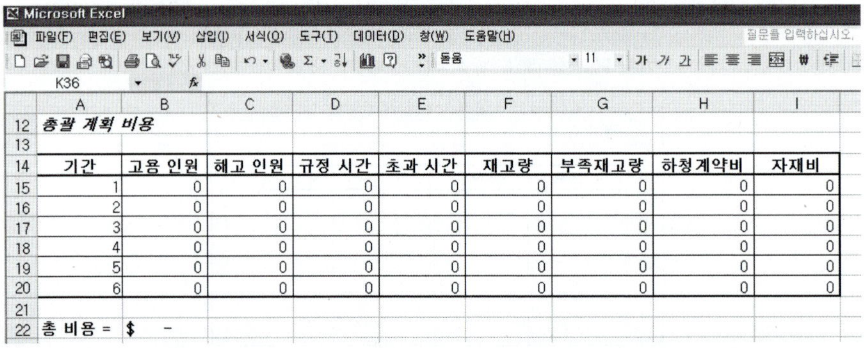

	A	B	C	D	E	F	G	H	I
12	총괄 계획 비용								
13									
14	기간	고용 인원	해고 인원	규정 시간	초과 시간	재고량	부족재고량	하청계약비	자재비
15	1	0	0	0	0	0	0	0	0
16	2	0	0	0	0	0	0	0	0
17	3	0	0	0	0	0	0	0	0
18	4	0	0	0	0	0	0	0	0
19	5	0	0	0	0	0	0	0	0
20	6	0	0	0	0	0	0	0	0
21									
22	총 비용 =	$ -							

그림 8.3 비용 계산에 대한 스프레드시트 영역

네 번째 단계는 해찾기를 호출하기 위해 도구 | 해찾기를 사용하는 것이다. 해찾기 모델 설정 대화상자 안에서 선형 계획 모형을 나타내는 다음의 정보를 입력한다.

목표 셀: C22

해의 조건: 최소값

값을 바꿀 셀: B5:I10

제한조건:

B5:I10 ≥ 0 {모든 결정변수는 음수가 아님}

F10 ≥ 500 {기간 6의 마지막의 재고는 최소 500}

G10 = 0 {기간 6의 재고 부족은 0}

M5:M10 = 0 $\{W_t - W_{t-1} - H_t + L_t = 0, t = 1, \ldots, 6\}$

N5:N10 ≥ 0 $\{40W_t + O_t/4 - Pt > 0, t = 1, \ldots, 6\}$

O5:O10 = 0 $\{I_{t-1} - S_{t-1} + P_t + C_t - D_t - I_t + S_t = 0, t = 1, \ldots, 6\}$

P5:P10 ≥ 0 $\{10W_t - O_t \geq 0, t = 1, \ldots, 6\}$

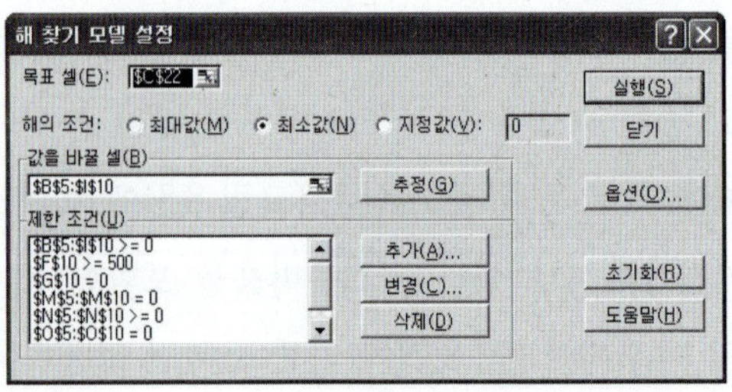

그림 8.4 해찾기 모델 설정

해찾기 모델 설정 대화상자는 [그림 8.4]에서 보여준다. 해찾기 모델 설정 대화상자에서 옵션을 클릭하고 선형 모델 가정을 선택한다(이를 통해 해를 구하는 속도를 현저히 높일 수 있다). 해찾기 모델 설정 대화상자로 돌아가서 실행을 클릭하면 최적해를 구할 것이다. 해찾기가 최적해를 구하지 못할 경우에는 해찾기가 제공한 해를 저장한 후에 문제를 다시 풀어 본다(몇몇 경우에 해찾기의 약간의 결함 때문에 이 단계를 여러 번 반복하는 것이 필요할 수 있다. 이러한 문제를 발생시키지 않는 저렴한 가격의 Add-in 소프트웨어도 존재한다). 제공된 최적해는 [표 8.3]에 나타난 것과 같이 나타난다.

8.6 총괄계획에서 IT의 역할

총괄계획은 확실히 정보기술이 가장 많이 사용되는 공급사슬 분야이다. 초기의 IT 공급사슬 제품들은 종종 공장, 생산, 생산 계획이라 불리는 총괄계획 모듈이었다. 초기의 몇몇 모듈들은 수요와 생산능력으로부터 발생하는 제약들을 조건으로 하여 실행 가능한 생산 계획을 수립하는 데 초점을 맞추었다. 그 후의 모듈들은 생산량의 증가 또는 낮은 비용을 목적으로 하여 실현 가능한 생산 계획으로부터 최적의 해법을 선택할 수 있는 기술을 제공하였다.

이러한 전통적인 해법은 일반적으로 각각의 생산기간 동안의 제품들의 생산일정을 통합한 선형 계획으로써 총괄계획 문제를 수식화했다. 오늘날 몇몇 계획 모듈들은 모든 제약조건 또는 목적함수들이 선형함수가 아니라는 사실을 반영하듯 비선형 최적화를 포함한다. 그러나 총괄계획에서 고려해야 할 많은 양의 데이터는 비선형 문제로의 계산을 매우 어렵게 한다. 그리고 비선형 함수를 선형으로 근사화하는 기법들이 있기 때문에 이러한 문제의 해결에 대체로 선형 계획이 최선의 방법이 될 수 있다.

오늘날 공급사슬 계획 모듈들은 종종 생산 계획과 재고 계획을 결합시킨다. 공급사슬 계획 모듈들은 생산 일정과 재고 수준을 제약으로 하는 예측 모듈의 결과를 사용한다. 이러한 생산 일정과 재고 수준은 전체 공급사슬을 통해 실제 제품 생산과 재고 수준 설정을 위한 실행 시스템을 사용한다. 문제의 복잡성으로 인해 총괄계획 모듈들은 소규모 기업들에게도 중요한 가치를 더할 수 있다.

IT가 총괄계획 분야에 가치를 더할 수 있는 많은 관점이 있다.

- 큰 문제들을 다루는 능력
- 복잡한 문제를 다루는 능력(비선형 최적화 또는 근사 선형을 통한)

• 재고관리와 공급과 같은 다른 핵심 IT 시스템과 상호작용하는 능력

총괄계획 문제가 매우 복잡하기 때문에 IT만큼 실행 가능한 해결책을 제시하는 다른 방법은 매우 드물다.

이 분야의 주요 소프트웨어 운영자들로 ERP 소프트웨어 회사(SAP과 Oracle사)와 선두기업(i2 Technologies and Manugistics사)이 있다. 몇몇 회사들은 산업의 수직적 구조에 의해 그들의 계획 소프트웨어를 특성화한다. 예를 들면, 정유회사를 위한 생산 계획 문제는 항공기 제조업자를 위한 소프트웨어와는 다르게 구축된다. 이 차이는 IT 기업들이 특별한 산업에 초점을 맞추는 것으로 그들의 제품가치를 향상시키기 때문이다.

8.7 총괄계획 적용의 실제

1. **한 기업을 넘어 전체 공급사슬을 생각하라.** 오늘날 대부분의 총괄계획은 그 기업만을 범위의 대상으로 고려한다. 그러나 공급사슬을 통틀어 기업 외부의 많은 요소들은 최적의 총괄계획에 영향을 줄 수 있다. 따라서 계획 수립 시 자신의 기업에 대해서만 생각하게 되는 함정을 피해야 한다. 예측을 산출하는 하부의 파트너, 제약을 결정하는 상부의 파트너, 그리고 총괄계획으로 투입물의 질을 향상시킬 수 있는 어떠한 다른 공급사슬 파트너와 함께 일해야 한다. 계획은 투입물들의 질에 의해 결정된다. 투입물의 질을 향상시켜 공급사슬을 이용하는 것은 총괄계획의 질을 향상시킬 것이다. 그것에 의해 영향을 받을 모든 공급사슬 파트너들에게 총괄계획을 확실하게 통보해야 한다.
2. **예측은 항상 틀리기 때문에 계획을 유연성 있게 작성하라.** 총괄계획은 미래 수요의 예측값에 근거한다. 이러한 예측은 항상 어느 정도 틀린다는 점에서 유용한 총괄계획이 되려면 총괄계획을 세울 때 어느 정도 유연성을 갖는 것이 필요하다. 계획을 유연성 있게 수립함으로써 미래 수요가 변화하거나 비용의 증가와 같은 다른 변화가 발생했을 때 이러한 새로운 상황에 적절히 대응할 수 있다.

   그렇다면 어떻게 유연한 총괄계획을 수립할 것인가? 이 장의 앞에서 제안한 것과 더불어, 관리자는 총괄계획의 입력값에 대해 민감도 분석을 수행해야 할 것이다. 예를 들어, 불확실한 수요 상황에서 계획이 고가의 생산능력 확장을 제안한다면 관리자는 수요가 기대한 것보다 높거나 낮을 경우의 새로운 총괄계획의 결과를 검토해 보아야 한다. 검토를 통해 수요가 높을 경우 생산능력 확장에서 약간 절약이 되지만 수요가 기대보다 낮을 경우 비용의 큰 증

가가 발생한다면, 생산능력에 대한 투자를 연기하는 것이 잠재적으로 더 좋은 선택이 된다. 총괄계획의 입력값에 대해 민감도 분석을 사용하는 것은 총괄계획자가 발생할 수 있는 가능성의 범위 내에서 최적의 해를 선택하도록 도와준다.

3. **새로운 데이터가 발생할 때 총괄계획을 재수립하라.** 앞에서 언급한 바와 같이, 총괄계획은 다음 3~18개월까지의 계획안을 제공한다. 이는 기업이 총괄계획을 3개월에서 18개월까지 단지 한 번만 작성한다는 것을 의미하는 것이 아니다. 총괄계획에 대한 입력값이 변한다면, 관리자는 이러한 입력값의 최근값을 사용하여 총괄계획을 다시 작성해야만 한다. 최근의 입력값을 사용함으로써 계획은 과거 데이터에 기초한 비최적값을 피할 수 있고 더 나은 해를 구할 수 있다.
4. **생산능력 이용률이 증가할 때 총괄계획을 사용하라.** 놀랍게도 많은 기업들이 총괄계획을 수립하지 않는 대신 생산일정 계획을 결정하기 위해 단지 그들의 분배자나 창고의 주문에만 의존한다. 이러한 주문은 실제수요 혹은 재고관리 알고리즘을 통해서 도출된다. 만약 기업이 이러한 방법으로 수요를 효과적으로 충족시키는 데 문제가 없다면, 총괄계획을 수립하지 않는 것이 기업에 중대한 결점이 될 수는 없을 것이다. 그러나 이용률이 높아지고 생산능력이 쟁점이 된다면 생산일정 계획을 수립하기 위해 주문에만 의존하는 것은 생산능력 문제를 야기할 수 있다. 즉, 이용률이 높을 때 들어오는 모든 주문에 맞춰 생산할 가능성은 매우 낮다. 따라서 관리자는 예측된 수요를 만족하기 위해 생산능력을 가장 잘 활용하는 계획을 세워야만 한다. 이는 생산능력 이용률이 증가할 경우 총괄계획을 수립하는 것이 더욱 중요하다는 것을 의미한다.

8.8 학습목표 요약

1. **총괄계획에 의해 최적화된 결정의 종류를 설명하라.** 총괄계획은 3~18개월 범위의 각 기간에 대한 생산능력, 생산량, 재고를 결정하는 데 최적이다. 생산능력이 제한적이고 리드타임이 긴 상황에서 총괄계획을 수행하는 것이 가장 중요하다.
2. **공급사슬 활동에서 총괄계획의 중요성을 설명하라.** 총괄계획은 공급사슬의 성능에 중요한 영향을 주고, 모든 공급사슬의 파트너를 포함시키는 활동으로 보아야 한다. 기업 단독으로 계획된 총괄계획은 고객의 모든 요구와 공급자의 제약을 고려하지 않기 때문에 유용하지 못하다. 부분적인 총괄계획은 수요와 공급의 일치에 있어서 좋지 못하다. 좋은 총괄계획은 고객과 공급자 모두의 측면에서 정확한 투입이 요구되어지기 때문에 고객과 공급자의 협력으

로 이루어져야 한다. 수요 예측을 맞추는 것과 제약을 다루는 것에 의한 이러한 투입의 질은 총괄계획의 질을 결정한다. 총괄계획의 결과들은 고객과 공급자 모두에게 영향을 주기 때문에 전체 공급사슬과 공유되어야 한다. 공급자에게 총괄계획은 주문을 결정하게 된다. 반면에, 소비자에게는 공급계획을 결정하게 한다.

3. **총괄계획을 수립하는 데 필요한 정보의 종류를 정의하라.** 총괄계획을 생성하기 위해서 총괄계획자는 수요 예측과 비용, 생산 정보, 공급 제약을 필요로 한다. 수요 예측은 계획기간의 각 시점에 대한 수요의 추정으로 구성된다. 생산과 비용 정보는 생산능력 수준과 이를 증감시키는 비용, 제품생산비용, 제품저장비용, 재고부족비용, 그리고 이러한 요소에 제한을 주는 모든 제약들로 구성된다.
4. **총괄계획 수립의 기본적인 트레이드오프 관계에 대해 설명하라.** 기본적인 트레이드오프는 이익을 최대화하기 위해 생산능력비용, 재고비용, 그리고 재고부족비용의 균형을 잡는 것과 관계가 있다. 세 가지 요소 중 어느 한 가지의 증가는 계획자에게 다른 두 가지 비용의 감소를 가져온다.
5. **마이크로소프트 엑셀을 사용하여 총괄계획 문제를 수식화하고 해를 구하라.** 엑셀에서 목적함수와 제약조건을 셀에 설정하고 해를 생성하는 데 해찾기를 사용하여 총괄계획 문제를 해결할 수 있다.

토의문제

1. 총괄계획이 특별히 중요한 산업에는 어떤 것이 있는가?
2. 이러한 산업이 총괄계획을 사용할 좋은 후보가 될 수 있도록 하는 특징은 무엇인가?
3. 총괄계획 전략들 사이의 중요한 차이점은 무엇인가?
4. 수요추적 전략, 유연성 전략, 단계별 전략이 각각 잘 맞는 산업 종류 혹은 상황은 무엇인가?
5. 총괄계획에 입력값으로 필요한 주요 비용들은 무엇인가?
6. 하청계약의 가능은 총괄계획 문제에 어떠한 영향을 주는가?
7. 한 회사가 현재 수요추적 전략을 사용하고 있는데 훈련비용이 크게 증가하고 있다면, 이 회사의 총괄계획 전략에 어떤 변화를 주어야 할 것인가?
8. 수요의 불확실성이 높은 상황에서 총괄계획이 어떻게 사용될 수 있는가?

연습문제

1. 유럽의 주요 휴대전화 생산자인 Skycell사는 내년도 생산 계획을 수립하고 있다. Skycell사는 [표 8.7]에서 보인 바와 같이 매월 수요의 예측을 위해 그 고객들(서비스 공급자들)과 일을 했다.

생산은 거의 조립공정이다. 그리고 생산능력은 라인 위의 사원 수에 의해 결정된다. 공장은 하루에 8시간, 한 달에 20일 가동된다. 한 사람은 10분에 한 대의 전화기를 생산한다. 노동자들은 초과업무에 대해 시간당 20유로와 50퍼센트의 프리미엄을 받는다. 공장은 일반적으로 1,250명의 노동자를 고용한다. 각 휴대전화를 위한 구성부품의 비용은 총 20유로이다. 구성부품과 완성된 제품가격의 급속한 하락이 나타나고 있고 어떤 달로부터 그 다음으로 재고유지비용이 한 달에 대당 3유로이다. Skycell사에는 장소에서 일반적으로 해고되는 경우는 없다. 초과시간은 사원에 대하여 한 달에 20시간이 최대이다. Skycell사가 50,000을 재고로 갖고 시작하고 같은 수준의 재고로 1년을 마친다고 가정한다.

a. 부재고, 하청계약, 그리고 새로운 피고용인들은 없다고 가정한다. 최적화된 생산 일정은? 이 계획의 연간 비용은 얼마인가?

b. 한 달에 20시간에서 40시간으로 사원에 대하여 허락되었던 초과시간의 증가가 가치가 있는가?

c. Skycell사가 오직 1,200명의 직원을 보유하고 시작한다면 (a)와 (b)를 재고하라. 1,300명으로 시작할 때의 경우도 재고하라. 직원 규모가 감소하는 것처럼 초과시간 추가의 가치에 어떤 변화가 일어나는가?

d. Skycell사의 매월 평균 수요가 그 다음 12개월의 수요의 평균(1,241,667)을 50,000단위 이상 넘지 않는 생산 계획을 수립하고자 할 때 (a)를 재고하라. 단, 초과시간을 포함하는 매월의 생산은 1,291,667 이하이다. 생산 계획 수준의 비용은 얼마가 될 것인가? 초과시간 유연성의 가치는 어떠한가?

2. 연습문제 1에서 Skycell사의 자료들을 재고하라. 공장에는 1,250명의 사원이 있고 해고되는 경우는 없다고 가정한다. 초과시간은 한 사원당 한 달에 20시간이 행해지고 있다. 제3자는 휴대전화 한 대에 대하여 26달러(이것은 단위에 대하여 20달러의 구성부품비용을 포함한다)의 비용으로 필요에 따라 휴대전화를 생산한다고 신청했다.

a. 만일 제3자가 사용되지 않으면, 사내생산(재고 보

표 8.7 휴대전화 월간 수요(1,000단위)

월	수요	월	수요
1	1,000	7	1,600
2	1,100	8	900
3	1,000	9	1,100
4	1,200	10	800
5	1,500	11	1,400
6	1,600	12	1,700

표 8.8 FlexMan사의 수요 예측

월	라우터 수요	스위치 수요	월	라우터 수요	스위치 수요
1	1,800	1,600	7	1,200	700
2	1,600	1,400	8	1,400	800
3	2,600	1,500	9	2,500	1,400
4	2,500	2,000	10	2,800	1,700
5	800	1,500	11	1,000	800
6	1,800	900	12	1,000	900

유와 초과시간비용을 포함하는 것)의 단위당 평균은 얼마인가?

b. Skycell사는 제3자를 어떻게 사용해야 하는가? 만일 제3자가 휴대전화 한 대에 25달러의 가격을 제공한다면, 당신의 대답은 어떻게 바뀌는가?

c. 대당 가격이 28달러라고 한다면 Skycell사는 제3자를 어떻게 활용해야 하는가?

d. 왜 Skycell사는 제3자의 대당 비용이 사내의 생산을 위한 평균 대당비용(재고 보유와 초과시간을 포함하는 것)보다 높은 때에도 제3자를 사용하는가?

3. 연습문제 1에서 Skycell사의 자료들을 재고하라. 공장에는 1,250명의 사원이 있고 해고는 없다고 가정한다. 초과시간은 한 달에 많아야 한 사원당 20시간이고 또한 하청계약 옵션은 없다고 가정한다. Skycell사에는 계절별로 일하고 싶어하는 50명의 사원이 있다. 그들을 데리고 오는 데 사원 한 명당 800유로가 들고 해고비용은 사원 한 명당 1,200유로이다.

a. 최적의 생산, 고용, 그리고 해고 계획은?

b. 만일 계절별 고용인원이 50명에서 100명으로 증가하면, 최적의 계획은 어떻게 바뀌는가?

c. 1,250명의 영구 사원과 계절 사원 50명을 갖는 것에 관련하여, 만일 1,100명의 영구 사원과 계절 사원 200명을 가질 경우 얼마의 이익을 얻을 것인가?

d. Skycell사에는 1,250명의 영구 사원과 50명의 계절 사원이 있는 경우를 고려하라. 당신은 그 영구 사원들을 위해 Skycell사의 비해고 정책에 대해 무엇을 말할 것인가? 영구 사원들이 고용될 수 있거나, 계절 사원들과 같은 비용에 임시 정직 당할 수 있다고 가정한다.

4. FlexMan사(전자공학 계약 생산자)는 두 개의 제품군(라우터들와 스위치들)을 생산하기 위해 그 토피카. 캔자스의 시설을 사용한다. 고객들과의 상담을 통해 [표 8-8]과 같이 12개월에 걸쳐(천 단위) 각 제품군의 수요를 예측하였다.

생산은 주로 조립공정이다. 그리고 생산능력은 라인 위의 사원 수에 의해 결정된다. 공장은 하루에 8시간, 한 달에 20일 가동된다. 라우터의 생산은 20분에 한 개이고 스위치는 10분이다. 각 노동자는 초과근무시간에 대해 50퍼센트의 프리미엄이 가산되어 10달러를 받는다. 공장에는 보통 6,300명의 사원이 있다. 초과시간은 한 달에 사원 한 명당 20시간을 허용한다. 공장은 대개 재고로 100,000개의 라우터와 50,000개의 스위치를 갖고 있다. 한 개의 라우터를 재고로 보유하는 데는 2달러의 비용이 든다. 그리고 스위치의 경우에는 1달러가 든다. 제품들이 기존의 시장 비율에서 고객들에 의해 지불되기 때문에 구입될 때 보관비용이 발생한다. 이와 같이, 만일 FlexMan사가 일찍 생산하고 재고를 보관하면, 빠르게 떨어지고 있는 가격을 조금이나마 극복할 수 있다.

a. 부재고, 하청계약, 그리고 해고와 신규고용은 없는 것으로 가정한다. FlexMan사를 위한 최적화된 생산 일정은 무엇인가? 이 계획의 연간 비용은 얼마인가? 최적의 생산 계획은 어떤 재고들을 발생시키는가? 이것은 과연 합리적인 것인가?

b. 20시간에서 40시간으로 초과시간을 추가 허용하는 것은 가치가 있는가? 어떤 변수들이 이 변화에 의해 영향을 받는가?

c. 만일 FlexMan사가 5,900명의 사원들을 갖고 시작한다면 (a)와 (b)를 재고하라. 6,700명으로 시작할 경우에도 (a)와 (b)를 고려하라. 사원 규모가 감소하는 것처럼 초과시간의 추가시간 허용의 가치에 어떤 변화가 일어나는가?

5. 연습문제 4에서 FlexMan사의 자료들을 재고하라. 회사는 수요와 함께 노동력 규모 변화를 도모하고 있다. 신규 사원 채용에는 700달러가 들고 해고 시에 소요되는 비용은 1,000달러이다. 생산량을 채우기 위해서는 2개월의 시간이 필요하다. 그 기간 동안 새로운 사원은 50퍼센트의 생산성만을 제공한다. 다음 해에 유사한 요구 형태를 예상하고 FlexMan 사는 6,300명의 사원들과 함께 1년을 마치려고 한다.

a. 최적의 생산, 고용, 그리고 해고 계획은? 그러한 계획의 비용은 얼마인가?

b. 새로운 사원들이 곧바로 완전한 생산성을 이룰 수 있게 FlexMan사가 그 훈련을 개선할 수 있다면, 회사는 연간 비용에서 얼마의 이득을 볼 수 있는가? 이 영향을 받는 1년 동안 고용과 해고정책이 어떻게 변하는가?

6. FlexMan사는 필요에 따라 라우터들과 스위치들을 생산하고 싶어하는 제3자를 확인했다. 제3자는 라우터 한 개당 6달러, 스위치 한 개당 4달러를 부담시킨다. 연습문제 5에서와 같이 고용과 해고는 허가되는 것 외에 연습문제 4에서의 모든 다른 자료들을 그대로 활용한다.

a. 만일 새로운 사원들이 첫 번째 2개월 동안 50퍼센트의 생산성만을 제공하면, FlexMan사는 제3자를 어떻게 사용해야 하는가?

b. 만일 새로운 사원들이 곧바로 완전한 생산성을 이룰 수 있으면, FlexMan사는 제3자를 어떻게 사용해야 하는가?

c. 왜 제3자의 사용은 새로운 사원들의 생산성으로 바뀌는가?

7. 연습문제 4에서의 FlexMan사의 자료들로 돌아간다. 회사는 그 고객들과의 서비스 수준 계약에 서명하고, 한 달에서 다음 달 수요의 적어도 15퍼센트와 같아지는 기간까지의 안전재고를 유지하였다. 즉, FlexMan사는 12월에서 1월까지 적어도 0.15 × 1,800,000 = 270,000개의 라우터와 0.15 × 1,600,000 = 240,000개의 스위치를 안전재고로 보유하는 것이다.

a. 부재고, 하청계약, 해고, 그리고 신규 고용은 없다고 가정한다. FlexMan사를 위한 최적의 생산일정은 어떤 것인가? 이 계획의 연간 비용은 얼마인가?

b. 최소한의 재고 증가를 위임하고 있는 서비스 계약이 FlexMan사의 비용을 얼마나 많이 증가시키는가?

c. 만일 FlexMan사가 스위치 최소 15퍼센트, 라우터 최소 5퍼센트에 동의한다면, 비용 증가는 얼마인가? 반대로, 스위치 최소 5퍼센트, 라우터 최소 15퍼센트에 동의한다면, 비용 증가는 얼마인가? 둘 중 어느 경우가 FlexMan사에 더 이익이 되는가?

사례연구

SPECIALTY PACKING CORPORATION, PART B

Specialty Packaging Corporation(SPC)사의 설비 생산계획 관리자인 Julie Williams는 이후 3년에 대한 계산된 예측과 오차에 대한 보고로써 통합예측부서와의 회의를 마쳤다. 그녀는 이제 이러한 수요를 어떻게 충족시킬 것인가를 결정할 필요가 있다. SPC사는 때때로 공급사슬 파트너에게 창고보관의 외주를 주기 때문에 그녀는 공공창고를 사용할지 사설창고를 사용할지를 결정해야만 한다. 또한 사설창고를 선택한다면 그녀는 얼마만큼의 공간을 빌리거나 건설해야 할지를 결정해야만 한다.

SPC

7장에서의 이 사례에 대한 토의로부터, SPC사는 폴리스티렌 합성수지로 식품 산업에 사용되는 재활용/폐기용 용기를 생산하는 것을 상기할 수 있다. 폴리스티렌은 합성수지의 정제 형태의 제품으로 구매된다. 합성수지는 벌크레일 컨테이너 또는 육상 트레일러에서 저장 사일로로 내려진다. 식품 저장용기의 제조는 두 단계의 공정을 거친다. 첫 번째 단계에서 합성수지는 사출기로 옮겨지며, 사출기는 합성수지 정제를 롤 형태의 폴리스티렌 시트로 변형시킨다. 플라스틱은 투명과 검정의 두 가지 형태로 나온다. 이후에 롤은 즉시 저장용기를 만드는 데 사용되거나 보관된다. 두 번째 단계에서 롤은 가열성형 프레스기에 들어가게 된다. 가열성형 프레스기는 시트를 저장용기 강(腔)의 형태로 변형시키고 다듬는 작업이다. 이러한 생산 단계는 이전 장의 [그림 7.9]에 나와 있다. SPC사는 현재 각 사분기에 63일의 작업일로 운영되어진다. 각 작업일은 8시간의 규정 시간과 어느 정도의 초과시간으로 구성된다.

표 8.9 투명과 검정 플라스틱 용기에 대한 수요 예측

연도	분기	검정 플라스틱 수요 (1,000파운드)	투명 플라스틱 예측 (1,000파운드)
2010	Ⅰ	6,650	7,642
	Ⅱ	4,576	18,250
	Ⅲ	6,293	8,894
	Ⅳ	13,777	4,064
2011	Ⅰ	7,509	8,349
	Ⅱ	5,149	20,355
	Ⅲ	7,056	9,891
	Ⅳ	15,399	4,507
2012	Ⅰ	8,367	9,235
	Ⅱ	5,721	22,461
	Ⅲ	7,819	10,889
	Ⅳ	17,021	4,950
		MAD = 608	MAD = 786

다음 3년간의 수요 예측

통합예측팀은 재고손실 데이터가 추가된 [표 7.4]에서 제공하는 실제 과거 수요 정보를 사용하여 투명과 검정 플라스틱 용기에 대한 사분기의 수요 예측을 수행하였다. 2010년에서 2012년 사이의 수요 예측은 [표 8.9]에 나타난 바와 같다.

사출기

사출공정은 설비에 대한 투자를 요구하는 자본집약적인 공정이다. 공장은 현재 14대의 사출기를 소유하고 있고, 각 사출기는 시간당 3,000파운드의 공정가동률을 갖는다. 사출기에서 투명과 검정이 전환될 때는 장비 교체가 필요하다. SPC사는 교체 동안에 5퍼센트의 생산능력 손실이 발생한다고 추정하였다. 따라서 사출기의 실제 공정가동률은 시간당 2,850파운드이다. 각 사출기는 6명의 작업자를 필요로 하며, SPC사는 각 작업자에게 시간당 15달러의 임금을 지불한다. 초과시간에는 규정시간 임금의 150퍼센트가 지급되며, 작업자는 분기당 60시간으로 초과시간 근무가 제한되어 있다.

사출기는 상당히 고가이며, 사출기 한 대의 도입은 6명의 추가 작업자의 고용이 요구된다. 각각의 새로운 사출기는 분기당 80,000달러의 고정비용을 발생시킨다. 새로 고용되는 직원에게는 훈련이 필요하고 훈련비용은 한 사람에 3,000달러가 소모된다. 결과적으로, SPC사는 가까운 기간 내에는 새로 사출기를 구매하지 않기로 결정하였다. 어떠한 분기 동안에도 사출기가 사용되지 않는다면 사출기는 작업 없이 비어 있을 수 있다. 이 상황에서 절감할 수 있는 유일한 비용은 사출기에서 작업하는 작업자의 임금에 관한 것뿐이다. 그러나 한 사람의 작업자를 해고하는 데 2,500달러의 비용이 든다. 작업이 없는 사출기가 사용될 경우에 SPC사에는 작업자당 3,000달러의 훈련비용이 발생한다.

가열성형 프레스

공장은 현재 25대의 가열성형 프레스기를 보유하고 있다. 각 가열성형 프레스기는 한 사람의 작업자를 필요로 하며, 시간당 2,000파운드의 비율로 저장용기를 생산할 수 있다. SPC사는 각 작업자에게 수당을 포함해 시간당 15달러를 지불한다. 초과시간에는 정규시간 임금의 150퍼센트가 지불되고, 작업자는 분기당 60시간의 초과시간 근무를 넘길 수 없다. 프레스기는 사용되지 않을 경우 그 분기 동안에 작업 없이 비어 있을 수 있다. 작업자 한 사람을 해고하는 데 2,500달러가 필요하며, 새로 고용된 작업자를 훈련하는 데는 3,000달러의 비용이 소요된다.

하청계약

SPC사는 플라스틱 시트 생산에 대한 하청계약을 할 수 있으며, 개방시장에서는 항상 충분한 양의 생산이 가능한 하청계약자가 존재한다. SPC사는 하청계약자에 의해 생산되는 플라스틱 시트를 1,000파운드당 60달러로 구매할 수 있다.

자재관리 관행

구매된 합성수지는 사일로에 저장된다. 시장에서 합성수지의 부족이 없다면, 필요 시에 1,000파운드당 10달러로 쉽게 구매할 수 있다. 결과적으로, SPC사의 관행은 계획된 생산에 맞추기 위해 분기 기반으로 합성수지를 구매하는 것이다.

사출기가 플라스틱 시트의 롤을 생산함에 따라 가열성형 프레스에서의 요구량은 앞에서 전달되며, 나머지는 셔틀 트레일러를 통해 두 개의 공공창고 중 하나로 이동된다. 창고로 이동된 시트가 가열성형 프레스에 공급되기 위해서는 창고로부터 시트를 꺼내오기 위해서 다시 운송이 필요하다. SPC사의 전체 운송비용은 플라스틱 시트 1,000파운드당 2달러이다. 매분기 SPC사는 열성형 공정에 저장되어 있던 시트를 먼저 사용하고 그 후 새롭게 생산된 시트를 사용하는 정책을 따르고 있다. 분기 마지막에 남겨진 시트는 모두 다시 저장창고에 들어간다. 이러한 정책은 시간으로 인해 시트의 질이 저하되지 않게 하기 위한 것이다.

공공창고 사용

공공창고의 사용은 고객에게 자재취급과 저장에 대한 비용을 부과한다. SPC사의 공장은 지역창고와 자재보관을 1,000파운드 단위 기반으로 계약하였다. 자재취급비용은 창고에 제품을 하역하는 데 1,000파운드당 4달러에서 6달러로 부과된다. 저장비용은 각 분기의 마지막 재고에 대해 1,000파운드당 10달러에서 12달러로 부과된다. SPC사의 공장은 각 비용 요소의 비율에 대해 지역 창고와 매년 협상을 한다.

사설창고 운영

사설창고를 운영하는 것은 시설을 건설하거나 존재하는 시설을 임대하는 데 있어서 자본의 투자가 필요하다. 어떤 지역에서든지 임대료는 그 지역에서의 건설비용과 관계된 경제 상황 그리고 임대 대 장기자본위탁의 옵션가치에 의해 결정된다. 임대는 일반적으로 3년 의무이지만 기업의 협상력에 따라 짧게 조정할 수도 있다. 몇 가지 가능한 임대 선택권이 SPC사의 공장에 존재하고, 이 선택권보다 더욱 유리한 것은 새로운 시설을 건설하는 것이다. 임대료는 모든 지역에서 평균 1년에 평방피트당 4달러이다. 평균적으로 1,000 파운드를 저장하는 데 1평방피트가 필요하다.

또한 사설창고의 운영은 변동비용과 고정비용의 운영비용이 필요하다. 사설창고 운영은 제3의 물류 제공자로부터 가능하다. 이 물류업자는 SPC사가 분기당 저장되는 플라스틱 시트 1,000파운드당 4달러로 다양한 운영비용을 지불하는 것에 동의했다. 이 비율을 유지하기 위해 SPC사는 총 3년의 임대계약을 해야만 한다. 결과적으로, SPC사는 각 분기당 저장에 사용하지 않더라도 공간에 대해 비용을 지불해야만 한다. 따라서 SPC사는 결정을 할 때 이 비용을 고려해야만 한다.

SPC사는 필요한 창고공간의 양을 결정할 때 몇 가지 변수를 고려해야만 한다. 사용 가능한 창고 운영공간은 실제로 재고를 저장하는 데 사용되는 창고의 비율이다. 고려할 점은 통로공간, 선적과 하역 적재공간, 관리사무실공간과 천장의 높이이다. 저장밀도 또한 고려할 점 중 하나이다. SPC사는 또한 자재의 이동속도와 시간을 고려해야만 한다. 이는 필요한 종업원 수와 저장방법이 자재의 이동속도와 시간에 의존하기 때문이다. 예를 들어, 자재가 쉽게 곧바로 회수되어야 한다면 창고의 배치는 실제 저장공간에 대해 복도와 발판공간에 더 큰 비율을 두어야만 한다.

실행과 결정

Julie와 그녀의 부서는 두 가지 선택을 해야만 한다. 첫 번째는 [표 8.9]에 보여진 주어진 3년간의 수요 예측에 대해 총괄생산계획을 제안하는 것이다. 두 번째는 다음 세 가지 선택 중에서 하나를 결정하는 것이다.

1. 자재저장 시 공공창고를 이용하는 전략을 지속
2. 재고를 취급하기 위해 사설창고를 임대하여 운영
3. 공공창고 이용과 사설창고 운영을 혼합하여 사용

사설창고 운영의 경우에 Julie는 임대해야 할 평방피트를 결정해야만 하며, 이 결정은 2010년에서 2012년까지 적용될 것이다. 이 결정은 확실하게 3년 기간의 총괄계획의 준비와 동시에 정해져야만 한다. 이상적으로, 두 가지 결정은 서로에 영향을 미치기 때문에 공통적으로 정해져야만 한다.

어떠한 요소가 실행과 결정에 영향을 준다고 생각하는가? 예를 들어, 하청계약의 가격이 임대하는 사설창고공간의 양과 어떠한 관계가 있다고 생각하는가?

Julie는 또한 수요 예측의 잠재적인 오차를 어떻게 다룰지를 해결해야만 한다. 이러한 오차를 그녀가 어떻게 처리할지에 대해 추천해 보라.

제 9 장

판매 및 운영 계획: 공급사슬 내의 공급과 수요 계획

학 • 습 • 목 • 표

이 장을 읽은 후에 여러분은 다음과 같은 것을 할 수 있을 것이다.

1. 예측 가능한 변동에 대해 공급사슬에서 수요와 공급의 조화를 향상시키기 위한 공급관리를 이해한다.
2. 예측 가능한 변동에 대해 공급사슬에서 수요와 공급의 조화를 향상시키기 위한 수요관리를 이해한다.
3. 예측 가능한 변동에 대해 수익을 최대화하기 위한 판매 및 운영 계획의 사용을 이해한다.

8장에서는 기업이 수익을 최대화하는 방향으로 최적의 트레이드오프를 도출하기 위해 총괄계획을 이용하여 공급관리를 하는 방법에 대해서 살펴보았다. 이 장에서는 8장으로부터 얻은 지식을 기반으로 수요에 대한 예측 가능한 변동에 대처할 수 있는 공급관리 방법에 초점을 맞춘다. 또한 가격 및 판촉 전략을 사용하여 예측 가능한 변동에 대처하기 위해 수요를 어떻게 관리할지에 대해서도 논의한다. 공급과 수요를 적절히 관리함으로써 관리자들은 전체 수익을 최대화할 수 있다.

9.1 공급사슬 내의 예측 가능한 변동에 대처

8장에서, 수익을 최대화하기 위해 기업들이 총괄계획을 이용한 공급 계획을 작성하는 방법에 대해서 논의하였다. 수요가 안정적이며 매달 수요의 변동이 적은 제품들에 대해 총괄계획을 고안하는 방법은 매우 간단하다. 이러한 경우 회사는 단지 기대되는 수요를 만족할 수 있을 만큼의 충분한 자원을 배치하고 수요에 걸맞는 양을 생산하면 된다. 제품들은 팔릴 것으로 예측된 시점과 가까운 시점에서 생산이 이루어진다. 따라서 공급사슬은 적은 재고만을 갖게 된다.

그러나 많은 제품들이 실제로는 예측 가능한 여러 요소들로 인하여 기간별로 급격한 수요 변동을 겪게 된다. 이러한 영향은 잔디 깎는 기계와 스키 재킷과 같은 제품에 영향을 주는 계절적 요소와 판촉 행사나 제품 도입 비율과 같이 예측 판매량 증감에 큰 영향을 주는 비계절적 요소를 모두 포함한다.

예측 가능한 변동이란 예측할 수 있는 수요의 변동을 의미한다. 이런 형태의 수요 변동을 겪게 되는 제품은 공급사슬 내에서 성수기에는 재고가 부족하고 비수기에는 과도한 재고가 발생하는 등의 많은 문제점을 야기할 수 있다. 이러한 문제들은 생산비용을 증가시키고 공급사슬의 대응력을 약화시킨다. 수요 및 공급의 변화가 예측 가능한 제품의 경우에는 판매 및 운영 계획(sales and operations planning: S&OP)을 통한 수요와 공급의 관리가 중요하며 많은 효과를 얻을 수 있다.

예측 가능 변동에 직면한 경우 기업의 목표는 이익을 최대화하는 방향으로 대처해 나가는 것이다. 기업은 예측 가능한 변동에 대처하기 위해서 다음의 두 가지 큰 선택사항 중 하나를 결정해야 한다.

1. 생산능력, 재고, 하청계약, 부재고를 사용한 공급관리
2. 단기 가격 할인, 거래판촉을 사용한 수요관리

공급사슬에서 이와 같은 기법들을 사용하는 것은 수요와 공급을 보다 협력적인 형태로 일치시킬 수 있기 때문에 이익을 증가시킨다.

관련된 몇 가지 이슈들을 살펴보기 위해 8장에서 논의되었던 Red Tomato Tools사와 관련된 정원 도구 제조업자에 대해 생각해 보기로 한다. 정원 도구들에 대한 수요는 계절적이며, 특히 봄에 집중되어 있다. Red Tomato사는 수익을 최대화하기 위해 수요를 어떻게 충족시켜 줄 것인가 하는 계획을 필요로 한다. 수요 충족의 한 가지 방법은 Red Tomato사의 수요를 항상 충족시킬 수 있는 충분한 생산능력을 확보하는 것이다. 이 방법의 장점은 다음 기간으로 이월시키는 재고가 없기 때문에 매우 낮은 재고비용만이 발생한다는 것이다. 그러나 단점으로는 수요가 극도로 낮은 특정 기간 동안에는 매우 비싼 장비들임에도 불구하고 사용되지 않고 방치될 수 있다는 점이다.

또 다른 수요 충족의 방법으로는 일년 내내 안정적으로 생산을 유지하되, 비성수기 동안에는 재고를 축적해 놓는 것이다. 이 방법의 장점은 보다 규모가 작고 비용이 비싸지 않은 공장으로부터 효과를 얻을 수 있다는 점이다. 그러나 높은 재고가 전체 비용을 상대적으로 증가시킨다는 단점이 있다. 세 번째 방법으로는 봄이 오기 앞서서 수요가 적은 기간 동안에 Red Tomato사가 가격판촉을 제안하는 방법이다. 이러한 판촉은 봄철에 발생할 수요를 일부 다른 기간으로 이동시킬 수 있고, 따라서 수요를 일년 내내 고르게 만들 수 있어서 계절적 변동을 줄일 수 있다. 이러한 수요 성향은 공급의 관점에서는 적은 비용이 소요된다. Red Tomato사는 어떤 방법이 그들의 이익을 최대화할 수 있을 것인지 결정하는 것이 필요하다.

회사들은 종종 서로 다른 기능들 사이에서 수요와 공급의 관리 업무를 구분지으려 한다. 마케팅은 보통 수요관리쪽으로 구분짓고 운영은 보통 공급관리쪽으로 구분하게 된다. 공급과 수요의 관리결정을 구분하는 것은 오히려 공급사슬을 조정하는 것을 점차 어렵게 만들며 그 결과로 수익은 줄어들게 된다. 그러므로 이익을 최대화하기 위해서는 알맞게 조정된 결정들을 잘 활용해야 한다. 판매 및 운영 계획 프로세스는 공급과 수요 사이의 조정을 용이하게 해준다.

우리는 Red Tomato사에 대한 보다 심화된 논의를 통해 회사가 어떻게 조정을 해 나가야 할 것인가에 대해 알아볼 것이다.

먼저, 공급을 관리함으로써 공급사슬의 수익을 향상시킬 수 있는 방법들에 대해 초점을 맞춘다.

9.2 공급관리

회사는 다음의 두 가지 요소들의 조합을 적절히 조절함으로써 제품의 공급을 다양하게 할 수 있다.

1. 생산능력
2. 재고

목표는 수익의 최대화로서, 여기서 수익이란 판매를 통해 얻어진 수입과 자재, 생산능력, 재고 등에서 발생하는 총비용을 뺀 것을 뜻하게 된다. 일반적으로 기업들은 공급을 관리할 때 생산능력과 재고 사이의 조합을 이용한다. 우리는 여기서 수익을 최대화한다는 목표를 가지고 생산능력과 재고를 관리하는 몇 가지 구체적인 방법들에 대해 알아본다.

생산능력 관리

예측 가능한 변화에 대처하기 위해서 생산능력을 관리할 때, 회사는 다음의 접근방법들 간의 적절한 조합을 사용한다.

- **작업시간의 유연성:** 이 방법은 회사가 수요에 보다 걸맞는 생산을 하기 위해서 보유 인력의 작업시간을 보다 유연하게 사용하는 것이다. 흔히 볼 수 있는 예로서, 공장들은 쉬지 않고 계속적으로 운영되는 것이 아니고 하루 또는 한 주 동안의 특정 시간 동안은 작업이 이루어지지 않는다. 따라서 남는 유휴공장 자원은 공장이 작동되지 않고 있을 때의 시간으로 표현할 수 있다. 예를 들어, 많은 공장들은 3교대로 운영하지 않는다. 따라서 성수기에는 현재 보유하는 인력만으로도 추가작업을 통해 수요를 충족시키는 생산을 하는 것이 가능하게 된다. 추가작업의 이행 여부는 수요의 변화에 따라 결정된다. 이러한 시스템은 공장에서 일어나는 생산을 고객으로부터 발생하는 수요에 보다 잘 대응되도록 한다. 만약 수요가 일별로 또는 주별로 변화가 심하거나 가용 인력이 유동적이면, 회사로서는 가용 인력을 적절히 스

케줄링함으로써 여유 생산능력을 수요에 보다 잘 대응하도록 배치할 수 있다. 이러한 설정에서는 비정규 인력을 사용하여 회사로 하여금 성수기 동안에 보다 많은 인력을 배치할 수 있게 하고, 그 결과로 생산능력의 유연성을 증가시킬 수 있게 된다. 텔레마케팅 회사들과 은행들은 공급과 수요에 보다 잘 대응하기 위해 광범위하게 비정규 인력을 사용한다.

- **계절 인력의 사용:** 이 방법은 회사가 수요에 대응할 수 있는 능력을 향상시키기 위해서 성수기 동안에 임시 인력을 사용하는 것이다. 관광업계에서는 자주 이러한 방법을 사용한다. 이 방법은 정규 근무자들을 중심으로 운영하고 나머지 인원들은 성수기 때에만 고용하는 방법이다. 농업에서도 추수와 곡물 가공 등을 위해서 계절 인력을 사용한다. 이 방법은 노동시장에 여유가 없는 경우에는 유지하기 어렵다는 단점이 있다.
- **하청계약의 이용:** 이 방법은 회사가 수요가 많은 제품에 대해서 하청계약을 함으로써 내부 생산을 어느 정도 수준에서 유지하여 생산비용을 절감하는 방법이다. 하청업자로 하여금 수요가 많은 제품을 함께 처리하게 함으로써, 회사로서는 상대적으로 유연성은 떨어지지만 적은 비용의 설비를 운용할 수 있으며 생산율도 비교적 일정하게 유지할 수 있다. 이 방법의 핵심은 상대적으로 유연한 하청업체의 능력 가용성이다. 하청업자는 서로 다른 생산자들 사이에 발생하는 수요 변동에 대비함으로써 적은 비용으로 유연성을 제공할 수 있다. 그래서 유연한 하청업자의 생산능력을 갖추기 위해서는 수량이나 다양성 및 유연성을 모두 필요로 한다. 예를 들어, 대다수의 전력회사들은 수요가 급증하는 날에 발생할 수 있는 모든 전기 수요를 충족시킬 수 있을 만큼의 설비능력을 보유하고 있지 않다. 그들은 대신에 공급자들과 초과전력을 보유하고 있는 하청업자들로부터 전력을 구입하여 사용한다. 이것은 전력회사들로 하여금 특정 수준의 공급을 유지할 수 있게 하며 결과적으로 적은 비용의 지출을 유도한다.
- **이중 설비(전용 및 범용 설비)의 사용:** 이 방법은 회사가 전용 설비와 범용 설비를 모두 사용하는 방법이다. 전용 설비들은 매우 효과적인 방법으로 비교적 안정적인 제품 제조가 가능하다. 범용 설비들은 단위비용은 조금 높지만 다양한 규모와 다양한 상품들을 폭넓게 생산할 수 있다. 예를 들어, 개인용 컴퓨터의 부품 생산자는 다양한 종류의 회로판을 생산하기 위해 전용 설비를 사용할 수 있을 뿐만 아니라 모든 종류의 회로판들을 만들 수 있는 범용 설비를 사용할 수도 있을 것이다. 각각의 전용 설비들은 비교적 안정적인 생산을 하는 데 사용할 수 있으며 변동사항이 발생하면 범용 설비들을 이용해 대처해 나갈 수 있다.
- **생산공정에서의 제품 유연성을 고려한 설계:** 이 방법은 회사가 생산율을 손쉽게 조절할 수 있는 유연한 생산라인을 보유하는 방법이다. 생산은 수요에 걸맞게 조절된다. 일본의 Hino Trucks사는 다양한 제품군들에 대해서 몇 가지 생산라인을 보유하고 있다. 생산라인은 생산율에 따라 라인상의 작업자 수를 조절할 수 있는 형태로 디자인되어 있다. 다양한 제품들

간의 수요 변화가 서로 상호보완적인 관계라면 각 라인에 대한 생산능력은 인력을 하나의 라인으로부터 다른 곳에 배치하는 방법 등을 사용하여 다양화시킬 수 있다. 물론 이러한 방법은 보유 인력이 다양한 기술들을 습득하고 있어야 하며, 각 라인 사이를 손쉽게 이동하여 배치될 수 있어야 한다. 사용되고 있는 생산 설비들이 유연하고 손쉽게 다양한 제품들을 교체 생산할 수 있을 때 생산 유연성은 확보될 수 있다. 이러한 방법은 모든 제품에 걸쳐 발생하는 전체 수요가 상대적으로 일정한 경우에만 효과를 볼 수 있다. 계절성 수요 제품을 생산하는 몇몇 기업은 성수기가 연중 고르게 분산되어 있는 제품의 포트폴리오를 수행하는 방법으로 유연성을 확보하고자 한다. 고전적인 예는 잔디 깎는 기계 생산자가 제설기도 생산하는 경우이다. 또한 많은 전략 컨설팅 업체는 경제적 시기가 좋을 때의 성장 전략과 경제적 시기가 좋지 않을 때의 비용절감 프로젝트를 사용하는 제품에 대한 균형잡힌 포트폴리오를 제안한다.

재고관리

예측 가능한 변동에 대응하기 위해 재고를 관리할 때, 기업은 다음 방법들의 조합을 사용할 수 있다.

- **다수 제품에 공통부품 사용:** 이 방법은 기업이 다수 제품에 사용될 공통부품을 설계하는 것이다. 다수 제품 각각은 예측 가능한 수요의 변동이 있지만 전체 수요는 비교적 일정하다고 가정한다. 이러한 제품들에 공통부품을 사용하는 것은 부품에 대한 수요를 비교적 일정하게 하는 효과를 가져온다. 예를 들어, 잔디 깎는 기계와 제설기에 모두 공통된 엔진을 사용하는 것은 잔디 깎는 기계와 제설기에 대한 연중 수요 변동이 심하다 할지라도 엔진 수요는 비교적 안정적이게 되는 효과를 가져온다. 따라서 공급사슬에서 부품을 생산하는 입장에서는 수요와 공급을 일치시키기 용이하게 되고 생산해야 할 부품의 재고를 비교적 낮게 유지할 수 있다. 마찬가지로 컨설팅 기업에서는 많은 컨설턴트들이 수요의 상황에 따라 성장 전략을 세우거나 비용절감 전략을 세우기도 한다.
- **높은 수요 또는 예측 가능 수요 제품의 재고 비축:** 기업이 생산하는 대부분의 제품의 성수기가 동일할 때 앞서 소개된 방법은 적용하기 힘들다. 이 경우 기업은 비수기 동안에 어떤 제품의 재고를 준비해야 할지를 결정해야만 한다. 그 해답은 예측 가능성이 더 높은 수요를 가진 제품을 생산하라는 것이다. 왜냐하면 이러한 수요에 대해서는 기다림으로써 얻을 수 있는 정보가 더 적기 때문이다. 판매 계절에 가까워질수록 정보가 많아지므로 이 시기에 수요가 불확실한 제품의 생산이 이루어진다. 예를 들어, 소매 판매용 재킷과 보스턴 경찰서,

소방서에 공급하기 위한 재킷을 생산하는 겨울 재킷 생산자를 생각해 보자. 보스턴 경찰 재킷과 소방 재킷의 수요는 예측 가능성이 높으므로 이러한 재킷은 비수기에 생산되어 겨울까지 재고로 보관할 수 있다. 그러나 소매 재킷은 패션경향이 빠르게 변화할 수 있기 때문에 그 수요는 판매될 시기에 가까워질수록 파악하기 쉬울 것이다. 따라서 재킷 생산자는 소매 재킷에 대해 그들이 얻을 수 있는 가능한 많은 수요 정보를 얻기 위해 판매될 성수기에 가까워졌을 때 생산을 시작해야 한다. 이러한 전략은 공급사슬 내에서 수요와 공급을 일치시키는 것을 용이하게 한다.

다음에는 공급사슬이 수요를 관리함으로써 수익을 증가시킬 수 있는 행동에 대해 고려해 본다.

9.3 수요관리

많은 경우에 공급사슬은 가격결정과 판촉 등을 사용해 연중 서로 다른 기간의 수요에 영향을 줄 수 있다. 판촉활동은 소매자들에 의해서 공급사슬의 나머지 부분의 영향을 고려하지 않은 상태로 결정된다. 이 절에서는 가격결정과 총괄계획의 혼합(수요와 공급관리에 있어서)을 통해 공급사슬의 이익을 최대화하는 방법에 대해 논의한다.

정원 장비 생산자인 Red Tomato Tools사의 사례로 돌아가 보자. Green Thumb Gardens사는 Red Tomato Tool사가 생산하는 모든 제품을 판매하도록 독점계약을 맺은 도매상이다. 정원사들이 정원관리 시작을 준비하는 3, 4월의 봄철이 정원 도구 수요의 성수기가 된다. 이 기간 동안 두 회사의 목표는 그들의 제품이 보다 많은 이익을 공유할 수 있게 하기 위해 공급사슬의 이익을 최대로 하는 데 있다. 최대의 이익을 발생시키기 위해 Red Tomato사와 Green Thumb사는 협력적인 방법을 고안하고, 공급사슬의 이익을 분배하는 결정이 필요하다. 이익을 공급사슬의 다른 참여자들에게 어떻게 분배하느냐가 성공적인 협력의 중요한 요소이다.

Red Tomato사와 Green Thumb사는 판촉을 통해 어떻게 수익을 증가시킬지를 조사하고 있다. 판촉시기를 수요의 성수기에 하는 것과 비수기에 하는 것 중 어느 쪽이 그들에게 유리할 것인가? Green Thumb사의 마케팅 부서장은 성수기 동안의 판촉이 수익을 많이 증가시키기 때문에 이를 더욱 선호한다. 그러나 Red Tomato사의 생산 부서장은 이러한 선택이 비용을 증가시키기 때문에 이에 반대한다. 그녀는 비수기 동안에 판촉활동이 수요를 고르게 하고 생산비용을 낮추기 때문에 이를 더욱 선호한다. 두 부서의 협력과 최적 트레이드오프의 결정을 위

표 9.1 Red Tomato Tools사의 수요

월	수요 예측
1	1,600
2	3,000
3	3,200
4	3,800
5	2,200
6	2,200

해 판매 및 운영 계획은 활용될 수 있다.

Red Tomato사와 Green Thumb사의 경우는 [표 9.1]과 같이 예측된 수요와 그 결과로 얻어진 최적 총괄계획을 고려하는 것에서 시작해야만 한다(이는 8장에서 논의한 바와 동일하다).

각 제품은 40달러에 판매된다. Red Tomato사는 재고가 있는 조립된 도구를 Green Thumb사에 선적한다. Green Thumb사는 1월에 1,000개의 초기 재고를 갖고 있다. 또한 Red Tomato사는 1월의 시작 시점에 멕시코 공장에 80명의 작업 인력을 보유하고 있다. 각 달에는 20일간의 작업 가능일이 존재하고 Red Tomato사의 종업원은 초과근무가 아닌 경우 시간당 4달러를 받는다. 각 종업원은 정상적으로 8시간 근무하고 초과시간에는 휴식을 취한다. Red Tomato사의 작업은 대부분 수작업이기 때문에 생산공정의 생산능력은 주로 총작업시간에 의해 결정된다. 즉, 기계용량의 제한을 받지 않는다. 어떠한 종업원도 한 달에 10시간 이상 초과시간 근무를 할 수 없다. 제반비용은 [표 9.2]와 같다.

하청계약, 재고, 재고부족에 제한은 없다. 모든 재고부족은 부재고가 되며 다음 달의 생산으로부터 공급된다. 재고비용은 각 달의 마지막 재고에서 발생한다. 회사의 목적은 6월의 마지막

표 9.2 Red Tomato사와 Green Thumb사의 비용

항목	비용
자재비용	10달러/개
재고유지비용	2달러/개/월
재고부족의 한계비용	5달러/개/월
고용과 훈련비용	300달러/인
해고비용	500달러/인
요구작업시간	4/개
정규시간비용	4달러/시간
초과시간비용	6달러/시간
하청계약비용	30달러/개

표 9.3 Red Tomato사와 Green Thum의 총괄계획

기간 t	고용인원 H_t	해고인원 L_t	인력 크기 W_t	초과시간 O_t	재고 I_t	재고부족 S_t	하청계약 C_t	전체 생산 P_t
0	0	0	80	0	1,000	0	0	
1	0	15	65	0	1,983	0	0	2,583
2	0	0	65	0	1,567	0	0	2,583
3	0	0	65	0	950	0	0	2,583
4	0	0	65	0	0	267	0	2,583
5	0	0	65	0	117	0	0	2,583
6	0	0	65	0	500	0	0	2,583

에 적어도 500개의 재고가 남도록 하는 최적 총괄계획을 얻는 것이다(즉, 6월의 마지막에는 부재고가 없어야 하며, 적어도 500개의 재고가 있어야 한다).

Red Tomato사와 Green Thumb사의 최적 총괄계획은 [표 9.3]과 같다. 앞선 8장의 표들은 9장에서 다시 사용되며 제시되는 표에 포함된 숫자들은 가까운 정수로 반올림하였다. 반올림된 값들을 사용하였기 때문에 계산된 총비용은 달라질 수도 있다.

이 총괄계획에서 Red Tomato사는 다음과 같은 비용과 수익을 산출할 수 있다.

$$\text{전체 계획기간의 총비용} = 422{,}275\text{달러}$$

판매가격은 단위당 40달러, 전체 판매는 16,000단위로 주어져 있으므로, 전체 계획기간의 수익은 다음과 같이 계산된다.

$$\text{전체 계획기간의 수익} = 40 \times 16{,}000 = 640{,}000\text{달러}$$

$$\text{전체 계획기간의 순익} = 217{,}725\text{달러}$$

계획기간 동안의 평균 계절성 재고는 나음과 같이 주어진다.

$$\text{평균 계절성 재고} = \frac{[(I_0 + I_6)/2] + \sum_{t=1}^{5} I_t}{T} = \frac{5{,}367}{6} = 895$$

총괄계획에서 전체 계획기간의 평균 흐름시간은 다음과 같다.

$$\text{평균 흐름시간} = \frac{\text{평균 재고}}{\text{평균 판매}} = \frac{895}{2{,}667} = 0.34\text{개월}$$

위의 결과들은 모두 Red Tomato사가 어떠한 판촉활동도 시행하지 않은 경우의 값들이다.

이제 Red Tomato사는 판촉활동을 시행할지, 한다면 언제 할지에 대해 조사하고자 한다. 네 가지 중요 요소가 거래 판촉활동의 시점에 영향을 준다.

- 판촉이 수요에 미치는 영향
- 제품 수익
- 재고유지비용
- 생산능력 변경비용

두 회사의 관리자들은 각 요소에 따라 수요가 높은 기간과 낮은 기간 중 언제 판촉활동을 하는 것이 좋은지에 대해 알아보고자 한다. 이들은 판촉활동이 수요에 미치는 영향을 우선 고려한다. 어떤 기간 동안 판촉활동이 시행되면 그 기간의 수요는 증가하는 경향을 보일 것이다. 이러한 수요의 증가는 다음 세 가지 요소로부터 기인한다.

1. **시장 성장:** 제품에 대한 기존 혹은 새로운 고객들의 소비 증가. 예를 들어, Toyota사가 Camry에 대해 가격 판촉활동을 하고 있을 때, 이러한 판촉활동은 저렴한 가격의 차종을 구매하고자 하는 고객들에게 매력적으로 느껴질 수 있다. 따라서 판촉은 Toyota사의 판매량의 증가뿐만 아니라 전체 가족 세단시장의 크기를 증가시킨다.
2. **점유율 제고:** 고객이 경쟁사의 제품에서 자사 제품으로 교체. Toyota사가 Camry에 대한 판촉활동을 하고 있을 때, Honda사의 Accord를 구매하려던 구매자가 Camry를 구입할 수도 있다. 따라서 판촉활동은 전체 가족 세단시장의 크기가 유지되는 경우에도 Toyota사의 판매를 증가시킬 수 있다.
3. **선구매:** 고객이 미래 시점의 구매활동(10장에서 논의하는 바와 같은)을 현재로 이동. 판촉활동은 몇 개월 후에 Camry를 구매하려고 하는 구매자에게 매력적일 것이다. 판촉활동이 장기적 관점에서 Toyota사의 판매를 증가시키는 주요 요인으로 작용하는 것은 아니며 가족 세단시장의 크기도 동일하게 유지된다.

표 9.4 1월에 39달러로 가격 할인할 경우의 수요 예측

월	수요 예측
1	3,000
2	2,400
3	2,560
4	3,800
5	2,200
6	2,200

표 9.5 [표 9.4]의 수요에 대한 최적 총괄계획

기간 t	고용인원 H_t	해고인원 L_t	인력 크기 W_t	초과시간 O_t	재고 I_t	재고부족 S_t	하청계약 C_t	전체 생산 P_t
0	0	0	80	0	1,000	0	0	
1	0	15	65	0	610	0	0	2,610
2	0	0	65	0	820	0	0	2,610
3	0	0	65	0	870	0	0	2,610
4	0	0	65	0	0	320	0	2,610
5	0	0	65	0	90	0	0	2,610
6	0	0	65	0	500	0	0	2,610

처음의 두 가지 요소는 Toyota사의 전체 수요를 증가시키는 반면, 세 번째 요소는 단순히 미래의 수요를 현재로 이동시킨다. 판촉활동의 최적 시기를 결정하기 이전에 판촉활동의 결과로 이 세 가지 요소로부터 받게 되는 영향에 대해 파악하는 것이 중요하다. 일반적으로 선구매가 많아지면서 생기는 수요 증가의 폭이 크기 때문에 성수기 동안의 판촉활동은 선호도가 떨어진다. 선구매를 발생시키는 성수기 동안의 많은 판촉활동들은 판촉활동을 하기 전보다 수요의 변화를 더욱 많이 발생시킨다. 비수기에 수요를 가졌던 제품이 이와 같은 경우에 성수기에 수요를 갖게 되고, 이러한 수요 형태를 따라가는 데는 더욱 많은 비용이 소요된다.

Green Thumb사의 판매부서는 Red Tomato사로부터 단위당 40달러에서 39달러로(1달러 할인) 할인하는 것이 소비와 대체의 증가로 해당 기간의 수요를 10퍼센트 증가시키는 것으로 추정하였다. 게다가, 그 이후 두 달 동안의 월 수요가 각기 20퍼센트 정도 앞으로 이동하였다. 경영진은 1월과 4월 중 언제 가격 할인을 하는 것이 더욱 효과적인지를 결정하고자 한다.

부서는 먼저 1월에 할인을 하는 경우에 발생하는 효과를 고려해 본다. 1월에 할인을 한다면 수요 예측은 [표 9.4]에 제시된 바와 같이 되며, 최적 총괄계획은 [표 9.5]와 같이 구해진다. [표 9.5]에 포함된 데이터들은 가까운 정수로 반올림하였다. 예를 들어, [표 9.5]에서와 같이 기간 1의 해고인원은 14.75가 아닌 반올림된 15가 된다. 이에 따라 [표 9.5]의 데이터를 활용해 계산된 비용은 아래의 값들과 완벽히 일치하지는 않을 것이다. 1월의 할인을 통해 공급사슬은 다음의 결과를 얻는다.

전체 계획기간의 총비용 = 421,915달러

전체 계획기간의 수익 = 643,400달러

전체 계획기간의 순익 = 221,485달러

이제 4월에 할인을 하는 경우에 발생하는 효과를 고려해 본다. Green Thumb사가 4월에 할

표 9.6 4월에 39달러로 가격 할인할 경우의 수요 예측

월	수요 예측
1	1,600
2	3,000
3	3,200
4	5,060
5	1,760
6	1,760

인을 한다면, 수요 예측은 [표 9.6]에 제시된 바와 같이 되며, 최적 총괄계획은 [표 9.7]과 같이 구해진다. [표 9.7]에 포함된 데이터들은 가까운 정수로 반올림하였다. 예를 들어, [표 9.7]에서와 같이 기간 1의 해고인원은 13.83이 아닌 반올림된 14가 된다. 4월의 할인을 통해 다음의 결과를 얻는다.

전체 계획기간의 총비용 = 438,857달러

전체 계획기간의 수익 = 650,140달러

전체 계획기간의 순익 = 211,283달러

할인이 수요가 높은 달에 시행되었기 때문에 수요 변동이 [표 9.1]과 비교하여 증가한 것을 알 수 있다. 이러한 수요 형태에 대한 최적 총괄계획은 [표 9.7]에 제시되어 있다.

1월의 가격 판촉활동의 결과로 판촉활동을 하지 않았을 경우보다 높은 수익이 나타나는 반면, 4월에는 판촉활동의 결과가 판촉활동을 하지 않았을 경우보다 수익이 낮은 것을 알 수 있다. 결과적으로, 판매 및 운영 계획의 결과에 의해 Red Tomato사와 Green Thumb사는 비수기인 1월에 할인정책을 사용해야 한다. 4월에 할인을 시행하는 경우가 수익은 높지만 운영비용

표 9.7 [표 9.6]의 수요에 대한 최적 총괄계획

기간 t	고용인원 H_t	해고인원 L_t	인력 크기 W_t	초과시간 O_t	재고 I_t	재고부족 S_t	하청계약 C_t	전체 생산 P_t
0	0	0	80		1,000	0	0	
1	0	14	66	0	2,047	0	0	2,647
2	0	0	66	0	1,693	0	0	2,647
3	0	0	66	0	1,140	0	0	2,647
4	0	0	66	0	0	1,273	0	2,647
5	0	0	66	0	0	387	0	2,647
6	0	0	66	0	500	0	0	2,647

표 9.8 1월에 39달러로 가격 할인하여 수요가 크게 증가할 경우의 수요 예측

월	수요 예측
1	4,440
2	2,400
3	2,560
4	3,800
5	2,200
6	2,200

의 증가로 인하여 순익면에서 불이익을 받는 경우가 발생한다. 1월의 판촉활동은 Red Tomato사와 Green Thumb사가 공유할 수 있는 이익을 증가시킨다.

이와 같은 분석은 계획기간 안에서 생산자와 소매상들이 판매 및 생산 계획 프로세스에 협력해야 하는 이유를 보여 주고 있다. 결론은 앞에서도 언급한 대로 기업 내의 가격결정을 하는 행위는 마케팅부서에서 개별적으로 시행한 예측결과를 가지고 수행하고, 총괄계획을 세우는 행위는 공정부서에서 또한 개별적으로 시행한 예측결과를 가지고 독자적으로 수행하는 것이 적합하지 않다는 것을 뜻한다. 즉, 공급사슬에서 예측, 가격결정, 총괄계획이 서로 적절히 조화되는 것이 중요하다.

대부분의 수요 증가가 선구매보다 시장 성장 또는 점유율 제고에 의해 발생하는 상황에 있었다면 결과는 달라진다는 것을 통해 판매 및 생산 계획의 협력의 중요성을 뒷받침할 수 있다. 단위당 40달러에서 39달러로 할인되는 영향으로 해당 기간의 수요 증가 폭이 소비와 대체의 증가로 인해 100퍼센트가 되는 상황의 예를 다시 고려해 보자. 또한 이후 두 달 동안의 월 수요가 각기 20퍼센트가 앞으로 이동되었다. 공급사슬팀은 1월과 4월 중 언제 가격 할인을 하는 것이 더 바람직한지를 결정하고자 한다.

1월에 할인을 하는 경우의 결과는 [표 9.8]에 보여지는 수요 예측결과로 나타난다.

이 경우의 최적 총괄계획은 [표 9.9]와 같다. [표 9.9]에 포함된 데이터들은 가까운 정수로 반올림하였다. 예를 들어, [표 9.9]에서와 같이 기간 2의 해고인원은 10.5가 아닌 반올림된 11이 된다.

1월에 할인을 하는 경우에는 부서는 다음의 결과를 얻을 수 있다.

전체 계획기간의 총비용 = 456,750달러

전체 계획기간의 수익 = 699,560달러

전체 계획기간의 순익 = 242,810달러

표 9.9 [표 9.8]의 수요에 대한 최적 총괄계획

기간 t	고용인원 H_t	해고인원 L_t	인력 크기 W_t	초과시간 O_t	재고 I_t	재고부족 S_t	하청계약 C_t	전체 생산 P_t
0	0	0	80		1,000	0	0	
1	0	0	80	0	0	240	0	3,200
2	0	11	69	0	140	0	0	2,780
3	0	0	69	0	360	0	0	2,780
4	0	0	69	0	0	660	0	2,780
5	0	0	69	0	0	80	0	2,780
6	0	0	69	0	500	0	0	2,780

만약 4월에 할인을 한다면, 수요 예측은 [표 9.10]과 같이 된다.

이 경우에 최적 총괄계획은 [표 9.11]과 같이 구해진다.

4월에 할인을 통해 부서는 다음의 결과를 얻을 수 있다.

전체 계획기간의 총비용 = 536,200달러

전체 계획기간의 수익 = 783,520달러

전체 계획기간의 순익 = 247,320달러

할인으로 인한 수요 증가에서 선구매의 비중이 적은 경우에는 할인정책을 성수기인 4월에 시행하는 것이 더욱 좋다.

이전에 논의된 바와 같이, 단위당 가격이 31달러이고 할인가격이 30달러인 경우에 대해서도 최적 총괄계획과 수익을 결정할 수 있다. 다양한 경우에 대한 결과들이 [표 9.12]에 정리되어 있다.

[표 9.12]의 결과로부터 판촉활동의 영향에 대해 다음과 같은 결론을 도출할 수 있다.

표 9.10 4월에 39달러로 가격 할인하여 수요가 크게 증가할 경우의 수요 예측

월	수요 예측
1	1,600
2	3,000
3	3,200
4	8,480
5	1,760
6	1,760

표 9.11 [표 9.10]의 수요에 대한 최적 총괄계획

기간 t	고용인원 H_t	해고인원 L_t	인력 크기 W_t	초과시간 O_t	재고 I_t	재고부족 S_t	하청계약 C_t	전체 생산 P_t
0	0	0	80		1,000	0	0	
1	0	0	80	0	2,600	0	0	3,200
2	0	0	80	0	2,800	0	0	3,200
3	0	0	80	0	2,800	0	0	3,200
4	0	0	80	0	0	2,380	0	3,200
5	0	0	80	0	0	940	0	3,200
6	0	0	80	0	500	0	0	3,200

1. [표 9.12]에서 알 수 있듯이, 평균 재고는 판촉활동이 성수기 동안 행해질 경우 증가하고 비수기에 행해질 경우에 감소한다.
2. 성수기에 시행되는 판촉활동은 선구매에 의한 수요 증가의 비율이 클 경우에는 전체 수익을 감소시킬 수 있다. [표 9.12]에서 선구매가 20퍼센트이고 소비와 대체 증가에 의한 수요 증가 또한 10퍼센트일 때 4월에 판촉활동을 하는 경우에는 수익이 감소하는 것을 관찰할 수 있다.
3. 판촉활동을 통한 수요 증가에서 선구매의 비중이 작다면 성수기에 판촉활동을 하는 것이 더욱 수익성이 높다. [표 9.12]로부터 판매가격이 40달러일 때 선구매가 20퍼센트이고 소비 증가 또한 10퍼센트인 경우에 비수기인 1월에 판촉활동을 하는 것이 최적이 된다. 그러나 선구매가 20퍼센트이고 소비 증가가 100퍼센트일 경우에는 비성수기인 4월에 판촉활동을 하는 것이 최적이 된다.
4. 제품 수익이 감소하는 경우에는 성수기에 판촉활동을 하는 것이 수익성 측면에서는 좋지 않

표 9.12 여러 상황 하에서 공급사슬의 성과

정상가격	판촉가격	판촉기간	수요 증가	선구매	수익	평균 재고
40달러	40달러	NA	NA	NA	217,725달러	895
40달러	39달러	1월	10%	20%	221,485달러	523
40달러	39달러	4월	10%	20%	211,283달러	938
40달러	39달러	1월	100%	20%	242,810달러	208
40달러	39달러	4월	100%	20%	247,320달러	1,492
31달러	31달러	NA	NA	NA	73,725달러	895
31달러	30달러	1월	100%	20%	84,410달러	208
31달러	30달러	4월	100%	20%	69,120달러	1,492

표 9.13 판촉시기의 영향 요약

요인	판촉시기의 영향
높은 선구매	낮은 수요기간 동안의 판촉이 유리
높은 시장점유능력	높은 수요기간 동안의 판촉이 유리
높은 전체 시장 성장능력	높은 수요기간 동안의 판촉이 유리
높은 수익	높은 수요기간 동안의 판촉이 유리
낮은 수익	낮은 수요기간 동안의 판촉이 유리
높은 재고유지비용	낮은 수요기간 동안의 판촉이 유리
높은 생산능력 변화비용	낮은 수요기간 동안의 판촉이 유리

다. [표 9.12]에서, 단위당 가격이 40달러일 때 선구매가 20퍼센트이고 소비 증가가 100퍼센트인 경우 성수기인 4월에 판촉활동을 하는 것이 최적인 것을 볼 수 있다. 반면에, 단위당 가격이 31달러일 때는 비수기인 1월에 판촉활동을 하는 것이 최적이 된다.

재고유지비용과 생산능력 변화비용과 같은 다른 요소들 또한 판촉활동의 최적 시기결정에 영향을 준다. 여러 가지 요소들과 이들의 영향들은 [표 9.13]에 정리되어 있다.

이 장에서 기억해야 할 Red Tomato사 사례의 요점은 계절성 수요에 대처하기 위해서 기업은 수익을 증가시키기 위한 가격결정(수요관리를 위한), 생산, 재고(공급관리를 위한)의 조합을 적절히 사용할 수 있다는 것이다. 각 수단의 정확한 사용방법은 상황에 따라 달라진다. 이것은 마케팅부서와 공정부서가 서로의 예측과 계획에 협조하는 것이 중요함을 뜻하며, 이를 통해서만 수익이 최대화될 수 있다.

9.4 예측 가능한 변동에 대한 해법 적용의 실제

1. **공급사슬 내 모든 기업이 계획 수립에 협력하라.** 공급사슬이 예측 가능한 변동에 성공적으로 대처하기 위해서 공급사슬 전체가 이익 최대화라는 한 가지 목표를 향해 나아가야 한다. 공급사슬 내의 모든 기업들이 이러한 목표에 원칙적으로 동의할 것이다. 그러나 실제로 공급사슬 전체가 이익을 최대화하는 방법에서는 동의하기가 어려운 것이 사실이다. 기업 내에서도 서로 다른 부서 간에 협력적인 계획을 수립하는 데 어려움이 있다. 이러한 점에서 인센티브 제도는 큰 역할을 한다. 한 기업 내에서 대개 마케팅부서에서는 수익에 인센티브를 부여하고, 공정부서는 비용에 인센티브를 부여한다. 공급사슬 내에서는 서로 다른 기업들이 전체 공급사슬의 수익성이 아닌 자신의 기업만이 수익성에 근거하여 판단을 한다. 이전에 고

려했던 예에서 보면, 기업들 간에 협력에 초점을 맞추지 않는다면 공급사슬이 부분 최적의 수익만을 얻게 될 것이라는 것은 명백하다. 협력은 기업 간의 교차적인 팀을 구성하는 것으로 달성될 수 있다. 공급사슬의 기업들에 대한 인센티브는 조정되어야 한다. 이러한 협력은 종종 자신의 전통적인 운영 절차에 반하는 행동을 필요로 하는 경우가 있기 때문에 하나의 조직 내에서는 높은 수준의 지원이 필요하다. 이러한 협력이 어렵긴 하지만 그에 대한 효과는 매우 크다.

2. **마케팅 전략결정을 할 때 예측 가능한 변동을 고려하라.** 예측 가능한 변동들은 기업의 운영에 엄청난 파장을 가져온다. 기업은 마케팅 전략을 결정할 때 항상 이러한 파장을 염두에 두어야 한다. 그러나 공급할 제품의 종류 결정, 새로운 설비의 도입 여부, 기업이 어떠한 종류의 가격결정 구조를 선택해야 할 것인가 등과 같은 전략 계획의 수립 시에도 항상 예측 가능한 변동을 고려해야 하는 것은 아니다. 이 장에서 지적한 바와 같이, 수익의 수준은 예측 가능한 변동에 의해 큰 영향을 받기 때문에 전략 계획이 아닌 전략결정의 성공 여부는 예측 가능한 변동에 의해 결정될 수 있다.
3. **수요 발생 요인을 이해하고 관리하는 판매 및 운영 계획을 수립하라.** 판매 및 운영 계획 부서는 고객의 사용 패턴을 이해하고 대응해야 한다. 판매 및 운영 계획의 목표는 고객의 사용 패턴을 관리하고 적절하게 공급하여 공급사슬의 수익을 높이는 것이다. 이러한 성공을 위해서 판매 및 운영 계획 부서는 반드시 공급사슬에 대해 좋은 수요 가시성을 확보해야 한다.
4. **사실과 예측의 변화에 따라 판매 및 운영 계획을 변경하라.** 판매 및 운영 계획 프로세스 내 조기 위험 경고 프로세스를 구축하는 것은 중요하다. 수요 및 공급의 변화는 계획과 현실의 차이를 만든다. 이런 상황에서는 기존 계획을 따르는 공급사슬에 대해 경고해 주고, 변화를 반영한 새로운 계획을 제시해 줄 수 있는 역할이 무척 중요하다. 비록 단기 경고가 없을지라도, 판매 및 운영 계획 프로세스의 결과는 예측이나 마케팅 계획이 변경됨에 따라 수정되어야 할 것이다.

9.5 학습목표 요약

1. **예측 가능한 변동에 대해 공급사슬에서 수요와 공급의 조화를 향상시키기 위한 공급의 관리에 대해 논하라.** 수익 최대화라는 목표 하에 공급관리를 위해 기업은 작업 인력의 유연한 사용, 하청계약, 이중 설비, 제품의 유연성 등을 통해 기업의 가용자원을 관리해야만 한다. 또한 기업은 미래의 예측 가능한 수요에 대비하기 위해서 공통부품과 재고를 사용하여 공급을

관리해야 한다. 이러한 방법론들은 총괄계획과 결합하여 기업이 효과적으로 공급을 관리할 수 있도록 한다.

2. **예측 가능한 변동에 대해 공급사슬에서 수요와 공급의 조화를 향상시키기 위한 수요의 관리에 대해 논하라.** 수익 최대화라는 목표 하에 수요관리를 위해 기업은 가격결정기법과 판촉활동 등을 사용해야 한다. 이러한 방법들의 시행시기는 종종 수요에 엄청난 영향을 줄 수 있다. 따라서 수요의 형태를 변화시키기 위한 가격결정기법 등의 사용은 공급사슬 내의 수요-공급의 일치를 가능하게 한다.
3. **예측 가능한 변동에 대해 수익을 최대화하기 위한 판매 및 운영 계획의 사용에 대해 논하라.** 수익 최대화의 관점에서 예측 가능한 변동에 대처하기 위해 공급사슬은 공급 및 수요 관리 부분에서 협력을 꾀해야 한다. 이는 공급사슬의 모든 단계가 협력하여 수익을 최대화하는 총괄계획을 선택함으로써 가능하다.

토의문제

1. 작업인력의 유연성을 확보하는 데 방해가 되는 것은 무엇이 있으며, 작업인력의 유연성을 확보함으로써 발생하는 이익에는 무엇이 있는가?
2. 하청계약자가 때때로 기업이 자체 생산하는 것보다 낮은 가격으로 제품이나 서비스를 제공하는 것이 가능한 이유에 대해서 논의해 보라.
3. 어떠한 종류의 산업에서 이중 설비 형태(몇몇 설비는 단지 한 가지 제품 종류만을 생산하며, 기타 설비들은 다양한 종류의 제품을 생산할 수 있는 형태)를 볼 수 있는가? 어떤 종류의 산업에서 이중 설비 형태를 찾아보기 어려운가? 또 그 이유를 설명하라.
4. 기업 전체의 공급사슬의 협력적인 메커니즘을 어떻게 구축할 수 있는지 논의해 보라.
5. 다양한 제품들 중에서 공통부품을 사용하는 제품라인에는 어떠한 것들이 있는지 살펴보라. 공통부품을 사용하여 얻을 수 있는 장점에는 무엇이 있는가?
6. 수익을 최대화하기 위한 방안으로 수요와 공급을 조화시키려 할 때 마케팅부서와 공정부서 간의 협력방안에 대해서 논의해 보라.
7. 기업이 수요 형태를 변화시키기 위해 가격결정기법을 어떻게 사용할 수 있는가?
8. 성수기 동안 기업은 왜 가격판촉활동을 시행하고자 할 것인가?
9. 비수기 동안 기업은 왜 가격판촉활동을 시행하고자 할 것인가?

연습문제

1. 시카고 교외에 위치한 Lavare사는 스테인리스강 세면대를 생산하는 주요 업체이다. Lavare사는 내년도 수요와 공급 계획을 실행중에 있다. 12개월 동안 분배자들로부터의 예상 월간 수요가 [표 9.14]와 같이 주어져 있다.

Lavare사에서의 생산능력은 고용된 기계 운전자 수에 의해 결정된다. 회사는 하루에 8시간씩 정규 작업 교대로 한 달에 20일 동안 일을 한다. 그 외의 시간은 모두 초과근무로 간주된다. 정규노동시간에 대해서는 사원 한 명당 15달러이고 초과근무수당은 시간당 22달러이다. 초과근무시간은 한 사원당 한 달에 20시간으로 제한한다. 공장은 현재 250명의 사원을 두고 있다. 각 세면대를 생산하는 데 2시간의 노동이 투입된다. 한 달 동안 세면대 한 개를 재고로 유지하는 데 3달러가 든다. 세면대 한 개당 재료비는 40달러이다. 세면대는 개당 125달러에 분배자들에게 팔린다. 어떤 부재고도 허용되지 않는다고 가정한다.

시장조사에 따르면, 주어진 한 달 동안 1퍼센트 가격 인하 판촉이 그 다음 두 달에 각각 20퍼센트의 판매 증가와 10퍼센트의 수요 증가를 가져왔다고 한다. 따라서 3월에 1퍼센트의 가격 인하는 3월의 판매를 3,000(= 0.2 × 15,000)개 증가시키고 4월로부터 1,800(= 0.1 × 18,000)개, 5월로부터 2,500(= 0.1 × 25,000)개의 수요를 3월로 이동시킨다.

a. 만약 어떤 판촉도 생각하지 않는다면, 1년 동안 최적의 생산 계획은 무엇인가? 이 계획으로 1년간 얻는 이익은 얼마인가? 이 계획에 소요되는 비용은 얼마인가?

b. 4월 또는 7월 중 판촉하기 더 좋은 시점은? 그 결과로 얼마나 더 많은 이익을 얻을 수 있는가?

c. 만약 세면대가 125달러가 아닌 250달러에 팔린다면, 판촉 시점은 언제로 바뀌는가? 그 이유는?

2. 연습문제 1번의 Lavare사의 자료를 고려하자. 해고나 신규고용에 의해 노동력이 변화할 수 있다고 가정한다. 한 명의 신규사원 채용에는 1,000달러의 비용이 소요된다. 반면에, 한 명의 사원을 해고하는 데 2,000달러의 비용이 든다.

a. 만약 어떤 판촉도 생각하지 않는다면, 1년 동안 최적의 생산 계획은 무엇인가? 이 계획으로 1년간 얻는 이익은 얼마인가? 이 계획에 소요되는 비용은 얼마인가?

표 9.14 Lavare사의 예상 월간 수요

월	수요	월	수요
1	10,000	7	30,000
2	11,000	8	29,000
3	15,000	9	21,000
4	18,000	10	18,000
5	25,000	11	14,000
6	26,000	12	11,000

표 9.15 Jumbo사에 대한 예상 월간 수요

월	수요	월	수요
1	12,000	7	24,000
2	11,000	8	20,000
3	14,000	9	15,000
4	20,000	10	10,000
5	25,000	11	11,000
6	27,000	12	10,000

b. 4월 또는 7월 중 판촉하기 더 좋은 시점은? 그 결과로 얼마나 더 많은 이익을 얻을 수 있는가?

c. 세면대의 보관비용이 한 달에 3달러에서 5달러로 오른다면 판촉 시점은 언제로 바뀌는가? 그 이유는?

3. 연습문제 1번의 Lavare사의 자료로 돌아가자. 지금 제3의 업체가 개당 74달러에 세면대를 생산하여 제공한다고 가정하자. 이 변화는 판촉이 없는 최적의 생산 계획에 어떤 영향을 초래할 것인가? 이 변화는 최적의 판촉 시점에 어떤 영향을 줄 것인가? 그 변화를 설명하라.

4. Jumbo사는 모든 연령대의 자전거를 제조한다. 내년도 수요 예측이 [표 9.15]와 같이 주어져 있다.

Jumbo사의 생산능력은 고용된 사원의 수에 의해 제한된다. 사원들은 정규노동시간에는 시간당 10달러, 초과근무시간에는 시간당 15달러를 받는다. 자전거 한 대를 제조하는 데 2시간의 노동력이 투입된다. 공장은 하루 8시간의 정규노동시간으로 한 달에 20일 가동된다. 초과근무시간은 한 달에 한 사원당 최대 20시간으로 제한된다. Jumbo사는 현재 250명의 사원을 보유중이고 그 수가 변하는 것을 싫어한다.

대당 재료비는 35달러이다. 어떤 달로부터 그 다음 달까지 자전거 한 대의 재고유지비용은 4달러이다. Jumbo사는 재고목록에 4,000대의 자전거를 보유한 상태로 업무를 개시하고 연말에 동일한 재고를 유지하기를 원한다. 자전거는 현재 대당 80달러에 소매업자들에게 넘기고 있다. 자전거시장은 Jumbo사와 경쟁사인 Shrimpy사 둘 사이에 공유되고 있다.

Jumbo사는 생산 계획과 판촉 계획을 하는 중이다. Jumbo사는 어떠한 부재고도 없는 계획을 고려하려 한다. 한 가지 선택방안은 그 해에 1개월간 판매가격을 80달러에서 77달러로 3달러 내리는 것이다. Jumbo사에 의한 이와 같은 행동의 결과는 Shrimpy사의 행동에 영향을 받는다. 만약 어떤 회사도 판촉을 하지 않는다면, Jumbo사의 예측수요는 [표 9.15]와 같다. Jumbo사가 주어진 달에 광고를 시행하고 Shrimpy사는 하지 않는다면, Jumbo사는 해당 월에 (선구매를 제외한) 소비가 40퍼센트 증가하고 그 이후 2개월간 수요에 대해 각각 10퍼센트가 선구매로 앞당겨질 것이라 예측한다. 만약 Shrimpy사가 판촉을 하고 Jumbo사가 하지 않는다면, Jumbo사는 다른 달에 어떤 변화도 겪지 않고 그 달에만 소비가 40퍼센트 하락할 것이라 예측한다. 둘 다 판촉을 한다면, 어느 쪽도 소비면에서 증

가를 보지 못하고 그 다음 두 달에 대해 각각 15퍼센트 선구매하는 효과를 같이 보게 된다. Jumbo사 내의 쟁점은 판촉을 실시할지 여부, 그리고 만약에 한다면 4월에 할 것인지 6월에 할 것인지를 결정하는 것이다. 다음 질문들에 대해 Shrimpy사와 Jumbo사는 비슷한 수요를 갖는다고 가정한다.

a. Jumbo사나 Shrimpy사의 판촉이 없다고 가정할 때 Jumbo사를 위한 최적의 생산 계획은 무엇인가? Jumbo사의 연간 이익은 얼마인가?

b. 만약 Shrimpy사가 4월에 판촉을 하고 Jumbo사는 일년 내내 판촉을 하지 않는다(그들은 매일 낮은 가격을 추구한다)면, Jumbo사에게 어떤 이익이 있겠는가? 반대로, Jumbo사가 4월에 판촉을 하고 Shrimpy사가 그 해 동안 계속 판촉을 하지 않는다면, Jumbo사에 어떤 이익이 있겠는가? 만약 경쟁사가 판촉을 한다면, 판촉을 했을 때의 이익과 하지 않았을 때의 손실에 대해 논하라.

c. 두 회사 모두 4월에 판촉을 한다면 최적의 생산 계획과 이익은 어떠한가? 두 회사 모두 6월에 판촉을 한다면? Jumbo사는 4월, Shrimpy사는 6월에 판촉을 한다면? Jumbo사는 6월, Shrimpy사는 4월에 판촉을 한다면?

d. 만약 Jumbo사가 Shrimpy사와 의사결정을 협력할 수 있다면, 최선의 결정은 무엇인가?

e. Jumbo사와 Shrimpy사가 무엇을 하든지 간에 최소의 이익을 최대화하기를 원한다면, 최선의 결정은 무엇인가?

5. 한 해 동안 상대적으로 수요가 안정적인 세제와 같은 제품에 있어서 경쟁사들과 판촉과 같은 화제들에 대해 생각해 보자. Q&H사는 내년도 수요 예측이 [표 9.16]과 같은 주요 세제 생산자이다.

Q&H사의 생산능력은 라인이 가동되는 시간에 의해 결정된다. 생산라인은 100명의 사원으로 구성된 한 팀을 필요로 한다. 사원들은 정규근무시간에는 시간당 10달러, 초과근무시간에는 시간당 15달러를 받는다. 1톤의 세제를 생산하는 데 1시간의 라인 가동이 필요하다. 공장은 한 달에 20일, 1일 2교대로 각 8시간의 정규근무시간 동안 가동된다. 초과근무시간은 한 사원당 한 달에 최대 20시간으로 제한된다.

1톤의 세제를 생산하는 데 1,000달러의 재료비가 든다. 재고를 한 달간 보관하는 데 톤당 100달러가 든다. Q&H사는 150톤의 재고를 갖고 생산을 시작하고 1년이 지났을 때 같은 재고를 유지하고자 한다. 생산기간 동안 Q&H사는 적어도 100톤의 재고를 유지하길 원한다. 세제는 현재 톤당 2,600달러에 소매업자들에게 팔린다. 세제시장은 Q&H사와 그 경쟁사인 Unilock사가 점유하고 있다.

Q&H사는 생산 계획과 판촉 계획을 하는 중이다. Q&H사는 부재고 없는 계획만을 고려하려 한다. 하나의 선택방안은 그 해 중 한 달 동안 판매가격을 2,600달러에서 2,340달러까지 260달러 하락시키는 것이다. Q&H사에 의한 이 행동의 결과는 Unilock사가 취할 행동에 의해 영향을 받는다. 만약 두 회사 모두 광고를 하지 않는다면, Q&H사의 예측수요는 [표 9.16]과 같다. 만약 Q&H사가 주어진 달에 판촉을 하고 Unilock사는 하지 않는다면, Q&H사는 그 달에 50퍼센트의 소비(선구매를 포함하지 않는) 증가를 보게 되고 그 다음 달부터 두 달 동안 각각 20퍼센트 선구매하는 효과를 본다. 만약 Unilock사가 주어진 달에 판촉을 하고 Q&H사가 하지 않는다면, Q&H사는 소비에 있어서 그 달에

표 9.16 Q&H사의 예상 월간 수요

월	수요	월	수요
1	280	7	291
2	301	8	277
3	277	9	304
4	302	10	291
5	285	11	302
6	278	12	297

50퍼센트의 하락을 보게 된다. 두 회사가 모두 판촉을 한다면, 어느 쪽도 소비에서 증가를 보지 않고 둘 다 그 달로부터 2개월간 25퍼센트를 선구매한 효과를 얻는다. Q&H사의 쟁점은 판촉을 할 것인지, 만약 한다면 4월에 할 것인지 혹은 6월에 할 것인지 여부이다. 다음의 문제에서 Unilock사의 수요는 Q&H사의 수요와 같다고 가정한다.

a. Q&H사나 Unilock사에 의한 판촉이 없다고 가정할 때 Q&H사를 위한 최적의 생산 계획은 어떤 것인가? Q&H사의 연간 이익은 얼마인가?

b. 만약 Unilock사가 4월에 판촉을 하고 Q&H사는 일년 내내 판촉을 하지 않는다(그들은 날마다 저가정책을 이용한다)면, Q&H사의 이익은 얼마인가? 만약 Q&H사가 4월에 판촉을 하고 Unilock사는 일년 내내 판촉을 하지 않는다면, Q&H사의 이익은 어떠한가? 만약 경쟁사가 판촉을 한다면, 판촉을 했을 때의 이익과 하지 않았을 때의 손실에 대해 논하라.

c. 두 회사가 모두 4월에 판촉을 한다면 최적의 생산 계획과 이익은 무엇인가? 둘 다 6월에 판촉을 한다면? Q&H사가 4월에 판촉을 하고 Unilock사가 6월에 한다면? Q&H사가 6월, Unilock사가 4월에 판촉을 한다면?

d. 만약 Q&H가 Unilock과 광고시기 결정을 통합할 수 있다면, 최선의 결정은 무엇인가?

e. Q&H사와 Unilock사가 무엇을 하든지 간에 최소의 이익을 최대화하기를 원한다면 최선의 결정은 무엇인가?

6. 연습문제 5의 자료로 돌아가라. Q&H사가 톤당 2,300달러로 필요로 하는 만큼 세제를 제조할 수 있는 제3의 회사를 갖고 있다고 가정하자. (a)부터 (e)까지 모든 문제의 분석을 반복하라.

참고문헌

Brandel, Willam. "The Persistent Gap Between Supply and Demand." *CSMP's Supply Chain Quarterly* (Q4/2007): 52–57.

Chen, Clarence, and Nirmal Hasan. "How to Succeed with Supply Chain Planning." *Supply Chain Management Review* (July–August 2008): 30–36.

Geary, Steve, Paul Childerhouse, and Denis Towill. "Uncertainty and the Seamless Supply Chain." *Supply Chain Management Review* (July–August 2002): 52–61

Marien, Edward J. "Why Focus on Demand Usage Management?" *Supply Chain Management Review* (October 2008): 42–48

Martin, André J. "Capacity Planning: The Antidote to Supply Chain Constraints." *Supply Chain Management Review* (November–December 2001): 62–67

Sodhi, Mohan. "Getting the Most from Planning Technologies." *Supply Chain Management Review, Special Global Supplement* (Winter 2000): 19–23.

사례연구

MINTENDO GAME GIRL

6월 말에 Mintendo사의 공정부서장인 Sandra와 We "R" Toys사의 판매부서장인 Bill은 다음 6개월간의 생산과 마케팅 계획에 대해 논의하기 위해 모였다. Mintendo사는 Game Girl이라는 인기 있는 포켓용 전자게임의 생산자이다. Game Girl은 We "R" Toys사의 소매점에서만 독점적으로 판매된다. 올해 후반기에 Game Girl의 성공 여부는 회사 입장에서는 매우 중요한 문제이다. 이는 방학 등으로 인해 해당 시기에 게임기 매출의 대부분이 발생하기 때문이다.

Sandra는 다가오는 성수기의 수요 증가가 그녀의 생산라인에 미칠 영향에 대해 걱정하고 있다. Game Girl의 조립 하청계약비용이 더불어 증가할 것으로 예측된다. 그녀는 자신의 보너스가 생산비용의 수준에 의해 결정되기 때문에 되도록 비용을 낮추기 위해 노력하고 있다.

Bill은 연말 성수기에 시장점유를 위해 경쟁중인 장난감 제품들에 대한 걱정을 하고 있다. 그는 많은 기업들이 제품의 성능을 적정 수준으로 유지하는 동시에 생산단가도 적정 수준으로 유지하는 것에 실패하여 시장을 빼앗기는 것을 많이 보아왔다. 그는 Game Girl의 시장점유를 최대화하고자 한다.

Sandra와 Bill의 팀은 협동하여 향후 6개월 동안의 수요 예측을 하였으며 그 결과는 [표 9.17]에 제시된 바와 같다.

We "R" Toys 소매점은 Game Girl을 개당 50달러에 판매한다. 6월 말에 기업은 Game Girl 재고 50,000개를 보유

표 9.17 Game Girl의 수요

월	수요 예측
7	100,000
8	110,000
9	130,000
10	180,000
11	250,000
12	300,000

표 9.18 Mintendo사/We "R" Toys사의 비용

분류	비용
자재비용	12달러/개
재고유지비용	4달러/개/월
재고 부족의 한계비용	10달러/개/월
고용과 훈련비용	3,000달러/인
해고비용	5,000달러/인
요구작업시간	0.25/개
정규시간비용	15달러/시간
초과시간비용	22.50달러/시간
하청계약비용	18달러/개

하고 있다. 생산 설비의 생산능력은 순수하게 Game Girl을 조립하는 작업자의 수에 의해 결정된다. 6월 말에 기업은 종업원 300명의 인력이 있고, 종업원은 규정시간 내에서 시간당 15달러를 받으며 하루에 8시간, 한 달에 20일을 근무한다. 작업규칙에 어떠한 작업자도 일주일에 40시간 이상 근무할 수 없도록 되어 있다. 제반비용들은 [표 9.18]에 제시된 바와 같다.

휴일 전후의 최대 수요가 발생하는 기간 동안의 비용을 통제하는 것에 대해 염려하고 있는 Sandra는 Bill에게 9월에 가격을 5달러 낮추는 것을 제안하였다. 이는 Game Girl에 대한 새로운 고객을 통해 9월 수요를 50퍼센트 증가시킬 수 있을 것이다. 이와 더불어 9월 이후 2개월의 각 수요 중 30퍼센트가 9월에 선구매로 나타날 것이다. 그녀는 이렇게 수요를 고르게 하는 것이 기업에 도움이 될 것이라고 굳게 믿고 있다.

Bill은 이에 반하여 연말 성수기의 중심인 11월에 동일한 판촉활동을 시행하고자 하는 생각을 하고 있다. 이 경우에는 판촉활동을 통한 Game Girl의 고객으로 인해 11월의 수요가 50퍼센트 증가하고, 12월 수요의 30퍼센트가 선구매로 11월에 발생한다. Bill은 수익을 증가시키길 원하며, 이를 위해 성수기에 판촉활동을 시행하는 것이 최선의 방법이라고 생각하고 있다.

질문

1. Sandra의 계획, Bill의 계획, 판촉 활동을 아예 하지 않는 계획 중 어떤 선택이 공급사슬의 수익을 최대화할 수 있겠는가?
2. 제품가격을 5달러 할인했을 경우에 발생하는 효과와 동일한 효과를 제품가격을 10달러 할인했을 때 얻을 수 있다면 1번의 답이 어떻게 바뀌겠는가?
3. Sandra가 걱정하는 바와 같이 하청계약비용이 실제로 단위당 22달러로 증가했다고 가정하자. 제품가격을 5달러 할인한다고 가정했을 때 이러한 하청계약비용의 변화가 결정을 변화시키는가?

제 4 부

공급사슬에서의 재고 계획과 관리

제4부의 3개 장(10, 11, 12장)에 걸쳐 공급사슬에서의 재고의 역할, 그리고 추가적인 비용의 발생이나 제품 가용성의 범위를 벗어나지 않는 상태에서 재고를 줄일 수 있는 방법에 대해 설명하고자 한다.

10장에서는 공급사슬에서의 주기재고량을 증가시키는 요인들에 대해 논의한다. 추가적인 비용의 발생 없이 주기재고의 수준을 줄일 수 있는 몇 가지 관리적인 활동들을 설명한다. 11장에서는 수요 또는 공급의 불확실성에 대처하기 위한 안전재고의 설정에 대해 중점을 두고 안전재고의 수준에 영향을 미치는 요인들에 대해 설명한다. 이러한 요인들에 근거하여, 공급사슬에서 제품 가용성에 영향을 주지 않는 범위에서 안전재고량을 줄일 수 있는 여러 가지 관리적 방안들을 설명한다. 12장에서는 공급사슬에서의 제품 가용성의 적정 수준에 영향을 미치는 요인들에 대해 설명한다. 신속대응 또는 차별화의 지연과 같은 공급사슬에서의 전체적인 수익성을 향상시키는 데 사용될 몇 가지 관리적 방안들을 설명한다.

제 10 장

공급사슬에서 규모의 경제 관리: 주기재고

학 • 습 • 목 • 표

이 장을 읽은 후에 여러분은 다음과 같은 것을 할 수 있을 것이다.

1. 공급사슬에서 최적 주기재고량을 선택하기 위해 적절한 비용들의 균형을 취한다.
2. 수량 할인이 주문량과 주기재고에 미치는 영향을 이해한다.
3. 공급사슬에 대한 적절한 할인정책을 고안한다.
4. 주문량과 주기재고에 미치는 거래촉진의 영향을 이해한다.
5. 비용을 증가시키지 않고 공급사슬 내의 주문량과 주기재고를 줄일 수 있는 관리방안을 찾는다.

주기재고는 대규모의 생산 또는 구매가 규모의 경제를 통해 비용을 절감시키기 때문에 필요하다. 주문 및 수송과 관련된 고정비용, 제품 가격결정에 있어서의 수량 할인, 그리고 단기할인 또는 거래촉진정책으로 인해 공급사슬의 여러 다른 단계에 있어서 규모의 경제를 활용하여 많은 양이 주문된다. 이 장에서는 이러한 요인들이 공급사슬에서의 주문량과 주기재고에 어떤 방식으로 영향을 미치는지 살펴보고자 한다. 또한 공급사슬에서의 추가적인 비용부담 없이 주기재고를 줄일 수 있는 관리적 방안들을 살펴보고자 한다.

10.1 공급사슬에서 주기재고의 역할

주문량은 공급사슬의 어떤 단계가 한 번에 생산하거나 구매하는 양이다. 예를 들어, 프린터를 판매하는 컴퓨터 매장을 생각해 보자. 이 매장에서는 하루 평균 4대의 프린터가 판매되고 있다. 그러나 이 매장의 관리자는 매번 주문할 때 80대의 프린터를 주문하고 있다. 이 경우 주문량은 80대의 프린터가 되는 것이다. 하루에 평균 4대의 프린터가 판매되기 때문에 주문한 전체 프린터를 판매하고 다시 보충주문을 내는 데는 평균 20일이 걸리게 된다. 컴퓨터 매장은 하루 평균 판매되는 것보다 더 많은 프린터를 주문했기 때문에 프린터 재고를 보유하게 된다. 주기재고는 공급사슬의 어떤 단계가 고객이 요구하는 것보다 더 많은 양을 생산하거나 주문하기 때문에 공급사슬에 있게 되는 평균 재고이다.

이 장의 나머지 부분에서 다음의 기호들을 사용하게 된다.

Q: 주문량

D: 단위시간당 수요량

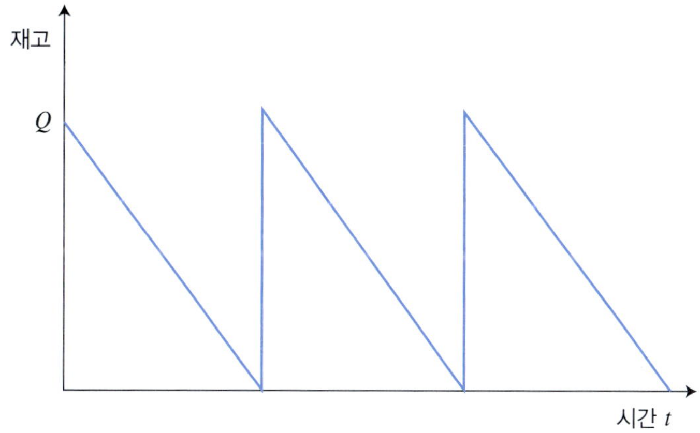

그림 10.1 청바지 매장의 재고 수준 변화

이 장에서는 수요 변동의 영향을 무시하고 수요는 일정한 것으로 가정한다. 11장에서 수요의 변동성과 안전재고에 대한 영향을 소개하고자 한다.

백화점 내에 있는 청바지 매장의 청바지 판매를 고려해 보자. 청바지에 대한 수요는 하루 $D = 100$벌로 비교적 안정되어 있다. 먼저, 청바지 매장의 관리자가 한 번에 $Q = 1{,}000$벌의 청바지를 구매하는 경우를 고려해 보자. [그림 10.1]에 나타난 것처럼 시간에 따른 청바지 재고 수준의 변화를 도식화할 수 있다.

$Q = 1{,}000$벌의 청바지를 주문하지만, 하루에 소비되는 청바지의 수는 $D = 100$벌이기 때문에 주문한 1,000벌이 모두 팔리려면 10일이 소요된다. 따라서 청바지 매장의 재고는 최초 도착 시의 1,000벌에서 일정하게 감소하여, 10일이 지나 주문한 청바지가 모두 팔릴 경우 0이 된다. 주문한 물건이 도착하고, 다시 새로운 주문량이 도착할 때까지 팔려나가는 이러한 과정이 그림 10.1에 나타난 것처럼 10일을 주기로 반복된다.

수요가 일정할 때, 주기재고와 주문량과의 관계는 다음과 같다.

$$\text{주기재고} = \frac{\text{주문량}}{2} = \frac{Q}{2} \tag{10.1}$$

위의 청바지 매장의 경우 주문량이 1,000벌로 주어졌기 때문에, 청바지 매장은 $Q/2 = 500$벌의 청바지를 주기재고로 갖고 있게 된다. 식 (10.1)로부터 주기재고는 주문량에 비례함을 알 수 있다. 각 단계들이 더 많은 양을 생산하거나 구매하는 공급사슬의 경우, 각 단계들이 더 적은 양을 생산하거나 구매하는 공급사슬에 비해 더 많은 주기재고를 갖게 된다. 예를 들어, 경쟁관계에 있는 다른 백화점 매장이 200벌의 청바지를 주문할 경우, 그곳의 주기재고는 100벌이 된다.

주문량과 주기재고는 공급사슬 내에서의 제품 흐름시간에도 영향을 준다. Little의 법칙(식 (3.1))을 기억해 보자.

$$\text{평균 흐름시간} = \text{평균 재고}/\text{평균 흐름률}$$

공급사슬에 있어서 평균 흐름률은 수요와 같다. 따라서 다음과 같이 정의내릴 수 있다.

$$\text{주기재고로부터의 평균 흐름시간} = \text{주기재고}/\text{수요} = \frac{Q}{2D}$$

청바지 매장의 경우 주문량이 1,000벌이고, 그 매장의 하루 수요량이 100벌이므로, 다음과 같은 공식을 얻을 수 있다.

$$\text{주기재고로부터의 평균 흐름시간} = \frac{Q}{2D} = \frac{1,000}{200} = 5\text{일}$$

청바지 매장에서는 주기재고로 인해 공급사슬에서 청바지가 소비되는 시간에 5일이 더 걸리게 된다. 주기재고가 많아질수록 생산과 판매 사이의 지연시간이 길어진다. 기업의 입장에서는 지연시간이 길어지면 시장 환경의 변화에 대응하기 어려워지므로 낮은 수준의 주기재고가 바람직하다. 또한 낮은 수준의 주기재고는 기업에 대한 운전자본을 줄여 줄 수 있기 때문에 바람직한 것으로 여겨진다. 예를 들어, Toyota사의 경우 공장과 대부분의 공급자들 사이에 단지 몇 시간 생산분량의 주기재고를 유지하고 있다. 그 결과 Toyota사는 필요 없는 부품을 전혀 보관하지 않게 되었으며, 운전자본도 경쟁자보다 적게 소요하며, 또한 재고를 위해서도 아주 작은 공간만을 할당하고 있다.

주기재고를 줄일 수 있는 방법들을 제안하기 전에 먼저 공급사슬의 각 단계들이 왜 많은 양의 생산 또는 구매를 하는지와 주문량의 감축이 공급사슬의 성과에 어떤 영향을 미치는지를 이해하는 것이 중요하다.

주기재고의 유지는 주로 규모의 경제를 이용하여 공급사슬 내의 비용을 감소시키기 위해서이다. 주문량 또는 주기재고가 증가하면 공급사슬의 각 단계에서 발생되는 비용이 감소된다. 공급사슬이 이러한 규모의 경제를 어떤 방식으로 달성하는지를 이해하기 위해서는 먼저 주문량에 영향을 받는 공급사슬 비용을 파악해야만 한다.

주문량을 결정함에 있어서 가장 중요한 비용은 구매하고자 하는 단위당 평균 지불가격이다. 구매자는 주문량을 늘림으로써 구매하고자 하는 단위당 가격이 줄어든다면 주문량을 늘리게 된다. 예를 들어, 청바지 생산자가 500벌 미만의 주문에 대해서는 한 벌당 20달러를 부과하고 그 이상의 주문에 대해서는 한 벌당 18달러를 부과한다면, 청바지 매장의 관리자는 더 낮은 가격을 얻기 위해 최소한 500벌의 주문을 하게 된다. 단위당 지불가격은 자재비용으로 언급되며 C로 표시된다. 이것은 단위당 비용(달러/단위)으로 측정된다. 많은 현실 상황에서 자재비용은 규모의 경세를 보여 주어 주문량이 증가하면 자재비용은 감소하게 된다.

고정주문비용은 주문 크기에 영향을 받지 않지만 주문이 발생될 때는 언제나 초래되는 모든 비용들을 포함한다. 예를 들어, 고정관리비용이 주문을 하기 위해 발생하며, 수송비용도 주문량을 수송하기 위해 발생한다. 그리고 주문량을 접수하는 과정에서 인건비도 발생한다. 예를 들어, 청바지 매장의 경우 생산자로부터의 청바지 물량을 운반하기 위한 트럭비용으로 400달러가 발생한다. 한 대의 트럭에 2,000벌의 청바지를 실을 수 있다고 가정하자. 트럭에 선적되는 청바지의 매수와는 상관없이 400달러의 비용이 발생하게 된다. 따라서 100벌의 청바지를 주문할 경우 청바지 한 벌당 4달러의 비용이 발생하게 되고, 1,000벌의 청바지를 주문할 경우에는 한 벌당 0.40달러의 비용이 발생하게 된다. 1회 주문당 고정수송비용이 주어져 있다면 매장관리자는 청바지 한 벌당 수송비용을 줄이기 위해 주문량을 늘리려고 할 것이다. 주문당 발생하는 고정주문비용은 S로 정의되며, 주문당 비용(달러/주문)으로 측정된다. 주문비용 또한 규모의 경제를 나타내어 주문량이 증가하면 구매되는 단위당 고정주문비용은 감소하게 된다.

재고유지비용은 일반적으로 일년의 기간 동안 한 단위의 재고를 보관하는 데 드는 비용을 말한다. 이 비용에는 자본비용, 재고를 물리적으로 저장하는 비용, 그리고 제품의 진부화에 따른 비용이 포함된다. 재고유지비용은 H로 정의되며, 연간 단위당 비용(달러/단위/년)으로 측정된다. 재고유지비용은 또한 비율 h로 구할 수 있는데, 여기서 h는 제품의 단위비용에 대한 비율을 의미한다. 단위비용 C가 주어지면 재고유지비용 H는 다음과 같다.

$$H = hC \tag{10.2}$$

총재고유지비용은 주문량과 주기재고의 증가에 따라 증가한다.

요약하면, 주문량 결정에 고려되는 비용들은 다음과 같다.

- 구매 단위당 평균 비용, C달러/단위
- 주문당 발생하는 고정주문비용, S달러/주문
- 연간 단위당 발생하는 재고유지비용, H달러/단위/년 $= hC$

이 장의 뒷부분에서 이러한 비용들이 실제 어떻게 추정되는지를 논의하고자 한다. 그러나 여기서는 이들 값이 이미 알려진 것으로 가정한다.

주기재고의 주요 역할은 공급사슬 내의 여러 다른 단계들에서 자재비용, 주문비용, 그리고 재고유지비용의 합이 최소로 되도록 주문량을 결정해 주는 것이다. 관리자가 재고유지비용만을 고려한다면 주문량과 주기재고를 줄일 것이다. 그러나 구매나 주문에 있어서 규모의 경제로 인해 관리자는 주문량과 주기재고를 늘리려고 할 것이다. 관리자는 주문량을 결정하는 데 있어서 총비용을 최소화시키는 절충점을 찾아야만 한다.

이상적으로, 주기재고의 결정은 전체 공급사슬을 통해 발생하는 총비용을 고려하여 이루어져야 한다. 그러나 현실적으로는 각 단계가 주기재고의 결정을 독립적으로 하고 있다. 이 장의 뒷부분에서 언급되는 것처럼, 이러한 관행으로 인해 공급사슬 내의 총비용뿐만 아니라 주기재고의 수준도 증가하게 된다.

키포인트 주기재고는 공급사슬 내의 여러 단계들이 총비용을 감소시키기 위해 규모의 경제를 이용하기 때문에 존재한다. 고려되는 비용에는 자재비용, 고정주문비용, 그리고 재고유지비용이 포함된다.

공급사슬 내의 어떤 단계도 다음의 세 가지 전형적인 상황에서 보충결정을 할 때 규모의 경제를 이용한다.

1. 주문을 하거나 생산을 할 때마다 고정비용이 발생한다.
2. 공급자는 주문량에 따라 가격 할인을 제공한다.
3. 공급자는 단기 할인을 제공하거나 거래촉진정책을 시행한다.

다음 절에서는 생산이나 구매에 관계된 고정비용이 주문량이나 주기재고에 어떻게 영향을 미치는지 논의하고자 한다.

10.2 주기재고 관련 비용의 현실적 추정

주기재고의 수준을 실제 설정하는 데 일반적인 문제점은 이제까지 논의되었던 여러 가지 다양한 비용, 즉 주문비용, 재고유지비용을 어떻게 추정하는가 하는 것이다. 재고주기 모형이 주어진 상태에서는 비용을 정확히 추정하기 위해 많은 시간을 소비하는 것보다 좋은 추정치를 빨리 얻는 것이 더욱 효과적이다.

이 장에서 우리는 주문량 결정이 달라짐에 따라 변화하는 증분비용에 관해 알아볼 것이다. 주문량의 변화에 따라 변화하지 않는 비용은 주문량 결정에 포함시키지 말아야 한다. 예를 들어, 공장이 제조능력의 50%만을 가동하고 모든 노동이 전일제로 잔업이 없다면 증분 준비비용은 0이라 할 수 있다. 이 경우 주문량을 줄이는 것은 노동이 완전히 활용되거나 또는 기계가 완전히 가동될 때까지는 주문비용에 전혀 영향을 미치지 않는다.

재고유지비용

재고유지비용은 다음 주요 구성 요소들의 합으로 추정되는데 이 요소들이 전부 모든 상황에 적용되는 것은 아니다. 재고유지비용은 대개 제품비용의 비율로 추정된다.

- **자본비용:** 이 비용이 종종 재고유지비용의 가장 중요한 부분이다. 이것은 항상 자본의 기회비용으로 인식되어야 한다. 적절한 접근방법은 가중평균자본비용(Weighted-Average Cost of Capital: WACC)[1]을 계산하는 것이다. 이 비용은 기업의 자기자본에 대해 요구되는 수익과 기업이 부채에 대해 지불해야 하는 금액을 고려한다. 이 비용은 부채금액과 기업이 가진 자기자본에 의해 가중치가 주어진다. WACC에 대한 공식은 다음과 같다.

$$WACC = \frac{E}{D+E}(R_f + \beta \times MRP) + \frac{D}{D+E}R_b(1-t)$$

여기서

E = 자기자본

D = 부채

R_f = 무위험 투자수익률(통상 중간 정도의 한 자릿수를 가짐)

β = 기업의 베타

MRP = 시장의 위험 프리미엄(통상 높은 한 자릿수를 가짐)

R_b = 기업이 자금을 빌릴 수 있는 이자율(기업의 부채등급과 연관됨)

t = 세율

세전의 상태에서 사용하기 위해 *WACC*는 다음과 같이 조정해야 한다.

$$\text{세전 } WACC = \text{세후 } WACC/(1-t)$$

1 Brealey and Myers(2000) 참조

세전 *WACC*는 재고를 줄여 얻은 자금을 이용하여 사업성장을 추구하는 기업에 대해서는 적절한 자본비용이 된다. 대부분의 이러한 수치들은 기업의 연간 보고서나 자본보고서에서 찾을 수 있다. 차용에 대한 이자율은 동일한 신용등급을 갖는 기업으로부터의 채권에 대해 부과되는 이자율을 나타낸 표에서 찾을 수 있다. 무위험 이자율은 미국 상무성에 대한 수익률이고 시장의 위험 프리미엄은 무위험 이자율 이상의 시장수익률이다. 만일 기업이 사기업이거나 재무구조에 대한 접근이 어려울 때는 동종 산업이나 어느 정도 비슷한 규모의 기업을 선정하여 그 수치를 사용하여 얻을 수 있다.

- **진부화(노후화) 비용:** 진부화 비용은 제품에 대한 시장가치가 떨어지거나 제품의 품질이 떨어지기 때문에 나타나는 저장 제품의 가치가 하락하는 비율을 통해 추정된다. 이 비용은 현재 재고로 보유하고 있는 제품의 종류에 따라 몇 천 퍼센트의 비율에서 가상적으로 0까지 크게 변한다. 잘 상하는 제품은 매우 높은 진부화 비율을 가지고 있다. 잘 상하지 않는 제품일지라도 그 제품의 제품 수명주기가 짧다면, 높은 진부화 비율을 가질 것이다. 예를 들어, 제품 수명주기가 6개월인 제품은 실제 200%의 진부화 비율 비용을 가질 것이다. 이와는 반대로, 진부화에 오랜 시간이 걸리는 원유와 같은 제품이 있다. 이러한 제품에 대해서는 아주 낮은 진부화 비율을 적용할 수 있다.
- **자재취급비용:** 자재취급비용은 접수되는 제품의 수량에 따라 변하는 수취 및 저장 비용만을 포함해야만 한다. 주문횟수에 따라 변하는 수량에 관계없는 자재취급비용은 주문비용에 포함되어야 한다. 수량에 의존하는 자재취급비용은 일반적으로 작은 값으로 수량이 어떤 범위 내에서 변하면 실제 비용은 변하지 않는다. 만일 수량이 이 범위 내에 있다면(예를 들어, 4명의 작업자가 단위기간당 하역할 수 있는 재고의 범위), 재고유지비용에 추가되는 취급비용의 증가분은 0이다. 그렇지만 취급비용의 증가분이 초래된다면 이 추가재고와 관계된 취급비용이 재고유지비용에 포함되어야만 한다.
- **점유비용:** 점유비용은 주기재고의 변화로 인해 공간비용에서의 변화분을 반영한다. 만일 기업이 실제로 저장된 제품 수에 따라 비용이 부과된다면, 직접 점유비용이 있게 된다. 기업은 종종 일정한 공간을 임대하거나 구입한다. 주기재고에서의 적은 변화가 공간 소요량을 변화시키지 않는 한, 점유비용은 0으로 고려되어야 한다. 점유 또는 공간 비용은 제조능력이 최대로 활용되어 새로운 공간이 필요한 경우 비용이 갑자기 증가하는 계단함수의 형태를 띤다.
- **기타 비용:** 재고유지비용의 마지막 구성요소는 도난, 보안, 파손, 세금, 그리고 추가적인 보험료 등을 포함한 비교적 적은 비용을 다루고 있다. 주기재고의 변화에 대한 이들 비용에서의 추가적인 변화를 추정하는 것이 중요하다.

주문비용

주문비용은 주문량에 관계없이 추가 주문을 하거나 수령하는 데 관계된 모든 증분비용을 포함한다. 주문비용의 구성 요소는 다음과 같다.

- **구매자 시간:** 구매자 시간이란 초과 주문을 하는 구매자의 증분시간이다. 이 비용은 모든 구매자가 완전히 활용되고 있을 때만 포함되어야 한다. 주문을 하기 위해 놀고 있는 구매자를 확보하는 증분비용은 0으로 주문비용에 포함되지 않는다. 전자 주문의 경우 주문을 더욱 단순화시키고 자동화함으로써 주문을 위한 구매자의 시간을 대폭 줄여준다.
- **수송비용:** 고정된 수송비용은 흔히 주문량에 관계없이 발생한다. 예를 들어, 매 주문 시 트럭을 사용하여 배달할 경우, 트럭에 가득 실을 경우와 반 정도 싣는 경우 같은 비용이 든다. 한 트럭 미만의 가격방침 또한 선적되는 주문량과 무관한 고정부분과 선적되는 주문량에 비례하는 변동부분을 포함한다. 고정부분은 주문비용에 포함되어야만 한다.
- **수령비용:** 몇몇 수령비용은 주문량에 관계없이 발생한다. 이러한 비용은 구매 주문을 대조하는 것과 같은 관리업무와 재고기록을 갱신하는 것과 관련된 노력을 포함한다. 수량 기준의 수령비용은 주문비용에 포함되지 않아야 한다.
- **기타 비용:** 각 상황은 주문량에 상관없이 각 주문에 대해 그 상황에 독특한 비용이 초래될 수 있다.

주문비용은 이러한 모든 구성비용들의 합으로 추정된다. 재고유지비용에서처럼, 포함되는 모든 비용이 추가 주문에 대한 실제 비용에 있어서는 증분의 변화(incremental change)인지를 결정하는 것이 중요하다. 주문비용은 흔히 계단함수이다. 즉, 자원이 완전히 활용되지 않을 때는 0이 되고 자원이 완전히 활용될 때는 큰 값을 갖는다. 그러한 경우에 주문비용은 추가로 수요되는 자원에 대한 비용이다.

10.3 고정비용을 이용한 규모의 경제

이 절에서 논의되는 트레이드오프를 더 잘 이해하기 위해 우리 생활에서 일상적으로 일어나는 상황, 즉 식료품과 기타 가정용품의 구매를 고려해 보자. 이들은 주변의 편의점이나 훨씬 멀리 떨어져 있는 대형할인점에서 구할 수 있다. 이 경우 고정비용은 각각의 장소로 가는 데 걸리는 시간이 된다. 고정비용은 주변의 편의점이 훨씬 낮지만 가격은 더 높을 것이다. 고정비용을 고려하여 주문량을 여기에 맞게 결정할 수 있다. 적은 양을 구입한다면 고정비용이 낮기 때문에 주변의 편의점에 갈 것이다. 그러나 많은 양을 구입하고자 하면 대형할인점에 갈 것이다. 왜냐하면 고정비용의 증가 이상으로 구매되는 많은 양에 대한 가격 할인이 크기 때문이다.

이 절에서는 매 주문마다 공급사슬에서 고정비용이 발생되는 상황에 초점을 맞추고자 한다. 앞에서 언급한 바와 같이, 고정비용은 주문을 하고, 주문을 받으며, 주문을 수송하는 것과 관련이 있다. 주문량 결정을 할 때 고려할 필요가 있는 적절한 비용의 트레이드오프 관계를 확인해야만 한다. 주문량 결정의 목표는 수요를 충족시키는 데 따른 총비용을 최소화하는 것이다. 이제 하나의 제품에 대한 주문량 결정을 고려해 보고자 한다.

단일제품에 대한 주문량 결정(경제적 주문량)

Best Buy사가 HP 컴퓨터의 현재고를 판매함에 따라 구매과장은 새로운 Q대의 컴퓨터에 대한 보충주문을 내야만 한다. 수송비용을 포함하여 Best Buy사는 주문당 5달러의 고정비용을 초래한다. 구매과장은 HP사로부터 주문해야 할 주문량을 결정해야 한다. 이 결정을 위해 다음의 것들을 가정해 볼 수 있다.

D = 제품의 연간 수요량

S = 주문 시 발생하는 고정비용

C = 단위당 비용

h = 제품비용의 비율로 나타낸 연간 재고유지비용

HP사는 주문이 아무리 많더라도 가격 할인을 제공하지 않아 단위당 비용이 C달러라고 가정하자. 그러면 재고유지비용은 식 (10.2)를 사용하여 $H = hC$로 주어진다.

구매과장은 소매점에서 발생하는 총비용을 최소화하는 주문량 결정을 할 것이다. 주문량을 결정할 때 다음의 세 가지 비용을 고려해야만 한다.

- 연간 자재비용
- 연간 주문비용
- 연간 재고유지비용

구매 가격은 주문량에 영향을 받지 않기 때문에 다음과 같다.

$$연간\ 자재비용 = CD$$

주문량이 Q로 주어져 있고, 주문횟수가 연간 수요 D를 충족시켜야 하기 때문에 다음이 성립한다.

$$\text{연간 주문횟수} = \frac{D}{Q} \tag{10.3}$$

매 주문마다 주문비용 S가 발생하기 때문에 연간 주문비용은 다음과 같다.

$$\text{연간 주문비용} = \left(\frac{D}{Q}\right)S \tag{10.4}$$

주문량이 Q로 주어지면, 평균 재고량은 $Q/2$가 된다. 따라서 연간 재고유지비용은 $Q/2$를 1년간 재고상태로 유지하는 비용으로 다음과 같다.

$$\text{연간 재고유지비용} = \left(\frac{Q}{2}\right)H = \left(\frac{Q}{2}\right)hC$$

연간 총비용은 이 세 가지 비용의 합으로 다음과 같이 주어진다.

$$\text{연간 총비용}, TC = CD + \left(\frac{D}{Q}\right)S + \left(\frac{Q}{2}\right)hC$$

주문량의 변화에 따른 각 비용의 변화가 [그림 10.2]에 주어져 있다. 연간 재고유지비용은 주문량이 증가함에 따라 늘어나는 반면, 연간 주문비용은 주문량이 늘어남에 따라 줄어들고 있음을 알 수 있다. 자재비용의 경우에는 가격이 정해진 것으로 가정했기 때문에 주문량과 관

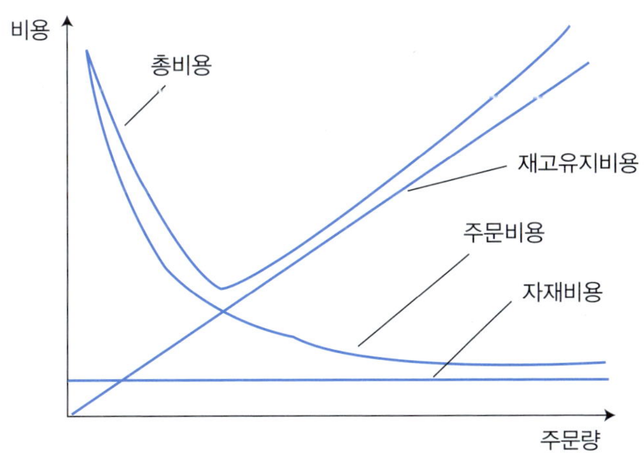

그림 10.2 Best Buy사의 주문량 변화에 따른 각 비용의 변화

계가 없다. 연간 총비용은 처음에는 줄어들다가 주문량이 커짐에 따라 증가한다. 자재비용은 주문량과 관계가 없으므로 소매점의 관리자가 기본적으로 결정해야 하는 것은 고정주문비용과 재고유지비용 사이에서의 트레이드오프이다.

Best Buy사의 관리자의 입장에서 볼 때 최적주문량이란 소매점에 대한 Best Buy사의 전체 비용을 최소화하는 값이다. 이 값은 총비용을 Q에 관하여 일차미분한 후 그 값을 0으로 둠으로써 구할 수 있다(부록 10A 참조). 최적주문량은 경제적 주문량(economic order quantity: EOQ)으로 불려지며 Q^*로 정의되고, 다음의 식으로 주어진다.

$$\text{최적주문량, } Q^* = \sqrt{\frac{2DS}{hC}} \tag{10.5}$$

이 공식을 사용할 때 재고유지비용 h와 수요 D에 대해 같은 시간 단위를 사용하는 것이 중요하다. 재고유지비용이 연간에 대한 것이라면 수요 역시 연간으로 주어져야 한다. 주문량이 Q^*인 경우 시스템 내의 주기재고는 $Q^*/2$로 주어진다. 시스템 내에서 각 단위가 소비하는 흐름시간은 $Q^*/(2D)$로 주어진다. 최적주문량이 증가함에 따라 주기재고와 흐름시간도 증가함을 유의해야 한다. 최적주문주기는 n^*로 주어지며 다음과 같다.

$$n^* = \frac{D}{Q^*} = \sqrt{\frac{DhC}{2S}} \tag{10.6}$$

예제 10.1에서 EOQ 공식과 주문량을 결정하는 절차를 보여 주고 있다.

예제 10.1
경제적 주문량

Best Buy사에서 Deskpro 컴퓨터에 대한 수요는 매달 1,000대이다. 그리고 매번 주문하는 데 있어서 고정주문비용, 수송비용, 주문수취비용으로 4,000달러가 든다. 컴퓨터 가격은 대당 500달러이고 재고유지비용은 이 가격의 20퍼센트이다. 매번 주문마다 이 매장의 관리자가 주문해야 할 주문량을 계산하라.

분석: 이 문제의 경우, 매장의 관리자는 다음과 같은 입력 정보를 가진다.

연간 수요, $D = 1{,}000 \times 12 = 12{,}000$대
주문비용, $S = 4{,}000$달러
컴퓨터의 대당 가격, $C = 500$달러
재고가치의 비율로 나타낸 연간 재고유지비용, $h = 0.2$

EOQ 공식(식 (10.5))을 사용하여 최적주문량을 구하면 다음과 같다.

$$\text{최적주문량} = Q^* = \sqrt{\frac{2 \times 12{,}000 \times 4{,}000}{0.2 \times 500}} = 980$$

Best Buy사의 총비용을 최소화하기 위해 매장의 관리자는 매 주문 시 980대를 주문해야 한다. 주문량 $Q^* = 980$에 대해 주기재고는 식 (10.1)을 사용하면 다음과 같다.

$$\text{주기재고} = \frac{Q^*}{2} = \frac{980}{2} = 490$$

주문량 $Q^* = 980$에 대해 매장의 관리자는 다음과 같은 계산을 할 수 있다.

$$\text{연간 주문횟수} = \frac{D}{Q^*} = \frac{12{,}000}{980} = 12.24$$

$$\text{연간 주문 및 재고유지비용} = \frac{D}{Q^*}S + \left(\frac{Q^*}{2}\right)hC = 97{,}980\text{달러}$$

$$\text{평균 흐름시간} = \frac{Q^*}{2D} = \frac{490}{12{,}000} = 0.041\text{년} = 0.49\text{개월}$$

따라서 이 매장의 경우 각 컴퓨터는 판매되기 전 평균 0.49개월 동안 매장에 있게 되며, 이는 Best Buy사에서 980개의 배치로 주문을 하기 때문이다.

예제 10.1에 사용된 간단한 시나리오를 통해 다음과 같은 몇 가지 사실을 알 수 있다. 먼저, 주문량을 980에서 1,100으로 증가시킬 경우 연간 비용은 97,980달러에서 98,636달러로 증가됨을 알 수 있다. 주문량이 Q^*보다 10퍼센트 많아졌음에도 불구하고 총비용은 단지 0.67퍼센트만 증가한 것이다. 이러한 문제가 현실적으로 적절할 수도 있다. 예를 들어, Best Buy사가 컴퓨터 디스켓에 대한 EOQ는 6.5박스임을 알았다고 하자. 그러나 생산자는 반 박스의 선적을 꺼려하여 여기에 대한 초과요금을 부과할지도 모른다. 여기서의 논의는 Best Buy사가 6박스 또는 7박스 중 어느 것도 괜찮다는 것을 보여 주려는 데 있다. 왜냐하면 이 변화는 재고 관련 비용에는 아주 적은 영향을 미치지만 생산자가 반 박스 선적에 대해 부과할지도 모르는 약간의 비용을 절약할 수 있기 때문이다.

키포인트 총주문 및 재고유지의 총비용은 EOQ 주변의 값에 대해 비교적 안정되어 있다. 기업은 정확한 EOQ 값보다는 EOQ에 가까운 편리한 주문량을 주문하는 것이 더 좋은 경우가 종종 있다.

Best Buy사의 월간 수요량이 현재 1,000대의 컴퓨터보다 4배 증가한 4,000대라고 하면 EOQ 공식을 이용하여 계산한 최적주문량은 2배가 되고 연간 주문횟수도 2배가 된다. 반면에, 평균 흐름시간은 1/2로 줄어들게 된다. 바꿔 말하면, 수요가 증가할 때 월간 수요 단위로 측정된 주기재고는 주문량 결정이 최적으로 이루어졌다면 줄어들어야만 한다. 이러한 점은 다음과 같이 기술될 수 있다.

> 키포인트 수요가 k배만큼 증가하면, 최적주문량은 $\sqrt{k}$ 배만큼 증가한다. 연간 주문횟수 또한 $\sqrt{k}$ 배만큼 증가한다. 주기재고로 인한 흐름시간은 $\sqrt{k}$ 배만큼 감소한다.

다시 Deskpro의 매월 수요가 1,000대라고 가정하자. 이제 매장의 관리자는 흐름시간의 단축을 위해 주문량을 200대로 줄이고자 한다고 가정하자. 다른 변화 없이 주문량만 감소하면 다음의 결과를 얻을 수 있다.

$$\text{연간 재고 관련 비용} = \left(\frac{D}{Q}\right)S + \left(\frac{Q}{2}\right)hC = 250{,}000\text{달러}$$

이것은 예제 10.1에서처럼 주문량이 980대일 때의 Best Buy사의 총비용인 97,980달러보다 매우 큰 값이다. 따라서 매장의 관리자가 왜 주문량을 200대로 줄이려고 하지 않는지에 대한 명백한 이유가 된다. 매장의 관리자가 주문량을 감소시키기 위해서는 고정주문비용도 감소시켜야만 한다. 예를 들어, 각 주문과 관련하여 고정비용을 현재 4,000달러에서 1,000달러로 감소시킬 경우 최적주문량은 현재의 980대에서 490대로 줄어든다. 예제 10.2에서 원하는 주문량과 주문비용 간의 관계를 볼 수 있다.

예제 10.2

원하는 주문량과 주문비용 간의 관계

Best Buy사의 매장관리자는 최적주문량을 980대에서 200대로 줄이고자 한다. 이 주문량 감소가 최적이 되려면 주문당 주문비용이 얼마나 줄어야 하는지를 평가하고자 한다.

분석: 이 경우 다음의 자료를 갖게 된다.

원하는 주문량, $Q^* = 200$

연간 수요, $D = 1{,}000 \times 12 = 12{,}000$대

컴퓨터 대당 가격, $C = 500$달러

재고가치의 비율로 나타낸 연간 재고유지비용, $h = 0.2$

EOQ 공식(식 (10.5))을 사용하면, 원하는 주문비용은 다음과 같다.

$$S = \frac{hC(Q^*)^2}{2D} = \frac{0.2 \times 500 \times 200^2}{2 \times 12{,}000} = 166.7\text{달러}$$

따라서 Best Buy사의 매장관리자는 주문당 주문비용을 4,000달러에서 166.70달러로 감소시켜야만 주문량 200이 최적이 된다.

예제 10.2의 결과는 다음과 같이 정의될 수 있다.

키포인트 최적주문량을 k배만큼 줄이기 위해서는 고정주문비용 S는 k^2배만큼 줄여야만 한다.

생산 로트 크기 결정

EOQ 공식에서는 모든 로트가 동시에 도착하는 것을 가정하고 있다. 이러한 가정은 보충로트를 고려하는 소매업자에게는 합당한 가정이지만, 생산률이 P인 생산 환경에서는 그렇지 못하다. 생산이 진행되고 있을 때에는 재고가 $P - D$의 비율로 증가되며, 생산이 중지가 될 경우 재고는 D의 비율로 감소된다.

앞서 정의된 D, h, C, S를 활용하여 경제적 주문량을 산정할 수 있는 EOQ 공식은 다음과 같이 수정될 수 있다.

$$Q^P = \sqrt{\frac{2DS}{(1 - D/P)hC}}$$

연간 주문비용은 다음과 같이 정의된다.

$$\left(\frac{D}{Q^P}\right)S$$

연간 재고유지비용은 다음과 같이 정의된다.

$$(1 - D/P)\left(\frac{Q^P}{2}\right)hC$$

경제적 생산량은 EOQ에 보정계수를 곱하여 정의되며, 보정계수가 1에 가까워질수록 생산율은 수요보다 훨씬 빠르다는 것을 의미한다.

모든 보충로트가 동시에 도착한다는 가정은 대부분의 공급사슬 환경에서 적용되고 있기 때문에 이 장에서는 위의 가정을 그대로 적용할 것이다.

여러 제품을 단일주문으로 통합하는 경우

주문량을 효과적으로 줄이기 위해서 매장의 관리자는 고정비용의 원인을 이해할 필요가 있다. 앞에서 지적한 바와 같이, 고정비용의 주요 원인은 수송비용이다. 여러 기업에 있어서 판매되는 제품의 배열은 제품군 또는 그룹으로 나뉘어져 있는데 각 그룹은 서로 다른 제품관리자에 의해 독립적으로 관리되고 있다. 그 결과 주문이 제품군별로 독립적으로 나가게 되고 배송도 독립적으로 이루어져 전체적인 주기재고는 증가하게 된다. 제품군에 대한 주문과 배송을 통합하는 것이 주기재고를 낮추는 데 있어서 효과적인 방안이 된다.

예제 10.1의 데이터를 고려해 보자. 네 종류 모델의 각각에 대한 수요는 월 1,000대라고 가정하자. 이 경우 각 제품별 관리자가 독립적으로 주문할 경우 각자의 주문량은 980대가 된다. 네 모델을 동시에 고려하면 주기재고는 1,960대가 된다.

이제 매장의 관리자가 네 모델이 모두 같은 공급자로부터 오고 있다는 것을 인식한 경우를 고려해 보자. 매장의 관리자는 네 모델이 모두 같은 트럭을 이용하여 배달될 수 있도록 모든 제품관리자가 구매에 있어서 협조할 것을 요구하였다. 이 경우 네 모델을 고려한 최적 통합주문량은 1,960대가 된다. 이것은 각 모델별로 490대의 주문량과 같다. 같은 공급자로부터 오는 복수의 제품을 동시에 고려하여 고정수송비용을 배분한 결과 각 모델에 대한 주문량을 줄이는 것이 최적으로 나타났다. 이것은 Best Buy사의 매장에 대한 비용뿐만 아니라 주기재고도 현저히 줄여 준다.

이러한 결과를 얻는 또 다른 방법은 복수 공급자로부터 오는 단일배송(이 경우 고정수송비용이 복수 공급자에게 분산 배분됨)이나 복수 소매자로 가는 한 대의 트럭(이 경우 고정수송비용이 복수 소매자에게 분산 배분됨)을 이용하는 것이다. 이러한 사실들은 다음과 같이 정리할 수 있다.

> **키포인트** 제품들, 소매자들, 또는 공급자들을 단일주문으로 통합함으로써 개별 제품에 대한 주문량을 줄일 수 있다. 왜냐하면 통합하는 경우 주문 및 수송의 고정비용이 복수의 제품들, 소매자들, 또는 공급자들에게 분배되기 때문이다.

Wal-Mart사와 다른 소매자는 크로스도킹을 활용하여 중간재고를 보관하지 않고서도 여러 공급 및 배송 지점을 통한 통합을 용이하게 처리하고 있다. 각 공급자는 여러 소매자에게 배송되어야 할 통합 배송을 포함하는 트럭에 가득 찬 분량의 물건을 배송센터(DC)에 보낸다. DC에서는 각 내부수송 트럭이 하역되고 제품이 크로스도킹되어 외부수송 트럭에 실리게 된다. 각 외부수송 트럭은 이제 하나의 소매사를 위한 여러 공급자로부터의 통합 제품을 적재하고 있다.

고정비용을 고려할 때는 수취 및 하역 비용을 무시할 수 없다. 더 많은 제품이 단일주문에 포함됨에 따라 트럭에서의 제품다양성이 증가한다. 이제 주문을 접수받는 창고에서는 트럭당 더 많은 품목에 대한 재고기록을 갱신해야만 한다. 뿐만 아니라 각각의 독특한 품목은 서로 다른 장소에 보관되어야 하기 때문에 재고를 창고에 저장하는 업무는 훨씬 비용이 많이 든다. 따라서 주문량을 줄이려고 시도하는 경우 이러한 비용을 줄이는 데 초점을 둘 필요가 있다. 사전 선적고지(advanced shipping notice: ASN)는 트럭의 내용물에 대한 정확한 기록이 포함된 공급자로부터 고객에게 보내지는 전자파일이다. 이러한 전자고지는 저장위치에 관한 결정뿐만 아니라 재고기록의 갱신을 용이하게 하여 주문을 접수하는 데 따른 고정비용을 줄여 준다. RFID 기술 역시 주문접수에 따른 고정비용과 관련된 변동성을 줄이는 데 도움이 된다. 주문접수에 관련된 고정비용의 감소는 주문량을 줄여 주고 나아가 주기재고도 감소시켜 준다.

복수 제품이나 복수 고객을 갖는 경우의 주문량 결정

일반적으로 주문, 배송, 주문접수비용은 제품 또는 선적 지점의 변동에 따라 증가한다. 예를 들어, Wal-Mart사에게는 단일 제품을 적재한 트럭으로 수송받는 것이 다수의 다른 제품을 적재한 트럭으로 수송받는 것보다 더 싸다. 이는 재고의 갱신과 재저장에 드는 노력이 단일 제품에서는 훨씬 적기 때문이다. 일반적으로 고정비용의 일부는 수송과 관련이 있다(이 경우는 트럭에 적재되는 제품다양성과는 무관하다). 고정비용의 일부는 수취 및 하역과 관련이 있다(이 비용은 트럭에 적재되는 제품다양성에 따라 증가한다). 이제 이러한 상황에서 최적주문량이 어떻게 결정되는지를 논의해 보기로 한다.

우리의 목표는 총비용의 최소화를 가져다 주는 주문량과 주문정책을 정하는 것이다. 다음의 자료가 있다고 가정한다.

D_i: 제품 i에 대한 연간 수요

S: 주문에 포함된 제품의 다양성에 관계없이 주문할 때마다 발생하는 주문비용

s_i: 제품 i가 주문에 포함됨으로써 발생하는 추가비용

여러 모델을 갖는 Best Buy사의 경우에 매장의 관리자는 주문량의 결정을 위해 세 가지 접근방법을 고려할 것이다.

1. 각 제품의 관리자들이 자기 모델을 독립적으로 주문한다.
2. 각 제품의 관리자들이 매 주문마다 모든 제품을 공동으로 주문한다.
3. 각 제품의 관리자들이 공동으로 주문을 하지만 매 주문마다 모든 제품을 포함하지는 않는다. 즉, 각 주문은 모든 제품 중 선택된 제품만을 포함한다.

첫 번째 방법은 어떤 통합도 이용하지 않으므로 가장 높은 비용을 초래한다. 두 번째 방법은 매 주문에 있어서 모든 제품을 통합한 경우이다. 두 번째 방법의 단점은 매 주문마다 낮은 수요의 제품이 높은 수요의 제품과 통합된다는 점이다. 이러한 완전 통합은 낮은 수요의 제품에 대한 제품 고유의 주문비용이 크다면 높은 비용을 초래한다. 이러한 상황에서 낮은 수요의 주문을 높은 수요의 제품에 대한 주문보다 덜 빈번하게 하는 것이 유리하다. 이렇게 함으로써 낮은 수요의 제품과 관계된 제품 고유의 주문비용을 줄일 수 있다. 결과적으로, 세 번째 방법이 가장 낮은 비용을 제공해 준다. 그러나 세 번째 방법은 조정하기가 훨씬 더 복잡하다.

공급사슬 비용에 관한 세 가지 방식 각각의 효과를 살펴보기 위해 Allied Electrics사의 예를 이용하고자 한다.

각 제품에 대해 독립적으로 주문되어 배달되는 경우 이 방식은 각각의 제품이 독립적으로 주문되는 방식이다. 이 시나리오는 예제 10.3과 같이 EOQ 공식을 적용하는 단일 제품의 경우와 동일하다.

예제 10.3

주문과 배달이 독립적으로 이루어지는 복수 제품

Best Buy사는 세 가지 모델의 컴퓨터(Litepro, Medpro, Heavypro)를 판매하고 있다. 이 세 가지 제품에 대한 연간 수요는 Litepro에 대해서는 $D_L = 12{,}000$, Medpro에 대해서는 $D_M = 1{,}200$, 그리고 Heavypro에 대해서는 $D_H = 120$이다. 각 모델의 가격은 500달러라 가정하자. 매 주문이 배달될 때마다 고정수송비용 4,000달러가 발생한다. 주문되어 같은 트럭에 배달되는 각 모델에 대해 수취 및 저장하는 데 추가적인 고정비용 1,000달러가 든다. 재고유지비용으로 20퍼센트를 초래한다. 각 제품에 대한 주문이 독립적으로 이루어져 배달되는 경우 매장의 관리자가 주문해야 할 주문량을 구하라. 그리고 그러한 정책의 결과 초래되는 연간 비용을 계산하라.

분석: 이 예의 경우 다음의 정보를 갖고 있다.

표 10.1 독립주문 시 주문량과 비용

	Litepro	Medpro	Heavypro
연간 수요	12,000	1,200	120
고정주문비용	5,000달러	5,000달러	5,000달러
최적주문당	1,095	346	110
주기재고	548	173	55
연간 재고유지비용	54,772달러	17,321달러	5,477달러
주문빈도	11.0/년	3.5/년	1.1/년
연간 주문비용	54,772달러	17,321달러	5,477달러
평균 흐름시간	2.4 주	7.5 주	23.7 주
연간 비용	109,544달러	34,642달러	10,954달러

주: 이 수치가 정확하지만 몇몇 수치는 반올림으로 인해 계산과 다를 수 있다.

수요, $D_L = 12{,}000$/년, $D_M = 1{,}200$/년, $D_H = 120$/년

공통된 주문비용, $S = 4{,}000$달러

제품 고유의 주문비용, $s_L = 1{,}000$달러, $s_M = 1{,}000$달러, $s_H = 1{,}000$달러

재고유지비용, $h = 0.2$

단위비용, $C_L = 500$달러, $C_M = 500$달러, $C_H = 500$달러

각각의 모델은 독립적으로 주문되어 배달되기 때문에 서로 다른 트럭이 각 모델을 배달하고 있다. 따라서 5,000달러(4,000달러 + 1,000달러)의 고정주문비용이 각 제품의 배달에 대해 발생한다(세 가지 제품이 독립적으로 주문될 때). 세 가지 제품에 대한 최적주문정책과 그 결과 초래되는 비용은 EOQ 공식(식 (10.5))을 사용하여 계산되어지는데 그 결과는 [표 10.1]에 나타나 있다. Litepro 모델은 연간 11번 주문되고, Medpro 모델의 경우 연간 3.5번 주문되며, Heavypro의 경우 연간 1.1번 주문된다. 세 가지 모델이 독립적으로 주문되면 초래되는 연간 주문 및 재고유지비용은 155,140달러가 된다.

독립적 주문은 통합 주문의 기회를 배제하고 있다. 따라서 Best Buy사의 제품관리자는 단일 트럭으로 주문들을 통합함으로써 잠재적으로 더 적은 비용을 들일 수 있다. 이제 주문이 이루어질 때마다 세 가지 제품 모두가 주문되어 배달되는 시나리오를 고려해 보자.

세 가지 모델 모두에 대해 주문과 배달이 공동으로 이루어지는 경우 주문이 이루어질 때마다 세 가지 모델 모두가 포함되는 경우 주문당 통합된 고정주문비용은 다음과 같이 주어진다.

$$S^* = S + s_L + s_M + s_H$$

다음 단계는 최적주문주기를 찾는 것이다. n을 연간 주문횟수라 하자. 그러면 다음을 얻을 수 있다.

$$\text{연간 주문비용} = S^*n$$

$$\text{연간 재고유지비용} = \frac{D_{LE22B}hC_{LE22B}}{2n} + \frac{D_{LE19B}hC_{LE19B}}{2n} + \frac{D_{LE19A}hC_{LE19A}}{2n}$$

따라서 연간 총비용은 다음과 같다.

$$\text{연간 총비용} = \frac{D_{LE22B}hC_{LE22B}}{2n} + \frac{D_{LE19B}hC_{LE19B}}{2n} + \frac{D_{LE19A}hC_{LE19A}}{2n} + S^*n$$

최적주문주기는 연간 총비용을 최소화하는데 이는 총비용을 n에 관해 일차미분한 후 그 값을 0으로 놓고 구한다. 그 결과 최적주문주기 n^*는 다음과 같다.

$$n^* = \sqrt{\frac{D_{LE22B}hC_{LE22B} + D_{LE19B}hC_{LE19B} + D_{LE19A}hC_{LE19A}}{2S^*}} \tag{10.7}$$

식 (10.7)은 하나의 주문에 통합되어야 할 k개의 품목이 있는 경우에 다음과 같이 일반화될 수 있다.

$$n^* = \sqrt{\frac{\sum_{i=1}^{k} D_i hC_i}{2S^*}} \tag{10.8}$$

최적 n^*에 대한 총적재량과 트럭용량을 비교함으로써 트럭용량 역시 고려할 수 있다. 만약 최적적재량이 트럭용량을 초과한다면, n^*는 적재량이 트럭용량과 같아질 때까지 증가한다. 각기 다른 k값에 대해 식 (10.8)을 적용함으로써 한 번의 배송에 통합되어야 할 제품의 최적량 또는 공급자의 수 또한 결정할 수 있다.

예제 10.4에서 Best Buy사의 제품관리자가 매 주문을 할 때마다 세 가지 모델 모두를 주문하는 경우를 고려해 보자.

예제 10.4
제품이 공동으로 주문되어 배달되는 경우

예제 10.3의 전자제품 판매자를 고려해 보자. 세 가지 제품관리자는 그들이 주문을 할 때는 언제나 세 가지 모델 모두를 통합하여 주문하기로 결정하였다. 각 모델에 대한 최적주문량을 계산하라.

분석: 각 주문에 세 가지 모델 모두가 포함되어야 하기 때문에 통합된 주문비용은 다음과 같다.

표 10.2 통합주문 시 주문량과 개별 비용

	Litepro	Medpro	Heavypro
연간 수요(D)	12,000	1,200	120
주문빈도(n^*)	9.75/년	9.75/년	9.75/년
최적주문량(D/n^*)	1,230	123	12.3
주기재고	615	61.5	6.15
연간 재고유지비용	61,512달러	6,151달러	615달러
평균 흐름시간	2.67주	2.67주	2.67주

$$S^* = S + s_{LE22B} + s_{LE19B} + s_{LE19A} = 7{,}000\text{달러/주문}$$

최적주문주기는 식 (10.7)을 이용하여 얻어지며 다음과 같다.

$$n^* = \sqrt{\frac{12{,}000 \times 100 + 1{,}200 \times 100 + 120 \times 100}{2 \times 7{,}000}} = 9.75$$

따라서 각 모델이 매 주문과 배달에 포함된다면 제품관리자들은 연간 9.75번의 주문을 내야 한다. 이 경우의 주문정책과 비용은 [표 10.2]에 나타나 있다.

9.75번의 주문이 매년 이루어지고 각 주문마다 총 7,000달러의 비용이 들므로, 다음의 연간 주문비용이 발생한다.

$$\text{연간 주문비용} = 9.75 \times 7{,}000\text{달러} = 68{,}250\text{달러}$$

이 정책의 결과 세 가지 모델에 걸친 연간 주문 및 재고유지비용은 다음과 같다.

$$\begin{aligned}\text{연간 주문 및 재고유지비용} &= 61{,}512\text{달러} + 6{,}151\text{달러} + 615\text{달러} + 68{,}250\text{달러}\\ &= 136{,}528\text{달러}\end{aligned}$$

제품관리자들이 모든 제품을 공동으로 주문함으로써 연간 비용을 155,140달러에서 136,528달러로 줄였음을 주목해야 한다. 이것은 약 13퍼센트의 감소를 나타낸다.

예제 10.5에서는 적재용량 제약이 있는 경우, 주문 또는 배송의 최적 통합에 대해 고려한다.

예제 10.5
적재용량 제약이 있는 경우의 통합

W.W. Grainger사는 수백 군데의 공급자로부터 조달을 하고 있으며 비용절감을 위해 내부선적의 통합을 고려하고 있다. 한 트럭분의 선적은 100달러의 수취비용을 포함하여 500달러의 선적비용이 든다. 각 공급자로부터의 연간 평균 수요는 10,000개이다. 각 단위는 50달러의 비용

이 들며 재고유지비용은 20퍼센트이다. Grainger사가 트럭당 네 공급자를 통합하기로 한다면 최적주문빈도와 주문량은 얼마인가? 각 트럭이 2,500의 적재용량을 갖고 있다면 최적주문량과 빈도는 얼마인가?

분석: 이 경우 W.W. Grainger사는 다음의 정보를 갖고 있다.

제품당 수요, $D_i = 10{,}000$
유지비용, $h = 0.2$
제품당 단위비용, $C_i = 50$달러
공통 주문비용, $S = 500$달러
공급자 고유의 주문비용, $s_i = 100$달러

네 공급자로부터 통합된 주문비용은 다음과 같이 주어진다.

$$S^* = S + s_1 + s_2 + s_3 + s_4 = 900\text{달러/주문}$$

식 (10.8)을 이용하여 최적주문빈도는 다음과 같다.

$$n^* = \sqrt{\frac{\sum_{i=1}^{k} D_i h C_i}{2S^*}} = \sqrt{\frac{4 \times 10{,}000 \times 0.2 \times 150}{2 \times 900}} = 14.91$$

따라서 Grainger사는 연간 14.91번씩 주문을 하는 것이 최적이다. 공급자당 연간 주문비용은 다음과 같다.

$$\text{연간 주문비용} = 14.91 \times \frac{900}{4} = 3{,}354\text{달러}$$

각 공급자로부터 주문되는 양 $Q = 1{,}000/14..91 = 671$이다. 공급자당 연간 재고유지비용은 다음과 같다.

$$\text{공급자당 연간 재고유지비용} = \frac{hC_iQ}{2} = 0.2 \times 50 \times \frac{671}{2} = 3{,}355\text{달러}$$

그러나 이 정책은 트럭당 총적재용량이 4 × 671 = 2,684단위를 필요로 한다. 2,500단위의 트럭 적재용량이 주어지면 주문빈도는 각 공급자로부터의 주문량이 2,500/4 = 625가 되도록 증가되어야만 한다. 따라서 Grainger사는 주문빈도를 10,000/625 = 16번으로 증가시켜야만 한다. 이러한 결정은 공급자당 연간 주문비용을 3,600달러로 증가시키고 공급자당 연간 유지비용을 3,125날러로 감소시킬 것이다.

모든 제품을 공동으로 주문하는 주요 이점은 관리와 실행이 쉽다는 것이다. 단점은 동시에 주문되어야 할 특정한 모델을 통합하는 데 있어서 충분히 선택적이지 못하다는 것이다. 만약 제품 고유의 주문비용이 높다면, 모든 제품을 공동 주문하는 것이 매우 저렴할 것이다. 예제에서는 1,000달러라는 제품 고유의 주문비용이 매 주문마다 세 가지 모델 모두에 대해 발생한다. 만일 소량의 모델을 덜 빈번하게 주문한다면 총비용을 줄일 수 있다. 이제 매 주문을 할 때마다 제품관리자가 모든 모델을 주문할 필요가 없는 정책을 고려해 보자.

선택된 제품의 집합에 대해서만 주문과 배달이 공동으로 이루어지는 경우 이제 공동으로 주문될 제품을 결합하는 데 있어서 보다 선택적인 절차들을 논의하고자 한다. 여기서 논의하는 절차들이 반드시 최적해를 제공하지는 않는다. 그러나 이 방법은 비용이 최적에 가까운 주문 정책을 제공해 준다.

우선 가장 빈번히 주문되어야 할 모델을 찾는다. 일단 이 결정이 이루어지면 각각의 연속적인 제품에 대해 이 제품이 주문에 포함될지를 파악할 필요가 있다. 일반적으로 특정 모델이 일정한 간격으로 포함되는 것이 반드시 최적이지는 않다(즉, 매 두 번째나 세 번째 주문에 포함되어야만 한다). 그러나 아래의 절차에 있어서 각 모델은 일정한 간격으로 주문에 포함된다고 가정한다. 일단 가장 빈번히 주문되는 모델을 파악하면 각각의 연속적인 모델 i에 대해 빈도 m_i를 결정하는 것이다. 여기서 모델 i는 매 m_i 주문마다 포함된다.

먼저 일반적인 절차를 설명하고 나서 특정한 예에 적용해 보고자 한다. 제품은 i로 표시한다고 하자. 여기서 i는 (모두 n개의 제품이 있다고 가정하면) 1에서 n까지 변한다. 각 제품 i는 연간 수요 D_i, 단위비용 C_i, 그리고 제품 고유의 주문비용 s_i를 갖는다. 공통 주문비용은 S이다.

단계 1: 첫 단계로서 각 제품이 독립적으로 주문되는 것으로 가정하여 가장 빈번히 주문되는 제품을 찾는다. 이 경우 $S + s_i$의 고정비용이 각 제품에 대해 할당된다. 각 제품 i에 대해 최적 주문주기를 식 (10.6)을 사용하여 다음과 같이 구할 수 있다.

$$\overline{n}_i = \sqrt{\frac{hC_iD_i}{2(S + s_i)}}$$

이것이 제품 i가 주문되는 유일한 제품이라고 할 경우(이 경우 매 주문마다 $S + s_i$의 고정비용이 초래된다) $\overline{n}$를 가장 빈번히 주문되는 제품의 빈도라 하자. 즉, $\overline{n}$는 모든 $\overline{n}_i$ 값 중 최대값이다. 가장 빈번히 주문되는 제품은 주문이 될 때마다 포함된다.

단계 2: 다음 단계는 다른 제품에 대해 가장 빈번히 주문되는 제품과 함께 포함될 빈도를 구하는 것이다. 즉, 각 제품의 주문주기를 가장 빈번히 주문되는 제품의 배수로서 계산하는 것이다.

가장 빈번히 주문되는 제품은 매번 주문된다고 가정하자. 따라서 고정비용 S 모두는 이 제품에 할당된다. 결국 다른 제품 i의 각각에 대해서는 단지 그 제품 고유의 주문비용 s_i만을 갖게 된다. 따라서 다른 모든 제품에 대한 주문주기는 식 (10.6)에서 제품 고유의 고정비용만을 고려하여 계산된다(가장 빈번히 주문되는 제품 i^*를 제외한). 다른 제품 i에 대해 주문주기를 다음과 같이 계산할 수 있다.

$$\overline{\overline{n_i}} = \sqrt{\frac{hC_iD_i}{2s_i}}$$

가장 빈번히 주문되는 제품에 대한 제품 i^*의 주기를 $\overline{m_i}$ 라 하면 이는 다음과 같다.

$$\overline{m_i} = \bar{n}/\overline{\overline{n_i}}$$

일반적으로 $\overline{m_i}$는 소수부분을 포함하게 된다(가장 빈번히 주문되는 제품을 제외한). 각각의 제품 i에 대해 그 제품이 가장 빈번히 주문되는 제품과 함께 포함될 빈도를 m_i라 하면 이는 다음과 같다.

$$m_i = \lceil \overline{m_i} \rceil$$

여기서 $\lceil \quad \rceil$는 소수를 그보다 큰 가장 가까운 정수로 올림하는 기호이다.

단계 3: 각 제품의 주문빈도를 모두 계산한 후에 가장 빈번히 주문되는 제품의 주문빈도가 n이 되도록 다시 계산한다. 여기서 n은 다음과 같이 주어진다.

$$n = \sqrt{\frac{\sum hC_im_iD_i}{2(S + \sum s_i / m_i)}} \tag{10.9}$$

$\overline{n_i}$의 초기 계산은 유효하지 않다. 그 이유는 각 주문에 할당된 고정비용은 $S + s^*$이기 때문이다. 여기서 i^*는 가장 빈번히 주문되는 제품을 말한다. 식 (10.9)는 제품 i가 m_{i*}의 빈도를 가지고 주문된다는 것을 나타내고 있다.

단계 4: 다음에는 각 제품에 대해 주문빈도 $n_i = n/m_i$를 계산한다. 그러고나서 이러한 주문정책의 총비용을 계산할 수 있다.

위에서 설명된 절차는 맞춤 통합을 제공하는데, 즉 제품들을 적절히 통합할 때 높은 수요의 제품은 더 빈번히 주문되고, 반면에 낮은 수요의 제품은 덜 빈번하게 주문되도록 해 준다. 예제 10.6에서 예제 10.3에서 다룬 Best Buy사의 주문결정에 대한 맞춤 통합을 고려해 보자.

예제 10.6

주문에 따라 변하는 선택된 하위집합에 대해 공동으로 주문되고 배달되는 경우

예제 10.3의 Best Buy사 데이터를 고려해 보자. 제품관리자는 공동으로 주문하기로 결정하였지만 어떤 모델을 매 주문에 포함시킬지에 대해서는 선택적이다. 앞에서 언급된 절차를 이용하여 주문정책과 비용을 계산하라.

분석: S = 4,000달러, s_L = 1,000달러, s_M = 1,000달러, s_H = 1,000달러임을 기억하자. 단계 1을 적용하여 다음을 얻을 수 있다.

$$\overline{n_L} = \sqrt{\frac{hC_LD_L}{2(S + s_L)}} = 11.0, \quad \overline{n_M} = 3.5, \quad \overline{n_H} = 1.1$$

가장 빈번히 주문되는 모델은 Litepro이다. 따라서 $\bar{n}$ = 11.0으로 둔다.

이제 단계 2를 적용하여 Medpro와 Heavypro가 Litepro와 함께 주문에 포함될 빈도를 계산한다. 먼저 다음의 결과를 얻는다.

$$\overline{\overline{n_M}} = \sqrt{\frac{hC_MD_M}{2s}} = 7.7 \quad \text{그리고} \quad \overline{\overline{n_H}} = 2.4$$

이제 다음을 계산한다.

$$\overline{m_M} = \frac{\bar{n}}{\overline{\overline{n_M}}} = \frac{11.0}{7.7} = 1.4 \quad \text{그리고} \quad \overline{m_H} = 4.5$$

다시 다음을 계산한다.

$$m_M = \lceil 1.4 \rceil = 2 \quad \text{그리고} \quad m_H = \lceil 4.5 \rceil = 5$$

따라서 Medpro는 격주문으로 포함되고 Heavypro는 매 다섯 번째 주문마다 포함된다(가장 빈번히 주문되는 Litepro는 매 주문마다 포함된다). 이제 각 모델의 주문주기에 대해서 결정했기 때문에 단계 3(식 (10.9))을 적용하여 가장 빈번히 주문되는 모형의 주문빈도를 다음과 같이 계산한다.

$$n = 11.47$$

따라서 Litepro는 연간 11.47번 주문된다. 이제 각 제품에 대한 주문빈도를 계산하기 위해 단계 4를 적용한다.

$$n_L = 11.47/\text{년}, n_M = 5.74/\text{년}, \text{그리고 } n_H = 11.47/5 = 2.29/\text{년}$$

의 주문주기를 얻게 된다.

표 10.3 휴리스틱을 이용한 주문정책의 주문량과 비용

	Litepro	Medpro	Heavypro
연간 수요(D)	12,000	1,200	120
주문빈도(n)	11.47/년	5.74/년	2.29/년
주문량(D/n)	1,046	209	52
주기재고	523	104.5	26
연간 재고유지비용	52,307달러	10,461달러	2,615달러
평균 흐름시간	2.27 주	4.53 주	11.35 주

세 가지 제품에 대한 주문정책과 발생하는 비용은 [표 10.3]에 나타나 있다.

이 정책의 연간 재고유지비용은 65,383.5달러이다. 연간 주문비용은 다음과 같다.

$$ns + n_L s_L + n_M s_M + n_H s_H = 65{,}383.5\text{달러}$$

따라서 연간 총비용은 130,767달러로 주어진다. 맞춤 통합은 모든 모델이 매 주문에 포함되는 경우와 비교해 볼 때 5,761달러(약 4퍼센트)의 비용절감을 가져다 준다. 이 비용 감소는 각각의 모델에 고유한 고정비용 1,000달러가 매 주문마다 발생하지 않기 때문에 얻어진다.

Best Buy사의 예를 통해 공급사슬에서 통합을 통해 엄청난 비용절감과 주기재고의 감소를 얻을 수 있음을 보았다. 매 주문에 모든 제품을 포함하는 단순 통합도 제품에 고유한 주문비용이 낮을 경우에는 더 효과적이다. 그러나 맞춤 통합은 비용을 더 절감시켜 준다. 왜냐하면 맞춤 통합은 소량과 대량 제품의 차이를 이용하여 주문빈도를 여기에 맞게 조절하기 때문이다. 일반적으로 완전 통합은 제품 고유의 주문비용이 작을 때 사용되어야 하고, 맞춤 통합은 제품 고유의 주문비용이 클 때 사용되어야 한다.

이제까지 고정주문비용과 이 비용이 공급사슬에서의 재고와 비용에 미치는 영향을 살펴보았다. 이 논의로부터 가장 의미 있는 것은 주문량을 줄이는 데 있어서의 핵심은 각 주문량에 관련된 고정비용의 감소에 초점을 맞추는 것이다라는 점이다. 이러한 비용과 이 비용을 초래하는 프로세스들을 잘 이해함으로써 적절한 행동을 취할 수가 있다.

키포인트 주기재고를 줄이는 핵심은 주문량을 줄이는 것이다. 비용을 증가시키지 않고 주문량을 줄이는 핵심은 각 주문량과 관련된 고정비용을 줄이는 것이다. 이것은 고정비용 자체를 줄이거나 복수 제품, 고객, 또는 공급자에 걸친 주문량을 통합함으로써 얻어질 수 있다. 복수 제품, 고객, 또는 공급자에 걸쳐 통합할 때 맞춤 통합이 가장 좋은 해결책을 제공해 준다.

이제 자재비용 또한 규모의 경제를 보여 주는 상황에서의 주문량을 고려해 보자.

10.4 수량 할인을 이용한 규모의 경제

주문량이 커짐에 따라 가격이 감소하는 가격정책이 규모의 경제를 가져다 주는 예들이 많이 있다. 이러한 형태의 가격은 기업간 거래에서 흔히 나타난다. 가격정책이 한 번에 주문되는 양을 기초로 할인이 주어지면 **주문량 기준 할인**이 된다. 주어진 기간에 구매되는 총량을 기초로 할인이 주어지면 **수량 기준 할인**이 된다. 두 가지 흔히 쓰이는 주문량 기준의 할인방식은 다음과 같다.

- 총단위 수량 할인(all unit quantity discounts)
- 증분단위 수량 할인(marginal unit quantity discount) 또는 복수블럭가격(multiblock tariffs)

이 절에서는 공급사슬에 대한 이러한 수량 할인의 영향을 살펴보고자 한다. 이 절에서 다음 두 가지의 기본적인 문제에 답을 제공한다.

1. 수량 할인이라는 가격정책이 주어지는 경우, 이익을 최대로 하고자 하는 구매자의 최적구매 결정은 무엇인가? 이러한 결정은 주문량, 주기재고, 그리고 흐름시간 관점에서 공급사슬에 어떻게 영향을 미치는가?
2. 어떤 조건 하에서 공급자가 수량 할인을 제공하는가? 이익을 최대로 하고자 하는 공급자가 제공하는 적절한 가격정책은 무엇인가?

먼저, 생산자에 의해 제공되는 주문량에 기초한 두 가지 할인방식 중 하나가 주어졌을 때 소매자(구매자)의 최적대응을 살펴보고자 한다. 자재비용이 주문량에 따라 변하기 때문에, 주문량을 결정하는 데 있어서 소매자는 연간 자재, 주문, 그리고 재고유지비용을 고려할 필요가 있다. 소매자의 목표는 연간 총비용을 최소로 하는 주문량을 찾는 것이다. 이제 총단위 수량 할인의 경우에 최적주문량을 결정하는 과정을 살펴보고자 한다.

총단위 수량 할인

총단위 수량 할인에 있어서 가격정책은 미리 설정된 분기점 $q_0, q_1, \ldots, q_r$을 포함한다. 여기서 $q_0 = 0$이다. q_i 이상 q_{i+1} 미만을 주문하는 경우 각 단위는 평균 C_i의 비용으로 얻어진다. 일반적으로 단위비용은 주문량이 증가함에 따라 감소한다. 즉, $C_0 \geq C_1 \geq \cdots \geq C_r$이다. 이후의 논의에서는 이러한 가격정책에 직면한 소매자에 초점을 둔다. 소매자의 목표는 이익을 최대로 하는, 즉 자재, 주문, 그리고 재고유지비용의 합을 최소화하는 주문량을 결정해야 한다.

총단위 할인에 대해 평균 단위비용은 [그림 10.3]에서 보듯이 주문량에 따라 변한다. 이러한 할인방식 하에서는 자재비용 관점에서 $q_1 + 1$ 단위를 주문하는 것이 $q_1 - 1$ 단위를 주문하는 것보다 비용이 덜 들 수도 있음을 주목해야 한다.

해를 찾는 절차는 각 가격 C_i에 대해 최적주문량을 찾고(이 경우 주문량은 q_i와 q_{i+1} 사이에 있어야 한다), 그러고나서 전체적으로 비용을 최소로 하는 주문량을 정하는 것이다. $0 \le i \le r$의 각 i의 값에 대해 다음을 계산한다.

$$Q_i = \sqrt{\frac{2DS}{hC_i}} \tag{10.10}$$

Q_i에 대해 세 가지 가능한 경우가 있다.

1. $q_i \le Q_i < q_{i+1}$
2. $Q_i < q_i$
3. $Q_i \ge q_{i+1}$

경우 3은 Q_{i+1}에서 고려되므로 Q_i에서는 무시할 수 있다. 따라서 경우 1, 2에 대해서만 고려해 보자.

경우 1: 만일 $q_i \le Q_i < q_{i+1}$이면, 주문량 Q_i가 단위당 C_i라는 할인된 가격을 초래한다. 이 경

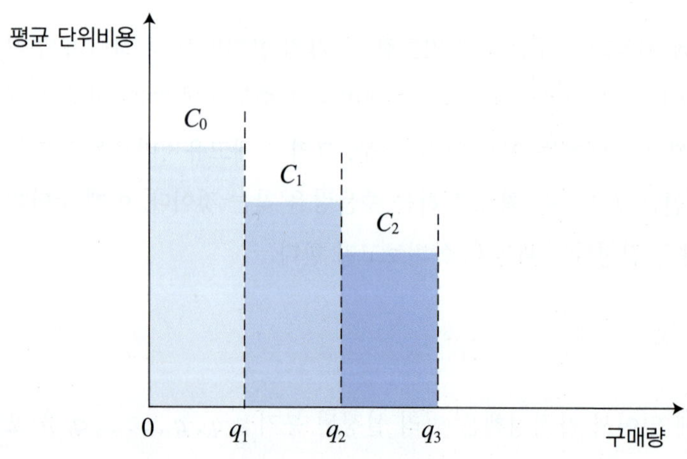

그림 10.3 총단위 수량 할인 시 평균 단위비용

우 Q_i를 주문하는 연간 총비용(이것은 주문비용, 재고유지비용, 그리고 자재비용을 포함한다)은 다음과 같이 주어진다.

$$\text{연간 총비용, } TC_i = \left(\frac{D}{Q_i}\right)S + \frac{Q_i}{2}hC_i + DC_i \qquad (10.11)$$

경우 2: 만일 $Q_i < q_i$ 이면, 주문량 Q_i는 할인을 초래하지 않는다. 주문량을 q_i까지 늘려야 단위당 C_i의 할인가격을 얻을 수 있다. q_i보다 더 많이 주문하면 자재비용의 감소 없이 주문과 재고유지비용을 증가시키게 된다. 이 경우 q_i를 주문하는 것이 최적이다. 이때의 연간 총비용은 다음과 같이 주어진다.

$$\text{연간 총비용, } TC_i = \left(\frac{D}{q_i}\right)S + \frac{q_i}{2}hC_i + DC_i \qquad (10.12)$$

각 가격 C_i에 대해 적절한 경우를 적용하여 총비용 TC_i와 해당되는 주문량을 구한다. 해답은 할인정책에 있는 모든 가격에 걸쳐 연간 총비용을 최소로 하는 주문량을 구하는 것이다. Goyal(1995)은 최적해가 있을 수 없는 어떤 값 C^*를 파악함으로써 위의 절차를 더욱 줄일 수 있다는 것을 보여 주었다. C_r은 경계치 수량 q_r보다 큰 값에서 최소임을 기억하자. C^*는 다음과 같이 얻을 수 있다.

$$C^* = \frac{1}{D}\left(DC_r + \frac{DS}{q_r} + \frac{h}{2}q_rC_r - \sqrt{2hDSC_r}\right)$$

예제 10.7에서 총단위 수량 할인이 주어진 경우에 최적주문량을 구하는 법을 보여 주고자 한다.

예제 10.7
총단위 수량 할인

Drugs Online(DO)사는 처방약이나 건강 보충제를 온라인으로 판매하는 소매자이다. 비타민은 판매의 상당부분을 차지하고 있다. 비타민에 대한 수요는 월 10,000병이다. DO사가 비타민에 대한 주문을 생산자에 매번 낼 때마다 주문, 수송과 수취비용으로 100달러가 든다. 그리고 20퍼센트의 재고유지비용이 발생한다. 생산자에 의해 부과되는 가격은 다음의 총단위 할인가격 정책에 따라 변한다. DO사의 관리자가 매번 주문해야 할 수량을 계산하라.

주문량	단위가격
0 ~ 4,999	3.00달러
5,000 ~ 9,999	2.96달러
10,000 이상	2.92달러

분석: 이 경우 관리자는 다음의 자료를 갖고 있다.

$q_0 = 0$, $q_1 = 5{,}000$, $q_2 = 10{,}000$
$C_0 = 3.00$달러, $C_1 = 2.96$달러, $C_2 = 2.92$달러
$D = 120{,}000$/년, $S = 100$달러/로트, $h = 0.2$

$i = 0$에 대해 (식 (10.10)을 이용하여) Q_0를 계산하면 $Q_0 = \sqrt{\frac{2DS}{hC_0}} = 52$이다. $6{,}324 > q_1 = 5{,}000$이므로 $i = 1$인 경우를 확인해야 한다. $i = 1$에 대해 식 (10.10)을 사용하여 $Q_1 = 6{,}367$을 얻을 수 있다. $5{,}000 < 6{,}367 < 10{,}000$이기 때문에 $Q_1 = 6{,}367$로 두고 식 (10.11)을 사용하여 6,367병을 주문하는 비용을 계산하면 다음과 같다.

$$TC_1 = \left(\frac{D}{Q_1}\right)S + \left(\frac{Q_1}{2}\right)hC_1 + DC_1 = 358{,}969\text{달러}$$

$i = 2$에 대해 식 (10.10)을 사용하여 $Q_2 = 6{,}410$을 얻을 수 있다. $6{,}410 < q_2 = 10{,}000$이기 때문에 $q_2 = 10{,}000$이라 두고, 식 (10.12)를 사용하여 10,000병을 주문하는 비용을 계산하면 다음과 같다.

$$TC_2 = \left(\frac{D}{q_2}\right)S + \left(\frac{q_2}{2}\right)hC_2 + DC_2 = 354{,}520\text{달러}$$

가장 낮은 비용은 $i = 2$인 경우임을 알 수 있다. 따라서 DO사는 주문당 $q_2 = 10{,}000$병을 주문하여 병당 2.92달러의 할인가격을 적용받는 것이 최적이다.

예제 10.7에서 생산자가 모든 병을 병당 3달러에 판매한다면 DO사는 6,324병을 주문하는 것이 최적이다. 수량 할인은 DO사로 하여금 10,000병이라는 많은 양을 주문하도록 유도하고 있는데, 이 경우 주기재고와 흐름시간 모두 증가하게 된다. 만일 DO사가 고정주문비용을 4달러로 줄이기 위해 노력한다면, 할인의 영향은 더욱 커지게 된다. 할인이 없는 경우의 최적주문량은 1,265병이 된다. 총단위 수량 할인이 있는 경우의 최적주문량은 여전히 10,000병이 된다. 이 경우 수량 할인으로 인해 DO사는 흐름시간뿐만 아니라 평균 재고가 8배로 증가하게 된다.

총단위 수량 할인이라는 가격정책으로 인해 소매자는 가격 할인의 이점을 누리기 위해 주문량을 증가시키게 되고 그 결과 공급사슬에서의 평균 재고와 흐름시간이 증가하게 된다. 재고에서의 이러한 증가는 총단위 수량 할인이 공급사슬에 제공하는 가치에 대한 의문을 제기하도록 한다. 이 문제를 고려하기 전에 증분단위 수량 할인을 살펴보기로 한다.

증분단위 수량 할인

증분단위 수량 할인은 또한 복수블럭가격이라 불린다. 이 경우 가격정책은 특정한 분기점 q_0, q_1, . . . , q_r을 포함한다. 여기서는 (총단위 할인의) 단위당 평균 비용이 아니라 분기점에서 감소하는 단위당 한계비용이다. 만일 크기 q의 주문이 이루어지면, 첫 번째 $q_1 = q_0$ 단위는 C_0의 가격, 다음 $q_2 = q_1$은 C_1의 가격, 이런 식으로 이루어진다. 단위당 한계비용은 [그림 10.4]에서 보듯이 구매되는 양에 따라 변한다.

이러한 가격정책의 경우, 소매자의 목표는 이익을 최대화하는, 즉 이 경우 비용을 최소화하는 주문량을 결정하는 것이다.

해를 찾는 절차는 각각의 한계가격 C_i에 대해 최적주문량을 결정하고(이 경우 주문량은 q_i와 q_{i+1} 사이에 있어야만 한다), 그러고나서 전체적으로 비용을 최소로 하는 주문량을 정하는 것이다. 좀 더 간소한 절차는 Hu와 Munson(2002)에 의해 제시되었다.

$0 \le i \le r$의 각 i값에 대해 q_i 단위를 주문하는 비용을 V_i라 하자. $V_0 = 0$이라 정의하면, V_i $(0 \le i \le r)$는 다음과 같이 주어진다.

$$V_i = C_0(q_1 - q_0) + C_1(q_2 - q_1) + \cdots + C_{i-1}(q_i - q_{i-1}) \tag{10.13}$$

$0 \le i \le r - 1$의 각 i값에 대해 q_i에서 q_{i+1} 사이에 있는 주문량 Q를 고려해 보자. 즉, $q_{i+1} \ge Q \ge q_i$ 크기 Q의 각 주문에 대한 자재비용은 $V_i + (Q - q_i)C_i$로 주어진다. 이러한 주문과 관련된 여러 비용은 다음과 같다.

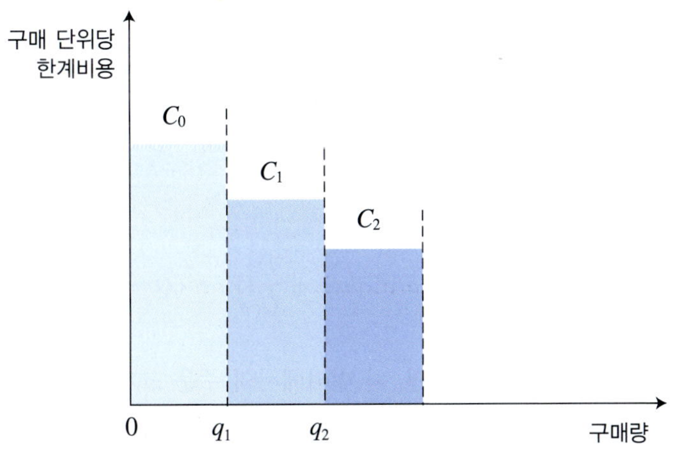

그림 10.4 증분단위 수량 할인에서 단위당 한계비용

$$\text{연간 주문비용} = \left(\frac{D}{Q}\right)S$$

$$\text{연간 재고유지비용} = [V_i + (Q - q_i)C_i]h/2$$

$$\text{연간 자재비용} = \frac{D}{Q}[V_i + (Q - q_i)C_i]$$

연간 총비용은 위 세 가지 비용의 합으로 다음과 같이 주어진다.

$$\text{연간 총비용} = \left(\frac{D}{Q}\right)S + [V_i + (Q - q_i)C_i]h/2 + \frac{D}{Q}[V_i + (Q - q_i)C_i]$$

이 가격 범위에 대한 최적주문량은 총비용을 주문량에 대해 일차미분한 값을 0으로 두어 구한다. 이 경우 이 가격 범위에 대한 최적주문량은 다음과 같다.

$$\text{가격 } C_i \text{ 에 대한 최적주문량, } Q_i = \sqrt{\frac{2D(S + V_i - q_iC_i)}{hC_i}} \tag{10.14}$$

이 공식을 사용하여 얻어진 최적주문량은 수량 할인이 있는 상태에서 주문당 고정비용이 (S에서 $S + V_i - q_iC_i$로) $V_i - q_i C_i$ 만큼 증가했다는 것을 제외하고는 EOQ 공식(식 (10.5))과 매우 유사함을 알 수 있다. Q_i 에 대해 다음의 세 가지 가능한 경우가 있다.

1. $q_i \le Q_i \le q_{i+1}$
2. $Q_i < q_i$
3. $Q_i > q_{i+1}$

경우 1 만일 $q_i \le Q_i \le q_{i+1}$이면, 주문량 Q_i가 이 범위에서의 할인된 가격을 초래한다. 이 경우 이 가격 범위에서의 최적주문량은 Q_i 단위를 주문하는 것이다. 여기에 대한 연간 총비용은 다음과 같이 주어진다.

$$TC_i = \left(\frac{D}{Q_i}\right)S + [V_i + (Q_i - q_i)C_i]h/2 + \frac{D}{Q_i}[V_i + (Q_i - q_i)C_i]$$

경우 2와 3 만일 $Q_i < q_i$ 또는 $Q_i > q_{i+1}$이면, 이 범위에서의 주문 크기는 q_i 또는 q_{i+1} 중 어느 값이 더 적은 총비용을 갖는지에 따라 이들 중 하나의 값이 된다. 총비용은 다음과 같이 계산된다.

$$TC_i = \text{Min}\left[\left(\frac{D}{q_i}\right)S + \frac{V_ih}{2} + \frac{D}{q_i}V_i, \frac{D}{q_{i+1}}S + \frac{V_{i+1}h}{2} + \frac{D}{q_{i+1}}V_{i+1}\right]$$

이 범위에 대한 주문량은 최소비용을 주는 분기점이 된다. 각 범위에 대해 최적주문량이 실행 가능하면 식 (10.14)에 의해 정의된 값이 최적주문량이 되고, 실행 불가능한 값이면 분기점 중 하나의 값이 최적주문량이 된다.

각 i에 대해 최적주문량과 총비용을 계산할 수 있다. 해답은 모든 범위에 걸쳐 연간 총비용을 최소화하는 값을 최적주문량으로 하는 것이다.

예제 10.8에서 증분단위 수량 할인이 주어진 경우 최적주문량을 계산하고자 한다.

예제 10.8
증분단위 수량 할인

예제 10.7의 DO사를 고려해 보자. 생산자는 다음과 같은 증분단위 할인가격방침을 사용한다고 가정하자.

주문량	단위 가격
0~5,000	3.00달러
5,000~10,000	2.96달러
10,000 초과	2.92달러

이것은 7,000병에 대한 주문이 이루어지면 처음 5,000병은 병당 3.00달러, 나머지 2,000병에 대해서는 병당 2.96달러의 비용이 적용됨을 의미한다. DO사가 주문해야 할 주문량을 계산하라.

분석: 이 경우 다음 자료를 갖게 된다.

$q_0 = 0$, $q_1 = 5{,}000$, $q_2 = 10{,}000$

$C_0 = 3.00$달러, $C_1 = 2.96$달러, $C_2 = 2.92$달러

$V_0 = 0$; $V_1 = 3(5{,}000 - 0) = 15{,}000$달러

$V_2 = 3(5{,}000 - 0) + 2.96(10{,}000 - 5{,}000) = 29{,}800$달러

$D = 120{,}000$/년, $S = 100$달러/로드, $h = 0.2$

$i = 0$에 대해 (식 (10.14)를 사용하여) Q_0를 계산하면 다음과 같다.

$$Q_0 = \sqrt{\frac{2D(S + V_0 - q_0 C_0)}{hC_0}} = 6{,}324$$

$6{,}324 > q_1 = 5{,}000$이기 때문에 $q_+ = 5{,}000$병 주문에 대한 비용을 계산한다(이 경우 주문량 0은 고려할 필요가 없다). 5,000병을 주문하는 경우 연간 총비용은 다음과 같다($Q = 5{,}000$ 그리고 $i = 1$로 둔다).

$$TC_0 = \left(\frac{D}{Q}\right)S + [V_i + (Q - q_i)C_i]h/2 + \frac{D}{Q}[V_i + (Q - q_i)C_i] = 363{,}900\text{달러}$$

$i = 0$에 대해 식 (10.14)를 이용하여 Q_1을 다음과 같이 계산한다.

$$Q_1 = \sqrt{\frac{2D(S + V_1 - q_1C_1)}{hC_1}} = 11{,}028$$

11,028 > q_2 = 10,000이기 때문에 q_2 = 10,000병을 주문하는 비용을 계산한다(5,000병을 주문하는 비용은 이미 계산되어 있다). 10,000병을 주문하는 경우 연간 총비용은 다음과 같다(Q = 10,000 그리고 i = 2로 둔다).

$$TC_1 = \left(\frac{D}{Q}\right)S + [V_i + (Q - q_i)C_i]h/2 + \frac{D}{Q}[V_i + (Q - q_i)C_i] = 361{,}780\text{달러}$$

361,780달러 < 363,900달러이므로 5,000병을 주문하는 것보다 10,000병을 주문하는 것이 비용이 덜 든다. 주문량이 10,000병 이하인 경우에는 10,000병을 주문하는 것이 좋다. 이제 10,000병을 초과하는 양을 주문하는 경우를 살펴보자; 즉, i = 2. i = 2에 대해 식 (10.14)를 이용하여 Q_2를 계산하면 다음과 같다.

$$Q_2 = \sqrt{\frac{2D(S + V_2 - q_2C_2)}{hC_2}} = 16{,}961$$

16,961병을 주문하는 경우의 연간 총비용은 다음과 같다(Q = 16,961 그리고 i = 2로 둔다).

$$TC_2 = \left(\frac{D}{Q}\right)S + [V_i + (Q - q_i)C_i]h/2 + \frac{D}{Q}[V_i + (Q - q_i)C_i] = \$360{,}365\text{달러}$$

DO사는 16,961병을 주문해야만 한다. 왜냐하면 이 값이 가장 낮은 총비용을 가져다 주기 때문이다. 이 값은 생산자가 아무런 할인을 제공하지 않는 경우의 주문량 6,324병보다는 훨씬 큰 값이 된다.

만일 고정주문비용이 4달러라면, 약국에 대한 최적주문량은 할인이 없는 경우는 1,265병이고 할인이 있는 경우는 15,755병이다. 이러한 논의가 수량 할인이 제공되는 한 어떤 공식적인 고정주문비용이 없다면 엄청난 주문량의 증가와 그에 따라 주기재고의 증가가 있을 수 있음을 보여 준다. 따라서 수량 할인이 공급사슬에 있어서 주기재고의 엄청난 증가를 초래한다. 많은

공급사슬에 있어서 수량 할인이 고정주문비용보다 주기재고에 더 많은 영향을 미친다. 이러한 점들이 공급사슬에서의 수량 할인가치에 대한 의문을 다시 한 번 갖게 한다.

왜 수량 할인인가?

이 절에서는 공급사슬에서 수량 할인의 필요성을 인정하는 다른 주장들을 보여 주고자 한다. 수량 할인은 다음을 초래하기 때문에 공급사슬에서 가치가 있을 수 있다.

1. 전체 공급사슬의 이익을 증가시키기 위한 협력의 개선
2. 가격차별을 통한 잉여이익의 추출

또한 Munson과 Rosenblatt(1998)는 판매자가 수량 할인을 제시할 수 있는 동기와 관련된 마케팅 연구를 제시하였다.

공급사슬의 이익을 증가시키기 위한 협력 소매자와 공급자가 내린 결정이 전체 공급사슬의 이익을 최대화하면 공급사슬은 협력되고 있다고 한다. 실제로 공급사슬의 각 단계는 독립적인 소유주가 있고 자신의 이익을 최대화하기 위해 자신의 비용만을 고려한다. 이러한 독립적인 의사결정의 결과 소매자의 이익을 최대로 하는 조처가 공급사슬의 이익을 최대로 하지 않기 때문에 공급사슬에서의 협력이 이루어지지 않고 있다. 이 절에서는 비록 소매자가 주어진 비용구조에서 자신의 이익을 최대로 하기 위한 조처를 내릴지라도 공급사슬의 총이익이 최대가 되도록 하기 위해 생산자가 적절한 수량 할인을 어떻게 이용하는지를 논의하고자 한다.

일용품에 대한 수량 할인 경제학자들은 우유와 같은 일용품에 대해서는 경쟁시장이 존재하고 가격은 제품의 한계비용까지 내려간다고 주장해 왔다. 이 경우 시장에서 가격이 정해지며 기업의 목표는 비용을 낮추는 것이다. 예를 들어, 앞에서 논의한 DO사를 고려해 보자. DO사는 일용품을 판다고 말할 수 있다. 생산자에게 주문할 때 DO사는 자신의 비용을 고려하여 주문량을 결정한다.

비타민에 대한 수요는 월간 10,000병이다. DO사는 생산자에 비타민 주문을 할 때마다 주문, 수송, 그리고 수령비용으로 100달러가 발생한다. 그리고 재고유지비용으로 20퍼센트가 든다. 공급자는 구입되는 비타민 병당 3달러의 가격을 DO사에 부과하고 있다. EOQ 공식(식 (10.5))을 사용하여 최적주문량이 6,324병임을 알 수 있다. 이 정책의 결과 DO사가 초래하는 연간 주문 및 재고유지 비용은 3,795달러가 된다.

DO사가 주문을 할 때마다 생산자는 주문을 처리, 포장, 그리고 선적해야 한다. 생산자는 일정한 속도로 병을 포장하는 라인을 갖고 있다. 생산자가 각 주문을 충족시키는 고정비용은

250달러이다. 각 병의 원가는 2달러이고 20퍼센트의 재고유지비용이 발생한다. DO사가 6,324병을 주문한다고 하면 생산자에 대한 연간 주문 및 재고유지 비용은 다음과 같다.

생산자의 연간 주문비용 = (120,000/6,324) × 250 = 4,744달러

생산자의 연간 재고유지비용 = (6,324/2) × 2 × 0.2 = 1,265달러

생산자의 총 주문 및 재고유지 비용 = 6,009달러

따라서 생산자에게는 DO사가 6,324병을 주문하는 결과 연간 6,009달러의 비용이 발생한다. DO사가 6,324병을 주문한 결과 공급사슬 전체로는 6,009달러 + 3,795달러 = 9,804달러의 총 비용이 발생한다.

만일 DO사가 9,165병의 주문을 하는 것이 확실하다면, 공급사슬의 전체 비용은 9,165달러로 감소하게 된다. 따라서 공급사슬이 638달러를 절감할 기회가 있는 것이다. 9,165병을 주문할 경우 (공급사슬 전체로는 비용이 줄어듬에도 불구하고) DO사에 대한 비용은 연간 238달러가 증가하여 4,059달러가 됨을 알 수 있다. 반면에, 생산자의 비용은 902달러가 줄어 연간 5,106달러가 된다. 생산자는 DO사가 주문량을 늘리도록 적절한 보상책을 제시해야만 한다.

이 경우 주문량에 기초한 수량 할인이 적절한 보상책이 된다. 만일 생산자가 9,165병보다 적은 주문에 대해서는 병당 3달러를 부과하고 9,165병 이상의 주문에 대해서는 병당 2.9978달러를 부과하도록 비타민의 가격정책을 정하면, DO사는 9,165병을 주문할 것이다. 이것은 수량 할인으로 인해 DO사에 대한 자재비용이 주문 및 재고유지 비용의 증가를 상쇄할 만큼 충분히 줄어들기 때문이다. 생산자는 DO사가 9,165병을 주문하는 것이 최적이 되도록 264달러라는 (수량 할인의 형태로) 자재비용 절감을 가져다 주는 셈이다. 이 경우 생산자와 공급사슬 전체의 이익은 638달러만큼 증가하게 된다. 현실적으로 생산자가 638달러의 증가 중 일부를 DO사와 공유해야 된다는 주장이 있다. 공급사슬의 이익 증가에 대한 정확한 배분은 공급사슬에서 각 단계의 상대적인 협상력에 달려 있다.

이 경우 주문량에 기초한 할인이 공급사슬 전체의 비용을 감소시킴을 주목할 필요가 있다. 그러나 이것은 소매자가 구매하는 주문량을 증가시키고, 따라서 공급사슬에서의 주기재고를 증가시킨다.

키포인트 가격이 시장에 의해 정해지는 일용품에 대해 공급사슬에서 협력을 통해 공급사슬의 비용을 줄이기 위해서는 생산자가 주문량에 기초한 수량 할인을 사용할 수 있다. 그러나 주문량에 기초한 할인은 공급사슬의 주기재고를 증가시킨다.

일용품에 대한 협력의 논의는 생산자에 의해 제공되는 주문량에 기초한 수량 할인과 생산자에 의해 야기되는 주문비용 사이의 중요한 관계를 보여 주고 있다. 생산자가 자신의 주문 또는 준비비용을 감소시키려고 노력함에 따라 소매자에게 제공되는 할인도 변화되어야만 한다. 충분히 작은 준비 또는 주문비용에 대해서는 생산자가 주문량에 기초한 수량 할인으로부터 거의 이득을 얻지 못한다. 앞에서 다룬 DO사의 예에서, 생산자가 고정주문비용을 250달러에서 100달러로 감소시켜 주면 DO사가 자신의 비용을 최소화하려고 노력할지라도 수량 할인 없이 공급사슬의 총비용은 최소가 된다. 따라서 고정주문비용이 100달러로 줄어들면 생산자가 모든 수량 할인을 없애는 것이 일리가 있다. 그러나 대부분의 기업에서 생산부서는 준비 또는 주문비용을 줄이려고 노력하는 반면, 마케팅과 판매부서는 수량 할인을 계획하고 있다. 그 결과 가격에서의 변화가 생산에서의 준비비용 감소에 대응하여 항상 일어나는 것이 아니다. 두 기능부서가 이러한 활동에 협력한다는 것이 매우 중요하다.

기업이 시장지배력을 갖는 제품에 대한 수량 할인 이제 생산자가 약초 성분으로부터 추출되어 시장에서 높은 가치가 있는 특성들을 갖는 새로운 비타민 정제를 개발한 시나리오를 고려해 보자. 유사한 제품을 갖는 경쟁자는 거의 없다. 이 경우 DO사가 비타민 정제를 판매하는 가격이 수요에 영향을 미칠 것으로 생각할 수 있다. DO사가 직면하는 연간 수요가 $360{,}000 - 60{,}000p$라는 수요곡선으로 주어진다고 가정하자. 여기서 p는 DO사가 비타민 정제를 파는 가격이다. 생산자에는 병당 $C_S = 2$달러의 생산비용이 발생한다. 이 경우 생산자는 DO사에 부과해야 할 가격을 정해야 하고 DO사도 고객에게 부과해야 할 가격을 결정해야 한다. 생산자와 DO사가 자신의 결정을 독립적으로 할 때, DO사는 병당 $p = 5$달러의 가격을 부과하고 생산자는 병당 $C_R = 4$달러의 가격을 DO사에 부과하는 것이 최적이다. 이 경우 시장의 총수요는 $360{,}000 - 60{,}000p = 60{,}000$병이 된다. 이 정책의 결과 DO사가 얻는 이익은 다음과 같이 주어진다.

$$\text{이익}_R = p(360{,}000 - 60{,}000p) - (360{,}000 - 60{,}000p)C_R = 60{,}000\text{달러}$$

생산자가 얻는 이익은 다음과 같이 주어진다.

$$\text{이익}_M = C_R(180{,}000 - 30{,}000C_R) - C_S(180{,}000 - 30{,}000C_R) = 120{,}000\text{달러}$$

만일 생산자와 DO사가 가격에 대해 조정하여 $p = 4$의 가격을 책정하면, 시장의 수요는 120,000병이 될 것이다. 이들 두 단계가 협력을 하면 공급사슬 전체의 이익은 120,000 × (4달러 − 2달러) = 240,000달러가 된다. 각 단계가 가격을 독립적으로 설정한 결과 공급사슬은 이익에 있어서 60,000달러의 손실을 보게 된다. 이러한 현상을 이중 마진이라고 한다. 이중 마진은 공급사슬의 마진이 두 단계 사이에서 나누어지지만 각 단계가 오직 자신의 국부적 마진만을 고려하기 때문에 이익에서의 감소를 가져오게 되는 것이다.

키포인트 공급사슬의 각 단계가 자신의 이익을 최대화할 목적으로 가격결정을 독립적으로 하면 공급사슬의 이익은 감소하게 된다. 협력적인 해결방안이 더 높은 이익을 가져다준다.

비록 DO사가 자신의 이익만을 최대화하는 식으로 행동하더라도 다음의 두 가지 가격방침을 통해 협력적 해결책을 얻어 공급사슬의 이익을 최대화할 수 있다.

1. **이중 가격:** 이 경우 생산자는 전체 이익을 선수계약료 명목으로 부과하고 나서 소매자에게 원가로 판다. 그러면 소매자는 두 단계가 협력되는 것처럼 가격을 설정하는 것이 최적이다. DO사의 경우에 두 단계가 협력할 때 공급사슬 전체의 이익이 240,000달러임을 기억하라. 이것은 DO사가 고객에게 병당 4달러를 부과하는 경우이다. 두 단계가 협력을 하지 않을 때 DO사가 얻는 이익은 60,000달러이다. 생산자에게 주어진 하나의 대안은 이중 가격을 설정하는 것이다. 여기서 DO사는 180,000달러의 선수비용과 병당 $C_R = 2$달러의 자재비용이 부과된다. DO사는 비타민을 병당 4달러로 가격설정을 하면 이익을 최대로 할 수 있다. DO사는 $360{,}000 - 60{,}000p = 120{,}000$의 연간 판매와 60,000달러의 이익을 얻게 된다. 반면에, 생산자는 병당 2달러의 자재비용이 주어지면 180,000달러의 이익을 얻게 된다.
2. **수량 기준 할인:** 이중가격이 실제로는 수량에 기초한 할인임을 알 수 있다. DO사에 대한 평균 자재비용은 연간 구매량을 증가시킴에 따라 감소한다. 수량에 기초한 할인이 이중가격과 같다는 것은 협력의 결과를 얻을 수 있는 수량에 기초한 할인방침을 설계함으로써 명백히 알 수 있다. 여기서의 목표는 두 단계가 가격에 관한 협력을 할 때 소매자가 판매된 모든 수량을 사도록 가격을 정하는 것이다. DO사의 경우에 공급사슬이 협력될 때 연간 120,000병이 판매되었음을 기억하라. 생산자는 DO사가 이 양을 구매할 수 있도록 DO사에 수량 할인을 제공해야만 한다. 따라서 생산자는 DO사가 연간 구매하는 수량이 120,000병보다 적다면 병당 $C_R = 4$달러의 가격을 제시한다. 만일 연간 총수량이 120,000병 이상이면, DO사는 단지 $C_R = 3.50$달러만을 지불한다. 그러면 DO사가 120,000병을 주문하여 고객에게 병당 4달러의 가격을 책정하는 것이 최적이다. DO사가 얻는 총이익은 $(360{,}000 - 60{,}000 \times p) \times (p - C_R) = 60{,}000$달러이다. 생산자가 얻는 총이익은 $120{,}000 \times (C_R - 2\text{달러}) = 180{,}000$달러이다. 따라서 공급사슬 전체의 이익은 240,000달러가 된다.

> **키포인트** 기업이 시장지배력을 가지고 있는 상품에 대해 공급사슬에서의 협력을 통해 공급사슬의 이익을 최대로 하기 위해 이중가격 또는 수량 기준의 할인을 사용할 수 있다.

이세 재고 관련 비용이 없더라도 수량 할인이 공급사슬의 협력과 이익 향상에 중요한 역할을 함을 알 수 있다. 그러나 최적의 할인정책은 수량 기준이지 주문량 기준이 아니다. 위의 분석에서는 어떠한 재고 관련 비용도 가정하지 않았기 때문에, 재고 관련 비용이 있다면 주문량에 기초한 할인이 최적이라고 주장할 수도 있다. 그러나 심지어 재고(주문 및 재고유지)비용이 있는 상태에서도 생산자가 고정비용의 일부를 소매자에게 부담시키는 이중가격이나 수량 기준의 할인을 통해 공급사슬이 최적으로 협력되어 이익이 극대화됨을 볼 수 있다. 물론 이것은 소매자가 가격을 증가시킬 때 고객의 수요는 감소한다는 가정 하에서의 이야기이다.

> **키포인트** 기업이 시장지배력을 갖는 상품에 대해 비록 재고비용이 있더라도 주문량 기준의 할인은 공급사슬에 대해 최적이 아니다. 이러한 상태에서는 생산자가 고정비용의 일부를 소매자에게 부담시키는 이중가격이나 수량 기준의 할인 중 하나의 방법이 공급사슬의 협력과 이익극대화를 위해 필요하다.

주문량 기준의 할인과 수량 기준의 할인 사이의 주요 차이점은 주문량 기준의 할인은 구매율이 아니라 주문당 구매되는 양을 기준으로 한다는 점이다. 반면에, 수량 기준의 할인은 구매율이나 (월, 분기, 또는 연간과 같은) 정해진 기간 동안의 평균 구매량을 기준으로 한다. 주문량 기준의 할인은 소매자로 하여금 주문량을 늘리도록 함으로써 공급사슬에서의 주기재고를 증가시키는 경향이 있다. 이와는 달리 수량 기준의 할인은 공급사슬에서의 수익성 증대에 초점을 두고 적은 주문량을 통해 주기재고를 감소시킨다. 오직 생산자에게 주문마나 높은 고정비용이 부과될 때만 주문량 기준 할인이 이치에 맞는다. 다른 모든 예에서는 수량 기준 할인이 더 좋다.

비록 수량 기준의 할인이 있는 경우에도 소매자가 평가기간 말로 갈수록 주문량을 증가시키는 경향이 있을 수 있다. 예를 들어, 생산자가 DO사에 분기당 40,000병을 초과해 주문하면 2퍼센트의 할인을 제공한다. 이러한 정책은 해당 분기 초기에는 DO사의 주문량에 영향을 주지 않아 DO사는 수요에 맞추기 위한 적은 양을 주문한다. 그러나 분기말 일주일 전에 단지 30,000병만을 판매한 경우를 고려해 보자. 수량 할인을 얻기 위해 단지 3,000병이 팔릴 것으로 기대되는 데도 불구하고 마지막 주에 10,000병을 주문할 수도 있다. 이 경우 공급사슬에서의 주기재고는 주문량 기준의 수량 할인을 사용하지 않음에도 불구하고 증가할 것이다. 재무적인 기간의 말로 갈수록 주문량이 급증하는 현상을 하키스틱 현상이라 부른다. 이러한 현상은 많은 산업에서 나타나고 있다. 이러한 현상에 대한 하나의 해결책은 수량 할인을 이동기간에 바탕을 두고 적용하는 것이다. 예를 들어, 생산자는 매주 지난 12주 동안의 판매를 근거로 DO사에 수량 할인을 제공하는 것이다. 그러한 이동기간은 매주를 어떤 12주 기간의 마지막 주로 만들어줌으로써 하키스틱 현상을 완화시켜 준다.

이제까지 공급사슬에 단일 소매자가 있는 시나리오를 논의해 왔다. 이제 지금까지 논의했던 것들을 단일 생산자로부터 공급을 받지만 수요곡선이 각기 다른 복수의 소매자를 갖는 공급사슬의 경우에도 적용 가능한지를 물어 볼 수 있을 것이다. 이 경우 제공되는 할인정책의 형태는 예상했던 것처럼 아주 복잡할 것이다(일반적으로 수량 기준의 할인이 제공되는 단 하나의 분기점을 갖는 대신에 복수의 분기점이 있을 수 있다). 그러나 최적가격정책의 기본 형태는 변하지 않는다. 최적할인은 여전히 구매율(단위기간당 구매수량)이 증가하면 소매자에게 부과되는 평균 가격이 감소하는 수량 기준의 할인일 것이다.

공급자의 이익을 증가시키기 위한 가격차별 가격차별은 기업이 이익을 최대화하기 위해 서로 다른 가격을 부과하는 관행을 말한다. 가격차별의 예로, 같은 비행기를 타고 여행하는 승객들이 자기 자리에 대해 서로 다른 가격을 지불하는 항공 산업을 들 수 있다.

15장에서 논의되듯이, 모든 단위에 고정가격을 설정하는 것이 생산자에 대한 이익을 최대로 해 주지 않는다. 원칙적으로 생산자는 각 수량에서의 고객에 대한 한계평가를 기초로 각 단위에 서로 다른 가격을 책정함으로써 한계비용 위에서 수요곡선 아래에 있는 전체 면적을 얻을 수 있다. 수량 할인은 고객이 구입한 수량을 기초로 서로 다른 가격을 지불하기 때문에 가격차별에 대한 하나의 방안이 된다.

> **키포인트** 제조업자 측면에서 이익을 최대화하기 위한 가격차별은 또한 공급사슬 내에서 수량 할인을 제공하는 이유이기도 하다.

이제 거래촉진과 공급사슬에서 주문량과 주기재고에 미치는 거래촉진의 영향을 논의하고자 한다.

10.5 단기할인: 거래촉진

생산자는 할인가격과 할인이 유효한 할인기간을 제시하는 거래촉진을 이용한다. 예를 들어, 깡통스프 생산자는 12월 15일에서 1월 25일 사이의 선적기간 동안 10퍼센트의 가격 할인을 제공한다. 정해진 기간 동안의 모든 구매에 대해 소매자는 10퍼센트의 할인을 얻고 있다. 어떤 경우에는 소매자가 거래촉진의 자격을 얻기 위해 진열, 광고, 촉진 등의 특별활동을 하도록 생산자가 요구할 수도 있다. 거래촉진은 생산자가 연중 서로 다른 시기에 서로 다른 제품을 판촉하는 소비자용 포장상품의 경우 아주 흔하게 이용된다.

거래촉진의 목적은 생산자가 얻고자 하는 목표를 달성하는 데 도움이 되도록 소매자의 행동에 영향을 주려는 것이다. (생산자의 입장에서) 거래촉진의 중요한 목표들은 다음과 같다.[2)]

1. 소매자로 하여금 가격 할인, 진열, 또는 광고를 이용하여 판매에 박차를 가하도록 유도한다.
2. 생산자의 재고를 소매자나 고객에게 이동시킨다.
3. 경쟁에서 자사 브랜드를 보호한다.

이것들은 생산자의 목표들이지만, 거래촉진의 결과 이 목표들이 반드시 달성되지는 않는다. 이 절의 목적은 소매자의 행동과 공급사슬 전체의 성과에 거래촉진이 미치는 영향을 살펴보고자 하는 것이다. 이러한 영향을 이해하는 핵심은 소매자들이 생산자가 제공하는 거래촉진에 대해 어떻게 반응하는가에 초점을 두는 것이다. 거래촉진에 대한 반응으로 다음의 두 가지를 생각할 수 있다.

1. 판매에 박차를 가하기 위해 거래촉진의 상당부분 또는 전체를 고객에게 판매하는 것.
2. 거래촉진의 극히 일부를 고객에게 판매하고 가격에서의 일시적인 감소를 이용하여 촉진기간 동안 상당한 양을 구매해 두는 것.

첫 번째 방안은 최종고객에 대한 제품 가격을 낮추어 공급사슬 전체의 구매량의 증대와 판매의 증대를 가져다 준다. 두 번째 방안은 고객에 의한 구매는 증가시키지 않고 소매자에 유지되는 재고의 양을 증가시킨다. 그 결과 공급사슬 내의 재고와 흐름시간이 증가한다.

선구매는 소매자가 미래의 판매를 위해 현재 미리 구매하는 양이다. 선구매는 촉진기간이 끝난 후에 판매되는 제품에 대한 소매자의 미래비용을 줄여 준다. 비록 선구매가 소매자의 적절

2 보다 자세한 내용은 Blattberg and Neslin(1990)을 참조하라.

한 반응이고, 소매자의 이익 증가를 가져다 준다고 할지라도 수요 변동성을 증가시켜 공급사슬 내의 재고와 흐름시간을 증가시키게 된다. 그리고 그것은 공급사슬의 수익성을 감소시킨다.

이 절의 목표는 거래촉진이 있을 때 소매자의 최적반응을 이해하는 것이다. 선구매에 영향을 미치는 요인들을 찾아 내고 소매자에 의한 선구매의 양을 구해 본다. 또한 소매자에 의해 전가되는 최적수량뿐만 아니라 소매자가 고객에게 전가하는 거래촉진의 양에 영향을 미치는 요인들을 찾아보고자 한다.

먼저 소매자의 선구매 행동에 대한 거래촉진의 영향을 보여 주고자 한다. Campbell Soup사에 의해 제조되는 닭고기 스프를 판매하는 Cub Foods 슈퍼마켓을 고려해 보자. 닭고기 스프에 대한 고객 수요는 연간 D개이다. Campbell사가 부과하는 가격은 개당 C달러이다. Cub Foods는 h의 재고유지비용(1년간 유지되는 재고 1달러당)을 초래한다. EOQ 공식(식 (10.5))을 사용하여 Cub Foods는 다음의 주문량을 정상적으로 주문한다.

$$Q^* = \sqrt{\frac{2DS}{hC}}$$

Campbell사는 앞으로 4주 동안 개당 d달러의 할인을 제공한다고 공고하였다. Cub Foods는 정상적으로 주문했던 주문량 Q^*와 비교하여 할인된 가격으로 얼마만큼 주문해야 하는지를 결정해야 한다. Q^d를 할인가격에 주문하는 양이라 하자.

이 결정을 할 때 소매자는 자재비용, 재고유지비용, 그리고 주문비용을 고려해야만 한다. 주문량 Q^d를 증가시키면 할인된 가격으로 더 많은 캔을 구매할 수 있기 때문에 Cub Foods에서의 자재비용을 감소시켜 줄 것이다. 주문량 Q^d를 증가시키면 재고가 증가하기 때문에 재고유지비용을 증가시킬 것이다. 주문량 Q^d를 증가시키면 Cub Foods에 대한 주문비용을 감소시킬 것이다. 왜냐하면 할인이 없다면 주문되었어야 할 몇몇 주문을 이제 필요없게 해 주기 때문이다. Cub Foods의 목표는 총비용을 최소로 하는 트레이드오프를 찾는 것이다.

주문량 Q^d가 주문량 Q^*를 앞설 때 재고의 형태는 [그림 10.5]에 나타나 있다. 목표는 (촉진기간 동안에 주문된) Q^d가 소비되는 기간 동안 총비용(자재비용 + 주문비용 + 재고유지비용)에서의 감소를 최대로 하는 Q^d를 찾는 것이다.

이 경우에 정확한 분석은 복잡하므로 몇 가지 가정 하에서 결과를 제시하고자 한다.[3] 첫 번째 주요 가정은 할인이 단지 한 번만 제공되며 미래의 모든 기간에는 할인이 없다는 것이다. 두 번째 주요 가정은 소매자가 고객의 수요에 영향을 미치는 어떤 조치(거래촉진의 일부를 전가

3 보다 자세한 내용은 Silver, Pyke, and Petersen(1998)를 참조하라.

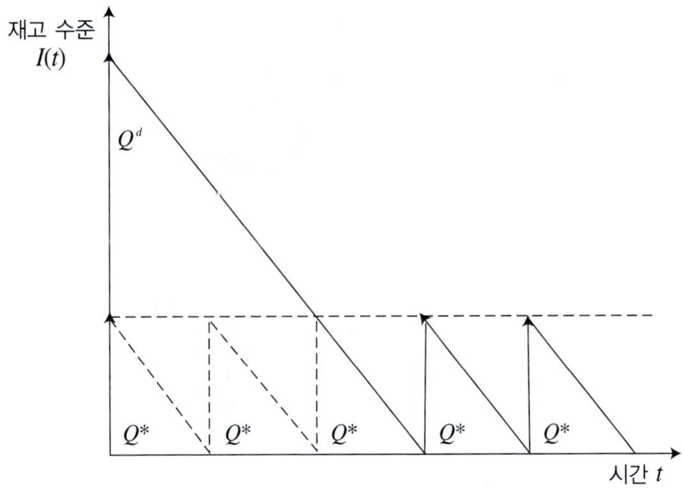

그림 10.5 선구매 시 재고 형태

하는 것과 같은)도 취하지 않는다는 것이다. 세 번째 주요 가정은 우리가 분석할 기간 동안 수요는 Q^*의 정수배라는 것이다. 이러한 가정들 하에서 할인된 가격에서의 최적주문량은 다음과 같이 주어진다.

$$Q^d = \frac{dD}{(C - d)h} + \frac{CQ^*}{C - d} \qquad (10.15)$$

실제로 소매자는 다음 촉진의 시기를 종종 알고 있다. 만일 다음 예상되는 거래촉진까지의 수요가 Q_1이라면, 소매자가 $min\{Q^d, Q_1\}$을 주문하는 것이 최적이다. 촉진의 결과 주문되는 양 Q^d는 일상적인 주문량 Q^*보다 큼을 알 수 있다. 이 경우 선구매는 다음과 같이 주어진다.

$$\text{선구매} = Q^d - Q^*$$

심지어 비교적 작은 할인에 대해서도 주문량은 크게 증가하는 경향이 있으며, 그 결과 많은 선구매를 초래한다. 예제 10.9를 통해 주문량에 대한 거래촉진의 영향을 보여 주고자 한다.

예제 10.9
주문량에 대한 거래촉진의 영향

DO사는 인기 있는 다이어트용 비타민 보충제를 판매하고 있다. 이 보충제의 수요는 연간 120,000병이다. 생산자는 현재 병당 3달러의 가격을 부과하고 있고 DO사에는 20퍼센트의 재고유지비용을 발생하고 있다. DO사는 현재 $Q^* = 6{,}324$병의 주문을 하고 있다. 생산자는 다음 달 동안 소매자가 구매하는 모든 병당 0.15달러의 할인을 제공한다. 이 촉진이 주어지면 DO사가 주문해야 할 보충제의 양을 구하라.

분석: 어떤 촉진도 없을 때 DO사는 $Q^* = 6{,}324$병을 주문한다. 월간 $D = 10{,}000$병의 수요가 주어지면 DO사는 정상적으로 매 0.6324개월마다 주문을 한다. 거래촉진이 없을 때 다음의 결과를 갖게 된다.

$$\text{DO사에서의 주기재고} = Q^*/2 = 6{,}324/2 = 3{,}162\text{병}$$
$$\text{평균 흐름시간} = Q^*/2D = 6{,}324/(2D) = 0.3162\text{개월}$$

촉진 동안의 최적주문량은 식 (10.15)를 이용하여 얻어지는데 다음과 같다.

$$Q^d = \frac{dD}{(C-d)h} + \frac{CQ^*}{C-d} = \frac{0.15 \times 120{,}000}{(3.00 - 0.15) \times 0.20} + \frac{3 \times 6{,}324}{3.00 - 0.15} = 38{,}236$$

촉진 동안에 DO사는 38,236병만큼의 주문을 한다. 다시 말하면, DO사는 3.8236개월치의 수요에 대한 주문을 하는 것이다. 거래촉진이 있는 경우 다음을 얻게 된다.

$$\text{DO사에서의 주기재고} = Q^d/2 = 38{,}236/2 = 19{,}118\text{병}$$
$$\text{평균 흐름시간} = Q^*/2D = 38{,}236/(2D) = 1.9118\text{개월}$$

이 경우 선구매는 다음과 같이 주어진다.

$$\text{선구매} = Q^d - Q^* = 38{,}326 - 6{,}324 = 31{,}912\text{병}$$

이러한 선구매의 결과로서 DO사는 다음 3.8236개월 동안 어떤 주문도 하지 않는다(선구매가 없다면 DO사는 이 기간 동안 매번 6,324병씩 31,912/6,324 = 5.05번의 주문을 하게 된다). 5퍼센트 할인이 500퍼센트 이상 많은 주문량의 증가를 가져옴을 주목해야 한다.

예제에서 보듯이, 거래촉진의 결과로 선구매는 소매자에 의한 엄청난 주문량 증가를 가져다 준다. 그러면 많은 양의 주문은 소매자에게 축적된 재고로 인해 다음에는 낮은 주문기간이 있게 만든다. 거래촉진의 결과로서 생기는 주문의 변동이 17장에서 설명될 정보 왜곡 현상의 주요 원인 중 하나가 된다. 소매자는 거래촉진이 자신의 총비용을 줄여 주기 때문에 거래촉진 동안에 선구매하는 것을 정당화할 수 있다. 이와는 달리 생산자의 경우에는 선구매가 엄청난 초과재고를 야기시키거나 생산자의 수요를 높은 수요기간에서 낮은 수요기간으로 이동시켜 평준화하는 경우에만 합리화된다. 실제로, 생산자들은 계획된 촉진에 대비해 재고를 비축하기도 한다. 거래촉진기간 동안 이러한 재고는 주로 선구매의 형태로 소매자에게 전가된다. 거래촉진 기간 동안의 선구매가 전체 판매액의 상당부분을 차지한다면 대부분의 제품이 할인되어 판매

되기 때문에 판매로부터의 수익은 줄어들게 된다. 재고의 증가와 수익의 감소는 종종 거래촉진의 결과로서 생산자의 이익을 감소시키게 될 뿐만 아니라 공급사슬 전체의 이익 또한 재고의 증가로 인해 감소한다.[4)]

키포인트 거래촉진은 소매자에 의한 선구매로 인해 주문량과 주기재고를 상당히 증가시킨다. 거래촉진이 수요의 변동성을 줄여 주지 않는다면 공급사슬의 이익을 감소시키게 된다.

이제 소매자가 판매에 박차를 가하기 위해 할인의 상당부분을 최종고객들에게 전가시키는 것이 최적인 경우를 고려해 보자. 예제 10.10에서 보듯이, 일반적으로 소매자가 할인의 전체를 고객에게 전가시키는 것은 최적이 아니다. 바꿔 말하면, 소매자가 촉진의 일부를 취하고 나머지를 고객에게 전가시키는 것이 최적이다.

예제 10.10
Andersen Windows사

DO사가 비타민 보충제에 대해 수요곡선 300,000 − 60,000p를 가진다고 하자. 생산자에 의해 부과되는 정상가격 C_R = 3달러이다. 모든 재고 관련 비용을 무시할 때 단위당 0.15달러의 할인에 대한 DO사의 최적대응방안을 찾아보라.

분석: DO사에 대한 이익은 다음과 같이 주어진다.

$$\text{이익}_R = (300{,}000 - 60{,}000p)p - (300{,}000 - 60{,}000p)C_R$$

이익을 최대로 하는 소매자의 가격, 즉 소매자의 최적가격은 소매자의 이익을 p에 대해 일차미분한 후 그 값을 0으로 놓고 구할 수 있다. 이것은 다음과 같다.

$$300{,}000 - 120{,}000p + 60{,}000C_R = 0$$

또는

$$P = (300{,}000 + 60{,}000C_R)/120{,}000 \tag{10.16}$$

식 (10.16)에 C_R = 3달러를 대입하면 p = 4달러의 소매자 가격을 구할 수 있다. 그 결과 촉진이 없는 상태에서 소매자에 대한 수요곡선은 다음과 같다.

$$D_R = 300{,}000 - 60{,}000p = 60{,}000$$

4 보다 자세한 내용은 Blattberg and Neslin(1990)을 참조하라.

촉진 동안, 생산자는 0.15달러의 할인을 제공하고 그 결과 소매자에게는 $C_R = 2.85$달러의 가격이 부과된다. 식 (10.16)에 대입하면 DO사에 의해 설정된 최적가격은 다음과 같다.

$$P = (300{,}000 + 60{,}000 \times 2.85)/120{,}000 = 3.925\text{달러}$$

소매자의 최적대응은 0.15달러의 할인 중 0.075달러만을 고객에게 전가시키는 것이다. 소매자가 할인 전체를 전가하지는 않는다. 할인가격에서 DO사는 다음의 수요를 얻게 된다.

$$D_R = 300{,}000 - 60{,}000p = 64{,}500$$

이것은 수요에 있어서 7.5퍼센트의 증가가 있음을 보여 준다. 이 경우 DO사는 거래촉진 할인의 반을 고객에게 전가시키는 것이 최적이다. 이렇게 함으로써 고객 수요가 7.5퍼센트 증가한다.

예제 10.9와 10.10으로부터 거래촉진으로 인한 고객 수요의 증가(예제 10.10에서 수요의 7.5퍼센트)는 선구매로 인해 소매자에 의한 구매량 증가(예제 10.9에서 500퍼센트)와 비교해 볼 때 미약함을 알 수 있다. 고객 수요의 증가 영향은 고객 행동에 의해 더욱 미미해질 수 있다. 세제나 치약과 같은 제품에 대해서는 고객 구매 증가의 대부분이 고객에 의한 선구매이다. 왜냐하면 고객이 많은 치약을 구매했다는 이유만으로 양치를 더 자주 하지 않기 때문이다. 이러한 제품에 대해서는 거래촉진이 진정한 수요 증가를 가져오지 않는다.

키포인트 단기할인에 대해서는 소매자가 할인의 일부분만을 고객에게 넘겨 주고 나머지 부분을 자신이 갖는 것이 최적이다. 동시에 소매자가 주문량과 미래의 기간을 위한 선구매를 증가시키는 것이 최적이다. 이것은 고객 수요에서의 상당한 증가 없이 거래촉진의 결과로 공급사슬에서의 주기재고를 증가시킨다.

생산자들은 소매자들이 고객에게 거래 할인의 아주 적은 부분만을 넘겨 준다는 사실에 대해 항상 고민을 한다. 1990년의 경우 건조식품에 대한 공급사슬에서의 유통재고 중 25퍼센트가 선구매로 인한 것이었다.[5]

앞에서 논의들은 거래촉진이 일반적으로 공급사슬에서의 주기재고를 증가시켜 성과를 감소시킨다는 주장을 뒷받침해 주고 있다. 이러한 이해를 통해 세계에서 제일 큰 유통업자인 Wal-

5 Kurt Salmon 협회(1993) 참조

Mart사와 P&G사 같은 생산자를 포함한 여러 기업들이 "상시염가방침"을 채택하고 있다. 여기서는 가격이 고정되어 있어서 어떠한 단기할인도 제공되지 않는다. 이로 인해 선구매에 대한 인센티브가 없어져 버리게 된다. 그 결과 공급사슬의 모든 단계가 수요와 일치하는 양만 구매하게 된다.

일반적으로 소매자와 고객 사이의 가격 할인은 소매자의 거래 탄력성에 의한 영향을 받는다. 여기서 거래 탄력성은 가격에 있어서 단위가격 할인당 소매자의 판매를 증가시킨다. 거래 탄력성이 높을수록 소매자와 고객 사이에는 많은 가격 할인이 생긴다. 따라서 생산자에 의한 거래촉진은 소매자로의 높은 통과율을 보장하는 높은 거래 탄력성과 낮은 선구매를 보장하는 높은 재고유지비용의 제품에 있어서 더 의미가 있을 수 있다. Blattberg and Neslin(1990)은 높은 거래 탄력성과 재고유지비용을 갖는 제품으로 종이제품을 뽑았다. 그들은 또한 거래촉진이 인지도가 낮은 브랜드에 비해 인지도가 높은 브랜드에 더 효과적이라는 것을 지적했다.

거래촉진은 경쟁적 대응으로써 의미를 갖는다. 제품에 대한 경쟁적 브랜드가 있는 상황을 고려해 보자. 콜라의 경우 몇몇 고객은 자신의 선호 브랜드에 충성도를 나타내는 반면에 다른 사람은 최저가격으로 제공되는 브랜드에 따라 브랜드를 바꿀 수도 있다. 예를 들어, 경쟁자 중 하나(예를 들면, Pepsi사)가 소매자에게 거래촉진을 제시한 경우를 고려해 보자. 소매자는 Pepsi의 주문량을 늘리게 되고 할인의 일부를 고객에게 넘겨 주게 된다. 가격에 민감한 소비자들은 Pepsi의 구매량을 늘릴 것이다. Coca-Cola사와 같은 경쟁자가 대응을 하지 않는다면, 가격에 민감한 소비자들에 대해서는 시장점유율을 잃어버리게 된다. 이러한 경우에는 거래촉진이 정당성을 확보하게 된다. 그러나 두 경쟁자가 거래촉진을 동시에 제공하는 경우 두 경쟁자 중 어느 쪽도 수요에서의 증가를 실제로 이루어 내지 못한다. 단지 공급사슬에서의 재고가 두 브랜드에 대해 증가할 뿐이다. 이것은 결국 거래촉진이 경쟁을 위해 필요한 상황으로 공급사슬에서의 재고가 증가하고, 따라서 모든 경쟁자에 대한 수익을 감소시킨다.

거래촉진이 제공될 때 소매자들이 자신의 선구매를 제한하여 할인의 더 많은 부분이 최종 고객에게 넘겨지도록 거래촉진이 설계되어야 한다. 생산자의 목표는 소매자가 상당한 양을 선구매하지 못하도록 한 채 시장점유율과 판매를 늘리는 것이다. 이를 위한 하나의 방법은 소매자가 구매한 양이 아니라 실제 고객에게 판매된 양을 기초로 할인을 해 주는 것이다. 따라서 할인가격은 소매자들이 구매하는 양을 기준으로 하는 것이 아니라 촉진 동안에 소비자들에게 실제 판매되는 양을 기준으로 적용된다. 이로 인해 선구매할 이유가 없게 된다.

정보기술의 활용으로 오늘날 많은 생산자들이 스캐너 기준의 촉진을 제공하는데 여기서는 소매자가 매 판매 단위당 촉진 할인에 대한 점수를 받는다. 또 다른 방법은 과거의 판매를 기초로 소매자들에 대한 할당량을 제한하는 것이다. 이는 소매자들이 선구매할 수 있는 양을 제한하지만, 인지도가 낮은 브랜드에 대해서 소매자들은 이러한 정책을 수용하지 않으려는 경향이 있다.

10.6 다단계 주기재고의 관리

다단계 공급사슬은 여러 단계가 있고 각 단계마다 많은 당사자들이 있을 수 있다. 공급사슬을 통한 주문량 결정에 있어서 협력이 부족하면 높은 비용과 요구되는 것보다 더 많은 주기재고가 생기게 된다. 다단계 시스템의 목적은 공급사슬 내의 주문을 협력함으로써 총비용을 줄이는 것이다.

한 생산자가 한 소매자에게 공급하는 단순한 다단계 시스템을 고려해 보자. 생산은 즉각 이루어져 생산자는 필요할 때마다 바로 로트를 제조할 수 있다. 만약 두 단계가 동기화되어 있지 않다면, 생산자는 소매자에게 크기 Q의 로트를 선적한 후에 바로 크기 Q의 새로운 로트를 생산한다. 두 단계에서의 재고는 [그림 10.6]에 보여지는 바와 같다. 이 경우에 소매자들은 $Q/2$의 평균 재고를 유지하고 생산자들은 대략 Q의 평균 재고를 유지한다.

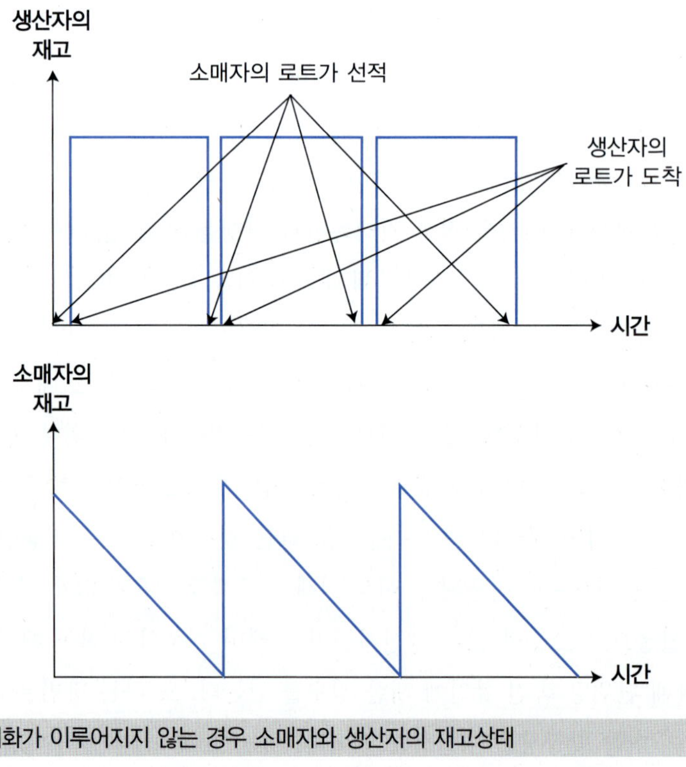

그림 10.6 동기화가 이루어지지 않는 경우 소매자와 생산자의 재고상태

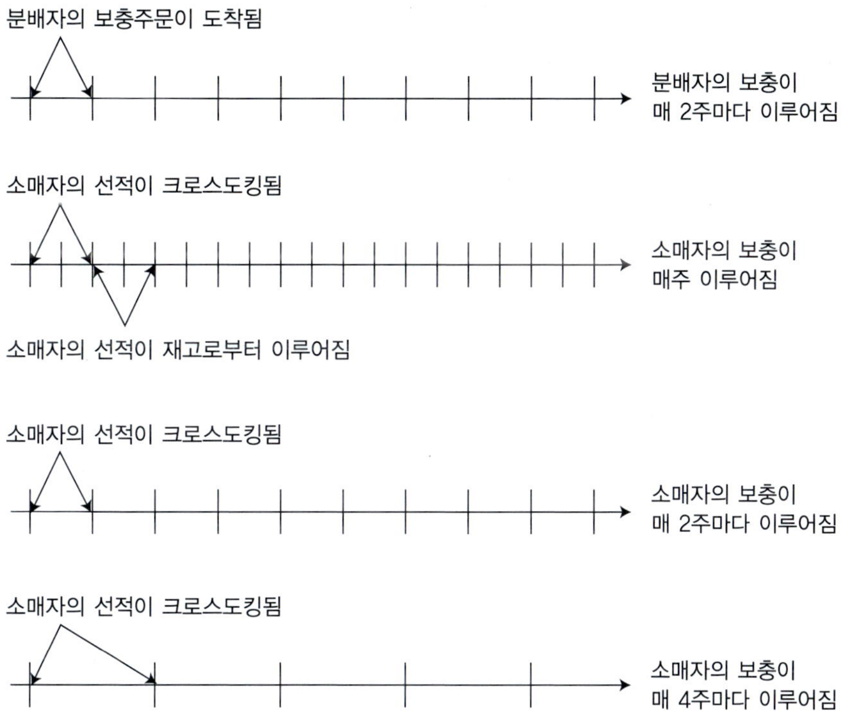

그림 10.7 정수보충정책의 예시

만약 생산자가 소매자에게 적시에 선적 준비되도록 생산을 동기화할 수 있다면, 전체 공급사슬의 재고는 낮아질 수 있다. 이 경우에 생산자는 재고를 전혀 유지하지 않고 소매자는 $Q/2$의 평균 재고를 유지하게 된다. 이 경우 생산과 보충의 동기화는 공급사슬로 하여금 전체 주기재고를 약 $3Q/2$에서 $Q/2$로 낮추도록 해 준다.

각 단계에서 한 당사자를 갖는 단순한 다단계 공급사슬에서는 각 단계의 로트 크기가 바로 뒤 고객에서의 로트 크기의 정수배인 주문정책이 최적에 가장 가까운 것으로 보여진다. 로트 크기가 정수배일 때 단계를 통한 주문의 협력은 어느 단계의 배송 일부가 다음 단계에 크로스도킹될 수 있도록 해 준다. 크로스도킹의 범위는 각 단계의 고정주문비용 S와 재고유지비용 H의 비율에 달려 있다. 이 비율이 두 단계 사이에 가까우면 가까울수록 크로스도킹되는 제품의 최적비율이 높아진다. Munson, Hu, Rosenblatt(2003)은 다단계 공급사슬 환경에서 단일 제조업자가 하나의 소매업자에게 최적 수량의 주문량을 결정할 수 있는 연구를 제시하였다.

만약 공급사슬에서 한 당사자(분배자)가 공급사슬에서 다음 단계에 있는 복수의 당사자(소매자)에게 공급한다면, 높은 수요를 가진 소매자와 낮은 수요를 가진 소매자를 구별하는 것이 중요하다. 이러한 상황에서, Roundy(1985)는 만약 같은 그룹에 있는 모든 소매자들이 함께 주문을 하도록 전체 소매자들이 그룹지어지고, 어느 소매자에 대해 주문빈도가 분배자 주문빈도의 정수배이거나 분배자의 주문빈도가 소매자 빈도의 정수배라면 거의 최적의 정책이 된다는 것을 보여 주고 있다. 정수보충정책은 각 당사자에 대한 재주문 간격의 길이가 어떤 기본 기간의 정수배로 모든 당사자들이 정기적으로 주문하는 것이다. 이러한 정책의 예가 [그림 10.7]에 나타나 있다. 이 정책 하에서 분배자는 매 2주마다 보충주문을 한다. 몇몇 소매자들은 매주 보충주문을 하고 다른 소매자들은 2주 또는 4주마다 보충주문을 한다. 분배자보다 더 빈번하게 주문하는 소매자들에 대해서는 소매자의 주문빈도가 분배자 빈도의 정수배임을 주목해야 한다. 분배자보다 덜 빈번하게 주문하는 소매자에 대해서는 분배자의 주문빈도가 소매자 빈도의 정수배이다.

만약 정수보충정책이 두 단계를 통해 동기화된다면, 분배자는 공급의 일부를 다음 단계에 크로스도킹할 수 있다. 분배자보다 덜 빈번하게 주문하는(매 2주 또는 4주) 소매자에 대한 모든 선적은 [그림 10.8]에서 보여지듯이 크로스도킹된다. 분배자보다 더욱 빈번하게 주문하는(매주) 소매자에 대해서는 주문의 반은 크로스도킹되고 나머지 반은 [그림 10.8]에서 보여지듯이 재고로부터 선적된다.

[그림 10.8]에서 보여지는 공급사슬에 대한 정수보충정책을 다음과 같이 요약할 수 있다.

- 그룹 내 모든 당사자가 동일한 공급자로부터 주문을 하고 동일한 재주문 간격을 갖도록 어느 단계 내 모든 당사자들을 그룹으로 구분한다.
- 어느 단계에서의 보충주문 수령은 적어도 고객 중 한 고객에게 보충주문의 선적과 동기화될 수 있도록 단계들을 통한 재주문 간격을 설정한다. 동기화된 부분은 크로스도킹될 수 있다.

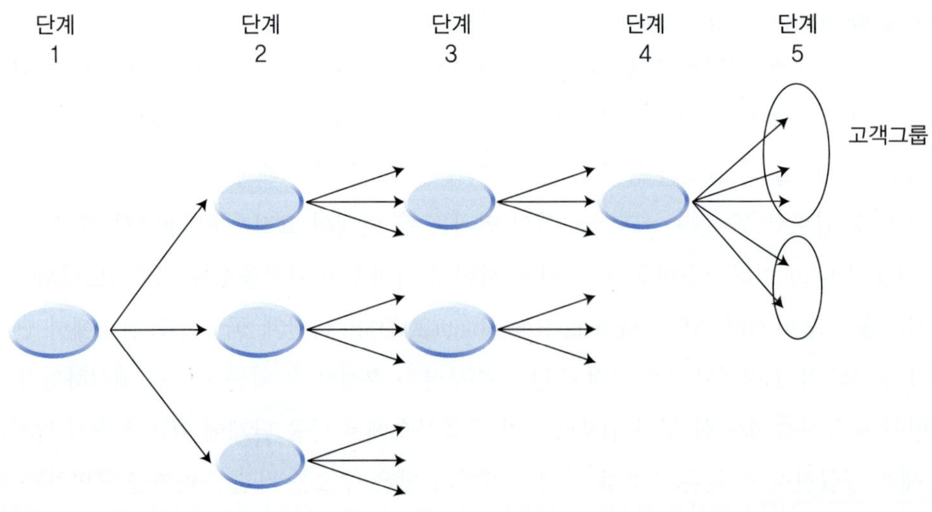

그림 10.8 다단계 분배 공급사슬

- 공급자보다 더 긴 재주문 간격을 갖는 고객들에 대해 고객의 재주문 간격을 공급자 간격의 정수배로 만들고 크로스도킹이 용이하도록 두 단계에서의 보충을 동기화한다. 바꿔 말하면, 공급자는 자신보다 덜 빈번하게 재주문하는 고객들로부터 모든 주문을 크로스도킹해야 한다.
- 공급자보다 더 짧은 재주문 간격을 갖는 고객들에 대해 공급자의 재주문 간격을 고객 간격의 정수배로 만들고 크로스도킹이 용이하도록 두 단계에서의 보충을 동기화한다. 다시 말하면, 공급자는 자신보다 더 빈번하게 주문하는 고객에게 매 k 선적마다 하나는 크로스도킹해야 한다. 여기서 k는 정수이다.
- 재주문의 상대적 빈도는 준비비용, 유지비용, 그리고 다른 당사자들에서의 수요에 달려 있다.

키포인트 정수보충정책은 주기재고와 주문비용을 낮추기 위해 다단계 공급사슬에서 동기화될 수 있다. 그러한 정책 하에서, 어느 단계의 재주문 간격은 기본 재주문 간격의 정수배이다. 동기화된 정수보충정책은 공급사슬을 통한 높은 수준의 크로스도킹을 용이하게 한다.

위에서 논의된 정수보충정책이 공습사슬 내 보충을 동기화하고 주기재고를 줄여 주는 반면, 재주문 시점 시 유연성의 부족으로 이 정책은 11장에서 논의되듯이 안전재고를 증가시킨다. 따라서 이러한 정책은 주기재고가 크고 수요가 비교적 예측 가능한 공급사슬에 대해 가장 적합하다.

10.7 학습목표 요약

1. **공급사슬에서 최적주기재고량을 선택하기 위해 적절한 비용들의 균형을 설명하라.** 일반적으로 주기재고는 주문량의 반이 된다. 따라서 주문량이 증가하면 주기재고도 증가하게 된다. 최적주기재고량을 결정하는 데 있어서 공급사슬의 목표는 총비용(주문비용, 재고유지비용, 자재비용)을 최소화하는 것이다. 주기재고가 증가하면, 재고유지비용이 증가하게 된다. 그러나 주문비용과 몇몇 경우에 자재비용은 주문량과 주기재고의 증가에 따라 오히려 감소한다. 경제적 주문량(EOQ)은 최적주문량을 얻기 위해 이 세 가지 비용의 균형을 취한다. 주문 및 수송 비용이 증가하면 주문량과 주기재고도 증가하게 된다.

2. **수량 할인이 주문량과 주기재고에 미치는 영향을 설명하라.** 주문량 기준 수량 할인은 구매자로 하여금 가격에서의 감소를 활용하기 위해 더 많은 양을 구매하도록 함으로써 공급사슬 내의 주문량과 주기재고를 증가시킨다.
3. **공급사슬에 대한 적절한 할인정책을 설명하라.** 수량 할인은 전체 공급사슬의 이익을 증가시키기 위해 정당화된다. 주문량과 주기재고의 증가없이 공급사슬의 이익을 증가시키는 데 있어서 수량 기준 할인이 주문량 기준 할인보다 더욱 효과적이다.
4. **주문량과 주기재고에 미치는 거래촉진의 영향을 설명하라.** 거래촉진은 공급사슬 내의 선구매를 증가시킨다. 선구매는 미래 수요를 현재로 이동시켜 수요에서의 엄청난 증가를 초래한다. 거래촉진은 공급사슬 내의 재고와 비용을 증가시킨다. 변동성의 증가는 재고와 비용을 증가시킨다.
5. **비용을 증가시키지 않고 공급사슬 내의 주문량과 주기재고를 줄일 수 있는 관리방안을 설명하라.** 공급사슬 내의 주문량에 따라 주기재고를 감소시키는 중요한 관리적인 방안으로 다음을 들 수 있다.

   - 주문당 초래되는 고정주문비용 및 수송비용을 감소시킨다.
   - 개별 주문량 기준의 할인방침보다는 수량 기준의 할인방침을 실행한다.
   - 거래촉진을 없애거나 줄이고 상시염가방침(EDLP)을 장려한다. 거래촉진도 소매자에게 팔린 양이 아니라 소비자들에게 팔린 양을 기준으로 한다.

토의문제

1. Proctor & Gamble사로부터의 보충주문량을 결정해야 하는 슈퍼마켓을 고려해 보자. 이 결정에 있어서 어떤 비용을 고려해야 하는가?
2. 1번 문제에서 Proctor & Gamble사로부터 주문되는 주문량이 감소함에 따라 슈퍼마켓에 대한 다양한 비용이 어떻게 변하는지를 논의해 보라.
3. 슈퍼마켓의 수요가 증가함에 따라 일 재고로 측정된 주기재고는 어떻게 변화할 것으로 기대되는가? 설명하라.
4. 슈퍼마켓 관리자가 비용의 증가 없이 주문량을 줄이고자 한다. 이러한 목표를 달성하기 위해 어떤 조처를 취할 수 있는가?
5. 공급사슬에 있어서 언제 수량 할인이 정당화되는가?
6. 주문량 기준과 수량 기준 수량 할인의 차이점은 무엇인가?
7. Kraft사나 Sara Lee사와 같은 생산자들은 왜 거래촉진을 제공하는가? 거래촉진은 공급사슬에 어떤 영향을 미치는가? 공급사슬에 부과되는 추가적인 비용부담을 최소화하면서 거래촉진의 영향을 최대

화하려면 거래촉진이 어떻게 구성되어야 하는가?

8. 기업에 대해 재고유지 및 주문 비용을 추정할 때 증분비용만을 포함시키는 것이 왜 적절한가?

연습문제

1. Harley-Davidson사는 밀워키에 엔진조립공장을, 그리고 펜실베니아에 오토바이 조립공장을 가지고 있다. 엔진은 트럭을 이용하여 두 공장 사이에 수송이 된다. 각 트럭의 운행에는 1,000달러의 비용이 든다. 오토바이 공장은 매일 300대를 조립하여 판매한다. 각 엔진은 500달러이고 Harley사는 20퍼센트의 연간 재고유지비용이 발생한다. Harley사는 각 트럭에 몇 개의 엔진을 적재해야 하는가? Harley사에 있어서 엔진의 주기재고는 얼마인가?
2. Harley사는 오토바이 조립공장에 적시(just in time: JIT) 제조를 실행하기로 결정했다. 이를 위해, 우선 각 트럭에 적재되었던 엔진의 수를 100개로 감소시켰다. 만일 각 트럭의 운행에 여전히 1,000달러가 든다면, 이러한 결정은 Harley사의 연간 비용에 어떤 영향을 미치는가? 만일 Harley사에 대해 100개의 엔진 적재가 최적이려면, 각 트럭의 비용은 얼마나 되는가?
3. Harley사는 세 곳의 공급자로부터 부품을 구매한다. 공급자 A로부터 구매되는 부품은 개당 5달러이고 매달 20,000개씩 사용된다. 공급자 B로부터 구매되는 부품은 개당 4달러이고 매달 2,500개씩 사용된다. 공급자 C로부터 구매되는 부품은 개당 5달러이고 매달 900개씩 사용된다. 현재 Harley사는 각 공급자로부터 다른 트럭 단위로 구매를 한다. JIT 추진의 한 방법으로 Harley사는 세 곳의 공급자로부터의 구매를 통합하기로 결정했다. 트럭회사는 트럭당 400달러의 고정비용과 한 번 멈출 때마다 100달러의 추가비용을 부과하고 있다. 따라서 만일 Harley사가 단지 한 공급자로부터의 수송을 요구한다면 트럭회사는 500달러를 부과할 것이고, 두 공급자로부터의 수송을 요구하면 600달러, 그리고 세 곳으로부터의 수송을 요구하면 700달러를 부과할 것이다. 연간 비용을 최소화하는 Harley사에 대한 보충전략을 제안해 보라. 그리고 여러분이 제안한 전략에 대한 비용과 각각의 공급자로부터 따로 주문을 하고 있는 Harley사의 현재 전략에 따른 비용을 비교해 보라. Harley의 각 부품에 대한 주기재고는 얼마인가?
4. 가구 생산자인 Prefab사는 매달 20,000평방피트의 합판을 사용한다. 트럭회사는 구매량과는 관계없이 매 선적당 400달러를 부과한다. 합판 생산자는 총단위 수량 할인을 제공하는데 20,000평방피트 미만은 각 평방피트당 20,000달러, 40,0000평방피트는 평방피트당 0.98달러, 그리고 40,000평방피트를 초과할 때는 평방피트당 0.96달러의 가격이다. Prefab사는 20퍼센트의 재고유지비용을 초래한다. Prefab사에 대한 최적주문량은 얼마인가? 그러한 방침에 대한 연간 비용은 얼마인가? Prefab사에서 합판의 주기재고는 얼마인가? 이 경우의 주기재고를 만일 합판 생산자가 수량 할인을 제공하지 않고 평방피트당 0.96

달러에 모두 팔 때의 주기재고와 비교해 보라.

5. Prefab사에 대한 문제 4를 다시 고려해 보자. 이제 합판 생산자는 합판에 대해 증분단위 수량 할인을 제공한다고 하자. 어떤 주문에 대해 첫 20,000평방피트는 평방피트당 1달러에 팔리고, 다음 20,000평방피트는 평방피트당 0.98달러에 팔리고, 40,000평방피트를 넘어서는 양에 대해서는 평방피트당 0.96달러에 팔린다. 이러한 가격구조 하에서 Prefab사에 대한 최적주문량은 얼마인가? 이러한 주문방침이 주어진 경우 Prefab사의 주기재고는 얼마인가?

6. Dominick의 슈퍼마켓은 곡물회사인 Tastee사에서 생산된 인기 있는 시리얼인 Nut Flakes라는 제품을 판매하고 있다. 이 상품에 대한 수요는 주간 1,000박스이다. Dominick는 25퍼센트의 재고유지비용을 가지고 있고 Tastee사에 보충주문을 할 때마다 고정트럭비용으로 200달러가 발생한다. Tastee사가 정상적으로 이 제품 한 박스당 2달러를 부과한다면 Dominick는 매 주문당 얼마를 주문해야 하는가? Tastee사는 이 제품의 가격을 한 달 동안 1.80달러로 낮추는 거래촉진을 시행한다고 하자. 이러한 단기가격 할인이 주어진 경우 Dominick는 얼마만큼의 양을 주문해야 하는가?

7. Flanger사는 수백 개의 공급자로부터 조달받는 산업 분배자이다. 내부선적으로 이용 가능한 두 가지 수송방식은 LTL(한 트럭 미만)과 TL(트럭 가득)이다. LTL 선적은 단위당 1달러인 반면에 TL 선적은 트럭당 400달러이다. 각 트럭은 1,000단위까지 운반할 수 있다. Flanger사는 연간 수요를 기초로 수송방식(TL 또는 LTL)에 제품을 할당할 규칙을 원하고 있다. 각 단위는 비용이 50달러이고 Flanger사는 20퍼센트의 재고유지비용을 갖는다. Flanger사는 공급자에 주문하는 각 주문당 100달러의 고정비용이 발생한다.

a. 연간 수요에 대한 경계치를 결정하라. 즉, 이 경계치보다 큰 값에서는 TL이 선호되고 이 경계치보다 작은 값에서는 LTL이 선호된다.

b. 모든 다른 자료는 동일한데 단위비용이 (50달러 대신에) 100달러라면 경계치는 (a에 비해) 어떻게 변하는가?

c. 만일 LTL 비용이 (1달러 대신에) 0.8달러로 줄어들었다면, ((a)에 비해) 경계치는 어떻게 변하는가?

8. 자동차 부품 분배자인 SuperPart사는 시카고 지역에 큰 창고를 가지고 있고 내부선적을 위해 TL 또는 LTL 수송의 사용에 대한 방침을 결정하려고 한다. LTL 선적은 단위당 1달러의 비용이 든다. TL 선적은 트럭당 800달러의 비용과 수취당 100달러의 비용이 든다. 따라서 세 곳의 공급자로부터 수취에 사용되는 트럭은 800 + 3 × 100 =1,100달러의 비용이 든다. 트럭은 2,000단위까지 운반할 수 있다. SuperPart사는 공급자에게 주문되는 주문당 100달러의 고정비용을 초래한다. 따라서 세 개의 다른 공급자를 갖는 주문은 300달러의 주문비용을 초래한다. 각 단위는 비용이 50달러이고 SuperPart사는 20퍼센트의 재고유지비용을 사용한다. 각 공급자로부터의 제품은 3,000개의 연간 수요를 갖는 것으로 가정한다.

a. LTL 선적이 이용된다면 최적주문량과 연간 비용은 얼마인가? 주문 사이의 시간은 얼마인가?

b. 각 공급자에 대한 독립적인 트럭을 갖는 TL 선적이 이용된다면 주문량과 연간 비용은 얼마인가? 주문 사이의 시간은 얼마인가?

c. TL 선적이 사용되지만 트럭당 두 공급자가 함께

그룹지어진다면 최적주문량과 제품당 연간 비용은 얼마인가?

d. 함께 그룹되어져야 할 공급자의 최적 수는 얼마인가? 이 경우에 최적주문량과 제품당 연간 비용은 얼마인가? 주문 사이의 시간은 얼마인가?

e. 각 제품이 3,000개의 연간 수요를 가진다면 어떤 선적정책을 제안할 수 있는가? 연간 수요가 1,500인 제품에 대해서는 어떤 선적정책을 제안할 수 있는가? 18,000의 연간 수요를 갖는 제품에 대해서는 어떤 선적정책을 제안하는가?

9. PlasFib사는 가구를 만드는 데 사용되는 인조섬유의 생산자이다. PlasFib사는 한 라인에서 50개의 서로 다른 실로 섬유를 만들고 있다. 한 색상에서 다른 색상으로 변환할 때 라인의 일부가 청소되어야 하고, 따라서 재료의 손실이 발생한다. 각 변환비용은 재료의 손실과 변환 인력으로 200달러가 든다. 또한 각 변환 시 라인은 0.5시간 중단된다. 생산중일 때는 라인이 시간당 100파운드의 생산율로 섬유를 생산하고 있다.

PlasFib사에 의해 판매되는 섬유는 세 가지 범주로 분류된다. 연간 색상당 평균 30,000파운드 판매되는 5개의 고속 색상이 있다. 연간 색상당 평균 12,000파운드 판매되는 10개의 중속 색상이 있다. 나머지는 저속 제품으로 연간 평균 2,400파운드 판매되고 있다. 섬유 각 파운드당 비용이 5달러이고 PlasFib사는 20퍼센트의 재고유지비용을 갖고 있다.

a. PlasFib사가 고속/중속/저속 색상에 대해 생산해야 할 배치 크기는 얼마인가? 이것은 며칠분의 수요로 변환되는가?

b. (a)에서 제안하는 방침의 연간 준비 및 유지비용은 얼마인가?

c. 위의 계획은 (배치당 30분의 준비를 포함하여) 연간 얼마나 많은 공장 작업시간을 요구하는가?

10. 인디애나에 있는 정유업자인 TopOil사는 테네시주에 있는 내쉬빌 근처의 세 고객에게 공급을 하고 있으며, 각 지역에 위탁재고(TopOil사가 소유한)를 유지하고 있다. 현재 TopOil사는 각 고객에게 따로 배송하기 위해 TL 수송을 사용하고 있다. 각 트럭은 800달러와 방문당 250달러의 비용이 든다. 따라서 각 고객에게 따로 배송하는 것은 트럭당 1,050달러의 비용이 든다. TopOil사는 단일트럭으로 내쉬빌까지의 배송을 통합하는 것을 고려하고 있다. 큰 고객의 수요는 연간 60톤이고, 중간 고객은 연간 24톤, 그리고 작은 고객의 수요는 연간 8톤이다. TopOil사에 대한 제품비용은 톤당 10,000달러이고 재고유지비용은 25퍼센트이다. 트럭의 용량은 12톤이다.

a. TopOil사가 어느 한 고객이 품절이 발생할 때마다 가득찬 트럭만큼 선적한다면 연간 수송 및 유지 비용은 얼마인가? 이러한 정책 하에서는 각 고객에 며칠분의 재고를 유지하는가?

b. TopOil사가 고객들 각각에 따로 선적한다면 각 고객에 대한 최적배송정책은 무엇인가? 연간 수송 및 유지 비용은 얼마인가? 이 정책 하에서 각 고객에 며칠분의 재고가 유지되어야 하는가?

c. TopOil사가 내쉬빌에 가는 각 트럭에 세 고객의 각각에 대한 선적을 통합한다면 각 고객에 대한 최적배송정책은 무엇인가? 연간 수송 및 유지 비용은 얼마인가? 이 방침 하에서 각 고객에 며칠분의 재고가 유지되는가?

d. (b)나 (c)에서의 정책보다 더 낮은 비용을 갖는 맞춤정책을 제시할 수 있는가? 제시된 정책에

대해 비용과 재고는 얼마인가?

11. 시리얼 생산자인 Crunchy사는 하나의 중요한 소매 체인에 대한 공장을 갖고 있다. 소매 체인에서의 판매는 월평균 약 20,000박스이고 공장에서의 생산은 이 평균 수요와 보조를 맞추고 있다. 시리얼 1박스당 Crunchy사에 3달러의 비용이 들고 5달러의 도매가격으로 소매자에 판매되고 있다. Crunchy사와 소매자 모두 20퍼센트의 재고유지비용을 이용하고 있다. 주문된 각 주문에 대해 소매자는 주문당 200달러의 비용을 초래한다. Crunchy사는 선적되는 주문당 1,000달러의 수송 및 적재 비용이 든다.

a. 주문 및 유지 비용을 최소화하려고 하면 소매자는 각 주문에 대해 주문량을 얼마로 요청해야 하는가? 이 정책의 결과 소매자에 대한 연간 주문 및 유지 비용은 얼마인가? 이 정책의 결과 Crunchy사에 대한 연간 주문 및 유지 비용은 얼마인가? 이 정책의 결과 양쪽에 대한 총재고비용은 얼마인가?

b. Crunchy사와 소매자 모두에 대한 재고비용(주문, 배송, 그리고 유지)을 최소로 하는 주문량은 얼마인가? 이 정책으로부터 (a)의 결과에 비해 비용의 감소는 어느 정도인가?

c. 소매자가 (b)에서의 수량을 주문하도록 총수량 할인을 설계해 보라.

d. 소매자가 (b)에서의 수량을 주문하도록 각 주문당 1,000달러의 배송비용 중 얼마를 소매자에게 넘겨야 하는가?

12. Orange사는 J-Pod라 불리는 새로운 음악장비를 소개하였다. J-Pod는 주요 전자 소매자인 Good Buy사를 통해 판매되고 있다. Good Buy사는 J-Pod에 대한 수요가 다음의 수요곡선을 따라 소매가격 p에 의존하는 것으로 추정하였다.

$$\text{수요 } D = 2{,}000{,}000 - 2{,}000p$$

Orange사에 대한 생산비용은 J-Pod당 100달러이다.

a. J-Pod에 대해 얼마의 도매가격을 부과해야 하는가? 이 도매가격에서 Good Buy사는 얼마로 소매가격을 설정하는가? 균형상태에서 Orange사와 Good Buy사에 대한 이익은 얼마인가?

b. Orange사가 도매가격을 40달러로 할인하기로 결정하면 Good Buy사는 자신의 이익을 최대로 하기 위해 고객에게 어느 정도의 할인을 제공해야 하는가? Orange사가 제공하는 할인의 얼마 정도의 비율을 Good Buy사가 고객에게 주어야 하는가?

13. Orange사는 J-Pod를 개당 550달러로 가격을 책정하였다. Good Buy사는 J-Pod를 775달러에 판매하고 있다. 이 소매가격에서의 연간 수요는 450,000단위로 나타났다. Good Buy사는 주문하는 J-Pod의 매 로트당 10,000달러의 주문, 수령 및 수송 비용을 초래한다. 소매자에 의해 사용되는 재고유지비용은 20퍼센트이다.

a. Good Buy사가 주문하는 최적주문량은 얼마인가?

b. Orange사는 (다음 2주간의) 단기간 동안 J-Pod를 40달러 할인하려고 한다. Good Buy사는 소매가격을 변화시키지 않고 Orange사에 주문하는 주문량을 변화시키려고 한다. 이러한 할인하에서 Good Buy사는 주문량을 어떻게 조정해야 하는가? 할인으로 인해 주문량이 얼마나 증가하는가?

참고문헌

Blattberg, Robert C., and Scott A. Neslin. *Sales Promotion: Concepts, Methods, and Strategies.* Upper Saddle River, NJ: Prentice Hall, 1990.

Brealey, Richard A., and Stewart C. Myers. *Principles of Corporate Finance.* Boston: Irwin McGraw−Hill. 2000.

Buzzell, Robert, John Quelch, and Walter Salmon. "The Costly Bargain of Trade Promotions." *Harvard Business Review* (March−April 1990): 141−149.

Crowther, John F. "Rationale for Quantity Discounts." *Harvard business Review,* (March-April 1964): 121−127.

Dolan, Robert J. "Quantity Discounts: Managerial Issues and Research Opportunities." *Marketing Science* (1987) 6: 1−24.

Federgruen, Awi, and Yu-Sheng Zheng. "Optimal Power−of-Two Replenishment Strategies in Capacitated General Production/Distribution Networks." *Management Science* (1993) 39: 710−727.

Goyal, Suresh K. "A Simple Procedure for Price Break Models." *Production Planning & Control* (1995) 6: 584−585.

Hu, Jianli, and Charles L. Munson. "Dynamic Demand Lot-sizing Rules for Incremental Quantity Discounts." *Journal of the Operational Research Society* (2002) 53: 855−863.

Kurt Salmon Associates, Inc. *Efficient Consumer Response.* Washington, DC; Food Marketing Institute, 1993.

Lee, Hau L., and Corey Billington. "Managing Supply Chain Inventories: Pitfalls and Opportunities." *Sloan Management Review* (Spring 1992), 65−73.

Maxwell, William L., and John A. Muckstadt. "Establishing Consistent and Realistic Reorder Intervals in Production-Distribution Systems." *Operations Research* (1985) 33: 1316−1341.

Munson, Charles L., and Meir J Rosenblatt. "Theories and Realities of Quantity Discounts." *Production and Operations Management* (1998) 7: 352−369.

Munson, Chales L., Jianli Hu, and Meir J. Rosenblatt. "Teaching the Costs of Uncoordinated Supply Chains." *Interfaces* (2003) 33: 24−39.

Roundy, Robin. "98%-Effective Integer-Ratio Lot-Sizing for One-Warehouse Multi-Retailer Systems." *Management Science* (1985) 31: 1416−1429.

Roundy, Robin. "A 98%-Effective Lot-Sizing Rule for a Multi-Product, Multi-Stage Production Inventory System." *Mathematics of Operations Research* (1986) 11: 699−727.

Silver, Edward A., David Pyke, and Rein Petersen. *Inventory Management and Production Planning and Scheduling.* New York: John Wiley, 1998.

Zipkin, Paul. H. *Foundatons of Inventory Management.* Boston: Inwin McGraw-Hill, 2000.

사례연구

MOONCHEM사의 배달 전략

John Kresge는 특수화학물질 생산자인 MoonChem사의 회의장을 나서면서 많은 걱정을 하고 있다. 연말 회의에서 기업의 관계자들은 재무성과를 평가하고 기업이 단지 연간 2회의 재고회전율 밖에 얻지 못한 사실을 토의하였다. 더욱이 좀더 자세히 살펴보니 MoonChem사가 소유한 재고의 반 이상이 고객의 위탁재고라는 것을 알게 되었다. 고객 중 단지 20퍼센트만이 위탁재고를 갖는다고 할 때 이것은 매우 놀랄만 했다. John Kresge는 공급사슬에 대한 부사장으로 수송뿐만 아니라 재고에 관한 책임을 지고 있었다. 그는 위탁재고를 어떻게 관리할지를 자세히 살펴 적절한 계획안을 내기로 결정하였다.

MoonChem사의 운영방식

MoonChem사는 여러 다양한 산업에 사용될 수 있는 특수화학물질을 제조한다. MoonChem사는 8개의 생산공장과 40개의 분배센터(DC)를 소유하고 있다. 공장들은 기본적인 화학물질들을 생산하고 DC는 그 물질들을 혼합하여 고객의 규격에 맞는 수백 가지 최종제품을 생산하고 있다. 특수화학물질 시장에서 MoonChem사는 고객들에게 위탁재고를 제공함으로써 중서부 지역에서 자신을 차별화하기로 결정하였다. MoonChem사는 이 전략이 효과적인 것으로 입증되면 전략을 전국적으로 확대하려고 한다. MoonChem사는 중서부 지역에서 각 고객이 필요로 하는 화학물질을 고객의 위치에 위탁판매의 형태로 유지하고 있다. 고객들은 필요한 만큼 화학물질을 사용하고 MoonChem사는 고객들이 재고 고갈이 일어나지 않도록 보충을 보장해 준다. 대부분의 경우에 고객들의 화학물질 소비량은 매우 안정되어 있다. MoonChem사는 사용된 화학물질만큼 돈을 받고 있다. 따라서 모든 위탁재고는 MoonChem사에 속해 있다.

MoonChem사의 배송

MoonChem사는 모든 선적에 대해 트럭 단위 수송업자인 Golden 트럭회사를 이용하고 있다. 각 트럭은 40,000파운드의 용량을 갖고 있으며, Golden사는 트럭에 선적되는 수량에 관계없이 출발지와 목적지가 주어지면 고정된 요금을 부과한다. 현재 MoonChem사는 위탁재고를 보충하기 위해 각 고객에게 가득 찬 트럭을 보내고 있다.

일리노이주의 시험연구

John은 배송 운영방안을 자세히 살펴보기로 결정하였다. 그는 시카고 DC로부터 공급되는 일리노이주에 초점을 두기로 결정하였다. 그는 [그림 10.9]에서 보는 것처럼 일리노이주를 우편번호를 통해 구역으로 구분하였다. 그는 우편번호 615로 분류된 피오리아 지역 내에 관심을 두기로 결정하였다. 피오리아 지역을 자세히 조사한 결과 2개의 대형고객, 6개의 중형고객 그리고 12개의 소형고객이 있음을 알게 되었다. 각각의 고객 유형에 대한 연간 소비량이 [표 10.4]에 주어져 있다. Golden사는 시카고에서 피오리아까지의 각 선적에 대해 400달러를 부과하고 있다. Moonchem사의 정책은 위탁재고의 보충이 필요할 때 각

표 10.4 Peoria 지역의 MoonChem사에 대한 고객 현황

고객 유형	고객 수	소비량(파운드/월)
소	12	1,000
중	6	5,000
대	2	12,000

고객에게 최대 적재 트럭을 보내는 것이다.

John은 복수 고객에 대한 선적을 하나의 트럭으로 포함할 경우 어떻게 되는지를 Golden사에 문의하였다. Golden사는 계속해서 트럭당 350달러를 부과하고 Golden사가 책임지고 있는 장소에 한 번 멈출 때마다 50달러를 추가한다는 반응을 보내 왔다. 따라서 만일 Golden사가 단일 장소

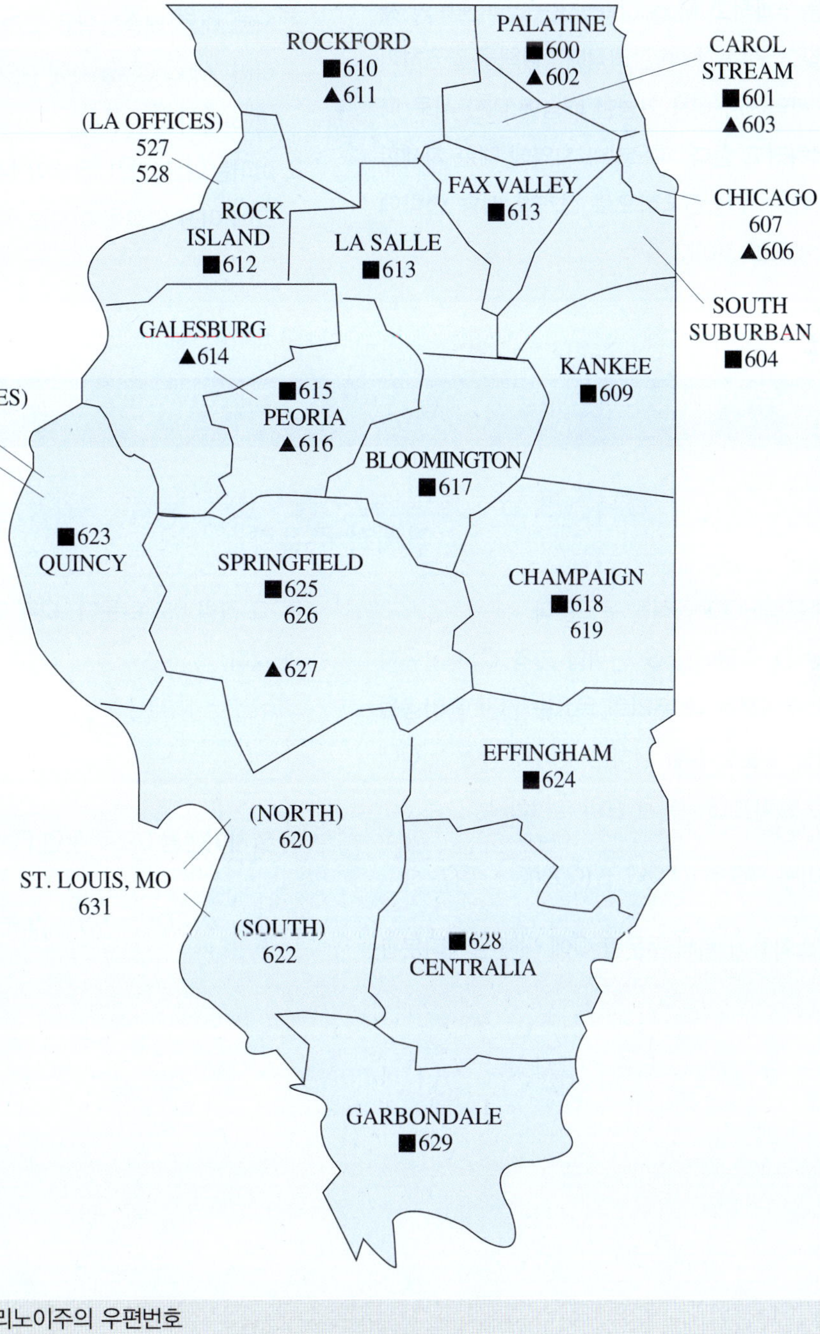

그림 10.9 일리노이주의 우편번호

에 배달을 해야 한다면 총비용은 400달러가 될 것이다. 그러나 한 트럭이 네 곳에 배달을 해야 한다면 총비용은 550달러가 될 것이다.

위탁상태에 있는 화학물질 1파운드당 MoonChem사에 1달러의 비용을 부과하고 MoonChem사는 25퍼센트의 재고유지비용을 갖고 있다. John은 최적배송정책을 결정하기 위해 피오리아 지역에서 이용 가능한 배송에 대한 서로 다른 정책을 분석하려고 한다. 피오리아 지역에 대한 자세한 연구는 MoonChem사가 전국적으로 전개할 배송 전략에 대한 청사진을 제공할 것이다.

질문

1. 위탁재고를 보충하기 위해 피오리아 지역의 각 고객에게 최대 적재 트럭을 보내는 MoonChem사의 전략에 대한 현재의 연간 비용은 얼마인가?
2. 서로 다른 배송정책을 고려하여 각 방안의 비용을 평가하라. MoonChem사에 대해 어떤 배송정책을 추천하려고 하는가?
3. 여러분이 제안한 정책이 MoonChem사에 대한 위탁재고에 어떤 영향을 미치는가?

부록 10A

경제적 주문량

목적: 경제적 주문량(EOQ) 공식을 유도한다.

분석: 연간 수요 D, 주문비용 S, 단위당 가격 C, 재고유지비용 h가 주어졌을 때 우리의 목표는 연간 총비용을 최소화하는 주문량 Q를 정하는 것이다. 주문량 Q에 대해 연간 총비용은 다음과 같이 주어진다.

$$\text{연간 총비용, } TC = (D/Q)S + (Q/2)hC + CD$$

총비용을 최소화하기 위해 주문량 Q에 대해 일차미분한 후 그 값을 0으로 둔다. Q에 대해 일차미분을 구하면 다음과 같다.

$$\frac{d(TC)}{dQ} = -\frac{DS}{Q^2} + \frac{hC}{2}$$

이 일차미분을 0으로 두면 EOQ는 다음과 같이 구해진다.

$$Q^2 = \frac{2DS}{hC} \quad \text{또는} \quad Q = \sqrt{\frac{2DS}{hC}}$$

제 11 장

공급사슬에서의 불확실성 관리: 안전재고

학 · 습 · 목 · 표

이 장을 읽은 후에 여러분은 다음과 같은 것을 할 수 있을 것이다.

1. 공급사슬에 있어서 안전재고의 역할을 이해한다.
2. 안전재고의 요구 수준에 영향을 주는 요인들을 찾을 수 있다.
3. 제품 가용성에 대한 여러 가지 척도들을 설명할 수 있다.
4. 안전재고의 수준을 낮추면서 제품 가용성을 개선시키기 위한 관리적인 방안들을 활용할 수 있다.

이 장에서는 공급과 수요의 변동이 있는 상태에서 공급사슬의 제품 가용성을 향상시키는 데 있어서 안전재고가 어떤 도움을 주는지를 논의하고자 한다. 제품 가용성의 다양한 척도들과 요구되는 제품 가용성을 달성하기 위해 관리자들이 안전재고를 설정하는 방법을 논의한다. 또한 제품 가용성을 유지 또는 향상시키면서도 필요한 안전재고의 양을 줄이기 위해 관리자들이 무엇을 할 수 있는지 살펴본다.

11.1 공급사슬 내에서 안전재고의 역할

안전재고란 주어진 기간 동안에 예측한 양을 초과한 수요를 만족시킬 목적으로 보유하고 있는 재고이다. 안전재고는 수요 예측이 불확실하여 실제수요가 예측수요를 초과하면 제품 품절이 발생하기 때문에 보유하게 된다. 예를 들어, 부유층 상대의 백화점을 고려해 보자. 이 백화점은 여성용 지갑을 팔고 있으며 그 지갑을 이탈리아 생산자인 Gucci사로부터 구매하고 있다. 이탈리아로부터의 높은 수송비용으로 인해 백화점의 관리자는 600개 단위로 주문을 한다. 백화점에서의 지갑에 대한 수요는 주당 평균 100개이다. Gucci사는 백화점의 주문에 응대하여 백화점으로 지갑을 배달하는 데 3주가 걸린다. 수요의 불확실성이 없고 매주 정확히 100개의 지갑이 팔린다면, 백화점의 관리자는 정확히 300개의 지갑이 남았을 때 주문을 낼 수 있다. 수요의 불확실성이 없는 상황에서는 그러한 정책이 백화점에서 마지막 지갑이 팔려 나가는 순간에 새로운 주문이 도착하도록 해 준다.

그러나 예측오차가 주어지면 3주 동안의 실제수요는 예측된 300개보다 높거나 낮을 수 있다. 만일 백화점에서의 실제수요가 300개보다 높다면, 일부의 고객들은 지갑을 살 수 없게 되며 결과적으로 백화점은 잠재적인 이윤의 기회를 잃게 된다. 따라서 백화점의 관리자는 400개의 지갑이 있는 데도 Gucci사에 주문을 하기로 결정했다. 이러한 정책은 관리자가 고객에 대한

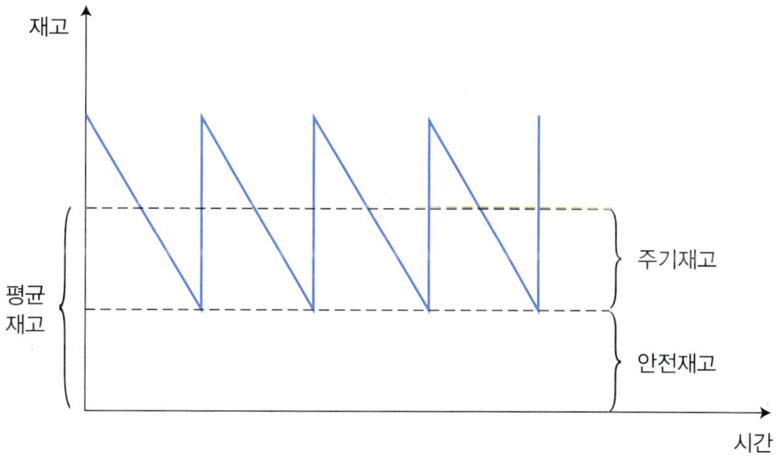

그림 11.1 안전재고가 있는 경우의 재고 수준

제품 가용성을 향상시킬 수 있도록 해 준다. 왜냐하면 3주 동안의 수요가 400개를 초과하는 경우에만 품절이 발생하기 때문이다. 주당 평균 100개의 수요가 주어진다면, 보충주문이 도착할 때 평균적으로 100개의 지갑이 남아 있게 된다. 안전재고는 보충주문이 도착했을 때 평균적으로 남아 있는 재고를 말한다. 따라서 백화점은 100개의 안전재고를 가지고 있다.

Q = 600개의 지갑 주문량이 주어진다면, 주기재고는 $Q/2$ = 300개이다. 안전재고가 있을 때 백화점의 재고 현황은 [그림 11.1]에 나타나 있다. [그림 11.1]에서 보듯이, 백화점의 평균 재고는 주기재고와 안전재고의 합이다.

이 예는 공급사슬 관리자가 안전재고를 계획할 때 반드시 고려해야 하는 트레이드오프를 보여 주고 있다. 한편으로, 안전재고의 수준을 올리면 제품 가용성이 증가하고 따라서 고객의 구매로부터 얻는 마진을 증가시킬 수 있다. 다른 한편으로, 안전재고의 수준을 증가시키는 것은 공급사슬에서 재고보유비용을 증가시킨다. 이러한 이슈는 제품 수명주기가 짧고 수요 변동이 심한 하이테크 산업에서 매우 중요하다. 과도한 재고의 보유는 수요 변동에 대응하는 데 도움을 주지만, 새로운 제품이 시장에 출시되거나 재고로 가지고 있는 구식 제품에 대한 수요가 사라졌을 때 실제적으로 타격을 입게 된다. 이 경우 보유하고 있는 재고는 가치가 없어져 버린다.

오늘날의 비즈니스 환경에서 인터넷과 같은 혁신은 고객이 제품 가용성을 위해 상점들을 돌아다니면서 물건을 찾는 것을 더욱 쉽게 만들어 준다. 온라인에서 서적을 구매할 때, 만약 Amazon.com에 원하는 제목의 책이 없다면 고객은 그러한 책이 BarnesandNoble.com에 있는지 쉽게 확인할 수 있다. 검색이 더욱 용이해짐에 따라 기업들은 제품 가용성을 증가시켜야 한다는 압박을 느낀다. 동시에, 고객화가 증대됨에 따라 제품다양성이 증대되고 있다. 결과적으로, 시장은 점점 다양해지고 따라서 개별 제품에 대한 수요는 매우 불안정하여 예측하기가 어려워지고 있다. 증가된 다양성과 가용성에 대한 증가된 압력 모두 기업들로 하여금 보유해야 할 안전재고의 수준을 증가시키도록 한다. 대부분의 하이테크 공급사슬에서 제품의 다양성과 수요의 불확실성이 높아지면, 지니고 있어야 할 재고의 상당부분이 안전재고이다.

그러나 제품의 다양성이 증가함에 따라 제품 수명주기는 짧아진다. 따라서 오늘날 "인기 있는" 제품이 내일은 진부화된 제품이 되는 것이 더욱 쉬워졌다. 그 결과 너무 많은 재고를 보유하는 기업들의 비용은 증가한다. 따라서 공급사슬에서 성공의 열쇠는 제품 가용성의 수준을 손상시키지 않으면서 안전재고의 수준을 낮추는 방법을 찾는 것이다.

안전재고 감소의 중요성은 가격이 떨어진 1998년 초의 Dell사와 Compaq사의 경험에서 볼 수 있다. 10일 분량의 재고를 가진 Dell사에 비해 Compaq사는 100일 분량의 재고를 가졌었다. 가격의 하락은 초과재고가 주어지면서 Compaq사에게 더욱 심각한 타격을 주었다. 사실, 이러한 상황은 결국 Compaq사가 1998년 1/4분기에 아무런 이익도 내지 못했다고 공표하도록 만들었다.

Dell사의 성공의 열쇠는 자신의 공급사슬에서 매우 낮은 수준의 안전재고를 가지면서도 높은 수준의 고객에 대한 제품 가용성을 제공할 수 있는 능력이었다. 이 사실은 또한 Wal-Mart사와 Seven-Eleven Japan사의 성공에서도 중요한 역할을 하고 있다.

어떤 공급사슬에서도 안전재고를 계획하는 데 있어서 고려해야 할 두 가지의 중요한 질문이 있다.

1. 유지해야 할 적절한 안전재고의 수준은 얼마인가?
2. 안전재고를 줄이면서도 제품 가용성을 증가시키기 위해 어떤 행동을 취해야 하는가?

이 장의 나머지 부분은 이러한 질문에 대한 대답에 초점을 맞추고 있다. 이제 적절한 안전재고의 수준에 영향을 미치는 요인들을 고려해 보자.

11.2 적정 안전재고 수준의 결정

적정 안전재고의 수준은 다음 두 가지 요인에 의해서 결정된다.

- 수요 또는 공급의 불확실성
- 추구하는 제품 가용성의 수준

공급 또는 수요의 불확실성이 증가함에 따라 요구되는 안전재고의 수준도 증가한다. PDA의 유통업자인 B&M Office Supplies사에서의 Palm PDA의 판매를 고려해 보자. 새로운 Palm 모델이 출시될 때, 수요는 매우 불확실하다. 따라서 B&M사는 수요에 대해 상대적으로 아주 높은 수준의 안전재고를 가지고 있다. 시장에서 그 모델이 수용된다면, 수요는 안정화되어 불확실성은 줄어든나. 이 시점에서 B&M사는 수요에 비해 상대적으로 더 낮은 수준의 안전재고를 갖게 된다.

요구되는 제품 가용성의 수준이 증가할수록 요구되는 안전재고의 수준도 역시 증가한다. 만일 B&M사가 구 모델의 Palm에 비해서 새로운 모델에 대한 제품 가용성을 높게 설정했다면, 새로운 모델에 대한 높은 수준의 고객 수요를 재고로부터 공급할 수 있어야만 한다. 따라서 B&M사는 새로운 모델에 대해 높은 수준의 안전재고를 유지해야만 한다.

이제 수요의 불확실성에 대한 몇 가지 척도를 논의하고자 한다.

수요의 불확실성 측정

7장에서 논의한 것처럼, 수요는 임의적인 요소뿐만 아니라 체계적인 요소를 가지고 있다. 예측의 목표는 체계적 요소를 예측하고 임의적 요소를 추정하는 것이다. 임의적 요소의 추정이 수요 불확실성의 척도이다. 임의적 요소는 수요의 표준편차로서 추정된다. 수요에 대해 다음을 가정한다.

D: 기간당 평균 수요

σ_D: 기간당 수요의 표준편차(예측오차)

B&M사의 경우 Palm에 대한 주간 수요는 평균 D이고 표준편차 σ_D인 정규분포를 따른다고 가정한다.

리드타임은 주문이 이루어지고 그 주문을 수령하는 시간 사이의 간격이다. 여기서는 리드타임을 L로 나타낸다. B&M사의 예에서, L은 B&M사가 Palm을 주문한 때와 그것을 배달받을 때 사이의 시간이다. 이 경우 B&M사는 리드타임 동안 수요의 불확실성을 겪게 된다. B&M사가 재고로부터 모든 수요를 만족시킬 수 있을지의 여부는 리드타임 동안의 Palm의 수요와 보충주문 시에 B&M사가 가지고 있는 재고에 달려 있다. 따라서 B&M사는 단지 한 기간이 아닌 리드타임 동안의 수요의 불확실성을 추정해야만 한다. 이제 각 기간 동안의 수요분포가 주어진 경우 k개의 기간에 대한 수요분포를 찾고자 한다.

각 기간 $i(i = 1, \ldots, L)$에 대한 수요는 평균 D_i와 표준편차 σ_i인 정규분포를 따른다고 가정하자. ρ_{ij}를 기간 i와 j 사이의 수요에 대한 상관계수라 하자. 이 경우, L기간 동안의 총수요는 평균 P와 표준편차 Ω인 정규분포를 따르며, 이것은 다음 식을 만족한다.

$$P = D_L = \sum_{i=1}^{L} D_i \qquad \Omega = \sqrt{\sum_{i=1}^{k} \sigma_i^2 + 2\sum_{i>j} \rho_{ij}\sigma_i\sigma_j} \tag{11.1}$$

만약 $\rho_{ij} = 1$이면, 두 기간에서의 수요는 완전한 양의 상관관계를 갖는다. 만약 $\rho_{ij} = -1$이면 두 기간에서의 수요는 완전한 음의 상관관계를 갖는다. 만약 $\rho_{ij} = 0$이라면, 두 기간에서의 수요는 독립이다. L기간 내 각 기간의 수요는 서로 독립적이고 평균이 D, 표준편차는 σ_D인 정규분포를 따른다고 가정하면, 식 (11.1)로부터 L기간의 총수요는 평균이 D_L, 표준편차는 σ_L인 정규분포를 따른다는 것을 알 수 있다. D_L과 σ_L은 다음 식을 만족한다.

$$D_L = LD \qquad \sigma_L = \sqrt{L}\sigma_D \tag{11.2}$$

또 다른 불확실성에 대한 중요한 척도는 평균에 대한 표준편차와 비율인 변동계수(cv: coefficient of variation)이다. 평균 μ와 표준편차 σ인 수요가 주어진다면 다음을 얻을 수 있다.

$$cv = \sigma / \mu$$

변동계수는 수요에 대한 상대적인 불확실성의 크기를 측정한다. 변동계수는 평균 수요 100과 표준편차 100인 제품이 평균 수요 1,000과 표준편차 100인 제품보다 더 큰 수요의 불확실성을 갖는다는 사실을 정확히 파악해 준다. 표준편차만 고려해서는 이러한 차이를 파악할 수 없다.

이제 제품 가용성에 대한 몇몇 척도를 논의해 보자.

제품 가용성의 측정

제품 가용성은 현재 이용 가능한 재고로부터 고객의 주문을 충족시켜 주는 기업의 능력을 반영한다. 제품이 없을 때 고객 주문이 들어오면 **재고부족**이 발생한다. 제품 가용성을 측정하는 몇 가지 방법이 있다. 중요한 척도 중의 몇몇은 다음과 같다.

1. **제품 충족률**(fr: fill rate)은 재고로 있는 제품으로부터 만족되는 제품수요의 비율이다. 이것은 제품수요가 이용 가능한 재고로부터 공급되는 확률과 동일하다. B&M사가 Palm을 90퍼센트의 고객에게 재고로부터 바로 제공하고 나머지 10퍼센트는 가용재고의 부족으로 인접한 경쟁업체에게 빼앗겼다고 가정하자. 이 경우 B&M사는 90퍼센트의 제품 충족률을 달성한다.

2. **주문 충족률**은 가용재고로부터 충족되는 주문의 비율이다. 복수 제품의 시나리오에서 주문은 주문 내의 모든 제품이 가용재고로부터 공급될 수 있을 때에만 재고로부터 충족된다. B&M사의 경우에 고객은 계산기와 함께 Palm을 주문할 수도 있다. 이 주문은 Palm과 계산기 모두가 상점으로부터 가용할 때에만 재고로부터 충족된다. 주문에 대한 모든 제품들이 재고로 있어야 하기 때문에 주문 충족률은 제품 충족률보다 더 낮은 경향이 있다.
3. **주기 서비스 수준**(*CSL*: cycle service level)은 모든 고객의 수요가 충족된 **보충주기**의 비율이다. 보충주기는 두 개의 연속적이 보충배달 사이의 간격이다. 주기 서비스 수준은 보충주기 내에서 재고부족이 없을 확률과 같다. 만일 B&M사가 600개의 Palm을 보충주문한다면, 두 개의 연속적인 보충주문의 도착 사이의 간격이 보충주기이다. B&M사의 관리자가 상점이 10번의 보충주기 중에 6번 동안 재고부족이 발생하지 않도록 재고를 관리한다면, 상점은 60퍼센트의 주기 서비스 수준을 달성한다. 60퍼센트의 주기 서비스 수준은 일반적으로 훨씬 더 높은 충족률을 가져다 줌을 알 수 있다. B&M사가 재고부족이 없는 60퍼센트의 주기에 있어서는 모든 고객 수요가 가용재고로부터 충족되어진다. 재고부족이 일어난 40퍼센트의 주기에서는 대부분의 고객 수요가 재고로부터 충족된다. 주기의 마지막 부분에 B&M사의 재고가 고갈된 이후에 작은 비율에 대해서만 수요 충족을 못하게 된다. 그 결과 충족률은 60퍼센트보다 훨씬 높게 될 것이다.

제품 충족률과 주문 충족률의 차이는 단일 제품의 상황에서는 크게 중요한 것은 아니다. 그러나 기업이 복수 제품을 판매할 때에는 이 차이가 중요할 수도 있다. 예를 들어, 대부분의 주문이 10개 또는 그 이상의 선적되어야 할 서로 다른 제품을 포함한다면, 한 제품의 재고부족 상황은 그 주문이 재고로부터 충족되어질 수 없게 한다. 이 경우 기업은 비록 좋은 제품 충족률을 가지고 있음에도 불구하고 주문 충족률은 좋지 않다. 고객이 전체 주문이 동시에 충족되는 것에 높은 가치를 부여할 때는 주문 충족률을 추적하는 것이 중요하다.

이제 실제로 흔히 사용되어지는 두 가지의 보충정책에 대해서 논의해 보자.

재고보충정책

재고보충정책은 언제 재주문을 하고 얼마만큼 재주문을 해야 하는가에 대한 의사결정으로 구성된다. 이러한 결정은 제품 충족률과 주기 서비스 수준과 함께 주기 및 안전재고를 정해 준다. 재고보충정책이 취할 수 있는 몇 가지 형태가 있다. 두 경우만 살펴보기로 한다.

1. **연속적 검토:** 재고는 연속적으로 추적되고, 재고가 재주문점(reorder point: ROP)까지 감소하면 크기 Q의 주문이 이루어진다. 예로서, Palm의 재고를 연속적으로 추적하는 B&M사의 관

리자를 고려해 보자. 그녀는 재고가 400개 아래로 떨어질 때 600개의 Palm을 주문한다. 이 경우 주문의 크기는 변하지 않는다. 주문 사이의 시간은 변동수요가 주어지면 변화할 수 있다.

2. **주기적 검토:** 재고상태는 일정한 주기 간격으로 조사되고 주문은 재고 수준을 정해진 수준까지 올릴 만큼 이루어진다. 예로서, B&M사의 필름 구매를 고려해 보자. 상점의 관리자는 필름재고를 연속적으로 추적하지 않는다. 매주 토요일, 그녀는 필름재고를 조사하여 가용재고와 주문 크기가 합하여 1,000필름이 되도록 주문한다. 이 경우 주문 사이의 시간은 고정되어 있다. 그렇지만 각 주문의 크기는 변동수요가 주어지면 변화할 수 있다.

이러한 주문정책은 모든 것을 포함하지는 않지만 안전재고를 기록하는 중요한 관리적 사항들을 보여 주는 데 충분하다.

재고보충정책이 주어진 경우의 주기 서비스 수준과 충족률 계산

이제 재고보충정책이 주어진 경우 주기 서비스 수준과 충족률을 계산하기 위한 절차를 논의하고자 한다. 이 절에서는 11.5절에서 자세히 논의될 연속적 검토정책만을 다룬다. 재고보충정책은 보유재고가 재주문점까지 감소하면 주문되는 주문 크기 Q를 포함한다. 주간 수요는 평균이 D이고 표준편차가 σ_D인 정규분포를 따른다고 가정한다. 재고보충기간은 L주라고 가정한다.

재고보충정책이 주어진 경우의 안전재고 계산 B&M사의 경우, 안전재고는 보충주문이 도착했을 때 보유하고 있는 평균 Palm의 수와 일치한다. 리드타임이 L주이고 주당 평균 수요가 D이므로 식 (11.2)를 이용하여 다음을 얻을 수 있다.

$$\text{리드타임 동안의 기대수요} = DL$$

상점관리자가 ROP개의 Palm을 가지고 있을 때 보충주문을 낸다고 하면 다음을 얻을 수 있다.

$$\text{안전재고, } ss = ROP - DL \tag{11.3}$$

이것은 주문이 이루어지고 주문이 도착하는 사이의 기간 동안 평균 DL개의 Palm이 팔릴 것이기 때문이다. 따라서 보충주문이 도착할 때의 평균 재고는 $ROP - DL$이 될 것이다.

예제 11.1
재고보충정책이 주어진 경우의 안전재고 계산

B&M Computer World사의 Palm에 대한 주간 수요가 평균 2,500이고 표준편차가 500인 정규분포를 따른다고 가정하자. 생산자는 B&M사 관리자가 낸 주문을 충족하는 데 2주일이 걸린다. 상점관리자는 현재 보유재고가 6,000개로 떨어질 때 10,000개의 Palm을 주문한다. B&M

사가 유지하는 안전재고와 평균 재고를 계산하라. 또한 Palm이 B&M사에서 머무는 평균 시간을 계산하라.

분석: 이러한 재고보충정책 하에서, 다음을 얻을 수 있다.

주당 평균 수요, $D = 2{,}500$
주당 수요의 표준편차, $\sigma_D = 500$
보충을 위한 평균 리드타임, $L = 2$주
재주문점, $ROP = 6{,}000$
평균 주문량, $Q = 10{,}000$

식 (11.3)을 이용하여 다음을 얻을 수 있다.

$$\text{안전재고, } ss = ROP - DL = 6{,}000 - 5{,}000 = 1{,}000$$

따라서 B&M사는 1,000개의 Palm 안전재고를 지닌다. 10장으로부터 다음을 기억할 수 있다.

$$\text{주기재고} = Q/2 = 10{,}000/2 = 5{,}000$$

따라서 다음을 얻을 수 있다.

$$\text{평균 재고} = \text{주기재고} + \text{안전재고} = 5{,}000 + 1{,}000 = 6{,}000$$

따라서 B&M사는 평균 6,000개의 Palm을 재고로 보유하게 된다. Little의 법칙(식 (3.1))을 이용하여 다음을 얻을 수 있다.

$$\text{평균 흐름시간} = \text{평균 재고/주당 판매량} = 6{,}000/2{,}500 = 2.4\text{주}$$

따라서 각각의 Palm은 B&M사에서 평균 2.4주 있게 된다.

이제 재고보충정책이 주어진 경우의 주기 서비스 수준을 어떻게 계산하는지 논의하고자 한다.

재고보충정책이 주어진 경우의 주기 서비스 수준 계산 재고보충정책이 주어진 경우, 우리의 목표는 보충주기 동안 재고부족이 없는 확률인 주기 서비스 수준(CSL)을 계산하는 것이다. 보유재고가 재주문점 ROP로 떨어질 때, Q만큼 주문하는 B&M사의 연속적 검토 보충정책을 다시 고려해 보자. 리드타임은 L주이고, 주간 수요가 평균이 D이고 표준편차가 σ_D인 정규분포를 따른다. 리드타임 동안의 수요가 재주문점 ROP보다 크면 주기에서 재고부족이 발생함을 알 수 있다. 따라서 다음을 얻을 수 있다.

$$CSL = \text{Prob}(L\text{주의 리드타임 동안의 수요} \le ROP)$$

이 확률을 계산하기 위해 리드타임 동안의 수요분포를 얻을 필요가 있다. 식 (11.2)로부터 리드타임 동안의 수요가 평균이 D_L이고 표준편차 σ_L인 정규분포를 따른다는 것을 알고 있다. 부록 11A로부터 정규분포에 대한 기호와 부록 11B에서 식 (11.21)을 이용하여 주기 서비스 수준을 다음과 같이 구할 수 있다.

$$CSL = F(ROP, D_L, \sigma_L) = NORMDIST(ROP, DL, \sigma_L, 1) \quad \textbf{(11.4)}$$

이제 예제 11.2에서 이 계산을 보여 주고자 한다.

예제 11.2

재고보충정책이 주어진 경우의 주기 서비스 수준 계산

B&M사의 Palm에 대한 주간 수요는 평균이 2,500이고 표준편차가 500인 정규분포를 따른다. 보충 리드타임은 2주이다. 각 주간의 수요는 서로 독립이라고 가정한다. 6,000개의 Palm이 재고로 있을 때 10,000개의 주문을 하는 재고보충정책의 결과로 얻게 되는 주기 서비스 수준을 계산하라.

분석: 이 경우 다음을 얻을 수 있다.

$$Q = 10{,}000,\ ROP = 6{,}000,\ L = 2\text{주}$$
$$D = 2{,}500/\text{주},\ \sigma_D = 500$$

B&M사가 주문을 하고 보충주문이 도착하는 사이의 2주 동안 재고부족이 발생할 위험이 있음을 알 수 있다. 따라서 재고부족 발생의 여부는 2주의 리드타임 동안의 수요에 달려 있다.

서로 다른 기간에 대한 수요는 독립이기 때문에 식 (11.2)를 이용하여 평균이 D_L이고 표준편차가 σ_L인 정규분포를 따르는 리드타임 동안의 수요를 얻을 수 있다.

$$D_L = DL = 2 \times 2{,}500 = 5{,}000 \qquad \sigma_L = \sqrt{L}\sigma_D = \sqrt{2} \times 500 = 707$$

식 (11.4)를 이용하여 주기 서비스 수준을 다음과 같이 계산할 수 있다.

$$CSL = F(ROP, D_L, \sigma_L) = NORMDIST(ROP, D_L, \sigma_L, 1)$$
$$= NORMDIST(6{,}000, 5{,}000, 707, 1) = 0.92$$

0.92의 주기 서비스 수준은 보충주기의 92퍼센트에 있어서 B&M사가 가용재고로부터 모든 수요를 공급할 수 있다는 것을 의미한다. 주기 중 나머지 8퍼센트에서는 재고부족이 발생하고 일부 수요는 재고의 부족으로 충족되지 못한다.

이제 재고보충정책이 주어진 경우의 충족률 계산에 대해 논의해 보자.

재고보충정책이 주어진 경우의 충족률 계산 충족률은 가용재고로부터 충족되는 고객 수요의 비율로 측정됨을 기억하자. 소매자의 관점에서 충족률은 주기 서비스 비율보다 더 적절한 척도이다. 왜냐하면 충족률은 소매사로 하여금 판매로 변화되는 수요의 비율을 추정할 수 있게 해 주기 때문이다. 주기 서비스 수준을 증가시키면 기업에 대한 충족률도 역시 증가시켜 주기 때문에 두 개의 척도는 아주 밀접하게 관련되어 있다. 우리의 논의는 보유량이 재주문점 ROP로 떨어질 때 Q만큼 주문하는 연속적 검토정책에 대한 충족률 계산에 한정한다.

충족률을 계산하기 위해, 보충주기 동안 재고부족이 발생할 수 있는 과정을 이해하는 것이 중요하다. 재고부족은 리드타임 동안의 수요가 재주문점을 초과할 때 발생한다. 따라서 각 보충주기에 있어서 재주문점을 초과한 수요의 평균량을 계산할 필요가 있다.

보충주기당 기대 품절(expected shortage per replenishment: ESC)은 보충주기당 보유재고로부터 충족되지 않는 수요의 평균량이다. Q의 주문량이 주어지면, 만족시키지 못한 수요의 비율은 ESC/Q이다. 따라서 제품 충족률 fr은 다음과 같이 주어진다.

$$fr = 1 - ESC/Q = (Q - ESC)/Q \tag{11.5}$$

품절은 보충주기에서 리드타임 동안의 수요가 재주문점 ROP를 초과하는 경우에만 발생한다. $f(x)$를 리드타임 동안의 수요분포에 대한 밀도함수라 하자. 보충주기당 기대 품절은 다음과 같이 주어진다.

$$ESC = \int_{x=ROP}^{\infty} (x - ROP) f(x)\, dx \tag{11.6}$$

리드타임 동안의 수요가 평균이 D_L이고 표준편차 σ_L인 정규분포를 따르는 경우에 안전재고 ss가 주어지면, 식 (11.6)은 다음과 같이 간단히 나타낼 수 있다.

$$ESC = -ss\left[1 - F_s\left(\frac{ss}{\sigma_L}\right)\right] + \sigma_L f_s\left(\frac{ss}{\sigma_L}\right) \tag{11.7}$$

여기서 f_S는 표준정규 누적분포함수이고 f_S는 표준정규 밀도함수이다. 정규분포의 자세한 설명은 부록 11A에 주어져 있다. 식 (11.7)의 단순화에 대한 자세한 사항은 부록 11C에 설명되어 있다. 부록 11B에 논의된 엑셀함수(식 (11.24)와 (11.25))를 이용하여 ESC는 (식 (11.7)을 이용하여) 다음과 같이 계산될 수 있다.

$$ESC = -ss[1 - NORMDIST(ss/\sigma_L, 0, 1, 1)] + \sigma_L \, NORMDIST(ss/\sigma_L, 0, 1, 0) \qquad \textbf{(11.8)}$$

보충주기당 기대 품절인 ESC가 주어지면, 충족률 *fr*을 계산하기 위해 식 (11.5)를 이용할 수 있다. 이제 예제 11.3에서 이 과정을 보이고자 한다.

예제 11.3
재고보충정책이 주어진 경우의 충족률 계산

예제 11.2로부터 B&M사의 Palm에 대한 주간 수요가 평균이 2,500이고 표준편차가 500인 정규분포를 따른다는 것을 기억하자. 보충 리드타임은 2주이다. 서로 다른 주의 수요는 독립이라고 가정한다. 재고에 6,000개의 Palm이 있을 때 10,000개의 Palm을 주문하는 정책의 결과로 얻게 되는 충족률을 계산하라.

분석: 예제 11.2의 분석으로부터 다음을 얻을 수 있다.

주문량, $Q = 10,000$
리드타임 동안의 평균 수요, $D_L = 5,000$
리드타임 동안의 수요의 표준편차, $\sigma_L = 707$

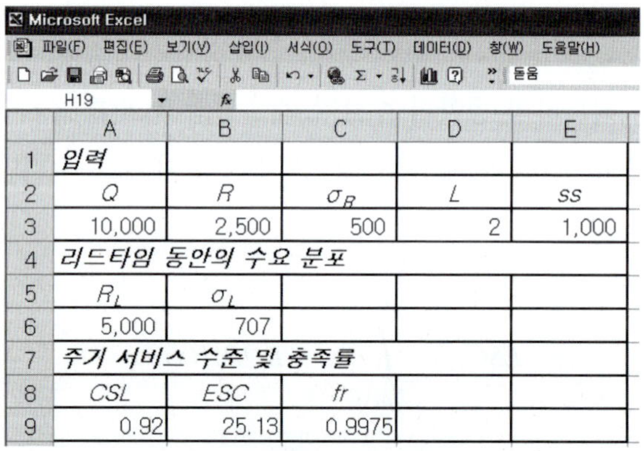

	A	B	C	D	E
1	입력				
2	Q	R	σ_R	L	ss
3	10,000	2,500	500	2	1,000
4	리드타임 동안의 수요 분포				
5	R_L	σ_L			
6	5,000	707			
7	주기 서비스 수준 및 충족률				
8	CSL	ESC	fr		
9	0.92	25.13	0.9975		

셀	셀 수식	식
A6	= B3*D3	11.2
B6	= SQRT(D3)*C3	11.2
A9	= NORMDIST(A6+E3, A6, B6, 1)	11.4
B9	= −E3*(1−NORMDIST(E3/B6, 0, 1, 1)) +B6*NORMDIST(E3/B6, 0, 1, 0)	11.8
C9	= (A3−B9)/A3	11.5

그림 11.2 예제 11.3의 엑셀 해

식 (11.3)을 이용하여 다음을 얻게 된다.

$$\text{안전재고}, ss = ROP - D_L = 6{,}000 - 5{,}000 = 1{,}000$$

따라서 식 (11.8)로부터 다음을 얻는다.

$$ESC = -1{,}000[1 - NORMDIST(1{,}000/707, 0, 1, 1)] + 707\ NORMDIST(1{,}000/707, 0, 1, 0) = 25$$

따라서 평균적으로 각 보충주기에서 고객의 수요 중 25개의 Palm이 가용재고에서 줄 수 없는 부분이다. 식 (11.5)를 이용하여 다음의 충족률을 얻는다.

$$fr = (Q - ESC)/Q = (10{,}000 - 25)/10{,}000 = 0.9975$$

바꿔 말하면, 99.75퍼센트의 수요가 저장재고로부터 충족된다. 이것은 동일한 보충정책에 대해 예제 11.2에서 얻은 92퍼센트의 주기 서비스 수준보다 훨씬 더 높다.

예제 11.3에 대한 모든 계산은 [그림 11.2]에서 보듯이 엑셀에서 쉽게 할 수 있다.

몇 가지 중요한 관찰을 할 수 있다. 먼저 같은 보충정책에 대하여 예제 11.3의 충족률(0.9975)은 예제 11.2의 주기 서비스 수준(0.92)보다 상당히 높음을 알 수 있다. 다음으로 다른 주문량으로 예를 풀어 보면, 서비스 수준에 대한 주문량 변화의 영향이 무엇인지 알 수 있다. Palm의 주문량을 10,000에서 20,000으로 증가시키는 것은 주기 서비스 수준(0.92로 고정)에 대해서는 영향을 미치지 않는다. 그러나 충족률은 0.9987까지 증가한다. 이것은 주문량의 증가가 더 적은 수의 보충주기를 갖기 때문이다. B&M사의 경우에 주문량을 10,000에서 20,000으로 증가시키는 것은 매 4주마다 보충이 일어나는 대신에 매 8주마다 보충이 일어나도록 한다. 92퍼센트의 주기 서비스 수준에 대해 10,000개의 주문량은 평균적으로 연간 한 번의 재고부족이 있는 주기를 가져다 주는 반면, 20,000개의 주문량은 평균적으로 매 2년마다 한 번의 재고부족을 가져다 준다. 따라서 충족률은 더 높다.

키포인트 안전재고를 증가시킴에 따라 충족률과 주기 서비스 수준 모두 증가한다. 동일한 안전재고에 대해 주문량의 증가는 충족률은 증가시키나 주기 서비스 수준은 증가시키지 않는다.

이제 원하는 주기 서비스 수준과 충족률이 주어지면 어떻게 적절한 안전재고의 수준을 얻는지를 논의하고자 한다.

원하는 주기 서비스 수준 또는 충족률이 주어진 경우 안전재고의 계산

많은 실제적인 경우에 기업들은 원하는 수준의 제품 가용성을 가지고 이러한 수준을 달성하기 위한 재고보충정책을 고안하고자 한다. 예를 들어, Wal-Mart사는 매장에서 팔리는 각 제품에 대해서 원하는 수준의 제품 가용성을 가지고 있다. 매장의 관리자는 이러한 목표를 달성시키기 위해 적절한 수준의 안전재고를 갖는 재고보충정책을 고안해야만 한다. 원하는 수준의 제품 가용성은 재고유지비용과 품절비용의 절충을 통해 결정될 수 있다(이 절충 문제는 12장에서 자세히 논의할 것이다). 다른 경우에는 원하는 수준의 제품 가용성이 (주기 서비스 수준 또는 충족률로) 계약에 명시적으로 기술되어 관리자는 이 원하는 수준을 달성할 재고보충정책을 고안해야만 한다.

원하는 주기 서비스 수준이 주어진 경우에 요구되는 안전재고의 계산 우리의 목표는 원하는 주기 서비스 수준이 주어질 때 적절한 수준의 안전재고를 얻는 것이다. 연속적 검토 보충정책을 가정한다. 매장에 있는 모든 제품에 대한 재고보충정책을 고안할 책임이 있는 Wal-Mart의 매장관리자를 고려해 보자. 그는 Lego 조립 블럭의 기본 박스에 대한 주기 서비스 수준 CSL을 정하고자 한다. L의 리드타임이 주어지면, 매장관리자는 적절한 재주문점과 원하는 서비스 수준을 달성해 주는 안전재고를 찾고자 한다.

Wal-Mart의 Lego에 대한 수요는 정규분포를 따르고 각 주의 수요는 독립이라 가정하자. 다음의 자료를 가정한다.

원하는 주기 서비스 수준 = CSL
리드타임 동안의 평균 수요 = D_L
리드타임 동안의 수요의 표준편차 = σ_L

식 (11.3)으로부터, $ROP = D_L + ss$임을 기억하자. 매장관리자는 다음이 성립할 때의 안전재고(ss)를 찾을 필요가 있다.

$$\text{Prob}(\text{리드타임 동안의 수요} \leq D_L + ss) = CSL$$

수요가 정규분포로 주어지면, 식 (11.4)를 이용하여 매장관리자는 다음이 성립할 때의 안전재고(ss)를 찾아야만 한다.

$$F(D_L + ss, D_L, \sigma_L) = CSL$$

부록 11A에 있는 정규분포의 역의 정의를 통해 다음을 얻을 수 있다.

$$D_L + ss = F^{-1}(CSL, D_L, \sigma_L) \text{ 또는 } ss = F^{-1}(CSL, D_L, \sigma_L) - D_L$$

표준정규분포의 정의와 부록 11A의 역 형태를 이용하여 다음을 보일 수 있다.

$$ss = F_S^{-1}(CSL) \times \sigma_L = NORMSINV(CSL) \times \sigma_L \quad \textbf{(11.9)}$$

예제 11.4에서 우리는 원하는 주기 서비스 수준이 주어지는 경우의 안전재고 계산을 보여주고자 한다.

예제 11.4

원하는 주기 서비스 수준이 주어진 경우의 안전재고 계산

Wal-Mart에서 Lego에 대한 주간 수요는 평균이 2,500박스이고 표준편차가 500인 정규분포를 따른다. 보충 리드타임은 2주이다. 연속적 검토 보충정책을 가정하여 90퍼센트의 주기 서비스 수준을 달성하기 위해 유지해야 할 안전재고를 계산하라.

분석: 이 경우에 다음을 가지고 있다.

$Q = 10{,}000$

$CSL = 0.9$

$L = 2$주

$D = 2{,}500$/주

$\sigma_D = 500$

서로 다른 기간에 대한 수요는 독립이기 때문에 식 (11.2)를 이용하여 평균이 D_L이고 표준편차 σ_L인 정규분포를 따르는 리드타임 동안의 수요를 찾을 수 있다. 여기서

$$D_L = DL = 2 \times 2{,}500 = 5{,}000 \qquad \sigma_L = \sqrt{L}\sigma_D = \sqrt{2} \times 500 = 707$$

이고. 식 (11.9)와 부록 11B에 있는 식 (11.26)을 이용하여 다음을 얻을 수 있다.

$$ss = F_s^{-1}(CSL) \times \sigma_L = NORMSINV(CSL) \times \sigma_L = NORMSINV(0.90) \times 707 = 906$$

따라서 90퍼센트의 주기 서비스 수준을 달성하기 위한 안전재고의 요구량은 906박스이다.

원하는 충족률이 주어진 경우의 요구되는 안전재고의 계산 이제 원하는 충족률 *fr*과 연속적 검토 보충정책이 주어진 경우의 요구되는 안전재고를 계산하고자 한다. Lego 조립 블럭에 대해 충족률 *fr*을 목표로 설정한 Wal-Mart의 상점관리자를 고려해 보자. 현재의 보충량은 Q이다. 첫 단계는 식 (11.5)를 이용해서 보충주기당 기대 품절인 ESC를 구하는 것이다. 이는 다음과 같다.

$$ESC = (1 - fr)Q$$

다음 단계는 앞에서 계산된 보충주기당 기대 품절인 ESC가 주어진 경우 식 (11.7)(그리고 엑셀을 이용하는 경우 식 (11.8))을 푸는 안전재고 *ss*를 구하는 것이다. 해답을 제공하는 공식을 찾는 것은 불가능하다. 식 (11.8)을 푸는 적절한 안전재고는 엑셀을 이용하여 *ss*의 서로 다른 값을 시도함으로써 쉽게 구해질 수 있다. 엑셀에서 안전재고는 예제 11.5에서 설명되듯이 목표값 찾기를 이용해서 직접 구해질 수 있다.

예제 11.5

원하는 충족률이 주어진 경우의 안전재고 계산

Wal-Mart에서 Lego에 대한 주간 수요는 평균이 2,500이고 표준편차가 500인 정규분포를 따른다. 보충 리드타임은 2주이다. 상점관리자는 현재 Lego사로부터 10,000박스의 보충주문을 낸다. 연속적 검토 보충정책을 가정할 때, 97.5퍼센트의 충족률을 달성하기 위해 유지해야 할 안전재고를 계산하라.

분석: 이 경우 다음을 얻을 수 있다.

원하는 충족률, $fr = 0.975$
주문량, $Q = 10{,}000$박스
리드타임 동안 수요의 표준편차, $\sigma_L = 707$

식 (11.5)로부터 보충주기당 기대 품절을 다음과 같이 얻는다.

$$ESC = (1 - fr)Q = (1 - 0.975)10{,}000 = 250$$

이제 안전재고 *ss*에 대해서는 식 (11.7)을 풀 필요가 있다.

$$ESC = 250 = -ss\left[1 - F_s\left(\frac{ss}{\sigma_L}\right)\right] + \sigma_L f_s\left(\frac{ss}{\sigma_L}\right) = -ss\left[1 - F_s\left(\frac{ss}{707}\right)\right] + 707 f_s\left(\frac{ss}{707}\right)$$

식 (11.8)을 이용하여 이 등식은 엑셀함수로 다음과 같이 다시 쓸 수 있다.

$$250 = -ss[1 - NORMSDIST(ss/707) + 707NORMSDIST(ss/707) \quad \textbf{(11.10)}$$

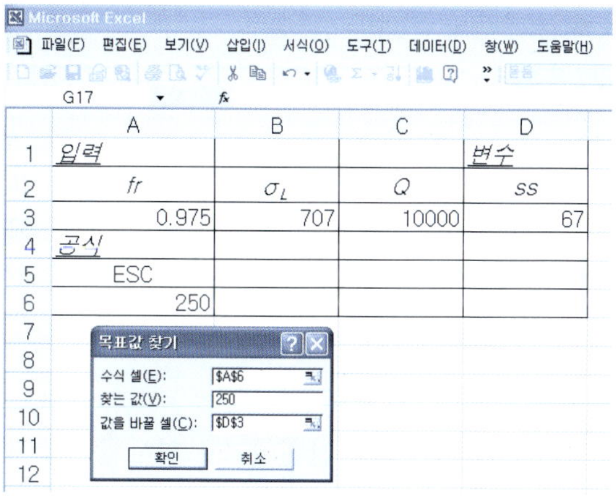

셀	셀 수식	식
A6	= −D3*(1−NORMSDIST(D3/B3)+B3*NORMDIST(D3/B3, 0, 1, 0)	11.10

그림 11.3 목표값 찾기를 이용한 *ss* 계산 스프레드시트

식 (11.10)은 식 (11.10)이 만족될 때까지 *ss*의 서로 다른 값을 시도해 봄으로써 엑셀에서 구해질 수 있다. 식 (11.10)을 풀기 위한 더 나은 방법은 다음과 같이 엑셀의 목표값 찾기를 이용하는 것이다.

먼저 [그림 11.3]에서 보여지듯이 스프레드시트를 작성한다. 여기서 셀 D3는 안전재고 *ss*에 대한 어떤 값을 가진다.

도구 | 목표값 찾기를 사용하여 목표값 찾기를 불러온다. 목표값 찾기 대화상자에 [그림 11.3]에 보여지는 데이터를 입력하고 확인을 누른다. 이 경우에 셀 D3는 셀 A6에 있는 공식의 값이 250이 될 때까지 변경된다.

목표값 찾기를 이용하여 [그림 11.3]에서 나타난 것과 같이 *ss* = 67박스의 안전재고를 구할 수 있다. 따라서 Wal-Mart의 상점관리자는 97.5퍼센트의 원하는 충족률을 얻기 위해 67박스의 안전재고를 목표로 설정해야만 한다.

이제 안전재고의 요구 수준에 영향을 주는 요인들을 알아본다.

원하는 제품 가용성과 불확실성의 안전재고에 대한 영향

안전재고의 요구 수준에 영향을 주는 두 가지 중요한 요인은 원하는 제품 가용성의 수준과 불확실성이다. 이제 각각의 요인이 안전재고에 미치는 영향을 논의하고자 한다.

표 11.1 여러 수준의 충족률에 대해 요구되는 안전재고

충족률	안전재고
97.5%	67
98.0%	183
98.5%	321
99.0%	499
99.5%	767

원하는 제품 가용성이 증가하면, 요구되는 안전재고도 역시 증가할 것이다. 왜냐하면 공급사슬은 비정상적인 높은 수요나 낮은 공급을 수용할 수 있어야만 하기 때문이다. 예제 11.5의 Wal-Mart의 상황에 대해 [표 11.1]에서 보여지듯이 여러 가지 수준의 충족률에 대해 요구되는 안전재고를 계산해 보았다.

충족률을 97.5퍼센트에서 98퍼센트로 증가시키면 안전재고는 추가적으로 116개가 필요하고, 충족률을 99.0퍼센트에서 99.5퍼센트로 증가시키면 추가적으로 268개의 안전재고가 필요함을 알 수 있다. 따라서 안전재고에서의 한계 증가량은 제품 가용성이 상승할수록 증가한다. 이러한 현상은 적절한 제품 가용성 수준의 선택이 중요함을 강조한다. 공급사슬 관리자는 높은 수준의 가용성을 요구하는 제품을 인식하여 그것에 대해서만 높은 안전재고를 유지하는 것이 매우 중요하다. 임의로 제품 가용성의 수준을 아주 높게 설정하여 그것을 모든 제품에 대해 요구하는 것은 적절하지 않다.

키포인트 원하는 제품 가용성이 증가함에 따라 요구되는 안전재고는 급격히 증가한다.

식 (11.9)로부터 요구되는 안전재고는 리드타임 동안의 수요의 표준편차인 σ_L에 의해서도 영향을 받는다. 리드타임 동안의 수요의 표준편차는 식 (11.2)에서 보여지듯이 주기수요의 표준편차인 σ_D 뿐만 아니라 리드타임의 길이인 L에 의해서 영향을 받는다. 안전재고와 σ_D 사이의 관계는 σ_D 가 10퍼센트 증가하면 안전재고가 10퍼센트 증가하는 선형관계이다. 안전재고 또한 리드타임 L의 증가에 따라 증가한다. 그러나 안전재고는 리드타임의 제곱근에 비례하므로 리드타임보다는 더욱 천천히 증가한다.

키포인트 리드타임 또는 주기수요의 표준편차의 증가에 따라서 요구되는 안전재고는 증가한다.

공급사슬 관리자의 목표는 제품 가용성에 영향을 주지 않는 방식으로 요구되는 안전재고의 수준을 줄이는 것이다. 앞의 논의는 이 목표를 달성하기 위해 이용될 수 있는 두 가지 중요한 관리방안을 강조한다.

1. **공급자의 리드타임(L)을 줄이기:** 리드타임이 k배만큼 줄어들면, 요구되는 안전재고는 $\sqrt{k}$배만큼 줄어든다. 여기서 단 하나의 단서는 공급자의 리드타임을 줄이는 것은 공급자로부터의 많은 노력을 요구하고, 반면에 안전재고의 감소는 소매자에게서 발생한다는 것이다. 따라서 17장에서 논의되는 것처럼 소매자는 그 결과로 나타나는 혜택의 일부를 나누는 것은 중요하다. Wal-Mart사, Seven-Eleven Japan사, 그리고 많은 다른 소매자들은 보충 리드타임을 줄이도록 그들의 공급자에게 엄청난 압력을 가한다. Dell사와 같은 생산자 역시 그들의 공급자에게 리드타임을 줄이도록 요구한다. 각각의 경우에 혜택은 감소된 안전재고의 형태로 나타난다.
2. **σ_D로 표현된 수요의 근본적인 불확실성 줄이기:** σ_D가 k배만큼 줄어든다면, 요구되는 안전재고도 역시 k배만큼 줄어든다. σ_D의 감소는 더 나은 시장 정보와 더 정교한 예측기법의 사용에 의해 얻어질 수 있다. Seven-Eleven Japan사는 매장관리자에게 수요에 영향을 미치는 날씨와 다른 요인들과 함께 이전의 수요에 대한 자세한 데이터를 제공한다. 이러한 시장 정보는 상점관리자로 하여금 불확실성을 줄여 더 나은 예측을 하도록 해 준다. 그러나 대부분의 공급사슬에 있어서 근본적인 수요의 불확실성을 줄이는 열쇠는 공급사슬 전체를 통해서 고객수요 데이터에 대한 모든 예측치를 연결하는 것이다. 수요 불확실성의 대부분은 공급사슬의 각 단계가 독립적으로 계획하고 예측하기 때문에 존재한다. 이것이 공급사슬을 통해 수요를 왜곡시켜 불확실성을 증가시킨다. 17장에서 논의될 개선된 통합이 종종 수요의 불확실성을 현저히 줄일 수 있다. Dell사와 Seven-Eleven Japan사는 모두 그들의 공급자와 수요정보를 공유하여 공급사슬 내의 불확실성을 줄이고 따라서 안전재고를 줄이고 있다.

11.3 안전재고에 대한 공급 불확실성의 영향

이제까지의 논의에서는 예측오차의 형태로 수요 불확실성이 있는 상황에 초점을 맞추었다. 많은 실제 상황에서 공급 불확실성 또한 중요한 역할을 한다. 공급 불확실성의 영향은 2007년 1월 브리튼섬의 남부 해안 MSC Napoli(해양관리협회)의 입항 금지 조치의 효과에서 잘 보여진다. 당시에 컨테이너는 1000톤이 넘는 니켈을 싣고 있었다. 이는 스테인레스 강의 주요 구성요소이다. 1000톤이란 양은 세계 니켈 재고량인 5052톤의 20%에 해당하는 양이었고, 이러한 금지 조치에 의한 딜레이는 심각한 니켈 부족을 야기시켰고, 이는 2007년 1월 첫 20일 동안 니켈 가격을 20% 상승시켰다.

오스틴에 있는 Dell사의 조립공장의 경우를 고려해 보자. Dell사는 고객의 주문에 따라 컴퓨터를 조립한다. 부품재고의 수준을 계획할 때, Dell사는 수요의 불확실성을 확실히 고려한다. 그러나 공급자들은 품질 문제 때문에 요구되는 부품을 정시에 배달할 수 없을지도 모른다. Dell사는 자사의 안전재고를 계획할 때 이러한 공급 불확실성을 또한 고려해야만 한다.

이전의 논의에서는 보충 리드타임이 고정된 경우를 고려하였다. 이 절에서는 리드타임이 불확실한 경우를 고려하고 안전재고에 대한 리드타임 불확실성의 영향을 찾아본다. 부품재고를 계획하는 Dell사의 경우를 계속하여 고려해 본다. Dell사에 대한 기간당 고객 수요와 부품공급자로부터의 보충 리드타임은 정규분포를 따른다고 가정한다. 입력값은 다음과 같다.

D: 기간당 평균 수요

σ_D: 기간당 수요의 표준편차

L: 평균 보충 리드타임

s_L: 리드타임의 표준편차

Dell사가 부품재고를 관리하기 위해 연속적 검토정책을 따른다고 할 때 안전재고의 요구 수준을 고려해 보자. Dell사는 리드타임 동안의 수요가 재주문점, 즉 Dell사가 보충주문을 낼 때 보유하고 있는 양을 초과하면 부품 품절을 겪게 된다. 따라서 리드타임 동안의 고객 수요의 분포를 알 필요가 있다. 리드타임과 주기수요가 둘 다 불확실하다고 하면, 리드타임 동안의 수요는 평균이 D_L 이고 표준편차가 σ_L 인 정규분포를 따른다. 여기서

$$D_L = DL \qquad \sigma_L = \sqrt{L\sigma_D^2 + D^2 s_L^2} \tag{11.11}$$

이다.

식 (11.11)의 리드타임 동안의 수요분포와 원하는 주기 서비스 수준 CSL이 주어지면, Dell사는 식 (11.9)를 이용해서 요구되는 안전재고를 구할 수 있다. 제품 가용성이 충족률로 정해지면 Dell사는 예제 11.5에서 소개된 절차를 이용하여 요구되는 안전재고를 얻을 수 있다. 예제 11.6에서, 우리는 Dell사에 있어서 안전재고의 요구 수준에 대한 리드타임 불확실성의 영향을 보여주고자 한다.

예제 11.6

안전재고에 대한 리드타임 불확실성의 영향

Dell사의 PC에 대한 일일 수요는 평균이 2,500이고 표준편차 500인 정규분포를 따른다. PC 조립에 사용되는 주요 부품은 하드드라이브이다. 하드드라이브 공급자는 Dell사의 재고를 보충해 주는 데 평균 L = 7일이 소요된다. Dell사는 하드드라이브 재고에 대해 (100퍼센트에 가까운

충족률을 제공하기 위해) 90퍼센트의 주기 서비스 수준을 목표로 설정하고 있다. 리드타임의 표준편차가 7일일 때 Dell사가 보유해야만 하는 하드드라이브의 안전재고를 계산하라. Dell사는 공급자들과 함께 표준편차를 0으로 줄이려고 노력하고 있다. Dell사가 이러한 주도적인 활동의 결과로 기대할 수 있는 안전재고에서의 감소분을 계산하라.

분석: 이 경우 다음을 가지고 있다.

기간당 평균 수요, $D = 2{,}500$
기간당 수요의 표준편차, $\sigma_D = 500$
평균 보충 리드타임, $L = 7$일
리드타임의 표준편차, $s_L = 7$일

먼저 리드타임 동안의 수요의 분포를 계산한다. 식 (11.11)을 이용하여 다음을 얻을 수 있다.

$$\text{리드타임 동안의 평균 수요, } D_L = DL = 2{,}500 \times 7 = 17{,}500$$

$$\text{리드타임 동안의 수요의 표준편차, } \sigma_L = \sqrt{L\sigma_D^2 + D^2 s_L^2} = \sqrt{7 \times 500^2 + 2{,}500^2 \times 7^2} = 17{,}550$$

요구되는 안전재고는 식 (11.9)와 (11.26)을 이용해서 다음과 같이 얻을 수 있다.

$$ss = F_S^{-1}(CSL) \times \sigma_L = NORMSINV(CSL) \times \sigma_L = NORMSINV(0.90) \times 17{,}550 = 22{,}491 \text{ 하드드라이브}$$

리드타임의 표준편차가 7일이면, Dell사는 22,491개의 드라이브를 안전재고로 보유해야만 한다. 이것은 하드드라이브에 대한 9일분의 수요와 동일함을 알 수 있다.

[표 11.2]에서, Dell사가 공급자들과 함께 리드타임의 표준편차를 0까지 줄이려고 노력할 때

표 11.2 리드타임 불확실성 함수에 따라 요구되는 안전재고

σ_R	σ_L	ss(단위)	ss(일)
6	15,058	19,298	7.72
5	12,570	16,109	6.44
4	10,087	12,927	5.17
3	7,616	9,760	3.90
2	5,172	6,628	2.65
1	2,828	3,625	1.45
0	1,323	1,695	0.68

요구되는 안전재고를 보여 준다. [표 11.2]로부터, 리드타임 불확실성의 감소는 Dell사로 하여금 하드드라이브의 안전재고를 엄청나게 줄일 수 있도록 해 준다. 리드타임의 표준편차가 7일에서 0으로 감소함에 따라 안전재고의 양도 9일분의 수요에서 하루분의 수요보다도 작게 줄어든다.

이 예는 안전재고의 요구량에 대한 리드타임 변동성의 영향과 리드타임의 변동성 감소 또는 정시배달의 개선으로부터 얻게 되는 엄청난 잠재 혜택을 강조한다. 종종 현실적으로 안전재고를 계산하는 데 있어서 공급 불확실성에 대한 어떠한 척도도 포함시키지 않는다. 그 결과 안전재고의 수준은 요구되는 것보다 낮게 나타나고, 이것은 제품 가용성에 피해를 준다.

키포인트 공급 불확실성의 감소는 제품 가용성을 떨어뜨리지 않으면서 요구되는 안전재고를 크게 감소시켜 준다.

실제로 공급 리드타임의 변동성은 공급자와 주문을 수령하는 쪽 모두에서의 관행으로 생기게 된다. 공급자는 종종 실행 가능한 방식으로 그들의 생산 일정을 계획해 주지 못하게 하는 열악한 계획 도구를 가지고 있다. 오늘날 대부분의 공급사슬 계획을 수행하는 사람들은 공급자들이 충족될 수 있는 리드타임을 약속할 수 있게 해 주는 좋은 생산계획 도구들을 가지고 있다. 이것은 리드타임의 변동성을 줄이는 데 도움을 준다. 다른 경우는 주문을 하는 쪽의 행동이 종종 리드타임의 변동성을 증가시킨다. 하나의 예를 들면, 한 분배자가 같은 날에 모든 공급자에게 주문을 했다. 그 결과 모든 배달이 같은 날에 도착하게 된다. 배달의 급증으로 모든 배달을 하루에 수령하는 것이 불가능하게 된다. 종종 배달된 것은 그것이 배달되고 나서 며칠까지는 재고로 나타나지 않는다. 이것은 공급 리드타임이 크고 변동성이 있다는 인식을 낳게 해 준다. 주간에 걸쳐 주문을 평준화함으로써 리드타임과 리드타임의 변동성이 상당히 줄어들고 따라서 분배자는 자신의 안전재고를 줄일 수 있다.

이제 통합이 공급사슬의 안전재고량을 어떻게 줄이는지를 논의하고자 한다.

11.4 안전재고에 대한 통합의 영향

실제로 여러 공급사슬은 다양한 정도로 재고통합을 하고 있다. 예를 들면, HP사는 전국에 걸쳐서 분포된 재고를 갖는 Best Buy사 같은 소매자를 통해서 컴퓨터를 판매한다. 이와는 대조적으로, Dell사는 모든 고객의 주문을 선적하는 몇몇 중앙집중화된 시설을 가지고 있다.

Borders사와 Barnes & Noble사는 전국에 걸쳐서 지리적으로 분포된 재고를 갖는 소매점으로부터 책과 음반을 판다. 반면에, Aamazon.com은 모든 책과 음반을 몇 개의 시설로부터 선적한다. Seven-Eleven Japan사는 일본 전역에 걸쳐서 빽빽하게 분포되어 있는 작은 편의점들을 소유하고 있다. 반면에, 슈퍼마켓은 밀도 있게 분포되어 있지 않지만 규모는 더 큰 경향이 있다.

우리의 목표는 앞에서 언급된 각각의 예에 있어서의 동합이 예측의 성확성과 안전재고에 어떠한 영향을 미치는지를 이해하는 것이다. 수요가 다음과 같은 정규분포를 따르는 k개의 지역을 고려해 보자.

D_i: 지역 i에서의 평균 주간 수요, $i = 1, \ldots, k$
σ_i: 지역 i에서의 주간 수요에 대한 표준편차, $i = 1, \ldots, k$
ρ_{ij}: 지역 i, j에 대한 주간 수요의 상관, $1 \leq i \neq j \leq k$

k지역에서의 수요를 충족시키는 두 가지 방법이 있다. 하나는 각 지역에 지역재고를 갖는 것이고, 다른 하나는 하나의 집중화된 시설에 모든 재고를 통합하는 것이다. 우리의 목표는 두 경우에 있어서 안전재고를 비교하는 것이다. 보충 리드타임 L과 원하는 주기 서비스 수준 CSL이 주어질 때 분산화된 경우의 총안전재고는 (식 (11.2)와 (11.9)를 사용하여) 다음과 같이 주어진다.

$$\text{분산화된 경우 총안전재고} = \sum_{i=1}^{k} F_S^{-1}(CSL) \times \sqrt{L} \times \sigma_i \tag{11.12}$$

모든 재고가 중앙 지역에 통합되어 있다면 통합수요의 분포를 파악할 필요가 있다. 통합수요는 평균 D^C, 표준편차 σ_D^C, 그리고 분산 var(D^C)인 정규분포를 따르며, 이는 다음을 만족한다.

$$D^C = \sum_{i=1}^{k} D_i \qquad \text{var}(D^C) = \sum_{i=1}^{k} \sigma_i^2 + 2\sum_{i>j} \rho_{ij}\sigma_i\sigma_j \qquad \sigma_D^C = \sqrt{\text{var}(D^C)} \tag{11.13}$$

k개 지역 모두의 수요가 독립적이고($\rho_{ij} = 0$), 평균이 D, 표준편차가 σ인 동일한 분포를 따른다면 식 (11.13)은 다음과 같이 단순화될 수 있다.

$$D^C = kD \qquad \sigma_D^C = \sqrt{k}\sigma \tag{11.14}$$

집중화된 지역에서의 요구되는 안전재고는 다음과 같이 주어진다.

$$\text{통합의 경우 요구되는 안전재고} = F_S^{-1}(CSL) \times \sqrt{L} \times \sigma_D^C \tag{11.15}$$

통합에 따라 판매되는 단위당 유지비용의 감소는 유지비용의 감소 부분을 총수요 kD로 나누어 구할 수 있다. H가 단위당 유지비용이라면 식 (11.13)과 (11.15)를 사용하여 단위당 감소를 다음과 같이 구할 수 있다.

통합의 경우 판매 단위당 유지비용 감소

$$= \frac{F_S^{-1}(CSL) \times \sqrt{L} \times H}{D^C} \times \left(\sum_{i=1}^{k} \sigma_i - \sigma_D^C \right) \tag{11.16}$$

식 (11.13)으로부터 차이($\Sigma_{i=1}^{k}\sigma_i - \sigma_D^C$)는 상관계수 ρ_{ij}에 의해 영향 받음을 알 수 있다. 이러한 차이는 상관계수가 −1(음의 상관)에 가까우면 커지고 +1(양의 상관)에 가까우면 줄어든다. 통합에 대한 재고의 감소는 상관계수가 1보다 적은 한 항상 양수이다. 따라서 식 (11.16)으로부터 통합의 가치에 대해 다음의 결론을 도출할 수 있다.

- 통합에 대한 안전재고의 감소는 원하는 주기 서비스 수준 *CSL*에 따라 증가한다.
- 통합에 대한 안전재고의 감소는 보충 리드타임 L에 따라 증가한다.
- 통합에 대한 안전재고의 감소는 유지비용 H에 따라 증가한다.
- 통합에 대한 안전재고의 감소는 상관계수가 증가함에 따라 감소한다.

예제 11.7에서, 통합에 대한 재고 감소와 이 안전재고의 감소에 대한 상관계수의 영향을 보여준다.

예제 11.7
통합의 가치에 대한 상관의 영향

BMW사의 한 딜러는 시카고 전지역을 서비스하는 네 곳의 소매점을 가지고 있다(비통합 방식). 각 매장에 대한 주간 수요는 평균 $D = 25$이고 표준편차 $\sigma_D = 5$인 정규분포를 따른다. 생산자로부터의 보충 리드타임 $L = 2$주이다. 각 매장은 서로 떨어져 있는 지리적 지역을 담당하고, 어떤 두 지역에 걸친 수요의 상관계수는 ρ이다. 이 딜러는 네 개의 매장을 하나의 큰 매장으로 대체할 가능성을 고려하고 있다(통합 방식). 중앙집중형 매장에서의 수요는 네 지역 모두에 걸친 수요의 합이라 가정한다. 이 딜러는 0.90의 주기 서비스 수준을 목표로 설정하고 있다. 상관계수 ρ가 0과 1 사이에서 변화할 때 두 가지 방식에서 필요한 안전재고의 수준을 비교하라.

분석: 각 지역에서의 수요가 독립(즉, $\rho = 0$)일 때의 자세한 분석을 제공하고자 한다. 각 소매점에 대해 다음의 정보를 가지고 있다.

주간 수요의 표준편차, $\sigma_D = 5$
보충 리드타임, $L = 2$주

표 11.3 비통합과 통합 방식에서의 안전재고

ρ	비통합 방식에서의 안전재고	통합 방식에서의 안전재고
0	36.24	18.12
0.2	36.24	22.92
0.4	36.24	26.88
0.6	36.24	30.32
0.8	36.24	33.41
1.0	36.24	36.24

$\rho_{ji} = 0$인 경우 식 (11.12)를 이용하여, 비통합 방식에서의 $CSL = 0.90$을 위해 요구되는 안전재고는 다음과 같다.

$$\text{요구되는 안전재고, } ss = k \times F_s^{-1}(CSL) \times \sqrt{L} \times \sigma_D$$
$$= 4 \times F_s^{-1}(0.9) \times \sqrt{2} \times 5 = 36.24 \text{ 대}$$

이제 통합 방식을 고려해 보자. 네 개 지역의 수요는 독립적이므로 $\rho = 0$이다. 통합된 주간 수요의 표준편차는 식 (11.14)를 이용하면 다음과 같다.

$$\text{중앙집중형 매장에서 주간 수요의 표준편차, } \sigma_D^C = \sqrt{4} \times 5 = 10$$

통합 방식을 선택할 경우 0.90의 CSL을 위해 요구되는 안전재고는 다음과 같다(식 (11.15) 이용).

$$ss = F_s^{-1}(0.90) \times \sqrt{L} \times \sigma_D^C = NORMSINV(0.90) \times \sqrt{2} \times 10 = 18.12$$

식 (11.12)부터 (11.15)를 이용하여 통합 방식뿐만 아니라 비통합 방식에 대한 안전재고의 요구수준을 서로 다른 ρ값에 대해 얻을 수 있다. 이 결과들은 [표 11.3]에서 보여진다. 비통합 방식에 대한 안전재고가 모든 수요들이 완전히게 양의 상관관계를 갖는 경우를 제외하고는 통합 방식에 대한 안전재고보다 더 높음을 알 수 있다. 통합의 혜택은 서로 다른 지역의 수요가 더 큰 양의 상관관계를 가짐에 따라 줄어든다.

예제 11.7과 이전의 논의는 통합이 수요의 불확실성을 줄여 주고, 따라서 통합될 수요가 완전한 양의 상관관계를 갖지 않는 한 요구되는 안전재고를 줄여 준다는 것을 보여 주고 있다. 대부분의 제품에 대한 수요는 서로 다른 지리적인 지역에 걸쳐 완전한 양의 상관관계를 나타내지는 않는다. 난방용 석유와 같은 제품의 경우 인접한 지역의 수요는 서로 양의 상관관계를

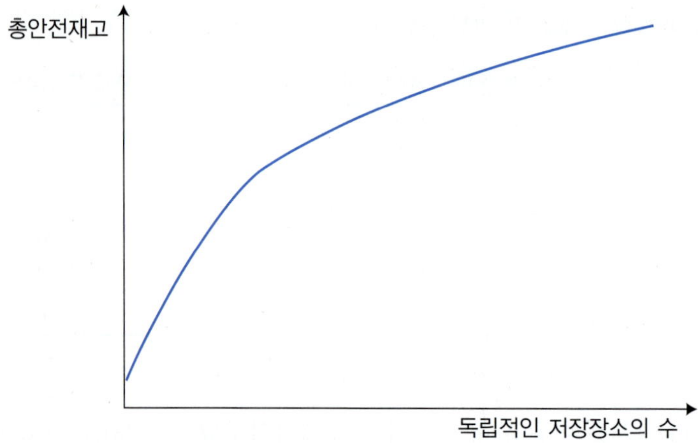

그림 11.4 제곱근의 법칙

나타낸다. 반면에, 우유나 설탕 같은 제품들의 경우 지역별 수요는 서로 독립적일 것이다. 서로 다른 지리적인 지역에서의 수요가 거의 같은 크기이고 독립인 경우에 통합은 통합될 지역 수의 제곱근만큼 안전재고를 줄여 준다. 다시 말하면, 독립적인 저장장소의 수가 n배만큼 줄어들면, 평균 안전재고는 $\sqrt{n}$만큼 줄어드는 것으로 기대된다. 이러한 법칙을 제곱근의 법칙이라 한다. 제곱근의 법칙은 [그림 11.4]에 나타나 있다.

대부분의 전자상거래 기업들은 재고의 감소라는 측면에서 통합의 이점을 활용한다. 이러한 면에서 가장 잘 알려진 예는 Amazon.com이다. Amazon.com은 몇 개의 장소에 그들의 책과 음반 재고를 통합해 오고 있다. 그 결과 모든 소매점에서 재고를 보유해야만 하는 Borders사와 Barnes & Noble사 같은 서적체인보다 더 낮은 수준의 책과 음반 재고를 가지고 있다.

그러나 한 장소에 물리적으로 재고를 통합하는 것이 최적이 아닌 상황이 있다. 하나의 장소에 모든 재고를 통합하는 데 대한 두 가지 중요한 단점이 있다.

1. 고객 주문에 대한 대응시간의 증가
2. 고객까지의 수송비용의 증가

두 가지 단점은 재고와 고객 사이의 평균 거리가 통합에 따라 증가하기 때문에 발생한다. 이러한 상황에서는 고객이 제품에 접근하기 위해 더 많이 이동해야만 하거나 제품이 고객에 도달되기 위해 더 먼 거리에 걸쳐 선적되어야만 한다. 예를 들어, Gap사와 같은 소매체인은 많은 수의 소규모 매장을 설치하거나 또는 몇 개의 큰 매장을 설치하는 선택권을 가진다. Gap사는 지역에 골고루 퍼져 있는 많은 수의 작은 매장을 가지는 경향이 있다. 왜냐하면 이러한 전략은 고객이 매장에 도달하기 위해 이동해야 하는 거리를 줄여 주기 때문이다. 만약 Gap사가 하나의 대형 중앙집중형 매장을 가진다면, 고객들이 이동해야 하는 평균 거리가 증가하고 따라서 대응시간도 증가할 것이다. 결론적으로, 고객대응시간을 감소시키려는 요구가 기업으로 하여금 복수의 매장을 갖게 하는 이유가 된다. 또 다른 예는 MRO 제품 공급자인 McMaster-Carr사이다. McMaster-Carr사는 고객에게 제품을 선적하기 위해 UPS를 이용한다. 선적요금은 목적지뿐만 아니라 출발점을 근거로 책정되기 때문에, 하나의 중앙집중화된 창고를 가지는 것은 고객에 대한 대응시간뿐만 아니라 평균 선적비용을 증가시킬 것이다. 따라서 McMaster-Carr사는 미국의 대부분 지역에 익일 배달이 가능하도록 6개의 창고를 가지고 있다. McMaster-Carr사가 단지 하나의 창고만을 가지고 있다면 UPS를 통한 익일 배달은 합리적인 비용에서 가능하지 않았을 것이다. 시애틀에서 하나의 창고로 시작한 Amazon.com조차도 Amazon.com이 성장함에 따라, 대응시간을 개선시키고 고객까지의 수송비용을 줄이기 위해 미국의 여러 다른 지역에 더 많은 창고를 추가해 왔다.

이 예들은 한 장소에 물리적으로 재고를 통합하는 것이 최적이 아닐 수도 있는 경우를 강조하고 있다. 그러나 안전재고를 통합하는 데는 명백한 혜택들이 있다. 이제 공급사슬이 한 장소에 모든 재고를 물리적으로 중앙집중화하지 않고서도 통합의 혜택을 누릴 수 있는 여러 방법들을 논의하고자 한다.

정보의 중앙집중화

McMaster-Carr사는 6개의 저장장소를 가지고 있음에도 불구하고 모든 재고를 가상적으로 통합할 수 있는 정보의 중앙집중화를 이용한다. 이 기업은 각 창고로부터 현재의 재고기록에 접근할 수 있도록 해 주는 정보 시스템을 구축하였다. 예를 들어, 모터와 펌프를 주문하는 시카고의 고객을 생각해 보자. 고객의 주문이 도달했을 때, McMaster-Carr사는 시카코 창고가 전체 주문을 충족시킬 수 있는지를 우선 검토한다. 만일 이것이 가능하다면, 이 주문은 수송비용을 최소화하기 위해 시카고 창고로부터 선적된다.

시카고 창고가 모터는 있으나 펌프가 고갈인 경우, McMaster-Carr사는 펌프를 재고로 가지고 있는 가장 가까운 창고로부터 펌프를 얻어 둔다. 펌프가 창고로부터 시카고로 선적되어 오면 시카고에서 펌프는 모터와 합쳐져 단일선적품으로 고객에게 보내진다. 따라서 주문이 어디에서 오든지 간에 모든 지역의 재고는 모든 주문에 대해 이용 가능하다. 정보의 중앙집중화는 McMaster-Carr사로 하여금 재고를 가상적으로 통합함으로써 높은 수준의 제품 가용성을 제공하면서 동시에 요구되는 재고 수준을 줄일 수 있도록 해 준다.

정보의 중앙집중화에 대한 혜택은 대부분의 주문들이 고객에 가장 가까운 창고로부터 채워져 수송비용을 낮춰 준다는 사실에서 비롯된다. 품절의 경우에는 다른 창고가 주문을 충족시켜 제품 가용성을 향상시킨다. 그 결과 McMaster-Carr사는 제품 가용성을 손상시키지 않고서도 안전재고를 줄일 수 있다.

Gap사와 같은 소매자들 역시 정보의 중앙집중화를 매우 효과적으로 사용한다. 고객이 원하는 크기나 색상을 매장이 가지고 있지 않다면, 매장의 종업원은 이용 가능한 정보 시스템을 통해서 고객에게 재고로 그 제품을 가지고 있는 가장 가까운 매장을 알려 줄 수 있다. 그러면 고객은 이 매장으로 가거나 제품이 자기집으로 배달되도록 할 수 있다. 따라서 Gap사는 재고가 물리적으로 떨어져 있음에도 불구하고 모든 소매점에 걸친 재고를 가상적으로 통합하기 위해 정보의 중앙집중화를 이용한다. 이것은 Gap사로 하여금 높은 수준의 제품 가용성을 제공하면서도 동시에 유지해야 할 안전재고의 양을 줄이도록 해 준다.

Wal-Mart사는 상점의 관리자가 자기 매장에서 매우 잘 팔리는 품목의 초과분이 다른 매장에 있는지를 찾도록 해 주는 정보 시스템을 가지고 있다. Wal-Mart사는 매장의 관리자가 제품을 교환하여 이 제품이 높은 수요가 있는 매장에 도달될 수 있도록 해 주는 수송을 제공한다. 이 경우 Wal-Mart사는 대응 수송 시스템을 갖는 정보의 중앙집중화를 이용하여 높은 수준의 제품 가용성을 제공하면서도 동시에 유지해야 할 안전재고의 양을 줄이고 있다.

전문화

대부분의 공급사슬은 고객에게 다양한 종류의 제품을 제공한다. 재고가 복수의 장소에서 저장될 때, 공급사슬 관리자의 중요한 의사결정은 모든 제품을 모든 장소에 저장해야만 하는지의 여부이다. 분명히 어떤 한 지역에서 팔리지 않는 제품은 그곳에 위치한 창고나 소매점에 재고로 유지되지 말아야 한다. 예를 들어, 남부 플로리다에 있는 Sears 소매점이 다양한 스노우부츠를 재고로 가지고 있는 것은 말이 되지 않는다.

저장에 관한 의사결정을 할 때 고려해야만 하는 또 다른 중요한 요인은 통합으로부터 주어지는 안전재고의 감소이다. 만일 통합이 하나의 제품에 대해 요구되는 안전재고를 많이 줄여 준다면, 하나의 중앙저장장소에 제품을 유지하는 것이 더 좋다. 만일 통합이 하나의 제품에 대해 요구되는 안전재고를 조금만 줄여 준다면, 대응시간과 수송비용을 줄이기 위해 복수의 분산된 장소에 제품을 유지하는 것이 제일 좋다.

통합으로 인한 안전재고의 감소는 수요의 변동계수에 의해 큰 영향을 받는다. 변동계수가 아주 낮은 제품에 대해서는 통합되지 않은 수요도 정확하게 예측될 수 있다. 그 결과 통합으로부터의 혜택은 작다. 변동계수가 높은 제품에 대해서는 비통합된 수요를 예측하는 것이 매우 어렵다. 이 경우에 통합은 예측의 정확성을 상당히 개선시켜 주므로 많은 혜택을 제공한다. 예제 11.8에서 이 아이디어를 보여 주고자 한다.

예제 11.8

통합의 가치에 대한 변동계수의 영향

MRO 제품의 공급자인 W.W. Grainger사가 미국 전역에 걸쳐 분포되어 있는 1,600개의 매장을 가지고 있다고 가정하자. 두 개의 제품, 즉 대형 전기모터와 산업용 세제를 고려해 보자. 모터 가격은 500달러이고 세제 한 캔의 가격은 30달러이다. 각 매장에서의 모터에 대한 주간 수요는 평균 20이고 표준편차가 40인 정규분포를 따른다. 각 매장에서의 세제에 대한 주간 수요는 평균이 1,000이고 표준편차가 100인 정규분포를 따른다. 각 매장의 수요는 독립이고 모터와 세제 모두에 대한 리드타임은 4주이다. W.W. Grainger사는 25퍼센트의 재고유지비용을 가지고 있다. 두 제품의 각각에 대해, 만일 두 제품을 소매점에서 없애고 대신에 하나의 중앙집중화된 분배센터(distribution center: DC)에서 유지한다고 하면, 그 결과 나타나는 안전재고의 감소분을 계산하라. 원하는 주기 서비스 수준 *CSL*은 0.95로 가정한다.

분석: 안전재고와 두 제품 각각에 대한 통합의 가치에 대한 계산은 [표 11.4]에 나타나 있다. 모든 계산은 앞에서 논의되고 예제 11.7에서 제시된 방법을 이용하였다. [표 11.4]에서 보여지듯이, 모터를 중앙집중화함으로써 얻는 혜택은 세제를 중앙집중화함으로써 얻는 혜택보다 훨씬

표 11.4 W.W. Grainge사에서 통합의 가치

	모터	세제
각 매장에 저장된 재고		
각 매장의 주간 수요의 평균	20	1,000
표준편차	40	100
변동계수	2.0	0.1
각 매장의 안전재고	132	329
총안전재고	211,200	526,400
안전재고의 가치	105,600,000달러	15,792,000달러
DC에 통합된 재고		
통합수요의 주간 평균	32,000	1,600,000
통합수요의 표준편차	1,600	4,000
변동계수	0.05	0.0025
통합 안전재고	5,264	13,159
안전재고의 가치	2,632,000달러	394,770달러
감소분		
통합에서의 총재고 감소분	102,968,000달러	15,397,230달러
통합에서의 총재고 유지비용 감소분	25,742,000달러	3,849,308달러
판매된 각 제품당 재고유지비용 감소분	15.47달러	0.046달러
제품 가격에서 감소 비율	3.09%	0.15%

크다. W.W. Grainger사는 세제는 각 매장들에 저장하고 모터들은 DC에 저장하도록 조언을 받을 것이다. 세제가 높은 수요를 갖는 품목으로 주어진 경우 고객들은 매장에서 사려고 한 그 날에 제품을 살 수 있을 것이다. 모터가 저수요의 품목으로 주어진 경우 고객들은 DC로부터 선적되어 오는 며칠간을 기꺼이 기다릴 것이다.

키포인트 품목의 변동계수가 높으면 높을수록 중앙집중화의 결과로 얻게 되는 안전재고의 감소분은 더욱 더 커진다.

아주 낮은 수요를 갖는 품목들은 늦게 움직이는 품목으로 언급되는데 이것은 일반적으로 높은 변동계수를 갖는다. 반면에, 높은 수요를 갖는 품목들은 빨리 움직이는 품목으로 언급되는데 일반적으로 낮은 변동계수를 갖는다. 많은 공급사슬에 대해 빨리 움직이는 품목은 고객에게 가까운 지역에 분산되어 있는 장소에 저장하고 늦게 움직이는 품목은 중앙집중화된 장소에 저장하는 식으로 유통 네트워크를 전문화하면, 고객대응시간이 나빠지거나 수송비용이 증가되지 않고서도 안전재고를 상당히 줄일 수 있다. 그러면 중앙집중화된 장소는 늦게 움직이는 품목을 취급하는 데 전문화된다.

물론 제품을 저장장소에 할당하는 것을 결정하는 데 고려할 필요가 있는 다른 요인들이 있다. 예를 들어, 긴급품목은 고객이 그것을 긴급하게 필요로 하기 때문에 비록 변동계수가 높다 하더라도 매장에 저장되어야 한다. 또한 품목의 비용도 고려해야 한다. 높은 가치의 품목은 낮은 가치의 품목보다 중앙집중화를 통해서 더 큰 혜택을 가져다 줄 것이다.

전통매장을 가진 기업들이 전자상거래 전략을 고안할 때, 전문화의 아이디어를 고려하는 것은 중요하다. 예를 들어, Barnes & Noble사와 같은 서적체인을 고려해 보자. 각 매장은 100,000권 정도의 책을 유지하는 것이 가능하다. 이 책들은 두 개의 넓은 범주, 즉 높은 수요를 가진 베스트셀러와 아주 낮은 수요를 갖는 다른 책들로 구분될 수 있다. Barnes & Noble는 소매점들이 주로 베스트셀러를 재고로 가지는 전자상거래 전략을 고안할 수 있다. 소매점은 또한 고객들이 살펴볼 수 있도록 다른 책들 각각에 대해서도 하나 또는 많아야 두 권의 책을 가지고 있다. 고객들은 매장의 barnesandnoble.com에 접속을 가능하게 해 주는 정보검색 장소를 통해 매장에 없는 모든 책을 검색할 수 있다. 이러한 전략은 고객들로 하여금 Barnes & Noble 매장으로부터 엄청난 양의 책에 접근할 수 있도록 해 준다. 고객들은 적게 팔리는 책은 barnesandnoble.com을 통해 주문을 내고 많이 팔리는 책은 매장에서 바로 구매할 수 있다. 이 전문화

전략은 Barnes & Noble사로 하여금 온라인 채널을 통해서 팔리는 모든 늦게 움직이는 품목들을 통합할 수 있도록 해 준다. 모든 베스트셀러들은 분산되어 고객에 가까운 곳에 유지된다. 따라서 공급사슬은 다소 높은 수송비용을 지불하고 늦게 움직이는 품목에 대한 재고비용을 감소시킬 수 있다. 빨리 움직이는 품목에 대해서는 공급사슬이 적은 수송비용과 고객에 가까운 소매점에 품목들을 유지함으로써 더 나은 대응시간을 가져다 준다.

Gap사는 유사한 전략을 취하여 온라인 채널을 기업의 소매점들과 통합하였다. 소매점에서 온라인으로 주문하기 위해 터미널이 이용 가능하다. 소매점은 빨리 움직이는 품목을 유지하고 고객들은 온라인으로 늦게 움직이는 색상이나 크기의 품목을 주문할 수 있다. 따라서 Gap사는 공급사슬의 재고를 줄이면서도 동시에 고객이 이용 가능한 제품의 다양성을 증가시킬 수 있다. Walmart.com 또한 늦게 움직이는 품목은 온라인을 이용하는 전략을 도입하였다.

제품대체

제품대체란 하나의 제품에 대한 수요를 만족시키기 위해 또 다른 제품을 사용하는 것을 말한다. 제품대체가 일어나는 두 가지 경우가 있다.

1. **생산자 위주의 대체:** 이 경우 생산자 또는 공급자가 대체에 대한 의사결정을 한다. 일반적으로 생산자는 재고로 있지 않은 저가치 제품에 대해 고가치 제품으로 대체할 것이다. 예를 들어, Dell사는 만일 적은 용량의 드라이브가 품절되었다면 100기가바이트의 하드드라이브를 요구하는 고객 주문에 대해 120기가바이트의 하드드라이브를 설치할 수도 있다.
2. **고객 위주의 대체:** 이 경우 고객이 대체에 대한 의사결정을 한다. 예를 들어, 1갤론짜리 세제를 사러 Wal-Mart에 간 고객이 그 사이즈가 없다면 1/2갤론짜리 세제를 살 수도 있다. 이 경우 고객은 1갤론짜리를 1/2갤론짜리로 대체한 것이다.

이 두 가지 경우에 대체는 공급사슬이 제품 가용성을 손상시키지 않으면서도 동시에 안전재고를 줄일 수 있도록 통합재고를 사용하여 수요를 만족시키도록 해 준다. 일반적으로 두 개의 제품이나 부품이 주어진다면, 대체는 일방향(one-way)—즉, 제품(부품) 중 하나만이 다른 것을 대체하는 경우—이거나 양방향(two-way)—즉, 두 제품(부품)이 서로를 대체하는 경우—일 수 있다. 생산자 위주의 대체 경우는 일방향 대체를, 그리고 고객 위주의 대체 경우에는 양방향 대체를 간략하게 논의하고자 한다.

생산자 위주의 일방향 대체 고객에게 직접 판매를 하는 PC 생산자를 고려해 보자. 이 회사는 고객에게 100에서 300기가바이트 사이의 드라이브를 제공한다. 고객은 자기가 선택한 드라이브의 사이즈에 따라서 대금을 지불한다. 더 큰 사이즈일수록 가격이 비싸다. 만일 고객이 200기가바이트 드라이브를 주문하고 PC 생산자가 이 사이즈의 드라이브가 없다면, 두 가지 가능한 선택은 다음과 같다: (1) 고객의 주문을 지연시키거나 거부한다. (2) 저장되어 있는 더 큰 드라이브(말하자면, 220기가바이트)로 대체해 준다. 첫 번째 경우에는 판매기회를 잃어버리거나 고객이 배달지연을 경험했기 때문에 미래 판매의 손실이 있다. 두 번째의 경우에는 생산업자는 더 고가의 부품을 설치하므로 회사의 이윤이 줄어들게 된다. 더 큰 드라이브만이 더 작은 드라이브를 대체할 수 있다는 사실과 함께, 이러한 요인들은 생산자가 개별 드라이브 사이즈에 대한 재고 의사결정을 할 때 고려되어야 한다.

대체는 PC 생산자로 하여금 부품에 걸쳐 수요를 통합하도록 해 주어 요구되는 안전재고를 줄여 준다. 대체의 가치는 수요의 불확실성이 증가할수록 커진다. 따라서 PC 생산자는 아주 높은 수요의 불확실성을 나타내는 부품에 대한 대체를 고려해야만 한다.

원하는 대체 수준은 고가치 부품과 저가치 부품 사이의 가격 차이에 의해 영향을 받는다. 만일 가격 차이가 매우 적다면, PC 생산자는 수요의 대부분을 통합하여 더 높은 가치의 부품 형태로 대부분의 재고를 유지해야만 한다. 가격의 차이가 커질수록 대체의 혜택은 줄어든다. 이 경우 PC 생산자는 두 부품의 각각에 대해 재고를 유지하여 대체의 양을 줄이는 것이 더 이익이라는 것을 알게 될 것이다.

원하는 대체 수준은 제품 사이의 수요에 대한 상관관계에 의해서도 또한 영향을 받는다. 두 부품 사이의 수요가 강한 양의 상관관계를 가지면, 대체에서의 가치는 작다. 두 품목에 대한 수요의 양의 상관관계가 작아질수록 대체의 혜택은 커진다.

> **키포인트** 생산자 위주의 대체는 수요의 일부 통합을 허용하여 같은 가용성 수준에 대해 재고 요구량을 줄여줌으로써 생산자에 대한 전반적인 수익을 증가시킨다.

고객 위주의 양방향 대체 아주 유사한 성능 특성을 갖는 두 개의 브랜드 모터, 즉 GE와 SE를 판매하는 W.W. Grainger사를 고려해 보자. 고객들은 제품 가용성에 따라 아무 제품이나 구매하려고 한다. 만일 W.W. Grainger사 관리자가 고객 대체를 인식하지 못하면, 고객으로 하여금 필요한 경우 대체하도록 권유하지 못할 것이다. 주어진 제품 가용성의 수준에 대해 W.W. Grainger사는 각각의 브랜드에 대해 높은 수준의 안전재고를 가져가야만 할 것이다. 만일 관리자가 고객 대체를 인식하여 고객 대체를 권유한다면, 두 브랜드에 걸쳐 안전재고를 통합함으로써 제품 가용성을 향상시킬 수 있다.

W.W. Grainger사는 고객 대체를 아주 잘 인식하고 있다. 고객이 전화 또는 온라인을 통해서 주문을 하고 고객이 요구하는 제품이 없을 때, 고객은 즉시 대체 가능한 모든 동일한 제품의 가용 여부를 듣게 된다. 대부분의 고객들은 이러한 경우에 궁극적으로 대체 제품을 산다. W.W. Grainger사는 모든 대체 가능한 제품들의 안전재고를 공동으로 관리함으로써 이러한 대체를 활용하고 있다. 고객 대체를 인식하여 활용하는 것은 W.W. Grainger사로 하여금 더 낮은 수준의 안전재고를 가지고 더 높은 수준의 제품재고를 제공하도록 해 준다.

고객 위주의 대체를 잘 이해하는 것은 소매업에서 아주 중요하다. 이 개념은 대체 제품들을 서로 인접하게 두어 하나가 품절일 때 고객이 다른 것을 살 수 있도록 보장하기 위해서 제품을 취급할 때 활용되어야만 한다. 온라인 채널에서 대체는 소매자가 고객이 요구하는 것이 품절일 때 대체 제품의 가용성을 제시하도록 요구한다. 따라서 공급사슬은 높은 수준의 제품 가용성을 제공하면서도 동시에 요구되는 안전재고의 수준을 줄일 수 있다.

키포인트 고객 위주의 대체에 대한 인식과 대체 가능한 품목들에 걸쳐 재고를 공동관리하는 것은 공급사슬로 하여금 높은 수준의 제품 가용성을 보장하면서 동시에 요구되는 안전재고의 수준을 줄일 수 있도록 해 준다.

대체 가능한 제품들 사이의 수요에 대한 상관관계뿐만 아니라 수요의 불확실성은 대체의 활용을 통해서 소매자가 얻는 혜택에 영향을 미친다. 수요의 불확실성이 커지면 커질수록 혜택도 더 커진다. 대체 가능한 제품들 사이의 수요에 대한 양의 상관관계가 작아질수록 대체 활용으로부터의 혜택이 더욱 커진다.

부품 공통성

어떤 공급사슬에서는 상당한 양의 재고가 부품의 형태로 유지된다. PC와 같은 단일제품은 종종 수백 가지의 부품을 포함한다. 공급사슬이 아주 다양한 종류의 제품들을 생산할 때 부품재고는 쉽게 아주 많아져 버린다. 다양한 종류의 제품에서 공통부품을 사용하는 것은 통합을 활용하여 부품재고를 줄이기 위한 매우 효과적인 공급사슬 전략이다.

Dell사는 고객에게 서로 다른 수천 가지 유형의 PC를 판매한다. Dell사에 대한 극단적인 사양은 특정한 유형의 성능에 맞는 독특한 부품을 고안하는 것이다. 이 경우 Dell사는 각각의 독특한 완제품에 대한 서로 다른 메모리, 하드드라이브, 모뎀, 그리고 다른 부품들을 사용할 것이다. 또 다른 사양은 완제품의 서로 다른 조합이 서로 다른 완제품을 만들어 내도록 공통부품을 고안하는 것이다.

공통부품이 없다면 어떤 부품에 대한 수요의 불확실성은 그것이 사용되는 완제품에 대한 수요의 불확실성과 같다. 각각의 완제품에 수많은 부품들이 주어진 경우 수요 불확실성은 매우 높을 것이고 따라서 높은 수준의 안전재고를 초래할 것이다. 공통부품이 고안될 때 각 부품은 복수 완제품에 이용된다. 그러면 각 부품에 대한 수요는 그 부품이 일부가 되는 모든 완제품에 대한 수요의 총합이 된다. 따라서 부품수요는 어떤 하나의 완제품에 대한 수요보다 더 예측하기가 쉽다. 이러한 사실이 공급사슬에서 유지되는 부품재고를 줄여 준다. 이러한 아이디어는 PC 산업에서 성공에 대한 중요한 요인이 되어 왔고, 자동차 산업에서도 중요한 역할을 하기 시작했다. 제품다양성이 증가할수록, 부품 공통성은 제품 가용성을 손상시키지 않으면서 동시에 공급사슬 재고를 줄이는 열쇠가 된다. 예제 11.9에서 부품 공통성의 기본 아이디어를 보여주고자 한다.

예제 11.9

부품 공통성의 가치

Dell사에는 세 가지 독특한 부품, 즉 하드드라이브, CD/DVD 드라이브, 그리고 RAM을 가지고 27가지의 서로 다른 PC를 생산한다고 가정하자. 비통합 방식에서 Dell사는 각 PC에 대하여 특정한 부품을 고안하여 $3 \times 27 = 81$개의 독특한 부품을 가지게 된다. 공통부품 방식에서는 27개의 서로 다른 PC를 만드는 데 결합될 수 있는 세 개의 독특한 하드드라이브, 세 개의 독특한 CD/DVD 드라이브, 그리고 세 개의 독특한 RAM을 이용한다. 따라서 각 부품은 27개의 서로 다른 PC에 사용된다. 27개의 서로 다른 PC 각각에 대한 월간 수요는 독립이고 또한 평균이 5,000이고 표준편차가 3,000인 정규분포를 따른다. 각 부품에 대한 보충 리드타임은 1개월이다. Dell사는 부품재고에 대해 95퍼센트의 주기 서비스 수준을 목표로 설정하고 있다. 부품 공통성을 이용하는 경우와 이용하지 않는 경우의 안전재고 요구량을 계산하라. 하나의 부품이 일부로 쓰인 완제품의 수가 한 개에서 아홉 개로 변할 때 안전재고 요구량에서의 변화를 계산하라.

분석: 먼저 비통합 방식을 계산해 보자. 여기서는 부품이 각 PC에 따라 정해진다. 각 부품에 대해 다음을 가진다.

$$\text{월간 수요의 표준편차} = 3{,}000$$

리드타임이 한 달이고, 27가지 서로 다른 PC에 대해 총 81개의 부품이 있는 경우이므로 식 (11.12)를 이용하여 다음을 얻을 수 있다.

$$\text{요구되는 총안전재고} = 81 \times \mathit{NORMSINV}(0.95) \times \sqrt{1} \times 3{,}000 = 399{,}699\text{개}$$

표 11.5 부품 공통성의 한계 혜택

부품당 완제품의 수	안전재고	안전재고의 한계 감소	안전재고의 총감소
1	399,699		
2	282,630	177,069	117,069
3	230,766	51,864	168,933
4	199,849	30,917	199,850
5	178,751	21,098	220,948
6	163,176	15,575	236,523
7	151,072	12,104	248,627
8	141,315	9,757	258,384
9	133,233	8,082	266,466

부품 공통성의 경우, 각 부품은 결국 9개의 서로 다른 완제품이 된다. 따라서 부품 수준에 있어서의 수요는 9개의 서로 다른 제품에 걸친 수요의 합이다. 따라서 식 (11.14)와 (11.15)를 이용하여, 각 부품에 대해 요구되는 안전재고는 다음과 같이 계산된다.

$$\text{공통부품당 안전재고} = NORMSINV(0.95) \times \sqrt{1} \times \sqrt{9} \times 3{,}000 = 14{,}804\text{개}$$

부품 공통성을 가지면 총 9개의 독특한 부품이 있게 된다. 따라서 9개의 모든 부품에 걸친 총 안전재고는 다음과 같다.

$$\text{요구되는 총안전재고} = 9 \times 14{,}804 = 133{,}236\text{개}$$

따라서 부품 공통성을 이용하면, 9개의 서로 다른 제품에 각 부품을 가지는 것은 Dell사에 대한 안전재고를 399,699개에서 133,236개로 줄여 주는 결과를 가져다 준다.

[표 11.5]에서 부품 공통성을 증가시킨 결과로서 안전재고 감소 측면에서 얻게 되는 한계 혜택을 계산하고 있다. 각 부품이 오직 하나의 완제품에 이용될 때 요구되는 안전재고로부터 시작하여 부품이 이용되는 완제품의 수가 9개로 증가함에 따른 안전재고를 계산하고 있다. 부품 공통성이 Dell사에 대해 요구되는 안전재고를 줄여줌을 알 수 있다. 그러나 공통성의 한계 혜택은 부품이 더 많은 완제품에 이용됨에 따라 줄어든다.

하나의 부품이 더 많은 완제품에 이용됨에 따라 그 부품이 더 유연해질 필요가 있다. 그 결과 부품을 생산하는 비용은 일반적으로 공통성의 증가와 함께 증가한다. 공통성이 증가함에 따라 부품 공통성의 한계 혜택이 줄어드는 경우 적절한 수준의 부품 공통성을 결정하기 위해 부품비용에서의 증가와 안전재고의 감소 사이에서 절충할 필요가 있다.

> 키포인트 부품 공통성은 요구되는 안전재고를 감소시킨다. 그러나 한계 혜택은 공통성이 증가함에 따라 감소한다.

차별화 지연

차별화 지연은 제품이 판매되는 시점에 더 가까워질 때까지 제품의 차별화 또는 고객화를 지연시키는 공급사슬의 능력이다. 목표는 공급사슬의 푸시 단계의 대부분에서는 공통부품을 이용하고, 제품 차별화를 공급사슬의 풀 단계에 가능한 가까이 이동시키는 것이다. 예를 들어, Dell사는 많은 PC 유형에 걸쳐 공통부품의 형태로 모든 재고를 유지한다. 하나의 PC는 고객 주문이 도착한 후에 공급사슬의 풀 단계에서 조립된다. 따라서 Dell사는 수요가 확실히 알려질 때에만 제품다양성을 소개한다. 부품 공통성과 연관된 차별화 지연은 Dell사로 하여금 HP사와 같이 소매점을 통해서 판매하는 생산자보다 훨씬 더 적은 안전재고를 유지하게 해 준다. HP사가 소매점에 완제품 재고를 저장해야 한다면 HP사는 재고를 위해 조립하는 것이다. 따라서 HP사는 조립할 때 각각의 개별 유형에 대한 수요를 예측해야만 한다. Dell사의 주문조립 직접판매 모델은 부품의 형태로 재고를 통합하는 데 달려 있다.

반면에, 재고조립 소매점을 통한 판매 모델은 각 PC 유형에 대한 비통합된 재고 차별화 지연에 대한 또 다른 고전적 예는 칼라니트 의류를 만드는 Benetton사에서의 생산공정이다. 원래의 공정은 실이 염색되고, 바느질되어 의류로 만들어진다. 전체 공정은 6개월 정도 소요되었다. 최종 의류의 색상은 실이 염색되는 순간 정해지기 때문에, 개별 색상에 대한 수요는 훨씬 전에 (6개월까지) 예측되어야 한다. Benetton사는 다 짜여진 의복을 적절한 색상으로 염색하는 것을 가능하게 하는 생산기술을 개발하였다. 이제 그레이지 실(아직 염색되지 않은 실에 대한 용어)을 구매하여 바느질하고 그레이지 의류로 만든다. 의류의 염색은 판매시즌에 더욱 가까워져 염색된다. 실제로 염색의 일부는 수요가 아주 정확하게 알려지는 판매시즌이 시작되고 난 이후에 이루어진다. 이 경우 Benetton사는 니트 의류에 대한 색상 고객화를 지연시켰다. 실이 구매되었을 때 모든 색상에 걸친 통합수요만이 예측될 필요가 있다. 예측이 거의 정확하지 않을 때, 즉 훨씬 이전에 의사결정이 이루어진다면, 이 통합에는 커다란 이점이 있다. 그러나 Benetton사가 판매시즌에 더욱 가까이 이동함에 따라 예측 불확실성은 줄어든다. Benetton사가 니트 의류를 염색할 때는 수요가 아주 정확하게 알려져 있다. 따라서 차별화 지연은

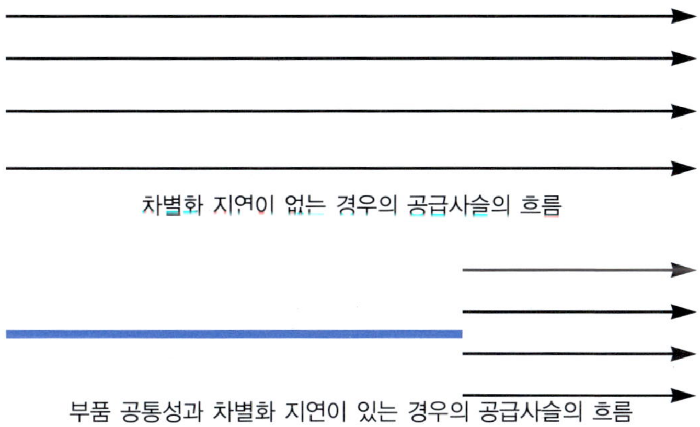

그림 11.5 차별화 지연에 따른 공급사슬의 흐름

Benetton사로 하여금 통합을 활용하여 유지해야 할 안전재고의 수준을 현저하게 낮추어 준다. 차별화 지연이 있는 경우와 없는 경우의 공급사슬의 흐름은 [그림 11.5]와 같다.

부품 공통성과 차별화 지연이 없다면, 제품 차별화는 공급사슬의 초기 부분에서 발생하고 공급사슬 재고의 대부분은 통합되지 않는다. 차별화 지연은 공급사슬로 하여금 제품 차별화를 지연시켜 준다. 그 결과로 공급사슬에서의 재고 대부분이 통합된다. 따라서 차별화 지연은 공급사슬로 하여금 통합을 활용하여 제품 가용성을 손상시키지 않고서도 안전재고를 줄여준다.

차별화 지연은 전자상거래 채널에서 강력한 개념이 될 수 있다. 인터넷을 통해 주문을 할 때, 고객들은 주문이 도착하기 위한 얼마간을 암묵적으로 기다려 준다. 이러한 지연은 공급사슬에 고객 주문이 도착한 이후까지 제품 차별화를 지연함으로써 재고를 줄일 기회를 제공한다. 조립을 빨리 끝낼 수 있는 방법으로 생산공정을 고안하는 것이 중요하다. 이미 모든 PC 생산자들은 그들의 온라인 주문에 대한 조립을 지연시키고 있다. 몇몇 온라인 가구 생산자들 또한 그들의 온라인 주문에 대한 조립공정의 일부를 지연시키고 있다.

11.5 안전재고에 대한 재고보충정책의 영향

이 절에서는 연속적 검토 재고보충정책과 주기적 검토 재고보충정책 모두에 대한 안전재고의 계산을 설명하고자 한다. 동일한 수준의 제품 가용성에 대해서는 주기적 검토정책이 연속적 검토정책보다 더 많은 안전재고를 필요로 한다는 것을 강조할 것이다. 이 논의를 간단히 하기 위해 제품 가용성의 척도로서 주기 서비스 수준에 초점을 맞출 것이다. 충족률을 사용해도 관리적 시사점은 같지만 분석은 좀 더 복잡해진다.

연속적 검토정책

연속적 검토정책은 11.2절에서 자세하게 논의되었으므로 여기서는 단지 요점만을 반복하고자 한다. 연속적 검토정책을 사용할 때, 관리자는 재고가 재주문점 ROP로 떨어질 때 Q만큼 주문을 한다. 분명히 연속적 검토정책은 가용재고의 수준을 관찰할 수 있는 기술을 필요로 한다. 이것은 Wal-Mart사나 Dell사와 같이 재고가 연속적으로 관찰되는 많은 기업에 대한 경우이다.

원하는 주기 서비스 수준 CSL이 주어진다면, 우리의 목표는 요구되는 안전재고 ss와 재주문점 ROP를 찾는 것이다. 수요가 다음의 자료를 갖는 정규분포를 따른다고 가정하자.

D: 기간당 평균 수요
σ_D: 기간당 수요의 표준편차
L: 보충을 위한 평균 리드타임

재주문점은 리드타임 L 동안의 수요를 충족시키기 위한 가용재고를 나타낸다. 품절은 리드타임 동안의 수요가 재주문점 ROP보다 더 클 때 발생한다. 기간에 걸친 수요가 독립이면, 리드타임 동안의 수요는 다음을 갖는 정규분포를 따른다.

$$\text{리드타임 동안의 평균 수요, } D_L = DL$$
$$\text{리드타임 동안의 수요에 대한 표준편차, } \sigma_L = \sqrt{L}\sigma_D$$

원하는 주기 서비스 수준 CSL이 주어지면, 요구되는 안전재고 ss는 식 (11.9)에 의해, 재주문점은 식 (11.3)에 의해 다음과 같이 주어진다.

$$ss = F_S^{-1}(CSL) \times \sigma_L = NORMSINV(CSL) \times \sigma_L, ROP = D_L + ss$$

연속적 검토정책을 사용할 때, 관리자는 리드타임 동안의 수요의 불확실성에 대해서만 관심을 가져야 한다. 이것은 재고의 연속적인 관찰이 관리자로 하여금 경험된 수요에 따라 보충주문의 시기를 조정할 수 있게 해 주기 때문이다. 만일 수요가 아주 크다면, 재고는 재주문점에 빨리 도달해 빠른 보충주문을 이끌어 낸다. 만일 수요가 아주 작다면, 재고는 재주문점으로 천천히 떨어져 지연된 보충주문을 이끌어 낸다. 그러나 관리자가 일단 보충주문을 하면 리드타임 동안 의지할 것이 없다. 따라서 이용할 수 있는 안전재고는 이 기간 동안의 수요 불확실성을 보호해야만 한다.

일반적으로 연속적 검토정책에서는 주문량이 보충주기 사이에서 고정된다. 최적의 주문량은 10장에서 논의된 EOQ 공식을 이용하여 계산될 수 있다.

주기적 검토정책

주기적 검토정책에서, 재고 수준은 고정된 기간 T 후에 검토되고 현재의 재고 수준과 보충주문량을 더한 것이 특정 수준까지의 주문(order up to level: OUL)이라고 불리는 사전에 정해진 수준과 같아지도록 주문을 한다. 검토 간격은 연속적인 주문 사이의 시간 T이다. 연속적인 주문 사이에 겪게 되는 실제 수요와 주문 시점에서의 재고에 따라 각 주문량이 달라짐을 알 수 있다. 주기적 검토정책은 소매자들이 연속적으로 재고를 관찰할 능력을 가질 필요가 없기 때문에 소매자들에 대해서는 실행하기가 더 간단하다. 공급자 역시 일정한 간격마다 보충주문이 이루어지므로 주기적 검토정책을 선호할 수 있다.

Lego 조립블럭에 대한 보충정책을 고안할 책임이 있는 Wal-Mart의 매장관리자를 고려해 보자. 그는 만일 주기적 검토정책을 사용하기로 결정했을 때 안전재고에 대한 영향을 분석하고자 한다. Lego에 대한 수요는 정규분포를 따르고 서로 다른 주에 대해서는 독립이다. 다음의 자료를 가정한다.

D: 기간당 평균 수요
σ_D: 기간당 수요의 표준편차
L: 보충을 위한 평균 리드타임
T: 검토 간격
CSL: 원하는 주기 서비스 수준

안전재고 요구량을 이해하기 위해 상점관리자가 주문을 해나감에 따라 시간에 대한 사건의 순서를 추적한다. 상점관리자는 시점 0에 주문량과 보유재고의 합이 특정 수준까지의 주문 OUL이 되도록 첫 번째 주문을 한다. 일단 주문이 이루어지면, 보충량이 리드타임 L 이후에 도착된다. 다음 검토기간은 상점관리자가 다음 주문을 내는 시점 T이다. 이 주문은 $T + L$의 시점에 도착된다. 특정 수준까지의 주문 OUL은 기간 0과 $T + L$ 사이에 발생하는 모든 수요를 만족시키기 위해 이용할 수 있는 재고를 나타낸다. Wal-Mart 상점은 0과 $T + L$ 사이의 시간 간격 동안의 수요가 OUL을 초과하면 품절을 겪게 될 것이다. 따라서 매장관리자는 다음이 성립하도록 OUL을 찾아야만 한다.

$$\text{Prob}(L + T \text{ 동안의 수요} \leq OUL) = CSL$$

다음 단계는 시간 간격 $T + L$ 동안의 수요분포를 계산하는 것이다. 식 (11.2)를 이용하면,

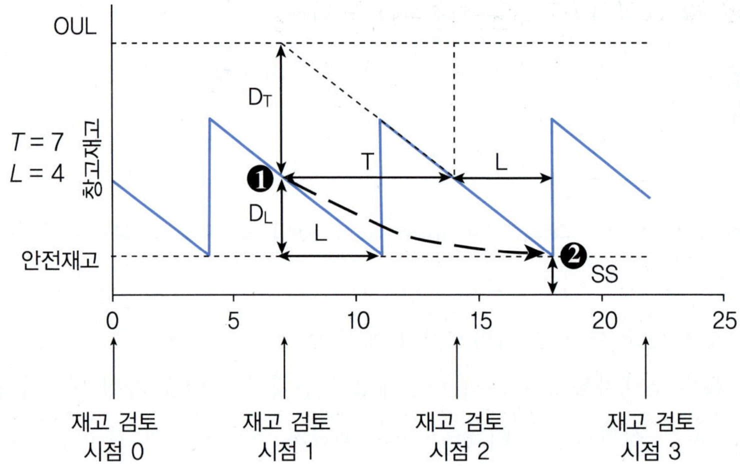

그림 11.6 $L = 4$, $T = 7$인 주기적 검토정책 하에서 재고 모형

시간간격 $T + L$ 동안의 수요분포는 다음과 같은 정규분포를 따른다.

$$T + L\text{기간 동안의 평균 수요,}\ D_{T+L} = (T + L)D$$

$$T + L\text{기간 동안의 수요의 표준편차,}\ \sigma_{T+L} = \sqrt{T + L}\sigma_D$$

이 경우의 안전재고는 시간 간격 $T + L$ 동안 Wal-Mart사가 보유하는 D_{T+L}을 초과하는 양이다. OUL과 안전재고 ss는 다음과 같이 관련되어 있다.

$$OUL = D_{T+L} + ss \tag{11.17}$$

원하는 주기 서비스 수준 CSL이 주어지면, 요구되는 안전재고 ss는 다음과 같이 주어진다.

$$ss = F_S^{-1}(CSL) \times \sigma_{T+L} = NORMSINV(CSL) \times \sigma_{T+L} \tag{11.18}$$

평균 주문량은 검토기간 T 동안의 평균 수요와 같고 다음과 같이 주어진다.

$$\text{평균 주문량,}\ Q = D_T = DT \tag{11.19}$$

그림 11-6은 $L = 4$, $T = 7$인 주기적 검토 정책 하에서의 재고 모형을 나타낸다. 7일째 되는 날 18일까지의 활용 가능한 재고를 측정하여 재고 보충주문을 생성시킨다(시점 1과 2에서 보여짐). 결과적으로, 안전재고 수준은 $T + L = 7 + 4 = 11$일에 대한 수요의 변동을 완충할 수 있도록 충분하게 설정해야 한다.

예제 11.10에서 Wal-Mart사에 대한 주기적 검토정책을 보여 주고자 한다.

예제 11.10

주기적 검토정책 하에서 안전재고 계산

Wal-Mart 상점의 Lego에 대한 주간 수요는 평균이 2,500박스이고 표준편차가 500인 정규분포를 따른다. 보충 리드타임은 2주이고 상점 관리자는 매 4주마다 재고를 검토하기로 결정하였다. 주기적 검토정책을 가정하여 90퍼센트의 주기 서비스 수준을 제공하기 위해 상점이 유지해야 하는 안전재고를 계산하라. 그러한 정책에 대한 OUL을 계산하라.

분석: 이 경우 다음을 가진다.

기간당 평균 수요, $D = 2{,}500$

기간당 수요의 표준편차, $\sigma_D = 500$

보충을 위한 평균 리드타임, $L = 2$주

검토 간격, $T = 4$주

먼저 간격 $T + L$ 동안의 수요분포를 얻는다. 식 (11.2)를 이용하면, 간격 $T + L$ 동안의 수요는 다음의 정규분포를 따른다.

$$T + L\text{기간 동안의 평균 수요}, D_{T+L} = (T + L)D = (2 + 4)2{,}500 = 15{,}000$$

$$T + L\text{기간 동안의 수요의 표준편차}, \sigma_{T+L} = \sqrt{T + L}\,\sigma_D = (\sqrt{4 + 2})500 = 1{,}225$$

식 (11.18)로부터, $CSL = 0.90$의 주기 서비스 수준에 대해 요구되는 안전재고는 다음과 같이 주어진다.

$$ss = F_S^{-1}(CSL) \times \sigma_{T+L} = NORMSINV(CSL) \times \sigma_{T+L}$$
$$= NORMSINV(0.90) \times 1{,}225 \times 1{,}570\text{박스}$$

식 (11.17)을 이용하면, OUL은 다음과 같다.

$$OUL = D_{T+L} + ss = 15{,}000 + 1{,}570 = 16{,}570$$

그러므로 매장관리자는 매 4주마다 16,570과 현재의 재고 사이의 차이만큼 주문한다.

이제 연속적 검토정책과 주기적 검토정책을 사용할 때 요구되는 안전재고를 비교할 수 있다. 연속적 검토정책을 가진다면, 안전재고는 리드타임 L 동안의 수요 불확실성을 보호하는 데 사용된다. 주기적 검토정책을 가진다면, 안전재고는 리드타임과 검토 간격 $T + L$ 동안의 수요 불확실성을 보호하는 데 사용된다. 높은 불확실성이 반드시 고려되어야 한다면 주기적 검토정책이 더 높은 수준의 안전재고를 요구할 것이다. 이러한 논의는 예제 11.4와 11.10의 결과를 비교함으로써 확인될 수 있다. 90퍼센트의 주기 서비스 수준에 대해서 매장관리자는 연속적 검토정책을 사용할 때는 906박스의 안전재고를 필요로 하고, 주기적 검토정책을 사용할 때는 1,570박스의 안전재고를 필요로 한다.

키포인트 주기적 검토 재고보충정책은 동일한 리드타임과 제품 가용성 수준에 대해 연속적 검토정책보다 더 많은 안전재고를 요구한다.

물론, 주기적 검토정책은 실행이 다소 더 간편하다. 왜냐하면 주기적 검토정책은 재고의 연속적 추적을 필요로 하지 않기 때문이다. 바코드와 판매시점(point-of-sale: POS) 시스템의 광범위한 사용뿐만 아니라 RFID 기술의 등장으로, 모든 재고에 대한 연속적인 추적이 10여년 전보다 오늘날 훨씬 더 보편화되어 있다. 몇몇 경우에는 기업들이 제품을 가치에 근거하여 구분한다. 고가치 제품은 연속적 검토정책을 사용하여 관리하고, 저가치 제품은 주기적 검토정책을 사용하여 관리한다. 이것은 재고의 끊임없는 추적비용이 모든 제품을 연속적 검토정책으로 바꿈으로써 얻어지는 안전재고의 감소분보다 더 클 때 의미가 있다.

11.6 다단계 공급사슬에서의 안전재고 관리

지금까지의 논의에서는 공급사슬의 각 단계에서 안전재고 수준을 설정하기 위해 사용될 수요와 공급의 분포가 잘 정의되어 있다고 가정하였다. 실제로 이것이 다단계 공급사슬에서는 성립되지 않는다. 최종소비자에게 판매하는 소매자에게 공급하는 하나의 공급자를 갖는 단순한 다단계 공급사슬을 고려해 보자. 소매자는 안전재고 수준을 설정하기 위해 공급의 불확실성뿐만 아니라 수요를 알 필요가 있다. 그러나 공급의 불확실성은 공급자가 유지하기로 선택한 안전재고 수준에 의해 영향을 받는다. 공급자가 충분한 재고를 갖고 있을 때 소매자의 주문이 들어오면 공급 리드타임은 짧다. 반면에, 공급자가 품절일 때 소매자의 주문이 들어오면 소매자에 대한 보충 리드타임은 증가한다. 따라서 공급자가 안전재고의 수준을 증가시키면 소매자는 유지해야 할 안전재고를 줄일 수 있다. 이는 다단계 공급사슬에서의 모든 단계의 안전재고 수준은 서로 연관되어 있어야 함을 의미한다.

어느 단계와 최종소비자 사이의 모든 재고는 단계재고라 불린다. 소매자의 단계재고는 소매자의 재고이거나 소매자에게 오는 배송중의 재고이다. 그러나 분배자의 단계재고는 분배자의 재고와 이 분배자에 의해 공급을 받는 모든 소매자의 재고를 포함한다. 다단계 설정에 있어서, 어느 단계의 재주문점과 특정 수준까지의 주문은 현지재고가 아니라 단계재고에 기초를 두어야 한다. 따라서 분배자는 자신에 의해 공급되는 모든 소매자가 유지해야 할 안전재고 수준에 바탕을 두고 자신의 안전재고 수준을 결정해야 한다. 소매자가 유지해야 할 안전재고가 많으면 많을수록 분배자가 유지해야 할 안전재고 수준은 적어진다.

소매자가 유지해야 할 안전재고 수준이 감소함에 따라 분배자는 소매자로의 규칙적인 보충을 확실히 하기 위해 자신의 안전재고를 증가시켜야 한다.

공급사슬에서의 모든 단계가 자신의 단계재고를 관리하려고 한다면 여러 단계들 사이에 재고를 어떻게 분배하느냐 하는 문제가 중요해진다. 공급사슬에서 재고를 상류쪽에 두려고 하는 것은 더 많은 통합을 필요로 하고, 따라서 필요한 재고의 양을 줄여 준다. 그러나 재고를 상류쪽에 두는 것은 최종소비자가 자기쪽에 가까운 단계에서 제품이 없기 때문에 기다려야 할 확률을 증가시킨다. 따라서 다단계 공급사슬에서의 결정은 서로 다른 단계에서 유지되어야 할 안전재고의 수준에 대한 것이다. 재고가 매우 비싸고 고객이 배달지연을 기꺼이 기다린다면, 통합의 편익을 누리기 위해 최종소비자로부터 멀리 떨어진 상류쪽에 유지되어야 할 안전재고의 수준을 증가시키는 것이 유리하다. 재고가 비싸지 않고 고객이 시간에 예민하다면, 최종소비자에 가까운 하류쪽에 더 많은 안전재고를 유지하는 것이 유리하다.

11.7 재고관리에서 IT의 역할

재고관리의 개선을 위해 IT 시스템을 사용하는 것이 대부분의 공급사슬에서 지금까지 성취된 비용절감에 상당한 기여를 했다고 해도 과장이 아니다. 1980년대까지는 창고에 3개월분의 수요에 대한 재고를 유지하는 것과 같이 주먹구구식으로 재고가 관리되어 왔다. 이러한 수준은 종종(항상 그런 것은 아니지만) 적절한 값과는 거리가 멀어 잘못된 부품에 대해서 너무 많은 재고를 갖게 되고 올바른 부품에 대해서는 재고가 없는 경우가 발생하게 되었다. 이러한 실수는 제품이 높은 수요 변동성이나 다양한 위험 수준을 가질 때는 더 커진다. 초과재고에 대한 두 번째 주요 원인은 다른 시설에서의 재고를 무시한 채 각 시설이 자신의 재고를 독립적으로 관리하려는 사실에서 찾을 수 있다. 그 결과 비교적 낮은 서비스 수준을 갖는 부풀려진 재고 시스템을 갖게 된다.

IT 시스템의 첫 번째 기여는 재고관리를 주먹구구식에서 과거의 수요와 원하는 서비스 수준에 바탕을 두고 재고를 설정하는 쪽으로 바꾸었다는 점이다. IT 시스템으로 인해 수요가 변할 때 재계산되어야 할 수백만의 잠재적인 SKU와 재고 수준에 대한 분석이 가능하다. 수요의 변화에 따라 재고를 분석하고 변화시키는 능력으로 인해, 재고가 상당히 감소하고 동시에 서비스 수준이 개선된다. 시간이 지남에 따라 IT 재고관리 시스템은 재고를 관리하는 여러 우수한 기법들을 통합시키고 있다. 수요를 더 잘 모형화하기 위해 정규분포 이외의 여러 다양한 형태의 수요분포를 포함하고 있다.

1990년대 중반 이후의 주요 개선 중 하나는 각각의 분리된 부분이 아니라 공급사슬 전체에 걸친 재고분석을 할 수 있는 다단계 모형을 포함하고 있다는 것이다. 국부적인 분석은 각 부분이 재고 수준을 독립적으로 설정하기 때문에 재고의 중복을 가져다 준다. 이와는 달리, 다단계 분석은 재고를 적절히 배치함으로써 전체 네트워크의 재고를 줄여 주고 있다. 더 선진화된 기업들은 자사의 재고 시스템을 공급자와 고객에게까지 연결하여 쓰고 있다. 이것은 중요하다. 왜냐하면 유지하려고 하는 재고의 양은 고객이 얼마나 재고를 유지하고 있는지와 공급자가 얼마를 유지하고 있는지에 달려 있기 때문이다. IT 시스템은 재고결정이 생산결정과 연결될 수 있도록 재고관리 프로그램을 생산 계획과 연결시켜 준다.

제품다양성의 증가, 제품 수명주기의 단축, 그리고 수요의 급격한 변동으로 인해 오늘날 IT 시스템 없이 재고를 관리하는 것은 불가능하다. IT 시스템은 많은 수의 제품에 대응하고 자주 수정되며, 최종적으로 기업 내부와 공급사슬을 통한 다른 수요와 공급계획 시스템과 협력하는 능력을 통해 재고관리를 개선시키고 있다.

그러나 재고관리 시스템의 개선 여지는 아직도 많다. 개선에 대한 하나의 영역은 서로 다른 상황에서 수요를 모형화하는 것이다. 지나치게 단순화된 수요분포를 이용하는 것은 종종 부정확하고 심지어 주먹구구식보다 더 나쁜 재고 수준을 초래하기도 한다. 한 예로서 생산 설비에 있어서의 예비부품에 대한 수요를 고려해 보자. 하나의 부품에 대한 평균 수요는 아주 낮지만 필요할 때는 결정적일 뿐만 아니라 다른 부품의 특정한 조합이 필요할 수도 있다. 부품들에 대해 수요를 정규적이고 독립적으로 모형화한 것이 나쁜 결과를 가져올 수도 있다. 회전율이 낮은 제품 등에 적용할 수 있는 포아송 근사법은 부록 11D에서 소개한다.

재고관리 시스템의 또 다른 개선영역은 공급사슬을 통한 다른 IT 시스템과의 통합이다. 재고는 공급사슬 내의 수요와 공급의 변동을 막아 준다. 따라서 재고관리 시스템이 다른 계획 및 실행 시스템과 매끄럽게 의사소통이 이루어지지 않으면 재고 수준은 최적이 될 수가 없다. 특히 재고관리 시스템이 계절성과 판촉의 영향을 통합하기 위해 수요 계획 시스템과 의사소통하는 것이 중요하다. 가시성을 제공하지 못하고 다른 IT 시스템과 효과적으로 의사소통을 하지 못하는 것이 성공에 대한 가장 큰 장애가 된다.

재고의 중요성으로 인해 재고관리 시스템의 공급자가 공급사슬관리 소프트웨어의 핵심적인 공급자이다. 이러한 기업으로는 ERP 공급자인 SAP사와 Oracle사, 그리고 전문적 공급사슬 공급자인 i2 Technologies사와 Manugistics사가 있다. 소매업, 첨단산업, 산업제조업과 같은 여러 산업에 초점을 맞춘 몇몇의 특화 기업들도 주요 재고관리 모듈을 그들의 시스템에 포함하고 있다.

요약하면, 재고관리 시스템은 공급사슬의 성과를 개선하는 데 있어서 중심적인 역할을 하고 있다. IT의 중요성은 더 많은 공급사슬의 파트너들이 자기 파트너의 재고와 능력에 바탕을 두고 자신의 재고를 설정하기 시작할 때 더욱 커진다.

11.8 안전재고의 추정과 관리의 실제

1. **공급사슬 수요는 뭉쳐 있다는 사실을 고려하라.** 실제로 생산자 또는 분배자는 한 번에 하나씩 주문하지 않고 대신에 많은 양의 주문을 한다. 따라서 공급사슬의 서로 다른 단계에서 관찰되는 수요는 뭉쳐 있는 경향이 있다. 수요의 뭉침은 수요의 변동성을 증가시킨다. 수요의 뭉침은 주기적 검토정책을 사용할 때는 중요한 문제가 아니다. 그러나 연속적 검토정책을 사용할 때 수요의 뭉침은 보충주문이 이루어지기 전에 재고를 재주문점 훨씬 아래로 떨어지게 할 수 있다. 평균적으로 재고는 평균 주문량의 반만큼 재주문점 아래로 떨어질 것이다. 뭉침은 실제로 앞에서 논의된 모델에서 제시되었듯이 평균 주문량의 반만큼 안전재고를 높임으로써 해결할 수 있다.
2. **수요가 계절성을 띠는 경우 재고정책을 조정하라.** 실제로 수요는 1년 동안 시기에 따라 변하는 평균과 표준편차를 갖는 계절성을 흔히 띤다. 따라서 주어진 재주문점이나 OUL이 저수요 시기 동안에는 10일간의 수요에 부합하고, 성수기에는 2일간의 수요에 부합할 수도 있다. 리드타임이 1주일이라면 성수기 동안에는 품절이 확실히 발생한다. 계절성이 존재하는 경우에 고정된 재주문점이나 OUL을 계산하기 위해 1년에 걸친 평균 수요와 표준편차를 선택하는 것은 적절하지 않다. 수요의 평균과 표준편차 모두 변화하는 수요를 반영하여 1년의 시점에 따라 조정되어야만 한다. 재주문점, OUL, 그리고 안전재고에 있어서의 대응되는 조정이 1년에 걸쳐 이루어져야 한다. 1년에 걸쳐 평균 수요에서의 변화에 대한 조정은 변동성에의 변화에 대한 조정보다 더욱 의미가 있다.
3. **재고정책을 시험하기 위해 시뮬레이션을 이용하라.** 수요가 완전하게 정규분포를 따르지 않고 계절성을 띠는 경우 재고정책이 실행되기 전에 컴퓨터 시뮬레이션을 사용하여 재고정책을 시험하고 조정하는 것은 좋은 생각이다. 시뮬레이션은 계절성뿐만 아니라 뭉침을 포함하

는 실제수요를 제대로 반영하는 수요 형태를 이용해야 한다. 이 장에서 논의된 모델을 이용하여 얻어진 재고정책들은 원하는 서비스 수준을 얻기 위해 필요하다면 시험되어 조정될 수 있다. 12장에서 논의되는 것처럼, 매우 강력한 시뮬레이션이 엑셀을 이용하여 이루어질 수 있다. 시뮬레이션에서 문제를 확인하는 것은 일단 그 재고정책이 실행되고 난 후 이러한 문제에 직면하는 것과 비교해 볼 때 많은 시간과 돈을 절약할 수 있다.

4. **시험용으로 시작하라.** 심지어 시뮬레이션조차도 재고정책을 사용할 때 일어나는 모든 문제들을 찾을 수 없다. 일단 시뮬레이션을 이용하여 재고정책이 선택되고 시험되면 재고로 있는 전체 제품을 대표하는 제품으로 시험적 실행을 시작하는 것이 좋은 아이디어이다. 시험용으로 시작함으로써 많은 문제들(재고정책 자체와 정책을 적용하는 과정에서의)을 해결할 수 있다. 정책이 모든 제품에 대해서 적용되기 전에 이러한 문제를 해결하는 것은 많은 시간과 돈을 절약할 수 있다.
5. **서비스 수준을 관찰하라.** 일단 재고정책이 실행되면, 정책의 성과를 추적하고 관찰하는 것이 중요하다. 관찰은 공급사슬로 하여금 방침이 잘 운영되지 않을 때를 확인하여 공급사슬의 성과가 심각하게 영향을 받기 전에 조정을 할 수 있도록 해 준다. 재고 수준을 추적하는 것뿐만 아니라 일어날 수도 있는 어떠한 품절도 추적할 필요가 있다. 역사적으로, 기업들은 품절을 잘 추적하지 못했다. 일부 원인은 추적이 어렵기 때문이고, 일부 원인은 품절이 고객에게 영향을 미치나 기업 자체에는 영향을 미치지 않는다는 인식 때문이다. 품절은 선반에 제품이 없으면 고객이 단순히 물건을 사지 않는 슈퍼마켓과 같은 장소에서는 측정이 어렵다. 그러나 품절을 추정하는 간단한 방법이 있다. 슈퍼마켓에서 선반에 제품이 없는 시간의 비율은 충족률을 추정하는 데 이용될 수 있다. 품절은 실제로 품절된 제품에 대해서 클릭하는 숫자로 측정될 수 있는 온라인에서 추정하기가 더 쉽다. 주문으로 바뀌는 클릭의 비율과 평균 주문량이 주어지면 품절기간 동안의 수요를 추정할 수 있다.
6. **안전재고 감소에 초점을 맞추어라.** 안전재고가 종종 공급사슬에서 총재고의 많은 비율을 차지하면 제품 가용성을 손상시키지 않고 안전재고를 줄일 수 있는 능력은 공급사슬의 수익성을 현저히 증가시킨다. 이것은 특히 제품 수명주기가 짧은 하이테크 산업에서 더욱 중요하다. 이 장에서 제품 가용성을 손상시키지 않고 안전재고를 줄이는 데 도움이 되는 여러 다양한 관리적 방안들을 논의하였다. 공급사슬 관리자는 안전재고를 감소시키기 위해 이러한 수단들을 이용하는 데 계속해서 초점을 맞추어야 한다.

11.9 학습목표 요약

1. **공급사슬에서의 안전재고의 역할을 설명하라.** 안전재고는 공급과 수요의 변동성에도 불구하고 고객에게 높은 수준의 제품 가용성을 제공하는 데 도움을 준다. 안전재고는 수요가 예측한 양을 초과하거나 공급이 기대했던 것보다 늦게 오는 경우에만 유지된다.
2. **안전재고의 요구 수준에 영향을 주는 요인들을 찾아라.** 안전재고는 수요의 불확실성, 보충 리드타임, 리드타임의 변동성, 그리고 원하는 제품 가용성에 영향을 받는다. 이들 중 어떠한 하나라도 증가하면 요구되는 안전재고 또한 증가한다. 요구되는 안전재고는 실행되는 재고 정책에 의해서도 역시 영향을 받는다. 연속적 검토정책은 주기적 검토정책보다 안전재고를 덜 요구한다.
3. **제품 가용성의 여러 가지 척도들을 설명하라.** 제품 가용성에 대한 세 가지 기본적인 척도는 제품 충족률, 주문 충족률, 그리고 주기 서비스 수준이다. 제품 충족률은 성공적으로 충족되어지는 제품에 대한 수요의 비율이다. 주문 충족률은 완전하게 충족되는 주문의 비율이다. 주기 서비스 수준은 품절이 발생하지 않는 보충주기의 비율이다.
4. **안전재고의 수준을 낮추면서 제품 가용성을 개선시키기 위한 관리적인 방안들의 활용에 대해 논하라.** 공급사슬이 수요의 변동성, 보충 리드타임, 그리고 리드타임의 변동성을 줄일 수 있으면 안전재고의 요구 수준은 줄어들고 제품 가용성은 향상될 것이다. 주기적 검토정책으로부터 연속적 검토정책으로 전환하면 재고를 줄이는 데 도움이 될 수 있다. 요구되는 안전재고를 줄이는 다른 중요한 관리적 방안은 통합을 활용하는 것이다. 이것은 물리적인 재고의 통합, 정보의 중앙집중화를 이용한 가상적인 재고의 통합, 수요량에 기초한 재고의 전문화, 제품 대체의 활용, 부품 공통성의 이용, 그리고 제품 차별화 지연을 통해서 이루어진다.

토의문제

1. 공급사슬에서 안전재고의 역할은 무엇인가?
2. 리드타임의 단축이 어떻게 공급사슬로 하여금 제품 가용성을 손상시키지 않으면서 동시에 안전재고를 줄이도록 도와주는지를 설명하라.
3. 제품 가용성에 대한 여러 가지 척도의 장점과 단점은 무엇인가?
4. 주문방식의 두 가지 형태와 안전재고에 대한 각 방식의 영향을 설명하라.
5. 안전재고에 대한 공급 불확실성의 영향은 무엇인가?
6. 왜 적은 수의 큰 점포를 가진 Home Depot사와 같은 하드웨어 매장이 여러 개의 작은 점포들을 가진 Tru-Value사와 같은 하드웨어 매장보다 더 적은 재

고를 가지고도 더 높은 수준의 제품 가용성을 제공할 수 있는가?

7. 왜 Amazon.com은 소매점을 통해 판매하는 서적체인보다 더 적은 안전재고를 가지고도 아주 다양한 종류의 책과 음반을 제공할 수 있는가?

8. 1980년대에는 페인트가 페인트 가게에서 색상과 크기에 따라서 팔렸다. 오늘날 페인트는 요구되는 색상에 따라서 페인트 가게에서 혼합된다. 이러한 변화가 공급사슬에서의 안전재고에 어떠한 영향을 주는지 논의하라.

9. 새로운 기술은 책이 10분만에 인쇄되도록 한다. Borders사는 각 매장에 이러한 기계를 구매하기로 결정하였다. Borders사는 어떤 책을 재고로 지니고 어떤 책을 이 기술을 이용하여 수요에 따라 인쇄해야 하는지를 결정해야 한다. 당신은 새로운 기술을 베스트셀러를 위해서 추천하겠는가 아니면 다른 책들을 위해 추천하겠는가? 그 이유는 무엇인가?

연습문제

1. Best Buy 매장의 Motorola사 휴대전화에 대한 주간 수요는 평균이 300이고 표준편차가 200인 정규분포를 따른다. Motorola사가 Best Buy의 주문을 공급하는 데는 2주가 걸린다. Best Buy는 95퍼센트의 주기 서비스 수준을 목표로 설정하고 재고를 연속적으로 관찰하고 있다. Best Buy가 유지해야 할 휴대전화의 안전재고 수준은 얼마인가? 재주문점은 얼마인가?

2. 문제 1의 Best Buy 매장을 다시 고려해 보자. 매장의 관리자는 휴대전화의 재고를 관리하기 위해 주기적 검토정책을 따르기로 결정하였다. 매 3주마다 주문을 하기로 계획하였다. 95퍼센트의 주기 서비스 수준이 주어지면 상점은 얼마만큼의 안전재고를 유지해야 하는가? 특정 수준까지의 주문(OUL)은 얼마인가?

3. Best Buy 매장은 Motorola사로부터 500개 단위로 휴대전화를 주문하는 연속적 검토정책을 가지고 있다고 가정하자. 이 매장의 Motorola 휴대전화에 대한 주간 수요는 평균이 300이고 표준편차가 200인 정규분포를 따른다. Motorola사가 주문을 공급하는 데는 2주가 걸린다. 만약 매장의 관리자가 99퍼센트의 충족률을 목표로 설정하였다면, Best Buy 매장은 얼마만큼의 안전재고를 유지해야 하는가? 재주문점은 얼마인가?

4. Sam's Club 매장에서 HP 프린터에 대한 주간 수요는 평균이 250이고 표준편차가 150인 정규분포를 따른다. 매장관리자는 재고를 연속적으로 관찰하여 재고가 600개로 떨어질 때마다 1,000대의 프린터를 바로 주문한다. HP사는 주문을 충족하는 데 현재 2주일이 걸린다. 매장은 얼마만큼의 안전재고를 유지해야 하는가? 이러한 정책의 결과 Sam's Club은 얼마만큼의 주기 서비스 수준을 달성하는가? 이 상점은 얼마만큼의 충족률을 달성하는가?

5. 문제 4의 Sam's Club 매장을 고려해 보자. HP사로부터의 공급 리드타임이 평균이 2주이고 표준편차가 1.5인 정규분포를 따른다고 가정하자. 만일 95퍼

센트의 주기 서비스 수준을 제공하고자 하면, Sam's Club은 얼마만큼의 안전재고를 유지해야 하는가? 리드타임의 표준편차가 1.5주에서 0까지 0.5주 간격으로 줄어듦에 따라 요구되는 안전재고는 어떻게 변하는가?

6. Gap사는 그들의 소매점과 함께 온라인 채널을 통해 판매를 시작하였다. 경영자는 어떤 제품을 소매점에서 유지하고, 어떤 제품을 온라인 채널을 통해서만 판매되는 중앙창고에 유지해야 하는지를 결정해야 한다. Gap사는 현재 미국에 900개의 소매점을 가지고 있다. 각 매장의 대형 카키색 바지에 대한 주간 수요는 평균이 800이고 표준편차가 100인 정규분포를 따른다. 각 바지의 가격은 30달러이다. 각 매장의 보라색 양모 스웨터에 대한 주간 수요는 평균이 50이고 표준편차가 50인 정규분포를 따른다. 각 스웨터의 가격은 100달러이다. Gap사는 25퍼센트의 재고유지비용을 가지고 있다. Gap사는 연속적 검토정책을 이용하여 모든 재고를 관리하고 두 제품에 대한 공급 리드타임은 4주이다. 목표로 하는 주기 서비스 수준은 95퍼센트이다. Gap사가 두 제품 중 하나를 소매점에서 온라인 채널로 이관시킬 때 판매 단위당 재고비용을 얼마만큼 감소시킬 것으로 기대되는가? Gap사는 두 제품 중 어느 것을 소매점에 유지하고 어느 것을 온라인 채널을 위한 중앙창고에 유지해야 하는가? 왜 그렇게 해야 하는가? 서로 다른 주간의 수요는 독립이라 가정한다.

7. Epson사는 그들의 타이완 공장에서 유럽에 팔기 위한 프린터를 생산한다. 서로 다른 국가에서 팔리는 프린터들은 서로 다른 언어로 쓰여진 매뉴얼뿐만 아니라 전원 콘센트에 의해 구별된다. 현재 Epson사는 개별 국가에서 판매를 위한 프린트 조립과 포장을 한다. 서로 다른 국가에서의 주간 수요에 대한 분포는 [표 11.6]에 보여진 평균과 표준편차를 갖는 정규분포를 따른다.

표 11.6 유럽에서 Epson 프린터에 대한 주간 수요

국가	평균 수요	표준편차
프랑스	3,000	2,000
독일	4,000	2,200
스페인	2,000	1,400
이탈리아	2,500	1,600
포르투갈	1,000	800
영국	4,000	2,400

서로 다른 국가의 수요는 독립이라 가정한다. 타이완 공장으로부터의 리드타임이 8주로 주어지고 95퍼센트의 주기 서비스 수준을 목표로 설정하였다면, Epson사는 유럽에서 얼마나 많은 안전재고를 필요로 하는가?

Epson사는 유럽에 중앙 DC를 건설하기로 결정하였다. DC로(전원공급장치가 없는) 기본 프린터가 선적될 것이다. 주문을 받았을 때 DC는 전원공급장치를 조립하고 매뉴얼을 첨부하여 적절한 국가로 프린터를 선적할 것이다. 기본 프린터는 여전히 8주간의 리드타임을 가지고 타이완에서 생산될 것이다. 그 결과 Epson사는 얼마나 많은 안전재고의 절감을 기대할 수 있는가?

8. 7번 문제의 Epson사 자료를 고려해 보자. 각각의 프린터 가격은 200달러이고 25퍼센트의 재고유지비용을 가지고 있다. 유럽의 DC 건설의 결과로 Epson사는 얼마만큼의 재고유지비용 절감을 기대할 수 있는가? 만일 유럽의 DC에서 최종조립하는데 프린터당 5달러의 추가적인 생산비용이 들어간다면, 당신은 이 변화를 추천할 것인가? Epson사는

좋은 정보 시스템을 이용하여 타이완으로부터의 생산 및 배달 리드타임을 4주로 줄였다고 가정하자. 유럽의 DC가 없이 Epson사는 얼마만큼의 재고유지비용 절감을 기대할 수 있는가? 유럽의 DC가 있다면 얼마만큼의 재고유지비용 절감을 기대할 수 있는가?

9. 7번 문제의 Epson사 자료를 고려해 보자. 서로 다른 국가의 수요가 독립적이지 않다고 가정하자. 어떤 두 국가에서의 수요는 상관계수 ρ로 관련되어 있다. ρ가 0(독립적인 수요)에서 1(완전히 양의 상관관계를 가지는 수요)까지 0.2의 간격으로 증가함에 따라 유럽의 DC 건설의 결과로 Epson사가 얻을 수 있는 재고유지비용의 절감을 계산하라.

10. Motorola사는 미국 시장에 공급하기 위해 중국에 위치해 있는 계약 생산자로부터 휴대전화를 공급받고 있다. 미국 시장은 테네시주의 멤피스에 있는 창고로부터 공급받고 있다. 멤피스 창고에서의 일일 수요는 평균이 5,000이고 표준편차가 4,000인 정규분포를 따르고 있다. 창고는 99퍼센트의 CSL을 목표로 하고 있다. 기업은 중국으로부터 해상이나 항공수송 중 어느 것을 사용할지에 대해 논의하고 있다. 해상운송은 36일의 리드타임이 걸리고 휴대전화당 0.50달러의 비용이 든다. 항공운송은 4일의 리드타임이 걸리고 휴대전화당 1.50달러의 비용이 든다. 각 휴대전화의 비용은 100달러이고 Motorola사는 20퍼센트의 재고유지비용을 이용한다. 최소 주문량이 주어지면 Motorola사는 해상운송을 이용하는 경우 (평균적으로 매 20일마다) 한 번에 100,000대를, 항공수송을 이용하는 경우 (평균적으로 매일) 한 번에 5,000대를 주문할 것이다. 우선 Motorola사는 배송중인 재고에 대한 소유권을 갖고 있다고 가정하자.

a. Motorola사가 연속적 검토정책을 따른다고 가정하여 해상운송이나 항공운송을 이용할 때 창고가 목표로 하는 재주문점과 안전재고는 얼마인가? 각각의 정책에서 Motorola사는 며칠분의 안전 및 주기 재고를 유지해야 하는가?

b. 각각의 정책에서 며칠분의 주기재고를 Motorola사가 유지해야 하는가?

c. 연속적 검토정책 하에서 Motorola사가 수송중인 재고에 대한 소유권이 없다면 해상과 항공운송 중 어느 것을 추천하겠는가? Motorola사가 수송중인 재고에 대해 소유권이 있다면 해답은 달라지는가?

11. 문제 10으로 다시 돌아가자. Motorola사가 주기적 검토정책을 따른다고 가정하자. 해상과 항공에 의한 주문량이 주어지면 Motorola사는 해상운송을 이용하면 매 20일마다 주문을 하고 항공운송을 이용하면 매일 주문을 할 것이다.

a. Motorola사가 주기적 검토정책을 따른다고 가정하자. 해상운송이나 항공수송을 이용할 때 창고가 목표로 하는 특정 수준까지의 주문(OUL)과 안전재고는 얼마인가? 각각의 정책에서 Motorola사는 며칠분의 안전재고를 유지해야 하는가?

b. 각각의 정책에서 며칠분의 주기재고를 Motorola사가 유지해야 하는가?

c. 주기적 검토정책 하에서 해상과 항공운송 중 어느 것을 추천하겠는가? Motorola사가 운송중인 재고에 대해 소유권이 있다면 해답은 달라지는가?

12. DoorRed 약국은 연속적 검토정책을 사용하여 가장 잘 팔리는 약 중 하나를 보충하고 있다. 약에

대한 일일 수요는 평균이 300이고 표준편차가 100인 정규분포를 따른다. 도매자는 보충요구를 2일만에 처리할 수 있다. 현재의 보충정책은 750단위의 재고가 남았을 때 1,500단위를 주문하는 것이다.

a. 상기 정책으로 DoorRed가 얻게 되는 주기 서비스 수준은 얼마인가?

b. 상기 정책으로 DoorRed가 얻게 되는 충족률은 얼마인가?

c. 재주문점을 750에서 800으로 증가시키면 DoorRed가 얻게 되는 충족률의 변화는 얼마인가?

13. 문제 12의 DoorRed 약국으로 돌아가 보자. 논의된 약에 대해 DoorRed는 99.9퍼센트의 충족률을 얻기 위해 재주문점을 조정하려고 한다. 재주문점을 얼마로 해야 하는가?

14. DoorRed 약국은 시카고 지역에 25개의 매장을 갖고 있다. 현재의 정책은 각 매장에 모든 약을 가지고 있는 것이다. DoorRed는 하나의 중앙 지역에 약 중 일부를 집중화 할 수 있는 가능성을 조사하고 있다. 약이 집중화되면 배송비용이 단위당 0.02달러 증가한다. 배송비용의 증가는 중심 지역에서 각각의 다른 지역까지 차량을 운행하는 추가적인 비용이 발생하기 때문이다. DoorRed는 각각의 매장에 주당 보충(보충주문은 매 7일마다 이루어짐)을 해 주고 있으며 공급자에 대한 보충주문은 배송 3일 전에 이루어져야 한다. DoorRed는 약이 집중화되더라도 여전히 주당 한 번의 주문을 고수하려고 한다. DoorRed는 20퍼센트의 재고유지비용을 이용하고 99퍼센트의 주기 서비스 수준을 목표로 하고 있다. 매장에 대한 주문은 서로 독립인 것으로 가정한다.

a. 매일의 수요가 평균이 300이고 표준편차가 50인 정규분포를 따르는 하나의 약을 고려해 보자. 약은 단위당 비용이 10달러이다. 모든 매장에 대한 안전재고의 연간 유지비용은 얼마인가? 그 약이 한 장소에 집중화되어 있다면, 집중지역의 안전재고를 유지하는 연간 비용은 얼마가 되겠는가?

b. 이제 평균이 5이고 표준편차가 4인 정규분포를 따르는 수요를 갖는 하나의 약을 고려해 보자. 약은 비용이 단위당 10달러이다. 모든 매장에 대한 안전재고의 연간 재고유지비용은 얼마인가? 만약 그 약이 한 장소에 집중되어 있다면, 집중지역의 안전재고를 유지하는 연간 비용은 얼마인가? 배송비용에서의 연간 증가는 얼마인가? 집중화를 제안하겠는가?

c. 매장들에 대한 수요가 0.5의 상관계수를 가진다면 (a)와 (b)에 대한 답이 달라지는가?

15. Toyota사는 지역창고를 지어 여기서 판매자의 요구에 따라 Scion의 몇몇 사양을 고객화하여 선적하기로 결정하였다. 요구에 따라 고객화하여 선적하는 데는 생산과 수송비용으로 차량당 100달러의 비용이 추가된다. 각 차량은 비용이 20,000달러이고 Toyota사는 20퍼센트의 재고유지비용을 이용하고 있다. 판매자의 차량은 처음 90일 동안은 Toyota사의 소유로 되어 있다. 따라서 현실적으로 재고가 판매자에 있든 지역창고에 있든 Toyota사가 모든 재고를 소유하고 있는 것이다. 5개의 대형 판매자와 30개의 소형 판매자가 있는 지역을 고려해 보자. Toyota사는 사양을 인기 있는 사양과 그렇지 못한 사양의 두 그룹으로 구분하였다. 두 유형의 판매자와 두 유형의 사양에 대한 수요가 [표

표 11.7 자동차 판매자들에서의 수요

	인기 사양		비인기 사양	
	평균	표준편차	평균	표준편차
대형 판매자	50	15	8	5
소형 판매자	10	5	2	5

11.7]에 주어져 있다. 목표는 연속적 검토정책을 사용하여 95퍼센트의 주기 서비스 수준을 제공하는 것이다. 두 판매자와 지역창고 모두에 대한 보충 리드타임은 4주이다. 지역창고에서 판매자까지의 고객화와 선적은 하루에 행해질 수 있으므로 이는 무시한다. 모든 판매자에 대한 수요는 독립인 것으로 가정한다.

a. 대형 판매자와 소형 판매자에 대해 인기 있는 사양의 안전재고는 얼마나 요구되는가?

b. (두 유형의 판매자 모두에 대해) 인기 있는 사양의 재고를 Toyota사가 지역창고에 집중한다면 안전재고는 얼마나 요구되는가?

c. 소형 판매자의 인기 있는 사양에 대한 재고는 지역창고에 집중화하고 대형 판매자에 대해서는 분산화한다면 안전재고는 얼마나 필요한가?

d. 고객화와 수송비용이 추가적으로 들면 인기 있는 사양에 대해 어떤 구성을 제안할 수 있는가?

e. 비인기 사양에 대해서도 (a)에서 (d)를 구해 보라.

f. Toyota사는 지역창고가 주어지면 재고를 어떻게 구성해야 하는가?

16. Orion사는 복사기를 판매하는 글로벌기업이다. Orion사는 현재 모든 재고를 완제품 형태로 가지고 10가지의 복사기 사양을 판매하고 있다. 복사기를 차별화하는 주요 부품은 인쇄 관련 소조립품이다. 논의하려는 아이디어는 최종조립이 지연되어 부품 형태로 재고를 유지할 수 있도록 해 주는 인쇄 소조립품의 공통성을 소개하려는 것이다. 현재 각 복사기는 부품 관점에서 보면 1,000달러의 비용이 든다. 인쇄 소조립품에 공통성을 도입하면 부품비용이 1,025달러로 증가될 것이다. 10가지 사양 중 하나가 전체 수요의 80퍼센트를 나타낸다. 이 사양에 대한 주당 수요는 평균이 1,000이고 표준편차가 200인 정규분포를 따른다. 남아 있는 9가지 사양의 각각은 28의 주당 수요와 20의 표준편차를 갖는다. Orion사는 95퍼센트의 서비스 수준을 제공하려고 한다. 부품에 대한 보충 리드타임은 4주이다. 복사기 조립은 몇 시간이면 완성될 수 있다. Orion사는 연속적 검토정책을 사용하여 모든 재고를 관리하고 20퍼센트의 재고유지 비용을 이용한다.

a. 부품 공통성이 없다면 한 가지 사양에 대해 얼마나 많은 안전재고를 Orion사가 유지해야 하는가? 연간 유지비용은 얼마인가?

b. Orion사가 모든 사양에 대해 공통부품을 사용한다면 부품 형태로 유지되어야 할 안전재고는 얼마인가? 연간 유지비용은 얼마인가? 공통성을 사용할 때 부품비용의 증가는 얼마인가? 모든 사양에 대한 공통성을 적용하는 것이 정당화되는가?

c. 어느 정도의 공통성 비용이면 모든 사양에 공통

성을 적용하는 것이 정당화될 것인가?

d. 이제 Orion사가 9개의 낮은 수요를 갖는 사양에 대해서만 부품 공통성을 사용하는 경우를 고려해 보자. 이 경우에 Orion사는 얼마나 많은 안전재고를 감소시킬 수 있는가? 연간 유지비용 관점에서는 어느 정도의 절감을 가져오는가? 이러한 더욱 제한적인 형태의 공통성이 정당화되는가?

e. 어느 정도의 공통성 비용이면 낮은 수요의 사양에 대한 공통성이 정당화될 것인가?

참고문헌

Federgruen, Awi, and Yu-Sheng Zheng. "An Efficient Algorithm for Computing an Optinal (r,Q) Policy in Continuous Review Stochastic Inventory Systems." *Operational Research* (July–August 1992) 40: 808–813.

Feitzinger, Edward, and Hau L. Lee. "Mass Customization at Hewlett Packard." *Harvard Business Review* (January–February 1997): 116–121.

Gallego, Guillermo. "New Bounds and Heuristics for (Q,r) Policies." *Management Science* (February 1998) 44: 219–233.

Geary, Steve, Paul Childerhouse, and Denis Towill. "Uncertainty and the Seamless Supply Chain." *Supply Chain Management Review* (July–August 2002): 52–61.

Kopczak, Laura, and Hau L. Lee. *Hewlett-Packard Co.: Deskjet Printer Supply Chain(A)*. Stanford University Case GS3A, 2001.

Lee, Hau L. "Design for Supply Chain Management: Concepts and Examples." In R. Sarin, ed. *Perspectives in Operations Management*. pp 45–65. Norwell, MA: Kluwer Academic Publishers, 1993.

Lee, Hau L., and Corey Billington. "Managing Supply Chain Inventory." *Sloan Management Review* (Spring 1992): 65–73.

Lee, Hau L., Corey Billington, and Brent Carter. "Hewlett-Packard Gains Control of Inventory and Service through Design for Localization." *Interfaces* (July–August 1993): 1–11.

Nahmias, Steven. *Production and Operations Analysis*. Burr Ridge, IL: Richard P. Irwin, 1997.

Signorelli, Sergio, and James L. Heskett. 1984. *Benetton(A)*. Harvard Business School Case 9–685–014, 1984.

Silver, Edward A., David Pyke, and Rein Petersen. *Inventory Management and Production Planning and Scheduling*. New York: Wiley, 1998.

Tayur, Sridhar, Ram Ganeshan, and Michael Magazine, eds. *Quantitative Models for Supply Chain Management*. Boston: Kluwer Academic Publishers, 1999.

Trent, Robert J. "Managing Inventory Investment Effectively." *Supply Chain Management Review* (March–April 2002): 28–35.

Zipkin, Paul H. *Foundations of Inventory Management*. Boston: Irwin McGraw-Hill, 2000.

사례연구

ALKO사에서의 재고관리

1943년 John Williams는 자신의 클리블랜드 집 차고 작업장에서 ALKO사를 설립하였다. John은 항상 무엇인가를 만지작거리는 걸 좋아했고 1948년 2월 조명기구에 관한 그의 디자인 중 하나에 대해 특허를 취득하였다. 그는 그의 작업장에서 그것을 생산하기로 결정하고 클리블랜드 지역에 그것을 마케팅하려고 노력하였다. 그 물건은 잘 팔려 1957년경 ALKO사는 300백만 달러 규모의 회사로 성장하였다. ALKO사의 조명기구는 탁월한 품질로 아주 잘 알려지게 되었다. 그때까지 ALKO사는 모두 5개의 제품을 팔았다.

1963년, John은 회사를 공개하였다. 그 이후에도 ALKO사는 아주 성공적이었고 회사는 제품을 전국적으로 출하하기 시작했다. 1980년대에 경쟁이 심해짐에 따라 ALKO사는 많은 새로운 조명기구를 출시하기 시작했다. 그러나 제품의 품질이 나빠지지 않도록 하기 위해 회사가 큰 관심을 가진다는 사실에도 불구하고 회사의 수익성은 나빠지기 시작했다. 문제는 시장에서의 경쟁이 심화되면서 이윤폭이 감소하기 시작했다는 것이다. 이 시점에서, 이사회는 최고위층부터 시작해서 완전한 구조조정이 필요하다고 결정하였다. 그때 Gary Fisher가 회사를 구조조정하기 위해 고용되었다.

1999년 Fisher가 왔을 때, 그는 회사가 이미 얻은 명예에 대해 동요하고 있음을 알았다. 그는 처음 몇 달 동안 회사의 사업과 사업이 구성되어 있는 방식을 이해하는 데 시간을 보냈다. Fisher는 해결의 열쇠가 운영 성과에 있다는 것을 인식하였다. 비록 회사가 항상 새로운 제품의 개발과 생산에서 두각을 나타내고 있음에도 회사는 전통적으로 유통 시스템을 무시하고 있었다. 회사 내에서의 느낌은 일단 좋은 물건을 만들기만 하면 만사가 잘 될 것이라는 식이었다. Fisher는 회사의 현재 유통 시스템을 검토하고 개선방안을 제안하기 위한 프로젝트팀을 구성하였다.

현재의 유통 시스템

프로젝트팀은 ALKO사가 1999년 생산라인에서 100개의 제품을 생산하고 있음을 주목했다. 모든 생산은 클리블랜드 지역에 위치한 3개의 공장에서 이루어진다. [그림 11.7]에서 보는 것과 같이, 판매 목적으로 미국 대륙을 5개의 지역으로 분할하였다. ALKO사가 소유하는 독립적인 분배센터(DC)가 각각의 지역에서 운영되고 있다. 고객은 DC에 주문을 하고 DC는 재고로 있는 제품으로부터 고객에게 공급하려고 노력하였다. 어떤 제품에 대한 재고가 줄어듦에 따라 DC는 공장에 주문을 하게 된다. 공장은 DC의 주문을 기초로 생산 일정계획을 하게 된다. 주문된 제품은 공장에서 유통센터로 트럭용량(truckload: TL) 단위로 수송된다. 왜냐하면 주문량이 큰 경향이 있기 때문이다. 그러나 DC로부터 고객에게로의 선적은 트럭용량보다 적다(less than truckload: LTL). ALKO사는 이 두 가지 수송을 위해서 제3자 트럭수송회사를 이용한다. 1999년에 공장으로부터 DC까지의 TL 비용은 단위당 평균 0.09달러이고 DC로부터 고객까지의 LTL 선적비용은 단위당 평균 0.10달러이었다. 평균적으로 DC가 공장에 주문을 하고 그 주문이 공장으로부터 배달되는 데는 5일이 걸렸다.

1999년의 정책은 모든 DC에 각 품목을 저장하는 것이다. 생산라인을 면밀히 조사한 결과 판매량 관점에서 세 가지 기본적인 범주, 즉 대량, 중량, 소량이 있다는 것을 알게 되었다. 각 범주에서 대표적인 제품에 대한 수요 정보가 [표 11.8]에 나타나 있다. 제품 1, 3, 그리고 7은 각각 대량, 중량, 그리고 소량 범주의 대표적인 제품이다. ALKO사가

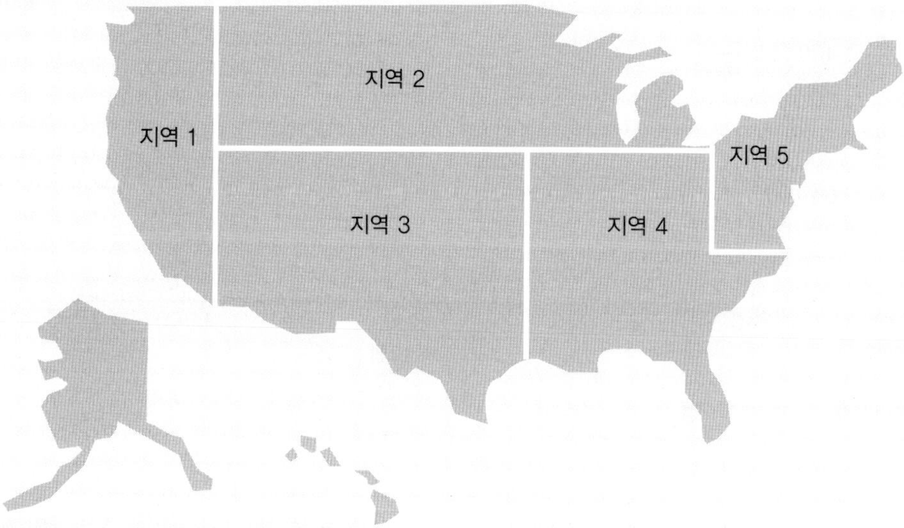

그림 11.7 ALKO사의 판매 지역

판매하는 100개의 제품 중에서 10개는 대량, 20개는 중량, 그리고 70개는 소량 범주이다. 이들 수요의 각각은 해당 범주의 대표적인 제품 1, 3, 그리고 7과 동일하다.

프로젝트팀은 공장의 생산능력이 어떤 정상적인 주문도 4일만에 생산되도록 해 준다는 것을 확인하였다. 따라서 공장은 주문을 받고 4일이 지난 후 주문을 선적하여 출하할 수 있다. 다시 하룻동안의 수송을 거쳐서 주문이 DC에 도달하게 된다. DC는 6일의 재주문 간격을 갖는 주기적 검토정책을 사용하여 주문을 한다. 발생하는 재고유지비용은 수송중이든 저장중이든 관계 없이 하루에 한 단위당 0.15 달러이다. 모든 DC는 95퍼센트의 주기 서비스 수준을 보장하기 위해 안전재고를 유지한다.

유통 시스템 대안

프로젝트팀은 시카고 외곽에 전국 유통센터(national distribution center: NDC)를 건설할 것을 제안하였다. 프로젝트팀은 ALKO사가 5개의 DC를 폐쇄하고 모든 재고를 NDC로 옮길 것을 제안하였다. 창고의 능력은 한 해 동안 몇 개가 취급되었는지로 측정된다(즉, 창고의 능력은 창고로부터 공급되는 수요로 결정된다). 창고를 건설하는 비용은 [그림

표 11.8 ALKO사의 일간 수요의 분포

	지역 1	지역 2	지역 3	지역 4	지역 5
제품 1 평균	35.48	22.61	17.66	11.81	3.36
제품 1 표준편차	6.98	6.48	5.26	3.48	4.49
제품 3 평균	2.48	4.15	6.15	6.16	7.49
제품 3 표준편차	3.16	6.20	6.39	6.76	3.56
제품 7 평균	0.48	0.73	0.80	1.94	2.54
제품 7 표준편차	1.98	1.42	2.39	3.76	3.98

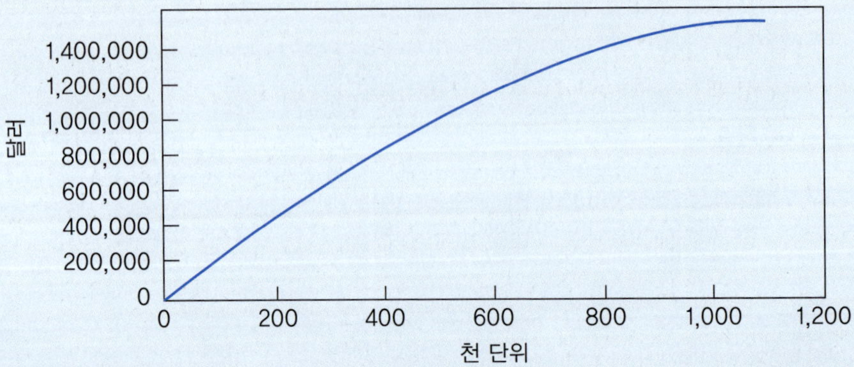

그림 11.8 NDC 건설비용

11.8]에 보여진다. 그러나 ALKO사는 폐쇄되는 각각의 창고에 대해 50,000달러를 확보할 수 있다. NDC로부터의 주기 서비스 수준은 계속해서 95퍼센트로 유지하려고 한다.

시카고는 클리블랜드에 근접해 있기 때문에 공장으로부터 NDC까지의 내부수송비용은 단위당 0.05달러까지 줄어들 것이다. 시카고 NDC의 총보충 리드타임은 5일이 된다(4일 생산 + 1일 수송). 그러나 평균 거리의 증가로 NDC에서 고객까지의 외부수송비용은 단위당 0.24달러로 증가할 것이다.

프로젝트팀이 고려하는 또 다른 가능성은 지역의 DC를 계속 유지하면서 NDC를 건설하는 것이다. 이 경우 일부의 제품은 지역의 DC에 저장되는 반면, 다른 제품은 NDC에 저장될 것이다.

Fisher의 결정

Gary Fisher는 프로젝트팀의 보고서를 신중히 검토하였다. 프로젝트팀은 자신의 결정을 뒷받침하는 어떠한 수치도 자세히 나타내지 않았다. 그는 의사결정을 내리기 전에 그 수치들을 계산하기로 결정하였다.

질문

1. 현재의 유통 시스템에 대한 연간 재고 및 유통비용은 얼마인가?
2. 프로젝트팀의 제안을 따라 NDC를 건설함으로써 얻게 되는 절감 부분은 무엇인가? 어떤 두 지역의 수요에 대한 상관계수가 0에서 0.5 그리고 1.0으로 변화할 때 절감액을 계산하라. 여러분은 NDC의 건설을 제안하겠는가?
3. Fisher가 고려할 수 있는 다른 방안들을 제안해 보라. 각각의 방안을 평가하고 ALKO사에 대해 가장 수익성이 있는 유통 시스템을 제안하라. 여러분의 제안이 서로 다른 지역에 걸친 수요의 상관계수에 얼마나 의존하게 되는가?

부록 11A

정규분포

만일 확률변수의 확률밀도함수 $f(x, \mu, \sigma)$가 다음과 같이 주어지면, 연속확률변수 X는 평균이 μ이고 표준편차가 $\sigma > 0$인 **정규분포**를 따른다.

$$f(x, \mu, \sigma) = \frac{1}{\sigma\sqrt{2\pi}} \exp\left[\frac{(x-\mu)^2}{2\sigma^2}\right] \quad (11.20)$$

정규밀도함수는 [그림 11.9]에 나타나 있다.

누적정규분포함수는 $F(x, \mu, \sigma)$로 나타내고 평균이 μ이고 표준편차가 σ인 정규분포 확률변수가 x보다 작거나 같은 값을 가지는 확률이다. 누적정규분포함수와 밀도함수는 아래와 같이 관련되어 있다.

$$F(x, \mu, \sigma) = \int_{X=-\infty}^{x} f(X, \mu, \sigma)dX$$

평균 $\mu = 0$이고 표준편차 $\sigma = 1$인 정규분포를 **표준정규분포**라고 한다. 표준정규밀도함수는 $fS(x)$로 나타내고 누적표준정규분포함수는 $F_S(x)$로 나타낸다. 따라서

$$f_S(x) = f(x, 0, 1) \text{ 그리고 } F_S(x) = F(x, 0, 1)$$

확률 p가 주어지면, 역정규 $F^{-1}(p, \mu\ \sigma)$는 정규확률변수가 x보다 작거나 같은 값을 가지는 확률이 p가 되는 그러한 x의 값이다. 따라서 만일 $F(x, \mu, \sigma) = p$라면 $x = F^{-1}(p, \mu, \sigma)$이다. 표준정규분포의 역은 $F_S^{-1}(p)$로 나타낸다. 따라서

$$F_S^{-1}(p) = F^{-1}(p, 0, 1)$$

이다.

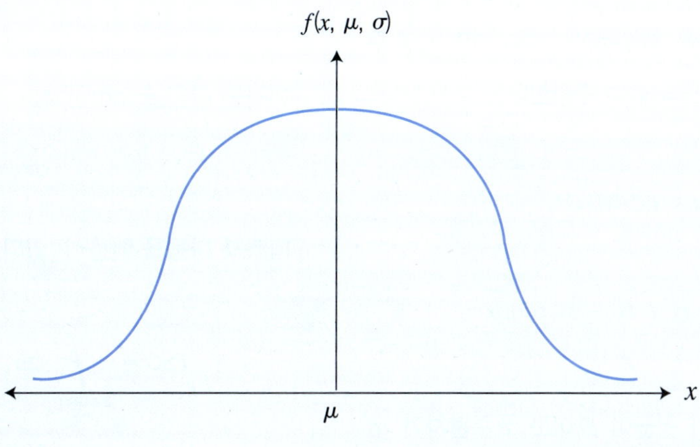

그림 11.9 정규밀도함수

부록 11B

엑셀에서의 정규분포

다음의 엑셀함수는 여러 가지 정규분포함수를 계산하는 데 이용될 수 있다.

$$F(x, \mu, \sigma) = NORMDIST(x, \mu, \sigma, 1) \tag{11.21}$$

$$f(x, \mu, \sigma) = NORMDIST(x, \mu, \sigma, 0) \tag{11.22}$$

$$F^{-1}(p, \mu, \sigma) = NORMINV(p, \mu, \sigma) \tag{11.23}$$

여러 가지 표준정규분포함수를 계산하기 위한 엑셀함수는 다음과 같다.

$$F_S(x) = NORMDIST(x, 0, 1, 1) \text{ 또는 } NORMSDIST(x) \tag{11.24}$$

$$f_S(x) = NORMDIST(x, 0, 1, 0) \tag{11.25}$$

$$F_S^{-1}(p) = NORMSINV(p) \tag{11.26}$$

부록 11C

주기당 기대 품절비용

목표: 보충주기당 기대 품절(ESC)을 엑셀을 이용하여 계산할 수 있도록 대체 공식을 만든다.

분석: $ROP = D_L + ss$라는 재주문점이 주어지면 보충주기당 기대 품절(ESC)은 다음과 같이 주어진다.

$$ESC = \int_{x=ROP}^{\infty} (x - ROP) f(x)dx$$

$$= \int_{x=D_L+ss}^{\infty} (x - D_L - ss) f(x)dx$$

리드타임 동안의 수요가 평균이 D_L이고 표준편차가 σ_L인 정규분포를 따르는 것으로 주어지면, 식 (11.18)을 이용하여 다음을 얻을 수 있다.

$$ESC = \int_{x=D_L+ss}^{\infty} (x - D_L - ss) \frac{1}{\sqrt{2\pi}\sigma_L} e^{-(x-D_L)^2/2\sigma_L^2}$$

다음을 대체하자.

$$z = \frac{(x - D_L)}{\sigma_L}$$

이것은 다음을 의미한다.

$$dx = \sigma_L dz$$

따라서 다음을 얻을 수 있다.

$$ESC = \int_{z=ss/\sigma_L}^{\infty} (z\sigma_L - ss) \frac{1}{\sqrt{2\pi}} e^{-z^2/2}\, dz$$

$$= -ss \int_{z=ss/\sigma_L}^{\infty} \frac{1}{\sqrt{2\pi}} e^{-z^2/2}\, dz + \sigma_L \int_{z=ss/\sigma_L}^{\infty} z \frac{1}{\sqrt{2\pi}} e^{-z^2/2}\, dz$$

평균이 0이고 표준편차가 1인 표준정규분포에 대한 $F_S(\cdot)$가 누적분포함수이고 $f_S(\cdot)$가 확률밀도함수임을 기억하

자. 식 (11.20)과 표준정규분포의 정의를 이용하면 다음을 얻을 수 있다.

$$1 - F_S(y) = \int_{z=y}^{\infty} f_s(z)dz = \int_{z=y}^{\infty} \frac{1}{\sqrt{2\pi}} e^{-z^2/2}\, dz$$

$w = z^2/2$를 ESC에 대한 식에 대입하자. 이것은 다음을 의미한다.

$$ESC = -ss[1 - F_S(ss/\sigma_L)] + \sigma_L \int_{w=ss^2/2\sigma_L^2}^{\infty} \frac{1}{\sqrt{2\pi}} e^{-w}\, dw$$

또는

$$ESC = -ss[1 - F_S(ss/\sigma_L)] + \sigma_L f_s(ss/\sigma_L)$$

식 (11.24)와 (11.25)를 이용하면, ESC는 엑셀을 이용하여 다음과 같이 구할 수 있다.

$$ESC = -ss[1 - NORMDIST(ss/\sigma_L, 0, 1, 1)] + \sigma_L\, NORMDIST(ss/\sigma_L, 0, 1, 0)$$

부록 11D

회전율이 낮은 상품에 대한 재고안정 평가

목표: 대략 포아송 분포를 따르는 수요를 가진, 회전율 낮은 상품에 대한 재고안정 평가를 위한 방안을 강구해 보라.

논의: 회전율이 낮은 상품일 경우에는 정규분포를 이용하여 수요분포를 분석하는 것보다 비율 D로 도착하는 수요를 가진 포아송 분포를 이용하는 것이 더 좋은 분석이라 할 수 있다. 그러한 경우, (Q, r) 방식을 사용할 경우가 최적이라고 알려져 왔다. 즉, (Q, r) 방식 하에서는 주문 시점이 되었거나, ROP $= r$, 주문량 nQ일 경우 주문이 이루어질 수 있으며, 여기서 Q 주문량의 n단위만큼 주문은 재고주문점을 $(r, r + Q)$만큼 증가시킬 수 있다.

정수의 리드타임 L이 주어졌을 때의 포아송 분포에서는, 평균 수요는 리드타임 LD보다 크며, 수요의 편차는 $\sigma^2 = \sqrt{LD}$ 를 넘게 된다.Q와 r 값을 알기 위한 효율적인 알고리즘은 Federgruen과 Zheng(1992)에 의해 이미 주어졌다. 위의 결과는 Gallego(1992)의 효율적인 휴리스틱(발견적 기법)을 활용한 것이다.

만약, H가 시간 단위당 비용, p는 시간 단위당 고정된 부족비용, 그리고 S는 배치당 고정 주문량을 의미한다고 할 때, Gallego는 배치 크기 Q^*를 다음과 같이 정의하였다.

$$Q^* = Min\left(\sqrt{2}, \sqrt[4]{1 + \left(\frac{(H+p)L}{2S}\right)^2}\right)\sqrt{\frac{2DS}{H}} \qquad (11.27)$$

Gallego는 최적의 배치 크기를 결정함에 있어서 Q^*만큼의 주문량은 더 이상 7% 이상의 비용이 생기는 결과를 초래하지 않음을 보여주었고, ROP인 r^*는 Federgruen과 Zheng(1992)에 의해 사용 가능한 절차 방안을 통해 얻을 수 있었다. 수요분포가 포아송 분포를 따를 때 여러 번 계산을 통한 (Q, r) 방식의 평균 비용 $C(r, Q)$은 다음과 같다.

$$C(r,Q) = \frac{DS}{Q} + \frac{1}{Q}\sum_{y=r+1}^{r+Q}\left\{H\sum_{i=0}^{y}(y-i)p_i + p\sum_{i=y+1}^{\infty}(i-y)p_i\right\} \quad (11.28)$$

여기서

$$P_i = \frac{e^{DL}(DL)^i}{i!},\ i = 0, 1, \ldots$$

이다. ROP는 배치 r^*은 크기 Q^*에 식 (11.27)을 대입한 후 식 (11. 28)로부터 도출하고, 비용 $C(r, Q^*)$를 최소로 할수 있는 값 r^*를 찾음으로써 그 값을 도출할 수 있다. Federgen과 Zheng(1992)이 보여준 $C(r, Q^*)$은, r^*는 정수를 통해 찾은 이항법을 사용하여 얻을 수 있다.

제 12 장

제품 가용성의 최적수준 결정

학 • 습 • 목 • 표

이 장을 읽은 후에 여러분은 다음과 같은 것을 할 수 있을 것이다.

1. 제품 가용성의 최적수준에 영향을 미치는 요인들을 찾고 최적주기 서비스 수준을 계산할 수 있다.
2. 최적 서비스 수준을 통해 공급사슬의 수익성을 개선시킬 수 있는 관리적 방안들을 사용할 수 있다.

이 장에서는 고객에게 제공되는 가용성의 최적수준을 결정하는 프로세스를 살펴본다. 여기서는 최적 서비스 수준의 계산에 필요한 구성 요소들과 이 계산이 수행될 수 있는 여러 가지 방법들을 살펴보고자 한다. 재고를 줄이는 동시에 제품 가용성의 수준을 높임으로써 공급사슬의 수익성을 개선시키기 위해 각기 다른 관리적 방안들이 어떻게 이용될 수 있는지를 논의하고 보여 주고자 한다.

12.1 제품 가용성 수준의 중요성

제품 가용성 수준은 주기 서비스 수준이나 충족률에 의해 측정되어진다. 제품 가용성 수준은 고객 수요 중 이용 가능한 재고를 통해 충족되는 비율로 측정한다. 제품 가용성 수준은 또한 고객 서비스 수준이라고도 불린다. 제품 가용성 수준은 어떤 공급사슬의 고객대응에 대한 중요한 구성 요소이다. 공급사슬은 대응능력을 개선하여 고객들을 끌기 위해 높은 수준의 제품 가용성을 이용할 수 있다. 이것은 고객들이 구매하려고 왔을 때 판매를 늘리고 제품 가용성을 보장함으로써 공급사슬에 대한 수익을 증가시켜 준다. 그러나 높은 수준의 제품 가용성은 많은 재고들을 필요로 하고, 많은 재고들은 공급사슬에 대한 비용을 증가시키는 경향이 있다. 따라서 공급사슬은 가용성 수준과 재고비용 사이에서 균형을 이룰 필요가 있다. 제품 가용성의 최적수준은 공급사슬의 수익성을 최대로 하는 수준이다.

2008년 4분기 미국에서 수요가 큰 폭으로 감소하자 총 62억 달러의 재고비용이 발생하였고 이는 소매점과 생산자에게 큰 타격을 주었다. 몇몇의 제조사들은 금속이나 플라스틱과 같은 재고가 넘쳐나자 과장된 활동을 시작하였다. 소매점 또한 수요의 감소로 손해를 보았는데, Saks Fifth Avenue와 같은 다이아몬드를 판매하는 소매점의 경우 휴가기간에 70%의 할인을 감행하였다. Steve & Barry와 Circuit City 같은 몇몇 소매점들은 파산하였다. 반면에, 닌텐도의 경우 2007년 휴가시즌에 판매한 제품의 수익 중 13억 달러 정도 손해를 보았다. 그 이유는

Wii 비디오 게임 콘솔시장의 수요를 증가시키는 데 실패했기 때문이다. 이러한 예들은 제품 가용성이 너무 높거나, 너무 낮았기 때문에 공급사슬에 큰 영향을 준 사례이다.

최적 가용성 수준의 높고 낮음은 특정한 기업이 가용성이 이익을 최대화할 수 있다고 믿는 여부에 달려 있다. 예를 들어, Nordstrom사는 높은 수준의 제품 가용성을 제공하는 데 중점을 두어 왔고 매우 성공적인 백화점 체인이 되기 위해 대응능력에 대한 명성을 이용하고 있다. 그러나 Nordstrom사의 제품 가격은 제품 가용성 수준이 낮은 할인점에 비해서는 비싸다. 발전소들는 연료가 고갈되지 않도록 한다. 왜냐하면 가동정지에는 상당한 비용이 따르고 며칠의 생산손실을 가져올 수 있기 때문이다. 어떤 발전소들은 혹시 있을지 모르는 연료 부족에 대비해서 수개월치의 연료를 비축하기도 한다. 이와는 대조적으로, 대부분의 슈퍼마켓들은 단지 며칠 분량의 제품만을 유지하여 제품 품절이 종종 발생한다.

전자상거래에서는 웹에서의 탐색 특성으로 인해 제품 품절의 경우 고객이 쉽게 다른 매장을 찾을 수 있다. 이러한 경쟁적 환경은 웹 소매자들에게 그들의 가용성 수준을 높이도록 압력을 가한다. 동시에 엄청난 가격경쟁으로 인해 웹에서 가격은 점점 낮아진다. 초과재고를 보유한 웹 소매자가 수익을 얻는 것은 어렵다. 따라서 최적수준의 제품 가용성을 제공하는 것이야말로 웹에서 성공하기 위한 열쇠가 된다.

이들 예에서 기업은 서로 다른 수준의 제품 가용성을 제공하게 된다. 공급사슬의 모든 관리자들은 최적수준의 제품 가용성에 영향을 미치는 요인들을 인식하고 있어야 한다. 이러한 인식은 최적수준의 제품 가용성을 목표로 설정하고 공급사슬의 잉여가치를 높이는 관리적 방안들을 찾는 데 이용될 수 있다. 이제 최적수준의 제품 가용성에 영향을 미치는 요인들을 찾고자 한다.

12.2 제품 가용성의 최적수준에 영향을 미치는 요소들

제품 가용성의 최적수준에 영향을 미치는 요인들을 이해하기 위해 의류를 판매하는 대형 우편주문회사인 L.L.Bean사를 고려해 보자. L.L.Bean사가 판매하는 제품 중의 하나는 스키재킷이다. 스키재킷의 판매시즌은 11월부터 2월까지이다. L.L.Bean사의 구매자는 판매시즌이 시작되기 전에 생산자로부터 전체 시즌에 대한 스키재킷 물량을 바로 구매한다. 높은 수준의 제품 가용성은 구매자로 하여금 많은 수의 재킷을 구매하도록 한다. 비록 높은 수준의 제품 가용성이 발생할 모든 수요를 만족시킬 가능성이 큼에도 불구하고, 시즌의 마지막에 상당수의 재킷이 팔리지 않고 남게 되는 결과를 초래함으로써 팔리지 않은 재킷에 대해 L.L.Bean사가 손실을 입게 된다. 반대의 시나리오에서는 낮은 수준의 제품 가용성으로 인해 팔리지 않은 재킷이 거의 없게 될 수 있다. 그러나 제품이 다 팔렸기 때문에 L.L.Bean사는 재킷을 사고 싶어하는 고객들을 돌려보내야만 할 경우가 자주 있을 것이다. 이 시나리오의 경우 L.L.Bean사는 고객을 잃음으로 인해 잠재적인 손실을 입게 된다. L.L.Bean사의 구매자는 제품 가용성의 수준을 결정할 때 (주문한 재킷의 수가 수요보다 더 많은 경우에) 팔리지 않은 재킷이 지나치게 많이 남는 것으로부터의 손실과 (주문한 재킷의 수가 수요보다 적은 경우의) 고객을 돌려보냄으로 인해 잃게 되는 수익의 균형을 이루어야 한다.

초과재고비용은 C_o로 나타내고 이것은 판매시즌의 끝에 팔리지 않은 단위에 대해 초래되는 손실을 말한다. 부재고비용은 C_U로 나타내고 재고가 없기 때문에 놓쳐버린 판매에 대한 손실이윤을 말한다. 부재고비용은 현재의 잃어버린 이윤뿐만 아니라 고객이 다시 오지 않음으로 인해 발생하는 미래의 판매손실까지 포함해야 한다. 요약하면, 제품 가용성의 최적수준에 영향을 미치는 두 가지 중요한 요인은 다음과 같다.

- 초과재고비용
- 부재고비용

L.L.Bean사에서의 구매의사결정을 통해 이 관계를 보여 주려고 한다. 우선 관찰해야 할 점은 제품 가용성의 최적수준은 수요의 불확실성과 관련해서만 의미가 있다는 것이다. 전통적으로, 많은 기업들은 불확실성에 대한 어떠한 척도도 없이 수요의 합의 추정치를 예측해 왔다. 이 경

표 12.1 L.L.Bean사의 파카에 대한 수요분포

수요 D_i(100 단위)	확률 p_i	수요가 D_i 또는 그 이하일 확률(P_i)	수요가 D_i보다 클 확률
4	0.01	0.01	0.99
5	0.02	0.03	0.97
6	0.04	0.07	0.93
7	0.08	0.15	0.85
8	0.09	0.24	0.76
9	0.11	0.35	0.65
10	0.16	0.51	0.49
11	0.20	0.71	0.29
12	0.11	0.82	0.18
13	0.10	0.92	0.08
14	0.04	0.96	0.04
15	0.02	0.98	0.02
16	0.01	0.99	0.01
17	0.01	1.00	0.00

우 기업은 가용성의 수준에 대해서는 결정하지 않고 단지 합의 예측치만큼 주문을 했다. 지난 10년간, 기업들은 불확실성을 더 잘 이해하여 불확실성의 척도를 포함한 예측방법을 개발하기 시작해 왔다. 불확실성을 포함하여 제품 가용성의 최적수준을 결정하는 것은 합의된 예측치를 이용하는 것에 비해 이윤을 증가시킬 수 있다.

L.L.Bean사는 각 제품의 주문량을 결정하는 구매위원회를 가지고 있다. 지난 몇 년간의 수요에 기초해서 구매자는 [표 12.1]에 보여지듯이 붉은 여성용 스키파카에 대한 수요분포를 추정했다. 이것은 합의 예측치로서 과거 수요의 평균을 이용하는 전통적 방식으로부터 벗어난 것이다. 논의를 단순화하기 위해, 모든 수요는 100벌 단위의 파카로 주어진다고 가정한다. 생산자 또한 L.L.Bean사가 100의 배수로 주문하도록 요구한다. [표 12.1]에서 p_i 는 수요가 D_i 와 같을 확률이고 P_i 는 수요가 D_i 보다 작거나 같을 확률이다. [표 12.1]로부터 파카의 기대수요를 다음과 같이 계산할 수 있다.

$$\text{기대수요} = \sum D_i p_i = 1{,}026$$

기대치를 주문하는 예전 방식에서는 구매자가 1,000벌의 파카를 주문했었다. 그렇지만 수요는 불확실하고, [표 12.1]에 따르면 수요가 1,000 또는 그 이하가 될 확률이 51퍼센트이다. 따라서 1,000벌의 파카를 주문하려는 방침은 L.L.Bean사에 51퍼센트의 주기 서비스 수준을 가져다 줄 것이다. 구매위원회는 L.L.Bean사에서의 파카 판매로부터 얻는 수익을 최대화하는 주문량과 주기 서비스 수준을 결정해야만 한다.

L.L.Bean사가 판매하는 각 파카당 얻게 되는 이익뿐만 아니라 팔리지 않은 파카로부터 초래되는 손실이 구매결정에 영향을 미친다. 각 파카의 비용 c = 45달러이고 카탈로그상의 가격 p = 100달러이다. 시즌 끝에 팔리지 않고 남은 파카는 할인매장에서 50달러에 팔린다. 파카를 재고로 보유하고 할인매장으로 수송하는 비용은 10달러이다. 따라서 L.L.Bean사는 시즌 끝에 팔리지 않은 파카 한 벌당 s = 40달러의 잔존가치를 만회하게 된다. L.L.Bean사는 판매하는 파카 한 벌당 $p - c$ = 55달러의 이익을 얻게 되고 할인매장에 보내진 팔리지 않은 파카 한 벌당 $c - s$ = 5달러의 손실을 초래하게 된다.

1,000벌의 파카를 주문하는 경우의 기대이익은 다음과 같이 주어진다.

$$\text{기대이익} = \sum_{i=4}^{10}[D_i(p - c) - (1{,}000 - D_i)(c - s)]p_i$$

$$+ \sum_{i=11}^{17} 1{,}000(p - c)p_i = 49{,}900\text{달러}$$

1,100벌을 주문해야 하는지를 결정하기 위해 구매위원회는 여분의 100벌을 구매하는 잠재적인 결과를 결정할 필요가 있다. 만일 1,100벌의 파카가 주문되면 여분의 100벌은 수요가 1,100 이상이면 (5,500달러의 이익을 남기고) 팔리게 된다. 그렇지 않는 경우에는 여분의 100벌은 500달러의 손실을 입고 할인매장으로 보내지게 된다. [표 12.1]로부터 수요가 1,100벌 이상일 확률은 0.49이고 1,000벌 이하일 확률은 0.51임을 알 수 있다. 따라서 다음을 추론할 수 있다.

$$\text{여분의 100벌 파카로부터 얻는 기대이익} = 5{,}500 \times \text{Prob}(\text{수요} \geq 1{,}100)$$
$$-500 \times \text{Prob}(\text{수요} \leq 1{,}100) = 5{,}500\text{달러} \times 0.49 - 500\text{달러} \times 0.51 = 2{,}440\text{달러}$$

따라서 1,100벌의 파카를 주문할 경우 총기대이익은 52,340달러가 되는데 이 값은 1,000벌의 파카를 주문하는 경우의 기대이익보다 거의 5퍼센트 더 높다. 같은 방법을 사용하여 [표 12.2]에서처럼 각각의 추가적인 100벌의 파카에 대한 한계기여도를 계산할 수 있다. 기대 한계기여도는 1,300벌의 파카까지는 양이지만 그 값을 넘어서서는 음이 됨을 알 수 있다. 그러므로 최적주문량은 1,300벌의 파카이다. [표 12.2]로부터 다음을 얻을 수 있다.

$$\text{1,300벌의 파카를 주문하는 경우의 기대이익} = 49{,}900\text{달러} + 2{,}440\text{달러} + 1{,}240\text{달러}$$
$$+ 580\text{달러} = 54{,}160\text{달러}$$

이것은 1,000벌의 파카를 주문하는 방침에 비해 8퍼센트의 큰 기대이익을 가져다 준다.

총기대이익과 주문량과의 관계가 [그림 12.1]에 나타나 있다. 최적주문량은 기대이익을 최대로 한다. L.L.Bean사에 대한 최적주문량은 1,300벌이 되고 그때의 주기 서비스 수준은 92퍼센트가 된다. 0.92의 주기 서비스 수준에서 L.L.Bean사는 훨씬 더 높은 충족률을 가진다. 수요가 1,300 이하이면 모든 수요가 충족되기 때문에 L.L.Bean사는 100퍼센트의 충족률을 달성한다. 만일 수요가 1,300보다 많다면(즉, D라면), 수요의 일부(D − 1,300)는 충족되지 않는다. 이 경

표 12.2 각각의 추가 100벌의 파카에 대한 기대 한계기여도

추가 100벌	기대 한계이익	기대 한계비용	기대 한계기여도
11th	5,500 × 0.49 = 2,695	500 × 0.51 = 255	2,695 − 255 = 2,440
12th	5,500 × 0.29 = 1,595	500 × 0.71 = 355	1,595 − 355 = 1,240
13th	5,500 × 0.18 = 990	500 × 0.82 = 410	990 − 410 = 580
14th	5,500 × 0.08 = 440	500 × 0.92 = 460	440 − 460 = −20
15th	5,500 × 0.04 = 220	500 × 0.96 = 480	220 − 480 = −260
16th	5,500 × 0.02 = 110	500 × 0.98 = 490	110 − 490 = −380
17th	5,500 × 0.01 = 55	500 × 0.99 = 495	55 − 495 = −440

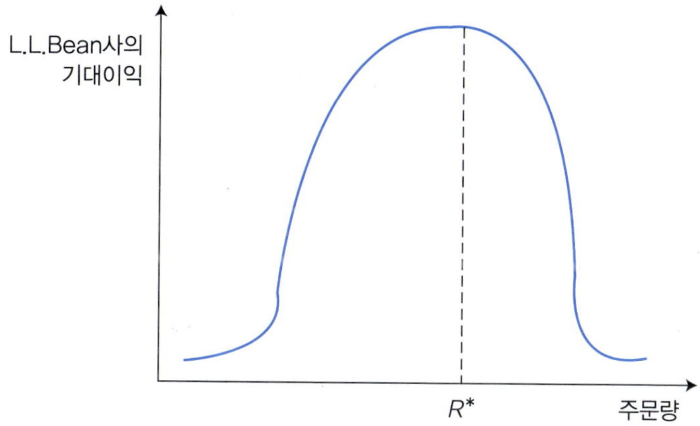

그림 12.1 L.L.Bean사의 기대이익과 주문량의 관계

우에는 1,300/D의 충족률이 달성된다. 만일 1,300벌의 파카가 주문된다면, L.L.Bean사에서 달성되는 전체적인 충족률은 다음과 같이 주어진다.

$$fr = 1 \times \text{Prob}(\text{수요} \leq 1{,}300) + \sum_{D_i > 1{,}300} (1{,}300/D_i)p_i = 0.99$$

따라서 L.L.Bean사는 1,300벌의 파카를 주문하는 방침을 갖는다면 평균적으로 99퍼센트의 수요를 재고로 있는 파카를 통해 충족한다.

L.L.Bean사의 예에서 초과재고비용 $C_o = c - s =$ 5달러이고 부재고비용 $C_u = p - c =$ 55달러이다. 이러한 비용이 변화하면 제품 가용성의 최적수준 역시 변화한다. 다음 절에서 계절성 품목에 대해 원하는 주기 서비스 수준과 초과재고비용, 그리고 부재고비용 간의 관계를 찾아보고자 한다.

시즌에 한 번 주문을 내는 계절성 품목에 대한 최적주기 서비스 수준

이 절에서는 시즌의 끝에 남아 있는 모든 품목을 처분해야만 하는 스키재킷과 같은 계절성 제품에 초점을 맞추고자 한다. 가정은 지난 시즌으로부터 남은 품목은 현재 시즌에 대한 수요를 충족시키기 위해 사용될 수 없다는 것이다. 단위당 소매가격을 p, 비용은 c, 그리고 잔존가치를 s라고 가정하자. 다음의 입력값을 고려해 보자.

C_o: 한 단위당 초과재고비용, $C_o = c - s$

C_u: 한 단위당 부재고비용, $C_u = p - c$

CSL^*: 최적주기 서비스 수준

O^*: 대응하는 최적주문량

주기 서비스 수준 CSL^*은 시즌 동안의 수요가 O^* 이하일 확률이다. 최적주기 서비스 수준 CSL^*에서는 추가적인 한 단위 구매에 따른 한계기여도는 0이다. 주문량이 O^*에서 $O^* + 1$로 증가하면 수요가 O^*보다 클 때 그 추가 단위가 팔린다. 이것은 확률 $1 - CSL^*$로 발생하고 $p - c$만큼 공헌하게 된다. 따라서 다음의 식을 가진다.

$$\text{추가 단위 구매에 따른 기대이익} = (1 - CSL^*)(p - c)$$

만일 O^* 이하이면, 그 추가 단위는 팔리지 않게 된다. 이것은 확률 CSL^*로 발생하고 $c - s$의 비용을 초래한다. 따라서 다음의 식을 가진다.

$$\text{추가 단위 구매에 따른 기대비용} = CSL^*(c - s)$$

따라서 주문량을 O^*에서 $O^* + 1$로 증가시키는 데 따른 기대 한계기여도 다음과 같다.

$$(1 - CSL^*)(p - c) - CSL^*(c - s)$$

기대 한계기여도는 최적주기 서비스 수준에서는 0이 되어야 하기 때문에 다음을 얻게 된다.

$$CSL^* = \text{Prob}(\text{수요} \le O^*) = \frac{p - c}{p - s} = \frac{C_u}{C_u + C_o} = \frac{1}{1 + (C_o/C_u)} \tag{12.1}$$

이 공식에 대한 보다 자세한 유도는 부록 12A에 주어진다. 최적주기 서비스 수준 CSL^*은 또한 결정 비율로 언급된다. 그 결과 얻게 되는 최적주문량은 기업의 이익을 최대로 한다. 시즌 동안의 수요가 평균이 μ이고 표준편차가 σ인 정규분포를 따른다면 최적주문량은 다음과 같이 주어진다.

$$O^* = F^{-1}(CSL^*, \mu, \sigma) = NORMINV(CSL^*, \mu, \sigma) \tag{12.2}$$

수요가 평균이 μ이고 표준편차가 σ인 정규분포를 따를 때 O만큼 주문함으로써 얻게 되는 기대이익은 다음과 같다.

$$\text{기대이익} = (p - s)\mu F_s\left(\frac{O - \mu}{\sigma}\right) - (p - s)\sigma f_s\left(\frac{O - \mu}{\sigma}\right)$$
$$- O(c - s)F(O,\mu,\sigma) + O(p - c)[1 - F(O,\mu,\sigma)]$$

이 공식의 유도는 부록 12B와 12C에 주어진다. 여기서 F_S는 표준정규누적분포함수이고 f_S는 표준정규밀도함수로 부록 11A에서 논의되고 있다. O만큼을 주문하는 경우의 기대이익은 식 (11.21), (11.24), 그리고 (11.25)를 사용하여 엑셀에서 다음과 같이 계산된다.

$$\begin{aligned}\text{기대이익} = &(p - s)\mu NORMDIST(O - \mu)/\sigma, 0, 1, 1) \\ &-(p - s)\sigma NORMDIST(O - \mu)/\sigma, 0, 1, 0) \\ &-O(c - s)NORMDIST(O, \mu, \sigma, 1) \\ &+O(p - c)[1 - NORMDIST(O, \mu, \sigma, 1)\end{aligned} \tag{12.3}$$

예제 12.1은 최적주기 서비스 수준과 주문량을 얻기 위한 식 (12.1)과 (12.2)의 사용을 보여주고 있다.

예제 12.1

계절성 품목에 대한 최적 서비스 수준 계산

스포츠 장비 판매점인 Sportmart사의 관리자는 겨울시즌을 위한 스키의 구입량을 결정해야 한다. 과거의 수요 정보와 그 해의 기상 예측을 고려하여 관리자는 수요가 평균 $\mu = 350$, 표준편차 $\sigma = 100$인 정규분포를 따르는 것으로 예측하였다. 스키 한 벌의 비용은 $c = 100$달러이고 소매가격은 $p = 250$달러이다. 시즌 말에 팔리지 않고 남은 스키는 85달러에 처분된다. 시즌 동안 스키를 재고로 유지하는 비용은 5달러라고 가정하자. 기대이익을 최대화하기 위해 관리자가 주문해야 할 스키의 구입량을 계산하라.

분석: 이 경우 다음의 정보를 얻을 수 있다.

잔존가치 s = 85달러 − 5달러 = 80달러
부재고비용 = $C_u = p - c$ = 250달러 − 100달러 = 150달러
초과재고비용 = $C_o = c - s$ = 100달러 − 80달러 = 20달러

식 (12.1)을 이용하여 최적주기 서비스 수준 CSL을 나음과 같이 유도될 수 있다.

$$CSL^* = \text{Prob}(\text{수요} \le O^*) = \frac{C_u}{C_u + C_o} = \frac{150}{150 + 20} = 0.88$$

식 (12.2)를 사용하면 최적주문량은 다음과 같다.

$$O^* = NORMINV(CSL^*, \mu, \sigma) = NORMINV(0.88, 350, 100) = 468$$

따라서 Sportmart사의 관리자는 비록 판매 예측이 350벌로 나왔지만 468벌의 스키를 주문하는 것이 최적이다. 이 경우 부재고비용이 초과재고비용보다 훨씬 높기 때문에 관리자는 수

요의 불확실성에 대비하기 위해 기대값보다 더 많이 주문하는 것이 좋다.

식 (12.3)을 이용하면 O^*만큼 주문함으로써 얻게 되는 기대이익은 다음과 같다.

$$\begin{aligned}\text{기대이익} &= (p - s)\mu NORMDIST((O^* - \mu)/\sigma, 0, 1, 1) \\ &\quad - (p - s)\sigma NORMDIST((O^* - \mu)/\sigma, 0, 1, 0) \\ &\quad - O^*(c - s)\mu NORMDIST(O^*, \mu, \sigma, 1) \\ &\quad + O^*(p - c)[1 - NORMDIST(O^*, \mu, \sigma, 1)] \\ &= 59{,}500 NORMDIST(1.18, 0, 1, 1) \\ &\quad - 17{,}000 NORMDIST(1.18, 0, 1, 0) \\ &\quad - 9{,}360 NORMDIST(468, 350, 100, 1) \\ &\quad + 70{,}200[1 - NORMDIST(468, 350, 100, 1)] = 49{,}146\text{달러}\end{aligned}$$

350벌의 스키를 주문함으로써 얻게 되는 기대이익은 45,718달러로 계산된다. 따라서 468벌의 스키를 주문하는 것이 기댓값인 350벌의 스키를 주문함으로써 얻게 되는 이익보다 거의 8퍼센트 더 높은 이익을 가져다 준다.

O만큼 주문되었을 때 기업은 수요에 따라 너무 많거나 너무 적은 재고를 가지게 된다. 주문이 기댓값이 μ, 표준편차가 σ인 정규분포를 따를 때 시즌 끝에 기대되는 초과재고량은 다음과 같이 주어진다.

$$\text{기대 초과재고} = (O - \mu)F_S\left(\frac{O - \mu}{\sigma}\right) + \sigma f_S\left(\frac{O - \mu}{\sigma}\right)$$

이 공식의 유도는 부록 12D에 주어진다. 공식은 엑셀을 사용하여 다음과 같이 계산될 수 있다.

$$\begin{aligned}\text{기대 초과재고} &= (O - \mu)NORMDIST((O - \mu)/\sigma, 0, 1, 1) \\ &\quad + \sigma NORMDIST((O - \mu)/\sigma, 0, 1, 0)\end{aligned} \tag{12.4}$$

시즌 끝에 기대되는 부재고량은 다음과 같이 주어진다.

$$\text{기대 부재고} = (\mu - O)\left[1 - F_S\left(\frac{O - \mu}{\sigma}\right)\right] + \sigma f_S\left(\frac{O - \mu}{\sigma}\right)$$

이 공식의 유도는 부록 12E에 주어진다. 이 공식은 엑셀을 이용하여 다음과 같이 계산될 수 있다.

$$\begin{aligned}\text{기대 부재고} &= (\mu - O)[1 - NORMDIST[(O - \mu)/\sigma, 0, 1, 1] \\ &\quad + \sigma NORMDIST[(O - \mu)/\sigma, 0, 1, 0]\end{aligned} \tag{12.5}$$

예제 12.2는 주문방침의 결과 나타나는 기대 초과재고량과 부재고량을 계산하기 위해 식 (12.4)와 (12.5)의 사용을 보여 준다.

예제 12.2
기대 초과재고 및 부재고 계산

Sportmart사에서의 스키에 대한 수요는 평균 $\mu = 350$, 표준편차 $\sigma = 100$인 정규분포를 따른다. 관리자는 다가오는 시즌을 위해 450벌의 스키를 구매하기로 결정하였다. 이러한 방침의 결과로 기대되는 초과재고와 부재고를 계산하라.

분석: 이 경우 주문량 $O = 450$이다. 만일 시즌 동안의 수요가 450벌보다 적으면, 초과재고가 발생한다. 식 (12.4)를 이용하여 기대 초과재고는 다음과 같이 얻어질 수 있다.

$$\begin{aligned}\text{기대 초과재고} &= (O - \mu)NORMDIST[(O - \mu)/\sigma, 0, 1, 1)]\\ &\quad + \sigma NORMDIST[(O - \mu)/\sigma, 0, 1, 0]\\ &= (450 - 350)\ NORMDIST[(450 - 350)/100, 0, 1, 1]\\ &\quad + 100NORMDIST[(450 - 350)/100, 0, 1, 0] = 108\end{aligned}$$

따라서 450벌의 스키를 주문하는 방침은 108벌의 기대 초과재고를 초래한다.

시즌 동안의 수요가 450벌보다 높다면 부재고가 발생한다. 기대되는 부재고는 식 (12.5)를 사용하여 다음과 같이 계산될 수 있다.

$$\begin{aligned}\text{기대 부재고} &= (\mu - O)[1 - NORMDIST[(O - \mu)/\sigma, 0, 1, 1)]\\ &\quad + \sigma NORMDIST[(O - \mu)/\sigma, 0, 1, 0]\\ &= (350 - 450)[1 - NORMDIST(450 - 350)/100, 0, 1, 1]\\ &\quad + 100NORMDIST[(450 - 350)/100, 0, 1, 0] = 8\end{aligned}$$

따라서 450벌의 스키를 주문하는 방침은 8벌의 기대 부재고를 초래한다. 가상적으로, 모든 경우에 양의 기대 초과재고와 기대 부재고가 있음을 유의하자. 이러한 결과는 직관적으로 이해가 되지 않지만 기대 초과재고나 부재고를 계산하는 데 사용되는 값이 항상 0과 같거나 0보다 크기 때문에 의미가 있다. 예를 들면, 수요가 500벌이고 450벌의 재킷이 재고로 있다면 부재고는 50벌이고 초과재고는 (−50이 아니라) 0이다. 이것은 기댓값이 0과 같거나 0보다 큼을 보장해 준다.

수량 할인이 있는 경우의 한 번의 주문

이 절에서는 판매자가 구매한 수량에 따라 가격 할인을 제공할 때 한 번 주문하는 구매자를 고려해 보자. 이러한 상황은 의류와 같은 계절 품목의 경우에 발생한다. 의류의 경우 생산자는 주문량이 주어진 경계치를 초과하면 단위당 더 낮은 가격을 제시한다. 이러한 결정은 제품이나 예비부품의 수명주기 끝에서도 나타난다. 제품이나 예비부품에 대한 미래 수요가 불확실하여 구매자는 주문할 단 한 번의 기회를 갖게 된다. 구매자는 주문량을 결정할 때 할인을 고려해야만 한다.

생산자가 생산을 종료하기 전에 부품을 주문할 마지막 기회를 갖는 소매자를 고려해 보자. 부품은 단위당 소매가격 p, (할인 없는) 소매자에 대한 비용 c, 그리고 잔존가치 s를 갖는다. 생산자는 소매자가 최소한 K단위를 주문한다면 할인된 가격 c_d를 제시한다. 소매자는 다음 단계를 이용하여 주문량을 결정할 수 있다.

1. 식 (12.1)과 (12.2)를 각각 사용하여 할인이 없는 경우 $C_o = c - s$와 $C_u = p - c$를 사용하여 최적주기 서비스 수준 CSL^*과 주문량 O^*를 구한다. 식 (12.3)을 사용하여 O^*를 주문하는 경우의 기대이익을 계산한다.
2. 식 (12.1)과 (12.2)를 각각 사용하여 할인이 있는 경우 $C_o = c_d - s$와 $C_u = p - c_d$를 사용하여 최적주기 서비스 수준 CSL_d^*과 주문량 O_d^*를 구한다. 만약 $O_d^* \geq K$이면, 식 (12.3)을 이용하여 O_d^* 단위를 주문함으로써 얻는 기대이익을 계산한다. 만약 $O_d^* < K$이면, 식 (12.3)을 이용하여 K단위를 주문함으로써 얻는 기대이익을 계산한다.
3. 단계 1에서의 이익이 크다면 O^*만큼 주문한다. 단계 2에서의 이익이 클 경우 $O_d^* \geq K$이면 O_d^* 단위를 주문하고, $O_d^* < K$이면 K단위를 주문한다.

예제 12.3에서 절차를 설명한다.

예제 12.3

수량 할인이 있는 경우의 서비스 수준 계산

자동차 부품 소매자인 SparesRUs사는 20년된 브레이크 모델에 대한 주문을 결정해야 한다. 생산자는 금번 마지막 생산 후 브레이크에 대한 생산을 중단하려고 한다. SpareRUs사는 브레이크에 대한 남아 있는 수요가 평균이 150, 표준편차가 40인 정규분포를 따르는 것으로 예측하고 있다. 브레이크는 200달러의 소매가격을 갖는다. 팔리지 않은 브레이크는 가치가 없으므로 잔존가치가 0이다. 생산자는 주문이 200개보다 적은 경우에는 브레이크를 개당 50달러에 판매하고, 주문이 최소한 200개이면 45달러에 판매하려고 한다. SpareRUs사는 몇 개의 브레이크를 주문해야 하는가?

분석: 첫 번째 단계는 할인이 없는 경우의 최적주문량을 계산하는 것이다. 이 경우에 우리는 다음의 정보를 얻는다.

$$\text{부재고비용} = C_u = p - c = 200\text{달러} - 50\text{달러} = 150\text{달러}$$
$$\text{초과재고비용} = C_o = c - s = 50\text{달러} - 0\text{달러} = 50\text{달러}$$

식 (12.1)을 사용하여 최적 CSL을 다음과 같이 유도할 수 있다.

$$CSL^* = \text{Prob}(\text{수요} \leq R^*) = \frac{C_u}{C_u + C_o} = \frac{150}{150 + 50} = 0.75$$

식 (12.2)를 사용하면 최적주문량은 다음과 같다.

$$O^* = NORMINV(CSL^*, \mu, \sigma) = NORMINV(0.75, 150, 40) = 177$$

식 (12.3)을 사용하여 할인이 없는 경우 기대이익은 다음과 같다.

$$177\text{개를 주문함에 따른 기대이익} = 19{,}958\text{달러}$$

이제 할인을 고려하여 다음을 얻는다.

$$\text{부재고비용} = C_u = p - c_d = 200\text{달러} = 45\text{달러} = 155\text{달러}$$
$$\text{초과재고비용} = C_o = c_d - s = 45\text{달러} = 0\text{달러} = 45\text{달러}$$

식 (12.1)을 사용하여 최적 CSL을 다음과 같이 유도할 수 있다.

$$CSL_d^* = \text{Prob}(\text{수요} \leq R^*) = \frac{C_u}{C_u + C_o} = \frac{155}{155 + 45} = 0.775$$

식 (12.2)를 사용하여 최적주문량은 다음과 같다.

$$O_d^* = NORMINV(CSL_d^*, \mu, \sigma) = NORMINV(0.775, 150, 40) = 180$$

180 < 200이므로 소매자는 할인으로부터의 이점을 얻기 위해 최소한 200개의 브레이크를 주문해야 한다. 따라서 식 (12.3)을 사용하여 200단위를 주문하는 기대이익을 다음과 같이 계산할 수 있다.

$$45\text{달러로 200개를 주문함에 따른 기대이익} = 20{,}595\text{달러}$$

따라서 수량 할인을 이용하기 위해 200단위를 주문하는 것이 최적이다. 기대 초과재고는 식 (12.4)를 이용하여 계산하면 52가 된다.

연속적으로 저장되는 품목에 대한 원하는 주기 서비스 수준

이 절에서는 Wal-Mart사와 같은 소매점에서 계속해서 주문되는 세제와 같은 제품에 대해 생각해 보고자 한다. 이러한 상황에서는 Wal-Mart사는 가용성 수준을 증가시키고 연속적인 배달 사이의 품절확률을 줄이기 위해 안전재고를 사용한다. 만약 세제가 보충주기 동안에 남아 있다면, 이것은 다음 주기에 팔릴 수 있다. 세제는 더 낮은 가격으로 처분될 필요가 없다. 그러나 제품이 한 주기에서 다음 주기로 유지됨에 따라 재고유지비용이 발생한다. Wal-Mart사의 관리자는 목표 주기 서비스 수준을 결정해야 하는 문제에 직면해 있다.

두 가지 극단적인 시나리오가 고려되어야 한다.

1. 제품이 품절일 때 발생하는 모든 수요는 부재고로 재고가 보충될 때 뒤에 충족된다.
2. 제품이 품절일 때 발생하는 모든 수요는 잃게 된다.

대부분의 경우에 있어서 현실적으로 일부 수요는 잃어버리게 되고 일부 고객은 제품이 있을 때 다시 돌아온다. 여기서는 두 개의 극단적인 경우를 고려해 보자.

단위시간당 수요는 다음 자료와 함께 정규분포를 따른다고 가정한다.

Q: 보충주문량
S: 각 주문과 관련된 고정비용
ROP: 재주문점
D: 단위시간당 평균 수요
σ: 단위시간당 수요의 표준편차
ss: 안전재고($ss = ROP - D_L$)
CSL: 주기 서비스 수준
C: 단위비용
h: 단위시간당 제품비용의 비율로서 나타낸 재고유지비용
H: 단위시간당 한 단위를 유지하는 비용. $H = hC$

품절 동안의 수요가 부재고가 되는 경우 먼저 제품이 품절일 때 발생하는 모든 수요가 부재고인 경우를 고려해 보자. 어떤 수요도 잃지 않기 때문에 비용을 최소화하는 것은 이익을 최대화하는 것과 동일하다. 예로서, 세제를 판매하는 Wal-Mart사를 고려해 보자. 매장관리자는 세제가 품절일 때 세제를 구입하기 원하는 각 고객에게 C_u의 할인을 제공한다. 이것은 재고가 보충되었을 때 이러한 모든 고객이 돌아오도록 해 준다.

만약 매장관리자가 안전재고의 수준을 높이면, 더 많은 주문이 재고로부터 충족되어 부재고는 줄어들게 된다. 이것은 부재고비용을 감소시킨다. 그러나 재고유지비용은 증가한다. 매장관리자는 부재고와 재고유지비용을 최소화하는 안전재고의 수준을 결정해야만 한다. 이 경우 최적주기 서비스 수준은 다음과 같이 주어진다.

$$CSL^* = 1 - \left[\frac{HQ}{DC_u}\right] \qquad (12.6)$$

최적주기 서비스 수준이 주어진 상태에서 요구되는 안전재고는 수요가 정규분포를 따른다면 식 (11.9)를 이용하여 계산될 수 있다.

식 (12.6)으로부터 주문량 Q를 증가시키는 것이 Wal-Mart사의 관리자로 하여금 주기 서비스 수준과 이에 따라 유지되는 안전재고의 수준을 줄이도록 한다는 것을 알 수 있다.

이것은 주문량을 증가시키는 것이 충족률을 증가시키고 따라서 부재고량을 감소시키기 때문이다. 그러나 주문량을 증가시키는 것은 주기재고를 증가시키기 때문에 주의해야 한다. 일반적으로 주문량을 증가시키는 것은 제품 가용성을 향상시키려는 기업에 대해서는 효과적인 방법이 아니다.

품절비용이 알려져 있다면 적절한 주기 서비스 수준(따라서 적절한 안전재고의 수준)을 얻기 위해 식 (12.6)을 이용할 수 있다. 많은 실제 상황에서 품절비용을 추정하는 것은 어렵다. 그러한 상황에서 관리자는 현재 재고정책을 평가하여 내포된 품절비용을 찾고자 한다. 종종 정확한 품절비용을 찾을 수 없을 때 이 내포된 품절비용이 최소한 재고가 증가해야 하는지, 감소해야 하는지, 또는 그대로 유지해야 하는지에 대한 아이디어를 제공할 것이다. 예제 12.4에서는 주어진 재고정책에 내포된 품절비용을 추정하는 데 식 (12.6)이 어떻게 사용되는지를 보여 주고 있다.

예제 12.4

재고정책으로부터 의 품절비용 추정

Wal-Mart사에서, 세제에 대한 주간 수요는 평균 μ = 100갤론이고 표준편차 σ = 20인 정규분포를 따른다. 보충리드타임 L은 2주이다. Wal-Mart사의 매장관리자는 가용재고가 300갤론으로 떨어지면 400갤론을 주문한다. 세제의 각 갤론당 비용은 3달러이다. Wal-Mart사가 초래하는 재고유지비용은 20퍼센트이다. 만일 충족되지 않은 모든 수요가 부재고로 다음 주기로 이월된다면, 현재의 보충정책에 내포된 품절비용을 계산하라.

분석: 이 경우 다음의 정보를 갖게 된다.

주문량, Q = 400갤론

재주문점, ROP = 300갤론

주간 평균 수요, $D = 100$갤론

연간 평균 수요, $D_{year} = 100 \times 52 = 5{,}200$

주간 수요의 표준편차, $\sigma_D = 20$

단위비용, $C = 3$달러

연간 제품비용의 비율로 나타낸 재고유지비용, $h = 0.2$

연간 한 단위를 유지하는 비용, $H = hC = 0.6$달러

리드타임, $L = 2$주

따라서 다음을 얻을 수 있다.

$$\text{리드타임 동안의 평균 수요, } D_L = DL = 200\text{갤론}$$

$$\text{리드타임 동안의 수요의 표준편차, } \sigma_L = \sigma_D \sqrt{L} = 20\sqrt{2} = 28.3$$

수요는 정규분포를 따르기 때문에 식 (11.4)를 이용하여 현재 재고정책 하에서의 주기 서비스 수준인 *CSL*을 다음과 같이 계산할 수 있다.

$$CSL = F(ROP, D_L, \sigma_L) = F(300, 200, 28.3)$$

따라서 부록 11B의 식 (11.21)을 이용하여 다음을 얻을 수 있다.

$$CSL = NORMDIST(300, 200, 28.3, 1) = 0.9998$$

따라서 (식 (12.6)을 이용하여) 내포된 재고부족비용을 다음과 같이 유도할 수 있다.

$$C_u = \frac{HQ}{(1 - CSL)D_{Year}} = \frac{0.6 \times 400}{0.0002 \times 5{,}200} = \text{갤론당 } 230.8\text{달러}$$

이것은 만일 1갤론의 세제 품절이 Wal-Mart사에 230.8달러의 비용을 초래하면 0.9998인 현재의 주기 서비스 수준이 최적이라는 것이다. 이 특별한 예에서는 세제의 품절비용이 지나치게 높은 갤론당 230.8달러이기 때문에 매장관리자가 너무 많은 재고를 보유하고 있다고 주장할 수 있다.

관리자는 내포된 품절비용, 즉 재고정책이 현실적인지를 결정하기 위해 앞의 분석을 이용할 수 있다.

품절기간 동안의 수요를 잃어버리는 경우 품절기간 동안의 미충족 수요를 잃어버리는 경우 최적주기 서비스 수준 CSL^*은 다음과 같이 주어진다.

$$CSL^* = 1 - \frac{HQ}{HQ + DC_u} \tag{12.7}$$

이 경우 C_u는 품절기간 동안에 한 단위 수요를 잃어버리는 비용이라 가정하자. 예제 12.5에서 품절기간 동안에 수요를 잃어버리는 경우 최적주기 서비스 수준을 계산한다.

예제 12.5

미충족 수요를 잃어버리는 경우의 최적 서비스 수준 계산

예제 12.4의 상황을 고려해 보자. 그러나 품절 동안의 모든 수요는 잃어버린다고 가정한다. 한 단위의 수요를 잃는 비용은 2달러라고 가정한다. Wal-Mart사의 매장관리자가 목표로 설정해야 하는 최적주기 서비스 수준을 계산하라.

분석: 이 경우 다음의 정보를 갖는다.

주문량, $Q = 400$갤론
연간 평균 수요, $D_{year} = 100 \times 52 = 5{,}200$
1년간 한 단위를 저장하는 비용, $H = 0.6$달러
부재고비용, $C_u = 2$달러

식 (12.7)을 이용하면 최적주기 서비스 수준은 다음과 같이 주어진다.

$$CSL^* = 1 - \frac{HQ}{HQ + DC_u} = 1 - \frac{0.6 \times 400}{0.6 \times 400 + 2 \times 5{,}200} = 0.98$$

이 경우 Wal-Mart사의 매장관리자는 98퍼센트의 주기 서비스 수준을 목표로 설정해야만 한다.

일반적으로 최적주기 서비스 수준은 판매가 부재고로 처리되는 것보다 판매를 잃어버릴 때 더 높다.

12.3 공급사슬의 수익성을 향상시키기 위한 관리적 방안

제품 가용성의 최적수준에 영향을 미치는 요인들을 찾았으므로, 이제 공급사슬의 수익성을 향상시키기 위해 관리자가 취할 수 있는 활동들에 초점을 맞추고자 한다. 12.2절에서 초과재고비

용과 부재고비용이 최적주기 서비스 수준과 수익성 모두에 직접적인 영향을 미침을 보았다. 따라서 수익성을 증가시키는 두 가지 분명한 관리적 방안은 다음과 같다.

1. 수익성을 증가시키기 위해 각 단위의 잔존가치(최적주기 서비스 수준뿐만 아니라)를 증가시키는 것
2. 수익성을 증가시키기 위해 품절로 인한 한계손실을 줄이는 것

잔존가치를 증가시키는 전략은 할인매장에 판매하여 팔리지 않고 남은 것이 단순히 버려지지 않도록 하는 것을 포함한다. 미국에서 겨울의류를 판매하는 Sport Obermeyer사와 같은 몇몇 회사들은 남는 의류를 남미에 판다. 미국에서의 겨울은 북미의 여름에 해당한다. 잉여제품의 잔존가치가 증가된 결과 Sport Obermeyer사는 미국 내에서 더 높은 수준의 제품 가용성을 제공하고 이익을 증가시킬 수 있다. Overstock.com과 같은 인터넷 판매업체의 성장은 과잉재고의 잔존가치를 증가시킨다.

품절로 인한 한계손실을 줄이려는 전략은 고객을 영원히 잃지 않도록 예비보충업체를 물색해 두는 것(비용이 더 들지도 모르지만)을 포함한다. 고객의 수요를 충족시키기 위해 공개시장에서 경쟁자로부터 제품을 구매하는 관행을 볼 수 있고 이것은 앞에서의 이유로 인해 정당화된다. MRO 공급 산업에서 두 주요 경쟁자인 McMaster-Carr사와 W.W. Grainger사는 서로에 대해 큰 고객이 된다. 부재고비용 또한 고객들에게 대체품을 제공함으로써 줄일 수 있다.

초과재고비용과 부재고비용 비율의 함수로 주어지는 최적주기 서비스 수준은 [그림 12.2]에 나타나 있다. 이 비율이 작아지면 제품 가용성의 최적수준이 증가함을 알 수 있다. 이러한 사실은 Nordstrom사와 같은 고급백화점과 할인매장 사이의 제품 가용성 차이를 설명해 준다.

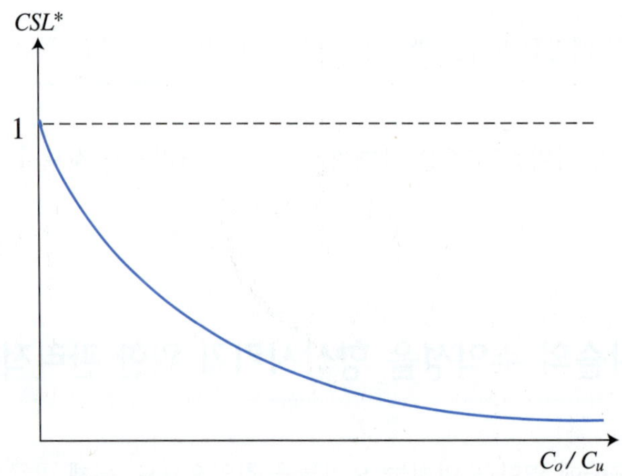

그림 12.2 C_o/C_u의 변화가 최적주기 서비스 수준에 미치는 영향

Nordstrom사는 높은 이윤폭을 가지고 따라서 높은 부재고비용을 갖는다. 따라서 낮은 이윤폭과 그 결과 낮은 부재고비용을 갖는 할인매장보다 더 높은 수준의 제품 가용성을 제공해야만 한다.

공급사슬의 수익성을 향상시키기 위한 또 다른 확실한 관리방안은 수요의 불확실성을 줄이는 것이다. 수요의 불확실성을 줄임으로써 공급사슬의 관리자는 초과재고나 부재고 모두를 줄임으로써 수요와 공급을 보다 잘 일치시킬 수 있다. 관리자는 다음의 수단을 이용하여 수요의 불확실성을 줄일 수 있다.

1. **개선된 예측:** 수요의 불확실성을 줄이기 위해 보다 나은 시장 정보를 이용한다.
2. **신속대응:** 보충 리드타임을 줄여 판매시즌에 복수주문이 이루어지도록 한다.
3. **차별화 지연:** 복수제품 상황에서 제품 차별화를 판매 시점 가까이까지 지연한다.
4. **맞춤보충:** 낮은 비용의 긴 리드타임을 갖는 공급자에 대해 예비로 짧은 리드타임이나 비싼 공급자를 이용한다.

이제 공급사슬 성과에 이들 각각의 영향을 살펴보고자 한다.

개선된 예측: 이익과 재고에 대한 영향

기업들은 그들의 고객을 보다 잘 이해하고 예측정확도를 향상시키기 위해 공급사슬 내에서의 활동을 협력하려고 한다. 수요 계획 정보 시스템의 사용이 이러한 점에서 도움을 준다. 개선된 예측정확도는 기업이 부재고로 인한 판매손실뿐만 아니라 초과재고를 줄이면서도 수익성을 상당히 증가시키는 데 도움을 줄 수 있다. 예제 12.6에서 예측정확도를 향상시킨 결과 나타나는 영향을 보여 주고자 한다.

예제 12.6
개선된 예측의 영향

크리스마스 문양의 정찬식기 구매를 책임지고 있는 Bloomingdale사의 구매자를 고려해 보자. 이 정찬식기는 크리스마스 시즌에만 판매되고 구매자는 11월 초에 주문을 한다. 각 정찬식기 세트의 비용은 c = 100달러이고 소매가격 p = 250달러이다. 크리스마스 때까지 팔리지 않고 남은 세트에 대해서는 크리스마스 이후에 대폭 할인되어 s = 80달러의 잔존가치로 판매된다. 구매자는 수요가 평균 μ = 350인 정규분포를 따른다고 추정하였다. 역사적으로, 예측오차는 σ = 150의 표준편차를 가지고 있다. 구매자는 보다 나은 예측치를 얻기 위해 추가적인 시장조사를 수행하였다. 구매자가 30의 간격으로 표준편차 σ를 150에서 0으로 감소시킬 때 개선된 예측정확도가 수익성과 재고에 미치는 영향을 계산하라.

표 12.3 Bloomingdale사의 기대이익과 주문량

예측오차의 표준편차 σ	최적주문량 O^*	기대 초과재고	기대 부재고	기대이익
150	526	186.7	8.6	47,469달러
120	491	149.3	6.9	48,476달러
90	456	112.0	5.2	49,482달러
60	420	74.7	3.5	50,488달러
30	385	37.3	1.7	51,494달러
0	350	0	0	52,500달러

분석: 이 경우 다음의 정보를 갖는다.

$$\text{부재고비용} = C_u = p - c = 250\text{달러} - 100\text{달러} = 150\text{달러}$$

$$\text{초과재고비용} = C_o = c - s = 100\text{달러} - 80\text{달러} = 20\text{달러}$$

식 (12.1)을 이용하면 다음을 얻을 수 있다.

$$CSL^* = \text{Prob}(\text{수요} \le O^*) = \frac{150}{150 + 20} = 0.88$$

최적주문량은 식 (12.2)를 이용하여 얻어지고 기대이익은 식 (12.3)을 이용하여 얻어진다. 예측정확도(예측오차의 표준편차로 측정된)의 변화에 따른 주문량과 기대이익은 [표 12.3]에 나타나 있다.

키포인트 예측정확도의 증가는 초과재고와 부재고량 모두를 감소시키고 기업의 이익을 증가시킨다.

예제 12.6은 기업이 예측정확도를 개선시킴에 따라 기대 초과재고량과 부재고량은 감소하고 기대이익은 증가함을 보여 준다. 이 관계가 [그림 12.3]에 나타나 있다.

신속대응: 이익과 재고에 대한 영향

신속대응은 보충 리드타임을 줄이도록 공급사슬이 취하는 활동이다. 공급사슬의 관리자들은 리드타임이 감소함에 따라 예측의 정확도를 증가시킬 수 있다. 그 결과 수요와 공급이 더 잘 조화되고 공급사슬의 수익성이 증대된다.

이것을 보여 주기 위해 인도와 네팔로부터 양모 쇼올을 구매하는 고급 백화점인 Saks Fifth

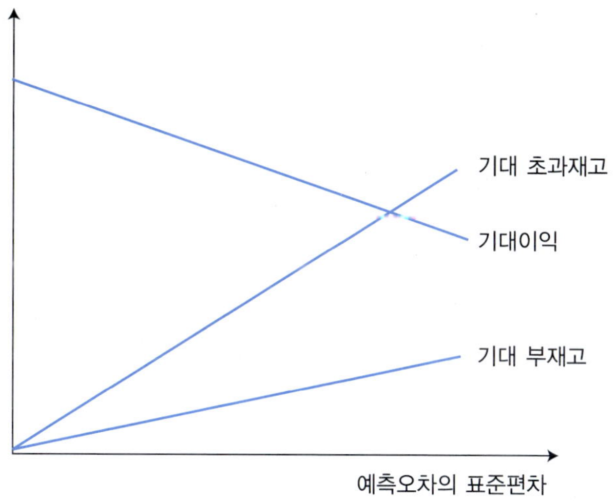

그림 12.3 예측정확도에 따른 이익과 재고의 변화

Avenue사의 예를 고려해 보자. 양모 쇼올의 판매시즌은 약 14주이다. 역사적으로, 보충 리드타임은 25~30주이다. 30주의 리드타임을 가지고 Saks사의 구매담당자는 판매시즌의 시작 훨씬 전에 모든 상점의 판매기대치를 주문해야만 한다. 구매담당자가 시즌 시작 훨씬 이전에 수요를 정확하게 예측하기는 어렵다. 그 결과 수요의 불확실성이 높아져 구매자는 매년 너무 많게나 너무 적게 주문한다. 만일 아시아의 생산자가 보충 리드타임을 15주로 감소시키면, Saks사의 구매담당자는 또한 판매시즌의 시작 전에 모든 주문을 내야만 한다. 그러나 주문은 판매시즌에 가깝게 낼 수 있게 되고 따라서 더 정확한 예측을 할 수 있다. 이 장의 앞에서 논의된 것처럼 이러한 불확실성의 감소는 Saks사에서의 이윤을 증가시킨다.

전통적으로, 구매담당자는 판매시즌의 1~2주 동안 수요를 관찰한다면 아주 정확한 예측을 할 수 있다. 생산자가 6주까지 보충 리드타임을 감소시킬 수 있는 상황을 고려해 보자. 이러한 보충 리드타임의 감소는 Saks사의 구매담당자로 하여금 판매시즌의 구매를 두 개의 주문으로 나눌 수 있도록 해 준다. 첫 번째 주문은 판매시즌의 시작 6주 전에 이루어진다. 구매담당자는 시즌의 처음 7주 동안 소매점들이 팔 것으로 기대되는 양을 주문한다. 일단 판매가 시작되면 구매담당자는 첫 주에 대한 수요를 관찰하고 첫 주 이후 두 번째 주문을 낸다. 두 번째 주문은 구매담당자가 전체 시즌에 대해 주문하려고 하는 수준까지 재고를 축적해 준다. 두 번째 주문을 내는 능력은 구매담당자로 하여금 수요과 공급을 더 효과적으로 맞추어 그 결과 더 높은 이익을 얻게 해 준다.

시즌에 복수주문을 낼 때는 최적주문량, 기대이익, 기대 초과재고, 그리고 기대 부재고를 정해 주는 식 (12.1)−(12.5)와 같은 공식을 제공할 수 없다. 오히려 서로 다른 주문방침의 영향을 찾기 위해 시뮬레이션(부록 12F 참조)을 이용해야만 한다. 앞에서 논의된 Saks사의 예를 이용하여 복수주문을 한 결과 얻게 되는 영향을 보여 주고자 한다.

Saks사의 구매담당자는 앞으로 다가올 겨울시즌에 대비해 인도와 네팔로부터 양모 쇼올의 주문량을 결정해야만 한다. 각 쇼올의 가격은 40달러이고 소매점 가격은 150달러이다. 할인매장은 시즌 끝에 남아 있는 모든 쇼올을 개당 30달러에 구입한다. 팔리지 않은 쇼올을 전시하고 보관하는 비용은 주당 2달러이다. 14주의 판매시즌이 끝나면 남은 쇼올은 할인매장에 팔린다.

판매시즌의 시작 전에 구매담당자는 주간 수요가 평균이 20, 표준편차가 15인 정규분포를 따른다고 예측하였다. 다음의 두 주문정책의 영향을 비교하고자 한다.

1. 전체 시즌의 수요를 만족시키기 위해 시즌 초에 단일주문을 내야만 한다.
2. 시즌 초기에 한 번, 그리고 여덟 번째 주 초기에 한 번 해서 모두 두 번의 주문을 낸다.

우리는 두 가지의 경우를 고려할 수 있다. 하나는 구매자의 예측정확도가 두 번째 주문에 대해서 개선되지 않는 것이고 다른 하나는 예측정확도가 개선되어 구매자가 예측의 표준편차를 15에서 3으로 줄일 수 있는 경우이다. 또한 매주에 걸쳐 발생하는 수요를 가정해야 한다.

그렇다면 구매자가 한 번의 주문을 하는 경우를 생각해 보자. 14주의 기간과 수요가 정해져 있고 각 주마다 독립적으로 수요가 분포할 때, 다음과 같은 것을 알 수 있다.

$$\text{기간당 쇼올의 기대수요} = 14 \times 20 = 280$$

$$\text{기간당 쇼올의 표준편차} = \sqrt{14} \times 15 = 56.1$$

식 (12.1)을 보면, 최적주기 서비스 수준은

$$CSL^* = \frac{p - c}{p - s} = \frac{150 - 40}{150 - 30} = 0.92$$

한 번 주문 시 최적주문량은 식 (12.2)의 것을 사용하여

$$Q^* = NORMINV(CSL^*, \mu, \sigma) = NORMINV(0.92, 280, 56.1) = 358$$

358개의 쇼올을 주문할 때,

$$\text{한 번 주문 시 기대수익(식 (12.3)을 이용)} = 29{,}767\text{달러}$$

$$\text{기대 초과재고(식 (12.4)를 이용)} = 79.8$$

$$\text{기대 부재고(식 (12.5)를 이용)} = 2.14$$

한 개의 쇼올당 10달러의 초과재고비용이 들고 110달러의 부재고비용이 주어진다면,

$$\text{기대 과잉재고비용} = 79.8 \times 10\text{달러} = 798\text{달러}$$
$$\text{기대 부재고비용} = 2.14 \times 110\text{달러} = 235\text{달러}$$

이다.

만약 수요가 불확실하지 않다면, 주어진 기간에 280개 쇼올의 수요가 발생하고 이에 따라 280 × 110달러 = 30,800달러의 이익을 볼 수 있다. 여기서 기대이익이 30,800달러 − 29,767달러 = 1,033달러 = 798달러 + 235달러로 줄었다는 것을 발견할 수 있는데, 이것은 불확실성 때문이다. 그러므로 불확실성은 초과재고와 부재고로 인한 기대수익의 감소를 가져온다.

앞선 설명에서 이해한 것을 따르면, 불확실성을 감소시키면 기간당 1,033달러의 이익을 증가시킬 수 있다는 것을 알 수 있다. 이제 정해진 기간에서의 두 가지 주문에 대해 이익을 비교는 과정을 알아보자. 첫 번째 주문의 목적은 앞선 첫 7주간의 모든 수요를 만족시키는 것이고 두 번째 주문은 나머지 7주의 수요를 만족시키는 것이라고 가정한다. 즉, 14주 중 7주 단위로 두 번의 주문을 한다는 것이다. 물론 두 번째 주문은 첫 주문으로부터 넘어온 재고를 이용한다.

이러한 경우에서 처음으로 고려해야 하는 것은 첫 기간 수요(주당 표준편차는 15이다)의 예측에 대한 정확성이 그 전보다 더 나아지지 않았다는 것이다. 하지만 우리는 첫 7주의 기간 동안 실제 판매실적을 Saks사의 경우를 들어 가정하였고 두 번째 주문의 경우에도 같은 방법으로 적용하였다. 각각의 7주의 기간에서 다음과 같은 것을 알 수 있다.

$$\text{7주간 쇼올의 기대수요} = 7 \times 20 = 140$$
$$\text{7주간 수요의 표준편차} = \sqrt{7} \times 15 = 39.7$$

최적주기 서비스 수준은 0.92로 유지한다. 식 (12.2)를 이용하여 첫 번째 주문의 크기를 알아보면,

$$O_1 = NORMINV(CSL^*, \mu, \sigma) - NORMINV(0.92, 140, 39.7) - 195$$

195개의 쇼올을 주문한다면,

$$\text{첫 번째 주문 시 기대이익(식 (12.3)을 이용)} = 14{,}670\text{달러}$$
$$\text{기대 초과재고(식 (12.4)를 이용)} = 56.4$$
$$\text{기대 부재고(식 (12.5)를 이용)} = 1.51$$

두 번째 주문에서는 첫 번째 초과재고를 고려한다. 그러므로 두 번째 주문은 평균 195 − 56.4 = 138.6개의 쇼올만을 제공하면 된다. 기대 초과재고 56.4개를 고려하고 Saks의 경우에 적용

하여, 14주 중 나머지 7주의 쇼올 판매를 195개의 재고를 보유하고 시작한다. 이러한 정책은 기간 말까지 기대 초과재고가 56.4개가 유지되도록 한다.

만약 첫 번째 주문으로부터의 재고부족으로 판매 상실을 가져오게 되었다면, 기간 말의 기대수익은 다음과 같다.

$$\text{기대수익} = 14{,}670\text{달러} + 56.4\text{달러} \times 10\text{달러} + 14{,}670\text{달러} = 29{,}904\text{달러}$$

여기서 56.4 × 10달러를 추가하였는데, 이는 효과적인 관리를 위해 초과재고를 할인매장에 판매했기 때문이다. 앞선 과정을 살펴보면, 두 번째 주문의 이익이 예측의 정확성이 증가하지 않았음에도 29,904달러 − 29,767달러 = 137달러로 증가했다. 만약 첫 7주 말에 제품을 구매하지 못한 고객을 가정한다면, 이익은 1.51 × 110달러 = 166.10달러로 더 커질 것이다. 두 번째 주문 시의 결과를 살펴보면, 총주문량이 358개에서 333.6(= 195 + 138.6)개로 줄어든 사실을 알 수 있다. 기간 말의 기대 초과재고는 79.8개에서 56.4개로 감소했다.

이러한 분석을 통해 주어진 기간 동안에 두 번째 주문을 할 수 있는 세 가지 중요한 결과를 알 수 있다.

1. 두 번의 주문을 갖는 경우 시즌 동안에 주문되는 총주문량은 같은 주기 서비스 수준에 대해 단일주문을 갖는 경우보다 적다. 바꿔 말하면, 만일 두 번째 후속 주문이 판매시즌에 허용된다면 더 적은 재고를 가지고서도 고객에 대한 제품 가용성을 제공하는 것이 가능하다.
2. 만일 두 번의 주문이 허용된다면, 판매시즌의 끝에 처분되는 평균 초과재고는 적을 것이다.
3. 판매시즌 동안에 두 번째 주문이 허용될 때 이익은 더 높을 것이다.

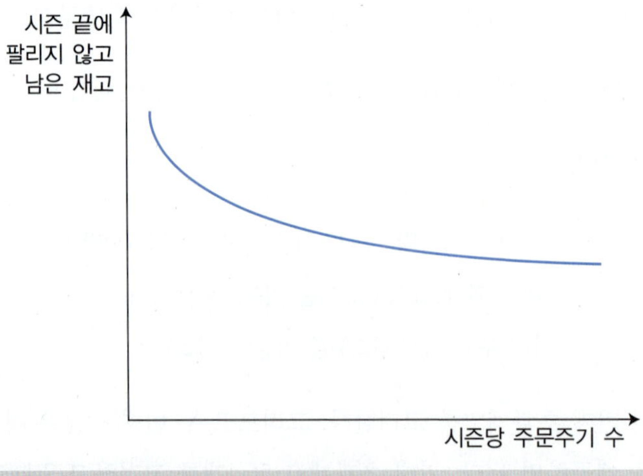

그림 12.4 시즌당 팔리지 않고 남은 재고와 주문주기 수

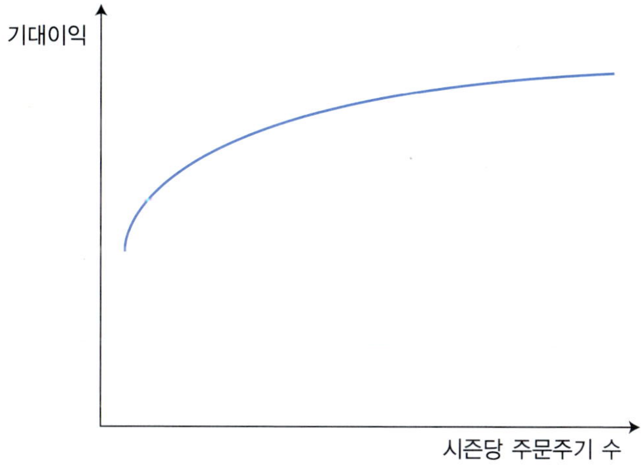

그림 12.5 시즌당 기대이익과 주문주기 수

다시 말하면, 시즌에 대한 총주문량이 복수 개의 작은 주문으로 나누어짐에 따라 구매자는 수요와 공급을 보다 더 잘 맞출 수 있고 Saks사에 대한 이익을 증대시켜 준다. 이 관계가 [그림 12.4]와 [그림 12.5]에 나타나 있다.

이제 구매자가 시즌 수요의 일부를 관찰한 뒤에 두 번째 주문에 대한 예측정확도가 개선된 경우를 고려해 보자. 이 경우 주간 수요 예측치의 표준편차는 두 번째 7주 기간에 대해 15에서 3으로 줄어든다. 같은 서비스 수준을 제공하기 위해 두 번째 특정 수준까지의 주문이 적절히 조정된다. 이러한 상황에서 첫 번째 주문은 앞서 언급했듯이 195개이다. 하지만 두 번째 주문은 주간 수요의 표준편차가 3이 줄었다. 그 결과,

$$\text{두 번째 7주 기간의 수요에 대한 표준편차} = \sqrt{7} \times 3 = 7.9$$

최적 주기 서비스 수준은 0.92로 유지된다. 식 (12.2)를 이용하여 두 번째 7주의 초기 쇼올의 수를 알 수 있다.

$$O_1 = NORMINV(CSL^*, \mu, \sigma) = NORMINV(0.92, 140, 7.9) = 151$$

첫 번째 주문의 초과재고가 56.4개가 있을 때, 실질적인 두 번째 주문은 151 − 56.4 = 94.6개이다. 두 번째 7주의 시작 시 151개를 가지고 시작하면,

두 번째 주문의 기대수익(식 (12.3)을 이용) = 15,254달러

기대 초과재고(식 (12.4)를 이용) = 11.3

기대 부재고(식 (12.5)를 이용) = 0.30

기간의 실질이익은 14,670달러 + 56.4 × 10달러 + 15,254달러 = 30,488달러이다. 만약 예측의 정확성이 높아진다면, 기간의 이익은 30,488달러 − 29,767달러 = 721달러 증가할 것이다. 기간 말의 기대 초과재고는 현재 11.3이 줄어들었다. 만약 첫 번째 7주 말에 제품을 구매하지 못한 고객들이 다음 7주의 주문을 기다려준다면, 이익은 166.10달러 이상 증가할 것이다. 두 번째 주문과 증가된 예측력은 이익을 증가시킬 것이고 초과재고를 줄여줄 것이다.

> 키포인트 만일 신속대응이 시즌에서의 복수주문을 허용하면, 이익은 증가하고 초과재고량은 줄어든다.

앞의 논의로부터 신속대응은 하나의 단서가 있지만 분명히 공급사슬에서 소매자에게 유리하다. 그 단서란 생산자가 보충 리드타임을 줄여 두 번째 주문을 허용함에 따라 소매자의 주문량이 줄어든다는 것이다. 실제로 생산자는 소매자에게 덜 파는 것이다. 따라서 신속대응은 다른 모든 것이 동일하다면 단기적으로 생산자의 이윤 감소를 가져온다. 이것은 고려해야 할 중요한 점이다. 왜냐하면 보충 리드타임을 줄이는 것은 생산자로부터의 엄청난 노력을 필요로 하기 때문이다. 따라서 신속대응으로부터 얻게 되는 혜택은 공급사슬에 걸쳐 적절하게 공유되어야만 한다.

차별화 지연: 수익과 재고에 대한 영향

11장에서 논의된 것처럼, 차별화 지연은 제품 차별화를 제품의 판매 시점까지 지연시키는 것을 말한다. 차별화 지연의 경우 제품 차별화 시점 이전의 모든 활동들은 개별 제품의 예측보다 더 정확한 총괄 예측을 필요로 한다. 개별 제품의 예측은 수요가 아주 정확하게 알려지는 판매 시점 근처에서 필요하다. 그 결과 차별화 지연은 공급사슬이 수요와 공급을 보다 잘 일치시키도록 해 준다. 차별화 지연은 수익성을 증진시키는 강력한 관리방안이 될 수 있다. 그것은 고객이 주문하는 시점과 배달을 희망하는 시점 사이의 시차로 인해 전자상거래에서 특히 가치가 있을 수 있다. 만일 공급사슬이 제품 차별화를 고객의 주문을 받은 이후까지 지연시킬 수 있다면, 이익의 엄청난 증가와 재고의 감소를 달성할 수 있다.

차별화 지연의 주요 혜택은 공급과 수요를 더 잘 일치시키는 데서 주어진다. 그러나 차별화 지연과 관련된 비용이 있다. 이는 차별화 지연을 활용하는 생산비용이 일반적으로 차별화 지연을 활용하지 않는 생산비용보다 더 높기 때문이다. 예를 들어, Benetton사에서 니트의류를 염색하는 생산공정이 염색된 실로 니트의류를 만드는 생산공정보다 10퍼센트 비용이 더 든다.

마찬가지로, Hewlett-Packard사가 유럽형 프린터에 대한 몇몇 조립과정을 유럽 유통센터로 지연시키면, 생산비용은 포장과 포장해체, 그리고 중복되어야만 하는 몇몇 다른 단계로 인해 증가한다. 차별화 지연으로부터 생산비용이 증가하는 경우 기업은 혜택을 계량화하여 그 혜택이 추가비용보다 크다는 것을 확신할 수 있어야 한다.

차별화 지연은 수요가 독립적이고 그 크기를 서로 비교할 수 있는 다양한 종류의 세품을 파는 기업에 대해서는 가치가 있다. 이를 Benetton사의 예를 통해 설명한다. Benetton사의 판매의 상당부분은 단색의 니트의류로부터 얻어진다. 실로 시작해서 의류를 완성시키는 데는 두 단계, 즉 염색과 편물이 있다. 전통적으로, 실은 먼저 염색되고 그러고나서 의류가 짜여진다(방안 1). Benetton사는 의류가 짜여질 때까지 염색을 지연시키는 방법을 개발하였다(방안 2).

Benetton사는 각 니트의류를 소매가격 p = 50달러에 판매한다. 방안 1은 20달러의 생산비용을 초래하고, 반면에 방안 2는 22달러의 생산비용을 초래한다. Benetton사는 시즌의 끝에 팔리지 않고 남은 의류를 할인매장에서 한 벌당 s = 10달러로 처분한다. 편물, 즉 생산공정은 총 20주가 소요된다. 이에 대해 논의하기 위해, Benetton사가 네 가지 색상의 의류를 판매한다고 가정한다. 20주 전에 Benetton사는 각 색상의 수요가 평균 μ = 1,000이고 표준편차 σ = 500인 정규분포를 따른다고 예측한다. 각 색상에 대한 수요는 독립적이다. 방안 1에서는 Benetton사가 각 색상에 대한 구매결정을 판매기간 20주 전에 하여 각 색상에 대한 개별 재고를 유지한다. 방안 2에서는 Benetton사가 20주 전에 통합하여 구매할 무색의 실만을 예측한다. 보유되는 재고는 네 가지 색상에 걸친 총괄수요를 기초로 한다. Benetton사는 수요가 알려진 후에 개별 색상에 대한 양을 결정한다. 이제 Benetton사에 대한 차별화 지연의 영향을 계량화해 보자.

방안 1에서는 Benetton사가 각 색상에 대해 구매해야 할 색실의 양을 결정해야만 한다. 각 색상에 대해 다음의 자료를 갖는다.

소매가격, p = 50달러
생산비용, c = 20달러
잔존가치, s = 10달러

식 (12.1)을 이용하여 각 색상에 대한 최적주기 서비스 수준을 다음과 같이 얻는다.

$$CSL^* = \frac{p - c}{p - s} = \frac{30}{40} = 0.75$$

식 (12.2)를 이용하면, 각 색상에 있어서 실의 최적구매량은 다음과 같다.

$$O^* = NORMINV(CSL^*, \mu, \sigma) = NORMINV(0.75, 1{,}000, 500) = 1{,}337$$

따라서 Benetton사가 각 색상별로 1,337벌을 생산하는 것이 최적이다. 식 (12.3)을 이용하면, 각 색상으로부터의 기대이익은 다음과 같다.

$$\text{기대이익} = 23{,}644\text{달러}$$

식 (12.4)와 (12.5)를 이용하면 각 색상에 대한 기대 초과재고와 부재고는 다음과 같다.

$$\text{기대 초과재고} = 412$$
$$\text{기대 부재고} = 75$$

따라서 방안 1을 사용하면 네 가지 색상 모두에 걸쳐 Benetton사는 5,348벌의 스웨터를 생산한다. 그 결과 기대수익은 94,576달러이고 평균 1,648벌의 스웨터가 시즌의 끝에 할인매장에서 팔리고 300명의 고객이 스웨터가 없어서 돌아가게 된다.

방안 2에서는 일단 수요가 알려지면 적절한 색상으로 염색할 수 있기 때문에 Benetton사는 네 가지 색상 모두에 걸친 스웨터의 총수를 결정해야만 한다. 이 경우는 다음을 갖게 된다.

소매가격, p = 50달러
생산비용, c = 22달러
잔존가치, s = 10달러

식 (12.1)을 이용하면, 각 색상에 대한 최적주기 서비스 수준은 다음과 같다.

$$CSL^* = \frac{p - c}{p - s} = \frac{28}{40} = 0.70$$

각 색상의 대한 수요가 독립적이므로 네 가지 색상 모두에 걸친 통합수요는 평균이 μ_A이고 표준편차가 σ_A인 정규분포를 따르는 것으로 식 (11.12)와 (11.13)을 이용하여 계산될 수 있다. 여기서

$$\mu_A = 4 \times 1{,}000 = 4{,}000 \qquad \sigma_A = \sqrt{4} \times 500 = 1{,}000$$

이다. 식 (12.2)를 이용하면, Benetton사에 대한 최적 통합 생산량은 O_A^*에 의해 주어진다.

$$O_A^* = NORMINV(0.7, \mu_A, \sigma_A) = NORMINV(0.7, 4{,}000, 1{,}000) = 4{,}524$$

방안 2에서는 Benetton사가 색상별로 수요가 주어지면 염색될 4,524벌의 염색되지 않은 스웨터를 생산하는 것이 최적이다. 기대이익은 식 (12.3)을 이용하여 다음과 같이 계산된다.

기대수익 = 98,902달러

식 (12.4)를 이용하면 기대 초과재고는 715이고 기대 부재고는 190이다. 따라서 차별화 지연은 Benetton사에 대한 기대 이익을 94,576달러에서 98,092달러로 증가시킨다. 기대 초과재고는 1,648에서 715로 감소하고 기대 부재고는 300에서 190으로 감소한다. 분명히 이 경우에는 차별화 지연을 활용하여 방안 2로 생산하는 것이 Benetton사에 대한 좋은 선택이다.

키포인트 만일 기업이 수요가 양의 상관관계를 가지지 않고 같은 크기인 많은 다양한 제품을 생산하는 경우, 차별화 지연이 기업으로 하여금 이익을 증가시키고 수요와 공급을 더 잘 일치시킬 수 있게 해준다.

만일 수요의 상당부분이 단일제품에서 비롯된다면, 차별화 지연은 별로 효과적이지 않다. 이것은 이 경우에 통합으로부터의 혜택이 작지만, 증가된 생산비용이 모든 제품에 적용되기 때문이다. 이 개념을 다시 Benetton사의 예로 보여 주고자 한다.

Benetton사의 붉은 스웨터에 대한 수요는 평균 $\mu_{red} = 3{,}100$이고 표준편차 $\sigma_{red} = 800$인 정규분포를 따르는 것으로 예측된다고 가정하자. 나머지 세 가지 색상의 각각에 대한 수요는 평균 $\mu = 300$이고 표준편차 $\sigma = 200$인 정규분포를 따르는 것으로 예측된다. 붉은 스웨터가 수요의 약 80퍼센트를 차지함을 알 수 있다.

방안 1에서는 앞에서 계산된 것과 같이 최적주기 서비스 수준 $CSL^* = 0.75$이다. 식 (12.2)를 사용하면, 붉은 스웨터의 최적생산량은 다음과 같이 주어진다.

$$O^* = NORMINV(CSL^*, \mu_{red}, \sigma_{red}) = NORMINV(0.75, 3{,}100, 800) = 3{,}640$$

식 (12.3)을 이용하면, 붉은 스웨터로부터의 기대이익은 82,831달러이다. 식 (12.4)를 이용하면 붉은 스웨터의 기대 초과재고는 659이고, 식 (12.5)를 이용하면 붉은 스웨터의 기대 부재고는 119이다. 다른 세 가지 색상의 각각에 대해서 마찬가지로 계산하면 최적생산량은 435벌이다. 그 결과 기대이익은 6,458달러, 기대 초과재고는 165, 그리고 기대부재고는 30이다. 따라서 모든 색상에 걸쳐 방안 1은 다음의 결과를 가져다 준다.

총생산 = 4,945

기대이익 = 102,205달러

기대 초과재고 = 1,154

기대 부재고 = 209

방안 2에서, Benetton사는 네 가지 색상 모두에 걸친 총생산만을 결정해야 한다. 각 색상에 대한 수요가 독립으로 주어지면 네 가지 색상 모두에 걸친 총수요는 식 (11.12)와 (11.13)을 이용하여 평균이 μ_A이고 표준편차가 σ_A인 정규분포를 따르는 것으로 계산될 수 있다. 여기서

$$\mu_A = 3{,}100 + 3 \times 300 = 4{,}000 \qquad \sigma_A = 872$$

이다. 방안 2에서는 모든 계산을 반복하여 다음을 얻을 수 있다.

총생산 = 4,457

기대이익 = 99,872달러

기대 초과재고 = 623

기대 부재고 = 166

이 경우 Benetton사는 차별화 지연의 결과로 이익이 감소함을 알 수 있다. 이것은 수요의 상당부분이 이미 비교적 높은 정확도로 예측된 붉은 스웨터로부터 나왔기 때문이다. 따라서 차별화 지연과 그 결과 얻게 되는 통합은 붉은 스웨터의 예측정확도를 거의 개선시키지 못한다. 그러나 차별화 지연은 나머지 세 가지 색상에 대한 예측정확도는 개선시킨다. 그러나 이 세 가지 색상은 수요의 아주 작은 부분만을 나타내고 있다. 반면에, 생산비용은 모든 스웨터에 대해 증가한다. 그 결과 증가된 생산비용이 차별화 지연으로부터 얻게 되는 혜택을 초과해 버린다.

키포인트 차별화 지연은 단일제품이 수요의 대부분을 차지한다면 기업에 대한 전반적인 이익을 감소시킬 수도 있다. 왜냐하면 차별화 지연으로 인한 증가된 생산비용이 통합이 제공하는 작은 혜택을 초과하기 때문이다.

맞춤형 차별화 지연에서는 기업이 수요의 일부를 충족시키기 위해 차별화 지연을 갖는 생산을 이용하고 나머지는 차별화 지연 없이 충족시킨다. 맞춤형 차별화 지연은 차별화 지연이 없는 경우, 또는 모든 제품이 차별화 지연에 의해 생산되는 경우보다 높은 이익을 가져다 준다. 맞춤형 차별화 지연에서는 기업이 차별화 지연 없이 저비용 생산방법을 사용하여 팔릴 가능성이 높은 양만을 생산한다. 기업은 불확실한 수요 부분은 차별화 지연을 사용하여 생산한다. 확실한 수요 부분에 대해서는 차별화 지연이 증가된 예측정확도 관점에서 볼 때 가치를 거의 제공하지 못한다. 따라서 기업은 생산비용을 낮추기 위해 저비용 생산방법을 사용하여 제품을

생산한다. 불확실한 수요 부분에 대해서는 차별화 지연이 예측정확도를 상당히 개선시킨다. 따라서 기업은 증대된 수요와 공급의 일치를 통한 혜택을 얻기 위해 증대된 생산비용을 기꺼이 감수하려고 한다. Benetton사의 예를 다시 사용하여 맞춤형 차별화 지연의 아이디어를 보여 주고자 한다.

Benetton사가 네 가지 색상을 판매하고, 각 색상에 대한 예측수요가 평균 μ = 1,000이고 표준편차 σ = 500인 정규분포를 따르는 시나리오를 고려해 보자. 앞에서 차별화 지연을 활용하면 Benetton사의 이익이 증가함을 알고 있다. 이제 Benetton사가 맞춤형 차별화 지연을 적용하여 생산에 대해 방안 1(실을 염색하고 그러고나서 의류를 짠다)과 방안 2(짜여진 의류를 염색한다)를 모두 사용하는 상황을 고려해 보자. 각 색상에 대해 Benetton사는 방안 1을 사용하여 생산해야 할 수량 Q_1과 수요가 알려질 때 통합수량에 대한 색상이 할당되는 방안 2를 사용하여 생산되어야 할 통합수량 Q_A를 찾아야 한다. 이제 적절한 맞춤형 차별화 정책과 이 정책의 이익 및 재고에 대한 영향을 알아 보고자 한다. 최적정책과 이익을 계산하기 위해 사용될 수 있는 공식은 없다. 따라서 서로 다른 정책의 영향을 조사하기 위해 시뮬레이션을 이용한다. 여러 가지 다양한 시뮬레이션의 결과가 [표 12.4]에 나타나 있다. [표 12.4]로부터 Benetton사가 각 색상별로 800벌은 방안 1을 사용하여 생산하고 1,550벌은 방안 2를 사용하여 생산하는 맞춤형 차별화 지연정책을 사용함으로써 기대이익을 104,603달러까지 증가시킬 수 있음을 알 수 있다. 이 이익은 모든 수량을 방안 1이나 2 중 하나만을 사용하여 생산되는 경우보다 높다. 각 색상에 대한 수요가 800 이상일 가능성이 상당히 크다. 맞춤형 차별화 지연정책은 이 사실을 이용하여 800개는 방안 1을 사용하여 생산함으로써 비용을 낮추어 준다. 나머지 수량은 방안 2

표 12.4 맞춤형 차별화 지연정책에 대한 500회 시뮬레이션 평균

각 방안에 따른 생산량		평균 이익	평균 초과재고	평균 부재고
Q_1	Q_A			
0	4,524	97,847달러	510	210
1,337	0	94,377달러	1,369	282
700	1,850	102,730달러	308	168
800	1,550	104,603달러	427	170
900	950	101,326달러	607	266
900	1,050	101,647달러	664	230
1,000	850	100,312달러	815	195
1,000	950	100,951달러	803	149
1,100	550	99,180달러	1,026	211
1,100	650	100,510달러	1,008	185

를 사용하여 생산함으로써 통합을 통해 수요의 불확실성이 감소될 수 있다.

키포인트 맞춤형 차별화 지연은 수요의 불확실한 부분만을 지연시키고 예측 가능한 부분은 차별화 지연 없이 낮은 비용으로 생산함으로써 기업의 수익성을 증가시켜 준다.

맞춤보충: 이익과 재고에 대한 영향

맞춤보충에서는 기업이 두 개의 공급원을 결합하여 이용한다. 한 공급원은 비용에 초점을 두나 불확실성을 다룰 수가 없고, 다른 공급원은 불확실성을 다루는 유연성에 초점을 두나 높은 비용을 갖고 있다. 맞춤보충이 효과적이기 위해서는 하나의 공급원이 다른 공급원에 대한 지원으로 사용되어서는 충분하지 않다. 두 공급원이 서로 다른 능력에 초점을 두어야만 한다. 저비용의 공급원은 효율성에 초점을 두고 수요의 예측 가능한 부분만을 공급하도록 요구되어야만 한다. 유연한 공급원은 대응능력에 초점을 두고 수요의 불확실한 부분을 공급하도록 요구되어야만 한다. 그 결과 맞춤보충은 기업으로 하여금 이익을 증가시키고 수요와 공급을 더 잘 일치시키게 해 준다. 맞춤보충의 가치는 하나의 공급원이 변동을 겪지 않는 결과 얻게 되는 비용의 감소에 달려 있다. 만일 이 혜택이 작다면, 맞춤보충은 실행의 추가적인 복잡성으로 인해 이상적이 아닐 수도 있다. 맞춤보충은 불확실성의 원인에 따라 수량 기준이거나 제품 기준일 수도 있다.

수량 기준의 **맞춤보충**에서는 제품수요의 예측 가능한 부분은 효율적인 시설에서 생산되고 불확실한 부분은 유연한 시설에서 생산된다. Benetton사는 수량 기준의 맞춤보충에 대한 좋은 예이다. Benetton사는 소매자로 하여금 판매시즌이 시작되기 약 7개월 전에 자기 주문의 약 65퍼센트를 약정하도록 요구한다. Benetton사는 불확실성이 없는 이 부분의 생산을 수개월의 긴 리드타임을 갖는 저비용 공급원에 하청을 준다. 나머지 35퍼센트에 대해서는 Benetton사가 소매자로 하여금 판매시즌의 시작 무렵이나 심지어 시작 후에 주문하도록 허용해 준다. 모든 불확실성은 이 부분의 주문에만 집중된다. Benetton사는 이 부분의 주문을 자사가 소유한 유연한 공장에서 생산한다. Benetton사의 공장에서 생산은 하청공장에서의 생산보다 훨씬 더 비싸다. 그러나 이 공장은 몇 주의 리드타임만으로 생산 가능하다. 두 공급원을 결합함으로써 Benetton사는 수요의 아주 일부에만 높은 생산비용을 초래하면서 재고를 줄일 수 있다. 이를 통해 Benetton사의 이익은 증가한다.

수량 기준의 맞춤보충은 저비용의 이점을 활용하기 위해 생산의 많은 부분을 해외로 옮긴 기업의 경우 반드시 고려되어져야 한다. 저비용은 또한 긴 리드타임을 수반한다. 이러한 상황에서 짧은 리드타임을 갖는 유연한 지역공급원을 갖는 것이 비록 지역공급원이 비용이 더 많이 들더라고 아주 효과적일 수 있다. 긴 리드타임은 많은 안전재고를 필요로 하고 그 결과 나타나는 수요와 공급의 불일치로 인해 이익이 손상된다. 지역공급원이 있음으로 인해 기업은 낮은 안전재고를 유지하고 어떠한 초과수요도 지역공급원으로부터 공급할 수 있다. 가장 효과적인 조합은 해외공급원은 불확실성을 무시하고 주기재고를 보충하는 데 초점을 두는 것이다. 지역공급원은 수요가 가용재고를 초과할 때마다 지원처로 이용되는 것이다.

제품 기준의 맞춤보충에서는 불확실한 수요를 갖는 소량 제품은 유연한 공급원으로부터 얻고 수요 불확실성이 적은 대량 제품은 효율적인 공급원으로부터 얻는다. 제품 기준의 맞춤보충에 대한 예로 Levi Strauss사를 들 수 있다. Levi Strauss사는 개인별로 고객화된 청바지뿐만 아니라 표준규격의 청바지를 판매한다. 표준형 청바지는 비교적 안정된 수요를 가지는 반면, 고객화된 청바지에 대한 수요는 예측이 어렵다. 고객화된 청바지는 유연한 시설에서 생산되고 표준형 청바지는 효율적인 시설에서 생산된다.

몇몇 경우에 새로운 제품은 매우 불확실한 수요를 가지는 반면에 고객으로부터 인정된 제품은 더 안정적인 수요를 가지고 있다. 제품 기준의 맞춤보충은 새로운 제품에 초점을 맞춘 유연한 시설과 안정된 제품에 초점을 맞춘 효율적인 시설을 갖고 실행되어야만 한다.

12.4 생산능력 제약 하의 복수제품에 대한 제품 가용성 결정

지금까지의 논의에서는 기업이 원하는 제품 가용성 수준을 설정하고 이 선택을 방해하는 제약이 없는 것으로 가정하였다. 이 가정이 성립하지 않는 일반적인 시나리오는 원하는 제품 가용성 수준이 공급자의 가용능력을 초과하는 주문량으로 나타날 때이다. 단일제품을 주문할 때 구매자는 가용 생산능력과 최적주문량 중 적은 값으로 주문하는 것이 최적이다. 그러나 복수제품을 주문할 때는 구매자가 한 제품을 더 많이 주문하는 것과 다른 제품을 더 많이 주문하는 것 사이의 트레이드오프를 고려해야 한다.

이탈리아 공급자로부터 두 가지 형태의 스웨터를 주문하려고 하는 백화점을 고려해 보자. 고급스웨터에 대한 수요는 평균 $\mu_1 = 1{,}000$, 표준편차 $\sigma_1 = 300$인 정규분포를 따르는 것으로 예측되고 있다. 중가스웨터에 대한 수요는 평균이 $\mu_2 = 2{,}000$이고 표준편차가 $\sigma_2 = 400$인 정규분포를 따른다. 고급스웨터의 소매가격은 $P_1 = 150$달러이고 비용은 $C_1 = 50$달러이며 잔존가치는 $S_1 = 35$달러이다. 중가스웨터의 소매가격은 $P_2 = 100$달러이고, 비용은 $C_2 = 40$달러이며, 잔존가치는 S_2 = 25달러이다. 식 (12.1)을 사용하여 계산하면 고급스웨터에 대한 최적수준의 제품 가용성은 0.87이고 중가스웨터에 대해서는 0.8이다. 따라서 생산능력의 제약이 없는 경우 백화점은 고급스웨터에 대해서는 1,337벌, 중가스웨터에 대해서는 2,337벌을 주문하는 것이 최적이다. 공급자가 3,000벌의 생산능력 제약을 가진다면, 현재 원하는 주문정책이 실행 가능하지 않고 백화점은 주문량을 전체적으로 최소한 674벌만큼 감소시켜야 한다. 어디서 이 감소를 이끌어 내야 하는가? 감소는 두 제품에 대해 균일하게 배분되어야 하는가?

먼저, 1,000벌의 고급스웨터와 2,000벌의 중가스웨터를 주문하도록 각 제품에 대한 주문 크기를 337벌씩 감소시키는 간단한 접근방법을 고려해 보자. 이 주문량은 생산능력에 대한 제약식을 충족시키고 기대이익은 194,268달러이다(식 (12.3) 이용). 이 주문량이 최적인지를 확인하기 위해 우리는 생산능력이 두 종류의 제품에 어떻게 할당되었는가에 의해 생각해야 한다. 우리가 1,000벌을 고급스웨터에, 1,999벌을 중가스웨터에 할당하기로 결정했다고 가정하자. 이렇게 되면 할당해야 할 생산능력은 1단위가 남는다. 어느 스웨터에 이 단위가 할당되어야 하는가? 이 한 단위의 생산능력이 두 제품의 각각에 할당되는 경우 이익에 대한 기대 한계기여를 바탕으로 결정하는 것이 바람직하다. 이 한 단위의 생산능력은 더 큰 기대 한계기여를 갖는 스웨터에 할당되어야 한다. $F_i(Q_i)$는 제품 i에 대한 수요가 Q_i 이하일 확률임을 기억하자. $MC_i(Q_i)$는 수량 Q_i가 주문된다면 형태 i의 스웨터에 대한 한계기여라 하자. 기대 한계기여는 [표 12.2]와 유사하게 계산되며 다음을 얻을 수 있다.

$$
\begin{aligned}
\text{고급스웨터에 대한 기대 한계기여} &= MC_1(1{,}000) \\
&= p_1[1 - F_1(1{,}000)] + s_1F_1(1{,}000) - c_1 \\
&= 150 \times (1 - 0.5) + 35 \times 0.5 - 50 = 42.50\text{달러} \\
\text{중가스웨터에 대한 기대 한계기여} &= MC_2(1{,}999) \\
&= p_2[1 - F_2(1{,}999)] + s_2F_2(1{,}999) - c_2 \\
&= 100 \times (1 - 0.499) + 25 \times 0.499 - 40 = 22.57\text{달러}
\end{aligned}
$$

명백하게, 중가스웨터보다 고급스웨터에 생산능력의 마지막 단위를 할당하는 것이 더 좋다. 실제로 주문량을 1,001벌의 고급스웨터와 1,999벌의 중가스웨터로 변화시키면 기대이익은 거의 20달러만큼 증가한다. 이제 중가스웨터에 대한 주문량을 1,998벌로 감소시켜 생산능력의 마지막 단위를 어떻게 할당해야 하는지를 알아보자. 위의 절차를 반복하면, 고급스웨터에 대한 주문량은 최소 1,002벌까지 증가해야 한다는 것이다. 실제로 고급스웨터에 대한 주문량은 고급스웨터에 대한 기대 한계기여가 중가스웨터에 대한 기대 한계기여와 같아질 때까지 증가되어야 한다. 이 지점에서는 한 형태의 스웨터로부터 다른 형태의 스웨터로 생산능력을 이동하는 것이 의미가 없어진다. 생산능력의 최적할당은 1,089벌의 고급스웨터와 1,911벌의 중가스웨터로 나타난다. 이 주문량에 대한 기대이익은 195,152달러이다. 최적치에서 고급스웨터에 가용 생산능력의 비교적 높은 몫이 할당됨을 볼 수 있다. 이것은 초과재고비용에 대한 마진이 중가스웨터에 대한 마진보다 더 높기 때문이다.

가장 높은 기대 한계기여를 갖는 제품에 가용 생산능력을 할당하는 아이디어를 해법 절차로 변환시킬 수 있다. 각 제품 i가 평균 수요 μ_i, 표준편차 σ_i를 갖는다고 하자. 제품 i는 소매가격 p_i, 비용 c_i, 그리고 잔존가치 s_i를 갖는다. 만일 수량 Q_i가 제품 i에 할당되면, 기대 한계기여는 다음과 같이 주어진다.

$$MC_i(Q_i) = p_i[1 - F_i(Q_i)] + s_iF_i(Q_i) - c_i$$

다음의 절차는 생산능력의 각 단위를 가장 높은 기대 한계기여를 갖는 제품에 할당하는 것이다. B를 총가용 생산능력이라 하자.

1. 모든 제품에 대해 수량 $Q_i = 0$으로 설정한다.
2. 각 제품 i에 대해 기대 한계기여 $MC_i(Q_i)$를 계산한다.
3. 기대 한계기여가 양수가 아니면 중단, 그렇지 않으면 j를 가장 높은 기대 한계기여를 갖는 제품이라 한다. Q_j를 한 단위 증가시킨다.
4. 모든 제품에 대한 총수량이 B보다 작으면 단계 2로 돌아간다. 그렇지 않으면 생산능력에 대한 제약식이 충족되어 현재의 수량이 최적이 된다.

위에서 설명된 절차를 백화점에 적용하여 얻은 부분적 결과가 [표 12.5]에 나타나 있다.

생산능력 제약 하에서의 주문량은 또한 최적화 문제를 풀어줌으로써 얻어질 수 있다. $\Pi_i(Q_i)$를 식 (12.3)을 사용하여 얻은 제품 i를 Q_i 단위만큼 주문함으로써 얻어진 기대이익이라 하자. 적절한 주문량은 다음의 최적화 문제를 풀어줌으로써 얻어질 수 있다.

$$\text{Max} \sum_{i=1}^{n} \Pi_i(Q_i)$$

제약조건:

$$\sum_{i=1}^{n} Q_i \leq B$$
$$Q_i \geq 0$$

표 12.5 생산능력 제약 하에서의 주문량을 얻기 위한 풀이 절차의 적용

남은 생산능력	기대 한계기여		주문량	
	고급	증가	고급	증가
3,000	99.95	60.00	0	0
2,900	99.84	60.00	100	0
2,100	57.51	60.00	900	0
2,000	57.51	60.00	900	100
800	57.51	57.00	900	1,300
780	54.59	57.00	920	1,300
300	42.50	43.00	1,000	1,700
200	42.50	36.86	1,000	1,800
180	39.44	36.86	1,020	1,800
40	31.89	30.63	1,070	1,890
30	30.41	30.63	1,080	1,890
10	29.67	29.54	1,085	1,905
1	29.23	29.10	1,088	1,911
0	29.09	29.10	1,089	1,911

키포인트 제한된 공급능력 하에서 복수제품을 고려하여 생산능력을 각 주문별 할당할 때, 이익에 대한 기대 한계에 기여하는 정도를 기준으로 해야 한다. 이 접근방법은 생산능력의 큰 부분을 초과재고비용에 비해 상대적으로 높은 마진을 가진 제품에 할당하는 것이다.

12.5 제품 가용성 최적수준 결정의 실제

1. **이익을 증가시키기 위해 이 장에서 다룬 분석틀을 사용하라.** 많은 기업들은 어떠한 보조분석 없이 재고 수준을 설정한다. 관리자들은 이 장에서 논의된 개념들을 사용함으로써 기업에 엄청난 가치를 제공할 수 있다. 이 개념들은 기업에 제품 가용성의 최적수준을 설정하기 위한 방법을 제공할 뿐만 아니라 수익성을 증가시키기 위해 이용될 수 있는 주요 관리적 방안들을 찾는 데 도움을 준다.
2. **가용성의 사전 수준에 주의하라.** 종종 기업들은 어떤 타당성도 없이 제품 가용성의 사전 설정 목표를 가지고 있다. 이러한 상황에서 관리자는 제품 가용성의 목표 수준이 합리적인가의 여

부를 조사해야 한다. 관리자는 제품 가용성의 사전 설정된 목표 수준을 이익을 최대로 하는 수준으로 조정함으로써 엄청난 가치를 제공할 수 있다.

3. **이익을 최대로 하는 값은 매우 견고하기 때문에 근사비용을 이용하라.** 기업들은 제품 가용성의 최적수준을 계산하기 위해 사용되는 여러 가지 비용의 정확한 추정치를 얻기 위해 엄청난 노력을 소비하는 것을 피해야 한다. 최적에 가까운 제품 가용성의 수준은 종종 최적이익에 가까운 이익을 제공한다. 따라서 모든 비용이 정확하게 추정되어야 한다는 것은 중요하지 않다. 비용의 합리적인 근사값이 일반적으로 최적에 가까운 제품 가용성의 목표 수준을 제공할 것이다.
4. **품절비용에 대한 범위를 추정하라.** 제품 가용성의 수준을 설정하려는 기업의 노력은 종종 품절비용에 대한 논의 속으로 빠져들게 된다. 이 비용에 대한 논쟁과 계량화하기 어려운 요소(고객의 신의를 잃어버리는 것과 같은)로 인해 서로 다른 부서의 사람들이 동의하기 어려운 수치로 될 수 있다. 그러나 항상 품절의 정확한 비용을 추정할 필요는 없다. 품절비용의 범위를 이용하여 관리자는 가용성의 수준과 관련 이익을 찾을 수 있다. 종종 이익은 그 범위에서 현저히 변하지 않으며 따라서 품절비용의 보다 정확한 추정치에 대한 필요성을 제거시켜 준다.
5. **제품 가용성의 수준이 전략과 적합하도록 하라.** 관리자는 제품 가용성의 목표 수준을 설정할 때 기업의 전략적 목표를 염두에 둔 분석을 해야 한다. 몇몇 경우에 기업은 수익이 높은 것은 아니지만 중요한 고객에 의해 요구되는 소량 품목에 대해 높은 수준의 제품 가용성을 제공하는 것이 적절함을 알 수 있다. 제품 가용성에 대한 명성을 얻으려는 기업은 제품이 제공하는 이익에 상관없이 모든 제품에 대해 높은 수준의 가용성을 제공하는 것이 적절함을 알게 될 것이다.

12.6 학습목표 요약

1. **제품 가용성의 최적수준에 영향을 미치는 요인들을 찾고 최적주기 서비스 수준을 계산하라.** 단위당 초과재고비용과 단위당 부재고비용이 제품 가용성의 최적수준에 영향을 미치는 두 가지 중요한 요인이다. 가용성의 최적수준은 초과재고와 부재고의 균형을 통해 얻어진다. 초과재고비용이 증가하면 제품 가용성의 목표 수준을 낮추는 것이 최적이다. 품절로 인해 잃어버린 이익이 증가하면 제품 가용성의 목표 수준을 올리는 것이 최적이다.
2. **최적 서비스 수준을 통해 공급사슬의 수익성을 개선시킬 수 있는 관리적 방안들을 사용하라.**

관리자는 다음을 통해 공급사슬의 수익성을 증가시킬 수 있다: (a) 초과재고 한 단위당 잔존가치를 증가시킨다, (b) 품절로 잃어버린 이익을 줄인다, (c) 수요의 불확실성을 줄이기 위해 개선된 예측수단을 사용한다, (d) 리드타임을 줄이고 한 시즌에 복수주문을 할 수 있도록 신속대응을 이용한다, (e) 제품 차별화를 지연시키기 위해 차별화 지연을 이용한다, (f) 저비용의 긴 리드타임을 갖는 공급원에 대한 지원으로 이용될 유연한 짧은 리드타임을 갖는 공급원을 갖는 맞춤조달을 이용한다.

토의문제

1. 같은 가격이지만 서로 다른 이익을 갖는 두 제품을 고려해 보자. 어떤 제품이 더 높은 수준의 제품 가용성을 가져야 하는가? 그 이유는 무엇인가?
2. 소매자에 의해 유지되는 같은 이익을 갖는 두 제품을 고려해 보자. 한 제품의 팔리지 않고 남은 양은 가치가 없다. 그러나 또 다른 제품의 팔리지 않고 남은 양은 할인매장에서 판매될 수 있다. 어떤 제품이 더 높은 수준의 가용성을 가져야 하는가? 그 이유는 무엇인가?
3. 기업이 더 나은 시장 정보를 이용하여 예측정확도를 개선시킬 때 이것은 공급사슬의 재고와 수익성에 어떤 영향을 미칠 것인가? 왜 그렇다고 생각하는가?
4. 제품 차별화의 지연이 공급사슬 수익성의 개선에 어떻게 이용되는가?
5. Mattel사는 역사적으로 장난감 소매자로 하여금 연휴 쇼핑시즌에 대해 주문을 두 번 할 수 있게 해 준다. Mattel사는 이제 소매자로 하여금 단지 한 번만의 주문을 할 수 있게 하려고 한다. 이것은 공급사슬 이익에 어떤 영향을 미치는가?
6. 긴 리드타임을 갖는 저비용의 공급원에 대한 지원으로 이용될 짧은 리드타임을 갖는 고비용 공급원이 어떻게 저비용 공급원만을 갖는 것보다 더 높은 이익을 가져다 주는지를 논의하라.

연습문제

1. 잔디관리 장비 생산자인 Green Thumb사는 신제품을 출시하였다. 각 제품의 단위당 생산비용은 150달러이고, 일정한 판매 수준을 달성하기 위해 초기 가격은 200달러로 정해져 있다. 이 가격에서의 기내수요는 평균 $\mu = 100$, 표준편차 $\sigma = 40$인 정규분포를 따른다. 시즌 끝에 팔리지 않은 제품은 가치가 거의 없어 개당 50달러로 처분된다. 전시즌 동안 한 단위의 재고를 유지하는 데는 20달러가 든다. Green Thumb사는 판매를 위해 얼마만큼의 제품을 생산해야 하는가? 이 정책으로부터의 기대이익은 얼마인가? Green Thumb사는 품절로 인해 평균적으로 얼마나 많은 고객을 잃게 되는가?

2. Green Thumb사의 관리자는 신제품을 위해 광범위한 시장조사를 실시하였다. 시장조사를 끝낸 후 관리자는 수요가 평균 $\mu = 100$, 표준편차 $\sigma = 15$인 정규분포를 따르는 것으로 추정하였다. 시장조사의 결과 Green Thumb사는 문제 1의 생산 계획을 얼마나 바꾸어야 하는가? 이익이 얼마나 많이 증가되었는가? 개선된 예측이 부재고로 Green Thumb사가 잃게 되는 수요에 어떻게 영향을 미치는가? 문제 1의 비용과 가격 정보를 이용하라.

3. 일리노이주에 있는 타이어 유통업체인 Goodstone Tires사의 관리자는 재고를 관리하기 위해 연속적 검토정책을 사용하고 있다. 관리자는 현재의 재고가 6,000개로 떨어지면 10,000개의 타이어를 주문한다. 타이어에 대한 주간 수요는 평균이 2,000이고 표준편차가 500개인 정규분포를 따른다. 타이어에 대한 보충 리드타임은 2주이다. Goodstone Tires사의 타이어 생산비용은 개당 40달러이고 타이어의 판매 가격은 개당 80달러이다. Goodstone Tires사는 25퍼센트의 재고유지비용을 초래한다. Goodstone Tires사는 현재 얼마나 많은 안전재고를 유지하고 있는가? 부재고비용이 얼마일 때 관리자의 현재 재고정책이 정당화되는가? 잃어버린 현재와 미래의 이익으로 부재고비용을 80달러로 하면 Goodstone Tires사는 얼마만큼의 안전재고를 유지해야 하는가?

4. Champion사는 미국에서의 판매를 위해 양모재킷을 생산한다. 시즌 동안의 재킷에 대한 수요는 평균이 20,000, 표준편차가 10,000인 정규분포를 따른다. 각 재킷의 판매 가격은 60달러이고 생산비용은 30달러이다. 시즌 끝에 팔리지 않고 남은 제품은 연말 정리세일에서 개당 25달러에 팔린다. 연말정리세일까지 재킷을 유지하는 데는 추가로 5달러의 비용이 든다. 신입사원은 팔리지 않고 남은 재킷을 정리세일하는 것보다는 남미의 겨울시즌에 팔 수 있도록 남미로 선적할 것을 제안하였다. 각 재킷은 남미에서 35달러에 판매될 것이고 남미에서는 재킷이 모두 다 팔릴 것으로 예상된다. 선적비용으로 추가로 5달러가 든다. 여러분은 남미에서 파는 방안을 추천하는가? 이 제안이 Champion사의 수익성에 어떤 영향을 미칠 것인가? Champion사는 평균적으로 매 시즌당 얼마나 많은 재킷을 남미로 선적할 것인가?

5. 제설장비 생산자인 Snoblo사는 현재 네 가지 모델을 판매하고 있다. 기본 모델인 Reguplo는 평균이 10,000, 표준편차가 1,000인 정규분포를 따르는 수요를 갖고 있다. 세 가지 다른 모델은 추가적인 특성을 가지며, 각각은 평균이 1,000이고 표준편차가 700인 정규분포를 따르는 수요를 가지고 있다. 현재 네 가지 모델은 같은 생산라인에서 Reguplo는 100달러에, 그리고 다른 세 가지 모델은 각각 110달러에 생산되고 있다. Reguplo는 200달러에 팔리고 다른 세 가지 모델 각각은 220달러에 팔린다. 시즌의 끝에 팔리지 않고 남은 모든 제설장비는 80달러에 팔린다. Snoblo사는 두 개의 분리된 라인, 즉 하나는 Reguplo에 대해, 그리고 또 하나는 다른 세 가지에 대해 설정함으로써 맞춤보충의 활용을 고려하고 있다. Reguplo에 대해서는 어떤 기계 변환도 필요하지 않으므로 Reguplo에 대한 생산비용은 90달러로 줄어들 것으로 기대된다. 그러나 다른 세 가지 모델에 대한 생산비용은 이제 120달러로 증가할 것이다. 여러분은 Snoblo사에 대해 맞춤보충을 추천하겠는가? 맞춤보충이 생산과 이익에 어떤 영향을 줄 것인가? 제설장비에 대한 재고유지비용은 무시하라.

6. AnyLogo사는 기업에 판촉목적을 위해 이용되는 그 기업의 로고를 포함하는 의류를 공급한다. 현재 AnyLogo사는 네 개의 주요 고객, 즉 IBM, AT&T, Hewlett-Packard, 그리고 Cisco사를 상대하고 있다. 휴가시즌 동안 로고는 크리스마스 주제로 장식된다. 크리스마스 주제를 갖는 의류에 대한 각 기업으로부터의 수요는 [표 12.6]에 나타난 것과 같이 정규분포를 따른다.

AnyLogo사는 로고자수를 포함한 모든 의류를 휴가시즌 전에 스리랑카에서 생산한다. 각 제품의 단위당 생산비용은 15달러이고 AnyLogo사의 판매가격은 단위당 50달러이다. 휴가시즌 끝에 팔리지 않고 남은 재고는 필요한 가치가 없어져 자선단체에 기부된다. 의류를 재고로 유지하는 데는 추가로 단위당 3달러가 든다. 그러나 자선단체에의 기부는 절세로 AnyLogo사가 단위당 6달러를 얻게 해 준다. AnyLogo사에 대해 얼마만큼의 생산량을 추천하겠는가? 이 정책으로부터의 기대이익은 얼마인가? AnyLogo사는 평균적으로 매년 얼마만큼을 자선단체에 기부할 것으로 기대되는가?

7. AnyLogo사의 관리자는 수요에 맞게 자수를 놓을 수 있는 고속의 자수기계 도입을 고려하고 있다. 이 경우 의류는 자수 없이 스리랑카에서 만들어진다. 로고자수는 지연되어 수요에 맞춰 미국에서 이루어질 것이다. 이 경우 단위당 생산비용은 18달러로 증가하게 된다. 그러나 AnyLogo사는 시즌 끝에 처분되는 휴가나 기업 고유의 의류를 갖지 않게 될 것이다. 로고가 없는 의류는 소매자에게 개당 18달러에 팔릴 수 있다. 휴가시즌 이후에 남아 있는 의류에는 재고유지와 선적비용으로 4달러가 추가된다. 다른 모든 정보가 문제 6과 같은 경우라면, 여러분은 AnyLogo사가 차별화 지연을 실행하도록 추천하겠는가? 이익과 재고에 대한 차별화 지연의 영향은 무엇인가?

8. 패스트푸드 기업은 Sharky 장난감을 제공함으로써 어린이 식사에 대한 판촉을 계획하고 있다. 장난감에 대해 단 한 번의 주문이 이루어진다. 각 장난감은 비용이 0.50달러이고 팔리지 않은 장난감은 판촉기간의 말에 폐기처분된다. 어린이 식사(장난감을 포함한)로부터의 이익은 1.00달러이고 패스트푸드 기업에 장난감이 품절되면 아이들은 경쟁기업으로 가게 될 것이다. 장난감을 갖춘 식사에 대한 수요는 평균이 50,000, 표준편차가 15,000인 정규분포를 따른다.

a. 판촉이 시작되기 전 얼마나 많은 Sharky 장난감을 주문해야 하는가?

b. 경쟁기업으로 간 고객들은 장기적으로 잃어버린 고객이 된다는 문제가 생긴다. 장난감을 재고로 갖지 못한 비용은 현재 판매와 미래 판매의 손실로 인해 품절당 5달러로 추정된다. 이러한 정보가 Sharky 장남감의 주문량에 어떤 영향을 미치는가?

표 12.6 AnyLogo사의 수요분포

	IBM	AT&T	HP	Cisco
평 균	5,000	7,000	4,000	4,000
표준편차	2,000	2,500	2,000	2,200

9. Highland사는 겨울 카탈로그에 대한 주문을 계획하고 있다. 하나의 주문은 시즌 초기에 행해진다. 재킷 중 하나에 대한 수요 예측은 평균이 5,000, 표준편차가 2,000인 정규분포이다. 각 재킷은 100달러에 구입되고 시즌 말에 팔리지 않은 재킷은 할인되어 75달러로 할인매장에서 판매된다. 이 가격에서 모든 재킷이 판매될 것으로 기대된다. 시즌 동안 팔리지 않은 재킷을 보관하고 이것을 다시 할인매장으로 보내는 데 추가로 15달러의 비용이 든다. 품절의 영향과 재킷 주문량에 대해 구매위원회 내에서도 기본적으로 의견 차이가 있다. 위원회 중 한 사람은 6,000벌의 재킷이 주문되어야 한다고 생각하는 반면, 또 다른 사람은 8,000벌의 재킷이 주문되어야 한다고 생각한다.

a. 품절비용이 얼마일 때 각자의 주문량이 정당화되는가?

b. 계획된 판매 가격이 200달러라면 6,000벌의 재킷을 주문하는 것이 의미가 있는 상황을 설명해 보라. 8,000벌의 재킷을 주문하는 것이 의미가 있는 또 다른 상황을 설명해 보라.

10. Sport Obermeyer사(SO)는 스키의류 생산자이다. 스키 재킷은 80달러로 조달되어 125달러로 판매된다. 시즌 초에 한 번의 주문이 이루어진다. 현재 SO사는 팔리지 않은 재킷을 시즌 말에 70달러로 할인매장에 처분한다. 시즌 동안 재킷을 재고로 보유하고 그것을 할인매장에 선적하는 데 10달러의 비용이 든다. 스키 재킷에 대한 수요는 평균이 4,000, 표준편차가 1,750인 정규분포를 따르는 것으로 예측된다.

a. 한 번의 주문을 가정했을 때 SO사는 시즌에 대해 몇 벌의 재킷을 주문해야 하는가?

b. 이 정책으로부터의 기대이익은 얼마인가?

c. 할인매장으로 보내지는 시즌 말의 기대 초과재고는 얼마인가?

d. SO사는 시즌 말에 남은 재킷을 남반구로 선적해 가서 파는 대안을 고려하고 있다. 이 대안에서는 모든 비용을 포함하고서도 SO사는 75달러로 증가된 잔존가치를 기대할 수 있다. 이러한 변화가 주문량, 기대이익, 그리고 남반구로 선적될 기대 초과재고에 어떤 영향을 미치는가? 여러분은 이러한 대안을 제안하겠는가?

11. DoorRed 약국의 아스피린에 대한 일일 수요는 평균이 40병이고 표준편차가 5인 정규분포를 따른다. 공급자로부터의 보충 리드타임은 하루이다. DoorRed 약국에서의 현재 재고정책은 보유재고가 45 아래로 내려갈 때 200병을 주문하는 것이다. 각 병의 비용은 4달러이고 약국은 25퍼센트의 재고유지비용을 이용한다.

a. 충족되지 못한 수요는 추후 납품되어 다음 주기까지 유지된다고 가정하면 부족재고비용이 얼마일 때 현재의 정책이 정당화되는가?

b. 충족되지 못한 수요는 잃어버린 것으로 가정하면 얼마의 품절비용이 현정책을 정당화하는가?

c. DoorRed 약국은 충족되지 않은 모든 수요에 대해 고객이 다음 구입 시 1.50달러의 할인을 제공받는다면 추후 납품될 수 있다고 느낀다(부족재고의 비용을 1.50달러로 효과적으로 만듦). DoorRed 약국에 대해 어떤 재고정책을 제안할 수 있는가?

12. Lake Grove 캔디생산회사(LGC)는 연휴에 대해 특별히 디자인된 박스로 초콜릿을 판매한다. 이 회사는 네 가지 다른 디자인을 팔고 현재 모든 포

장이 초콜릿이 생산되는 공장에서 이루어진다. 연휴가 시작되기 전에 모든 생산과 포장이 완료된다. 네 가지 디자인 각각에 대한 수요 예측은 평균이 20,000, 표준편차가 8,000인 정규분포이다. 각 박스는 10달러의 비용이 들고 20달러로 판매된다. 연휴가 끝나면 팔리지 않은 박스는 8달러로 할인되어 판매된다. 할인되어 팔리기 전에 연휴 동안 박스를 재고로 유지하는 비용은 1달러이다.

a. LGC사는 각 디자인당 몇 박스를 제조해야 하는가?

b. 이 정책으로부터의 기대이익은 얼마인가?

c. LGC사는 몇 박스를 할인가로 판매할 것으로 기대하는가?

d. LGC사가 고려하는 안은 초콜릿 생산을 포장과 분리하는 것이다. 연휴가 시작되기 전에 초콜릿이 생산되지만 포장은 주문이 들어올 때마다 특급라인에서 행해질 수 있다. 특급라인과 생산의 분리는 생산비용에 추가로 2달러를 부담시킨다. 만일 포장을 지연시키기로 결정했다면, LGC사는 몇 박스의 초콜릿을 생산해야 하는가? 기대이익은 얼마인가? 지연을 이용한다면 LGC사는 몇 박스를 할인가로 판매할 것인가?

e. 지연에 대한 추가비용(현재의 2달러 대신에)이 얼마일 때 LGC사는 운영에 있어서 지연이 있든 없는 개의치 않을 수 있는가?

13. Knitting사(TKC)는 크리스마스 동안에 유행할 네 가지 스타일의 스웨터에 대한 생산을 계획하고 있다. 네 가지 스타일 모두 정규분포를 따르는 수요를 가지고 있다. 가장 잘 팔리는 스타일은 30,000의 기대수요와 5,000의 표준편차를 갖는다. 다른 세 가지 스타일 각각은 10,000의 기대수요와 4,000의 표준편차를 갖는다. 현재 모든 스웨터는 시즌이 시작되기 전에 생산된다. 생산비용은 스웨터당 20달러이고 도매 가격 35달러로 판매된다. 시즌 말에 판매되지 않은 스웨터는 15달러로 할인되어 판매된다. 판매되지 않는다면 그 스웨터를 시즌 동안 재고로 보유하는 데는 2달러의 비용이 든다.

a. TKC사는 각 유형의 스웨터를 얼마나 생산해야 하는가?

b. 이 정책으로부터의 기대이익은 얼마인가?

c. TKC사는 얼마나 많은 스웨터를 할인가로 판매하겠는가?

d. TKC사는 편물의 지연과 아주 유연한 기계를 고려하고 있다. 이것은 기본적인 스웨터(네 가지 스타일 각각에 대해 동일함)가 사전에 만들어지고 마지막 편물 형태는 뒤에 결정된다. 이것은 생산비용을 21.40달러로 증가시킨다. 지연을 갖는 경우 TKC사는 얼마나 많은 스웨터를 생산하는가? 이 정책으로부터의 기대이익은 얼마인가?

e. 또 다른 대안은 유행하는 스타일은 지연 없이 생산하고 다른 세 가지 스타일은 지연을 이용하는 것이다. 이 정책에서의 기대이익은 얼마인가?

14. 디자이너는 연간 한정된 장식품에 대한 주문을 계획하고 있다. 수요는 평균이 20,000이고 표준편차가 8,000인 정규분포를 따르는 것으로 예측되고 있다. 각 장식품은 비용이 30달러이고 95달러로 판매된다. 팔리지 않은 장식품은 한정판의 가치를 위해 시즌 말에 폐기처분된다.

a. 얼마나 많은 장식품을 디자이너가 주문해야 하는가? 기대이익은 얼마인가?

b. 생산자가 최소한 25,000단위 이상 주문하는 경우 장식품당 28달러로 가격 할인을 제시하였다.

디자이너는 어떻게 대응해야 하는가?

15. 인쇄업자는 새해용 달력의 인쇄를 계획하고 있다. 달력에 대한 수요는 평균이 70,000이고 표준편차가 25,000인 정규분포를 따른다. 달력당 비용은 3달러이고 10달러에 판매된다. 팔리지 않은 달력은 1월 말에 재활용된다.

a. 인쇄업자는 얼마나 많은 달력을 인쇄해야 하는가? 기대이익은 얼마인가?

b. 인쇄업자가 적어도 100,000단위 이상을 주문하면 달력당 인쇄비용을 2.75달러로 할인해 준다는 제안을 받았다. 인쇄업자는 무엇을 해야 하는가?

16. 전자제품 생산자는 최근 유행하는 MP3의 생산을 아시아에 있는 계약 생산자에 아웃소싱하였다. MP3에 대한 수요는 기대를 초과한 반면, 계약 생산자는 제한된 생산능력을 갖고 있다. 전자제품 생산자는 세 가지 유형의 MP3, 즉 40GB, 20GB, 그리고 6GB를 판매하고 있다. 다가오는 연휴 동안 40GB에 대한 수요 예측은 평균이 20,000이고 표준편차가 7,000인 정규분포이다. 20GB에 대한 수요 예측은 40,000의 평균과 11,000의 표준편차를 갖는다. 6GB에 대한 수요 예측은 80,000의 평균과 16,000의 표준편차를 갖는다. 40GB는 판매 가격이 200달러, 생산비용이 100달러, 그리고 잔존가치는 80달러이다. 20GB는 판매 가격이 150달러, 생산비용이 90달러, 그리고 잔존가치는 70달러이다. 6GB는 판매 가격이 100달러, 생산비용이 70달러, 그리고 잔존가치가 50달러이다.

a. 생산능력에 대한 제약이 없다면 전자제품 생산자는 각 형태의 MP3에 대해 얼마만큼 주문해야 하는가?

b. 계약 생산자는 단지 140,000의 가용 생산능력을 가지고 있다. 전자제품 생산자가 20,000개의 40GB, 40,000개의 20GB, 그리고 80,000개의 6GB를 주문한다면 기대이익은 얼마인가?

c. 가용 생산능력이 140,000이라면 전자제품 생산자는 각 형태의 MP3를 얼마나 주문해야 하는가? 기대이익은 얼마인가?

참고문헌

Cachon, Gerard P., and Marshall L. Fisher. "Campbell Soup's continuous Product Replenishment Program: Evaluation and Enhanced Decision Rules." *Production and Operations Management* 6 (1997): 266–276.

Cachon, Gerard P., and Martin A. Lariviere. "Turning the Supply Chain into a Revenue Chain." *Harvard Business Review* (March 2001): 20–21.

Clark, Theodore H., and Janice H. Hammond. "Reengineering Channel Reordering Processes to Improve Total Supply Chain Performance." *Production and Operations Management* 6 (1997): 248–265.

Fisher, Marshall L., Janice H. Hammond, Walter R. Obermeyer, and Ananth Raman. "Making Supply Meet Demand in an Uncertain World." *Harvard Business Review* (May–June 1994): 83–93.

Nahmias, Steven. *Production and Operations Analysis.* Burr Ridge, IL: Richard P. Irwin, 1997.

Padmanabhan, V., and Ivan P. L. Png. "Returns Policies:

Making Money by Making Good." *Sloan Management Review* (Fall 1995): 65–72.

Pasternack, Barry A. "Optimal Pricing and Return Policies for Perishable Commodities." *Marketing Science* 4 (1985): 166–176.

Signorelli, Sergio, and James L. Heskett. *Benetton (A)*. Harvard Business School Case 9–685–014, 1984.

Silver, Edward A., David Pyke, and Rein Petersen. *Inventory Management and Production Planning and Scheduling*. New York: Wiley, 1998.

Tayur, Sridhar, Ram Ganeshan, and Michael Magazine, eds. *Quantitative Models for Supply Chain Management*. Boston: Kluwer Academic Publishers, 1999.

The *Critical-Fractile Method for Inventory Planning*. Harvard Business School Note 9–191–132, 1991.

부록 12A

제품 가용성의 최적수준

목표: 이익을 최대로 하는 제품 가용성의 수준을 계산한다.

분석: 이 분석에서 수요는 밀도함수 $f(x)$와 누적분포함수 $F(x)$를 갖는 음이 아닌 연속 확률변수로 가정한다. C_u는 단위당 이익으로 결국 단위당 부재고비용이고 C_o는 단위당 초과재고비용이다.

Q만큼 구입하고 수요가 x만큼 발생했다고 가정하자. 만일 $Q \leq x$이면, 모든 Q가 팔려나가고 이익은 QC_u이다. 그러나 만일 $Q > x$이면 단지 x만이 팔려나가고 이익은 $xC_u - (Q - x)C_o$이다. 따라서 기대이익 $P(Q)$는 다음과 같이 주어진다.

$$P(Q) = \int_0^Q [xC_u - (Q - x)C_o] f(x)dx + \int_Q^\infty QC_u f(x)dx$$

기대이익 $P(Q)$를 최대화하는 Q의 값을 결정하기 위해 다음을 계산한다.

$$\frac{dP(Q)}{d(Q)} = -C_o \int_0^Q f(x)dx + C_u \int_Q^\infty f(x)dx$$

$$= C_u[1 - F(Q)] - C_o F(Q) = 0$$

이를 통해 최적주문량 Q^*는 다음과 같다.

$$F(Q^*) = \frac{C_u}{C_u + C_o}$$

이차미분이 음수, 즉 총기대이익이 Q^*에서 최대가 됨을 의미하는 것을 보이는 것은 쉽다.

부록 12B

중간값 계산

목표: x가 평균이 μ이고 표준편차가 σ인 정규분포를 따른다면 다음을 보이고자 한다.

$$A = \int_{x=-\infty}^{a} xf(x)dx = \mu F_S\left[\frac{(a-\mu)}{\sigma}\right] - \sigma f_S\left[\frac{(a-\mu)}{\sigma}\right] \quad (12.8)$$

여기서 $f(x)$는 정규밀도함수이고, $f_S(\ )$는 표준정규밀도함수이며, $F_S(\ )$는 표준정규누적분포함수이다.

분석: 식 (11.20)을 이용하면 다음을 얻을 수 있다.

$$A = \int_{x=-\infty}^{a} xf(x)dx = \int_{-\infty}^{a} x\frac{1}{\sqrt{2\pi}\sigma}e^{-(x-\mu)^2/2\sigma^2}dx$$

$z = (x - \mu)/\sigma$를 대입하자. 이것은 $dx = \sigma dz$를 의미한다. 따라서 다음을 얻을 수 있다.

$$A = \int_{z=-\infty}^{(a-\mu)/\sigma} (z\sigma + \mu)\frac{1}{\sqrt{2\pi}}e^{-z^2/2}dz$$

$$= \mu\int_{z=-\infty}^{(a-\mu)/\sigma} \frac{1}{\sqrt{2\pi}}e^{-z^2/2}dz + \sigma\int_{z=-\infty}^{(a-\mu)/\sigma} z\frac{1}{\sqrt{2\pi}}e^{-z^2/2}dz$$

누적분포함수와 확률밀도함수의 관계가 주어지면 다음을 얻기 위해 표준정규분포의 정의와 식 (11.18)을 이용한다.

$$F_S(t) = \int_{z=-\infty}^{t} f_S(z)dz = \int_{z=-\infty}^{t} \frac{1}{\sqrt{2\pi}}e^{-z^2/2}dz$$

$w = z^2/2$를 A에 대한 식에 대입하라. 그것은 $dw = z\,dz$을 의미한다. 따라서 다음과 같다.

$$A = \mu F_S\left[\frac{(a-\mu)}{\sigma}\right] + \sigma\int_{w=\infty}^{(a-\mu)^2/2\sigma^2} \frac{1}{\sqrt{2\pi}}e^{-w}dw$$

또는

$$A = \mu F_S\left[\frac{(a-\mu)}{\sigma}\right] - \sigma f_S\left[\frac{(a-\mu)}{\sigma}\right]$$

부록 12C

주문으로부터의 기대이익

목표: 수요가 평균이 μ이고 표준편차가 σ인 정규분포를 따른다고 가정하자. 판매 가격은 단위당 p달러이고 비용은 단위당 c달러이다. 팔리지 않은 단위당 s달러의 잔존가치가 있다. 만일 O만큼 주문되었을 경우, 기대이익에 대한 수식을 얻고자 한다.

분석: 만일 O만큼 주문되고 수요가 $x \le O$로 나타나면, 판매된 x 각각은 $p - c$만큼 기여하고 팔리지 않은 $(O - x)$ 각각은 $c - s$의 손실을 초래한다. 만일 수요가 O보다 크면, 판매된 O 각각에 대해 $p - c$만큼 기여를 한다. 따라서 다음을 얻을 수 있다.

기대이익

$$= \int_{x=-\infty}^{O} [(p-c)x - (c-s)(O-x)]\, f(x)dx + \int_{x=O}^{\infty} O(p-c)\, f(x)dx = \int_{x=-\infty}^{O} [(p-s)x - O(c-s)]f(x)dx + \int_{x=O}^{\infty} O(p-c)f(x)dx$$

식 (12.8)을 이용하여 다음을 얻는다.

$$\int_{x=-\infty}^{O} xf(x)dx = \mu F_S\left[\frac{(O-\mu)}{\sigma}\right] - \sigma f_S\left[\frac{(O-\mu)}{\sigma}\right]$$

따라서 기대이익을 다음과 같이 계산할 수 있다.

기대이익

$$= (p-s)\mu F_S\left[\frac{(O-\mu)}{\sigma}\right] - (p-s)\sigma f_S\left[\frac{(O-\mu)}{\sigma}\right] - O(c-s)F(O,\mu,\sigma) + O(p-c)[1 - F(O,\mu,\sigma)]$$

부록 12D

주문으로부터의 기대 초과재고

목표: 수요가 평균이 μ이고 표준편차가 σ인 정규분포를 따른다고 가정하자. 만일 O만큼 주문되었을 경우, 기대 초과재고에 대한 수식을 얻고자 한다.

분석: 만약 O만큼 주문되었다면, 수요가 $x < O$인 경우에만 초과재고가 발생한다. 따라서 다음을 얻을 수 있다.

$$\text{기대 초과재고} = \int_{x=-\infty}^{O} (O-x)f(x)dx = \int_{x=-\infty}^{O} Of(x)dx - \int_{x=-\infty}^{O} xf(x)dx = OF_S\left[\frac{O-\mu}{\sigma}\right] - \int_{x=-\infty}^{O} xf(x)dx$$

따라서 식 (12.8)을 사용하면 다음을 얻는다.

기대 초과재고

$$= OF_S\left[\frac{(O-\mu)}{\sigma}\right] - \mu F_S\left[\frac{(O-\mu)}{\sigma}\right] + \sigma f_S\left[\frac{(O-\mu)}{\sigma}\right] = (O-\mu)F_S\left[\frac{(O-\mu)}{\sigma}\right] + \sigma f_S\left[\frac{(O-\mu)}{\sigma}\right]$$

부록 12E

주문으로부터의 기대 부재고

목표: 수요가 평균이 μ이고 표준편차가 σ인 정규분포를 따른다고 가정하자. 만일 O만큼 주문되었다면, 기대 부재고에 대한 수식을 얻고자 한다.

분석: 만약 O만큼 주문되었다면, 기대 부재고는 수요가 $x > O$인 경우에만 발생한다. 따라서 다음을 얻을 수 있다.

$$\text{기대 부재고} = \int_{x=O}^{\infty} (x - O)f(x)dx$$

$$= \int_{x=O}^{\infty} xf(x)dx - \int_{x=O}^{\infty} Of(x)dx = \int_{x=-\infty}^{\infty} xf(x)dx$$

$$- \int_{x=-\infty}^{O} xf(x)dx - O\left\{1 - F_S\left[\frac{(O-\mu)}{\sigma}\right]\right\} = (\mu - O)$$

$$+ OF_S\left[\frac{(O-\mu)}{\sigma}\right] - \int_{x=-\infty}^{O} xf(x)dx$$

따라서 식 (12.8)을 사용하면 다음을 얻는다.

$$\text{기대 부재고} = (\mu - O) + OF_S\left[\frac{(O-\mu)}{\sigma}\right]$$

$$- \mu F_S\left[\frac{(O \quad \mu)}{\sigma}\right] + \sigma f_S\left[\frac{(O-\mu)}{\sigma}\right]$$

$$= (\mu - O)\left\{1 - F_S\left[\frac{(O-\mu)}{\sigma}\right]\right\} + \sigma f_S\left[\frac{(O-\mu)}{\sigma}\right]$$

부록 12F

스프레드시트를 이용한 시뮬레이션

시뮬레이션이란 사용자로 하여금 서로 다른 행동으로부터 잠정적인 결과가 무엇인지를 추정하도록 해 주는 실상황을 모방한 컴퓨터 모델이다. 시뮬레이션은 불확실한 환경에서 성과에 대한 경영의사결정의 효과를 평가하도록 해 주는 아주 강력한 도구이다. 몇몇 경우에 미래의 시나리오는 시뮬레이션 없이 수학적으로 모형화되고 성과에 대한 서로 다른 결정의 영향에 대한 공식을 얻을 수 있다. 다른 경우에 공식들을 얻기가 어려워 관리자는 좋은 추측을 하든지 아니면 시뮬레이션을 사용한다. 시뮬레이션은 어떤 복잡한 정도도 수용할 수 있기 때문에 강력하다. 분석적으로 풀기에 불가능한 문제는 시뮬레이션을 이용하여 상당히 쉽게 해결될 수 있다. 좋은 시뮬레이션이란 저렴한 방식으로 불확실한 미래 하에서 서로 다른 행동들을 평가하여 가장 효과적인 결정을 찾아 주는 것이다.

의류를 판매하는 우편주문기업인 Lands' End사를 고려해 보자. Lands' End사는 불확실한 수요에 직면하여 인쇄해서 발송해야 할 카탈로그 수량, 각 제품의 주문량, 그리고 공급자와의 계약에 대한 결정을 내려야만 한다. Lands' End사의 관리자는 결정을 실행하기 전에 서로 다른 결정을 평가하려고 한다. 시뮬레이션은 관리자가 주문량, 재고, 고객 수요, 그리고 Lands' End사의 공급사슬의 일부인 다른 공정들을 모방한 컴퓨터 모델을 만들 것을 요구한다.

수요의 한 값은 수요분포로부터 얻어진 임의의 수요를 이용한다. 수요가 분포로부터 만들어질 때마다 새로운 수요의 값이 얻어진다. 미래 수요분포의 추정을 근거로 서로 다른 제품에 대한 수요값들이 임의로 생성된다. 주문정책의 영향이 생성된 수요의 각 값에 대하여 평가된다. 많은 수의 수요값들을 근거로 관리자는 정책에 대한 성과의 평균과 분산을 계산할 수 있다. 그러고나서 서로 다른 정책들이 비교될 수 있다.

엑셀을 이용한 난수 생성

어떤 시뮬레이션에 있어서도 기본적인 단계는 미래의 수요나 다른 몇몇 모수에 대응하는 난수를 생성하는 것이다. 예를 들어, 만일 Lands' End사가 겨울용 카탈로그로부터 양모 스웨터에 대한 수요를 평균이 3,000이고 표준편차가 1,000인 정규분포로 추정했다면, 관리자는 이 분포로부터 수요의 여러 값들을 생성할 필요가 있다. 엑셀에서는 난수를 생성하는 데 이용할 수 있는 몇몇 함수들이 있다.

RAND( ) 함수는 0과 1 사이에서 균등분포를 따르는 난수를 생성한다. 따라서 *RAND*( )가 0과 0.1 사이의 숫자를 생성할 10퍼센트의 확률, 0과 0.5 사이의 난수를 생성할 50퍼센트의 확률, 그리고 0과 0.9 사이의 난수를 생성할 90퍼센트의 확률이 있다. *RAND*( ) 함수는 여러 다양한 분포로부터 난수를 생산하는 데 이용될 수 있다.

엑셀함수 *NORMINV*(*RAND*( ), μ, σ)는 평균이 μ이고 표준편차가 σ인 정규분포를 따르는 난수를 생성한다. 엑셀함수 *NORMSINV*(*RAND*( ))는 평균이 0이고 표준편차가 1인 정규분포를 따르는 난수를 생성한다. *NORMINV*와 *NORMSINV* 모두 음수를 생성할 수 있다는 사실이 이들 함수가 수요를 생성하기 위해 사용될 때 종종 문제를 야기시킨다. 하나의 방안은 수요를 생성하기 위해 0과 *NORMINV*(*RAND*( ), μ, σ) 중 큰 값을 이용하는 것이다. 이것은 변동계수 *cv*가 0.4보다 작으면 적절하다. 큰 변동계수에 대해서는 로그정규분포를 사용하는 것이 좋다. 왜냐하면 로그정규분포는 단지 양수만을 생성하기 때문이다. 엑셀함수 *LOGINV*(*RAND*( ), μ, σ)는 로그정규분포를 따르는 난수 X를 생성한다. 여기서는 ln(X)가 평균이 μ이고 표준편차가 σ인 정규분포를 따른다. 다른 엑셀함수를 이용하여 생성될 수도 있는 몇 가지 다른 수요분포가 있다.

시뮬레이션 모델의 설정

Lands' End사는 겨울용 카탈로그에 있는 양모 스웨터를 한 벌당 150달러에 판매하기로 계획하고 있다. 관리자는 수요가 평균 μ = 3,000이고 표준편차 σ = 1,000인 정규분포를 따르는 것으로 기대하고 있다. 겨울시즌의 끝이 다가오면 Lands' End사는 팔리지 않은 품목에 대해 할인 가격을 갖는 세일용 카탈로그를 보낸다. 할인 가격은 세일용 카탈로그에 대한 수요를 결정한다. 관리자는 세일용 카탈로그가 평균이 1,000 − 5p이고 표준편차가 (1,000 − 5p)/3인 수요를 생성할 것으로 기대하고 있다. 여기서 p는 부과될 할인 가격이다. 세일용 카탈로그 이후에 팔리지 않고 남은 스웨터는 자선단체에 기부된다. 각 스웨터에 대해 Lands' End사가 부담하는 비용은 50달러이다. 자선단체에 대한 기부는 25달러의 세제 혜택을 받게 해 준다. Lands' End사는 팔리지 않은 스웨터를 보관하여 자선단체까지 수송하는 데 한 벌당 5달러의 비용이 초래되어 결국 자선단체에 보내진 스웨터당 s = 20달러의 잔존가치를 얻게 된다. 관리자는 max(25달러, 150달러 − n/20)의 할인 가격을 부과하기로 결정하였다. 여기서 n은 겨울용 카탈로그 이후에 팔리

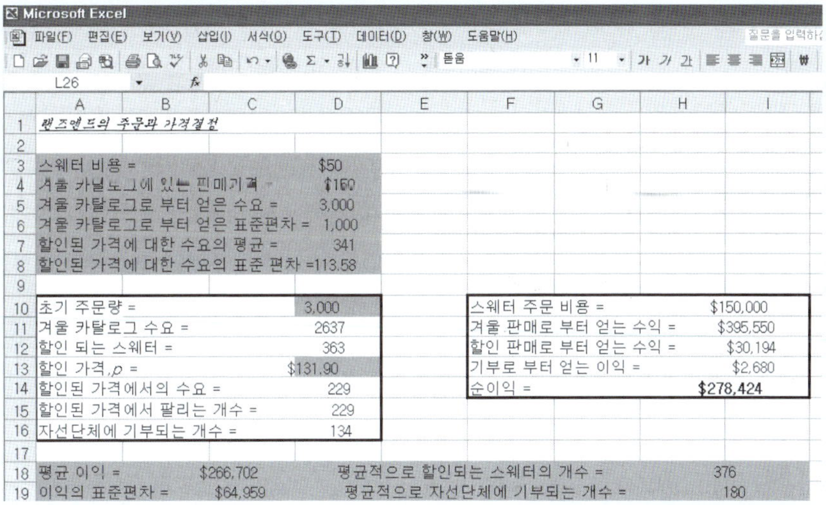

셀	셀수식	식	복사
D7	= 1000 − 5*D13	D16	= D12 − D15
D8	= D7/3	I10	= D3*D10
D11	= int(max(0, norminv(rand( ), D5, D6)	I11	= min(D10, D11)*D4
D12	= max(0, D10 − D11)	I12	= D15*D13
D13	= max(25, 150 − D12/20)	I13	= D16*20
D14	= int(max(0, norminv(rand( ), D7, D8))	I14	= sum(I11:I13)4 − I10
D15	= min(D12, D14)		

그림 12F.1 Lands' End사의 엑셀 시뮬레이션 모델

지 않고 남아 있는 스웨터의 수량이다. 관리자는 겨울시즌의 초기에 구매해야 할 스웨터의 수량을 찾으려고 한다.

첫 단계는 겨울시즌 동안의 수요의 한 값에 대해 순이익을 계산할 수 있는 시뮬레이션 모델을 설정하는 것이다. 구성된 모델은 [그림 12.6]에 나타나 있다.

많은 값을 생성하기 위한 데이터 표의 사용

시뮬레이션 모델을 설정하고 나서 다음 단계는 확률수요의 많은 값을 생성하여 3,000벌을 주문하는 경우의 평균 이익을 계산하는 것이다. 엑셀의 **데이터 표**는 시뮬레이션을 여러 번 반복한 결과를 얻기 위해 이용될 수 있다. 목표는 여러 번의 반복에 따른 이익의 평균과 표준편차, 할인된 스웨터의 평균 수량, 그리고 자선단체에 기부된 스웨터의 평균 수량을 계산하는 것이다. 수요의 500개 다른 값에 대해 시뮬레이션의 결과를 반복하기 위해 A23:D522의 범위에 데이터 표가 만들어진다.

1. 셀 B23에 식 =I14, 셀 C23에 =D12, 그리고 셀 D23에 =D16을 입력하라. 그 결과 이익이 셀 B23에 복사되고 할인된 수량은 C23, 그리고 자선단체에 주어진 수량은 셀 D23에 복사된다.
2. A23:D522의 범위를 선택하라. 도구바에서 **데이터 표**를

선택하라. 표 대화상자에서 셀 A23을 **열 입력 창**으로 선택하라. OK를 클릭하라.

데이터 표는 A23:D522의 범위에 만들어진다. 데이터 표의 각 행은 임의 수요의 한 값에 대해 이익, 할인된 수량, 그리고 자선단체에 주어진 수량을 보여 준다. 엑셀은 데이터 표의 각 행에 대해 새로운 난수를 이용하여 시뮬레이션을 다시 행한다. 이제 데이터 표로부터 평균 이익, 할인된 스웨터의 평균 수량, 그리고 자선단체에 기부된 스웨터의 평균 수량을 얻을 수 있다. 이것은 [그림 12.6]에서 셀 C18, I18과 I19에 각각 계산되어 있다.

F9 키를 누를 때마다 새로운 난수가 생성되고 모든 셀이 재계산된다. Lands' End사의 관리자는 성과에 대한 서로 다른 초기 주문정책의 영향을 평가하기 위해 시뮬레이션을 사용할 수 있다.

제 5 부

수송 네트워크의 설계와 계획

제5부에서는 공급사슬에서의 세 가지 물류 요인 중 마지막으로 수송에 대해 다룬다. 이 장에서 다양한 수송수단과 수송 네트워크를 설계하기 위한 각기 다른 옵션들의 강점과 약점에 대해 논의한다. 또한 공급사슬을 설계할 때 반드시 고려되어야 할 수송비용, 재고비용, 대응도 사이에서 발생하는 트레이드오프 관계에 대해 논의한다.

제 13 장

공급사슬에서의 수송

학 • 습 • 목 • 표

이 장을 읽은 후에 여러분은 다음과 같은 것을 할 수 있을 것이다.

1. 공급사슬에서 수송의 역할을 이해할 수 있다.
2. 여러 가지 수송수단들의 강점과 약점을 평가할 수 있다.
3. 수송에서 기반구조와 정책의 역할에 대해 논의할 수 있다.
4. 다양한 수송 네트워크 옵션들과 그들의 상대적인 강점과 약점을 확인할 수 있다.
5. 선적인이 그들의 수송 네트워크를 설계할 때 고려해야 하는 트레이드오프를 확인할 수 있다.

이 장에서는 공급사슬에서 수송의 역할과 수송결정 시 고려되어야 하는 트레이드오프를 논의한다. 공급사슬 안에서의 수송 의사결정을 담당하는 관리자가 그들의 선택의 중요성을 이해함과 동시에 수송 전략과 설계, 계획, 운영 의사결정에 대한 이해를 이 장의 목표로 한다.

13.1 공급사슬에서 수송의 역할

수송이란 한 장소에서 다른 장소로의 제품의 이동을 말하는 것으로, 공급사슬의 출발점에서 소비자에게로 향해가는 것을 의미한다. 수송은 공급사슬에서 중요한 역할을 수행하는데 이는 제품의 생산과 소비가 같은 장소에서 이루어지는 일은 거의 없기 때문이다. 수송은 공급사슬에서 발생되는 비용 중 상당한 부분을 차지한다. 미국에서의 수송비용은 2002년도에 GDP의 10퍼센트 이상을 차지했다.[1] 주택건설, 보건의료, 식료품 분야만이 GDP가 수송비용보다 많은 비중을 차지하고 있다. 수송업 종사인구는 2002년 미국 전체 일자리의 16퍼센트에 해당하는 2천만 명이다.

수송은 국제 공급사슬에서 더욱 중요한 역할을 하고 있다. Dell사는 몇 개의 설비로부터 전세계의 고객들에게 제품을 판매하고 공급하고 있다. 수송은 Dell사의 국제 네트워크를 통해 제품의 이동을 가능케 한다. 이와 유사하게, 국제 수송은 Wal-Mart사가 미국에서 생산된 제품들을 전세계에 판매할 수 있게 한다.

글로벌 경제에서 국제 무역이 차지하는 비중은 점점 커져가고 있다. 수송 통계청에 따르면, 1990년부터 2001년까지의 미국에서의 국제적인 상품 무역은 매년 평균 9.3퍼센트씩 증가하였

1 *Freight Shipments in America,* Bureau of Transportation Statistics, 2002.

다.[2] 국제 상품 무역의 증가율은 같은 기간의 미국 경제 성장률의 3배 이상이다. 1970년부터 2001년까지 미국 경제가 10배 성장하는 동안, 미국에서의 국제 상품 무역은 20배 이상 성장하였다. 국제 무역의 빠른 증가에 따라, 효율적인 화물 수송 시스템이 점점 더 중요해지고 있다.

공급사슬에서의 성공은 적절한 수송을 사용하는 것과 밀접한 관련이 있다. 스칸디나비아의 가정용 가구 소매자인 IKEA사는 효과적인 수송을 기조로 하여 24개국에 약 250개 매장의 국제 네트워크를 구축하였다. 2008년 8월까지 IKEA사는 211억 유로의 매출을 올렸다. IKEA사는 낮의 가격에 좋은 품질의 제품을 제공하는 것을 전략으로 삼고 있으며, 그들의 목표는 매년 2~3퍼센트의 가격을 낮추는 것이다. 결국, IKEA사는 제품 각각에 대하여 전세계에서 가장 값싼 공급원을 찾는 데 노력하고 있다. IKEA사 가구의 조립 디자인은 전통적인 가구 생산자보다 더 값싸고 효과적으로 제품을 수송할 수 있게 해 준다. 대규모의 창고 운영과 선적은 가정용 가구를 소매점에 값싸게 수송할 수 있게 한다. 효과적인 공급과 값싼 수송을 통해 IKEA사는 세계적으로 싼 가격에 품질 좋은 가정용 가구를 제공한다.

Seven-Eleven Japan사는 전략적인 목적을 달성하기 위해 수송을 이용해 온 회사이다. 이 회사는 각 상점에 지리적, 시간적으로 다양한 고객의 요구에 대응하는 제품을 배달하는 것을 목표로 하고 있다. 이를 위해 Seven-Eleven사는 하루에 여러 번 제품을 보충함으로써 고객의 요구에 적절히 대응할 수 있는 수송 시스템을 사용하고 있다. 여러 공급자로부터 오는 제품들은 합리적인 가격으로 수시로 배달하기 위해서 요구되는 상태에 따라 트럭에 모아진다. Seven-Eleven사는 고객의 수요에 밀접하게 대응하도록 제품 가용성을 확보하면서 동시에 수송과 배달비용을 줄이기 위해서 긴밀히 대응하는 수송 시스템을 사용하고 있다.

공급사슬에서는 중앙집중형의 적은 시설로 운영할 수 있는 긴밀한 수송 시스템을 사용한다. 예로서, Amazon.com은 중앙창고로부터 고객에게 제품을 배달할 수 있도록 소화물 수송/우편 시스템을 이용한다. 또한 Netflix는 점포 없이 영화 대여사업을 할 수 있게 되었고, 그들은 수배송 시스템의 개선을 통해 고객이 원하는 시기에 영화를 받아 볼 수 있도록 하였다. Dell사는 미국 내의 몇몇 지역에서 생산을 하고 고객화된 제품을 합리적인 가격으로 배송하기 위해 소화물 수송자에 의한 빠른 수송을 사용한다.

선적인은 공급사슬에서의 두 지점 사이에서 제품의 이동을 필요로 하는 집단을 말한다. 수송인은 제품을 수송하는 집단을 말한다. 예를 들어, Dell사는 공장에서 고객에게 컴퓨터를 배달하기 위해 UPS사를 이용한다. 이때 Dell사는 선적인이고, UPS사는 수송인이 된다. 도로, 항만, 운하, 비행장과 같은 수송 기반구조의 소유자와 운영자와 같은 다른 두 집단도 수송에서 중요

2 *U.S. International Trade and Freight Transportation Trends,* Bureau of Transportation Statistics, 2003.

한 영향을 가지고, 전세계의 수송정책을 결정하는 주체가 된다. 네 집단에 의한 행동은 수송의 효율성에 영향을 미친다.

공급사슬에서의 수송을 이해하기 위해서는 모든 네 집단의 입장을 고려하는 것이 중요하다. 수송인은 운송장비(철도, 트럭, 비행기 등)와 몇 가지 기반구조(철도)를 고려하여 운영 의사결정을 하고, 이러한 자산으로부터의 이익회수를 극대화하고자 한다. 반면에, 선적인은 고객에게 적절한 수준의 신뢰를 제공하면서 총비용(운송비용, 재고비용, 정보비용, 자재비용, 시설비용)을 최소화하는 수송을 이용하려고 한다.

수송 네트워크는 점과 연결선들의 집합이라고 할 수 있다. 수송은 점에서 시작하고 끝맺으며, 연결선들을 통해 이동한다. 대부분의 수송수단에서 점과 연결선은 항구, 도로, 운하, 그리고 공항과 같은 기반구조를 필요로 한다. 전세계적으로 대부분의 수송 기반구조는 공적으로 소유되고 운영된다. 기반구조가 필요할 때 확장될 수 있도록 유지되고 투자되는 것은 매우 중요하다. 수송정책은 수송 기반구조를 개선하는 데 투입되는 많은 국가 자원의 방향을 결정한다. 또한 수송정책은 수송에서 독점권의 남용을 방지하고, 공공의 경쟁력을 증진시키고, 환경, 에너지, 사회적 관심의 균형을 유지하는 데 목적을 두고 있다.

우리는 앞으로 수송인, 기반구조의 소유자와 운영자, 수송정책 수립자, 선적인의 입장에서 중요한 이슈가 되고 있는 것들에 대하여 논의하고자 한다. 다음 절에서는 수송수단들과 그것들의 비용, 그리고 성능 특성에 대하여 논의한다.

13.2 수송수단과 그들의 성능 특성

공급사슬은 다음의 수송수단을 혼합하여 사용한다.

- 항공
- 소화물 운송
- 트럭
- 철도
- 해운
- 파이프라인
- 복합수송

[표 13.1]에는 2002년 미국의 수송수단별 상업적 화물활동에 대하여 요약되어 있다.

표 13.1 수송 자료

수단	운송요금 (1억 달러)	1993년 대비 변화율	운송량 (10억 톤)	1993년 이후 변화 퍼센트	운송 (톤/마일)	1993년 이후 변화 퍼센트
항공(트럭과 항공 포함)	777	96.7	10	45.9	15	63.2
트럭	6,660	42.2	9,197	26.4	1,449	55.5
철도	388	39.2	1,895	19.9	1,254	29.9
해운	867	39.9	2,345	10.2	733	−16.9
파이프라인	285	−8.7	1,656	3.8	753	27.0
복합수송	1,111	67.0	213	−7.5	226	36.7

출처: Bureau of Transportation Statistics, *Freight Shipments in America,* 2002.

다양한 수단들에 대해서 논의하기 전에 미국 경제에서의 두 가지 중요한 흐름에 대해 논의한다. 1970년과 2002년 사이에 미국의 실질 GDP는 2000년 달러 기준으로 176퍼센트 증가하였다. 같은 기간 동안, 미국 화물 수송은 톤-마일 기준으로 73퍼센트 증가하였다. 1970년에 GDP 1달러를 생산하는 데 2.1톤-마일의 화물수송이 소요되었다. 2002년에는 같은 GDP를 생산하는 데 단지 1.1톤-마일의 화물수송이 소요되었다. 이런 흐름은 새로운 기술과 효율성이 향상된 화물수송 시스템에 의한 제품의 소형화를 반영한다.

수송수단들의 효율성은 쓸모 있는 기반구조와 수송정책뿐만 아니라 수송인에 의한 장비 투자와 운영 의사결정에 의해서도 영향을 받는다. 수송인의 주요 목적은 납득할만한 수준의 서비스를 고객에게 제공하면서 그들의 자산을 잘 활용하는 것에 있다. 운송결정은 시설비용, 고정비용, 다양한 운영비용, 수송인이 대상 부분에게 제공하고자 하는 책임감, 그리고 시장이 산출한 가격에 의해 영향을 받는다 예를 들어, FedEx사는 빠르고 신뢰 있는 배달시간을 위해 허브-스포크 항공 네트워크를 설계하였다. 반면에, UPS사는 긴 배달시간을 가지더라도 싼 수송 상품을 제공하기 위해 항공, 철도, 트럭을 혼합하여 사용한다. 두 수송 네트워크의 차이점은 가격 계획을 반영한 것이다. FedEx사는 크기에 대해 요금을 부과한다. 반면에, UPS사는 크기와 목적지를 고려하여 요금을 부과한다. 공급사슬의 관점에서, 허브-스포크 항공 네트워크는 가격이 목적지에 독립적이고, 신속한 수송을 원할 때 적절하다. 반면에, 트럭 네트워크는 가격이 목적지에 따라 다양하고, 느린 배달이 가능할 때 적절하다.

항공

American, United, Delta 항공과 같이 승객과 화물을 모두 운송하는 미국 내 대형 항공사들은 기본시설과 장비에 높은 고정비용을 들이고 있다. 인건비와 연료비는 주로 운송 이동에 관련 있는 비용이고 탑승하는 승객이나 실리는 화물의 규모와는 관계가 없다. 항공사의 목표는 일일 항공운항시간의 최대화와 운항에서 발생하는 매출의 최대화이다. 주어진 높은 고정비용과 상대적으로 낮은 변동비용 하에서 항공사가 좌석 가격을 변경시키고 좌석을 다른 운임등급에 할당하는 매출관리는 승객용 항공운송사가 성공하는 데 있어서 아주 중요한 요인이다(15장 참조). 현재, 항공사들은 화물이 아니라 승객에 대한 매출관리를 실행하고 있다.

항공운송은 아주 빠르지만 상당히 비싼 수송수단이다. 소규모의 고부가가치의 제품들이나 시간에 민감한 장거리 수송의 긴급선적 제품들은 항공운송에 가장 적합하다. 주로 500파운드 미만의 고부가가치 제품이지만 무게가 가벼운 첨단기술 제품을 항공운송한다. 첨단기술의 성장 안에서 지난 20년 동안 항공운송 화물의 가치는 증가한 반면, 그 무게는 감소하고 있다. 2002년에 미국 경제에서 항공운송에 의해 이동된 상품은 다른 수송수단보다 훨씬 큰 1톤당 75,000달러의 가치를 가진다.

항공에 의해 미국으로 오고 가는 국제 무역의 가치는 매년 14퍼센트씩, 1970년 100억달러에서 2001년에 5,190억 달러로 증가하였다.[3] 1980년과 2001년 사이에 미국의 국제 항공화물 운영 매출은 10억 달러에서 60억 달러 이상으로 증가하였다. 그러나 2001년 이래로 항공화물의 보안과 유류비 증가는 항공운송업체의 재무구조에 큰 영향을 주고 있다. 이로 인해 새 비행기를 구입함으로써 산업에서의 운송용량을 늘리는 데 악영향을 주고 있다.

항공운송의 주요 쟁점은 중심기지의 위치와 수, 항공기 할당, 항공기를 위한 유지보수 계획의 설정, 승무원 스케줄, 운임관리, 다양한 가격의 산정 등이다.

소화물 운송

소화물 운송업체는 FedEx사, UPS사, 미국우정국 서비스처럼 문서에서부터 무게가 150파운드 미만인 소규모 소포 정도를 취급하는 수송회사이다. 소화물 운송업체들은 항공, 트럭, 철도를 이용해 시간을 다투는 소포들을 운송한다. 소화물 운송업체는 가격이 비싸기 때문에 소량 화물(LTL) 운송으로 대량 운송에서 경쟁할 수 없다. 선적인에게 제공하는 주요 서비스는 빠르고 안정적인 운송이다. 그러므로 선적인은 크기가 작고 시간에 민감한 선적품은 소화물 운송업체를 이용한다. 소화물 운송업체는 또한 선적인에게 빠른 재고의 흐름과 주문상태의 추적이라는 부가가치 서비스를 제공한다. 주문상태를 추적함으로써 선적인은 고객이 화물의 상태를 파악할 수 있게 해 준다. 또한 소화물 운송업체는 제품을 직접 최초 출발지점에서 실어 최후 도착지점까지 배달해 준다. 적시 배달이 증가하고 재고 감축에 초점이 맞추어짐에 따라 소화물 운

3 *U.S. International Trade and Freight Transportation Trends,* Bureau of Transportation Statistics, 2003.

송에 대한 수요는 날로 증가하고 있다.

소화물 운송업체는 소화물을 고객에게 보내는 W.W. Grainger사나 McMaster-Carr사뿐만 아니라 Amazon.com이나 Dell사와 같은 전자상거래 회사에 선호되는 수송수단이다. 전자상거래의 성장과 더불어 지난 수 년 이후 소화물 운송의 이용은 크게 증가되고 있다. FedEx사처럼 항공편을 수송수단으로 이용하는 소화물 운송은 부피가 적고, 시간에 민감하며, 화물추적과 다른 부가가치 서비스가 중요한 제품을 다룬다는 점을 제외하고는 항공화물 운송과 유사하다. FedEx사는 화물의 최초 출발지에서 트럭에 싣고 항공편 등을 이용한 뒤 최종 목적지에는 다시 차량을 이용하여 배달한다. 항공화물 운송은 이러한 복합 서비스를 제공하지는 않는다. 큰 화물인 경우에는 항공화물 운송을 이용하고, 시간에 민감한 소화물일 경우에는 소화물 운송을 이용하게 된다. 예를 들어, Dell사는 아시아에서 부품을 가져올 때는 항공화물 운송을 이용하지만 고객에게 컴퓨터를 배달할 때는 소화물 운송을 이용한다.

소화물 운송업체의 비용을 줄이고 효율성을 증가시키는 데 있어서는 배날이 예정된 소화물들을 모아서 선적하는 것이 중요하기 때문에 트럭으로 지역적인 최초 출발지와 최종 목적지를 담당한다. 소화물들은 그렇게 출발지에서 가까운 대형 분류센터로 모아져서 한꺼번에 도착지에서 가까운 대형 분류센터로 보내진다. 이후에 소화물들은 최종고객에게로 트럭에 실려서 배달된다. 이러한 형태의 산업에서는 화물 흐름을 추적하고 촉진하는 정보뿐만 아니라 분배센터의 위치와 용량도 중요한 고려사항이다. 최종고객에로의 배달에 있어서 중요한 고려사항은 배달 차량의 운송 스케줄과 순회 경로이다.

트럭

2002년에 트럭은 미국 상업화물에서 가치로는 64퍼센트를 차지하고, 무게에서는 58퍼센트를 차지했다.[4] 트럭 산업은 트럭단위화물(TL)과 소량화물(LTL)의 두 층으로 이루어진다. 트럭은 철도보다 더 비싸지만 분선배달과 짧은 배달시간이라는 장점을 가지고 있다 또한 화물을 싣고 내릴 때까지 화물을 다른 수단에 옮겨 실을 필요가 없다. 주요 TL 트럭운송회사로는 Schneider National사, JB Hunt사, Ryder Integrated사, Werner사, Swift Transportation사 등이 있다.

TL 운송은 상대적으로 낮은 고정비용을 가지며 몇 대의 적은 수의 차량만으로도 사업을 시작하기에 충분하다. 그 결과 매우 많은 TL 운송회사들이 존재한다. Schneider National사는 가장 큰 트럭 단위 운송회사로서 1996년 미국의 상위 40개 회사 가운데 시장점유율이 17퍼센트

4 *Freight Shipments in America*, Bureau of Transportation Statistics, 2002.

나 된다. 작업이 없는 유휴시간 등은 TL 운송산업의 비용 증가를 초래하므로 회사들은 트럭의 유휴시간을 줄임과 동시에 필요한 서비스를 만족시켜 주는 운송 스케줄을 잡기 위해 노력하고 있다.

TL 운송의 요금은 여행거리에 따라 규모의 경제를 따른다. 다양한 종류의 트레일러가 준비된 상태에서도 사용되는 트레일러에 따라 규모의 경제가 반영된 요금이 책정된다. TL 운송은 생산공장에서 창고로, 또는 공급자에게서 생산공장으로 보내는 형태에 적합하다. 예를 들어, Proctor & Gamble사는 고객 창고로 TL 운송을 실행하고 있다.

TL 운송에 있어서 중요한 사항은 다음의 두 가지로 요약될 수 있다. 첫째로, 선적되지 않은 상태로 운행되는 트럭의 운행시간을 최소화시키는 것이다. 다음으로, 트럭의 유휴상태를 최소화하는 것이다.

LTL 운송은 반 트럭 분량 이하의 작은 화물수송에 적합한 요금을 부과한다. 대량 수송에 대해서는 TL 운송이 더 싼 경향이 있다. LTL 운송의 가격은 운송거리뿐만 아니라 실리는 화물의 양에 비례해서 규모의 경제에 따른다. LTL 운송에서의 선적은 여러 제품들을 실어야 하기 때문에 TL에서의 상하차보다 시간이 많이 걸린다. LTL 운송은 우편을 이용하기에는 부피가 크지만 반 트럭 이하의 부피를 차지하는 작은 화물에 적합한 운송이다.

LTL 운송의 비용 감소는 실리는 화물들을 통합하는 수준에 달려 있다. LTL 운송의 경우 각 지역에서 소량의 화물을 실을 차량들이 통합센터로 오고, 소량의 화물을 실은 트럭들이 목적지로 배달된다. 이렇게 하면 배달시간이 좀더 길어지지만 LTL 운송의 트럭 사용을 개선시키게 된다. 큰 기업들은 통합의 중요성과 통합센터를 설립하는 데 드는 고정비용으로 LTL 운송의 이점을 잘 활용하고 있다. LTL 산업에서 강력한 지역 기업들은 지리적으로 많은 수의 수거 및 배달 지점을 운영함에 따른 이익으로 많은 발전을 하였다.

LTL 운송산업의 주요 쟁점들에는 통합센터의 위치, 트럭으로의 화물 할당, 수집 및 배송의 경로와 스케줄 등이 있다. 목표는 배송시간이나 신뢰성을 해치지 않으면서 통합을 통한 비용의 최소화이다.

철도

2002년에 철도운송은 미국 화물에서 금액 기준 4퍼센트, 무게 기준 12퍼센트, 총톤-마일에서 25퍼센트 이상을 차지했다. 이러한 지표는 먼 거리를 수송해야 하는 일상품은 철도를 이용한다는 사실을 반영한다. 철도운송은 레일, 기관차, 객차, 야드 등으로 인한 높은 고정비를 가진다. 또한 차량의 수(연료비는 차량의 수와 다소 관계가 있음)와는 무관하고 운행거리와 시간에 따라 변하는 상당한 수준의 운행 관련 인건비와 연료비가 발생한다. 열차가 가동된 이후에 발생하는 유휴시간은 비록 열차가 실제로 움직이지는 않더라도 인건비와 연료비는 발생하기 때문에 비싼 비용인 셈이다. 유휴시간은 다른 목적지로 가기 위해서 객차를 교환할 때 발생한다. 인건비와 연료비는 철도 지출비용의 60퍼센트 이상을 차지한다. 따라서 운영상의 관점에서는 철로와 승무원들이 충분히 활용되는 것이 중요하다. 철도운송의 가격구조와 그고 선적용량은 크고 무거운, 또는 장거리로 배달되어야 하는 고밀도 제품에는 이상적이다. 그러나 열차에 의한 수송시간은 긴 편이어서 수송비용은 대체로 낮으며, 대표적으로 실리는 제품인 석탄을 그 예로 들 수가 있다. 부피가 작고 시간에 민감하거나 단거리 및 단시간을 요구하는 경우에는 철도수송을 잘 사용하지 않는다.

철도운송회사의 주요 목표는 열차와 승무원들을 충분히 활용하는 것이다. 주요 운영상의 쟁점은 차량과 직원 스케줄, 화물추적과 터미널 지연, 시간준수 성과 등이다. 철도의 성능은 수송수단 변경 시 많이 소요되는 시간에 의해 손상된다. 철도운송 전체에서 이동시간이 차지하는 비중은 작다. 오늘날의 기차는 예정대로 움직이는 것이 아니라 채워져야 움직이기 때문에 지연은 좋지 않다. 즉, 기차는 한 열차를 채울 수 있는 분량의 짐들을 실은 차량들이 모두 모일 때 열차는 출발한다. 먼저 도착한 차량이라도 나머지 차량들을 기다리기 때문에 배달시간의 불확실성은 증가한다. 철도수송이 예정된 출발시간에 따라 이루어지면 정시준수의 성과가 높아질 수 있다. 이러한 환경 하에서 예정된 열차출발을 위해서는 매출관리(15장 참조)를 포함한 복잡한 가격 전략이 필요하다.

해운

주요 해운운송회사에는 Maersk Sealand사, Evergreen Group사, American President Lines사, 그리고 Hanjin Shipping사 등이 있다. 해운은 미국과 전세계에서 어느 정도 제한적인 구역 내에서 이루어지고 있다. 미국 내에서 수로운송은 내륙 수로 시스템(오대호와 강)이나 연안수송을 경유하여 이루어진다. 수로운송은 낮은 비용으로 대량의 화물을 수송할 때 가장 적합하다. 미국 내에서 수로운송은 대량의 벌크성 1차 상품의 운송에 주로 쓰이며, 이런 물품에는 수로운송 방식이 가장 저렴하다. 그러나 모든 수송수단 중에서 속도가 제일 느리고 항구나 터미널에서의 지연도 많이 발생하므로 비록 일본이나 유럽의 일부 지역에서의 일일 단위 단거리 운송에서는 유용하게 사용되지만, 이러한 단점은 해로수송의 이용을 어렵게 한다.

미국 내에서 1998년에 통과된 해양선적개정법령은 해운수송에 대한 중요한 하나의 사건이었다. 이 법안은 수송인과 선적인 사이에 산업 규제를 효율적으로 철폐하는 기밀계약을 가능케 만들었다. 이 법안은 트럭운송과 항공운송 산업에서 1970년대에 일어난 규제철폐와 유사하며 운송산업에서 유사한 영향을 가져올 것으로 예상된다.

국제 무역에서 해운수송은 모든 종류의 제품을 실을 수 있다는 점에서 다른 수송수단보다 우세하다. 자동차, 곡물, 의류 등의 제품들이 바다를 통해 운송된다. 2001년에, 미국에서의 상업 무역은 7,180억 달러 이상이다. 2002년 미국에서의 국제 해운수송은 무게에서 78퍼센트를 차지한다. 국제적 운송에서 실리는 양과 이동거리를 감안할 때 해운수송은 가장 값싼 수송수단이다. 국제적으로 해운무역의 중요한 흐름은 컨테이너화를 증가시키는 것이다. 이것은 컨테이너 수송의 경제성을 향상시키기 위한 더 크고, 더 빠르고, 더 특화된 차량에 대한 요구를 만들고 있다. 항구에서의 지연, 고객, 보안, 그리고 컨테이너의 관리가 가장 중요한 쟁점이다. 미국에서는 특히 항구의 혼잡이 큰 문제가 되고 있다.

파이프라인

파이프라인은 원유, 정제된 원유제품, 천연가스 등의 운송에 주로 사용된다. 2002년에 미국에서는 전체 톤-마일의 17퍼센트를 파이프라인이 차지했다. 파이프라인의 지름에 관계없이 거대한 초기 고정비용이 파이프라인과 관련 기본시설의 설치에 소요된다. 파이프라인 운영은 파이프라인의 최대 용량 대비 80퍼센트에서 90퍼센트 정도로 최적화되었다. 비용의 성격상 파이프라인은 상대적으로 안정상태의 대량 제품의 흐름이 필요할 때 가장 적합하다. 원유를 항구나 정제소로 보낼 때 효율적인 방법이다. 주유소로 휘발유를 보낼 때는 파이프라인보다 트럭을 이용하는 게 낫다. 파이프라인 운임은 크게 두 가지로 구성되는데 하나는 고정비용의 성격인 선적인의 최대 사용 정도이고, 또 하나는 실제로 수송되는 양이다. 이 가격구조는 선적인으로 하여금 수요에 대한 예상 가능한 일정량을 파이프라인을 통해 수송하고, 나머지 양은 다른 수송수단을 이용하도록 권장한다.

복합수송

복합수송은 하나 이상의 수송수단을 이용하는 것을 의미한다. 다양한 수송수단의 조합이 가능한데 가장 흔한 것은 트럭과 철도의 조합이다. 주요 복합운송업체로는 CSX Intermodal사, Pacer Stacktrain사, 그리고 Triple Crown사 등이 있다. 복합수송은 컨테이너의 사용과 국제 무역의 증가로 인해 성장하고 있다. 컨테이너는 한 수송수단에서 다른 수송수단으로 옮기기 쉬워 컨테이너 사용의 증가가 복합운송의 증가를 부추긴다. 국제 화물운송에서 컨테이너성 화물은 트럭/해운/철도 조합을 이용한다. 공장과 시장이 항구 근처에 존재하지 않을 수 있기 때문에 국제 무역에서 복합운송은 종종 유일한 방법이다. 컨테이너를 이용한 선적이 증가함에 따라 트럭/해운/철도를 이용한 복합운송도 증가하고 있다. 1996년에는 철도 수입의 16퍼센트를 복합수송이 차지하기도 했다.[5] 내륙에서는 철도/트럭 복합수송이 트럭만을 이용할 때보다 비용이 싸고, 철도를 이용할 때보다 시간이 덜 걸린다. 따라서 복합수송은 한 수송수단 단독으로는 만들어 낼 수 없는 가격/서비스를 제공하는 데 다른 수송수단들을 복합적으로 이용한다. 또한 선적인에게도 복합운송에 관계된 여러 수송인들을 대표하는 한 수송인만을 상대하면 되는 편리함을 제공한다.

복합수송 산업에서는 수송수단 간의 화물 교체가 상당한 수준의 지연과 배달시간의 준수를 어렵게 하므로 이러한 수송수단 간의 선적품 교체에 관한 정보교환이 주요 관건이다.

13.3 수송 기반구조와 정책

도로, 항구, 공항, 철도, 그리고 운하는 수송 네크워크에서 점과 연결선 사이에 존재하는 중요한 기반구조 요소이다. 대부분의 국가에서는 정부가 이러한 기반구조 요소들을 건설하거나 관리함에 있어서 모든 또는 중요한 역할을 담당하고 있다. 미국에서는 민간자본에 의해 대부분의 철도 기반구조가 건설되었음에도 요금은 정부가 토지허가비를 통해 보조금을 주고 있다. 개선된 기반구조는 수송의 발달과 무역의 증가에 중요한 역할을 한다. 미국의 경제발전에서 철도와 운하의 역할은 잘 입증되었다. 최근 중국에서의 개선된 도로, 항공, 그리고 항구 기반구조의 영향은 괄목할만 하다.

수송 기반구조에 관계된 정책을 고려하기 전에 미국에서의 철도와 도로 기반구조의 역사를 살펴볼 필요가 있다. 다음은 Ellison(2002)에 의해 논의된 철도의 역사와 산업에서의 규칙에 대해 요약한 것이다. 미국에서 철도건설은 1850년대에 급속하게 이루어졌다. 철도는 개인자본에 의해 건설되었음에도 정부는 종종 토지허가비 명목으로 정부보조금을 주었다. 1870년대까지 철도 네트워크는 대부분의 미국을 연결해 주었다. 각각의 철도는 트랙을 따라 운송을 해 주는 독점적인 운송자였다. 이러한 독점은 철도가 고객에게 제공하는 서비스 수준뿐만 아니라 부과하는 비용도 결정하게 해 주었다. 새로운 철도의 초기 건설은 요금에 대해 경쟁을 하게 만든다. 철도회사는 효과적으로 경쟁을 종식시키고 임금을 인상시키는 합의에 이르도록 대응했다. 농부와 철도를 사용하는 다른 사용자들의 항의는 결국 불공평한 요금을 금지하는 Interstate

5 *Distribution,* July 1997.

Commerce Commission(ICC)의 설립으로 이어졌다. ICC는 철도요금을 철도회사가 ICC와 함께 요금을 설정하여 제출하도록 하고, 요금을 공적으로 만들었다. 철도회사는 공급을 제한하는 카르텔을 형성한다. 이것은 1890년에 Sherman Antitrust 법안의 통과로 이어졌다. 1940년대의 철도의 재정악화에 대해 정부는 독점금지 규제조항에 대한 약간의 조정을 해 주었다. 1970년대 초반 다른 수송수단들의 성장과 철도자산에 활력을 불어넣을 필요성에 때문에 철도회사들의 재정구조는 악화되었다. 1980년의 Staggers Rail 법안은 철도의 요금규제를 풀어줌으로써 그들이 요금결정권을 갖게 해 주었고, 사업에 참여하고 빠지는 것을 쉽게 해 주었다. 또한 Staggers Rail 법안은 철도의 독소금지조항을 없앴다. 미국에서의 규제완화는 철도산업에서의 재조정과 통합에 따른 것이다. 결국 규제완화는 철도산업의 재정구조를 향상시켰고, 선적인들의 철도 사용을 증가시켰다.

Levinson(1998)은 철도건설의 역사와 가격결정에 관한 중요한 논의를 하였다. 1700년대 후반, 버지니아, 메릴랜드, 펜실베니아에 공적 자금으로 유료 고속도로가 건설되었지만 사용료를 받는 민간기업에 넘어갔다. 시간이 흐르면서 교역을 얻기 위한 도시들의 경쟁의 결과 다른 유료 고속도로들이 건설되었다. 연방토지허가를 제외하고도, 이런 도로들은 일시적으로 지역적인 노력과 자본에 의해 건설되었다. 유료 고속도로들의 요금은 일반적으로 지역교통을 원활하게 유지하기 위해 구축되었고, 사용하는 사람들이 이런 권리로 지불하게 하였다. 철도와 운하의 성장으로, 유료 고속도로는 1800년대 중반에 재정적으로 어려워졌고, 결국 공공도로로 변경되었다. 20세기에 들어 수송수단들이 변화함에 따라 높은 품질의 도로에 대한 필요가 있었다. 건설비용의 대부분을 유류세를 이용하여 무료 고속도로의 네트워크가 건설되었다. 이와 동시에, 터널과 다리 같은 시설들이 유료시설로 종종 건설되었다. 프랑스와 스페인 같은 다른 많은 국가에서는 민간기업이 요금을 받기 위해서 면허가 필요했다. 또한 최근에는 말레이시아, 인도네시아, 태국에 민간 유료도로가 건설되고 있다.

위의 예들을 보면, 정부가 독점적인 수송 기반구조를 소유하고 규제하는 것이 합리적으로 보인다. 수송 기반구조가 같은 수단에서나 다른 수단과 경쟁할 때 민영화, 규제완화, 그리고 경쟁은 효과를 발휘하는 것처럼 보인다. 미국에서의 수송산업에 대한 규제완화는 좋은 예이다. 그러나 도로, 항구, 그리고 공항은 세습적인 독점환경 때문에 민영이 아닌 공공의 것이라는 것이 정당화된다는 것을 기억해야 한다. 이것은 공공 소유의 수송자산을 건설하고 유지하는 자본의 정책적인 쟁점을 야기한다. 유류세를 통한 자본의 조달과 요금과 같은 다른 형태로 자본을 조달하는 방법 중 어떤 것이 더 적절할까?

Vickrey와 같은 경제학자는 이런 자산들의 공공 소유를 인정하지만, 준시장적인 가격구조가 전체 효율성을 향상시킨다고 주장한다. 준시장 가격은 수송 기반구조의 개별적인 사용의 자극

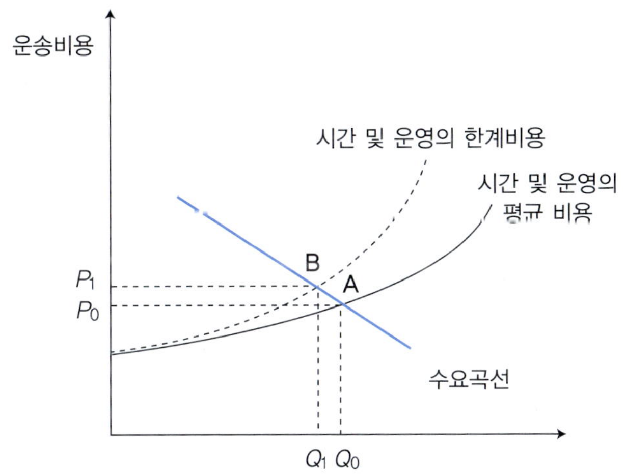

그림 13.1 차량 흐름에 대한 평균 및 한계 비용의 영향

과 전체로서의 공공이 기반구조를 소유하는 것 사이에서 불일치점을 설명하는 것을 이해할 필요가 있다. 이러한 모순은 도로 교통의 배경에서 [그림 13.1]에 설명되어 있다.

차량 운전자는 요금과 행동의 이점을 근거로 결정을 한다. [그림 13.1]은 다른 사람들이 여행을 계획하는 데 다른 가치를 가지고 있고, 이러한 가치들이 전구간에서 동일하게 분포되어 있다고 가정한다. 여행에서의 가치가 특정 비용을 초과하는 사용자의 수는 수요곡선에 의해 정의된다. 운전자에 의한 비용은 고속도로에서 사용하는 시간과 차량을 운행하고 유지하는 비용을 포함하여 발생된다. 혼잡한 고속도로에서 소비하는 시간은 비선형적으로 나타난다. 그러므로 각각의 운전자들이 도로에서 소비하는 평균 비용은 [그림 13.1]처럼 증가한다. 사람들의 여행에 관한 가치가 주어진 가운데, 도로를 사용하는 운전자의 수는 수요곡선과 평균 비용곡선의 교차점인 점 A에서 결정된다. 따라서 운전자의 평균비용은 P_0가 되고, 교통량은 Q_0가 된다. 그러나 공공의 관점에서 추가적인 운전자가 증가할 때마다 총비용에 어떻게 영향을 주는지 고려하는 것이 더 적절하다. 추가적인 개별적 운전자들은 평균 비용을 적은 양만큼 증가시키지만 총비용은 크게 증가시킨다는 것을 알 수 있다. 이것은 [그림 13.1]에 추가적인 교통 흐름에 따른 총비용의 한계 증가를 나타내는 한계비용곡선으로 표시된다. 한계비용곡선은 평균 비용곡선보다 높다는 것을 알 수 있다. 다시 말해, 총비용에 대한 운전자의 한계 영향은 그가 공유하는 영향보다 크다는 것이다. 한계비용의 관점에서 운전자는 그들이 고속도로 시스템에 부과한 실질요금으로 $P_1 - P_0$를 납부해야 한다. 이 요금은 차량 흐름을 Q_1으로 낮춘다. 다시 말해, 수송 기반구조의 과잉 사용으로 인한 혼잡비용의 부재는 모든 사용자들에게 혼잡비용을 내게 한다. 이 문제는 Vickrey에 의해서 간단한 그림으로 설명되어 있다(자세한 것은 Button and Verhoef(1998) 참조). 동일한 회비를 내는 모임에서 저녁식사를 하면 비싼 음식을 주문하려는 경향이 있다. 그러므로 각자 자신의 실제 소비량만큼 내는 것보다 항상 전체 비용이 많이 나온다. 만약 혼잡과 무관한 가격이라면, 수송 기반구조에서 동일한 논리가 성립한다.

그러므로 수송 기반구조에서 준시장 가격은 정점에서 더 높은 가격을 결정하고 다른 곳에서는 낮은 가격을 결정한다. 이러한 가격은 싱가폴과 몇몇 유럽 도시의 중심부의 도로를 제외하고는 공통적으로 관찰되는 것이 아니다. 혼잡은 몇 개의 항구와 공항에서는 중요한 요인이다. 예를 들어, 로스앤젤레스의 Long Beach 항구는 2004년에 큰 혼잡을 겪었다. 컨테이너를 수송하는 철도의 용량, 인력 부족, 그리고 기술적인 문제와 같은 몇 가지 요인들이 혼잡에 영향을 주었다. 그러나 혼잡은 아시아에서 주 단위의 화물을 가져오는 선적인들이 일주일 내내 공급을 확보하기 위한 요구에도 영향을 받았다. 이것은 가장 붐비는 시간을 만들었다. 또한 이러한 업무 과부하는 컨테이너선을 더 크게 만들게 되었다. 이러한 상황에서 적하의 수준을 낮추기 위한 혼잡요금의 사용은 효과적인 정책이 될 수 있다. 결국, 수송 기반구조는 사용자가 한계 영향을 강제적으로 억압하지 않으면 혼잡에 관련된 문제에 직면하게 된다. 혼잡비용을 징수하고 그 돈을 수송 기반구조의 효율성을 향상시키기 위해 사용하는 것이 가장 효과적일 것이다.

키포인트 수송 기반구조는 세습적인 독점 환경 때문에 종종 정부의 소유나 규제가 필요하다. 독점이 없으면, 규제완화와 시장력은 효과적인 메커니즘이 된다. 기반구조가 공적으로 소유되었을 때, 사회의 비용에 대해 한계적인 영향을 반영하는 가격이 중요하다. 만일 그렇게 되지 않으면, 사용자에 의해 야기된 비용이 총비용에서 그들의 한계비용보다 낮기 때문에 초과사용과 혼잡이 유발된다.

13.4 수송 네트워크의 설계 옵션

수송 네트워크의 설계는 스케줄과 경로에 관한 운영적 수송 의사결정이 만들어지는 기초시설을 세움으로써 공급사슬의 효율에 영향을 미친다. 잘 설계된 수송 네트워크는 공급사슬이 낮은 가격으로 바람직한 수준의 대응력을 갖도록 해 준다. 우리는 위치한 다수의 공급자로부터 공급을 받는 다양한 위치에 있는 구매자의 관점에서 수송 네트워크를 설계하기 위한 다양한 설계 옵션과 각 설계 옵션의 강점과 약점에 대해 논의하려고 한다.

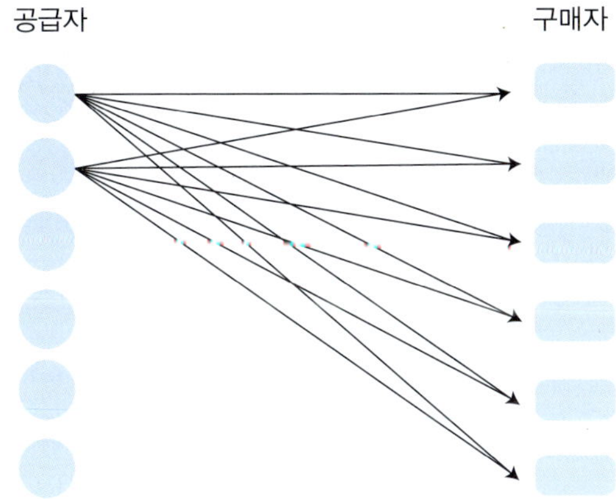

그림 13.2 직접수송 네트워크

직접수송 네트워크

직접수송 네트워크 옵션에서 소매자 사슬은 [그림 13.2]와 같이 공급자로부터 모든 제품을 직접 납품받는 수송구조를 가지고 있다. 각 수송의 경로는 정해져 있으며 공급사슬 관리자는 보낼 양과 그때 사용되는 트럭을 결정하기만 하면 된다. 이 시점의 수송 의사결정에는 이 장의 끝에서 다루게 될 수송과 재고유지비용 사이의 트레이드오프가 존재한다.

직접수송 네트워크의 가장 큰 장점은 중간 단계의 창고를 거치지 않는다는 것과 운영과 조정상의 단순함이다. 수송 의사결정은 전적으로 지역적이어서 하나의 수송결정이 다른 수송결정에 영향을 미치지 않는다. 공급자로부터 소매자에게까지의 수송시간은 직접수송이기 때문에 짧은 편이다.

직접수송 네트워크는 소매점의 최적 주문보충량이 각 공급자에게서 각 소매자로 가는 트럭의 용량과 비슷하다면 정당하다고 할 수 있다. 그러나 작은 양을 주문한 소매자에 대해서 직접수송 네트워크는 높은 수송비용이 발생한다. 많은 양을 한꺼번에 공급자로부터 개별 소매자에게 배송하는 높은 고정비가 소요되는 TL 운송이 수송에 사용된다면, 높은 수준의 공급사슬 재고가 발생한다. 그러나 LTL 운송이 사용된다면 비록 재고비용은 낮더라도 수송비용과 배송시간이 커지게 된다. 만약 소화물 운송이 이용된다면, 수송비용은 꽤 높아질 것이다. 각 공급자는 개별적으로 각 소매자에게 배송을 하기 때문에 직접수송 네트워크를 사용하면 제품을 공급받는 데 들어가는 비용은 커질 것이다.

Home Depot는 2002년까지 큰 규모의 상점을 주로 개점하였기 때문에 직접수송 네트워크 방식을 사용하였다. 각 매장은 매장별로 제품 주문량을 결정하여 공급자에게서 직접적으로 공

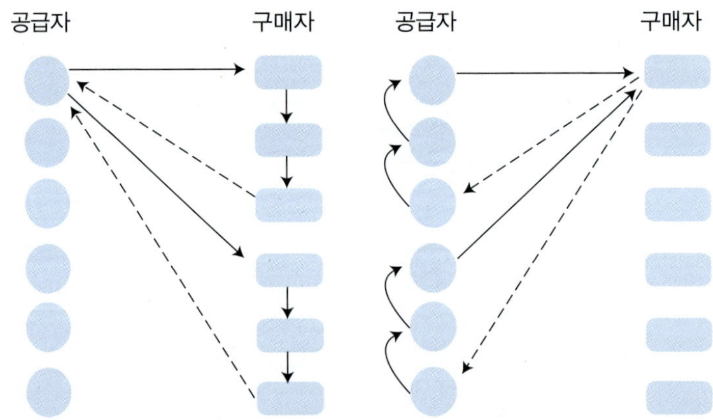

그림 13.3 다중공급자로부터 혹은 다중수요자에게로의 일상 경로

급받는데 그 주문량은 매우 큰 규모를 나타냈다. 그러나 직접수송 네트워크 방식은 Home Depot가 작은 규모로 열었던 매장에서는 문제를 보였다. 그 이유는 공급자로부터 직접수송할 만한 큰 규모의 주문을 만들지 못할 정도로 점포의 규모가 작았기 때문이다.

일상 경로에 의한 직접수송

일상 경로는 [그림 13.3]처럼 단일공급자로부터 다중소매자, 또는 다중공급자로부터 단일소매자에게 트럭을 이용하여 배송하는 경로를 말한다. 일상 경로의 직접수송의 경우 한 공급자가 트럭을 이용하여 다수의 소매자에 직접 배송을 하거나, 또는 한 고객에게로 배송되는 다수의 공급자들을 대상으로 트럭이 순회하며 제품을 실어나른다. 이때 공급사슬 관리자는 각 일상 경로의 경로를 결정해야 한다.

직접수송은 중간 단계의 창고를 거치지 않는 이점을 제공하며 일상 경로는 한 트럭에 다중 배송 목적지의 제품을 혼재해서 수송비용을 낮춘다. 예를 들어, 각 소매자의 보충 주문량의 크기가 작아서 소량화물 수송을 해야 할 때 일상 경로를 사용하면 한 대의 트럭을 이용해서 다수의 소매자들에게 배송할 수가 있기 때문에 트럭의 활용도는 높아지고 비용은 적게 든다. Frito-Lay사와 같은 소매자에게 직접 배달하는 회사들은 수송비용을 낮추기 위해서 일상 경로를 사용한다. 소량의 제품을 주기적으로 배달하고 공급자들이나 소매자들이 지리적으로 밀집해 모여 있는 상태에서 빈번하게 자주 배달을 해야 한다면 일상 경로를 이용해서 수송비를 크게 감소시킬 수 있다. 예를 들어, Toyota사는 일본과 미국에서 적시 생산 시스템을 위해서 공급자로부터 일상 경로를 이용한다. 일본에서 Toyota사는 조립공장들을 지리적으로 근처에 모두 위치시켜 단일공급자로부터의 배송에 일상 경로를 사용한다. 반대로, 미국에서는 다수의 공급자로부터 조립공장까지의 배송에 일상 경로를 사용한다.

중앙분배센터를 통한 일괄수송

중앙분배센터를 통한 일괄수송방법은 공급자가 소매자에게 직접 수송을 하지 않는다. 지리적 지역에 맞추어 소매자들을 나누어 할당하고 분배센터는 나누어진 지역에 하나씩 구축된다. 공급자는 그들의 수송제품을 모두 분배센터에 보내고 분배센터는 [그림 13.4]와 같이 각 소매자에 적절한 수송을 한다.

분배센터는 공급자와 소매자 간의 중간층으로 두 가지 다른 역할을 수행할 수 있다. 한 가지는 재고를 저장하는 것이고, 다른 한 가지는 이전장소로의 역할이다. 두 가지 경우에서 분배센터는 수송비가 높고 공급자가 소매자들로부터 멀리 떨어진 경우 공급사슬 비용을 줄이는 데 도움을 준다. 분배센터가 담당하는 고객들에게 제공할 제품들을 각 공급자가 대량으로 분배센터에 보내기 때문에 분배센터의 등장은 최종 목적지의 근처까지 배달을 하는 외부수송에서 규모의 경제를 실현할 수 있게 한다. 분배센터들의 담당 상점들이 근처에 모여 있기 때문에 외부수송비는 그리 크지 않다. 예를 들어, W.W. Grainger사는 9개의 분배센터 중 하나로 제품을 보내는 공급자를 가지고 있으며 그 공급자는 다시 400개의 지점으로부터 보충된다.

만약 수송의 경제를 위해 내부 대량 수송이 요구되면, 분배센터들은 재고를 보유하면서 소매점이 원하는 작은 보충량을 보낸다. 예를 들어, Wal-Mart사가 해외의 공급자로부터 조달 받을 때, 제품은 분배센터에 재고로 유지되는데 이는 내부 발주량이 분배센터에서 공급받는 소매자들의 총발주량보다 크기 때문이다. 분배센터에서 공급받는 상점들의 발주량들이 규모의

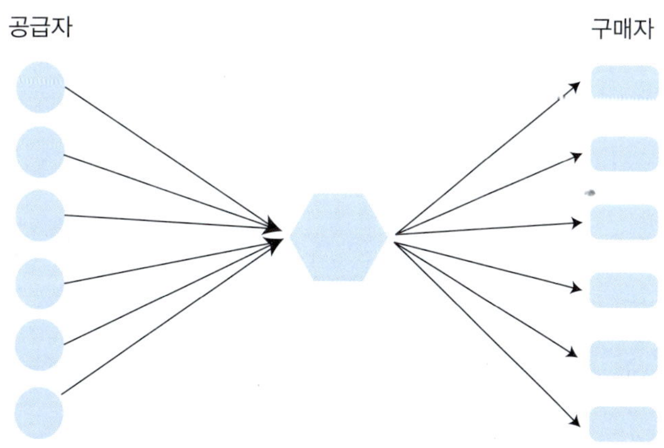

그림 13.4 분배센터 경유의 일괄수송

경제를 실현할 만큼 크다면 분배센터는 재고를 보유할 필요가 없다. 이 경우 분배센터는 각 공급자로부터 내부로 오는 트럭을 크로스도킹하여 각 소매자에게는 소량의 제품으로 나누어서 배달할 수 있다. 분배센터가 크로스도킹을 할 때 내부 트럭은 다수의 소매자들에게 가는 한 공급자의 제품을 싣고 있고, 외부 트럭은 한 소매자에게 배달되는 다수의 공급자들로부터 온 제품들을 싣고 있다. 크로스도킹의 주요 이점은 공급사슬상에서 적은 양의 재고가 유지되고 제품의 흐름이 빠르다는 것이다. 또한 크로스도킹은 저장을 위해 제품을 창고로 입출고할 필요가 없기 때문에 취급비용도 절약된다. 성공적인 크로스도킹이 유지되기 위해 들어오고 나가는 선적량 사이에 상당한 수준의 조정과 동기화가 요구된다.

크로스도킹은 예상 가능한 대량의 제품에 적합하고 내부와 외부수송에서의 규모의 경제가 실현될 수 있는 분배센터를 요구한다. Wal-Mart사는 공급사슬에서 추가의 수송비용 없이 재고를 줄이는 데 성공적으로 크로스도킹을 사용하였다. Wal-Mart사는 지리적인 위치에 분배센터로부터 지원 받는 큰 매장들을 많이 지었다. 그 결과 소매점으로 가는 총발주량은 수송에 있어서 규모의 경제를 실현할 수 있게 했다. 공급자로부터의 총발주량 또한 규모의 경제를 실현할 수 있게 했다.

일상 경로를 통한 분배센터 경유 수송

[그림 13.5]에서 보여지듯이, 일상 경로는 각 소매자들에게 배달되는 발주량이 작을 때 사용될 수 있다. 예를 들어, Seven-Eleven Japan사는 공급자로부터의 신선한 음식들을 분배센터에서 크로스도킹하고 일상 경로를 이용하여 각 소매점포로 보내는데, 이는 각 상점에게 배달되는 총제품의 양이 한 트럭 분량을 채울 수가 없기 때문이다. 크로스도킹과 일상 경로는 일본의

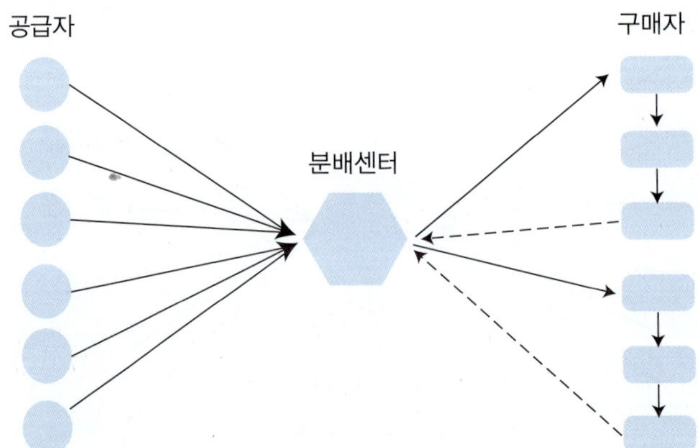

그림 13.5 분배센터에서 일상 경로수송

Seven-Eleven Japan사로 하여금 각 소매점들에게 소량의 제품들을 보내면서도 수송비용은 낮출 수 있게 하였다. 일상 경로를 이용한 크로스도킹은 상당한 수준의 조정과 적합한 경로, 그리고 일상 경로의 스케줄을 요구한다.

Peapod사와 같은 온라인 식료품회사는 각 가정의 고객들에게 소량의 제품을 배달할 때 수송비용을 줄이는 데 도움을 주기 위해서 분배센터에서 일상 경로를 이용한다. 유아복 제조업체인 OshKosh B'Gosh는 이러한 아이디어를 테네시에 있는 분배센터에서 소매점까지의 수송에 실제적으로 사용해 오고 있다.

장거리 라인을 통한 크로스도킹 수송

이러한 환경의 수송방식에서, 제품은 분배센터에서 큰 규모의 트럭으로 고객과 가까운 지점에 있는 크로스도킹 포인트에 배송된다. 큰 규모의 트럭으로 크로스도킹 포인트까지 배송된 제품, 크로스도킹 포인트에서 고객에게 직접 배송될 수 있는 작은 트럭으로 옮겨지게 된다. 이러한 수송방식의 가장 큰 장점은 저렴한 비용으로 먼 거리의 수송을 빠르게 처리할 수 있다는 장점이 있지만, 고객에게 직접 배달되는 최후의 배송비용이 많이 소요된다는 단점이 있다.

이러한 수송 시스템은 분배센터에서 직접적으로 배송하지 못하는 소규모의 수요가 있는 곳까지 합리적인 시간 내에 배송할 수 있다는 장점이 있다. 그 좋은 예로, 시카고에서 Peapod가 사용한 사례를 들 수 있다. Peapod는 레이크 주리치(Lake Zurich)에 있는 분배센터로부터 고객에게 우유 배달을 실시하고 있는데, 장거리 라인을 통한 크로스도킹 수송 시스템을 통해 시카고 및 밀워키의 교외에 효율적으로 배송할 수 있었다. 일반적인 방식으로 시카고와 밀워키의 교외까지 주기적인 배송을 하게 되면, 수요가 적은 곳까지 주기적으로 배송을 실시해야 하기 때문에 많은 낭비가 초래된다. 하지만 밀워키와 시카고의 부근에 크로스도킹 포인트를 설정하고, 주리치에 있는 분배센터로부터 큰 규모의 트럭으로 크로스도킹 포인트까지 배송 후 작은 트럭으로 각 수요에 맞는 배송을 실시한 결과, Peapod는 큰 수송비용의 낭비 없이 배송 만족도를 높일 수 있었다.

맞춤 네트워크

맞춤 네트워크는 비용을 줄이고 공급사슬의 대응력을 개선시키는 방법들의 조합에 적합하며 크로스도킹, 일상 경로, TL과 LTL 수송, 소화물 운송 등을 조합하여 사용한다. 목적은 각각의 상황에 적합한 방법을 찾는 것이다. 많은 양의 제품이 많은 양을 필요로 하는 소매점으로 갈 때는 직접수송이 될 수도 있고 적은 양의 제품이 적은 양을 필요로 하는 소매점으로 갈 때는

표 13.2 다른 수송 네트워크의 장단점

네트워크 구조	장점	단점
직접수송	• 중간창고 불필요 • 협력 용이	• 높은 재고(큰 발주량 때문에) • 검수에의 상당한 지출
일상 경로에 의한 직접 수송	• 소량 발주에 대한 낮은 수송비용 • 낮은 재고	• 협력에 대한 복잡성 증가
재고보관을 하는 중앙분배센터 경유 일괄수송	• 혼재를 통한 낮은 내부수송비용	• 재고비용 증가 • 분배센터에서의 취급비용 증가
크로스도킹을 하는 중앙분배센터 경유 일괄수송	• 매우 낮은 재고 수준 요망 • 통합을 통한 낮은 내부수송비용	• 협력에 대한 복잡성 증가
일상 경로를 통한 분배센터 경유 수송	• 소량 발주에 대한 낮은 외부수송비용	• 협력에 대한 복잡성 향후 증가
맞춤수송	• 개별 제품과 상점에 필요한 최적수송 선택	• 협력에 대한 복잡성 최고

분배센터에서 통합되기도 한다. 이러한 수송 네트워크 운영의 복잡성은 대부분 각 제품과 소매점별로 서로 다른 선적절차 때문이다. 맞춤 네트워크 운영은 협력을 촉진시키는 정보기반 시설에 상당한 수준의 투자를 요구한다. 그러한 네트워크는 재고비용뿐만 아니라 수송을 줄이는 데 선택적인 선적방법의 사용을 가능케 한다.

[표 13.2]는 앞서 논의된 다양한 수송 네트워크 방법의 강점과 약점을 요약한 것이다.

다음 절에서는 공급사슬 관리자가 수송 네트워크를 설계하고 운영할 때 반드시 고려해야 하는 다양한 트레이드오프에 대해 논의한다.

13.5 수송 설계의 트레이드오프

공급사슬 내에서의 모든 수송 의사결정은 재고비용, 시설과 운영비용, 운영협력비용, 고객에 대한 대응력의 수준에 대한 영향을 고려해서 이루어져야 한다. 예를 들어, Dell사가 고객에로의 PC 배달에 소화물 운송을 사용하는 것은 수송비용을 증가시키지만 Dell사로 하여금 시설가동을 집중화시키고 재고비용을 감소시킨다. Dell사가 수송비용을 줄이려면 고객에 대한 대응력을 희생시키거나 시설의 수를 증가시켜 고객 가까이에 재고를 보유하여 배달해야 한다.

운영협력비용은 일반적으로 정량화하기에 어렵다. 회사는 매출뿐만 아니라 다양한 비용의 관점에서 다른 수송방법들을 평가해야 하고, 그 이후에 협력 복잡도에 따라 그것들을 순위매김해야 한다. 관리자는 그 다음에 적절한 수송 의사결정을 내릴 수 있으며 수송 의사결정 시에 다음의 사항들을 고려해야만 한다.

- 수송과 재고비용 사이의 트레이드오프
- 수송비용과 고객대응력 사이의 트레이드오프

수송과 재고비용

공급사슬 네트워크를 설계할 때 수송과 재고비용 사이의 트레이드오프 관계는 중요하다. 공급사슬의 두 가지 중요한 의사결정은 다음과 같다.

- 수송수단의 선택
- 재고통합

수송수단의 선택 공급사슬에서 수송수단의 선택은 계획 및 운영 단계의 의사결정이다. 회사가 계약한 운송업자에 관한 의사결정은 계획 단계 의사결정이고, 반면에 특정 선적에 대한 수송수단의 선택은 운영 단계 의사결정이다. 두 의사결정 모두에서 선적인은 수송과 재고비용 사이의 균형을 맞추어야 한다. 가장 저렴한 수송비용이 드는 수송수단이 반드시 공급사슬의 총비용을 감소시키지는 않는다. 더 저렴한 수송수단은 전형적으로 긴 리드타임을 가지고 큰 최소 선적량을 요구하며, 공급사슬 내에서 높은 수준의 재고를 초래한다. 소량의 선적이 가능한 수송수단은 재고 수준을 낮추지만 비싼 비용을 요구한다. 예를 들어, Dell사는 아시아로부터 몇몇 부품들을 항공수송해 온다. 이러한 수송수단의 선택은 단지 비용면에서만 볼 때는 옳지 않다. 중요한 부품운송에 대한 빠른 수송수단의 선택이 Dell사로 하여금 재고의 감소를 가능케 하기 때문에 옳다고 볼 수 있다.

표 13.3 공급사슬 성과에 대한 수송수단의 순위

크기	로트재고	안전재고	수송중 비용	수송시간	수송
철도	5	5	5	2	5
TL	4	4	4	3	3
LTL	3	3	3	4	4
소화물	1	1	1	6	1
항공	2	2	2	5	2
해운	6	6	6	1	6

공급사슬에서의 재고, 대응시간, 비용에 대해서 다른 수송수단을 사용할 때의 영향이 [표 13.3]에 나타나 있다. 각 수송수단은 최저 1부터 최고 6까지 점수화되어 있다.

무게 대비 고가치상품과 재고를 줄이는 것이 중요한 경우에 대해서는 빠른 수송이 선호되고, 무게 대비 저가치상품과 수송비용을 줄이는 것이 중요한 경우에 대해서는 늦은 수송이 선호된다. 수송수단의 선택은 수송비용뿐만 아니라 주기재고, 안전재고, 이송중 재고비용을 고려하여 선택해야 한다. 수송결정에서 재고비용을 무시하면 예제 13.1에 설명되어 있듯이 공급사슬에서 나쁜 성과를 초래할 수 있다.

예제 13.1

수송수단 선택 시 트레이드오프

Eastern Electric(EE)사는 시카고 지역에 큰 공장을 가지고 있는 전자제품 생산업체이다. EE사는 전자제품에 들어가는 모든 모터를 인근 달라스에 있는 Westview Motors사로부터 구입하는데 모터 1개당 120달러에 연간 120,000개를 구입한다. 수요는 몇 년간 상대적으로 일정하였으며, 향후에도 그러하리라 예상된다. 모터는 평균적으로 개당 10파운드 정도의 무게이며 전통적으로 1회 발주 시 3,000개를 주문한다. Westview사는 EE사로부터 주문이 도착한 날에 선적을 한다. 조립공장에서 EE사는 배달 리드타임 동안의 모터에 대한 평균 수요의 50퍼센트 정도를 안전재고로 보유하고 있다.

EE사의 공장관리자는 수송에 대한 몇 가지 제안을 받았고, 이 중 한 가지를 수락해야 한다. 다양한 제안에 대한 세부사항들은 [표 13.4]에 있으며 1cwt는 100파운드를 의미한다.

Golden사의 가격정책은 한계 수량 할인을 반영하고 있다(10장 참조). Golden사는 250cwt를 넘는 판매량에 대해서는 4달러/cwt에서 3달러/cwt로 요율을 낮출 것을 제안하고, EE사가 수송비용을 낮추기 위해 4,000개의 모터를 한 번에 주문할 것을 제안하였다. 공장관리자는 어떻게 해야 할까?

분석: Golden사의 새로운 제안은 공장관리자가 4,000개 이상의 모터를 주문하면 수송비용을 절감할 수 있다. 그러나 공장관리자는 수송결정에 재고비용을 포함하여 생각해야 한다. EE사

표 13.4 EE Electric사를 위한 수송 제안

운송자	선적 범위(cwt)	선적비용(달러/cwt)
AM Railroad사	200+	6.50
Northeast Trucking사	100+	7.50
Golden Freightways사	50~150	8.00
Golden Freightways사	150~250	6.00
Golden Freightways사	250+	4.00

표 13.5 Eastern Electric사의 운송방법 분석

	로트 크기(모터)	수송비용	주기재고	안전재고	수송중재고	재고비용	총비용
AM Rail사	2,000	78,000달러	1,000	986	1,644	108,990달러	186,900달러
	1,000	90,000달러	500	658	986	64,320달러	154,320달러
Golden사	500	96,000달러	250	658	986	56,820달러	152,820달러
Golden사	1,500	96,000달러	750	658	986	71,820달러	167,820달러
Golden사	2,500	86,400달러	1,250	658	986	86,820달러	173,220달러
Golden사	3,000	78,000달러	1,500	658	986	94,320달러	172,320달러
Golden(이전 제안)	4,000	72,000달러	2,000	658	986	109,320달러	181,320달러
Golden(새로운 제안)	4,000	67,500달러	2,000	658	986	109,320달러	176,820달러

의 재고를 유지하는 비용은 25퍼센트이며, 이것은 H = 120달러 × 0.25 = 30달러/모터의 연간 재고유지비용이 발생한다. 철도수송에는 5일의 운송시간이 요구되며, 드럭수송에는 3일의 운송시간이 소요된다. 수송결정은 EE사의 주기재고, 안전재고, 운송재고에 영향을 미친다. 그러므로 공장관리자는 각 수송의 선택에 따른 총수송과 재고비용을 추정해야 한다.

AM Rail사의 제안은 20,000파운드나 2,000개 모터의 최소 운송량을 요구한다. 이러한 경우의 보충 리드타임은 $L = 5 + 1 = 6$일이다. 로트 크기가 Q = 2,000일 경우, 공장관리자는 다음과 같은 정보를 가진다.

주기재고 = Q/2 = 2,000/2 = 1,000모터

안전재고 = L/2일 동안의 수요 = (6/2)(120,000/365) = 986모터

운송재고 = 120,000(5/365) = 1,644모터

전체 평균 재고 = 1,000 + 986 + 1,644 = 3,630모터

연간 AM Rail사를 사용한 유지비용 = 3,630 × 30달러 = 108,900달러

AM Rail사의 비용은 1cwt당 6.50달러가 소요되며 각 모터의 무게는 10파운드이므로, 결과적으로 모터당 0.65달러의 수송비용이 든다. 따라서 다음과 같다.

연간 AM Rail사를 사용한 수송비용 = 120,000 × 0.65 = 78,000달러

AM Rail사를 이용한 전체 연간 재고와 수송비용은 186,900달러이다.

공장관리자는 각 수송제안에 따라 관련된 비용을 [표 13.5]와 같이 계산하였다. [표 13.5]의 분석을 기준으로 공장관리자는 Golden사와 계약을 체결하기로 하였으며 주문 모터량은 500로트로 하였다. 이 제안은 수송비용이 높지만 전체 비용에서는 가장 낮았다. 만약 수송방법의 선

택에서 단지 수송비용만을 고려한다면, 수송량을 늘려 수송비를 줄이는 Golden사의 새로운 제안이 더 합당할 것이다. 사실 EE사는 이 제안에서 전체 비용은 높다. 그러므로 재고와 수송비용의 트레이드오프를 고려해야만 공장 경영자는 EE사의 전체 비용을 최소화시키는 수송결정을 할 수 있다.

키포인트 수송방법의 선택에 있어서 관리자는 반드시 재고비용을 고려해야 한다. 높은 수송비용을 가진 방법은 현저히 재고비용을 낮춘다면 정당화될 수 있다.

재고통합 회사들은 물리적으로 하나의 장소에 재고를 통합함으로써 요구되는 안전재고량을 상당히 줄일 수 있다(11장 참조). 대부분의 e-비즈니스 기업은 이 기법을 여러 장소에 시설을 갖추고 있는 회사들에 대비하여 이점을 얻고자 사용한다. 예를 들어, Amazon.com은 자신의 시설을 줄이고 적은 수의 창고에서 재고를 관리하는 것에 중점을 두었고, Borders사와 Barnes & Noble사 같은 도서회사는 많은 매장에 재고를 유지하려는 정책을 사용하였다.

그러나 재고가 통합되면 수송비용은 증가하게 된다. 만약 재고가 많이 분산되어 있으면, 몇몇 통합은 수송비용을 낮출 수도 있을 것이다. 그러나 결국에는 재고의 통합은 총수송 비용을 증가시킨다. Borders사와 같은 도서사슬을 고려해 보자. Borders사로부터 소매점으로 새로운 책의 보충을 위해 내부수송비용이 발생하게 된다. 그러나 고객이 스스로 책을 구입하므로 외부수송비용은 발생하지 않는다. 만약 Borders사가 자신의 모든 소매점을 닫고 단지 온라인으로만 판매한다면, 내부, 외부수송비용이 모두 발생한다. 창고로의 내부수송비용은 모든 소매점으로의 수송비용에 비하면 낮을 것이다. 그러나 외부 측면에서 본다면 수송비용은 확실하게 증가하게 되며, 각 고객의 수송 단위는 작으며 소화물 운송과 같은 비용이 많이 드는 수단이 요구될 것이다. 재고통합을 하게 되면 총 비용은 증가한다. 이는 고객 개개인에게 배송되는 책 배송비용이 과거 서점에서 판매될 때보다 증가할 수 있기 때문이다. 재고통합의 수준이 커질수록 전체 수송비용은 증가한다. 따라서 재고통합을 계획하고 있는 모든 기업은 이 결정을 할 때 수송, 재고, 시설비용의 상관관계를 고려해야 한다. 그 예로 비디오 대여업인 Netflix와 Blockbuster를 들 수 있다. Netflix는 재고 통합을 통해 설비유지비용과 재고비용을 감소시켰지만, 분배센터와 고객 간에 DVD 배송을 위한 배송 관련 설비추가비용은 부담해야 했다. 따라서 재고통합을 계획하고 있는 모든 기업은 이 결정을 할 때 수송, 재고, 시설비용의 상관관계를 고려해야 한다.

재고통합은 재고와 시설비용이 전체 공급사슬에서 큰 부분을 가지고 있을 때 좋은 방법이 된다. 재고통합은 단위무게당 가격비율이 높은 상품과 수요가 불안정할 때 유효하다. 예를 들어, PC 산업에서 재고통합은 높은 가치를 가지며 이는 PC가 높은 단위무게당 가격 비율을 가지고 있으며 수요가 불확실하기 때문이다. 또한 고객 주문량이 외부수송에서 규모의 경제를 구현할 수 있을 정도로 클 때 재고통합은 유효하다. 그러나 제품이 낮은 단위무게당 가격 비율을 가지고 고객 주문량이 작을 때에는 높은 수송비용으로 인하여 재고통합이 전체 공급사슬의 효율을 떨어트릴 수 있다. PC와 비교하여 서적은 단위무게당 가격 비율이 낮으며 어느 정도 예측 가능한 수요를 가진다.

예제 13.2를 통해 통합 의사결정을 포함한 트레이드오프에 대해 알아보자.

예제 13.2

재고통합 시의 트레이드오프

심장수술에 사용되는 의학 기구의 생산자인 HighMed사는 위스콘신주의 매디슨에 위치해 있다. 그들의 장비는 북미 지역 전반의 심장병 의사가 사용한다. 이 의학 기구는 도매상을 통하지 않고 직접 의사에게 판매된다. HighMed사는 현재 미국을 24개의 지역으로 나누었으며 각 지역 단위로 판매를 한다. 모든 상품재고는 지역 단위로 유지되며 매 4주마다 UPS사를 통해 매디슨에서 보충되고 UPS사를 이용한 평균 보충리드타임은 한 주이다. UPS사의 비용은 0.66달러 + 0.26x의 비율로 지불되며, 여기서 x는 파운드 단위의 선적량이다. 이 제품은 대용량과 소용량의 두 개의 범위로 나누어져 판매된다. 대용량 제품은 0.1파운드의 무게에 가격은 200달러이고 소용량 제품은 0.04파운드의 무게에 가격은 30달러이다.

대용량 제품의 각 지역 주간 수요는 평균 $\mu_H = 2$의 표준편차 $\sigma_H = 5$의 정규분포를 따른다. 소용량 제품의 각 지역 주간 수요는 평균 $\mu_L = 20$의 표준편차 $\sigma_L = 5$의 정규분포를 따른다. HighMed사는 각 지역에서 각 제품의 서비스 수준을 0.997로 제공하기 위한 충분한 안전재고를 유지한다. HighMed사의 재고유지비용은 25퍼센트이다.
현재의 운영과정에 덧붙여 경영팀은 다음의 두 가지 방안을 고려하고 있다.

- **방안 A:** 현재의 체제를 유지하지만 재고 보충기간을 4주에 한 번에서 매주 한 번으로 한다.
- **방안 B:** 지역 재고를 제거하고 모든 완제품 재고를 매디슨의 창고로 통합하며 창고의 보충기간은 한 주로 한다.

만약 재고가 매디슨에서 통합된다면, 주문은 FedEx사를 이용하여 선적되어지며, 비용은 선적당 5.53달러 + 0.53x의 비용이 든다. 여기서 x는 파운드 단위의 선적용량이다. 공장은 매디슨 창고에 완제품 재고를 보충하기 위해서 한 주의 리드타임을 요구하고 있다. 고객의 평균 주문량은 대용량이 1단위이며 소용량이 10단위이다. HighMed사는 무엇을 해야 할까?

분석: HighMed사는 UPS사와 FedEx사 모두 규모의 경제에 의한 가격을 제안하므로 선적량을 통합함으로써 수송비용을 감소시킬 수 있다. 방안 A와 현재의 시스템을 비교할 때, 경영팀은 뜸한 보충으로 인한 수송비용의 절감과 잦은 보충으로 인한 재고비용 절감의 트레이드오프를 살펴보아야 한다. 방안 B를 고려할 때는 경영팀은 재고통합에 따른 수송비용의 증가와 빠르지만 보다 비싼 수송수단(FedEx)을 사용하여 감소되는 재고비용의 트레이드오프를 비교해야 한다.

경영팀은 먼저 현재의 상황을 분석하였다. 각 지역별로 다음과 같다.

보충리드타임 $L = 1$주
재주문 간격 $T = 4$주
주기 서비스 수준 $CSL = 0.997$

1. **HighMed사의 재고비용(현재 시나리오):** 각 지역의 대용량 제품에 대해 경영팀은 다음의 자료를 얻는다.

$$\text{평균 주문량 } Q_H = T\text{주 동안의 기대수요} = T\mu_H = 4 \times 2 = 8\text{단위}$$

$$\text{안전재고 } ss_H = F^{-1}(CSL) \times \sigma_{T+L} = F^{-1}(CSL) \times \sqrt{T+L} \times \sigma_L$$
$$= F^{-1}(0.997) \times \sqrt{4+1} \times 5 = 30.7\text{단위(식 (11.18) 참조)}$$
$$\text{대용량 제품 재고} = Q_H/2 + ss_H = (8/2) + 30.7 = 34.7\text{단위}$$

24개 지역 모두에 걸쳐서 HighMed사는 대용량 제품 재고 24 × 34.7 = 832.8단위를 가진다. 각 지역의 소용량 제품에 대해서는 다음과 같은 결과를 얻었다.

$$\text{평균 주문량 } Q_L = T\text{주 동안의 기대수요} = T\mu_L = 4 \times 20 = 80\text{단위}$$
$$\text{안전재고 } ss_L = F^{-1}(CSL) \times \sigma_{T+L} = F^{-1}(CSL) \times \sqrt{T+L} \times \sigma_L$$
$$= F^{-1}(0.997) \times \sqrt{4+1} \times 5 = 30.7\text{ 단위}$$
$$\text{소용량 제품 재고} = Q_L/2 + ss_L = (80/2) + 30.7 = 70.7\text{단위}$$

24개 지역 모두에 걸쳐서 HighMed사는 소용량 제품 재고 24 × 70.7 = 1696.8단위를 가진다. 경영팀은 다음과 같은 결과를 얻었다.

HighMed사의 연간 재고유지비용

= (평균 대용량 제품 재고 × 200달러 + 평균 소용량 제품 재고 × 30달러) × 0.25

= (832.8 × 200달러 + 1696.8 × 30달러) × 0.25 = 54,366달러

= 54,366달러

표 13.6 네트워크 방안에 따른 HighMed사의 비용

	현 시나리오	방안 A	방안 B
저장장소의 수	24	24	1
재주문 간격	4주	1주	1주
대용량 제품 주기재고	96개	24개 2	4개
대용량 제품 안전재고	736.8개	466개	95.2개
대용량 제품 재고	832.8개	490개	119.2개
소용량 제품 주기재고	960개	240개	240개
소용량 제품 안전재고	736.8개	466개	95.2개
소용량 제품 재고	1,696.8개	706개	335.2개
연간 재고비용	54,366달러	29,795달러	8,474달러
선적 종류	보충	보충	고객 주문
선적량	8 대용량 제품 +80 소용량 제품	2 대용량 제품 +20 소용량 제품	1 대용량 제품 +10 소용량 제품
선적무게	4파운드	1파운드	0.5파운드
연간 수송비용	530달러	1,148달러	14,464달러
전체 연간 비용	54,896달러	30,943달러	22,938달러

2. **HighMed사의 수송비용(현재 시나리오):** 각 지역으로부터의 평균 보충주문은 Q_H 단위의 대용량 제품과 Q_L 단위의 소용량 제품으로 구성된다. 따라서

$$\text{평균 각 주문의 무게} = 0.1\,Q_H + 0.04Q_L = 0.1 \times 8 + 0.04 \times 80 = 4\text{파운드}$$

$$\text{보충주문당 선적비용} = 0.66\text{달러} + 0.26 \times 4 = 1.70\text{달러}$$

이다. 각 지역은 연간 13번의 보충주문을 가지며 24개의 지역이 있으므로,

$$\text{연간 수송비용} = 1.70\text{달러} \times 13 \times 24 = 530\text{달러}$$

3. **HighMed사의 전체 비용(현재 시나리오):** HighMed사의 연간 재고와 수송비용 = 재고비용 + 수송비용 = 54,366달러 + 530달러 = 54,896달러.

HighMed사의 경영팀은 유사하게 방안 A와 방안 B의 비용을 계산하였으며, 결과는 [표 13.6]에 요약하였다.

[표 13.6]에서 방안 A의 보충횟수를 증가시킴으로써 HighMed사의 전체 비용을 감소시킨 것을 볼 수 있다. 증가된 수송비용은 작아진 로트로 인한 재고비용의 감소보다 작았다. HighMed사는 모든 재고를 통합하고 수송에 FedEx사를 이용함으로써 통합에 의한 재고의 감소가 수송비용의 증가보다 크기 때문에 전체 비용을 낮출 수 있다.

만약 고객의 주문량이 작다면, 통합에 의해 증가되는 수송비용은 상당해질 수 있고 재고통합은 전체 비용을 증가시킬 수 있다. HighMed사의 경우에서 만약 고객 주문이 평균 대용량 제품 0.5, 소용량 제품 5(이전의 절반 크기)인 상황을 고려해 보자. 현재의 경우와 마찬가지로, 방안 A의 비용은 보충주문을 수송하는 데 소요되는 비용 이외에 외부수송에 영향을 주지 않기 때문에 변하지 않는다. 그러나 방안 B는 고객 주문량이 감소함에 따라 외부수송비용이 증가하기 때문에 비용이 증가한다. 방안 B의 비용은 다음과 같다.

평균 각 고객 주문 무게 = $0.1 \times 0.5 + 0.04 \times 5 = 0.25$파운드

고객 주문당 선적비용 = 5.53달러 + 0.53×0.25 = 5.66달러

주당 지역별 고객 주문횟수 = 4

전체 연간 고객 주문 수 = $4 \times 24 \times 52 = 4{,}992$

연간 수송비용 = $4{,}992 \times 5.66$ = 28,255달러

전체 연간 비용 = 재고비용 + 수송비용

= 8,474달러 + 28,255달러 = 36,729달러

따라서 작은 주문량을 가지면 재고통합은 수송비용의 증가로 인해 HighMed사에게 최저 비용의 선택이 아니다. 회사는 각 지역의 재고를 유지하고 방안 A를 사용하는 것이 가장 낮은 전체 비용을 가진다.

키포인트 재고통합 의사결정은 재고와 수송비용을 고려해야 한다. 재고통합은 제품의 단위무게당 가격비율이 높고, 수요의 불확실성이 높고, 고객 주문이 클 때 공급사슬 비용을 감소시킨다. 제품의 단위무게당 가격비율이 낮거나, 수요의 불확실성이 낮고, 고객 주문이 작다면, 재고통합은 공급사슬 비용을 증가시킬 수 있다.

수송비용과 고객 대응도의 트레이드오프

공급사슬에서 발생하는 수송비용은 공급사슬이 제공하고자 하는 대응도의 정도와 밀접하게 연관되어져 있다. 만약 회사가 대응도를 높여 고객으로 받은 모든 주문을 하루만에 선적하고자 한다면, 회사는 외부 선적이 감소하고 수송비용이 증가할 것이다. 만약 대응도를 감소시키고 주문을 선적하기 전에 긴 기간 동안 주문을 통합한다면, 회사는 규모의 경제를 구현할 수 있으며 큰 선적량으로 인해 발생되는 수송비용을 낮출 수 있다. 단기적인 통합은 시간을 두고

주문들을 합치는 과정이다. 단기적인 통합은 선적의 지연으로 회사의 대응도를 낮추지만, 또한 큰 선적량으로 인하여 규모의 경제를 구현함으로써 수송비용을 낮출 수 있다. 따라서 예제 13.3에서 볼 수 있는 바와 같이 회사는 수송 네트워크를 구성할 때 대응도와 수송비용의 트레이드오프를 고려해야 한다.

예제 13.3

수송비용과 고객 대응도 트레이드오프

Alloy Steel사는 클리블랜드 지역의 철강 서비스센터이다. Alloy Steel사는 고객의 모든 주문을 LTL 수송을 이용하며 100달러 + 0.01x의 비용이 소요되며, 여기서 x는 트럭으로 수송되는 파운드 단위이다. 현재 Alloy Steel사는 주문을 받은 날 주문을 선적한다. 수송에 2일이 소요되며, 이 정책은 Alloy Steel사에게 2일의 시간에 대응을 할 수 있도록 한다. Alloy Steel사의 2주 동안의 일별 수요는 [표 13.7]과 같다.

Alloy Steel사의 경영자는 고객들이 2일의 대응시간에 관해 진정한 가치를 느끼고 있지 못하

표 13.7 Alloy Steel사의 2주간의 요일별 수요량

	월	화	수	목	금	토	일
1주	19,970	17,470	11,316	26,192	20,263	8,381	25,377
2주	39,171	2,158	20,633	23,370	24,100	19,603	18,442

표 13.8 대응시간의 함수로서의 선적량과 수송비용

일	수요	2일 대응		3일 대응		4일 대응	
		선적량	비용(달러)	선적량	비용(달러)	선적량	비용(달러)
1	19,970	19,970	299.7	0	–	0	–
2	17,470	17,470	274.70	37,440	474.40	0	–
3	11,316	11,316	213.16	0	–	48,756	587.56
4	26,192	26,192	361.92	37,508	475.08	0	–
5	20,263	20,263	302.63	0	–	0	–
6	8,381	8,381	183.81	28,644	386.44	54,836	648.36
7	25,377	25,377	353.77	0	–	0	–
8	39,171	39,171	491.71	64,548	745.48	0	–
9	2,158	2,158	121.58	0	–	66,706	767.06
10	20,633	20,633	306.33	22,791	327.91	0	–
11	23,370	23,370	333.70	0	–	0	–
12	24,100	24,100	341.00	47,470	574.70	68,103	781.03
13	19,603	19,603	296.03	0	–	0	–
14	18,442	18,442	284.42	38,045	480.45	38,045	480.45
			4,164.46달러		3,464.46		3,264.46

며 4일의 대응시간으로 충분하다고 판단하였다. 대응시간이 증가했을 때의 비용적인 이점은 무엇일까?

분석: 대응시간이 증가되면 Alloy Steel사는 선적에 여러 날의 수요를 통합함으로써 이점을 얻을 수 있다. 3일의 대응시간에서 Alloy Steel사는 선적 이전에 2일 이상의 수요를 통합할 수 있다. 4일의 대응시간에서 Alloy Steel사는 선적 이전에 3일 이상의 수요를 통합할 수 있다. 경영자는 선적량과 2주 동안의 다른 대응시간에서의 수송비용을 [표 13.8]과 같이 정리하였다.

[표 13.8]에서 Alloy Steel사의 대응시간이 커질수록 수송비용은 감소하는 것을 볼 수 있다. 그러나 단기적 통합의 이점은 대응시간이 늘어날수록 급격하게 감소한다. 2일에서 3일로 대응시간이 커진다면, 수송비용은 2주 동안의 기간에서 700달러까지 감소한다. 대응시간이 3일에서 4일로 커진다면 수송비용은 단지 200달러가 소요된다. 그러므로 추가적인 대응시간의 증가에 따른 한계이익이 적기 때문에 Alloy Steel사는 3일의 대응시간을 제공하는 것이 더 좋다.

일반적으로, 단기적 통합의 제한된 크기는 공급사슬에서 수송비용을 감소시키는 데 매우 큰 영향을 미칠 수 있다. 그러나 회사는 단기적 통합을 통합수송비용의 감소와 낮은 대응도로 인한 수입 감소의 트레이드오프를 고려하여 적절한 대응시간을 선택해야 한다. 단기적 통합은 안정적인 선적의 결과로서 수송 성과를 증진시킬 수 있다. 예를 들어, [표 13.7]에서 Alloy Steel사는 매일 선적했을 때 분산의 상관계수는 0.44이며, 3일의 단기적 통합은 0.16의 상관계수를 가진다. 보다 안정적인 선적은 Alloy Steel사와 수송자의 자산 운영의 효율을 높일 수 있다.

다음 절에서는 서로 다른 요구를 갖는 고객들에게 공급하기 위해 어떻게 수송 네트워크의 맞춤을 달성할 수 있는지 살펴본다.

> **키포인트** 수요의 단기적 통합은 선적량이 증가하고 한 번의 선적에서 다음 선적까지 선적 크기의 변동을 줄임으로써 수송비용이 감소하지만 고객 대응시간은 악화될 수 있다. 단기적 통합의 한계가치는 통합의 기간이 증가할수록 감소하는 경향을 가진다.

13.6 맞춤수송

맞춤수송은 고객과 제품의 특성에 맞추어 서로 다른 여러 수송 네트워크와 수단을 사용하는 것이다. 대부분의 회사는 다양한 고객층을 대상으로 여러 종류의 물건을 판매한다. 예를 들어,

W.W. Grainger사는 200,000가지 이상의 MRO 공급제품들을 작은 계약자와 큰 기업 양쪽에 공급하고 있다. 제품은 크기와 가격에서 다양하며 소비자들도 구매량과 요구하는 대응도, 주문의 불확실성, 그리고 대리점과 물류센터로부터의 거리에 따라 다양하게 나누어진다. 이러한 차이로 인해 W.W. Grainger사와 같은 회사는 모든 주문의 충족을 위해 공통된 수송 네트워크를 사용하면 안 된다. 회사는 고객과 제품의 특성에 따라 적절하게 수송방법을 선택하는 맞춤수송을 통해 낮은 비용으로 고객의 수요를 충족시킬 수 있다. 이 절에서는 공급사슬 내의 맞춤수송의 다양한 형태에 대해 논의한다.

고객 밀집도와 거리에 따른 맞춤수송

기업들은 수송 네트워크를 설계할 때 고객의 밀집도와 창고로부터의 거리를 고려해야 한다. 밀집도와 거리에 의한 이상적인 수송 선택은 [표 13.9]에 나타나 있다.

회사가 물류센터와 근접한 많은 수의 고객들을 담당해야 한다면 차량의 효용이 높아지는 시나리오를 가지므로 자신의 차량을 운영하여 고객들 각각에게 직접 배송하는 것이 최선의 방법이다. 만약 고객의 수요가 높지만, 창고와의 거리가 멀다면 고객 각각에게 직접 배송하는 방법은 빈 차량으로 되돌아오는 횟수가 증가함으로써 좋은 방안이 되지 못한다. 이러한 경우에는 고객영역에 근접한 크로스도킹센터를 운영하여 공용 수송수단으로 수송을 하고 고객들에게는 보다 작은 차량을 이용하여 배송하는 것이 효과적이다. 이러한 경우에 회사가 자신의 차량을 소유하는 것은 이상적이지 못하다. 고객의 밀집도가 감소하면 LTL 수송이나 외주수송을 이용하여 수송하는 것이 보다 효과적이다. 만약 밀집도가 낮고 창고로부터 상당히 떨어진 고객들의 지역을 서비스하길 원한다면, LTL 수송마저도 적합하지 않을 수 있으며 소화물 운송의 사용이 최선의 선택이 된다. Boise Cascade사는 사무용품의 분배회사로서 [표 13.9]에 나타난 것과 일치하는 수송 네트워크를 설계하였다.

고객 밀집도와 거리는 고객에게 공급을 할 때 사용하는 난기석 동합 정도의 결정에도 사용하는 기준이다. 고객 밀집도가 높은 지역은 수송량에서 규모의 경제를 이루기에 충분하므로

표 13.9 고객 밀집도와 거리에 따른 최적수송

	단거리	중간거리	장거리
높은 밀집도	자체차량 직접방문	크로스도킹 직접방문	크로스닥 직접방문
중간 밀집도	외주차량 직접방문	LTL 수송	LTL 또는 소화물 수송
낮은 밀집도	외주차량 직접방문 또는 LTL 수송	LTL 또는 소화물 수송	소화물 수송

자주 수송을 한다. 고객 밀집도가 낮은 지역은 수송비용을 낮추기 위해 높은 수준의 단기통합을 사용한다.

고객의 크기에 의한 맞춤수송

회사는 운송 네트워크를 설계할 때 고객의 크기와 위치를 고려해야 한다. 매우 큰 고객들은 TL 수송을 사용하여 공급할 수 있으며 작은 수의 고객은 LTL 수송이나 직접방문을 요구할 것이다. 직접방문을 사용할 때 배송에는 두 가지 비용이 발생한다.

- 창고로부터의 거리에 따른 수송비용
- 배송횟수에 따른 배달비용

수송비용은 고객의 크고 작음에 관계없이 동일하다. 큰 고객에게 배송할 때 동일한 트럭에 작은 고객들의 주문을 포함시킴으로써 수송비용을 절약할 수 있다. 그러나 작은 고객 각각으로의 단위당 배송비용은 큰 고객에 비해 높다. 따라서 작은 고객과 큰 고객에게 동일한 비율과 동일한 가격으로 배송하는 것은 최적이 아니다. 큰 고객과 비교하여 작은 고객에게 높은 배송비용을 부과할 수도 있다. 또 다른 방법은 작은 고객에 비해 큰 고객에게 자주 배송될 수 있도록 맞춤수송을 하는 것이다. 회사는 고객들을 각각의 수요에 기초하여 크거나(L), 중간(M), 작은(S) 고객으로 나눌 수 있다. 최적방문의 빈도는 수송과 배송비용에 기초하여 산출될 수 있다(10.2절 참조). 만약 큰 고객에 대해서 일상 경로로 매일 방문하고, 중간 고객은 격일로, 작은 고객은 3일마다 방문한다면, 최적의 방문일정계획은 세 종류의 고객의 경로를 적절히 결합함으로써 얻을 수 있다. 중간 고객이 (M_1, M_2)의 두 경로로 나뉘며 작은 고객들은 (S_1, S_2, S_3)의 세 가지 경로로 나뉜다고 가정하자. 회사는 모든 고객을 적절한 빈도로 방문할 수 있도록 다음과 같은 6개의 경로를 생성할 수 있다(L, M_1, S_1), (L, M_2, S_2), (L, M_1, S_3), (L, M_2, S_1), (L, M_1, S_2), (L, M_2, S_3). 이 맞춤수송 경로는 각 트럭이 동일한 수송량을 가지며, 그들의 배송 관련 비용과 일관되게 큰 고객은 작은 고객에 비해 보다 자주 배송이 이루어진다는 것이다.

제품 수요와 가치에 의한 맞춤수송

공급사슬 네트워크에서 사용되는 재고통합의 정도와 수송수단은 [표 13.10]에서 볼 수 있듯이 제품의 수요와 가치에 따라 다르게 분포된다. 수요가 높은 고가 제품의 주기재고는 보충주문비용이 크지 않으므로 수송비용을 절감하기 위해 세분화되어진다. 이러한 제품의 안전재고는 재고를 줄이기 위해 통합될 수 있으며(11장 참조), 안전재고가 고객의 수요를 맞추기 위해 빠른

표 13.10 가치/수요에 기반한 통합 전략

제품 유형	높은 가치	낮은 가치
높은 수요	주기재고 통합 안함. 안전재고 통합. 보충주기 재고를 위해 값싼 수송수단 사용과 안전 재고 수송에는 빠른 수송수단 사용	모든 재고 통합하지 않음. 보충재고를 위해 값싼 수송수단 사용
낮은 수요	모든 재고 통합. 가능하다면 고객 주문 만족을 위해 빠른 수송수단 사용	안전재고만을 통합. 보충재고를 위해 값싼 수송수단 사용

수송수단을 이용한다. 수요가 높은 저가 제품에 대해 모든 재고는 나누어지며 수송비용을 줄이기 위해 고객의 가까운 곳에 위치하게 된다. 수요가 낮은 고가 제품은 모든 제품이 재고비용을 줄이기 위해 통합될 수 있다. 수요가 낮은 저가 제품은 주기재고가 고객에게 가까이 위치하며 안전재고는 통합의 이점을 얻어 수송비용을 줄이기 위해 통합된다. 주기재고는 비용을 절감하기 위해 값싼 수송수단을 사용하여 보충된다.

키포인트 맞춤수송은 고객의 밀집도, 거리, 고객 크기, 제품의 수요와 가치 등에 기초하여 공급사슬이 적절한 대응도와 비용을 달성할 수 있도록 한다.

13.7 수송에서 IT의 역할

수송의 복잡성과 규모로 인해 수송은 공급사슬에서 IT 시스템의 사용에 매우 적합한 분야이다. 수송 경로를 결정해 주는 소프트웨어의 사용은 수송에서의 가장 일반적인 IT 제품이 되어왔다. 이러한 소프트웨어는 입력 자료로서 고객의 위치, 수송량, 배달 요구시간, 지점 사이의 거리와 같은 수송 기반구조의 정보, 그리고 차량의 용량 등을 필요로 한다. 이러한 입력 자료들은 모든 제약조건을 만족시키고, 비용을 최소화하며, 각각의 차량들의 경로와 배달 리스트를 결과로 나타내 주는 최적화 문제로서 나타내어진다.

차량 패킹 소프트웨어는 경로결정 소프트웨어와 함께 전차량의 이용률을 향상시키는 데 도움을 준다. 이러한 소프트웨어들은 컨테이너의 크기와 각각의 배달 크기와 순서를 입력함으로써 차량이 경로를 따라 짐을 싣거나 내리는 것을 가장 쉽게 할 수 있도록 패킹 계획을 결정해준다. 패킹과 경로결정 소프트웨어의 통합은 중요하다. 왜냐하면 트럭에 얼마나 많이 실리느냐는 경로에 영향을 주고, 경로는 트럭에 무엇을 실을지에 영향을 주기 때문이다.

또한 IT는 위치추적시스템(GPS)과 도착예정 알림 시스템에서 사용된다. GPS는 차량의 실시간 위치를 알려 준다. 이러한 실시간 정보는 배달에 있어서 고객의 요청에 대한 회사의 응답을 향상시켜 준다. 전자 알림은 미국의 고객이 선박이 미국 항구에 도달하기 전에 선박의 적하 날짜를 알려 주거나, 트럭이 물류창고의 도착시간보다 30분 먼저 도착함을 알리는 등의 여러 가지 상황에서 효과적이다. 알림 도구는 차량이 도착해서 선적, 하역, 그리고 책임 있는 관리 작업을 더 효율적으로 할 수 있도록 준비하게 해 준다.

IT는 프레잇존(Freightzone)과 같은 물류회사에 큰 도움이 되는데, 예를 들어 이용 가능한 캐리어 수와 선적해야 할 물품의 수를 빠르게 동기화시켜 줄 수 있는 장점을 보일 수 있다.

수송에서 IT 사용의 가장 일반적인 문제는 기업 간의 협업과 몇몇의 수송 소프트웨어에서 취하고 있는 좁은 시각과 연결되어 있다. 기업 간의 협업은 수송에서 중요하다. 이는 종종 외주를 발주하거나, 선적인과 고객을 직접적으로 포함하지 않는 기능이기 때문이다. 그러므로 수송에서 성공적인 협업은 함께 일하는 세 개 이상의 회사를 필요로 한다. 수송 소프트웨어의 다른 문제점은 대부분 효율적인 경로 형성에 중점을 두고 있다는 것이다. 소프트웨어들은 종종 경로선택에 제약을 주는 고객의 서비스와 약속된 배달시간과 같은 요소를 간과한다.

이 분야에서 모든 주요 ERP 회사를 포함하는 공급사슬 솔루션 제공자들도 역할을 수행하고 있고, 많은 수송관리 프로세스에 중점을 둔 자체 개발 프로그램들도 사용되고 있다.

13.8 수송에서의 위기관리

네트워크에서 두 지점 간에 수송을 할 때 세 가지의 주요 위험이 있다.

1. 배달지연
2. 외부요인에 의한 중간점이나 연결선의 상실로 인한 배달 불가
3. 위험물질의 배달

각각의 경우에 위험의 근거와 그것들의 결과, 그리고 적절한 완화 전략을 규정하는 것이 중요하다.

배달지연은 도로와 같은 연결선이나 항구, 공항과 같은 지점들의 혼잡에 의해 발생한다. 혼잡이 배달지연의 원인인 경우에는 목적지에 가까운 곳으로 재고를 운반하거나, 다른 길을 사용하거나, 수주 대기시간 동안의 비상재고 등의 적절한 전략이 필요하다. 혼잡지연은 목적지까

지의 여러 경로를 가지는 네트워크를 설계하거나 혼잡을 고려하여 경로를 변화시킴으로써 완화할 수 있다. 또한 혼잡지연은 수송지점이나 연결선의 소유자가 혼잡비용을 사용함으로써 줄일 수 있다. 배달지연은 제한된 혼잡의 가용성이나 기반구조의 용량 부족에 의해서도 발생한다. 이러한 지연은 자산이 여러 고객을 서비스하는 제3자에 의해 소유된 경우에 더 많이 발생하는 경향이 있다. 지연은 몇몇 수송수단을 직접 소유하거나, 제3자와 수송수단을 장기간 계약함으로써 줄일 수 있다. 이러한 자산을 모두 소유하는 것은 많은 비용이 들기 때문에 이용률이 높은 네트워크의 일부분을 위와 같이 하는 것이 최선의 방법이다.

수송 상실은 허리케인이나 테러와 같은 자연적이거나 인위적인 요인에 의해 발생한다. 이러한 경우 가장 적합한 전략은 수송 네트워크의 대안 경로를 설계하는 것이다. 예를 들어, 1994년의 일본 고베에서의 지진은 항구를 이용하는 모든 회사의 유통 흐름을 상실하게 만들었다. Toyota사와 같은 몇몇 회사는 네트워크의 다른 대안 항구를 이용하는 유통량을 증가시킴으로써 빠르게 회복할 수 있었다. 비슷하게, 2002년의 캘리포니아 항구 작업자의 파업 동안, 많은 회사들은 대안 항구들로 제품을 가져오도록 배정했다.

배달지연과 상실 위험을 고려해볼 때, 네트워크에 걸쳐 있는 서로 관련이 있는 위험 원인들을 확인하는 것이 중요하다. 예를 들어, 2001년 9.11 테러는 전 미국에서 항공수송을 불가능하게 만들었다. 이런 경우에는 대안 경로가 없기 때문에 완화 전략이 쓸모 없게 된다. 서로 관련 있는 이러한 위험 요소들을 위한 단 한 가지 선택은 이런 상실의 확률을 감소시키는 것이다.

위험물질은 인간이나 환경에 노출되었을 때 위험하다. 여기에서 위험 경감의 목적은 노출의 확률과 노출되었을 때 영향을 최소화하는 것이다. 완화 전략은 개조된 컨테이너의 사용, 적은 위험의 수송수단의 사용, 적은 사고 확률을 가지거나 인간이나 환경으로의 노출을 감소시킬 수 있는 경로의 사용과 수송되는 동안 위험성이 적도록 물리적, 화학적 성질을 변화시키는 것을 포함한다.

13.9 수송 의사결정의 실제

1. **수송 전략을 경쟁전략과 일치시켜라.** 경영자는 그 회사의 수송 전략이 경쟁전략을 뒷받침하도록 해야 한다. 경영자는 이 목표를 이루기 위한 성과급을 마련해야 한다. 역사적으로 ,회사 내에서의 수송 기능은 수송비용을 줄일 수 있는 범위에 기반하여 평가되어 왔다. 이렇게 초점을 맞추면 수송비용을 낮추는 방향으로 결정을 내릴 수 있지만 고객 대응도를 손상시켜 회사의 총비용을 증가시킬 수 있다. 분배센터의 분배방식이 순전히 트럭이 선적되는 정도에

근거하여 평가되면, 선적을 지연시켜 보다 많이 선적하고자 하여 고객 대응도를 손상시킬 수 있다. 그러므로 회사는 수송비용과 함께 수송 의사결정의 영향을 받는 재고목록, 고객에 대해 성취되는 대응도 수준 등의 조합에 근거해 수송 기능을 평가해야 한다.

2. **사내 수송과 외주 수송 모두를 고려하라.** 경영자는 자신의 요구에 맞도록 회사 소유 수송과 외주 수송을 적절히 결합해야 한다. 이러한 의사결정은 수송을 유리하게 처리하는 회사의 능력과 회사의 성공을 위한 수송의 전략적 중요성에 근거해야 한다. 일반적으로 선적량이 작으면 외주가 보다 나은 선택이고, 선적량이 크고 대응도가 중요할 때에는 수송 시스템을 소유하는 것이 낫다. 예를 들어, Wal-Mart사는 공급사슬의 재고를 줄이기 위해 대응도가 좋은 수송방식을 이용해 왔다. 회사 전략의 성공에 수송이 미치는 영향이 중대할 때, 회사는 수송 시스템을 소유하여 경영한다. 이는 회사의 선적이 대부분 크기 때문에 수송 자산을 잘 이용할 수 있다는 사실로 쉽게 이루어진다. 반면에, W.W. Grainger사나 McMaster-Carr사와 같은 회사는 고객에게 보내는 선적의 용량이 작다. 따라서 수송보다는 재고관리가 그들 성공의 열쇠이다. 제3자 수송자는 다른 회사들의 선적을 함께 취급함으로써 비용을 절감할 수 있다. 그 결과 두 회사는 수송을 위해 제3자 수송자를 이용한다.
3. **수송 성과의 개선을 위해 기술을 사용하라.** 운영자는 자신의 네트워크에서 비용을 줄이고 반응성을 향상시키기 위해 정보기술을 사용해야 한다. 소프트웨어는 관리자들이 수송 계획, 수송수단 선택, 그리고 배달 경로와 스케줄을 작성하는 데 도움을 준다. 이렇게 이용할 수 있는 기술은 차량이 운반하는 화물뿐만 아니라 차량의 현재 위치를 확인할 수 있게 해 준다. 위성기반 통신 시스템은 수송자들이 서로 통신할 수 있게 해 준다. 이러한 기술은 수송자들이 비용을 줄이고 변화에 빠르게 대응할 수 있도록 도와준다.
4. **수송 네트워크를 유연하게 설계하라.** 수송 네트워크를 설계할 때, 경영자는 수송의 이용도와 함께 수요의 불확실성을 고려해야 한다. 불확실성을 무시하면 모든 것이 계획대로 될 때 순조로운 수행을 보이는 저렴하고 고정적인 수송방식을 이용하게 된다. 그러나 계획이 변경되면 이러한 네트워크는 좋은 성과를 달성하지 못한다. 경영자가 불확실성을 고려하면 네트워크상에 좀더 비싸지만 유연한 수송방식을 택해야 할 것이다. 이러한 수송방식이 특정 화물에는 비싸지만, 수송 옵션에 포함되면 결국 수준 높은 대응도를 제공하는 것에 대한 총비용은 감소시킨다.

13.10 학습목표 요약

1. **공급사슬에서 수송의 역할을 설명하라.** 수송이란 공급사슬에서 상품이 한 위치에서 다른 위치로 이동이 이루어지는 것을 말한다. 수송의 중요성은 전자상거래의 성장과 함께 공급사슬이 광범위해짐에 따라 점점 커지고 있다. 이는 이 두 가지가 제품의 이동거리를 증대시키기 때문이다. 수송 의사결정은 공급사슬의 수익성에 영향을 미치고 공급사슬에서의 재고와 설비에 영향을 미친다.
2. **여러 가지 수송수단들의 강점과 약점을 평가하라.** 다양한 수송수단에는 해운, 철도, 트럭, 항공, 파이프라인, 소화물 수송, 복합수송 등이 있다. 해운은 전형적으로 가장 저렴하지만 수송속도가 느리고 항공과 소화물 수송은 가장 비싸지만 또한 가장 빠르다. 철도나 해운은 서둘러 보낼 필요가 없는 저가치의 용량이 큰 화물에 가장 알맞다. 항공과 소화물 운송은 작고 가치가 높으며 긴급 수송의 경우에 적합하다. 복합수송과 TL 수송은 철도나 수로보다 빠르지만 다소 비싸다. LTL 수송은 소화물 수송으로 하기에는 크고 TL 운송으로 하기에는 작을 때 적합하다.
3. **수송에서 기반구조와 정책의 역할에 대하여 논의하라.** 항구, 도로, 공항과 같은 기반구조는 수송에 중요한 영향을 준다. 세습적인 독점 환경 때문에 대부분의 수송 기반구조는 공적 소유와 규제가 필요하다. 공적 소유의 경우에는, 평균비용에 기반한 가격은 과부하와 혼잡을 야기한다. 사용자들이 야기하는 네트워크 비용을 증가시키는 여러 가지 형태의 혼잡비용이 필요하다.
4. **다양한 수송 네트워크 옵션들과 그들의 상대적인 강점과 약점을 설명하라.** 네트워크는 제품을 기점에서 목적지로 직접 옮기거나 통합 지점을 통해 이동시키기 위해 설계된다. 직접선적은 많은 양이 옮겨질 때 가장 효과적이다. 선적의 용량이 작은 경우에는 중계 창고나 유통센터를 사용하여 시일이 좀 더 오래 걸리지만 작은 화물들을 모음으로써 수송비용을 절감할 수 있다. 화물은 또한 다양한 장소에서 한데 모으거나 각기 다른 장소에 분리함으로써 한 대의 차량에 통합될 수 있다.
5. **선적인이 그들의 수송 네트워크를 설계할 때 고려해야 하는 트레이드오프를 설명하라.** 수송 네트워크를 설계할 때, 선적인들은 수송비용, 재고비용, 운영비용, 고객의 대응도들 사이의 트레이드오프를 고려해야 한다. 공급사슬의 목적은 고객에게 만족할만한 수준의 대응도를 제공함과 동시에 총비용을 최소화시키는 것이다.

토의문제

1. 용량이 큰 저가치 화물에 가장 적절한 수송수단은 무엇인가, 또 그 이유는?
2. 수송 기반구조를 이용하는 가격을 결정함에 있어서 혼잡을 고려하는 것이 중요한 이유는 무엇인가?
3. Wal-Mart사는 분배센터로 하여금 많은 소매점을 지원할 수 있도록 네트워크를 설계한다. 이처럼 재고를 수시로 보충하면서 수송비용을 절감하는 네트워크를 어떻게 이용할 수 있는가를 설명하라.
4. Amazon.com과 같은 전자상거래 기업과 Home Depot사 같은 소매자가 똑같이 집안 보수 시설 재료를 판매할 때의 수송비용을 비교하라.
5. Peapod사와 같은 온라인 식료잡화사가 마주치게 되는 수송상의 도전은 무엇인가? 온라인 식료잡화사와 슈퍼마켓 체인점에서의 수송비용을 비교하라.
6. 컴퓨터를 파는 Dell사와 같은 회사와 책을 파는 Amazon.com 중 재고를 한 위치에서 모으는 것이 더 효과적이라고 생각되는 쪽은 어디인가? 수송 및 재고 비용을 고려하여 설명하라.
7. 맞춤수송에 사용될 수 있는 주요 요인에 대해 논하라. 맞춤이 어떠한 역할을 하는가?

연습문제

1. California의 한 발전소는 매일 100,000파운드의 석탄을 사용하고 매일 1,000파운드의 MRO 재료를 사용한다. 석탄은 와이오밍에서 오고, MRO 재료는 시카고에서 가져온다. 석탄은 1파운드당 0.01달러이고 MRO 재료는 파운드당 10달러이다. 발전소의 재고유지비용은 25퍼센트이다. 이용할 수 있는 수송수단은 다음과 같다.

   기차:

   리드타임 = 15일

   차선적당 400달러에 차선적(100,000파운드)

   기차당 15,000달러에 70대 차량에 전체 선적

   트럭:

   리드타임 = 4일

   최소 비용 = 100달러

   파운드당 0.08달러에 10,000파운드까지

   파운드당 0.07달러에 10,000파운드에서 20,000파운드 사이

   파운드당 0.06달러에 25,000파운드에서 40,000파운드 사이

   2,000달러에 작은 TL(40,000파운드)

   2,600달러에 큰 TL(60,000파운드)

   석탄과 MRO 재료의 안전재고는 공급사슬의 리드타임 동안 소비량의 두 배로 유지된다. 각각의 산물은 어떤 수송수단을 이용해야 하는가, 그 이유는?
2. 온라인 서점인 Books-On-Line사는 고객에게 배송비용으로 첫 번째 책은 4달러를 부과하고 추가될 때마다 1달러를 부과한다. 고객의 평균 주문량은 4권이다. Books-On-Line사는 현재 시애틀에 창고를

보유하고 있으며 모든 주문을 거기에서 발송한다. 배송을 위해 Books-On-Line사는 미국을 서부, 중부, 동부의 세 구역으로 나눈다. 고객 한 명당 주문은 평균 4권으로 Books-On-Line사가 부담하는 수송비용은 같은 구역에서는 2달러, 인접 구역에서는 3달러, 동떨어진 구역 사이에는 4달러이다.

각 구역에서의 주간 수요는 독립적이고 보통 평균 50,000, 표준편차 25,000의 정규분포를 따른다. 책 한 권당 평균 10달러이고 Books-On-Line사가 부담하는 재고유지비용은 25퍼센트이다. Books-On-Line사는 매주 재고를 보충하고 99.7퍼센트의 주기 서비스 수준을 목표하고 있다. 보충 리드타임은 한 주라 가정하자.

창고는 보충주문에 안전재고를 더한 것보다 50퍼센트 더 보유하도록 설계되었다. 창고의 고정비용은 200,000달러 + x(x는 창고의 도서 수용능력)이다. 창고의 주간 운영비용은 0.01y달러(y는 선적된 책의 수)이다. Books-On-Line사는 네트워크 전략을 계획하고 있다. 어느 구역에 창고를 세워야 하는가? 관련된 모든 비용을 고려하라.

3. 산업용 가구를 만드는 한 유럽 회사는 뮌헨에 공장이 하나 있고 서부유럽에 네 개의 창고를 가지고 있다. 창고에서 고객의 주문을 받으면 공장에서 출하가 이루어진다. 주문을 받으면 창고는 작은 트럭으로 고객의 주문을 배분한다. 각 창고의 일일 주문량과 문리히로부터의 거리는 다음과 같다.

배송창고	일일 수요(kg)	거리(km)
밀란	25,000	800
파리	35,000	1,000
코펜하겐	20,000	600
마드리드	20,000	1,300

모든 화물은 트럭으로 배송된다. 각각 40,000kg(소형), 60,000kg(중형), 80,000kg(대형)의 용량을 가진 세 종류의 트럭이 있다. 각 트럭의 수송비용은 다음과 같다.

소형: 100 + 0.1x 유로

중형: 125 + 0.1x 유로

대형: 150 + 0.1x 유로

여기서 x는 킬로미터로 환산된 이동거리이다. 재고보충빈도는 창고마다 1~4일 사이일 때, 최적수송조건과 관계비용을 확인하라. 보충빈도 결정을 하기 전에 고려해야 할 요인들에는 어떤 것들이 있는가?

참고문헌

Ampuja, Jack, and Ray Pucci. "Inbound Freight: Often a Missed Opportunity." *Supply Chain Management Review*(March–April 2002): 50–57.

Ballou, Ronald H. *Business Logistics Management.* Upper Saddle River, NJ: Prentice Hall, 1999.

Bowersox, Donald J., David J. Closs, and Omar K. Helferich. *Logistical Management.* New York: Macmillan, 1986.

Button, Kenneth J., and Erik T. Verhoef. *Road Pricing, Traffic Congestion and the Environment.* Northampton, MA: Edward Elgar, 1998.

Coyle, John J., Edward J. Bardi, and Robert A. Novack. *Transportation.* Cincinnati, OH: South-Western College

Publishing, 2000.

Ellison, Anthony P. *Entrepreneurs and the Transformation of the Global Economy.* Northampton, MA: Edward Elgar, 2002.

Hammond, Janice H., and John E. P. Morrison. *Note on the U.S. Transportation Industry.* Harvard Business School Note 688080, 1988.

Levinson, David M. "Road Pricing in Practice." *In Road Pricing, Traffic Congestion and the Environment,* Kenneth J. Button and Robert A. Novack(eds.). Northampton, MA: Edgar Elgar, 1998.

Levinson, Marc. *The Box: How the Shpping Container Mode the World Smaller and the World Economy Bigger.* Princeton, NJ: Princeton University Press, 2006.

Robeson, J. F., and W. C. Copacino. *The Logistics Handbook.* New York: The Free Press, 1994.

Shapiro, R. D., and J. L. Heskett. *Logistics Strategy: Cases and Concepts.* St. Paul, MN: West, 1985.

Transportation in America 1998. Washington, DC: Eno Transportation Foundation, 1998.

Tyworth, J. E., J. L. Cavinato, and C. J. Langley, Jr. *Traffic Management: Planning, Operations, and Control.* Prospect Heights, IL: Waveland, 1991.

제 6 부

공급사슬의 교차 기능적 요인관리

제6부의 목표는 이전 장들에서 논의했던 공급사슬 성과에 대한 전통적인 물류 추진 요소(설비, 재고, 수송)에서 나아가 교차 기능적인 요인(외주결정, 가격결정, 정보)을 다루는 것이다. 이러한 요인들은 지난 십여년 동안 그 중요성이 더욱 부각되었고, 공급사슬 관리와 단순한 물류와의 차별을 나타내는 중요한 요소라 할 수 있다.

14장에서는 기업의 활동을 내부적으로 수행할지 아니면 외주를 할 것인지에 대한 의사결정을 하는 방법에서 시작하여 기업의 외주 전략에 대해 다룬다. 제품 설계에서부터 안정화 상태의 조달절차에 이르는 기업활동의 전체 생명주기에 대해 논의한다. 더불어 공급자의 평가와 선택, 공급자와의 계약, 그리고 공급자로부터 조달에 대한 체계를 제시한다.

15장에서는 공급사슬 자산으로부터 수익성의 최대화를 위한 가결결정과 수익관리의 역할에 대해 논의한다. 수익관리가 적용될 수 있는 상황들에 대해 논의하고 각각의 경우의 기본적인 트레이드오프를 확인한다.

16장에서는 공급사슬의 성공에 미치는 정보기술의 영향에 대해 논의한다. 기업관리 소프트웨어의 전체적인 조망과 공급사슬의 설계, 계획, 그리고 운영 단계에서 각 형태의 소프트웨어 시스템의 역할에 대해 설명함으로써 하나의 체계를 제시한다.

17장에서는 공급사슬에서(하나의 요인에서만이 아니라 여러 요인이 함께 추구하는)의 협력에 대해 다룬다. 협력은 공급사슬의 각 부분이 공급사슬의 전체 이익을 증가시키는 활동을 하도록 하고, 부분적인 이익을 위해 전체 이익에 해를 끼치는 활동을 피할 수 있도록 한다. 공급사슬의 각 단계가 자신의 목표에 대해 최선을 다하고 있음에도 불구하고, 공급사슬 참여자들 간 협력의 부재가 어떠한 열악한 성과를 낳는지에 대해 논의한다. 채찍 효과에 대해 설명하고, 채찍 효과를 야기하는 주요 원인을 확인한다. 이전의 모든 장에서 논의되었던 아이디어를 총망라하여 공급사슬의 채찍 효과를 줄이고 협력을 달성할 수 있도록 하는 관리활동들을 파악한다.

제 14 장

공급사슬에서의 외주결정

학 • 습 • 목 • 표

이 장을 읽은 후에 여러분은 다음과 같은 것을 할 수 있을 것이다.

1. 공급사슬에서 외주의 역할에 대한 이해한다.
2. 공급사슬 기능의 외주결정에 영향을 주는 요인에 대해 논의한다.
3. 총비용에 영향을 주는 공급자 성과의 차원을 파악한다.
4. 성공적인 경매와 협상을 구조화한다.
5. 공급자 성과와 정보왜곡에 대한 여러 다른 계약의 영향을 설명한다.
6. 구매되는 제품과 서비스를 분류하고 모든 경우의 조달에 대해 바람직한 초점을 파악한다.

이 장에서는 공급사슬의 활동이 회사 자체에서 이루어질 것인지 외주로 이루어질 것인가에 대한 선택에 영향을 미치는 다양한 요소에 대해 살펴본다. 이 장의 목표는 관리자들이 조달 단계에서 가치 최적화를 위한 결정을 내려야 될 경우 모든 트레이드오프 요소들을 고려하여 결정이 가능하도록 하는 것이다.

14.1 공급사슬에서 외주의 역할

구매 또는 조달이란 말은 공급자로부터 원자재, 부품, 제품, 서비스, 또는 다른 자원을 획득하는 프로세스를 말한다. 조달이란 제품과 서비스의 구매를 위해 요구되는 전체 업무 프로세스를 의미한다. 어떠한 공급사슬 기능에 있어서도 가장 중요한 결정은 특정 기능을 외주할지 아니면 자체적으로 해결할지에 대한 결정이다. 외주는 공급사슬의 기능이 제3자에 의해 수행되도록 하는 것이다. 외주는 기업이 직면하는 가장 중요한 문제 중의 하나이며 산업에 따라 외주의 행태가 다르게 나타난다. 예를 들면, MRO 분배자인 W.W. Grainger사는 분배센터를 일관되게 자신이 소유하고 관리한다. 이와는 대조적으로, 분배센터에서 고객으로의 외부 패키지 수송은 일관되게 제3자에게 외주를 주고 있다. 한 트럭 이내 분량의 외부수송에 대해서 W.W. Grainger사는 제3자에게 모두 외주하는 시나리오로부터 자신이 소유한 트럭을 활용하는 혼합모형으로 옮겨 가고 있다. 무엇으로 W.W. Grainger의 의사결정을 설명할 수 있을까? Dell사는 2005년까지 유통 기능을 사내에 두고 고객에게 직접 판매를 함으로써 수익을 개선시켰다. 그러나 Dell사는 2007년부터는 Wal-Mart와 같은 유통업체를 통해서도 판매를 시작하였다. 또한 조립 기능을 외부 제조업체에 외주로 할당하는 비중을 높였다. 왜 Dell사에게 유통 기능을 포함한 수직적 통합이 2005년까지는 좋은 전략이었지만, 2007년 이후에는 그렇지 못했을까? Dell사에게 외부 제조업체에 조립 기능을 외주로 주는 것이 옳은 선택이었을까? 이와 대조적으로, P&G사는 고객들에게 세제를 직접 판매하려고 시도하지 않고, 어느 누구도 유통 기능을 사내에 둘 것을 요구하지 않는다. 무엇이 유통 기능을 포함하는 수직적 통합이 Dell사에는 좋은 아이디어이고 P&G사에는 나쁜 아이디어로 만들었는가? Motorola사는 라틴아메리카의 대부분 나라에 대해 휴대전화의 판매를 위한 분배센터를 활용한다. 이와는 달리, 미국에서 판매의 대부분은 분배센터를 활용하지 않는다. 왜 Motorola사에 대한 분배센터의 외주가 라틴아메리카에서는 유용하지만 미국에서는 유용하지 않는 것일까?

먼저 아웃소싱과 오프쇼어링의 차이를 명확히 할 필요가 있다. 기업은 소유권을 유지하지만 생산 시설을 해외에 옮기는 경우 공급사슬 기능을 오프쇼어링한다고 한다. 이와 대조적으로, 기업이 기업 내에서 특정 업무를 수행하는 대신에 그 업무를 수행할 외부 기업을 활용하면 아웃소싱한다고 한다. 이 장에서는 오프쇼어링보다는 아웃소싱 이슈에 초점을 두고 설명하려고 한다. 우리는 다음의 두 질문에 바탕을 둔 공급사슬 기능의 아웃소싱을 다룰 것이다.

1. 활동을 기업 내부적으로 하는 것에 비해 제3자가 공급사슬의 잉여이익을 더 많이 가져다 주는가?
2. 아웃소싱을 하게 되면 위험은 어느 정도까지 증가하는가?

공급사슬의 잉여이익은 고객에 대한 제품의 가치와 고객에게 제품을 가져다 주는 것과 관련된 공급사슬의 모든 활동에 대한 총비용 사이의 차이이다. 공급사슬의 잉여이익은 공급사슬 내의 모든 참여자(고객을 포함한)가 공유해야 할 파이의 전체 크기를 말한다. 우리의 기본 전제는 아웃소싱이 위험에 심각한 영향을 주지 않고서도 공급사슬의 잉여이익을 증가시킨다면 의미가 있다는 것이다. 더 나아가 공급사슬의 참여자들이 공급사슬에 참여한다는 것 자체가 공급사슬의 이익을 증가시킬 때에만 장기적으로 그 관계가 유지될 수 있다는 점이다. 따라서 공급사슬에 참여하는 한 구성원의 이익이 공급사슬의 잉여이익을 증가시키는 정도와 상관이 있

그림 14.1 주요 외주 관련 프로세스

다고 주장할 수 있다

[그림 14.1]에서와 같이, 일단 외주결정이 이루어지면 외주 프로세스는 공급자의 선정, 공급자 계약에 대한 계획, 제품 설계에 있어서의 협력, 원재료나 서비스의 구입, 그리고 공급자의 성과 평가를 포함한다.

공급자의 점수부여와 평가는 공급자 성과를 평가하는 데 사용되는 프로세스이다. 공급자는 공급사슬의 잉여이익과 총비용에 대한 영향력에 바탕을 두고 비교되어야만 한다. 불행하게도, 외주결정은 공급자가 제시하는 가격에만 의존해 이루어지는 경우가 종종 있다. 리드타임, 신뢰성, 품질, 그리고 설계능력과 같은 공급자의 많은 다른 특성들 또한 공급자와의 거래비용에 영향을 미칠 수 있다. 공급자 점수부여와 평가 프로세스는 공급자를 활용하는 총비용에 영향을 미치는 모든 차원에 대해 성과를 파악하고 추적할 수 있어야만 한다. **공급자 선정**은 적절한 공급자를 파악하기 위해 공급자 점수부여와 평가결과를 활용한다. 그러고나서 공급자와 공급자 계약을 협상해야 한다. 좋은 계약이란 공급사슬 성과에 영향을 주는 모든 요인을 다루고 동시에 공급자와 구매자 모두에게 이익이 되도록 공급사슬의 이익을 증가시키는 방향으로 설계되어야 한다.

제품비용의 약 80퍼센트가 설계 동안에 결정된다고 할 때, 이 단계에 공급자를 적극적으로 포함시키는 것이 중요하다. **설계 협력**은 공급자와 생산자들이 최종 완제품에 대한 부품을 설계할 때 함께 작업하도록 한다. 설계 협력은 또한 설계의 어떠한 변화도 제품의 설계 및 생산과 관련된 당사자들에게 효과적으로 전달되도록 해 준다. 일단 제품이 설계되면, **조달**은 공급자가 구매자의 주문에 따라 제품을 보내는 프로세스를 말한다. 조달의 목표는 가능한 최소의 총비용으로 계획대로 주문을 하여 받는 것이다. 최종적으로 **외주계획 및 분석**의 역할은 총비용 감소의 기회를 찾기 위해 여러 공급자와 부품 유형에 대한 지출을 분석하는 것이다.

판매된 제품비용(cost of goods sold: COGS)은 대부분의 주요 생산자에 대해 판매액의 50퍼센트 이상을 나타낸다. COGS 내에서 구매된 부품의 비율은 과거 수십 년 전보다 훨씬 더 높다. 이러한 변화는 기업들이 수직적 통합을 감소시키고 많은 부품의 생산을 외주하기 때문에 발생한다. Cisco사와 같은 기업들에는 이러한 현상이 더 심하며 조립 생산능력의 상당부분을 아웃소싱하고 있다. 저비용 달성에 대한 압박이 크고 COGS 중 공급자의 몫이 증가함에 따라, 좋은 외주결정은 비용우위와 경쟁력 확보에 큰 영향을 미칠 것이다.

기업 내에서 효과적인 외주 프로세스는 여러 가지 방식으로 기업에 대한 이윤과 공급사슬의 잉여이익을 증가시킨다. 외주결정을 할 때에는 개선된 수익을 가져다 주는 요인들을 명확히 파악하는 것이 중요하다. 효과적인 외주결정으로부터 얻는 몇 가지 이익은 다음과 같다.

- 기업 내 주문이 통합되면 더 나은 규모의 경제를 얻을 수 있다.
- 더 효율적인 구매처리는 총구매비용을 상당히 감소시킨다. 이것은 상당수의 저가치 거래가 일어나는 품목에 대해서는 매우 중요하다.
- 설계 협력은 생산 및 분배가 더 용이한 제품을 만들어 내고 따라서 총비용도 감소시킨다. 이것은 제품의 비용과 가치에 상당한 기여를 하는 공급자의 제품에 대해서는 매우 중요하다.
- 좋은 구매 프로세스는 공급자와의 협력을 쉽게 하여 예측과 계획을 개선시킨다. 좋은 협력은 재고를 감소시키고 수요와 공급의 균형을 가져다 준다.
- 적절한 공급자 계약을 통해 위험을 공유할 수 있고, 따라서 공급자와 구매자 모두에게 더 높은 이윤을 가져다 준다.
- 기업은 경매를 통해 경쟁력을 증가시킴으로써 구매 가격을 더 낮출 수 있다.

외주 전략을 수립할 때, 기업은 성과에 가장 큰 영향을 끼치는 요인들을 명확히 하여 이 요인들의 개선에 목표를 두는 것이 중요하다. 예를 들어, 기업에 대한 지출의 대부분이 단지 몇 개의 고가치 거래를 갖는 재료에 대한 것이라면 외주 거래의 효율성 개선은 큰 가치를 가져다 주지 못한다. 반면에, 공급자와의 설계 협력이나 조정을 개선시키는 것은 상당한 가치를 가져다 줄 것이다. 이와는 달리, 저가치 거래를 많이 갖는 품목을 외주할 때에는 조달 거래의 효율성 증가는 아주 가치가 있다.

다음 절에서 외주결정에 영향을 미치는 요인들을 논의하고자 한다.

14.2 사내조달 및 아웃소싱

아웃소싱의 결정은 제3자에 의해 주어지는 공급사슬의 잉여이익 증가와 제3자를 사용함으로써 초래되는 비용에 바탕을 누고 있다. 만약 약산의 위험 증가에 비추어 잉여이익이 크다면, 기업은 아웃소싱을 고려해야만 한다. 만약 잉여이익의 증가가 작거나 위험의 증가가 큰 경우에는 사내조달이 더 선호된다.

제3자는 공급사슬의 잉여이익을 어떻게 증가시키는가?

제3자는 기업이 사내조달하는 것에 비해 고객에 대한 가치를 증가시키거나 공급사슬의 비용을 감소시킨다면 공급사슬의 잉여이익을 증가시킨다. 제3자는 기업이 단독으로 하는 것보다 공급사슬의 자산이나 흐름을 더 높은 수준으로 통합할 수 있다면 공급사슬의 잉여이익을 효과적으로 증가시킬 수 있다. 이제 잉여이익을 증가시키기 위해 제3자가 취할 수 있는 다양한 메커니즘을 논의하고자 한다.

1. **생산능력의 통합:** 제3자는 여러 기업에 대한 수요를 통합하여 어느 한 기업 단독으로 얻을 수 없는 규모의 경제를 달성함으로써 공급사슬의 잉여이익을 증가시킬 수 있다. 이 점이 공급사슬에 있어서 생산을 아웃소싱하는 가장 흔한 이유이다. Dell사가 자신의 PC에 대한 프로세서의 설계와 생산을 Intel사에 아웃소싱한 이유 중의 하나는 Intel사가 많은 컴퓨터 생산자들에 공급을 하고, 따라서 Dell사가 자신의 프로세서를 스스로 설계하고 생산한다면 얻을 수 없는 규모의 경제를 얻고 있다는 점이다. 기업의 요구량이 규모의 경제를 얻기에 필요한 수량보다 훨씬 더 적을 때 아웃소싱으로부터 얻게 되는 잉여이익의 증가가 최대로 된다. 여기에 대한 좋은 예로, 여러 기업에 대한 자동차의 조립을 맡은 제3자 업체인 Magna Steyr사를 들 수 있다. Magna Steyr사는 소량으로 팔리는 차를 경제적으로 생산하게 해 주는 유연한 생산능력 및 인력구조를 가지고 있다. 이 기업은 BMW사의 X3, Mercedes사의 G 클래스, Chrysler사의 Grand Cherokee를 생산한다. 각 경우에 있어서 수요는 비교적 적은 편이다. 각각의 기업은 자신의 자동차 모델을 조립하기 위한 충분한 규모의 경제를 가질 수 없다. 한 모델에 바탕을 두는 경우에는 유연성에 대한 비용이 따르지만 Magna Steyr사는 여러 자동차 기업에 동시에 공급함으로써 규모의 경제를 얻고 있다. 제3자는 기업에 대한 요구수량이 크고 안정적일 때 생산능력의 통합을 통해 잉여이익을 증가시킬 수 없다. 이것은 가장 잘 팔리는 차의 생산을 제3자에게 아웃소싱하지 않는다는 사실로서도 알 수 있다.
2. **재고의 통합:** 제3자는 많은 고객에 대한 재고를 통합함으로써 공급사슬의 잉여이익을 증가시킬 수 있다. W.W. Grainger사와 McMaster-Carr사는 수십만의 고객에 대한 재고를 통합함으로써 가치를 제공하는 MRO 공급자이다. 구매와 수송에 있어서 통합은 전반적인 불확실성을 감소시키고 규모의 경제를 개선시킨다. 그 결과 MRO 분배센터는 각 고객이 독자적으로 재고를 유지하려고 결정할 때 요구되는 것보다 훨씬 더 적은 안전재고와 주기재고를 유지하게 해 준다. 재고통합의 또 다른 예로, 휴대전화에 대한 제품 차별화 지연을 도와주는 분배업자인 Brightstar사를 들 수 있다. 이 휴대전화는 극동 지역에서 제조되어 마이애미에 있는 Brightstar사 창고에 운반된다. 여기에서 남아메리카로부터 고객 주문이 들어옴에 따라 소프트웨어와 보조장치가 추가되어진다. 높은 수준의 제품다양성과 많은 소규모의 고객이 Brightstar사로 하여금 재고통합과 제품 차별화 지연을 통해 공급사슬의 잉여이익을 증가시키도록 해 준다. 재고통합을 수행하는 제3자는 고객으로부터의 수요가 단편적이고 불확실할 때 공급사슬의 잉여이익에 더 많은 기여를 하게 된다. 수요가 크고 예측 가능할 때는 제3

자가 재고를 유지함으로써 잉여이익에 큰 기여를 하지 못한다. 소매의 총괄과 그 결과 나타나는 수요의 규모와 예측 가능성이 왜 분배업자가 후진국과는 달리 미국에서 큰 역할을 하지 못하는지를 설명해 준다.

3. **수송 중개자에 의한 수송통합:** 제3자는 수송 기능을 상위 단계로 통합함으로써 잉여이익을 증가시킬 수 있다. UPS사, FedEx사와 많은 LTL 수송자들이 여러 다양한 선적인들에 대한 수송을 통합함으로써 공급사슬의 잉여이익을 증가시키는 수송 중개인들의 예이다. 각각의 경우에 주어지는 가치는 수송에 있어서의 규모의 경제로부터 나온다. 각 수송자는 해당 수송수단의 용량보다 더 적게 보내고 싶어한다. 수송 중개자는 여러 수송자들의 물량을 통합함으로써 수송자 단독으로 얻을 수 있는 것보다 비용을 더 줄여 준다. 수송 중개자는 수송자가 지리적으로 분산되어 있는 고객들에게 패키지나 LTL 물량을 보낼 때 공급사슬의 잉여이익을 증가시킨다. 수송 중개자는 또한 수송자 단독으로 하는 것보다 더 높은 수준에서 역송을 통합함으로써 TL 선적에 대해서도 잉여이익을 증가시킬 수 있다. 이것은 지역 안으로 들어오는 양이 지역 밖으로 나가는 양과 아주 다르면서도 수송자의 수송 흐름이 균형을 이룰 때 특히 그러하다. 공급사슬의 잉여이익을 증가시키는 수송 중개자의 아주 좋은 예는 Daimler Chrysler사와 Ford사를 포함하는 시범 프로그램에 의해 주어진다. 제3자 물류(3PL) 업자인 Exel사는 Chrysler사를 위한 부품의 배송을 위해 전용 차량을 운행하고 있다. 미시간과 멕시코에서의 시험으로 Ford사는 자신의 트럭 부품의 배달을 같은 차량에 추가하였다. 미시간 북부와 멕시코(멕시코시티 외곽)에는 상대적으로 적은 수의 딜러가 있었으므로 Exel사에 의해 제공되는 통합은 Ford사와 Daimler Chrysler사 모두에게 이익이 되었다. 수송 중개자는 Wal-Mart사와 같은 기업에 대해서는 잉여이익을 크게 추가하지 못하였다. 왜냐하면 선적 크기가 크고 기업 또한 자신이 소유하는 많은 소매점에 걸쳐 통합을 이루고 있었기 때문이다. 이러한 환경에서 수송 중개자에 대한 유일한 가능성은 Wal-Mart사보다 더 나은 역송을 얻는 것이다.

4. **창고 중개자에 의한 수송통합:** 재고를 저장하는 제3자는 내부와 외부수송을 통합함으로써 공급사슬 잉여이익을 증가시킬 수 있다. 예를 들면, W.W. Grainger사와 McMaster-Carr사 같은 창고 중개자들은 1,000개 이상의 생산자 각각에 대한 제품을 저장하여 수십만의 고객에게 판매한다. 내부수송 측면에서 그들은 여러 생산자들로부터의 선적을 한 트럭에 통합한다. 그 결과 각 생산자가 독립적으로 행할 때보다 더 낮은 수송비용을 가져다 준다. 외부수송 측면에서도 그들은 고객에 대한 패키지를 총괄한다. 이를 통해 각 고객에 대해 따로 행하는 것보다 훨씬 더 낮은 수송비용을 초래한다. 예를 들면, Grainger사에 대한 시카고 분배센터는 각각의 인접한 주로 향하는 트럭에 패키지를 적재한다. 미시간행 트럭에 선적이 완료

되는 대로 미시간에 있는 UPS사의 분류 설비로 보내진다. 이러한 수준의 통합은 고객 자신에 의해서는 달성될 수 없다. 따라서 Grainger사와 McMaster-Carr사에 의한 제품의 저장은 내부와 외부수송을 통합함으로써 공급사슬의 잉여이익을 증가시킨다. 유사한 서비스가 인도와 같은 국가에 있는 공급자에 의해서도 제공된다. 작은 규모의 소매점들이 주어지면 공급자는 여러 생산자에 대한 배송을 통합하여 외부수송비용을 상당히 낮추게 된다. 이러한 형태의 통합은 중개자가 많은 공급자로부터 제품을 저장하여 소량으로 주문하는 많은 고객들에게 전달하는 경우에 가장 효과적이다. 이것은 미국의 슈퍼마켓 체인에 의한 공급자의 이용이 감소하는 것에서 알 수 있다. 슈퍼마켓은 일반적으로 자기 스스로 트럭에 물건을 가득 실은 채로 배송하며, 따라서 추가 통합을 위해 공급자가 필요하지 않다.

5. **창고의 통합:** 제3자는 여러 고객에 대해 창고의 필요성을 통합함으로써 공급사슬의 잉여이익을 증가시킬 수도 있다. 잉여이익에서의 증가는 창고 내 낮은 처리비용뿐만 아니라 낮은 부동산 비용에 의해서도 얻어진다. 창고통합의 이점은 공급자의 창고 필요성이 작거나 그 필요성이 시간에 따라 변동이 심한 경우에 나타난다. 어느 경우에 있어서도 창고를 가진 중개자는 많은 고객들을 통합함으로써 창고의 건설이나 운영에 있어서 규모의 경제를 활용할 수 있다. 예로서, 인도에 있는 제3자 물류업자인 Safexpress사를 들 수 있다. Safexpress사는 전국 배송을 위해 자사의 많은 고객에 의해 사용되는 창고를 소유하고 있다. 대부분의 고객은 각 지역에 있어서 자신의 창고를 정당화시킬 만큼 큰 창고를 필요로 하지 않는다. 중개자에 의한 창고통합은 작은 공급자와 지역적인 위치에 막 시작한 기업에 대한 잉여이익에 상당 부분을 추가시킨다. 창고통합은 큰 공급자나 창고의 필요성이 시간에 따라 비교적 안정된 고객에 대한 잉여이익에는 큰 기여를 하지 못한다. 예를 들면, Wal-Mart사나 Grainger사에 대한 창고의 필요성은 자신이 소유할 창고를 정당화시킬 만큼 충분히 크고 안정적이므로 제3자가 잉여이익을 증가시킬 수 없다.
6. **조달통합:** 많은 작은 기업들에 대한 조달을 통합하고 생산과 내부수송에 있어서의 규모의 경제를 이룬다면, 제3자는 공급사슬의 잉여이익을 증가시킨다. 조달의 통합은 많은 소규모 구매자에게 가장 효과적이다. 좋은 예로, 통합적인 구매를 통해 트럭장비와 서비스를 낮은 가격으로 제공하는 기업인 FleetXchange사를 들 수 있다. 조달통합은 몇몇의 대고객을 갖는 상황에서는 큰 요인이 되지 않는다. 예를 들어, 전자 산업에서의 계약 생산자들은 HP사와 Motorola사 같은 큰 고객들이 조달 기능을 아웃소싱하도록 확신을 주지 못하였다. HP사와 Motorola사 모두 충분히 큰 기업이어서 추가적인 통합으로부터 얻는 혜택이 미미하다. 반면에, 그들이 아웃소싱하면 공급자와의 관계를 계약 생산자에게 양보한다는 점에서 잠재적으로 불리할 수 있다. 그러나 작은 전자회사의 경우 계약 생산자에 의해 제공된 외주통합은 공

급사슬의 잉여이익을 상당히 증가시킬 수 있다.

7. **정보통합:** 제3자는 기업이 정보 기능을 내부적으로 수행함으로써 얻는 것보다 더 높은 수준의 정보통합을 통해 잉여이익을 증가시킨다. 모든 소매자들은 많은 생산자로부터의 제품에 대한 정보를 한 장소에 통합한다. 이러한 정보통합은 고객에 대한 탐색비용을 줄여 준다. eBags사는 정보통합을 제공하는 소매자의 예이다. eBags사는 아주 적은 재고를 유지하지만 여러 생산자들로부터 가방에 대한 정보를 알려 주는 유일한 장소이다. 제품 정보를 통합함으로써 eBags사는 온라인 고객을 위해 검색비용을 상당히 감소시켜 준다. eBags사와는 달리 각 생산자가 자신의 웹사이트와 온라인 상점을 구축하면 고객에 대한 검색비용이 높아질 것이고 생산자는 정보기반 시설에 투자를 해야만 한다. 따라서 eBags사는 검색을 저렴하게 하고 정보기술에 대한 투자를 감소시킴으로써 정보통합을 통한 잉여이익을 증가시키고 있다. 정보통합의 또 다른 두 예로, W.W. Grainger사와 McMaster-Carr사를 들 수 있다. 두 곳 모두 제품에 대한 카탈로그와 아주 자세한 웹사이트를 제공하고 있다. 이것은 고객에 의한 탐색을 용이하게 하고 수천 이상의 생산자들에 대한 제품 정보를 통합하고 있다. 정보통합의 또 다른 예는 역송을 찾고 있는 선적인과 트럭 운전사를 함께 모으는 Freight Zone사와 같은 여러 가지 온라인 사이트에 의해 제공된다. 정보통합은 검색비용을 감소시키고 트럭 운전사와 선적물의 연결을 도와준다. 정보통합은 구매자와 판매자가 나누어져 있고, 구매가 산발적으로 일어난다면 공급사슬의 잉여이익을 증가시킨다. 정보통합은 한 공급자로부터 철강을 규칙적으로 구매하는 자동차 생산자에게는 큰 요인이 되지 못한다.

8. **수령통합:** 제3자가 수령 위험을 기업보다 더 높은 수준으로 통합하거나 기업보다 더 낮은 수집비용을 가진다면 공급사슬의 잉여이익을 증가시킨다. BrightStar사는 브라질 이외의 대부분의 라틴아메리카 국가에 있어서 Motorola사를 위한 분배업자이다. 그 지역에서의 휴대전화는 많은 작은 규모의 독립적인 소매점을 통해 팔린다. 각 소매점으로부터 수령을 모으는 것은 생산자에게는 매우 비용이 많이 드는 일이다. 소매점이 많은 생산자들로부터 구매한다면 각 생산자의 수집능력 또한 감소된다. 분배업자인 Brightstar사는 모든 생산자들에 대한 수집을 통합할 수 있고 따라서 수집비용을 줄여 준다. 어느 하나의 생산자가 할 수 있는 것보다 더 많이 수집을 통합함으로써 Brightstar사는 불이행 위험을 낮출 수 있다. 줄어든 수집비용과 위험은 Brightstar사로 하여금 생산자가 이 활동을 하는 것보다 공급사슬의 잉여이익을 증가시킨다. 이는 많은 생산자로부터 하나의 소매자에게 분배를 하는 인도의 분배업자의 경우에도 성립한다. 많은 생산자들과 적은 소매자들을 통합하는 능력이 주어진다면 인도의 공급자는 일반적으로 소매자들로부터의 수령을 관리할 책임을 가진다. 수령통합은 소매점이 작고 여러 개 있으며, 각 소매점이 같은 분배센터에 의해 지원을 받는 많은 생산자로부터

의 제품을 저장하고 있다면 공급사슬의 잉여이익을 증가시킬 수 있다. 이러한 시나리오는 소매가 나누어져 있는 개발도상국에서는 가능성이 높으나, 소매가 통합되어 있는 미국과 대부분의 서유럽과 같은 선진국에서는 가능성이 떨어진다.

9. **관계통합:** 중개자는 다수의 구매자와 판매자 사이에서 요구되는 관계의 수를 감소시킴으로써 공급사슬의 잉여이익을 증가시킬 수 있다. 중개자가 없다면 천의 판매자와 백만의 구매자를 연결하는 데는 십억의 관계를 필요로 한다. 중개자가 있음으로 해서 단지 백만 정도로 요구되는 관계의 수를 줄여 준다. 대부분의 소매자와 W.W. Grainger사 같은 MRO 공급자는 관계통합을 통해 공급사슬의 잉여이익을 증가시킨다. 관계통합은 각 거래의 규모를 증가시키고 거래의 수를 감소시킴으로써 공급사슬의 잉여이익을 증가시킨다. 관계통합은 많은 구매자가 한 번에 작은 양을 산발적으로 구매하지만 각 주문이 많은 공급자로부터의 제품을 포함할 때 가장 효과적이다. 따라서 Grainger사는 MRO 제품에 대한 관계통합자가 됨으로써 잉여이익을 증가시킬 수 있다. 그러나 제3자가 관계가 장기적이고 큰 소수의 구매자와 판매자 사이에서 관계통합자가 되면 잉여이익을 증가시키지 못한다. 예를 들면, Covisint사는 특히 직접재료에 대한 자동차 산업에서의 관계통합자가 되는 데 실패하였다.

10. **비용을 낮추고 품질을 높임:** 제3자가 기업에 비해 더 낮은 비용이나 더 높은 품질을 제공한다면 공급사슬의 잉여이익을 증가시킬 수 있다. 이러한 이익이 전문화나 학습에서 나온다면 이 이익은 장기간 지속될 것이다. 어떤 공급사슬의 활동에 대한 학습곡선을 갖는 전문화된 제3자는 이 이점을 장기간 누릴 수 있다. 그러나 흔한 시나리오는 제3자가 기업이 갖지 못하는 저비용 위치를 갖는 경우이다. 이러한 상황에서 낮은 노동비용과 간접비용은 아웃소싱에 대한 일시적인 이유일 뿐이다. 왜냐하면 임금 차이가 유지되고 제3자가 앞에서 논의한 다른 이점을 제공하지 않는다면, 기업은 소유권을 유지하고 생산을 저비용 지역에 오프쇼어링하는 것이 최선이다.

키포인트 제3자는 기업 자체보다 더 높은 수준으로 통합함으로써 잉여이익의 지속적인 증가를 가져올 수 있다. 잉여이익의 증가는 기업 자체적으로 할 수 없는 생산능력, 재고, 내부 및 외부 수송, 창고, 조달, 정보, 수령, 그리고 관계의 통합으로부터 발생한다. 잉여이익의 증가는 제3자가 전문화나 학습으로 인한 저비용이나 고품질을 갖는 경우에도 발생할 수 있다.

제3자가 제공하는 잉여이익의 증가에 영향을 주는 세 가지 요인은 규모, 불확실성, 그리고 자산의 전문화이다. 만일 규모가 크면, 충분한 규모의 경제를 기업 내부적으로 얻을 가능성이 크다. 이 경우에 제3자가 추가적으로 규모의 경제를 얻어 잉여이익을 증가시킬 가능성은 적다. Wal-Mart사는 스스로 트럭을 운영함으로써 규모의 경제를 달성할 만큼 수송의 필요성 관점에서는 충분한 규모를 가지고 있다. 제3자를 도입할 경우 공급사슬의 잉여이익을 증가시킬 수 없고, 통제의 일부를 잃어버릴 수 있다. 이와는 달리, 기업의 필요성이 충분한 규모의 경제를 제공하지 못한다면 제3자가 잉여이익을 상당히 증가시킬 수 있다. 외부수송 소화물에 대해 Grainger사가 상당한 양을 갖고 있다고 하더라도 이들이 지역적으로 분산되어 있어 Grainger사는 직접 배송에 대한 규모의 경제를 얻을 수 없다. 이 경우 제3의 패키지 수송자는 잉여이익을 증가시킬 수 있다.

두 번째 중요한 요인은 기업의 필요성에 대한 불확실성이다. 만일 필요성이 예측 가능하다면, 제3자로부터의 잉여이익에 대한 증가는 기업이 충분한 규모인 경우에 제한되어 있다. 반면에, 기업의 필요성이 시간에 따라 변동이 크면 제3자는 다른 고객과의 통합을 통해 잉여이익을 증가시킬 수 있다. 예를 들면, Grainger사는 필요로 하는 창고공간의 관점에서 예측 가능한 요구량을 갖고 있다. 충분한 규모가 주어진다면 자신의 분배센터를 직접 소유하여 운영한다. 이와는 달리, 대부분의 기업은 MRO 제품에 대해서는 매우 불확실한 수요를 갖고 있다. 기업들은 이러한 품목을 재고로 갖지 않고 Grainger사를 중개자로 활용하고자 한다.

마지막으로, 잉여이익에서의 증가는 제3자에 의해 요구되는 자산의 특수성에 의해 영향을 받는다. 만일 요구되는 자산이 어느 한 기업에 대해 구체적이고, 다른 기업에 대해서는 사용될 수 없을 때, 제3자는 잉여이익을 증가시킬 수 없다. 왜냐하면 제3자가 하는 일은 오직 한 기업에서 다른 기업으로 자산을 옮기는 것이기 때문이다. 제3자는 다른 고객들에 대해 통합할 기회를 갖지 못한다. 예를 들어, 공급자가 어느 한 고객에 대한 특정한 재고를 유지하고 있다면 이 고객보다 높은 수준에서 통합할 수 없다. 이 경우에 배송업자가 있다는 것이 잉여이익을 증가

표 14.1 규모, 불확실성, 그리고 특수성 함수로서의 제3자에 의한 잉여이익의 증가

		기능에 포함된 자산의 특수성	
		낮음	높음
기업 규모	소	잉여이익의 높은 증가	잉여이익의 낮은 증가
	대	잉여이익의 낮은 증가	잉여이익의 증가 없음
기업에 의한 수요의 불확실성	저	잉여이익의 낮은 증가	잉여이익의 낮은 증가
	고	잉여이익의 낮은 증가	잉여이익의 낮은 증가

시키지 못한다. 마찬가지로 제3의 물류업자가 전적으로 어느 하나의 기업에 대한 창고를 관리한다면 다른 창고들에 대해 관리나 정보 시스템의 사용을 통합하지 않는 한 잉여이익을 증가시킬 기회는 거의 없다. 대조적으로, 자산(위의 예에서 재고나 창고)이 특정하지 않아서 여러 기업에 걸쳐 사용될 수 있다면 제3자는 여러 고객에 대한 불확실성을 통합하거나 규모의 경제를 개선하여 잉여이익을 증가시킬 수 있다. 제3자가 언제 그리고 어떻게 공급사슬의 잉여이익을 증가시킬 수 있는지에 대한 위의 논의들이 [표 14.1]에 요약되어 있다.

키포인트 기업은 필요성이 작고, 불확실성이 크며, 동일한 제3자에게 외주를 주는 다른 기업들과 공유하는 경우에는 제3자에게 아웃소싱함으로써 최대한 원하는 바를 얻을 수 있다.

제3자를 활용하는 위험

기업은 어떤 기능을 제3자에게 아웃소싱할 때 다음의 위험을 평가해야 한다.

1. **프로세스의 단절:** 기업이 공급사슬의 기능을 아웃소싱할 때의 가장 큰 문제는 프로세스에 대한 통제를 잃기 때문에 일어난다. 단절된 공급사슬의 프로세스에 제3자를 도입하는 것은 프로세스를 더 악화시키거나 통제하기 어렵게 만든다는 것을 유념해야 한다. 첫 단계는 프로세스를 통제 하에 두는 것이고, 그러고나서 비용-이익 분석을 하고 다음에 아웃소싱에 대한 결정을 해야 한다.
2. **협력비용에 대한 과소평가:** 아웃소싱을 할 때 범하는 흔한 실수는 공급사슬의 업무를 수행하는 여러 구성원들의 활동을 통합하는 데 필요한 노력을 과소평가하는 것이다. 이것은 특히 기업이 특정한 공급사슬의 기능을 다른 제3자에게 아웃소싱하려고 계획할 때는 더욱 그러하다. 기능들을 많은 제3자에게 아웃소싱하는 것은 기업이 조정자가 되는 것을 핵심역량의 하나로 본다면 가능하다(그리고 매우 효과적이다). 강한 조정자의 좋은 예로 Cisco사를 들 수 있다. 그러나 Cisco사 조차도 협력의 문제로 2000년대 초기에 문제에 부딪혀 많은 양의 잉여재고를 갖게 되었다. 조정이 문제를 야기시킨 예는 2000년에 Nike사와 i2 Technologies사 사이에서 나타났다. Nike사는 재고관리의 결함으로 인한 100억 달러의 손실을 i2사의 공급사슬 계획 소프트웨어 때문이라고 비난하였다. i2사 또한 이 문제를 Nike사의 소프트웨어 실행으로 돌렸다. 분명히 두 기업 사이의 불충분한 협력으로 실패가 발생한 것이다.
3. **고객/공급자의 접촉 감소:** 기업은 중개자를 소개함으로써 고객/공급자 접촉을 잃을 수 있다.

고객 접촉을 잃어버리는 것은 고객에게 직접 판매하지만 들어오는 주문을 수합하거나 나가는 제품을 배송하기 위해 제3자를 사용하기로 결정한 기업에 대해서는 특히 의미가 있다. 좋은 예로, Boise Cascade사를 들 수 있는데, 이 기업은 모든 외부배송을 제3자에게 아웃소싱하고 있다. 이로 인해 고객 접촉을 상당히 잃어버리고 있다. Boise Cascade사는 가까이 위치해 있는 고객들에 대한 외부배송을 사내에 있는 분배센터에 맡기기로 결정하였다. 분배센터 주위로 상당히 밀집한 고객들이 있으므로 제3자가 제공할 수 있는 잉여이익의 증가는 최소이지만 향상된 고객 접촉으로 인한 이익은 엄청났다. Boise Cascade사는 이 이상의 배송을 사내에 두지 않았다. 왜냐하면 제3자에 의해 제공되는 잉여이익의 증가가 엄청났기 때문이다.

4. **내부 생산능력의 손실과 제3자의 권한 증가:** 기업은 아웃소싱이 제3자의 권한을 상당히 증가시킨다면 공급사슬의 기능을 사내에 두려고 한다. 하나의 예는 전자 산업에서 볼 수 있다. HP사와 Motorola사 같은 기업들은 그들 생산의 대부분을 계약 생산자에게 아웃소싱하지만 조달과 설계는 비록 계약 생산자들이 이러한 능력을 갖추었다고 하더라도 아웃소싱 주기를 꺼린다. 부품의 공통성이 주어지면 계약 생산자가 설계 자산뿐만 아니라 조달에서 높은 수준의 통합을 이룰 수 있다고 주장한다. 그러나 HP사와 Motorola사는 조달을 계약 생산자에게 아웃소싱하기를 꺼린다. 왜냐하면 두 기업의 규모가 비교적 크므로 권한에 있어서의 잠재적인 손실이 크고, 반면에 통합이익이 작기 때문이다. 생산능력을 완전히 잃는 것이 제3자의 협상력을 크게 강화시켜 준다면 공급사슬의 기능 일부를 사내에 두는 것도 역시 중요하다. 이 경우 사내에 둔 생산능력은 필요성이 생길 때 실행할 수 있는 하나의 옵션으로서 역할을 한다. 이 옵션은 또한 공급사슬의 잉여이익 중 얼마나 많은 부분을 제3자가 가져야 하는지에 대해 제약하기도 한다.

5. **민감한 데이터와 정보의 유출:** 제3자를 활용하는 것은 기업이 수요 정보를, 그리고 어떤 경우에는 지적 자산의 공유를 요구하기도 한다. 제3자가 경쟁사에도 서비스를 제공하므로 정보 유출의 위험이 항상 있다. 기업은 종종 제3자 내에 방화벽을 주장하지만 방화벽이 제3자가 제공할 수 있는 잉여이익의 증가를 제한하면서 자산의 특수성을 증가시킨다. 정보의 유출, 특히 지적 자산에 대한 것이 문제가 된다면 기업은 이 기능을 사내에 둘 수 있다.

6. **비효과적인 계약:** 제3자의 인센티브를 왜곡하는 성과척도를 갖는 계약은 종종 아웃소싱으로부터의 이익을 상당히 감소시킨다. 예를 들면, 제3자 서비스의 비용을 포함한 가격결정으로 제3자가 장부를 보여 준다고 하더라도 인센티브 문제를 야기시킬 수 있다. 이러한 형태의 가격결정이 제3자가 비용을 더 절감시키기 위해 혁신하려는 인센티브를 없애버린다. 개선에 대한 부담은 결국 기업에 주어진다. 또 다른 예는 기업이 공급자나 공급자에게 계약의 한

부분으로 며칠분의 재고를 유지하도록 요구할 때 나타난다. 이러한 상황에서는 기업이 원하는 서비스 수준으로 계약을 하고 제3자에게 재고량에 대한 재량권을 주는 것이 좋다. 그러면 제3자는 주어진 서비스 수준을 충족시키고자 필요한 재고량을 줄이려는 인센티브를 갖게 된다.

14.3 제3자와 제4자 물류업자

제3자 물류(3PL)업자는 기업 자체적으로 수행할 수 있는 제품, 정보, 그리고 자금의 흐름과 관련된 물류활동 중 하나 이상을 수행한다. 전통적으로, 3PL은 공급사슬 내의 수송, 창고, 그리고 정보기술과 같은 특정한 기능에 초점을 두었다. *Armstrong's Guide to 3PLs & Global Logistics Services*(Armstrong & Associates, Inc., 2001)는 [표 14.2]에 보여지는 것과 같이 3PL에 의해 제공되는 몇몇 서비스를 설명하고 있다.

대부분의 3PL은 공급사슬의 기능에 초점을 맞추어 시작되었다. 예를 들면, UPS사는 작은 패키지 수송업체로서 시작했다. Schneider사는 트럭적재 수송자로 시작했다. 그러나 수년이 지나 기본 기능이 상품화되자 3PL은 사업영역을 넓혀 나갔다. 여전히 특정한 기능을 수행하기 위해 3PL을 활용하는 여러 고객들이 있다. 예를 들면, Grainger사는 UPS사에 아웃소싱을 준 외부수송을 제외하고는 주문에서 납기까지의 주기 중 대부분을 다룬다. UPS사는 Grainger사의 고객과 작은 주문량의 지역적 배송이 주어지면 잉여이익을 증가시킬 수 있다. UPS사는 현재 창고, 정보기술, 그리고 국제적인 다양한 다른 서비스로 영역을 확장하고 고객에 대한 폭넓은 범위의 기능을 수행하려고 한다. 광범위한 서비스로 인해 UPS사는 National Semiconductor사에 대한 국제적 공급사슬을 관리하기로 계약할 수 있었다. UPS사는 National Semiconductor사의 공장으로부터 전세계의 분배센터와 전세계의 고객에게 반도체 칩의 이동을 관리하고 있다. 마찬가지로, Schneider Logistics사 물류는 트럭적재 수송 이상의 다양한 서비스를 제공하고 있다. General Motors사의 부품운영조직(GMSPO)을 위해 Schneider사는 주문부터 최종 지불까지의 종합적인 물류 서비스를 제공하고 있다. 또한 UPS, FedEx와 같은 몇몇 3PL 업체들은 경정비나 간단한 조립과 같은 서비스를 함께 제공하고 있다. 보증기간이 남아 있는 PC가 고장이나 수리가 필요한 경우, PC는 수리를 위해 UPS의 허브까지만 이동하면 되기 때문에 UPS는 경정비를 위한 공급사슬 비용을 줄일 수 있다.

광범위한 공급사슬 서비스의 아웃소싱 추세는 1990년대 후반 이후 증가하고 있다. 공급사슬의 증가된 국제화로 고객들은 자신의 공급사슬의 모든 면을 가상적으로 관리해 줄 수 있는 업

표 14.2 3PL에 의해 제공되는 서비스

서비스 범주	기본 서비스	몇 가지 구체적인 부가 서비스
수송	배, 트럭, 철도, 항공에 의한 내부 및 외부 수송	지불, 추적, 수송수단 변환, 발송, 화물운임, 계약관리
창고	저장, 설비관리	크로스도킹, 이송중 병합, 기업간 공동 분배, 수령/포장, 키팅, 재고관리, 라벨링, 주문 이행, 카탈로그 주문의 가정 수송
정보기술	고급 정보/컴퓨터시스템 제공 및 유지	수송관리 시스템, 저장관리, 네트워크 모형화와 지역 선택, 화물운임 지불, 자동화된 중개 인터페이스, 단말간 연결, 예측, 전자문서 교환, 전세계적 추적, 세계적 가시성
역물류	역흐름의 관리	재활용, 사용한 제품 처분, 고객 반환, 반환해야 할 컨테이너 관리, 수리/수선
기타 3PL 서비스		중개업, 운송업, 구매-주문관리, 주문수령, 손실 및 손해 요구, 화물운임 감사, 상담, 시간적으로 명확한 수송
국제적		고객 중개업, 항만 서비스, 수출 용기, 통합
특수 기능/자재 취급		위험 자재, 온도관리, 포장 수송, 식료품 등급 설비/장비, 산적화물

체를 찾고 있다. 이것이 제4자 물류(4PL)의 개념으로 나타났다. Andersen Consulting(현재는 Accenture)사는 처음으로 4PL을 다음과 같이 정의하였다. 제4자 물류는 "종합적인 공급사슬의 솔루션을 설계, 구축 및 운영하기 위해 자신의 조직과 다른 조직의 자원, 능력과 기술을 조합하는 통합자"이다.[1] 3PL은 기능에 치중하는 반면에 4PL은 프로세스 전체의 관리에 목표를 둔다. 어떤 사람들은 4PL을 고객에 대한 전체 프로세스에 책임을 지고 다른 3PL, 트럭수송자, 수송자, 고객 중개인 등을 관리하는 일반적인 계약업자로 설명한다. 이 아이디어가 처음 형성되었을 때 Andersen사는 어떤 물류 자산도 소유하지 않지만 여러 다양한 물류업자를 관리만 하는 중립적인 4PL을 생각했다. 현실은 이는 정도 다르다. 어떤 중립적인 4PL도 자신들의 입지를 확립할 수 없었다. 그러나 많은 3PL들이 통합적인 서비스를 제공하기 시작하였고, 따라서 몇몇 기능들을 포함하면서 4PL과 선도적 물류업자 역할을 하게 되었다.

선도적인 물류업자의 한 예로, Menlo Logistics사를 들 수 있는데, 이 기업은 전국적인 가구 유통체인인 HomeLife사에 대한 공급사슬의 모든 영역을 관리하고 있다. Menlo사는 HomeLife사에 대한 공급사슬과 정보 시스템을 설계하고 수송, 창고, 가정 배송, 제품 설치 및 수리, 그리고 역송 등을 통합하였다. 솔루션은 Menlo사에 의해 운영되는 분배센터와 Menlo사

1 다음의 주소에서 검색: http://en.wikipedia.org/wiki/4PL, 2006년 1월 29일

가 관리하는 다른 제3자에 의해 운영되는 분배센터를 포함하고 있다. Menlo사는 또한 다른 공급사슬의 활동을 관리하고 추적하기 위해 중앙지휘센터를 가지고 있고, HomeLife사에게 주문, 창고, 수송, 그리고 가정 배송을 관리하기 위한 정보 시스템을 제공하였다. 또 다른 예로는 스위스 화물 수송자인 Kuehne & Nagel AG를 들 수 있다.

이 기업은 4PL로 포지셔닝한 Kuehne & Nagel Lead logistics(K&N)를 설립하였다. 2002년에 Nortel Networks사는 공장으로부터 고객까지의 모든 외부 물류를 다루기 위해 K&N사를 이용하였다. K&N사는 현재 전세계적으로 Nortel사에 대한 35~40곳의 수송자, 창고관리자, 트럭수송자, 그리고 다른 물류업자 등을 관리하고 있다. K&N사 자체적으로도 이러한 서비스 중의 일부를 Nortel사에 제공하고 있다.

근본적인 문제는 4PL이 자신의 물류업자를 관리하는 기업에 대해 상대적으로 어떻게 가치를 증가시키느냐 하는 것이다. 이것은 특히 K&N사와 Nortel사의 예에 있어서 적절하다. 왜냐하면 K&N사는 이전에 공급사슬을 관리했던 거의 100명의 Nortel사 직원을 고용하였다. 제안된 하나의 답은 K&N사와 같은 누군가에게 아웃소싱하는 것은 Nortel사로 하여금 제한된 자원을 핵심 비즈니스에 사용하도록 해 준다는 것이다. 그러나 물류와 같은 비핵심 활동을 아웃소싱하는 것은 공급사슬의 잉여이익 증가를 보증해 주지 않는다는 점을 기억해야 한다. K&N사와 Nortel사의 관계는 K&N사가 Nortel사가 할 수 없는 방식으로 잉여이익을 증가시킬 때만 장기적으로 지속될 수 있다. 4PL이 제공하는 근본적인 이점은 기업의 공급사슬에 대한 가시성의 증대와 협력, 그리고 물류업자 사이의 개선된 협조로부터 나온다. 가시성의 증가와 협력은 정교한 정보기술의 사용을 필요로 한다. 이러한 기술의 개발이나 구매에 대한 높은 비용과 실행을 위해 요구되는 전문지식이 주어지면 4PL은 이 비용을 여러 고객에 대해 분산함으로써 잉여이익을 증가시킬 수 있다. 많은 4PL은 IT 응용프로그램에 필요한 것들을 자체 개발하였고, 반면에 여러 업자들로부터의 IT 응용프로그램을 통합한 기업도 있다. 예를 들면, Schneider Logistics사는 SUMIT라 불리는 프로그램을 가지고 있는 반면에 Exel plc Americas사는 i2 Technologies사와 CAPS사 같은 다양한 업자들로부터의 응용프로그램을 사용하고 있다. 4PL은 고객으로부터의 수요와 물류업자의 능력을 효과적으로 통합함으로써 공급사슬의 잉여이익을 증가시킬 수 있다.

이 두 가지를 모두 하는 기업의 예로는 Li & Fung사를 들 수 있다. 이 기업은 Reebok사와 같은 국제적인 기업이 개발도상국들에 걸쳐 있는 조달과 생산을 관리하는 데 도움을 주는 20억 달러의 사업을 시작하였다. 이 기업은 1906년에 설립된 설립된 이래 개발도상국들에 있는 공급자와 국제적인 구매자 사이의 중개자 역할을 하고 있다. Li & Fung사는 원래 중국에서 미국으로 옥, 자기, 그리고 실크를 수출하는 기업이었다. 1970년대에 이 기업은 공급자 네트워크를 확장하여 조달을 적절하게 함으로써 유럽연합과 NAFTA 같은 지역적인 무역장벽까지 헤쳐 나갈 수 있게 되었다. Li & Fung사는 32개 나라의 수천 개 공장을 거의 천의 고객과 최적의 방식으로 연결할 수 있는 정보의 중심이다. Li & Fung사는 공급자 능력의 30퍼센트 내지 70퍼센트를 확보하고 있다. 이 공장들은 Li & Fung사로부터의 신뢰할만한 반복된 사업에 익숙해 있고 따라서 자신의 능력을 기꺼이 제공하려고 한다. Li & Fung사는 각 공장을 적절한 고객 주문에 대응시키기 위해 각 공장의 자세한 생산능력 정보를 가지고 있다. 자신의 고객에 대해 Li & Fung사는 단기 생산을 도와준다. 이를 통해 고객은 주문을 내기 전에 판매추세를 알 수 있다. 주문이 접수되면 Li & Fung사는 한 공급자로부터 실을 조달하고 직물공장의 생산 계획을 작성한다. 최종적으로, 납기를 준수하기 위해 의류 생산의 하청을 준다. 이 모든 것이 납기를 준수하면서 생산비용을 최소화하도록 행해진다. 분명히 Li & Fung사는 다른 개별적인 고객이나 공급자가 할 수 없는 방식으로 공급사슬의 잉여이익을 증가시키는 통합자이다. 이 기업은 수백의 고객에 대한 수요와 수천의 공급자에 대한 생산능력을 통합하고 가장 비용 효과적인 방식으로 공급과 수요를 대응시키기 위해 양측의 상세한 정보를 활용한다.

공급사슬이 점점 더 국제화됨에 따라 폭넓은 범위의 서비스를 갖는 3PL은 시장에서의 이점을 누리고 있다. 이것은 큰 3PL이 더욱 커지는 일련의 합병을 초래해 오고 있다. 특히 전자 산업에 있어서 제품 차별화 지연이 더욱 많이 사용됨에 따라 중개자는 부분적인 생산 책임을 떠맡도록 요청받고 있다. 이로 인해 3PL과 계약 생산자와의 차이가 불분명해지고 있다. 더 규모가 큰 3PL은 서비스의 일부로서 어떤 형태의 최종조립을 더 많이 제공하려고 할 것이다. 계약 생산자 또한 물류업자를 인수하거나 협력함으로써 자신의 물류능력을 확장하고 있다. 예를 들면, 계약 생산자인 Celestica사는 물류업자로서 Exel Logistics사, FedEx사, Kuehne & Nagel사, 그리고 Panalpina사와 협력을 하고 있다. 또 다른 계약 생산자인 Flextronics사는 2000년대 초기에 몇몇 물류업자들을 인수하였다. 어느 경우이든 목표는 고객에게 완전한 생산 및 배송 서비스를 제공하는 것이다.

14.4 공급자 점수부여와 평가

공급자를 비교할 때, 많은 기업들은 공급자를 활용하는 총비용에 영향을 주는 다른 중요한 차원에 있어서 공급자들 간에 차이가 있을 수 있다는 사실을 무시한 채 제시된 가격에만 초점을 두는 근본적인 실수를 저지르고 있다. 예를 들면, 공급자는 서로 다른 보충 조달기간을 가질 수 있다. 짧은 리드타임을 갖는 더 비용이 많이 드는 공급자를 선정해야 하는가? 또는 서로 다른 정시 배송을 하는 공급자를 고려해야 하는가? 더 신뢰할만한 공급자가 추가로 돈을 들일만큼 가치가 있는가?

앞에서 설명한 각각의 경우에 공급자가 제시하는 가격은 공급사슬의 잉여이익에 영향을 미치는 많은 요인들 중의 하나일 뿐이다. 공급자에 대한 점수를 매기고 평가할 때, 제시된 가격 외에 다음 요인들을 고려할 수 있다.

- 보충 리드타임
- 정시 성과
- 공급 유연성
- 납기빈도/최소 로트 크기
- 공급 품질
- 내부수송비용
- 가격조건
- 정보 협력능력
- 설계 협력능력
- 환율, 세금과 관세
- 공급자의 생존 가능성

공급자의 성과는 위의 항목 각각에 대해 평가되어야 한다. 왜냐하면 이들 모두가 공급사슬의 총비용에 영향을 미치기 때문이다. 이제 이들 각각이 공급사슬의 총비용에 어떻게 영향을 주는지와 이들 요인에 대한 공급자의 평가가 공급자를 활용하는 총비용을 추론하는 데 어떻게 사용되는지를 논의하고자 한다.

1. **보충 리드타임:** 공급자로부터의 보충 리드타임이 증가함에 따라 구매자가 보유해야 하는 안전재고의 양 또한 보충 리드타임의 제곱근에 비례하여 증가한다(11장 참조). 공급자에 의한 리드타임의 성과는 식 (11.9)를 사용하여 필요한 안전재고로 직접 변환될 수 있다. 따라서 보충 리드타임에 의해 공급자의 성과를 점수매김함으로써 기업이 각 공급자의 안전재고 유지비용에 대한 영향을 평가할 수 있다.
2. **정시 성과:** 정시 성과는 리드타임의 가변성에 영향을 미친다. 신뢰할만한 공급자는 리드타임에 대한 변동성이 작지만, 신뢰할 수 없는 공급자의 경우에는 변동성이 크다. 리드타임의 변동성이 커짐에 따라 기업에서 요구되는 안전재고가 급속도로 증가한다(11장 참조). 정시 성과는 리드타임의 변동성으로 변환되고, 다시 식 (11.11)을 사용하여 필요한 안전재고로 전환

된다. 기업은 공급자에 의한 열악한 정시 성과가 안전재고를 유지하는 비용에 미치는 영향을 평가하기 위해 11장의 논의를 참조할 수 있다.

3. **공급 유연성:** 공급 유연성이란 다른 성과 요인에 영향을 주지 않으면서 공급자가 견딜 수 있는 주문량에서의 변동을 말한다. 공급자의 유연성이 부족할수록 주문량이 변화할 때 나타나는 리드타임의 변동성이 커진다. 따라서 공급 유연성은 기업이 유지해야 할 안전재고의 수준에 영향을 미친다.
4. **납기빈도/최소 로트 크기:** 공급자가 제시하는 납기빈도와 최소 로트 크기는 기업이 주문하는 보충 로트의 크기에 영향을 미친다. 보충 로트의 크기가 커짐에 따라 기업에서의 주기재고가 커지고 따라서 재고유지비용이 증가하게 된다(10장 참조). 납기빈도는 식 (10.1)을 사용하여 주기재고로 변환될 수 있다. 정기적 검토 모형을 사용하는 기업에 대해 납기빈도는 필요한 안전재고에 영향을 미친다(식 (11.18) 참조). 따라서 공급자의 납기빈도는 주기재고와 안전재고의 유지비용으로 변환될 수 있다.
5. **공급 품질:** 공급 품질의 저하는 기업에 가용한 부품공급의 변동성을 증가시킨다. 품질은 보충주문을 생산완료하기 위해 공급자가 취하는 리드타임과 리드타임의 변동성에 영향을 미친다. 왜냐하면 추가 주문이 불량 제품을 대체하기 위해 충족되어야 하기 때문이다. 결과적으로, 높은 품질의 공급자에 비해 낮은 품질의 공급자의 경우 기업은 더 많은 안전재고를 유지해야만 한다(11장 참조). 공급 품질, 리드타임, 그리고 리드타임 변동성 사이의 관계가 정해지면 각 공급자의 품질 수준이 필요한 안전재고와 관련된 재고유지비용으로 변환된다. 부품의 품질 또한 고객 만족과 제품비용에 영향을 미치는데, 그 이유는 재작업, 재료손실, 그리고 검사비용 때문이다.
6. **내부수송비용:** 공급자를 활용하는 총비용은 공급자로부터 재료를 들여 오는 내부수송비용을 포함한다. 해외로부터 제품을 조달하는 것은 제품비용을 낮추지만 일반적으로 높은 내부수송비용을 초래한다. 따라서 공급자를 비교할 때 이 점을 고려해야 한다. 거리, 수송방식, 그리고 납기빈도가 각 공급자에 관계된 내부수송비용에 영향을 미친다.
7. **가격조건:** 가격조건은 지불이 이루어지기 전에 허용되는 시간지연과 공급자에 의해 제공되는 수량 할인을 포함한다. 공급자에 대한 지불에서 허용되는 시간지연은 구매자의 운전자본을 절약해 준다. 각 공급자에 대한 운전자본 절약비용이 수량화될 수 있다. 가격조건은 정해진 양 이상의 구매에 대한 할인을 포함한다. 수량 할인은 단위당 비용을 낮춰 주지만 필요한 배치 크기를 증가시키고 따라서 주기재고를 증가시킨다(10장 참조). 10장에서 논의했듯이, 원재료비용과 재고비용에 대한 수량 할인의 영향은 각 공급자에 대해 계량화할 수 있다.
8. **정보 협력능력:** 공급자의 정보 협력능력은 계량화하기 힘들지만 수요와 공급을 대응시키는

기업의 능력에 영향을 미친다. 좋은 협력은 더 나은 보충계획을 가져다 주고, 따라서 가용한 양의 부족으로 인한 판매손실뿐만 아니라 보유재고를 감소시킨다. 좋은 정보 협력은 또한 채찍 효과를 줄여 주고(17장 참조), 따라서 고객에 대한 대응도를 개선시키면서 생산, 재고, 그리고 수송비용을 감소시켜 준다. 좋은 협력의 가치는 채찍 효과의 결과로서 공급사슬에 소개되는 변동성의 크기와 관련되어 있다.

9. **설계 협력능력:** 제품비용의 큰 부분이 설계에 해당된다면 공급자의 협력능력은 상당하다. 제조능력과 공급사슬에 대한 좋은 설계 협력은 필요한 재고와 수송비용을 감소시킬 수 있다. 생산자가 부품의 설계 및 제조를 더 많이 아웃소싱함에 따라 여러 공급자에 걸쳐 설계를 협력하는 능력이 제품의 궁극적인 성공과 시장에 소개하는 속도에 결정적이다. 그 결과 공급자의 설계 협력능력이 점점 더 중요해지고 있다.
10. **환율, 세금과 관세:** 비록 환율, 세금, 그리고 관세가 공급자에 의존하는 것은 아니지만, 국제적인 생산과 공급기반을 갖는 기업에는 이것들이 중요할 수 있다. 많은 경우에, 화폐의 변동이 다른 모든 요인들을 합한 것보다 부품가격에 더욱 큰 영향을 준다. 따라서 환율 변동에 대처하기 위해 재무적인 방지책을 활용할 수 있다. 그러나 6장에서 논의한 것처럼 수요와 거시경제적 변동성을 책임지기 위해 국제적 공급사슬에서의 여러 가지 공급 옵션을 분석하는 것이 중요하다. 마찬가지로 세금과 관세 수준도 공급자의 위치에 따라 총비용에 상당한 차이를 가져다 준다.
11. **공급자의 생존 가능성:** 기업의 성과에 대한 공급자의 영향이 주어진다면 공급자를 선정하는 중요한 요인은 약속을 충족시킬 가능성이다. 이러한 고려는 공급자가 기업의 미션에 중요한 제품을 공급하고 이 제품에 대한 대체품을 찾기 어려운 경우에는 특히 중요하다. 이것이 반드시 큰 기업에 대한 것이 아니라 많은 작은 기업, 심지어 신규 기업도 허용할만한 수준의 생존 가능성을 제공해야 함을 기억해 둘 필요가 있다.

모든 공급자는 단위당 부과된 가격 외에도 앞에서 언급된 모든 차원에 대해 평가되어야 한다. 총비용에 대한 각 요인의 영향이 [표 14.3]에 요약되어 있다. [표 14.3]의 요인들은 기업으로 하여금 각 차원에 대해 서로 다른 성과를 갖는 여러 다양한 공급자를 평가하고 비교하도록 해 준다. 우리는 요인의 대부분에 대한 성과가 비용에 대한 영향으로 어떻게 계량화되는지를 논의하였다. 따라서 각 공급자에 대한 전반적인 성과가 총비용과 비정량적 요인에 대한 평가로 특징지어질 수 있다.

표 14.3 공급자 성과 요인과 총비용에 대한 영향

	부품의 구매 가격	재고		수송비용	제품 소개시간
		주기	안전		
보충 리드타임			X		
정시 성과			X		
공급 유연성			X		
납기빈도		X	X	X	
공급 품질	X		X		
내부수송비용				X	
가격조건	X	X			
정보 협력능력			X	X	
설계 협력능력	X	X	X	X	X
환율, 세금과 관세	X				
공급자 생존 가능성			X		X

키포인트 공급자의 성과는 총비용에 대한 영향에 바탕을 두고 비교되어야 한다. 총비용은 구매 가격 외에도 보충 리드타임, 정시 성과, 공급 유연성, 납기빈도, 공급 품질, 내부수송비용, 가격조건, 예측과 계획에 협력하는 공급업자의 능력, 환율과 세금, 그리고 공급자의 생존 가능성에 의해서도 영향을 받는다.

예제 14.1에서 우리는 서로 다른 가격과 다른 성과 특징을 갖는 두 공급자의 비교를 보여 주려고 한다.

예제 14.1
총비용에 바탕을 둔 공급자의 비교

제초기와 제설기 생산자인 Green Thumb사는 현지 공급사로부터 주당 1,000개의 베어링을 개당 1.00달러로 구매해 오고 있다. 구매과장은 이제 개당 0.97달러로 베어링을 공급하고 싶어하는 또 다른 공급자를 찾게 되었다. 결정을 내리기에 앞서, 그는 두 공급자의 성과를 평가하려고 한다. 현지 공급자는 평균 2주의 리드타임으로 2,000개의 배치로 베어링을 배송하기로 되어 있다. 과거의 정시 성과에 바탕을 두고 추정한 결과 리드타임의 표준편차가 1주임을 알게 되었다. 새로운 공급자의 경우 평균 리드타임이 6주이고 표준편차는 4주이다. 새로운 공급자는 최소한 8,000개의 배치 크기를 요구한다. 구매과장은 어느 공급자와 함께 해야 하는가? Green Thumb사는 25퍼센트의 재고유지비용을 갖는다. 현재 재고를 관리하기 위해 연속적 검토 모형

을 사용하고 있으며 95퍼센트의 주기 서비스 수준을 목표로 하고 있다. 주당 평균 수요는 1,000이고 표준편차는 300이다.

분석: 리드타임과 리드타임의 변동성에 대한 공급자의 성과가 Green Thumb사가 유지해야 하는 안전재고에 영향을 미친다. 최소 배치 크기에 대한 요구조건도 유지해야 하는 주기재고에 영향을 미친다. 따라서 구매과장은 각 공급자를 활용하는 총비용을 평가해야 한다. 먼저 현재의 현지 공급자를 활용하는 비용을 고려해 보자.

$$\text{연간 자재비용} = 1{,}000 \times 52 \times 1 = 52{,}000\text{달러}$$

$$\text{평균 주기재고(식 (10.1)을 이용)} = 2{,}000/2 = 1{,}000$$

$$\text{연간 주기재고 유지비용} = 1{,}000 \times 1 \times 0.25 = 250\text{달러}$$

리드타임 동안 수요의

$$\text{표준편차(식 (11.11)을 이용)} = \sqrt{2 \times 300^2 + 1{,}000^2 \times 1^2} = 1{,}086.28$$

현재 공급자와 관련되어

$$\text{요구되는 안전재고(식 (11.9)를 이용)} = NORMSINV(0.95) \times 1{,}086.28 = 1{,}787$$

$$\text{안전재고의 연간 유지비용} = 1{,}787 \times 1 \times 0.25 = 447\text{달러}$$

$$\text{현재 공급자 이용의 연간 비용} = 52{,}000 + 250 + 447 = 52{,}697\text{달러}$$

다음으로, 새로운 공급자를 이용할 때의 비용을 고려해 보자.

$$\text{연간 자재비용} = 1{,}000 \times 52 \times 0.97 = 50{,}440\text{달러}$$

$$\text{평균 주기재고(식 (10.1)을 이용)} = 8{,}000/2 = 4{,}000$$

$$\text{연간 주기재고 유지비용} = 4{,}000 \times 0.97 \times 0.25 = 970\text{달러}$$

리드타임 동안 수요의

$$\text{표준편차(식 (11.11)을 이용)} = \sqrt{6 \times 300^2 + 1{,}000^2 \times 4^2} = 4{,}066.94$$

현재 공급자와 관련되어 요구되는

$$\text{안전재고(식 (11.9)를 이용)} = NORMSINV(0.95) \times 4{,}066.94 = 6{,}690$$

$$\text{안전재고의 연간 유지비용} = 6{,}690 \times 0.97 \times 0.25 = 1{,}622\text{달러}$$

$$\text{현재 공급자 이용의 연간 비용} = 50{,}440 + 970 + 1{,}622 = 53{,}032\text{달러}$$

새로운 공급자가 연간 재고비용은 더 낮지만 연간 총비용은 더 높음을 볼 수 있다. 모든 성과 특성을 고려한 결과 구매과장은 현재 공급자를 계속 활용해야만 한다.

2008년, 공급업자 선택에서의 이슈는 해상 운송비용의 증가와 중국 위안화 가치의 상승이었다. 2005년에서 2008년까지의 해상 운송비용은 135% 증가하였으며, 중국 위안화의 가치는 18%, 중국의 생산 인건비는 44% 증가하였다. 2008년까지 많은 생산자들은 현지 공급자들보다 25~40% 낮은 비용을 위해 필수적으로 오프쇼어링 전략을 취하였다. 그러나 2008년부터 많은 경영자들은 긴 공급사슬, 가시성의 부족, 품질 문제, 운송비용의 상승, 개발도상국의 임금 상승과 같은 문제에 의해 현지 공급업자들과 관계를 맺는 것이 더욱 유리하다는 것을 인지하게 되었다. 현지 공급업자들과의 관계를 통해 짧아진 운송거리는 환경 관점에서 매력적인 요소가 되었다. 따라서 공급업자들을 평가하는 과정에서 다양한 요소들을 종합적으로 고려하는 것은 필수적인 사항이 된다.

14.5 공급자 선정 — 경매와 협상

공급자를 선정하기 전, 기업은 단일 외주를 이용할 것인지 아니면 복수 외주를 이용할 것인지를 결정해야 한다. 단일 외주는 공급자가 구매자 위주의 상당한 투자를 해야 할 때 공급자에게 충분한 사업기회를 보장해 준다. 구매자 위주의 투자는 구매자에 특정한 부품을 생산하기 위해 설계된 공장이나 장비의 형태를 취하거나, 개발될 필요가 있는 전문적 기술의 형태를 취하게 된다. 또한 단일 외주는 자동차 산업에서 생산 순서대로 조달되어야 하는 자동차 의자와 같은 부품에 대해 사용된다. 이와 같이 순서를 조정하는 것은 복수 외주에서는 불가능하다. 그 결과, 자동차 기업들은 각 공장에 대해서는 단일 의자 외주를 하지만 생산 네트워크를 통해서는 복수 의자 외주를 한다. 복수 외주는 어느 정도의 경쟁력과 한 조달원에 문제가 있는 경우에도 지원 역할을 할 가능성이 크다.

공급자의 수가 적정한지에 대한 좋은 테스트는 공급자를 하나 더 늘리거나 줄이는 것이 어떤 영향을 가져오는지 분석하는 것이다. 만일 각 공급자가 어느 정도 다른 역할을 하고 있지 않다면, 이는 공급기반이 너무 클 가능성이 있다. 이와는 달리 독특하고 가치 있는 능력을 가진 공급자를 추가하는 것이 총비용을 증가시키지 않는다면, 현 공급기반이 너무 작은 것이다.

공급자의 선정은 오프라인 경쟁 입찰, 역경매, 혹은 직접 협상을 포함한 다양한 메커니즘을 사용하여 이루어진다. 어떤 메커니즘이 사용되든지 간에, 공급자의 선정은 단지 구매 가격이 아닌 공급자를 활용하는 총비용에 기준을 두어야 한다. 이제 실무에서 자주 사용되는 몇 가지 경매 메커니즘을 논의하고, 이들 특징을 알아 보고자 한다.

공급사슬에서의 경매

제3자에게 아웃소싱할 때, 기업들은 역사적으로 경쟁 입찰을 해 왔으며, 최근 몇 년 동안은 인터넷상에서 역경매를 사용하고 있다. 경쟁 입찰은 입찰가가 다른 입찰자들에게 보여지지 않는 경매의 한 형태이다. 앞으로 우리는 경쟁 입찰을 경매로 다룰 것이다. 경매에 관한 논의는 Krishna(2002)와 Milgrom(2004)에서 볼 수 있다. 다음 논의의 상당부분은 그들의 주장을 요약한 것이다.

많은 공급사슬의 설정에서, 구매자들은 생산 혹은 수송과 같은 공급사슬의 기능을 아웃소싱하려고 한다. 잠재적 공급자들은 먼저 입찰 자격을 얻은 후, 그 기능을 수행하기 위해 얼마를 요구할지에 대한 입찰에 참여할 수 있다. 자격 획득의 과정은 구매자가 관심을 가지는 성과의 여러 속성들을 포함하기 때문에 중요하다([표 14.3] 참조). 따라서 주로 단위 가격에 기준한 경매를 진행할 때, 구매자들이 가격 외의 다른 차원에 대한 성과 기대치를 명시하는 것이 중요하다. 현실적으로 구매자는 다속성 경매를 하는 것이 훨씬 낫지만, 대부분의 경우 여러 속성에 대한 규격이나 가격의존의 경매를 한다. 자격 획득의 과정은 비가격 속성에 대한 성과 기대치를 충족시키는 공급자를 파악하는 데 사용된다. 구매자의 관점에서, 경매의 목적은 입찰자로 하여금 그들의 기초비용 구조를 노출시켜 최소의 비용을 갖는 공급자를 선정하는 것이다. 이들 경매에 일반적으로 사용되는 메커니즘은 다음과 같다.

- 비공개 입찰 최저가 경매(sealed-bid first-price auctions)에서는 정해진 시간까지 잠재적인 공급자들이 계약을 위한 비공개 입찰을 한다. 그런 다음, 입찰들이 공개되어 가장 낮은 가격을 적어 낸 입찰자와 계약이 이루어진다.
- 영국식 경매(English auctions)에서는 경매인이 한 가격으로 시작하고 공급자는 계속되는 입찰이 이전 입찰보다 낮은 한 계속 입찰할 수 있다. 마지막 입찰자(최소가 입찰자)가 계약을 하게 된다. 이 경우의 차이점은 경매가 진행됨에 따라 모든 공급자가 현재의 최저 입찰가를 볼 수 있다는 것이다.
- 네덜란드식 경매(Dutch auctions)에서는 경매인이 하나의 낮은 가격으로 시작하고 공급자들 중의 한 업자가 계약하기로 동의할 때까지 가격을 천천히 올려 나가는 것이다.
- 차선가격 경매(second-price (Vickrey) auctions)에서는 잠재공급자들이 입찰을 제출한다. 계약은 최저가 입찰자와 이루어지지만 가격은 두 번째로 낮은 가격을 제출한 입찰자의 가격으로 정해진다.

사용할 경매를 파악할 때 기업은 지불 가격이 최소이기를 원한다. 그 기업은 또한 가장 낮은 기초가격을 갖는 공급자와 거래를 하는 데 관심이 있을 수도 있다. 왜냐하면 공급자는 약정한 가격에서 실제로 공급할 수 있는 것이 가능하도록 하기 때문이다. 관련된 문제는 공급자가 그들의 비용구조와는 맞지 않는 잘못된 입찰을 할 인센티브가 있느냐 하는 것이다. 그러한 입찰은 기업이 지불할 비용을 증가시킬 것이며, 또한 최소의 비용을 갖지 않는 그런 계약으로 기업을 유도할 수 있기 때문이다.

비공개 입찰 최저가 경매에 관한 중요한 주제는 "승자의 저주"로 불리는 문제이다. 일단 비공개 입찰로 선정되면, 승자는 다른 공급자들이 더 높은 가격에 입찰했기 때문에 입찰가를 조금 올리고도 여전히 이길 수 있음을 깨달았다. 이런 방법으로, 입찰의 승리는 승자가 돈을 좀더 벌 수 있게 해 준다. 따라서 입찰자들은 이러한 현상을 고려하여 그들의 초기 비공개 입찰가를 더 높게 조정했다. 이러한 문제는 입찰자들이 다음 입찰가를 계획할 때 현재의 최고 입찰가를 볼 수 있는 공개 경매에서는 일어나지 않는다. 승자가 두 번째로 낮은 입찰자의 가격을 채택하기 때문에 진짜 비용을 숨길 인센티브가 없는 차선가격 경매에서도 일어나지 않았다.

다음 요인들은 경매의 성과에 영향을 미친다

- 공급자의 비용구조는 (다른 입찰자들에게 공통된 요인에 영향을 받지 않는) 사적인 것인가?
- 공급자들은 대칭적인가 아닌가? 즉, 사전적으로 그들은 유사한 비용구조를 갖는 것으로 기대되는가?
- 공급자들은 그들의 비용구조를 추정하기 위해 필요한 모든 정보를 가지고 있는가?
- 구매자는 공급사슬에 대해 기꺼이 지불할 최고 가격을 명시하였는가?

공급자들에 대한 비용구조부터 살펴보자. 대부분의 경우에 공급자의 비용 일부는 그 프로세스를 어떻게 조직했는가로부터 나오고, 일부는 모든 공급자들에게 공통된 원자재나 인건비와 같은 시장 요인으로부터 나오는 것으로 가정하는 것이 합리적이다. 다시 말하면, 공급자들의 비용구조는 어느 정도 서로 의존적이며 상관관계가 있다. 이 상호의존성과 상관은 유사한 시장에 위치한 유사한 프로세스를 갖는 공급자들에 대해서는 더 높을 가능성이 있다. 만일 공급자들이 상호의존적이고 상관된 비용을 갖는 대칭적이라면, 영국식 경매를 이용하여 기업이 지불할 기대 가격은 차선가격 경매에서보다 더 높지 않고, 이는 비공개 입찰 최저가 경매보다 더 높지 않다. 다시 말해, 이런 상황 하에서 영국식 경매가 기업에 가장 낮은 가격을 가져다 준다. 그러나 공급자들이 비대칭적이라면 차선가격 경매가 영국식 경매보다 더 나을 수 있다.

만일 구매기업이 공급자들의 비용에 직접적 관계를 갖는 어떤 정보를 가지고 있고, 그 기업이 정보를 가지고 있는 것은 알지만 그 정보 자체를 모르는 경우라면, 기업은 이 정보를 공개하는 것이 최고의 관심사이다. 모든 경매 메커니즘(대칭적인 입찰자들을 갖는) 하에서는 구매자가 모든 정보를 노출할 때가 정보를 덜 노출할 때보다 비용을 덜 지불한다. 따라서 구매자는 요구사항을 분명히 명시하고 공급사슬의 임무와 관련된 모든 정보를 공개하는 것이 최고의 관심사이다. 이러한 정보를 공개하지 않는 것은 입찰자들로 하여금 승자의 저주를 막기 위해 그들의 입찰을 감추게 하고, 따라서 구매자가 지불할 가격은 증가한다. 그러므로 입찰하기 전에 모든 공적 정보를 공개할 뿐만 아니라 잠재적 공급자들에게 모든 정보가 공개되었음을 확신시켜야 하는 것이 구매자의 최고의 관심사이다.

경매를 설계하는 데 있어서 고려되어야 할 아주 중요한 요인은 입찰자들 사이의 담합 가능성이다. 차선가격 경매가 입찰자들의 담합에 특히 취약하다. 다른 모든 입찰자들은 높은 가격(말하자면, 가장 높은 가격을 제시한 입찰자의 비용이나 구매자의 한도 가격)을 제시하고, 최저가 입찰가를 제시한 입찰자가 진짜 가격으로 입찰하기로 동의한 입찰자들의 담합을 고려해 보자. 차선가격 경매에서는 최저가 입찰자가 공급사슬 기능을 수행하게 되었지만, 구매자는 두 번째로 낮은 입찰가보다 더 높은 가격을 지불해야 한다. 이러한 담합 전략은 나머지 입찰자 중 누구도 담합 합의를 벗어남으로써 얻는 것이 없기 때문에 균형을 이룬다. 이 담합 전략은 비공개 입찰이나 영국식 경매 등의 최저가 경매에서는 피할 수 있다. 어느 경우에서든 매우 높은 가격으로 합의된 담합은 유지되기 어려운데, 그 이유는 많은 입찰자들이 더 낮은 가격을 제시할 수 있다면 그 입찰에 참여하고 싶은 유혹을 갖기 때문이다. 궁극적으로 어떤 최저가 경매도 최저가 입찰자보다 많은 입찰자들을 경매에 불러들일 수 있다.

담합은 공급자들에게 공급사슬 기능을 제공하려는 욕구를 억제하게 하며 적절한 가격보다 그들의 입찰가를 높이게 한다. 이것은 구매자가 공급자에게 공급사슬 기능의 일정 수량에 입찰하기를 원하는 복수 단위 경매의 경우이다. 복수 단위 네델란드식 경매에서는 구매자는 높은 가격으로 경매를 시작하여 공급자가 한 단위의 상품이나 서비스를 기꺼이 제공하려고 할 때까지 가격을 천천히 낮춘다. 가격은 구매자가 원하는 모든 단위의 상품 또는 서비스를 공급자들이 택할 때까지 천천히 내려간다. 이러한 경매에서 각각의 단위는 서로 다른 가격으로 공급된다. 복수 단위 영국식 경매에서 구매자는 높은 가격에서 경매를 시작하고 입찰자들은 그들이 기꺼이 공급하려고 하는 양을 알린다. 만일 공급자들이 기꺼이 제공할 총량이 원하는 총량을 초과하면, 공급자들의 입찰하려는 양이 원하는 양과 같아질 때까지 구매자는 가격을 내릴 것이다. 그러면 모든 공급자들은 이 가격에 공급을 하게 된다. 이 경매는 균일가격 경매(uniform-price auction)로도 언급된다. 어느 경매에서든 공급자들은 전체 집단에 대한 경매 프로세스에 들어가기 위해 오직 한 입찰자만 할당하는 입찰집단을 공모하고 형성함으로써 최종 가격을 올릴 수 있다. 최초의 경매 후, 집단은 그들 사이에 할당된 양을 분배하기 위해 경매를 따로 가진다. 담합에 대한 논의는 Porter(2004)에서 찾을 수 있다.

키포인트 구매자는 그들의 비용을 최소화하고, 최저비용 공급자(들)가 경매에 이길 수 있도록 경매를 구성해야 한다. 영국식 경매와 같은 공개 경매는 이러한 결과를 얻을 가능성이 크다. 비공개 최저가 경매는 낙찰자가 입찰가를 낮추고도 여전히 이길 수 있다는 것을 사후에 알기 때문에 승자의 저주라는 문제에 부딪히게 된다. 이는 최초의 입찰가를 더 높게 조정하도록 한다. 경매인들은 입찰자들 사이의 담합을 막기 위해 주의를 기울여야 하며, 만일 발생했다면 담합을 찾으려는 노력을 해야 한다.

협상의 기본 원칙

어떤 경우에는 주어진 공급사슬 기능을 수행하는 제3자가 파악되고, 기업은 계약조건을 정하기 위해 협상을 하게 된다. 협상은 구매자가 공급자에게 공급사슬 기능을 아웃소싱하는 가치가 적어도 구매자를 위해 그 기능을 수행하는 공급자의 가치만큼 클 때에만 긍정적인 결과를 가져다 준다. 공급자가 기능을 수행하는 가치는 기존의 능력에 대해 가용한 다른 대안들뿐만 아니라 비용에 의해서도 영향을 받는다. 마찬가지로 구매자가 아웃소싱하는 가치는 사내에서 기능을 수행하는 비용과 대안적인 공급자들로부터 얻을 수 있는 가격에 의해서 영향을 받는다. 구매자와 공급자와의 가치 차이를 **협상잉여**라 한다. 각 협상 당사자들의 목표는 가능한 협상잉여의 많은 부분을 얻으려는 것이다.

협상에 대한 논의는 Thompson(2005)에 있다. 우리는 그녀의 논의로부터 몇 가지 중요한 부분을 언급하려고 한다. 첫 번째 제안은 자신의 가치에 대해 확실히 파악하고, 제3자의 가치를 가능한 한 잘 추정해야 한다. 협상잉여를 정확히 추정하면 성공적인 결과를 얻을 가능성이 커진다. Toyota사의 공급자들은 "Toyota사는 우리보다 더 우리의 비용을 잘 안다"고 말한다. 따라서 Toyota사는 협상을 더 잘 이끌 수 있다. 두 번째 제안은 협상잉여를 똑같거나 형평성 있게 분배하거나 필요에 따라 나누는 것에 바탕을 둔 공정한 결과를 찾는 것이다. 여기서 형평성이란 각 협상 당사자들의 기여에 비례하여 잉여이익을 나누는 것을 말한다.

그러나 성공적인 협상의 핵심은 윈윈 결과를 만들어 내는 것이다. 두 협상 당사자들이 가격과 같은 단일 차원에 대해 협상을 한다면 윈윈 결과를 얻는 것이 불가능하다. 이러한 상황에서 한 당사자는 다른 당사자의 희생을 통해 승리를 얻을 뿐이다. 윈윈 협상을 만들기 위해 두 당사자들은 협상에서 두 가지 이상의 주제를 다루어야 한다. 여러 가지 주제를 파악하는 것은 두 당사자들이 서로 다른 선호도를 갖고 있을 때 그 파이를 확대할 수 있는 기회를 만들어 준다. 이것은 공급사슬 상황에서는 보기보다 쉽다. 구매자는 일반적으로 공급사슬 기능을 수행하는 가격뿐만 아니라 대응도와 품질([표 14-3]에서 파악된 차원 중 두 가지)에 대해서도 관심을 가진다. 만일 공급자가 가격을 낮추기는 어렵지만 대응시간을 감소시키는 것이 더 쉽다는 것을 알았다면, 가격의 변화 없이 더 나은 대응도를 제시하는 윈윈 해결의 기회가 있다. Thompson은 협상 과정에서의 많은 장애들을 논의하고 동시에 효과적인 전략들을 제시하고 있다.

14.6 계약과 공급사슬 성과

공급 계약은 구매자–공급자 관계를 통제하는 요인들을 구체화시킨다. 계약은 구매자–공급자 관계의 조건들을 분명히 하는 것 외에도 공급사슬에 있어서의 모든 단계들의 수행과 성과에 유의한 영향을 미친다. 계약들은 원하는 공급사슬의 결과들을 얻을 수 있도록 도와주고 성과에 해를 끼치는 행동들을 최소화하도록 설계되어야 한다. 경영자는 공급사슬 계약을 설계할 때 다음의 세 가지 질문을 해야 한다.

1. 계약은 기업의 이익과 공급사슬의 총이익에 어떤 영향을 줄 것인가?
2. 계약에서의 인센티브가 어떤 정보 왜곡 현상을 초래할 것인가?
3. 계약은 주요 성과 척도에 따라 공급자의 성과에 어떤 영향을 줄 것인가?

이상적으로, 계약은 기업의 이익과 공급사슬 이익을 증가시키고, 정보왜곡을 막으며, 주요 차원에 따른 성과를 개선시키도록 공급자에게 인센티브를 제공하도록 구성되어야 한다. 공급사슬 성과의 많은 단점은 구매자와 공급자가 서로 자신의 이익만을 최적화하려고 시도하는 두 주체이기 때문에 발생한다.

제품 가용성과 공급사슬 이익을 위한 계약

공급사슬에서, 두 당사자에 의한 행동은 만일 공급사슬 이익을 최대화하는 공통목표를 가지고 각자의 활동을 협력할 경우 얻을 수 있는 것보다 더 낮은 이익을 가져다 주는 경우가 종종 있다. 수요가 소매가격에 상당한 영향을 받는 제품을 고려해 보자. 소매자는 자신의 이윤에 기초하여 가격(그리고 판매량)을 결정한다. 소매자의 마진은 공급사슬 마진의 한 부분으로 최적보다 더 높은 소매가와 최적보다 더 낮은 판매량을 가져다 준다. 이러한 현상은 이중마진으로 언급된다(10장 참조). 10장에서 논의했듯이, 공급자는 만일 구매한 총량이 어떤 수치를 초과한다면, 소매자는 더 낮은 가격을 지불하도록 양적 할인을 제시함으로써 공급사슬 이익을 증가시킬 수 있다.

이중 마진의 또 다른 예는 수요의 불확실성이 있는 경우에도 나타난다. 생산자는 수요의 쇄도에도 수요가 확실히 만족되도록 소매자가 그 제품에 대해 재고를 많이 유지하기를 원한다. 반면에, 소매자는 팔리지 않은 재고에 대해 금전적 손실을 입게 된다. 그 결과 소매자는 적은 수준의 재고를 유지하기를 선호한다. 이러한 긴장으로 차선인 공급사슬 결과를 얻게 된다.

공급자가 고정된 가격을 제시하고 구매자는 구매량을 결정하는 계약에서, 차선의 공급사슬 성과를 얻는 가장 일반적인 이유는 이중 마진이다. 소매자는 수요가 실현되기 전에 구매결정을 하고 따라서 수요의 불확실성을 감내한다. 만일 수요가 소매자의 재고보다 적으면, 소매자는 팔리지 않은 제품을 할인하여 처분해야 한다. 불확실한 수요가 주어지면 소매자는 자신의 마진과 초과재고비용을 기초로 구매량을 결정한다. 그러나 소매자의 마진은 전체 공급사슬에 대한 기여 마진보다 더 낮은 반면, 초과재고비용은 전체 공급사슬에 대한 비용보다 더 높다. 그 결과 소매자는 보수적으로 공급사슬에 대한 최적치보다 더 낮은 수준의 제품 가용성을 목표로 한다.

CD를 파는 음반가게를 고려해 보자. 공급자는 장당 1달러에 CD를 사고(또는 제조하고), 장당 5달러에 음반가게에 판다. 소매자는 각 CD를 최종소비자에게 10달러에 판다. 이 소매가에서 시장수요는 평균이 1,000이고 표준편차가 300인 정규분포를 따른다. 소매자는 장당 5달러의 마진을 가지며 팔리지 않은 CD당 5달러의 손해를 보게 된다. 식 (12.1)을 사용하여 소매자는 0.5의 서비스 수준과 1,000장의 주문을 목표로 하는 것이 최적이다. 식 (12.3)으로부터 소매자의 기대이익은 3,803달러이며 생산자는 1,000장의 CD를 팔아서 4,000달러를 번다. 그러나 공급사슬에 대해 공급자와 소매자는 함께 9달러의 마진을 가지고 팔리지 않은 CD당 최대 1달러의 손실을 본다. 따라서 전체 공급사슬에 대해서는 서비스 수준 0.9와 CD 1,384장의 재고유지를 목표로 하는 것이 최적이다. 이 경우 기대되는 공급사슬 이익은 8,474달러이다. 따라서 이 음반가게는 보수적이고 공급사슬에 대한 최적치보다 더 적은 CD를 유지한다. 그 결과 소매자와 공급자가 서로 협조할 때 기대되는 것보다 670달러 적게 번다.

전체 이익을 개선하기 위해 공급자는 구매자가 더 많이 구매하고 제품 가용성을 증가시키도록 유도하는 계약을 설계해야 한다. 이것은 공급자가 구매자의 수요 불확실성 중 일부를 공유하도록 요구한다. 공급자가 구매자의 수요 불확실성 중 일부를 공유하도록 함으로써 전체 이익을 증가시키는 세 가지 계약은 다음과 같다.

1. 재구매 혹은 반품 계약
2. 수익 공유 계약
3. 수량 유연성 계약

음반 가게의 예를 사용하여 세 가지 계약 각각을 보여 주고 앞서 제시된 세 가지 질문에 의해 성과를 논의하고자 한다.

재구매 계약

계약에서 재구매 또는 반품조항은 소매자가 팔리지 않은 재고를 합의한 가격에서 정해진 양까지의 반품하는 것을 허용한다. 재구매 계약에서는 생산자는 소매자가 시즌 말에 팔리지 않은 수량을 반품할 수 있는 재구매 가격 b와 도매가격 c를 정해 둔다. 생산자는 소매자가 반품하는 수량에 대해 s_M달러만큼의 잔존가치를 갖는다. 제조업자의 단위 제품 생산비용은 v이다.

재구매 계약에 대응하여 소매자에 대한 최적주문량 O^*는 식 (12.1)과 (12.2)를 사용하여 계산된다. 여기서 소매자에 대한 잔존가치는 $s = b$이다. 소매자의 기대이익은 식 (12.3)을 사용하여 계산된다. 생산자의 기대이익은 반품되는 소매자의 초과재고에 의존한다(식 (12.4)를 사용하여 계산). 다음과 같이 생산자의 기대이익을 얻을 수 있다.

$$\text{생산자 기대이익} = O^*(c - v) - (b - s_M) \times \text{소매자의 초과재고 기대치}$$

예를 들면, 음반가게의 공급자는 팔리지 않는 CD를 장당 3달러에 재구매하는 데 동의하였다. 이는 팔리지 않은 CD당 소매자의 손실을 5달러에서 2달러로 감소시켜 준다. 공급자는 마진의 감소로 팔리지 않은 CD당 3달러를 흡수한다. 재구매 조항으로 인해 소매자는 주문의 크기를 1,000에서 1,170으로 증가시키는 것이 최적이 되도록 해 준다. 따라서 소매자(3,803달러 대신 4,286달러)와 공급자(4,000달러 대신 4,009달러) 모두에 대해 더 높은 제품 가용성과 더 높은 이익을 가져다 준다. 재구매 계약은 낮은 변동비용을 갖는 제품에 대해 가장 효과적이다. 여기에 대한 예로 음악, 소프트웨어, 서적, 잡지, 그리고 신문이 있다.

[표 14.4]는 공급자가 음반가게에 제시하는 서로 다른 재구매 계약에 대한 결과를 보여준다. CD의 판매 가격은 $p = 10$달러이고, 이 가격에서의 수요는 평균 $\mu = 1{,}000$이고 표준편차 $\sigma = 300$인 정규분포를 따른다. 여기서 반품과 관련된 수송비용이나 다른 비용은 없는 것으로 가정한다. 제조업자의 단위 제품 생산비용은 $v = 0$으로 가정한다.

[표 14.4]로부터 재구매 계약이 공급자와 소매자 모두에게 이익의 증가를 가져다 주는 것을 알 수 있다. [표 14.4]에서 재구매 계약의 사용은 도매가격이 장당 7달러일 때 전체 공급사슬의 이익을 약 20퍼센트 증가시킨다. 도매가격이 증가함에 따라 생산자는 재구매 가격 또한 증가시키는 것이 최적임을 알 수 있다. 고정된 도매가격에 대해 재구매 가격이 증가함에 따라 소매자는 더 많이 주문하고 또한 더 많이 반품한다. [표 14.4]의 분석에서 우리는 반품과 관련된 비

용을 고려하지 않았다. 반품과 관련된 비용이 증가함에 따라 반품비용이 공급사슬의 이익을 감소시키기 때문에 재구매 계약이 좋은 것처럼 보이지 않는다. 만일 반품비용이 매우 높다면, 재구매 계약은 이 계약이 없는 경우보다 훨씬 더 공급사슬의 전체 이익을 감소시킬 수 있다.

고정된 도매가격에 대해 재구매 가격의 증가는 소매자의 이익을 항상 증가시킨다. 일반적으로 도매가격의 부분으로 나타낸 양(+)의 재구매 가격이 존재하고 생산자는 이 가격에서 재구매가 없는 것과 비교하여 더 높은 이익을 얻게 해 준다. 또한 재구매는 생산자의 마진이 증가함에 따라 생산자에 대한 이익을 더 증가시킨다는 것을 살펴보았다. 따라서 생산자의 마진이 클수록 재구매와 같은 메커니즘의 사용을 통해 이익을 더욱 증가시킬 수 있다.

1932년에 Viking Press사는 반품을 받아들인 첫 출판업자였다. 오늘날 재구매 계약은 서적 산업에서 아주 흔하여 출판업자들은 소매자로부터 팔리지 않은 책을 받는다. 반품과 관련된 비용을 최소화하기 위해 소매자는 책을 돌려 주지 않고 단지 표지만을 돌려 준다. 이것은 반품비용을 감소시키면서 동시에 책이 팔리지 않았음을 출판업자에게 증명하는 것이다. 수 년 동안, 산업에서 출판업자의 이익에 대한 반품정책의 영향에 대해 상당한 논의가 있어 왔다. 우리의 논의는 출판업자들이 취하는 접근방법에 대한 약간의 정당성을 제공한다.

키포인트 생산자는 공급사슬의 전체 이익뿐만 자신의 이익을 증가시키기 위해 재구매 계약을 활용한다. 재구매는 소매자로 하여금 제품의 가용성 수준을 증가시키도록 해 준다.

표 14.4 서로 다른 재구매 계약 하에서 음반 공급사슬의 주문 크기와 이익

도매가격 c	재구매 가격 b	음반가게에 대한 최적주문량	음반가게에 대한 기대이익	공급자에 대한 기대반품	공급자에 대한 기대이익	공급사슬의 기대이익
5달러	0달러	1,000	3,803달러	120	4,000달러	7,803달러
5달러	2달러	1,096	4,090달러	174	4,035달러	8,125달러
5달러	3달러	1,170	4,286달러	223	4,009달러	8,295달러
6달러	0달러	924	2,841달러	86	4,620달러	7,461달러
6달러	2달러	1,000	3,043달러	120	4,761달러	7,804달러
6달러	4달러	1,129	3,346달러	195	4,865달러	8,211달러
7달러	0달러	843	1,957달러	57	5,056달러	7,013달러
7달러	4달러	1,000	2,282달러	120	5,521달러	7,803달러
7달러	6달러	1,202	2,619달러	247	5,732달러	8,351달러

어떤 경우에 생산자들은 소매자들이 더 많이 주문하도록 하기 위해 유지비용의 보조나 가격보호를 활용한다. 유지비용의 보조가 있는 경우 생산자들은 소매자에게 주어진 기간 동안 재고로 유지된 모든 단위에 대해 일정한 금액을 지불한다. 유지비용의 보조는 자동차 공급사슬에서 흔히 활용된다. 제품의 가치가 급속히 떨어지는 첨단 산업에서는 생산자가 소매자들에게 가격보조를 함으로써 제품의 진부화 위험을 공유한다. 많은 생산자들은 가격을 낮추는 이벤트 시 소매자가 현재 보유한 모든 재고에 대해서도 가격을 낮추어 준다. 그 결과 소매자의 초과재고비용은 자본비용과 물리적인 공간비용에 한정되어 첨단제품에 대해 연간 100퍼센트를 넘을 수 있는 진부화 비용은 포함하지 않는다. 따라서 소매자는 가격 지원이 있는 경우 제품의 가용성 수준을 증가시킬 수 있다. 유지비용의 보조와 가격 지원은 재구매의 형태라 할 수 있다.

재구매 조항(또는 유지비용의 보조나 가격 지원 등과 같은 실행)의 약화는 잔존되거나 처분되어야 하는 초과재고를 가져온다. 팔리지 않은 제품의 반품 업무는 공급사슬비용을 증가시킨다. 반품비용은 만일 생산자가 소매자에게 가격 인하 수당을 제공하거나 상당한 할인가에 제품을 팔 수 있도록 허용한다면 없어질 수 있다. 출판업자는 오늘날 일반적으로 소매자에게 팔리지 않은 책의 반품을 요구하지 않는다. 대신에 그들은 팔리지 않은 책에 대해 가격 인하 수당을 제공한다. 소매자는 가격을 인하하여 상당한 할인가에 책을 판다.

소매자의 주어진 제품 가용성 수준에 대해 재구매 조항이 있으면 재구매가 없는 경우 들였을 노력보다 소매자가 덜 노력하기 때문에 판매가 줄어들 수도 있다. 재구매가 있는 경우 소매자의 판매노력 감소가 일어난다. 왜냐하면 재구매가 없는 경우 팔리지 않은 재고로 인한 손실이 높아 소매자는 더 많은 판매노력을 하기 때문이다. 공급자는 재구매량에 제한을 둠으로써 이러한 판매노력 감소를 막을 수 있다.

재구매 조항의 구성은 전체 공급사슬이 실제 고객의 수요가 아닌 소매자에 의한 주문에 반응하도록 한다. 만일 공급자가 여러 소매자에 판매한다면, 공급자는 각 소매자의 주문에 기초하여 제품을 생산한다. 각 소매자는 초과재고비용과 부재고비용을 기초로 주문을 정한다(12장 참조). 실제 판매가 이루어진 후, 팔리지 않은 재고는 각각의 소매자로부터 공급자에게 따로 반품될 것이다. 재구매 조항의 구성은 공급자가 여러 소매자에게 판매를 할 때 정보왜곡을 증가시킨다. 그러나 판매시즌이 끝나면 공급자는 실제 판매에 대한 정보를 얻는다. 정보의 왜곡은 주로 재고가 소매자들에게 분산되어 있다는 사실에 기인한다. 만일 재고가 공급자에게 집중화되어 있고 소매자에게는 필요한 만큼만 공급된다면, 정보의 왜곡은 감소될 것이다. 집중화된 재고로 공급자는 낮은 수준의 재고를 유지함으로써 소매자들에 걸친 수요의 독립성을 활용할 수 있다. 그러나 실제로 대부분의 재구매 계약에서는 소매자들에 분산된 재고를 가지고 있다. 그 결과 높은 정보왜곡이 일어난다.

> **키포인트** 재구매 계약은 초과재고의 경우 소매자의 노력을 감소시키고 공급사슬 내에서 정보왜곡을 증가시킨다.

수익 공유 계약 수익 공유 계약에서는 생산자가 소매자에게 낮은 도매가격 c를 부과하고 소매자 수익의 일부분 f를 공유한다. 반품이 허용되지 않더라도, 낮은 도매가격은 초과재고의 경우 소매자에 대한 비용을 감소시킨다. 따라서 소매자는 제품 가용성 수준을 증가시켜 생산자와 소매자 모두에게 높은 이익을 가져다 준다.

생산자는 생산비용 v를, 소매자는 소매가격 p와 남아 있는 단위당 잔존 가격 s_R을 갖는다고 가정하자. 소매자의 최적주문량 O^*은 식 (12.1)과 (12.2)를 사용하여 계산된다. 여기서 부족재고의 비용은 $C_u = (1 - f)p - c$이고 과잉재고의 비용은 $C_o = c - s_R$이다. 따라서 우리는 다음 식을 얻는다.

$$CSL^* = \text{확률}(\text{수요} \leq O^*) = \frac{C_u}{C_u + C_o} = \frac{(1 - f)p - c}{(1 - f)p - s_R}$$

생산자는 소매자가 구매하는 단위에 대해 도매가격 c를 얻고 소매자에 의해 판매된 단위에 대해 수익의 일부를 공유한다. 소매자의 기대 초과재고는 식 (12.4)를 이용하여 얻을 수 있다. 따라서 생산자의 이익은 다음과 같이 계산된다.

$$\text{생산자의 기대이익} = (c - v)O^* + fp(O^* - \text{소매자의 기대 초과재고})$$

소매자는 구매한 단위에 대해 도매가격 c를 지불하고, 팔린 단위에 대해 $(1 - f)p$의 수익을 얻는다. 그리고 초과재고의 단위에 대해 s_R의 수익을 얻을 수 있다. 따라서 소매자의 기대이익은 다음과 같이 계산된다.

$$\begin{aligned}\text{소매자의 기대이익} &= (1 - f)p(O^* - \text{소매자의 기대 초과재고}) \\ &\quad + s_R \times \text{소매자의 기대 초과재고} - cO^*\end{aligned}$$

음반가게의 예를 다시 살펴보자. 공급자는 음반가게에 CD를 장당 1달러에 팔기로 동의하였지만 음반가게는 팔린 CD당 수익의 45퍼센트를 공유하기로 동의하였다. 각 CD가 10달러에 가격이 정해졌다면 공급자는 팔린 CD당 4.5달러를 얻으며 음반가게는 5.5달러를 갖게 된다. 음반가게는 81.8퍼센트의 서비스 수준을 목표로 하고(식 (12.1) 참조) CD 주문량을 1,000장(공급자가 수익 공유 없이 5달러로 가격을 책정할 때)에서 1,273장으로 증가시켰다. 주문량의 증가는 소매자가 팔리지 않은 CD당 1달러(수익 공유 없이 CD당 5달러 대신)를 잃는 반면에 팔린 CD당 4.5달러의 마진을 얻게 되기 때문에 발생한다. 그 결과 소매자(4,064달러)와 생산자(4,367달러) 모두에 대한 이익이 증가한다.

[표 14.5]는 CD의 수요가 평균 μ = 1,000이고 표준편차 σ = 300인 정규분포를 따를 때 서로 다른 수익 공유 비율 f에 대한 결과를 보여 준다.

[표 14.4]와 [표 14.5]로부터 도매자가 재구매 없이 5달러의 고정된 가격으로 팔 때와 비교하여 재구매 없는 수익 공유가 생산자와 소매자 모두의 이익을 증가시켜 주는 것을 알 수 있다. 5달러의 도매가격을 부과할 때, 공급자는 4,000달러의 이익을 얻고 음반가게는 3,803달러의 이익을 얻는다([표 14.4] 참조). 그러나 수익의 45퍼센트를 공유하는 수익 공유 계약(공급자는 팔린 CD당 4.5달러의 수익을 얻음)으로 공급자는 4,064달러의 이익을 소매자는 4,367달러의 이익을 얻는다. 수익 공유의 결과로 소매자는 주문량을 1,000장에서 1,273장으로 증가시켰다.

수익 공유 계약은 소매자가 선불로 도매가격을 지급하고 판매로부터의 전체 수익을 유지하는 경우와 비교해 볼 때 소매자의 노력을 줄여 준다. 노력 저하의 이유는 소매자가 판매이익의 일정부분만을 얻기 때문이다. 재구매 계약에 비해 수익 공유 계약의 이점은 제품이 반품될 필요가 없어 반품비용이 없다는 것이다. 수익 공유 계약은 낮은 변동비와 높은 반품비용을 갖는 제품에 아주 적합하다. 수익 공유 계약의 좋은 예는 Blockbuster 비디오 대여점과 영화제작사 사이의 계약이다. 영화제작사는 Blockbuster사에 낮은 가격으로 비디오를 팔고 Blockbuster사의 비디오 대여로 인한 수익을 공유한다. 낮은 가격이 주어지면 Blockbuster사는 많은 비디오 복사본을 구매하고 더 많이 대여하여 영화제작사와 Blockbuster사 모두에 대해 더 높은 이익을 가져다 준다.

수익 공유 계약은 공급자가 소매자의 판매 현황을 모니터하도록 허용하는 정보 인프라 구조를 필요로 한다. 그러한 인프라 구조는 구축에 있어서 많은 비용이 든다. 그 결과, 수익 공유 계약은 많은 소규모 구매자에게 판매하는 공급자에 대해서는 관리하기가 어렵다.

재구매 계약에서와 같이, 수익 공유 계약은 공급사슬이 실제 고객의 수요보다는 소매자의 주문에 따라 생산하도록 해 준다. 이러한 정보왜곡은 공급사슬에서 초과재고와 수요와 공급의 더 큰 불균형을 초래한다. 정보왜곡은 공급자가 판매하는 소매자의 수가 증가함에 따라 더욱 커진다. 재구매 계약에서와 같이, 소매자가 그들 스스로 제품을 구매하여 재고로 유지하는 것보다 오히려 공급자에 생산능력이나 재고를 확보해 둔다면 수익 공유 계약에서의 정보왜곡이 더 줄어들 수 있다. 이는 여러 소매자를 통한 변동성의 통합을 허용하고 공급자가 더 낮은 수준의 생산능력이나 재고를 유지해야만 한다. 그러나 실제로 대부분의 수익 공유 계약은 소매자가 구매와 재고를 유지하는 것으로 실행되고 있다.

표 14.5 서로 다른 수익 공유계약 하에서 음반 공급사슬에 있어서의 주문 크기와 이익

도매가격	이익 공유 비율	소매자에 대한 최적주문량	소매자에 기대 초과재고	소매자에 대한 기대이익	공급자에 대한 기대이익	공급사슬의 기대이익
1달러	0.30	1,320	342	5,526달러	2,934달러	8,460달러
1달러	0.45	1,273	302	4,064달러	4,367달러	8,431달러
1달러	0.60	1,202	247	2,619달러	5,732달러	8,350달러
2달러	0.30	1,170	223	4.286달러	4,009달러	8,395달러
2달러	0.45	1,105	179	2,881달러	5,269달러	8,150달러
2달러	0.60	1,000	120	1,521달러	6,282달러	7,803달러

키포인트 수익 공유 계약은 소매자에게 부과되는 단위당 비용을 감소시킴으로써 이중 마진을 막고, 따라서 초과재고의 비용을 효과적으로 감소시킨다. 수익 공유 계약은 정보왜곡을 증가시키고 재구매 계약에서처럼 초과재고의 경우에 소매자의 노력을 낮추어준다.

수량 유연성 계약 수량 유연성 계약 하에서 생산자는 소매자로 하여금 수요를 관찰한 후 주문량을 변경할 수 있도록 허용된다. 만일 소매자가 O만큼 주문한다면, 생산자는 $Q = (1 + \sigma)O$만큼 제공하기로 약속하는 반면에 소매자는 적어도 $q = (1 - \beta)O$만큼 사기로 약속한다. σ와 β모두 0과 1 사이의 값이다. 소매자는 관찰한 수요에 따라 최대 Q만큼 구매할 수 있다. 이 계약은 생산자가 지금 초과재고를 가지는 위험의 일부를 감내한다는 점에서 재구매 계약과 유사하다. 수량 유연성 계약은 반품이 허용되지 않기 때문에 반품비용이 높을 때에는 재구매 계약보다 더 효과적이다. 수량 유연성 계약은 소매자가 구매하는 평균량을 증가시키고 공급사슬의 전체 이익을 증가시킨다.

생산자가 단위당 v달러의 생산비용이 발생하고 소매자로부터 c달러의 도매가격을 부과한다고 가정하자. 소매자는 p달러의 가격으로 고객에게 판매한다. 소매자는 남은 단위당 s_R의 잔존가치를 가진다. 생산자는 남은 단위당 s_M의 잔존가치를 가진다. 소매자의 수요가 평균이 μ이고 표준편차가 σ인 정규분포를 따른다면, 우리는 수량 유연성 계약의 영향을 계산할 수 있다. 소매자가 O만큼 주문한다면 생산자는 Q만큼 공급하기로 약속한다. 그 결과 생산자가 Q만큼 생산한다고 가정하자. 소매자는 수요 D가 q보다 작다면 q만큼 구매하고, 수요 D가 q와 Q 사이라면 D만큼, Q보다 크면 Q만큼 구매한다. 다음의 식에서 11장의 부록 11A에 논의되었듯이 F_S는 표준정규누적분포함수이고, f_S는 표준정규밀도함수이다.

$$\text{소매자의 구매 기대량, } Q_R = qF(q) + Q[1 - F(Q)] + \mu\left[F_s\left(\frac{Q-\mu}{\sigma}\right) - F_s\left(\frac{q-\mu}{\sigma}\right)\right] - \sigma\left[f_s\left(\frac{Q-\mu}{\sigma}\right) - f_s\left(\frac{q-\mu}{\sigma}\right)\right]$$

$$\text{소매자의 판매 기대량, } D_R = Q[1 - F(Q)] + \mu F_s\left(\frac{Q-\mu}{\sigma}\right) - \sigma f_s\left(\frac{q-\mu}{\sigma}\right)$$

$$\text{생산자의 기대 초과재고} = Q_R - D_R$$

$$\text{소매자의 기대이익} = D_R \times p + (Q_R - D_R)s_R - Q_R \times c$$

$$\text{생산자의 기대이익} = Q_R \times c + (Q - Q_R)s_M - Q \times v$$

우리의 예에서 음반가게는 CD 1,000장을 첫 주문할 것이다. 판매일이 가까워짐에 따라 가게는 실제 수요에 대한 더 좋은 생각이 떠올라 주문을 950에서 1,050 사이에서 수정하는 것이 허용되었다. 이 계약에서 소매자는 시간이 지나면서 시장에 대한 지식을 더 갖게 되면 주문을 수정한다. 공급자는 수정된 주문량만큼 보낸다. 소매자가 주문한 양은 실제수요와 더 잘 일치하여 공급사슬에 대해 더 큰 이익을 가져다 준다. 수량 유연성 계약은 소매자가 수정을 결심한 후에 최소한 주문의 불확실한 부분만큼 생산하는 데 이용될 수 있는 유연한 능력을 갖는다면 공급자에 대해서도 유용하다. 수량 유연성 계약은 또한 공급자가 개별적 수요를 갖는 다수의 소매자에게 판매한다면 매우 효과적이다.

[표 14.6]에서 수요가 평균 μ = 1,000이고 표준편차 σ = 300인 정규분포를 따를 때, 음반 공급사슬의 수익성에 대한 서로 다른 수량 유연성 계약들의 영향을 볼 수 있다. 도매가격 c = 5달러이고 소매가격 p = 10달러라 가정하자. 고려되는 모든 계약에 있어서 $\sigma = \beta$이다.

[표 14.6]에서 6달러와 7달러의 도매가격에 대해 수량 유연성 계약이 생산자와 소매자 모두의 이익을 증가시킨다는 것을 알 수 있다. 생산자가 도매가격을 증가시킴에 따라 소매자에게 더 큰 수량 유연성을 제공하는 것이 최적이다.

수량 유연성 계약은 전자와 컴퓨터 산업에서의 부품에 대해 흔하다. 앞의 논의에서 우리는 아주 단순한 수량 유연성 계약을 고려하였다. Benetton사는 소매자들이 성공적으로 공급사슬의 이익을 증가시키는 정교한 수량 유연성 계약을 사용해 오고 있다. 우리는 이러한 계약을 Benetton사의 색상별 니트의류에서 볼 수 있다.[2]

2 자세한 것은 Heskett and Signorelli(1984) 참조하라.

표 14.6 서로 다른 수량 유연성 계약 하의 음반 공급사슬에 있어서의 이익

α	β	도매 가격	주문량	소매자의 기대구매	소매자의 기대판매	소매자에 대한 기대이익	공급자에 대한 기대이익	공급사슬의 기대이익
0.00	0.00	5달러	1,000	1,000	880	3,803달러	4,000달러	7,803달러
0.20	0.20	5달러	1,047	1,023	967	4,558달러	3,858달러	8,416달러
0.40	0.40	5달러	1,068	1,011	994	4,884달러	3,559달러	8,443달러
0.00	0.00	6달러	924	924	838	2,841달러	4,620달러	7,461달러
0.20	0.20	6달러	1,000	1,000	955	3,547달러	4,800달러	8,347달러
0.30	0.30	6달러	1,021	1,006	979	3,752달러	4,711달러	8,463달러
0.00	0.00	7달러	843	843	786	1,957달러	5,056달러	7,013달러
0.20	0.20	7달러	947	972	936	2,560달러	5,666달러	8,226달러
0.40	0.40	7달러	1,000	1,000	987	2,873달러	5,600달러	8,473달러

배송 7개월 전, Benetton사의 소매자는 주문을 하도록 요청받는다. 빨강색, 파란색, 노란색 스웨터를 각각 100벌씩을 주문하는 소매자를 고려해 보자. 배송 1개월에서 3개월 전, 소매자는 어떤 색상이든지 주문한 양의 30퍼센트까지 변경하여 다른 색상에 할당할 수 있다. 그러나 총괄 주문은 이 단계에서 조정할 수 없다. 소매자는 주문을 빨강색 70벌, 파란색 70벌, 노란색 160벌로는 변경할 수 있다. 판매시즌의 시작 이후, 소매자들은 어떤 색상이든 이전에 주문한 양의 10퍼센트까지 더 주문할 수 있다. 즉, 소매자는 30벌의 노란 스웨터를 더 주문할 수 있다. 이런 수량 유연성 계약에서 Benetton사의 소매자들은 모든 색상에 대한 총괄 주문의 10퍼센트까지 유연성을 가질 수 있으며, 각 개별 색상은 약 40퍼센트까지 가능하다. 이러한 유동성은 총괄예측이 개별 색상에 대한 예측보다 더 정확하다는 사실과 일치한다. 그 결과 소매자들은 수요와 제품 가용성을 더 잘 대응시킨다. 주문의 보장된 부분은 저렴하지만 장기 리드타임을 갖는 생산공정을 사용하여 Benetton사에 의해 생산된다. 주문의 유동적인 부분(약 35퍼센트)은 제품 차별화 지연을 활용하여 생산된다. 이런 계약이 없을 때보다 더 낮은 비용으로 수요와 공급을 잘 대응시킬 수 있다. Benetton사가 제시한 수량 유연성 계약은 소매자들과 Benetton사 모두의 이익을 증대시킨다.

공급자가 유연한 생산능력을 가진다면, 수량 유연성 계약은 전체 공급사슬과 모든 당사자들에 대한 이익을 증가시킨다. 수량 유연성 계약은 재고나 유연한 초과 생산능력을 공급자가 이용할 수 있을 것을 요구한다. 공급자가 독립적 수요를 가지는 다수의 소매자에게 판매한다면, 재구매나 수익 공유 계약과 비교해 볼 때 수량 유연성 계약에서 재고의 통합은 더 적은 초과재고를 가져다 준다(11장 참조). 만일 공급자가 유연한 초과 생산능력을 가지고 있다면, 재고를

훨씬 더 감소시킬 수 있다. 따라서 수량 유연성 계약은 높은 한계비용을 갖는 제품이나 여분의 생산능력이 가능한 경우에 선호된다. 효과적이기 위해, 수량 유연성 계약은 소매자가 시장 지식을 잘 습득하고 판매 시점에 가까울수록 예측을 더 개선시킬 것을 요구한다.

재구매와 수익 공유 계약에 비해 수량 유연성 계약은 더 적은 정보왜곡을 갖는다. 다수의 소매자들이 있는 경우를 고려해 보자. 재구매 계약에서는 공급사슬은 실제수요가 일어나기 훨씬 전에 주어진 소매자의 주문을 기초로 생산한다. 이것은 초과재고가 각 소매자에 분산되어 있게 해 준다. 수량 유연성 계약에서는 소매자들은 실제수요가 일어나기 훨씬 전에 앞으로 구매할 범위만을 명시한다. 만일 여러 소매자들의 수요가 독립이라면, 공급자는 각 소매자에 대한 주문 범위의 최대값에 맞추어 생산을 계획할 필요가 없다. 수량 유연성 계약은 모든 소매자들에 대한 불확실성을 통합할 수 있으며, 재고가 각 소매자에 분산되어 있으면 필요한 것보다 더 적은 수준의 초과재고를 갖게 해 준다. 소매자들은 판매 시점에 더 가까울 때 주문을 한다. 이때는 수요가 더 가시화되고 불확실성이 덜하다. 불확실성의 통합은 수량 유연성 계약의 경우 더 적은 정보왜곡을 일으킨다.

논의된 다른 계약들처럼, 수량 유연성 계약은 소매자의 노력을 감소시킬 수 있다. 사실상 초과재고에 대한 책임을 완전히 지지 않고서도 더 높은 수준의 제품 가용성을 소매자에게 제공해 주는 어떤 계약도 주어진 재고 수준에 대한 소매자의 노력을 줄여 주게 된다.

> **키포인트** 수량 유연성 계약은 소매자에게 판매 시점 가까이서 개선된 예측에 바탕을 두고 주문을 수정할 능력을 제공함으로써 이중 마진을 막아 준다. 이들 계약은 공급자가 다수의 구매자에게 판매하거나 공급자가 유연한 초과 생산능력을 가질 때, 재구매 계약이나 수익 공유 계약보다 정보왜곡을 낮추어 준다.

공급사슬 비용을 협력하기 위한 계약 구매자와 공급자의 비용 차이는 공급사슬의 총비용을 증가시키는 결정을 가져온다. 하나의 예는 일반적으로 구매자에 의한 보충 로트 크기 결정이다. 구매자는 로트당 고정비용과 재고유지비용에 기초하여 최적의 로트 크기를 결정한다. 구매자는 공급자의 비용을 고려하지 않는다. 만일 공급자가 로트당 높은 고정비용을 가진다면, 구매자에 대한 최적의 로트 크기는 공급자와 공급사슬에 대한 총비용을 증가시킨다. 그러한 상황에서, 공급자는 구매자가 총비용을 최소화하는 로트 크기로 주문하도록 유도하기 위해 수량할인 계약을 사용할 수 있다(10장 참조). 그러한 계약의 목표는 공급자와 전체 공급사슬에 대한 비용을 낮추어 주는 큰 로트 크기로 구매하도록 소매자를 유도하는 것이다.

수량 할인 계약은 총비용을 감소시키지만, 더 큰 로트 크기는 따라서 공급사슬에 더 높은 수준의 재고를 가져다 준다. 이것은 일반적으로 공급자가 로트당 높은 고정비용을 갖는 일상 제품에 대해서만 정당화된다. 공급자의 영업개선이 이루어져 배치당 고정비용이 낮아지는 경우 계약의 조항들을 수정하는 것은 중요하다.

수량 할인 계약은 수분배지를 증가시키기 때문에 공급사슬에서의 정보왜곡을 증가시킨다.

소매자들은 덜 빈번하게 주문하고, 주문을 했을 때 수요 변동이 과장될 수 있다. 공급자는 덜 빈번하게 정보를 얻고, 배치로 인해 모든 변동이 증가한다. 이러한 정보왜곡은 17장에서 자세히 다룰 것이다.

키포인트 수량 할인은 공급자가 로트당 높은 고정비용을 가진다면 공급사슬 비용을 조정할 수 있다. 그러나 수량 할인은 주문배치의 결과로 정보왜곡을 증가시킨다.

대리인 노력을 증가시키기 위한 계약 많은 공급사슬에서, 대리인은 주인을 대신해 행동하고, 대리인의 노력은 주인에 대한 보상에 영향을 미친다. 한 예로서, Chrysler사(주인)를 위해 자동차를 파는 자동차 딜러(대리인)를 고려해 보자. 딜러는 다른 브랜드 자동차나 중고차도 판매한다. 매달, 딜러는 모든 브랜드 자동차와 중고차에 대한 판매노력(광고, 판촉 등)을 할당한다. Chrysler사의 이익은 판매에 기초를 두고 있고, 이는 다시 딜러가 들인 노력에 의해 영향을 받는다. 판매는 직접적으로 관찰될 수 있는 반면, 딜러의 노력은 관찰과 측정이 어렵다. 이중 마진이 주어진다면 딜러는 항상 Chrysler사와 공급사슬 측면의 최적치보다는 노력을 덜한다. 따라서 Chrysler사는 딜러가 더 노력하도록 격려하기 위해 인센티브 계약을 제공해야 한다.

이론적으로 이중가격제는 딜러가 적절한 양의 노력을 하도록 적절한 인센티브를 제공한다. 이중가격제에서, Chrysler사는 먼저 독점 판매권료로 미리 이익을 확보하고 나서 딜러에게 원가로 자동차를 판다. 그러면 딜러의 마진은 공급사슬의 마진과 같고, 딜러는 판매를 위해 적절한 노력을 한다.

실무에서 더 자주 관찰되는 또 다른 계약은 판매가 어떤 한계를 넘을 때 딜러의 마진을 증가시켜 주는 것이다. Chrysler사는 2001년 1/4분기에 딜러에게 그러한 계약을 제시했는데 내용은 대략적으로 다음과 같다. 딜러는 만일 매달 판매가 협상한 목표의 75퍼센트 미만이면 고객으로부터의 마진만 취한다. 그러나 만일 판매가 목표의 75퍼센트 이상 100퍼센트 미만이면, 딜러는 팔린 자동차 한 대당 150달러를 추가로 받는다. 만일 100퍼센트 이상 110퍼센트 미만이라면, 팔린 자동차 한 대당 250달러를 추가로 받는다. 만일 110퍼센트 이상이라면, 한 대당

500달러를 추가로 받는다. Chrysler사의 바람은 높은 경계치에 대한 마진을 증가시킴으로써 딜러가 Chrysler사의 판매에 대한 노력을 증가시킬 인센티브를 갖도록 하는 것이다.

비록 경계치 계약이 딜러로 하여금 더 높은 경계치에 도달하도록 유도하지만 대리인으로 하여금 수요의 변동을 악화시켜 정보왜곡을 상당히 증가시킬 수 있다. 새 계약이 발표된 한 달 후 미국 자동차 산업의 매출은 떨어졌다. 그러나 Chrysler사의 판매는 산업평균보다 2배 가량 떨어졌다. 이러한 현상에는 두 가지 잠재적 원인이 있다. 첫째는 이러한 계약에서 딜러는 매달 1,000대의 차를 파는 대신 한 달은 900대의 차를 팔고, 그 다음 달에 1,100대의 차를 팔아 더 많은 돈을 벌기 때문이다. 딜러는 이러한 결과를 얻기 위해 시간에 따라 수요를 이동시키는 인센티브를 갖게 되고, 따라서 정보왜곡이 증가하며 수요의 변동이 관찰된다. 둘째 원인은 매달 첫 주 내에 딜러는 도달할 것 같은 경계치의 범위에 아이디어를 갖게 된다. 예를 들면, 딜러가 75퍼센트의 경계치는 쉽게 넘어가지만 100퍼센트의 경계치를 넘길 가능성이 적다고 느낀다면, 딜러는 그 달은 노력을 덜 하고, 다음 달을 위해 아껴 둔다. 왜냐하면 추가로 차 한 대를 판매하는 한계이익이 단지 150달러이기 때문이다. 이와는 달리, 그 달의 수요가 높고 딜러가 100퍼센트의 경계치를 쉽게 넘길 것으로 느낀다면, 딜러는 110퍼센트의 경계치에 도달하기 위해 추가적인 노력을 할 것이다. 왜냐하면 그 경계치에 도달함으로써 얻는 한계이익이 매우 높기 때문이다. 따라서 Chrysler사의 인센티브 계약은 딜러 노력의 변동을 증가시키고 이는 실제수요 변동을 훨씬 더 과장시킨다.

정보왜곡은 또한 기업이 판매사원에게 제공하는 경계치 계약에서도 관찰된다. 이 계약 하에서, 사원은 특정 기간(예, 분기) 내에 판매 경계치를 넘기면 보상을 받는다. 관찰된 문제는 판매노력과 주문이 영업사원들이 경계치를 넘으려고 노력하는 분기의 마지막 주나 두 주에 몰리는 것이다. 따라서 관찰된 판매는 분기 동안 상당히 균일하지 않다. 이러한 정보왜곡은 인센티브가 정해진 기간에 제공되어, 분기의 마지막 주나 두 주를 모든 판매원에 대한 집중기간으로 하기 때문에 발생한다.

경계치 계약으로부터 발생하는 정보왜곡이 주어지면, 중요한 질문은 대리인에게 추가 노력을 기울이도록 인센티브를 유지하면서 어떻게 기업이 정보왜곡을 감소시키냐 하는 것이다. 한 가지 접근방식은 회전기간 동안 경계치 인센티브를 제공하는 것이다. 예를 들면, 기업이 판매사원에게 지난 13주 동안의 판매에 기초한 주당 인센티브를 제공한다면, 각각의 주가 13주 기간의 마지막 주가 된다. 따라서 판매노력은 전체 판매사원이 그들의 보너스 평가를 위한 동일한 마지막 주를 가진 경우와 비교해 볼 때 훨씬 더 균형을 취할 것이다. ERP 시스템이 있는 경우에 회전기간 계약을 실행하는 것은 과거보다 훨씬 더 쉽다.

키포인트 이중가격과 경계치 계약이 이중 마진을 방지하고 공급사슬에서 대리인의 노력을 증가시키기 위해 사용될 수 있다. 그러나 경계치 계약은 정보왜곡을 증가시키고 회전기간에 대해 가장 잘 실행된다.

성과 개선을 유도하기 위한 계약 많은 경우에 구매자는 그렇게 하려는 인센티브가 없는 공급자로부터 성과 개선을 원한다. 공급사슬에서 충분한 힘을 가진 구매자는 공급자가 따르도록 강요할 수도 있다. 충분한 힘이 없는 구매자는 공급자가 성과를 개선하도록 유도하기 위해 적절한 계약을 필요로 한다. 그러나 힘 있는 구매자에 대해서도 공급자의 협력을 유도하도록 설계된 적절한 계약이 더 나은 결과를 가져다 준다.

하나의 예로서, 공급자가 계절품목에 대한 리드타임을 줄여 성과를 개선하기를 원하는 구매자를 고려해 보자. 이것은 공급사슬에서 모든 신속대응의 주도권을 잡기 위한 중요한 요소이다. 짧은 리드타임을 가지고 구매자는 더 나은 예측치를 가지고 싶어하고 수요와 공급을 더 잘 대응시킬 수 있다. 리드타임을 줄이려는 대부분의 업무는 공급자에 의해서 행해져야 하는 반면, 그로 인한 대부분의 이익은 구매자에게 돌아간다. 사실상, 구매자는 줄어든 리드타임과 정확한 예측으로 더 적은 안전재고를 갖게 되기 때문에 공급자는 판매가 줄어들게 된다. 공급자가 리드타임을 줄이도록 유도하기 위해, 구매자는 리드타임을 줄임으로써 발생하는 이익의 일정 비율을 공급자에게 주는 이익 공유 계약을 활용할 수 있다. 공급자의 몫이 공급자의 노력을 보상하는 한, 인센티브는 구매자의 뜻과 일치할 것이고, 이는 두 당사자 모두에게 이익이 되는 결과를 가져다 준다.

구매자가 공급자로 하여금 품질개선을 유도할 때도 유사한 문제가 발생한다. 공급 품질을 개선시키는 것이 구매자의 비용을 감소시키지만, 공급자로부터의 추가적인 노력을 요구한다. 다시 한 번, 이익 공유 계약이 구매자와 공급자의 사이의 인센티브를 일치시키는 좋은 방법이 된다. 구매자는 개선된 품질로 인한 이익을 공급자와 공유할 수 있다. 이것은 공유이익이 없을 때 하려고 했던 것보다 더 높은 수준으로 공급자가 품질을 개선하도록 유도한다.

또 다른 예는 생산자에 의해 사용되는 유독성 화학약품의 경우에 발생한다. 생산자는 유독성 화학약품의 사용을 줄이려고 한다. 일반적으로 공급자는 이 화학약품의 사용을 줄이는 방법을 파악할 더 좋은 장비를 갖추고 있다. 왜냐하면 이것이 공급자의 핵심 사업이기 때문이다. 공급자들은 이 화학약품의 사용을 줄이면 그들의 판매가 줄어들 것이기 때문에 화학약품의 사용을 줄이기 위해 구매자와 함께 작업할 인센티브가 없다. 이익 공유 계약이 공급자와 생산자 사이의 인센티브를 일치시키기 위해 사용될 수 있다. 만일 생산자가 유독성 화학약품의 사용을 줄이는 데서 발생한 이익을 공급자와 공유한다면, 공급자는 이익의 몫이 감소된 판매로부터의 마진손실을 보상하는 한 화학약품의 감소를 위한 노력을 할 것이다.

일반적으로 공급자가 특정 차원에 대해 성과를 개선하도록 요구받고 대부분의 개선이익이 구매자에게 돌아갈 때, 이익 공유 계약은 공급자와 구매자의 인센티브를 일치시키는 데 효과적이다. 힘있는 구매자는 공급자가 성과를 개선시키도록 더 유도하기 위해 개선의 부재에 따른 벌칙을 공유이익과 연결시켜 생각할 수 있다. 그러한 계약은 공급사슬에 유익한 결과를 얻게 해 주는 동시에 구매자와 공급자 모두에 대해서도 이익을 증가시킬 것이다.

키포인트 개선된 이익이 주로 구매자에게 주어지는 반면, 개선 노력은 주로 공급자로부터 일어나는 경우, 리드타임과 같은 차원에 대해 공급자로부터의 성과 개선을 유도하기 위해 이익 공유 계약이 사용될 수 있다.

14.7 설계 협력

두 가지 중요한 통계 자료가 생산자와 공급자 사이의 설계 협력에 관한 중요성을 강조한다. 수십 년 전, 단지 20퍼센트인 것과 비교해 볼 때, 오늘날 일반적으로 생산자의 지출 중 50퍼센트 내지 70퍼센트가 조달에 사용되고 있다. 구매부품의 비용 중 약 80퍼센트가 설계 단계 동안에 고정되어 있다는 것이 일반적으로 받아들여지고 있다. 따라서 제품비용을 줄이려고 한다면 생산자가 설계 단계에서 공급자와 협력하는 것은 매우 중요하다. 설계 협력은 구매 재료의 비용을 줄일 수 있고 또한 물류와 생산비용을 줄일 수 있다. 또한 설계 협력은 많은 다양성과 고객화를 제공하려는 기업에게 중요하다. 왜냐하면 그렇게 하는 데 실패하면 다양성 비용을 상당히 증가시킬 수 있기 때문이다.

공급자와 협력하는 것은 제품개발 시간을 상당히 줄여 줄 수 있다. 이것은 제품 수명주기가 줄어들고 경쟁 전에 제품을 시장에 소개하는 것이 엄청난 경쟁 이점을 제공하는 때에는 결정적이다. 마지막으로, 공급자를 설계 단계에 통합시키는 것은 생산자로 하여금 시스템 통합에 집중할 수 있게 하며, 결과적으로 저렴한 비용으로 더 높은 품질의 제품을 생산할 수 있게 한다. 예를 들면, 자동차 생산자는 부품 설계자보다는 오히려 시스템 통합자의 역할을 부각시키고 있다. 이것은 하이테크 산업에서 더욱 광범위하게 사용되는 방법이다.

협력을 통해 혁신을 이룬 좋은 예로 Billington과 Jager를 들 수 있다(2008). 두 회사는 세계적인 거대 금 제조업체인 Goldcorp사가 소유한 금광들의 떨어지는 효율을 극복하기 위한 논의를 진행하게 된다. Goldcorp사는 모든 지리 정보 기록과 가장 효율적인 채광방식을 제공하는 업체에게 큰 보상을 하겠다고 발표하였다. 두 호주 기업들은 협업하여 3차원으로 금광을 표현하였다. Goldcorp사는 1996년의 53,000온스를 온스당 360달러에 채광하였으나 금광의 3차원 정보를 이용해 2001년에는 504,000온스를 온스당 59달러에 채광하였다. Goldcorp사가 직면한 위험을 잠재적인 공급업자들과의 정보 공유를 통해 해결한 것이다.

공급자가 더욱 큰 설계 역할을 담당한다면, 생산자 또한 공급사슬에 있어서 설계 조정자가 되는 것이 중요하다. 공통부품 설명서는 설계에 관여된 모든 당사자들에게 가용되어야 하고, 한 당사자에 의한 어떠한 설계 변경도 영향을 받는 모든 공급자들에게 알려져야만 한다. 기존의 부품과 설계에 대한 데이터베이스가 잘 구축되어 있으면 상당한 양의 돈과 시간을 절약할 수 있다. 예를 들면, Johnson Controls사는 모든 고객의 요구사항을 충족시키는 좌석 프레임을 데이터베이스로부터 찾았다면 이것은 고객에게 설계, 개발, 공구 준비, 그리고 원형제작 비용으로 약 20만 달러의 비용을 절감시켜 준다.

미시간 주립대학의 조달 및 공급사슬 벤치마킹 컨소시움(Procurement and Supply Chain Benchmarking Consortium)에 의한 조사는 제품 설계에 있어서의 성공적인 공급자 통합의 중요성을 극적으로 보여 준다. 가장 성공적인 통합 노력은 비용 20퍼센트 감소, 품질 30퍼센트 개선, 그리고 시장 출시기간을 50퍼센트 감소시켰다.

공급자들이 설계에 더 큰 책임을 가짐에 따라 공급자들에게 전달되어야 할 주요 주제는 물류에 대한 설계와 생산 가능성에 대한 설계이다. 물류에 대한 설계는 설계 중에 적절한 행동을 취함으로써 배송 동안에 수송, 자재취급, 그리고 재고비용을 줄이는 시도를 한다. 수송과 자재취급비용을 줄이기 위해 생산자는 소매자와 최종소비자로부터 기대된 주문량을 설계자에게 전달해야 한다. 따라서 수송비용을 줄이고 자재취급을 최소로 할 수 있도록 패키지가 설계될 수 있다. 수송비용을 줄이기 위해 포장은 가능한 소형으로 하고 또한 쉽게 쌓을 수 있도록 설계되어야 한다. 자재취급비용을 줄이기 위해서 패키지의 크기는 주문을 충족시키기 위해 포장을 파손할 필요성을 최소화하도록 설계되어야 한다.

재고비용을 줄이기 위한 중요한 접근방법은 제품 차별화 지연과 대량 고객화를 위한 제품을 설계하는 것이다(11장 참조). 제품 차별화 지연 전략은 최종제품을 구별짓는 특징이 생산 단계의 마지막에 소개되도록 제품과 생산공정을 설계하는 것이다. 11장에서 논의되었듯이, Dell사는 고객의 주문이 도착한 후에 고객이 선정한 모든 부품을 조립하도록 PC를 설계한다. 이것은 Dell사로 하여금 재고를 부품 단위로 총괄함으로써 재고를 줄여 준다. 대량 고객화 전략도 재고가 복수의 최종제품을 통해 총괄될 수 있는 형태로 유지될 수 있도록 제품을 설계하는 유사한 방법을 사용한다. 설계의 목표는 고객화가 다음 세 가지 고객화 범주, 즉 모듈러(modular), 조정형(adjustable), 그리고 치수형(dimensional)의 조합을 통해 나타나도록 제품을 설계하는 것이다. 모듈러 고객화를 제공하기 위해 제품은 서로 어울리는 모듈의 조립으로 설계되어야 한다. 모듈러 고객화의 좋은 예는 Dell사의 PC 조립이다. 조정형 고객화의 예는 서로 다른 600개의 사이클 가운데 자동적으로 선정할 수 있는 Matsushita사에 의해 설계된 세탁기이다. 따라서 모든 재고는 단일제품으로 유지되며, 각각의 고객은 자신의 특정 요구에 맞는 기계를 사용한다. Joseph Pine(1999)에 의해 연구된 치수형 고객화의 예는 집의 치수에 맞게 잘릴 수 있는 현장에서의 맞춤식 집의 물받이 홈통을 만드는 기계이다. 또 다른 예는 National Bicycle사인데 고객의 신체 치수에 맞추어 프레임을 자를 수 있다.

생산 가능성에 대한 생산이 용이하도록 제품을 설계하려고 한다. 사용되는 주요 원칙으로 부품 공통성, 우측부품과 좌측부품의 제거, 대칭적 부품의 설계, 부품의 결합, 새로운 부품을 설계하는 대신 카탈로그 부품을 사용하는 것과 다른 부품과 공구에 대한 접근을 제공하는 부품의 설계를 들 수 있다.

키포인트 공급자와의 설계 협력은 기업으로 하여금 비용을 줄이고, 품질을 개선시키며, 시장 출시시간을 줄이는 데 도움을 준다. 설계 책임이 공급자에게 넘어감에 따라 물류에 대한 설계와 생산 가능성 원칙에 대한 설계가 지켜지는지를 확실히 하는 것이 중요하다. 성공적이기 위해서, 생산자는 공급사슬에서 효과적인 설계 조정자가 되어야만 한다.

설계 협력 노력을 볼 수 있는 좋은 예는 자동차 산업이다. 전세계의 자동차 생산자는 공급자에게 개념적인 설계부터 제조까지 제품개발의 모든 측면에 참여하도록 요구하고 있다. 예를 들면, Ford사는 Thunderbird에 대한 공급자에게 부품과 보조 시스템을 생산하는 것뿐만 아니라 그들의 설계를 책임지도록 요구했다. 공급사슬을 통한 실질적인 통합은 Ford사로 하여금 프로그램 승인 후 36개월 이내에 새로운 모델을 시장에 출시할 수 있도록 하였다. 효과적인 의사소통을 하기 위해 Ford사는 모든 공급자들에게 설계를 위한 동일한 소프트웨어 플랫폼상에 있도록 요구하였다. Ford사는 또한 공급자에게 모든 내부 데이터베이스를 개방하였고 많은 공급자들을 사무실에 같이 위치시켰다. Ford사 기술자들은 공급자와 끊임없이 의사소통하였으며 전체적인 설계 협력을 도왔다. 그 결과 비용, 시간, 그리고 품질에 있어서 상당한 개선을 이루어 냈다.

14.8 조달 프로세스

일단 공급자가 선정되면 계약이 체결되고, 제품이 설계되며, 구매자와 공급자는 조달거래를 하게 된다. 거래는 구매자가 주문을 하는 것으로 시작하여 구매자가 주문을 받고 지불하는 것으로 끝이 난다. 조달 프로세스를 설계하는 데 있어서 프로세스에서 구매하는 상품을 고려하는 것이 중요하다. 구매된 상품의 두 가지 중요한 범주로 직접재료와 간접재료가 있다. 직접재료는 완성품을 만드는 데 사용되는 부품이다. 예를 들면, 메모리, 하드드라이버, 그리고 CD 드라이버는 PC 생산자에 대한 직접재료이다. 간접재료는 기업의 운영을 지원하는 데 사용되는 상품이다. PC는 자동차 생산자에 대한 간접재료의 예이다. 기업 내의 모든 조달 프로세스는 직접 및 간접 재료의 구매와 관련이 있다. 조달에 영향을 주는 직접재료와 간접재료 사이의 중요한 차이점이 [표 14.7]에 보여진다.

생산과의 직접적인 연관이 있는 경우 직접재료에 대한 조달 프로세스는 부품들이 적절한 장소에 적절한 품질로 적절한 시간에 가용될 수 있도록 설계되어야 한다. 직접재료에 대한 조달 프로세스의 주목적은 공급사슬 전체를 조정하고 공급과 수요의 일치를 위한 것이다. 따라서 조달 프로세스는 생산자의 생산 계획과 부품재고의 현수준이 공급자에게 보여질 수 있도록 설계되어야 한다. 이러한 가시성이 공급자로 하여금 생산자의 요구를 맞추기 위해 부품 생산을 스케줄하도록 해 준다. 부품에 대한 주문의 정시배달을 확실히 하기 위해 적절한 공급자에게 할당될 수 있도록 공급자의 가용 생산능력이 생산자에게 보여져야 한다. 또한 조달 프로세스는 공급과 수요 사이의 잠재적인 불일치를 구매자와 공급자 모두에게 경고를 할 수 있도록 경보체제를 갖추어야 한다.

이러한 목적에 초점을 둔 조달 프로세스의 좋은 예는 Cisco사의 eHub이다. eHub는 동기화된 계획과 철저한 공급사슬 가시성을 제공하기 위해 설계되었다. 궁극적으로, Cisco사는 자신의 사설 거래 네트워크에 있는 2,000 이상의 공급자, 분배자, 그리고 계약 전자 생산자를 포함

표 14.7 직접재료와 간접재료의 차이

	직접재료	간접재료
이용	생산	유지, 보수 및 지원 기능
회계	판매된 상품의 비용	SG&A
생산에 대한 영향	지연은 생산지연을 초래함	덜 직접적인 영향
거래가치에 대한 처리비용	낮음	높음
거래 수	적음	많음

하도록 계획하였다. 또 다른 예는 2002 Jeep Liberty에 대한 Johnson Controls사와 Chrysler사 사이의 관계이다. Johnson Controls사는 35개의 공급자로부터 부품을 통합하여 조립을 조종간 모듈로 Chrysler사에 배송했다. Chrysler사가 Jeep에 대한 주문을 알자마자 Johnson Controls사는 모듈을 조립하여 배송하는 데 204분이 주어져 있다. 이것은 약 200개의 다른 색상과 내부 인테리어 조합에 대해 매일 900번씩 행해졌다. 조달 프로세스의 초점은 Chrysler사와 Johnson Controls사의 생산을 완전히 동기화하는 것이다. 그 결과는 재고의 상당한 감소와 제품공급과 최종고객 수요를 더 잘 조화시켰다.

여러 가지 저가치 거래에 초점을 두는 경우, 간접재료에 대한 조달 프로세스는 각 주문의 거래비용을 줄이는 데 초점을 두어야 한다. 간접재료에 대한 거래비용은 상품 선정의 어려움(종종 진부한 많은 카탈로그), 승인과 구매 주문의 생성과 발송으로 인해 높다. 기업들이 간접재료에 대한 하나의 시스템을 가지고 있지 않기 때문에 종종 문제가 커진다. 대신에 기업들은 효율적이지 않고 비통합적인 여러 프로세스를 이용한다. 검색을 쉽게 하고 구매 주문의 승인과 전송을 자동화한 좋은 e-조달 프로세스는 거래비용을 줄이는 데 도움을 준다. 또한 e-조달 프로세스는 지불 및 수령 계정과 같은 다른 관심 있는 부분도 수정해야 한다. 분명히 이것은 단지 온라인 카탈로그를 실행하고 구매자와의 모든 거래를 자동화한 공급자와만 가능하다. 간접재료에 대한 e-조달 실행의 성공적인 예는 Johnson Controls사와 Pfizer사를 포함한다. 두 기업은 기존의 소프트웨어를 통합함으로써 e-조달 솔루션을 구축하였다. Johnson Controls사는 Commerce One 솔루션을 기존의 Oracle 회계 소프트웨어와 통합한 반면에 Pfizer사는 Ariba 시스템을 America Express사의 기업 구매카드 프로그램과 통합했다. 두 기업 모두 결과적으로 상당한 이익을 보고 있다고 주장한다.

직접 및 간접 재료 모두에 대한 조달 프로세스의 또 다른 중요한 요구사항은 제품과 공급자에 의한 주문을 통합할 수 있어야 하는 것이다. 직접재료에 대해 주문의 통합은 공급자와 수송 중 규모의 경제를 향상시키고 기업으로 하여금 공급자에 의해 제공되는 수량 할인을 이용할 수 있게 해 준다. 간접재료에 대해서는 공급자와의 지출 통합이 기업으로 하여금 더 좋은 구매 할인을 협상할 수 있도록 해 준다.

키포인트 직접재료에 대한 조달 프로세스는 공급자와의 조정과 가시성을 향상시키는 데 초점을 두어야 한다. 간접재료에 대한 조달 프로세스는 각 주문에 대한 거래비용을 감소시키는 데 초점을 두어야 한다. 두 경우에 있어서 조달 프로세스는 규모의 경제와 수량 할인을 이용하도록 주문을 통합해야 한다.

재료를 직접 및 간접으로 분류하는 것 외에도 구매된 모든 제품을 가치/비용과 중요성에 따라 [그림 14.2]에서와 같이 분류할 수 있다.

대부분의 간접재료들은 일반품목에 포함된다. 이 경우에 조달의 목표는 취득비용이나 거래비용을 낮추어야만 한다. 직접재료는 벌크 구매, 결정적, 그리고 전략적 품목으로 분류될 수 있다. 포장 재료나 벌크 화학약품과 같은 대부분의 벌크 구입 품목에 대해서는 공급사들은 동일한 판매 가격을 갖는 경향이 있다. 따라서 공급자들이 제공하는 서비스와 총소유 비용에 영향을 미치는 모든 차원에 대한 성과에 바탕을 두고 공급자들 사이를 구별하는 것이 구매에 있어서 중요하다. 잘 설계된 경매의 사용은 벌크 구매 품목에 대해 가장 효과적일 수 있다. 결정적 품목은 긴 리드타임을 갖는 부품과 특수 화학물질 등을 포함한다. 결정적 품목에 대한 중요한 조달목표는 낮은 가격이 아니라 가용성을 확보해 두는 것이다. 이 경우 구매는 구매자와 공급자 모두에게 생산 계획의 협력을 개선하기 위해 작업해야 한다. 가격이 높더라도 대안으로서 반응적인 공급원을 갖는 것이 결정적 품목에 대해서는 가치가 있다. 마지막 범주인 전략적 품목은 자동차 생산자에 대한 전자와 같은 예를 포함한다. 전략적 품목에 대해 구매자-공급자 관계는 장기적이다. 따라서 공급자는 관계의 장기적 비용/가치에 바탕을 두고 평가되어야 한다. 구매는 설계 단계에서 협력하고 공급사슬에서 다른 당사자들과 설계 및 생산 활동을 협력할 수 있는 공급자를 찾아야 한다.

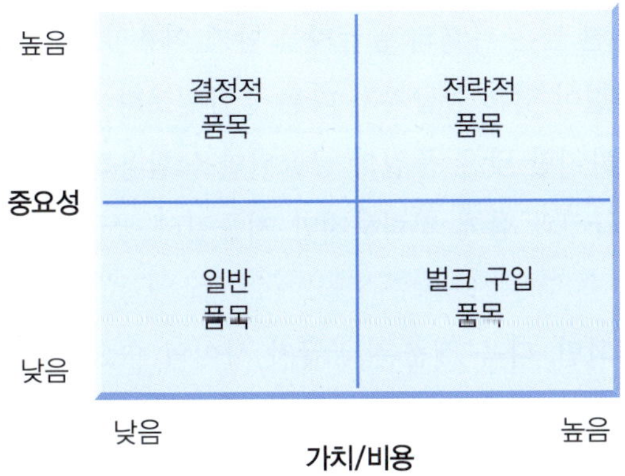

그림 14.2 가치와 중요성에 따른 제품 분류

14.9 외주계획과 분석

정기적으로 각 기업은 조달 지출과 공급자의 성과를 분석하며 이를 미래의 외주결정에 대한 투입으로 사용해야 한다. 하나의 중요한 분석은 모든 범주와 공급자에 대한 지출의 통합이다. 통합은 기업이 무엇을 구매하는지, 그리고 그 제품을 누구로부터 구매하는지에 대한 가시성을 제공한다. 경영자들은 경제적 주문량, 수량 할인, 그리고 미래 수량에 대한 계획된 수량 할인을 결정하는 데 이 정보를 사용할 수 있다. 간단한 단계는 지출을 통합하고 기업의 경제적 주문량이 공급자의 경제적 생산량과 일치되도록 하는 것이다. 따라서 경영자들은 더 나은 규모의 경제를 인식하여 자원을 보다 효율적으로 사용할 수 있다.

분석의 두 번째 부분은 공급자의 성과와 관련이 있다. 공급자의 성과는 대응도, 리드타임, 적시 배송, 품질, 그리고 배달 정확도와 같은 총비용에 영향을 주는 모든 차원에 대해 계획에 비추어 측정되어야 한다.

지출과 공급자의 성과 분석은 사용될 공급자의 포트폴리오와 선정된 공급자들에 대한 수요 할당을 결정하는 데 사용되어야 한다. 12장에서 논의되었듯이, 포트폴리오는 일반적으로 유사한 공급자로 구성하지 말아야 한다. 포트폴리오는 하나의 공급원이 하나의 차원에서 매우 잘 수행하지만 다른 공급원은 보완적인 차원에서 매우 잘 수행하도록 구성되어야 한다. 예를 들면, 기업은 단지 한 형태의 공급자만을 사용하는 것에 비해 긴 리드타임을 가진 낮은 가격의 공급자와 짧은 리드타임을 가진 높은 가격의 공급자를 함께 이용함으로써 보다 효율적으로 조달할 수 있다. 마찬가지로, 품질이 낮은 공급자가 다른 공급원보다 훨씬 저렴하다면 이를 무시하지 말아야 한다. 또한 저렴하지만 낮은 품질의 공급원만을 활용하는 것은 효과적이지 않다. 높은 품질이지만 더 비싼 공급원과 함께 저렴하지만 저품질의 공급원을 활용하는 것이 가장 효과적이다.

공급자 포트폴리오가 결정되면, 다음 질문은 공급자 사이의 수요 할당이다. 할당은 각각의 공급원에 대한 경제적 생산량과 공급비용에 연관되어져야 한다. 저비용 공급자에게는 수요에 독립인 크고 안정된 주문을 할당하는 반면, 유연한 공급자에게는 수요에 따라 변동하는 작은 주문을 할당한다. 유연한 공급원은 더 작은 경제적 주문량을 가져 변동에 더 잘 적응한다. 공급자의 조합은 한 형태의 공급자를 사용하는 것보다 저비용으로 공급과 수요를 더 잘 조화시킬 수 있다.

키포인트 조달 지출은 적절한 규모의 경제를 확보하기 위해 부품과 공급자별로 분석되어야 한다. 공급자의 성과 분석은 보완적인 강점을 갖는 공급자의 포트폴리오를 구성하는데 이용되어야 한다. 저렴하지만 낮은 성과를 갖는 공급자는 기본 수요를 공급하는 데 이용되어야 하는 반면, 높은 성과의 고비용 공급자는 수요와 다른 공급자로부터의 공급 변동에 대한 완충역할을 하기 위해 이용되어야 한다.

14.10 외주에서 IT의 역할

IT 업계에서의 외주는 공급사슬 소프트웨어 분야에서 등락이 가장 심한 분야이다. 1990년대 후반, 외주 소프트웨어 업계는 상품의 구매 및 서비스 구매에 대한 과거 인식을 변화시키는 수많은 전자시장을 만들어냈다. Chemdex, VerticalNet과 같은 회사는 한 산업의 모든 구성원들이 관련한 모든 제품을 한 곳에서 사고 팔수 있는 원스탑 매장을 만들기로 하고 추진하였다. 잠시동안은 이러한 외주 소프트웨어 기업들이 모든 거래가 원만히 이루어질 수 있는 새로운 상업적 허브를 만드는 것처럼 보였다. 그들은 금광시장에서 사용되는 모든 도구들을 그곳에서 팔았기 때문이다.

슬프게도, 대부분의 경우에 전자시장은 상당수가 쓸모없이 된 채로 나타났다가 사라졌다. 이것이 외주에 있어서 IT의 사용이 왔다가 사라지는 부질없는 것이라는 것을 의미하지는 않는다. 오늘날 IT가 외주에서 할 수 있는 많은 다양한 영역이 있다. 사실 대부분의 공급사슬 IT 영역에서보다 IT 외주 제품의 다양성이 더 크다. 공급자 관계관리 프로세스 내의 모든 프로세스는 IT 소프트웨어에 의해 지원된다. 외주에서의 주요 IT 제품 영역 중 일부에 대한 논의는 다음과 같다.

- **설계 협력:** 이 소프트웨어는 생산자와 공급자 사이의 협력을 통하여 제품의 설계를 향상시키는 것을 목표로 한다. 이 소프트웨어는 여러 최종제품에 대한 제조 용이성과 공통성 같은 긍정적인 공급사슬 특성을 갖는 부품의 선정(공급자와 함께)을 돕고 있다. 다른 설계 협력 활동은 생산자와 공급자 사이의 기술적인 변화 주문의 공유를 포함한다. 이것은 여러 공급자가 생산자의 제품을 위한 부품을 동시에 설계할 때 발생하는 값비싼 지연을 제거해 준다.
- **외주:** 외주 소프트웨어는 공급자의 자격여부 확인을 도와주고 공급자 선정, 계약관리, 그리고 공급자 평가에 도움을 준다. 중요한 목적은 기업이 각 공급자에 지출하는 금액을 분석하

여 중요한 추세나 개선 분야를 알려 주려는 것이다. 공급자는 리드타임, 신뢰성, 품질, 그리고 가격을 포함한 몇 가지 중요한 기준에 따라 평가된다. 이 평가는 공급자 성과를 개선하는 데 도움을 주고, 공급자의 선정에도 도움이 된다. 계약관리는 많은 공급자 계약이 추적되어야 할 복잡한 세부사항(수량 연계된 가격 감소와 같은)을 갖고 있기 때문에 외주의 중요한 부분이다. 이러한 영역에서의 성공적인 소프트웨어는 공급자의 성과 분석과 계약관리를 도와준다.

- **협상:** 공급자와의 협상은 견적요구서(request for quote: RFG)부터 시작하여 많은 단계를 포함한다. 협상 프로세스는 또한 경매에 대한 설계와 실행을 포함한다. 이러한 프로세스의 목표는 기업의 요구를 가장 잘 조화시키는 방식으로 공급자에 대한 가격과 배송 요건을 명시하는 효과적인 계약을 협상하는 것이다. 성공적인 소프트웨어는 RFQ 프로세스와 경매 실행을 자동화한다.
- **구매:** "구매" 소프트웨어는 공급자로부터 재료의 실질적인 조달을 실행한다. 이것은 구매주문의 발생, 관리, 그리고 승인을 포함한다. 이 영역에서의 성공적인 소프트웨어는 조달 프로세스를 자동화하여 프로세스 비용과 시간을 감소시키는 데 도움을 준다.
- **공급 협력:** 기업과 공급자 사이에 공급에 대한 동의가 일단 이루어지면, 공급사슬 성과는 예측, 생산 계획, 그리고 재고 수준을 협력함으로써 개선될 수 있다. 협력의 목적은 공급사슬을 통한 공통의 계획을 보증하는 것이다. 이 영역에서의 좋은 소프트웨어는 공급사슬에서 협력하여 예측하고 계획하는 것을 도와줄 수 있어야 한다.

외주 소프트웨어의 성공에 대한 가장 중요한 장애물은 종업원이 종종 그 소프트웨어를 사용하길 원하지 않는다는 것이다. 외주 소프트웨어가 종종 구매될 수 있는 것을 제한하기 때문에, 많은 사람들은 기업에 대해 가장 좋은 품목으로 느끼는 것을 구매할 자유를 잃어버림에 화를 낸다. 많은 경우에 사람들은 그들이 시스템 내에서 구입할 수 없을지라도 시스템 주변으로 가서 그들이 원하는 제품을 구입한다. 또 다른 일반적인 어려움은 IT 시스템의 성공적인 이용이 다른 기업 사이에서의 협력이 요구될 때 발생한다. 이것은 모든 기업이 그 시스템을 이용하는 이점을 확신해야만 하나, 종종 각 기업은 다른 기업을 의심하기 때문에 일어나기 어렵다. 그러나 협력이 성공적이라면, 그 혜택은 엄청날 것이다.

공급자 관계관리 소프트웨어 산업에는 세 그룹의 경쟁자가 있다. 이 중 두 그룹은 외주에 특화하고 있는데 그 중 한 그룹은 설계 협력에, 다른 한 그룹은 조달에 초점을 맞추고 있다. 설계 협력 분야의 선도기업으로는 Agile사와 Matrix One사가 있고, 외주 분야의 선도기업으로는 Ariba사가 있다. 세 번째 그룹은 ERP 업자들로 구성되며 SAP사와 Oracle사가 이 그룹에서 가장 뛰어나다.

14.11 외주에 있어서의 위험관리

외주 위험은 수요를 정시에 만족시키는 능력의 부재, 조달비용의 증가, 또는 지적 자산의 손실을 가져다 준다. 위험의 상당부분을 완화시키는 데 도움을 주는 완화 전략을 개발하는 것은 중요하다.

수요를 정시에 만족시키는 능력의 부재는 공급원으로부터의 방해나 지연 때문에 발생한다. 공급 방해의 위험은 특히, 하나 또는 소수의 공급원을 갖는 경우에 심각할 수 있다. 이것은 미국에 대한 감기백신의 두 공급자 중 하나가 오염으로 인해 2004년에 공급할 수 없을 때 특히 분명했다. 방해 위험은 다양한 공급원을 개발함으로써 완화될 수 있다. 복수 공급원 개발의 높은 비용과 이로 인한 규모의 경제손실이 있다면, 비교적 높은 수요를 갖는 제품에 대해 복수 공급원을 개발하는 것이 최선이다. 복수 공급원을 개발하는 것은 낮은 수요를 가진 제품에 대해서는 매우 비싸다. 공급원으로부터의 지연은 재고를 유지하고 더 대응적인 보충 공급원을 개발함으로써 완화될 수 있다. 재고유지는 빨리 진부화되지 않는 낮은 가치의 제품에 대해 최선인 반면, 대응적인 보충 공급원을 개발하는 것은 높은 가치와 짧은 수명주기의 제품에 대해 선호된다.

높은 조달비용의 위험은 제품에 대한 산업 전체의 수요가 이용 가능한 공급을 초과하고, 환율이 나쁘거나 하나의 공급원이 있을 때 더 심각할 수 있다. 예를 들면, 철강과 원유에 대한 상품 가격은 제한된 공급능력에 직면한 높은 세계적인 수요 때문에 2004~2005년에 매우 높았다. 장기와 단기계약의 포트폴리오가 더 높은 조달비용의 위험을 완화시키는 데 도움을 줄 수 있다. 예를 들면, 2004~2005년에 Southwest 항공사의 이익에 대한 중요한 기여자는 연료 구매 시 주어진 장기계약이었다. 환율 위험은 재정적인 방지책를 이용하거나 환율 변동에 기초하여 재구성되기에 충분할 만큼 유연한 세계적인 공급 네트워크를 개발함으로써 완화시킬 수 있다. 단일 공급원으로 인한 방해 위험은 대안적인 공급자들을 개발하거나 공급능력의 일부를 사내에 둠으로써 막을 수 있다.

지적 자산의 위험은 민감한 생산을 사내로 가져오거나 사내에 유지함으로써 완화시킬 수 있다. 비록 생산이 아웃소싱되더라도 중요한 지적 자산의 가치가 있는 것으로 보이면 기업은 장비의 부품 소유권을 유지할 수 있다. 이것이 Motorola사가 계약 생산자들에 있는 일부 시험장비들을 소유하는 이유이다.

14.12 외주결정의 실제

1. **다기능적인 팀을 이용하라.** 외주에 대한 효과적인 전략은 기업 내의 다기능적인 협력으로부터 나타난다. 구매 그룹으로부터의 외주 전략은 비교적 한정되어 구매 가격에 초점을 둔다. 구매, 생산, 설계, 그리고 계획의 협력으로 개발된 전략이 총비용에 대한 정확한 요인을 훨씬 더 잘 파악할 수 있다. 협력은 전략의 형성을 넘어 조달 단계까지 계속되어야 한다. 왜냐하면 조달 단계에서 생산과 설계가 좋은 외주 전략의 완전한 혜택을 가장 잘 인식할 수 있기 때문이다.
2. **지역과 사업 단위를 통한 적절한 협력을 확보하라.** 모든 지역과 사업 단위를 통한 구매의 협력은 기업으로 하여금 구매에서 규모의 경제를 최대화하도록 하고 거래비용을 감소시키도록 해 준다. 그러나 더 나은 공급사슬 협력과 설계 협력과 같은 향상된 외주로부터의 다른 기회는 실제로 효과적이기 위해 사업 단위 수준에서의 강한 참여를 요구할 수도 있다. 모든 사업 단위를 통해 국제적인 조정을 위임하는 것은 이러한 노력을 복잡하게 할 수도 있다. 거래비용과 총구매물량이 총비용에 상당한 영향을 갖는 MRO 공급과 같은 품목은 지리적으로, 그리고 사업 단위에 걸친 협력된 구매로부터 이윤을 얻는다. 반면에, 가치의 대부분이 더 나은 설계 협력과 협력적 공급사슬 예측과 충족으로부터 나온 품목은 어느 정도 더 분산된 외주에 의해 더 잘 공급된다.
3. **소유권의 총비용을 항상 평가하라.** 효과적인 외주 전략은 가격 절감을 유일한 목적으로 해서는 안 된다. 소유권의 총비용에 영향을 미치는 모든 요인은 파악되어 공급자를 선정하는데 이용된다. 모든 적절한 차원에 대해 공급자의 성과가 측정되어야 하고 총비용에 대한 영향도 계량화되어야 한다. 소유권의 총비용에 초점을 두는 것은 구매자로 하여금 설계, 계획, 그리고 충족에서 더 잘 협력하기 위한 기회를 더 잘 파악하도록 해 준다.
4. **핵심 공급자와 장기적 관계를 구축하라.** 좋은 외주의 기본적인 원칙은 구매자와 공급자가 함께 일하는 것이 그들이 독립적으로 일하는 것보다 절약에 대한 더 많은 기회를 만들어 낼 수 있다는 것이다. 견실한 협력은 두 당사자가 장기적인 관계와 어느 정도의 신뢰를 가질 때만 나타난다. 장기적인 관계는 공급자로 하여금 특별한 구매자에게 중요한 이슈에 대해 더 많은 노력을 기울이도록 유도한다. 이것은 구매자에 특정한 기술에 대한 투자와 설계 협력을 포함한다. 또한 장기적인 관계는 두 당사자의 의사소통과 협력을 향상시킨다. 이러한 능력은 직접재료를 조달할 때 매우 중요하다. 따라서 장기적인 관계는 결정적이고 전략적인 직접재료의 공급자와 함께 성숙되어져야 한다.

14.13 학습목표 요약

1. **공급사슬에서 외주의 역할에 대해 설명하라.** 외주는 기업이 공급자로부터 제품을 구매하는 데 요구되는 모든 프로세스를 포함한다. 지난 10년 동안 생산자는 구매부품의 비율을 증가시켜 왔다. 따라서 효과적인 외주결정은 재무적 성과에도 중요한 영향을 미친다. 좋은 외주결정은 주문을 통합하고, 외주거래를 더 효율적으로 만들고, 공급자와의 설계 협력을 달성하고, 공급자와 협력적 예측과 계획을 조성하고, 정보왜곡을 최소화하면서 수익성을 증가시키는 공급사슬 계약을 설계하고, 공급자들 사이의 경쟁을 증가시킴으로써 구매 가격을 낮추어 공급사슬의 성과를 향상시킬 수 있다.
2. **공급사슬 기능의 외주결정에 영향을 주는 요인에 대해 논의하라.** 만약 상당한 위험 없이 제3자가 공급사슬의 잉여이익을 증가시킬 수 있다면, 공급사슬 기능은 아웃소싱되어야 한다. 제3자는 생산능력, 재고, 창고, 수송, 정보, 수령, 그리고 다른 요소들을 기업이 스스로 하는 것보다 더 높은 수준에서 통합함으로써 잉여이익을 증가시킬 수 있다. 아웃소싱은 일반적으로 기업의 요구가 적고, 매우 불확실하며, 다른 기업을 도울 수 있는 자원을 사용하여 지원을 할 수 있는 경우라면 의미가 있다.
3. **총비용에 영향을 주는 공급자 성과의 차원을 파악하라.** 견적 가격 외에도 공급자를 이용하는 총비용은 보충 리드타임, 정시 성과, 공급 유연성, 납기빈도/최소 로트 크기, 공급 품질, 내부 수송비용, 가격조건, 정보 협력능력, 공급자의 설계 협력능력, 그리고 공급자의 생존 가능성에 의해서도 영향을 받는다. 공급자들을 효과성에 대한 진정한 척도를 얻기 위해 서로 다른 공급자를 비교할 때 이들 요인들이 평가되어야 한다.
4. **성공적인 경매와 협상을 구조화하라.** 구매자들은 비공개 입찰 최저가 경매, 네델란드식 경매, 영국식 경매, 그리고 차선가격 경매를 이용할 수 있다. 성공적인 경매는 구매자에 대한 비용을 최소화하고 최소가격의 공급자가 선정되도록 한다. 많은 상황 하에서, 개방된 영국식 경매가 이러한 결과를 얻게 해 준다. 경매가 진행될 때, 구매자는 입찰자들 사이의 담합을 피하도록 노력해야 한다. 성공적인 협상은 대개 양측이 서로의 입장에 대해 잘 알고 양측이 모두 만족할만한 결과를 초래하는 파이의 크기를 증가시킬 수 있는 다양한 차원을 가지고 있을 때 이루어진다.
5. **공급자 성과와 정보왜곡에 대한 여러 다른 계약의 영향을 설명하라.** 공급계약은 구매자와 공급자의 원하는 목표와 이에 따른 공급사슬의 성과에 대한 영향을 고려해야 한다. 계약은 제품 가용성을 증가시키고, 공급사슬비용을 조정하고, 대리인의 노력을 증가시키고, 공급자로

부터의 성과 개선을 유도하도록 설계되어야 한다. 제품 가용성을 증가시키는 계약은 재구매, 이익 공유, 그리고 수량 유연성 계약을 포함한다. 계약은 이중 마진을 막도록 설계되어야 한다. 재구매와 이익 공유 계약은 수량 유연성 계약에 비교하여 정보왜곡을 증가시킨다. 공급자가 로트당 상당한 고정비용을 갖는 경우 수량 할인은 공급사슬 비용을 조정해 준다. 수량 할인은 배치 주문으로 인해 정보왜곡을 증가시킨다. 이중가격제와 경계치 계약은 대리인의 노력을 증가시키도록 설계되어야 한다. 경계치 계약은 정보왜곡을 상당히 증가시키고 회전기간에 대해 가장 잘 수행된다. 이익 공유 계약은 구매자가 공급자들이 리드타임과 품질과 같은 차원의 성과를 향상시키기 원할 때 가장 효과적이다.

6. **구매되는 제품과 서비스를 분류하고 각 경우의 조달에 대해 바람직한 초점을 파악하라.** 직접재료는 최종제품을 만드는 데 이용되는 부품이다. 간접재료와 서비스는 주요 생산공정을 지원하기 위해 이용된다. 직접재료는 품목의 가치와 그것이 구매자에게 얼마나 중요한가에 따라 벌크 구매, 결정적, 그리고 전략적 품목으로 더 세분화된다. 조달은 간접재료를 구매할 때 지출을 통합하여 거래비용을 줄이는 데 초점을 맞추어야 한다. 벌크 구매에 대해서는 조달이 제공되는 부가 서비스와 총비용에 영향을 미치는 다른 차원에서의 성과에 초점을 두어야 한다. 결정적 품목에 대해서는 조달이 예측과 충족에 대해 공급자와의 협력에 초점을 두어야 한다. 전략적 품목에 대해서는 조달이 설계와 공급자와의 생산 협력 향상에 초점을 맞추어야 한다.

토의문제

1. Wal-Mart사와 같은 기업이 좋은 외주결정으로부터 이익을 얻는 방법에는 무엇이 있는가?
2. 많은 소매자들이 수송을 아웃소싱하고 있음에도 불구하고 Wal-Mart사가 자사 트럭을 소유하게 하는 요인은 무엇인가?
3. 어떻게 더 높은 가격의 공급자보다 더 낮은 가격의 공급자가 구매자에게 더 비용을 부과시킬 수 있는가?
4. 동일한 재고 수준에 대해 수익 공유 계약이 소매자가 제품에 대해 지불하고 모든 잔존 재고에 대해 책임을 지는 것보다 소매자의 판매노력을 낮추는 이유를 설명하라.
5. 많은 소매자에게 판매를 하는 생산자에 대해, 수량 유연성 계약이 왜 재구매 계약보다 더 적은 정보왜곡을 갖는가?
6. 많은 기업들이 설정된 목표의 초과에 따라 판매원에게 금전적인 인센티브를 제공한다. 이 방법에 대한 장단점은 무엇인가? 몇 가지 문제점들을 바로잡기 위해 계약을 어떻게 수정할 수 있는가?

7. 자동차 생산자가 사무용품과 자동차 시트와 같은 하부부품을 조달한다. 두 형태의 제품에 대해서 외주 전략에서의 어떤 차이를 제안할 수 있는가?

8. 공급자와의 설계 협력이 PC 생산자의 성과 개선에 어떻게 도움을 주는가?

연습문제

1. 출판업자가 Borders사에게 권당 12달러에 책을 판매한다. 출판업자의 한계생산비용은 권당 1달러이다. Borders사는 고객에게 24달러에 가격을 매기고 다음 두 달 동안의 기대수요는 평균이 20,000이고 표준편차가 5,000인 정규분포를 따른다. Borders사는 두 달 기간의 초에 배송을 위해 출판업자에게 단일주문을 한다. 현재 Borders사는 두 달 기간의 말에 판매되지 않은 책을 3달러로 할인하고 정가에 판매되지 않은 모든 책은 이 가격으로 판매한다.
   - a. Borders사는 몇 권의 책을 주문해야 하는가? 기대이익은 얼마인가? 할인가로 몇 권의 책이 팔릴 것으로 예상하는가?
   - b. Borders사의 행동이 주어지면 출판업자의 이익은 얼마인가?
   - c. 논의중인 계획은 출판업자가 두 달 기간 동안에 판매되지 않은 책 한 권당 5달러를 환불해 주는 것이다. 이전처럼 Borders사는 3달러로 할인하여 남아 있는 책을 판매한다. 이러한 계획 하에서, Borders사는 몇 권을 주문해야 하는가? Borders사의 예상이익은 얼마인가? 판매되지 않은 책은 몇 권이나 되겠는가? 출판업자는 무엇을 해야 하는가?

2. 영화제작사는 최신영화를 DVD당 10달러로 Blockbuster사에 판매한다. 영화제작사의 한계생산비용은 DVD당 1달러이다. Blockbuster사는 고객에게 DVD당 19.99달러로 가격을 매기고 있다. DVD는 한 달 기간 동안 일반 진열대에 있다가 그 이후는 4.99달러로 할인된다. Blockbuster사는 DVD에 대한 단일주문을 한다. 현재 예측에 따르면, 판매는 평균이 10,000이고 표준편차가 5,000인 정규분포를 따른다.
   - a. Blockbuster사는 얼마나 많은 DVD를 주문할까? 기대이익은 얼마인가? 할인판매될 것으로 기대되는 DVD의 수량은 얼마인가?
   - b. Blockbuster사의 행동이 주어지면 제작사의 이익은 얼마인가?
   - c. 논의중인 계획은 한 달 기간 동안 팔리지 않은 DVD당 4달러를 Blockbuster사에 환불하는 것이다. 앞에서와 같이, Blockbuster사는 4.99달러로 할인하여 남아 있는 것을 판매한다. 이 계획 하에서 Blockbuster사는 얼마나 주문해야 하는가? Blockbuster사의 기대이익은 얼마인가? 한 달 기간 말에 팔리지 않을 것으로 기대되는 DVD의 수량은 얼마인가? 제작사에 대한 기대이익은 얼마인가? 제작사는 무엇을 해야 하는가?

3. Topgun Records사와 몇몇의 영화제작사들은 CD에 대한 수익 공유 계약에 사인하기로 결정하였다. 각 CD는 제작사가 생산하는 데 2달러가 든다. CD는

Topgun사에 3달러에 판매된다. Topgun사는 15달러에 CD를 판매하고, 수요는 평균이 5,000이고 표준편차가 2,000인 정규분포를 따르는 것으로 예측하고 있다. 판매되지 않은 CD는 1달러로 할인되어 모두 판매된다. Topgun사는 수익의 35퍼센트를 제작사와 분배하고 나머지 65퍼센트는 자신이 갖게 된다.

a. Topgun사는 CD를 얼마나 주문해야 하는가?

b. 할인판매될 것으로 예상되는 CD의 수량은 얼마인가?

c. Topgun사의 예상이익은 얼마인가?

d. 제작사의 예상이익은 얼마인가?

e. 제작사가 CD를 (3달러 대신에) 2달러에 판매하고 수익의 43퍼센트를 받는다면 (a)−(d)의 답은 어떻게 되는가?

4. Benetton사는 계절 상품에 대하여 소매자와 수량 유연성 계약을 맺었다. 소매자가 O 단위를 주문하면, Benetton사는 필요하다면 기꺼이 35퍼센트까지 추가로 더 제공할 수 있다. Benetton사의 생산비용은 20달러이고 소매자에게 36달러의 도매가격을 부과한다. 소매자는 고객에게 단위당 55달러로 가격을 매긴다. 팔리지 않은 품목에 대해서 소매점은 25달러에 판매할 수 있다. Benetton사는 남은 재고에 대해 단지 10달러의 잔존가를 얻을 수 있다. 소매자는 수요가 평균이 4,000이고 표준편차가 1,600인 정규분포를 따르는 것으로 예측한다.

a. 소매자는 얼마나 주문해야 하는가?

b. 소매자에 의한 기대구매량은 얼마인가(소매자는 수요를 관찰한 후에 35퍼센트까지 주문을 증가시킬 수 있음을 기억하자)?

c. 소매자에 의한 기대판매량은 얼마인가?

d. 소매자에게 예상되는 과잉공급은 얼마인가?

e. 소매자에 대한 기대이익은 얼마인가?

f. Benetton사에 대한 기대이익은 얼마인가?

5. 당신은 특정 형태의 변압기 재고를 책임지는 큰 전기사업자의 구매과장이다. 이 변압기에 대한 현장 작업자로부터의 주당 수요는 평균이 100이고 표준편차가 50인 정규분포를 따른다. 유지비용은 25퍼센트이고 95퍼센트의 주기 서비스 수준에 대응하는 재고 수준을 유지해야 한다. 다음의 조건을 제시하는 Reliable Components사와 Value Electric사라는 두 공급자가 있다. Reliable사는 최소 100개의 주문으로 변압기를 5,000달러에 팔고 있고, 리드타임은 1주이며 표준편차가 0.1주이다. Value사는 4,800달러에 변압기를 판매하고, 최소 배치는 1,000이며, 리드타임은 5주이고 리드타임의 표준편차는 4주이다.

a. Reliable Components사를 공급자로 사용하는 경우 연간 비용은 얼마인가?

b. Value Electric사를 공급자로 하는 경우 연간 비용은 얼마인가?

c. 당신은 어떤 공급자를 선정하겠는가?

d. 두 공급자를 모두 이용할 수 있다면, 주문을 어떻게 구성하겠는가?

6. 문제 5에서 Reliable사를 공급자로 선정했다고 하자. Value Electric사는 당신의 사업을 원하고 세 가지 상호배타적인 대안을 제시하고 있다. 즉, 1주의 리드타임 감소, 800으로의 최소 배치 감소, 그리고 리드타임 표준편차의 1주 감소이다.

a. 각각의 옵션을 취했을 경우의 연간 기대비용은 얼마인가?

b. 세 가지 옵션을 모두 고려했을 경우의 연간 기대비용은 얼마인가?

c. 이들 옵션 중 하나에 대해 Reliable사와 하기로 한 결정을 변경할 것인가?

7. [표 14.6]의 결과에서 논의된 수량 유연성 계약에서 소매자의 입장을 고려해 보자. $\alpha = \beta = 0.2$, 주문 크기 1,000, 그리고 도매가격은 6달러인 기본 계약을 고려해 보자. 다음 문제에 대해 수량 유연성 모형을 세울 필요가 있다. 소매자와 생산자 모두에 대해 잔존가치는 0이라고 가정하자.
   a. α가 0.5로 증가하면 소매자에 대한 이익 증가는 얼마나 되는가?
   b. (α를 0.2로 유지한 채로) β를 0.5로 증가시키면 소매자에 대한 이익 증가는 얼마나 되는가?
   c. 이들이 왜 다르다고 기대하는가?

8. 문제 7에서 논의된 소매자와 생산자 모두를 당신이 얻었다고 가정하자. 당신의 관심은 당신의 새로운 기업에 대한 수익성을 최대화하는 것이고, 이를 달성하기 위한 인센티브 시스템을 구축하는 것이다. 소매자와 생산자 모두에게 인센티브를 제공하기 위해 수량 유연성 계약을 선정하기로 하였다.
   a. α를 0.5로 증가시키는 것이 당신 기업의 수익성에 어떤 영향을 미치는가?
   b. β를 0.5로 증가시키는 것이 당신 기업의 수익성에 어떤 영향을 미치는가?

참고문헌

Armstrog & Associates, Inc. *Who's Who in Logistics? Armstrong's Guide to 3PLs & Global Logistics Services,* 2001.

Banfield, Emiko. *Harnessing Value in the Supply Chain: Strategic Sourcing in Action.* New York: Wiley, 1999.

Billington, Corey, and Francois Jager, "Procurement: The Missing Link in Innovation." *Supply Chain Management Review* (January–February 2008): 22–28.

Cavinato, Joseph L., and Ralph Kauffman. *The Purchasing Handbook: A Guide for the Purchasing and Supply Professional.* New York: McGraw-Hill, 2000.

Chopra, Sunil, Darren Dugan, and Gareth Taylor. "B2B E-Commerce Opportunities." *Supply Chan Management Review* (May–June 2001): 50–58.

Favre, Donavon, and John McCreery. "Coming to Grips with Supplier Risk." *Supply Chain Management Review* (September 2008): 26–32.

Ferreira, John, and Len Prokopets. "Does Offshoring Still Make Sense?" *Supply Chain Management Review* (January–February 2009): 20–27.

Grosvenor, Franklin, and Terrence A. Austin. "Cisco's eHub Initiative." *Supply Chain Management Review* (July–August 2001): 18–26.

Heskett, James L., and Sergio Signorelli. *Benetton (A).* Harvard Business School Case 685014, 1984.

Krishna, Vijay. *Auction Theory.* San Diego: Academic Press, 2002.

Laseter, Timothy M. *Balanced Sourcing: Cooperation and Competition in Supplier Relationships.* San Francisco: Jossey-Bass, 1998.

Martin, Lisa. "Charting Pfizer's Path to E-Procurement." *Supply Chain Management Review* (May–June 2002): 20–26.

Milgrom, Paul. *Putting Auction Theory to Work.* Cambridge: Cambridge University Press, 2004.

Monczka, Robert H., Gray L. Ragatz, Robert B. Handfield, Robert J. Trent, and David J. Frayer. "Executive Summary: Supplier Integration into New Product Development: A Strategy for Competitive Advantage." The Global Procurement and Supply Chain Benchmarking Initiative, Michigan State University, The Eli Broad Graduate School of Management, 1997.

Monczka, Robert, Robert Trent, and Robert Handfield. *Purchasing and Supply Chain Management.* Chincinnati, OH: South-Western, 2002.

Murphy, Sean. "Will Sourcing Come Closer to Home?" *Supply Chain Management Review* (September 2008): 33–37.

Neef, Dale. *E-Procurement: From Strategy to Implementation.* Upper Saddle River, NJ: Prentice Hall, 2001.

Pierson, John C. "Johnson Controls' Journey to E-Procurement." *Supply Chain Management Review* (January–February 2002): 56–62.

Pine, Joseph B. *Mass Customization: The New frontier in Business Competition.* Boston: Harvard business School Press, 1999.

Porter, Robert H. "Detecting Collusion." Working Paper #0051, The Center for the Study of Industrial Organization, Northwestern University, 2004.

Smeltzer, Larry R., and Joseph R. Carter. "How to Build an E-Procurement Stategy." *Supply Chain Management Review* (March–April 2001): 76–83.

Thompson, Leigh L. *The Mind and Heart of the Negotiator.* Upper Saddle River, NJ: Prentice Hall, 2005.

Toupin, Laurie. "Needed: Suppliers Who Can Collaborate Throughout the Supply Chain." Special Advertising Section: Automotive. *Supply Chain Management Review* (July–August 2002): 5–8.

제 15 장

공급사슬에서의 가격결정과 수익관리

학 • 습 • 목 • 표

이 장을 읽은 후에 여러분은 다음과 같은 것을 할 수 있을 것이다.

1. 공급사슬에서의 수익관리의 역할을 이해할 수 있다.
2. 수익관리 전술이 효과적으로 실행될 수 있는 조건을 정의할 수 있다.
3. 수익관리 의사결정 시 고려해야 할 트레이드오프를 설명할 수 있다.

대부분의 공급사슬 공급은 고정되어 있는 데 반해, 수요는 변동을 거듭한다. 이러한 상황에서 공급과 수요를 일치시키기 위한 노력이 지속되고 있다. 이 장에서는 관리자가 공급과 수요의 일치를 더 잘 이루기 위해 가격을 결정하는 방법과 공급사슬 자산의 수익을 증가시키는 것에 대해 다루겠다.

15.1 공급사슬에서 가격결정과 수익관리의 역할

이 책에서 우리는 공급사슬의 수익을 향상시키기 위한 수요와 공급의 관리에 중점을 맞춰왔다. 재고와 생산능력을 조절함으로써 공급 가용량를 조절할 수 있다. 광고와 마케팅은 수요를 늘리는 데 사용될 수 있다. 이러한 단계를 넘어, 가격결정은 공급과 수요를 잘 조화시킴으로써 공급사슬의 수익을 향상시킬 수 있는 중요한 방법이다. 가격은 제품의 수요량과 그로 인해 창출되는 전체 수익에 영향을 미친다. 수익관리는 한정된 공급사슬 자산에서 창출되는 수익을 향상시키기 위해 가격결정을 이용한다. 공급사슬 자산은 두 가지의 형태—생산능력과 재고—로 존재한다. 공급사슬의 생산능력 자산은 생산, 수송, 그리고 창고에 존재한다. 재고 자산은 공급사슬 전체에 존재하며 제품 가용성을 향상시키기 위해 존재한다.

이러한 자산을 통해 버는 총이윤을 증가시키기 위해 관리자는 가격결정을 포함한 모든 가능한 방법들을 사용해야 한다. 그 첫 번째 방법이 수익관리이다. 전통적으로 회사는 공급과 수요 사이의 불균형을 줄이기 위해 자산을 줄이거나 자산에 투자해 왔다. 회사는 비즈니스 사이클의 성장기 동안에는 추가적인 생산능력을 확장하였고, 하강기에는 생산용량을 축소하였다. 수익관리의 아이디어는 생산과 수요의 균형을 맞추기 위해 가장 우선적으로 가격결정을 이용해야 하며, 그 후 자산을 줄이거나 투자하는 것을 제안한다. 수익관리 기술의 이론과 실행에 관한 훌륭한 논의은 Thlluri와 Van Ryzin(2004)에서 찾아볼 수 있다.

10대의 트럭을 보유한 트럭회사를 고려해 보자. 초과수송능력을 갖고 있을 때 회사가 취할 수 있는 한 가지 접근법은 서비스에 대한 가격을 고정한 채 수요를 늘리기 위해 광고를 이용하는 것이다. 그러나 수익관리를 이용하는 경우, 회사는 더 많은 것을 시도할 수 있다. 한 가지 접근방법은 선주문을 할 용의가 있는 고객에게 더 낮은 가격을 제공하고, 마지막 순간에 수송능력을 찾는 고객에게는 높은 가격을 제시하는 것이다. 또 다른 방법은 장기계약 고객에게는 낮은 가격을 제시하고, 마지막 순간에 생산능력을 구매하려는 고객에게는 높은 가격을 제시하는 것이다. 세 번째 방법은 수요가 많을 때는 높은 가격을 제시하고 수요가 낮을 때는 낮은 가격을 제시하는 것이다. 다른 예로는 계절 의류를 판매하는 소매상을 들 수 있다. 제품 가용성, 고객 수요, 그리고 남아 있는 계절 판매기간에 기초하여 가격을 조절하는 전략은 판매기간 내내 가격을 고정하는 전략보다 높은 공급사슬 수익을 얻을 것이다.

모든 수익관리 전략들은 수입을 최대화하기 위한 중요한 수단으로 차별화된 가격결정을 사용한다. 또한 수익관리는 공급사슬의 잉여를 증가시키기 위해 고객 세분화, 사용 시점, 제품 또는 생산용량의 가용성에 바탕을 두고 차별화된 가격결정을 사용하는 것으로 정의할 수도 있다. 수익관리가 공급사슬 성과에 미치는 영향은 중요하다. 가장 많이 사용되는 예로, 1980년대 중반 American Airline사가 성공적인 수익관리를 통해 PeopleExpress사에 대응하여 승리를 거둔 것을 들 수 있다. 뉴욕 뉴저지에서 시작된 PeopleExpress사는 다른 항공사에 비해 50~80퍼센트 저렴한 항공료를 제시하였다. 초기에 그들은 저가항공 시장에 관심을 보이지 않았기 때문에 PeopleExpress사를 무시하였다. 그러나 1983년에 PeopleExpress사는 40대의 항공기를 운항하였고, 74퍼센트가 넘는 좌석 점유율을 달성하였다. PeopleExpress사와 다른 새로운 진입자들은 기존 항공사들의 영역을 잠식하고 있었다. 기존 항공사들은 높은 운영비용 때문에 PeopleExpress사 수준으로 가격을 떨어뜨리는 방법으로 경쟁할 수 없었다. American Airline사는 처음으로 수익관리를 이용한 효과적인 대응책을 제시하였다. 모든 좌석에 대해 낮은 가격을 제시하는 대신, 좌석 일부분의 가격만을 PeopleExpress사의 수준 혹은 그 이하로 낮추었다. 곧이어 United사와 같은 다른 항공사들도 PeopleExpress사의 승객들에게 매력적인 선례를 제시하기 시작했다. 이것은 PeopleExpress사의 좌석 점유율을 항공사가 유지될 수 없는 수치인 50퍼센트 이하로 낮추는 데 충분했다. 1986년이 끝나기 전, PeopleExpress사는 무너졌다.

American Airline사의 성공 요인은 우선 일부 좌석에는 낮은 가격을 제시하고, PeopleExpress사를 이용하는 승객을 유인하는 차별화된 가격결정을 사용한 것을 들 수 있다. American사는 PeopleExpress사를 이용하지 않는 사업상 여행객에게는 가격을 낮추지 않았다. 타깃에 따른 차별화된 가격결정이 성공적인 수익관리의 핵심이다.

수익관리는 수익을 최대화하기 위해 자산의 공급 가용량과 가격결정을 조절하였다. 수익관리는 다음 네 가지 조건 중 하나 또는 그 이상의 조건이 있을 때 공급사슬의 수익성에 중요한 영향을 미친다.

1. 제품의 가치가 다양한 시장 세분화에 따라 달라질 때
2. 제품이 쉽게 변질되거나 제품손실이 발생될 때
3. 수요가 계절적이거나 다른 피크를 가질 때
4. 상품이 대단위와 소단위 시장에서 동시에 팔릴 때

항공기 좌석은 시장 세분화에 따라 가치가 달라지는 상품의 좋은 예이다. 사업상 여행객은 그들의 스케줄에 맞추기 위해 높은 항공료를 지불할 용의가 있다. 이와 반대로, 레저 여행객은 종종 낮은 항공권을 위해 그들의 스케줄을 변동시킨다. 레저 여행객보다 사업상 여행객에게 높은 가격을 받을 수 있는 항공사는 모든 여행객에게 동일한 가격을 측정하는 항공사보다 항상 낫다.

패션과 계절 의류는 시간이 지남에 따라 인기가 줄어드는 제품의 대표적인 예이다. 생산, 보관, 수송능력은 사용하지 않는다면 없어지는 재고나 생산능력의 한 예이다. 이러한 경우, 수익관리의 목표는 기간 동안 가능한 재고나 생산능력으로부터 최대한의 수익을 얻을 수 있도록 시간에 따라 가격을 조절하는 것이다.

Amazon.com의 주문은 크리스마스 이전 12월에 성수기를 맞는 계절적 패턴을 갖는다. 이러한 성수기에 대응하기 위해 Amazon.com은 높은 비용으로 일시적으로 많은 프로세스 용량을 배치한다. Amazon.com은 12월 성수기 이전에는 무료 배송을 제공하는 수익관리 아이디어를 이용한다. 이것은 수요의 일부분을 성수기에서 비성수기로 이동시키며, Amazon.com의 총수익을 증가시킨다. 일부 통근열차들은 뚜렷한 여행철 성수기에 대응하기 위해 비슷한 전략을 사용한다. 그들은 성수기에는 높은 요금을 받고, 비성수기에는 낮은 요금을 책정한다. 고객들의 선호도가 일정하기 때문에 성수기와 비성수기의 가격 차이를 이용하여 수익을 내는 것은 매우 중요하다. 성수기 때에는 수요가 공급을 초과하여 높은 가격에도 불구하고 고객은 가치를 구매할 의사가 있다. 반면에, 비성수기 때에는 수요가 현저히 줄어들기 때문에 공급이 수요보다 증가하여 적은 가격으로 가치를 제공한다. 이러한 차별적인 가격정책으로부터 고객들이 필요와 가치 제공의 기회를 이용하여 기업의 수익을 결정할 수 있기 때문에 가격 차이는 중요하다.

모든 제품과 모든 생산용량 단위는 대단위 또는 현물시장에서 동시에 팔릴 수 있다. 창고의 소유주가 장기간에 창고 전체를 임차할 것인지, 아니면 현물시장에서의 사용을 위해 일부를 남겨 둘 것인지를 결정해야 하는 문제를 그 예로 들 수 있다. 장기계약은 더 안정적이나 일반적으로 현물시장에 비해 낮은 가격이 제시된다. 수익관리는 장기계약과 현물시장 고객의 올바른 포트폴리오를 찾아냄으로써 수익을 증가시킬 수 있다.

수익관리는 생산, 수송, 또는 창고 등의 모든 공급사슬의 자산 소유자에게 강력한 도구가 될 수 있다. 어떤 형태의 능력을 갖고 있는 소유자라도 계절성 수요가 있거나, 사용하는 생산능력

의 리드타임에 따라 다른 가격을 지불할 부분이 있다면 수익관리를 사용할 수 있다. 수익관리는 마지막 순간에 생산능력을 사용하고, 이에 따른 비용을 지불할 부분과 사전 계약을 통해 낮은 가격을 지불하려는 부분이 있는 경우에 효과적일 수 있다. 수익관리는 시간이 지남에 따라 인기가 줄어드는 재고를 갖고 있는 소유주에게 필수적이다. 수익관리를 이용한 가장 성공적인 예는 여행과 접대산업에서 찾을 수 있으며, 항공, 자동차 렌탈, 호텔 또한 좋은 예이다. American Airline사는 수익관리 기술이 연간 10억 달러 이상의 세입을 증가시켰다고 발표했다. Marriott사의 수익관리 기술은 연간 세입을 1억 달러 이상 향상시켰다. 수익관리는 앞서 이야기한 네 가지 조건 중 하나 이상을 만족시키는 모든 공급사슬의 전단계에서 비슷한 효과를 가져올 수 있다.

다음 장에서는 수익관리가 효과적인 다양한 상황과 각 사례에 적합한 기술에 대해 논의할 것이다.

15.2 다양한 고객층을 위한 가격결정과 수익관리

다양한 고객층을 갖는 시장의 대표적인 예는 특정 스케줄에 맞춰 높은 비용을 지불할 수 있는 사업상 여행객과 이에 반해 저렴한 비용을 위해 스케줄을 바꿀 의향이 있는 레저 여행객이 있는 항공 산업을 들 수 있다. 공급사슬에서는 많은 비슷한 사례들이 발생한다. 트럭 운송회사인 ToFrom사의 예를 생각해 보자. 이 회사는 시카고와 세인트루이스 간의 수송을 위해 총용량 6,000입방피트인 6대의 트럭을 구입하였다. 월간 대여료, 운전자 임금, 유지관리비용은 트럭당 1,500달러이다. 시장조사에서는 트럭의 수송용량의 수요곡선이 다음 식과 같다고 나타났다.

$$d = 10{,}000 - 2{,}000p$$

여기서 d는 각 고객층당 수요이며, p는 입방피트당 수송비용을 나타낸다. 입방피트당 가격이 2달러인 경우 수요는 6,000입방피트, 세입은 12,000달러, 그리고 수익은 3,000달러인 반면, 입방피트당 가격이 3.50달러인 경우 수요는 3,000단위, 세입은 10,500달러, 그리고 수익은 1,500달러가 된다. 여기서 가격이 3.50달러인 수요 3,000입방피트가 다른 고객층에서 창출된 것인지, 아니면 입방피트당 가격이 2달러인 수요에서 추가적으로 발생한 것인지가 문제가 된다. 만일 ToFrom사가 모든 수요가 단일 고객층에서 창출된다고 가정하였다면 최적가격은 입방피트당 2.50달러로, [그림 15.1]에서 볼 수 있듯이 수요는 5,000입방피트, 세입은 12,500달러가 된다.

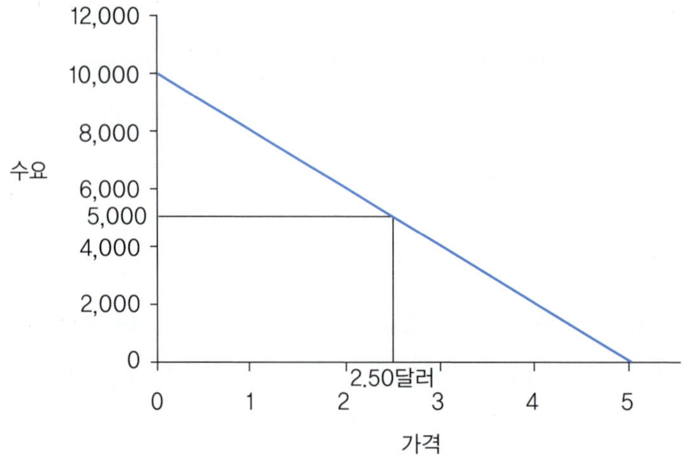

그림 15.1 하나의 고객층에 대해 ToFrom사의 가격결정에서 얻어지는 수익

그러나 ToFrom사가 3.50달러에 3,000입방피트를 구입하는 고객층과 단 2.00달러에 3,000입방피트를 구입하는 고객층을 나눌 수 있다면, 이 회사는 세입과 수익의 향상을 위해 수익관리를 사용할 수 있다. ToFrom사는 3.50달러를 지불할 수 있는 고객층에 대해서는 3.50달러를 제시해야 하고, 3,000입방피트에 대해 2.00달러만을 지불할 입방피트에 대해서는 그 가격을 제시해야 한다. 회사는 [그림 15.2]와 같이 3.50달러를 지불할 고객층을 통해 10,500달러의 수익을 창출할 수 있으며, 또한 2.00달러를 지불하는 고객층에서 6,000달러의 수익을 얻을 수 있다. 이렇듯 수송용량에 대해 다른 가치를 제공하는 고객층에서 수익관리는 수익을 12,500달러에서 16,500달러로 향상시키고, 이는 곧 수익의 명확한 향상을 가져온다.

이론상으로, 차별화된 가격 전략 컨셉은 회사의 총수익을 증가시킨다. 그러나 실제로 반드시 다루어야 할 두 가지 기본적인 문제가 있다. 첫째, 회사는 두 고객층을 어떻게 나누고 하나의 고객층이 다른 고객층보다 높은 가격을 지불하도록 가격결정을 구성할 수 있는가? 둘째, 회사는 전체 자산의 가용성을 이용하지 않는 낮은 가격을 지불하는 고객층과 같은 수요를 어떻게 통제할 수 있는가?

다양한 고객층을 구분하기 위해 회사는 고객층이 서로 다른 가격을 지불하는 제품이나 서비스의 속성을 정의함으로써 경계를 형성해야 한다. 예를 들어, 사업상 여행객은 마지막 순간에 항공권을 예약하며, 그들이 있어야 하는 만큼만 머무른다. 이에 반해 레저 여행객은 일정보다 훨씬 일찍 예약할 수 있으며, 머무는 기간 또한 조절할 수 있다. 또한 사업상 여행객의 계획은 바뀌기 쉽다. 더욱이 사전 예약, 주말 체류와 더 저렴한 항공료로의 변경에 대한 패널티는 레저 여행객과 사업상 여행객을 구분시킨다. ToFrom사와 같은 수송 공급자에게, 얼마나 사전에 일

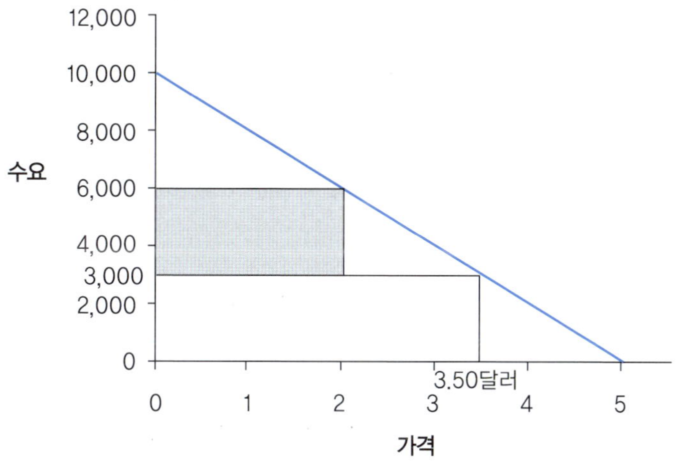

그림 15.2 두 고객층에 대해 ToFrom사의 가격결정에서 얻어지는 수익

찍 계약을 하고 수송 생산용량에 따른 지불을 할 용의가 있느냐에 따라 고객층을 구분할 수 있다. 비슷한 분류가 공급사슬의 생산과 창고 관련 자산에서도 발생한다.

분류가 가능한 다양한 고객층에 따라 회사는 반드시 다음 두 가지 문제를 해결해야 한다.

1. 각 고객층에 대해 어떤 가격을 설정할 것인가?
2. 한정된 생산용량을 각 고객층에 대해 얼마만큼 할당할 것인가?

다양한 고객층별 가격결정

다양한 고객층을 분류할 수 있는 회사의 기준을 설정하는 간단한 시나리오를 고려해 보자. 이러한 기준 중 하나는 주말 체류를 필요로 하는 항공사가 될 것이다. 또 다른 기준으로는 선적을 위해 사전 계약을 체결할 의사가 있는 고객층을 갖는 트럭수송 회사가 될 수 있다. 지금 회사는 각 고객층에 대해 적절한 가격을 설정하기를 희망한다. k개로 분류가 가능한 명확한 고객층을 갖고 있는 (제품이나 공급사슬 부분의 다른 분야의) 공급자를 고려해 보자. 각 고객층 i에 대해 다음과 같은 수요곡선이 주어진다고 가정해 보자(여기서 우리는 분석의 단순화를 위해 선형 수요곡선을 가정한다).

$$d_i = A_i - B_i p_i$$

공급자는 단위당 생산비용 c를 갖고 있고, 각 고객층에 대해 p_i를 결정해야 한다. d_i는 각 고객층 i에 의해 결정된다. 공급자의 목표는 수익을 최대화할 수 있는 가격결정이다. 이 가격결정

문제는 다음과 같이 수식화될 수 있다.

$$\text{Max} \sum_{i=1}^{k} (p_i - c)(A_i - B_i p_i)$$

생산용량에 대한 제약이 없다면, 이 문제는 고객층에 따라 나뉘어지며, 각 고객층 i에 대해 공급자는 다음의 식을 최대화하려 할 것이다.

$$(p_i - c)(A_i - B_i p_i)$$

각 고객층 i의 최적가격은 다음과 같이 주어진다.

$$p_i = \frac{A_i}{2B_i} + \frac{c}{2} \qquad \textbf{(15.1)}$$

만약 생산용량이 Q개로 주어진다면, 최적가격은 다음 식에서 도출할 수 있다.

$$\text{Max} \sum_{i=1}^{k} (p_i - c)(A_i - B_i p_i) \qquad \textbf{(15.2)}$$

제약조건:

$$\sum_{i=1}^{k} (A_i - B_i p_i) \leq Q$$

$$A_i - B_i p_i \geq 0 \quad (i = 1, \ldots, k)$$

두 수식 모두 엑셀에서 해법을 찾을 수 있다.

예제 15.1

다양한 고객층에 따른 가격결정

한 계약 생산자는 생산용량에 대해 두 명확한 고객층을 가지고 있다. 한 고객층은 일주일 전에 주문을 할 용의가 있는 고객이며, 다른 한 고객층은 일주일 전에 주문을 하지 않지만 높은 가격을 지불할 의사가 있는 고객층이다. 사전 계약을 하지 않는 고객은 가격에 대해 덜 민감하고 $d_1 = 5{,}000 - 20p_1$의 수요곡선을 갖는다. 사전 계약을 할 용의가 있으며 가격에 민감한 고객은 $d_2 = 5{,}000 - 40p_1$이라는 수요곡선을 갖는다. 생산비용 c는 단위당 10달러이다. 회사의 수익을 극대화하기 위해 각 고객층마다 어떤 가격으로 계약해야 하는가? 만일 계약 생산자가 두 고객층에 대해 모두 같은 가격을 설정할 경우, 최적가격은 얼마인가? 각기 다른 가격정책을 사용할 경우 수익은 얼마만큼 증가할 수 있는가? 만일 생산용량이 4,000단위인 경우, 계약 생산자는 각 고객층에 대해 어떤 가격을 설정해야 하는가?

분석: 생산용량 제약이 없는 경우, 각 고객층에 대해 차별화된 가격 설정은 식 (15.1)을 이용하여 구할 수 있다.

$$p_1 = \frac{5{,}000}{2 \times 20} + \frac{10}{2} = 125 + 5 = 130\text{달러 그리고 } p_2 = \frac{5{,}000}{2 \times 40} + \frac{10}{2} = 62.5 + 5 = 67.5\text{달러}$$

각 고객층의 수요는 다음과 같이 구할 수 있다.

$$d_1 = 5{,}000 - 20 \times 130 = 2{,}400 \text{ 그리고 } d_2 = 5{,}000 - 40 \times 67.5 = 2.300$$

총수익은 다음과 같다.

$$\text{총수익} = 130 \times 2{,}400 + 67.5 \times 2{,}300 = 467.250\text{달러}$$

만일 계약 생산자가 두 고객층에 대해 동일한 가격을 적용한다면, 다음 식을 최대화하려 할 것이다.

$$(p - 10)(5{,}000 - 20p) + (p - 10)(5{,}000 - 40p) = (p - 10)(10{,}000 - 60p)$$

이 경우 최적가격은 다음과 같이 주어진다.

$$p = \frac{10{,}000}{2 \times 60} + \frac{10}{2} = \quad 88.33\text{달러}$$

두 고객층의 수요는 다음과 같이 주어진다.

$$d_1 = 5{,}000 - 20 \times 88.33 = 3{,}233.40 \text{ 그리고 } d_2 = 5{,}000 - 40 \times 83.33 = 1{,}466.80$$

총수익은 다음과 같다.

$$\text{총수익} = 88.33 \times (3{,}233.40 + 1{,}666.80) = 415{,}168.66\text{달러}$$

서로 다른 가격을 책정하는 것은 하나의 가격을 사용하는 것에 비해 50,000달러 이상의 수익을 향상시킬 수 있다.

이제 총생산용량이 4,000단위로 고정된 경우를 고려해 보자. 최적가격에 따른 수요는 생산용량을 초과할 수 없다. 따라서 우리는 식 (15.2)에 따라 다음 식을 푼다.

$$\text{Max } (p_1 - 10)(5{,}000 - 20p_1) + (p_2 - 10)(5{,}000 - 40p_2)$$

제약조건:

$$(5{,}000 - 20p_1) + (5{,}000 - 40p_2) \le 4{,}000$$
$$(5{,}000 - 20p_1), (5{,}000 - 40p_2) \ge 0$$

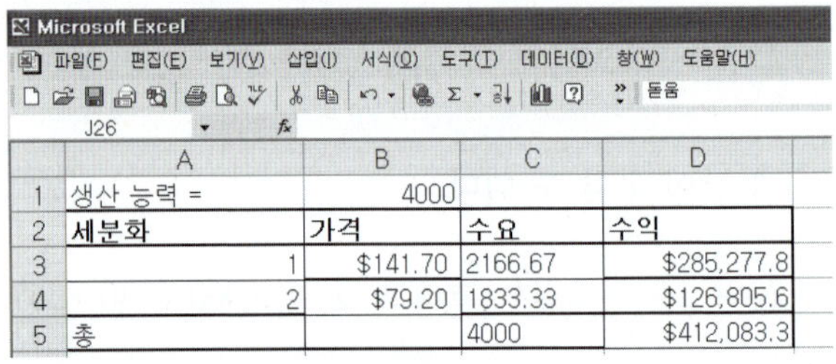

	A	B	C	D
1	생산 능력 =	4000		
2	세분화	가격	수요	수익
3	1	$141.70	2166.67	$285,277.8
4	2	$79.20	1833.33	$126,805.6
5	총		4000	$412,083.3

셀	셀 수식	복사
C5	= 5,000 − 20*B5	
C6	= 5,000 − 40*B6	
D5	= B5*C5	D6
C7	= Sum(C5:C6)	
D7	= Sum(D5:D6)	

그림 15.3 예제 15.1의 해찾기 스프레드시트

이 결과는 [그림 15.3]에서 볼 수 있다. 한정된 생산능력은 계약 생산자가 생산 제약이 없는 경우보다 각 고객층에 대해 더 높은 가격을 설정하도록 하는 것을 볼 수 있다.

우리가 설명한 방법론은 실제 상황에 적합하지 않은 두 가지 중요한 가정을 갖고 있다. 첫 번째 가정은 가격이 공고된 후 높은 가격의 고객층이 낮은 가격의 고객층으로 이동하지 않는다는 것이다. 다시 말해, 리드타임과 같은 속성이 고객층을 완벽하게 분리된다고 가정한다. 실제 상황은 이와 다를 수 있다. 두 번째 가정은 한 번 가격이 결정되면, 고객의 수요는 예측 가능하다는 것이다. 실제 상황에서 수요는 항상 불확실성을 갖는다. Talluri와 Van Ryzin(2004)은 불확실성을 고려한 수익관리의 여러 가지 모델과 가격이 공고된 후 전략적으로 의사결정을 하는 고객을 고려한 몇 개의 모델에 대해 좋은 논문을 제시하였다.

불확실한 상황에서 고객층에 따른 생산용량 할당

대부분의 차별화된 가격결정에서 낮은 가격을 지불하는 고객층의 수요는 높은 가격을 지불하는 고객층의 수요보다 일찍 발생한다. 공급자는 사전 계약을 할 구매자에게는 낮은 가격을 책정하고, 최후의 순간에 주문을 하기 원하는 구매자에게는 높은 가격을 설정할 수 있다. 수익관리의 이득을 얻기 위해 공급자는 낮은 가격의 고객층에 가용 생산용량을 모두 사용할 정도로 많은 수요가 있더라도 낮은 가격의 구매자에게 할당하는 생산용량을 제한해야 한다. 이것은 높은 가격 고객층을 위해 얼마나 많은 생산용량을 두어야 하는 문제로 귀결된다. 수요가 예측 가능하다면 문제는 간단하다. 사실상 수요는 불확실하며 회사는 의사결정을 위해 불확실성을 고려해야 한다.

공급자의 생산용량에 따라 고려해야 할 기본적인 트레이드오프는 낮은 가격 구매자의 주문을 확정할 것인가, 또는 나중에 들어올 높은 가격 구매자의 주문을 기다릴 것인가 하는 문제이다. 이 경우 발생하는 두 가지 문제는 부패와 누설이다. 부패는 높은 가격 고객층이 발생하지 않아서, 높은 가격 구매자를 위해 설정해 놓은 생산용량이 쓸모 없게 되는 것이다. 누설은 생산용량이 낮은 가격 구매자를 위해 설정되어 높은 가격 구매자가 돌아설 때 발생한다. 낮은 가격 구매자의 현재 주문은 높은 가격 구매자를 기다릴 때의 기대수익과 비교되어야 한다. 낮은 가격 구매자의 주문은 현재 그들의 주문으로 인한 수익이 높은 가격 구매자를 기다림으로 인해 발생하는 기대수익보다 높을 때 받아들여져야 한다.

우리는 공급자가 두 개의 고객층과 일할 때, 앞서 말한 트레이드오프를 식으로 나타낼 수 있다. p_L을 낮은 가격 고객층에 책정되는 가격이라 하고, p_H를 높은 가격 고객층에 설정되는 가격이라고 하자. 높은 가격 고객층의 수요는 평균 D_H, 표준편차 σ_H의 정규분포를 따른다고 가정한다. 만일 생산용량 C_H를 높은 가격 고객층을 위해 설정해 놓았다고 한다면, 더 많은 생산용량을 설정함에 따라 예상되는 한계수익은 다음과 같다.

$$R_H(C_H) = \text{Prob}(\text{높은 가격 고객층의 수요} > C_H) \times p_H$$

높은 가격 고객층을 위해 설정한 수량이 결정되어야 함에 따라, 기대 한계수익은 현재 낮은 가격 고객층에서 얻을 수 있는 한계수익과 같다. 즉, $R_H(C_H) = P_L$이다. 다시 말해, 높은 가격 고객층을 위해 설정한 C_H는 다음과 같이 설정되어야 한다.

$$\text{Prob}(\text{높은 가격 고객층의 수요} > C_H) = p_L / p_H \tag{15.3}$$

높은 가격 고객층의 수요가 평균 D_H, 표준편차 σ_H를 따르는 정규분포를 갖는다면, 우리는 다음 식을 통해 높은 가격 고객층을 위해 설정해야 하는 수량을 구할 수 있다.

$$C_H = F^{-1}(1 - p_L/p_H, D_H, \sigma_H) = NORMINV(1 - p_L/p_H, D_H, \sigma_H) \tag{15.4}$$

두 개 이상의 고객층이 있는 경우, 생산용량의 설정을 구하기 위해 비슷한 방법이 사용될 수 있다. 예약 수량 C_1은 가장 높은 가격 고객층의 기대 한계수익이 다음으로 높은 가격의 고객층의 가격과 같을 때 설정된다. 두 번째로 높은 가격 고객층을 위해 예약 수량 C_2는 두 번째로 높은 가격 고객층의 기대 한계수익이 세 번째로 높은 가격의 고객층의 가격과 같을 때 설정된다.

이러한 순차적인 접근은 가장 낮은 가격 고객층을 제외한 모든 고객층을 위해 예약되는 생산용량의 설정을 얻기 위해 사용될 수 있다.

중요한 것은 차별화된 가격 설정을 이용하는 것은 높은 가격 고객층의 자산 가용성의 단계를 높인다는 것이다. 생산능력은 그들이 자산보다 더 높은 가격을 지불할 용의가 있으므로, 그들을 위해 예약된다. 따라서 수익관리의 효과적인 이용은 회사의 수익을 증가시키며, 더 가치 있는 고객층에게 제공되는 서비스를 향상시킬 수 있다.

예제 15.2
다양한 고객층에 생산용량 할당하기

ToFrom사는 두 계층의 고객들에게 서비스를 제공한다. 한 고객층(A)은 단 24시간 이전에 수송을 확정짓기를 원하지만 입방피트당 3.50달러를 지불할 용의가 있다. 다른 고객층(B)은 단 2.00달러만 지불할 용의가 있으나 일주일 전에 수송 여부를 확정지을 것이다. 2주 동안, 고객층A의 수요는 평균 3,000입방피트, 표준편차 1,000인 정규분포를 따른다. 고객층 A에 할당되어야 하는 가능한 생산용량은 얼마인가? 고객층 A가 한 입방피트당 5달러를 지불한다고 하면 이 의사결정은 어떻게 변할 것인가?

분석: 이 사례에서 다음을 설정할 수 있다.

고객층 A에서 얻는 수익, p_A = 3.50달러/입방피트
고객층 B에서 얻는 수익, p_B = 2.00달러/입방피트
고객층 A의 평균 수요, D_A = 3,000입방피트
고객층 A의 표준편차, σ_A = 1,000입방피트

식 (15.4)를 이용하여, 고객층 A에 할당되어야 하는 생산용량은 다음과 같이 계산할 수 있다.

$$C_A = NORMINV(1 - p_B / p_A, D_A, \sigma_A) = NORMINV(1 - 2.00/3.50, 3{,}000, 1{,}000)$$
$$= 2{,}820\text{입방피트}$$

따라서 ToFrom사는 입방피트당 3.50달러를 지불할 용의가 있는 고객층 A를 위해 생산용량을 2,820입방피트로 설정해 두어야 한다. 만약 이 고객이 3.50달러에서 5.00달러로 지불 가능액을 증가시킨다면, 설정해야 하는 생산용량은 다음과 같이 증가된다.

$$C_A = NORMINV(1 - p_B / p_A, D_A, \sigma_A) = NORMINV(1 - 2.00/5.00, 3{,}000, 1{,}000)$$
$$= 3{,}253\text{입방피트}$$

이상적으로, 모든 고객 세분화에 대한 수요 예측은 수정되어야 하며, 고객의 주문이 실행될 때마다 설정하는 양이 계산되어야 한다. 실제로는 이러한 단계를 실행하기 매우 어렵다. 예측 수요나 예측정확도가 일정량 이상 변화한 기간 후에 수요 예측이나 설정하는 양을 수정하는 것이 보다 현실적이다.

차별적 가격결정에 대한 또 다른 접근법은 다른 고객층에 타켓화된 상품의 차별화된 버전을 생성하는 것이다. 출판업에서는 베스트셀러 작가의 신작을 하드커버 버전으로 출시하고 높은 가격을 받을 수 있다. 같은 책은 후에 더 낮은 가격으로 소프트커버로 출시된다.

두 가지 버전은 책이 나오자마자 읽고 싶어하는 고객층에게 더 높은 가격을 설정할 수 있도록 한다. 차별화된 버전은 다른 옵션을 갖는 일괄판매를 하면서 같은 기본제품을 서비스 할 수 있다. 자동차 생산업자는 가장 인기 있는 모델에 제공되는 옵션을 기반으로 최고급, 중급, 그리고 저급의 버전을 생산할 수 있다. 이러한 정책으로 같은 핵심제품을 이용하여 차별화된 고객층에게 차별화된 가격결정을 책정할 수 있다. 많은 콘택트렌즈 업체는 같은 렌즈를 1주, 1개월 그리고 6개월 보증으로 판매한다. 이 예에서 차별화된 가격결정을 위해 같은 제품에 보증기간이 다른 차별화된 서비스가 제공되었다.

차별화된 고객층에 수익관리를 효율적으로 사용하기 위해 회사들은 다음 전술을 효과적으로 사용해야 한다.

- 가격결정은 각 고객층에 할당된 가치에 기반한다.
- 각 고객층에 다른 가격을 사용한다.
- 수요 예측은 고객층별로 한다.

철도화물운송과 트럭운송 회사는 다양한 고객층에게 효과적으로 수익관리를 해 오지 않았다. 이와 대조적으로, 항공사들은 이러한 접근을 훨씬 더 효과적으로 사용해 왔다. 철도회사의 가장 큰 장애는 예정된 기차가 부족하다는 것이다. 예정된 기차 없이는 높은 가격과 낮은 가격 고객층을 나누는 것이 어렵다. 수익관리의 장점을 활용할 기회를 갖기 위해서 공급사슬의 수송 자산의 소유주는 높은 가격과 낮은 가격 고객층을 구분하는 메커니즘처럼 여러 예정된 서비스를 제공해야만 한다. 예정된 서비스 없이는 계약을 일찍 확정지으려는 고객과 최후의 순간에 결정지으려는 고객을 구분하기 힘들다.

키포인트 만약 공급자가 다양한 고객층에게 한정된 자산을 이용하여 서비스할 경우, 각 고객층에게 다른 가격을 설정함으로써 수익을 증가시킬 수 있다. 더 높은 가격을 지불하는 고객층이 낮은 가격을 지불할 수 없는 것과 같은 경계와 함께 가격이 설정되어야만 한다. 높은 가격 고객층에게 제공되는 자산의 양은 높은 가격 고객층으로부터 기대되는 한계수익이 낮은 가격 고객층의 가격과 같을 때 설정된다.

15.3 소멸성 자산의 가격결정과 수익관리

소멸성 자산은 시간에 따라 가치를 잃는 자산을 말한다. 명확하게 과일, 야채, 그리고 의약품이 이에 속한다. 또한 컴퓨터나 휴대전화처럼 새로운 모델이 출시되면 가치가 하락하는 제품들도 포함된다. 유행에 민감한 의류 역시 계절이 지나면 원 가격에 판매할 수 없으므로 소멸성 자산에 속한다. 또한 소멸성 자산은 완전히 이용되지 않을 경우 낭비되는 어떠한 형태의 생산, 수송, 그리고 저장용량을 포함할 수 있다. 과거에 사용하지 않은 생산용량은 가치가 없다. 따라서 이용되지 않은 모든 생산용량은 소멸성 생산용량에 해당된다.

소매 의류업에서 잘 알려진 수익관리의 예로서 보스턴의 Original Filene's Basement사를 들 수 있다. 제품은 처음에는 주요 매장에서 원래의 가격에 판매된다. 남은 제품은 지하실로 옮겨진 후 팔릴 때까지 35일간 점차 가격이 하락한다. 팔리지 않은 제품은 그 후 자선단체에 기부된다. 오늘날 대부분의 백화점은 판매 계절 동안 점진적으로 제품을 할인하며, 남은 재고는 비슷한 가격정책을 따르는 할인매장에 판매한다.

소멸성 자산의 또 다른 수익관리 예는 항공사에서 정원 이상으로 예약을 받는 것이다. 항공기가 이륙하면 남은 좌석은 모든 가치를 잃는다. 일부 고객은 그들이 예약한 항공기의 시간에 나타나지 않으므로, 항공사는 기대수익을 최대화하기 위해 항공기의 용량보다 많은 예약을 판매한다.

소멸성 자산에 사용할 수 있는 두 가지 수익관리는 다음과 같다.

1. 기대수익을 최대화하기 위한 동적 가격결정
2. 취소를 대비하기 위한 자산보다 많은 예약 판매

동적 가격결정

시간에 따라 시시각각으로 변하는 가격결정을 하는 동적 가격결정은 유행 의류처럼 그들의 가치를 잃는 시점이 명확한 자산에 적합하다. 겨울 의류는 4월에는 많은 가치를 갖지 못한다. 10월에는 스키재킷을 100벌 판매하는 소매자는 가격 전략과 관련하여 많은 선택사양을 갖는다. 우선 높은 가격을 설정할 수 있다. 이 전략은 계절 초기에는 높은 가격으로 인해 소량만 판매되고, 시즌이 끝난 후 남은 제품은 더 많은 제품이 가치가 하락한 상태로 판매될 것이다. 다른 선택사양은 처음부터 낮은 가격을 설정하고 시즌 초반에 낮은 가격을 통해 더 많은 재킷을 판매하고 남은 소수의 재킷은 할인된 가격으로 판매하는 것이다. 소매자에게는 수익과 관련한 트레이드오프가 남는다. 썩기 쉬운 자산의 가격을 효과적으로 변경하기 위해 자산 소유주는 시간에 따른 자산의 가치를 측정할 수 있어야 하며, 고객의 수요에 가격이 미치는 영향을 효과적으로 측정할 수 있어야 한다. 시간에 따른 효과적인 차별화된 가격결정은 일반적으로 원 가격을 지불할 용의가 있는 고객에게 제품 가용 수준을 향상시키고 소매자의 총수익을 증가시킨다.

그럼 판매자가 계절의 시작시점에서 한 가지 종류의 제품에 대해 Q라는 특정 수량을 갖고 있을 때의 동적 가격결정을 위한 간단한 방법에 대해 토의해 보자. 우리는 판매자가 판매 시즌을 k기간으로 나눌 수 있고, 각 기간별로 수요곡선을 예측할 수 있다고 가정한다. 여기서 잠재적인 가정은 가격결정에 따른 고객의 반응은 예측할 수 있으며, 고객은 예상되는 가격 변동에 따라 그들의 행동을 바꾸지 않는다는 것이다. 간단히 말해서 우리는 기간 i에 가격이 p_i로 주어진다면, 기간 i의 수요 d_i는 다음과 같이 주어진다고 가정한다.

$$d_i = A_i - B_i p_i$$

이것은 선형 수요곡선이지만, 일반적으로 수요곡선이 선형일 필요는 없다. 우리는 여기서 이해와 계산을 쉽게 하기 위해 선형인 예를 설명한 것이다. 소매자는 시즌이 시작할 때 가지고 있는 Q단위로부터 얻을 수 있는 이윤을 최대화하기 위해 시간에 따라 가격을 변동시키길 원한다. 소매자가 갖는 동적 가격결정 문제는 다음과 같이 수식화될 수 있다.

$$\text{Max} \sum_{i=1}^{k} p_i(A_i - B_i p_i) \quad \textbf{(15.5)}$$

제약조건:

$$\sum_{i=1}^{k}(A_i - B_i p_i) \le Q$$
$$A_i - B_i p_i \ge 0 \qquad (i = 1, \ldots, k)$$

위의 식처럼 이 문제는 엑셀을 이용하여 해법을 구할 수 있을 정도로 간단하다.

예제 15.3
동적 가격결정

한 소매자는 겨울이 시작되기 전 각 100달러에 400벌의 스키파카를 구매하였다. 계절은 3개월 남았고, 소매자는 각 3개월마다 $d_i = 300 - p_1$, $d_2 = 300 - 1.3p_2$, $d_3 = 300 - 1.8p_3$와 같이 수요를 예측하였다. 소매자는 수익을 최대화하기 위해 3개월 동안 파카의 가격을 어떻게 변화시켜야 하는가? 만약 3개월 동안 고정된 가격을 설정해야 한다면 얼마인가? 동적 가격결정을 사용함으로써 얻을 수 있는 수익은 얼마인가?

분석: 계절 초반에 구매하는 고객은 가격에 덜 민감한 것으로 예측되었으며, 계절이 끝날 무렵의 고객은 가격에 보다 민감한 것을 관찰할 수 있다. 식 (15.5)를 이용하여 소매자의 문제는 다음과 같이 수식화할 수 있다.

$$\text{Max } p_1(300 - p_1) + p_2(300 - 1.3p_2) + p_3(300 - 1.8p_3)$$

제약조건:

	A	B	C	D
1	계절의 시작 시점의 양 =	400		
2	기간	가격	수요	수익
3	1	$162.20	137.80	$22,351.28
4	2	$127.58	134.15	$17,114.36
5	3	$95.53	128.05	$12,232.30
6	총		400	$51,697.94

셀	셀 수식	복사
C5	= 300 − B5	
C6	= 300 − 1.3*B6	
C7	= 300 − 1.8*B7	
D5	= B5*C5	D6:D7
C8	= Sum(C5:C7)	
D8	= Sum(D5:D7)	

그림 15.4 예제 15.3의 동적 가격결정을 위한 해찾기 스프레드시트

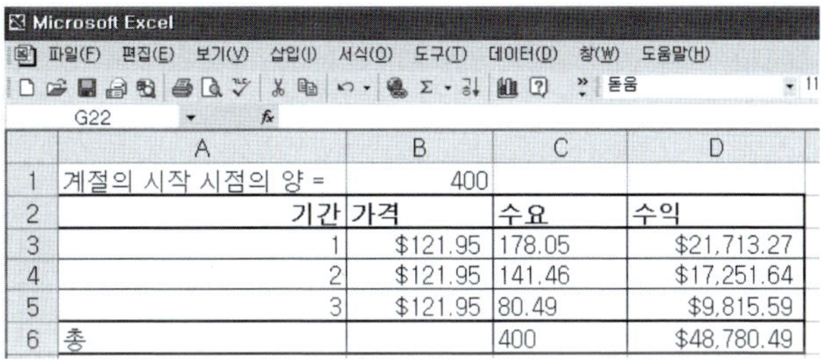

	A	B	C	D
1	계절의 시작 시점의 양 =	400		
2	기간	가격	수요	수익
3	1	$121.95	178.05	$21,713.27
4	2	$121.95	141.46	$17,251.64
5	3	$121.95	80.49	$9,815.59
6	총		400	$48,780.49

셀	셀 수식	복사
B6	= B5	B7

그림 15.5 예제 15.3의 계절 동안 고정가격을 위한 해찾기 스프레드시트

$$(300 - p_1) + (300 - 1.3p_2) + (300 - 1.8p_3) < 400$$

$$300 - p_1,\ 300 - 1.3p_2,\ 300 - 1.8p_3 \geq 0$$

이 문제는 [그림 15.4]와 같이 엑셀의 해찾기를 이용하여 해법을 구할 수 있다. 셀 B5:B7은 가격변수를 포함하며, 셀 C5:C7은 수요곡선에 따라 결정되는 수요를, 그리고 셀 D5:D7은 각 기간의 수익을 나타낸다. 3개월 동안의 총수요는 셀 C8에 나타나며, 총수익은 셀 D8에 있다. 계절 초기의 수량은 셀 B3이다.

[그림 15.4]에서와 같이, 소매자의 최적 전략은 첫 번째 달에는 162.20달러, 두 번째 달에는 127.58달러, 그리고 세 번째 달에는 95.53달러로 책정하는 것이다. 이 경우 소매자의 총이윤은 51,697.94달러가 된다.

3개월 동안의 최적 고정가격은 [그림 15.5]처럼 엑셀을 이용하여 구할 수 있다. B6과 B7을 제외한 모든 셀은 [그림 15.4]와 같다.

만약 소매자가 3개월 동안 고정가격을 사용하기를 원한다면, 재킷은 121.95달러에 판매되며 수익은 48,780.49달러가 될 것이다. 우리는 동적 가격결정이 소매자의 이윤을 8,780달러에서 11,698달러로 약 3,000달러 향상시킨다는 것을 볼 수 있다.

계절에 따라 제품의 가격을 어떻게 동적으로 결정할 것인가를 이해한 후, 예제 15.4에서 설명된 것처럼 소매자가 이윤을 극대화하기 위한 시즌 초반 판매량을 결정하는 문제로 다시 되돌아가 보자.

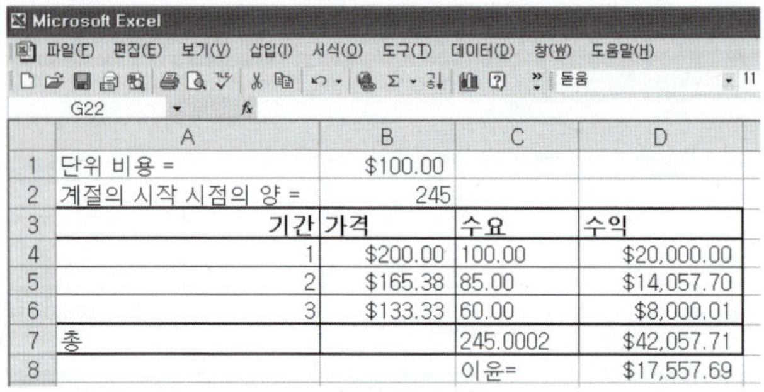

	A	B	C	D
1	단위 비용 =	$100.00		
2	계절의 시작 시점의 양 =	245		
3	기간	가격	수요	수익
4	1	$200.00	100.00	$20,000.00
5	2	$165.38	85.00	$14,057.70
6	3	$133.33	60.00	$8,000.01
7	총		245.0002	$42,057.71
8			이윤=	$17,557.69

셀	셀 수식	복사
D9	= D8 − B2*B3	

그림 15.6 예제 15.4의 최적수량과 동적 가격을 위한 해찾기 스프레드시트

예제 15.4

동적 가격결정과 수량 계산

예제 15.3의 소매자로 돌아가 보자. 계절 초반에는 얼마만큼의 파카를 팔아야 하며, 이윤을 최대화하기 3개월 동안 어떤 가격으로 판매해야 하는가?

분석: 이 문제에서 계절 초기의 수량 역시 의사결정변수이다. 소매자의 문제는 다음과 같이 수식화될 수 있다.

$$\text{Max } p_1(300 - p_1) + p_2(300 - 1.3p_2) + p_3(300 - 1.8p_3) - 100Q$$

제약조건:

$$(300 - p_1) + (300 - 1.3p_2) + (300 - 1.8p_3) \le Q$$

$$300 - p_1,\ 300 - 1.3p_2,\ 300 - 1.8p_3,\ Q \ge 0$$

최적 초기수량과 계절 동안의 동적 가격을 얻기 위해 이 문제는 [그림 15.6]처럼 엑셀에 수식화될 수 있다. 셀 B3과 D9를 제외한 모든 셀은 [그림 15.4]와 같다.

소매자가 계절 초기에 245벌의 재킷을 주문하는 것이 최적이다. 그들은 첫 번째 달에는 200달러에 가격을 설정하고, 두 번째 달에는 165.38달러, 세 번째 달에는 133.33달러에 가격을 설정한다. 소매자의 최적주문량과 동적 가격결정에 따른 총수익은 17,557.69달러이다.

실제적으로 수요는 예측하기 힘들고, 고객이 가격이 시간에 따라 하락할 것을 알고 구입을 지연시키는 행동을 전략적으로 하기 때문에 동적 가격결정은 훨씬 더 복잡하다. 더 복잡한 경우에 사용되는 좋은 모델은 Talluri와 Van Ryzin(2004)에서 찾을 수 있다.

예측할 수 없는 수요와 전략적 고객에 대해 2008년 11월 Saks Fifth Avenue의 최종 소매점이 효율적으로 결정하는 것을 고려하였다. 2007년, Prada, Gucci, Dolce & Gabbana와 같은 브랜드의 제품은 Saks와 같은 최종 소매점에 있어서 특히 중요시 되었다. 그 이유는 이러한 제품들이 가격이 떨어지자 수익을 이룰 목적으로 강력하게 판촉을 실시했기 때문이다. Saks는 2008년 휴가기간에 이러한 브랜드에 대해 많은 양을 판매할 수 있을 것으로 예상했다. 그러나 그 해 11월에 Saks에 구비되어 있는 고가 브랜드의 재고와 고객 수요가 연결되지 않았다. 그렇기 때문에 Saks는 구매력이 높은 고객들에게 "private sale nights"라는 판촉행사를 통해 40%를 할인하여 판매를 시작하였다. 11월 중순에 다른 경쟁업체인 Neiman Marcus는 40% 정도 가격인하를 실시하였고, 다른 몇몇의 디자이너는 90% 할인된 가격으로 "표본 판매"를 시작하였다. 추수감사절을 맞아 Saks는 70%의 가격할인정책을 실시하였다. 이와 같은 결정은 판매자 입장에서는 고가의 브랜드 제품이라는 것을 감안할 때 매우 힘든 결정이다. 고객의 입장에서는 이러한 가격정책을 지켜보며 가격이 더 감소하길 기다리거나, 경쟁업체의 제품을 구매하는 행동을 보인다. 따라서 가격할인정책을 자주 사용하는 경우 고객의 행태에 변화를 불러일으키고 소매점의 효율적인 관리가 힘들어질 수 있다. 그렇기 때문에 가격할인정책을 사용할 때에는 매우 조심스럽게 결정을 내려야 한다. 특히 고가의 브랜드는 더욱 그러하다.

키포인트 동적 가격결정은 고객이 계절에 따라 가격 변화에 민감할 때 이윤을 증가시키는 강력한 도구가 될 수 있다. 이것은 종종 유행제품처럼 고객이 계절 초기에는 가격에 덜 민감하고 계절이 끝나감에 따라 가격에 더 민감해지는 경우에 사용된다.

과도예약

과도예약이나 과도판매는 고객이 주문을 취소할 수 있으며, 마감시간이 끝난 후 자산의 가치가 급속히 하락하는 모든 상황에 적합하다. 예로서 항공기 좌석, 크리스마스 시즌 제품, 그리고 생산용량을 들 수 있다. 각각의 경우에서 자산 가용량은 한정되어 있으며, 고객은 주문을 취소할 수 있고, 특정 기간이 끝난 후 자산은 가치를 잃는다. 만약 취소나 반품률을 정확하게 예측할 수 있다면, 과도예약 수준은 쉽게 측정될 것이다. 그러나 실제로 취소나 반품률은 불확실하다.

과도예약을 고려해야 할 기본적인 트레이드오프는 과도한 주문취소로 인해 낭비되는 생산용량(재고) 또는 약간의 주문취소로 인한 생산용량(재고)의 부족(이 경우 비싼 백업을 필요로 함)에 있다. 낭비되는 생산용량의 비용은 생산용량이 생산에 이용되었을 경우 발생할 수 있는 마진과 같다. 생산용량 부족으로 인한 비용은 이를 뒷받침할 수 있는 자원을 가질 때 발생하는 단위당 손실과 같다. 과도예약 의사결정의 목표는 낭비되는 생산용량으로 인한 비용과 생산용량 부족으로 야기되는 비용을 최소화함으로써 공급사슬의 수익을 최대화하는 것이다.

이제 우리는 이 트레이드오프를 자산의 과도예약 수준을 설정하기 위한 식으로 나타낼 것이다. p를 자산의 단위당 판매 가격이라 하고, c를 단위당 자산을 생산하거나 사용하는 데 필요한 비용이라고 하자. 자산 부족의 경우 백업을 이용하는 데 단위당 b의 비용이 필요하다. 따라서 낭비되는 생산용량의 한계비용은 $C_W = p - c$이며, 생산용량 부족으로 인한 한계비용은 $C_S = b - p$이다. 백업 생산용량의 비용이 판매 가격보다 낮다면, 과도예약을 제한해야 할 이유가 없다. 문제는 백업 생산용량의 비용이 판매 가격보다 높을 때 발생한다. 최적 과도예약 수준을 얻기 위한 트레이드오프는 12장의 트레이드오프와 매우 유사하다. O^*를 최적 초과예약 수준이라고 하고 s^*를 취소가 O^*보다 적거나 같을 확률이라고 하자. 식 (12.1)과 유사한 유도로, 최적 과도예약 수준은 다음과 같이 구할 수 있다.

$$S^* = \text{Prob}(\text{취소} \le O^*) = \frac{C_w}{C_w + C_s} \tag{15.6}$$

만약 취소의 분포가 정확하게 평균 μ_c, 표준편차 σ_c인 정규분포를 따른다면, 최적 초과예약 수준은 다음과 같이 계산할 수 있다.

$$O^* = F^{-1}(s^*,\ \mu_c, \sigma_c) = NORMINV(s^*,\ \mu_c, \sigma_c) \tag{15.7}$$

만약 취소의 분포가 평균 $\mu(L + O)$, 표준편차 $\sigma(L + O)$를 따르는 예약 수준(생산용량 L + 과도예약 O)의 수식을 따른다고만 알려져 있다면, 최적 과도예약 수준은 다음과 같은 식을 통해 구할 수 있다.

$$O^* = F^{-1}(s^*,\ \mu(L + O), \sigma(L + O)) = NORMINV(s^*, \mu(L + O), \sigma(L + O)) \tag{15.8}$$

단위당 마진이 증가함에 따라 최적 초과예약 수준이 증가되며, 생산용량 대체비용이 증가함에 따라 과도예약 수준이 감소해야 한다는 것을 알 수 있다. 또한 고객에 의한 자산 이용률에 따라 과도예약의 사용이 증가함을 알 수 있다. 과도예약 사용은 자산 소유자의 수익을 증가시키면서 떠나는 고객 수를 감소시킬 수 있으며, 고객에 대한 자산 가용량을 증가시킨다.

예제 15.5
과도예약

크리스마스를 위한 드레스를 주문받는 의류 공급자를 고려해 보자. 공급자의 가용 생산용량은 5,000벌이며, 각 드레스는 10달러에 팔린다. 공급자는 현재 소매자로부터 주문을 받고 있으며, 이 시점에서 얼마나 많은 주문을 약속해야 하는지 결정해야 한다. 만약 주문이 생산용량을 초과한다면, 백업 생산용량을 준비해야 하며 이에 따른 손실은 드레스당 5달러이다.

소매자는 겨울이 다가옴에 따라, 소매자들이 기대수요에 대한 보다 나은 가시성을 갖기 때문에 주문이 취소된다는 것을 알고 있다. 만약 주문취소가 평균 800, 표준편차 400인 정규분포를 따른다고 하면 얼마나 많은 주문을 받아들여야 하는가? 받아들인 주문의 평균 15퍼센트가 취소되고 변동계수가 0.5인 정규분포를 따른다면, 공급자는 얼마나 많은 주문을 받아들여야 하는가?

분석: 공급자는 다음과 같은 매개변수를 따른다.

낭비되는 생산용량비용, C_W = 10달러/벌
생산용량 부족으로 인한 비용, C_s = 5달러/벌

식 (15.6)을 이용하여 다음을 얻을 수 있다.

$$s^* = \frac{C_W}{C_W + C_s} = \frac{10}{10 + 5} = 0.667$$

만약 취소가 평균 800, 표준편차 400인 정규분포를 따른다면, 최적 과도예약 수준은 식 (15.7)을 이용하여 다음과 같이 계산된다.

$$O^* = NORMINV(s^*,\ \mu_c,\ \sigma_c) = NORMINV(0.667, 800, 400) = 973$$

이 경우 공급자는 973벌을 과도예약받아야 하며 총 5,973벌을 주문받는다.

만약 취소가 평균은 예약 수준의 15퍼센트, 변동계수가 0.5인 정규분포를 따른다면, 최적 과도예약 수준은 식 (15.8)을 이용하여 다음과 같이 해를 구할 수 있다.

$$O = NORMINV(0.667, 0.15(5{,}000 + O), 0.075(5{,}000 + O))$$

엑셀의 해찾기 도구를 이용하여 위 수식의 최적 과도예약 수준을 구할 수 있다.

$$O^* = 1{,}115$$

이 경우 공급자는 1,115벌을 과도예약받아야 하며 총 6,115벌을 주문받아야 한다.

과도예약은 하나의 전술로서 항공사, 여객철도, 호텔 산업에 이용되고 있다. 그러나 생산, 창고, 그리고 수송용량을 포함하여 과도예약을 사용해야 하는 여러 공급사슬로는 확장되지 않고 있다. 백업은 명확하게 모든 고객이 창고공간을 이용할 때만 필요하다. 다른 모든 경우 가능한 창고용량이 공간에 대한 필요를 충족시킬 것이다. 이 경우 과도예약은 더 많은 고객들이 가용한 창고공간을 사용할 수 있게 하면서 수익을 증가시킬 것이다.

키포인트 공급사슬의 과도예약이나 초과 판매는 주문이 취소가 발생할 수 있고 자산이 썩기 쉬울 때 가치 있는 전략이다. 과도예약 수준은 과도한 취소로 인한 자산의 낭비로 이한 비용과 적은 취소 가용한 생산능력보다 많은 주문이 야기되었을 때 백업을 준비하는 데 드는 비용의 트레이드오프를 바탕으로 한다.

15.4 계절성 수요의 가격결정과 수익관리

수요의 계절적 성수기는 많은 공급사슬에서 흔히 발생한다. 미국의 대부분의 소매자는 연간 판매의 상당한 양을 12월에 달성한다. Amazon.com을 그 예로 들 수 있다. 계절적 성수기의 결과로, Amazon.com의 선별, 포장, 수송용량의 필요는 현저하게 증가한다. 9장에서 토의한 것과 같이, 비성수기의 할인정책은 수요를 성수기에서 비성수기 기간으로 이동하는 데 효과적인 방법이다. Amazon.com은 전통적으로 11월에 발생하는 주문에 대해 배송을 무료로 제공한다. 가격 할인은 일부 고객에게 그들의 수요를 12월에서 11월로 옮기는 것을 촉진하며, 이에 따라 Amazon.com의 12월 성수기를 줄일 수 있으며, 이는 더 높은 수익을 창출할 수 있게 한다. 동시에 이 전략은 일찍 주문할 의사가 있는 고객에게 가격 할인을 제공한다.

계절적 성수기에 직면하여, 효과적인 수익관리는 성수기에는 더 높은 가격을 설정하고, 비성수기에는 낮은 가격을 설정하는 것이다. 그 결과, 수요는 성수기에서 비성수기로 이동한다. 이러한 성과는 만약 비성수기의 할인이 성수기의 축소로 인한 비용절감과 비성수기의 수익 증가로 인한 상쇄보다 높을 때 효과적이다. 회사가 계절적 성수기에 따라 가격정책을 결정하는 상관관계는 9장에서 자세하게 다루도록 한다.

호텔 산업에서는 1주의 요일과 1년의 시간에 따라 차별적 가격결정을 이용한다. 여기에서 목표는 수요를 이동시키는 것이 아니라 수요가 낮은 기간 동안 휴가를 즐기는 가족과 같은 가격에 민감한 고객들에게 가격 할인을 제공하여 수요를 증가시키는 것이다. Marriott사는 이러한 노력을 효과적으로 진행해 왔다. 1주 동안 요일에 따라 호텔방의 수요는 매우 다양하다. 비즈니스 고객을 목표으로 하는 Marriott사는 주의 중간에서 수요가 최고조에 이른다. Marriott사는 주말에 호텔을 이용하는 고객들을 촉진하기 위해 낮은 호텔요금을 제공한다. 또 다른 수익관리 전략은 그들이 수요가 낮은 요일 동안 더 오래 투숙하는 경우 더 낮은 요금을 책정하는 것이다.

생산용량을 변경시키는 것은 많은 비용이 소요되므로 계절적 성수기를 갖는 어떤 공급사슬의 생산 또는 수송용량 소유자에게, 비성수기의 할인정책은 수익관리로 적합하다. 이러한 전략은 자산 소유주의 수익을 증가시키며, 소비자가 지불하는 가격을 감소시킬 뿐만 아니라 비성수기의 할인기간을 통해 새로운 잠재적 고객을 확보할 수 있다.

15.5 대단위와 소단위 계약을 위한 가격결정과 수익관리

대부분의 회사들은 할인된 가격으로 대단위를 구매하는 고객과 한 단위 또는 소단위를 높은 가격으로 구매하는 고객이 동시에 있는 시장을 갖고 있다. 공급사슬에서 창고 소유주를 고려해 보자. 창고용량은 큰 회사에게 대단위로 임대될 수도 있으며, 큰 회사의 비상용으로 또는 작은 회사에게 소규모로 임대될 수도 있다. 따라서 창고의 소유주는 다음과 같은 트레이드오프에 직면한다. 대단위 고객에게 할인된 가격으로 공간을 임대해 주거나 높은 가격으로 발생 여부가 불확실한 소단위 고객을 위해 공간을 남겨 둘 수도 있다.

대부분의 사례에서, 공급사슬 자산의 소유주들은 대단위 판매를 통해 모든 수요를 충족시키고, 만약 자산이 남을 경우 소규모 고객에게 제공하는 것을 선호한다. 이와 대조적으로, McMaster-Carr사와 같은 회사는 오직 MRO 제품에 대한 긴급 수요를 타겟으로 한다. McMaster-Carr사는 할인을 요구하는 대규모 고객은 거절할 것이다. 이러한 전략을 이용하여 McMaster-Carr사는 좋은 수익성을 갖는 회사이다. 틈새시장을 노리는 회사들에게 하나 또는 두 개의 극단적 타겟팅은 현명한 전략이다. 이것은 회사가 오직 대규모 고객층이나 소단위 시장에 집중할 수 있게 한다. 그러나 다른 회사들에게는 두 가지 고객층을 모두 응대하는 혼합전략이 적합하다. 이러한 경우 회사들은 대규모로 판매할 자산과 소단위 시장에 소규모로 판매할 부분을 결정해야 한다. 중요한 트레이드오프는 회사가 두 개의 시장층을 응대하는 경우와 유사하다(15.2절 참조). 회사는 대단위와 소단위 고객층에 대한 가격을 각각 설정해야 하며, 소단위 시장을 응대할 자산의 양을 결정해야 한다. 각 고객층에 대한 가격은 식 (15.1)과 (15.2)를 이용하여 구할 수 있다. 소단위 시장에 사용할 자산의 양은 소단위 시장에서의 기대 한계수익과 대단위 판매에서 얻을 수 있는 현재의 수익이 같을 때 결정된다. 준비된 수량은 소단위 시장과 대단위 판매의 마진 차이에 의해 영향을 받는다. 만약 우리가 소단위 시장을 더 높은 가격 고객층으로 고려하고 대단위 구매자를 더 낮은 가격 고객층으로 고려한다면, 소단위 시장에 할당되어야 하는 자산의 양은 식 (15.3)과 (15.4)를 이용하여 구할 수 있다.

비슷한 의사결정은 공급사슬의 생산, 창고, 그리고 수송 자산의 각 구매자에 의해 만들어질 필요가 있다. 세계적 운영을 위한 수송용량을 찾고 있는 회사를 고려해 보자. 한 가지 선택사항은 하나의 수송회사와 장기간의 단일 계약을 맺는 것이다. 또 다른 선택사양은 소단위 시장에서 수송용량을 구입하는 것이다. 장기계약은 고정적이고 낮은 가격의 장점을 갖고 있지만, 이용되지 않는다면 낭비되는 단점이 있다. 구매자는 장기간 대단위 수송 계획을 맺을 때 이러한 트레이드오프 관계를 고려해야 한다.

소단위 시장의 가격과 자산 구매자의 니즈가 불확실한 경우, 6장에서 설명된 의사결정나무가 장기간 대단위 계약량을 계산하는 데 이용되어야 한다. 소단위 시장의 가격은 알려져 있고 수요는 불확실한 단순한 문제에서, 대단위 계약량은 수식을 이용하여 계산할 수 있다. c_B를 대단위 계약의 운임, c_S를 소단위 계약의 가격이라고 하자. Q^*를 대단위로 구매되어야 하는 최적 자산의 양이라고 하고, p^*를 자산에 대한 수요가 Q^*를 넘지 않을 확률이라고 하자. 대단위 계약의 단위당 한계비용은 c_B가 된다. 대단위 계약의 추가 한 단위를 구매하지 않고 소단위 시장에서 구매할 때의 기대 한계비용은 $(1 - p^*)c_S$이다. 만약 최적자산의 양이 대단위로 구매된다면, 대단위 구매의 한계비용은 소단위 시장에서의 구매의 기대 한계비용과 같아야 한다; 즉, $c_B = (1 - p^*)c_S$이다. 따라서 최적 p^*는 다음과 같이 구할 수 있다.

$$p^* = \frac{c_S - c_B}{c_S} \tag{15.9}$$

만약 수요가 평균 μ, 표준편차 σ인 정규분포를 따른다면, 최적 Q^*는 다음과 같이 계산할 수 있다.

$$Q^* = F^{-1}(p^*, \mu, \sigma) = NORMINV(p^*, \mu, \sigma) \tag{15.10}$$

소단위 시장의 가격이 상승하거나 대단위 가격이 하락할 경우 대단위로 구매하는 양이 증가하는 것을 관찰할 수 있다.

예제 15.6

장기 대단위 계약 대 소단위 계약

한 생산자는 중국에서 여러 종류의 부품을 공급받고 있으며, 평균 μ = 10,000,000단위이고 표준편차 σ = 4,000,000단위인 정규분포에 따라 월단위 수송을 필요로 한다. 생산자는 수송 계약의 포트폴리오를 결정해야만 한다. 장기 단위 계약은 1,000,000단위를 수송하는 데 개월당 10,000달러의 비용이 소요된다. 수송용량은 역시 소단위 시장에서 평균 12,500달러에 사용 가능하다. 얼마나 많은 수송용량을 장기간 대단위로 계약해야 하는가?

분석: 이 경우 우리는 다음과 같은 것을 얻을 수 있다.

대단위 계약비용, c_B = 10,000달러/1,000,000단위

소규모 시장비용, c_S = 12,500달러/1,000,000단위

식 (15.9)를 이용하여 다음과 같이 계산할 수 있다.

$$p^* = \frac{c_S - c_B}{c_S} = \frac{12{,}500 - 10{,}000}{12{,}500} = 0.2$$

장기간 대단위 계약을 통해 구매되어야 하는 최적구매량은 다음과 같이 식 (15.10)을 이용하여 구할 수 있다.

$$Q^* = NORMINV(p^*, \mu, \sigma) = NORMINV(0.2, 10, 4) = 6.63$$

따라서 생산자는 월당 6,630,000단위를 장기 대단위 계약을 통해 수송해야 하며, 이 외의 수송용량은 소단위 시장에서 구매해야 한다.

키포인트 공급사슬에서 생산, 창고, 수송 자산을 이용하는 대부분의 고객들은 장기간 대단위 계약과 소단위 계약의 포트폴리오를 구성하는 문제에 직면해 있다. 기본 의사결정은 대단위 계약의 크기이다. 가장 중요한 트레이드오프는 낮은 가격의 대단위 계약으로 인해 낭비되는 양과 소단위 시장에서 지불되는 금액 사이에 있다.

15.6 가격결정과 수익관리에서 IT의 역할

가격결정과 수익관리(Pricing and Revenue Management: PRM)에서 IT 역할은 공급사슬 소프트웨어와 독립적으로, 대부분의 분야에서 오랜 역사를 갖고 있다. 이 분야의 선두 소프트웨어 업체들은 처음에는 항공 산업에서 발전하기 시작하였으며, 일반적으로 공급사슬 소프트웨어의 선두업체는 아니다. PRM 소프트웨어가 갖는 영향에는 크게 세 가지 분야가 있다.

여행 산업에 의해 개척된 소멸성 자산의 가격결정은 수익관리 소프트웨어의 시작점이다. 항공사들은 1980년대에 수익성을 향상시키기 위해 수익관리의 매우 복잡한 이용자가 되었다. American Airlines사를 필두로 많은 항공사가 자신들의 고유 수익관리 시스템을 개발하였다. American Airlines사에서 분리된 Sabre사는 현재 수익관리 회사의 선두업체 중 하나이다. 수익관리 시스템의 사용은 현재 호텔이나 자동차 렌털 회사로 확대되었다.

PRM에서 IT 역할의 영향이 큰 두 번째 분야는 소비재 제품 카테고리의 소매 제품의 가격결정이다. 이 분야의 선두업체는 식품 잡화점과 약국을 가지고 있으며, 이 기술을 소매 단위의 제품 가격을 결정하는 데 이용해 왔다. 그들이 실행하고 있는 가격결정 문제는 정상 제품뿐만 아니라 프로모션을 위한 제품 가격결정을 포함한다. DemandTec사와 같은 회사가 이 분야의 개척자이다.

PRM 시스템은 또한 유행 제품, 특히 의류에 커다란 영향을 미친다. 여기서 초점을 맞추는 사항은 스타일과 계절이 변함에 따라 어떻게 가격을 최적으로 하락시킬 것인가이다. 가격 하락의 목적은 대부분의 제품을 판매하는 것이지 수익을 포기하는 것이 아니다. ProfitLogic사와 같은 소프트웨어 회사가 이 분야에서 제품을 공급한다.

가격결정과 수익관리에서 IT의 주요 함정은 PRM 의사결정을 회사의 다른 분야나 시스템과 연관시키는 것에 초점을 맞추는 것이다. 가격결정은 회사 내에서 상대적으로 잘 정의된 분야 내에서 결정되며, 이는 가격결정 소프트웨어를 설치하는 것을 쉽게 만든다. 그러나 설치의 용이성은 재고, 수송, 그리고 생산 시스템과의 통합이 없는 경우에 문제를 야기할 수 있다. 가장 흔한 문제는 소프트웨어가 수요의 급격한 증가를 가지고 오는 가격 하락을 권유하는 것이다. 가격결정 시스템이 재고관리 시스템과 연동되지 않기 때문에, 재고가 충분하지 않을 경우 고객의 불만족을 가져올 수 있다. 이러한 조정의 부족은 위험할 수 있고 PRM에 따른 가치를 크게 저하시킬 수 있다.

많은 주요 공급사슬 소프트웨어 공급자들이 내부개발이나 습득을 통해 PRM 분야에 진입을 시도하였다. 결국, 사실상 모든 공급사슬 계층의 경우와 마찬가지로, 대형업체들은 이 분야를 획득하거나 명확한 힘을 갖게 되었다. 그러나 여기에서도 틈새시장을 공략하는 업체 역시 좋은 성과를 얻고 있다.

15.7 가격결정과 수익관리의 실제

1. **시장을 주의 깊게 평가하라.** 수익관리의 첫 번째 단계는 대응할 고객층과 그들의 니즈를 정의하는 것이다. 목적은 당신이 판매하는 것에 반해 고객이 어떤 것을 구입하는가를 이해하는 것이다. 만약 항공사가 오직 좌석만을 판매한다고 생각한다면, 수익관리를 이용할 수 없을 것이다. 이들은 스스로 좌석, 마지막 순간의 예약 가능성, 비행일정 변경 가능성과 편리한 비행일정의 선택 가능성을 판매한다고 생각해야 한다. 그래야만 수익관리의 기회를 스스로 얻을 수 있다.

   정의된 시장의 니즈를 위해 제공되는 제품, 가격, 경쟁, 그리고 가장 중요한 고객 행동에 관련된 정확하고 완벽한 데이터를 얻는 것은 필수적이다. 소비자 행동에 관한 정보는 소비자의 선호도를 정의하는 데 유용하다. 궁극적으로, 소비자 선호에 대한 적절한 이해와 소비자 행동에 대한 다양한 전술의 영향을 정량화하는 것이 성공적인 수익관리의 핵심이다.

2. **수익관리에 따른 이득을 정량화하라.** 프로젝트를 시작하기 전에 수익관리로 얻을 수 있는 기대이득을 정량화하는 것은 매우 중요하다. 이상적으로, 과거 정보와 소비자 선호에 대한 좋은 모델은 시뮬레이션을 통해 이득을 추정하는 데 사용되어야 한다. 이 단계의 성과는 수익관리의 결과로 성취되어야 하는 수익 타겟을 명시해야 한다. 수익 타겟은 관련된 모든 사람들이 믿을 수 있는 것이어야만 한다. 수익관리를 위한 노력은 기대이득과 비교되어야 한다.

3. **예측 프로세스를 실행하라.** 수익관리의 기초는 예측 기능이다. 성공적인 과도예약을 사용하기 위해서 항공사는 취소 패턴을 반드시 예측할 수 있어야 한다. 여기서 말하는 예측은 항상 정확한 측정치를 얻어야 한다는 것을 의미하는 것은 아니다. 예측은 수요 측정과 예측 자신의 기대오차를 귀착화하는 것을 포함한다. 예측된 값과 기대오차는 모두 수익관리 모델의 중요한 입력값이 된다.

   모든 행동이 본질적으로 특이한 미시 단계에서는 예측이 매우 어렵다. 예를 들어, 100개의 운임이 다른 좌석등급이 있는 항공사는 각 좌석등급별 수요를 예측하기가 매우 어려우며, 그 좌석등급이 매진되었을 때의 소비자의 행동을 예측하는 것 역시 매우 어렵다. 따라서 수익관리 전술이 효과적인 예측이 가능한 충분한 통합 단계에서 계획됨을 보장하는 것은 매우 중요한 문제이다.

   마지막으로, 새로운 정보의 사용이 가능해지면서, 수익관리 전술이 현재 적절한지 알기 위해 다시 예측해야 한다. 예측의 빈도는 시장의 활동량에 따라 달라진다. 이상적으로, 예측과 수요관리 의사결정은 매 거래 후에 결정되어야 한다.

4. **수익관리 의사결정을 위해 최적화를 적용하라.** 최적화의 목표는 효과적인 수익관리 전술을 정의하기 위해 소비자의 행동을 예측하는 데 이용하는 것이다. 호텔에서 과도예약의 이용을 결정하는 것은 수익관리 프로세스의 시작이다. 이러한 노력의 궁극적인 성공은 호텔이 사용하는 과도예약 수준에 따라 달라진다. 너무 높은 과도예약 수준은 고객을 화나게 할 것이고, 그들에게 공간을 제공하기 위해 높은 비용이 들 것이다. 너무 낮은 과도예약 수준은 빈 방과 수익 감소를 야기시킬 것이다. 최적화는 수익을 최대화할 수 있는 과도예약의 수준을 정의할 수 있도록 한다.

5. **판매와 운영에 참여하라.** 판매사원들은 적절한 수익관리 전술을 이해하여 판매실적을 정확하게 조정할 수 있어야 한다. 판매부서에서 고객들이 가장 높은 가격일 때 구매하도록 노력하는 동안 회사에서 비성수기 할인을 제공하는 것은 어불성설이다. 판매부서는 성수기 동안 공급사슬 자산이 꼭 필요한 고객과 그들의 주문을 비성수기로 이동하여 이익을 얻고자 하는 고

객을 차별해야 한다. 이러한 접근은 고객을 만족시키면서 회사의 이윤을 증대시킬 수 있다. 운영은 적절한 수익관리 전술의 잠재적 성과를 반드시 이해하고, 실제 발생하는 성과에 관한 정보를 제공받아야 한다. 예를 들어, 과도예약을 사용하는 항공사의 운영부서는 항공기가 만석이라서 출발할 수 없는 고객들이 다른 가능한 항공편을 예약할 수 있도록 준비해야 한다.

6. **고객을 이해하고 정보제공을 하라.** 고객들은 그들이 단지 최대의 수익을 얻기 위한 메커니즘으로만 표현된다면, 수익관리 전술에 부정적인 인식을 갖게 될 것이다. 이러한 지각은 장기적으로 고객 충성도를 감소시킬 수 있다. 따라서 가장 높은 가격을 지불하는 고객에게 중요한 몇몇 서비스를 향상시키면서 수익을 향상시키는 방법의 수익관리 프로그램을 구축하는 것이 중요하다. 이 장의 앞에서 토론한 것처럼, 수익관리의 적절한 실행은 두 개의 성과를 모두 달성해야 한다. 회사가 가장 가치 있는 고객에게 이러한 정보를 전달하는 것은 매우 중요하다. 이러한 고객층에 의한 행동 변화는 수익관리 프로그램의 잠재적 이득을 없앨 수 있다는 것을 명심해야 한다.
7. **공급 계획과 수익관리를 통합하라.** 이 책에서 우리가 다룬 공급계획과 수익관리가 그들의 권익에서 가치가 있지만, 이들을 통합하는 것은 더 높은 가치를 창출할 수 있다. 여기서 중요한 점은 수익관리를 독립적으로 사용하는 것이 아니라 공급측과의 의사결정에 함께 사용하는 것이다. 예를 들어, 만약 수익관리를 적용하고 난 후 생산자가 리드타임이 짧은 설비가 주 이득을 제공한다는 것을 찾았다면, 리드타임이 짧은 설비를 추가하는 것을 연구해야 한다. 공급, 수요, 그리고 가격결정의 상호작용을 이해하고 실행하는 것은 강력한 결과를 가져올 것이다.

15.8 학습목표 요약

1. **공급사슬에서 수익관리의 역할을 이해하라.** 수익관리는 수요와 공급을 보다 잘 매칭시키기 위해 차별적 가격결정을 사용하는 것이다. 전통적으로, 회사들은 수요와 공급을 매칭시키기 위해 자산의 가용성을 변화시켰다. 수익관리는 가격결정을 이용하여 공급과 수요의 불균형을 줄이는 것을 목표로 한다. 수익관리의 큰 장점은 공급사슬 자산에 투자하는 것과 대조적으로 가격을 변화시키는 것이 비교적 훨씬 쉽다는 것이다. 수익관리가 적절하게 사용되면 회사는 높은 자산 가용성을 통해 가치 있는 고객을 만족시키면서 수익을 증가시킬 수 있다.
2. **자산관리 전술이 효과적으로 실행될 수 있는 조건을 정의하라.** 자산관리는 회사가 공급사슬 자산의 가치가 다르게 작용하는 여러 고객층을 응대하거나, 자산이 썩기 쉽고 시간에 따라

가치를 잃거나, 자산에 대한 수요가 계절성 성수기를 가질 때, 또는 자산이 장기 대단위 계약과 소단위 시장 두 가지에서 모두 팔릴 때 효과적일 수 있다.

3. **수익관리 의사결정 시 고려해야 하는 트레이드오프를 설명하라.** 다양한 고객층에 대응할 때 기본적인 수익관리 의사결정은 높은 가격 고객층에게 할당해야 할 자산의 양이다. 너무 많은 자산을 설정하였으나 높은 가격수요가 실현되지 않아 자산을 낭비하는 경우와 자산을 너무 적게 설정하여 높은 가격 고객층이 떠나는 경우 사이에서 트레이드오프가 발생한다. 자산이 썩기 쉽다면 기본적인 수익관리 의사결정은 시간이 지남에 따른 자산의 가격을 어떻게 변화시키는가를 결정하고, 자산을 과도예약받거나 초과 판매하는 정도를 결정하는 것이다. 시간에 따라 자산의 가격을 변화시킬 때, 높은 가격을 먼저 설정한 후 많은 재고를 남겨서 나중에 할인된 가격으로 판매하는 것과, 처음부터 낮은 가격을 책정하고 적은 재고를 남기는 것 사이의 트레이드오프가 발생한다. 과도예약을 할 때 충분하게 과도예약을 받지 않은 것과 가능한 자산의 낭비로 인한 트레이드오프가 발생하며, 과도한 과대예약과 높은 비용에 백업 생산용량을 갖는 것 사이에 트레이드오프 관계가 발생한다. 명백한 계절적 성수기를 가질 때, 기본적인 의사결정 문제는 비성수기 할인의 범위와 시점을 결정하는 것이다. 성수기에 고객 응대를 위한 추가적인 비용과 비성수기 할인을 제공함으로써 발생하는 수요와 수익 사이에 트레이드오프가 발생한다. 대단위 장기계약과 소단위 계약을 모두 이용하는 판매자의 기본적인 수익관리 의사결정 문제는 소단위 시장에 판매할 자산의 양을 결정하는 것이다. 대단위 계약에서 낮은 가격으로 제공하는 확정된 수요와 높은 가격으로 소단위로 제공할 잠재적 수요 사이에 기본 트레이드오프 관계가 성립한다. 구매자의 기본 의사결정 문제는 장기 대단위 계약을 통해 충족시킬 잠재적 수요량을 결정시키는 것이다. 낮은 가격으로 모두 이용하지 않을 수도 있는 장기 대단위 계약을 하는 것과 높은 가격으로 소단위 계약을 통해 필요한 양만큼을 구매하는 것 사이에 기본적인 트레이드오프 관계가 발생한다.

토의문제

1. Nordstorm사와 같은 소매자가 수익관리의 기회에서 이득을 얻을 수 있는 방법은 무엇인가?
2. 어떤 수익관리 기회가 생산자에게 가능한가? 어떻게 이러한 기회에서 이익을 얻을 수 있는가?
3. 어떤 수익관리 기회가 트럭운송업체에게 가능한가? 어떻게 이러한 기회에서 이익을 얻을 수 있는가?
4. 어떤 수익관리 기회가 창고 소유주에게 가능한가? 어떻게 이러한 기회에서 이익을 얻을 수 있는가?
5. 수익관리 환경에서 Saks Fifth Avenue사와 같은 소매자의 할인점 이용에 대해 설명하라. 할인점의 존

재가 Saks사에 어떻게 기여하는가? 이것이 원래의 가격을 지불할 용의가 있는 더 가치 있는 고객들을 어떻게 촉진시키는가?

6. 미용사의 수요는 고객이 일하지 않는 주말에 훨씬 높다. 이러한 비즈니스에서 어떤 수익관리 기술이 사용될 수 있는가?

7. 골프장은 재정적 성과를 향상시키기 위해 수익관리를 어떻게 이용할 수 있는가?

연습문제

1. 펠트 개스킷 생산자인 Felgas사는 하루 생산용량이 1,000단위이다. 현재, 회사는 한 생산용량 단위당 5달러에 판매하고 있다. 이 가격에서 모든 생산용량은 1주 전에 예약되어 있다. 만약 Felgas사가 하루 전에 가용 생산용량을 갖고 있다면, 한 고객 그룹이 두 배의 가격(10달러)을 지불할 용의가 있다고 말했다. 약 10일 정도 이전에 높은 가격 고객층에 대한 수요는 평균 250, 표준편차 100인 정규분포를 따른다. Felgas사가 마지막 날을 위해 설정해야 하는 생산용량은 얼마인가?

2. GoGo Bunny는 크리스마스에 인기 있는 장난감으로, 생산자는 모든 소매자에게 공급할 비율을 결정해야 한다. 대형 소매자는 두 개의 채널—할인 채널과 높은 서비스 채널—을 가지고 있다. 이 소매자는 할인 채널에서는 4달러의 마진에, 높은 서비스 채널에서는 8달러의 마진에 판매하려고 한다. 생산자는 100,000개의 GoGo Bunny를 소매자에게 보냈다. 소매자는 높은 서비스의 수요는 평균 400,000, 표준편차 150,000인 정규분포를 따른다고 예측하였다. 높은 서비스 채널을 위해 얼마나 많은 장난감들이 소매자에게 보내져야 하는가?

3. 한 작은 창고업체는 100,000평방피트의 용량을 가지고 있다. 이 창고의 경영자는 고객과 창고용량에 관한 계약을 진행하고 있다. 계약은 고객당 월간 200달러의 비용을 선불로 받고, 실제 사용면적에 따라 평방피트당 3달러를 받는다. 창고업체는 추가적인 용량에 대해 평방미터당 6달러를 지불하더라도 계약된 용량을 보장한다. 경영자는 고객이 계약된 모든 용량을 항상 사용하려는 것이 아니라고 생각한다. 따라서 그는 100,000평방피트에 대한 과대계약을 고려중이다. 그는 사용되지 않는 공간이 평균 20,000평방피트, 표준편차 10,000평방피트라고 예측하였다. 그가 계약해야 하는 총면적은 얼마인가? 만약 그가 사용되지 않는 공간이 계약된 양의 15퍼센트, 변동계수 0.6인 정규분포를 따른다고 예측했다면, 그가 계약해야 하는 총면적은 얼마인가?

4. 한 트럭수송회사의 현재 수송용량은 200,000입방피트이다. 한 대형 생산자는 하루에 입방피트당 0.10달러에 모든 수송용량을 구매하려고 한다. 트럭수송회사의 경영자는 하루에 입방피트당 평균 0.13달러에 수송용량을 판매할 수 있는 현물시장을 관찰해 왔다. 그러나 이 가격에서 수요는 보장할 수 없다. 만약 경영자가 현물시장에서 수요가 평균 60,000입방피트, 표준편차 20,000을 따르는 정규분포를 따른다고 예측했다면, 경영자는 현물시장을 위해 얼마나 많은 수송용량을 두어야 하는가?

5. 한 대형 생산자의 경영자는 다가오는 해에 창고가 필요하다고 계획하고 있다. 그녀는 창고 필요량이 평균 500,000입방피트, 표준편차 150,000입방피트인 정규분포를 따른다고 예측하였다. 경영자는 매월 입방피트당 0.50달러를 지불하고 1년 동안 임대하거나, 현물시장에서 창고용량을 구매할 수 있다. 현물시장은 매월 입방피트당 평균 0.70달러를 지불해야 한다. 이 경영자가 연계약을 맺어야 하는 면적은 얼마인가?

6. 자전거 생산자인 NatBike사는 높은 가격에 고객화된 제품을 선호하는 고객과 가격에 민감하면서 일반적인 자전거를 선호하는 고객을 가지고 있다. 두 가지 자전거의 생산비는 200달러라고 가정한다. 고객화된 제품의 수요는 수요곡선 $d_1 = 20{,}000 - 10p_1$, 가격에 민감한 고객층은 $d_2 = 40{,}000 - 30p_2$를 따른다. 만약 생산용량에 제약이 없다면, NatBike사는 각 고객에 대해 어떤 가격을 설정해야 하는가? 만약 총생산용량이 20,000개라면, 각 고객에 대한 가격은 얼마인가? 각각의 경우 총수익은 얼마인가?

7. 다시 문제 6의 NatBike사 문제로 돌아가 보자. 고객화된 자전거의 생산비용은 300달러, 일반 자전거의 생산비용은 200달러, 다른 모든 데이터는 6번 문제와 같다고 가정하자. 만약 생산용량에 제약이 없다면, NatBike사는 각 고객에 대해 어떤 가격을 설정해야 하는가? 만약 총생산용량이 20,000개라면, 각 고객에 대한 가격은 얼마인가? 각각의 경우 총수익은 얼마인가?

8. 다시 문제 6의 NatBike사 문제로 돌아가 보자. 공장의 생산용량은 20,000대라고 가정해 보자. 만약 추가적인 생산용량에 따른 비용이 대당 25달러라고 하면, NatBike사는 각 고객층에 어떤 가격을 설정해야 하며, 얼마나 많은 생산용량을 추가해야 하는가? 6번 문제와 비교하여 수익에는 어떤 영향을 미치는가?

9. 한 백화점은 여름에 판매할 5,000벌의 수영복을 가지고 있다. 여름시즌은 3개월이 남았고, 매장관리자는 계절 초기에 구매하려는 고객은 가격에 덜 민감하고, 계절 후반기에 구매하는 고객은 훨씬 가격에 민감하다고 예측하였다. 3개월 동안 각 고객에 대한 수요곡선은 다음과 같이 예상되었다: $d_1 = 2{,}000 - 10p_1$, $d_2 = 2{,}000 - 20p_2$, $d_3 = 2{,}000 - 30p_3$. 만약 백화점이 전계절 동안 하나의 고정된 가격을 사용한다면, 이는 얼마가 되어야 하는가? 이때의 수익은 얼마인가? 만약 백화점이 월별로 동적 가격결정을 원한다면, 이는 얼마나 되어야 하는가? 이는 고정된 가격과 비교하여 수익에 어떤 영향을 미치는가? 만약 각 수영복의 비용이 40달러이고 백화점이 동적 가격결정을 이용하기로 했다면, 백화점은 계절 초기에 얼마나 많은 수영복을 구매해야 하는가?

참고문헌

Cross, Robert G, *Revenue Management.* New York: Bantam Doubleday Dell, 1997.

Daudel, Sylvain, and Georges Vialle. *Yield Management: Application to Air Transport and Other Service Industries.* Paris: Institu du transport Aerien, 1994.

O'Connell, Vanessa, and Rechel Dodes. "Saks Upends Luxury Market with Strategy to Slash Prices." *The Wall Street Journal*, February 9, 2009.

Talluri, Kalyan T., and Garrett J. Van Ryzin. *The Theory and Practice of Revenue Management.* Boston: Kluwer Academic, 2004.

Tayur, Sridhar, Ram Ganeshan, and Michael Magazine, eds. *Quantitative Models for Supply Chain Management.* Boston: Kluwer Academic, 1999.

제 16 장

공급사슬에서의 정보기술

학 • 습 • 목 • 표

이 장을 읽은 후에 여러분은 다음과 같은 것을 할 수 있을 것이다.

1. 공급사슬에서 정보 및 정보기술의 중요성을 이해한다.
2. 공급사슬의 요인들이 정보를 어떻게 이용하는지 이해한다.
3. 공급사슬 정보기술의 주요 애플리케이션과 적용되는 프로세스를 이해한다.

정보는 공급사슬 관리자의 의사결정 기반을 마련해 주므로 공급사슬 성과에 상당히 중요하다. 정보기술은 공급사슬에서 최적의 의사결정을 하기 위한 정보를 알려 주고 이를 분석하는 데 사용되는 도구들로 구성되어 있다. 이 장에서는 정보의 중요성, 정보의 사용, 그리고 보다 나은 의사결정을 위해 공급사슬 관리자가 정보를 사용할 수 있게 하는 기술에 대해 알아본다.

16.1 공급사슬에서 정보기술의 역할

정보는 다른 공급사슬의 요인들을 통합하고, 조화된 공급사슬의 목적을 달성할 수 있도록 연관성을 맺어 주기 때문에 핵심적인 공급사슬 요인이다. 정보는 공급사슬 관리자가 의사결정을 하고, 프로세스가 처리되는 데 있어서 근거를 제공하기 때문에 공급사슬 성과에 상당히 중요하다. 정보가 없다면, 경영자는 고객이 무엇을 원하는지, 재고가 얼마나 남아 있는지, 언제 더 많은 상품이 생산되어 선적되어야 하는지 알 수가 없다. 요약하면, 정보가 없다면 경영자는 눈먼 의사결정을 할 수밖에 없다. 따라서 정보는 경영자에게 공급사슬의 가시성을 제공한다. 이러한 가시성이 확보되면 경영자는 공급사슬의 성과를 개선할 의사결정을 내릴 수 있는 것이다.

성공적인 공급사슬에서 정보의 역할을 위해, 경영자는 어떻게 정보가 수집되고 분석되는지를 이해해야 한다. 이것이 정보기술이 활용되기 시작하는 시점이다. 정보기술은 정보의 수집과 분석을 위해 공급사슬에서 사용되는 하드웨어와 소프트웨어로 구성되어 있다. 정보기술은 좋은 의사결정을 하는 데 필요한 정보를 획득하고 전달하면서 공급사슬의 경영을 위한 눈과 귀가 된다. 예를 들면, PC 생산자의 정보기술은 현재 재고로 있는 칩의 양을 관리자에게 알려 줄 수 있다. 정보기술은 또한 정보를 분석하고 필요한 조치를 추천하는 역할을 한다. 이를 이용해 PC 생산관리자는 재고로 있는 칩의 수량을 점검하고 수요 예측량을 검토해 Intel사로부터 주문을 해야 할지 말지를 결정할 수 있는 것이다.

정보의 획득과 분석을 위해 정보기술 시스템을 이용하는 것은 기업의 성과에 중대한 영향을 미칠 수 있다. 예를 들어, 워크스테이션과 서버를 주로 생산하는 생산자가 고객 수요에 대한 정보의 많은 부분이 생산일정과 재고 수준을 설정하는 데 쓰여지지 않았음을 알았다. 생산그룹에서는 이 수요에 관한 정보가 부족하여 수요를 쉽게 판단할 수 없어 결국 재고 및 생산 결정을 어림잡아 할 수밖에 없었다. 공급사슬 정보기술 시스템을 설치함으로써 기업은 재고 수준을 결정하고, 이를 유지하기 위한 생산량을 결정하기 위해 데이터를 수집하고 분석할 수 있다. 정보기술 시스템을 사용하여 기업은 재고를 반으로 줄였는데, 이는 학습된 추정이 아닌 정보에 근거하여 결정을 내릴 수 있게 되었기 때문이다. 이와 같은 커다란 영향력은 공급사슬 성과의 요인으로서 정보기술의 중요성을 강조하는 것이다.

정보는 경영자로 하여금 기능들과 기업들을 두루 걸치는 넓은 범위로 의사결정을 할 수 있도록 하므로 공급사슬 성공의 열쇠이다. 포괄적인 공급사슬 영역을 획득하기 위해 경영자는 공급사슬 내에 있는 모든 기업의 기능 및 조직에 대한 정확하고 시기적절한 정보를 필요로 한다. 예를 들어, 앞서 언급한 워크스테이션 생산자는 최적재고 수준을 설정할 때 기업 내에 재고가 얼마나 있는지 충분히 알 수 없었다. 그 기업은 하부의 수요와 심지어 상부의 공급자 리드타임과 변동성을 알아야 했다. 이렇게 광범위한 영역으로 기업은 수익성을 최대화하는 생산일정과 재고 수준을 설정할 수 있을 것이다.

정보는 공급사슬에서의 의사결정 시 도움이 될 수 있는 다음과 같은 특징을 가져야 한다.

1. **정보는 정확해야 한다.** 공급사슬의 상태에 대한 정확한 그림을 제시하는 정보가 없으면, 좋은 결정을 내리기가 어렵다. 모든 정보가 완벽하게 정확해야 한다는 것은 아니며, 대체적으로 정확하게 사실성 있는 그림을 주는 데이터라야 한다는 것이다.
2. **정보는 필요할 때 접근할 수 있어야 한다.** 정확한 정보라 해도 이용할 수 있을 때, 너무 오래되었거나 현재의 정보라 해도 접근할 수 없는 형식인 경우가 있다. 좋은 결정을 내리기 위해, 경영자는 접근이 용이한 갱신된 정보를 얻어야 한다.
3. **정보는 쓸모 있는 것이어야 한다.** 의사결정자들은 이용할 수 있는 정보를 필요로 한다. 종종 기업들은 의사결정하는 데 전혀 불필요한 데이터를 다량 보유할 수도 있다. 기업은 중요한 데이터가 기록되지 않는 사이 불필요한 데이터를 수집하며 고가치 자원들을 낭비하지 않도록 어떠한 정보를 기록해야 할지 염두에 두어야 한다.
4. **정보는 공유되어야 한다.** 만약 모든 이해당사자들이 공급사슬 내에서 의사결정을 위한 정보를 공유할 수 있도록 한다면 공급사슬 관리는 효율적이 될 것이다. 이해당사자들의 각각 다른 정보들은 공급사슬을 관리하기 위한 수행을 방해하는, 적절하지 못한 계획을 실행하게 되는 결과를 초래할 것이다.

정보는 공급사슬의 각 단계에서뿐만 아니라 공급사슬 의사결정의 전략 단계에서부터 계획 단계를 거쳐 운영 단계까지 각 단계에서도 핵심 요소이다(1장 참조). 예를 들어, 정보와 그 정보의 분석은 공급사슬의 풀/푸시 경계의 위치와 같은 의사결정의 기반을 제공함으로써 공급사슬 전략에 중대한 역할을 수행한다. 정보는 또한 금일 생산가동중 생산해야 하는 제품과 같은 운영상의 의사결정에서도 중대한 역할을 수행한다. 경영자는 좋은 의사결정을 하기 위해 정보를 분석해야 하는 방법을 이해해야 한다. 이 책의 많은 부분은 해결해야 할 공급 문제의 해법, 정보수집, 분석, 그 정보를 이용해 좋은 의사결정을 하게 하는 내용을 다룬다.

예를 들어, Wal-Mart사는 정보 획득과 함께 좋은 공급사슬 의사결정을 위한 정보 분석의 이해면에서도 개척자가 되어 왔다. Wal-Mart사는 각 매장에서 구매되는 제품에 대한 실시간 정보를 수집하여 생산자들에게 다시 넘겨 준다. Wal-Mart사는 각 상점에서 보유해야 할 재고의 양과 생산자로부터 신제품을 넘겨받을 시기를 결정하기 위해 이 수요 정보를 분석한다. 생산자는 Wal-Mart사의 요구에 부응하도록 제때에 제품을 생산하기 위해 생산일정 계획에 이 정보를 이용한다. Wal-Mart사와 핵심 공급자들은 정보를 단지 획득하는 것이 아니라 이를 분석하고 그 분석을 토대로 행동을 취한다.

정보는 아래에 있는 각 공급사슬의 요인과 함께 다양하고 광범위한 의사결정을 수립하는 데 있어서 사용된다.

1. **시설:** 시설의 위치, 가용능력 및 일정의 결정은 효율성과 유연성, 수요, 환율, 세금 등과 같은 것들의 트레이드오프에 대한 정보를 요구한다(4, 5, 6장 참조). Wal-Mart사의 공급자들은 생산일정 수립을 위해 Wal-Mart사의 매장들로부터 온 수요 정보를 이용한다. Wal-Mart사는 새로운 매장과 크로스도킹 시설의 위치결정을 위해 수요에 관한 정보를 이용한다.
2. **재고:** 최적의 재고정책 설정은 수요의 패턴, 재고유지비용, 출하비용, 주문비용을 포함하는 정보를 요구한다(10, 11, 12장 참조). 예를 들어, Wal-Mart사는 이러한 재고정책 의사결정을 위해 상세한 수요, 비용, 한계이익 및 공급자 정보를 수집한다.
3. **수송:** 수송 네트워크, 경로 설정, 수송수단, 선적 및 공급자에 대한 좋은 의사결정을 위해 비용, 고객의 위치, 화물의 크기 등에 대한 정보가 필요하다(13장 참조). Wal-Mart사는 그들의 공급자와 작업방식을 밀접하게 통합시키는 방법을 이용한다. 이러한 통합이 재고와 수송비용을 절감하면서 수송 네트워크에서 크로스도킹을 실행 가능하게 한다.
4. **외주:** 제품의 이윤, 가격, 품질, 운송 리드타임 등에 관한 정보는 외주에 관련된 의사결정에 있어서 중요한 요소이다. 외주는 기업 간 거래를 다루는 것이므로, 외주결정이 수립되었다면 운영을 위해 넓은 범위의 거래 정보가 기록되어져야 한다.

5. **가격결정과 수익관리:** 가격정책을 결정하기 위해 수요량과 고객의 지불 의지, 제품 이윤, 리드타임, 가용성과 같은 많은 공급사슬의 이슈들에 관한 정보가 필요하다. 기업은 이러한 정보를 이용하여 공급사슬의 이윤을 증대할 수 있는 가격정책을 결정할 수 있다.

요약하면, 정보는 공급사슬 의사결정의 세 단계(전략, 계획, 운영) 모두와 각각의 공급사슬 요인(시설, 재고, 수송, 외주, 가격)에 있어서 중요한 요소이다. 정보기술은 공급사슬의 가시성을 확보할 수 있는 데이터를 수집할 뿐만 아니라, 이윤을 최대화할 수 있는 공급사슬 의사결정이 내려지도록 이러한 데이터에 대한 분석 기능까지 수행한다.

16.2 공급사슬 정보기술의 구조

정보기술의 광범위한 영역을 기반으로, 정보기술의 다양한 부문들에 의해 공급사슬 내에서 어떻게 사용되는지에 대한 경영자들의 이해를 도울 수 있는 정보기술의 구조를 개발하는 것은 중요하다. 이러한 구조에 대한 시각은 다음의 몇몇 절에서 제시될 것이다. 공급사슬 내의 정보의 사용은 전사적 소프트웨어에 의해 크게 영향을 받았음을 인지하는 것이 중요하다. 전사적 소프트웨어는 처리 데이터를 수집하고, 이러한 데이터를 이용해 의사결정을 할 수 있게 하고, 수립된 의사결정이 실행될 수 있도록 한다. 전사적 소프트웨어 외에 하드웨어, 실행 서비스, 지원부문과 같은 정보기술의 다른 부문들도 정보기술을 효과적으로 하는 데 있어서 중요하다. 그러나 이러한 부문들도 그 기본은 공급사슬의 전사적 소프트웨어에 그 기반을 두고 있다. 이러한 부문들은 소프트웨어의 리드에 따라갈 수 있도록 많은 방법들에 의해 다듬어진다. 정보기술과 공급사슬에 미치는 영향을 분석하는 데 있어서 가장 중요한 수단으로 소프트웨어가 사용되기 때문이다. 전사적 소프트웨어의 진화는 정보기술의 미래에 대한 통찰력뿐만 아니라 공급사슬의 핵심 프로세스에 대해서도 알려 준다. 이러한 진화와 그것이 공급사슬에 미치는 영향에 대해 알아보자.

1990년대 후반, 전사적 소프트웨어는 급격히 증가하였다. 신생 소프트웨어 기업에 대한 전례 없는 투자는 소프트웨어 기업의 수를 증가시켰을 뿐만 아니라 소프트웨어의 분야도 확산시켰다. 소프트웨어 기업의 증가, 새로운 종류의 소프트웨어의 출현, 소프트웨어 제품의 확산은 과거에 비해 더욱 활발해졌고 다이나믹해졌다. 이것은 소프트웨어의 진화 단계에 있어서 중요한 환경적 성숙이었다.

2000년대 초, 기술부문의 투자 감소 및 침체는 많은 소프트웨어 기업들의 개발 중단, 합병 등의 결과를 야기시켰다. 몇몇 소프트웨어 부문은 최근에 새롭게 출시되는 소프트웨어에 의해 현재 사라진 상태이다.

어떤 요인들이 소프트웨어 부문의 진화를 주도할까? 왜 몇몇의 소프트웨어 부문은 장기적인 측면에서 생존하고 수지가 맞게 되었으며, 왜 어떤 소프트웨어는 실패했을까? 이러한 질문에 영향을 미치는 다양한 요소가 있는 것은 확실하다. 소프트웨어의 진화를 이끄는 주요 요인들은 거시 프로세스라 불리는 세 가지 공급사슬 프로세스로 그룹화할 수 있다. 성공적인 소프트웨어는 거시 프로세스에 중점을 둔 반면, 실패한 소프트웨어는 거시 프로세스에 중점을 두지 않았다.

공급사슬 거시 프로세스

공급사슬 관리의 출현은 기업이 내리는 의사결정의 범위를 확장시켜 왔다. 이러한 범위는 각 부서의 기능 최적화로부터 기업 내, 전체 공급사슬까지로 확장되었다. 이러한 범위의 확장은 의사결정을 할 때 프로세스들을 공급사슬에 포함하는 것의 중요성을 강조한다. 기업의 측면에서 보면, 모든 프로세스는 공급사슬 내의 하위 단계에 중점을 둔 프로세스, 내부에 중점을 둔 프로세스, 상위 단계에 중점을 둔 프로세스의 세 가지 주요 부문으로 구분된다. 이러한 분류를 아래와 같이 세 가지의 공급사슬 거시 프로세스로 정의한다(1장 참조).

- **고객 관계 관리(Customer Relationship Management: CRM):** 기업과 그 고객 간의 하위 단계의 상호작용에 중점을 둔 프로세스
- **내부 공급사슬 관리(Internal Supply Chain ManagementI: ISCM):** 기업의 내부운영에 중점을 둔 프로세스. 소프트웨어 기업들은 종종 이것을 "내부"라는 단어를 생략하고 "공급사슬 관리"라고 부른다. 이 책의 정의에 의하면, 공급사슬 관리는 세 가지 거시 프로세스(CRM,

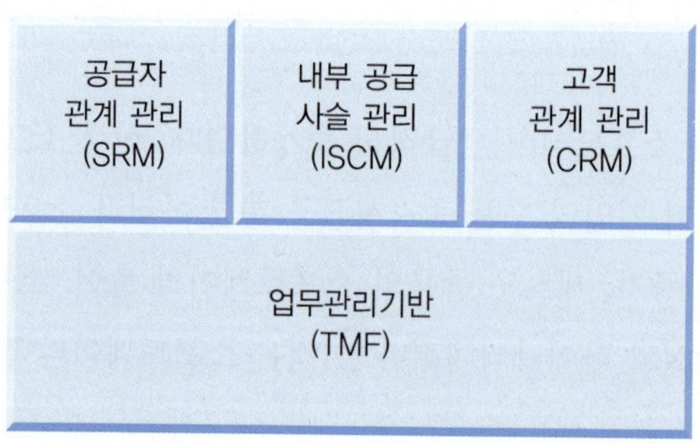

그림 16.1 공급사슬의 거시 프로세스

ISCM, SRM)를 포함한다.

- **공급자 관계 관리**(Supplier Relationship ManagementSRM: SRM)**:** 기업과 그 기업의 공급자 사이의 상호작용에 중점을 둔 프로세스

거시 프로세스에 그 기반을 주는 네 번째 중요한 프로세스는 기본적인 ERP 시스템(재정적, 인적 자원 등의 구성요소)과 기반 소프트웨어, 통합 소프트웨어를 포함한 업무관리기반(transaction management foundation: TMF)이다. 업무관리기반 소프트웨어는 세 가지 거시프로세스가 기능을 발휘할 수 있도록 해 주고 상호작용이 되게끔 하는 데 있어서 필요하다. 세 가지 거시 프로세스와 업무관리기반의 관계가 [그림 16.1]에 제시되어 있다.

왜 거시 프로세스에 중점을 두어야 하는가?

기업의 성과와 공급사슬의 성과의 연관관계가 더욱 더 밀접해짐에 따라, 이러한 거시 프로세스에 기업들이 중점을 두어야 하는 것은 필수적이다. 내부 프로세스에 중점을 둔 지난 10여 년 이후, 기업들은 기업 성과의 약진을 위해 내부 프로세스 외의 전체 공급사슬에 대한 관리가 필요해짐을 인지하였다. 논의되었다시피 공급사슬의 목적은 총이윤을 증가시키는 것이다. 관리가 잘 되는 공급사슬은 공급사슬 내의 한 단계의 이익을 증가시키고 나머지 단계에서 비용을 초래하는 제로-섬(zero-sum) 게임이 아니다. 2장에서 논의되었다시피 공급사슬의 조화를 통해 공급사슬의 파트너들이 전체 수익을 증대할 수 있는 양수-섬(positive-sum) 게임이 되어야 한다. 따라서 공급사슬의 이익을 효과적으로 창출하기 위해서 기업들은 자사뿐만 아니라 세 가지 거시 프로세스의 측면을 고려해야 한다.

소프트웨어 진화에 적용된 거시 프로세스

2000년대 초, 기술부문의 투자 감소와 침체는 전사적 소프트웨어에 대한 진화를 초래하였고, 독특한 패턴이 출현하도록 하였다. 생존한 대다수 소프트웨어 기업들은 그들의 제품들이 거시 프로세스를 개선하는 데 중점을 두었다. 많은 소프트웨어 기업들이 하나 이상의 거시 프로세스 분야로 진입하였다. 반면에, 어떤 기업들은 거시 프로세스의 단지 일부분에 대해서만 관심을 갖기도 하였다. 그러나 공통된 요소는 생존하기 위해, 더 나아가 사업이 번창하기 위해서 소프트웨어 기업들이 하나 혹은 그 이상의 거시 프로세스에 중점을 두어야 한다는 것이다. 대부분의 전사적 소프트웨어는 CRM, ISCM, SRM 범위 내에서 성장해 왔다. 신생기업과 거대 기업들이 이 세 가지 프로세스를 개선하는 데 목표를 두고 있다. 미래에는 이 세 가지 거시 프로세스가 전사적 소프트웨어의 성장을 촉진할 수 있을 것이다.

거시 프로세스에 중점을 두지 않은 실패사례는 B2B 시장과 1999년에서 2000년 사이에 급격히 확산된 소프트웨어 기업이다. 시장의 요구사항은 공급사슬 내의 거시 프로세스의 성능을 개선하기보다는 공급사슬 내의 중간 단계의 정보를 창출하는 것이었다. 거시 프로세스에 중점을 두는 것에 대한 관심 부족은 시장의 침체로 연결되는 주요 이유가 되었다.

시장과 아울러 소프트웨어 기업 또한 어려운 시기였다. Ariba사와 Commerce One사는 최고 자본의 99퍼센트까지 손실을 입었다. 이 기업들은 기존의 소프트웨어가 아닌 거시 프로세스에 중점을 두는 소프트웨어 기업으로 방향을 선회하였다. Ariba사는 현재 SRM 거시 프로세스에 집중하고 있으며, Commerce One사는 2004년 파산하였다. 공급사슬 내의 거시 프로세스 개선에 중점을 둔 기업들은 많지 않았고, 주로 시장의 운영자로서 독립적인 중간자 역할을 했다.

거시 프로세스에 중점을 두고 변화되고 있는 또 다른 부문은 ERP이다. 데이터의 가용성과 통합성을 이루는 데 있어서는 성공적이었으나, 데이터의 가용성과 통합성은 잠재된 가치의 일부분만 제공할 수 있을 뿐이다. 이러한 데이터로부터 오는 실제가치는 의사결정 시 그 데이터가 사용될 때 뿐이다. 이것은 세 가지 거시 프로세스가 어디로 향해야 하는지를 보여 준다. 세 가지 거시 프로세스의 의사결정을 개선하는 데 ERP 시스템이 사용될 때만 ERP 시스템을 보유하고 있다는 가치는 얻어질 수 있다. 주요 ERP 기업들은 이러한 사실을 인지하고 거시 프로세스에 중점을 두는 방향으로 제품을 개선하고 있다.

소프트웨어의 진화를 촉진하는 요인들은 소프트웨어 공급자에게만 중요한 것은 아니다. 소프트웨어의 사용자인 기업들도 세 가지 프로세스를 이해해야 한다. 소프트웨어 기업이 거시 프로세스를 잘 구현하는지, 성능개선의 가능성이 있는지에 대해 잘 이해함으로써 그 소프트웨어의 가치여부를 판단할 수 있다.

거시 프로세스에서의 소프트웨어 승자 거시 프로세스에 중점을 두는 소프트웨어 기업들의 성공을 결정할 수 있는 세 가지 요소는 다음과 같다.

1. 기능적 성능(사용상의 용이함을 포함)
2. 다른 거시 프로세스와의 통합
3. 소프트웨어 기업의 생태 시스템(ecosystem)으로의 확장

기능적 성능은 그것이 경쟁력 있는 이익을 창출할 수 있는 능력을 제공한다는 점에서 고객에게 있어서 중요하다. 기본적인 기능적 성능(가격과 공급을 최적화할 수 있는 능력과 같은)과 더불어 사용성이 용이한 것은 필수적이어야 한다. 몇몇 소프트웨어는 매우 진보된 기능을 제공하지만 사용하기가 어렵다. 그 결과 진보된 기능들이 실제로 사용되지 않는다. 낮은 기능 수준

을 가지나 사용하기 쉬운 소프트웨어를 제공하는 기업은 본질적으로 보다 유용한 기능을 고객에게 제공하여 경쟁력을 높일 수 있다.

통합할 수 있는 능력은 다양한 이유로 인해 고객에게 중요하다. 통합하기 쉽도록 개발된 애플리케이션은 실행하기가 쉽고, 가치창출이 용이하다. 통합은 다른 거시 프로세스 간에 있어서도 필수적이다. 다른 거시 프로세스를 통합할 수 있는 애플리케이션은 확장된 공급사슬에서 효과적인 의사결정을 내릴 수 있도록 도와준다. 이것은 세 가지의 모든 거시 프로세스를 고려한 통합 솔루션을 제공한다.

마지막으로, 기업의 생태 시스템화—소프트웨어 파트너의 네트워크 형성, 시스템 통합, 설치기반—는 판매와 소프트웨어 실행에 있어서 도움을 준다. 그들의 소프트웨어를 도입한 파트너들과 잘 협조하고, 그들의 솔루션을 도입한 고객사가 많은 소프트웨어 기업은 시장에서 높은 위치를 점한다. 그렇지 못한 소프트웨어 기업들에게는 이러한 사업적 요구를 달성하는 것이 중요하기 때문에 재교육하고 재통합하는 노력을 기울이는 것이 매우 큰 가치가 있다. 고객사의 입장에서 강력한 생태 시스템화는 소프트웨어의 도입과 도입 후의 사용 시에 지원을 제공받을 수 있는 강력한 네트워크를 의미한다.

앞서 언급했듯이, 공급사슬 소프트웨어를 이용하는 고객들에 있어서도 이러한 기준들은 중요하다. 이런 기준들은 소프트웨어 기업에 대한 성공여부를 결정할 수 있는 핵심 요소로서, 이것들이 고객의 공급사슬 성능을 개선시킬 수 있다. 따라서 소프트웨어 기업의 선정에 있어서 이러한 기준에 의해 평가하는 것이 중요하다.

이제 거시 프로세스의 세부내용에 대해 논의하고, 어떤 부문들로 이루어지는지, 구성원은 누구인지, 미래는 어떠할 것인지에 대해 알아보자.

16.3 고객 관계 관리(CRM)

CRM 거시 프로세스는 공급사슬 내의 기업과 그 고객 사이에서 발생하는 프로세스로 구성되어 있다. CRM의 목적은 고객 수요를 창출하고, 상호 전송을 용이하게 하고, 주문을 추적하는 데 있다. 이러한 프로세스가 잘 되지 않는다면, 주문이 진행되지 않고 효과적인 실행이 되지 않아서 고객 수요의 상실, 고객 불만족의 결과를 초래한다. CRM의 핵심 프로세스는 다음과 같다.

- **마케팅:** 마케팅 프로세스는 어떤 고객을 목표로 할 것이며, 어떤 제품을 제공할 것이며, 제

품의 가격결정은 어떻게 할 것이며, 판매촉진을 어떻게 할 것인가에 대한 의사결정을 포함한다. CRM에 있어서 성공적인 소프트웨어 공급자는 가격, 제품이윤, 고객의 이익에 관한 의사결정을 개선할 수 있는 분석능력을 가진 소프트웨어를 제공한다.

- **판매:** 판매 프로세스는 고객에 대한 실제 판매에 관한 내용을 담당한다(마케팅과 비교하면, 마케팅 프로세스는 누구에게 판매하고, 무엇을 판매할 것인지에 대한 계획에 더욱 중점을 둔다). 판매 프로세스는 실제 판매를 하기 위해 정보가 필요한 부서에 정보를 제공한다. 판매실행은 다양한 옵션과 특징을 가진 주문을 취급하고 계획을 수립하는 판매직원(또는 고객)을 필요로 한다. 또한 납기일을 정하고, 고객 요구에 관련된 정보를 취급할 수 있는 능력과 같은 기능을 필요로 한다. 성공적인 소프트웨어 공급자는 판매부서의 판매 프로세스가 개선될 수 있도록 자동화, 구조화 및 개인화에 목표를 두어야 한다.
- **주문관리:** 고객 주문을 관리하는 프로세스는 고객들이 자신의 주문을 추적하고, 기업이 계획을 수립하고, 주문 충족을 시키는 데 있어서 중요한 역할을 한다. 이 프로세스는 고객으로부터의 수요와 기업으로부터의 공급을 함께 이어 주는 역할을 한다. 주문관리 소프트웨어는 전통적으로 기존 사내 시스템에 의해 운용되었거나, ERP 시스템의 일부로서 구성되어 왔다. 최근에 기업 내에서 현재 운용중인 많은 주문관리 시스템과 연계되어 주문의 가시성을 가능케 하는 추가적인 기능을 가진 새로운 주문관리 시스템이 출현하고 있다.
- **콜/서비스 센터:** 콜/서비스 센터는 기업과 고객이 접촉할 수 있는 주요 지점이다. 콜/서비스 센터는 고객이 주문을 하고, 주문에 관한 정보를 제공하고, 문제를 해결할 수 있도록 도와준다. 성공적인 소프트웨어 공급자는 때로는 고객이 스스로 문제점을 해결하도록 함으로써 고객 서비스 담당자에 의해 이루어지는 업무를 용이하게 하여, 콜/서비스 센터의 기능개선을 지원한다.

전술한 CRM 프로세스는 기업과 고객 사이의 광범위한 상호작용을 담당하기 때문에 공급사슬에 있어서 중요한 역할을 한다. 모든 주문과 수익은 고객으로부터 창출되기 때문에 공급사슬의 잉여이익을 증가시키기 위해서는 고객이 시작점이 되어야 한다. 따라서 CRM 거시 프로세스는 공급사슬 성능을 개선하고자 할 때 종종 시작점이 된다. CRM 프로세스(CRM 소프트웨어)는 성능의 최적화를 위해 내부기능들과 통합되어야 한다. 기업 내 고객지향의 부서들이 내부기능과 별개로 독립적으로 운영되는 일은 비일비재하다. CRM과 내부기능 간의 통합은 공급사슬을 효과적으로 하는 데 있어서 중요하다.

CRM 소프트웨어는 빠르게 성장해 왔고, 현재 세 가지 거시 프로세스 중에서 가장 큰 분류가 되었다. CRM의 소프트웨어 공급자들은 CRM 프로세스를 개선하고 CRM과 내부 운영 프로세스 간의 통합을 이루는 데 중점을 두어 왔다. CRM의 애플리케이션은 내부 운영업무와 통합하는 능력에 따라 향후의 성공여부가 가려질 것이다.

CRM 소프트웨어 공급자는 크게 ERP 소프트웨어의 최초 개발자인 Oracle과 SAP 같은 시장선도기업과 Salesforce.com과 같은 시장진입 순수전문회사로 나눌 수 있다. CRM은 회사관리 도구로 Siebel Systems에 의해 만들어져 1990년대 후반과 2000년대 초에 부각되었다. 그러나 2005년까지 Siebel사는 Oracle로부터 큰 어려움을 겪었다. 이러한 분위기에 Salesforce.com은 주 고객층을 규모가 작은 회사로 설정한다. 그들의 웹기반 소프트웨어는 비교적 큰 투자 없이도 CRM 시스템을 사용하고 유지할 수 있도록 고안되었기 때문이다. 이렇게 작은 규모의 회사를 기반으로 하여 사업의 기반을 다지고, 그 후 점점 큰 규모의 회사로 확장시키는 전략을 사용하고 있다.

16.4 내부 공급사슬 관리(ISCM)

ISCM은 기업 내부의 운영에 중점을 두고 있다. ISCM은 고객 주문을 계획하고, 충족하는 모든 프로세스를 포함한다. ISCM에 포함된 다양한 프로세스는 다음과 같다.

- **전략적 계획:** 이 프로세스는 공급사슬의 네트워크 설계에 중점을 둔다. 이 프로세스에 대한 보다 자세한 논의와 정보기술의 사용은 공급사슬의 네트워크 설계를 다룬 5장을 참조하라.
- **수요 계획:** 수요 계획은 수요를 예측하고, 가격결정과 판매촉진과 같은 수요관리 도구의 영향을 분석하는 업무이다. 보다 자세한 논의와 정보기술의 사용은 7장의 수요 예측, 9장, 15장의 가격결정 부문을 참조하라.
- **공급 계획:** 공급 계획은 수요 예측을 입력받아 수요 계획을 수립하고, 전략적 계획 수립을 통해 가용자원을 할당하고, 수요충족을 위한 최적의 계획을 수립하는 프로세스를 담당한다. 생산 계획과 재고 계획은 공급 계획 소프트웨어에 의해 제공받게 된다. 이 프로세스에 대한 자세한 논의와 정보기술의 사용은 8장의 총괄계획과 10장, 11장의 재고관리를 참조하라.
- **수요충족:** 수요에 대한 공급 계획이 이루어지면 그것은 실행되어야 한다. 수요충족 프로세스는 각각의 주문에 대해 세부적인 공급원과 수송수단을 연계시켜 준다. 이 부문의 소프트웨어 애플리케이션은 수송과 창고관리에 관련된 것이다. 더 자세한 논의와 정보기술의 사용은 13장의 수송부문을 참조하라.
- **현장 서비스:** 최종적으로 고객에게 제품이 배송된 이후에도 제품들은 서비스를 받아야 한

다. 서비스 프로세스는 예비의 재고 수준을 결정할 뿐만 아니라 서비스 요청의 일정 계획업무를 포함한다. 몇 가지의 일정 계획 이슈들이 총괄계획이나 재고관리와 유사한 방법들에 의해 다루어졌다. 이 프로세스의 자세한 논의와 정보기술의 사용은 8장 총괄계획이나 10장, 11장의 재고관리를 참조하라.

ISCM 거시 프로세스는 CRM 프로세스에 의해 생성된 수요를 충족시키는 것을 목표로 한다. 따라서 ISCM과 CRM 사이에는 강력한 통합이 이루어져야 한다. 수요 예측 시 CRM 애플리케이션이 고객 행위와 관련된 가장 많은 데이터와 통찰력을 가지고 있고, 직접적으로 고객과 연계되기 때문에 CRM과의 상호작용은 필수적이다. 유사하게, ISCM 프로세스는 SRM 거시 프로세스와의 강력한 통합을 필요로 한다. 공급 계획, 수요충족, 현장 서비스는 SRM 프로세스의 공급자와 밀접한 관계가 있다. 만약 공급자가 제품에 필요한 부품을 공급하지 못하면 수요를 만족시키기 위한 생산능력을 가져봐야 소용이 없다. CRM에서 논의된 주문관리는 수요충족과 밀접히 통합되어야 하고, 효과적인 수요 계획을 위해 사용되어야 한다. 즉, 확장된 공급사슬 관리는 거시 프로세스 전체에 대한 통합을 요구한다.

성공적인 ISCM 소프트웨어 공급자는 ISCM 프로세스 내의 의사결정에 도움을 준다. 그러나 CRM과 SRM의 성공적인 통합은 조직면이나 소프트웨어 수준면에서 아직 부족하다. 각 ISCM의 세부 프로세스의 개선뿐만 아니라 CRM과 SRM 통합에 대한 활동도 진행될 것으로 보인다.

ERP 공급자는 항시 그런 것은 아니지만, 부문에 있어서는 우위를 점하고 있다. 두 개의 순수전문회사로서 시장 점유자인 i2 Technologies사와 Manugistics사는 ISCM의 개척자이며, 이러한 분류의 기반을 제공하였다. 이들은 공급사슬에서 정보기술의 영향력을 보여 주었다. 그러나 이들은 너무 급격히 성장하였고, 너무 많은 제품을 출시하였으며, 이는 초점을 잃어버리게 되는 결과를 초래하였다. 이러한 결과는 ERP 공급자들이 SCM의 제품제공자에 견주어 그들 제품의 기능성을 향상시키도록 하였다. 오늘날, 이러한 ERP 공급자는 공급사슬 IT에서 큰 기업만이 남았다. i2는 지속적으로 독립된 회사로 유지하고 있는 반면, Manugistics는 2006년 JDA사로 합병되었다. 그러나 향후 SAP사나 Oracle사와 같은 ERP 공급자에 의해 우위를 점령당할 것으로 보인다.

16.5 공급자 관계 관리(SRM)

SRM은 공급사슬의 상위 단계인 기업과 공급자 사이의 상호작용에 중점을 두고 있다. 기업내부계획 수립 시 공급자의 제약사항을 고려하는 것은 필수적이기 때문에 SRM 프로세스와 ISCM 프로세스 사이에는 조화가 잘 이루어져야 한다. 더 자세한 주요 SRM 프로세스와 정보기술의 영향은 14장의 외주 부분을 참조하라. 이 프로세스는 설계 협력, 외주, 협상, 구매, 공급협력 프로세스를 포함한다.

만약 SRM 프로세스가 CRM과 ISCM 프로세스와 적절히 통합되면, 공급사슬에서의 성능에 있어서 중요한 개선이 이루어질 것이다. 예를 들면, 제품 설계 시 고객의 요구를 반영하는 것은 설계개선을 위해서는 자연스러운 것이다. 이러한 것들은 CRM 프로세스로부터 입력이 가능하다. ISCM에서 설계 협력, 외주, 협상, 구매활동과 같은 공급자 정보는 최적의 계획을 수립하고 실행하는데 필요하다. 하지만 이러한 것들은 주문관리와 같은 CRM 프로세스의 인터페이스를 필요로 한다. 그리고 세 가지 거시 프로세스를 통합하는 것은 발전된 공급사슬 성과에 있어서 중요하다.

SRM 분야는 SRM 전문기업들과 ERP 기업들로 혼재되어 있지만, 여러 기업들 간 인수 합병을 통해 SAP사와 Oracle사가 주요 회사로 자리잡은 상황이다.

SRM 부문의 초창기에는 SRM의 순수전문회사들이 많은 기능적 우위를 점할 기회를 갖지 못하였다. 이미 ERP 공급자들은 SRM에 관심을 보이고 있었다. 다른 부문과 마찬가지로, 비록

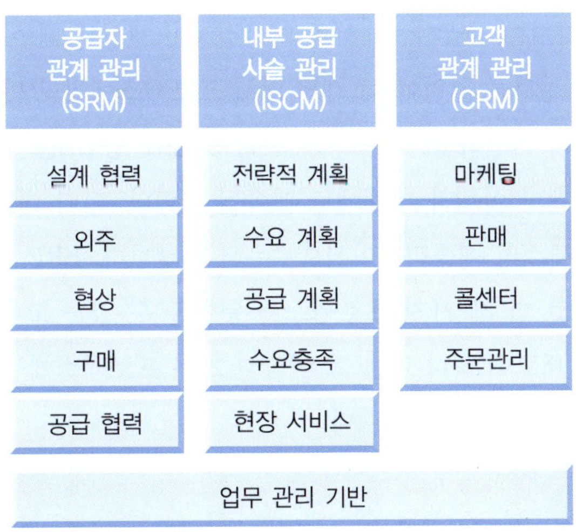

그림 16.2 거시 프로세스와 세부 프로세스

SRM 공급자들이 해당 영역을 정의하고 가치가 창조되는 것을 보여 주었지만, ERP 공급자들이 차차 기능적 우위를 점하고 통합적 시스템을 사용함에 따라, 이들이 주요 공급자가 되었다. 따라서 향후 SRM은 이러한 ERP 공급자에 의해 지배될 것으로 보인다.

모든 세 가지의 거시 프로세스와 세부 프로세스가 [그림 16.2]에 제시되어 있다.

16.6 업무관리기반(TMF)

업무관리기반은 거대 전사적 소프트웨어 공급자들의 역사적인 출발점이다. 1990년대 초, 공급사슬 관리가 세상에 나오기 시작했을 때 ERP 시스템이 빠르게 확산될 것으로 생각했으며, 앞서 지적했듯이 세 가지 거시 프로세스에 대해서는 거의 관심을 갖지 않았었다. 사실 의사결정을 개선시키는 데 초점을 둔 소프트웨어 애플리케이션 분야에는 관심이 없었다. 대신에 그 당시의 관심사는 미래의 의사결정지원 애플리케이션의 기초가 될 것으로 입증된 프로세스 자동화와 업무관리기반을 구축하는 것이었다. 이러한 시스템들은 간단한 프로세스와 업무의 자동화에 효과적이었으며, 각 부서 간의 데이터를 통합적으로 공유하고 저장하는 데 있어서는 효과적이었다(때때로 전사적이라고 불린다).

1990년대의 이러한 시스템에 대한 많은 수요는 ERP 공급자들이 거대 전사적 소프트웨어 기업이 되도록 만들었다. SAP사는 Oracle사, PeopleSoft사, JD Edwards사, Baan사와 같은 다른 강력한 기업들과 더불어 시장의 리더로서 역할을 계속하였다. 오늘날에는 다섯 개의 거대 ERP 공급자 중에서 단지 SAP사와 Oracle사만이 독립적인 위치를 차지하고 있다.

업무관리기반의 실제가치는 공급사슬에서의 의사결정이 개선될 때 이끌어 낼 수 있다. 전사적 소프트웨어의 최근의 성장은 기업이 세 가지 거시 프로세스에서의 의사결정을 개선하는 데 중점을 두었다는 사실에서 기인하였다. 이러한 추세, 즉 ERP 공급자의 CRM, ISCM, SRM 공급자로의 재조정은 현재뿐만 아니라 미래에도 계속될 것이다. 이미 대다수 ERP 공급자의 수익은 세 가지 거시 프로세스의 애플리케이션으로부터 발생한다. ERP 공급자의 가장 큰 장점은 업무관리기반을 기초로 한 세 가지 프로세스를 통합할 수 있는 고유의 능력이다. 세 가지 거시 프로세스의 통합과 더불어 하나 또는 그 이상의 거시 프로세스에서의 기능개발에 중점을 둔 ERP 공급자가 시장의 우위를 점할 것이다.

16.7 공급사슬에서 정보기술의 미래

세 가지 거시 프로세스가 전사적 소프트웨어의 진화를 계속 이끌 것으로 예상된다. 최종적으로, 거시 프로세스에 중점을 둔 소프트웨어가 더욱 더 전사적 소프트웨어의 많은 부분을 차지할 것이며, 거시 프로세스에 중점을 둔 소프트웨어 기업이 다른 부문에 중점을 둔 기업보다 성공할 것으로 보인다. 거시 프로세스를 목표로 하는 기업에서 우리는 기능성과 통합적 능력, 성공을 위한 핵심 요소로서의 생태 시스템의 장점을 볼 수 있다.

이러한 결론은 소프트웨어를 사용하는 기업에게도 중요한 암시를 준다. 앞서 언급했듯이, 성공적인 소프트웨어 공급자의 기준은 사용자의 성능을 개선할 수 있는 소프트웨어의 특징들이기 때문에 정밀하게 선정된다. 따라서 공급사슬 소프트웨어 사용자들은 먼저 세 가지 거시 프로세스에서 어떤 부문이 가장 큰 이익을 제공할 수 있는지를 식별해야 한다. 소프트웨이와 정보기술의 결정은 이러한 프로세스를 따라 기업 내 성능을 개선할 수 있을 것이다.

신생 소프트웨어 공급자들의 미래에 관련되어 한 가지 착안해야 할 사항이 있다. 신생 소프트웨어 기업이 기능성, 통합성, 시스템적인 측면에서 우위에 있는 기존의 성공적인 전사적 소프트웨어 기업의 반열에 올라서기는 매우 어려울 것으로 생각된다. 그러나 시장에 진입할 수 있는 잠재적인 방안이 있다. 첫째는 특정한 산업에 맞게 설계된 특정한 기능을 가진 소프트웨어나 광범위하게 사용성이 개선된 애플리케이션과 같은 우수한 기능성을 가진 소프트웨어의 공급이다. 비록 오늘날처럼 ERP 공급자들이 가진 장점을 이기기에는 힘들지만, 이러한 부문에서 시장진입자들이 전사적 소프트웨어에 가치를 부여할 수 있다.

두 번째 방안은 거시 프로세스의 연관성을 증대할 수 있는 통합제품을 제공하는 것이다. 확실히 시장진입자들이 CRM, ISCM, SRM의 통합제품을 구현하기 위한 기반을 다지는 것은 어렵다. 그러나 거대 자원과 분리된 제품을 통합제품으로 구현한 경험을 가진 거대 소프트웨어 공급자는 이 길을 택할 수 있다. 명백한 예는 Microsoft사이다. Microsoft사는 전사적 소프트웨어 시장의 성장을 알고 있었고, 이 부문에 진입하기 위해 많은 노력을 해왔다. Microsoft의 동적 응용프로그램은 모든 공급사슬 관리 안에서 소프트웨어를 활용해 문제해결을 지원한다. Microsoft사는 처음에는 소규모 회사를 목표로 잡았으나, 최근에는 SAP사나 Oracle사와 같은 큰 회사와 경쟁을 시작하게 되었다.

더 적절한 다른 사안으로는 공급사슬 소프트웨어 서비스로서의 역할이다. 그 예로, Salesforce.com은 이 모델을 효율적으로 사용해 왔으며, Microsoft사는 고객에게 기존의 소프트웨어와 고객의 요구에 맞춰진 소프트웨어를 제공하기 시작하였다. 이는 공급사슬 소프트웨어 서비스 모델을 이용함으로써 고객 유지비용을 줄이기 위한 주요 요소가 될 것이다.

16.8 정보기술에서의 위기관리

공급사슬에서 정보기술의 사용과 관련된 몇 가지 위험 요소가 있다. 정보기술을 통해 새로운 공급사슬 능력을 추가하는 프로세스에도 위험의 여지는 있다. 정보기술 시스템의 변화가 커질수록 운영에 있어서 부정적인 영향을 미칠 위험성도 커진다. 정보기술이 기업에 더욱 더 깊이 베어들수록 정보기술이 주요 실패를 겪음에 따라 기업이 정상적으로 기능을 발휘하지 못할 위험도 커진다. 이 절에서는 공급사슬에서 정보기술을 사용하는 것에 따른 몇 가지 위험 요소와 이러한 위험을 완화할 수 있는 방안에 대해 논의한다.

정보기술의 주요 위험 요소는 두 가지로 분류된다. 첫 번째로 잠재적인 가장 큰 위험 요소는 새로운 정보기술 시스템 설치 시 발생하는 문제이다. 새로운 정보 시스템을 운용하기 위해서 기업은 기존 프로세스로부터 새로운 시스템으로 전환을 해야 한다. 여기에서 비즈니스 프로세스와 기술적인 사항에서 문제점이 발생한다. 비즈니스 프로세스 측면에서 보면, 새로운 정보 시스템은 기업에 소속된 직원들이 새로운 프로세스에 따라 일을 하도록 요구한다. 기존의 작업방식에 익숙한 직원들의 반대도 있을 것이고, 올바르게 새로운 시스템을 운용하기 위한 교육과 훈련도 쉽지 않다. 새로운 정보 시스템에 의해 추진되는 전체 조직의 변화도 고위경영자가 이러한 변화에 적극적으로 참여하지 않는다면 어려워진다. 비즈니스 프로세스의 적응과 함께 새로운 정보 시스템이 정착되기 위한 많은 기술적인 장애물도 있다. 분리되어 운용되는 시스템을 대신하여 통합시켜야 할 업무도 굉장히 많다. 적절한 통합 없이 기업이 새로운 시스템으로 전환할 때, 새로운 시스템은 정상적으로 운영되지 않고, 교체되기 전의 시스템보다 더 좋지 않을 수 있다. 심지어 직원들이 새로운 시스템에 익숙해지고 모든 장애물이 극복된다고 하더라도, 새로운 시스템으로 전환하기 위해서는 섬세한 균형의 유지가 중요하다.

기업이 새로운 정보기술 시스템을 운용중일 때라도 여전히 위험 요소는 있다. 이것이 두 번째 위험 요소이다. 기업이 정보기술의 의사결정과 실행 프로세스에 의존도가 높을수록 그 위험은 바이러스나 정전으로 인한 시스템의 중단 등 여러 정보기술의 문제점으로 인해 커진다. 정보기술은 또한 프로세스를 고정화시키려고 하는 경향이 있다. 시스템은 단일 방향으로 프로세스가 진행되도록 한다. 기업은 프로세스가 결정하는 대로 패턴을 고정시킨다. 이러한 사항에 대해 명백한 이점은 있으나, 이런 프로세스가 경쟁자의 성능보다 낮을 수 있고 새로운 효과적 프로세스로의 변화를 어렵게 한다.

위에서 언급된 주요 위험의 분류를 완화할 수 있는 전략이 있다. 정보기술 시스템을 설치하는 것과 관련하여 염두에 두어야 할 세 가지가 있다. 첫째, "big bang" 적인 접근보다 점진적인 방법으로 설치하는 것이 좋다. 이러한 방법은 잘못되었을 때의 손실을 최소화하고, 설치 간 발생할 문제점의 가능성도 최소화한다. 둘째, 새로운 시스템이 잘 운용되도록 이중 시스템을 운용하는 것이다. 즉, 새로운 시스템이 운용되는 것과 동시에 기존 시스템을 병행하여 운용하는 것이다. 만약 새로운 시스템에서 문제점이 발생하거나 기존 시스템과 너무 동떨어진 결과를 준다면, 기존 시스템을 활용할 수 있다. 사실, 새로운 시스템이 실제 운용되기 전에 기존 시스템과 견주어 시뮬레이션을 할 수 있다. 이것은 새로운 시스템이 실제 활용될 때 어떻게 작동을 하는지 모니터링할 수 있도록 해 준다. 마지막으로, 필요한 수준에서만 새로운 시스템을 운용하는 것이다. 만약 복잡한 어떤 기능이 필요하지 않다면 그냥 두는 것이 좋다. 왜냐하면 이러한 기능은 이익을 증가시키기보다는 진행되는 프로젝트의 위험만 때때로 증가시키기 때문이다. 본질적으로, 기업의 공급사슬 요구에 맞게 정보기술 시스템을 재단하고, 요구하는 부분에서는 위험을 줄여야 한다.

운영의 측면에서는 위험을 완화할 수 있는 방법으로서 데이터의 백업 시스템, 병행 시스템을 운용하는 것이다. 아울러 보안 소프트웨어 제품들이 기업의 시스템을 안전하게 할 수 있도록 도움을 줄 수 있다. 또한 필요 시 변화에 유연하게 대처할 수 있는 시스템을 선택하는 것도 중요할 수 있다.

16.9 공급사슬에서의 정보기술의 실제

언급된 각 공급사슬 거시 프로세스에 관한 실제적인 제안과 더불어 공급사슬 정보기술과 관련한 의사결정을 할 때 경영자가 명심해야 할 몇 가지 사항이 있다.

1. **기업의 주요 성공 요소를 지원하는 정보 시스템을 선택하라.** 모든 산업과 산업 내의 기업들은 매우 다른 주요 성공 요소를 가지고 있다. 주요 성공 요소들은 기업이 성공할 것인지 아닌지를 실제로 결정하는 두 가지 또는 세 가지의 요소를 의미한다. 기업이 사업의 성공에 가장 중요한 분야에서 장점을 줄 수 있는 공급사슬 정보기술 시스템을 선택하는 것은 중요하다. 그 예로, 최적으로 재고 수준을 결정하는 능력은 PC 기업에서 중요하다. 왜냐하면 제품수명주기가 짧고 재고는 곧바로 폐기물이 되기 때문이다. 반대로 정유회사에서, 수요는 안정되고 제품은 매우 긴 수명주기를 갖기 때문에, 재고 수준은 별로 결정적이지 않다. 정유회사에 대해서, 성공 요소는 정제소의 이용에 더욱 좌우된다. 이러한 성공 요소에 대해, PC 기업은

생산능력의 이용을 최대화하는 데에는 부족하지만, 재고 수준 결정에 강한 소프트웨어를 선택할 것이고, 정유회사는 재고 구성 요소가 특히 강하지 않더라도 설비이용을 최대화하는 데 뛰어난 다른 제품을 선택할 것이다.

2. **점진적인 단계를 취하고 가치를 평가하라.** 정보기술과 관련된 몇 가지 최악의 결과는 기업이 동시에 너무 많은 프로세스에 설치하려고 할 때 초래되고, 프로젝트는 실패로 종료된다(종종 "bing bang" 접근법으로 불린다). 이러한 실패의 영향은 기업들의 수많은 프로세스가 한 번의 묶임에 따라 확장되고, 생산성은 답보상태를 유지한다. 정보기술 프로젝트를 성공적으로 수행하기 위한 한 가지 방법은 점진적 단계에 따라 추진하는 것이다. 동시에 기업 내에 완벽히 공급사슬 시스템을 구축하는 대신 예를 들면, 수요 계획부터 시작해서 다른 공급사슬의 기능으로 점진적으로 적용하는 것이다. 이와 같은 방법에 따라 세 가지 거시 프로세스의 성능개선이 단계적으로 가치를 부여하는지의 확인이 가능하다. 이러한 점진적 접근법은 거시적 조망을 갖지 말라는 것이 아니라(사실 거시적 조망을 가져야만 한다) 거시적 조망을 소화할 수 있는 조각으로 나누어 구현하라는 것을 의미한다.
3. **정교함은 필요한 만큼 갖추어라.** 경영은 정보기술 시스템이 기업의 주요 성공 요소를 다루는 깊이를 고려해야 한다. 시스템 구현의 용이성과 시스템의 복잡성의 수준 사이에는 트레이드오프가 있을 수 있다. 따라서 기업이 목표를 이루기 위해 얼마만큼의 정교함을 필요로 하는지를 고려하고, 기업이 선택한 시스템이 그 수준과 조화되는지를 확실히 하는 것이 중요하다. 이것은 일부 오류가 있고 덜 정교한 시스템이 기업의 경쟁적인 약점을 갖게 하는 반면에 지나치게 정교하게 하는 것은 전체 시스템의 실패를 초래할 수 있다는 점에서 중요하다.
4. **의사결정을 하기 위한 것이 아닌 의사결정을 지원하기 위한 정보기술 시스템을 사용하라.** 비록 오늘날 가용한 분석적 패키지가 경영에 대한 많은 최적의 공급사슬 의사결정을 할 수 있더라도, 이것은 정보기술 응용이 모든 의사결정을 할 수 있다는 것을 의미하지는 않는다. 기업이 할 수 있는 실수는 공급사슬 시스템을 설치한 후, 그들이 공급사슬 문제점에 쏟았던 많은 경영적인 노력을 줄이는 것이다. 경쟁과 고객의 조망이 변함에 따라 공급사슬에서도 관련된 변화가 필요하기 때문에, 경영은 공급사슬에 중점을 두고 있어야 한다.
5. **미래에 대해 생각하라.** 비록 현재보다 미래의 정보기술에 관한 의사결정을 하는 것이 더욱 어렵지만, 경영자가 의사결정 과정에서 사업의 미래상태를 포함하는 것은 매우 중요하다. 만일 산업에서의 무의미한 특성이 미래에 중요하게 될 것이라는 것을 나타내는 추세가 있으면, 경영자는 그들의 정보기술 선택에 이러한 추세를 반영해야 한다. 정보기술 시스템이 종종 원래 계획된 것보다 더 많은 기간 동안 지속되지만, 경영자는 변화가 미래에 요구된다면, 시스템이 어떻게 유연해질 것인지를 조사하는 데 시간을 보낼 필요가 있다. 이러한 조사는

공급사슬 소프트웨어 개발자들의 실행 가능성을 포함하는 한 계속될 수 있다. 만일 기업이 미래에 소프트웨어 기업으로부터 지원을 얻을 수 있는지 불확실하다면, 경영자는 그 제품의 다른 장점이 이러한 단점을 대신할 수 있는지 확인해야 한다. 여기서의 열쇠는 소프트웨어가 기업의 현재 요구를 만족시키는 것뿐만 아니라 기업의 미래 요구도 만족시킬 수 있다는 것을 확실히 하는 것이다.

16.10 학습목표 요약

1. **공급사슬에서 정보 및 정보기술의 중요성을 설명하라.** 정보는 최적의 의사결정을 하는 데 필요한 포괄적인 범위를 제시하기 때문에 좋은 공급사슬 의사결정을 하기 위해서 필수적이다. 정보기술은 이러한 정보를 수집하고 최상의 공급사슬 의사결정을 하기 위해 그 정보를 분석하는 도구를 제공한다.
2. **공급사슬의 요인들이 정보를 어떻게 이용하는지 설명하라.** 앞 장에서 토의된 각 공급사슬 요인(설비, 재고, 수송, 외주결정, 그리고 가격결정)은 의사결정을 위해 정보를 필요로 한다. 정보는 다른 요인들의 의사결정에 기초가 되는 사실적인 구성 요소이다. 본질적으로 정보는 전체 공급사슬을 묶어 주고, 기능하도록 하는 접착제이고, 공급사슬 요인 중 가장 중요한 것이다.
3. **공급사슬 정보기술의 주요 애플리케이션과 적용되는 프로세스를 설명하라.** 기업의 공급사슬 프로세스는 세 가지의 주요 거시 프로세스로 그룹화할 수 있다. CRM은 기업과 그 고객 간의 상호작용에 관련된 프로세스이다. ISCM은 기업의 내부운영에 중점을 둔 프로세스이다. SRM은 기업과 공급자 사이의 상호작용에 관련된 프로세스이다. 정보기술은 이러한 프로세스뿐만 아니라 프로세스 간 통합을 가능케 한다. 좋은 정보기술 시스템은 공급사슬 내의 데이터 수집의 역할뿐만 아니라 공급사슬 이윤을 최대하하기 위한 의사결정의 분석 역할을 한다.

토의문제

1. 각 거시 프로세스 내에서 어떤 프로세스들이 정보기술에 의해 가장 구현되기에 적합한가? 또한 어떤 프로세스들이 가장 구현되기 어려운가?
2. 순수전문 소프트웨어 기업이 제공하는 핵심적인 이점은 무엇인가?
3. ERP 공급자와 같은 거대 소프트웨어 기업이 제공하는 핵심적인 이점은 무엇인가?

4. 어떤 종류의 산업에서 정보기술 시스템에 대해 순수전문 소프트웨어를 선택하는가? 어떤 종류의 산업이 단일 통합 시스템 방법을 선택하려 하는가?

5. 왜 하이테크 산업이 공급사슬 정보기술 시스템의 적용에 있어서 리더가 되어 왔는가?

6. 생산자가 서비스업체보다 정보기술의 정착에 있어서 더 좋은 후보가 되는가? 그렇다면 왜 그런가? 아니면 왜 그런가?

참고문헌

Chopra, Sunil, and Peter Meindl. "What Will Drive the Enterprise Software Shakeout?" *Supply Chain Management Review* (January–February 2003): 50–56.

Chopra, Sunil, and ManMohan Sodhi. "Managing Supply Chain Risk." *Sloan Management Review* (Fall 2004): 53–61.

Drayer, Ralph, and Robert Wright. "Getting the Most from Your ERP Systme." *Supply Chain Management Review* (May–June 2002): 44–52.

Escalle, Cedric X., Mark Cotteleer, and Robert D. Austin. *Enterprise Resource Planning, Technology Note.* Harvard Business School Note 9–699–020, 1999.

Fontanella, John, and Eric Klein. "Supply Chain Technology Spending Outlook." *Supply Chain Management Review* (April 2008): 14–20.

Hoffman, Debra. "Supply Chain Management: Turning Data into Action." *Supply Chain Management Review* (November 2008): 20–26.

Meyer, Michelle M. "Why IBM Is Linking Logistics and Information." *Supply Chain Management Review* (September–October 2001): 56–62.

Rutner, Stephen M., Brian J. Gibson, Kate L. Vitasek, and Craig M. Gustin. "Is Technology Filling the Information Gap?" *Supply Chain Management Review* (March–April 2001): 58–64.

Shankar, Venkatesh, and Tony O' Driscoll. "How Wireless Networks Are Reshaping the Supply Chain." *Supply Chain Management Review* (July–August 2002): 44–51.

Soni, Ashok, M. A. Venkataramanan, and Vincent A. Mabert. "Enterprise Resource Planning: Common Myths vs. Evolving Reality." *Business Horizons* 44(3) (2001): 69–76.

White, Andrew. "What to Be Agile? Master Your Data." CSCMP's *Supply Chain Quarterly* (Q2, 2007): 67–71.

공급사슬의 정보기술에 관한 추가정보는 *Information Week, Line 56*과 *Manufacturing Systems*을 참고하라. 추가적으로, 많은 수의 투자은행들이 정기적으로 전사적 소프트웨어 산업의 개관에 관한 내용을 출판하고 있다. 이것들은 공급사슬에서 정보기술이 어떻게 사용되는지에 관한 유용한 정보를 담고 있다.

제 17 장 공급사슬에서의 협력

학 · 습 · 목 · 표

이 장을 읽은 후에 여러분은 다음과 같은 것을 할 수 있을 것이다.

1. 공급사슬의 협력, 채찍 효과, 그리고 그들이 성과에 미치는 영향을 이해한다.
2. 공급사슬에서 협력하기 위해 장애물을 이해한다.
3. 공급사슬의 조정을 이루기 위한 관리방법들을 이해한다.
4. 공급사슬 내에서의 전략적 연합과 신뢰 형성을 위한 조치들을 이해한다.
5. 공급사슬 내에서 모든 가능한 다양한 형태의 CPFR을 이해한다.

이 장에서는 공급사슬에서 협력의 결여가 어떻게 대응속도의 저하를 일으키고, 공급사슬의 비용을 증가시키는지에 대해 토론한다. 협력의 결여를 일으키고, 공급사슬의 변동성을 증폭시키는 다양한 장애물들을 기술할 것이다. 그 다음으로, 장애물들을 극복하고 협력을 달성할 수 있도록 하는 적절한 관리수단들을 파악할 것이다. 또한 공급사슬 내에서의 신뢰의 구축과 전략적 연합을 촉진할 수 있는 활동들에 대해 토론할 것이다.

17.1 공급사슬에서 협력의 결여와 채찍 효과

만약 공급사슬의 모든 단계에서 공급사슬의 총이익을 증가시키는 행동을 취한다면, 공급사슬의 협력은 개선된다. 공급사슬의 협력을 위해서는 공급사슬의 각 단계에서 그들의 행위가 다른 단계에 미치는 영향을 고려해야 한다.

협력의 결여는 공급사슬의 각기 다른 단계가 서로 대립하는 목적을 가지고 있거나, 혹은 다른 단계로의 정보의 흐름이 지연되거나 왜곡되는 경우에 발생한다. 만약 공급사슬의 각각의 단계들이 서로 다른 소유자를 가지고 있는 경우, 대립되는 목적을 가질 수 있다. 각각의 단계들은 자신의 이익을 증가시키는 행동을 하게 되고, 결과적으로는 공급사슬의 총체적인 이익을 감소시킬 것이다(10, 12, 14장 참조). 오늘날 공급사슬은 많은 다른 소유자들에 의해 소유된 단계들로 구성되어 있다. 예를 들면, Ford사는 Goodyear사로부터 Motorola사에 이르기까지 수천 개의 공급자를 가지고 있으며, 이들 공급자 각각은 수많은 다른 공급자들을 가지고 있다. 완성된 총체적인 정보가 서로 다른 단계들 사이에서 완전히 공유되지 않기 때문에 공급사슬 내에서 정보가 전달되면서 왜곡되어진다. 이러한 왜곡은 오늘날의 공급사슬이 다양한 많은 제품들을 생산하게 되면서 더욱 심해진다. 예를 들면, Ford사는 각 모델별로 다양한 옵션으로 다양한 모델들을 생산한다. 증가된 다양성은 Ford사로 하여금 수천에 이르는 공급자와 딜러들 사이의

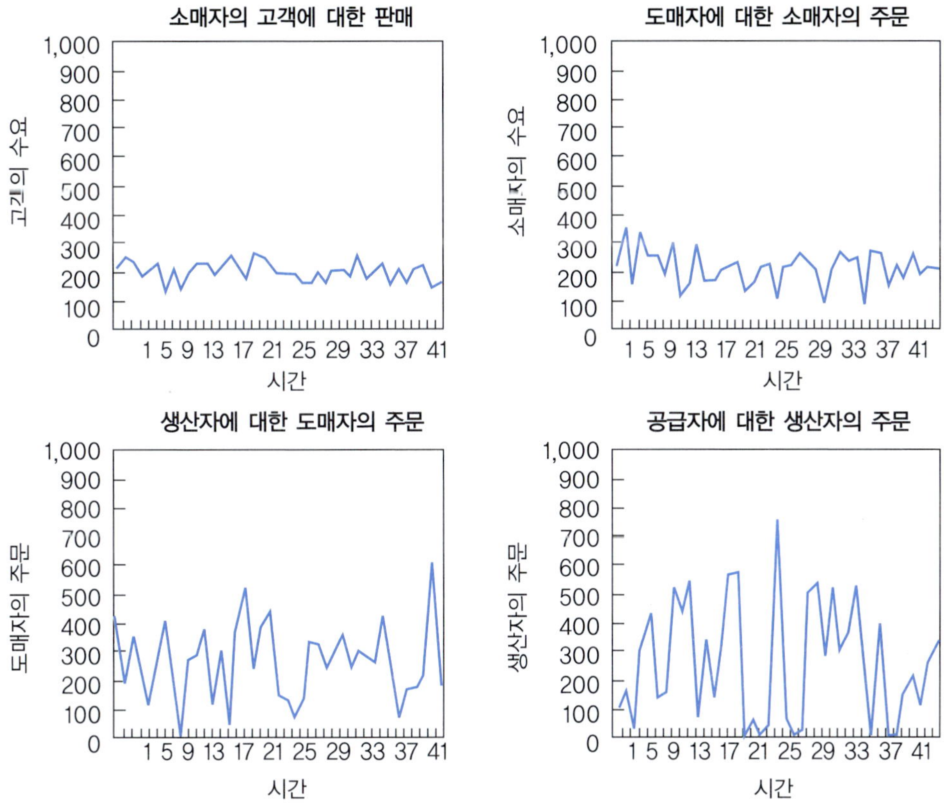

그림 17.1 공급사슬의 여러 단계에서의 수요 변동

정보교환에 협력하는 것을 어렵게 만든다. 오늘날 풀어야 할 가장 근본적인 숙제는 여러 명의 소유자와 더욱 더 다양해진 제품을 지닌 공급사슬에서 협력을 이루어 내야 한다는 것이다.

공급사슬 조정의 불확실성 문제의 대처방안으로는 채찍 효과를 들 수 있는데, 그것은 많은 회사들은 소매상, 도매상, 제조업자, 원재료 공급자 등으로 공급사슬의 단계가 올라갈수록 주문 변동이 증가하는 채찍 효과를 목격해 왔기 때문이다. 이러한 현상은 그림 17.1에서 볼 수 있다. 채찍 효과는 공급사슬의 각각의 단계들이 미래 수요에 대해서 서로 다른 예측을 하게 함으로써 공급사슬 내에서 수요에 대한 정보를 왜곡시킨다.

P&G사는 Pampers 기저귀의 공급사슬에서 이러한 채찍 효과를 목격해 왔다.[1] P&G사는 공급자에게 원재료를 주문할 때 시간이 지남에 따라 주문량이 굉장히 크게 변동한다는 것을 발견했다. 공급사슬의 하부 단계인 소매자에서의 판매를 관찰했을 때는 수요의 변동이 존재하지

1 Lee, Padmanabhan and Whang (1997) 참조

만 굉장히 적다는 것을 발견했다. 즉, 공급사슬의 마지막 단계에 있는 유아용 기저귀의 소비자들은 지속적으로 큰 변동 없이 기저귀를 사용한다고 가정할 수 있을 것이다. 이렇게 최종제품의 소비가 안정적이었지만 원재료의 주문이 크게 변동됨으로써 원가를 증가시키고, 공급과 수요를 일치시키는 것을 어렵게 한다.

HP사도 공급사슬의 전매자로부터 프린터 사업부, 통합 회로기판 사업부로 올라감에 따라 주문의 변동이 엄청나게 증가했다는 것을 발견했다.[2] 다시 말해, 제품의 수요는 어느 정도의 변동이 존재했지만, 통합 회로기판 사업부의 주문은 훨씬 더 변동이 심했다는 것이다. 이것은 HP사가 제시간에 주문량을 맞추는 것을 힘들게 하였고, 비용을 증가시켰다.

의류와 식료품에 대한 연구에서도 유사한 현상을 보여 주고 있는데, 공급사슬의 소매자로부터 생산자로 올라감에 따라 주문량의 변동이 증가한다. 이탈리아의 파스타 생산자인 Barilla사는 유통센터의 경우 3배 이하의 범위에서 주간 주문의 변동이 일어나는 반면, 지역 유통센터의 주간 주문은 1년 동안 70배 이상의 범위로 변동된다는 것을 발견했다.[3] Barilla사는 고객의 실제수요보다도 훨씬 더 변동이 심한 수요를 지니고 있는 상황에 직면하였다. 이러한 현상은 재고의 증가, 제품의 가용성 감소와 이윤의 감소로 이어진다.

여러 산업에서 오랜 기간 동안 극단의 "호황과 불황"의 주기가 반복되는 유사한 현상이 관찰되었다. 한 가지 예는 컴퓨터용 메모리 반도체의 생산이다. 1985년과 1998년 사이에 메모리 반도체의 가격이 3배 이상으로 변동되는 사이클이 최소한 두 번 존재하였다. 이렇게 큰 가격의 변동은 매우 큰 공급의 결핍 혹은 공급의 과잉으로 인해 발생하였다. 공급의 결핍은 갑작스런 수요의 감소 후에 혼란스러운 투매나 과잉주문에 의해 더 악화되어졌다.

다음 절에서는 협력의 결여가 어떻게 공급사슬의 성과에 영향을 미치는지를 고려해 볼 것이다.

17.2 협력의 결여가 성과에 미치는 영향

공급사슬의 각 단계들이 전체적인 공급사슬을 고려하지 않고 오직 그들 자신들만의 목표를 극대화하려고 할 때 협력의 결여가 발생하여, 총체적인 공급사슬의 이익은 협력 후 성취하는 이익보다 적어진다(10장과 12장 참조). 자신만의 목표를 극대화시키려고 노력하는 공급사슬의 각

2 위와 동일
3 Hammond (1994) 참조

단계들은 결과적으로는 총체적인 공급사슬의 성과에 악영향을 주는 행동을 하게 된다.

공급사슬 내부에서 정보의 왜곡이 발생하는 경우에도 협력의 결여가 발생한다. 기저귀의 공급사슬에서 P&G사가 관찰한 채찍 효과에 대해서 고려해 보자. 채찍 효과의 결과 P&G사가 유통망들로부터 받은 주문은 소매자에서의 기저귀 수요보다 훨씬 큰 변동을 지녔다. 변동성의 증가가 기저귀 공급사슬에 미치는 영향에 대해 다양한 성과 척도를 바탕으로 토론해 볼 것이다.

생산비용

채찍 효과는 공급사슬에서의 생산비용을 증가시킨다. 채찍 효과의 결과 P&G사와 공급자들은 소비자의 수요보다 훨씬 더 변동적인 주문을 만족시키기 위해 노력한다. P&G사는 초과적으로 생산설비를 증축하거나, 초과재고를 보유함으로써 증가되는 변동성에 대응할 수 있는데(11장 참조) 두 가지 방법 모두 단위당 제품 생산비용을 상승시킨다.

재고비용

채찍 효과는 공급사슬에서 재고비용을 증가시킨다. 수요에서의 증가되는 변동성에 대처하기 위해, P&G사는 채찍 효과가 없을 때의 재고보다 훨씬 더 높은 수준의 재고를 유지해야만 한다. 그 결과 공급사슬에서의 재고비용이 상승하였고, 높은 수준의 재고로 인해 보관을 위한 창고공간을 증가시켰고, 이로 인해 창고비용까지 발생하도록 하였다.

보충 리드타임

채찍 효과는 공급사슬에서 보충 리드타임을 증가시킨다. 채찍 효과의 결과로 증대된 변동성은 P&G사와 공급자의 공장에서의 일정 계획을 훨씬 더 어렵게 만든다. 유효한 생산능력과 재고를 가지고도 밀려드는 주문을 모두 공급하지 못하는 때가 발생했다. 이는 P&G사와 공급자 모두에 대해 굉장히 높은 공급사슬의 보충 리드타임을 발생시키게 된다.

수송비용

채찍 효과는 공급사슬의 수송비용을 증가시킨다. P&G사와 공급자들에게 필요한 일정기간 동안의 수송량은 주문에 따라 발송되어지는 제품의 양과 연관이 있다. 채찍 효과의 결과 일정기간 동안 필요한 수송량도 매우 크게 변동한다. 이것은 높은 수요 시기를 커버하기 위해서 여분의 수송능력을 항상 유지해야 하기 때문에 수송비용을 증가시키게 되는 것이다.

선적과 하역에 따른 노동비용

채찍 효과는 공급사슬에서 선적이나 하역 작업과 관련된 노동비용을 증가시킨다. P&G사와 공급자의 선적작업에 요구되는 노동은 주문량에 의해 변동될 것이다. 이런 유사한 변동이 유통업체와 소매자에서 제품을 수령할 때 필요로 하는 노동력에서도 일어난다. 공급사슬의 다양한 단계들은 항상 여분의 노동력을 유지하거나 주문의 변동에 따라 노동력을 변화시키는 방법 중 하나를 선택할 수 있다. 그러나 어느 쪽을 선택하든지 총체적인 노동비용은 증가하게 된다.

제품 가용성 수준

채찍 효과는 제품 가용성 수준을 심각하게 저하시키고, 그 결과 공급사슬 내에 더 많은 품절을 유발한다. 주문량의 큰 변동은 P&G사가 제시간에 모든 유통업체와 소매자들의 주문을 처리하는 것을 거의 불가능하게 한다. 이러한 것은 소매자가 제품이 품절되어 공급사슬에서의 판매기회를 상실하는 결과를 가져올 가능성을 매우 높게 한다.

공급사슬 내에서의 관계

채찍 효과는 모든 단계의 성과에 부정적인 영향을 줌으로써 공급사슬의 다른 단계들 사이의 관계도 나쁘게 한다. 공급사슬 내의 여러 단계들은 다른 단계를 비난하는 경향이 있는데, 이는 각각의 단계에 포함된 사람들이 그들이 할 수 있는 최선을 다하고 있다고 느끼고 있기 때문이다. 따라서 채찍 효과는 공급사슬 내의 다른 단계들 간에 신뢰를 상실시키고, 협력을 위한 노력도 더 힘들게 만든다.

이전의 논의들에서 채찍 효과와 그 결과로 인한 협력의 결여는 공급사슬의 성과에 대해 엄청난 부정적인 영향을 미친다고 결론 내릴 수 있다. 채찍 효과는 비용을 증가시키고 민첩성을

표 17.1 공급사슬의 성과에 대한 채찍 효과의 영향

성과 측정 요소	채찍 효과의 영향
생산비용	증가
재고비용	증가
보충 리드타임	증가
수송비용	증가
선적과 하역비용	증가
제품 가용성 수준	증가
수익성	증가

감소시킴에 따라 공급사슬이 효율적 선도영역으로 이동해 가는 것을 불가능하게 한다. 서로 다른 성과 척도에 대한 채찍 효과의 영향은 [표 17.1]에 요약되어 있다.

> 키포인트 채찍 효과는 주어진 수준의 제품 가용성 달성을 더 비싸게 하여, 공급사슬의 수익성을 감소시킨다.

다음 절에서는 공급사슬에서 협력을 이루는 것에 대한 다양한 장애물들에 대해서 토론한다.

17.3 공급사슬 협력의 장애물

공급사슬에서 자신들만의 이익을 극대화시키려고 하거나 정보의 왜곡이나 변동성을 증가시키려고 하는 요소들은 모두 협력의 장애물이다. 만약 공급사슬의 관리자가 주요한 장애물들을 파악할 수 있다면, 그들은 협력을 이룰 수 있는 적절한 조치들을 취할 수 있을 것이다. 우리는 중요한 장애물들을 다음과 같이 다섯 가지의 범주로 나누었다.

- 인센티브 장애물
- 정보처리 장애물
- 운영상의 장애물
- 가격 장애물
- 행동적인 장애물

인센티브 장애물

인센티브 장애물이란 공급사슬의 참가자들 혹은 다양한 단계들에 부여한 인센티브가 변동성을 증가시키고, 총체적인 공급사슬의 이윤을 감소시키는 행동을 하게 하는 경우를 가리키는 것이다.

공급사슬의 기능 혹은 단계 내에서의 부분 최적화

오로지 국소적인 행동의 효과에만 치중한 인센티브는 총체적인 공급사슬의 이윤을 극대화시키지 못하는 결과를 가져온다. 예를 들어, 수송담당 관리자의 인센티브가 수송 단위 한 개당 평균적인 수송비용에 연계되어져 있다면, 재고비용을 높이거나 고객 서비스를 악화시키는 것이라 할지라도 그는 수송비용을 낮추려는 조치를 취할 가능성이 높을 것이다. 공급사슬의 어떠한 참여자이든지 간에 자신이 평가되어지는 성과 척도에 대해 최적화하려 하는 것은 당연한 것이다. 예를 들면, K-Mart사와 같은 소매상의 관리자는 공급사슬의 총체적인 이익을 증가시키기보다는 K-Mart사의 이익을 극대화하기 위해 모든 구매결정이나 재고 의사결정을 할 것이다. 공급사슬의 한 단계에서만 이익을 극대화시키고자 하는 구매정책은 총체적인 공급사슬의 이윤을 극대화시키지 못하는 주문정책을 이끌어 낼 수 있다(10, 12, 14장 참조).

영업사원 성과급여제 부적절하게 구성된 영업사원 성과급여제는 공급사슬 협력의 심각한 장애물이다. 많은 회사들에서, 영업사원 성과급여제는 그들이 평가기간 동안 올린 매출실적에 기초하고 있다. 생산자들에 의해 전형적으로 평가되는 매출액이라는 것은 유통업체나 소매자들에게 판매되는 양을 말하는 것이지, 최종고객에게 팔리는 양을 말하는 것이 아니다. 예를 들면, Barilla사는 4주에서 6주에 이르는 홍보기간 중에 소매자에게 매출되는 양을 기초로 영업사원들에게 성과급을 지불했다. Barilla사의 영업사원들은 그들의 보너스를 극대화시키기 위해 평가기간 동안에 소매자들에게 팔지도 못할 양의 파스타를 구매하도록 소매자들을 재촉했다. 그리고 영업사원들은 그 기간 말에 매출에 박차를 가하기 위해서 그들이 할 수 있는 만큼의 할인을 제공하였다. 그 결과, 평가기간 말에는 주문이 폭주하고, 다음 평가기간 초에는 주문이 거의 없는 주문 유형이 증가하게 되었고, 소매자가 Barilla사에게 주문하는 양의 한주간의 차이가 70배에 이를 정도로 출렁거렸다. 따라서 중간 소매자에 대한 매출을 평가하는 영업사원 성과급여제는 고객 수요의 변동보다 훨씬 큰 주문의 변동을 낳게 된다.

정보처리 장애물

정보처리 장애물이란 수요에 대한 정보가 공급사슬의 각 단계들을 이동해감에 따라 왜곡되어 공급사슬에서 주문 변동을 증가시키는 상황을 가리키는 말이다.

소비자의 수요가 아닌 주문에 기초한 예측 공급사슬의 각 단계가 자신이 주문받은 양을 이용하여 수요를 예측하면, 공급사슬에서 주문이 생산자와 공급자로 올라감에 따라 수요의 변동은 확대되어진다. 채찍 효과를 보여주는 공급사슬에서 서로 다른 단계들 간에 의사소통을 위한 기초적인 수단은 발주한 주문이다. 각 단계는 자신보다 하부 단계로부터 받은 주문을 채우는 것을 공급사슬 내에서의 자신의 중요한 역할로 본다. 따라서 각 단계들은 그들 자신의 수요를 받아들여진 주문의 흐름으로 보고, 이 정보에 기반해 예측을 하게 된다.

이러한 시나리오에서, 고객 수요의 작은 변화는 공급사슬에서 고객 주문의 형태로 위의 단계로 올라가면서 확대된다. 소매자에서의 우연히 증가한 고객 수요의 효과에 대해서 생각해 보자. 소매자는 고객 수요의 증가를 소비가 증가추세에 있다고 해석할 수도 있을 것이다. 그 결과 소매자들은 관찰된 소비의 증가보다도 더 많은 양을 주문을 하게 되는데, 이는 소매자들이 미래에 수요 증가가 계속되어지리라고 예상하고, 예상되는 성장에 대비해서 주문을 하기 때문이다. 따라서 도매자가 받는 주문은 소매자에서 관찰된 소비의 증가보다도 더 커지게 되는 것이다. 이러한 소비의 증가분 중 일부는 추세성을 지닌 것이 아닌 일시적인 것이다. 그러나 도매자로서는 이러한 주문의 증가를 정확하게 해석할 방법이 없는 것이다. 도매자는 그저 주문량의 증가를 관찰하고 수요의 증가추세를 추측할 뿐이다. 도매자에 의해 추측된 증가추세는 소매자에 의해 추측된 것보다 더 커질 것이다. 소매자가 미래의 수요 증가를 고려하여 주문량을 늘렸던 것을 상기해 보자. 도매자는 소매자가 그러했던 것처럼 생산자에게 더 큰 주문을 하게 될 것이다. 이처럼 공급사슬의 상위 단계로 갈수록 주문량은 확대되어진다.

이제 한 번 주문량이 일시적으로 증가한 이후에 소비에 일시적인 감소가 왔다고 생각해 보자. 위의 설명과 같은 예측논리로 소매자는 소비 감소의 추세를 예측하고 주문량을 줄일 것이다. 이러한 감소 또한 공급사슬의 상층부로 갈수록 감소의 크기는 확대될 것이다.

키포인트 공급사슬의 각 단계가 그 하부 단계에서 오는 주문의 흐름에 기초해서 수요를 예측한다는 사실이 공급사슬이 소매자로부터 생산자로까지 상부로 올라갈수록 수요의 변동을 확대시키는 결과를 낳게 된다.

정보 공유의 부재 공급사슬의 단계들 사이에서 정보 공유의 부재는 채찍 효과를 확대시킨다. 예를 들면, Wal-Mart사와 같은 소매자들은 계획된 홍보를 위해서 특정 제품의 주문을 증가시킬 수 있다. 생산자가 이러한 기획된 홍보를 모르고 있다면, 아마도 수요가 지속적으로 증가하고 있다고 해석하고 공급자에게 주문을 늘릴 것이다. 따라서 생산자와 공급자는 Wal-Mart사가 그 홍보기간을 끝내자마자 많은 재고를 가지게 되는 것이다. 그렇게 생산자가 초과된 재고를 가지고 있는 상황에서, 미래 Wal-Mart사의 주문이 정상으로 돌아옴에 따라 생산자의 주문은 전보다 더 적어질 것이다. 따라서 소매자와 생산자 간에 정보 공유의 부재는 생산자에 의해 발송되는 주문의 변동을 더 크게 한다.

운영상의 장애물

운영상의 장애물이란 주문을 내고 주문을 수행하는 과정에서 변동성의 증가를 일으키는 행동을 일컫는다.

대량 주문 회사가 수요가 증가하는 양보다 훨씬 더 대량으로 주문을 하면 주문의 변동성은 공급사슬의 상부로 갈수록 확대되어진다. 회사는 아마도 주문을 내고, 제품을 수령하거나 혹은 주문을 운송할 때 상당한 고정비용이 발생하기 때문에 대량 주문을 하거나, 공급자들이 주문되는 양에 따라 수량 할인을 해 주기 때문에 대량 주문을 한다(10장 참조). 대량으로 주문을 하는 것은 수요의 변화 흐름과는 전혀 다른 주문의 흐름을 만들게 된다(10장 참조). [그림 17.2]는 5주에 한 번씩 주문을 내는 회사의 수요와 주문의 흐름을 보여 준다. 주문의 흐름은 수요 흐름에 비해 훨씬 변동이 심하다는 것을 관찰하라.

주문을 5주에 한 번씩 내고, 일괄처리되기 때문에 4주 동안은 주문이 전혀 없고 한 번 주문이 발생한 다음 5주 후에 5주간의 수요만큼 주문을 하게 된다. 주문을 이런 식으로 일괄처리하는 소매자들에게 제품을 공급하는 생산자는 소매자가 경험하는 수요의 변동보다 훨씬 더 큰 주문의 변동을 경험하게 된다. 더 나아가서 생산자가 공급자에게 일괄적으로 주문을 한다면, 그 효과는 훨씬 더 확대될 것이다. 많은 경우에, 매달의 첫 주 혹은 마지막 주 하는 식으로 특정 시점에 주문을 하는 경우가 있다. 이러한 주문의 집중은 일괄처리의 효과를 한층 더 악화시킨다.

긴 보충 리드타임 각 단계들 사이의 보충 리드타임이 길면 채찍 효과가 확대되어진다. 소매자가 수요의 한시적인 상승을 소비추세의 증가로 잘못 해석했던 앞의 상황을 다시 고려해 보자. 만약 소매자가 도매자로부터 물건을 받는 데 2주간의 리드타임이 있다면, 소매자는 주문을 할 때 2주 동안에 예측되는 소비의 증가를 포함하여 주문을 할 것이다. 반대로, 소매자가 2개월의 리드타임을 가지고 있다면, 소매자는 2개월간의 소비의 증가를 고려해서 주문을 낼 것이고 이것은 2주의 리드타임을 가지고 있는 경우보다 훨씬 더 클 것이다. 같은 논리가 한시적인 수요의 감소를 소비추세의 감소라고 잘못 해석된 경우에도 적용된다.

배급과 결품예방경쟁 소매자들로부터 받은 주문량에 비례해서 생산력을 제한하여 분할하는 배급구조는 채찍 효과를 확대시키게 된다. 굉장히 높은 수요를 가진 제품의 공급이 부족한 경우에 이러한 현상이 발생한다. 예를 들면, HP사는 가장 최근의 제품들이 공급을 훨씬 뛰어넘는 수요를 가지고 있는 상황을 여러 번 직면해 왔었다. 이러한 상황에서 생산자는 부족한 제품의 공급을 수많은 유통업체와 소매자들에게 어떻게 분배할 것인지에 대한 많은 방법을 떠올리게 된다. 가장 흔하게 사용되는 분배방식 중 한 가지는 주문이 들어온 것에 기초해서 가용한 공급을 할당하는 것이다. 이러한 분배의 방법에서는 총주문 중에서 75퍼센트만을 공급할 수 있으면, 각각의 소매자들은 그들이 주문한 것의 75퍼센트만 받게 된다.

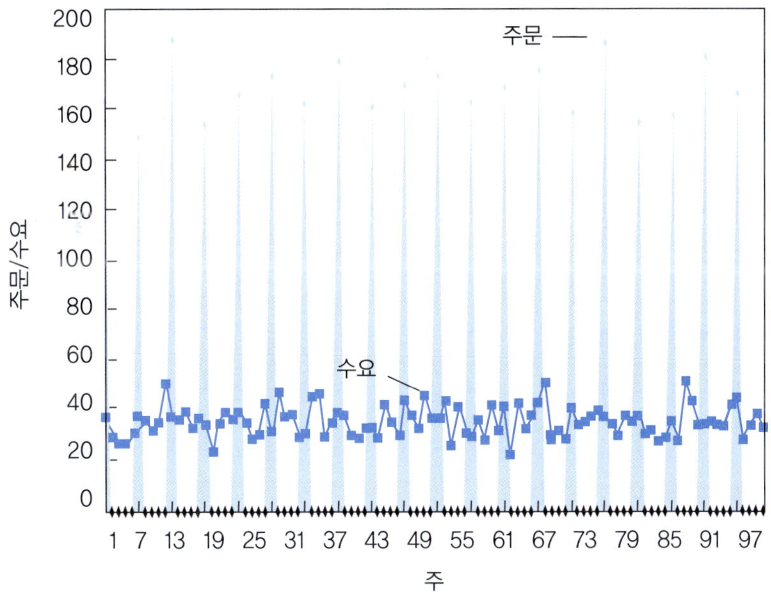

그림 17.2 매 5주마다 주문 시 수요와 주문의 흐름

이러한 분배방식은 소매자들이 공급받는 양을 늘리기 위해서 실제보다 많은 양을 주문하게 할 것이다. 예를 들어, 75개의 제품을 필요로 하는 소매자가 75개의 유효한 공급이 이루어지길 바라며 100개의 주문을 하게 된다. 이러한 분배방법은 인위적으로 제품의 주문을 상승시키는 영향을 미치게 된다. 이를 더 나쁘게 만드는 것은 실제 예측 판매량만큼 주문한 소매자들은 더 적은 공급을 받게 될 것이고 결과적으로 판매의 기회를 잃게 되는 반면, 주문을 인위적으로 증가시킨 소매자는 매출이 더 증가된다는 것이다.

만약 생산자들이 미래의 수요를 예측하기 위해 주문받은 것을 사용하고 있다면, 고객들의 실제수요는 바뀌지 않았음에도 불구하고 주문의 증가를 수요의 증가로 해석하게 될 것이다. 생산자는 아마도 모든 주문을 다 소화할 수 있도록 충분한 생산시설을 더 건설하여 주문의 상승에 대응할 수도 있을 것이다. 그러나 충분한 생산능력을 갖추고 나면, 원래의 그 주문이 배급방법에 따라 상승되어졌던 것만큼 주문은 원래의 수준으로 돌아올 것이며, 그 결과 생산자에게는 제품과 생산력의 잉여분만 남겨지게 되는 것이다. 이러한 수요의 갑작스런 증가와 감소 주기는 반복되는 경향이 있다.

이러한 현상은 사실 컴퓨터 산업에서는 굉장히 흔한 것이어서, 부품의 부족 후에 부품의 과잉 공급사태가 일어나는 주기가 반복되어지는 것이 종종 일어난다. 특히, 메모리 반도체 생산자는 지난 10여년간 이러한 주기를 몇 번 경험해 왔다.

가격 장애물

가격 장애물이란 제품의 가격정책이 주문의 변동성을 증가시키는 상황을 가리키는 것이다.

주문량 기준의 할인정책 주문량 기준의 할인정책은 공급사슬에서 주문량을 증가시킨다(10장 참조). 앞에서도 언급했듯이, 결과적으로 대량 주문은 공급사슬 내에서 채찍 효과를 확대시킨다.

가격 변동 생산자에 의해 제공되는 거래촉진이나 다른 단기간적인 가격 할인은 선구매를 이루어지게 하는데, 선구매란 도매자나 소매자들이 미래 기간 동안의 수요를 맞추기 위해서 가격 할인기간 동안 대량으로 구매하는 것을 말한다. 선구매는 판촉기간 동안에는 많은 주문을 받지만 그 직후에는 주문량이 감소하는 결과를 낳는다(10장 참조). 이러한 현상은 [그림17.3]에서 닭고기 스프의 예를 통해 나타나 있다.

이 그림에서 피크타임 동안에는 매출액보다도 훨씬 더 많은 선적이 이루어졌는데, 이는 판매촉진 할인판매가 이루어졌기 때문이다. 피크 선적기간 이후에 생산자는 매우 낮은 선적량을 보였는데, 이는 소매자의 심각한 수준의 선구매 형태를 보여 주는 것이다. 따라서 이러한 판매촉진 가격 할인은 소매자의 매출 변동성보다 훨씬 더 높은 생산자의 선적량 변동을 야기시키는 것이다.

행동적인 장애물

행동적인 장애물이란 채찍 효과에 일조하는 조직 내부학습에 있어서의 문제점들을 가리킨다. 이러한 문제점들은 종종 공급사슬이 구성되는 방식과 서로 다른 단계들 사이에서의 의사소통 방식과 연계되어 있다. 행동적인 장애물들의 일부는 다음과 같다.

1. 공급사슬의 각 단계는 그들 자신의 행위를 국소적으로 보며, 자신의 행동이 다른 단계에 미칠 영향에 대해서 알 수 없다.
2. 공급사슬의 각 단계들은 근본적인 원인을 밝혀 내려는 것보다 현재의 국소적인 문제만을 대응하려고 한다.
3. 국소적인 분석에 기초해서, 공급사슬의 각 단계들은 주문의 변동에 대해서 다른 단계들을 비난하게 되고, 이는 공급사슬에서 연계되어진 단계들을 파트너로 만들기보다는 적으로 만들게 된다.
4. 공급사슬의 어떠한 단계들도 자신들이 취한 행위에 대한 잘못을 깨우치지 못하는데, 이는 어떤 한 단계에서 발생한 사건의 가장 중요한 결과는 다른 곳에서 나타나기 때문이다. 그 결과는 한 단계가 취한 행동을 그 단계가 아닌 다른 단계에서 비난하는 식으로 악순환의 고리

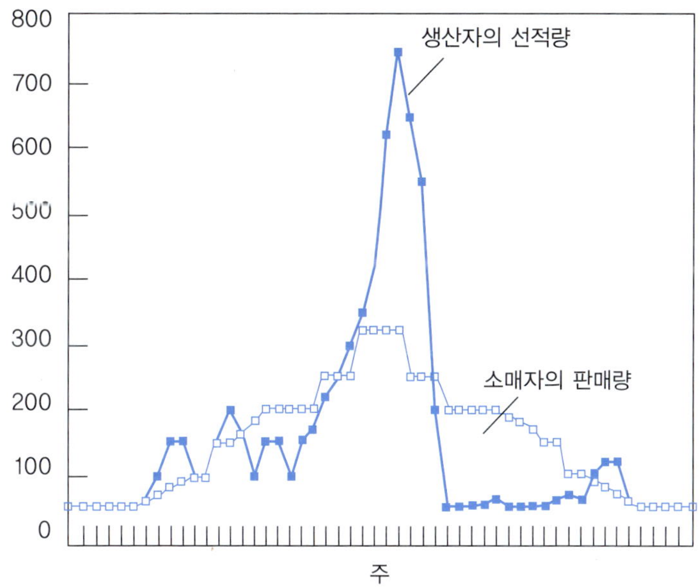

그림 17.3 스프 소매자의 판매량과 생산자의 선적량

출처: Marshall. L. Fisher, "What Is the Right Supply Chain for Your Product?" *Harvard Business Review* (March－April 1997): 83－93.

가 계속되는 것이다.

5. 공급사슬의 파트너들 간 신뢰의 결여는 파트너들이 전체 공급사슬 성과를 위한 노력에 기회주의적인 태도를 갖게 한다. 또한 신뢰의 결여는 노력을 배로 들이게 하는 결과를 발생시킨다. 좀더 심각한 것은, 각기 다른 단계에서만 가지고 있는 정보가 그들이 서로를 신뢰하지 못하기 때문에 공유되지 않거나 무시된다는 사실이다.

17.4 협력을 이루어 내기 위한 관리수단

지금까지 협력의 장애물들이 무엇인지를 확인했다. 이제는 관리자가 장애물들을 극복하고 공급사슬에서의 협력이 이루어지도록 하는 활동들에 대해서 알아볼 것이다. 공급사슬에서의 다음과 같은 관리수단들은 전체 공급사슬의 수익을 증대시키고 채찍 효과를 완화시킬 수 있다.

- 목표와 인센티브의 일치
- 정보의 정확성 향상
- 운영 성과의 향상

- 주문의 안정화를 위한 가격 전략 고안
- 전략적 연합과 신뢰의 구축

목표와 인센티브의 일치

관리자는 목표와 인센티브의 일치를 통해서 공급사슬 활동의 모든 참여자들이 총체적인 공급사슬의 이윤을 극대화하기 위해 일하도록 함으로써 공급사슬의 협력을 향상시킬 수 있다.

공급사슬을 통한 목표의 일치 모든 단계의 공급사슬 전체의 수익을 증가시키는 것과 전체 공급사슬의 파이를 키우기 위해서는 협력이 요구된다. 협력이 없는 모든 공급사슬은 단지 비용을 발생시킬 뿐이다. 10장과 14장의 이중 마진(double marginalization)의 예를 통해 공급사슬 구성원이 각각의 이익을 추구할 경우 전체 공급사슬의 이익이 감소하는 것을 알 수 있다. 공급사슬의 수익 초점은 단지 공급사슬 목표의 일치를 통한 활동과 인센티브에 있지 않다. 14장의 예에서와 같이, 공급사슬의 강한 단계에서 약한 단계로 수익을 감소시킬 수 있는 모든 위험들이 전달된다. 유연한 주문과 같은 접근을 통해 위험을 분산할 수 있으며, 이는 모든 공급사슬 구성원의 수익을 증가할 수 있게 한다. 공급사슬의 협력의 핵심은 모든 공급사슬의 수익을 증가시킬 수 있는 윈-윈 전략을 수립하는 것이다.

기능 간 인센티브의 일치 회사 내에서의 협력적인 의사결정을 위한 중요한 한 가지는 어떠한 기능의 의사결정을 평가하는 목표가 회사의 전체적인 목표와 같은 방향에 있어야 한다는 것이다. 모든 설비와 수송, 그리고 재고 의사결정은 국소적인 비용이나 총비용이 아니라 그 의사결정이 수익성에 미치는 영향에 의해서 평가되어져야만 한다. 이러한 것은 수송담당 관리자가 수송비용은 낮추지만 전체 공급사슬의 비용을 증가시키는 상황을 막는 것을 도울 수 있다(13장 참조).

협력을 위한 가격결정 생산자에게 한 번의 주문 단위당 상당히 큰 고정비용이 존재한다면 일상용품에 대해 협력을 성취하기 위해서 주문량에 기초한 가격 할인정책을 사용할 수 있다(10장 참조). 회사가 시장을 장악하고 있는 제품에 한해서, 관리자는 협력을 이루어 내기 위해서 이중가격제와 수량 할인을 사용할 수 있다(10장 참조). 수요가 불명확한 상황에서, 생산자는 공급사슬의 이윤을 극대화하기 위해 소매자가 매입에 박차를 가해 재품 가용성의 수준을 높이도록 반품보장 계약이나 수량 유연성 계약과 같은 것을 사용할 수 있다. 반품보장 계약은 총체적인 공급사슬의 이윤을 증가시키기 위해서 출판업계에서 사용되어져 왔다. 수량 유연성 계약은 Benetton사가 공급사슬의 이윤을 증가시키는 데 일조하였다.

영업사원의 성과급여제를 중간 단계에 대한 매출에서 최종고객에 대한 매출로의 변화 영업사원이 소매자에 대해서만 매출을 증대하도록 하는 것을 감소시키도록 성과급여제를 변화시키는 것은 채찍 효과를 감소시킨다. 만약 영업사원의 성과급여제가 일정기간 동안이 아닌 지속적인 기간 동안의 매출액에 대해서 지급된다면, 제품을 강매하도록 하는 일은 줄어들 것이다. 이러한 것은 선구매를 줄이고 주문의 변동성을 감소시킨다. 관리자가 취할 수 있는 또 다른 정책은 영업사원에 대한 성과급여제를 소매자에 대한 매출(sell-in)보다는 최종고객에 대한 매출(sell-through)에 연계시키는 것이다. 이러한 조치는 판매사원이 선구매를 부추길 수 있는 모든 동기를 제거한다. 선구매의 제거는 주문의 흐름에서 변동성을 감소시킨다.

정보의 정확성 향상

관리자는 공급사슬의 각 단계에서 가용한 정보의 정확성을 향상시킴으로써 협력을 이루어 낼 수 있다.

판매 시점 데이터의 공유 공급사슬의 전반에 걸쳐서 판매 시점(POS) 데이터를 공유하는 것은 채찍 효과를 줄일 수 있다. 채찍 효과의 중요한 원인은 공급사슬의 각각의 단계들이 미래의 수요를 예측하기 위해 수령된 주문량을 사용한다는 것이다. 다른 단계로부터 받은 주문이 변한다는 것을 감안할 때, 다른 단계들에서의 예측 또한 변화하는 것이다. 실제적으로, 공급사슬이 만족시켜야 할 유일한 수요는 최종고객의 수요이다. 만약 소매자들이 다른 공급사슬의 단계들과 POS 데이터를 공유한다면, 모든 공급사슬의 단계들은 고객의 수요에 의해서 미래의 수요를 예측할 수 있다. POS 데이터를 공유함으로써 모든 단계들은 고객 수요의 변화에 대응하기 때문에 채찍 효과를 줄일 수 있는 것이다. 적절한 정보 시스템의 사용은 정보의 공유를 용이하게 한다(16장 참조).

회사들은 또한 원재료 공급자와 자료를 공유하기 위해 인터넷을 사용할 수 있다. Dell사와 같이 직접 마케팅을 사용하는 회사나 전자상거래에 참여하고 있는 회사들에 있어서 POS 데이터는 매우 쉽게 공유되어질 수 있는 형태로 존재한다. Dell사는 현재 제품의 재고상태뿐만 아니라 수요에 관한 정보까지 인터넷상으로 공급자들과 자료를 공유하는데, 그렇게 함으로써 공급과 주문에 있어서 불필요한 변동을 피한다. P&G사는 수요에 관한 정보를 공유하도록 많은 소매자들을 확신시켜 왔다. 그리고 결과적으로 P&G사는 공급자들과도 정보를 공유했고, 공급사슬의 협력을 향상시켰다.

협력적인 예측과 계획의 이행 일단 POS 데이터가 공유되면, 완전한 협력이 이루어지기 위해서 공급사슬의 서로 다른 단계들은 서로 같이 예측하고 계획해야만 한다. 협력적인 계획 없이

POS 데이터의 공유는 협력을 보장하지 않는다. 소매자는 판매촉진을 사용했기 때문에 1월달에 아마도 큰 수요를 관찰해 왔을 것이다. 다음 해의 1월달에 어떠한 판매촉진도 계획되어 있지 않다면, 소매자의 예측은 소매자와 생산자가 과거의 POS 데이터를 공유했다고 할지라도 생산자의 예측과 다를 것이다. 생산자는 협력을 위해서 소매자의 판매촉진 계획을 알아야만 한다.

요점은 전체적인 공급사슬이 공동의 예측 하에 운영되고 있는 것을 확실해 해야 하는 것이다. 공급사슬 환경에서 이러한 종류의 협력을 유용하게 하기 위해 자발적인 산업표준협회(Voluntary Interindustry Commerce Standards(VICS) Association)는 협력적인 예측과 계획에 대한 우수사례를 확인하고 지침안을 마련하기 위해 협력적 예측, 계획, 보충(Collaborative Planning, Forecasting, and Replenishment: CPFR)위원회를 설립하였다. 이러한 사례를 이 장에서 자세하게 설명하도록 하겠다.

보충의 일괄통제 시스템 설계 전체 공급사슬을 위해 일괄적으로 보충결정을 통제하는 공급사슬을 설계하는 것은 채찍 효과를 줄이는 것을 도울 수 있다. 앞에서도 말했듯이, 채찍 효과의 주요 원인은 공급사슬의 각각의 단계들이 전단계로부터의 주문을 과거 수요로 사용한다는 사실에 있다. 그 결과 각 단계는 다음 단계로부터 받은 주문을 보충하는 것을 그 단계의 역할로 본다. 실제로 가장 중요한 보충은 소매자의 보충인데, 이는 최종고객이 구매를 하는 장소이기 때문이다. 첫 번째 단계가 전체적인 공급사슬에서 보충결정을 통제할 때 수요에 대한 여러개의 예측이 생기는 문제가 해소되고 공급사슬의 협력을 이루어 낼 수 있다.

Dell사와 같이 소비자에게 직접적으로 판매를 하는 생산자들에게는 생산자와 고객 사이에 어떤 중개자도 없기 때문에 기본적으로 첫 번째 단계가 보충 의사결정을 내리게 된다. 생산자가 자동적으로 보충결정의 첫 번째 통제 지점이 되는 것이다. 소매자를 통해서 매출이 발생하는 경우, 이 장에서 자세히 설명할 연속 재고보충 프로그램(CRP)과 공급자 재고관리(VMI)와 같은 여러 산업 분야의 사례들이 있다.

운영 성과의 향상

관리자는 운영 성과를 향상시키고 공급 부족의 사태에 대비해서 적절한 제품 분배방법을 고안하여 채찍 효과를 감소시킬 수 있다.

보충 리드타임의 감소 보충 리드타임을 감소시킴에 의해서 관리자는 리드타임 동안의 수요의 불확실성을 감소시킬 수 있다(11장 참조). 리드타임의 감소는 수요 예측의 정확성의 상당한 증가를 가지고 판매기간 안에 다수의 주문을 낼 수 있기 때문에 계절적인 상품에 특별히 더 이득이 된다(12장 참조). 따라서 보충 리드타임의 감소는 수요에 내재된 불확실성을 감소시킴으로써 채찍 효과를 감소시키도록 한다.

관리자는 보충 리드타임을 감소시키기 위해 공급사슬의 여러 단계들에서 많은 종류의 조치들을 취할 수 있다. EDI나 인터넷을 통한 전자상거래와 같은 전자 주문은 주문의 발송과 정보의 전송에 관련된 리드타임을 감소시키는 데 사용될 수 있다. 공장에서는 증가된 유연성과 셀 방식의 생산공정을 리드타임의 대폭적 감소를 이루는 데 사용할 수 있다. 채찍 효과를 줄이는 것은 안정된 수요로 인해서 리드타임을 더욱 줄일 수 있고, 그 결과로서 스케줄링을 향상시킨다. 이러한 것은 생산공정이 굉장히 많은 종류의 제품을 생산할 때 특히 효과가 나타난다. 사전에 선적을 알리는 것(advanced shipment notice: ASN)은 물건을 수령할 때 필요한 노력뿐만 아니라 리드타임을 감소시키는 데도 사용되어질 수 있다. 크로스도킹은 공급사슬의 단계들 사이에 제품을 수송하는 데 관련된 리드타임을 감소시킬 수 있다. Wal-Mart사는 공급사슬에서의 리드타임을 확연하게 감소시키기 위해서 이러한 많은 방법들을 사용해 왔다.

주문량의 감소 관리자는 주문량을 감소시킬 수 있게 운영을 개선함으로써 채찍 효과를 감소시킬 수 있다. 주문량을 감소시키는 것은 공급사슬의 각 단계에서 축적될 변동량을 감소시키고, 그에 따라 채찍 효과를 감소시킨다. 주문량을 줄이기 위해서 관리자는 주문 한 단위당 발생하는 주문과 수송, 그리고 수령과 관련된 고정비용을 감소시킬 수 있는 조치를 취해야만 한다(10장 참조). Wal-Mart사와 Seven-Eleven Japan사는 많은 제품과 공급자들의 주문들을 통합하여 보충주문량을 감소시키는 데 매우 성공적이었다.

자동발주 시스템(computer assisted ordering: CAO)은 주문할 경우 소매자 주문 직원을 사용하는 대신에 컴퓨터를 사용하는 것을 의미한다. 컴퓨터는 제품의 판매량과 수요에 영향을 미치는 시장 요소, 재고 수준, 제품 수령, 그리고 바람직한 서비스 수준들에 관한 정보를 통합한다. CAO와 EDI는 한 번 주문할 때마다 발생하는 고정비용을 감소시킨다. 오늘날 W.W. Grainger사나 McMaster-Carr사 같은 회사들에 의한 인터넷에 기초한 주문 시스템의 사용이 증가하고 고객에게는 주문비용의 감소와 주문을 수행하는 비용의 감소로 인해 소량의 주문을 촉진시켜 왔다. 또한 B2B 전자상거래의 성장은 주문비용을 감소시켰다.

몇몇 경우에 있어서, 관리자는 구매 주문의 사용을 제거함으로써 주문을 간소화시킬 수 있다. 자동차 산업에서 몇몇 공급자들은 자동차가 생산되는 숫자에 의해서 돈을 지불받았는데, 이는 개개의 구매 주문의 필요성을 없애는 것이었다. 이러한 것은 한 번의 주문마다 발생하는 주문처리비용을 감소시켰다. 정보 시스템 또한 개개의 구매 주문과 관련된 비용을 제거하면서 금융거래의 결산을 용이하게 했다.

수송 측면에 있어서 트럭 단위 운송(TL)과 트럭 단위보다 작은 운송(LTL)의 굉장히 큰 가격

차이로 인해 TL로 운송되는 양을 증가하도록 장려한다. 사실상 주문처리비용을 감소시키려는 노력과 함께 수송비용은 현재 대부분의 공급사슬에서 소량으로 주문하는 것을 어렵게 하는 가장 중요한 장애물이다. 관리자들은 다양한 제품들을 함께 실어서 한 대의 트럭을 채우는 방법을 통해 수송비용을 증가시키지 않고도 주문량의 크기를 감소시킬 수 있다(10장 참조). 예를 들면, P&G사는 소매자들이 주문할 때 주문품목들이 한 트럭 분량만큼 되도록 요구한다. 그 대신 한 대의 트럭을 채워야 하는 제품은 어떠한 제품을 혼합시키든지 상관이 없다. 따라서 소매자들은 수많은 종류의 제품들이 각각의 트럭에 포함될 수 있는 한, 각각의 제품을 소량씩 주문할 수 있는 것이다. Seven-Eleven Japan사는 이렇게 혼합된 많은 제품을 가지고 다니는 트럭 전략을 효과적으로 사용해 왔는데, 트럭은 싣고 다녀야 하는 제품의 보관온도에 따라서 나누어졌다. 같은 온도에 의해 유지되어야 하는 모든 제품들은 같은 트럭에 선적되어졌다. 이러한 전략은 Seven-Eleven Japan사로 하여금 제품의 엄청난 다양성을 유지하면서도 소매점에 보내지는 트럭의 수를 줄일 수 있게 하였다. 식료품업의 몇몇 회사들은 트럭의 저장공간을 서로 다른 부분으로 나누어서 그 부분마다 같은 온도로 유지되어져야 하는 제품을 선적하고 다양한 종류의 제품을 수송함으로써 주문량의 크기를 작게 하였다.

관리자는 또한 여러 소매자의 주문을 합쳐서 한 트럭에 적재함으로써 주문량을 감소시킬 수 있다(13장 참조). 많은 경우에, 제3자 물류업체가 한 트럭에 소매자들의 주문을 맞춰 넣기 위해서 여러 개의 선적 주문들을 합한다. 이러한 방법은 한 소매자당 고정수송비용을 줄이고 각 소매자들이 더 적은 양의 주문을 할 수 있게 해 준다. 일본에서 Toyota사는 한 공급자가 여러 개의 조립공장에 공급할 때 한 대의 트럭만을 사용했는데, 이것은 관리자가 어느 한 공장으로부터 수령 받는 물품의 양을 줄일 수 있게 하였다. 관리자는 또한 여러 개의 공급자로부터 들어오는 제품을 한 트럭에 선적함으로써 주문량을 줄일 수 있다. 미국에서 Toyota사는 어느 한 공급자로부터 들어오는 물건의 양을 줄이기 위해서 이러한 방법을 사용하였다.

더 적은 물건이 주문되고 배달되어짐에 따라 수령에 대한 압력과 비용이 확연하게 증가할 수 있다. 그에 따라 관리자들은 물건 수령작업을 간소화하고 이와 관련된 비용을 줄이는 기술들을 도입해야만 한다. 예를 들면, ASN은 운송되는 제품의 내용, 개수와 시간을 전산으로 확인하고, 물건 하역작업시간을 줄이며, 크로스도킹 효율성을 증가시킨다. ASN은 전산으로 재고기록을 최신 것으로 갱신하는 것에도 사용될 수 있어서 하역작업의 비용을 감소시킬 수 있다. 화물 운반대의 바코드 또한 물건을 받고 운송하는 것을 용이하게 한다. DEX와 NEX는 한 제품이 재고에 포함되는 것이 확인되자마자 재고 기록을 직접적으로 갱신하는 제품 하역작업 기술이다.

이러한 각각의 기술은 다양한 제품의 복잡한 소량 주문을 선적, 수송, 하역하는 작업들을 간

소화시키도록 한다. 이것은 채찍 효과를 약화시키면서 주문량의 크기를 감소시키는 것을 용이하게 한다.

트럭 한 묶음으로 운송하는 효과를 극소화할 수 있는 또 다른 간단한 방법은 서로 다른 고객들의 수요가 일정기간 동안 균등하게 분포되게 주문하도록 장려하는 것이다. 종종 한 주에 한 번 주문을 하는 고객들은 월요일 혹은 금요일에만 주문하는 경향이 있나. 한 달에 한 번 주문하는 고객들은 그 달의 초나 말에 주문하는 경향이 있다. 그러한 경우에 한 주에 한 번 주문하는 고객은 그 주의 모든 일에 걸쳐서 주문을 분포시키도록 하는 것이 훨씬 더 좋고, 한 달에 한 번 주문하는 고객은 그 달의 모든 일에 걸쳐서 주문하는 것이 더 좋다. 사실상 각각의 고객들에게 있어서 정기적인 주문일은 아마도 사전에 계획되어 있을 것이다. 이렇게 하는 것은 소매자에게는 영향을 미치지 않지만 생산자에 이르러서는 주문의 흐름을 고르게 하여 채찍 효과를 약하게 한다.

과거 매출기반의 배급과 결품예방경쟁을 제한하기 위한 정보 공유 채찍 효과를 감소시키기 위해서 공급 부족의 경우에 소매자들이 주문을 인위적으로 증가시키는 것을 막는 제품 배급방법을 관리자는 고안할 수 있다. turn-and-earn으로 불려지는 한 방법은 현재 소매자의 주문보다는 과거 소매자의 매출에 기초해서 공급 가능한 제품을 할당하는 것이다. 과거의 매출에 의해 공급을 분배하도록 시도하는 것은 소매자가 주문을 상승시켜야만 했던 어떠한 동기부여도 없애버리는 것이고, 그 결과로 채찍 효과를 감소시킨다. 사실상 turn-and-earn 방법은 소매자들이 나중의 공급 부족기간 동안에 그들이 공급받는 배급 부분을 높이기 위해서 수요가 낮은 시기 동안에 매출을 높이도록 노력하게 한다. GM사를 포함한 몇몇 회사들이 역사적으로 공급 부족의 경우에 가용한 공급량을 배분하는 방법으로 turn-and-earn을 사용해 왔다. HP사와 같은 회사들은 과거에는 소매자들의 주문량에 의해 제품을 분배해 왔으나, 현재 과거 매출에 의한 방법으로 전환중이다.

다른 회사들은 공급 부족의 경우를 최소화하기 위해서 공급사슬 간에 정보를 공유하도록 시도해 왔다. Sport Obermeyer사와 같은 회사들은 그들의 대형 고객들이 연간 구매의 최소한 일부분을 미리 주문하도록 인센티브를 제공했다. 이러한 정보는 Sport Obermeyer사의 예측 정확도를 향상시키고, 그 예측에 따라 생산 설비를 배치할 수 있게 하였다. 일단 생산 설비가 서로 다른 제품들 간에 적절하게 분배되고 나면 공급 부족 사태가 발생할 가능성은 훨씬 더 적어지는 것이고, 이로 인해 채찍 효과가 감소되는 것이다. 유연성이 있는 설비를 갖추고 있는 것도 이런 관점에서 도움이 되는데, 이는 유연성을 가지고 있는 생산 설비는 예측했던 것보다 수요가 낮은 제품의 생산공정으로부터 예측했던 것보다 수요가 높은 제품의 생산공정으로 쉽게 옮겨질 수 있기 때문이다.

주문의 안정화를 위한 가격 전략 고안

관리자는 소매자들이 좀더 적은 양으로 주문하고 선구매를 줄이는 것을 장려하는 가격 전략을 고안하여 채찍 효과를 감소시킬 수 있다.

주문량 기준 할인에서 수량 기준 할인으로 변화 주문량 기준 할인정책의 결과로서, 소매자는 이러한 할인의 이점을 이용하기 위해서 그들의 일회 주문 크기를 증가시켰다. 수량 기준 할인을 제공하는 것은 이것이 한 번의 구매량이 아닌 한 특정 기간 동안(가령 1년)의 일괄 구매를 고려하기 때문에 한 번의 주문량을 증가시키는 동기를 제거한다(10장 참조). 수량 기준 할인은 한 번 주문의 양을 줄이게 하고, 따라서 공급사슬에서의 주문 변동성을 감소시킨다. 할인 여부를 평가하는 고정된 기간을 가지고 있는 수량 기준 할인정책은 그 기간의 막바지에 이르러 주문량을 늘리려는 경우가 생길 수 있다. 회전기간 동안의 할인을 제공하는 것은 이러한 효과를 감소시키도록 한다. HP사가 일회 주문량에 기초한 할인에서 수량 기준 할인으로 옮겨가는 것을 시도해 보고 있는 중이다.

가격 안정화 관리자는 판매촉진 가격 할인을 없애고, 매일염가정책(EDLP)을 책정함으로써 채찍 효과를 약화시킬 수 있다. 판매촉진을 없애는 것은 소매자에 의한 선구매를 제거하게 되어 고객의 수요에 맞는 주문을 얻어 낼 수 있다. P&G사, Campbell Soup사, 그리고 여러 다른 생산자들은 채찍 효과를 약화시키기 위해서 EDLP를 적용해 왔다.

관리자는 선구매를 감소시키기 위해서 판매촉진 동안에 구매할 수 있는 양을 제한할 수 있다. 이러한 제한은 소매자마다 고유하게 적용되어야 하며, 각 소매자의 과거 실적에 연계되어야만 한다. 또 다른 방법은 소매자에 의해 구매된 양이 아닌 소매자를 통해서 최종소비자에게 팔린 양을 기준으로 소매자에게 판매촉진을 하는 것이다. 결과적으로, 소매자는 선구매를 통해서 이윤을 얻지 못하며, 그들이 더 팔 수 있을 때만 더 많은 양을 주문하게 된다. 최종고객에게 팔린 양에 대한 판매촉진은 채찍 효과를 확연하게 감소시킨다. 특수한 정보 시스템의 존재는 최종고객에 대한 매출에 직접적으로 연계된 판매촉진을 용이하게 한다.

전략적 연합과 신뢰의 구축

공급사슬 내에 신뢰와 전략적 연합이 구축되어 있으면, 채찍 효과를 감소시키고 협력을 이룰 수 있는 앞 절들에서 언급된 방법들을 사용하는 것이 훨씬 더 쉽다는 것을 관리자는 알 수 있다. 모든 단계에서 신뢰받는 정확한 정보를 공유하는 것은 공급사슬에서 공급과 수요를 더 잘 맞출 수 있게 하고 비용을 더 줄인다. 공급사슬 내에서의 좋은 관계의 구축은 또한 공급사슬의 단계들 사이에서 업무비용을 낮추는 경향이 있다. 예를 들면, 공급자들은 그들이 소매자에게서 받은 주문과 수요 예측 정보를 신뢰한다면 그들 스스로 수요 예측을 하는 수고를 덜 수 있을 것이다. 이와 유사하게, 소매자들은 그들이 공급자들의 품질과 배송을 신뢰한다면 제품을 세고, 점검하는 작업을 줄임으로써 하역작업에 따른 수고들을 줄일 수 있다. 일반적으로 공급사슬의 단계들은 향상된 신뢰와 보다 좋은 관계에 의해서 중복되는 수고들을 줄일 수 있다. 이렇게 공유되는 정확한 정보를 가지고 업무비용을 줄이는 것은 채찍 효과를 줄일 수 있게 한다. Wal-Mart사와 P&G사는 서로 상호간에 이익이 있고, 채찍 효과를 줄이는 전략적 제휴를 구축하도록 시도해 오고 있다.

공급사슬이 더 좋은 협력을 이루도록 하는 관리수단들은 두 종류로 나누어진다: 행동기반수단은 정보 공유, 성과급여제의 변화, 운영상의 향상, 그리고 가격 안정화 등을 포함하고, 관계기반수단은 공급사슬 내에 협력과 신뢰를 구축하는 것을 포함한다. 다음 절에서는 관계기반수단들에 대해 보다 상세히 다룬다.

17.5 공급사슬 내의 전략적 연합과 신뢰의 구축

공급사슬 내에서의 두 단계 사이에 신뢰기반 관계는 두 단계의 의존성과 각 단계가 신뢰의 도약을 이룰 수 있도록 하는 능력을 포함한다.[4] 신뢰란 각각의 단계들이 다른 단계들의 번영에 관심을 가지고, 그들의 행동이 다른 단계에 미치는 영향을 고려하지 않고서는 어떠한 조치도 취하지 않는 믿음을 포함한다. 공급사슬에서의 협력과 신뢰는 다음과 같은 이유로 성과를 향상시킨다.

1. 단계들이 서로를 신뢰하면, 그들이 의사결정을 내릴 때 다른 측의 목적을 고려해 줄 가능성이 높다.
2. 협력을 이루기 위한 행동기반수단들은 수행하기가 더 쉬워진다. 서로를 신뢰하는 집단 간에 정보를 공유하는 것은 자연스러운 것이다. 이와 유사하게, 양측이 동일한 이익을 목표하고 있다면 운영상의 개선안들도 이행하기가 더 쉬워지고, 적절한 가격구조를 고안하기도 더 쉬워진다.
3. 공급사슬의 생산성 증가는 중복된 노력의 제거나 적절한 단계에 적절한 노력을 할당함으로

4 Kumar (1996) 참조

써 얻어지는 것이다. 예를 들면, 생산자는 공급자와 공정제어 차트를 공유하는 한, 공급자로부터 들어오는 재료를 검수하지 않고 수령할 수 있다. 다른 예는 배송자가 판매 시점 직전에 고객화 공정을 수행함으로써 생산자의 차별화 지연 전략을 지원하는 경우이다.

4. 상세한 판매와 생산 정보들이 더욱 광범위하게 공유되어진다. 이러한 공유는 공급사슬이 생산과 분배 의사결정을 협력적으로 할 수 있게 한다. 그 결과 공급사슬은 공급과 수요를 더 잘 맞출 수 있게 되고, 그에 따라 더 좋은 협력을 이루어 낼 수 있다.

신뢰 구축의 이점은 교체용 차량부품 공급사슬에 관한 예로서 [표 17.2]에 잘 나타나 있다. 이 표는 생산자에 관한 신뢰에 기반하여 고, 저로 등급을 구분한 400명 이상의 소매자가 평가한 평균치를 나타내고 있다. [표 17.2]는 생산자를 깊이 신뢰하는 소매자는 생산자에 더욱 헌신적이고, 생산자의 제품을 더욱 많이 판매하며, 또한 생산자에 의해 높이 평가받는 사실을 보여주고 있다. 또한 이 표는 생산자에 관한 신뢰가 높을수록 소매자 자신들도 더욱 만족하고 있음을 보여 주며, 이는 소매자가 대체 공급원을 모색할 가능성이 낮기 때문이다.

역사적으로, 공급사슬 관계는 힘이나 신뢰에 기반하여 형성되어 왔다. 힘에 기반한 관계에서는 강한 편이 그 관계를 지배하게 된다. 비록 단기적으로는 힘을 행사하는 편이 유리할 수도 있으나, 장기적으로 볼 때는 다음과 같은 세 가지 주요 이유로 인하여 이러한 관계의 부정적인 결과가 나타나게 된다.

1. 힘의 행사는 종종 공급사슬에서 어떤 한 단계의 이익을 최대화하도록 하며, 이는 흔히 다른 단계에서의 피해를 초래하게 된다. 따라서 전체 공급사슬의 이익은 감소하게 된다.
2. 불공정한 이권을 획득하기 위해 힘을 행사하는 것은 힘의 균형을 변하게 하며 그 회사에 피해를 입힐 수 있다. 유럽과 미국의 경우 다수의 공급사슬에서 소매자가 생산자보다 더욱 강력해짐에 따라 이러한 힘의 역전 현상이 지난 20여년간 발생하고 있다.
3. 공급사슬의 어느 한 단계에서 체계적으로 힘의 우위를 행사하는 경우에는 다른 단계에서 이에 저항하려는 방안을 강구하게 된다. 소매자가 자기의 힘을 행사하려고 시도하였던 다수의 경우에 생산자는 저항방안으로서 직접 소비자에게 접근하는 방안을 강구해 왔다. 여기에는 인터넷을 통한 판매와 직판장의 설립 등이 포함된다. 결과적으로, 공급사슬의 이익은 감소할 수 있는데, 이는 서로 다른 단계들이 협력이 아니라 경쟁하기 때문이다.

모든 사람이 공급사슬에서의 협력과 신뢰가 중요하다는 사실에는 동의하나 이러한 관계가 형성되고 유지되는 것은 매우 어렵다. 어떠한 공급사슬 관계에 협력과 신뢰를 수립하는 방안에 관해서는 두 가지 관점이 있다.

- **억제력 기반 관점:** 관련된 당사자들은 협력관계를 확실시하기 위해 다양한 정식 계약을 활

표 17.2 신뢰도에 의한 소매자 비교

비교 척도	낮은 신뢰도	높은 신뢰도
소매자의 대체 공급원 개발	100	78
생산자에 대한 소매자의 헌신	100	112
소매자의 생산지 생산품목 판매	100	178
생산자가 평가한 소매자의 성과	100	111

출처: N. Kumar "The Power of Trust in Manufacturer-Retailer Relationships," *Harvard Business Review* (November－December 1996), 92－106.

용하게 된다. 체결된 계약에 따라 당사자들은 단지 이기심 때문에 신뢰성 있는 태도로 행동하게 될 것으로 가정하는 것이다.

- **프로세스 기반 관점:** 관련 당사자들 간의 일련의 상호작용의 결과로서 신뢰와 협력이 장기간에 걸쳐 구축된다는 것이다. 긍정적인 상호작용에 의해 상대방의 협력에 관한 믿음이 강화된다.

대부분의 현실 상황에서는 어느 한 관점만이 옳다고 할 수 없다. 장래 발생할 가능성이 있는 모든 상황을 고려하여 계약서를 작성하는 것은 불가능하다. 따라서 아직 서로 신뢰하지 못하는 당사자들은 계약에 포함되어 있지 않은 문제를 해결하기 위해 신뢰 구축에 의존해야만 한다. 그 반대로 서로 신뢰하고 장기간 관계를 맺어 온 당사자들도 역시 계약에 의존하고 있다. 가장 효율적인 협력관계를 위해서는 이러한 두 종류의 접근방법이 혼용되어야 한다. 한 예로, 공급자들은 생산자들과 부대조항을 포함하는 초기계약에 서명하지만 그 후에 생산자들은 그 계약을 다시는 참고하지 않는 경우를 들 수 있다. 생산자들이 원하는 바는 공급사슬에 최선이 되도록 하는 협상을 통해 모든 부대조항을 소멸시키는 것이다.

가장 긴밀한 공급사슬 관계에서, 초기에는 주로 억제력 기반 관점에 의존하게 된다. 그러나 시간이 경과함에 따라 프로세스 기반 관점에 더욱 의존하게 된다. 공급사슬의 관점에서 볼 때, 가장 이상적인 목표는 각 당사자가 상대방의 목적을 자기 자신의 목적으로 간주하는 공동확인이라고 할 수 있다. 공동확인은 각 단계가 의사결정을 할 때는 전체 공급사슬의 이익을 고려할 수 있도록 한다.

모든 장기적인 공급사슬 관계에는 두 단계가 있다. 설계 단계에서는 기본 원칙이 수립되고 관계가 시작된다. 경영 단계에서는 기본 원칙에 의거하여 상호작용이 일어나게 되고, 기본 원칙과 함께 관계도 끊임없이 변하게 된다. 공급사슬 관계를 구축하려는 경영자는 관계가 형성되는 두 단계에서 협력과 신뢰가 강화되는 방안을 반드시 고려해야 한다. 대부분의 공급사슬에서 세력은 비교적 소수에게 집중되지 않도록 조심해야 한다. 세력이 집중되면 경영자는 신뢰와 협력관계 구축에 필요한 노력을 자주 망각하게 되며, 따라서 장기적으로는 공급사슬 성과에 피해를 주게 된다.

다음에는 경영자가 협력과 신뢰를 강화하기 위해서는 공급사슬 관계를 어떻게 설계해야 하는가에 대해 논의하기로 한다.

협력과 신뢰의 관계 설계

효율적인 공급사슬 협력관계를 설계하는 주요 단계는 다음과 같다.

1. 관계의 가치 평가
2. 각 당사자의 운영 역할과 의사결정권 규명
3. 효과적인 계약서 작성
4. 효율적인 분쟁 해결방안 설계

관계의 가치 평가 공급사슬 관계의 설계에 있어서 첫째 단계는 이 관계가 제공하는 상호이익을 명확하게 규명하는 것이다. 대부분의 공급사슬에서 협력관계의 각 구성원은 독특한 기술을 제공하며, 이러한 모든 기술은 고객 주문의 충족에 필요하다. 예를 들면, 생산자는 제품을 생산하고, 분배자는 단계 간에 제품을 운송하며, 소매자는 최종고객이 제품을 구매할 수 있도록 해준다. 다음 단계는 각 당사자의 관계와 기여를 평가하는 데 활용되는 기준을 규명하는 것이다. 보편적인 기준은 협력관계의 결과로서 나타나는 총이익의 증가이다. "공정거래"로 정의되는 형평성은 협력관계의 평가와 설계 시에 중요한 또 하나의 기준으로 활용되어야 한다.[5] 여기에서 형평성은 협력 당사자 간 총이익의 배분 시 공평성을 판정하는 것이다.

협력의 결과로 발생하는 이익의 증가가 공평하게 배분된다는 확신이 없이는 공급사슬의 단계에서 협력에 필요한 다양한 관리수단의 활용이 불가능하다. 예를 들면, 공급자가 보충 리드타임을 축소시키려고 노력하면 생산자와 소매자의 안전재고 감소로 공급사슬은 이득을 보게 된다. 만약 생산자와 소매자가 이익 증대를 공유하려 하지 않는다면, 공급자는 그러한 노력을 하지 않을 것이다. 따라서 총이익이 증가하고 이러한 증가가 협력자 간에 공평하게 배당될 경우에만 공급사슬 관계는 유지될 수 있을 것이다.

다음 단계는 각 협력자의 기여와 각 협력자에게 발생하는 이익을 명확히 규명해야 한다. 예

5 Ring and Van de Ven (1994) 참조

를 들면, 생산자와 분배자가 공동으로 차별화 지연을 도입하는 경우에, 각 당사자의 역할, 공급사슬에 미치는 이 전략의 가치, 그리고 각 당사자 간 증대된 이익의 배분방법 등을 명확히 규정하는 것이 중요하다. 각 당사자가 정기적으로 협력관계를 측정하고, 기여도와 그 결과로 발생하는 이익배분을 조절할 수 있도록 하는 유연한 기법을 설계해야 한다. 그 예로서, Chrysler사가 매년 각 공급자와 일정한 개선 수준을 협상하는 것을 들 수 있다. 그러나 이행해야 할 개선 분야를 지정하지는 않는다. 이러한 유연성으로 인하여 공급자는 최소의 노력으로 최대의 개선을 달성할 수 있는 분야를 규명할 수 있게 되어 양측에 상호 이익이 되는 윈-윈 상황을 조성하게 된다.

각 당사자의 운영 역할과 의사결정권 규명 공급사슬 관계에서 상이한 협력자의 운영 역할과 의사결정권을 규명할 때, 관리자는 그 결과로 나타나는 당사자 간의 상호의존성을 반드시 고려해야 한다. 어느 당사자가 다른 당사자에게 더욱 의존하는 형태로 업무가 배분된다면 이 원인으로 인하여 분쟁이 발생할 수도 있다. 다수의 협력관계에서, 배분된 업무에 따라서 어느 협력자에게 우월권을 주지 않으려는 경우로 인하여 업무의 비효율적인 배분이 초래될 수도 있다.

어느 협력 당사자의 활동이 타 협력자를 우선하는 경우에는 업무배분이 순차적인 상호의존관계로 나타나게 된다. 전통적으로, 공급사슬 관계는 순차적으로서 어느 단계에서 모든 업무를 완료한 후에 다음 단계로 이동하게 된다. 대등한 상호의존 관계에서는 협력자들이 함께 참여하여 정보와 투입을 양방향으로 교환하게 된다. P&G사와 Wal-Mart사는 협력적 예측 및 보충팀을 통해 대등한 상호의존 관계를 조성하려고 노력하고 있다. 이러한 팀은 Wal-Mart사와 P&G사의 직원으로 구성되어 있다. Wal-Mart사는 수요 정보를 제공하고 P&G사는 활용 가능한 생산능력 정보를 제공하고 있다. 이러한 팀은 공급사슬에 가장 적합한 생산 및 보충 정책을 결정하게 된다.

대등한 상호의존 관계는 관리에 상당한 노력이 소요되며, 부적절하게 관리될 경우에는 거래비용이 증가할 수 있다. 그러나 대등한 상호의존 관계는 모든 의사결정 시에 양 당사자의 목표를 고려하여 결정되기 때문에 공급사슬의 수익성을 최대화시키는 결정을 내릴 가능성이 높다. 대등한 상호의존 관계는 양 당사자 간의 상호작용을 증대시킴으로써 상호작용이 긍정적일 경우 신뢰와 협력의 기회를 증대시키게 된다. 또한 대등한 상호의존 관계에서는 어느 협력자가 기회주의적이 되거나 상대방에게 피해를 주는 이기적인 활동을 하기가 더욱 어렵다. 따라서 [그림 17.4]에 나타난 바와 같이 운영 역할과 의사결정권의 배분에 있어서 대등한 상호의존성이 높을수록 효율적인 협력관계를 위한 기회는 증가하게 된다.

경영자는 어느 당사자에서 다른 당사자로 제품을 성공적으로 이동하기 위해 각 당사자가 수

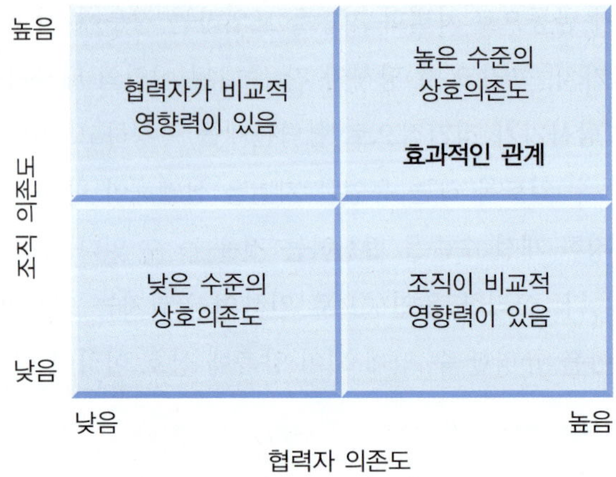

그림 17.4 내재된 불확실성(수요와 공급)의 스펙트럼

출처: N. Kumar "The Power of Trust in Manufacturer-Retailer Relationships," *Harvard Business Review* (November－December 1996), 92－106.

행해야 할 업무를 명확하게 규정해야 한다. Dell사, Sony사, 그리고 Airborne사 간의 관계를 논의해 보기로 한다. Dell사는 자체 조립하는 컴퓨터와 Sony사가 생산하는 모니터에 관한 주문을 받는다. Airborne사는 텍사스주에 있는 Dell사의 창고에서 컴퓨터를, 멕시코에 있는 소니사 창고에서 모니터를 실어 온다. 다음에 그 둘을 합하여 고객에게 결합된 주문품을 송부하게 된다. 지정시간 내에 주문을 충족시키기 위해 세 당사자는 협력하여 각자의 업무를 완수해야 한다. 협력관계를 달성하기 위해 경영자는 고장이 발생할 경우 그 원인을 정확하게 추적할 수 있는 적합한 정보 시스템과 같은 방안를 수립하여 운영해야 한다.

효과적인 계약서 작성 경영자는 계획되지 않은 부대조항에 대해 협상을 장려할 수 있도록 계약을 수립함으로써 신뢰를 촉진할 수 있다. 계약은 완벽한 정보가 가용하고 향후 모든 부대조항을 고려했을 때 경영에 가장 효과적이다. 현실적으로 협력관계의 미래 가치와 미래의 사업 환경에 대한 불확실성으로 인하여 모든 부대조항을 포함하는 계약을 수립하는 것은 불가능하다. 따라서 공급자와 소매자 간의 계약에 누락된 사항들을 신뢰로 보완할 수 있는 협력관계를 개발하는 것은 필수적이다.

이 협력관계는 초기에 양측에서 지정한 적절한 대표자를 통해 수립된다. 시간의 경과에 따라 새로운 계약을 작성할 시에는 이러한 대표자들 간에 긴밀한 이해와 책임감이 형성된다. 협력관계의 설계와 초기계약을 작성할 시에는 양측 간에 긴밀한 이해가 있어야 하며, 이러한 관계는 시간이 흐름에 따라 정식계약의 개발에 기여하게 됨을 인식해야 한다. 따라서 시간의 흐름에 따라 진전되는 계약은 협력 초기 단계에 완전하게 규정된 계약보다도 더욱 효과적일 가능성이 높다.

장기적으로 볼 때, 계약은 공급사슬의 효과적인 협력관계 유지에 단지 부분적인 역할만을 할 수 있다. 그러한 좋은 예는 Caterpillar사와 판매 대리점 간의 관계로서 판매 대리인이나 Caterpillar사는 90일 전의 통보로서 어느 일방이 아무런 이유 없이도 계약을 종료시킬 수 있다. 협력관계를 효과적으로 유지하는 것은 계약만이 아니라는 것은 분명하다. 계약과 협력관계로 인한 상호이익, 계약에 포함되지 않은 사항을 보완하는 신뢰 등이 결합되어 효과적인 공급사슬 협력관계가 이루어지는 것이다.

효과적인 분쟁 해결방안 설계 효과적인 분쟁 해결방안은 모든 공급사슬 협력관계를 상당히 강화시킬 수 있다. 분쟁은 어떠한 관계에서도 발생하게 되어 있다. 만족스럽지 못한 해결은 관계를 악화시키게 되는 반면에 만족스런 해결은 관계를 강화시킨다. 바람직한 분쟁 해결방안은 더 깊은 신뢰를 구축하는 과정에서 당사자들이 의사소통을 하고 서로의 상이점을 협력할 수 있는 기회를 제공해야 한다.

재무절차와 기술거래에 관하여 초기에 공식적으로 규칙과 지침을 상술하는 것은 협력자 간의 신뢰 구축에 도움을 준다. 규칙과 지침의 세부화는 공급사슬에 있는 협력자 간의 정보 공유를 용이하게 해 준다. 시간의 경과에 따른 정보 공유는 억제력 기반 신뢰에서 프로세스 기반 신뢰로 관계가 변화하도록 도움을 주게 된다. 협력자 간에 프로세스 기반 신뢰가 구축되면 분쟁해결이 용이하게 된다.

의사교환을 용이하게 하기 위해서는 협력관계를 담당하는 관리자와 직원 간의 회의를 자주 개최해야 한다. 이러한 회의에서는 문제점이 주요 분쟁으로 확대되기 전에 이러한 문제점을 제기하여 논의하게 된다. 또한 회의는 문제점이 하위급에서 해결되지 않는 경우에 고위급에서의 해결기반을 제공하게 된다. 회의나 기타 공식적인 분쟁 해결방안의 주요한 목적은 재무 또는 기술적 문제점에 관한 논란이 해석에 관한 논쟁으로 비화되지 않도록 하는 것이다.

분쟁 해결방안을 설계할 때는 협력관계에 주의를 기울이는 것이 중요하다. 미국에서는 논쟁을 해결하기 위해 협력자들이 주로 상세한 계약에 의존하는 것을 선호한다. 또한 계약의 해석을 위해 법원이나 중재자의 도움도 필요로 할 수 있다. 따라서 미국에서는 상세한 계약이 매우 효과적이다. 이와는 대조적으로, 아시아에서는 법원을 포함한 분쟁 해결방안은 매우 효과적이지 못할 가능성이 높다. 협력자들은 모든 분쟁을 직접 협상하여 해결하는 방안에 더욱 익숙하다. 이러한 경우에는 협상을 허용하는 유연한 계약은 신뢰 구축에 효과적이다.

협력과 신뢰를 위한 공급사슬 관계관리

효율적으로 관리된 공급사슬 관계는 협력과 신뢰를 증대시킴으로써 공급사슬 협력을 강화하게 된다. 반대로, 관계가 잘 관리되지 않으면 각 협력자들이 기회주의적이 되어 결과적으로 전체 공급사슬 이익의 손실을 초래하게 된다. 협력관계의 관리는 주로 지루하고 일상적인 업무로 인식되고 있다. 특히 고위 경영자는 새로운 협력관계의 설계에는 자주 참여하나, 그 협력관계의 관리에는 거의 관여하지 않는다. 이에 따라 성공적인 공급사슬 연합이나 협력의 운영에 있어서 한편으로는 긍정적이고 한편으로는 부정적인 혼합된 결과를 초래하고 있다.

[그림 17.5]는 공급사슬 협력이나 연합이 진전되는 기본과정을 보여 주고 있다. 일단 협력관계가 입안되어 수립되면 양 협력자는 협력관계의 운영 환경, 각 협력자가 수행해야 할 업무 및 과정, 각 협력자가 필요로 하거나 활용이 가능한 기술, 각 당사자의 현안목표 등을 인지해야 한다. 각 협력자의 성과는 수익성의 향상과 공평성 또는 공정거래에 의거하여 평가받게 된다. 이 단계에서 협력관계의 가치를 더욱 정확하게 평가할 수 있으며, 이에 따라 공급사슬 협력관계에 있는 양측은 수익성과 공정거래 증진을 위해 협력조건을 개정할 수 있는 기회를 갖게 된다. 따라서 초기계약은 이러한 변경이 용이하도록 충분한 유연성을 지니도록 입안하는 것이 중요하다. 변경사항을 반영하기 위해 공식계약을 재구성할 수도 있다. 사업 환경과 기업목표의 변화에 따라, 이 주기는 자체적으로 반복되고 협력관계는 진전된다. 성공적인 모든 공급사슬 협력은 이러한 주기를 다수 반복하게 될 것이다.

협력관계에 의해 기대되는 이익이 감소하거나 어느 일방이 기회주의적이 될 경우에는 공급사슬 협력관계는 원활하게 운영되지 않는다. 양 당사자 간의 의사교환이 취약하고 협력관계에 의한 상호이익이 정기적으로 반복되지 않으면 문제가 발생하게 된다. 공급사슬 관계를 관리할 때 경영자는 공급사슬 협력관계의 성공확률을 높이기 위해 다음 사항에 중점을 두어야 한다.

1. 양측이 유연성, 신뢰, 의무감을 가지고 있으면 공급사슬 협력관계의 성공에 도움을 주게 된다. 특히 양측 고위 경영자의 의지는 성공에 필수적이다.
2. 특히 정보 공유와 분쟁해결 등에 관한 우수한 조직구조도 성공의 가능성을 높여 준다. 공유정보의 부족과 분쟁해결 능력의 부족은 공급사슬 협력관계를 종식시키는 두 가지 주요 요소이다.
3. 각 당사자의 행동을 결정하는 메커니즘과 그 결과를 가시화하는 것은 분쟁을 방지하고 논쟁을 해결하는 데 도움을 준다. 이러한 기구는 어느 일방의 기회주의적인 행동을 방지하고, 결함 있는 과정의 확인에 도움을 주어 양방 간 협력관계의 가치를 증대시키게 된다.

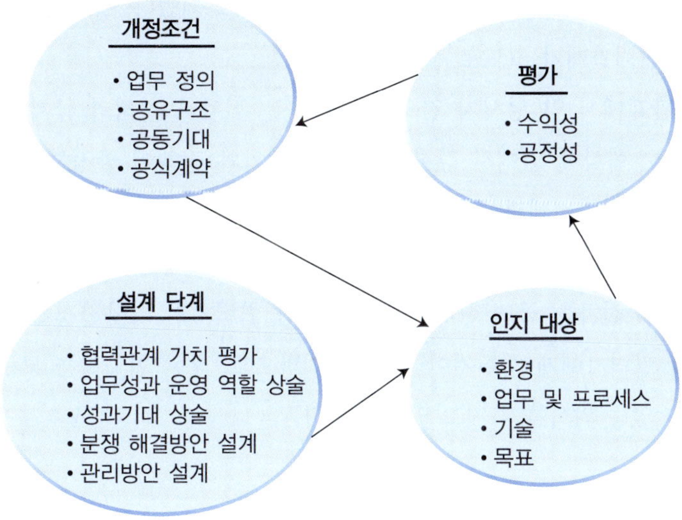

그림 17.5 연합 및 협력관계 진전과정

출처: Y. L. Doz and G. Hamel. *Alliance Advantage* (1998)

4. 강한 협력자가 약하고 취약한 협력자를 공정하게 대할수록 공급사슬 관계는 더욱 강해지는 경향이 있다.

공정성 문제는 공급사슬에서 매우 중요한데, 이는 대부분의 협력관계가 세력이 동등하지 않은 협력자를 포함하고 있기 때문이다. 예상치 못한 상황으로 특정 협력자가 타 협력자보다도 심하게 피해를 보는 일이 자주 발생한다. 세력이 강한 협력자는 대개 해결방안에 관한 더 큰 통제력을 갖게 된다. 해결방안의 공정성은 미래 협력관계의 긴밀성에 영향을 미친다.

소매자인 Marks & Spencer사와 주방기기 생산자 간의 협력관계는 이익의 공정한 배분에 관한 좋은 사례를 제공하고 있다.[6] 제품이 출시된 뒤 수개월 후에 생산자는 비용을 잘못 계산함으로써 Marks & Spencer사에 제공하는 판매가보다도 높다는 사실을 발견하였다. 반면에, 낮은 소매가에 비해 고객들은 그 제품의 가치가 매우 높음을 알게 되어 굉장한 인기제품으로 판매되었다. 생산자가 이 문제를 Marks & Spencer사에 제기하자 Marks & Spencer사의 관리자는 생산자가 제품과 생산과정을 리엔지니어링하도록 지원하여 저비용으로 제품의 생산이 가능토록 하였다. 또한 Marks & Spencer사는 자신의 마진율을 낮춤으로써 생산자에게 충분한 이익이 돌아가도록 하였다. Marks & Spencer사의 공정성은 생산자의 요구를 고려하는 해결방

6 Kumar (1996) 참조

안을 채택함으로써 결과적으로 양 협력자 간의 관계는 강화되었다. 장기적으로 볼 때, 양 협력자는 이익을 얻고 신뢰관계가 고도로 증대하였다.

공급사슬 협력관계에서 양 당사자 간의 상호작용은 절차와 정책의 규제를 받는다. 따라서 약한 협력자가 상호 협상에 있어서 강한 상대방의 절차와 정책이 공정하다고 인정하는 것이 중요하다. 강한 협력자는 정책과 절차를 통제하고 있으나 전체 공급사슬에 이익을 주지 못하거나 기회주의적인 정책으로 치우쳐서는 안 된다. 공정한 절차는 협력자 간의 양방 의사교환을 촉진시켜야 한다. 절차는 공명정대해야 하고 강한 협력자의 의사결정에 이의를 제기할 수 있는 기회가 약한 협력자에게 주어져야 한다. 마지막으로, 강한 협력자는 모든 의사결정을 기꺼이 설명해 줄 수 있는 의사를 가지고 있어야 한다.

17.6 연속 재고보충과 공급자 재고관리

공급사슬 전체의 재고보충의 책임을 단일 개체에 할당함으로써 채찍 효과는 크게 감소될 수 있다. 단일지점에서 보충 의사결정은 공급사슬 전체의 주문을 관리하는 데 공통된 예측과 가시성을 보장한다. 단일지점에 책임을 할당하는 방법으로 두 가지의 산업에서 흔히 사용하는 연속 재고보충 프로그램과 공급자 재고관리가 있다.

연속 재고보충 프로그램(continuous replenishment program: CRP)에서 도매자나 생산자는 POS 데이터를 기반으로 소매자의 재고를 정기적으로 보충한다. CRP는 공급자, 도매자나 제3자가 관리할 수 있다. 대부분의 CRP 시스템에서 소매자 단계의 POS 데이터보다는 소매자의 창고를 출입하는 실제 재고의 양을 이용한다. 창고의 재고 입출과 관련하여 CRP를 결합하는 것은 이행하기 쉽고, 소매자는 종종 이 단계의 데이터를 공유하는 것이 더욱 편리하다. 공급사슬 전반을 연결하는 IT 시스템은 연속 재고보충 프로그램을 기반으로 하는 좋은 정보 인프라 기반을 제공한다. CRP에서 소매자의 재고는 소매자에 의해 소유된다.

공급자 재고관리(vendor manaqed inventory: VMI)에서는 생산자나 공급자가 소매자가 소유한 제품의 재고를 주시하는 모든 의사결정에 책임을 지니고 있다. 그 결과 재고보충을 협력하는 의사결정은 소매자에서 생산자로 넘어가게 된다. VMI의 많은 예에서 볼 수 있듯이, 재고는 소매자에 의해서 팔릴 때까지 공급자의 소유이다. VMI를 위해서는 소매자는 수요 정보를 생산자와 공유해야 한다. VMI에서는 생산자가 재고보충 의사결정을 할 때 공급사슬 전체의 이익만큼 생산자와 소매자의 이익도 증가시키는 것을 허용한다. 또한 VMI는 생산지에게 고객 수요 데이터를 전달함으로써 수요에 알맞은 생산 계획이 이루어지도록 한다. 이는 생산자의 예측이 개선되고, 고객의 수요량과 생산자의 생산량이 동일해지도록 한다.

VMI는 약 50개의 공급자를 지닌 K-Mart사와 Fred Meyer사의 성공방법이 되었다. KMart사는 계절적인 항목들이 3에서 9와 11 사이에 증가하고, 비계절적인 항목들이 12~15에서 17~20까지 증가하는 재고회전을 가지고 있다. Fred Meyer사는 주문 충족률이 98퍼센트까지 증가되는 반면에 30~40퍼센트까지 떨어지는 재고회전을 가지고 있다. 성공적인 도입을 한 그 외의 회사로는 Campbell Soup사, Frito-Lay사, 그리고 Proctor & Gamble사가 있다.

VMI의 한 가지 약점은 소매자가 경쟁하는 생산자의 제품을 판매함으로써 발생한다. 예를 들어, 고객은 Proctor & Gamble사가 생산한 세제를 Lever Brothers사에 의해 생산된 세제로 대체하여 사용할지도 모른다. 만약 소매자가 두 생산자와 VMI를 합의했다면, 각 생산자들은 그들의 재고보충 의사결정을 할 때 대체제의 영향을 무시할지도 모른다. 그 결과 소매자는 최적재고량보다 많은 양을 보유하게 될 것이다. 이러한 상황에서 소매자는 재고보충정책을 결정하는 더 좋은 위치가 될지도 모른다. 다른 가능성은 소매자가 공급자들 중 한 공급자를 품목별 리더로 임명하고, 품목별 리더가 해당 품목의 보충 의사결정을 관리하는 것이다. Wal-Mart사는 그들의 제품 대부분에 품목별 리더를 결정하고 실행하고 있다. 예를 들어, HP사는 프린터의 품목 리더로 모든 프린터 보충을 관리하고 있다.

17.7 협력적 계획, 예측 및 보충(CPFR)

자발적인 산업표준협회(VICS)는 CPFR(collaborative planning, forecasting, and replenishment)을 "계획하고 고객 수요를 충족하는 데 있어서 다수의 파트너의 정보를 종합하는 비즈니스 사례"로 정의하였다. 1998년 이후 VICS에 의하면 "300개 이상의 회사들이 이 프로세스를 도입"하였다. 이 절에서는 CPFR과 성공적인 도입방법에 대해 설명한다. 두 당사자가 그들의 자료를 일치시키고 정보를 교환하기 위한 표준을 설립하는 것을 기반으로 성공적인 CPFR이 이루어진다는 것을 이해하는 것은 중요하다. 이 절에서 다루는 많은 내용들은 VICS 웹사이트(www.vics.org/committees/cpfr)로부터 인용하였다.

공급사슬에서의 판매자와 구매자는 다음 네 가지 공급사슬 활동들에 의해 협력할 수 있다.

1. **전략과 계획:** 파트너들은 협력의 범위를 결정하고, 역할과 책임을 할당하고, 체크포인트를 명확히 한다. 공동의 사업 계획을 세운 후, 수요와 공급에 영향을 미치는 판매촉진, 신제품 출시, 매장의 개설/폐쇄, 재고정책의 변경 등과 같은 중요한 일들을 정의한다.

2. **수요와 공급관리:** 협력적 판매 예측은 판매 시점에서의 파트너들의 최적의 고객 수요량을 계획한다. 그 다음으로 판매 예측치, 재고 위치, 보충 리드타임을 기반으로 미래 주문을 결정하고 운송 요구를 계획하는 공통적인 주문 계획으로 변환한다.
3. **실행:** 예측이 확고해진 후에 이를 실제 주문으로 변환한다. 그러고나면 주문 충족률은 제품의 생산, 선적, 하역, 보관을 수반한다.
4. **분석:** 분석작업의 주요소는 예외를 정의하고 성과를 평가하거나 추세를 정의하는 척도를 평가하는 것이다.

성공적인 협력의 기본은 예외의 정의와 해결에 있다. 예외란 양측에 의해서 만들어지는 예측 간 차이 또는 그 외의 평가 척도가 수용 가능한 한계에 못미치는 것을 의미한다. 성공적인 CPFR을 위해서 두 참여자가 예외를 해결하는 적절한 프로세스를 갖는 것은 중요하다. 예외를 정의하고 해결하는 자세한 프로세스는 VICS CPFR Voluntary Guidelines V 2.0(2002)에 논의되어 있다.

한 가지 성공적인 CPFR 도입사례는 독일 세제 생산자인 Henkel사와 스페인 음식 소매자인 Eroski사에 대한 것이다. CPFR에 앞서, Eroski사는 특히, 판매촉진기간 동안 Henkel사 제품의 재고부족을 종종 경험하였다. 1999년 12월 CPFR의 시초에는 판매 예측의 70퍼센트는 50퍼센트 이상의 평균 오류를 가지고 있었고, 예측의 5퍼센트만이 20퍼센트 이하의 오류를 가지고 있었다. 그러나 CPFR의 시행 4개월 이내에 판매 예측의 70퍼센트는 20퍼센트 이하의 오류를 가졌으며, 5퍼센트만이 50퍼센트 이상의 오류를 발생시켰다. CPFR은 98퍼센트의 고객 서비스 수준과 5일치의 평균 재고를 갖게 하였다. 이것은 15~20개의 제품이 매달 판매촉진을 벌이고 있음에도 불구하고 달성되었다. 또 다른 하나의 사례는 Johnson & Johnson사와 영국의 체인 Superdrug사의 경우이다. 2000년 4월 시험적용 3개월 이후, Superdrug사는 DC에서 제품의 가용성은 1.6퍼센트 증가하는 반면에 재고 수준은 13퍼센트 떨어지는 것을 경험하였다. Steerman(2003)의 보고에 의하면, Sears사와 Michelin사는 2001년 CPFR을 시작함으로써 상당한 이익을 경험하였다. Sears의 재고 수준은 4.3퍼센트, DC와 매장 간의 주문 충족률은 10.7퍼센트로 개선되어, 결국 재고 수준은 25퍼센트가 떨어졌다.

VICS는 [표 17.3]에서 소매자와 생산자 사이에서 흔히 발생하는 네 가지 대규모 CPFR 전개의 시나리오를 정의하였다.

다음은 이들 네 가지 시나리오 각각에 대해 알아본다.

표 17.3 네 가지 일반적인 CPFR 시나리오

CPFR 시나리오	공급사슬에의 적용	적용되는 산업
소매 이벤트 협력	고도의 판매촉진 채널 또는 카테고리	EDLP를 제외한 모든 산업
DC 보충 협력	소매자 DC 또는 분배자 DC	약국, 공구, 식료품
매장 보충 협력	매장 직송 또는 소매자 DC와 매장 간 배송	대형매장, 클럽매장
협력적인 분류 계획	의복과 계절제품	백화점, 특수한 소매자

소매 이벤트 협력

슈퍼마켓과 같은 많은 소매자에서는 판매촉진이나 다른 소매자의 이벤트가 수요에 상당한 영향을 준다. 재고부족, 잉여재고와 계획되지 않은 물류비용은 소매자와 생산자 모두에게 재정적인 영향을 준다. 이런 상황에서 계획, 예측 및 보충의 판매촉진에 소매자와 공급자와의 협력은 매우 효과적이다.

소매 이벤트 협력에는 두 당사자가 협력에 포함되는 브랜드를 정의하고 구체적인 SKU를 정의하는 것이 필요하다. 이벤트의 시기, 기간, 가격, 광고나 전술 같은 자세한 내용은 공유된다. 그리고 정보에 변화가 발생할 때마다 정보를 갱신하는 것이 중요하다. 그러고나서 이벤트의 구체적인 예측이 생성되고 공유된다. 그 다음으로 이 예측치는 주문 계획이나 수송 계획으로 변환된다. 이벤트가 시작되었을 때 판매는 두 당사자들 간의 반복적인 프로세스를 통해 해결될 수 있는 변화나 예외를 정의하기 위해 모니터된다.

P&G사는 Wal-Mart사를 포함하는 다양한 파트너들과 소매 이벤트 협력을 이행하였다.

DC 보충 협력

아마도 DC 보충 협력은 실제로 가장 흔한 형태의 협력일 것이며, 이행하기에 가장 간편할 것이다. 이 시나리오에서는 두 개의 거래 파트너가 DC의 재고 입출 예측 또는 DC로부터 생산자의 수요 예측에 협력한다. 이런 예측은 특정한 시간 동안 수용되어지거나 한정되어지는 DC로부터 생산자의 주문 흐름으로 변환된다. 이러한 정보는 생산자가 미래 생산 계획에 예상된 주문을 확립하고 수요가 있는 즉시 주문을 수반하는 것을 확립한다. 그 결과 생산자에게는 생산비용의 절감을, 소매자에게는 재고의 감소와 재고부족의 감소를 가져온다.

DC 보충 협력은 상대적으로 이해하기 쉽다. 왜냐하면 총체적인 예측을 협력하면서도 자세한 POS 데이터 공유가 필요하지 않기 때문이다. 그 결과, 협력을 시작하는 데 가장 좋은 시나리오이다. 시간이 지나면 이러한 협력 형태는 소매자의 선반부터 원재료 창고까지 공급사슬의 모든 보관 지점을 포함하도록 범위가 확장될 것이다. Hammond(1994)에 의하면, Barilla사는 이런 형태의 협력을 그들의 분배자와 실행하였다.

매장 보충 협력

매장 보충 협력에서 거래 파트너들은 매장 수준에서 판매 시점의 수요 예측을 협력한다. 이런 예측치는 특정 시간 동안 수반되는 주문인 일련의 매장 주문으로 변환된다. 이러한 협력 형태는 DC 수준의 협력보다 이행하기 어렵다. 특히 매장의 크기가 작을 경우 더욱 그러하다. 매장 보충 협력은 Costco사와 Home Depot사와 같은 큰 매장에서 하는 것이 더욱 쉽다. 매장 수준의 협력의 이점은 생산자에게 높은 수준의 판매 가시성과 정확한 재고보충, 제품 가용성, 재고 감소를 가져다 준다는 것이다. 이런 형태의 협력은 새로운 제품이나 판매촉진에 매우 효율적이다. 생산자나 공급자들은 운영적인 실행을 개선하기 위해 이 정보를 사용할 수 있다.

협력적인 분류 계획

패션 의류와 다른 계절적인 상품들은 수요의 계절적인 성향이 존재한다. 그러므로 이런 제품들의 협력적인 계획은 단일 계절 범위에 존재하며, 계절적인 기간 동안에 수행된다. 계절적인 특징이 주어지면 예측은 기존의 관찰된 판매 데이터보다는 산업의 추세나 거시경제의 요소, 고객 기호와 같은 요소들을 반영한다. 이런 형태의 협력에서는 거래 파트너들끼리 공동으로 분류 계획을 수립한다. 이 결과물은 스타일/색상/사이즈 수준에 계획된 구매 주문이다. 계획된 주문은 전자적으로 샘플 제품이 보여지고 최종 구매의사결정이 이루어지는 쇼에 앞서 공유되어진다. 계획된 주문은 생산자가 조달기간이 긴 원재료를 구매하거나 수용력을 계획하는 데 도움을 준다. 이런 형태의 협력은 수용력이 다양한 제품혼합을 수용할 수 있을 정도로 생산능력이 유연할 경우와 원재료가 최종제품에 대해 어느 정도 공통성을 지니고 있을 경우에 더욱 유용하다.

성공적인 CPFR을 위한 조직적이고 기술적인 요건

성공적인 CPFR의 실행을 위해서는 조직구조의 변화와 적절한 기술이 필요하다. 효과적인 협력을 위해서 생산자는 적어도 대규모 고객에 대해서만이라도 판매, 수요 계획, 물류를 포함하는 교차 기능적이며 고객 특화된 팀을 만들어야 한다. 이러한 관점은 소매의 통합이 가능하다. 소규모 고객에 대해서 이러한 팀은 지역이나 판매 채널에 초점을 맞출 수 있다. 소매자들은 또한 판매 계획, 구매, 보충에 대해 공급자와 관계된 팀을 조직화하는 시도를 해야 한다. 이는 소매자를 통합하고 있는 다수의 공급자가 있는 경우에는 어렵다. 이러한 경우 소매자는 여러 공

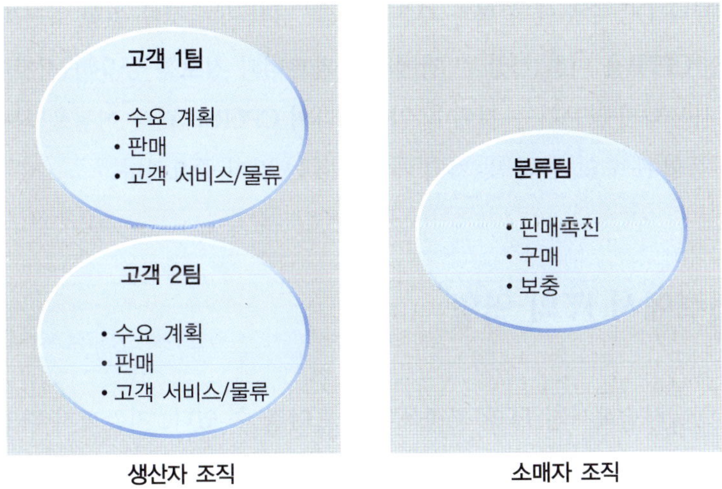

그림 17.6 협력적인 조직구조

출처: Voluntary Interindustry Commerce Standards. *CPFR: An Overview* (2004).

급자를 포함하는 제품 범주에 대해 팀을 조직할 수 있다. DC와 소매매장의 다단계 재고를 갖는 소매자에게는 이 두 단계에서 보충팀을 결합하는 것이 중요하다. 두 단계에서 협력적인 재고관리가 없다면 재고의 중복은 흔한 일이다. [그림 17.6]은 제안한 조직구조를 나타내고 있다.

CPFR 프로세스는 기술에 종속적이지는 않지만 이를 구현하는 데 기술을 필요로 한다. CPFR 기술은 예측 및 과거 정보의 공유, 예외 상황의 평가 및 수정을 용이하게 할 수 있도록 개발되어 왔다. 이러한 솔루션들은 공급사슬의 모든 거래를 기록하는 전사적 시스템과 통합되어야 한다.

CPFR 이행의 위험과 장애물

성공적인 CPFR 이행에는 위험과 장애물이 존재한다는 사실을 인식해야 한다. 대규모의 정보 공유가 이루어진다면 정보오용의 위험이 존재한다. CPFR 파트너 중의 하나 혹은 양쪽은 파트너들의 경쟁자와 관계를 맺고 있다. 또 다른 위험은 만약 파트너들 중 하나가 규모나 기술을 바꿨을 경우, 다른 파트너는 협력적인 관계를 잃거나 적합한 형태로 따라오게끔 한다. 결국 CPFR의 이행과 예외의 해결은 문화가 다를지도 모르는 두 당사자 간의 긴밀한 상호작용을 필요로 한다. 파트너 조직 간의 협력적인 문화를 조성할 수 없는 무능력은 성공적인 CPFR의 중요한 장애물이다. 성공을 위한 가장 큰 장애물 중 하나는 파트너들이 좀더 유기적이고 기술투자가 필요한 매장 수준의 협력과 같은 것들을 시도한다는 것이다. 더욱 집중적이고 협력하기 쉬운 소매 이벤트나 DC 수준의 협력과 같은 것으로 시작하는 것이 종종 최선의 방법이 된다. 그러나 성공적인 CPFR을 위한 가장 큰 장애물은 파트너와 정보를 공유하는 것이 통합된 방법으로 조직에서 사용되지 않는다는 것이다. 파트너와의 CPFR 노력의 이점을 최대화할 수 있도록 조직 내에서 통합된 수요, 공급 및 기업 계획을 갖는 것이 중요하다.

17.8 협력에서 IT의 역할

협력의 가능은 공급사슬에서의 IT의 최종목표로 보여질 수 있다. 지금까지 다양한 IT 부분에서 토론되어졌던 예측의 공유, 재고 수준의 가시성, 도착시간의 전달 등과 같은 것들은 대부분 협력 요소를 가지고 있다. 그러나 앞에서 언급했던 대부분은 내부적인 공급사슬 운영에 대한 것이다. 이 절에서는 기업 간 운영을 개선하는 것에 초점을 맞추었다. 가장 높은 수준에서 이 분야를 개선할 수 있는 IT 방법으로는 두 가지가 있다.

첫째는 정보 가용성이다. 기업 간 협력으로부터 얻어지는 상당한 이점은 기업 간 정보를 공유하는 것으로부터 발생한다. IT는 이를 두 가지 방법으로 가능하게 한다. 첫 번째는 실제 물리적으로 정보를 공유하는 것이다. 기업 시스템의 통합을 통해 인터넷에서 자료를 조회할 수 있는 애플리케이션을 이용하여 IT는 실제 정보 공유가 일어날 수 있도록 하는 소위 배관 기능을 제공한다. 또한 IT는 이러한 데이터들을 분류하고 볼 수 있게끔 도와준다. 많은 양의 이용 가능한 데이터들이 존재하므로 모든 사람에게 데이터를 보여 주는 것은 유용하지 않다. IT는 데이터를 구성하고 지능적인 조직이나 검색을 통해 사용자에게 많은 데이터 속에서 상징적인 의미를 찾아 낼 수 있도록 한다.

IT가 협력을 개선하는 데 도움을 주는 두 번째 방법은 의사결정 시 가시적인 정보를 이용하는 것이다. IT는 재고, 생산, 수송, 외주, 가격결정 등과 같은 의사결정을 하는 데 공급사슬 정보를 사용하는 것을 가능하게 한다.

협력을 위해 IT를 사용하는 것에는 더 많은 함정이 있을지도 모른다. 이것은 일의 복잡성과 난이성 때문이다. 확실하게 기술적인 도전은 중요하다. 한 가지 예는 지금까지 언급한 정보들이 다수의 기업들에 사용 가능하게 하기 위해서는 다른 시스템들을 통합해야 한다는 것이다. 또 다른 문제점은 회사들마다 매우 다른 운영 프로세스를 가지고 있다는 것이다. 협력이 효과적이기 위해서는 이러한 프로세스들이 뜻이 통하도록 연계되어야 한다. 기업 간의 이런 문제를 극복하는 것은 어렵다. 그러나 IT 시스템의 일을 가장 방해하는 장애물은 이 장에서 장황하게 다룬 신뢰이다. 그들의 상호작용에 신뢰를 갖지 못한 기업들은 협력 소프트웨어의 투자에 대한 이점을 얻지 못할 것이다.

이러한 영역에 소프트웨어를 제공하는 주요 회사로는 ERP 제공자인 SAP사와 Oracle사가 있고, i2 Technologies사와 같은 순수전문기업이 있다. 이 영역은 지금까지 언급한 소프트웨어 영역 중 가장 최신의 영역이다. 이 영역에서 잘 하는 기업은 거의 없고 대부분은 이 영역을 아예 다루지 않고 있다. 그래서 이 영역에 제품을 공급하는 일을 진척할 새로운 소프트웨이 회사의 출현의 잠재성이 존재한다. 그러나 ERP 회사는 더 발달함으로써 이 영역을 장악하는 것을 확고히 할 것으로 보여진다.

17.9 협력 달성의 실제

1. **채찍 효과를 계량화하라.** 회사는 채찍 효과가 공급사슬에서 중요한 역할을 수행한나는 사실을 인식하지 못하는 경우가 자주 있다. 경영자는 첫째로 고객 주문의 변동성과 자신이 공급자에게 요청한 주문의 변동성을 비교해야 한다. 이는 회사가 채찍 효과에 미치는 자신의 기여를 계량화하는 데 도움을 준다. 그 회사의 기여가 가시적인 경우, 공급사슬의 모든 단계에서 채찍 효과에 기여를 하게 되어 결과적으로 상당한 이익의 손실을 초래하고 있다는 사실을 회사가 쉽게 수용할 수 있다. 이런 구체적인 정보가 없는 경우에는 회사가 변동성 자체를 제거하려고 하지 않고 변동성에 잘 반응하려고 노력하게 된다. 이에 따라 회사는 재고관리와 일정 계획 시스템에 상당한 투자를 하게 되나, 성과나 이익은 거의 개선되지 않는다. 채찍 효과의 규모에 관한 증거는 공급사슬의 서로 다른 단계에서 협력을 이행하고 공급사슬 내에서 생성된 변동성을 제거하기 위한 노력에 집중토록 하는 데 매우 효과적이다.
2. **협력에 고위급 경영자의 이행의지를 개입하라.** 협력은 공급사슬 관리의 어떤 측면보다도 고위급 경영자의 이행의지가 개입되어야 성공할 수 있다. 협력을 위해서는 공급사슬의 모든 관리자가 그들의 부차적인 지역적 이익보다도 회사나 공급사슬의 이익에 더 우선순위를 두어야 한다. 또한 협력을 위해서는 공급사슬 내 많은 기능들의 관습적인 행동을 변화시켜야만 하는 적절한 수준의 해결방안이 자주 필요하게 된다. 이러한 변화는 각 기능이 지역적인 목표에만 중점을 두었던 때의 접근방식을 뛰어 넘어야만 한다. 공급사슬 내의 이러한 변화는 고위급 경영자의 강한 의지 없이는 이행할 수가 없다. 고위급의 의지는 Wal- Mart사와 P&G사가 협력적 예측 및 보충팀을 구성할 때도 매우 중요한 요인이었다.
3. **협력에 자원을 투입하라.** 협력은 관련된 당사자들이 상당한 관리자원을 투입하지 않고는 달성하기가 어렵다. 회사들은 흔히 협력에 자원을 투입하려 하지 않는데, 이는 협력 없이도 운

영을 할 수가 있다고 가정하거나 협력은 저절로 이루어질 것이라는 희망을 갖기 때문이다. 이러한 접근방식의 문제점은 참여한 관리자가 통제할 수 있는 부분적인 영역만을 관여하게 되고, 어느 관리자의 활동이 공급사슬의 다른 부분에 미치는 영향에 관해 아무도 책임을 지지 않는다는 것이다. 협력 문제를 해결하는 가장 좋은 방안 중의 하나는 공급사슬에 관련된 서로 다른 회사들의 직원으로 구성된 팀을 통해 해결하는 것이다. 이 팀은 협력에 책임을 지고 또한 필요한 변화를 시행할 수 있는 권한을 부여받아야 한다. 활동에 관한 권한이 없는 협력팀은 무의미하며, 이는 협력팀이 현재 지역이익을 극대화하고 있는 기능별 관리자와 충돌할 것이기 때문이다. 협력팀은 서로 다른 회사의 팀원 간에 상당한 수준의 신뢰관계가 있을 때에만 효과적이다. 적절하게 활용된다면 협력팀은 상당한 이점을 제공하게 된다. Wal-Mart사와 P&G사가 수립한 협력적 예측 및 보충팀이 그 예이다.

4. **타 단계와의 의견교환에 중점을 두어라.** 공급사슬의 다른 단계와의 원활한 의사소통은 종종 양쪽 당사자에게 협력의 가치를 더 크게 하는 상황을 만들어 준다. 회사들은 공급사슬 내 다른 단계와 의견교환을 잘 하지 않으며 정보 공유를 꺼린다. 그러나 공급사슬 내 모든 회사가 협력의 미비로 좌절을 느끼는 경우가 많으며, 만약 정보 공유로 인하여 공급사슬이 효과적으로 운영되면 정보의 공유에 만족할 것이다. 참여한 당사자 간에 정기적인 의사소통은 위와 같은 상황의 변화를 용이하게 한다. 예를 들면, 주요 PC 생산자가 수주간의 생산기간 단위로 마이크로프로세서를 주문해 왔다. 이 회사는 일단위로 마이크로프로세서를 주문해야 하는 주문 생산 체제로 변하고자 한다. 이 회사의 관리자는 아마도 마이크로프로세서 공급자가 이러한 주문방식은 거절할 것이라고 미리 가정한다. 그러나 공급자와 의견교환을 하자 그 반대의 결과가 나왔다. 또한 공급자가 주문량의 규모와 주문빈도를 축소하고자 할 경우도 있다. 그 회사의 관리자는 PC 생산자가 대규모 주문을 원할 것이라고 미리 짐작하여 이러한 변화를 요청하지 않는다. 주기적인 의견교환으로 공급사슬 내 다른 단계들이 목표를 공유하고 공동목표와 상호 유익한 활동을 규명함으로써 협력을 향상시킬 수 있다.
5. **전체 공급사슬 네트워크의 협력을 달성하기 위해 노력하라.** 협력의 최대 이점은 전체 공급사슬 네트워크가 협력을 이룰 경우에 달성된다. 공급사슬의 두 단계에서만 협력을 하는 것은 충분치 않다. 공급사슬 내 가장 강한 협력자가 전체 네트워크의 협력를 달성하도록 노력해야 한다. Toyota사는 전체 네트워크에서 지식 공유와 협력를 이행하는 데 매우 효과적이었다.
6. **공급사슬 연결성 향상에 기술을 이용하라.** 인터넷, ERP 시스템, 기타 정보 시스템은 공급사슬 내 정보 가시화를 증진시키는 데 활용될 수 있다. 현재까지는 대부분 IT 도입으로 회사 내 정보의 가시화가 이루어져 왔다. 전공급사슬에 걸쳐 가시화를 달성하기 위해서는 대부분의 경우 추가의 노력이 필요하게 된다. 이 장의 논의 내용에 의하면, IT 시스템의 주요 이익

은 공급사슬 내의 가시화를 증대시키고 협력을 촉진하는 경우에 실현된다는 것이 명확하게 나타난다. 만약 회사가 현재의 IT 시스템, 특히 ERP 시스템 구축에 소요된 대규모 투자의 완전한 이익을 얻으려면, 전공급사슬에 걸쳐 협력적 예측과 계획의 촉진을 위해 이러한 시스템을 활용하는 데 필요한 추가 노력이 매우 중요하다. 인터넷은 정보를 공유하고 공급사슬 내의 연결성 증진을 위해 필히 사용해야 한다. 인터넷 교류의 성상은 이러한 측면에서 매우 효과적이다.

7. **협력의 이익을 공평하게 배분하라.** 공급사슬의 협력에 있어서 해결이 가장 어려운 문제는 어떤 단계가 협력의 이익이 공평하게 배분되지 않는다고 인식하는 문제이다. 공급사슬 관계에서 가장 강한 참여자의 관리자는 이러한 사실에 주의를 기울여야 하고, 또한 모든 참여자들이 이익이 공정하게 배분된다고 인식하도록 노력해야 한다.

17.10 학습목표 요약

1. **공급사슬의 협력, 채찍 효과, 그리고 그들이 공급사슬 성과에 미치는 영향을 설명하라.** 공급사슬 협력을 위해서는 각 단계에서 전체 공급사슬 이익을 최대화하기 위한 활동을 해야 한다. 서로 다른 단계에서 각자가 지역적 목표의 최적화에 중점을 두거나 공급사슬 내에서 정보유통이 왜곡될 경우에는 협력을 달성할 수 없게 된다. 공급사슬 내에서 소매자에서 도매자, 생산자, 공급자로 이동할수록 주문의 변동이 증대하는 현상을 채찍 효과라 한다. 채찍 효과는 공급사슬 내의 모든 비용을 증가시키고 고객 서비스 수준의 저하를 초래하게 된다. 채찍 효과로 인하여 공급사슬 내 모든 참여자들의 비효율성을 증대시키고, 고객 만족도는 물론 공급사슬 내의 수익성도 저하시키는 결과를 초래한다.
2. **채찍 효과의 원인과 공급사슬의 협력에 장애요인들을 규명하라.** 공급사슬에서 협력의 가장 큰 장애 요인은 잘못된 인센티브로서, 이는 결과적으로 전체 공급사슬의 수익 대신에 서로 다른 단계에서 지역적인 목표의 최적화를 초래하게 한다. 기타 장애 요인으로서는 정보 공유의 미비, 과다한 보충 리드타임과 대량 주문으로 인한 경영의 비효율성, 선구매를 조장하는 영업사원 성과급여제, 주문량의 팽창을 촉진하는 배급체계, 선구매를 장려하는 판매촉진책, 그리고 협력의 노력을 어렵게 만드는 신뢰부족 등이 있다.
3. **공급사슬에서 협력을 이루기 위한 관리수단들을 논의하라.** 관리자는 공급사슬의 서로 다른 기능과 단계에서 목적과 인센티브를 일치시킴으로써 공급사슬에서 협력의 이행을 촉진시킬 수 있다. 협력을 위해 관리자가 취할 수 있는 다른 행동에는 판매 정보의 공유, 협력적 예측

과 계획, 보충의 일괄통제 실행, 리드타임과 품목 규모의 축소를 위한 운영 개선, 선구매를 제한하는 매일 염가 전략과 기타 전략, 그리고 공급사슬에서 신뢰와 전략적인 협력관계 구축 등이 포함된다.

4. **공급사슬 내에서 전략적 연합과 신뢰 형성을 위한 활동들을 기술하라.** 관리자는 양방의 상호 이익이 확실하고, 양 협력자가 상호의존적이며, 시간의 경과에 따라 계약관계가 진전될 수 있고, 분쟁이 효과적으로 해결되는 그러한 관계를 설계함으로써 신뢰와 전략적인 협력관계의 구축을 촉진시킬 수 있다. 이러한 협력관계를 관리할 때 유연성, 정보 공유, 각 협력자의 노력과 성과의 가시화, 그리고 비용과 이익의 배분 시 세력이 강한 협력자 측의 공정성 등은 공급사슬에서 신뢰를 증진시키고 협력을 촉진하게 된다.
5. **공급사슬에서 가능한 다양한 형태의 CPFR을 설명하라.** 파트너들은 소매 이벤트, DC 보충, 매장 보충이나 분류 계획의 협력을 위해서 CPFR 관계를 설정할 수 있다. DC 보충 협력은 집합적인 수준의 데이터를 필요로 하기 때문에 이행하기에 가장 쉽다. 매장 보충 협력은 기술적인 높은 투자와 성공적인 데이터 공유를 필요로 한다.

토의문제

1. 채찍 효과란 무엇이며, 공급사슬에서 협력의 결여와는 어떤 관계가 있는가?
2. 협력의 결여는 공급사슬의 성과에 어떤 영향을 미치는가?
3. 부적절한 인센티브는 어떠한 방법으로 공급사슬에서 협력의 결여를 초래하게 되는가? 이러한 협력의 결여를 방지하기 위해서는 어떠한 대처방안들이 활용될 수 있는가?
4. 만약 공급사슬의 각 단계에서 그들의 수요를 다음 단계에서 요청한 주문으로 간주한다면, 어떤 문제점들이 발생하게 되는가? 회사는 공급사슬에서 협력을 촉진하기 위해 어떻게 의견교환을 해야 하는가?
5. 어떠한 요인들이 공급사슬 내에서의 일괄 주문을 초래하게 하는가? 이는 협력에 어떤 영향을 미치는가? 대규모 일괄 주문을 최소화하고 협력을 향상시키기 위한 활동에는 무엇이 있는가?
6. 판매촉진책과 가격 변동이 공급사슬의 협력에 미치는 영향은? 어떠한 가격 및 판매 정책이 협력을 촉진시킬 수 있는가?
7. 공급사슬에서 전략적 협력관계와 신뢰의 구축은 어느 정도의 가치를 가지고 있는가?
8. 협력과 신뢰의 증진을 위한 기회를 향상시키기 위해 공급사슬 관계를 설계할 때 반드시 고려해야 할 사항들은 무엇인가?
9. 협력과 신뢰의 증진을 위한 기회를 향상시키기 위해 공급사슬 관계를 관리할 때 반드시 고려해야 할

사항들은 무엇인가?

10. CPFR 시나리오에는 어떤 것들이 있으며, 그것들이 공급사슬 파트너들에게 어떻게 이점을 주는가?

참고문헌

Bowersox, Donald J., David J. Closs, and Theodore P. Stank. "21st Century Logistics: Making Supply Chain Integration a Reality." *Supply Chain Management Review* (Fall 1999): 44–49.

Brunell, Tom. "Managing a Multicompany Supply Chain." *Supply Chain Management Review* (Spring 1999): 45–52.

Child, John, and David Faulkner. *Strategies of Cooperation.* Oxford, England: Oxford University Press, 1998.

Continuous Replenishment: An ECR Best Practices Report. Washington, D. C.: Grocery Manufacturers Association, 1994.

Computer Assisted Ordering: Practices and Benefits Report. Washington, D.C.: Grocery Manufacturers Association, 1994.

Crum, Colleen, and George E. Palmatier. "Demand Collaboration: What's Holding Us Back?" *Supply Chain Management Review* (January–February 2004): 54–61.

Doz, Yves L. "The Evolution of Cooperation in Strategic Alliances: Initial Conditions or Learning Process?" *Strategic Management Journal* 17 (1997): 55–83.

Doz, Yves L., and Gary Hamel. *Alliance Advantage.* Boston: Harvard Business School Press, 1998.

Dyer, Jeffrey H., and Kentaro Nobeoka. "Creating and Managing a High-Performance Knowledge-Sharing Network: The Toyota Case." *Strategic Management Journal* 21 (March 2000): 345–367.

Gulati, Ranjay, and Harbir Singh. "The Architecture of Cooperation: Managing Coordination Costs and Appropriation Concerns in Strategic Alliances." *Administrative Science Quarterly* 43 (1998): 781–814

Hammond, Janice H. 1994. *Barilla Spa(A–D).* Harvard Business School Case 9–694–046.

Kumar, Nirmalya. "The Power of Trust in Manufacturer–Retailer Relationships." *Harvard Business Review* (November–December 1996): 92–106.

Lee, Hau L., V. Padmanabhan, and Seungjin Whang. "The Bullwhip Effect in Supply Chains," *Sloan Management Review* (Spring 1997): 93–102.

Mariotti, John L. "The Trust Factor in Supply Chain Management." *Supply Chain Management Review* (Spring 1999): 70–77.

Ring. P. S., and A. H. Van de Ven. "Developmental Processes of Cooperative Interorganizational Relationships." *Academy of Management Review* 19 (1994): 90–118.

Sabath, Robert E., and John Fontanella. "The Unfulfilled Promise of Supply Chain Collaboration." *Supply Chain Management Review* (July–August 2002): 24–29.

Senge, Peter M. *The Fifth Discipline.* New York: Currency and Doubleday, 1990.

Smeltzer, Larry R. "Integration Means Everybody — Big and Small." *Supply Chain Management Review* (Sepetember –October 2001): 36–44.

Steerman, Hank. "A Practical Look at CPFR: The Sears-Michelin Experience." *Supply Chain Management Review* (July–August 2003): 46–53.

Voluntary Interindustry Commerce Standards. *Collaborative Planning, Forecasting, and Replenishment*, Version 2.0, 2002.

Voluntary Interindustry Commerce Standards. *CPFR: An Overview*, 2004.

찾아보기

ㄴ

ㄷ

ㄹ

ㅁ

ㅂ

ㅅ

ㅊ

ㅋ

ㅍ

ㅎ